Michael Wildt

Generation des Unbedingten

Das Führungskorps des
Reichssicherheitshauptamtes

Hamburger Edition

Gefördert von der Volkswagen-Stiftung

Hamburger Edition HIS Verlagsges. mbH
Mittelweg 36
20148 Hamburg

Redaktion: Ingke Brodersen
Umschlaggestaltung: Wilfried Gandras
Herstellung: Jan Enns
Satz: Stempel-Garamond von Utesch GmbH, Hamburg
Druck und Bindung: Clausen & Bosse, Leck
Printed in Germany
ISBN 3-930908-75-1
1. Auflage März 2002

Die Deutsche Bibliothek – CIP-Einheitsaufnahme
Ein Titelsatz für diese Publikation ist bei
der Deutschen Bibliothek erhältlich

Für Leni Yahil

Inhalt

II. Institution

III. Krieg

Einleitung

Am 3. Januar 1946, während des Nürnberger Prozesses gegen die Haupt-kriegsverbrecher, schockierte der Zeuge und spätere Angeklagte Otto Ohlendorf durch sein freimütiges Bekenntnis, er habe als Leiter der Ein-satzgruppe D 1941/42 die Ermordung von 90 000 Menschen in der Sowjet-union zu verantworten. Der amerikanische Chefankläger Telford Taylor, der Ohlendorf als einen zierlichen, gutaussehenden jungen Mann schil-derte, der leise, mit großer Genauigkeit und offenkundiger Intelligenz sprach, erinnerte sich fünfzig Jahre später noch sehr gut an das lähmende Schweigen im Zuschauerraum, das der kalten und unbeteiligten Aussage Ohlendorfs folgte.[1]

Otto Ohlendorf, 1907 nahe Hannover als Sohn eines Landwirts gebo-ren, trat 1925 noch als Gymnasiast in die SA ein, von der man ihn zwei Jahre später zur SS mit der Mitgliedsnummer 880 überstellte. Er studierte Rechts- und Staatswissenschaften in Leipzig und Göttingen, ging 1931 als vielversprechender Stipendiat nach Italien an die Universität Pavia und folgte 1934 seinem akademischen Lehrer, dem Nationalökonom Jens Peter Jessen, nach Berlin, wo er Abteilungsleiter am Institut für angewandte Wirtschaftswissenschaften wurde. Von dort wechselte er in den Sicher-heitsdienst des Reichsführers SS (SD) und stieg zum Chef des Amtes III (SD-Inland) des Reichssicherheitshauptamtes (RSHA) auf. Ebenfalls wurde er Geschäftsführer der Reichsgruppe Handel und avancierte 1943 im Reichswirtschaftsministerium zum stellvertretenden Staatssekretär.[2] In dem Versuch, eine Erklärung für den Täter Otto Ohlendorf zu finden, nahm der amerikanische Richter in der Begründung des Todesurteils am 10. April 1948 mehr oder weniger ratlos zu einer literarischen Metapher Zuflucht: Er verglich den RSHA-Täter Ohlendorf mit Robert Louis Stevensons Figur Dr. Jekyll und Mr. Hyde, jenem Mann, der sich in der Nacht aus einem angesehenen, fürsorglichen Arzt in eine mörderische

---

1 Taylor, Nürnberger Prozesse, S. 17, 295.
2 Zu Otto Ohlendorf vgl. die kurzen Porträts: Sawade, Ohlendorf; Kitterman, Ohlen-dorf; sowie die Dissertation von Stollhof, SS-Gruppenführer. Zu Ohlendorfs wirt-schaftspolitischem Engagement: Herbst, Der Totale Krieg, passim; zu Ohlendorf als Chef der Einsatzgruppe D: Angrick, Einsatzgruppe D, 1999.

Otto Ohlendorf, Chef des RSHA-Amtes III SD-Inland und der Einsatzgruppe D (Bundesarchiv, BDC, RuSHA-Akte Otto Ohlendorf)

Bestie verwandelte[3] – und schrieb damit den seither immer wieder kolportierten, aber wenig tauglichen Erklärungsversuch einer gespaltenen Täterpersönlichkeit fest, deren Teile voneinander unabhängig existierten.[4]

Das Reichssicherheitshauptamt, am 27. September 1939 aus Geheimer Staatspolizei, Kriminalpolizei und dem SD, also aus staatlichen Institutionen wie Parteiorganisationen, geschaffen, scheint in der Perspektive herkömmlicher Verwaltungstheorie eine eher uneindeutige, fast improvisierte Institution darzustellen, was manche Historiker dazu verleitet hat, das RSHA für eine bloße »Sammelbezeichnung« oder »organisatorische Klammer« (Johannes Tuchel)[5] zu halten oder zumindest als »schwachen Kompromiß« (Gerhard Paul) zu charakterisieren.[6] Der US-Ankläger, Oberst Robert G. Storey, bezeichnete

---

3 Urteil des Internationalen Militärgerichtshofes gegen Otto Ohlendorf et al. (Fall 9), Official Record, S. 7009 f. (roll 21, fol. 238 f.).

4 Vgl. vor allem Lifton, der dieses Modell der gespaltenen Persönlichkeit auf die KZ-Ärzte angewandt hat (Lifton, Ärzte, insbesondere S. 491–559; eine anregende Kritik dieses Modells findet sich bei Kaminer, Normalität).

5 Tuchel, Gestapa und Reichssicherheitshauptamt, S. 97; ders./Schattenfroh, Zentrale des Terrors, S. 104.

6 Paul, Verwaltung, S. 43. Paul greift damit einen Begriff auf, den Heinz Höhne bereits für das RSHA verwandt hat (Höhne, Orden, S. 237). Martin Broszat urteilte differenzierter, daß zwar die Eigenständigkeit der beteiligten Behörden oder Parteiämter nicht ausgelöscht wurde, aber die Bildung des RSHA »den Prozeß der institutionellen Verschmelzung unter Leitung des ›Chefs der Sicherheitspolizei und des SD‹ (Heydrich) und die SS-mäßige Ausrichtung auch der Kriminalpolizei« verstärkt habe (Broszat, Staat Hitlers, S. 344). Während für Karl Dietrich Bracher das RSHA

das RSHA im Nürnberger Prozeß gar als »Verwaltungsbüro« mehrerer als verbrecherisch angeklagter Organisationen.[7] Doch erschließt sich die politische Funktion des RSHA in diesen Umschreibungen nicht. Das RSHA stellte keine Polizeibehörde im preußisch-administrativen Sinn dar, sondern muß als eine spezifisch nationalsozialistische Institution neuen Typs gesehen werden, die unmittelbar mit der nationalsozialistischen Vorstellung der »Volksgemeinschaft« und ihrer staatlichen Organisation verbunden war. Das Reichssicherheitshauptamt bildete demnach den konzeptionellen wie exekutiven Kern einer weltanschaulich orientierten Polizei, die ihre Aufgaben politisch verstand, ausgerichtet auf rassische »Reinhaltung« des »Volkskörpers« sowie die Abwehr oder Vernichtung der völkisch definierten Gegner, losgelöst von normenstaatlichen Beschränkungen, in ihren Maßnahmen allein der im »Führerwillen« zum Ausdruck kommenden Weltanschauung verpflichtet.

Reinhard Heydrich, bis zu seinem Tod im Juni 1942 Chef des RSHA, setzte sich konzeptionell von der »liberalistischen« Vergangenheit ab, in der vom Staat aus gedacht und der Gegner entsprechend als »Staatsfeind« bekämpft worden sei. Der Nationalsozialismus hingegen, so Heydrich, »geht nicht mehr vom Staate, sondern vom Volke aus. [...] Dementsprechend kennen wir Nationalsozialisten nur den Volksfeind. Er ist immer derselbe, er bleibt sich ewig gleich. Es ist der Gegner der rassischen, völklichen und geistigen Substanz unseres Volkes«,[8] unter denen Heydrich selbstverständlich in erster Linie die Juden verstand. Werner Best, Heydrichs Stellvertreter bis Mitte 1940, verglich eine solcherart umrissene nationalsozialistische Polizei mit einem Arzt, »als eine Einrichtung, die den politischen Gesundheitszustand des deutschen Volkskörpers

---

das »zentrale Organ des SS-Staates« war, das sich im Krieg gewaltig erweiterte (Bracher, Diktatur, S. 384), bildete es in den Augen Hans Buchheims »nicht so sehr den Anfang als vielmehr den Abschluß einer Entwicklung«, da die Sicherheitspolizei schon »entstaatlicht« war und der SD in einer Nebenrolle blieb (Buchheim, SS, S. 67).

7 Erhebung der Anklage gegen die Geheime Staatspolizei, 20. 12. 1945, Der Prozeß gegen die Hauptkriegsverbrecher vor dem Internationalen Militärgerichtshof, Nürnberg 1947, Bd. 4, S. 262.

8 Reinhard Heydrich, Die Bekämpfung der Staatsfeinde, in: Deutsches Recht, 6. Jg. 1936, Heft 7/8, 15. April 1936, S. 121–123, hier: S. 121.

sorgfältig überwacht, jedes Krankheitssymptom rechtzeitig erkennt und die Zerstörungskeime [...] feststellt und mit jedem geeigneten Mittel beseitigt«.[9]

Diese Biologisierung des Sozialen findet sich gleichermaßen bei der Kriminalpolizei. Kriminelle galten als genetisch minderwertig, von schlechter Erbanlage oder »minderen Blutes«. Aus der »professionellen Kriminalität« wurden »kriminelle Anlagen«, die, erbbiologisch einmal festgestellt, nicht mehr zu bessern waren, sondern »ausgesondert« und »ausgemerzt« werden sollten. Arthur Nebe, Chef des Reichskriminalpolizeiamtes, zugleich Amt V des RSHA, betonte, daß es auf dem Gebiet der Kriminalpolizei »nicht allein um die Vernichtung des Verbrechertums, sondern gleichzeitig auch um die Reinhaltung der deutschen Rasse« gehe.[10]

Der Besonderheit der Institution entsprach die ihrer Akteure. Von den Führungsangehörigen des RSHA wurde mehr verlangt als nur die bloße Ausführung von Befehlen. Sie hatten selbst die Konzeptionen zu entwerfen, die Praxis zu bestimmen, mit denen der weltanschauliche »Sicherungsauftrag« verwirklicht werden konnte. An diesem zentralen Ort der Verfolgungs- und Vernichtungspolitik des NS-Regimes brauchte es keine subalternen Beamten, sondern engagierte politische Männer wie Otto Ohlendorf, der als Amtschef des RSHA wie Chef der Einsatzgruppe D ebenjene beiden Seiten vereinigte, die der US-Richter Musmanno nur als getrennte, ja gegensätzliche wahrnehmen konnte, Reinhard Heydrich und Werner Best hingegen als zusammengehörig begriffen. Wer den »Volkskörper« pflegen und »gesund erhalten« wollte, durfte sich nicht scheuen, alle »Zerstörungskeime« mit »jedem geeigneten Mittel zu beseitigen«.

Diese Täter lassen sich nicht in ein gängiges Verbrecherbild einordnen. Sie waren keineswegs sadistische oder gar psychopathische Massenmörder, sondern offenkundig weltanschaulich überzeugt von dem, was sie taten. Sie stammten nicht vom Rand als vielmehr aus der bürgerlichen Mitte der Gesellschaft, hatten eine akademische Ausbildung hinter sich, etliche führten sogar einen Doktortitel. Vielleicht war deshalb die frühe, öffentliche Konfrontation mit diesen zentralen Tätern des nationalsozia-

---

9 Zitiert nach Herbert, Best, S. 164.
10 Arthur Nebe, »Aufbau der deutschen Kriminalpolizei«, in: Kriminalistik, 12. Jg. 1938, Heft 1, S. 4–8, Zitat: S. 4 f. Vgl. dazu umfassend Wagner, Volksgemeinschaft.

listischen Völkermords für die Zeitgenossen so verstörend und, wenn man das von Telford Taylor beschriebene Schweigen in diesem Sinn deutet, so lähmend, daß der Tätertypus, den Otto Ohlendorf verkörperte, rasch wieder verblaßte. Ohlendorf und mit ihm auch die übrigen wegen hundert- und tausendfachen Mordes Verurteilten des Nürnberger Einsatzgruppenprozesses (Fall 9) verwandelten sich im Laufe der Kriegsverbrecherdiskussion im Westdeutschland der fünfziger Jahre gewissermaßen in »Kriegsgefangene«, die aus alliierter Haft zu »befreien« selbst Theodor Heuss oder Carlo Schmid kein Engagement scheuten.[11] Stimmiger schienen andere Täterbilder zu sein: NS-Täter als sozial Deklassierte, als Bürokraten und Schreibtischtäter, als ideologiefreie Technokraten oder rationale Sozialingenieure, als »ordinary men« oder »ganz normale« Täter.

Täterbilder

Als Ohlendorf, Sandberger, Schulz, Steimle, Blume und andere Angehörige des RSHA als Einsatzkommandoführer vor Gericht standen, zeichnete der ehemalige Buchenwald-Häftling Eugen Kogon in seinem Buch über den »SS-Staat« ein ganz anderes Soziogramm der Täter: »Die Mannschaft des Apparates bestand erneut aus Menschen, die im normalen Polizeidienst nicht vorwärtsgekommen waren, und aus einer Fülle frisch hereingenommener verkrachter Existenzen, meist ohne jede charakterliche oder fachliche Vorbildung. [...] Die Gestapo entsprach sonach in ihrer ganzen Art vorzüglich der Lager-SS: die Mitglieder beider Einrichtungen waren sozial deklassierte Primitive, die man wirklich zu nichts anderem gebrauchen konnte.« Auch die »Intellektuellen« in den Reihen der SS waren laut Kogon vorwiegend Studienabbrecher gewesen, darunter »übrigens auch unverhältnismäßig viele entgleiste Volksschullehrer«, die ihre Mißerfolge durch Überheblichkeit abreagierten.[12]

---

11 Vgl. Frei, Vergangenheitspolitik; Brochhagen, Nach Nürnberg; siehe auch unten Kapitel 9.
12 Kogon, SS-Staat, S. 290, 291. Auch Karl Otto Paetel, ein Zeitgenosse des NS-Staates, aus der nationalbolschewistischen Bewegung stammend, schrieb 1954 über den SS-Mann, er sei der »sozial entwurzelte, rastlose, mit der eigenen Herkunft und

Mögen Kogons persönliche Erfahrungen mit der »Konzentrationslager-SS« zweifelsohne zutreffen,[13] das Führungspersonal des Reichssicherheitshauptamtes wurde mit solchen Charakterisierungen weit verfehlt. Zugleich aber war mit Kogons Täterprofil ein Ton angeschlagen worden, der sich auch in der frühen, verdienstvollen Studie zum Mord an den europäischen Juden von Gerald Reitlinger wiederfindet. Er charakterisierte das Personal der Einsatzgruppen als einen »seltsam zusammengewürfelten Haufen von Halbintellektuellen«, als eine »verlorene Legion arbeitsloser Intellektueller«, die es »im normalen Leben zu nichts gebracht« hätten.[14] In den Landserromanen und Illustrierten der fünfziger Jahre, die voll von Gruselgeschichten über den verschollenen Martin Bormann oder Josef Mengele waren, traten die NS-Täter in einer dämonischen Verkleidung auf, die sie als Teufel in Menschengestalt eben dem Menschlichen entrückten.[15]

Erst der Eichmann-Prozeß in Jerusalem 1961 entzauberte dieses faszinierend dämonische Bild, da auf den Fernsehmonitoren einer der wichtigen Täter der Shoah erschien und sich als ganz und gar undämonisch entpuppte. Daß dieser beflissene, unterwürfige und unscheinbare Mann im Jerusalemer Gerichtssaal tatsächlich der gefürchtete Adolf Eichmann gewesen sein sollte, war kaum zu glauben.[16] Hannah Arendts ungemein nachwirkendes Diktum von der »Banalität des Bösen« entsprach so sehr allem Anschein – und doch traf es mehr den Angeklagten als den Täter Eichmann, dessen rastloses Engagement zwischen 1935 und 1945 ihn als

---

jeder Sozialordnung zerfallene Landsknecht jeder Klasse, dem Bildung und Herkommen nichts, dem aber auch oft genug Ideen nur ›Vorwände der Bestimmung‹ waren« (Paetel, SS, S. 30).

13 Vgl. dazu die gründliche Studie von Orth, Konzentrationslager-SS, die damit die ältere, in vielem unbefriedigende Untersuchung von Tom Segev ablöst (Segev, Soldaten des Bösen).

14 Reitlinger, Endlösung, S. 208, 215 f.

15 Vgl. Schornstheimer, Bombenstimmung.

16 Aus der Fülle der zeitgenössischen Reportagen und Artikel zum Eichmann-Prozeß vgl. Nellessen, Der Prozeß von Jerusalem; Mulisch, Strafsache 40/61. Es bleibt ein bemerkenswerter Umstand, daß trotz der Vielzahl an Dokumenten, Zeugenaussagen und Einlassungen Eichmanns bis heute Hannah Arendts Buch der einzige biographische Versuch zu Eichmann geblieben ist (Arendt, Eichmann); vgl. jetzt aber Wojak, Eichmanns Memoiren.

16

eifrigen, von seiner Sache überzeugten Judenreferenten und Deportationsexperten zeigt.[17]

Doch war seit Hannah Arendts spektakulärem Buch das dämonische, entrückte Bild von NS-Tätern endgültig zerstoben. Zeitgleich erschien Raul Hilbergs bahnbrechende Studie, in der er – ausgehend von der Gesellschaftstheorie seines akademischen Lehrers Franz Neumann – die Vernichtung der europäischen Juden als bürokratischen Prozeß analysierte:

»Rückblickend mag es möglich sein, das gesamte Geschehen als Mosaik aus kleinsten Einzelteilen zu sehen, die für sich betrachtet gewöhnlich und nichtssagend sind. Doch diese Abfolge alltäglicher Erledigungen, diese aus Gewohnheit, Routine und Tradition diktierten Aktenvermerke, Denkschriften und Fernschreiben mündeten in einen gewaltigen Vernichtungsprozeß. Gewöhnliche Menschen sahen sich unversehens vor außerordentliche Aufgaben gestellt. Eine Phalanx von Funktionären in öffentlichen Ämtern und privaten Unternehmen wuchs über sich hinaus. [...] So unterschied sich die Vernichtungsmaschinerie nicht grundlegend vom deutschen Gesellschaftsgefüge insgesamt; der Unterschied war lediglich ein funktioneller. Die Vernichtungsmaschine war in der Tat nichts anderes als eine besondere Rolle der organisierten Gesellschaft.«[18]

Zygmunt Bauman spitzte diesen theoretischen Ansatz in seinen kritischen soziologischen Überlegungen zur Ambivalenz der Moderne noch weiter zu, indem er den Holocaust als eine extreme Entwicklungsmöglichkeit der Moderne kennzeichnete, die zwar nicht zwangsläufig sei, aber nur von ihr hervorgebracht werden könne.

»Der Holocaust entsprang genuin rationalistischen Überlegungen und wurde von einer Bürokratie in Reinkultur produziert. [...] Der Holocaust ist ein legitimer Bewohner im Haus der Moderne, er könnte in der Tat in keinem anderen zu Hause sein.«[19]

---

17 Zu Eichmanns zielstrebigen Aktivitäten siehe Safrian, Eichmann-Männer; Lozowick, Hitlers Bürokraten; Wildt, Judenpolitik.

18 Hilberg, Vernichtung, S. 1061 f. Die amerikanische Originalausgabe erschien 1961, und es sollte mehr als zwanzig Jahre dauern, bis die deutsche Übersetzung 1982 in einem kleinen Berliner Verlag herauskam (zum schwierigen Weg, einen deutschen Verleger zu finden, siehe Hilberg, Erinnerung, S. 147–151; zum Einfluß Franz Neumanns und Hans Rosenbergs auf den theoretischen Ansatz Hilbergs vgl. ebenda, S. 50–58; Hilberg/Söllner, Schweigen).

19 Bauman, Dialektik, S. 31.

Hilbergs Studie machte den Weg frei für eine Gesellschaftsgeschichte der Shoah, in der die Täterschaft weder einem einzelnen – etwa Hitler – noch einer kleinen Gruppe in NSDAP und SS, sondern allen Institutionen der deutschen Gesellschaft zugerechnet wurde. Der Anteil der Bürokratie am Massenmord ließ ebendiese Bürokratie zum vorrangigen Gegenstand der Analyse werden. Die als Gutachten zum Frankfurter Auschwitz-Prozeß 1963/64 entstandenen Beiträge von Martin Broszat, Hans Buchheim, Hans-Adolf Jacobsen und Helmut Krausnick, die in Anspielung an Kogons Buch unter dem Titel »Anatomie des SS-Staates« veröffentlicht wurden,[20] haben die Struktur des Vernichtungsapparates ebenso nüchtern untersucht wie Broszats Untersuchung über den Staat Hitlers oder Hans G. Adlers umfassende Analyse der Deportation der Juden aus Deutschland, die den bezeichnenden Titel »Der verwaltete Mensch« trug.[21]

Der Bürokrat, der in jeder gesellschaftlichen Institution anzutreffen war, der vom Schreibtisch aus per Erlaß den Mord organisierte, wurde zu einem zentralen Tätertypus. Nur auf seinen Teil des Arbeitsablaufes beschränkt, darauf zugeschnittene Verwaltungsaufträge entgegennehmend und diese korrekt und gewissenhaft ausführend, ohne sich für das Ganze verantwortlich zu fühlen, kurz: sich selbst nur als ein kleines Rädchen in einem großen, nicht zu beeinflussenden Getriebe begreifend – dieses Bild entsprach nicht nur den Rechtfertigungen zahlreicher Täter, sondern auch der Alltagserfahrung in einer modernen, bürokratisierten, arbeitsteiligen Gesellschaft. Der Massenmord wurde als fabrikmäßiges, industrielles Töten betrachtet; der Bürokrat geriet zum »unsentimentalen Technokraten der Macht« (Hans-Ulrich Thamer), zum Techniker des Todes, der kalt und unbeteiligt seinen Teil der großen Vernichtungsmaschine instand hält und optimiert, ohne einen Gedanken an den mörde-

---

20 Buchheim/Broszat/Jacobsen/Krausnick, Anatomie des SS-Staates. Zum Auschwitz-Prozeß vgl. Langbein, Auschwitz-Prozeß; Werle/Wandres, Auschwitz vor Gericht; Frei, Auschwitz-Prozeß; sowie das Jahrbuch 2001 des Frankfurter Fritz-Bauer-Instituts.

21 Broszat, Staat Hitlers; Hans G. Adler, Der verwaltete Mensch. Studien zur Deportation der Juden aus Deutschland, Tübingen 1974. Zur deutschen Historiographie des Holocaust vgl. jetzt Herbert, Vernichtungspolitik.

rischen Sinn des Ganzen zu verlieren, geschweige denn moralische Skrupel zu entwickeln.

Ein Täter wie Albert Speer, dessen 1969 veröffentlichte »Erinnerungen« für die deutsche Diskussion über den Nationalsozialismus kaum unterschätzt werden können, zeichnete von sich selbst das Bild eines an Sachproblemen orientierten Managers, der in steter Auseinandersetzung mit den »Ideologen« der SS an der Optimierung von politischen und wirtschaftlichen Prozessen interessiert war.[22] Ähnlich charakterisierte Christopher Browning die für die europäische »Endlösung der Judenfrage« wichtige Figur im Auswärtigen Amt, den Leiter der Deutschland-Abteilung Martin Luther, als »unconventional, hard-headed ›type of modern manager‹« und »amoral technician of power«.[23] Noch weiter gehen die Annahmen von Robert Koehl und Harald Welzer, die die SS-Täter als »Sozialingenieure« klassifiziert haben. In dem Bemühen, die soziale Binnenlogik der Täter zu erhellen, gerät der Auschwitz-Kommandant Rudolf Höß nach Welzer gar zum »Prototyp eines ›social engineers‹«, der »industrielle und bürokratische Funktionsabläufe mit wissenschaftlich fundierter und geschmeidig angepaßter Menschenbehandlung zu kombinieren versuchte«.[24]

Zweifelsohne hat die Maschinenmetapher, die den Massenmord als einen vor allem technischen, reibungslosen, von handelnden Akteuren nahezu unabhängigen Vorgang darstellte, den Vergleich von NS-Tätern mit Technikern oder Ingenieuren in starkem Maße beeinflußt.[25] Dagegen ha-

---

22 Speer, Erinnerungen; vgl. auch ders., Sklavenstaat.

23 Browning, Final Solution, S. 27 f.

24 Koehl, Toward an SS Typology; Welzer, Härte und Rollendistanz, Zitat: S. 367 (zu den verschiedenen psychologischen Ansätzen, Täter zu erklären, siehe den Überblicksartikel von Blass, Psychological Perspectives). Historisch gesicherte Informationen zu Rudolf Höß finden sich in Martin Broszats Einleitung zu den von ihm herausgegebenen Aufzeichnungen von Höß sowie bei Orth, Konzentrationslager-SS, S. 105–115, 146–150, 176–181.

25 Zur Kritik an der Vorstellung des »maschinellen« Tötens vgl. Herbert, Vernichtungspolitik, S. 57; Lüdtke, Fiktion. Der 1953 publizierte Bericht von Kurt Gerstein über die Technik der »Vergasung« in Belzec schilderte bereits die Qualen der Opfer, die fast drei Stunden zusammengepreßt in der Gaskammer eingepfercht waren, weil der Dieselmotor, der die Abgase in die Kammer leiten sollte, nicht ansprang (Augenzeugenbericht zu den Massenvergasungen).

ben die jüngeren, empirisch ausgerichteten Regionalstudien über die besetzten Gebiete in Osteuropa und der Sowjetunion wieder in Erinnerung gerufen, daß die Vernichtung der Juden keineswegs »maschinell« oder »industriell« vonstatten ging, als vielmehr unter brutalen, grausamen Umständen.[26] Das Bild des NS-Täters als Techniker des Todes wird durch diese Forschungen erheblich relativiert. Allerdings bleibt der Gedanke Jeffrey Herffs fruchtbar, den Techniker als Ideologen zu verstehen und das dem Ingenieur eigene Element des Konstruierens und der technischen Vision in den Mittelpunkt der Analyse zu rücken. Im Gegensatz zur Reduktion des Technikers auf bloße Technik öffnet Herff damit den Blick auf das Engagement und den utopischen Ehrgeiz von Ingenieuren, neue, bessere Welten zu entwerfen, die sich oftmals als totalitäre Schreckensszenarios erweisen.[27]

Diesen Gedanken haben Susanne Heim und Götz Aly in ihrem Buch »Vordenker der Vernichtung« weitergetrieben, in dem sie die Planungsvisionen von Ökonomen, Bevölkerungswissenschaftlern, Historikern, Geographen in den dreißiger und vierziger Jahre untersuchten.[28] Ihre These einer »Ökonomie der Endlösung«, in deren Rationalität der Antisemitismus und die Shoah gänzlich verschwanden, ist auf deutliche Kritik gestoßen.[29] Die Planungseuphorie und Rücksichtslosigkeit jedoch, mit denen in den zahllosen Denkschriften, Artikeln, Gutachten Millionen von Menschen wie auf einem Schachbrett hin und her geschoben oder »rationeller« gleich für die Ermordung vorgesehen wurden, stellen ungeachtet der weitgespannten These der Autoren nachdrücklich unter Be-

---

26 Manoschek, »Serbien ist judenfrei«; Pohl, Judenverfolgung in Ostgalizien; Sandkühler, »Endlösung« in Galizien; Gerlach, Kalkulierte Morde.

27 Herff, Reactionary Modernism, insbesondere das Kapitel »Engineers as ideologues«, S. 152–188; zur Monstrosität technischer Großprojekte vgl. auch van Laak, Weiße Elefanten.

28 Aly/Heim, Vordenker der Vernichtung.

29 Ihre These haben Susanne Heim und Götz Aly am prononciertesten in dem Aufsatz: Sozialplanung und Völkermord vertreten. Zur Kritik an ihrem Ansatz siehe Herbert, Rassismus und rationales Kalkül; Browning, Vernichtung und Arbeit; sowie die in den »Vierteljahrsheften für Zeitgeschichte« ausgetragene Kontroverse zwischen Dan Diner und Götz Aly (Diner, Rationalisierung und Methode; Aly, Erwiderung).

weis, daß ein Gutteil der (Mit-)Täter der »Endlösung« aus den akademischen Eliten kam.[30]

Von einer ganz anderen Seite hat die Forschung zu NS-Tätern ebenfalls neue Impulse erhalten. In der Alltagsgeschichte wurden jenseits übergeordneter Strukturzusammenhänge und weit entfernt von Hitler und der NS-Führung die Praxis nationalsozialistischer Herrschaft, Ausgrenzung und Verfolgung vor Ort untersucht.[31] Dabei gerieten die »normalen«, alltäglichen Täter in den Blick, von deren Mittun entscheidend abhing, ob sich nationalsozialistische Politik durchsetzen konnte. Kaum zwei andere Bücher haben die »ordinary men« und den Judenmord so nachhaltig in den Mittelpunkt der öffentlichen Interesses gerückt wie die Studien von Christopher Browning und Daniel Goldhagen, die sich zum Teil auf denselben Quellenbestand eines umfassenden staatsanwaltlichen Ermittlungsverfahrens gegen die Angehörigen des Reserve-Polizei-Bataillons 101 stützen.[32] Während Browning die Entwicklung dieser Männer zu Massenmördern als eine Geschichte von Gruppendruck, Anpassung, Gehorsam, situativer Gewaltbereitschaft und zunehmender Abstumpfung schildert, erscheinen dieselben Männer bei Goldhagen als mordwillige, antisemitische Gewalttäter, die schossen, weil sie durften, und nicht, weil sie mußten.

Daniel Goldhagens Buch ist sicher zu Recht wissenschaftlich heftig kritisiert worden.[33] Doch obwohl die methodisch wie historisch höchst fragwürdige These eines allumfassenden deutschen »eliminatorischen Antisemitismus« sicherlich keinen Bestand haben dürfte, so behält die eingangs gestellte Frage doch ihre Gültigkeit. Denn alle bisherigen Deutungen der Täter, so Goldhagen, laufen auf die Frage hinaus, »wie man Menschen

---

30 Seither hat in allen wissenschaftlichen Disziplinen die Beteiligung von Wissenschaftlern an der Vernichtungspolitik des NS-Regimes stärkere Aufmerksamkeit erfahren. Es würde den Rahmen einer Fußnote sprengen, hier eine vollständige Bibliographie aufzuführen; vgl. vielmehr als Überblick zu den jüngsten Forschungen und Thesen: Raphael, Radikales Ordnungsdenken.

31 Vgl. die von der Berliner Geschichtswerkstatt herausgegebene Dokumentation über 152 Projekte: »Geschichte zurechtrücken, Unbekanntes aufdecken«; sowie Gerstenberger/Schmid, Normalität oder Normalisierung?; Lüdtke, Funktionseliten.

32 Browning, Ganz normale Männer; Goldhagen, Hitlers willige Vollstrecker.

33 Vgl. Schoeps, Ein Volk von Mördern?; Birn/Rieß, Revising the Holocaust.

dazu bringen kann, Taten zu begehen, denen sie innerlich nicht zustimmen und die sie nicht für notwendig oder gerecht halten«. Für Goldhagen ist klar, daß der Antisemitismus als zentrales Element nationalsozialistischer Weltanschauung das Handeln der Täter bestimmte. »Die Täter, die sich an ihren eigenen Überzeugungen und moralischen Vorstellungen orientierten, haben die Massenvernichtung der Juden für gerechtfertigt gehalten, sie wollten nicht nein dazu sagen.«[34]

Beide Bücher, die explizit den Begriff »ordinary« im Originaltitel führen, gelangen, wenn auch von jeweils verschiedenen Polen aus, zu einem problematischen Verständnis des Gewöhnlichen. Bei Browning, der sein Buch charakteristischerweise mit der Analyse einer gegebenen Gewaltsituation, nämlich dem Massaker in Józefów am 13. Juli 1942, beginnen läßt, tritt das situative Moment in den Vordergrund. Folgerichtig verflüchtigt sich der Judenhaß als Motiv in Brownings Untersuchung, und das von Goldhagen aufgeworfene Problem, ob die Täter nicht wollten, was sie taten, verwandelt sich am Schluß in die eher ratlose Frage: Wenn diese »normalen Männer« unter solchen Umständen zu Mördern werden konnten, für welche Gruppe von Menschen ließe sich noch Ähnliches ausschließen?[35] Goldhagen hingegen, dem das Verdienst zukommt, den Antisemitismus, der im technokratischen Rationalitäts- und strukturalistischen Bürokratiediskurs zu verschwinden drohte, wieder in den Mittelpunkt gerückt zu haben, entzieht sich der Aufgabe, das Gewöhnliche und das Außergewöhnliche analytisch voneinander zu trennen, indem er einen extremen, eliminatorischen Antisemitismus zur deutschen Normalität erhebt.

So scheint sich am Ende der Kontroverse die Erkenntnis herauszubilden, es mit mehreren Typen von NS-Tätern zu tun zu haben, die je nach Stellung im Vernichtungsprozeß, je nach Rolle und Engagement, Herkunft und Ausbildung differenziert werden müssen. Je mehr die Verfolgung und Vernichtung der europäischen Juden nicht als Tat Hitlers oder nur spezifischer bürokratischer Instanzen, sondern die gesellschaftliche Dimension, die Tatbeteiligung zahlreicher Gruppen und Institutionen wahrgenommen wird, desto eingehender wird sich auch die Analyse der

---

34 Goldhagen, Hitlers willige Vollstrecker, S. 28.
35 Browning, Ganz normale Männer, S. 247.

Täter differenzieren müssen. Nicht die Annahme eines dominanten Tätertypus wird den Weg der künftigen Forschung weisen, als vielmehr die Analyse des Zusammenhangs verschiedener Akteure und Institutionen, von intentionalem Vernichtungswillen und strukturellen Bedingungen, von Ideologie und Funktion, individuellem Vorsatz und situativer Gewaltdynamik.

Generation, Institution, Krieg

An diesem Punkt setzt die vorliegende Untersuchung über die führenden Akteure des Reichssicherheitshauptamtes ein. In die vorgestellten Täterbilder passen sie offenkundig nicht hinein. Otto Ohlendorf zum Beispiel gehörte weder zu den sozial Deklassierten, noch verfügte er über eine verwaltungsjuristische Ausbildung, die ihn zum Bürokraten oder Schreibtischtäter qualifiziert hätte. Ebensowenig ließe sich die Figur Otto Ohlendorf als Techniker oder Sozialingenieur beschreiben. Ohlendorfs kalte Erklärung jedoch, daß die Juden getötet werden mußten, weil sie ein »Sicherheitsproblem« dargestellt hätten, verweist wiederum auf den modernen Rationalitätsmodus, mittels dessen in einer arbeitsteilig organisierten Gesellschaft selbst das Ungeheuerliche eine kalkulierende Begründung erhält, die ihren antisemitischen Ursprung sachlich-kühl zu kaschieren weiß. Die Tatsache, daß Ohlendorf kein Jurist war, verhinderte keineswegs, daß er Amtschef einer Reichsbehörde und stellvertretender Staatssekretär, also Entscheidungsträger im bürokratischen Geflecht des NS-Staates wurde. Mit monokausalen Zuschreibungen läßt sich das Führerkorps des Reichssicherheitshauptamtes offensichtlich nicht erfassen. Um das Gewöhnliche wie Außergewöhnliche dieser RSHA-Täter, der »Kerngruppe des Genozids« (Ulrich Herbert), zu erklären, wird es notwendig sein, ihre verschiedenen, abweichenden wie übereinstimmenden, Profile zu untersuchen.

Summiert man sämtliche Personen, die im Reichssicherheitshauptamt, das insgesamt annähernd 3000 Mitarbeiter besaß, führende Funktionen eingenommen haben, also Amtschefs, Gruppenleiter und Referenten, so kommt man auf eine Zahl von etwa 400 Männern (und einer Frau), von denen zu einem großen Teil bislang nicht einmal die Namen bekannt waren. Allerdings gab es eine nicht unbeträchtliche Fluktuation, und etliche dieser Führungsmitglieder gehörten dem RSHA nur für kurze Zeit, oftmals nur wenige Monate, an. Um daher ein aussagefähiges Sample zusammenzustellen, sind für die vorliegende Untersuchung diejenigen Führungsangehörigen ausgewählt worden, die dem RSHA entweder mindestens anderthalb Jahre oder in der wichtigen Phase seiner Gründung 1939 bis 1941 angehört haben. Dieses Sample umfaßt 221 Personen, auf deren Daten sich die vorliegende Studie zum RSHA-Führungskorps stützt.

Betrachtet man die altersmäßige Zusammensetzung dieser Gruppe, sticht deren weitgehende generationelle Homogenität ins Auge. Mehr als drei Viertel von ihnen entstammten den Jahrgängen 1900 und jünger, gehörten also jener Kriegsjugendgeneration an, die den Krieg an der »Heimatfront« erlebten, aber selbst nicht mehr eingezogen, geschweige denn Frontsoldaten wurden.[36] Zu Recht hat Hans Jaeger darauf hingewiesen, daß ein historischer Generationenbegriff weniger zur Analyse von gleichförmig ruhigen Phasen der Geschichte taugt, als vielmehr seinen interpretatorischen Wert erst mit den Einschnitten großer, die ganze Gesellschaft erfassenden geschichtlichen Ereignissen wie Kriegen, Revolutionen, Naturkatastrophen oder wirtschaftlichen Zusammenbrüchen entfaltet, die die Gesellschaften spalten und ihre Mitglieder zu Stellungnahmen zwingen.[37] Zweifellos war der Erste Weltkrieg, die »Urkatastrophe des Jahrhunderts« (George F. Kennan), ein solcher generationsbildender Einschnitt. Die umfassenden existentiellen Erfahrungen des massenhaften Sterbens auf dem Schlachtfeld, der Zusammenbruch der alten kaiserlichen Welt und der Zerfall der Wertvorstellungen aus der Vorkriegszeit haben

---

36 Die von Friedrich Zipfel früh geäußerte und von Ulrich Herbert nachdrücklich unterstützte Vermutung, daß es sich bei der Führung des Reichssicherheitshauptamtes um eine junge, generationell homogene Gruppe handele, erhält damit eine empirisch gesicherte Bestätigung (Zipfel, Gestapo und Sicherheitsdienst; Herbert, Best, S. 526 f.).

37 Jaeger, Generationen in der Geschichte; ebenso Bude, Deutsche Karrieren, S. 36 f. »Generationen«, hält auch Andreas Schulz jüngst fest, »eignen sich nicht als als universale Deutungskonzepte, um historischen Wandel zu erklären.« Aber mit Hinweis auf Ulrich Herberts Studie über Werner Best: »In einer Generation können sich hingegen Gemeinschaften oder Gruppen bilden, deren innerer Zusammenhalt durch die beschriebenen Merkmale – Abgrenzung zur älteren Generation, Prägung durch gemeinsame Zeiterfahrungen und Zeiterleben, Übereinstimmung in Sprache, Gestus, Habitus – begründet wird.« (Schulz, Individuum und Generation, S. 413)

alle europäischen Gesellschaften erfaßt und Deutschland, das 1914 siegesgewiß auszog und sich 1918 in der Rolle des Geschlagenen wiederfand, sicherlich in besonderer Weise.

Die Kriegsjugendgeneration, der in ihrer eigenen Perspektive die »Bewährung« an der Front versagt geblieben war, bildete das Reservoir, aus der das Führungskorps des Reichssicherheitshauptamtes zu mehr als drei Vierteln stammte. Hinsichtlich ihrer sozialen Herkunft und akademischen Ausbildung hoben sich die RSHA-Angehörigen keineswegs von ihren Altersgenossen ab. Im ersten Kapitel kommen daher bewußt Zeitgenossen wie Klaus Mann (Jahrgang 1906) oder Sebastian Haffner (Jahrgang 1907) zu Wort, deren antinationalsozialistische Position außer Frage steht, die jedoch aufgrund ihrer scharfen Beobachtungsgabe und Fähigkeit zur Reflexion Deutungen ihrer Generation formulieren konnten, die anderen Altersgenossen verschlossen blieben. Nicht nur die Erfahrung der Kriegszeit, sondern mindestens ebenso die unmittelbaren, entbehrungsreichen wie politisch instabilen Nachkriegsjahre und besonders das Erlebnis des politisch wie wirtschaftlich desaströsen Inflationsjahrs 1923, in dem die bürgerliche Welt gewissermaßen auf den Kopf gestellt wurde, haben die Kriegsjugendgeneration geprägt.[38]

Diese Generationslage gibt Aufschluß über das spezifische politische Weltanschauungsprofil, wie es für die späteren RSHA-Angehörigen während ihrer Universitätsjahre in den späten zwanziger und frühen dreißiger Jahren zu beobachten ist. Als Analysefaktoren reichen Generation und Weltanschauung jedoch allein nicht aus. Beide Elemente strukturieren Wahrnehmungen und Erfahrungen, sie disponieren indessen keineswegs zwangsläufig zum Massenmord. Bei keinem der jungen Männer, die später im RSHA führende Positionen einnahmen, finden sich zu Beginn des NS-Regimes irgendwelche Anzeichen auf einen »eliminatorischen Antisemitismus« oder auf eine Bereitschaft zur Vernichtung, die nur auf den Mo-

---

38 Zum Generationenbegriff und dessen Bedeutung für die Sozialwissenschaften heute siehe neben dem berühmten und nach wie vor grundlegenden Aufsatz von Karl Mannheim, Das Problem der Generationen, die bereits erwähnten Aufsätze von Jaeger, Generationen in der Geschichte; Schulz, Individuum und Generation; sowie Fogt, Politische Generationen; Roseman, Generation Conflict; sowie die Arbeiten von Heinz Bude (Deutsche Karriere; Das Altern einer Generation) und Schneider/Silke/Leineweber (Erbe der Napola; Trauma und Kritik).

ment des Auslösens wartete. Dennoch waren etliche dieser Männer wenige Jahre später Führer von Einsatzgruppen und -kommandos und verantwortlich für den Mord an Zehntausenden von Juden, Männern, Frauen und Kindern. Welche Faktoren also müssen über den »Generationszusammenhang« (Karl Mannheim) hinaus Eingang in die Analyse dieser RSHA-Täter finden? Wenn man nicht ein deterministisches biographisches Modell verfolgen will, dem zufolge sich aus den Erlebnissen und Erfahrungen in Kindheit und Jugendzeit die späteren Auffassungen und Handlungen von Menschen ableiten – eine Annahme, die oftmals den »intentionalistischen« Erklärungsansätzen für Hitler zugrunde liegt –, dann ist ein komplexeres Modell gefordert, das den politischen Kontext, die Struktur des NS-Regimes und insbesondere die spezifische Institution der nationalsozialistischen Polizei und des SD einbezieht.

So erhöhte die NS-Diktatur ohne Zweifel auf der einen Seite den Anpassungsdruck auf junge Akademiker, wenn sie eine Berufskarriere in Deutschland planten und nicht an Emigration dachten, sich in den Dienst des Regimes zu stellen. Auf der anderen Seite bedeutete die Zerstörung rechtsstaatlicher, zivilgesellschaftlicher und moralischer Schranken in der wissenschaftlichen Forschung und Praxis eine ungeheure mephistophelische Öffnung des Möglichkeitshorizonts, die gerade diese jungen, radikalen Akademiker nicht unbeeinflußt ließ. Insbesondere erfuhr die politische Polizei, die in jeder Diktatur eine maßgebliche Rolle spielt, im Nationalsozialismus eine bedeutsame Strukturveränderung wie Aufgabenerweiterung. Die Entscheidung Hitlers, die staatliche Polizei mit der SS zu vereinigen und unter die Führung des Reichsführers SS zu stellen, war, wie Martin Broszat zu Recht schrieb, »der weitaus folgenreichste Vorgang der Verselbständigung eines Teils der Reichsgewalt bei gleichzeitiger Verschmelzung von Partei- und Staatsaufgaben«.[39]

Die Frage nach der Struktur des NS-Regimes stellt sich für das Reichssicherheitshauptamt in besonderer Weise, da es sich sowohl von einer traditionellen Behördenorganisation abhob als auch seine Struktur einen deutlichen politischen Gestaltungswillen offenbarte. Das RSHA sollte eine politische Institution mit der Aufgabe der »rassischen Generalprävention« (Ulrich Herbert) sein, losgelöst von bürokratischen Bindungen

---

39 Broszat, Staat Hitlers, S. 336; vgl. auch Herbert, Best, S. 163–180.

allein nationalsozialistischer Politik verpflichtet, eine genuine Institution des »Maßnahmenstaates« (Ernst Fraenkel). In der Art, mit der die Akteure des RSHA auf die Eroberungserfolge des NS-Regimes reagierten beziehungsweise sie projektiv im Ausbau oder in der Neubildung von Referaten und Gruppen vorwegnahmen, Referate zusammenlegten, anders verorteten oder ganz strichen, wenn es die politische Situation erforderte, zeigt das Reichssicherheitshauptamt als eine flexible Institution, die sich rasch den politischen Gegebenheiten anpaßte, um wiederum auf sie größtmöglichen Einfluß zu nehmen.[40] Die dem RSHA inhärente entgrenzte Struktur, die es signifikant von herkömmlichen Behörden oder Vorstellungen bürokratischer Staatlichkeit abhebt, stieß jedoch innerhalb einer bürgerlich-verrechtlichten Gesellschaft, wie es das Deutsche Reich auch in der NS-Diktatur blieb, an immanente Grenzen. Erst der Krieg und die Politik in den eroberten, besetzten Gebieten, vor allem im Osten, boten einer Institution wie dem RSHA die Möglichkeit, entgrenzte Radikalität nicht nur als organisatorische Struktur, sondern auch als politische Praxis zu verwirklichen.

Schon das Datum seiner Gründung, der 27. September 1939, offenbart, wie sehr das RSHA mit dem Krieg verbunden war. Zwar wurde es mit weitgehenden konzeptionellen Vorgaben geschaffen, aber seine Bewäh-

---

40 Der Begriff der Institution ist daher mit Bedacht gewählt. Nachdem durch die kulturkonservative Institutionenlehre Arnold Gehlens, Hans Freyers und Helmut Schelskys der Begriff in der neueren Soziologie lange Zeit als altmodisch und unbrauchbar galt, hat die praxeologische Wende in den Sozialwissenschaften, insbesondere durch die Arbeiten von Pierre Bourdieu, auch die Diskussion um den Terminus der Institution neu belebt (Blänkner/Jussen, Institutionen; Göhler u. a., Politische Institutionen; Göhler, Eigenart, Revel, L'institution). Die Öffnung der Blicks über staatliche Administration (Institution als Behörde) und gesellschaftliche Verbände hinaus ermöglicht nun, im Begriff der Institution eben die Interdependenz von Konzeption und Organisation, Akteur und Struktur, Theorie und Praxis zu fassen. Wenn politische Institutionen nach der neueren Definition von Karl-Siegbert Rehberg als »Regelsysteme der Herstellung und Durchführung verbindlicher, gesamtgesellschaftlich relevanter Entscheidungen und Instanzen der symbolischen Darstellung von Orientierungsleistungen einer Gesellschaft« (Rehberg, Institutionen, S. 57) bezeichnet werden, dann kommt diese zivilgesellschaftliche Bestimmung, ins Totalitäre übersetzt, der Eigenart des Reichssicherheitshauptamtes als konzeptionelle, entgrenzte, Weltanschauung und Praxis verbindende Institution sehr nah.

rung, seine Tauglichkeit hatte es im Krieg, im »Einsatz«, unter Beweis zu stellen. Entgegen der Betrachtung des RSHA als »Verwaltungsbüro« enthüllten sich seine Macht und Bedeutung in den mobilen Einheiten, den Einsatzgruppen und Einsatzkommandos, die in den eroberten Gebieten sowohl die polizeiliche »Sicherung« als auch das Projekt einer politischen »Sicherung«, das heißt einer völkisch-rassenbiologischen Neuordnung Europas, verfolgten, die im destruktiven ersten Schritt die Vernichtung des europäischen Judentums bedeutete. Dabei spielte der Krieg gegen Polen 1939 eine entscheidende Rolle, da er durch die Absicht, die geistige Elite des polnischen Volkes zu vernichten, sowie durch die Vertreibung und Deportation von Polen und Juden aus den westpolnischen Gebieten einen unverkennbar völkisch-rassistischen Charakter besaß. In Polen, wo im Herbst 1939 zahlreiche spätere RSHA-Führungsangehörige als Kommandoführer oder Stabsangehörige in den Einsatzgruppen fungierten, wurde der rassistische Massenmord in großer Dimension zum ersten Mal praktiziert. Die Radikalität der RSHA-Praxis in Polen setzte sich in Westeuropa und vor allem von 1941 an in den besetzten sowjetischen Gebieten fort, wie im siebten Kapitel, insbesondere an drei Fallstudien, gezeigt wird. Selbst der Zerfall, die räumliche Fragmentierung in einzelne Ämter, Gruppen und Referate in den Jahren 1944/45 durch die Auslagerungen etlicher Dienststellen aus dem zerbombten Berlin in eine Vielzahl von Ausweichquartieren, minderte nicht die Radikalität und Gefährlichkeit des RSHA. Die Deportation der ungarischen Juden im Sommer 1944, die Jagd auf die slowakischen Juden 1944/45 und auch die Verfolgung der Widerstandskreise nach dem Attentat vom 20. Juli 1944 vollzogen die RSHA-Akteure mit unbedingtem Engagement.

Der Krieg, die Entgrenzung alltäglichen Tötens, ist daher nach Generation und Institution der dritte entscheidende Faktor, der für die Analyse des RSHA-Führerkorps von Bedeutung ist. Will man das Problem der Radikalisierung, die Frage nach Entwicklung und Entscheidung, erhellen, so wird man ebendiesen Zusammenhang von Akteuren, Institution und Praxis untersuchen müssen. Das RSHA entstand gewissermaßen durch die Politik seiner Akteure, deren Praxis wiederum durch die von ihnen geschaffene Institution gelenkt und strukturiert wurden. Nicht individual- oder sozialpsychologische Vorstellungen einer gespaltenen Persönlichkeit, nicht die soziologische Festschreibung von technokratischen Erfüllungsgehilfen bürokratischer Machtstrukturen oder modernisierungstheoreti-

28

sche Annahmen von NS-Tätern als Sozialingenieuren bilden die Leitlinie dieser Studie, sondern die Untersuchung eines Prozesses dynamischer Radikalisierung von weltanschaulich radikalen Akteuren, entgrenzter Institution und mörderischer Praxis im Krieg.[41]

Quellen und Forschung

Hinsichtlich der Quellen kann sich eine solchermaßen angelegte Studie zum RSHA-Führerkorps in erster Linie auf die SS-Personalakten, die ehemals im Berlin Document Center und nun im Bundesarchiv lagern, sowie auf staatsanwaltliche Ermittlungsunterlagen stützen. Unter der Federführung des Generalstaatsanwaltes beim Kammergericht in Berlin hat in den sechziger Jahren eine länderübergreifende Sonderkommission von Staatsanwälten und Kriminalbeamten Ermittlungen gegen die Angehörigen des RSHA aufgenommen. Obwohl es in der Mehrzahl der Fälle nicht zur Anklageerhebung und Verhandlungseröffnung gekommen ist, wie im neunten Kapitel erläutert wird, bieten diese Ermittlungsakten dennoch für den Historiker eine Fülle an Dokumenten, Vernehmungen und Beweisaufnahmen, die für diese Untersuchung genutzt werden konnten.[42] Darüber hinaus sind gegen etliche RSHA-Angehörigen in den sechziger und siebziger Jahren Ermittlungsverfahren eingeleitet worden, die zum Teil auch zu einer Verurteilung führten. Für diese Fälle konnten die umfangreichen Bestände der Zentralen Stelle der Landesjustizverwaltungen in Ludwigsburg ausgiebig herangezogen werden. Persönliche Dokumente wie Tagebücher und Briefe sind nur in den seltensten Fällen erhalten geblieben beziehungs-

---

41 In einem wenig beachteten Aufsatz hat Martin Broszat darauf aufmerksam gemacht, daß man bei der »Judenpolitik« des Dritten Reiches nicht »ohne Annahme einer Radikalisierung« auskommt, was nicht bedeute, daß die physische Ausrottung der Juden nicht schon als radikalste »Lösung« von Hitler und anderen als Möglichkeit gedacht worden sei, »aber eben nur als Möglichkeit, die erst später, aufgrund späterer Bedingungen, wirklich durchzuführen beschlossen wurde« (Broszat, Soziale Motivation und Führer-Bindung, S. 406).
42 Diese Unterlagen sind mittlerweile dem Landesarchiv Berlin übergeben worden und dort unter der Signatur B Rep. 057 einzusehen. Da ich diese Akten noch im Kammergericht Berlin eingesehen und ausgewertet habe, sind sie entsprechend dieser Provenienz in den Fußnoten nachgewiesen.

weise dem Verfasser zugänglich gewesen, bis auf einige Fälle, die dann allerdings, wie bei Heinz Gräfe, sehr anschaulich gerade über die Zeit der Annäherung an das NS-Regime und den Eintritt in den SD Aufschluß geben. Zusätzlich hat die Recherche in Universitätsarchiven wie Leipzig oder Jena aussagekräftiges Material für die studentischen politischen Aktivitäten der späteren RSHA-Angehörigen zutage fördern können.

Für die Institution des Reichssicherheitshauptamtes bietet in erster Linie der von Heinz Boberach akribisch rekonstruierte Aktenbestand RSHA (R 58) des Bundesarchivs die Quellenbasis. Aber insbesondere zum SD-Hauptamt waren die seit 1991/92 zugänglichen Bestände des Sonderarchivs in Moskau ebenso wie die Fülle an überlieferten Originalakten des SD aus der Abteilung IX/11 des ehemaligen Ministeriums für Staatssicherheit der DDR, die heute im Bundesarchiv/Zwischenarchiv Dahlwitz-Hoppegarten lagern, wichtig und ertragreich. Für die Praxis des RSHA, das sowohl im Deutschen Reich selbst als auch in allen besetzten Gebieten tätig war, mußte in etlichen Archiven recherchiert werden, die Dokumente zur Verfolgungs- und Vernichtungspolitik des NS-Regimes enthalten, wie die Gedenk- und Forschungsstätte Yad Vashem in Jerusalem, die US National Archives oder das US Holocaust Memorial Museum in Washington, ganz zu schweigen von der Fülle an Forschungsliteratur zur Shoah, die für eine Geschichte des RSHA-Führerkorps auszuwerten war. Hier hätte ich mich sicherlich als einzelner im Dickicht der Forschung verloren, wenn nicht die gemeinsame Editionsarbeit am Dienstkalender Heinrich Himmlers 1941/42 nicht nur gerade diese zwei für die »Endlösung« entscheidenden Jahre erschlossen, sondern auch die Gelegenheit geboten hätte, mit anderen kompetenten Forscherinnen und Forschern zur Vernichtungspolitik des NS-Regimes Probleme, offene Fragen und Forschungsdebatten zu diskutieren.

Ganz ohne Zweifel hat die vorliegende Arbeit viel der wegweisenden Studie von Ulrich Herbert über Werner Best zu verdanken – nicht zuletzt stammt von Ulrich Herbert der Anstoß für eine Untersuchung des Führerkorps des Reichssicherheitshauptamtes.[43] Mit Best stellte Herbert einen

---

43 Die vorliegende Studie über das Führungskorps des RSHA ist Teil des von Ulrich Herbert, damals Direktor der Forschungsstelle für die Geschichte des Nationalsozialismus in Hamburg, geleiteten und von der VW-Stiftung finanziell geförderten Forschungsprojekts »Weltanschauung und Diktatur«, zu dem ebenfalls Karin

exemplarischen, hochrangigen SS-Täter vor, der ebenfalls weder Techno-
krat noch »normal« war. Werner Best unterschied sich durch Ausbildung,
Weltanschauung und politische Praxis von anderen Deutschen und gehörte doch einer spezifischen Generation an, deren Erfahrungen und politische Schlußfolgerungen einer konkreten historischen Phase zuzurechnen sind. Die Biographien der späteren RSHA-Führer weisen daher bis zu
ihrem Eintritt in das Reichssicherheitshauptamt durchaus Ähnlichkeiten
und Gemeinsamkeiten mit Werner Best auf. Allerdings verließ Best das
RSHA kurz nach dessen Gründung im Juni 1940 als Folge einer konzeptionellen Auseinandersetzung mit Reinhard Heydrich, wie im vierten Kapitel eingehender geschildert werden wird. Insofern gibt Herberts Studie
über Best wichtige Aufschlüsse über den Werdegang der RSHA-Führer,
aber im Moment der Entfaltung und Entgrenzung der Institution auf der
einen und des »Einsatzes« im Krieg auf der anderen Seite gehörte Werner
Best nicht mehr dem Reichssicherheitshauptamt an. Er führte nie eine Einsatzgruppe, sondern blieb als Kriegsverwaltungchef in Frankreich und
Reichsbevollmächtigter in Dänemark im klassischen Sinn ein Schreibtischtäter.

Mittlerweile kann auf eine durchaus beachtliche Forschung zur Sicherheitspolizei und zum SD zurückgegriffen werden. Zwar brauchte es über
zehn Jahre, bis nach den ersten Ansätzen von Friedrich Zipfel und Hans
Buchheim mit Shlomo Aronsons Dissertation über die Anfänge von Gestapo und SD eine erste, solide und umfassende Grundlage geschaffen
wurde.[44] Die nach dem Krieg erschienenen Aufzeichnungen von früheren
Protagonisten von Gestapo und SD waren allenfalls als Quelle, nicht als
Analyse zu gebrauchen,[45] und auch ein so beachtliches Buch wie das von

---

Orths Untersuchung der Konzentrationslager-SS und Christoph Dieckmanns
Analyse der deutschen Besatzungspolitik in Litauen gehören.

44 Zipfel, Gestapo und Sicherheitsdienst; Buchheim, SS; Aronson, Reinhard Heyd-
rich. Alwin Rammes Studie ist trotz der marxistisch-leninistischen Orthodoxie der
Thesen und der Verbindung Rammes mit dem Ministerium für Staatssicherheit der
DDR in den empirischen Befunden beachtenswert (Ramme, Sicherheitsdienst der
SS; zur Verbindung Rammes mit dem MfS vgl. BStU, AS 269/68).

45 Diels, Lucifer ante Portas; Hagen (i. e. Wilhelm Höttl), Die geheime Front; Schellenberg, Memoiren. Fragwürdig in Quellenkritik und Schlußfolgerungen waren
gleichfalls Delarue, Geschichte der Gestapo; Crankshaw, Gestapo.

Heinz Höhne über die SS konnte die wissenschaftliche Untersuchung nicht ersetzen.[46] Dagegen entstanden in England und den USA in den siebziger und achtziger Jahren eine Reihe von Arbeiten zur SS, die für die Beschäftigung mit Sicherheitspolizei und SD unverzichtbar sind.[47] Vor allem ist George Browder zu nennen, dessen Studien zum SD, zum größten Teil leider bis heute nicht ins Deutsche übersetzt, mit empirischer Akribie und wissenschaftlicher Zuverlässigkeit die Frühzeit von SD und Gestapo behandeln.[48]

In den achtziger und neunziger Jahren nahm auch die deutsche Forschung wieder die Fäden aus den frühen sechziger Jahren auf. Wichtige Arbeiten entstanden, wie die Studie von Helmut Krausnick und Hans-Heinrich Wilhelm über die Einsatzgruppen, Bernd Wegner über die Waffen-SS, Christoph Graf zur politischen Polizei, Ruth Bettina Birn über die Höheren SS- und Polizeiführer oder Johannes Tuchel zur Inspektion der KL.[49] Nicht zuletzt die von Reinhard Rürup initiierte und geleitete Ausstellung »Topographie des Terrors« auf dem Gelände des ehemaligen Gestapo-Gebäudes in Berlin, Prinz-Albrecht-Straße, lenkte den Blick auf die »Zentrale des Terrors«.[50] Hans Safrian hat mit seinem Buch über die »Eichmann-Männer« das Personal und vor allem die Praxis des RSHA-Referats IV B 4 untersucht, wie jetzt Yaacov Lozowick gewissermaßen als Pendant die Deportationen in Westeuropa und die bürokratische Struktur das Eichmann-Referats analysierte.[51] Christian Ingraos Studie über die

---

46 Höhne, Orden unter dem Totenkopf (zuerst als »Spiegel«-Serie erschienen); das Niveau von Höhne nicht erreichend: Reitlinger, SS; Neusüss-Henkel, SS.

47 Boehnert, Sociography of the SS-Officer Corps; ders., Jurists in the SS-Führerkorps; Koehl, Black Korps; Ziegler, Nazi's German New Aristocracy.

48 Browder, SD; ders., Anfänge des SD; ders., Foundations of the Nazi Police State; ders., Hitler's Enforcers.

49 Krausnick/Wilhelm, Truppe des Weltanschauungskrieges. Hans Heinrich Wilhelms umfangreiche Dissertation zur Einsatzgruppe A, 1973 als Dissertation eingereicht, ist erst 1996 erschienen (Wilhelm, Einsatzgruppe A); Wegner, Hitlers Politische Soldaten; Graf, Politische Polizei; Birn, Die Höheren SS- und Polizeiführer; Tuchel, Konzentrationslager.

50 Topographie des Terrors; sowie Tuchel/Schattenfroh, Zentrale des Terrors.

51 Safrian, Eichmann-Männer; Lozowick, Hitlers Bürokraten; siehe auch Pätzold/ Schwarz, Auschwitz.

SD-Intellektuellen steht vor ihrer Veröffentlichung.[52] Jens Banach schließlich hat mit seiner umfassenden quantifizierenden sozialstatistischen Arbeit zum Führerkorps der Sicherheitspolizei und des SD im Gefolge der Untersuchungen von Gunnar Boehnert und Herbert Ziegler zur SS-Führerschaft sowie Mathilde Jamin zu den SA-Führern aussagekräftige Zahlen vorgelegt, die für die Untersuchung der RSHA-Führung als verläßliche Rahmendaten gelten können.[53]

Robert Gellately, Gerhard Paul und Klaus-Michael Mallmann haben, weit über ihre nachhaltige Kritik am Bild von der Gestapo als einer allwissenden und allmächtigen Institution, mit ihren empirischen Forschungen das Wissen zur Struktur und Praxis der Gestapo enorm erweitert.[54] Ebenfalls liegt mit Patrick Wagners Arbeit eine grundlegende Analyse kriminalpolizeilicher Theorie und Praxis von der Weimarer Republik bis in den NS-Staat vor, die ebenso wie Michael Zimmermanns Untersuchung über die Verfolgung der Roma und Sinti durch das NS-Regime nicht allein die Institutionen und das Geschehen, sondern explizit auch die politischen Konzeptionen behandelt.[55] Über Monographien zu SS-Führern wie Himmler, Heydrich oder Kaltenbrunner hinaus,[56] die jene alten, vielfach

---

52 Ingrao, Les intellectuels S.S. du S.D., zum Teil veröffentlicht in: Ingrao, Culture de guerre.

53 Banach, Heydrichs Elite; Boehnert, Sociography of the SS Officer Corps; Ziegler, Nazi Germany's New Aristocracy; Jamin, Zwischen den Klassen. Eine neuere, leider bislang unveröffentlichte Dissertation zum Führungspersonal des SS-Wirtschafts- und Verwaltungshauptamtes hat Mike Allen vorgelegt, in der er die These von den bloßen Erfüllungsgehilfen verwirft und das moderne Managerengagement dieser Männer hervorhebt (Allen, Engineers and Modern Managers in the SS; ders., The Banality of Evil Reconsidered; zum SS-Wirtschafts- und Verwaltungshauptamt vgl. jetzt die grundlegende Dissertation von Schulte, Zwangsarbeit und Vernichtung).

54 Gellately, Gestapo und die deutsche Gesellschaft; Mallmann/Paul, Herrschaft und Alltag, insbesondere die Abschnitte zur Staatspolizeistelle Saarbrücken, S. 164–326; Paul, Staatlicher Terror; Paul/Mallmann, Gestapo; dies., Gestapo im Zweiten Weltkrieg. Einen kritischen Blick auf die These vom Mythos der allmächtigen Gestapo wirft Norbert Frei, Zwischen Terror und Integration.

55 Wagner, Volksgemeinschaft ohne Verbrecher; Zimmermann, Rassenutopie und Genozid.

56 Breitman, Architekt der »Endlösung«; Padfield, Himmler Reichsführer-SS; Deschner, Reinhard Heydrich; Black, Ernst Kaltenbrunner. Auch in den von Ronald

der Faszination des Bösen erlegenen Bücher der fünfziger und sechziger Jahre abgelöst haben,[57] sind in jüngster Zeit mit Claudia Steurs Biographie über Theodor Dannecker und vor allem Lutz Hachmeisters Arbeit über den Gegnerforscher Franz Alfred Six Teile des RSHA bereits ausgeleuchtet worden.[58] Die Publikation von Wolfgang Dierkers Dissertation über die Religionspolitik des SD und damit auch über die Angehörigen des Kirchenreferats in SD-Hauptamt und RSHA steht kurz bevor.[59]

Dieter Pohls und Thomas Sandkühlers Arbeiten zu Galizien, Götz Alys Studie zur Ansiedlungs- und Deportationspraxis in den besetzten polnischen Gebieten sowie Christian Gerlachs Untersuchung zu Weißrußland zeichnen ein vielschichtiges und multidimensionales Bild deutscher Besatzungs- und Vernichtungspolitik, in dem institutionelle Schranken, ökonomische Interessen, militärische Grenzen, situativer Entscheidungsdruck, antisemitische Radikalität, Planungsmonstrosität und massenmörderisches Kalkül miteinander konkurrierten, sich gegenseitig behinderten oder beförderten.[60] Zweckrationale Begründungen wie die Beseitigung »überzähliger Esser«, um die Lebensmittelversorgung der deutschen Truppe wie der deutschen »Heimatfront« zu gewährleisten, verbanden sich mühelos mit radikalem Antisemitismus, denn es waren die Juden, deren Ermordung die »Problemlösung« zu sein schien. Das Scheitern der Planungen für ein

Smelser, Enrico Syring und Rainer Zitelmann herausgegebenen Porträtbänden werden neben den RSHA-Chefs Heydrich und Kaltenbrunner nur Ohlendorf, Best, Eichmann, Müller, Nebe und Schellenberg kurz biographisch skizziert (Smelser/Zitelmann, Die braune Elite I; Smelser/Zitelmann/Syring, Die braune Elite II; Smelser/Syring, SS).

57 Frischauer, Himmler; Manvell/Fraenkel, Heinrich Himmler; wissenschaftlich unzureichend: Calic, Reinhard Heydrich; Wykes, Reinhard Heydrich. Von Edouard Husson ist demnächst eine neue, dem modernen Forschungsstand angemessene Studie über Heydrich zu erwarten.

58 Steur, Theodor Dannecker; Hachmeister, Der Gegnerforscher. Die Biographie von Andreas Seeger über Heinrich Müller löst leider nicht ein, was sie leisten müßte (Seeger, Gestapo-Müller).

59 Dierker, Religionspolitik des SD. Die Dissertationen von Thorsten Querg zum Amt VI SD-Ausland wie von Detlef Scheffler zum Schutzhaftreferat im Amt IV blieben unveröffentlicht (Querg, Spionage und Terror; Scheffler, Schutzhaft im Nationalsozialismus).

60 Pohl, Judenverfolgung in Ostgalizien; Sandkühler, »Endlösung« in Galizien; Aly, »Endlösung«; Gerlach, Kalkulierte Morde.

»Judenreservat« in Polen oder Übersee führte nicht zum Verzicht auf das Ziel, sondern zur Radikalisierung der Praxis, um das unbedingte Ziel eines »judenfreien« Europa zu erreichen. Nicht strukturelles Chaos schuf die Radikalität, sondern in der Politik gegen die Juden konnten etliche Akteure des NS-Regimes die »Lösung« ihres Problems sehen, wobei die »Lösung« immer radikaler wurde, je hartnäckiger sich das »Problem« in der Realität herausstellte. Diese jüngeren Arbeiten haben damit nicht nur die empirische Forschung über die Shoah und den Nationalsozialismus enorm erweitert, sie haben vor allem dazu beigetragen, die Fragen nach Intention und Struktur, nach Akteur und Institution, nach Weltanschauung und Technokratie, nach Rationalität und antisemitischer Politik neu zu stellen.[61]

Im Mittelpunkt der vorliegenden Studie steht jedoch das Führerkorps des RSHA, deren Lebensläufe, Praxis und Radikalisierung. Eine solche Untersuchung fügt weder den vielen Erklärungsansätzen der »Endlösung« einen neuen oder gar letztgültigen hinzu, noch kann sie eine erschöpfende Geschichte des Reichssicherheitshauptamtes sein. Die Beteiligung des RSHA, also von Geheime Staatspolizei, Kriminalpolizei und SD, an der Verfolgungs- und Vernichtungspolitik des NS-Regimes war zu vielfältig und zu weit gespannt, reichte hinunter bis in jede Stapostelle im Reich und Dienststelle eines Kommandeurs der Sicherheitspolizei und des SD (KdS) in den besetzten Gebieten, als daß sie mit einer singulären Monographie umfassend untersucht werden könnte. In der vorliegenden Studie stehen die führenden Personen der RSHA-Zentrale in Berlin als handelnde Akteure im Vordergrund. An ihnen soll jener Prozeß der Radikalisierung beleuchtet werden, die junge Akademiker zu einer zentralen Tätergruppe der Vernichtungspolitik werden ließ.

Die sozialstatistische Analyse dieser Gruppe von 221 Personen nach Alter, sozialer Herkunft, Ausbildung und beruflichem Werdegang stellt allerdings nur den Ausgangspunkt dar, zumal Jens Banach mit seiner quantitativen Untersuchung zum Führerkorps der Sicherheitspolizei und des SD wesentliche Daten bereits geliefert hat. Der methodische Schwerpunkt der vorliegenden Studie liegt vielmehr in der qualitativen Untersuchung einzelner Individuen, deren Ensemble wiederum das Spektrum der

---

61 Vgl. Herbert, Vernichtungspolitik.

Handlungsmöglichkeiten und des Gestaltungswillens der RSHA-Akteure widerspiegelt. Angelehnt an die Methoden der qualitativen Biographieforschung, nimmt die Untersuchung damit die sozialwissenschaftliche Debatte um Lebenslauf und Biographie auf,[62] indem sie die gesellschaftliche »Produktion« von Lebensläufen, die Bedingtheit eigener individueller Lebensentwürfe, deren Abhängigkeit von den gesellschaftlichen Verhältnissen ebenso einbezieht wie die Selbstdeutung der Handelnden.[63]

Exemplarisch sind einzelne Personen ausgewählt worden, deren empirische Quellenlage eine solche intensivere Betrachtung möglich macht und die geeignet sind, verschiedene Typen im Reichssicherheitshauptamt zu charakterisieren: Erwin Schulz als der Schutzpolizist, der schon zu Zeiten der Weimarer Republik in den Polizeidienst ging und später über die Gestapo zum RSHA kam; Karl Schulz, Paul Werner und Arthur Nebe als Kriminalpolizisten, die ebenfalls schon in der »Systemzeit« Kripobeamte wurden und die völkisch-rassenbiologische Definition des Verbrechertums als Handlungsgrundlage für die Kriminalpolizei vorantrieben; Martin Sandberger und Erich Ehrlinger als Beispiele für die jungen Juristen, die im SD Karriere machten; Heinz Gräfe und Wilhelm Spengler, die während ihrer Studienzeit politisch zu den bündischen Gegnern des Nationalsozialistischen Deutschen Studentenbundes zählten und sich doch 1933 dem SD anschlossen; Hans Ehlich und Erwin Weinmann als die Mediziner, denen das Politische wichtiger war als die eigene Arztpraxis; Walter Blume und Hans Nockemann als die ehrgeizigen und einsatzbereiten Rechtsassessoren, die nicht nur ihre verwaltungsjuristische Karriere in der Gestapo planten, sondern bildlich gesprochen ihren Schreibtisch überall in Europa aufstellen konnten und mühelos vom Büro zur Führung eines Einsatzkommandos wechselten.

---

62 Vgl. neben dem Standardwerk von Martin Kohli (Kohli, Soziologie des Lebenslaufs) ebenso Kohli/Robert, Biographie und soziale Wirklichkeit; Voges, Methoden der Biographie- und Lebenslaufforschung; Alheit/Fischer-Rosenthal/Hoerning, Biographieforschung.
63 Vgl. Schröder, Lebenslauf und Gesellschaft; Gestrich/Knoch/Merkel, Biographie – sozialgeschichtlich; Fischer-Rosenthal/Alheit, Biographien in Deutschland; Rosenthal, Erlebte und erzählte Lebensgeschichte; zur Diskussion um die Einbeziehung der Selbstdeutungen vgl. ebenfalls Lüdtke, Funktionseliten.

Eine psychohistorische Deutung allerdings lassen die vorhandenen Quellen nicht zu.[64] Sie geben weniger über persönliche Motivationslagen als über berufliche Werdegänge und konkrete Tätigkeiten Auskunft. Daher kann diese Studie individual- oder sozialpsychologische Fragestellungen nicht beantworten; hier geht es vielmehr um eine Entwicklungsanalyse von Akteuren, Institution und Praxis.

Die Studie gliedert sich entsprechend des skizzierten konzeptionellen Ansatzes in drei Teile: Weltanschauung, Institution und Krieg, sowie einem längeren Epilog zur Nachkriegszeit, in den die Rückkehr der RSHA-Führer in die Zivilgesellschaft, aber auch der gesellschaftliche Preis dieser Integration behandelt werden. In den ersten Kapiteln werden die Generationserfahrungen der späteren RSHA-Angehörigen untersucht, die spezifischen Elemente einer weltanschaulichen Unbedingtheit, die selbst dann, wenn sie sich fern vom Nationalsozialismus wähnte, durchaus mit ihm verbunden werden konnte. Im zweiten Teil stehen die Institution, die Struktur wie inhärente Entgrenzung des RSHA im Vordergrund, während es im dritten Teil um die Praxis der RSHA-Akteure im »Einsatz« geht. Erst in der Verbindung dieser verschiedenen Faktoren entstand gewissermaßen die »kritische Masse«, die die Radikalisierung zum Genozid möglich machte und eine akademische Elite zu Akteuren der Verfolgungs- und Vernichtungspolitik werden und Taten begehen ließ, die auch mehr als fünfzig Jahre nach Otto Ohlendorfs Aussage im Nürnberger Prozeß noch immer entsetztes Schweigen auslösen.

---

64 Zu Möglichkeiten und Grenzen der Psychohistorie vgl. dazu Wehler, Geschichte und Psychoanalyse; Blasius, Psychohistorie und Sozialgeschichte; deMause, Grundlagen der Psychohistorie; Röckelein, Biographie als Geschichte.

I. Weltanschauung

1. Kriegserfahrungen

Frontgeneration

Im Heft 10 der »Tat. Monatsschrift zur Gestaltung neuer Wirklichkeit« erschien im Januar 1930 eine »Absage an den Jahrgang 1902«, verfaßt von einem gewissen Hans Thomas, ein Pseudonym für den »Tat«-Chefredakteur Hans Zehrer:

»Wir kämpften bisher zusammen. Wir sprachen beide von Jugend, vom Kampf gegen die Alten, vom Ringen der jungen Generation. Wir meinten den Kampf. Ihr wart die Jugend. [...] Kampf gegen die Alten; darüber waren wir uns einig. Zuerst wenigstens, als wir sahen, daß wir systematisch ausgeschaltet wurden, und daß vor uns und über uns in neuer Gestalt derselbe Unsinn fortgesetzt wurde, dessenthalben wir die Narben am Körper und im Herzen tragen, und dessenthalben Hunderttausende unserer Altersgenossen draußen verfaulten. Das durfte sich nicht wiederholen, das mußte vermieden werden. Kampf gegen die Alten! Dieser Kampf setzt immer eine Jugend voraus. Und als diese fühlten wir uns. Das war unser Irrtum! [...]

Wir haben sie gewarnt vor der älteren Generation. Wir haben ihnen auseinandergesetzt, daß man niemals paktieren, niemals Kompromisse machen darf, um nicht sofort den Grundstein zu einer neuen Katastrophe zu legen. [...]

Dies alles ist sicherlich eine Generationsfrage, aber sie liegt nicht so einfach, wie wir uns das vorstellten. Wir glaubten nämlich: Wir, die wir die Jahre von 1914 bis 1923 aktiv, bewußt und innerlich und äußerlich auf Gedeih und Verderb beteiligt erlebt haben, wären ein neuer Anfang, der Beginn einer neuen Zeit. Das war richtig! Wir glaubten aber weiter: wir würden Zulauf bekommen von denen, die direkt hinter uns aufwuchsen. Das war falsch! Diese Generation, die wir brauchen, ist noch nicht da: sie existiert vielleicht schon, aber sie ist sicher noch zu jung.«[1]

Zehrer, Jahrgang 1899, hatte sich 1917 als Achtzehnjähriger freiwillig für den Krieg gemeldet und war an der Westfront verwundet worden – ein Frontsoldat, der den Krieg als den großen Zertrümmerer aller Illusionen erlebt hat, als schreckliche Katharsis, nach der nichts wieder werden durfte wie zuvor. Niemals paktieren mit den »Alten«, die den alten Unsinn in

---

1 Thomas, Absage an den Jahrgang 1902. Zum Pseudonym Zehrers vgl. Mohler, Konservative Revolution, S. 434. Übrigens verwendete Zehrer dieses Pseudonym Anfang der sechziger Jahre wieder als Kolumnist in der »Welt am Sonntag«. Literarisch hat Ernst Glaeser in seinem Roman »Jahrgang 1902« diese Generationsproblematik verarbeitet.

neuer Gestalt fortsetzen wollten – keine Kompromisse! Zehrers Kritik galten jenen, die – nur wenige Jahre jünger – nicht mehr als Soldaten am Krieg teilgenommen hatten, den Krieg buchstäblich nicht am eigenen Leib, sondern in der Heimat erlebt hatten. Heinrich Himmler, Jahrgang 1900, drängte zum Militär, noch bevor er das Abitur absolvierte hatte. Erfolglos bewarb er sich mehrere Male als Offiziersanwärter, bis er Anfang 1918 eine Ausbildung als Fahnenjunker beginnen konnte. Bis zum Ende des Krieges blieb er in verschiedenen Ausbildungslagern in Bayern, ohne je an die Front zu kommen, und kehrte kurz vor Weihnachten 1918 nach Hause zurück, um die Schule zu beenden. Bruno Streckenbach, Jahrgang 1902, wurde mit 16 Jahren im Sommer 1918 für ein halbes Jahr noch zu einem Jungsturm-Kommando einberufen, das in der sicheren Etappe Arbeitsdienst leisten mußte. Reinhard Heydrich, Jahrgang 1904, war 1914 in das Reformgymnasium in seiner Heimatstadt Halle eingetreten und blieb während des Krieges Schüler.[2]

Das Erlebnis von »Stahlgewittern« fehlte diesen jungen Männern, die Erfahrung der mörderischen Gleichheit auf dem Schlachtfeld, des maschinellen millionenfachen Todes, der den Heroismus der »Studenten von Langemarck« mit Schrapnells und Maschinengewehren zerfetzt hatte.[3] John Keegan hat die Schlacht an der Somme geschildert, wo die englische Artillerie über sieben Tage lang den deutschen Frontabschnitt mit rund 1,5 Millionen Granaten beschossen hatte, etwa eine Tonne Granaten pro Quadratmeter, und die englischen Angreifer dennoch in ein mörderisches Maschinengewehrfeuer liefen, das auf britischer Seite am ersten Tag der Offensive 60 000 Tote und Vermißte kostete, von denen etwa 21 000 in der ersten Stunde, womöglich in den ersten Minuten des Angriffs, starben.[4] Doch anders als in den Bildern von Ernst Jünger, der den industriellen Charakter des Krieges hervorhob, vom »Walzwerk des Krieges« schrieb,

---

2 Smith, Himmler, S.72–88; Wildt, Bruno Streckenbach; Aronson, Reinhard Heydrich, S.22–24; Deschner, Reinhard Heydrich, S.24f.
3 Zum Langemarck-Mythos siehe Hüppauf, Schlachtenmythen.
4 Keegan, Antlitz des Krieges, S.241–338; vgl. auch Epkenhans, Kriegswaffen. Dan Diner hat jüngst noch einmal die Bedeutung des Maschinengewehrs hervorgehoben, das zuerst in den Kolonien zum Einsatz kam und im Ersten Weltkrieg gewissermaßen die koloniale Gewalt ins europäische Zentrum transferierte (Diner, Jahrhundert, S.41–47).

von Schlachten, bei denen »das Geschehen mit der Präzision von Maschinen ineinandergreift«, und vom Kampf, der eine »eisige, unpersönliche Welle der Vernichtung über das Schlachtfeld« breite,[5] war der Stellungskrieg eine individuelle Erfahrung von Gewalt, eine physische Erfahrung von Schmerz, Verstümmelung, Angst und Tod:

> »Wenn man von Ferne das Pfeifen hörte, so zog sich der ganze Körper zusammen, um der maßlosen Gewalt der Explosionswellen standzuhalten, und jede Wiederholung war ein neuer Angriff, eine neue Erschöpfung, ein neues Leiden. Dieser Belastung können auch die stärksten Nerven nicht lange widerstehen. […] Durch die Kugel sterben, scheint nicht schwer; dabei bleiben die Teile unseres Wesens unversehrt; aber zerrissen, in Stücke gehackt, zu Brei zerstampft zu werden, ist eine Angst, die das Fleisch nicht ertragen kann.«[6]

Die Erfahrung des Todes, des Ausgeliefertseins im Massensterben, des Zerberstens all jener fröhlichen Bilder aus dem Sommer 1914, als Millionen in den Krieg gezogen waren, voller Zuversicht, nach kurzem Waffengang siegreich nach Hause zurückzukehren und in männlichen Zweikämpfen Ruhm und Ehre erworben zu haben – all diese Desillusionierungen führten zum scharfen Bruch mit den bisherigen Gewißheiten. Der Weltkrieg war eine Scheidelinie, hinter die es kein Zurück gab. Die alte Welt war buchstäblich zerbombt und zerschossen worden. Der Bruch mit der Vergangenheit, die Diskontinuität der Geschichte wurde zum entscheidenden Erfahrungswert für alle, die diesen Krieg miterlebt hatten.[7]

Das gemeinsame existentielle Erleben von Sterben und Überleben auf dem Schlachtfeld stiftete aber auch den Mythos der Frontsoldatengeneration. Wie selbstverständlich spricht Zehrer in der Wir-Form; die eigenen Erfahrungen werden zum exklusiven Weltbild einer ganzen Generation erhöht, aus der all diejenigen, die nicht Frontsoldaten gewesen waren, unabänderlich ausgeschlossen waren.[8]

---

5 Jünger, Der Kampf als inneres Erlebnis, S. 26, 102, 103.
6 Zitiert nach Latzel, Soldaten des industrialisierten Krieges, S. 129; vgl. dazu Geyer, Kriegsgeschichte.
7 Vgl. dazu jüngst, die umfangreiche Literatur bilanzierend: Ulrich/Ziemann, Das soldatische Kriegserlebnis.
8 Wohl, Generation of 1914; Bessel, Front Generation; jetzt auch prononciert: Verhey, Geist von 1914.

Es gab auch selbstkritische Töne in Zehrers Artikel, das Eingeständnis der eigenen Versäumnisse:

»Wir haben dieser Jugend keinen Boden geben können, auf den sie hätten treten können und auf dem wir sie hätten sammeln können.«

Der Grund lag in der eigenen Ziellosigkeit:

»Wir konnten nicht auf jenen Boden treten, den wir vorfanden. Und einen eigenen Boden haben wir bisher noch nicht schaffen können. Wir tragen nur jene Gefühlsgewißheit in uns und eine starke, ausgeprägte Menschlichkeit. Beides zwingt uns zum Kampf gegen das, was geschieht: und zum Kampf gegen die, die es geschehen lassen. Daß wir aber noch nicht wissen, wie unser Boden, unsere Wirklichkeit, unser Ziel aussieht, nimmt unserem Kampf die Stoßkraft. Wir trommeln und trommeln und blasen unaufhörlich zum Angriff. Seit elf Jahren. Aber der Angriff erfolgt nicht, weil wir noch nicht wissen: wohin!«

Die nachfolgenden Jahrgänge, die nicht »die Narben am Körper und im Herzen« trugen, waren zweifellos von einem ganz anderen Erfahrungsraum geprägt als die Frontsoldaten – aber sie mußten deshalb nicht angepaßt, opportunistisch und allein auf den eigenen Vorteil bedacht sein. Den Bruch mit der alten Welt hatten sie zwar nicht auf dem Schlachtfeld vollzogen, aber auch für sie gab es kein Zurück mehr in die heile Welt des Kaiserreichs.[9]

---

9 Ein ähnliches Bild entwarf auch Günther Gründel in seinem einflußreichen, 1932 erschienenen Buch »Die Sendung der jungen Generation«. Gründel, selbst Jahrgang 1903 und wie Hans Zehrer Mitglied des »Tat«-Kreises, hob die Bedeutung der »jungen Frontgeneration« hervor, jener Jahrgänge, die sich, kaum achtzehnjährig, als Kriegsfreiwillige meldeten und sich von den älteren, in Beruf und bürgerlicher Welt fest verankerten übrigen eingezogenen Männern nachhaltig unterschieden. Mögen sie durch den Krieg auch nicht sämtlich zerbrochen worden sein, aus dem Gleis geworfen habe er sie allemal. »Die elementare Größe des Kriegserlebnisses im Herzen, lernten sie nun die Welt der bürgerlichen Geschäftigkeit und Geschwätzigkeit verachten« – und scheiterten an ihr. In Bünden, Freikorps und Grenzschutzformationen setzten sie ein zweites Mal an, den heroischen Lebensentwurf zu verwirklichen, und mußten erneut erfahren, daß sie Geschlagene waren. Gründel nannte sie daher auch eine »tragische Generation«, die in der Nachkriegszeit kalt beiseite geschoben, ob ihrer Zweifel, ewigen Suche und Schwärmerei mehr belächelt als ernst genommen und von den Jüngeren bald ausgebootet wurde (Gründel, Sendung der Jungen Generation, S. 23, 26 f. Gründel, selbst ein Spengler-Schüler, denunzierte Spengler 1934 als nicht nationalsozialistisch [Mohler, Konservative Revolution, S. 451]).

Die rigorose Absage Zehrers an den Jahrgang 1902 wirft ein scharfes Licht auf die unaufhebbare Erfahrungsdifferenz zwischen den Frontsoldaten und der nachfolgenden Generation, die später das Reichssicherheitshauptamt leiten würde. Obwohl oder womöglich gerade weil diese junge Elite das Schlachtfeld nicht aus eigener Erfahrung kannte, konnte sie den Krieg als heroisches Erlebnis stilisieren und das Soldatische, das Kämpferische, das Harte und Erbarmungslose zu ihren Tugenden erheben. Uttmann von Elterlein, geboren 1902, antwortete ein halbes Jahr später in der »Tat« auf Zehrers Artikel. Statt zweier Generationen sah er vielmehr die Menschen des ausgehenden 19. und die des beginnenden 20. Jahrhunderts sich gegenüberstehen.

»Der Ziele gibt es heute schon genug. Wir, der Jahrgang 1902, bitten [...] nur mit dem Blasen zum Angriff ein wenig auszusetzen. Wir brauchen die geduldige Ruhe, die in den Dienstzimmern eines Generalstabes bei der Ausarbeitung der Mobilmachung waltet. Wenn alles fertig ist, wird geblasen, marschiert und geschlagen.«[10]

Über drei Viertel (77 Prozent) der späteren Führungsgruppe des Reichssicherheitshauptamtes gehörten dem Jahrgang 1900 und jünger an. Dem Alter Hitlers, 1899 geboren, entsprachen nur etwa vier Prozent der RSHA-Führung. Auch Hermann Göring, 1893 geboren, hätte im RSHA höchstens in dem Chef des Amtes V (Reichskriminalpolizeiamt), Arthur Nebe, einen Altersgenossen gefunden. Und selbst Joseph Goebbels, Jahrgang 1897, war immer noch sieben Jahre älter als Reinhard Heydrich. Die Führung des RSHA unterschied sich in ihrer Jugendlichkeit deutlich von der übrigen Spitze des NS-Regimes.[11] Die in einem besonderen Maße für

---

10 Elterlein, Absage an den Jahrgang 1902?, S. 202–206.
11 Auch gemessen an der Gesamtbevölkerung und an den anderen Führungsgruppen des NS-Regimes war das Führungskorps von Sicherheitspolizei und SD, insbesondere des Reichssicherheitshauptamts, deutlich jünger. 39,5 Prozent der gesamten männlichen Bevölkerung im Deutschen Reich war 1939 zwischen 20 und 45 Jahren alt (Statistisches Bundesamt, Bevölkerung und Wirtschaft 1872–1972, Tabellenteil, Stuttgart u. a. 1972, S. 95), im RSHA waren es 90 Prozent. Innerhalb der vor 1933 eingetretenen NSDAP-Mitglieder bildeten diejenigen, die zwischen 1904 und 1913 geboren waren und damit 1939 zwischen 25 und 34 Jahren alt waren, mit 40 Prozent den stärksten Anteil. Die NSDAP präsentierte sich damit insgesamt als eine deutlich jugendliche Partei. Unter den Funktionären der NSDAP stellten die Jahrgänge zwischen 1894 und 1903 mit 37,3 Prozent die relative Mehrheit. Ähnlich

die Verfolgungs- und Vernichtungspolitik des Regimes verantwortliche Gruppe innerhalb der NS-Führung war zugleich deren jüngste.[12]

Detlev Peukert hat vier Generationen unterschieden, die die Weimarer Republik in unterschiedlicher Weise politisch geprägt haben: erstens die wilhelminische Generation, die um 1860 geboren wurde, für die Peukert als Repräsentanten Kaiser Wilhelm I., Walther Rathenau oder die Sozialistin Klara Zetkin anführt, zweitens die Gründerzeitgeneration der zwischen 1870 und 1880 Geborenen, mit den Beispielen Friedrich Ebert und Gustav Stresemann, drittens die Frontgeneration, geboren um 1890, zu der Peukert Adolf Hitler zählt, und schließlich die Kriegsjugendgeneration der nach 1900 Geborenen.[13] Die überwiegende Mehrheit der RSHA-Führung entstammte ebendiesen Jahrgängen, gehörte also jener Gruppe an, die Peukert als die »überflüssige Generation der Kriegsjugend« kennzeichnet, die allen Grund besaß, das »Recht der jungen Generation« gegen die Herrschaft der Alten in Weimar einzuklagen.

»Heimatfront«

Der anfänglichen Kriegsbegeisterung war bald Ernüchterung gefolgt. Die eingezogenen Männer fielen als Ernährer ihrer Familien aus, und die staatliche Unterstützung reichte oft nicht, um mit der Teuerung der Lebenshaltung Schritt zu halten. Viele Frauen mußten sich daher eine Ver-

---

sah es bei den SA- und SS-Führern aus (Parteistatistik, hrsg. vom Reichsorganisationsleiter der NSDAP, Bd. I, S. 162, Bd. II, S. 213; Jamin, Zwischen den Klassen, S. 86; Boehnert, Sociography of the SS Officer Corps, S. 107; Ziegler, Nazi Germany's New Aristocracy, S. 64). Beim Führungskorps der Sicherheitspolizei und des SD insgesamt machten die Jahrgänge 1900 und jünger etwa 72 Prozent aus (Banach, Heydrichs Elite, S. 61), was in etwa der Vergleichszahl von 77 Prozent beim RSHA-Führungskorps entspricht.

12 Mit einer Ausnahme: Die für den Massenmord, insbesondere in den besetzten Ostgebieten, entscheidenden Höheren SS- und Polizeiführer gehörten einer älteren Generation an, wie Ruth Bettina Birn feststellte. 33 der insgesamt 47 HSSPF waren zwischen 1890 und 1900 geboren und zählten damit unzweifelhaft zur Frontgeneration (Birn, Die Höheren SS- und Polizeiführer, S. 350).

13 Peukert, Weimarer Republik, S. 25–31. Zur Generation der zwischen 1900 und 1914 Geborenen vgl. auch Reulecke, Im Schatten.

dienstmöglichkeit suchen und nahmen in den Fabriken die von den Männern verwaisten Arbeitsplätze ein.[14] Aber ebenso bedeutete für Kinder und Jugendliche der Erste Weltkrieg einen spürbaren Einschnitt. Unterricht fiel aus, weil Lehrer eingezogen wurden. Ende 1915 war jeder vierte Volksschullehrer bei der Armee.[15] Schüler wurden zu vormilitärischen Übungen, zum Ernteeinsatz und zu Sammelaktionen für die Soldaten an der Front herangezogen.[16] In München verzeichnete der 1911 gegründete Wehrkraftverein, in dem Jugendliche mit Feldübungen und »militärgeistiger« Erziehung gedrillt wurden, in den ersten Kriegsmonaten einen großen Zustrom von Schülern und entwickelte sich bis 1916 zur größten Münchner Jugendorganisation.[17] Auch Heinrich Himmler kam Anfang 1915 zur Jugendwehr, erhielt Waffenausbildung und Unterricht in militärischer Organisation. Aber ganz ernst nehmen konnte er sie nicht. 1916 notierte er in seinem Tagebuch: »Ein bißchen Spaß ist ja die Jugendwehr.«[18]

Die wohl prägendste Erfahrung an der »Heimatfront« war der Mangel an Nahrungsmitteln. Hamsterkäufe hatten die Lebensmittelpreise für Fleisch, Butter und Eier in den Städten schon in den ersten Kriegsmonaten hochgetrieben. Anfang 1915 wurde Brot rationiert, und bis Ende 1916 gab es auch die anderen Grundnahrungsmittel nur noch auf Lebensmittelkarten.[19] Aber die Lebensmittel wurden nicht nur knapper, sondern auch schlechter. Backwaren wurden mit billigeren Mehlsorten gestreckt, Milch mit Wasser verdünnt, Ersatzstoffe ersetzten nur notdürftig vollwertige Lebensmittel. Zwar sollten kommunale Kriegsküchen in den Städten die größte Not lindern. Aber häufig war das angebotene Essen

---

14 Vgl. dazu Kundrus, Kriegerfrauen, S. 43–97, zur Selbstwahrnehmung und neuem Rollenverständnis von Soldatenfrauen, S. 200–211; ebenso Rouette, Frauenarbeit; Daniel, Arbeiterfrauen in der Kriegsgesellschaft; Guttman, Weibliche Heimarmee.

15 Chickering, Imperial Germany, S. 122.

16 Ullrich, Die nervöse Großmacht, S. 473; vgl. ebenfalls die aufschlußreiche Sammlung von Kindheitserinnerungen: Hämmerle, Kindheit im Ersten Weltkrieg.

17 Geyer, Verkehrte Welt, S. 37; zur vormilitärischen Jugenderziehung in Deutschland während des Ersten Weltkrieges siehe jetzt auch Schubert-Weller, Kein schönrer Tod, S. 217–325.

18 Zitiert nach Smith, Himmler, S. 61.

19 Roehrkohl, Hungerblockade; Chickering, Imperial Germany, S. 140–146; jetzt vor allem Davis, Home Fires Burning.

von so schlechter Qualität, daß es den Unmut und die Unzufriedenheit der Bevölkerung weiter steigerte.[20] Der Schrecken des »Steckrübenwinters« 1916/17, in dem in Ermangelung von Brot, Milch, Butter und Fleisch die Steckrübe zum Hauptnahrungsmittel wurde, blieb auf Jahrzehnte hinweg ein fester Bestandteil des kollektiven Gedächtnisses in Deutschland und beeinflußte dreißig Jahre später maßgeblich die ernährungswirtschaftlichen Maßnahmen der Nationalsozialisten, die im Zweiten Weltkrieg fürchteten, eine ähnlich katastrophale Ernährungslage könnte die Kriegsmoral der heimischen Bevölkerung entscheidend schwächen und revolutionären Unmut fördern.[21] Schlangen von wartenden Menschen vor den Geschäften gehörten in den Städten bald zum alltäglichen Bild, und da die Frauen arbeiten mußten, waren es oft die Kinder, die anstanden. Im Oktober 1915 kam es in Berlin zu ersten Lebensmittelunruhen, seither riß die Kette der Hungerkrawalle nicht mehr ab. Frauen und Jugendliche beteiligten sich an Plünderungen von Lebensmittelgeschäften und lieferten sich sogar handgreifliche Auseinandersetzungen mit der Polizei. Die Klagen der Behörden über die »Verwahrlosung« der Jugend häuften sich.[22] Selbst im Münchner Wehrkraftverein waren Risse in der Kriegsstimmung zu spüren. Als im Sommer 1916 Gerüchte aufkamen, daß »Wehrkraftler« zur Niederschlagung von Teuerungsdemonstrationen eingesetzt werden sollten, führte dies zum Austritt von 500 Volksschülern.[23]

Selbst in einer großbürgerlichen Familie wie den Manns war Schmalhans oft Küchenmeister. Das Essen, so Klaus Mann, geboren 1906, stand im Mittelpunkt auch des kindlichen Interesses. Die älteren Kindern der Familie Mann betrachteten es als eine Art Sport, stundenlang für Butter, Eier, Schinken und Lebensmittelmarken anzustehen und, wenn möglich, besonders ergiebige Quellen ausfindig zu machen. Auch der jüngere Bruder Golo, Jahrgang 1909, erinnerte sich später an die kargen Zeiten, in de-

---

20 Zu den Kriegsküchen vgl. Kundrus, Kriegerfrauen, S. 132–141; Roerkohl, Hungerblockade, S. 230–260; Davis, Home Fires Burning, S. 138–158.
21 Kutz, Die agrarwirtschaftliche Vorbereitung des Zweiten Weltkrieges.
22 Ullrich, Kriegsalltag, insbesondere S. 51–62, 68–72; Chickering, Imperial Germany, S. 123–125. Zu den Hungerkrawallen Geyer, Teuerungsprotest.
23 Geyer, Verkehrte Welt, S. 37; vgl. übergreifend zum Abflauen der Begeisterung Schubert-Weller, Kein schönrer Tod, S. 284–288.

nen die Brotscheiben extra dünn geschnitten wurden. Während der Sommermonate in Bad Tölz, vor allem im Jahr 1917, sei die Mutter mit den Kindern häufig zu den umliegenden Bauernhöfen gegangen, um Lebensmittel zu hamstern.[24] Vom Frühjahr bis zum Winter war es auch für die Kinder Mann völlig selbstverständlich, in Holzsandalen oder barfuß zu gehen, und ab dem Frühling 1917 gewöhnten sie sich an das Barfußlaufen fast das ganze Jahr hindurch. Die Lehrer belobigten Klaus und Erika für ihre »patriotische Leistung«, und es wurde zur »Ehrensache«, selbst zu den schicken Matrosenanzügen keine Schuhe zu tragen.[25]

Krieg als Spiel

Es gab somit über die Entbehrungen und Einschränkungen hinaus auch Momente des Hochgefühls, der spielerischen Siegesgewißheit und der Aufregung bedeutungsvoller Zeiten. Klaus Mann:

»Was merkten wir inzwischen vom Krieg? Man ging nachmittags zur nächsten Ecke, um den Tagesbericht zu lesen. 2000 Gefangene an der Ostfront gemacht, triumphales Vorrücken im Westen: immer gab es nur Siege. Die großen Siege waren so ähnlich wie die hohen Feiertage. Als Hindenburg die kolossale Sache in den Masurischen Sümpfen gemacht hatte, fühlten die Kinder sich hochgestimmt wie am Heiligen Abend. [...] Die Veränderung des Straßenbildes fiel uns nicht auf; wir freuten uns an den bunten Kitschpostkarten, die es überall gab, auf denen der bärtige Feldgraue das Mädchen in der properen Schürze herzte, oder Katzelmacher, Franzmann und der Engländer, den Gott strafen sollte, als abscheuliche Narren anschaulich verhöhnt wurden; wir fanden es reizend komisch, daß es nun Schaffnerinnen und Chauffeusen gab, das bedeutete eine Abwechslung, man fuhr doppelt gerne mit ihnen.«[26]

Golo Mann erinnerte sich, daß er den Namen Hindenburg zuerst im Spätsommer 1914 gehört habe, als sein Vater bei Tisch den Feldmarschall nach der gewonnenen Schlacht bei Tannenberg Ende August 1914 hochleben ließ: »Dieser Hindenburg ist ein Tausendsassa!« Natürlich, fuhr Golo Mann fort, glaubten alle, Thomas Mann eingeschlossen, an den Hinden-

---

24 G. Mann, Erinnerungen, S. 50.
25 K. Mann, Kind dieser Zeit, S. 54; G. Mann, Erinnerungen, S. 47.
26 K. Mann, Kind dieser Zeit, S. 53, 56.

burg-Mythos bis zum Schluß.[27] »Siegfrei« gab es an deutschen Schulen, wenn sich militärische Erfolge einstellten.[28]

Der Schmerz, die zerfetzten, verstümmelten Körper, der Tod drangen nur als unwirkliche Erzählungen der Erwachsenen in die Kinder- und Jugendwelt.

»Wohl wußten wir, daß täglich viele brave Männer ›fielen‹ und deshalb die Eltern beinah immer so ernste Gesichter machten: aber vermochten wir uns den ungeheuerlichen Vorgang dieses ›Fallens‹ irgend zu realisieren? Nur als ganz fernes und feierliches Bewußtsein wurde diese Tatsache des täglichen Massentodes in uns lebendig. Wenn wir aufrichtig waren, gingen die Leibschmerzen, die Hund Bauschan hatte, uns mehr an. Die braven Soldaten traten nur in unseren pflichtgemäßen Abendgebeten an. Erika strickte mit den Mädchen zusammen Pulswärmer und dicke Socken für die ›draußen‹. Manchmal fragten wir, ob der Krieg nun nicht bald zu Ende sei; wieso der Feindbund sich noch immer halten könne. Auf Italien waren wir besonders wütend, weil es doch einen Vertrag gebrochen hatte. Das war einfach gemein; es war, wie wenn Jörn plötzlich mit dem Odemer ginge.«[29]

Den Krieg als fernes Spiel, die militärischen Gegner als Puppenarmeen, denen wie unerzogenen Kindern gehörig der Hosenboden versohlt werden sollte, erlebten nicht nur die Kinder Mann. Auch Heinrich Himmler, Jahrgang 1900, begriff den Krieg als aufregendes Abenteuerspiel, in dem die Deutschen als Sieger von vornherein feststanden. Eine typische Eintragung in seinem Tagebuch lautete:

»Die Bayern sollen sich in der gestrigen Schlacht sehr tapfer benommen haben. Besonders unsere 16ener sollen sich mit dem langen Messer vortrefflich gerauft haben. Die ganze Stadt ist beflaggt. Daß sie so schnell gehaut werden, haben sich die Franzosen und Belgier wohl kaum gedacht.«[30]

Alliierte Fliegerangriffe an den Grenzen des Reiches wie in Freiburg wurden anfänglich wie ein Gewitter erlebt: »Krach auf Krach folgte, jedesmal ging ein schwaches Aufblitzen durchs Zimmer, wie Hagel prasselten die Splitter der Abwehrgeschosse auf die Dächer, rissen Ziegel mit und fuhren prasselnd in die Tiefe, ein Toben war draußen wie in einem Ungewitter.«

---

27 G. Mann, Erinnerungen, S. 34 f.
28 Ullrich, Die nervöse Großmacht, S. 473.
29 K. Mann, Kind dieser Zeit, S. 53.
30 Tagebuch Heinrich Himmler, Eintrag unter dem 23. 8. 1914 (BArch, N 1126/3); vgl. dazu Angress/Smith, Diaries of Heinrich Himmler's Early Years.

Nach dem Angriff ging die jugendliche Tagebuchschreiberin wieder ins Bett zurück, »um sänftlich einzuschlafen mit einem Wonnegefühl, wie ich es nicht beschreiben kann: Es ist das Gefühl der gesteigerten Lebensfreude nach überstandener Lebensgefahr.« Und am nächsten Tag begann an der Schule der Tauschhandel mit den gefundenen Schrapnellstücken, so wie mit Bildkarten oder Oblaten.[31]

Es gab allerdings auch kritische Sichtweisen des Krieges. Der junge Bertolt Brecht, Jahrgang 1898, der noch als Sechzehnjähriger im August 1914 über seine Nächte auf »Fliegerspähe« in Augsburg begeistert geschrieben hatte, lernte die Wirklichkeit des Grabenkrieges durch seinen älteren Mitschüler – und späteren Bühnenbildner – Caspar Neher kennen und wandte sich vom patriotischen Pathos ab. Als die Klasse im Frühjahr 1916 die übliche Aufgabe erhielt, einen Aufsatz über den Vers von Horaz: »Dulce et decorum est pro patria mori« zu schreiben, äußerte sich Bertolt trotzig rebellisch: »Der Anspruch, daß es süß und ehrenvoll sei, für das Vaterland zu sterben, kann nur als Zweckpropaganda gewertet werden.« Nur knapp entging Brecht einem Schulverweis. Sein Französischlehrer, ein junger Benediktinerpater, hatte im Lehrerkollegium geltend gemacht, es gehe hier nicht um eine absichtliche Verfehlung, sondern um den Fehltritt eines »vom Krieg verwirrten« Schülers.[32]

Aber für die meisten war es so, wie es Sebastian Haffner, Jahrgang 1907, als Junge in Berlin empfunden hatte: der Krieg als »ein großes, aufregend-begeistertes Spiel der Nationen, das tiefere Unterhaltung und lustvollere Emotionen beschert als irgendetwas, was der Frieden zu bieten hat«.

Die Härten und Unannehmlichkeiten, die der Krieg in besonderer Weise für die Städter mit sich brachte: schlechtes, oft auch zu wenig Essen, Holzsohlen an den Schuhen, gewendete Anzüge, Knochen- und Kirschkernsammlungen in der Schule, all das, so gestand sich Haffner in seinen 1939 im Londoner Exil geschriebenen Aufzeichnungen ein, habe bei ihm keinen so nachhaltigen Eindruck hinterlassen wie der Krieg als Spiel. »Der Heeresbericht interessierte mich viel stärker als der Küchenzettel.«[33]

---

31 Geinitz, Kriegsfurcht und Kampfbereitschaft, S. 388 f.
32 Fuegi, Brecht & Co., S. 47–54. Zum Kriegspatriotismus in den Schulen siehe ebenfalls die instruktive Fallstudie von Ilg, Katholische Bildungsbürger und die bedrohte Nation.
33 Haffner, Geschichte eines Deutschen, S. 19.

Innerhalb kürzester Zeit habe er als siebenjähriger Junge gelernt, was »Ultimatum«, »Mobilisierung« und »Kavalleriereserve« bedeutete. Er war überzeugt, daß am Krieg Frankreichs Revanchesucht für den verlorenen Krieg 1870/71, Englands Handelsneid und Rußlands Barbarentum schuld seien; er lernte, die Karte zu studieren und die Schlachtorte zu markieren, führte Gefangenenzahlen, Geländegewinne, eroberte Festungen und versenkte Schiffe, als führte er Fußball-Punkttabellen.

»Es war ein dunkles, geheimnisvolles Spiel, von einem nie endenden, lasterhaften Reiz, der alles auslöschte, das wirkliche Leben nichtig machte, narkotisierend wie Roulette oder Opiumrauchen. Ich und meine Kameraden spielten es den ganzen Krieg hindurch, vier Jahre lang, ungestraft und ungestört – und *dieses* Spiel, nicht die harmlosen ›Kriegsspiele‹, die wir nebenbei auf Straßen und Spielplätzen aufführten, war es, was seine gefährlichen Marken in uns allen hinterlassen hat.«[34]

Haffner sah in dieser alltäglichen Erfahrung, die zwischen 1914 und 1918 zehn Jahrgänge deutscher Schuljungen geprägt hat, die »positive Grundvision des Nazitums«.

»Von dieser Vision her bezieht es seine Werbekraft, seine Simplizität, seinen Appell an Phantasie und Aktionslust; und von ihr bezieht es ebenso seine Intoleranz und Grausamkeit gegen den innenpolitischen Gegner: wie der, der dieses Spiel nicht mitmachen will, gar nicht als ›Gegner‹ anerkannt, sondern als Spielverderber empfunden wird.«

Nach Haffner lag hier die Wurzel des Nazismus. Die »Frontgeneration« habe im ganzen nur wenige Nazis hervorgebracht und liefere im wesentlichen nur die Meckerer und Nörgler.

»Die eigentliche Generation des Nazismus aber sind die in der Dekade 1900 und 1910 Geborenen, die den Krieg, ganz ungestört von seiner Tatsächlichkeit, als großes Spiel erlebt haben.«[35]

---

34 Ebenda, S. 20 f. Haffners Anspielung an Kiplings berühmte Sätze im Roman »Kim«: »Das große Spiel ist aus, wenn alle tot sind. Nicht vorher« ist unverkennbar; vgl. dazu die ingeniöse Interpretation bei Hannah Arendt, Elemente, S. 350 f.
35 Haffner, Geschichte, S. 22.

Freikorps und Jugendbünde

Mit dem Waffenstillstand im November 1918 schwiegen keineswegs die Waffen. An den Ostgrenzen des Deutschen Reiches, im Baltikum wie in Oberschlesien wurde heftig weitergekämpft, und innerhalb des Reiches führten Revolution und Konterrevolution zu blutigen Auseinandersetzungen. Freikorps genannte, aber von der neuen, sozialdemokratischen Regierung finanzierte und eingesetzte militärische Einheiten kämpften in Oberschlesien um die bisherige deutsche Reichsgrenze, im Baltikum gegen den Bolschewismus und im Reich gegen Räte und kommunistische Aufstandsversuche.[36] Diese meist um einen Führer gescharte, mehr Landsknechthaufen als reguläre militärische Einheiten, kaum stärker als ein Regiment, waren alles anders als republikanisch oder gar demokratisch gesinnt. Der Beweggrund, sich in den Dienst der republikanischen Regierung in Berlin stellen zu lassen, lag einzig in ihrem Antikommunismus begründet, den »Roten« und »Vaterlandsverrätern«, zu denen selbstverständlich auch »die Juden« gezählt wurden, den Griff zur Macht zu verwehren, sowie in einem nicht leicht zu bestimmenden, fast utopischen Willen, den Kampf um Deutschland, um das Reich auch dann fortzusetzen, wenn der Krieg schon verloren war. Ernst von Salomon, der sich Ende 1918 als Siebzehnjähriger für ein Freikorps werben ließ, umschrieb »Deutschland« nicht als Staat, als etwas Gegebenes, schon gar nicht als das Vorhandene, sondern als etwas Zukünftiges, im Entstehen Begriffenes, das erst noch erkämpft werden mußte:

»Wo war Deutschland? In Weimar, in Berlin? Einmal war es an der Front, aber die Front zerfiel. Dann sollte es in der Heimat sein, aber die Heimat trog. Es tönte in Lied und Rede, aber der Ton war falsch. Man sprach von Vater- und Mutterland, aber das hatte der Neger auch. Wo war Deutschland? War es beim Volk? Aber das schrie nach Brot und wählte seine dicken Bäuche. War es der Staat? Doch der Staat suchte geschwätzig seine Form und fand sie im Verzicht. Deutschland brannte dunkel in verwe-

---

36 Zu den Freikorps vgl. nach wie vor Schulze, Freikorps; Waite, Vanguard of Nazism; sowie als apologetische Dokumentation: Darstellungen aus den Nachkriegskämpfen deutscher Truppen und Freikorps; und nicht zu vergessen die emphatische Sammlung von Freikorpsberichten, die Ernst von Salomon herausgegeben hat (ders., Das Buch vom deutschen Freikorpskämpfer).

53

genen Hirnen. Deutschland war da, wo um es gerungen wurde, es zeigte sich, wo bewehrte Hände nach seinem Bestande griffen, es strahlte grell, wo die Besessenen seines Geistes um Deutschlands willen den letzten Einsatz wagten. Deutschland war an der Grenze.«[37]

Eine nicht unbeträchtliche Zahl der späteren RSHA-Führer gehörte den Freikorps an. Edmund Trinkl, Jahrgang 1891, im Ersten Weltkrieg Zahlmeister in der 5. Bayrischen Infanteriedivision und später Verwaltungsreferent sowohl im Geheimen Staatspolizeiamt wie im RSHA, war 1919/20 Leiter der Intendantur des Nachschubstabes beim Freikorps Epp, nahm an der Niederschlagung der Münchener Räterepublik wie des Ruhraufstands im Frühjahr 1920 teil.[38] Ebenso wie Trinkl schlossen sich Fritz Rang, Jahrgang 1899, im Juli 1917 zur Armee eingezogen, und Hans Zehlein, der ähnlich wie Heinrich Himmler im Juni 1918 noch als Freiwilliger zur Armee ging, aber nicht mehr über die Ausbildungsphase hinauskam, dem Freikorps Epp an, um die »Roten« in München zu besiegen.[39] Im Baltikum kämpften Karl Thiemann, Jahrgang 1894, später im SD-Ausland tätig, und der spätere Verwaltungschef des SD-Hauptamtes, Arthur Bork, Jahrgang 1892, der über sein Engagement in seinem Lebenslauf 1935 schrieb:

»1918 entlassen, konnte ich mich mit den in der Heimat herrschenden Zuständen nicht abfinden und ging zum Grenzschutz Ost nach Kurland zur Baltischen Landeswehr,

---

37 Ernst von Salomon, Die Geächteten, Reinbek bei Hamburg 1962, S. 48 f. (Erstausgabe Berlin 1929). Ähnlich formulierte Arnolt Bronnen in seinem Roman »O. S.« über die antipolnischen Kämpfe in Oberschlesien, in dem er seinen Protagonisten Bergerhoff sagen läßt: »Wir glauben noch. Wir glauben an eine Idee über uns. Wir beten an ein Licht über den achtzig Millionen Deutschen. Wir lieben eine geistige Form, die von uns zu füllen, von uns zu beleben ist.« Und an anderer Stelle über die kurzzeitige Eroberung des symbolträchtigen Annabergs durch deutsche Freikorps: »Deutschland, ein Gefühl, mehr als das alles, ein Gefühl des Geistes. Ostwärts über der sich langsam bräunenden Ebene lagen die Städte, hungernd, und abgetrennt, verlassen, und voll Sehnsucht, fühlend dieselben Gefühle, sprechend aus demselben Geiste, belebt von denselben Menschen, stützend, tragend dasselbe Gewölbe, gespeist aus denselben Quellen der Deutschen Vitalität.« (Bronnen, O. S., S. 19, 324 f.)

38 BArch, BDC, SSO-Akte Edmund Trinkl.

39 Zum Freikorps Epp und dessen Einsatz in München im April/Mai 1919 vgl. Schulze, Freikorps, S. 91–100.

wo ich als Zahlmeister einer Mob Wirtschaftskomp. zugeteilt wurde, welche die Räuberbanden der Bolschewicken in den kurländischen Wäldern bekämpfte.«[40]

Der künftige Hauskommandant des RSHA, Julius Baensch, kämpfte wie Erwin Schulz, Kurt Stage und Paul Opitz in Oberschlesien gegen die polnischen Verbände. Unter den Freikorpskämpfern finden wir selbst Angehörige des Jahrgangs 1901, wie Walter Zirpins, der sich unmittelbar nach seinem Abitur Ostern 1919 den freiwilligen Grenzschutzverbänden in Oberschlesien anschloß und dort bis zum Februar 1920 blieb, um erst danach eine Banklehre zu beginnen.[41] An der Niederschlagung des Ruhraufstandes im März 1920 nahmen Hermann Lehmann als Angehöriger des Freikorps Hindenburg und Hermann Quetting als Mitglied der Akademischen Wehr Münster teil;[42] am Kapp-Putsch waren weitere spätere RSHA-Führungskader beteiligt, ganz zu schweigen von den zahlreichen paramilitärischen Einwohner- und Bürgerwehren, die gegen die lokalen Arbeiter- und Soldatenräte eingesetzt wurden und in denen sich ebenfalls manch künftiger RSHA-Referent wiederfinden läßt.

Bruno Streckenbach, später Gestapochef in Hamburg, im Herbst 1939 Chef der Einsatzgruppe I in Polen und von 1940 bis Anfang 1943 Chef des Amtes I, wurde zum Beispiel als Unterprimaner gerade sechzehnjährig von Mai bis Oktober 1918 zu einem Jungsturm-Etappenkommando einberufen, das in Frankreich Kriegsarbeit leistete. Am Vorabend der Revolution nach Hamburg zurückgekehrt, saß er nur noch für kurze Zeit auf der Schulbank, trat im März 1919 als Siebzehnjähriger dem Freikorps Hermann bei und diente anschließend in der Freiwilligen Wachtabteilung

40 Handschriftlicher Lebenslauf, 20.9.1935, BArch, BDC, SSO-Akte Arthur Bork (Schreibweise wie im Original). In seinem Lebenslauf gab Bork ein Motiv zu erkennen, das manchen Freikorpskämpfer ins Baltikum getrieben hat: »Unsere geplante Siedelung in Kurland wurde durch die Letten verhindert. Inzwischen hatte ich in Kurland geheiratet, und mussten meine Frau und ich den Gedanken der Siedelung und Gründung einer Familie auf eigener Scholle aufgeben.« Zu den Kämpfen im Baltikum vgl. Sauer, Mythos; Schulze, Freikorps, S. 125–201; Waite, Vanguard of Nazism, S. 94–139.

41 Zu den Kämpfen in Schlesien vgl. Doose, Bewegung; jetzt vor allem Tooley, National Identity and Weimar Germany.

42 Zur Akademischen Wehr Münster als Keimzelle der Organisation Escherich in Münster vgl. Krüger, »Treudeutsch allewege!«, S. 74 f.

Bruno Streckenbach, Chef des
RSHA-Amtes I Personal 1940–1943
(Bundesarchiv, BDC, RuSHA-Akte
Bruno Streckenbach)

Bahrenfeld. Hamburg war im Frühjahr 1919 vorerst von einer Besetzung durch Reichswehrtruppen verschont geblieben, doch das Bürgertum der Stadt besaß nur geringes Vertrauen in die militärische Stärke und politische Zuverlässigkeit der Sicherheitswehr, die die Stadt vor revolutionären Aufständen schützen sollte. Ende Januar 1919 kam eine kleine Gruppe Hamburger Bürger und Kaufleute zusammen, um eine eigene militärische Organisation zu gründen.[43] Als am Morgen des 12. März 1919 Gerüchte über einen bevorstehenden Spartakusputsch durch die Stadt schwirrten, mobilisierten diese bürgerlichen Kreise ihre Anhänger zum kaum bewachten Artilleriedepot Bahrenfeld. Zwar blieb der kommunistische Aufstand aus, aber aus den freiwilligen jungen Männern, die nach Bahrenfeld geströmt waren, bildete sich die Freiwillige Wachtabteilung Bahrenfeld. Streckenbach, nach eigenen Angaben Schütze in der Maschinengewehrkompanie, gehörte zu den vielen Studenten und Schülern, die sich freiwillig meldeten. »Für Ruhe und Ordnung« hieß die Parole der »Bahrenfelder«, gemeint war damit der Kampf gegen die »Roten«, denen die Schuld für den verlorenen Krieg, die chaotischen Zeiten, die wirtschaftliche Not

---

43 Zu den »Bahrenfeldern« siehe Dähnhardt, Die Bahrenfelder; sowie die Aufzeichnungen des Oberleutnants zur See, Becker, des Hauptmanns Senftleben und Walther Lampls (Archiv der Forschungsstelle Zeitgeschichte in Hamburg, 4133 Freikorps). Zur Revolution in Hamburg und Umgebung vgl. Ullrich, Hamburger Arbeiterbewegung; Stehling, Hamburger Arbeiter- und Soldatenrat; Berlin, Staatshüter und Revolutionsverfechter; Comfort, Revolutionary Hamburg.

und den Verlust des stolzen Nationalgefühls gegeben wurde. Streckenbachs späterer Kampf gegen die »Roten« erhielt in diesen Jugendjahren ein unerschütterliches Fundament.

Im Gegensatz zu den rechten Honoratiorenverbänden der Vorkriegszeit fanden sich die jungen Rechten der Weimarer Zeit in solchen militanten, zur Gewalt bereiten Gruppen zusammen, die ihre Brücken ins bürgerliche Lager allerdings nicht abbrachen. Insgesamt lassen sich unter den RSHA-Führungsangehörigen gut ein Zehntel finden, die nach dem Krieg in Freikorps gekämpft haben beziehungsweise als Mitglieder von paramilitärischen Verbänden an der Niederschlagung von Rätebewegungen und kommunistischen Aufstandsversuchen teilgenommen haben. Dabei bildeten keineswegs die Jahrgänge 1899 und früher die Mehrheit unter diesen Männern, sondern die Hälfte der Freikorpskämpfer rekrutierte sich wie Ernst von Salomon aus den Jahrgängen 1900 bis 1902.

Andere aus dem späteren RSHA-Führungskorps schlossen sich in der Nachkriegszeit nationalen Verbänden an, darunter eine nicht unbeträchtliche Gruppe dem Jungdeutschen Orden (Jungdo) Arthur Mahrauns, der, 1890 geboren, als Angehöriger der »jungen Frontgeneration« den Jungdo als politische Nachfolgeorganisation eines von ihm gegründeten Freikorps 1920 ins Leben rief.[44] Der Jungdeutsche Orden war klar antibolschewistisch und antisemitisch, aber nicht unbedingt durchweg verfassungsfeindlich. Während des Kapp-Putsches 1920 erklärte sich die Jungdo-Führung

---

44 Dem Jungdeutschen Orden gehörten mindestens – soweit sich aus den jeweiligen Lebensläufen entnehmen läßt – an: Hermann Lehmann 1919 bis 1923, Heinz Jost 1921 bis 1922, Walter Haensch 1923 bis 1924, Heinz Höner 1924 bis 1928 und nicht zuletzt Reinhard Höhn, der zum engsten Kreis um Mahraun gehörte und mit seinen staatswissenschaftlichen Beiträgen die Programmatik des Jungdeutschen Ordens prägte (vgl. dazu Heiber, Walter Frank, S. 883–988). Zum Jungdeutschen Orden vgl. neben den zahlreichen Schriften von Arthur Mahraun die – allerdings dem Jungdo eng verbundenen – Darstellungen: Wolf, Entstehung; ders., Der Jungdeutsche Orden 1922–1925 (I), 1925–1928 (II); Kessler, Der Jungdeutsche Orden 1928–1930 (I), 1931–1933 (II); ders., Der Jungdeutsche Orden auf dem Weg zur Deutschen Staatspartei; Robert Werner, Der Jungdeutsche Orden im Widerstand 1933–1945; sowie Klaus Hornung, Der Jungdeutsche Orden. Eine neuere, wissenschaftliche Studie zum Jungdeutschen Orden ist ein deutliches Forschungsdesiderat.

um Mahraun für die rechtmäßige Regierung, schlug allerdings mit allen ihr zur Verfügung stehenden Mitteln die gegen Kapp streikenden und sich organisierenden Arbeiter nieder.[45] Den Mord an Außenminister Walther Rathenau im Juni 1922 verurteilte Arthur Mahraun zwar mit scharfen Worten,[46] aber im Herbst 1923 ließ sich die Führung des Jungdeutschen Ordens auf eine enge Verbindung mit Hitlers und Ludendorffs Staatsstreichplänen ein. Am 9. November selbst jedoch dementierte Mahraun gegenüber der Reichsregierung jede Unterstützung des Hitler-Putsches[47] – ein Umstand, der nicht nur den Bruch des Jungdo mit den Nationalsozialisten befestigte, sondern auch seine Isolation innerhalb der militant rechten Bewegung beförderte.[48] Noch bevor sich Mahraun 1928 auch von den Deutschnationalen ab- und der Deutschen Staatspartei zuwandte, verfaßte Alfred Rosenberg eine »Abrechnung mit Arthur Mahraun«, in der der Jungdeutsche Orden wegen seiner angeblichen Verfassungstreue und seiner Politik eines Ausgleichs mit Frankreich verurteilt wurde.[49]

Trotz der heftigen nationalsozialistischen Kritik blieb der bündisch-frontkämpferische, volksnationale Charakter des Jungdo erhalten, dem, so das Urteil Kurt Sontheimers, »vom Anfang bis zum Ende das antidemokratische Zeichen auf der Stirn geschrieben« stand.[50] Der Kern seiner Weltanschauung bestand im Kampf gegen den Bolschewismus und in der Überwindung der Spaltung durch Parlamentarismus und Parteienherrschaft hin zu einer deutschen Volksgemeinschaft. Das Losungswort hieß: »Volk gegen Kaste und Geld«.[51] Im Geiste der Frontkameradschaft des Krieges sollte jenseits des alten Standes- und Kastenwesens eine Volksgemeinschaft entstehen, die jede Verbindung zur alten bürgerlichen Welt

---

45 Siehe zum Beispiel die Schilderungen aus Gotha, Eisenach und anderen thüringischen Orten bei Wolf, Entstehung, S. 7–13.

46 Wolf, Entstehung, S. 43 f.

47 Wolf, Der Jungdeutsche Orden 1922–1925, S. 22; Hornung, Der Jungdeutsche Orden, S. 34–41.

48 Vgl. dazu Hornung, Der Jungdeutsche Orden, S. 60–68.

49 Rosenberg, Nationalsozialismus und Jungdeutscher Orden. Zur Auseinandersetzung mit der NSDAP siehe auch Kessler, Der Jungdeutsche Orden 1931–1933, insbesondere S. 79–88; Hornung, Der Jungdeutsche Orden, S. 127–132.

50 Sontheimer, Antidemokratisches Denken, S. 385.

51 Mahraun, Das Jungdeutsche Manifest, S. 24.

abgebrochen hatte.[52] Gegen demokratische Gleichmacherei setzte der Jungdeutsche Orden Gemeinschaft und Führerschaft. Der Plutokratie als vermeintliche Geldherrschaft der großen Mächte sagte der Jungdo unerbittlichen Kampf an – und geriet damit geradewegs in den Antisemitismus. Laut Verfassung des Jungdeutschen Ordens von 1923 konnten nur »deutschblütige Männer« aufgenommen werden, und als Ziel des Ordens wurde »die deutsche Volksgemeinschaft auf christlicher Grundlage« angestrebt.[53]

Trotz der Kritik seitens der Nationalsozialisten und des Bekenntnisses Mahrauns zur Verfassung bot die Weltanschauung der Jungdeutschen Ordens genügend Anschlußmöglichkeiten, um von ihm später zur NSDAP wechseln zu können. Es fällt auch auf, daß die späteren RSHA-Führungsangehörige Lehmann, Jost, Haensch in den frühen zwanziger Jahren dem Jungdo angehörten, als der Bruch mit der deutschnationalen und nationalsozialistischen Rechten noch nicht endgültig vollzogen war.[54] Sie waren noch als Schüler Mitglied des Jungdeutschen Ordens geworden und verließen ihn in dem Moment des Schulabgangs, vielleicht ein Hinweis auf die vor allem männerbündische Faszination des Ordens, der zudem durch die besondere, geheimnisvolle wie Auserwähltheit verspre-

---

52 Mahraun, Der Jungdeutsche Orden. Daß mit Bürgern die Männer gemeint waren, machte Mahraun im »Jungdeutschen Manifest« klar: »Das weibliche Staatsbürgertum muß vom männlichen Staatsbürgertum getrennt werden. Die staatsbürgerliche Betätigung des weiblichen Staatsbürgertums wird auf das ureigenste Gebiet des Frauentums verwiesen.« (Mahraun, Das Jungdeutsche Manifest, S. 50)

53 Verfassung des Jungdeutschen Ordens, Cassel 1923. Mahraun selbst schrieb 1924 in einer Kontroverse mit dem Centralverein deutscher Staatsbürger jüdischen Glaubens, das »Judentum bekämpft jede deutsche Gemeinschaft, welche völkisch ist, also keine Juden aufnimmt. Das haben wir in unserer Haltung nachgewiesen. Das haben wir am eigenen Leibe gespürt.« (Mahraun, Jungdeutsche und Juden, in: Der Jungdeutsche, 5. 4. 1924) Ludwig Holländer antwortete auf diesen Artikel in der »C.V. Zeitung« am 29. 5., vgl. Wolf, Der Jungdeutsche Orden 1922–1925, S. 29. Zur Haltung des Jungdeutschen Ordens zur »Judenfrage« vgl. auch Lohalm, Völkischer Radikalismus, S. 211–213.

54 Auch Heinz Höner verließ 1928 vor der Wende des Jungdo zur Staatspartei nach dem Abitur die Organisation. Allein Reinhard Höhn, der in den dreißiger Jahren eine wesentliche Rolle beim Aufbau des SD spielen sollte, blieb führendes Mitglied des Jungdeutschen Ordens auch noch in dessen eher verfassungskonformen Phase zum Ende der Weimarer Republik.

chende Struktur in Bruderschaften, Balleien, Komturen, Groß- und Hochmeister sicher noch verstärkt wurde. 1934 beschrieb Erhard Mäding, der uns später als Mitglied der Gruppe Leipziger Studentenaktivisten um Heinz Gräfe wiederbegegnen wird, seine damalige Haltung eher entschuldigend in seinem SS-Lebenslauf:

»Im Januar 1923 trat ich im Alter von 14 Jahren auf Anregung eines älteren Freundes unter dem Eindruck der engen Kameradschaft einer politisch von der herrschenden Linken arg bekämpften Gefolgschaft und auch beeindruckt von den ordensmäßigen Formen in den Jungdeutschen Orden ein, der damals in Pirna allein als nationaler Verband tätig war. Die Führung hatte eine kleine Gruppe Oberschlesienkämpfer. Die Bindungen zu den Kameraden, die deshalb besonders eng waren, weil sie in der eindrucksempfänglichen Jugendzeit auftauchen, haben auch noch gehalten, als Spannungen mit der Führung des Ordens auftauchten. Seit 1930 geriet ich in Gegensatz zu der Gruppe um Mahraun. 1932 bin ich dann ausgetreten.«[55]

Separatisten und Nationalisten

Die Nachkriegszeit blieb unruhig, die täglichen Lebensumstände prekär. Die Demobilisierung der Soldaten stellte das staatliche Sozialsystem ebenso wie die Gesellschaft insgesamt und nicht zuletzt die jeweiligen Familien, die Frauen und Kinder vor enorme Integrationsprobleme.[56] In den folgenden Jahren trieb die Inflation die Lebensmittelpreise in die Höhe und ließ den Hunger erneut in den Städten grassieren.[57] Die französische Besetzung des Ruhrgebiets im Januar 1923 und der von der deutschen Seite daraufhin ausgerufene »passive Widerstand« zerrütteten Wirtschaft und Staatsfinanzen und trieben die Geldentwertung in eine kaum vorstellbare Dimension.[58] Der »Ruhrkampf« wurde zur Arena separatistischer wie

---

55 Handschriftlicher Lebenslauf, 30. 5. 1934, BArch, BDC, SSO-Akte Erhard Mäding.
56 Vgl. dazu Bessel, Germany after the First World War, insbesondere S. 69–90.
57 Vgl. Niehuss, Arbeiterschaft in Krieg und Inflation; Hartewig, Das unberechenbare Jahrzehnt.
58 Zur französischen Ruhrpolitik und der Planung des Einmarsches vgl. Zimmermann, Frankreichs Ruhrpolitik, insbesondere S. 64–95; McDougall, France's Rhineland Diplomacy; Dülffer, Die französische Deutschlandpolitik nach dem Ersten Weltkrieg; Bariéty, Die französische Politik in der Ruhrkrise.

nationalistischer Extremisten. Insbesondere erregten die farbigen französischen »Neger-Soldaten« die deutschen Gemüter. Selbst ein in seinem republikanischen Denken unzweifelhafter Sozialdemokrat wie Reichspräsident Friedrich Ebert äußerte im Februar 1923, »daß die Verwendung farbiger Truppen niederster Kultur als Aufseher über eine Bevölkerung von der hohen geistigen und wirtschaftlichen Bedeutung der Rheinländer eine herausfordernde Verletzung der Gesetze europäischer Zivilisation« sei und offenbarte damit, daß der politische Konsens nationaler Gekränktheit und Demütigung angesichts der kritischen und angespannten Situation durch die Besetzung über die bestehenden parteipolitischen Unterschiede sogar einen kulturell grundierten Rassismus einschloß.[59]

Der Prozeß vor einem französischen Kriegsgericht in Mainz Ende Januar 1923 gegen Fritz Thyssen und drei andere Zechenbesitzer, die sich geweigert hatten, die nach dem Einmarsch unterbrochenen Kohlelieferungen an Frankreich wiederaufzunehmen, geriet zu einer Demonstration nationalen Einheitswillens.[60] Die französische Seite reagierte mit Verhaftungen, Hausdurchsuchungen, Ausweisungen. Ende März wurden bei einer Demonstration in Essen 14 Krupp-Arbeiter von französischen Truppen erschossen, im Mai wurde der junge nationalsozialistische Aktivist und ehemalige Freikorpsoffizier Albert Leo Schlageter, der als Führer eines Sabotagekommandos Eisenbahnschienen gesprengt hatte, zum Tode verurteilt und hingerichtet. Die NSDAP stilisierte Schlageter zum nationalsozialistischen Märtyrer,[61] und selbst die KPD versuchte, durch nationale Rhetorik und Lobreden auf den »jungen Aktivisten« Schlageter, der das Richtige gewollt, sich jedoch der falschen Seite angeschlossen habe, aus der nationalen Welle Gewinn zu ziehen.[62]

---

59 Zitiert nach Herbert, Best, S. 32; vgl. auch Pommerin, »Sterilisierung der Rheinlandbastarde«; Maß, Trauma des weißen Mannes.

60 Vgl. Herbert, Best, S. 38; Grimm, Der Mainzer Kriegsgerichtsprozeß.

61 Franke, Albert Leo Schlageter.

62 Die »Schlageter-Politik« der KPD gründete sich vor allem auf die Initiative Karl Radeks, der im Juni vor der Erweiterten Exekutive der Kommunistischen Internationale in Moskau eine Rede auf Leo Schlageter hielt. Darin bezeichnete Radek Schlageter als »mutigen Soldat[en] der Konterrevolution«, der es verdiene, »männlich-ehrlich gewürdigt zu werden«. Die KPD müsse sich als wahre Interessenvertreterin der »nationalistischen kleinbürgerlichen Massen« präsentieren, dann würden Männer wie Schlageter nicht »Wanderer ins Nichts [Radek spielte auf den

Anschläge, Attentate, Verhaftungen, Repressionen, Erschießungen sorgten für fortwährende Spannung und führten beide Seiten in die politische wie wirtschaftliche Sackgasse. Frankreich mußte bald erkennen, daß die erzwungenen Lieferungen aus dem Ruhrgebiet nur ein Bruchteil von dem entsprachen, was vor der Besatzung von Deutschland geliefert worden war. Zudem hatte der französische Alleingang zwar die Duldung Londons, aber die deutliche Mißbilligung der USA erfahren, und der Regierung Frankreichs drohte die politische Isolation. Deutschland wiederum konnte den vollmundig ausgerufenen passiven Widerstand wirtschaftlich nicht durchstehen und mußte bald realisieren, daß die nationalen Geister, die es rief, keineswegs zu bändigen waren. Im Gegenteil, die instabile politische Situation ermunterte die antirepublikanische Rechte wie Linke zu Putschversuchen.

Rheinische Separatisten besetzten verschiedene Rathäuser, konnten sich aber trotz französischer Unterstützung nicht halten. Die Kommunisten, die sich in Sachsen und Thüringen an den Regierungen beteiligten und von dort aus die »Bewaffnung des Proletariats« vorantrieben, versuchten im Oktober 1923 mit finanzieller Hilfe und politischer Rückendeckung der Sowjetunion ihre »Oktoberrevolution« nachzuholen.[63] Sie scheiterten allerdings ebenso wie die militanten völkisch-nationalistischen bayrischen Gruppen um Hitler und Ludendorff, die am 9. November in München die Gunst der Stunde vergeblich für eine Machtergreifung nutzen wollten.[64] Trotz und vielleicht gerade wegen ihres Scheiterns verwandelten sich der »Hamburger Aufstand« ebenso wie der Marsch zur Feldherrnhalle rasch zu Mythen der jeweiligen Bewegungen.

Titel von Freksas rechtsnationalistischen Roman an, der das Leben eines im Kampf gegen die Spartakisten gefallenen Offiziers schildert, M.W.], sondern Wanderer in eine bessere Zukunft der gesamten Menschheit werden« (die Rede Radeks wurde in der »Roten Fahne« vom 26.6.1923 veröffentlicht, gedruckt in: Weber, Der deutsche Kommunismus, S. 142–147). Im Anschluß an Radeks Schlageter-Rede in Moskau öffnete sich die »Rote Fahne« für einige Wochen selbst für Artikel von Moeller van den Bruck und Reventlow (vgl. Fischer, Stalin und der deutsche Kommunismus, S. 343–350; Angress, Kampfzeit der KPD, S. 351–386; Weber, Wandlung des deutschen Kommunismus, S. 48 f.).

63 Zum Fiasko des »Deutschen Oktobers« vgl. Angress, Kampfzeit der KPD, S. 315–511.

64 Vgl. dazu Mommsen, Verspielte Freiheit, S. 141–182.

Am »Rheinkampf« nahmen ebenfalls eine Reihe späterer RSHA-Führer teil. Der neunzehnjährige Werner Best, seit Herbst 1922 Leiter des sogenannten Rheinlandamtes des Deutschen Hochschulrings, propagierte den »Sabotagekrieg« nach irischem Vorbild, verlangte den Widerstandskampf »bis zum letzten Atemzuge« und rief dazu auf, jeden als Verräter zu bekämpfen, der zurückweiche und die deutsche Widerstandskraft untergrabe.[65] Wie Best, der im Oktober 1923 festgenommen worden war und eine Woche im Gefängnis saß, weil er mit anderen in Mainz eine Druckerei blockiert hatte, wurde auch sein späterer Nachfolger als Verwaltungschef des RSHA, Hans Nockemann, im Herbst 1923 im Kampf gegen die rheinischen Separatisten in Aachen von der belgischen Besatzungsmacht festgenommen und nach einigen Tagen Haft nach Bonn abgeschoben.[66] Carl Weintz, den wir als Referent ebenfalls im Amt II Verwaltung des RSHA wiederfinden werden, behauptete in seinem Lebenslauf aus dem Januar 1939 sogar, daß er in der Auseinandersetzung mit den Separatisten beinahe erschossen worden wäre.[67]

Gewinner und Verlierer

Dramatisch waren die wirtschaftlichen Folgen. Das Deutsche Reich hatte den passiven Widerstand zu bezahlen, die in den Ausstand getretene Bevölkerung im Ruhrgebiet mußte vom Reich alimentiert werden, was aus dem normalen Haushalt nicht zu finanzieren war. Also wurde die Banknotenpresse zu Hilfe genommen, und eine galoppierende Inflation war die Folge. Hatte der Wechselkurs der Mark zum Dollar im Dezember 1922 noch bei 8000 gelegen, stieg er bis zum April 1923 auf 20 000 an und erreichte Anfang August schon die schwindelerregende Marke von 1 Million. Danach sank der Wert der Mark ins Bodenlose.[68]

---

65 Herbert, Best, S. 76–78.
66 BArch, BDC, SSO-Akte Hans Nockemann.
67 Handschriftlicher Lebenslauf, Januar 1939, BArch, BDC, SSO-Akte Carl Weintz.
68 Zahlen zur Geldentwertung in Deutschland 1915 bis 1923. Bearb. im Statistischen Reichsamt, Berlin 1925 (Sonderhefte zur Wirtschaft und Statistik, 5. Jg., Sonderheft 1). Die Inflation in Deutschland nach dem Ersten Weltkrieg ist seit etlichen Jahren Gegenstand intensiver Forschungen seitens der Wirtschaftshistoriker, vor

Vor allem die sozial Schwachen, Rentner oder Kriegsinvaliden, waren der Hyperinflation, die ihre ohnehin kärglichen Renten radikal dezimierte, ohnmächtig ausgeliefert. Die totale Entwertung des Geldes traf aber auch die lohnabhängig Beschäftigten, deren Entlohnung kaum mit der Inflation Schritt halten konnte. Schon am Zahltag war der Lohn nur noch einen Bruchteil dessen wert, was einmal vereinbart worden war, und wer sich nicht beeilte, um mit den Millionenscheinen in der Hand Brot, Milch und andere Grundnahrungsmittel zu kaufen, hatte am nächsten Tag das Nachsehen. Da ein Wochenlohn oftmals binnen weniger Tage seine Kaufkraft verlor, gingen zahlreiche Betriebe dazu über, ihre Arbeiter täglich zu entlohnen. Dennoch sanken die Reallöhne rapide und lagen im Juli 1923 nur noch bei 48 Prozent des Standes von 1913.[69] Sebastian Haffner, dessen Vater sich als charakterfester preußischer Beamter nicht an Aktien- oder sonstigen Spekulationen beteiligen wollte, beschrieb, wie die Familie innerhalb kürzester Zeit das Monatsgehalt ausgeben mußte. Sobald er das Geld ausgezahlt bekam, kaufte der Vater eine Monatskarte für die U-Bahn, um auch im kommenden Monat zur Arbeit fahren zu können. Dann wurden Schecks für die Miete und das Schulgeld ausgestellt, und am nächsten Morgen fuhr die ganze Familie um vier oder fünf Uhr mit dem Taxi zum Großmarkt, um mit dem Rest des Geldes Kartoffeln, Schinken, Käse und andere nicht so schnell verderbliche Lebensmittel einzukaufen, die für die nächsten vier Wochen reichen mußten.[70]

All diejenigen, die in den vergangenen Jahren ihre Ersparnisse auf einem Sparkonto gesammelt hatten, um für das Alter und für Notlagen Rücklagen zu bilden, sahen sich nun mit dem Totalverlust ihres Vermö-

---

allem von Gerald Feldman und Carl Ludwig Holtferich, deren zahlreiche Veröffentlichungen hier nicht aufgeführt werden können. Vgl. den instruktiven Literatur- und Forschungsbericht von Kolb, Die Weimarer Republik, S. 187–193.

Erst das Kabinett unter Gustav Stresemann erklärte am 26. September formell den Abbruch des passiven Widerstands und setzte mit einer Währungsreform der Hyperinflation ein Ende. Die nationalistische Presse überschüttete ihn wegen der Einstellung des Widerstands mit giftigen Attacken. Er wurde als »Verzichtpolitiker« und »Verräter« denunziert, Ludendorff bezichtigte ihn sogar, Freimaurer, Pazifist und »künstlicher Jude« zu sein (Schulze, Weimar, S. 260).

69 Winkler, Von der Revolution zur Stabilisierung, S. 378, sowie insgesamt zum Krisenjahr 1923, S. 551–669.

70 Haffner, Geschichte eines Deutschen, S. 59 f.

gens konfrontiert. Bürgerliche Grundsätze wie »Gutes Geld für gute Arbeit« oder »Sparen heißt das Alter sichern« zerstoben im Wirbel der Hyperinflation, die eben nicht nur die materiellen Sparvermögen vernichtete, sondern auch den Glauben an die Gültigkeit der immateriellen Werte bürgerlicher Gesellschaft.[71] Auf der anderen Seite minimierte die Inflation auch Schulden, und alle diejenigen, denen es mit Geschick und Skrupellosigkeit gelang, sich Geld zu leihen, um damit Sachwerte zu kaufen, konnten glänzende Geschäfte machen. Für Spekulanten, Inflationsgewinnler und gerissene Geschäftsleute eröffnete sich ein Eldorado, in dem es sich, und sei es auch nur für kurze Zeit, wie im Schlaraffenland leben ließ. Der »Wucherer«, »Profiteur« und »Schieber« erschien als neuer Typus in den Karikaturen und Zeitschriften: gut gekleidet im Smoking, ausgestattet mit Luxus, Champagner, schnellen Autos, begleitet von schönen Frauen mit Bubikopf. Ein Münchner Rentner gab seiner Empörung und seinen Ressentiments in einem Brief an die Wirtschaftsabteilung des Generalkommissariats von Kahrs Ausdruck: Während auf der einen Seite die »Veteranen der ehrlichen Arbeit, durch die Deutschland groß geworden ist, darben, hungern, frieren«, praßten auf der anderen Seite die »blutjungen Bürschchen, dickgemästeten Viehhändler, Holzschieber, Lebensmittelwucherer, die noch dazu ihre dunklen Geschäfte jeglicher Steuerkontrolle zu entziehen wissen, Luxusfahrten im eleganten Auto machen und die Nächte mit ihrem faulenzenden, nur auf immer verrücktere Toiletten bedachten Weiberanhang in Cabarets und weindunstigen Nachtlokalen durchschwelgen«.[72] Auch Thomas Mann war 1919 von solchen, selbstverständlich auch antisemitischen, Ressentiments keineswegs frei, wenn er einen Kunsthändler als »blond-jüdisch und elegant, Mitte dreißig, mit Monokol und fetten, weißen, manikürten Händen, in gesteppten Lackhausschuhen, wunderbar als Typus des international-kultur-kapitalistischen Schiebertums« porträtierte.[73]

Seine Kinder Klaus und Erika indessen waren 1923 ebendieser Welt der Varietés und Nachtbars, der Cabarets und »Schieberlokale« verfallen. Mit

---

71 Vgl. dazu das anregende Kapitel »The Post-war Transition and the Moral Order« bei Bessel, Germany after the First World War, S. 220–253, das sich mit Veränderungen der Ehe- und Sexualmoral wie der Jugendkriminalität beschäftigt.

72 Zitiert nach Geyer, Verkehrte Welt, S. 246 f.

73 Th. Mann, Tagebücher 1918–1921, S. 144 (4. 12. 1919).

Theodor Lücke, einem Mittzwanziger, Literaturliebhaber, dilettierenden Poeten und erfolgreichen Devisenspekulanten, den Klaus Mann 1922 kennengelernt hatte, zogen die halbwüchsigen Mann-Kinder durch die Münchner Nachtlokale mit Champagner und Gänselebergelagen.[74] Den Jungen und Flinken ging es gut, über Nacht wurden sie frei, reich und unabhängig. Diese plötzliche Macht der Jugend beobachtete auch Sebastian Haffner:

»Der einundzwanzigjährige Bankdirektor trat auf, wie auch der Primaner, der sich an die Börsenratschläge seiner etwas älteren Freunde hielt. Er trug Oscar-Wilde-Schlipse, organisierte Champagnerfeste und unterhielt seinen verlegenen Vater. Unter soviel Leid, Verzweiflung und Bettelarmut gedieh eine fieberhafte, heißblütige Jugendhaftigkeit, Lüsternheit und ein allgemeiner Karnevalsgeist. Jetzt hatten auf einmal die Jungen und nicht die Alten das Geld; und überdies noch hatte seine Natur sich so geändert, daß es seinen Wert nur wenige Stunden hielt, und es wurde ausgegeben wie nie vorher oder seither; und für andere Sachen als solche, für die alte Leute ihr Geld ausgeben.«[75]

Für Haffner bildeten diese Jahre den Schlüssel zum Verständnis des Aufstiegs des Nazismus. Annähernd zwanzig Jahrgänge junger Deutscher waren damit aufgewachsen, ihren Lebensinhalt, allen Stoff für Gefühle, Liebe, Haß, Trauer, alle Sensationen, alle Abenteuer und jeden Nervenkitzel aus der öffentlichen Sphäre geliefert zu bekommen. Als wieder Währungsstabilität herrschte und ein normales Leben beginnen konnte, standen diese Jugendlichen hilflos, verarmt, enttäuscht, gelangweilt da. Das Verschwinden der öffentlichen Spannung und die Wiederkehr der privaten Freiheit empfanden sie nicht als Geschenk, sondern als Beraubung. Sie warteten nur darauf, die Welt der Sensationen und Kriegsspiele, der Grenzenlosigkeit und Verschwendung, des unbedingten Auskostens des Augenblicks wiederaufleben zu lassen. Oberflächlich herrschte Stabilität,

---

74 »Unser Freund Theo«, so skizzierte ihn Klaus Mann in seinen Erinnerungen, »war der Typ des jungen Menschen vom Jahr 1923 par excellence. Er war sowohl schwärmerisch als geschäftstüchtig; junger Bankmensch mit nervös gespannter, energisch zarter, leicht angegriffener Miene, der sich für Wedekind, Unruh, Georg Kaiser begeisterte, es aber gleichzeitig famos mit den Devisen verstand. Er zauberte Geld, wie es damals vielen begabten Jünglingen glückte; und er verschwendete es hauptsächlich, indem er uns aufs großartigste einlud.« (K. Mann, Kind dieser Zeit, S. 159; vgl. dazu Kroll/Täubert, 1906–1927, S. 63–71)
75 Haffner, Geschichte eines Deutschen, S. 57.

Friede, Windstille, Ordnung, aber unterhalb dieser Oberfläche bereitete sich das kommende Unheil vor. Wohl kaum zu einer anderen Zeit, stellte Martin Geyer in seiner Untersuchung über die »verkehrte Welt« 1914 bis 1924 fest, wurde der Kampf aller gegen alle, die Aufforderung, sich selbst zu helfen, so sehr beschworen wie in den Inflationsjahren. Wer nicht zur Selbsthilfe griff, konnte nicht mithalten und gehörte unweigerlich zu den Verlierern. Und Selbsthilfe bedeutete keineswegs kollektive, solidarische Organisation, sondern Egoismus, Rücksichtslosigkeit und Gewalt.[76] Die Erfahrung des radikalen Verlusts der alten Ordnung und die Suche nach einer neuen prägten diese Jahre. Sicherlich, so schränkte Haffner ein, betraf eine solche Beobachtung nicht sämtliche Angehörige diese jüngeren deutschen Generation. Es gab durchaus welche, die Geschmack am eigenen Leben fanden und sich erfolgreich von den Kriegs- und Spekulationsspielen absetzten. »Tatsächlich«, so Haffner, »bereitete sich damals, vollkommen unsichtbar und unregistriert, jener ungeheure Riß vor, der heute das deutsche Volk in Nazis und Nichtnazis spaltet.«[77]

Die jungen Radikalen

In seinem jüngsten Buch über den Ersten Weltkrieg konstatiert John Keegan, daß 1939 viele erneut in den Krieg zogen in dem festen Glauben, den Sieg zu erringen, bevor das erste Laub fallen würde. Aber, so Keegan weiter, eines hätten die Überlebenden sicher zugegeben: 1939 war die Furcht vor dem Krieg stark, weil man die Wirklichkeit des modernen Krieges kannte. 1914 hingegen traf der Krieg wie ein Blitz aus scheinbar heiterem Himmel die Völker Europas, die sich von der Kriegsrealität keine Vorstellung machen konnten.[78] Von den Jahrgängen 1892 bis 1895 in Deutsch-

---

76 Geyer, Verkehrte Welt, S. 391–397.
77 Haffner, Geschichte eines Deutschen, S. 70.
78 Keegan, Der Erste Weltkrieg, S. 21. Dagegen betonte Ernst Schulin vor dem Hintergrund der langjährigen historiographischen Debatte um Ursachen und Auslöser des Ersten Weltkriegs, daß, so unvorstellbar sich der Krieg später erwies, so unerwartet sein Ausbruch nicht war, sondern zahlreiche Entwicklungen seit Ende des 19. Jahrhunderts auf den Sommer 1914 hinführten (Schulin, Die Urkatastrophe des zwanzigsten Jahrhunderts).

land, die bei Kriegsausbruch zwischen 19 und 22 Jahren alt waren, überlebten nur etwa zwei Drittel. Von den zwischen 1870 und 1899 geborenen
deutschen Männern fielen insgesamt 13 Prozent, das heißt in jedem
Kriegsjahr mehr als 460 000. Insgesamt starben im Krieg oder an den Folgen ihrer Verletzungen über 2 Millionen deutsche Soldaten.[79]

Als »Urkatastrophe des Jahrhunderts« hat George F. Kennan den Ersten Weltkrieg bezeichnet.[80] Er zerstörte Leben, zertrümmerte Gewißheiten, zerschlug Familien. An ihm kam niemand vorbei, zu ihm mußte man
Stellung beziehen, auch wenn man nicht die Schlachten selbst erlebt hatte.
Der Weltkrieg spaltete die Nationen nicht allein in der Erinnerung an ihn,
ob Heldengedenktag oder »Im Westen nichts Neues«, er begründete auch
eine Erfahrungsdifferenz, die unwiederbringlich und uneinholbar war.
Diejenigen, die den Weltkrieg als Soldat erfahren hatten, waren unüberbrückbar von denen getrennt, die ihn als Jugendliche, Kinder, Frauen zu
Hause erlebt hatten – aber auch die »Heimatfront« war in den Krieg, in
dessen Fronten und Kampflinien eingebunden. Das althergebrachte mas-
kuline (Selbst-)Bild vom Soldaten an der Front, der die Heimat und den
heimischen Herd schützt, entsprach nicht der Realität des Ersten Weltkriegs, dessen materialverschlingende Kampfführung die zum Äußersten
gesteigerte Produktion und Versorgung durch die »Heimatfront« zwingend nötig hatte. Die »Heimat« war keineswegs fern vom Krieg, sondern
sein unabdingbarer Bestandteil. Der Feind stand damit außen wie innen,
als gegnerische Armee draußen wie als Wucherer, Saboteur, Defätist und
»jüdischer Schieber« drinnen. Die Totalisierung des Krieges ließ auch die
»Heimat« zum Schlachtfeld werden.

Doch das »Fronterlebnis« bedeutete nicht in jedem Fall Selbstgewißheit,
die »Frontgeneration« war auch, wie Zehrers selbstkritische Anmerkungen
anzeigen, eine von Orientierungslosigkeit und Selbstzweifel gequälte »verlorene Generation«. Man wußte, wogegen, aber nicht, wofür man stritt. Für

---

79 Keegan, Der Erste Weltkrieg, S. 18. Den proportional gesehen höchsten Menschen-
    verlust erlitt indes Serbien, von dessen ca. 5 Millionen zählender Vorkriegsbevölke-
    rung 125 000 Männer im Krieg fielen und 650 000 Zivilisten an Entbehrung, Hun-
    ger und Seuchen starben.
80 Im Original heißt es: »*the* great seminal catastrophe of this century« (Kennan, De-
    cline of Bismarck's European Order, Hervorhebung im Original).

diejenigen jungen Männer, die nicht mehr eingezogen wurden, blieb jedoch die Erfahrungsdifferenz bestehen, ohne erkennbare Chance, am »Fronterlebnis« je teilhaben zu können. Das Bewußtsein dieser Differenz hat die Jahrgänge 1902 und folgende sicherlich nie verlassen,[81] und vielleicht stammt aus dieser Differenz nicht allein die Heroisierung des Krieges, seine Apotheose, gerade weil man ihn nur als Bild kennengelernt hat, sondern auch die Betonung der Kluft, die Heraushebung der Distanz zu den Alten. »Noch nie vielleicht«, schrieb Klaus Mann 1925 seinem Vater öffentlich zu dessen 50. Geburtstag, »war der Abgrund breiter, noch nie war er so beinahe unüberbrückbar zwischen den Generationen wie heute.«[82] Jugend nicht als übliche Absetzung von den Alten, als Generationenkonflikt, sondern als Entwurf einer neuen Welt, die im Zusammenbruch der alten die Aufforderung wie die Unabdingbarkeit ihrer selbst begründet. War »Jugend« schon vor dem Ersten Weltkrieg zum Begriff eines Aufbruchs, eines neuen Stils geworden, so verband sie sich jetzt mit dem Konzept der Generation: Gründels Buch »Sendung der Jungen Generation« brachte es auf den Begriff und umriß den Erwartungshorizont, den es erst noch einzulösen galt.

»In den Schützengräben des Weltkriegs, im Schmelzofen der Nachkriegsjahre, in den sozialistisch gestimmten Herzen einer neuen Jugend sind endlich diese dünkelhaften Bildungs- und Standesschranken niedergerissen worden. Eine neue Generation von deutschen Menschen hatte erstmals den deutschen Volksgenossen, den Schicksals- und Leidensgefährten in allen Schichten erkannt. Hier erst wurde der neue Deutsche geboren. Erst seit dem Weltkrieg beginnen die Deutschen, eine neue, nein: überhaupt eine Nation zu werden.«[83]

Jugendlichkeit, Sportlichkeit, Körperlichkeit waren die Signien der zwanziger Jahre. »Sportfimmel« nannte es Sebastian Haffner, was die Deut-

---

81 Darum greift es zumindest für die Führungsgruppe des RSHA zu kurz, wenn man den »faschistischen Mann« vornehmlich aus den unmittelbaren Fronterfahrungen des Ersten Weltkrieges (vgl. zum Beispiel Hüppauf, The Birth of Fascist Man) oder, wie Klaus Theweleit in seiner Untersuchung, aus den Männerphantasien der Freikorpskämpfern entstehen läßt (Theweleit, Männerphantasien; vgl. differenzierend dazu Weisbrod, Kriegerische Gewalt und männlicher Fundamentalismus).

82 K. Mann, Mein Vater; vgl. dazu Kraske, Darstellung der Jugend.

83 Gründel, Sendung, S. 352; vgl. dazu Trommler, Mission ohne Ziel; sowie das Kapitel »Germany: The Mission of the Young Generation« bei Wohl, Generation of 1914, S. 42–84.

schen in den Jahren 1924 bis 1926 ergriff, und in der kritischen Betrachtung Klaus Manns der in Reih und Glied marschierenden Sportlerriegen ist zugleich seine eigene Immunität gegenüber der Verwandlung von Generationssehnsucht nach Vereinheitlichung und Selbstfindung in der »Volksgemeinschaft« zu erkennen.

Der materielle Zusammenbruch der alten Welt riß auch den Geltungsanspruch bürgerlicher Werte mit sich. In der Bereitschaft der politischen und militärischen Eliten Europas, Menschen und Material in unverkennbarer Maßlosigkeit zu opfern, zerbrach, so Michael Geyer, die Fähigkeit der Politik, einen europäischen Frieden, überhaupt eine Zeit nach dem Krieg zu denken. Indem die europäischen Eliten die Überlebensfähigkeit ihrer Nationen als zivile Gesellschaft bedenkenlos aufs Spiel setzten, verloren alle Hoffnungen auf die Wiederkehr der »guten Vorkriegszeit« ihren Wert, verkehrten sich in ihr Gegenteil.[84] Antibürgerlichkeit verband nicht nur die jungen Militanten in allen politischen Lagern. Bürgerliche Werte verblaßten auch im Alltag, wenn Inflationsraten die Ersparnisse vernichteten und jugendliche Spekulanten ein Millionenvermögen ebenso schnell erwarben wie sie es ausgaben. Der »Schein der Normalität« der ökonomisch stabilen Jahre der Weimarer Republik 1924 bis 1929 bedeutete eben kein verläßliches Prosperitäts- und Sekuritätsversprechen wie jenes, das die Väter der sozialen Marktwirtschaft 1948 mit der Währungsreform – ohne selbst sicher sein zu können, ob sich einlösen würde, was sie versprachen – abgaben. In den Jahren der Weltwirtschaftskrise 1929 bis 1932 fanden sich die Erfahrungen aus den Kriegs- und Nachkriegsjahren bestätigt, daß der bürgerlichen Welt und ihren Versprechungen nicht zu trauen ist, daß der Dimension ihres politischen und wirtschaftlichen Zusammenbruchs nur mit ähnlicher Radikalität begegnet werden kann.

»War meine Generation«, fragte sich Klaus Mann, »– die europäische Generation, die während des ersten Weltkrieges heranwuchs – unordentlicher oder frivoler, als Jugend es im allgemeinen ist? Trieben wir es besonders liederlich und zügellos? Die moralisch-soziale Krise, in deren Mitte wir stehen und deren Ende noch nicht abzusehen scheint, sie war doch damals schon in vollem Gange. Unser bewußtes Leben begann in einer Zeit beklemmender Ungewißheit. Da um uns herum alles barst und schwankte, woran hätten wir uns halten, nach welchem Gesetz uns orientieren sollen? Die Zivilisation, deren Bekanntschaft wir in den zwanziger Jahren machten, schien ohne Balance, ohne

---

84 Geyer, Gewalt und Gewalterfahrung im 20. Jahrhundert.

Ziel, ohne Lebenswillen, reif zum Ruin, bereit zum Untergang. [...] Von unseren Dichtern übernahmen wir die Geringschätzung des Intellekts, die Akzentuierung der biologisch-irrationalen Werte auf Kosten der moralisch-rationalen, die Überbetonung des Somatischen, den Kult des Eros. Inmitten allgemeiner Öde und Zersetzung schien nichts von wirklichem Belang, es sei denn das lustvolle Mysterium der eigenen physischen Existenz, das libidinöse Mirakel unseres irdischen Daseins. Angesichts einer Götzendämmerung, die das Erbe von zwei Jahrtausenden in Frage stellte, suchten wir nach einem neuen zentralen Begriff für unser Denken, einem neuen Leitmotiv für unsere Gesänge und fanden den ›Leib, den elektrischen‹. Diese Präokkupation mit dem Physiologischen war bei uns nicht einfach Sache des Instinktes oder der Stimmung, sondern hatte programmatisch-prinzipiellen Charakter, was kaum wundernehmen kann, in Anbetracht der alten deutschen Neigung zum Systematischen: Hier wird selbst aus Chaos und Wahnsinn ein System gemacht.«[85]

---

85 K. Mann, Wendepunkt, S. 120 f. Die wesentlich kürzere amerikanische Erstausgabe des autobiographischen Buchs von Klaus Mann erschien 1942 in New York unter dem Titel »The Turning Point. Thirty-Five Years in this Century«. Für eine deutsche Ausgabe hat Klaus Mann das Manuskript erweitert und im Frühjahr 1949 kurz vor seinem Freitod abgeschlossen. Das Buch erschien erst drei Jahre später, 1952, beim S. Fischer Verlag in Frankfurt am Main.

2. Studentische Lehrjahre

Bildungschancen in der Weimarer Republik

Bereits im Kaiserreich hatte eine Öffnung der Hochschulen auch für Kinder aus den unteren Mittelschicht stattgefunden, die 1911 knapp über die Hälfte aller Studenten stellten. Auch die Zahl der Studentinnen stieg signifikant an: von 4056 (6,7 Prozent) 1914 auf 19 396 (18,7 Prozent) im Wintersemester 1932/33.[1] Damit war zwar Frauen noch kein proportionaler Zugang zur akademischen Ausbildung gewährt und der weibliche Anteil bei der Besetzung akademischer Stellen blieb weiterhin verschwindend gering, aber Hochschulen waren keine exklusiven Bildungsinstitutionen für die männlichen Kinder der Oberschicht mehr.[2]

Die Bildungspolitiker setzten gleich zu Beginn der Weimarer Republik deutliche Akzente für eine Demokratisierung des Bildungssystems. Die Bildungsausgaben nahmen absolut wie relativ zu, ihr Anteil am Volkseinkommen betrug 1928 3,4 Prozent – ein Niveau, das weder vorher im Kaiserreich noch nachfolgend im NS-System oder in der Bundesrepublik bis 1960 erreicht worden ist. Darüber hinaus wurde eine Reihe von Schulreformen auf den Weg gebracht, wie der Abbau von exklusiven Vorschulen für die höheren Schulen und die Einrichtung einer einheitlichen, für alle Schüler gemeinsamen, vierjährigen Volksschulstufe durch das Reichs-

---

1 Jarausch, Deutsche Studenten, S. 133; Huerkamp, Bildungsbürgerinnen.
2 Insgesamt blieb die Verteilung der Bildungschancen zwischen 1911 und 1960 allerdings weitgehend unverändert. Weder wandelte sich die Sozialstruktur der Studierenden nach der Berufsgruppe oder der Schicht- beziehungsweise Klassenzugehörigkeit noch nach dem Bildungsniveau ihrer Väter entscheidend. Kinder von höheren Beamten, von Unternehmern und Freiberuflichen hielten einen unverändert hohen Anteil unter den Studenten, während Kinder aus Arbeiterfamilien weiterhin nur marginal an den Hochschulen vertreten waren. Die Zahl der Kinder von mittleren und unteren Angestellten nahm zwar innerhalb der Studentenschaft absolut erheblich zu, aber gleichzeitig stieg auch der Anteil dieser Berufsgruppen innerhalb der Beschäftigten insgesamt, so daß dieser Anstieg lediglich der Veränderung der Berufsstruktur entsprach und im Verhältnis betrachtet de facto gleichblieb (vgl. Kaelble, Chancenungleichheit).

schulgesetz von 1920.[3] Die »Studienstiftung des deutschen Volkes« sollte begabten Kindern aus den unteren Schichten das Studium ermöglichen. Tatsächlich lag der Anteil der Arbeiterkinder unter den Stipendiaten mit 14 Prozent weit über dem Reichsdurchschnitt, und auch der Anteil von 15 Prozent Studentinnen, die durch die Studienstiftung gefördert wurden, war beachtenswert hoch. Doch real wurde nur ein kleiner Teil der Studentenschaft finanziell unterstützt, so daß diese veränderten Zahlen keinen wesentlichen Einfluß auf die Verhältnisse insgesamt besaßen.[4]

Insgesamt nahm die Zahl der Studierenden in der Zwischenkriegszeit erheblich zu. Gab es 1914 etwa 60 000 Universitätsstudenten, waren es 1921 über 87 000 und, nach einem Rückgang in den Jahren 1925/26, 1931 annähernd 104 000. Die Zahl der Jurastudenten, unter denen sich zahlreiche spätere Führungsangehörige des Reichssicherheitshauptamtes befanden, verdoppelte sich von 9900 im Jahr 1919 auf knapp 23 000 1929.[5] Während der Anstieg der Studentenzahlen in den unmittelbaren Nachkriegsjahren vornehmlich auf die Rückkehr der Kriegsstudenten zurückzuführen ist,

---

3 Zymek, Schulen, S. 171–175. Neben den bereits existierenden Gymnasien, auf denen ein Großteil des Unterrichts für Latein und Griechisch aufgewandt wurde, und neben den Realgymnasien, wo neben Latein auch Französisch und Englisch gelehrt, sowie den Oberrealschulen, wo keine alten Sprachen, dafür Französisch, Englisch, vor allem aber Mathematik und Naturwissenschaften unterrichtet wurden, entstanden jetzt zusätzlich Deutsche Oberschulen, die besonderes Gewicht auf Deutsch, Geschichte und Geographie legten. Die Verteilung der Schüler auf die jeweiligen Schultypen änderte sich dementsprechend während der Weimarer Republik beträchtlich. Während die Schülerzahl der Gymnasialoberstufe zwischen 1911 und 1931 mit knapp 21 000 nahezu gleichblieb, stieg die Zahl der Realgymnasiasten von 7644 auf 25 089, der Oberrealschüler von 5672 auf 18 659 und der Deutschen Oberschüler beziehungsweise Aufbauschüler von 0 auf 5021 (Jarausch, Deutsche Studenten, S. 133).
4 Kaelble, Chancenungleichheit, S. 140, 297 Anm. 19; Kunze, Die Studienstiftung der deuschen Volkes. Viele dieser einschneidenden Reformen vom Beginn der Republik konnten erst an ihrem Ende wirksam werden und wurden vom NS-Regime nicht fortgesetzt. Eine Untersuchung der sozialen Herkunft von Primanern in Sachsen zeigte zum Beispiel, daß der Anteil der Schüler aus Arbeiter-, Angestellten- und unteren Beamtenfamilien von 1927 bis 1934 deutlich zugenommen hatte (Kaelble, Chancenungleichheit, S. 140).
5 Jarausch, Deutsche Studenten, S. 129–131. Nach 1929 allerdings sank die Zahl der Jurastudenten wieder deutlich ab.

war für die zweite Wachstumsphase nach 1925 vor allem die demographische Vergrößerung der Alterskohorte der 18- bis 25jährigen zwischen 1919 und 1931 verantwortlich. Und schließlich gab es mehr Studenten durch die Erweiterung der Schulformen. Gegenüber dem Kaiserreich verlor das Gymnasium seine Vorrangstellung. Der Anteil der Studierenden mit Gymnasialabschluß sank von 1911 bis 1932/33 von 69 Prozent auf 31,6 Prozent, derjenigen mit Realgymnasium stieg von 14,3 Prozent auf 28,6 Prozent und mit Oberrealschule von 9,9 Prozent auf 23,4 Prozent.[6]

Von den RSHA-Angehörigen hatten deutlich mehr als drei Viertel das Abitur erworben, von denen wiederum die meisten (35 Prozent) ihre Reifeprüfung an einem Gymnasium abgelegt hatten, knapp gefolgt vom Realgymnasium (31 Prozent) und der Oberrealschule (22,4 Prozent).[7] Studiert hatten mehr als zwei Drittel der untersuchten RSHA-Angehörigen, wobei die Zahl derer, die ihr Studium abgebrochen hatte, vernachlässigenswert gering ist.[8] 69, das heißt nahezu ein Drittel der gesamten Untersuchungsgruppe und fast die Hälfte der Studierten, hatten darüber hinaus einen Doktorgrad erworben.[9] Die größte Gruppe unter ihnen hatte Jura studiert

---

6 Ebenda, S. 133.
7 Von den 221 Personen der Untersuchungsgruppe besaßen 174 das Abitur (78,7 Prozent). 12 hatten das Gymnasium mit der Obersekunda verlassen, die mittlere Reife oder einen ähnlichen Schulabschluß wie die Handelsschule hatten 17, einen Volksschulabschluß 18. Damit lag die Führungsgruppe noch über dem von Jens Banach ermittelten Durchschnitt des Führerkorps der Sicherheitspolizei und des SD, von denen 63 Prozent das Abitur geschafft hatten (Banach, Heydrichs Elite, S. 68 f.). Von den 174 Männern, die das Abitur erworben hatten, hatten 61 ein Gymnasium, 54 das Realgymnasium, 39 die Oberrealschule, einer, Hans Rößner, Sohn eines Volksschullehrers, hatte die neueingerichtete Deutsche Oberschule besucht. Von 19 existiert nur die Angabe, daß sie das Abitur abgelegt hatten.
8 151 (68,3 Prozent) ein Studium absolviert; nur acht hatten ihr Studium abgebrochen. Damit lag der Anteil der RSHA-Angehörigen mit einem Studium deutlich höher als das Führerkorps der Sicherheitspolizei und des SD insgesamt, bei dem der Anteil der Studierten bei etwa der Hälfte lag. Auch war der Anteil derjenigen, die ihr Studium abgebrochen hatten, im RSHA gegenüber dem Sipo- und SD-Führerkorps insgesamt, wo mehr als ein Viertel (27 Prozent) ihr Studium nicht zu Ende führten, signifikant geringer (Banach, Heydrichs Elite, S. 78, 80).
9 Auch hier lag das RSHA gegenüber den von Banach ermittelten Daten für das Gesamtführerkorps, von dem nur 30 Prozent der Studierten promoviert hatten, deutlich über dem Durchschnitt (Banach, Heydrichs Elite, S. 80).

und von diesen ein gutes Drittel zum Dr. jur. promoviert.[10] Danach rangierten die Geisteswissenschaften, zumeist Deutsch und Geschichte mit dem Ziel des höheren Lehramtes; die Zahl derer, die promoviert waren, lag mit zwei Dritteln deutlich höher als bei den Juristen.[11]

Betrachtet man die soziale Herkunft des RSHA-Führerkorps, so entsteht ein Bild von sozialen Aufsteigern, die in einer Gesellschaft mit eher stagnierender sozialer Mobilität durch akademische Ausbildung und Verwaltungskarriere nicht bloß einen anderen Beruf als den des Vaters ergriffen haben, sondern auch gegenüber ihrer Familie die soziale Schicht wechselten. Zehn RSHA-Führungskader (4,5 Prozent) hatten höhere Beamte als Väter (Landräte, Amtsgerichtsräte oder Reichsbahnräte). Vierzehn (6,3 Prozent) besaßen Väter, die als Rechtsanwälte, Ärzte oder Pfarrer[12] tätig waren. Aus Lehrerfamilien stammten 24 (11 Prozent), wobei man allerdings hier sicher noch einmal differenzieren und Volksschullehrer einerseits beziehungsweise Gymnasiallehrer andererseits als eigene Gruppe zählen müßte. Zählt man jetzt noch die neun Männer (4 Prozent) hinzu, deren Vä-

---

10 Von der Untersuchungsgruppe hatten 90 Personen Rechtswissenschaften studiert und von diesen 35 promoviert. Der Anteil der Jurastudenten innerhalb der Führungsgruppe des RSHA entsprach damit dem Durchschnitt von 62 Prozent für das Führerkorps der Sicherheitspolizei und des SD insgesamt (Banach, Heydrichs Elite, S. 79; vgl. auch Boehnert, The Jurists in the SS-Führerkorps).

11 Von den 33 RSHA-Angehörigen mit geisteswissenschaftlichem Studium waren 22 promoviert. Damit wich das RSHA in zwei beachtenswerten Punkten vom Gesamtführerkorps der Sicherheitspolizei und des SD ab. Dort betrug der Anteil der Geisteswissenschaftler nur 13 Prozent, und die Zahl der Promotionen lag dort im Unterschied zum RSHA bei den Jurastudenten am höchsten (Banach, Heydrichs Elite, S. 79 f.).
Ein wirtschaftswissenschaftliches Studium hatten acht (die Hälfte von ihnen stellte später das Führungspersonal der Gruppe III D Wirtschaft), ein Medizinstudium, wie üblich sämtlich mit Promotion zum Dr. med., drei absolviert. Naturwissenschaften, in erster Linie Chemie (wohinter sich die späteren kriminaltechnischen Experten des Amtes V verbargen), hatten zehn studiert, und schließlich technische Gebiete drei, Landwirtschaft zwei.

12 Aus einem protestantischen Pfarrhaushalt stammten Dr. Justus Beyer (später im SD-Amt III), Dr. Rudolf Bilfinger (Gruppenleiter im Amt II Verwaltung), Dr. Ernst Jahr (Pressereferent im Gestapoamt IV), Karl Burmester (Bibliothekar im Amt VII) und Dr. Gerhard Hauck (Referent V B 3 Sittlichkeitsverbrechen im Kripo-Amt V).

ter als Ingenieure und Techniker gleichfalls eine Hochschulausbildung absolviert hatten, sowie die drei, deren Väter leitende Angestellte in der Wirtschaft (Brauereidirektor, Bankvorstand und Bankprokurist) waren, bei denen ebenfalls ein Studium vorausgesetzt werden kann, so lag der Anteil derjenigen, die aus einer akademischen Familie stammten, insgesamt bei knapp einem Viertel.[13] Von ihnen wiederum hatten 80 Prozent ein Studium, zumeist Rechtswissenschaften, absolviert, 42 Prozent darüber hinaus einen Doktorgrad erworben. Das heißt, daß trotz Abstiegsbedrohungen durch Wirtschaftskrise und Akademikerarbeitslosigkeit diese Akademikersöhne nahezu vollständig ihre soziale Schicht haben halten können.

Kaufleute und Unternehmer als Väter besaßen 42 RSHA-Führungskader (19 Prozent).[14] Von diesen studierten 31, darunter aber nur etwa die Hälfte Jura. Ansonsten reichte das Spektrum der Studienrichtungen von Zeitungswissenschaften über Germanistik, Geschichte bis Volkswirtschaft. Fünfzehn, das heißt die Hälfte der Studierten, hatten zudem promoviert. Aus Handwerkerfamilien stammten 17, zählt man diejenigen hinzu, deren Väter Meister in einer Fabrik waren, so ergeben sich insgesamt 23 (10 Prozent), von denen schon erkennbar weniger, nämlich elf, studiert hatten und nur vier promoviert waren.

Die größte Gruppe stellten die 48 Söhne aus Familien dar, deren Väter im mittleren und gehobenen Staatsdienst waren (22 Prozent).[15] Von ihnen hatten immerhin 39, also weit über drei Viertel, studiert, und 15 besaßen sogar einen Doktorgrad. Den Söhnen aus den mittleren Beamtenfamilien lag also das Studium, und hier deutlich überwiegend wieder das Jurastudium, offenkundig näher als den Handwerker- und auch den Kaufmanns- und Unternehmersöhnen. Interessant ist, daß bei beiden Aufsteigergruppen, den Söhnen aus mittleren Beamtenfamilien wie aus den Kaufmanns- und Unter-

---

13 Abgerechnet wurden dabei die sechs Volksschullehrer, die über keine akademische Ausbildung verfügten, so daß insgesamt 53 (24 Prozent) der Personen aus der RSHA-Untersuchungsgruppe aus Akademikerfamilien stammten.

14 Zur Problematik des Begriffs »Kaufmann« als Berufsangabe des Vaters vgl. Jamin, Zwischen den Klassen, S. 115–117, die zu dem Schluß kommt, daß der Begriff in der Regel den selbständigen Einzelhändler bezeichnet.

15 Würde man hier noch die 14 Lehrer hinzurechnen, die oben zu den Akademikern gezählt worden waren, so ergäben sich sogar 62 Personen, was einem Anteil von 28 Prozent entspräche.

nehmerfamilien, ein höherer Promotionsgrad zu verzeichnen ist als selbst bei den Söhnen aus den Akademikerfamilien. Der Ehrgeiz, nicht nur zu studieren, sondern das Studium auch mit der Promotion abzuschließen, scheint bei diesen beiden Gruppen besonders ausgeprägt zu sein. So hatten sämtliche sechs Söhne von Volksschullehrern studiert – übrigens überwiegend auf ein höheres Lehramt für Deutsch, Geschichte und Philologie – und vier ihren Dr. phil. erworben. Aus unteren Beamtenfamilien stammten nur neun Männer der RSHA-Elite, von Arbeitern und unselbständigen Handwerkern neun, von ungelernten ebenfalls drei, und neun hatten Landwirte zum Vater. Aber auch von diesen 30 hatten 17, also über die Hälfte, studiert, und es befanden sich sogar fünf mit einem Doktorgrad unter ihnen.[16]

Insgesamt betrachtet war das Führungskorps des RSHA eine Gruppe sozialer Aufsteiger. Hat Kaelble für seine Längsschnittanalyse für das Deutsche Reich einen Anteil von 44 Prozent von Söhnen aus der oberen Mittelschicht mit Vätern aus der unteren Mittelschicht 1925/29 als Vergleichswert festgestellt, so liegt der entsprechende Wert für das RSHA mit 59,8 Prozent deutlich höher.[17] Noch feiner wird der Vergleich, wenn man

---

16 Diese Aufstiegsorientierung der Söhne aus dem Alten Mittelstand entspricht Adelheid von Salderns Beobachtung der Ambivalenzen in der politischen wie ökonomischen Ausrichtung des Mittelstands, der keineswegs ausschließlich konservativ und rückwärtsgewandt war (von Saldern, Der Alte Mittelstand).

17 Kaelble, Soziale Mobilität, S. 68 f. Söhne aus der oberen Mittelschicht mit Vätern aus der Unterschicht stellten auf das Deutsche Reich insgesamt bezogen 1925/29 nur einen Anteil von 2 Prozent, während im RSHA 9,5 Prozent aus der Unterschicht in den höheren Verwaltungsdienst und damit in die obere Mittelschicht aufgestiegen waren.

Die Zuweisung zu sozialen Schichten ist nicht einfach, da die neuere Forschung, insbesondere die mittlerweile als Standard geltende Studie von Reinhard Schüren (Schüren, Soziale Mobilität), von einem differenzierten Schichtungsmodell ausgeht, während die meisten vergleichenden Studien zur SA, SS, Sicherheitspolizei und SD, auch neuere wie die von Jens Banach oder Mathilde Jamin, sich auf ältere Schichtmodelle stützen, vor allem auf Geigers Schichtungsmodell aus dem Jahr 1932, mit einem enggefaßten Ober- und Unterschichtsbegriff und weitgefaßten Mittelschichten. Da auch Kaelbles wegweisende Studie zur sozialen Mobilität, insbesondere sein Längsschnitt zur Rekrutierung der höheren Verwaltungsbeamten, von einem deutlich enger gefaßten Oberschichtsbegriff ausgeht, muß hier trotz des mittlerweile erreichten Forschungsstandes der Vergleichbarkeit wegen auf diese älteren Schichtmodelle Bezug genommen werden.

die Daten sozialer Herkunft von höheren Beamten, die Kaelble im historischen Längsschnitt von 1890 bis 1970 zusammengestellt hat, mit denen des Reichssicherheitshauptamtes in Beziehung setzt. Bezogen auf Baden, Sachsen und Preußen in den 1920er Jahren stammten die Referendare zu einem Anteil zwischen 19 und 25 Prozent aus Familien, in denen der Vater gleichfalls höherer Beamter gewesen war. Für das RSHA galt das nur für 6,3 Prozent, also eine deutlich geringere Zahl. Der Anteil der höheren Verwaltungsbeamten/Referendare in Sachsen und Preußen 1926/28, die aus der oberen Mittelschicht stammten, betrug 57 bis 59 Prozent, im RSHA 18,5 Prozent. Entsprechend verkehrt sich das Bild, wenn man den Anteil derjenigen aus der unteren Mittelschicht vergleicht. Hier steht einem Prozentsatz von 34 bis 37 Prozent (Sachsen/Preußen) ein Anteil von 58,8 Prozent beim RSHA gegenüber.[18]

Das Bild ist eindeutig. Das Führungskorps des Reichssicherheitshauptamtes rekrutierte sich aus jungen Männern aus der unteren Mittelschicht, vor allem Söhnen von Kaufleuten und mittleren Beamten, aber durchaus auch aus der Unterschicht, die die Chance des Studiums – oftmals zum ersten Mal in der Familie – ergriffen, eine akademische Laufbahn einschlugen und im RSHA in die Führung des NS-Staates aufstiegen. Man würde sicher die Zahlengrundlage der Untersuchungsgruppe überstrapazieren, wollte man diese Ergebnisse auch noch mit den Jahrgängen korrelieren. Aber es scheint, daß es vor allem die jüngeren Jahrgänge nach 1900 waren, für die dieser Aufstieg aus der unteren Mittelschicht in das RSHA gilt. Fest steht damit zweifelsfrei, daß es sich hier keineswegs um depraviertes akademisches Subproletariat handelte als vielmehr um engagierte soziale Aufsteiger, die schon vor ihrem Eintritt in die Gestapo und den SD versuchten, eine höhere soziale Stufe zu erreichen als die, die der Vater erklommen hatte.

Das rapide Wachstum der Zahl der Studierenden verschärfte die bereits schwierigen Lebensbedingungen für Studenten. Statistisch betrachtet lag deren Existenzminimum stets deutlich unter dem eines ungelernten Arbeiters. 1921 verfügten im Reichsdurchschnitt Studenten über 520 Mark monatlich, wohingegen zum Beispiel die von der Universität Erlangen angestellten Arbeiter zwischen 665 und knapp 900 Reichsmark erhiel-

---

18 Kaelble, Soziale Mobilität, S. 76 f.

ten.[19] Nach einer Reichsstichprobe 1927/28 litten 15 Prozent der Studenten an Unterernährung, und noch 1930 beklagten Beobachter den »teilweise schlechten Ernährungszustand« der Studierenden.[20] Die materielle Not zwang zur kollektiven Selbsthilfe. Wohnungs- und Arbeitsvermittlung, Studentenspeisungen, die Einrichtung von Mensen gehörten zu den Aktivitäten studentischer Selbsthilfeinitiativen.[21] Zahlreiche Studierende waren gezwungen, als Werkstudenten ihr Studium selbst zu finanzieren. Gerade aber diese oft unentbehrliche Möglichkeit versiegte in den Zeiten von Wirtschaftskrise und Massenarbeitslosigkeit. Dementsprechend sank Ende der zwanziger beziehungsweise Anfang der dreißiger Jahre die Zahl der Werkstudenten auf unter 10 Prozent, nachdem sie 1923 noch bei 53 Prozent gelegen hatte.[22]

Vor allem jedoch konnte die Zahl der offenen Stellen keineswegs mit dem quantitativen Zuwachs der Studenten mithalten, zumal die Kluft zwischen der Masse an Berufsanwärtern und verfügbaren Arbeitsplätzen durch die Wirtschaftskrise Ende der zwanziger Jahre noch einmal dramatisch verschärft wurde. Die außerordentlich günstigen Wachstumsbedingungen für akademische Karrieren im Kaiserreich hatte den Erwartungshorizont sowohl der traditionellen bildungsbürgerlichen Schichten als auch der aufstiegswilligen Mittelschichten auf eine sichere Berufslaufbahn eingestellt. Während das Bildungssystem immer neue Bewerber für den akademischen Markt produzierte, wuchsen die verfügbaren Stellen in viel geringerem Tempo. Die Anwärterjahrgänge auf akademische Berufe im kritischen Zeitraum zwischen 1929 und 1933 waren rund doppelt so stark besetzt wie im Durchschnitt der Jahre 1910 bis 1914.[23] Bei den Juristen

---

19 Kater, Studentenschaft und Rechtsradikalismus, S. 44.

20 Jarausch, Deutsche Studenten, S. 142; Kater, Studentenschaft und Rechtsradikalismus, S. 50–53.

21 Auf dem Erlanger Studententag 1921 schlossen sich die verschiedenen lokalen, konfessionellen und staatlichen Initiativen zur »Wirtschaftshilfe der deutschen Studentenschaft« zusammen, aus der 1929 das Deutsche Studentenwerk hervorging (zur Gründung und Tätigkeit der Wirtschaftshilfe der Deutschen Studentenschaft vgl. Schlink/Schairer, Studentische Wirtschaftshilfe).

22 Jarausch, Deutsche Studenten, S. 43 f., 144; Kater, The Work Student, mit zahlreichen Beispielen für die Jahre 1920 bis 1924.

23 Verschärft wurde die Akademikerkrise noch zusätzlich dadurch, daß die Volksschullehrerlaufbahn, die unter normalen Umständen immerhin etwa halb so viele

konnte der Überhang aus der Vorkriegszeit zu Beginn der zwanziger Jahre noch rasch abgebaut werden, danach aber stieg die Zahl der Jurastudenten bis Ende der zwanziger Jahre wieder stark an. Gegenüber der Vorkriegszeit (1907) verdoppelte sich die Zahl der Jurastudenten in Preußen bis zum Ende der zwanziger Jahre. Von den rund 9300 Referendaren und 3500 Assessoren, die es 1932 als Berufsanwärter gab, fanden 1931 zum Beispiel nur 980 eine Stelle im Justizdienst, als Anwalt oder in anderen Bereichen.[24] Anfang der dreißiger Jahre standen den insgesamt 150 000 Anwärtern auf akademische Stellen zwischen 300 000 und 350 000 berufstätige Akademiker gegenüber, wohingegen der tatsächliche Bedarf an Nachrückern nicht mehr als 10 000 Personen im Jahr betrug.[25]

Anwärter absorbierte wie alle sonstigen von den Universitäten versorgten akademischen Berufe insgesamt, durch die große Zahl an ausgebildeten Volksschullehrern und die Auflösung traditioneller Lehrerbildungsinstitutionen faktisch verschlossen war (Titze, Überproduktion, S. 119 f.).

24 Titze, Akademikerzyklus, S. 70. Auch unter den Medizinern gab es gegen Ende der Weimarer Republik eine deutliche Überfüllung, obwohl der Ausbau des Krankenhauswesens die Berufsaussichten für junge Assistenzärzte zunächst in rosigerem Licht erscheinen ließ. Damit ergab sich für die Öffentlichkeit die irritierende Feststellung, daß es an Assistenzärzten fehlte und zugleich die niedergelassenen Kassenärzte über eine drückende Überfüllung klagten (Titze, Überproduktion, S. 104–107; ders., Akademikerzyklus, S. 83–85). Allerdings profitierten die Ärzte wie kaum eine andere Akademikergruppe vom NS-Regime, da die nationalsozialistische Erbbiologiepolitik erweiterte Berufs- und Karrierechancen bot, verstärkt durch die Vertreibung der jüdischen Ärzte von ihren Stellen. Nicht zuletzt förderte der Krieg die Ausbildung von Ärzten. Wenn man allein die ca. 8000 bis 9000 jüdischen Ärzte (von insgesamt 52 500 Ärzten) im Deutschen Reich in Rechnung stellt, die 1933 praktizierten, wird deutlich, wie Berufsverbot und Vertreibung der jüdischen Kollegen »Lebensraum« für deutsche Jungmediziner schafften (ebenda, S. 86–88).

25 Titze, Überproduktion, S. 118; ders., Akademikerzyklus, S. 268–272. Im Juni 1933 bezifferte der Präsident der Reichsanstalt für Arbeitsvermittlung und Arbeitslosenversicherung die Zahl der arbeitslosen »geistigen Arbeiter« auf über 93 000 (Jarausch, Deutsche Studenten, S. 137; ders., Not der geistigen Arbeiter).

Rechter Radikalismus

Das Thema, das die Diskussion über die Zukunft von Akademikern bestimmte, war damit angeschlagen: die scheinbare Überflüssigkeit einer ganzen Generation. Die These von der »Schrumpfung des Lebensraums« für Akademiker zog sich wie ein roter Faden durch die Debatte. In seiner 1931 erschienenen, vielbeachteten Schrift »Der Lebensraum für den geistigen Arbeiter«[26] beklagte Georg Schreiber nicht allein die materiellen und wirtschaftlichen Konsequenzen der Akademikerarbeitslosigkeit, sondern vor allem die »schwere Krise deutscher Geistigkeit«. Wo sollen »Persönlichkeitsbewußtsein und Persönlichkeitspflege ansetzen«, so Schreiber, »wenn beste jungstrebende Geisteskraft und Energie brachliegen muß, wenn aufstiegswillige Bewerber mit kaltherzigen Formulierungen abgelehnt werden, wenn trotz ausgereifter Kenntnisse und praktischer Erprobtheit wertvolle Kräfte dem einschneidenden Abbau verfallen? [...] Es wächst ein geistiges Proletariat heran, das von neuen radikalen Gesinnungen erfüllt wird. Es verteilt sich auf Nationalismus und Faschismus, weil man darin den Aufbau einer neuen Welt zu verspüren glaubt, in dem auch der Geistesarbeiter wieder zu einer Existenz und seinem Recht kommt.«[27]

Es liegt nahe, die Hinwendung der Studenten zum rechten Radikalismus vornehmlich als Reaktion auf die materielle Not, Orientierungslosigkeit und Zukunftsungewißheit zu deuten.[28] Aber auch zu Beginn der Weimarer Republik, als Weltwirtschaftskrise und grassierende Akademikerarbeitslosigkeit noch nicht abzusehen waren, lag die politische Präferenz der akademischen Elite deutlich auf der Rechten. Der Mythos der Langemarck-Studenten, die als Freiwilligenregimenter in den ersten Kriegswochen beim nutzlosen Versuch, eine unbedeutende Anhöhe zu nehmen, fast völlig aufgerieben wurden, ihr zur Legende geronnener Enthusiasmus wirkte auch

---

26 Niessen, Lebensraum. Niessen war Ministerialrat im Reichsinnenministerium.
27 Schreiber, Einführung, S. VI, IX f., XI. Etliche gleichlautende Äußerungen in: Titze, Akademikerzyklus, S. 263–268.
28 Vor allem Michael H. Kater verfolgt in seiner Studie (Studentenschaft und Rechtsradikalismus) diese Argumentationslinie.

nach dem Krieg noch fort.[29] In den Freikorps, die sich zwar mit der Republik keineswegs verbunden fühlten, aber gern in deren Dienst nehmen ließen, wenn es gegen die »Roten« ging, gehörten Studenten zu den aktiven
Elementen. Zahlreiche Erlanger Studenten nahmen im Freikorps Epp im
Frühjahr 1919 an der Niederschlagung der Münchener Räterepublik teil,
1920 erschoß ein Marburger Studentenkorps in der Nähe des thüringischen
Mechterstädt mehr als ein Dutzend marxistischer Arbeiter »auf der
Flucht«, Studenten engagierten sich beim Kapp- und Hitler-Putsch und
scheuten nicht vor politischen Mordanschlägen zurück.[30]

Bereits in den frühen politischen Artikulationen der organisierten Studentenschaft war der virulente Antisemitismus evident.[31] Im Frühjahr
1919 hatten Kriegsstudenten als Gegenstück zur verfassunggebenden
Nationalversammlung an allen Universitäten Allgemeine Studentenaus-
schüsse (AStAs) gebildet, die sich auf dem 1. Deutschen Studententag im
Juli 1919 zu einem großen Verband, der (ab 1920 so benannten) Deutschen
Studentenschaft zusammenschlossen, um die herkömmlichen Gegensätze
zwischen Verbindungs- und Freistudenten zu überbrücken. Grundsätze
der AStAs bildeten Zwangsmitgliedschaft, Zwangsbeiträge sowie allgemeines, direktes Wahlrecht. Jedoch brach von Beginn an Streit darüber
aus, wer Mitglied der Deutschen Studentenschaft sein sollte. Die Würzburger Verfassung legte fest: »Die Studierenden deutscher Abstammung
und Muttersprache der Hochschulen des deutschen Sprachgebietes bilden
die deutsche Studentenschaft.«

Das schloß im großdeutschen Sinn die österreichischen Studenten ein,
deren Vertretungen jedoch jüdische Kommilitonen in bewußt antisemitischer Absicht ausgrenzten. Zwar kam es auf dem 2. Studententag 1920 in
Göttingen noch zu einem Kompromiß, weil die völkischen Gruppen innerhalb der Studentenschaft noch nicht stark genug waren, um sich gegen
die republikanischen Studenten durchzusetzen. Aber der Kompromiß,
der gefunden wurde, nämlich den antisemitischen »Arierparagraphen« auf

---

29 Vgl. dazu Ketelsen, Die Jugend von Langemarck. Während der 11. August, dem
Tag, an dem die Weimarer Verfassung in Kraft trat, nur selten an deutschen Universitäten Anlaß für Feiern bot, wurden der 18. Januar als Tag der Reichsgründung
1871 oder gar der 11. November, der »Langemarck-Tag«, weit häufiger gefeiert.
30 Fälle bei Kater, Studentenschaft und Rechtsradikalismus, S. 20 f.
31 Siehe dazu Herbert, Generation der Sachlichkeit.

Österreich und das Sudetenland zu beschränken und für das Reich das staatsbürgerliche Prinzip gelten zu lassen, scheiterte am Widerstand der völkischen Gruppen, angeführt vor allem vom 1920 gegründeten Deutschen Hochschulring (DHR), der als Sammlung von verschiedenen völkischen Bünden bis 1923 zum stärksten Studentenverband wurde. Der Hochschulring bekannte sich ausdrücklich zum »deutschen Volkstum« und zur »deutschen Volksgemeinschaft«, der Juden nicht angehören könnten, da »jüdische Art nicht deutsche Art« sei.[32]

Die Wellen nationalistischer Erregung schlugen hoch, als Frankreich 1923 das Ruhrgebiet besetzte, um die Fortzahlung der Reparationsleistungen zu erzwingen, und die Reichsregierung in Berlin zum passiven Widerstand aufrief. Der Hochschulring beteiligte sich aktiv am »Ruhrkampf«, warb offen für die rechtsradikalen Kampfverbände und wies seine süddeutschen Gliederungen an, sich dem Hitlerschen Kampfbund zur Verfügung zu stellen.[33] Unter Führung von Rudolf Heß, selbst noch bis vor kurzem Student, wurde in München eine SA-Studentenkompanie aufgestellt, die aktiv am Hitler-Ludendorff-Putsch am 8./9. November 1923 teilnahm. In Erlangen bildete sich, nachdem Hitler dort im Mai und September Reden gehalten hatte, in deren Anschluß zahlreiche Studenten zur NSDAP strömten, Ende Oktober 1923 die erste nationalsozialistische Studentengruppe, die bei den AStA-Wahlen einen Monat später auf Anhieb 12 von 25 Sitzen errang.[34]

In Heidelberg brachten nationalsozialistische Studenten den weithin beachteten »Fall Gumbel« ins Rollen. Der Privatdozent Emil Julius Gumbel, jüdisch und links, hatte im Juli 1924 im Anschluß an eine pazifistische Veranstaltung die Anwesenden aufgefordert, sich zu erheben und der Toten zu gedenken, die, wie sich Gumbel ausdrückte, zwar »nicht auf dem Felde der Unehre gefallen sind, aber doch auf gräßliche Weise ums Leben kamen«.[35] Die wütenden öffentlichen Angriffe, die daraufhin einsetzten – Gumbels

---

32 Zitiert nach Kater, Studentenschaft und Rechtsradikalismus, S. 22. Einen knappen Überblick über den Verfassungskonflikt der Deutschen Studentenschaft gibt Jarausch, Deutsche Studenten, S. 145–149.

33 Vgl. Herbert, Best, S. 69–78.

34 Faust, Der Nationalsozialistische Deutsche Studentenbund, Bd. 1, S. 25–28.

35 Zitiert nach Ringer, Die Gelehrten, S. 199.

Vorlesungen wurden gesprengt, er selbst beleidigt und bedroht –, führten dazu, daß die Fakultät seine Zugehörigkeit zur Universität als »unerfreulich« bezeichnete. Allein Karl Jaspers distanzierte sich vom Urteil seiner Kollegen.[36] Gumbel bedauerte seine Worte, aber als er vom badischen Kultusminister Remmele 1930 zum Extraordinarius berufen wurde, entfachten die Studenten erneut eine Kampagne gegen Gumbel, wegen »Verletzung der Ehre der deutschen Nation« und »Totenschändung«. Einer der Hauptagitatoren war der spätere Reichsstudentenführer und Führer des SD-Oberabschnitts Süd-West, Gustav Adolf Scheel, dessen Förderung etliche RSHA-Angehörige wie zum Beispiel Martin Sandberger ihre Karriere verdankten. Dieses Mal hatte die Hetzkampagne Erfolg: Im Sommer 1932 wurde Gumbel die Lehrerlaubnis entzogen. Er konnte zwar danach als Gastprofessor in Paris und Lyon arbeiten, wurde aber 1933 vom nationalsozialistischen Deutschland ausgebürgert und emigrierte 1940 in die USA.[37] Weitere Fälle wie die Kampagnen gegen den jüdischen Privatdozenten Theodor Lessing in Hannover, den Juristen Ernst Cohn in Breslau oder den Theologen Günther Dehn sind an anderer Stelle ausführlich geschildert.[38]

An der Universität Leipzig wurde der Nationalökonom und Wirtschaftshistoriker Gerhard Keßler, der 1932 als Kandidat für die Deutsche Staatspartei für den Reichstag kandidiert hatte, von den nationalsozialistischen Studenten heftig angegriffen, weil er sich im November in einem Zeitungsartikel spöttisch über die NSDAP geäußert hatte. Während seiner Vorlesung wurde randaliert, gepfiffen und gejohlt, so daß Keßler abbrechen mußte. Doch anstatt gegen die Randalierer vorzugehen, sprachen Rektor und Senat der Universität Keßler ihre Mißbilligung wegen des Artikels aus und empfahlen ihm, seine Hochschulämter niederzulegen – was

---

36 Faust, Der Nationalsozialistische Deutsche Studentenbund, Bd. 2, S. 58 f.; Jaspers, Philosophische Autobiographie, S. 38–41.
37 Gumbel starb 1966 in New York. Zum »Fall Gumbel« vgl. Faust, Der Nationalsozialistische Deutsche Studentenbund, Bd. 2, S. 58–62; Ringer, Die Gelehrten, S. 199–202. Zu Gumbel siehe Jansen, Emil Julius Gumbel.
38 Vgl. Jarausch, Deutsche Studenten, S. 146 f.; Faust, Der Nationalsozialistische Deutsche Studentenbund, Bd. 1, S. 50–52, Bd. 2, S. 7–17, 57–77; Kater, Studentenschaft und Rechtsradikalismus, S. 157–162.

Keßler tat.[39] In München sprengte der damalige Jurastudent, NSDStB-Mitglied seit 1928 und spätere Referent im RSHA-Amt II, Carl Weintz, mit anderen Kommilitonen am 17. Januar 1931 eine Vortragsveranstaltung mit Professor Maurenbrecher über Hochschulreform und Hochschulpolitik mit Tränengas.[40]

Immer wieder ist die gleiche Militanz zu beobachten: Die betreffenden Hochschullehrer wurden öffentlich diffamiert, ihre Vorlesungen massiv gestört, sie selbst bedroht, und häufig kam es zu gewalttätigen Auseinandersetzungen. Die Universitätsleitungen ihrerseits nahmen die Krawalle keineswegs zum Anlaß, um energisch gegen diejenigen vorzugehen, die die öffentliche Ordnung und den Universitätsbetrieb gestört hatten, sondern machten die Opfer für die Angriffe verantwortlich. Zugleich distanzierten sich die übrigen Hochschullehrer von ihren Kollegen, und die akademischen Gremien forderten die Angegriffenen auf, ihre Hochschulämter zurückzugeben oder gar die Fakultät zu verlassen. Zwar kam es durchaus auch zu zeitweisen Schließungen der Seminare oder zu vorläufigen Suspendierungen der studentischen Vertretungen, wenn die Krawalle überhandzunehmen drohten. Aber die Distanzierung der akademischen Gremien, das Fehlen jeder Solidarität der akademischen Kollegen mit den Opfern, der Mangel an Zivilcourage oder auch nur an einem energischen Eintreten für die Freiheit der Wissenschaft – bis auf wenige Ausnahmen wie die von Karl Jaspers im Falle Gumbels – offenbaren die Schwäche der deutschen Universität, die sich den Angriffen der Rechten nicht gewachsen zeigte.

Früher als der NSDAP im Deutschen Reich gelang es dem Nationalsozialistischen Deutschen Studentenbund durch solcherart Aktivismus eine dominierende Rolle an den Hochschulen zu erringen. 1926 gegründet, breitete sich der NSDStB rasch aus, sein damaliger Vorsitzender Wilhelm Tempel sprach Mitte 1926 bereits von 20 Gruppen mit mehreren hundert Mitgliedern.[41] Nach internen Auseinandersetzungen um den »sozialrevolutionären« Kurs Tempels übernahm Baldur von Schirach als Hitlers Ge-

---

39 Die Vorfälle sind ausführlich dokumentiert in der Akte: Universitätsarchiv Leipzig, Rep. I, Kap. VIII, Nr. 242; vgl. dazu Faust, Der Nationalsozialistische Deutsche Studentenbund, Bd. 2, S. 55 f.
40 Weintz wurde deswegen vom Amtsgericht München zu einer Geldstrafe von 20 RM oder ersatzweise 4 Tage Haft verurteilt (BArch, BDC, SSO-Akte Carl Weintz).
41 Faust, Der Nationalsozialistische Deutsche Studentenbund, Bd. 1, S. 36–41.

folgsmann die Leitung des NSDStB im Juli 1928. Von nun an folgten die Hochschulgruppen der Linie der NSDAP, viele NSDStB-Mitglieder gehörten zugleich der Partei oder SA beziehungsweise der SS an. Vor allem richtete sich der politische Aktivismus der nationalsozialistischen Studenten gegen die jüdischen Kommilitonen und Hochschullehrer. Mit der perhorreszierenden Agitation von der »Überfremdung« der Hochschulen durch jüdische Studenten brachte der NSDStB allerorten in den Studentenkammern Anträge ein, einen »Numerus clausus für fremdstämmige Studenten« einzuführen.[42] In Wirklichkeit ging der Anteil der jüdischen Studenten von 5,6 Prozent im Jahr 1911 auf 3,1 Prozent 1932/33 zurück, bei einem Anteil von 0,9 Prozent Juden in der Gesamtbevölkerung.[43] Aber selbst der Deutsche Akademikertag hatte 1925 gefordert, daß der »Überfremdung« der Universitäten ein Riegel vorgeschoben werden müsse und weitere jüdische Hochschullehrer nicht berufen werden sollten.[44] Um 1930 gab es kaum noch eine studentische Korporation, die Juden als Mitglieder aufgenommen hätte. In Hamburg waren nur zwei von 25 Verbindungen bereit, jüdische Mitglieder zu akzeptieren.[45] In Leipzig hatte der AStA im November 1931 auf Antrag der Nationalsozialisten mit 19 zu 12 Stimmen beschlossen, den Gliederungen der Studentenschaft nahezulegen, »zu Vorträgen keine Juden als Redner« einzuladen, mußte aber, nachdem tatsächlich von einigen Fachschaften jüdische Referenten ausgeladen worden waren und es deswegen zu Auseinandersetzungen mit dem Rektorat gekommen war, den Beschluß – vorerst – wieder zurücknehmen.[46]

Die Studenten honorierten die Politik des NSDStB an den Wahlurnen. Die Erlanger Gruppe konnte im Wintersemester 1928/29 ihren Stimmenanteil auf 24 Prozent steigern, die Würzburger erhielten 20 Prozent, in Berlin saßen seit dem Sommersemester 1928 15 Nationalsozialisten im Studentenparlament. In Heidelberg erreichten die Nationalsozialisten im

---

42 Ebenda, S. 89–93.
43 67,7 Prozent der Studenten 1932/33 waren protestantisch (65,1 Prozent Gesamtbevölkerung) und 27 Prozent katholisch (Gesamtbevölkerung 32,4 Prozent), nach Jarausch, Deutsche Studenten, S. 133.
44 Adam, Hochschule und Nationalsozialismus, S. 10. Vgl. dazu auch Hammerstein, Antisemitismus und deutsche Universitäten.
45 Grüttner, Studenten im Dritten Reich, S. 28.
46 Vorgang in Universitätsarchiv Leipzig, Rep. III/IV 72, Bd. 7.

Sommersemester 1930 40 Prozent, in Halle und Königsberg um 30 Prozent. Die bayrischen Studentenschaften wählten im Mai 1930 zum ersten Mal einen Nationalsozialisten als Kreisleiter.[47] Im Wintersemester 1930/31 errang der NSDStB die Zweidrittelmehrheit an der Technischen Hochschule in Berlin und fast in Breslau, mehr als 50 Prozent der Stimmen erzielte er in Gießen, Greifswald, Jena, Leipzig, Rostock, ein Semester später in Göttingen, Halle, Königsberg, Marburg. Im Juli 1931 wurde auf dem 14. Deutschen Studententag in Graz mit Walter Lienau ein Nationalsozialist an die Spitze der Deutschen Studentenschaft gewählt. Nur fünf Jahre nach seiner Gründung war der NSDStB zum beherrschenden politischen Verband innerhalb der Deutschen Studentenschaft geworden.[48]

Etliche spätere RSHA-Angehörige zeichneten sich als aktive Mitglieder des NSDStB aus, zum Teil an führender Position. Rudolf Böhmer, später Referent für Erziehung und religiöses Leben im RSHA-Amt III, war 1933/34 NSDStB-Leiter der Fachschaft Geographie an der Universität München; Siegfried Engel, von 1941 bis 1943 Referent für weltanschauliche Erziehung im RSHA-Amt I, und Herbert Strickner, später Volkstumsreferent des SD in Posen und Referent in der von Hans Ehlich geleiteten Gruppe III B Volkstum im RSHA, gehörten zu den nationalsozialistischen Aktivisten an

---

47 Faust, Der Nationalsozialistische Deutsche Studentenbund, Bd. 1, S. 103. Bereits vor dem Studententag waren 8 von 10 Kreisleitern und 8 von 13 Mitgliedern des Hauptausschusses der Studentenschaft Mitglieder des NSDStB (ebenda, S. 11 f.).

48 Faust, Der Nationalsozialistische Deutsche Studentenbund, Bd. 2, S. 17–22. Allerdings geriet der NSDStB 1932 mit seinen Versuchen, dem Studentenrecht das Führerprinzip aufzustülpen, in die Defensive, da sich nun der Widerstand der auf Eigenständigkeit bedachten Verbände und Korporationen regte. Im Wintersemester 1932/33 rutschten die Nationalsozialisten – ähnlich wie die NSDAP in den Reichstagswahlen im November 1932 gegenüber den Wahlen im Juli einen herben Rückgang der Stimmen hinnehmen mußte – an der Technischen Hochschule München von 47 Prozent auf 37 Prozent ab, ebenso verzeichnete der NSDStB in Aachen, Bonn, Braunschweig, Darmstadt und Leipzig rückläufige Wahlergebnisse. Der Machtantritt der NSDAP 1933 und das »Gesetz über die Bildung von Studentenschaften an den wissenschaftlichen Hochschulen« vom 22. 4. 1933 (RGBl. I, 1933, S. 215) sowie das »Gesetz gegen die Überfüllung der deutschen Schulen und Hochschulen« vom 25. 4. 1933 (RGBl. I, 1933, S. 225) sicherten dann sowohl den antisemitischen Ausschluß jüdischer Studierender als auch die Herrschaft der Nationalsozialisten an den Universitäten (Faust, Der Nationalsozialistische Deutsche Studentenbund, Bd. 2, S. 121–123).

Dr. Karl Gengenbach, Leiter der Gruppe
Rechtsordnung im RSHA-Amt III
SD-Inland
(Bundesarchiv, BDC, RuSHA-Akte
Karl Gengenbach)

der Universität Innsbruck. Der spätere Leiter der Gruppe III A Rechtsordnung im RSHA, Karl Gengenbach, war an der TH München für den NSDStB im AStA, 1932 Studentenschaftsführer an der Universität und 1933 Kreisführer Bayern der Deutschen Studentenschaften. Sein Untergebener Wolfgang Reinholz hatte 1932 in Bonn als nationalsozialistischer Vorsitzender des Ehrengerichtshofes der Studentenschaft fungiert. Rudolf Hotzel, im RSHA Gruppenleiter I B Erziehung und Ausbildung, gehörte für den NSDStB 1932/33 dem AStA der Universität Jena an und leitete das Amt für politische Bildung wie das Grenz- und Auslandsamt. Erich Hengelhaupt war engagierter NSDStB-Funktionär in Leipzig. Martin Sandberger und Erwin Weinmann zählten zu den nationalsozialistischen Aktivisten an der Universität Tübingen. Nicht zuletzt der spätere RSHA-Amtschef Franz Alfred Six machte sich als nationalsozialistischer Studentenfunktionär, Schriftleiter des »Heidelberger Studenten« und Verantwortlicher für die Pressearbeit der NSDStB-Hochschulgruppe an der Universität Heidelberg einen Namen.

Was diese jungen Männer aus ihrer Studentenzeit als politische Erfahrung mitnahmen, waren Aktivismus und antisemitische Militanz. Als aktive Mitglieder des NSDStB vor 1933 hatten sie eine politische Haltung bekundet, die nicht wie die massenhaften Beitritte zur NSDAP im Frühjahr 1933 vornehmlich Ausdruck des Wunsches waren, den Zug der Zeit nicht zu verpassen. Sie verstanden sich vielmehr als Vorkämpfer einer Politik, die erst noch durchgesetzt werden mußte. Sämtliche RSHA-Angehörige, die in ihren späteren SS-Lebensläufen eine NSDStB-Mitgliedschaft vor 1933 erwähnten, führten zugleich auch die politischen Funktionen auf, die sie im NSDStB eingenommen hatten. Bloße Mitgliedschaft zählte nicht, gefordert war das darüber hinausgehende Engagement.

Die Aktivität an den Hochschulen erschöpfte sich keineswegs in den üblichen politischen Praktiken, mit Veranstaltungen, Publikationen, Flugblättern und Arbeit in den akademischen Gremien für die eigene Politik zu werben. Politisches Engagement gewann höchste Intensität in den militanten Kampagnen gegen linke und jüdische Hochschullehrer sowie in den gewalttätigen Auseinandersetzungen mit politisch anders denkenden Kommilitonen. Die antisemitische Militanz, die persönliche Entwürdigungen und körperliche Angriffe einschloß, ist daher nicht nur in einem funktionalen Sinn als »Propaganda der Tat« (Goebbels) zu verstehen, sondern auch als Erfahrung und Praxis von Gewalt.

Im folgenden sollen an zwei Fallbeispielen – die Universität Tübingen mit den Studenten Martin Sandberger, Erich Ehrlinger und Erwin Weinmann sowie die Universität Leipzig mit Heinz Gräfe, Erich Hengelhaupt und Wilhelm Spengler – exemplarisch jene akademischen »Bildungsjahre« untersucht werden, die die künftige RSHA-Führung durchlaufen hat.

Revolutionäre Militanz. Der Fall Tübingen

1930 hatte die Stadt Tübingen rund 23 000 Einwohner und die Universität knapp 3500 Studierende. Die Universität war nicht nur der größte Arbeitgeber der Stadt, Tübingen insgesamt war in einem hohen Maße von der Universität abhängig.[49] »In Tübingen«, so erinnerte sich der Nationalökonom Robert Wilbrandt an die Eigenart des Tübinger Bürgertums, »bestand die Gesellschaft aus den Professoren, einigen höheren Beamten und den Offizieren; nur der Bürger Siebeck, der große Verleger, zählte mit.«[50]

Als Institution hatte die Württembergische Eberhard-Karls-Universität Tübingen die Krisenjahre der jungen Weimarer Republik erstaunlich

49 Adam, Hochschule, S. 14. Zur Geschichte der Universität Tübingen vgl. auch Rapp, Württembergische Eberhard-Karls-Universität Tübingen.
50 Zitiert nach Schönhagen, Tübingen unterm Hakenkreuz, S. 21.

gut überstanden. Durch die Hyperinflation des Jahres 1923 hatte zwar auch die Tübinger Universität Einbußen erlitten, aber als sie 1927 ihr 450jähriges Jubiläum feierte, konnten eine neue Kinderklinik sowie ein neuer Sportplatz eingeweiht werden, und der württembergische Staatspräsident gab in seiner Festansprache bekannt, daß die staatlichen Gremien dem weiteren Ausbau der Universität zugestimmt hätten. Auch die Zahl der Stellen wuchs an der Tübinger Universität. Hatte es 1919 129 Hochschullehrer gegeben, stieg deren Anzahl auf 176 im Wintersemester 1932/33, wobei vor allem die Stellen für Assistenten und Assistenzärzte vermehrt worden waren.[51] Auch hier war die Zahl der Studierenden während der Weimarer Republik rasch angewachsen. 1910 hatte es mehr als 2000, weit überwiegend männliche, Studierende gegeben, 1919 knapp 3500, und 1931 studierten an der Universität Tübingen über 4000 Studentinnen und Studenten, doppelt so viele wie zwei Jahrzehnte zuvor.[52]

Für die Professoren konstatiert Langewiesche eine fundamentale Verunsicherung, die ihren Anfang bereits im Kaiserreich nahm:

»In ihrer Realitätswahrnehmung vollzog sich seit der Jahrhundertwende binnen zweier Jahrzehnte ein einschneidender Prozeß, der den vertrauten gesellschaftlichen Status der Gebildeten zu zerstören drohte. Es begann im späten Kaiserreich mit der Furcht, durch die rasche Folge kultureller Innovationen in ihrem Besitz an Bildungswissen ständig entwertet zu werden und damit die Grundlage für den eigenen Geltungsanspruch in Gesellschaft und Politik zu verlieren. Der Umbruch von 1918 wurde dann als eine Art politischer Enteignung erlebt. Denn nun schien im Selbstverständnis vieler protestantischer Bildungsbürger, die sich immer als Hort deutscher Kultur und als Kern der deutschen Nation verstanden hatten, die Herrschaft derer zu beginnen, die sie als national unzuverlässig und kulturell inferior betrachteten: die Okkupation des protestantisch-preußisch geprägten Nationalstaates durch Sozialisten und Katholiken. Und dann folgte schließlich als dritter Schritt in dieser Verlustgeschichte die materielle Enteignung durch die Inflation.«[53]

---

51 Langewiesche, Eberhard-Karls-Universität Tübingen, S. 350. Von der Inflation 1923 schienen die Tübinger Professoren nicht einschneidend betroffen worden zu sein, da der Rektor 1924 erklärte, daß zwei Kollegen für die »wertbeständige Anlage der Gehaltszahlungen« gesorgt hätten (ebenda, S. 351).
52 Langewiesche, Eberhard-Karls-Universität, S. 352. Die Zahl der Studierenden hatte im Sommersemester 1931 mit über 4000 ihren Höchststand erreicht und sank bis 1939 auf 1542 (Setzler, Tübinger Studentenfrequenz, S. 217–227).
53 Langewiesche, Eberhard-Karls-Universität, S. 364 f.

Eine beträchtliche Anzahl der Professoren war Mitglied im Alldeutschen Verband, der ebenso nationalistisch und antirepublikanisch wie antisemitisch ausgerichtet war. Theodor Eschenburg, Mitte der zwanziger Jahre Student in Tübingen, erinnerte sich an den Ordinarius für Geschichte, Johannes Haller, der 1917 Unterschriften gegen einen Verständigungsfrieden gesammelt hatte und die heimkehrenden Studenten 1919 als amtierender Rektor mit der Dolchstoßlegende empfing:

»Bei Haller verging kaum eine Stunde, in der nicht eine scharfe, vielfach sogar gehässige gezielte Bemerkung, die sorgfältig vorbereitet und glanzvoll vorgetragen war, fiel, um mit großem Beifall aufgenommen zu werden.«[54]

Der Philosoph Max Wundt verbreitete sich völkisch und fremdenfeindlich,[55] der Verfassungsrechtler Theodor Haering wandte sich gegen eine »voraussetzungslose Wissenschaft«, denn jede Wissenschaft müsse auf einer Weltanschauung gründen; Hans Gerber, ebenfalls Verfassungsrechtler, pries 1931 in einer Universitätsrede die »instinktsichere Entschlußkraft erfahrener Führerpersönlichkeiten«. Wundt und Gerber gehörten nach Auffassung der Deutschen Studentenschaft zu den maßgeblichen Repräsentanten eines neuen politischen Denkens in Deutschland.[56] Im Wintersemester 1930/31 widmete die Universität dem »Fluchvertrag von Versailles« eine eigene Vorlesungsreihe, deren Revanchismus so heftig war, daß er von der Landtagsfraktion der SPD gerügt wurde.[57]

Antisemitismus hatte an der Tübinger Universität bereits vor der nationalsozialistischen Machtübernahme so wirksam werden können, daß im Frühjahr 1933, wie die Universität selbst stolz anmerkte, nur zwei Prozent der Hochschullehrer, weniger als an jeder anderen Universität, entlassen wurden. »Man habe hier«, so Universitätskanzler August Hegler im Großen Senat im Februar 1933, »die Judenfrage [dadurch] gelöst,

---

54 Eschenburg, Aus dem Universitätsleben vor 1933, S. 34. Zu Haller vgl. Langewiesche, Eberhard-Karls-Universität, S. 370 f.

55 Max Wundt, so Helmut Heiber, hatte mindestens seit 1931 in Alfred Rosenbergs »Kampfbund für Deutsche Kultur« die Kulturarbeit der NSDAP unterstützt (Heiber, Universität unterm Hakenkreuz, Teil 1, S. 388).

56 Adam, Hochschule und Nationalsozialismus, S. 30. Zu Theodor Haering siehe auch die Skizze von Hantke, Der Philosoph als »Mitläufer«.

57 Schönhagen, Tübingen unterm Hakenkreuz, S. 34; vgl. auch Kotowski, »Noch ist ja der Krieg gar nicht zu Ende«.

Erich Ehrlinger, Führer des Einsatzkommandos 1 b, Befehlshaber der Sicherheitspolizei und des SD in der Ukraine, Chef des RSHA-Amtes I Personal 1944/45 (Bundesarchiv, BDC, RuSHA-Akte Erich Ehrlinger)

daß man nie davon gesprochen habe«.[58] Schon 1931 gab es keinen jüdischen Professor mehr an der Universität Tübingen. Die Tübinger Hochschullehrer hatten sich offensichtlich frühzeitig darüber verständigt, möglichst selten Juden zu berufen oder zu habilitieren. Bereits 1922 hatte die Universität auf eine entsprechende Anfrage aus München nach den Zulassungsbedingungen für Ausländer geantwortet:

»Das akademische Rektorat nimmt insofern Einfluß auf die Zusammensetzung der Studentenschaft, als es, wenn irgend möglich, rassefremde Ausländer (namentlich Ostjuden) nicht zuläßt und deren Deutschstämmigkeit, wenn sie behauptet wird, verneint.«[59]

Erich Ehrlinger kam im November 1931 nach Tübingen, um Rechts- und Staatswissenschaften zu studieren.[60] Er stammte aus Giengen an der Brenz, rund dreißig Kilometer nordöstlich von Ulm gelegen. Dort wurde er am 14. Oktober 1910 als Sohn des Stadtpflegers und späteren Bürgermeisters Christian Ehrlinger geboren. Er besuchte die Volks- und Mittelschule in Giengen und wechselte dann auf das Realgymnasium im unweit entfernten Heidenheim. Sein Abitur im Jahr 1928 machte Ehrlinger mit einem mäßigen Zeugnis. Für Verhalten, Fleiß und wissenschaftliches Interesse erhielt er jeweils die Note »zufriedenstellend«, die meisten

---

58 Langewiesche, Eberhard-Karls-Universität, S. 361.

59 Ebenda, S. 362.

60 Die Angaben zur Biographie Ehrlingers stammen, wenn nicht anders angegeben, aus seiner SS-Personalakte (BArch, BDC, SSO-Akte Erich Ehrlinger), seiner SA-Führerakte (BArch, R 58/Anhang, 14) sowie aus den RSHA-Ermittlungsunterlagen (GenStAnw KG Berlin, RSHA-Ermittlungsunterlagen, Personalheft Pe 8).

Fächer wurden mit »befriedigend« bewertet, allein in Erdkunde und Analysis bekam er ein »gut«. Als Berufswunsch hatte Ehrlinger angegeben, Rechtswissenschaft studieren zu wollen.[61]

Ehrlinger begann sein Studium in Tübingen, ging, nach vier Semestern, im April 1930 nach Kiel und wechselte ein Semester später nach Berlin. Dort schloß er sich im Mai 1931 der SA an und gehörte zum Charlottenburger SA-Sturm 30.[62] Statistisch betrachtet war der Student Erich Ehrlinger Teil einer Minderheit in der SA. Zwar ist der angeblich hohe Arbeiteranteil innerhalb der SA eine selbstfabrizierte Legende,[63] aber Studenten machten in der Tat nur einen geringen Prozentanteil aus.[64] Vielmehr kennzeichnete die SA, vor allem in Großstädten wie Berlin, eine hohe Zahl von Erwerbslosen sowie Jugendlichkeit: Weit über zwei Drittel der SA-Mitglieder waren unter 30 Jahre alt.[65] Mochte daher der 21jährige Student

---

61 Realgymnasium Heidenheim (Württemberg), Reifezeugnis für Erich Ehrlinger, 22. 3. 1928, BArch Potsdam, Film SS Versch. Prov. 1633, fol. 729892–895.

62 Dem Sturmbann II Bezirk Charlottenburg gehörten außerdem der Sturm 39 Charlottenburg-Westend und der für seine Gewalttätigkeit berüchtigte Sturm 33 Charlottenburg-Lützow an (Engelbrechten, Eine braune Armee entsteht, S. 159 f. Zum Sturm 33 vgl. vor allem Reichardt, Gewalt im SA-Milieu).

63 Peter Longerich macht darauf aufmerksam, daß sich hinter der Berufsangabe »Arbeiter« oft Handwerksgesellen verbargen. Gemessen an der NSDAP lag der Arbeiteranteil in der SA höher, verglichen mit der erwerbstätigen Bevölkerung im Deutschen Reich aber durchaus niedriger. Longerich sieht die Stärken der SA vielmehr in ihrer Fähigkeit, Angehörige verschiedener Schichten zusammenzuführen, sowie in ihrer Anpassungsfähigkeit an das jeweils lokale oder regional vorherrschende soziale Milieu (Longerich, Die braunen Bataillone, S. 81–85). Mathilde Jamin hat ihre Untersuchung über die SA-Führer dahingehend zusammengefaßt, daß es sich vornehmlich um »Proletarier wider Willen« gehandelt habe, die ursprünglich aus dem Mittelstand stammten und sozial abgestiegen waren (Jamin, Zwischen den Klassen, S. 349–368).

64 Eine Auswertung von mehr als 1800 SA-Mitgliedskarten, die von der Berliner Polizei bei Razzien im Februar 1930 beschlagnahmt worden waren, ergab einen Anteil von 7,3 Prozent Schüler und Studenten (Longerich, Die braunen Bataillone, S. 82 f.). Unter den 61 SA-Männern des Berliner SA-Sturms 33, den Sven Reichardt eingehend untersucht hat, gab es 2 Studenten (Reichardt, Gewalt im SA-Milieu, S. 95).

65 Das wiederum erklärt zu einem großen Teil auch den hohen Anteil von Erwerbslosen in der SA, denn Jugendliche und junge Männer waren in besonders starkem Maß von der Arbeitslosigkeit betroffen. Der Berliner SA-Führer, Stennes, gab im

Erich Ehrlinger von seiner sozialen Herkunft und derzeitigen Ausbildung dem durchschnittlichen Bild eines SA-Mitgliedes nicht entsprechen, von seinem Alter her unterschied er sich nicht von Tausenden anderen SA-Mitgliedern Berlins Ende 1931.

Seitdem Joseph Goebbels Ende 1926 Gauleiter von Berlin geworden war, setzte er auf Aggressivität und Gewalttätigkeit als politische Instrumente für die Nationalsozialisten. Brutale Schlägereien der SA mit den politischen Gegnern, in erster Linie mit den Kommunisten, Märsche durch die proletarischen Viertel Berlins, haßerfüllte antisemitische Attacken gegen den Berliner Polizeivizepräsidenten Bernhard Weiß sollten die linke Hegemonie in der Reichshauptstadt brechen und zugleich den eigenen Machtanspruch behaupten. Die blutigen Zusammenstöße verschafften der zahlenmäßig kleinen NSDAP zudem immer wieder Schlagzeilen in den Zeitungen und machten sie bekannt. Den gewalttätigen Aktivismus stilisierte Goebbels propagandistisch:

»Tempo! Tempo! Das war die Parole unserer Arbeit. [...] In dieser schreienden Raserei eines Kampfes zwischen Gut und Böse gab es kein Pardon.«[66]

Als Ehrlinger 1931 in die SA eintrat, hatte die NSDAP in Septemberwahlen 1930 mit 18,3 Prozent der Stimmen ihren Durchbruch erreicht,[67] die SA jedoch eine schwere Krise hinter sich. Der Konflikt zwischen SA und NSDAP in Berlin aus dem Jahr 1930, der sich sowohl an der politischen Taktik als auch an der Verteilung von Pfründen und Finanzen entzündet und im August zur offenen Revolte der SA gegen die NSDAP-Gauleitung Berlin geführt hatte, schwelte auch nach der offiziellen Beilegung der Aus-

---

Februar 1931 in einem Brief an Röhm die Zahl von 67 Prozent Erwerbslosen für einzelne Berliner Standarten an, die offizielle Berliner SA-Geschichte notierte für den Herbst 1931 einen Arbeitslosenanteil von 80 Prozent (Longerich, Braune Bataillone, S. 85).

66 Goebbels, Das erwachende Berlin, zitiert nach Reichardt, Gewalt im SA-Milieu, S. 45 f.

67 In Berlin lag der Stimmenanteil mit 14,3 Prozent zwar unter dem Reichsdurchschnitt, aber im Gegensatz zu den Reichstagswahlen vom Mai 1928, in denen die NSDAP in Berlin nur 1,5 Prozent der Stimmen erringen konnte, war auch in der Reichshauptstadt der Durchbruch der NSDAP zur Massenpartei unverkennbar (Hamilton, Who voted for Hitler?, S. 78).

einandersetzung weiter.[68] Im April 1931 versuchte der Berliner SA-Führer Stennes erneut, gegen die Parteizentrale zu putschen, ließ die Räume der Berliner Gauleitung besetzen, erklärte Goebbels für abgesetzt und proklamierte den »wahren, revolutionären« Nationalsozialismus gegen die »bürgerliche Verbonzung« der Parteileitung. Nur mit Hilfe der Berliner Polizei gelang es der Parteiführung, die Kontrolle wiederzuerlangen. Es folgte eine umfangreiche Säuberung der SA-Führung, rund 500 SA-Mitglieder in Berlin wurden ausgeschlossen.[69]

Aktivismus, Kampf und Gewalt als »Gemeinschaftserlebnis« bildeten einen festen Bestandteil des SA-Alltags Ende der zwanziger und Anfang der dreißiger Jahre.[70] Für das Jahr 1931 zählte Sven Reichardt allein 43 blutige Auseinandersetzungen der SA in Berlin, stets mit Verletzten, nicht selten sogar mit Toten.[71] Die Morde an zwei Arbeitern, die Anfang 1931 vom Charlottenburger Sturm 33 begangen wurden und ihm den Namen »Mördersturm« in der Berliner Presse einbrachten, wurden im Laufe des Jahres vor dem Gericht verhandelt und in den Zeitungen ausführlich dargestellt. Obwohl die Berichterstattung der Presse kritisch war, trug die permanente Öffentlichkeit zum »Ruhm« und zur Selbststilisierung der Charlottenburger SA-Stürme bei. Auf SA-Märschen erklang der Slogan: »Wir sind die Nazi-Leute vom Mördersturm Charlottenburg.«[72]

Die Gewalt der SA richtete sich nicht allein gegen Kommunisten und deren Rotfrontkämpferbund, sondern gleichermaßen gegen Juden. Für die Berliner SA-Stürme war es üblich, am Sonntag zum Kurfürstendamm

68 Zur Stennes-Revolte vgl. Longerich, Die braunen Bataillone, S. 102–104.
69 Ebenda, S. 110 f. Im April 1931, kurz bevor Ehrlinger ihr beigetreten war, besaß die Berliner SA rund 3300 Mitglieder, sieben Monate später, als Ehrlinger wieder nach Tübingen zog, war sie 4000 Mann stark. Die Berliner SA stellte damit die knappe Hälfte der 10 000 Mann starken Berlin-Brandenburger SA, die sich bis zum Beginn des Jahres 1932 auf 20 500 Mann verdoppelte und bis zum Januar 1933 auf etwa 60 000 SA-Männer anwuchs (Reichardt, Gewalt im SA-Milieu, S. 58).
70 Vgl. dazu Balistier, Gewalt und Ordnung; Bessel, Political Violence, S. 75–96.
71 Reichardt, Gewalt im SA-Milieu, S. 59. Detaillierte Schilderungen der zahlreichen Schlägereien, Saalschlachten, Schußwechsel mit kommunistischen Gruppen und gegenseitigen Überfälle auf die Versammlungslokale – aus nationalsozialistischer Perspektive – bei Engelbrechten, Eine braune Armee entsteht, S. 170–189.
72 Reichardt, Gewalt im SA-Milieu, S. 85.

zu fahren, um dort Passanten zu belästigen oder zu verprügeln.[73] Neben den SA-Kolonnen liefen zusätzlich zivile, ausgesucht kräftige SA-Männer mit, »Watte« genannt, die sowohl für den Flankenschutz sorgen als auch gezielt Passanten anrempeln, bedrohen oder zusammenschlagen sollten. Eine nationalsozialistische Schrift schilderte einen solchen Einsatz folgendermaßen:

> »Vom Kaiserplatz in Wilmersdorf bis zum Wittenbergplatz wird die ›Watte‹ zu jedem Juden, der ihr begegnet, äußerst unfreundlich. Die uniformierte SA in der Mitte der Straße sieht nicht einmal hin. Das geht sie nichts an. Sie trägt die Fahne und die Idee Adolf Hitler's durch den Westen Berlins, der der jüdische Westen genannt wird. Sie hat in diesem Augenblick nichts anders zu sein, als die große Drohung des Führers.«[74]

So kam es am 12. September 1931, am Abend des jüdischen Neujahrstages, zu blutigen Ausschreitungen auf dem Kurfürstendamm. Laut Feststellungen des Gerichts waren ungefähr 1000 SA-Männer aufmarschiert, hatten Parolen wie »Deutschland erwache, Juda verrecke« oder »Schlagt die Juden tot« gebrüllt und während des Marsches Passanten angegriffen und geschlagen.[75]

Erich Ehrlinger studierte ein Semester in Berlin und gehörte von Mai bis September 1931 dem Charlottenburger SA-Sturm 30 an. Brutale körperliche Gewalt als Medium der Politik, als Terror gegen politische Gegner ebenso wie als gemeinschaftstiftendes »Kampferlebnis« waren ihm danach als Erfahrung vertraut, als er im Oktober 1931 nach Tübingen ging. 48 Studentenverbindungen, von denen 35 ein eigenes Haus besaßen, beherrschten dort die Szene. Mit einem Organisationsgrad von 70 bis 80 Prozent der Studenten lag Tübingen damit im Reichsdurchschnitt an der Spitze. Wie heftig und militant rechts die Studentenverbindungen schon in

---

73 Longerich, Die braunen Bataillone, S. 121.
74 Bade, Deutschland erwacht, zitiert nach Balistier, Gewalt und Ordnung, S. 155.
75 Reichardt, Gewalt im SA-Milieu, S. 67 f.; Paucker, Der jüdische Abwehrkampf, S. 134 f. Das Gericht verurteilte 27 SA-Männer zu Haftstrafen zwischen neun Monaten und einem Jahr und neun Monaten. Die Führer der Aktion, Graf Helldorf und sein Adjutant Ernst, wurden indes in der Berufungsinstanz von dem Vorwurf der Rädelsführerschaft und des Landfriedensbruchs freigesprochen (ausführlich zu den Prozessen: Walter, Antisemitische Kriminalität, S. 211–221; Hannover, Politische Justiz, S. 263–273, 283–291; zu Helldorf vgl. Harrison, »Alter Kämpfer« im Widerstand).

den zwanziger Jahren eingestellt waren, zeigt ein Vorfall aus dem Juli 1925. Auf Einladung des verschwindend kleinen Sozialistischen Studentenbundes hatte Emil Julius Gumbel einen Vortrag in Tübingen halten sollen. Da protestierende Studenten das vorgesehene Lokal absperrten, zogen die Veranstalter in eine Gastwirtschaft eines benachbarten Ortes. Die Demonstranten jedoch marschierten ebenfalls dorthin, rissen Pflastersteine aus der Straße, zertrümmerten die Fensterscheiben und lieferten sich mit den wenigen republikanischen Studenten eine heftige Saalschlacht, die etliche zum Teil schwer verletzt hinterließ.[76]

Im Juli 1932 erhielt der Nationalsozialistische Deutsche Studentenbund die Hälfte aller 24 Sitze im AStA.[77] Im selben Jahr trat die Tübinger Studentenschaft korporativ dem von Alfred Rosenberg gegründeten »Kampfbund für Deutsche Kultur« bei, und zur Reichstagswahl im November 1932 riefen der Vorstand der Studentenschaft und der AStA die Kommilitonen dazu auf, zur Wahl zu gehen und gegen Marxismus wie Liberalismus zu stimmen.[78] Daß die nationalsozialistischen Studenten in Tübingen nicht vor direkten Drohungen zurückschreckten, zeigt neben den Ausschreitungen gegen Gumbel auch der Fall des nationalsozialistischen Jurastudenten Alfons Gerometta, der im März 1932 Richard Laqueur, Professor für alte Geschichte, androhte, daß »die hiesige Studentenschaft sich Ihrer mit großer Vorliebe einmal annehmen« werde. Da Geromettas Drohung durch einen Zeitungsartikel an die Öffentlichkeit kam, erhielt er zwar eine Strafe des Disziplinarausschusses der Universität, weiterreichende Konsequenzen blieben trotz der öffentlichen Aufforderung zur Körperverletzung jedoch aus. In Tübingen wie anderswo beherrschten Ängstlichkeit und Zurückhaltung bis hin zur klammheimlichen Komplizenschaft die akademischen Gremien.[79]

---

76 Adam, Hochschule und Nationalsozialismus, S. 22.

77 Der »Tübinger Studentenring« erhielt sieben, der »Nationale Studentenblock« fünf Sitze, die »Linke Einheitsfront« ging, wie immer in Tübingen, leer aus (Adam, Hochschule und Nationalsozialismus, S. 24).

78 Langewiesche, Eberhard-Karls-Universität, S. 358.

79 Laqueur nahm zum Wintersemester 1932/33 einen Ruf an die Universität Halle an. Geromettas Strafe wurde im April 1933 aufgehoben, er selbst avancierte zum Landesführer des NSDStB (Adam, Hochschule und Nationalsozialismus, S. 23 f.).

Dr. Martin Sandberger, Führer des Einsatzkommandos 1a, Kommandeur der Sicherheitspolizei und des SD in Estland, Gruppenleiter im RSHA-Amt VI SD-Ausland
(Bundesarchiv, BDC, RuSHA-Akte Martin Sandberger)

Seit dem Herbst 1931 war auch ein weiterer Jurastudent in Tübingen aktiv: Martin Sandberger, ein knappes Jahr jünger als Ehrlinger, wurde am 17. Juli 1911 in Berlin geboren. Die Familie stammte aus dem Südwesten. Sein Vater, ein Kaufmann, kam aus Königsbronn, seine Mutter aus Münsingen; geheiratet hatten sie 1910 in Stuttgart. Väterlicherseits verzeichnet die Ahnentafel, die Sandberger später für das SS-Rasse- und Siedlungshauptamt anfertigte, Pfarrer, Oberamtmänner, Forstmeister aus Ellwangen, Tübingen, Pfullingen, also dem Württembergischen, mütterlicherseits Lehrer und Rotgerber aus derselben Gegend.[80] Sandberger wuchs protestantisch auf, besuchte nach der Volksschule das Realgymnasium in Höchst bei Frankfurt und absolvierte im März 1929 das Abitur. Danach studierte er Rechts- und Staatswissenschaften an den Universitäten München, Köln, Freiburg und schließlich, spätestens ab dem Wintersemester 1931/32, wie Ehrlinger, in Tübingen. Im November 1931 trat er dem Nationalsozialistischen Deutschen Studentenbund bei, einen Monat später der SA. Sandberger selbst faßte 1936 in einem SS-Lebenslauf seine Karriere im NSDStB und SA so zusammen:

»Im November 31 trat ich in Tübingen in den NS-Studentenbund, im Dez. 31 in die SA ein; der im Nov. 31 ausgefüllte Parteiaufnahmeschein ging durch Büroversehen der

---

80 BArch, BDC, SSO-Akte Martin Sandberger.

98

Ortsgruppe Tübingen verloren.[81] Von Juli 32–Juli 33 war ich in Tübingen Studentenschaftsführer, von Mai–Juli 33 zugleich Hochschulgruppenführer. In der SA führte ich 33 und 34 einen Sturm und Sturmbann. Im Herbst 33 war ich vorübergehend in der Reichsführung der Deutschen Studentenschaft und des NS-Studentenbundes tätig. Im Frühjahr 34 tat ich Dienst als Zugführer in einer SA-Sportschule, von Mai–September 34 hauptamtlich in der Obersten SA-Führung, anschl. beim Chef des Ausbildungswesens bis März 1935.«[82]

Die dritte RSHA-Karriere, die in Tübingen ihren Ausgang nahm, war die von Erwin Weinmann. 1909 in Frommenhausen im Kreis Tübingen geboren, der Vater Lehrer und während des Ersten Weltkriegs in Flandern gefallen, wuchs Weinmann mit drei Geschwistern in einem katholischen Elternhaus auf. Er besuchte das Gymnasium und begann im Sommersemester 1927 ein Medizinstudium an der Universität in Tübingen, wohin die Mutter nach dem Tod des Vaters mit ihren Kindern umgezogen war.[83] Erwin Weinmanns zwei Jahre älterer Bruder Ernst studierte ebenfalls an der Universität Tübingen Zahnmedizin und gehörte zu den frühen NSDAP-Mitgliedern in Tübingen.[84] Erwin Weinmann engagierte sich während seines Studiums als Studentenvertreter, war mehrere Semester mit Sandberger im AStA tätig, unter anderem im Sommersemester 1932 als Fraktionsführer des NSDStB. Wie Sandberger trat er im November 1931, 22 Jahre alt, dem Nationalsozialistischen Deutschen Studentenbund, im Dezember der NSDAP sowie der SA bei.

Sandberger und Ehrlinger gehörten während der nationalsozialistischen »Machtergreifung« in Tübingen zu den politischen Aktivisten. Anfang Februar 1933 forderte der AStA auf Antrag des Nationalsozialistischen Studentenbundes in schroffem Ton den Nationalökonomen Wilhelm Rieger auf, seinen jüdischen Assistenten Weinheber zu entlassen

---

81 Tatsächlich ist Sandbergers NSDAP-Mitgliedskarte, die auf den 1.5.1937 datiert war, im Juni 1938 rückwirkend auf das Aufnahmedatum 1.12.1931 mit der Mitgliedsnr. 774980 umgeschrieben worden (BArch, BDC, SSO-Akte Martin Sandberger).

82 Handschriftlicher Lebenslauf, 1.7.1936, BArch, BDC, RuSHA-Akte Martin Sandberger.

83 Angaben, wenn nicht anders notiert, nach BArch, BDC, SSO-Akte Erwin Weinmann.

84 Schönhagen, Tübingen unterm Hakenkreuz, S.43.

und durch einen »deutschen Volksgenossen« zu ersetzen.[85] Im selben Monat wies Sandberger den Rektor der Universität auf das Datum der Reichstagswahlen am 5. März hin und verlangte die vorzeitige Beendigung des Semesters. Rektor Simon kam der Forderung bereitwillig nach und verlegte den Semesterschluß vom 7. auf den 4. März vor.[86]

Am 5. März 1933 erhielt die Regierungskoalition aus Deutschnationalen und NSDAP in den letzten halbwegs freien Wahlen in Deutschland knapp die Mehrheit der Stimmen. Unmittelbar danach begannen die Nationalsozialisten, in den einzelnen Ländern des Deutschen Reiches die Macht zu ergreifen. Innerhalb von nur wenigen Tagen, vom 5. bis zum 9. März, wurden Reichskommissare in Hamburg, Bremen, Lübeck, Schaumburg-Lippe, Hessen, Baden, Württemberg, Sachsen und Bayern eingesetzt und erzwangen die Bildung nationalsozialistisch geführter Landesregierungen.[87] In Stuttgart hatten nationalsozialistische Studenten am 7. März dem Rektor erfolgreich abverlangt, die Hakenkreuzfahne auf dem Campus zu hissen. Und während in Tübingen am Vormittag des 8. März die Universitätsleitung noch vergeblich versuchte, Weisungen vom Stuttgarter Kultusministerium zu erhalten, wie sie sich in einer ähnlichen Situation verhalten sollte, schufen Ehrlinger und Sandberger bereits Tatsachen: Sie hißten die Hakenkreuzfahne über der Tübinger Universität.[88] Zwar erreichte Rektor Simon, daß die Hakenkreuzfahne am Abend wieder eingezogen wurde, aber am nächsten Tag kündigte der NSDStB an, sie wiederaufzuziehen, da

---

85 Allerdings erwies sich diese Forderung als peinlich, da die wirtschaftswissenschaftliche Fachschaft nicht nur »aufs Schärfste die Art und Weise des Vorgehens des AStA gegen eines ihrer Mitglieder« mißbilligte, sondern auch feststellte, daß Weinheber bereits seit Ende 1932 nicht mehr Assistent sei und daher die Aufforderung des AStA völlige Sachunkenntnis offenbare. Der Fraktionsführer des NSDStB im AstA, Gerhard Schumann, bedauerte daraufhin zwar den Zwischenfall, fügte aber hinzu, daß die Studentenschaft nicht eher ruhe werde, bis die deutschen Hochschulen »restlos gesäubert« seien (Adam, Hochschule und Nationalsozialismus, S. 26 f.); auch der Centralverein deutscher Staatsbürger jüdischen Glaubens engagierte sich für Weinheber beim württembergischen Kultusministerium (Vorgang in: Sonderarchiv Moskau, 721-1-2561).

86 Adam, Hochschule und Nationalsozialismus, S. 27.

87 Vgl. dazu nach wie vor Bracher/Sauer/Schulz, Die nationalsozialistische Machtergreifung, insbesondere S. 136–144.

88 Heiber, Universität unterm Hakenkreuz, Teil II, Bd. 1, S. 48.

die »nationalen Verbände« am 9. März einen Umzug durch Tübingen planten. Der Konflikt zwischen Rektorat und nationalsozialistischen Studenten endete mit einem bezeichnenden »Kompromiß«: Das Flaggenverbot des Rektors blieb offiziell bestehen, aber die Haupttür der Neuen Aula sollte geöffnet bleiben, damit die Studenten ungehindert aufs Dach gelangen könnten, um dort die Naziflagge aufzuziehen. Am 9. März marschierte eine Kolonne aus SA, SS, Stahlhelm und Hitlerjugend durch Tübingen, hißte auf ihrem Marsch auf allen öffentlichen Gebäuden, einschließlich der Universität, die schwarz-weiß-rote sowie die Hakenkreuzfahne und stellte Wachen auf, damit die Flaggen nicht vor dem darauffolgenden Tag wieder eingeholt werden konnten.[89]

Im April 1933 wurde der bislang wichtigste Tübinger NSDStB-Funktionär, Gerhard Schumann, zum »Kommissar für die württembergische Studentenschaft« ernannt, und Martin Sandberger rückte als »Führer der Tübinger Studentenschaft« nach. Seine erste Amtshandlung bestand in der Auflösung der studentischen Fachschaften und der Ernennung neuer Fachschaftsleiter.[90] Deutlich verstand sich die Studentenschaft als revolutionärer Kern einer Umgestaltung der Universität im nationalsozialistischen Sinn. In Tübingen wurden die unliebsamen Hochschullehrer angegriffen und boykottiert. Dabei nahmen die studentischen Versammlungen und Veröffentlichungen ein solches Ausmaß an, daß selbst Theodor Haering, durchaus kein Gegner der Nationalsozialisten, in einem Brief an Sandberger »energisch gegen die fortgesetzten Angriffe auf die Ehre des Standes der Universitätslehrer« protestierte, woraufhin Sandberger sich weigerte, mit Haering gemeinsam auf einer akademischen Veranstaltung aufzutreten.[91] Ebenso heftig attackierte die nationalsozialistische Fachschaft in Heidelberg unter Franz Alfred Six, dem späteren Chef des

---

89 Adam, Hochschule und Nationalsozialismus, S. 33.
90 Ebenda, S. 47.
91 Schreiben Haering an Sandberger, 28. 6. 1933, Universitätsarchiv Tübingen 117/ 996, nach: Adam, Hochschule und Nationalsozialismus, S. 49. Benigna Schönhagen zitiert ein noch deutlicheres Schreiben Haerings vom 25. 6., in dem er sich Sandberger gegenüber »diesen Sauherdenton« verbat: »Es wird, wie mir scheint, allmählich Zeit, daß beherzte Männer aus diesem viel befehdeten Stande endlich einmal sich gegen diese allmählich pervers werdende Sucht unreifer Akademiker, ihr eigenes Nest zu beschmutzen, zur Wehr setzen.« (Schönhagen, Tübingen unterm Hakenkreuz, S. 164)

RSHA-Amtes VII Gegnerforschung, den Leiter des Heidelberger Instituts für Zeitungswissenschaft, Hans von Eckardt, der, nachdem er angeblich im Februar 1933 dazu aufgefordert hatte, das Radio während einer Rede Hitlers abzuschalten, vom Dienst suspendiert wurde und ein Jahr später seine Lehrerlaubnis verlor.[92]

Immer nachdrücklicher verlangten die Studenten weitgehende institutionelle Mitbestimmungsmöglichkeiten, insbesondere bei der Berufung von Hochschullehrern. In einer Besprechung mit dem neuen Rektor Dietrich Anfang Juli 1933, an der von studentischer Seite Sandberger und Schumann teilnahmen, wurde vereinbart, daß die Studentenschaft bei der Einrichtung neuer Lehrstühle und in Fragen des Curriculums mitwirken und in die Berufungsverfahren eingeschaltet werden sollte, wenn die Berufungskommission ihre Empfehlung formuliert und der Fakultät vorgelegt habe. Zu den Sitzungen der Fakultäten wolle man die Studenten mehr hinzuziehen, »als es nach der Satzung unbedingt notwendig« sei.[93] Damit wurden allerdings die Spannungen zwischen Rektorat und Studentenschaft eher verstärkt als befriedet. So warfen die Studentenvertreter im Großen Senat dem Rektor vor, dem »Wehrsport« der Studenten nicht die nötige Unterstützung zukommen zu lassen.[94]

Von keinem Geringeren als Martin Heidegger, seit April Rektor der Freiburger Universität, erhielten die Tübinger Studenten öffentliche Schützenhilfe. Am 30. November hielt Heidegger in Tübingen einer Rede vor der Studentenschaft, in der er deren revolutionäre Intention unterstützte. Die Revolution in der deutschen Hochschule, so zitierte die »Tübinger Chronik« Heideggers Rede, »ist nicht nur nicht zu Ende, sie hat nicht einmal begonnen. Und wenn im Sinne des Führers die Evolution da ist, dann wird sie nur durch Kampf und im Kampf geschehen können. Die Revolution in der deutschen Hochschule hat nichts zu tun mit der Abänderung von Äußerlichkeiten. Die nationalsozialistische Revolution ist

---

92 Hachmeister, Der Gegnerforscher, S. 52–56. Weitere Beispiele für den revolutionären Aktivismus der Studenten im Frühjahr 1933 bei Grüttner, Studenten, S. 62–75.
93 Adam, Hochschule und Nationalsozialismus, S. 50.
94 Sitzung des Großen Senats am 27. 7. 1933, Universitätsarchiv Tübingen 47/70, nach Adam, Hochschule und Nationalsozialismus, S. 51.

und wird werden die völlige Umerziehung der Menschen, der Studenten und nachher kommenden jungen Dozentenschaft.«[95]

Im Wintersemester 1933/34 trieb die Auseinandersetzung um die Macht an der Universität einem Höhepunkt entgegen. Dietrich, der auf der Suprematie der Ordinarien beharrte, geriet immer mehr unter Druck, nicht zuletzt seitens des neuen württembergischen Kultusministers Mergenthaler, der 1926 zu den Gründern der nationalsozialistischen Hochschulgruppe an der Universität gehört hatte und für die Studenten stets ein offenes Ohr besaß.[96] Dietrich versuchte, sich mit einem taktischen Schachzug Luft zu verschaffen, indem er einen »Führerrat« schuf, der ihm zur Seite stehen sollte. Diesem »Führerrat« gehörten neben national gesinnten Professoren auch die Studentenführer Schumann und Eugen Steimle, später Einsatzkommandoführer in der Sowjetunion und Referent im Amt VI SD-Ausland des RSHA, sowie der NSDAP-Fraktionsführer im Tübinger Gemeinderat, der Zahnarzt Dr. Ernst Weinmann, an. Aber Dietrichs Taktik schlug fehl, Mergenthaler hielt ihn nicht mehr für einen zuverlässigen Kandidaten und ernannte am 11. Dezember 1933 den Ordinarius für praktische Theologie, Karl Fezer, zum neuen Rektor der Universität Tübingen.[97] Fezer beendete mit geschickten institutionellen Maßnahmen die kurzzeitige Kulturrevolution und errichtete die politische »Führeruniversität«, wie es die nationalsozialistischen Machthaber in Stuttgart von ihm verlangten.

Resümiert man die politische Auseinandersetzung zwischen Studentenschaft und Rektorat um die Universität in jenem Jahr 1933, so wird kenntlich, daß Sandberger und Ehrlinger nicht nur nationalsozialistische Aktivisten waren, die für die politische Macht ihrer Partei kämpften. Sie handelten im Frühjahr 1933 als Revolutionäre, die ungeachtet institutioneller Spielregeln die Chancen der Macht erkannten und sie mit politischem Druck von unten nutzten. Der symbolische Kampf um die Flagge über dem Auditorium maximum war von beiden Seiten als das gesehen

---

95 Zitiert nach Ott, Martin Heidegger, S. 231; vgl. ebenfalls Farías, Heidegger und der Nationalsozialismus, S. 202–210. Daß Heideggers Engagement für den Nationalsozialismus 1933/34 vor allem ein revolutionäres war, betont Safranski, Meister aus Deutschland, S. 273.

96 Schönhagen, Tübingen unterm Hakenkreuz, S. 42.

97 Adam, Hochschule und Nationalsozialismus, S. 52–55.

worden, was er war: als Auseinandersetzung um die Macht an der Universität. Sandberger und Ehrlinger nutzten die Schwäche und Unsicherheit der Universitätsleitung, um, wenn auch nur für kurze Zeit, die Machtkonstellation zugunsten der revolutionären Studenten zu verschieben und ihre Forderungen nach Vertreibung politisch mißliebiger Hochschullehrer durchzusetzen. Daß der nun von Nationalsozialisten geführte Staat nach der Machtergreifungsphase wieder der Zentralgewalt von oben Geltung verschaffte und die revolutionäre Phase an der Universität beendete, mindert nicht deren Bedeutung. Denn sie macht deutlich, wie wenig das politische Engagement von Sandberger und Ehrlinger sich im bloßen politischen Machtwechsel erschöpfte, wie stark vielmehr ihr Umgestaltungswille war und ihre Bereitschaft, die alten Institutionen zu zerstören und eine »neue Wirklichkeit« zu schaffen. In den Worten Heideggers:

»Erfahrbar ist sie [eine neue Wirklichkeit, M.W.] nur für den, der den rechten Sinn hat, sie zu erfahren, nicht für den Betrachter, der vielleicht nur nationalsozialistische Literatur liest, um sich im Sprachgebrauch zu unterrichten, sondern für die, die mithandeln, denn die revolutionäre Wirklichkeit ist nichts Vorhandenes, sondern es liegt in ihrem Wesen, daß sie sich erst entrollt, daß sie erst im Anrücken ist.«[98]

Die »Schwarze Hand« in Leipzig

Leipzig war seit der Reichsgründung 1871 eine schnell wachsende Großstadt geworden und entwickelte sich mit der Leipziger Buchmesse und der 1912 gegründeten Deutschen Bücherei zum führenden Verlags- und Druckereizentrum Deutschlands. Professoren, Dozenten, Doktoranden fanden für ihre Studien zahlreiche wissenschaftliche Publikationsmöglichkeiten. Die Universität, nach Berlin und München eine der größten des Reiches, wurde vom sächsischen Staat bevorzugt gefördert. Zwischen 1871 und 1914 wuchs die Zahl der neu gegründeten und gebauten Institute rasch an; die Zeit zwischen Reichsgründung und Erstem Weltkrieg war die umfangreichste Bauperiode der Universität.[99] Entsprechend stieg

---

98 Rede Heideggers in Tübingen, 30.11.1933, zitiert nach Farías, Heidegger und der Nationalsozialismus, S. 205.
99 Rathmann, Alma Mater Lipsiensis, S. 195. Vgl. auch den Überblick von Kötzschke, Universität Leipzig.

auch die Zahl der Studierenden in Leipzig. Gab es 1909 rund 1100 Immatrikulierte, waren es 1914 bereits über 5500. Wilhelm Wundt gründete 1877 das erste Seminar für experimentelle Psychologie, das sechs Jahre später in ein eigenes Institut umgewandelt wurde. Der Historiker Karl Lamprecht bildete 1909 das Institut für Kultur- und Universalgeschichte, und Karl Bücher begründete 1916 in Leipzig das erste deutsche Institut für Zeitungswissenschaften.[100]

Heinz Gräfe, Jahrgang 1908, nahm 1928 sein Jurastudium in Leipzig auf. Er stammte aus einer alten Leipziger Buchhändlerfamilie. Den Großvater Emil Gräfe schilderte Heinz' um zwei Jahre jüngere Schwester Elisabeth als einen verschlossenen Patriarchen, meist mit seinen Büchern und Graphiken beschäftigt, der 1884 in Leipzig eine Buchhandlung in unmittelbarer Universitätsnähe gründete.[101] Das Geschäft soll er mit volkspädagogischem Eifer und besonderem Sinn für geschickte Schaufenstergestaltung geführt haben. Sein Sohn Paul, Heinz Gräfes Vater, ging nach dem Abitur nach Berlin in die Buchhändlerlehre, kehrte anschließend nach Leipzig zurück, trat in die väterliche Buchhandlung ein und studierte Germanistik und Philosophie. Allerdings wollte er sich noch einmal »anderen Wind um die Nase wehen lassen«, womöglich war auch die Beziehung zu seinem Vater nicht so gut; jedenfalls zog die Familie 1912 nach Kiel, wo Paul Gräfe eine Stellung in der angesehenen Universitätsbuchhandlung Lipsius & Tischer angenommen hatte. Seine Schwester hatte einen deutschen Kaufmann in Südafrika geheiratet, und offenbar ermunterten die südafrikanischen Verwandten Paul Gräfe, auszuwandern und in ihrer Ladenkette die Buchhandelssparte aufzubauen. Die Eltern bereiteten bereits die große Reise vor, doch machte der Kriegsausbruch einen Strich durch die Rechnung. Paul Gräfe wurde eingezogen, nahm am Krieg an der Westfront teil und fiel im November 1914 in Flandern, als Heinz Gräfe sechs Jahre alt war.

Der Tod des Vaters bedeutete einen tiefen Einschnitt für die Familie: »Unser Leben erhielt nun ein ganz anderes, tieftrauriges Gepräge«, erinnerte sich Heinz' Schwester Elisabeth später.

---

100 Rathmann, Alma Mater Lipsiensis, S. 213 f.
101 Elisabeth und Erhard Mäding, Erinnerungsblätter (masch.), 1984, BArch Koblenz, Kleine Erwerbungen 817.

Dr. Heinz Gräfe, Leiter der Gruppe Sowjetunion im RSHA-Amt VI SD-Ausland (Bundesarchiv, BDC, RuSHA-Akte Heinz Gräfe)

»Mutter war untröstlich [...]. Oft wurde sie ohnmächtig, und ich rannte dann voller Angst, noch nicht fünf Jahre alt, die Treppe hinauf zu einer Nachbarin um Hilfe. Großvater Gräfe war länger als ein Jahr vor Gram erblindet, und als er wieder sehen konnte, war seine Kraft gebrochen; er überließ das Geschäft seinem Gehilfen, und nach Kriegsende in der Zeit der Inflation verkaufte er es ihm um wertloses Geld.«[102]

Die Mutter entschloß sich, wegen der geringen Soldatenrente einen Beruf zu ergreifen, und ging zur Reichspost, wo sie sich bis zur Postsekretärin im Postscheckamt hocharbeitete. Die Lebensverhältnisse der alleinstehenden Mutter mit drei Kindern – neben Heinz und Elisabeth gehörte als jüngstes Kind Rolf dazu – waren entsprechend einfach; die Mutter arbeitete, und die Kinder blieben überwiegend allein. Rolf mochte sich mit der dominierenden Rolle des älteren Bruders nicht abfinden, und Elisabeth übernahm es, zwischen den Brüdern zu schlichten.

»Meiner Mutter mochte ich darüber nichts zu sagen, um sie nicht zu belasten; oft holte ich sie im Amt ab. Die ›Gräfin‹ war dort sehr beliebt, und sie fühlte sich im Kollegenkreis recht wohl.«[103]

Heinz Gräfe besuchte von 1915 ab das Realgymnasium und fiel bereits in der Schule durch sein Engagement auf. Als Tertianer, schrieb er später in einem ausführlichen Lebenslauf, führte er eine Gruppe Pfadfinder. »Wir unternahmen Großfahrten nach Ostpreußen und Böhmen, in die Schweiz

---

102 Ebenda.
103 Ebenda. Zur Arbeitssituation der weiblichen Angestellten der Post in der Weimarer Republik vgl. Nienhaus, Vater Staat, insbesondere S. 127–174.

und nach Tirol – daneben viele kleine Fahrten und Zeltlager in deutschen Landen.«[104]

1928 machte er Abitur als Jahrgangsbester und erhielt daraufhin ein Stipendium der Studienstiftung des Deutschen Volkes, mit dem er ein Studium finanzieren konnte. Als Vertreter der Studienstiftung in Leipzig kam er wiederum in die studentische Selbstverwaltung, und wie selbstverständlich engagierte sich Gräfe nun innerhalb der Studentenschaft. Sein späterer Schwager, Erhard Mäding, begegnete ihm zum ersten Mal im Wintersemester 1928/29 und war, so schrieb er 1947 in britischer Internierungshaft, beeindruckt von diesem »besonderen« und »außerordentlichen« Menschen, »einmalig und selbständig (ein echtes Individuum, zugleich aber eine in sich gegründete und aus seinen Anlagen selbst aufgebaute Persönlichkeit)«.[105]

---

104 Heinz Gräfe, Handschriftlicher Lebenslauf, 1934, BArch, BDC, SSO-Akte Heinz Gräfe. Zur engen Verbindung von Jugendbewegung und »Volkstumskampf« in der Weimarer Republik vgl. Jovy, Jugendbewegung und Nationalsozialismus, S. 60–65. Die deutsche Freischar als größte bündische Gruppe gab die Teilnehmerzahl ihrer Grenzland- und Auslandsfahrten für 1928 mit 1502 und für 1929 mit 1640 bis 2000 an (ebenda, S. 61). Michael Jovy wurde als bündischer Aktivist 1939 verhaftet, 1941 vom Volksgerichtshof in Berlin zu sechs Jahren Zuchthaus verurteilt und 1944 in ein Strafbataillon eingewiesen, aus dem er sich in amerikanische Kriegsgefangenschaft flüchten konnte.

105 Erhard Mäding, Niederschrift über Heinz Gräfe, 28. 7. 1947, Abschrift (Privatarchiv Familie Gräfe). Erhard Mäding, 1909 in Dresden geboren, studierte Jura in Leipzig. Mit 14 Jahren schloß er sich dem Jungdeutschen Orden an, verließ die Organisation ähnlich wie Reinhard Höhn 1932, als Mahraun eine immer stärkere Verbindung mit der Deutschen Staatspartei herbeiführte. Mäding, der nicht zum engen Freundeskreis um Gräfe und Spengler gehörte, war dennoch gleichfalls engagierter Aktivist der Akademischen Selbsthilfe und leitete deren Landesorganisation Sachsen nach 1933. Höhn warb Mäding für SD und SS, in die er zum 1. 9. 1933 aufgenommen wurde und Heinz Gräfe nachzog. Mäding, der seinen Dr. jur. mit einer Dissertation über die staatsrechtliche Stellung der NSDAP erwarb, diente von 1939 bis 1941 bei der Wehrmacht und kam dann in die Planungsabteilung unter Professor Meyer in der Dienststelle des Reichskommissars für die Festigung deutschen Volkstums als Referent für Landschaftsplanung (siehe dazu den Vorgang in der Akte BArch R 49/165; vgl. Wolschke-Bulmahn, Gewalt als Grundlage nationalsozialistischer Stadt- und Landschaftsplanung). Ende 1944 wurde Mäding noch für wenige Monate Leiter des Referats Verfassung und Verwaltung (III A 3) im RSHA-Amt III SD-Inland. Nach Internierung und Spruch-

Gräfe engagierte sich neben seinem Studium in der studentischen wirt-schaftlichen Selbsthilfe und war als Vertreter der Freistudenten, also der-jenigen Studenten, die keiner Verbindung angehörten, im AStA tätig. Auch setzte er sein früheres Engagement für die Volksdeutschen fort und organisierte zum Beispiel im Sommer 1928 eine Fahrt mit 300 jugendli-chen Teilnehmern nach Kärnten, Slowenien und in die Steiermark, um die dortigen volksdeutschen Siedlungen zu besuchen.[106] Heinz Gräfe sorgte sich aber auch um das Universitätsfest im Juli 1929, das, wie es in der »Leipziger Studentenschaft« (Heft 3/1929) hieß, »in zwanglos geselliger Form« Dozenten, Freunde der Universität und Studierende zusammen-führen sollte. Gräfe war als Vorstandsmitglied der Studentenschaft mit der Organisation beauftragt worden – mit einer für sein weiteres Leben ent-scheidenden Konsequenz. Ein Mitglied der kleinen Musikkapelle war von dem energischen Studenten Heinz Gräfe so beeindruckt, daß er ihn zur Geburtstagsfeier seiner Schwester am 31. August einlud. So lernte Doro-thea J. ihren späteren Mann kennen.[107]

Ein Jahr jünger als Heinz Gräfe, stammte sie wie ihr späterer Mann aus einer bürgerlichen Kaufmannsfamilie, die ebenfalls eine schwere Krise und den Absturz in sozial prekäre Verhältnisse erfahren hatte. In der Hyper-inflation des Jahres 1923 verlor der Vater das, wie Dorothea schrieb, »ererbte und erarbeitete beträchtliche Vermögen«.[108] Sie besuchte eine Privatmädchenschule in Leipzig und machte 1930 ihr Abitur (1924 war sie für ein halbes Jahr Ferienkind auf einem Gut in Finnland). Sport und

---

gerichtsverfahren fand Mäding nach dem Krieg wieder eine Stelle beim Deutschen Gemeindetag – als Dezernent für Landschaftsgestaltung. Seine nationalsozialisti-sche Vergangenheit oder gar das Thema seiner Dissertation hinderten Erhard Mä-ding nicht, im renommierten, 1985 erschienenen Handbuch zur Deutschen Ver-waltungsgeschichte das Kapitel zur Aufgabenbestimmung der Weimarer Verfas-sung zu übernehmen (Mäding, Entwicklung der öffentlichen Aufgaben).

106 Heinz Gräfe, Handschriftlicher Lebenslauf, 1934, a. a. O. (s. Anm. 104).

107 Persönliche Mitteilung Dorothea J. an den Verfasser, 12. 1. 1997. Name aus Per-sönlichkeitsschutzgründen geändert. An dieser Stelle möchte ich der Familie Gräfe ausdrücklich danken, daß sie mir Einblick in die Familiendokumente ge-währte und mir für meine Fragen bereitwillig und um Aufklärung bemüht zur Verfügung stand.

108 Dorothea J., Handschriftlicher Lebenslauf, BArch, BDC, RuSHA-Akte Heinz Gräfe.

Schule hätten damals ihre Zeit ausgefüllt, notierte sie später: Hockey, Leichtathletik, Rudern, große Ski- und Klettertouren in den Alpen, Radwanderungen mit ihrem späteren Mann.[109] Dorothea J. wollte Bibliothekarin werden, konnte aber erst im Herbst 1930 an der Deutschen Bücherei ihre Ausbildung beginnen. Bis dahin arbeitete sie als Posthelferin auf dem Leipziger Postscheckamt, ebendort, wo auch die Mutter von Heinz Gräfe tätig war. Mit dem verdienten Geld unternahm sie am Ende des Sommers 1930 eine kurze Studienreise nach Kopenhagen und Schweden. Im Oktober konnte sie ihre Ausbildung an der Deutschen Bücherei anfangen und wurde gleich für ein Praktikum an die Technische Hochschulbibliothek nach München geschickt. Im Frühjahr 1931 kehrte sie nach Leipzig zurück, unterbrach ihre Ausbildung jedoch für ein halbes Jahr, da sie, wie sie schrieb, in ihren »Berufsabsichten unsicher« geworden war und ihren Vater sowenig wie möglich belasten wollte. Ab Mai 1932 nahm sie eine Stellung als Erzieherin an und verlobte sich an ihrem 23. Geburtstag, am 31. August 1932, mit Heinz Gräfe.

»Den Gedanken auf Vollendung meiner Ausbildung gab ich auf Zureden meines Mannes endgültig auf, da wir die Unzulänglichkeiten und dauernden Schädigungen von Frauenarbeit auf diesem Gebiete für wichtiger hielten, als die äußeren Vorteile einer Erwerbsmöglichkeit.«[110]

Der offenkundig von ihrem Mann gewünschte Verzicht auf einen eigenen Beruf ist Dorothea J., wenn man ihre Sätze liest, sichtlich schwergefallen. Selbständigkeit besaß für sie ganz deutlich einen hohen Stellenwert, den Wunsch nach Reisen mochte sie in keinem Fall hintanstellen, und als müßte sie es selbst in ihrem Lebenslauf noch einmal betonen, fährt sie fort: »Durch meine Tätigkeit an den Bibliotheken und den Aufenthalt in München habe ich eine gewisse selbständige Bildung vertieft, bedeutend trug auch eine längere Reise nach Oberitalien im Herbst 1931 bei.« 1933 wird sie dann als Au-pair-Mädchen für ein Dreivierteljahr nach England gehen.

Bei Mutter Gräfe traf sich inzwischen eine Gruppe junger Studenten, die sich bald als feste Clique begriffen. Es wurde politisiert, über Studentenpolitik diskutiert und gemeinsame Strategien in den akademischen

---

109 Persönliche Mitteilung Dorothea J., a. a. O. (s. Anm. 107).
110 Dorothea J., Handschriftlicher Lebenslauf, a. a. O. (s. Anm. 108).

Gremien abgesprochen. Die »Schwarze Hand« nannte sich der Zirkel, und Dorothea J. erinnert sich, daß die fünf Jungen sich alle den gleichen Knickerbocker-Anzug kauften, um auch nach außen mit einem gemeinsamen Erkennungsmerkmal ihre Zusammengehörigkeit zu demonstrieren.[111] Neben Heinz Gräfe und Erhard Mäding gehörten zur »Schwarzen Hand« Ernst Kaußmann, Friedrich Maetzel und Hans Pieper. Alle fünf waren innerhalb der Studentenschaft in der wirtschaftlichen Selbsthilfe tätig, also jener studentischen Initiative, die durch vielfältige Aktivitäten und Kontakte zur Universitätsleitung, zur Stadt Leipzig und zum sächsischen Bildungsministerium versuchte, die materielle Notsituation von Studenten durch Arbeits- und Wohnungsvermittlung, Beschaffen von Unterstützungen etc. zu bessern. Daß die studentische Wirtschaftshilfe keineswegs unpolitisch sei, betonte der Leiter der Wirtschaftshilfe der Deutschen Studentenschaft 1929/30, Reinhold Schairer. Für ihn speisten sich die Motive für die Wirtschaftshilfe zum einen aus dem Leitsatz, der bereits auf dem Erlanger Studententag 1921 formuliert worden war: nicht Almosen, sondern Selbsthilfe. Auch der »praktische Solidarismus des Fronterlebnisses« habe unmittelbar an etlichen Universitäten zu Selbsthilfeinitiativen vornehmlich von Studenten, die Soldat gewesen waren, geführt. Zum anderen aber, so Schairer, befanden sich unter den Aktivisten der studentischen Wirtschaftshilfe von Anfang an viele Menschen, die aus der Jugendbewegung stammten.

»Dies ist kein Zufall. Schon von den ersten Anfängen der Jugendbewegung an war Selbsterziehung zur Verantwortlichkeit für eine Gruppe und zur Bereitschaft praktischen Handelns nicht nur ein fernes Ziel, sondern eine täglich geübte Gewohnheit. Auch die Hochschätzung praktischer Arbeit für die Bedürfnisse der Gruppen oder für den einzelnen wurde vielfach gepflegt.«[112]

Die politische Tätigkeit der Freundesgruppe um Heinz Gräfe in Leipzig beschränkte sich keineswegs allein auf den Bereich der studentischen Wirtschaftshilfe, wenngleich diese in den Jahren 1929 bis 1933 einen ausgesprochen wichtigen Stellenwert besaß. Heinz Gräfe und Hans Pieper, der Chemie studierte, gehörten 1929 auf der Liste der Freistudenten dem Vorstand der Leipziger Studentenschaft an, im November rück-

---

111 Persönliche Mitteilung Dorothea J., a. a. O. (s. Anm. 107).
112 Schlink/Schairer, Studentische Wirtschaftshilfe, S. 453.

te Erhard Mäding für Pieper in den Vorstand nach.[113] Pieper, Mitglied in der christlichen Studentenvereinigung, wurde Leiter der Wirtschaftsselbsthilfe. Ernst Kaußmann, gelernter Buchhändler, der im Sommer 1930 mit einer Dissertation über die Oden Klopstocks promoviert worden und auf der Suche nach einer Anstellung war, kannte Maetzel aus der gemeinsamen Arbeit im AStA und erhielt von diesem das Angebot, sein Nachfolger als Leiter der Einzelfürsorge bei der Wirtschaftsselbsthilfe zu werden. Und ein weiterer kam hinzu: Wilhelm Spengler, 1907 im Allgäu geboren, der Vater Volksschullehrer, katholisch. Spengler ging in Memmingen in die Volksschule und kam

Dr. Wilhelm Spengler, Leiter der Gruppe Kultur im RSHA-Amt III SD-Inland (Bundesarchiv, BDC, RuSHA-Akte Wilhelm Spengler)

1923 in ein Benediktinerinternat in Augsburg, über das er in einem Lebenslauf von 1936 schrieb, er sei durch die Erfahrung dieses Internats in einen solchen Gegensatz zum Katholizismus geraten, daß er seinen ursprünglichen Berufswunsch, Maschinen-Elektroingenieur zu werden, aufgab und ein weltanschauliches Studium mit den Fächern Germanistik und Deutsche Geschichte aufnahm, nach seinen eigenen Worten vor allem deutsche Dichtung, Sprach- und Literaturwissenschaft. 1927 war er von München nach Leipzig gewechselt und über Kaußmann zur Freundesgruppe gestoßen.[114] Heinz Gräfe charakterisierte den Kreis in einem Brief folgendermaßen:

---

113 Leipziger Studentenschaft, Heft 1, 1929, und Heft 2, 1930, Universitätsarchiv Leipzig.
114 Wilhelm Spengler, Handschriftlicher Lebenslauf, 13.7.1936, BArch, BDC, SSO-Akte Wilhelm Spengler.

»Mein Freundeskreis ist ideal: Ich habe die feste Überzeugung, dass ich wertvollere Freunde überhaupt nicht hätte finden können. Da ist Maetzel: wir beide sind überhaupt ein Herz und eine Seele. Kaußmann, sein jetziger Nachfolger: immens kluger Literaturhistoriker, preussischer Charakter, kategorisch, anständig, allerbestes gebildetes Bürgertum. Pieper: netter Kamerad für allerhand Streiche, ehrgeizig, mir unbedingt vertrauend. Spengler: eine schwäbische Dichterseele mit der idyllischsten Leipziger Studentenbude und einer Doktorarbeit über Schiller, katholische Seele. Mäding: der zuverlässigste, preussische Landrat, ein kluger Juristenkopf, treu und bieder.«[115]

Politik interessierte diese jungen Männer nicht nur in Gestalt studentischer Wirtschaftsselbsthilfe oder von AStA-Auseinandersetzungen. Sie befaßten sich gleichermaßen mit großen gesellschaftlichen Themen wie »Demokratische und antidemokratische Prinzipien in der Gestaltung der modernen Staaten« und »Wissenschaft, Bildung, Beruf und Universitätsform«, die auf einer vierzehntägigen Tagung in Miltenberg am Main im April 1929 diskutiert wurden, organisiert von Heinz Gräfe. Als Referenten waren geladen: Hans Freyer, der die ganzen zwei Wochen blieb, und Otto Koellreutter aus Jena.[116] Hans Freyer, nach den Worten Kaußmanns für den Freundeskreis »eine Art Leitfigur«, war 1925 als Professor auf den ersten in Deutschland eingerichteten Lehrstuhl für Soziologie berufen worden. Freyer, der 1911 in Leipzig bei Johannes Vokelt und Karl Lamprecht promoviert worden war und sich 1920 ebenfalls in Leipzig mit einer Studie zur »Bewertung der Wirtschaft im philosophischen Denken des 19. Jahrhunderts« habilitiert hatte, war stark durch die Jugendbewegung geprägt worden. Er selbst gehörte während seiner Doktorandenzeit zum Kreis des Verlegers Eugen Diederichs, einer kleinen, elitären, kulturell orientierten Jugendgemeinschaft.[117] Freyers frühe Publikationen »Antäus« (1918) und »Promotheus« (1923) atmeten den Geist der Jugendkultur, des Aufbruchs zu neuen Gemeinschaften, zu Natürlichkeit, Sittlichkeit und Volk.

---

115 Zitiert nach: Ernst Kaußmann, Erinnerung an Fritz Maetzel (masch.), 1987 (Privatarchiv Mäding).

116 Otto Koellreutter, Professor in Jena (nach 1933 in München) einer der bekanntesten Staatsrechtler der damaligen Zeit, rückte seit 1926 immer mehr nach rechts, kritisierte den »Parteienstaat« und rühmte sich nach 1933, daß er der erste deutsche Staatsrechtler gewesen sei, der sich für die NSDAP erklärt habe. 1934 erschien von ihm das NS-Standardwerk »Der deutsche Führerstaat« (Schmidt, Otto Koellreutter; Stolleis, Geschichte des öffentlichen Rechts, Bd. 3, S. 277, 288 f.).

117 Üner, Jugendbewegung und Soziologie; Muller, Other God That Failed, S. 32–34.

»Uns aber bleibt«, so Freyer programmatisch in »Antäus«, »die Generation voll-
gültige, freie und schöpferische Kraft, nur zersplitterte. Die Zukunft ist leer, und es ist
unsere Sache, sie zu füllen. Wir wissen als Gesamtheit nicht womit. Denn als Gesamtheit haben wir kein Wissen, haben als Gesamtheit auch keine Kraft. Nur in den
wirklichen Einheiten, die da leben und wollen, als: Rassen, Völkern, Stämmen, Aristo-
kratien, Proletariaten, Geschlechtern, Parteien, Sekten, Schulen und überragenden
Einzelnen, gehen die Forderungen der Idee auf, und ihr realer Kampf entscheidet über
die Zukunft der Erde.«[118]

Obwohl Freyers neugeschaffenes Institut für Soziologie verglichen zum
Beispiel mit Karl Lamprechts Institut für Kultur- und Universalgeschichte (dessen Leitung Freyer 1933 übernehmen sollte) äußerst bescheiden
ausgestattet war und de facto aus einem Seminarraum, einer kleinen Bibliothek, einem Direktorenbüro und einem Assistenten bestand, gelang es
dem neuen Professor in Leipzig, etliche Studenten für sich zu gewinnen.
Rund 100 Studenten studierten bei ihm Anfang der dreißiger Jahre Soziologie – eine erstaunlich hohe Zahl angesichts einer noch recht unvertrau-
ten neuen Disziplin. Und rechnet man zudem Studenten wie Heinz Gräfe
hinzu, die, aus anderen Fakultäten stammend, Freyers Seminare besuch-
ten, wird dessen Anziehungskraft zumindest in Umrissen erkennbar.[119]

Freyers engster Mitarbeiter war Gunther Ipsen, dem er bereits die
zweite Auflage seines »Antäus« 1922 zugeeignet hatte. Ipsen, Sohn eines
österreichischen Professors, hatte 1920 in Leipzig studiert und dort den
jungen Privatdozenten Freyer kennengelernt. Seitdem verband die beiden
eine enge Freundschaft. Nach seiner Habilitation 1925 lehrte Ipsen als
Privatdozent in Freyers Institut. Im Rahmen von Freyers Konzept der
Soziologie als Wirklichkeitswissenschaft[120] boten beide Seminare zur So-

---

118 Freyer, Antäus, S. 45 f. Zu Freyers »Antäus« siehe die anregende Analyse von Sieferle, Konservative Revolution, S. 165–170; vgl. ebenso Muller, Other God That
Failed, S. 65–72.

119 Muller, Other God That Failed, S. 143 f. Ein lebendiges Bild des Studienalltags an
der Universität Leipzig in den zwanziger Jahren, auch von Freyers Institut, vermittelt Lennert, Universität und Studentenschaft im Leipzig der zwanziger Jahre;
zur Soziologie in den zwanziger und frühen dreißiger Jahren siehe jetzt auch
Nolte, Ordnung der deutschen Gesellschaft, S. 127–159.

120 1929 hatte Freyer einen Aufsatz »Soziologie als Wirklichkeitswissenschaft« in der
Zeitschrift für Völkerpsychologie und Soziologie (5. Jg. 1929, S. 257–266) und ein
Jahr später sein Konzept als Buch (Soziologie als Wirklichkeitswissenschaft. Lo-
gische Grundlegung des Systems der Soziologie, Leipzig 1930) veröffentlicht.

zialstruktur Deutschlands an. Aber ihr politischer Anspruch ging darüber hinaus. Freyers Theorie der »Volkwerdung« schlug eine Brücke zwischen der völkischen Soziologie und einer ethnohistorischen Geschichtsforschung. »Volkwerdung« verstand sich als dezisionistischer Akt, als Aufbruch einer Gemeinschaft hin zu einer zukünftigen Gestalt des politischen Volkes.[121]

»Die historischen Völker«, so Freyer in seinem Aufsatz »Die Romantiker« (1932), »die Volksgeister, wie Fichte diesen Begriff anlegt und Hegel ihn vollendet hat, sind nicht mehr gestalthafte Organismen, sondern sie sind Reservoire von Produktivität, unterirdische, beinah naturhafte Subjekte, die zwar immerfort Geschichte bewirken, aber in keiner Geschichte ganz verströmen. Je tiefer die Begriffe des Volkstums und des Volksgeistes gefaßt werden [...], desto deutlicher wird es, daß damit die Organismusvorstellung durchbrochen wird; desto mehr werden die Völker zu geheimen Subjekten der geschichtlichen Produktivität, desto mehr wird das Volk geradezu zum revolutionären Prinzip der geschichtlichen Bewegung.«[122]

Ipsens Konzept des »Landvolks« trug sogar deutlich völkische, rassistische und antisemitische Züge.[123]

Zum Kreis des Instituts gehörten ebenfalls Hugo Fischer als außerplanmäßiger Professor, der mit Ernst Jünger befreundet war und enge Verbindungen zum »Tat«-Kreis besaß,[124] aber auch Wissenschaftler wie Ernst Manheim, der nach dem Ersten Weltkrieg in Béla Kun ungarischer Roter Armee gekämpft hatte und Mitte der zwanziger Jahre Freyer nach Leipzig

---

121 Oberkrome, Volksgeschichte, S. 113 f.
122 Zitiert nach ebenda, S. 113.
123 Vgl. Oberkrome, Geschichte, Volk und Theorie; sowie den Abschnitt: »Gunther Ipsen und die Soziologie des ›Landvolks‹« bei Oberkrome, Volksgeschichte, S. 116–122. Freyer wie Ipsen waren Herausgeber des »Handwörterbuchs des Grenz- und Auslandsdeutschtums«; Ipsen organisierte in den späten zwanziger und frühen dreißiger Jahren »Dorfwochen«, bei denen er mit Studenten volksdeutsche Siedlungen in Ungarn und Rumänien besuchte. Solche Exkursionen dienten dazu, sowohl sozialstatistische Daten zu sammeln, um eine Soziologie des »Landvolks« empirisch zu untermauern, als auch der völkischen Verbindung und politischen Stärkung der deutschen Minderheiten außerhalb der staatlichen Grenzen des Deutschen Reiches (Muller, The Other God That Failed, S. 148 f.; Oberkrome, Volksgeschichte, S. 121 f.).
124 Muller, Other God That Failed, S. 149 f.; Armin Mohler, Konservative Revolution, S. 457 f. Fischer blieb nach einer Reise mit Jünger 1935 in Norwegen und emigrierte später nach England.

gefolgt war, allerdings aufgrund seiner jüdischer Herkunft nicht mehr habilitiert wurde und 1933 nach England emigrierte,[125] oder der Sozialist Arkadij Gurland, der gleichfalls Deutschland verlassen mußte und von 1940 an im Institut für Sozialforschung in New York arbeitete.[126] Zu Freyers »Freitagskolloquium« kamen Referenten wie Carl Schmitt, Max Adler, Karl A. Wittvogel und Paul Tillich.[127] Es wäre daher verfehlt, Freyers Seminar in eine ausschließlich rechtsextreme politische Ecke zu stellen. Eher verband die Wissenschaftler, die sich um Freyer sammelten, ein antibürgerlicher Impuls und die theoretische wie praktische Herausforderung, Wissenschaft und Politik in Beziehung zu setzen, Soziologie als Wirklichkeitswissenschaft zu verstehen. Ernst Manheim charakterisierte das Institut nach dem Zweiten Weltkrieg rückblickend:

> »Es war gewiß nicht eine straff organisierte Arbeitsgemeinschaft, auch keine Forschungsanstalt, viel mehr ein Sammelpunkt verschiedener Strömungen der Weimarer Zeit. Unter diesen spielte die Jugendbewegung, ihr Nachklang, ihre Spätromantik, ihre heroistische und anti-spießbürgerliche Einstellung eine führende Rolle.«[128]

»Voller Einsatz, höchste Intensität«. Die Miltenberger Tagung

Die beiden Arbeitswochen in Miltenberg im April 1929, an denen Freyer, Koellreutter und vierzehn Studenten, zeitweise auch der Ministerialrat Dr. Ulich aus dem sächsischen Volksbildungsministerium und ein Vertreter des Studienstiftung teilnahmen, waren wesentlich von Heinz Gräfe organisiert worden.[129] Vormittags und nachmittags sollten Referate von Dozenten und Studenten gehalten werden, die, von den Anfangsreferaten

---

125 Muller, Other God That Failed, S. 90, 219 f.; Üner, Soziologie als »geistige Bewegung«, S. 14.

126 Üner, Soziologie als »geistige Bewegung«, S. 14; Muller, Other God That Failed, S. 159. Gurland promovierte bei Freyer 1929 mit einer Arbeit über Produktionsweise, Staat und Klassendiktatur.

127 Linde, Soziologie in Leipzig. Dort findet sich auch eine anschauliche Schilderung des Alltags und der persönlichen Beziehungen in Freyers Institut.

128 Linde, Soziologie in Leipzig, S. 110. Ein persönlich geprägtes, positives Bild der Toleranz und des wissenschaftlichen Verstehenwollens in Freyers Institut zeichnet Helmut Schelsky, der mit Freyer seit den dreißiger Jahren eng verbunden war (Schelsky, Rückblicke eines »Anti-Soziologen«, S. 134–159).

129 Gräfe zeichnete als Berichterstatter für die Gesamtorganisation und das Thema der ersten Woche verantwortlich, vgl.: Die Miltenberger Tagung. Berichtet von

abgesehen, erst während der Arbeitswoche verfaßt wurden. Freyer selbst hob in seinen Schlußbemerkungen zur Tagung diesen »Charakter des Improvisierten, Rhapsodischen, aus dem Moment Geborenen« ausdrücklich hervor. »Bedingung dafür ist natürlich: voller Einsatz, höchste Intensität.«[130] Arbeitsausschüsse diskutierten am Nachmittag die Referate der Vormittagssitzung und bereiteten den nächsten Vormittag vor.

Die erste Woche war dem Thema »Demokratische und antidemokratische Prinzipien in der Gestaltung der modernen Staaten« gewidmet und als einführende Literatur neben der Weimarer Verfassung Carl Schmitts Studie über die geistesgeschichtliche Lage des heutigen Parlamentarismus, Oswald Spenglers Buch über den Staat sowie Otto Koellreutters Schrift über die politischen Parteien im modernen Staat angegeben. Am ersten Tag befaßte man sich mit »Nation und Staat« und an den folgenden mit »Staat und Kirche«, »Begriff der Demokratie«, »Demokratie als Regierungsform (Formale Demokratie)«, »Parlamentarismus. Parteien« und »Reform und Überwindung der Demokratie«.[131] In dem Bericht, den Heinz Gräfe über die Debatten in dieser ersten Woche schrieb, zeichnete sich vor allem ein begrifflicher Zugang ab. Studenten wie Professoren suchten die Frage nach Herrschaft, Volk, Staat und Souveränität durch die Definition von Begriffen zu lösen, die dann zur Wirklichkeit der Weimarer Republik in Beziehung gesetzt wurden. »Nation« trennte sich begrifflich von »Volk«, das als »Bluts- oder Schicksalsgemeinschaft nur biolo-

---

Teilnehmern. Herausgegeben von der Abteilung Studienstiftung im Verein Wirtschaftsselbsthilfe der Leipziger Studenten, o. J. [1929], masch., Universitätsarchiv Leipzig, Rep. III/IV 134, Bd. 4. Finanziert wurde die Tagung durch das Volksbildungsministerium und das Rektorat der Leipziger Universität (vgl. die entsprechende Korrespondenz in: Universitätsarchiv Leipzig, Rep. III/IV 134, Bd. 4, Bl. 127–132). Der Sozialdemokrat Ulich, seit 1923 Hochschulreferent im sächsischen Volksbildungsministerium, war ein Förderer Freyers und hatte sich für dessen Berufung auf den Leipziger Lehrstuhl eingesetzt (Muller, Other God That Failed, S. 139 f.). Er quittierte den Staatsdienst 1933, als die Nationalsozialisten in Sachsen die Macht übernahmen, und emigrierte 1934 in die USA, wo er in Harvard Professor für Erziehungswissenschaften wurde. Ulich starb 1977 in den USA.

130 Freyer, Schlußwort, in: Die Miltenberger Tagung, a. a. O. (s. Anm. 129), S. 39.
131 Zu der im Hintergrund laufenden akademischen staatsrechtlichen Debatte um Methoden und Orientierung des Fachs vgl. jetzt Stolleis, Geschichte des öffentlichen Rechts, S. 153–186.

gisch-organisch begreifbar« sei, und teilte sich seinerseits in »Kultur-« und »Staatsnation«.[132] Kulturnation wird dabei eher vage als Gemeinschaft, die sich ihrer organischen Verbundenheit und Einheit bewußt sei, verstanden und als Vorstufe zur Staatsnation definiert,[133] für die das Kriterium des Bewußtseins der politischen Gemeinschaft und der gemeinsamen politischen Willensbildung gelte, wobei Politik entlang Carl Schmitts Vorgabe als »ein eigenartiges Spannungsverhältnis zwischen den Polen Freund – Feind begriffen wurde, so wie die Moral zwischen den Polen gut – böse, und die Kunst zwischen schön – häßlich«.

»Nation, besser Staatsnation, ist also zum Bewußtsein seiner politischen Einheit erwachtes Volk. So ist das Wort ›Volk will Staat werden‹ zu verstehen. Das Volk fühlt sich als Einheit in das Spannungsverhältnis Freund – Feind gebracht. Es denkt sich und wird gedacht als Subjekt möglicher Kriege.«

Der »moderne Staat« – wobei die Meinungen auseinandergingen, ob man von einem modernen Staat bereits von der Antike ab oder erst mit der Durchsetzung von Rationalismus und Aufklärung sprechen könne – bestimmte sich als »souveräner Gebietsherrschaftsverband«, wobei – frei nach Carl Schmitt – die Souveränität eines Staates dadurch definiert wurde, daß »kein anderer Staat in sein Recht hineinreden« dürfe, was neben Rechtsetzung und Rechtsprechung vor allem für seine außenpolitischen Entscheidungen gelte. Allerdings wurde diese Definition des modernen Staats als vornehmlich formal empfunden. Die Teilnehmer suchten nach einer inhaltlichen Definition, was moderner Staat sei, gelangten aber einerseits nur zu einer eher dunklen Formulierung, daß Staat als bestmögliche Erfüllung des Begriffs »Organismus« zu verstehen sei, der »die Kräfte des Bodens und der Menschen« verbinde. Andererseits landete man wieder beim Ausgangspunkt der Debatte, indem der Sinn eines modernen Staates in der Nation gesehen wurde.

---

132 Die folgenden Zitate nach: Die Miltenberger Tagung, a. a. O. (s. Anm. 129), S. 5–18.

133 »Kulturnation und Staatsnation können wohl zeitlich und örtlich zusammenfallen, ihr Sinngehalt wird aber stets verschieden sein: hier Kulturgemeinschaft, organische Einheit aller Lebensgebiete, dort Willensgemeinschaft, politische Verbundenheit nach innen und außen. Dann allerdings wird wohl die Staatsnation am besten verwirklicht sein, wenn sie sich aus einer Kulturnation herausgebildet hat und mit ihr eine fruchtbare innere Einheit bildet.« (Ebenda, S. 6)

»Der moderne Staat will Nationalstaat sein. Hier ist Nation verstanden als die Identität von Staats- und Kulturnation. Im modernen Staat sollen sich beide zur größtmöglichen, blutvoll und fruchtbar verbundenen Einheit finden.«

Ebenso an Begriffen orientiert wurde in Miltenberg über Demokratie debattiert, vor allem in Abgrenzung vom liberalen Gedanken der individuellen Freiheit vom Staat. Die Idee der Demokratie hieße statt dessen für den Freiheitsgedanken die

»Beteiligung der der staatlichen Herrschaft Unterworfenen an deren Erzeugung. [...] Die Freiheit im liberalistischen Sinne, auf die ursprünglich der Untertan als isoliertes Individuum einer individualistischen Gesellschaftserkenntnis Anspruch macht, weicht so der Forderung nach Souveränität des Volkes, dem der Bürger als unselbständiges, nur einen Teil eines höheren organischen Ganzen bildendes Glied eingeschlossen ist. Demokratie als Prinzip der staatlichen Willensbildung heißt damit: Legitimierung der Herrschaftsakte durch das souveräne Volk.«

Das Kernproblem der Demokratie, so die Tagungsteilnehmer, bestehe in der Diskrepanz, daß es zwar keine Führer geben solle, statt dessen aber tatsächlich viele bestellt würden: »In der Praxis wird damit aus dem Grundsatz der Demokratie, daß keiner Führer sein soll, der Grundsatz, daß jeder Führer sein kann.«

Was als Forderung nach Gleichheit erschien, war in Wirklichkeit die Schreckensvorstellung von der Herrschaft des Pöbels. Das Volk als Souverän der Demokratie nahm in den Augen der Miltenberger Tagungsteilnehmer nicht die Gestalt einer Gemeinschaft von unabhängigen, souveränen Bürgern an, sondern wurde als organisches Ganzes definiert, das hinsichtlich der praktischen Ausübung von Herrschaftsrechten unterteilt und geführt werden mußte. Bei Freyer selbst hieß es kurz und bündig: »Ein Staat ist die Einheit eines Reiches und eines Volks. Ein Volk ist dasjenige Gebilde aus Menschen, dessen Sinn es ist, ein Reich zu schaffen und in ihm als in seinem Schicksalsraum zu leben. Das Gebilde des Volks ist, wie jedes Gebilde aus Menschen, Werk eines Führers. So ist Führertum diejenige Kraft, die eigentlich den Staat schafft: indem sie sein Menschentum zum Gebilde des Volks macht.«[134]

Der weltanschauliche Gegner auf der Miltenberger Tagung war der Liberalismus. Konsequent lehnten die Teilnehmer die Auffassung des

134 Freyer, Der Staat, S. 111.

führenden, jüdischen Staatsrechtlers Hans Kelsen ab,[135] daß Demokratie den Relativismus der Weltanschauungen voraussetze, da nicht nur die eigene Meinung, sondern auch die oppositionelle als möglicherweise richtige akzeptiert werden müsse. Kelsen sei vielmehr dahin zu modifizieren, so die Miltenberger Tagung, »daß die Demokratie die einzige Herrschaftsform ist, die für die Begründung der Herrschaft keine absolute, irrationale Größe braucht und deshalb die einzige Form, die wir bei dem Fehlen gemeinsamen Glaubens, dem Fehlen der Anerkennung gleicher absoluter Werte noch ertragen können«.

Demokratie stellte für die Teilnehmer der Miltenberger Tagung nicht mehr als nur den kleinsten gemeinsamen und gerade noch erträglichen Nenner dar, der so lange für Übereinstimmung sorgt, solange es keinen gemeinsamen Glauben, keine gemeinsamen absoluten Werte gibt, die an die Stelle der demokratischen Staatsverfassung treten könnten.

Wie ernst es den Teilnehmern der Miltenberger Tagung mit der realen Weimarer Demokratie war, zeigte der sechste Tag zum Thema »Reform und Überwindung des Parlamentarismus«.

»Der letzte Tag«, so der Bericht, »war den Strömungen und Gedanken gewidmet, die in Erkenntnis der Schwächen, die unserem heutigen parlamentarischen System inne wohnen, entweder im Bewußtsein des Auseinanderklaffens von Idee und realer Wirklichkeit der parlamentarischen Demokratie diese der Idee annähern oder aber ›das ganze System‹ ablehnen und umstoßen wollen.«

Folgt man Gräfes Bericht, gab es vor allem drei Reformvorschläge: Veränderung des Wahlsystems im Sinne einer Stärkung der Persönlichkeitswahl, Stärkung der Exekutive und des Reichspräsidenten sowie die Erweiterung der unmittelbaren Demokratie durch Volksabstimmungen. Sämtliche Reformvorschläge liefen indes eher auf eine Schwächung denn auf die Stärkung des parlamentarischen Systems hinaus. Ob man Persönlichkeiten gegenüber den Parteien den Vorzug gab, die autoritäre Stellung des Reichs-

---

135 Hans Kelsen, der mit seiner 1911 erschienenen Habilitationsschrift »Hauptprobleme der Staatsrechtslehre, entwickelt aus der Lehre vom Rechtssatze« die »Wiener Schule« begründete, von 1921 bis 1930 am Verfassungsgerichtshof Richter war, danach als Professor in Köln wirkte, wurde 1933 als Jude entlassen, emigrierte erst in die Schweiz, dann nach Prag und schließlich in die USA, wo er 1973 starb (vgl. Métall, Hans Kelsen; R. Walter, Hans Kelsen; ebenso den anregenden Tagungsband: Diner/Stolleis, Hans Kelsen und Carl Schmitt).

präsidenten aufwerten oder das plebiszitäre Element stärken wollte, stets geriet das Parlament als Repräsentant des Volkes ins Hintertreffen. Allerdings mochten sich die Teilnehmer der Miltenberger Tagung 1929 noch nicht mit der völligen Ablehnung des Parlamentarismus anfreunden.

»In einem Referate wurde alles das, was, meist nur dunkel empfunden, in den verschiedensten antiparlamentarischen Bünden und Bewegungen heraufdrängt, einmal kurz zusammengefaßt. Die Ablehnung gewisser Auswüchse des Parlamentarismus, ein Wille zum Absoluten, der den in der Demokratie und dem Parlamentarismus liegenden Zwang zu verstandesmäßiger Auseinandersetzung mit den Gegnern als überflüssig empfindet, weil er sich allein als Träger der Wahrheit fühlt, ein Aufbäumen gegen den Gedanken, daß das Volk das jeweils Beste für den Staat wissen und wollen soll, klingt als Grundlage immer wieder durch.«

Es bleibt im Protokoll offen, ob diese Meinungen von allen Teilnehmern geteilt wurden, aber die Skepsis gegenüber einem »Willen zum Absoluten«, der sich allein als Glauben durchsetzen will und nicht als »Wissenschaft«, ist ebenso zu erkennen wie der Vorbehalt der Elite, die dem Volk nicht die Kompetenz als Souverän zutraute.[136]

Die Miltenberger Debatte im April 1929 über Staat, Volk, Demokratie und Parlamentarismus beruhte zwar, wie die Idee der Tagung ausdrücklich vorschrieb, auf Referaten und Diskussionsbeiträgen von Arbeitsgruppen, die unmittelbar vor Ort während der Tagung selbst entstanden. Aber die Nähe der Argumentation zu den Positionen von Hans Freyer und Carl Schmitt ist offenkundig. Freyers 1925 veröffentlichtes Buch »Der Staat« versuchte explizit, eine Staatstheorie auf kulturphilosophischer Grundlage zu entwerfen und Staat – Volk – Kultur als Einheit zu denken.[137] Ausfüh-

---

136 Eindeutige Position bezogen die Tagungsteilnehmer, so der Bericht, zu Mussolinis faschistischer, antiparlamentarischer Bewegung. »Zum Schluß betrachteten wir das, was eine solche Bewegung, die Erfolg gehabt hat, an positiven neuen Möglichkeiten geschaffen hat, in dem stato corporativo Mussolinis in Italien. Darüber, daß dieser vom Standpunkt der Demokratie aus abzulehnen ist, waren wir uns einig. Eine eingehende Würdigung gestattete uns die Kürze der Zeit nicht mehr. Nur so viel kann wohl festgestellt werden, daß im allgemeinen die einseitige Verknüpfung von Wirtschaft und Politik, die hier vorgenommen wird, von uns als unglücklich angesehen wurde.« (Die Miltenberger Tagung, a. a. O. [vgl. Anm. 129])
137 Vgl. dazu Üner, Soziologie als »geistige Bewegung«, S. 85–102. Muller hält fest, daß die Rolle und Macht des Führers, das Volk und der Krieg im Zentrum von Freyers »Der Staat« stehen (Muller, Other God That Failed, S. 120).

rungen in Miltenberg zur Souveränität eines Staates lehnten sich deutlich an Schmitts 1922 erschienene »Politische Theologie« an, der zufolge Souveränität ein uneingeschränktes und unbegrenztes Entscheidungsmonopol darstellt.[138] Die Unterscheidung von Idee und Wirklichkeit des Parlamentarismus war bereits der analytische Ausgangspunkt in Schmitts Abhandlung »Die geistesgeschichtliche Lage des heutigen Parlamentarismus« (München/Leipzig 1923), die zur Lektüre für die Tagung empfohlen worden war; und die Definition des Politischen als Unterscheidung von Freund und Feind, die ihre Analogie in der moralischen Unterscheidung von gut und böse, der ästhetischen von schön und häßlich und in der ökonomischen von rentabel und unrentabel besitze, stammte unverkennbar aus Schmitts Schrift »Der Begriff des Politischen«, die zum ersten Mal 1927 im »Archiv für Sozialwissenschaft und Sozialpolitik« erschienen war. Der Miltenberger Satz, daß sich der Staat als Subjekt möglicher Kriege verstehen solle, hatte seinen erkennbaren Bezug im Schmittschen Postulat, daß das Recht, Krieg zu führen, »d. h. die reale Möglichkeit, im gegebenen Fall kraft eigener Entscheidung den Feind zu bestimmen und ihn zu bekämpfen«, auch zu vernichten, unverzichtbar zum Staat als politischer Einheit gehöre.[139] Freyer betonte ebenfalls, daß sich im Krieg der Staat als Staat konstituiere und seine Außenpolitik auf der offenen oder verdeckten Drohung des Krieges basiere, und paraphrasierte das berühmte Clausewitz-Diktum – wie meistens unpräzise –, daß der Krieg die Fortsetzung der Politik mit anderen Mitteln sei.[140] Und auch bei Schmitt bildete der Liberalismus den vorrangigen politischen Gegner, der in der Politik seine

---

138 »Souverän ist, wer über den Ausnahmezustand entscheidet.« Mit diesem bekannten Satz beginnt Carl Schmitts Abhandlung zur Politischen Theologie.

139 Schmitt, Begriff des Politischen, S. 45.

140 »Alle Politik denkt nach den Kategorien Sieg und Niederlage, ist Kampf, rechnet stets mit allen Mitteln des Kampfes, rechnet also auch stets mit dem Krieg. Alle Politik ist Drohen mit dem Krieg, Vorbereiten des Krieges, Hinausschieben oder Beschleunigung des Kriegs, Anzetteln oder Verhindern des Kriegs, kurz (um ein bekanntes Wort umzukehren), Fortsetzung des Kriegs mit veränderten Mitteln.« Freyer, Der Staat, S. 142 f. Clausewitz hatte in seinem Buch »Vom Kriege« tatsächlich geschrieben: »Der Krieg ist nichts als eine Fortsetzung des politischen Verkehrs mit Einmischung anderer Mittel.« (Clausewitz, Vom Kriege, III. Teil, Berlin 1834, S. 140) Auf diese häufige falsche Zitierweise hat übrigens schon Carl Schmitt aufmerksam gemacht (Schmitt, Begriff des Politischen, S. 34 Anm. 10).

unehrlichen Geschäfte unter falschen Namen fortführe und »Staat und Politik teils einer individualistischen und daher privatrechtlichen Moral, teils ökonomischen Kategorien zu unterwerfen und ihres spezifischen Sinnes zu berauben« trachte.[141]

Der Geist, der die Miltenberger Tagung beseelte, war ein deutlich jugendbewegter. In Heinz Gräfes Bericht vom gemeinsamen Leben ist von abendlichem Musizieren und Singen, von Schneeballschlachten und Tanz mit den »Miltenberger Töchtern« die Rede. Schwärmerisch heißt es an anderer Stelle:

»Vom Flußbett unserer täglichen Leistungen, das wir ein Stück entlang, rückwärts, aufwärts blicken, sondert sich das Erlebnis unserer Tage merklich. Wie eine Burg am Talrand, gewagt und zuversichtlich, hängt es über dem Wasser und verschmäht es scheinbar, Wege zu ihm hinab zu schicken. Frisch, jugendlich, belebend weht der Hauch zu uns herüber. [...] In diesen Augenblicken fühlten wir uns Ewigkeit gewinnen, wie eintretend in die Figuren eines Bildes und wieder zurücktretend aus ihnen, dessen farben- und umrißlose Vorgestalt in unserem und der Welt Seinsgrund eingelegt ruht. Wie ein Sonnenfleck schwamm die Seligkeit dieser Bildwerdung weiter, uns zurücklassend im Dämonisch-Trüben: Es birgt das Ausruhen, den Schlaf, die Versteinerung, es birgt Aufgewühl, Aufschwung und Jubel. Das Schicksal wählt uns zum glücklichen Teil. Aufgelockert, beweglich, alle Kräfte zum Empfang bereit, warteten wir wie fruchtbares Land auf den Samen, und die ersten Gedanken und Wünsche, die uns trafen, wirbelten wir lebendig, bunt durcheinander zu vielgestaltigen Denkgebilden, zu vielfarbigen Erfüllungen. Hier liegt der Kern der Tagung, in der Erzeugung der Produktiv- und Initiativkräfte in uns.«

Das Fühlen, die Intuition, der aufblitzende Gedanke in der Situation, das Organische, die Gemeinschaft, das Spiel – all diese Erwartungen und Emotionen überlassen die politische Analyse nur zu einem Teil dem kalten Verstand, zu einem großen Teil jedoch dem Sicheinsfühlen mit dem Schicksal, den »Wesenskräften« des Volkes, die, wenn sie entdeckt, erahnt, geborgen werden, den geschichtlich richtigen Weg unfehlbar weisen. Die »Seinsgewißheit« zählt ebenso zu den unverzichtbaren Voraussetzungen wie das Ethos der Tat. Die Entwicklung der »Produktiv- und Initiativkräfte« trug, so der Bericht, »vereint zum Wachstum des Männlichen in uns« bei, wobei der Begriff des Männlichen »am entschiedensten durch

---

141 Schmitt, Begriff des Politischen, S. 71. Vgl. dazu die Untersuchung von Adam, Rekonstruktion des Politischen, insbesondere S. 47–66.

das Merkmal der unmittelbaren Seinsgewißheit charakterisiert« sei. Diese Seinsgewißheit »fließt nicht aus dem Erkennen, sondern ist mit uns da als lebendige Kraft«, stellt sich nicht aus der analytischen Anstrengung der Erkenntnis her, folgt nicht aus Wissen heraus, sondern ist vitalistische Substanz, die nur entdeckt, gefühlt werden muß.

»So gaben uns die vielen Gestalten, die wir in unserer wissenschaftlichen Arbeit und in unserem gemeinsamen Leben in Miltenberg annahmen, das Gefühl einer lebendigen Mannigfaltigkeit von Kräften in uns, die sich in besonderen Augenblicken zu einer Ganzheit rundete, aus der uns Produktivität und Initiative zuströmten; in dem Wirken auf das Fremde der geistigen und körperlichen Welt um uns gewannen wir die Gewißheit unseres Bestandes.«

Das »Männliche« drückte sich vornehmlich in der Tat aus:

»Es liegt heute im Begriff des Männlichen, daß dies vor allem ein Wirken in der Tat ist. Die Seinsgewißheit stammt nicht aus der Erkenntnis, ist nicht mit Argumenten belegt und kann deshalb nicht Ursprung und Ausgang strenger gedanklicher Abenteuer werden, sondern sie ist ein ungestümes Empfinden, unmittelbar eine Kraft, die unsere Glieder ausfüllt und sich eingreifend und handelnd in der Welt bewegt.«

Aber das Wirken, die Tat gilt vor allem für sich selbst:

»Es trägt weiter zum Begriff des Männlichen bei, daß dieses Wirken spielerisch ist; denn unser Sein ist nicht darin, was wir wirken, sondern darin, daß wir wirken. [...] So sind wir die wahren Objektivisten und Schauspieler. [...] [Wie einen Fechter mit Verhüllung und Finte] treibt uns unsere Aufgabe wie ein Schicksal und ordnet die Maske an und die Gewänder, die wir tragen, um sie zu beschleichen, und die Gestalten, die wir im Spiele wechseln.«

Fast scheint es, als hätte der Autor des Miltenberger Berichts Helmuth Plessners prägende, 1924 erschienene Schrift »Grenzen der Gemeinschaft. Eine Kritik des sozialen Radikalismus« gelesen, in der Plessner eben anhand der Figur des Fechters die Maske lobte, die nach innen die »Neigung zum Entblößen« hemme und nach außen als »offizielle Physiognomie« wirke. »Der Mensch verallgemeinert und objektiviert sich durch die Maske, hinter der er bis zu einem gewissen Grade unsichtbar wird, ohne jedoch völlig als Person zu verschwinden.«[142]

---

142 Plessner, Die Grenzen der Gemeinschaft, zitiert nach Lethen, Verhaltenslehren, S. 89.

123

Die Betonung des Spiels, der Maske, der Rollenwechsel erinnert an den Verhaltenskodex des neusachlichen Menschen, der »kalten persona«, die Helmut Lethen analysiert hat. Nach seiner Studie über die »Verhaltenslehren der Kälte« entstand in der Kultur der Weimarer Republik gegen die »Schuldkultur« mit der zentralen Instanz des Gewissens ein Typus, der sein Verhalten äußerlich regulierte, Beschämung, Bloßstellung vermied, der sich in der Maske aus einem auf beschämende Weise Bloßgestellten in einen schamlosen Darsteller verwandelte. Im Typus der »kalten persona« fand sich, so Lethen, die Gestalt eines mobilen Akteurs ohne seelische Tiefe, dessen Handlungsraum weder durch Interventionen der Moral noch durch die Stimme des Gewissens eingeschränkt wird. »Verschmilzt diese Figur mit Nietzsches Idol des ›intellektuellen Nomaden‹ und mit der Attitüde des Dandys oder erscheint sie – ein Kunststück der Weimarer Intelligenz – in der Montur des Soldaten, des Arbeiters oder des kommunistischen Kaders, so übt die kalte persona die größte Faszination aus.«[143]

Ein Jahr später, im April 1930, fand eine weitere Arbeitstagung, veranstaltet vom Verein Wirtschaftsselbsthilfe Leipziger Studenten e.V., dieses Mal in Wertheim am Main, statt, an der neben Professor Keßler der Privatdozent Gunther Ipsen und von studentischer Seite neben Heinz Gräfe unter anderen Erhard Mäding, Friedrich Maetzel, Hans Pieper und Wilhelm Spengler, also nahezu die gesamte »Schwarze Hand«, teilnahmen. Themen dieser Tagung, die eine Woche dauerte und sich methodisch mit Arbeitsgruppen und vor Ort entstandenen Kurzreferaten an die Miltenberger Tagung anlehnte, waren »Kapitalismus und moderne Gesellschaftsordnung« sowie »Student und Staat«. Berührungsängste mit dem Marxismus kannten die Tagungsteilnehmer nicht: Zur vorbereitenden Lektüre gehörten auch das »Kommunistische Manifest« von Marx und Engels sowie die Schrift von Stalin über Lenin und Leninismus. Die Kritik am Kapitalismus war jedoch eine idealistische, an der »Idee des Kapitalismus« orientierte. So charakterisierten die Teilnehmer die kapitalistische Wirtschaft als »die Idee des von allen außerwirtschaftlichen Zugriffen freien und grundsätzlich unbeschränkt aufnahmefähigen Marktes mit freier Konkurrenz« und kritisierten:

---

143 Ebenda, S. 66.

»Schrankenloses Gewinnstreben tritt als das Tragende ins Leben. Gewinn als solcher wird als letzter Wertmesser angesehen. [...] Es ist also im theologischem Sinne von einer Besessenheit des kapitalistischen Menschen zu sprechen, die ihn herausreißt aus den Bindungen und Ordnungen des Konservativismus, ihn aus der Ruhe der Tradition und der Gemeinschaft des Standes in die Unruhe und Vereinzelung stößt. Der kapitalistische Mensch ist geistig vereinzelt und entwurzelt.«[144]

Obwohl das kapitalistische Wirtschaftssystem nach Meinung der Wertheimer Tagung gegenüber anderen ökonomischen Ordnungen zweifellos in der Lage sei, die größten und differenziertesten materiellen Bedürfnisse zu befriedigen, müsse daher der Kapitalismus überwunden werden, wenn man »die geistige Wohlbestelltheit des Menschen über seinen materiellen Wohlstand« stelle. Voraussetzung ist eine »Entmaterialisierung und Entrelativierung der Weltanschauung«.[145]

Auseinandersetzung mit dem NSDStB

Charakteristisch – und aus diesem Grund werden die Tagungen in Miltenberg und Wertheim an dieser Stelle so ausführlich vorgestellt – scheint mir der Horizont dieser Diskussionen zu sein. Heinz Gräfe, später als SS-Obersturmbannführer an führender Stelle im RSHA-Amt VI SD-Ausland tätig, Wilhelm Spengler, künftiger Leiter der Gruppe C Kultur im Amt III SD-Inland, oder Erhard Mäding, der dann Referent in Himmlers Planungsstab für den »Generalplan Ost« werden sollte, erscheinen hier nicht mit einer festen nationalsozialistischen Weltanschauung, die sie auf einer teleologischen biographischen Linie schnurstracks in das Reichssicherheitshauptamt geführt hätte. Gräfe, Spengler, Mäding besaßen offenkundig weitgespannte Interessen, diskutierten die parlamentarische Demokratie ebenso wie das kapitalistische Wirtschaftssystem, debattierten den Status der Universität in der Gesellschaft, die akademische Freiheit und

---

144 Bericht über die Arbeitstagung der studentischen Selbstverwaltung an der Universität Leipzig, veranstaltet vom Verein Wirtschaftsselbsthilfe Leipziger Studenten e.V., 2.–10. April 1930 in Wertheim am Main, Universitätsarchiv Leipzig, Rep. III/IV 134, Bd. 5.

145 Ebenda. Hans Freyer hatte der »Überwindung des kapitalistischen Menschen« ein ganzes Kapitel in seiner 1921 erschienenen Habilitationsschrift »Die Bewertung der Wirtschaft im philosophischen Denken des 19. Jahrhunderts« gewidmet (vgl. Fetscher, Hans Freyer, S. 181–185).

das Verhältnis von Wissenschaft und Politik. Offene Ressentiments sind nicht zu erkennen, expliziter Antisemitismus spielt in diesen Dokumenten keine Rolle. Dennoch wird an späteren Äußerungen deutlich werden, wie selbstverständlich antisemitische Stereotype wie die der »Überfüllung« bestimmter akademischer Berufe durch Juden waren, die »Judenfrage« in den Worten des Tübinger Universitätskanzlers also dadurch gelöst wurde, daß man nicht von ihr sprach.

Die Wirtschaftsselbsthilfe der Leipziger Studenten e. V. war keine Zelle des Nationalsozialistischen Deutschen Studentenbundes, sondern befand sich, weil sie offenkundig eine unabhängige, nicht eindeutig zu verortende, gleichwohl engagiert politische Gruppe war, vielmehr in dessen Visier. Der NSDStB kritisierte die Wertheimer Tagung in einem Flugblatt als Geldverschwendung.[146] Ende 1931 wurden namentlich Heinz Gräfe, Pieper und Kaußmann beim nationalsozialistischen AStA-Vorsitzenden Christoph Truöl denunziert, sie seien als Unterzeichner der »Akademischen Arbeitsgemeinschaft« im AStA-Wahlkampf schärfste Gegner der Nationalsozialisten gewesen und hätten die NSDStB in Flugblättern heftigst angegriffen.[147] Zuvor, im Februar 1931, hatte der NSDStB in einem Flugblatt, unterzeichnet vom AStA-Mitglied und Leipziger NSDStB-Vorsitzenden Gerhard Krüger, die Studentenschaft aufgerufen, den Verein Wirtschaftsselbsthilfe zurückzuerobern: »Es gilt sie der Macht einer sich ›sachlich‹ nennenden marxistisch-demokratischen Klique zu entreißen.«[148] Zwar fand Anfang

---

146 »Wenn 18 Leipziger Studenten aber nach Wertheim fahren und dort für RM 2000,– schöne Stunden verleben, ohne daß für die Studentenschaft dabei irgend etwas Positives herauskommt, so greift der Asta nicht ein.« (Zitiert nach einer Erklärung des Vorstandes der Wirtschaftsselbsthilfe der Leipziger Studenten e.V., veröffentlicht in »Die Leipziger Studentenschaft«, Nr. 3, 1930, Universitätsarchiv Leipzig) Für die Kosten der Wertheimer Tagung in Höhe von 1935 RM waren vor allem wie bei der Miltenberger Tagung das sächsische Volksbildungsministerium mit 800 RM, der Universitätsrektor mit 500 RM und unter anderen auch der AStA mit 200 RM aufgekommen.

147 Hanns Schnorrbusch an Christoph Truöl, 19. 12. 1931 (Abschrift an den Rektor der Universität Leipzig), Universitätsarchiv Leipzig, Rep. III/IV, 72, Bd. 7, Bl. 110–116.

148 Wirtschaftsselbsthilfe der Leipziger Studenten e.V. an das Universitätsgericht, 23. 2. 1931, sowie an das Rektorat der Universität Leipzig, 28. 2. 1931, Universitätsarchiv Leipzig, Rep. III/IV, 134, Bd. 5, Bl. 185–191. Aus den Wahlen zum Studentenparlament im Februar 1931 ging der NSDStB mit 2425 Stimmen und

März im Beisein des Universitätsrektors eine Aussprache mit Krüger statt, in der dieser erklärte, daß der NSDStB keineswegs die im Verein Wirtschaftsselbsthilfe tätigen Dozenten beleidigen und künftig alle Angriffe unterlassen wolle. Aber der politische Zwist zwischen dem Verein, in dem Heinz Gräfe und die »Schwarze Hand« an maßgeblicher Stelle tätig waren, und dem Nationalsozialistischen Studentenbund war unverkennbar. Noch im Frühjahr 1943 holte Heinz Gräfe diese Auseinandersetzung ein, als im Beförderungsvorschlag des Reichssicherheitshauptamtes, in dem er als fachlich gut, fleißig, von schneller Auffassungsgabe und überdurchschnittlicher Sicherheit im Auftreten beurteilt wurde, dennoch eine Beurteilung des SD-Oberabschnitts Nordwest vom April 1938 erwähnt wurde, der zufolge Gräfe als »Intellektueller, der eine ausgesprochen pazifistische Richtung vertrat« und »als Gegner des Nationalsozialismus vor der Machtübernahme« bezeichnet wurde. »Er gehörte im Asta der Arbeitsgemeinschaft für studentische Selbstverwaltung und Hochschulreform an und hat innerhalb dieser Studentenvertretung einen sehr scharfen Linkskurs demokratischer Richtung vertreten.«[149]

Es ist nicht ohne Ironie und kennzeichnet zugleich die möglichen Entwicklungen und biographischen Werdegänge, wenn Erich Hengelhaupt, einer der nationalsozialistischen Gegenspieler der »Schwarzen Hand« an

---

8 Mandaten zum ersten Mal als Sieger hervor, gefolgt von der Akademischen Arbeitsgemeinschaft (1206 Stimmen, 4 Mandate), der Nationalen Studentengemeinschaft (819 Stimmen, 2 Mandate) und der Sozialistischen Studentengemeinschaft (412 Stimmen, 1 Mandat). Die kommunistische Studentenfraktion erhielt bloß 60 Stimmen, die Wahlbeteiligung lag bei 74 Prozent (Universitätsarchiv Leipzig, Rep. III/IV, 437, Bd. 7, Bl. 19).

Gerhard Krüger, Jahrgang 1908, NSDAP-Mitglied seit 1928 und einer der führenden Aktivisten des NSDStB, war im Dezember 1931 zum 1. Vorsitzenden der Deutschen Studentenschaft gewählt worden, wurde im September 1933 jedoch wegen seiner sozialrevolutionären Ansichten von Reichsinnenminister Frick abgesetzt. 1934 promovierte Krüger bei Hans Freyer mit einer Arbeit über »Student und Revolution. Ein Beitrag der revolutionären Bewegungen«, die ausdrücklich revolutionäre Verbindungen zwischen nationalsozialistischen deutschen und bolschewistischen russischen Studenten zog (Faust, Der Nationalsozialistische Deutsche Studentenbund, Bd. 2, S. 159 f.).

149 RSHA, I A 5 a, Vorschlag zur Beförderung des SS-Sturmbannführers Dr. Heinz Gräfe zum SS-Obersturmbannführer, 15. 3. 1941; BArch, BDC, SSO-Akte Heinz Gräfe.

der Universität Leipzig, später im Reichssicherheitshauptamt einer der engsten Mitarbeiter Gräfes werden wird. Eigentlich sollte Hengelhaupt nach seinem Abitur 1931 Theologie studieren. Jedenfalls war dies der Wunsch des Vaters, und Hengelhaupt begann tatsächlich ein Theologiestudium in Leipzig. Aber nach fünf Semestern brach er es ab, da er, so in seinem Lebenslauf 1938, »eine weitere Fortsetzung nicht mehr mit meiner politischen Überzeugung hätte vereinbaren können. Im Wintersemester 1933/34 begann ich darauf das Studium der Zeitungswissenschaft, Volkswirtschaftslehre und Soziologie«.[150] Bereits zum Studiumsbeginn war Hengelhaupt in die SA und den NSDStB eingetreten und im Frühjahr 1933 persönlicher Referent des »Führers der Studentenschaft der Universität Leipzig«, Herbert Hahn, geworden.[151] Der Abbruch des Theologiestudiums, verbunden mit der nationalsozialistischen Machtergreifung, steigerte das politische Engagement Hengelhaupts ungemein. Er begann innerhalb kurzer Zeit als Studentenfunktionär Karriere zu machen. Im Sommersemester wurde er Mitglied der Kreisleitung des NSDStB Mitteldeutschland und im folgenden Semester mit der Führung der Hochschulgruppe des NSDStB an der Universität Leipzig beauftragt. Im September 1934 ernannte ihn Gauleiter und Reichsstatthalter Mutschmann auf Vorschlag des Reichsstudentenführers sogar zum Gaustudentenbundsführer Sachsen. Zugleich war Hengelhaupt damit auch Mitglied der Gauleitung des NSDAP Sachsen.[152]

»Unbedingter Wille zur Tat«

Die Abgrenzung der Gruppe um Gräfe, Mäding, Spengler zum Nationalsozialistischen Studentenbund in Leipzig ist unverkennbar, und sie mag womöglich mehr in der Ablehnung bestimmter politischer Typen wie Gerhard Krüger oder Christoph Truöl zu suchen sein als in der Kritik bestimmter Inhalte. Aber die Distanz zu den nationalsozialistisch organisierten Kommilitonen bedeutete nicht, daß die Debatten in Miltenberg

---

150 Erich Hengelhaupt, Handschriftlicher Lebenslauf, 22.11.1938, BArch, BDC, SSO-Akte Erich Hengelhaupt.
151 Hahn an Prof. Dr. Achelis, Rektor der Universität Leipzig, 2.5.1933; Universitätsarchiv Leipzig, Rep. II, Kap. IV, Nr. 72, Bd. 8, Bl. 195 (Film 438, Aufnahme 225).
152 Lebenslauf, 22.11.1938, a.a.O. (s. Anm. 150).

und Wertheim wertneutral im Weberschen Sinn gewesen waren. Schon 1929 in Miltenberg war Webers Wissenschaftsbegriff vornehmlich als für die Naturwissenschaft geeignet beurteilt worden, wohingegen für die Geisteswissenschaften gelten müsse, die Sinnfrage zu stellen und wertende Urteile zu fällen. In Wertheim wurde das Verhältnis von Wissenschaft und Politik noch eindeutiger bestimmt:

»Eine Gemeinsamkeit der Akademiker innerhalb der Gesellschaft ist uns nur denkbar, wenn unter den Akademikern eine neues Wertprinzip allgemeine Gültigkeit gewinnt. Der Begriff der akademischen Pflicht, der ausgerichtet ist an der Gesamtheit der Gesellschaft, am Volk.«[153]

Ein weiterer Begriff rückte in Wertheim explizit in den Vordergrund, der im Jahr zuvor mitgeschwungen, aber nicht ausdrücklich behandelt worden war: die Stellung und Aufgabe eines Führers. Ganz deutlich hielten die Tagungsteilnehmer in Wertheim fest, daß die Universität keine Führeranlagen erzeugen könne, denn »Führertum ist angeboren«. Aber – wie könnte es im Selbstverständnis einer jungen akademischen Elite anders sein? – die wissenschaftlich Gebildeten seien mehr als andere in der Lage, »weite Tatbestände geistig zu erfassen und Entscheidungen in der Reichweite ihrer Konsequenzen zu erkennen und deshalb richtig zu beurteilen«.

Daher könnten Führer durch die Universität, wenn schon nicht erzeugt, so doch in ihren Fähigkeiten ausgebildet werden, wobei sich der Typus des Führers, den diese jungen Akademiker anstrebten, nicht durch Wissen und Kenntnisse, als vielmehr durch Glauben und Engagement definierte. Ein Führer sei ein Mensch, »der die Situation einer Menschengruppe erfasst, ihr eine neue als Ideal vorstellt und an die Spitze tretend mit Einsatz seiner ganzen Person die Verwirklichung dieses Ziel erreicht, dabei seine Gefolgschaft nicht beherrscht, sondern von ihr getragen wird. Gemeint ist die Fähigkeit zur Hingabe und des Glaubens an den absoluten Wert einer Idee.«

Glaube, Wille, Tatkraft – und Erfolg waren die Kennzeichen eines Führers, nicht Moralität und Humanität seiner Ziele. Wahrheit erfüllte sich im

---

153 Bericht über die Arbeitstagung in Wertheim, April 1930, a. a. O. (s. Anm. 144). Zur akademischen Debatte um Max Webers berühmte, 1919 gehaltene Vorlesung »Wissenschaft als Beruf« in den Jahren 1919/21 vgl. Ringer, Die Gelehrten, S. 315–329.

Blick dieser Zwanzigjährigen durch die Tat, kein analytisches, skeptisches Zweifeln an jedwedem Geltungsanspruch, statt dessen Hingabe und Eifer.

»Bei der ganzen Betrachtung«, so die Wertheimer Diskutanten, »ist ein Zug der Wissenschaft bisher ausser Acht gelassen worden: ihr revolutionärer Charakter. Die Wissenschaft ist revolutionär, nicht in ihrer Absicht, sondern in ihrem Wesen. Sie lehnt jede Autorität ab, bezweifelt jede eben gewonnene Erkenntnis. Sie erschüttert alles eben zur Geltung Gebrachte und setzt in unendlichem Fortschreiten Erkanntes gegen Anerkanntes. In der Gesellschaft kann die Wissenschaft zu Umwälzungen beitragen, dadurch dass sie unbewusst Vorhandenes und Wirkendes formuliert und ausspricht und so in das Bewusstsein der Bevölkerung erhebt, Kritik am Geltenden ausweitet zu einem entgegengesetzten System.«

Während die Träger der Wissenschaft, die Forscher, kaum noch gesellschaftlich revolutionär wirken können, seien die Studenten frei von Familien- und anderen Bindungen. »Sie können ihr persönliches Leben rücksichtslos an ihrem durch die wissenschaftliche Arbeit gewonnenen besseren Wissen orientieren.«

Diese Studenten definierten sich selbst als Avantgarde, als kommende Führer, nicht in dem Sinne, aufgrund ihrer Ausbildung berechtigten Anspruch auf Leitungsfunktionen in der Gesellschaft zu erheben, sondern um als Revolutionäre die Gesellschaft umzuwälzen. Wissenschaft war für sie kein Medium beziehungsweise keine Methode, um Wissen von Zusammenhängen, Prozessen und Beziehungen zu gewinnen, als vielmehr Voraussetzung für Politik. Im Gegensatz zum »kritiklosen, enthusiastischen Mitläufertum geistig primitiver Menschen«, wie es in Wertheim hieß, sei der Akademiker in die Lage versetzt, die Zusammenhänge und wirksamen Kräfte zu entdecken und bewußt zu lenken. Hier sprach eine junge Avantgarde, die sich in der »Seinsgewißheit« von der Geschichtsteleologie des Historischen Materialismus terminologisch unterschied und in der praktischen Politik in den kommunistischen Intellektuellen ihre Gegner sah, die jedoch in der Verflechtung von Wissenschaft und Politik, in der Kritik an Webers »Wissenschaft als Beruf« und in der revolutionären Mission, dem Volk beziehungsweise der Klasse seine historische Aufgabe bewußtzumachen, durchaus ihrem feindlichen Zwillingsbruder ähnelte.

Dennoch sind Elemente in Gräfes studentischem Aktivismus zu erkennen, die ihn weit mehr für die rechte als für eine linke Richtung disponierten. Schon als Schüler hatte er innerhalb der Pfadfinderschaft völkisch orientierte Fahrten nach Ostpreußen, in die Tschechoslowakei und nach

Tirol unternommen. Als Student hatte er 1928 eine Fahrt nach Kärnten, Slowenien und in die Steiermark organisiert, um die dortigen volksdeutschen Siedlungen zu besuchen. Wir wissen nicht, ob diese Aktivitäten durch Gunther Ipsen, der mit seinen Studenten etliche derartige Exkursionen veranstaltete, gefördert wurde. Freyer wie Ipsen standen der Idee von Arbeitslagern ausgesprochen positiv gegenüber und unterstützten die Arbeitslagerprojekte der Schlesischen Jungmannschaft.[154] Gräfe hat sich während seiner Studienzeit in Leipzig stark für die Idee eines studentischen Arbeitsdienstes und Fahrten zu volksdeutschen Siedlungen vor allem in Schlesien und im Sudetenland beziehungsweise für die »Grenz- und Auslandsarbeit«, wie es damals hieß, engagiert.[155] Beide Aufgaben

---

154 So zählte Hans Dehmel, Gründer der Schlesischen Jungmannschaft, Planer von Arbeitslagern, 1930 Führer der größten bündischen Gruppe, der Deutschen Freischar, und später Mitarbeiter des Reichskommissars für den freiwilligen Arbeitsdienst, zu Freyers Studenten. Freyer selbst publizierte 1932 einen Aufsatz über »Arbeitslager und Arbeitsdienst« (Muller, Other God That Failed, S. 155 f.) und forderte in seiner 1933 veröffentlichten Broschüre »Das politische Semester«, mit der er sich deutlich in den Dienst des neuen Regimes stellen wollte, Arbeitsdienst und soldatische Schulung als wichtigste Teile einer politischen Erziehung der Studentenschaft (vgl. Fetscher, Hans Freyer, S. 190 f.). Die Nähe Freyers zum Nationalsozialismus untersucht vor allem Schäfer, Wider die Inszenierung des Vergessens, S. 121–175; ein differenziertes Bild zeichnete jüngst Michael Grüttner in einem kurzen Porträt: ders., Das Scheitern der Vordenker, S. 467–471; zu den Grenz- und Auslandsfahrten und Arbeitslagern der bündischen Jugend, insbesondere der Deutschen Freischar, vgl. Treziak, Deutsche Jugendbewegung, S. 56–60.

155 Der freiwillige Arbeitsdienst als konservatives Konzept, der Massenarbeitslosigkeit zu begegnen, war von der Regierung Brüning forciert worden. Auf der Basis der »Zweiten Verordnung des Reichspräsidenten zur Sicherung von Wirtschaft und Finanzen« vom Juni 1931 sollte die Reichsanstalt für Arbeit Organisationen fördern, die auf gemeinnütziger Grundlage Erwerbslose bei Meliorationsarbeiten, örtlichen Arbeiten zu Verkehr und Gesundheit heranzogen. Mit der »Verordnung über den Freiwilligen Arbeitsdienst« vom Juli 1932 erweiterte die Brüning-Regierung den Teilnehmerkreis auf jeden Deutschen zwischen 18 und 25 Jahren (Köhler, Arbeitsdienst in Deutschland, S. 178; Dudek, Erziehung durch Arbeit).
Auch die »Grenzlandarbeit« gehörte zu den von der Deutschen Studentenschaft selbstgestellten Aufgaben. Auf dem 15. Deutschen Studententag 1932 wurde ausdrücklich festgestellt: »Die deutsche Studentenschaft lehnt eine rein kulturelle Grenzlandarbeit ab, sie erstrebt Grenzkampf in den politischen Zusammenhängen.« (Zitiert nach Jäger, Seitenwechsel, S. 46)

waren für ihn eng miteinander verknüpft. In einem Artikel für die »Leipziger Studentenschaft« aus dem Frühjahr 1931, also auf dem Höhepunkt der wirtschaftlichen Krise und der grassierenden Arbeitslosigkeit, betonte er die nationale Bedeutung des freiwilligen Arbeitsdienstes, »besonders im Hinblick auf den kulturell schwer bedrängten deutschen Osten«.[156] Gräfe führte die staatliche Arbeitsdienstpflicht in Bulgarien[157] und den freiwilligen Arbeitsdienst in der Schweiz gegenüber den noch unentwickelten Bemühungen in Deutschland als Beispiele an. Allerdings seien erste Initiativen wie in Baden zu begrüßen, wo Studenten ein gemeinsames Amt für Arbeitsdienstkolonien eingerichtet hätten, und wie in München, wo man ein studentisches Arbeitslager im Böhmerwald plane. Die geplanten Arbeitslager der Leipziger Studentenschaft in Oberschlesien sollten zum einen die Idee der Selbsthilfe unterstützen, um nicht länger von Auslandskrediten für den Aufbau im Osten abhängig zu sein, die eigenen Kräfte des Volkes zu mobilisieren und aus der Krise kapitalistischen Wirtschaftens herauszukommen – für Gräfe ein »Freiheitskampf des deutschen Volkes«. Zum anderen wirke diese Form der Selbsthilfe auch nach innen, da die ökonomische Wiederbelebung nicht von oben angeordnet werden könne, sondern von den »kleinsten Zellen unseres Volksorganismus« ausgehen müsse. »Die Spannkraft dieser kleinsten Zellen – der örtlichen Innungen und Berufsverbände etwa, der Dorfgemeinschaften, der Familien – wird die Energien liefern, die wir zum organischen Wiederaufbau des Volkes als einer Gemeinschaft aller Werktätigen brauchen.«[158]

Arbeitslager und Selbsthilfe verbanden sich für Gräfe eng mit Siedlung, und zwar ganz konkret mit einem, allerdings nicht realisierten, Aufbau eines genossenschaftlichen Gutes in Oberschlesien durch Akademiker und Handwerker. Das Konzept der Volksgemeinschaft, die Einheit von »Arbeitern der Stirn« und »Arbeitern der Faust« sind hier zwar noch eingebettet in ein genossenschaftlich orientiertes Wirtschaftskonzept »von

156 Heinz Gräfe, »Freiwilliger Arbeitsdienst«, in: Leipziger Studentenschaft, Nr. 2, 1931, Universitätsarchiv Leipzig.

157 Eine vielleicht charakteristische Verbindung: Gunther Ipsen verfaßte ein Vorwort zu Hans Raupachs 1932 erschienenen Studie über den Arbeitsdienst in Bulgarien (Muller, Other God That Failed, S. 156).

158 Heinz Gräfe, »Arbeitslager, Selbsthilfe, Siedlung«, in: Leipziger Studentenschaft, Nr. 4, 1931, Universitätsarchiv Leipzig.

unten«, um die schwere Wirtschaftskrise zu überwinden und akademischen Arbeitslosen eine Perspektive zu geben. Die ökonomische Rekonstruktion, gedacht als Wiedererstarken des Volkes, die Zusammenführung von Hand- und Kopfarbeitern und nicht zuletzt die ausdrückliche Verbindung von Arbeitslager, Selbsthilfe, Siedlung lassen aber eine bloß kommunitaristische Interpretation hinter sich und verweisen auf die völkische Grundlage des Selbsthilfe-Konzepts, das von Gräfe, Spengler und Mäding vertreten wurde, obwohl sie sich zu diesem Zeitpunkt politisch nicht auf der völkischen Rechten verorten würden.

Gräfe erkundete selbst Anfang 1931 mögliche Arbeitsstellen in Oberschlesien nahe dem Annaberg, einem Ort, der wie kaum ein anderer in Oberschlesien den deutschen Anspruch auf die Gebiete im Osten und die antipolnischen Ressentiments symbolisierte. In der Leipziger Studentenzeitschrift schilderte Heinz Gräfe seine Erkundungsfahrt:

»Von Oppeln aus fährt man mich im Auto südwärts zur geplanten Arbeitsstelle. Kaum sind wir aus der Stadt heraus, fällt mein Blick auf einen mächtigen langen Bergrücken, der sich breit und alles beherrschend über die Oderebene hinlagert. Der Annaberg! Gestern noch erzählte mir ein ehemaliger Freikorpskämpfer von jener heroischen Tat deutscher Nachkriegszeit, wo deutsche Soldatenjugend in kühnem Ansturm diesen Berg an sich riß. [...] Annaberg – was können wir heute dem an die Seite stellen, daß damals die Jugend der Freikorps ihre Existenz und ihr Leben aufs Spiel setzten, um, ohne an irgendwelchen Dank zu denken – und wie schmählich wurden sie nach Hause geschickt! – jeden Meter deutschen Bodens gegen den Ansturm der haßerfüllten Nachbarn zu verteidigen?! Der Annaberg wird uns ein Symbol bleiben für selbstlose, aufopfernde Vaterlandsliebe.«[159]

Gräfe fiel das unterschiedliche Gesicht der Dörfer auf, die er durchquerte, und er erfuhr, daß zum einen Franken, die vor 800 Jahren eingewandert und den Eisenpflug mitgebracht hätten, und zum anderen »Wasserpolakken«, die aber zumeist gute deutsche Staatsbürger seien, hier siedelten. Ohne erkennbare Zweifel folgte er der Gleichsetzung von rassischer und äußerlicher wie charakterologischer Trennung.

»Bisweilen«, so Heinz Gräfe, »glaubt man sich beim Anblick der in grünen Obstgärten versteckten schmucken Dörfer mit ihren weiß getünchten Kirchlein in die Mainaue versetzt, und die feinen Gesichtszüge der kleinen braungebrannten Bauernmädchen

---

159 Heinz Gräfe, »Auf Erkundungsfahrt in Oberschlesien«, in: Leipziger Studentenschaft, Nr. 3, 1931, Universitätsarchiv Leipzig.

mit dem hellblonden Haarschopf, die am Wegrand ihre Gänse hüten, erinnern an Riemenschneiders Plastiken. Breite, hervorstehende Backenknochen verraten, daß auch hier sich die Rassen gemischt haben.«[160]

Der Kitsch solcher Passagen, der den literarisch ungeübten wie ehrgeizigen Autor verrät, offenbart dennoch die völkische Grundierung. Zum einen ist die kulturelle Hierarchie eindeutig: Die deutschen Franken, die als kulturell höherstehendes Volk den Eisenpflug mitgebracht haben und in der Lage sind, den schwereren, aber auch ertragreicheren Lößboden zu bewirtschaften, setzen sich klar gegen die kulturell niedrigeren einheimischen »Wasserpolacken« ab, die gutmütig zwar, aber eben nur mit ihrem Hakenpflug umgehen können und deshalb verdammt sind, geringe Erträge auf sandigem Boden zu erzielen. Und die Physiognomie bewies für Gräfe die rassische Zugehörigkeit: Riemenschneiders Plastiken von den Menschen der Reformationszeit bilden die Prototypen eines »deutschen Kopfes«, während breite und hervortretende Backenknochen als Merkmal der Ostvölker die »Rassenmischung« anzeigen. Zugleich gibt Heinz Gräfe in dieser Passage zu erkennen, wie nachhaltig ihn das Bild des Krieges, hier das Bild von den unbeugsamen Freikorps, beschäftigte. Was sollten die Jüngeren, die über diese Erfahrungen nicht verfügten, dieser »kühnen deutschen Soldatenjugend« heute an die Seite stellen? In »selbstloser, aufopfernder Vaterlandsliebe«, so deren Perspektive, hatten sie noch ihre Bewährungsprobe zu bestehen.

Vom 5. August bis zum 5. September 1931 fand das Arbeitslager Leipziger Studenten im Kreise Cosel/Oberschlesien statt, von dem Heinz Gräfe in der Leipziger Studentenzeitschrift berichtete. Annähernd 200 Studenten arbeiteten vier Wochen freiwillig an einer Wasserregulierungsmaßnahme nahe der Dörfer Teschenau, Militsch und Jakobsdorf, um den

---

160 Ebenda. Die Frage, ob die »Wasserpolen« in Oberschlesien nicht mehr als Polen, sondern als ein »germanisch-slawisches Mischvolk« und »wasserpolnisch« als polonisiertes Deutsch anzusehen sei, hatte den Leipziger Geographieprofessor, Deutschtumspolitiker und Geschäftsführer der einflußreichen Leipziger »Stiftung für deutsche Volks- und Kulturbodenforschung«, Wilhelm Volz, seit Anfang der zwanziger Jahre beschäftigt. Allerdings lassen sich aufgrund des vorliegenden Materials keine Verbindungen Gräfes zur Gruppe um Volz ziehen, obwohl die thematische Nähe zweifellos gegeben ist. Zu Volz und zur Stiftung vgl. Fahlbusch, »Wo der deutsche ... ist, ist Deutschland!«, S. 52–56.

alljährlichen Überschwemmungen von Feldern und Wiesen zu begegnen. Zunächst galt es, aus der eher bunt zusammengewürfelten Gruppe oder, wie Heinz Gräfe es ausdrückte, »aus der zunächst vollkommen zusammenhanglosen Landsknechtshorde eine geschlossene, eigenlebige und einsatzfähige Lagermannschaft zu bilden«. Die Formen des Lagerlebens, die für diese Aufgabe gefunden wurden, lehnten sich, so Gräfe selbst, »äußerlich vielfach an das Vorbild der Lager bündischer Jugend« an: Lagerfahne – gewählt wurde das Baltenkreuz der Deutschordensritter –, soldatischer Appell, Zapfenstreich, Lagerfeuer, gemeinsame Lieder und Schlußabend.[161] Die Studenten wurden in »Kameradschaften« eingeteilt, von Kameradschaftsführern geleitet, die von der Lagerleitung bestimmt wurden und mit dieser im »Führerrat« die Entscheidungen trafen. »Überhaupt ist im Lager,« stellte Gräfe fest, »nie gewählt oder abgestimmt worden. Hier setzte sich eine gute Tradition der Leipziger Selbstverwaltungsarbeit im Arbeitslager fort.«[162]

Von morgens um sechs Uhr bis mittags um eins und dann nach einer Pause noch einmal bis abends acht Uhr wurde gearbeitet: Ausschachten und Böschung aufwerfen, eine eintönige Arbeit. Aber das Lager diente ja nicht allein der konkreten Wasserwirtschaft, sondern:

>»Der binnendeutsche Student soll mit dem Spaten in der Faust nach Osten ziehen und dieses Land sich durch Arbeit und Einblick erobern. Dem Gerede von Ostnot und Osthilfe sollte eine bewußte Tat entgegengestellt werden.«

Glaubt man dem Bericht Heinz Gräfes, ist dieser Zweck erfüllt worden:

>»Die Vorträge und Diskussionen, die wir über oberschlesische Fragen veranstalteten, wären ohne diese Umstellung vom intellektuellen, ›raumlosen‹ Denken auf das bildhaft schauende, räumliche Erleben nicht fruchtbarer gewesen, als es eben solche Vorträge auch während des Semesters am Hochschulort sind. So aber erfaßten sie uns ganz! O.S. [Oberschlesien, M.W.], bisher ein romantisches Schlagwort oder ein Abschnitt im geographischen oder historischen Lehrbuch, wurde zum eindringlichen Er-

---

161 Heinz Gräfe, »Das Arbeitslager der Leipziger Studentenschaft in Oberschlesien«, in: Die Leipziger Studentenschaft, Nr. 3, 1932, Universitätsarchiv Leipzig.
162 Damit unterschieden sich die Leipziger Arbeitslager ganz entscheidend von Zeltlagern der sozialistischen Jugend aus der gleichen Zeit, in denen bewußt demokratische Lebensformen und Mitbestimmung eingeübt werden sollten, indem zum Beispiel Lagerparlamente gewählt wurden (vgl. dazu Giesecke, Wandervogel, S. 123).

lebnis. Das meinen wir, wenn wir davon sprechen, daß der Student den Osten für sich erobern solle.«[163]

Die studentischen Arbeitslager besaßen für den dreiundzwanzigjährigen Gräfe über den Aspekt studentischer Arbeitsbeschaffung, des Erlebens ländlicher Arbeit oder auch des Kennenlernens volksdeutscher Siedlungen hinaus eine größere politische Dimension:

»Wir haben tatbereiten Einsatz gefordert, Einordnung in die männliche Zucht des Lagers, Bereitschaft zu harter und selbstloser Arbeit. Wir haben zum Dienst aufgerufen. Dienst war unser Lager, Dienst mit aller Härte und Rücksichtslosigkeit, Dienst mit aller Disziplin und Kameradschaft, Dienst mit der völligen Zurücksetzung der Person um der Sache willen. [...] Und nur mit solchem Appell werden wir wieder bei der ganzen jungen Generation Gehör finden. So verschieden sie sonst sein mag und wo sie auch sonst marschiert – in den politischen Sturmkolonnen, in den Bünden und Korporationen –, gemeinsam ist ihr unbedingter Wille zum Einsatz, zur Tat. Ein neues Wollen hat das alte Denken abgelöst. Die Jugend liebt heute nicht mehr theoretische Programme, sie will Arbeitspläne und Einsatzmöglichkeiten. Die Büffler und Bücherhocker, die es gibt, sind nicht entscheidend für das Gesicht der jungen Generation. Es wird bestimmt durch diese tatbereiten, verantwortungslustigen und einsatzfreudigen Mannschaften.«[164]

Obwohl Gräfe Mitte 1931 keineswegs zur nationalsozialistischen Rechten zählte, sind hier eine Vielzahl von Begriffen versammelt, die den späteren Anschluß an den Nationalsozialismus möglich machten. Nicht allein das oft paraphrasierte Wort Richard Wagners, deutsch sein heiße, eine Sache um ihrer selbst willen tun, sondern vor allem die Begriffe der Härte und Rücksichtslosigkeit, der Unbedingtheit und des Einsatzes, des Willens und der Tat konturieren ein Selbstbild, das sich sowohl als Kennzeichen einer jungen Generation von den betulich und behaglich eingerichteten Alten absetzt als auch die Form über den Inhalt stellt. Wie schon in den Protokollen der Miltenberger und Wertheimer Tagungen standen die Erkenntnis, das Bücherwissen im Hintergrund, auch in dem oben erwähnten Text Gräfes werden die »Büffler« und »Bücherhocker« mit Spott und Verachtung bedacht. Vielmehr galt das eigene Erleben und vor allem die Tat.

---

163 Gräfe, »Das Arbeitslager der Leipziger Studentenschaft in Oberschlesien«, a. a. O. (s. Anm. 161).

164 Heinz Gräfe, »Besinnung für die Zukunft«, in: Die Leipziger Studentenschaft, Nr. 3, 1932, Universitätsarchiv Leipzig.

Die verschiedensten politischen Richtungen, so der weltanschauliche Entwurf in Gräfes Artikel, die unterschiedlichen »Sturmkolonnen«, Bünde und Korporationen finden ihren gemeinsamen generationellen Nenner im »unbedingten Willen zum Einsatz«, in der Tat.

Weltanschauungselite

Resümiert man die Lebensläufe von Ehrlinger, Sandberger, Weinmann, Gräfe, Spengler, dann ist es nicht möglich, eine weltanschauliche Homogenität oder Zielstrebigkeit auszumachen, die notwendig in das Reichssicherheitshauptamt geführt hätte. Im Gegenteil, jener bekannte Satz von Gerald Feldman über Hitler, den »ein gerader Weg« von seiner Jugendzeit in Linz zu den Vernichtungsbefehlen im Krieg geführt habe,[165] trifft für diese jungen Akademiker nicht zu. Ihre Wege sind verschlungener, weniger geradlinig und in der Zielrichtung weniger eindeutig, als es ihre späteren Taten vermuten ließen. Dennoch existierten offenkundig Orientierungen, Themenfelder und Selbststilisierungen, die diesen Männern nicht nur keine Distanz zum Nationalsozialismus verschafften, sondern auch Nähe ermöglichten. Eine Betrachtung dieser Annäherungen müßte daher eher nach Anschlußmöglichkeiten fragen als nach Kongruenzen, nach Berührungspunkten und Überleitungen statt nach unabweislichen Kontinuitäten, nach Verflechtungen und nicht nach linearen Ableitungen. Wenn im folgenden versucht werden soll, diese Gemeinsamkeiten, Berührungspunkte anhand kennzeichnender Topoi zu umschreiben, dann gilt es mehr, den »Stil« einer Generation zu ergründen, der sich in diesen Begriffen verdichtet, als nach vordergründigen Übereinstimmungen mit nationalsozialistischen Schlagworten zu suchen. Mehr als die semantische Kongruenz war womöglich der übereinstimmende Habitus wichtig, der in diesen Begriffen aufscheint.

So ist der Topos der Gemeinschaft, des Bundes, des Bündischen – also die Form des Sozialen, die nicht in der Masse aufgeht, nicht in Reih und Glied marschiert, sondern sich im Gegenteil von ihr als auserwählte Elite streng abhebt – für diese Männer prägend. Allerdings galt es, diese Ge-

---

165 Fleming, Hitler und die Endlösung, S. 13.

meinschaft erst noch herzustellen, in der Zukunft zu verwirklichen. Man würde die dieser Gemeinschaftsvorstellung innewohnende Energie verkennen, wollte man das Bündische allein auf Formen des Jugendbundes, auf Zeltlager, Lagerfeuer und Naturverbundenheit reduzieren. Die Vorstellung von »Deutschland«, vom »Reich«, besaß ihren Fluchtpunkt nicht in der Vergangenheit. Nicht in der Restauration des Kaiserreichs lag das Ziel. Diese jungen Männer wollten alles andere als die »guten alten Zeiten« wiederherstellen; was sie wollten, war die Zukunft. »Deutschland« mußte erst noch Wirklichkeit werden, das »Reich« war gewissermaßen ein Auftrag, den es zu erfüllen galt. Darum konnte sich diese Generation selbstgewiß von allem »Reaktionären« absetzen und sich als revolutionär verstehen.

Zur Masse wollten die jungen Männer ebensowenig gehören, wie sie sich gleichfalls nicht als bürgerliche Individuen einer liberalen Gesellschaft begriffen. Einzelne waren sie als Führer und Helden, nicht als Bürger. Die wenigen Jahre wirtschaftlicher und politischer Stabilität zwischen 1924 und 1929 hatten das Vertrauen in die Solidität bürgerlicher Gesellschaft nicht festigen können. Eher war die Weltwirtschaftskrise geeignet, Skepsis und Mißtrauen gegen die politische und wirtschaftliche Verfaßtheit der Weimarer Republik zu bestätigen. Wer, zwischen 1900 und 1910 geboren, die Stabilität des Kaiserreichs höchstens als Kindheitserfahrung, dagegen Krieg, Revolution, Nachkriegswirren und Hyperinflation des Jahres 1923 als entscheidende Prägungen erlebt hatte, der war schwerlich von der Zukunftsfähigkeit einer bürgerlichen Zivilgesellschaft zu überzeugen.

Nicht Bürger wollten sie sein, sondern Führer, nicht gewählte, sondern erwählte, natürliche Elite. Denn, so hatten die Teilnehmer der Wertheimer Tagung hervorgehoben, als Führer könne man nur geboren werden. Und Heinz Gräfe hatte betont, daß im studentischen freiwilligen Arbeitslager nie gewählt oder abgestimmt worden sei. Wenn aber Wahl und Abstimmung keine Geltungskraft besaßen, worauf sollte sich Führerschaft dann gründen? Denn das Procedere, die jeweils unteren Führer durch die oberen einsetzen zu lassen, löst das grundsätzliche Legitimationsproblem nicht, da es eine letzte, maßgebliche Instanz geben muß, die von allen anderen anerkannt wird. Den geborenen Führer kann man daher nur phänomenologisch erkennen: daran, daß ihm andere folgen und an ihn glauben. Denn wer nicht wählen darf, muß glauben. Allein die gläubige Gefolgschaft legitimiert natürliche Führerschaft, und auch der charismatische

138

Führer, so wissen wir seit Max Weber, muß den Anspruch, Führer zu sein, stets erneuern, muß stets seine Gefolgsleute glauben machen können, daß er Führer ist.

Wie anders könnte er es als durch den ständigen Beweis seiner Überlegenheit? Was diese jungen Männer in ihrem Führerverständnis anlegten, war die Selbstbegründung durch den Erfolg, die Rechtfertigung der Überlegenheit durch das erfolgreiche Handeln des Stärkeren, das darum um den Preis des Verlusts von Führerschaft keinen Schranken unterworfen sein durfte. In der Überlegenheit und dem Erfolg der Tat, gleich welchen Charakters sie war, zeigte und bewies sich der Führer. Allein der Erfolg zählte – und rechtfertigte zugleich das Handeln. Die Krise war in diesem Denken unvermeidlich, wenn die Führer nicht nur Rückschläge, sondern Niederlagen hinzunehmen hatten, wenn sich die Überlegenheit nicht mehr herstellen ließ. Solange jedoch ein Führer nicht nur Erfolg versprach, sondern auch erzielte, war die Gefolgschaft und Loyalität in der Binnenlogik der Akteure geboten, denn nur eben dadurch war der gesuchte Führer zu erkennen.

Führerschaft beruhte in diesem Denken nicht auf der Kraft der besseren Argumente, des philosophischen Dialogs oder der Tradition und Religion, sondern auf dem Handeln, auf der Tat. Nur in der Praxis konnte sich wahre Führerschaft beweisen, nur im Erfolg lag der Beweis der Weltanschauung. Deshalb waren diese Männer ihrem Selbstverständnis nach keine Schreibtischtäter, ihr Anspruch auf Führerschaft begründete sich nicht durch einen Federstrich. Ihre spätere Tätigkeit im RSHA, der Wechsel von der Zentrale in Berlin zur Führung eines Einsatzkommandos in den besetzten Gebieten, von dort auf den Posten eines regionalen Gestapochefs im Reich und wieder zurück nach Berlin, entsprach exakt dieser weltanschaulichen Grundlage. Führer entwarfen nicht nur politische Konzepte, sie formulierten nicht allein Erlasse, sie erteilten die Befehle vor Ort, sorgten dafür, daß die Praxis der »Idee« entsprach und bewiesen in der »rücksichtslosen«, »harten« Durchführung die Richtigkeit der Weltanschauung und den Anspruch auf Führerschaft. Das Geistige, von dem so viel – in Wertheim und Miltenberg ebenso wie in ihren Dissertationen, Aufsätzen und Vorträgen – die Rede war, fand seine Verwirklichung nur in der Praxis. Die Idee erfüllte sich nur in der Tat.

Die Konsequenz eines solchen Denkens reicht über das Theoretische hinaus. Wenn sich die Geltungskraft einer Idee nicht mehr durch das Argument begründet, wenn die Wahrheit eines Satzes nicht mehr durch die Folge von Satz und Gegen-Satz bewiesen wird, kurz, wenn die Tat die Idee bestätigt, dann wird damit mehr als nur die philosophische und intellektuelle Praxis des Dialogs, der Debatte und Argumentation entwertet. Wo die Tat die Idee beweisen soll, wird die Idee immunisiert, gegen den Widerspruch geschützt, gegen den Einwand abgeschottet. Statt dessen findet die »Beweisführung« auf dem »Schlachtfeld« der Praxis statt. Dort wird der Einwand, der Widerspruch nicht als Gedanke, sondern vielmehr als Gegner ausgemacht, den man widerlegt, indem man ihn vernichtet. Die Negation in einem Denken, in dem sich Ideen erst in der Tat erfüllen, ist die Gegen-Tat, der Angriff des Feindes, das Handeln des Gegners. Die Negation der Negation mündet konsequent in die Vernichtung.

Wohlgemerkt, solche Schlußfolgerungen wurden weder in Miltenberg noch in Wertheim, weder von Gräfe noch von Freyer gezogen. Gegen Ende der Weimarer Republik war zwar die bürgerliche Gesellschaft diskreditiert, ihre politischen Institutionen konnten verhöhnt und verachtet werden, die Feinde erhielten Gestalt als Gegner der deutschen Nation und des Volkes, aber bei aller Antizipation des neuen Reiches erschienen die Institutionen des Staates als zu fest, dauerhaft und sakrosankt, als daß eine umwälzende politische Revolution, wie sie noch, kläglich zwar, aber erkennbar, in den Putschversuchen des Jahres 1923 aufschien, im Bereich des Möglichen lag. Der autoritäre Staat, den die Verfassungsrevisionisten der Präsidialkabinette im Blick hatten, stützte sich im wesentlichen auf den Reichspräsidenten und die Reichswehr. Das radikale Schwelgen in der revolutionären Tat, im bedingungslosen Einsatz für das kommende Reich, in unerbittlicher Hingabe und Opferbereitschaft fand im akademischen Zirkel, im bündischen Kreis, in der Redaktion einer Zeitschrift statt, die, selbst wenn sie »Die Tat« hieß, doch beim Wort blieb.

Aber in diesem Denken steckte ein Sprengstoff, der trocken blieb, solange die Institutionen hielten, dessen Zerstörungskraft sich aber entzünden konnte und mußte, wenn das »Reich« nicht mehr Zukunft, Fluchtpunkt war, sondern tatsächlich anbrach, wenn die alten Institutionen einstürzten wie Kartenhäuser, die scheinbar mächtigen Organisationen der Gegner im Handstreich genommen werden konnten und die Macht der politischen Gestaltung denen zufiel, die stets auf diesen Moment hin geschrieben und geredet hatten. Jetzt war der Tag der Tat da – und mußte sich in der Tat beweisen. Die Gefährlichkeit dieser Weltanschauung der

Unbedingtheit zeigte sich ohne Zweifel in ihrer Weigerung, sich dem Argument, dem Widerspruch und intellektuellen Einwand zu stellen. Ihre wirkliche Gefahr aber wurde erst sichtbar, als sie die politische Macht ergriff, und nun nicht allein tun konnte, was sie plante, sondern sogar ihrer eigenen Logik folgend unerbittlich tun mußte, um sich zu legitimieren.

Es ist eine bemerkenswerte Tatsache, daß es sich bei den Führungsangehörigen des Reichssicherheitshauptamtes in erster Linie um Geisteswissenschaftler handelte, um Juristen, Historiker, Philologen, Germanisten, Volkskundler, Zeitungswissenschaftler. Nur wenige Naturwissenschaftler, vornehmlich Chemiker, waren unter ihnen zu finden. Deren wissenschaftliche Methodologie, die auf exakten Versuchsanordnungen, auf Mathematik als rationaler Kommunikationsform beruht, paßte nicht gut zur Vorstellung, durch Wille, Tat und absoluter Idee die Welt zu verändern. Dezisionismus als Weltanschauung mag für sich die Gesetze der Geschichte beanspruchen, die Wissenschaft von der Natur indessen kaum. Hannah Arendt hat bereits darauf aufmerksam gemacht, daß der Rassismus des 19. und 20. Jahrhunderts, so naturwissenschaftlich er sich auch gebärdete, in seiner Argumentationsstruktur, seinem Narrativ Geschichtsphilosophie blieb, die, mit Rasse und Natur als historischer Basis, dennoch am Fortschritt, an der Entwicklung zum Höheren, Besseren, an der Gesetzmäßigkeit des Verlaufs und damit an dessen Erkennbarkeit festhielt. Wer die Gesetze der Geschichte zu kennen glaubt, gleich ob sie von Klassen oder Rassen gemacht wird, maßt sich stets das Recht an, unabhängig von den gegebenen Verhältnissen, ja häufig in bewußtem Gegensatz zu ihnen, den notwendigen und »vernünftigen« Lauf der Geschichte zu ebnen.

Die Entschiedenheit, der Geschichte Genüge zu tun, notfalls »hart«, »rücksichtslos« und »mitleidslos« dem Sieger zu seinem Recht zu verhelfen, ist das dritte Kennzeichen, das diese jungen Männer charakterisierte. »Bedingung dafür ist natürlich: voller Einsatz, höchste Intensität«, so lautete das Schlußwort Freyers auf der Miltenberger Tagung 1929. »Intellektualismus«, das heißt die bewußte und selbstreflexive Beschränkung der »geistigen« Auseinandersetzung auf den Gedanken und das Wort, war ebenso verpönt wie der »Liberalismus«, die Toleranz und Koexistenz konkurrierender Ideen. Aber auch Begriffe wie Besonnenheit oder das Abwägen von Vorschlägen, Gelassenheit, Ruhe tauchen in diesen Texten kaum auf. Entschiedenheit ist dagegen schneidende Präsenz, ist Intoleranz und unerbittliche Unmittelbarkeit. Entschiedenheit setzt die dramatische Situation voraus, in der entschieden werden muß.

Für Zögern, Skrupel oder gar moralische Bedenken ist dort weder Raum noch Zeit. Die Situation erfordert eine rasche, klare und eindeutige Entscheidung, wie auf dem Schlachtfeld. Entschiedenheit ist ein Kampfbegriff, der scharf das scheinbar Wesentliche vom Unwesentlichen trennt und gewissermaßen mit dem blanken Schwert den Weg freimacht. Wer die Gewißheit der Geschichte besitzt, muß und darf nicht zögern. Jede Unsicherheit verrät Unkenntnis und delegitimiert den Anspruch auf Führerschaft. So hängen alle drei Begriffe: Führer, Tat und Entschiedenheit, in dem Denken dieser »Weltanschauungselite« (Ulrich Herbert) zusammen, ja bedingen einander, denn nur durch den Erfolg in der Praxis legitimiert sich der Führer, nur in der Tat erfüllt sich die Idee, und nur die Entschiedenheit der Tat zeigt die Beherrschung der Situation und die Übereinstimmung mit den Gesetzen der Geschichte.

So verschieden sie sonst sein mag, hatte Heinz Gräfe über die junge Generation geschrieben, ein neues Wollen habe das alte Denken abgelöst. Nicht mehr die Büffler und Bücherhocker bestimmten das Gesicht dieser Generation, sondern die »tatbereiten, verantwortungslustigen und einsatzfreudigen Mannschaften«. Was immer auch sonst diese Jugend geliebt oder gewollt hat, Heinz Gräfe ebenso wie Wilhelm Spengler, Martin Sandberger, Erich Ehrlinger, Erwin Weinmann und andere waren »tatbereit« und »einsatzfreudig« und hatten unter Beweis gestellt, daß sie nicht zu den »Büffler[n] und Bücherhocker[n]« gehörten. Doch noch war ihr Anspruch, Führer zu sein, ein ungedeckter Wechsel auf die Zukunft. Was sie nicht ahnen konnten, war, daß sich bald tatsächlich das politische Feld eröffnen sollte, in dem Führerschaft, Tatbereitschaft, Einsatz und Entschiedenheit verlangt wurden.

142

3. Das Jahr 1933

Am 30. Januar 1933 notierte Klaus Mann in seinem Tagebuch:

»Die Nachricht, dass Hitler Reichskanzler. Schreck. Es nie für möglich gehalten. (Das Land der unbegrenzten Möglichkeiten).«[1]

Noch zwei Tage zuvor, als er von Schleichers Demission als Reichskanzler erfuhr, hatte er angenommen, daß nun Franz von Papen die Regierung wieder übernehmen würde, und diese Aussicht seufzend mit »oh, zähe Katastrophe!« kommentiert.[2] Auch Sebastian Haffner notierte den ersten Schreck auf die Zeitungsmeldung der Nachmittagsausgaben, daß Hitler Reichskanzler geworden war:

»Ich weiß nicht genau, wie die allgemeine erste Reaktion war. Die meine war etwa eine Minute lang richtig: Eisiger Schreck. [...] Dann schüttelte ich das ab, versuchte zu lächeln, versuchte nachzudenken, und fand in der Tat viel Grund zur Beruhigung. Am Abend diskutierte ich die Aussichten der neuen Regierung mit meinem Vater, und wir waren uns einig darüber, daß sie zwar eine Chance hatte, eine ganze hübsche Menge Unheil anzurichten, aber kaum eine Chance, lange zu regieren.«[3]

Die Ernennung Hitlers zum Reichskanzler stand am Ende eines quälenden Prozesses, eine handlungsfähige Reichsregierung zu bilden, der mit den Präsidialkabinetten, die sich nicht mehr auf eine parlamentarische Mehrheit, sondern ausschließlich auf den Notverordnungsparagraphen der Weimarer Verfassung stützten, begonnen hatte und mit den Reichstagswahlen im Juli 1932, aus denen die NSDAP als stärkste politische Kraft hervorging, dramatisch verschärft worden war.[4] Hitler hatte sich nach Geheimverhandlungen mit dem Reichswehrminister Kurt von Schleicher berechtigte Hoffnungen gemacht, von Hindenburg zum Reichskanzler ernannt zu werden und zusammen mit dem Zentrum sogar ein Ermächtigungsgesetz im Reichstag durchbringen zu können. Aber Reichspräsident

---

1 K. Mann, Tagebücher 1931–1933, S. 113.
2 Ebenda, S. 112.
3 Haffner, Geschichte eines Deutschen, S. 104 f.
4 Vgl. dazu immer noch grundlegend Bracher, Auflösung der Weimarer Republik; ebenso Mommsen, Die verspielte Freiheit, S. 443–533; sowie Winkler, Weimar 1918– 1933, S. 477–594.

Hindenburg war ersichtlich nicht gewillt, den »böhmischen Gefreiten« an die Spitze einer Reichsregierung zu stellen. Die entscheidende Unterredung mit Hindenburg am 13. August 1932 verlief ergebnislos, da Hindenburg sich weigerte, Hitler die Regierungsmacht zu übertragen, und Hitler es seinerseits ablehnte, in eine Regierung von Papen einzutreten.[5] Damit geriet die schon siegesgewisse und machthungrige NSDAP in eine schwere politische Krise, die, verstärkt durch den Stimmenrückgang bei den Reichstagswahlen im November 1932, zwar nicht ihr Ende bedeutet hätte, aber keineswegs in den Sieg des 30. Januar 1933 hätte münden müssen. Daß Hitlers Ernennung zum Reichskanzler trotz politischer Manövrierunfähigkeit und Zerfallserscheinungen der NSDAP möglich war, ist weniger auf die Stärke der nationalsozialistischen Bewegung als auf die Schwäche der republikanischen Kräfte und der bornierten Kurzsichtigkeit jener politischen Kamarilla um den greisen Reichspräsidenten Hindenburg zurückzuführen, die gewissermaßen aus dem Hinterzimmer der Macht die Geschicke Deutschlands zu lenken beanspruchte.[6] Die republikanischen Institutionen, der Reichstag oder die Parteien, waren schon längst von der politischen Entscheidung ausgeschlossen worden. Auch wenn Hitler formal legal an die Macht gelangte, so, resümierte Karl Dietrich Bracher, verfälscht die äußere Buchstabentreue den tatsächlichen Charakter dieses Regierungswechsels.

»Es waren durchaus unverantwortliche, außerverfassungsmäßige Exponenten politischer und wirtschaftspolitischer Bestrebungen und Illusionen, die Hitler die Macht in die Hände spielten. Die rechtmäßig politisch verantwortlichen Instanzen dagegen, vor allem die Parteien, der Reichstag und der Reichspräsident, ließen sich von diesen Vorgängen ausschalten oder irreführen. Der Geist dieses Regierungswechsels war dem Sinne der Verfassung gänzlich zuwider.«[7]

Unsicherheit herrschte noch bei vielen in den ersten Tagen nach dem 30. Januar, wie es mit der neuen Reichsregierung weitergehen würde, zumal etliche eben dieselben Illusionen wie die Rechtskonservativen in

---

5 Aufzeichnung Meißners über die Besprechung Hindenburgs mit Hitler am 13. 8. 1932, gedruckt in: Hubatsch, Hindenburg und der Staat, S. 338 f. Vgl. dazu jetzt Kershaw, Hitler 1889–1936, S. 461–469.
6 Kershaw, Hitler 1889–1936, S. 473–527; Turner, Hitlers Weg zur Macht.
7 Bracher, Auflösung der Weimarer Republik, S. 638.

Hitlers Kabinett hegten, dieser sei nun »eingerahmt« (Hugenberg) oder gar nur »engagiert« (Papen) worden.[8] Thomas Mann stellte Gelassenheit zur Schau. Klaus Mann notierte am 31. Januar, daß sein Vater hinsichtlich Hitler weniger beunruhigt und nervös war als wegen seines Wagner-Vortrages am 10. Februar im Auditorium maximum der Universität München.[9]

»Wir waren die Blinden noch immer während der ersten Tage der neuen Regierung«, schrieb Golo Mann, Klaus' jüngerer Bruder, später, »ein bis zwei Wochen lang, um dann, während Monaten, von einer schlimmen Überraschung in die andere gestürzt zu sein.«[10] Klaus Mann, der die Nationalsozialisten von Anfang an entschieden abgelehnt hatte, zog bald die Konsequenz und verließ Deutschland am 13. März.[11]

Kurt Jakob Ball-Kaduri berichtet von einer Versammlung jüdischer Handwerker am Abend des 30. Januar im Café Leon am Kurfürstendamm

8 Die Bereitwilligkeit, mit der sich der konservative Nationalismus für die national-sozialistische Machtergreifung zur Verfügung stellte, offenbarte, so Joachim Fest in seinem beißend-kritischen Portrait von Franz von Papen, »wie untüchtig und im Kern ausgebrannt dieser war. Keine gesellschaftliche Gruppe hat angesichts der von der Zeit geforderten Bewährungsprobe in ähnlichem Umfang versagt« (Fest, Franz von Papen und die Konservative Kollaboration, S. 222; vgl. ebenfalls Jones, Conservatives).

9 K. Mann, Tagebücher 1931–1933, S. 113. Erst nachdem Thomas Mann diesen Vortrag, der in München noch durchaus positiv aufgenommen worden war, anschließend in Amsterdam, Brüssel und Paris gehalten hatte, wurde er der Anlaß des bekannten Protestbriefes der »Richard-Wagner-Stadt München« vom 16./17. April 1933, mit dem sich etliche Münchener Persönlichkeiten aus Kunst und Kultur, darunter auch Bekannte von Thomas Mann, denunziatorisch von ihm distanzierten. Thomas Mann, der sich zu diesem Zeitpunkt in der Schweiz aufhielt, kehrte, getroffen und gekränkt von den Angriffen, nicht mehr nach Deutschland zurück. Daß er in diesen Tagen durchaus von seinen Kindern Erika und Klaus beschworen werden mußte, die Gefährlichkeit der Lage nicht zu unterschätzen und in der Schweiz zu bleiben, schildert Klaus Mann in seiner Autobiographie (K. Mann, Wendepunkt, S. 286 f.).

10 G. Mann, Erinnerungen, S. 484.

11 K. Mann, Wendepunkt, S. 287. Sein jüngerer Bruder Golo blieb noch ein paar Wochen länger in Deutschland, um die Verbindung aufrechtzuerhalten und Manuskripte, Geld etc. in die Schweiz zu retten, und flüchtete Ende Mai (G. Mann, Erinnerungen, S. 540).

in Berlin. Eine Stunde vor Beginn der Sitzung war bekanntgeworden, daß Adolf Hitler zum Reichskanzler ernannt worden war. Der erste Redner, ein Liberaler, ging gar nicht auf den Machtwechsel ein. Der zweite, ein Zionist, warnte eindringlich davor, angesichts der historischen Wendung, die jetzt eingetreten sei, über Differenzen zu streiten, aber niemand mochte ihn hören. Das Publikum hielt seine Worte für Schwarzmalerei.[12] Der Centralverein deutscher Staatsbürger jüdischen Glaubens (C.V.) täuschte sich zwar nicht über den Ernst der Lage, wandte sich aber entschieden gegen jedwede Panikstimmung. Ludwig Holländer schrieb im Leitartikel der »C.V.-Zeitung« am 2. Februar 1933:

»Auch in dieser Zeit werden die deutschen Juden ihre Ruhe nicht verlieren, die ihnen das Bewußtsein untrennbarer Verbundenheit mit allem *wirklich* Deutschen gibt.«[13]

Zur Besonnenheit mahnten ebenfalls SPD und Gewerkschaften.[14]

Die Parteigänger der neuen Regierung triumphierten. Harry Graf Kessler, der ebenso wie Klaus Mann von der Nachricht überrascht war, hielt in seinem Tagebuch fest:

»Um zwei Uhr kam Max zum Frühstück, der die Nachricht von der Ernennung Hitlers zum Reichskanzler mitbrachte. Die Verblüffung war groß; ich hatte diese Lösung, und noch dazu so schnell, nicht erwartet. Unten, bei unserem Nazi-Portier, brach sofort ein Überschwang von Feststimmung aus.«[15]

Die Hamburgerin Luise Solmitz, Jahrgang 1889, Lehrerin und Frau eines Offiziers a. D., umriß in ihrem Tagebuch die Hoffnungen, die sich auf die »Regierung der nationalen Erhebung« richteten:

---

12 Ball-Kaduri, Das Leben der Juden in Deutschland im Jahre 1933, S. 34; zur Stimmung unter den Juden Deutschlands in diesen Monaten vgl. Yahil, Shoah, S. 62–66; als Zeitzeugnis siehe auch Eva Reichmann, Deutsche Judenheit 1933. Zur Sicherheit, in der sich deutsche Juden insbesondere durch ihr patriotisches Engagement im Ersten Weltkrieg glaubten, siehe Mendes-Flohr, The Kriegserlebnis and Jewish Consciousness.

13 C.V.-Zeitung, 2.2.1933 (Hervorhebung im Original), zitiert nach Lebzelter, Die Stellung des »Centralvereins deutscher Staatsbürger jüdischen Glaubens« zur Machtergreifung, S. 351. Vgl. auch Friedländer, Das Dritte Reich und die Juden, Bd. 1, S. 26 f.

14 Vgl. dazu Schneider, Unterm Hakenkreuz, S. 34–39.

15 Kessler, Tagebücher 1918–1937, S. 703.

»Und was für ein Kabinett!!! Wie wir es im Juli nicht zu erträumen wagten. Hitler, Hugenberg, Seldte, Papen!!! An jedem hängt ein großes Stück meiner deutschen Hoffnung. Nationalsozialistischer Schwung, deutschnationale Vernunft, der unpolitische Stahlhelm und der von uns unvergessene Papen. [...] Riesiger Fackelzug vor Hindenburg und Hitler durch Nationalsozialisten und Stahlhelm, die endlich, endlich wieder miteinandergehen. Das ist ein denkwürdiger 30. Januar!«[16]

Während die politischen Gegner der Nationalsozialisten eher abwarteten, ob die neuen Machthaber ihren martialischen Ankündigungen auch Taten folgen lassen würden, hofften zahlreiche Deutsche auf das Ende des »Parteienhaders« und politischen »Gezänks«. Wenn man sich die blutigen Straßenschlachten mit etlichen Toten vor allem seit der Aufhebung des Verbots von SA und SS im Juni 1932 vergegenwärtigt, die zwar vor allem in den Großstädten stattfanden, jedoch die Schlagzeilen auch der Provinzpresse beherrschten, war der Ruf nach Wiederherstellung von Ruhe und Ordnung wie nach Durchsetzung staatlicher Autorität wenngleich nicht besonders weitsichtig oder scharfsinnig, so doch verständlich. An die neue Regierung heftete sich vor allem die Erwartung, daß Ordnung geschaffen, die wirtschaftliche Krise überwunden und die politische Zerrissenheit aufgehoben würde.[17]

Was in den Wochen nach dem 30. Januar folgte, war der klare Wille, die errungene Macht niemals mehr aufzugeben und Deutschland radikal umzugestalten. Drei Tage nach seiner Ernennung zum Reichskanzler erklärte Hitler vor den Befehlshabern des Heeres und der Marine:

---

16 Tagebuch Luise Solmitz, Eintrag unter dem 30.1.1933, Archiv der Forschungsstelle für Zeitgeschichte in Hamburg, gedruckt in: Jochmann, Nationalsozialismus und Revolution, S. 421. Siehe auch Lehmann, Deutsche Historiker und die Zäsur von 1933.

17 Insofern ist es fraglich, ob es am 30. Januar einen »›nationalsozialistischen‹ Konsens« gegeben hat, wie Peter Fritzsche jüngst geschrieben hat. Über die weitverbreitete Zustimmung hinaus gab es Zögern, Skepsis, bis hin zur strikten Ablehnung. Vor allem aber kann der Jubel über die »Regierung der nationalen Erhebung« nicht ohne weiteres mit der Zustimmung zu Hitler und den Nationalsozialisten gleichgesetzt werden, wie hier vor allem die Stimme von Luise Solmitz deutlich machen sollte. Aber Fritzsche hat sicher recht, wenn er den Blick seiner Leser auf die Hoffnungen und Erwartungen richtet, die mit dem Machtantritt der Nationalsozialisten verbunden waren (Fritzsche, Wie aus Deutschen Nazis wurden, S. 147–223).

»Ziel der Gesamtpolitik allein: Wiedergewinnung der politischen Macht. [...] Im Innern. Völlige Umkehrung der gegenwärtigen innenpolitischen Zustände in Deutschland. Keine Duldung der Betätigung irgendeiner Gesinnung, die dem Ziel entgegen steht (Pazifismus!). Wer sich nicht bekehren läßt, muß gebeugt werden. Ausrottung des Marxismus mit Stumpf und Stiel.«[18]

Tags darauf schränkte eine sogenannte Notverordnung die Versammlungs- und Pressefreiheit reichsweit einschneidend ein.[19] Am 17. Februar wies der kommissarische preußische Innenminister Hermann Göring die Polizei an, die nationale Propaganda mit allen Kräften zu unterstützen, dagegen »dem Treiben staatsfeindlicher Organisationen mit den schärfsten Mitteln entgegenzutreten, »und, »wenn nötig, rücksichtslos von der Schußwaffe Gebrauch zu machen«.[20] Der Brand des Reichstages am 27. Februar, von den Nationalsozialisten sogleich als kommunistischer Auf-

---

18 Mitschrift Generalleutnant Liebmann, dokumentiert in: VfZ 2 (1954), S. 434 f.; siehe jetzt auch die vor kurzem aufgefundene Mitschrift von General Hammerstein: Müller, Hitlers Rede vor der Reichswehrführung 1933; sowie Wirsching, »Man kann nur Boden germanisieren«. Ähnlich äußerte sich Hitler am 20. 2. 1933 vor etwa 25 Industriellen: »Wir stehen jetzt vor der letzten Wahl. Sie mag ausfallen wie sie will, einen Rückfall gibt es nicht mehr, auch wenn die kommende Wahl keine Entscheidung bringt. So oder so, wenn die Wahl nicht entscheidet, muß die Entscheidung eben auf einem anderen Wege fallen.« (IMG, Bd. 35, S. 42–48 [203-D], Zitat: S. 46)

19 Verordnung des Reichspräsidenten zum Schutze des deutschen Volkes vom 4. 2. 1933, RGBl. I, 1933, S. 35 ff. Goebbels, 2. 2. 1933: »Diesmal geht es auf Hauen und Stechen. Wir werden keinen Pardon geben und uns mit allen Mitteln durchzusetzen wissen.« 3. 2. 1933: »Nun ist es leicht, den Kampf zu führen, denn wir können alle Mittel des Staates für uns in Anspruch nehmen. Rundfunk und Presse stehen uns zur Verfügung. Wir werden ein Meisterstück der Agitation liefern. Auch an Geld fehlt es natürlich diesmal nicht.« (Goebbels, Vom Kaiserhof zur Reichskanzlei, S. 255 ff.)

20 MBliV, 1933 I, S. 169. Vgl. Broszat, Staat Hitlers, S. 93. Göring selbst erklärte Anfang März in einer Rede in Frankfurt am Main: »Ich denke nicht daran, in bürgerlicher Manier und in bürgerlicher Zaghaftigkeit, nur einen Abwehrkampf zu führen. Nein, ich gebe das Signal, auf der ganzen Linie zum Angriff überzugehen. Volksgenossen, meine Maßnahmen werden nicht angekränkelt sein durch irgendwelche juristischen Bedenken. Meine Maßnahmen werden nicht angekränkelt sein durch irgendeine Bürokratie. Hier habe ich keine Gerechtigkeit zu üben, hier habe ich nur zu vernichten und auszurotten, weiter nichts!« (Zitiert nach Becker, Hitlers Machtergreifung 1933, S. 117)

148

standsversuch dargestellt, bot den willkommenen Anlaß, die Grundrechte der Weimarer Verfassung de facto außer Kraft zu setzen.[21] Auf die »Verordnung des Reichspräsidenten zum Schutz von Volk und Staat« vom 28. Februar 1933[22] folgte eine umfassende Verhaftungs- und Verfolgungswelle, die vor allem die linke Opposition traf.[23] Obwohl man am 5. März noch zwischen verschiedenen Parteien wählen durfte, konnte wegen des Terrors und der Knebelung der Oppositionsparteien, der Verhaftung ihrer Kandidaten, Presseverboten und ähnlichen Maßnahmen von freien Wahlen schon keine Rede mehr sein. Dennoch gelang es den Nationalsozialisten nicht, wie erhofft, die absolute Mehrheit zu erringen. Die NSDAP erhielt 43,9 Prozent der Stimmen und verfügte daher nur zusammen mit den Deutschnationalen über eine Mehrheit im neuen Reichstag, wohingegen die Sozialdemokraten 18,3 Prozent (November 1932: 20,4 Prozent) und die KPD immerhin noch 12,3 Prozent (November 1932: 16,9 Prozent) der Stimmen bekamen.[24]

Im Anschluß an die Reichstagswahlen setzte die »Machtergreifung« ein. Innerhalb von nur wenigen Tagen wurden Reichskommissare in Hamburg, Bremen, Hessen, Baden, Württemberg, Sachsen, Bayern und anderen Ländern eingesetzt, nachdem die SA vor Ort jeweils zuvor mit der Machtübernahme gedroht und damit die Situation geschaffen hatte,

---

21 Zur anhaltenden Kontroverse um die Frage der Täterschaft des Reichstagsbrands vgl. Jesse, Der endlose Streit um den Reichstagsbrand; jüngst auch: Schmädeke/Bahar/Kugel, Der Reichstagsbrand in neuem Licht; kritisch dazu: Mommsen, Nichts Neues. Vgl. aber auch die interessante Beobachtung Haffners: »Das Interessanteste am Reichstagsbrand war vielleicht, daß die Beschuldigung der Kommunisten so gut wie allgemein geglaubt wurde. Selbst die Zweifler fanden es immerhin nicht ganz unmöglich.« (Haffner, Geschichte eines Deutschen, S. 117)

22 RGBl. I, 1933, S. 83. Siehe dazu jetzt Raithel/Strenge, Reichstagsbrandverordnung, die insbesondere Diskontinuität und Kontinuität der Verordnung vom 28. 2. in der Folge von Ausnahmezustandsverordnungen während der Weimarer Republik diskutieren; vgl. auch unten, S. 215f.

23 Bracher/Sauer/Schulz, Machtergreifung, S. 82–88. Zu den Verhaftungen von Kommunisten und anderen politischen Oppositionellen und ihrer Internierung in den überall im Reich errichteten Konzentrationslagern vgl. Drobisch/Wieland, System der NS-Konzentrationslager, S. 11–182; Orth, System der nationalsozialistischen Konzentrationslager, S. 23–33.

24 Die Wahlergebnisse sind ausführlich dokumentiert und analysiert in: Bracher/ Sauer/Schulz, Machtergreifung, S. 88–136.

die der Reichsregierung die Legitimation für den Eingriff bot und die Bildung nationalsozialistisch geführter Landesregierungen erzwang.[25] Zugleich terrorisierte die SA Kommunisten, Sozialdemokraten, politische Oppositionelle und Juden. In Breslau entführten SA-Männer den Theaterintendanten Paul Barnay und schlugen ihn mit Gummiknüppeln und Hundepeitschen krankenhausreif. In Straubing wurde ein jüdischer Großkaufmann verschleppt und seine Leiche später erschossen aufgefunden, ebenso in Königsberg, wo, nachdem bereits die Synagoge angezündet und Brandanschläge auf mehrere jüdische Geschäfte verübt worden waren, ein jüdischer Geschäftsmann ebenfalls entführt und so stark mißhandelt wurde, daß er im Krankenhaus starb. In Magdeburg überfielen Nationalsozialisten ein kleines Hotel, das häufig jüdische Gäste beherbergte, feuerten mehrere Schüsse ab und verletzten zahlreiche Gäste mit Messerstichen. Ausschreitungen am 6. März auf dem Kurfürstendamm in Berlin eskalierten zu blutigen Verfolgungsjagden. Der Deutschlandkorrespondent des »Manchester Guardian« berichtete am 10. März:

»Viele Juden wurden von den Braunhemden geschlagen, bis ihnen das Blut über Kopf und Gesicht strömte. Viele brachen ohnmächtig zusammen und wurden in den Straßen liegengelassen, bis sie von Freunden oder Passanten aufgehoben und ins Krankenhaus gebracht wurden.«[26]

Dem Terror, der Ausgrenzung und der Verfolgung von politischen Gegnern und Juden stand der Versuch des Regimes gegenüber, die nichtjüdischen, nichtmarxistischen Deutschen zur »Volksgemeinschaft« zu einen. Hitlers große Rede am 10. Februar im Berliner Sportpalast, die reichsweit per Rundfunk übertragen wurde, endete mit religiösem Pathos, daß »die Millionen, die uns heute verfluchen, hinter uns stehen und mit uns begrüßen werden dann das gemeinsam geschaffene, mühsam erkämpfte neue

---

25 Vgl. ebenda, S. 136–144. So charakterisierte auch Ian Kershaw den 30. Januar 1933 als einen Markierungspunkt, zum einen als einen autoritären Endpunkt der vorangegangenen Staatskrise, zum anderen als Ausgangspunkt der totalen Zerrüttung und schließlich des gänzlichen Verfalls des deutschen Staates (Kershaw, Der 30. Januar 1933).
26 Zu den aufgeführten Fällen vgl. Schwarzbuch, S. 495–499, Zitat S. 499; Friedländer, Das Dritte Reich und die Juden, Bd. 1, S. 30 f.; Longerich, Politik der Vernichtung, S. 26–30. Ich selbst arbeite derzeit an einer Studie zur Gewalt gegen Juden in Deutschland 1930 bis 1939 (vgl. bereits Wildt, Gewalt gegen Juden).

Deutsche Reich der Größe und der Ehre und der Kraft und der Gerechtigkeit. Amen!«[27]

Am 21. März zelebrierte das Regime die Eröffnung des neuen Reichstages, ohne die sozialdemokratischen und kommunistischen Abgeordneten, in der Potsdamer Garnisonkirche als nationale Einigung mit Festgottesdienst, Salutschüssen und Aufmarsch von Reichswehr, SA und SS. Der Kanzler verbeugte sich ehrerbietig vor dem greisen Reichspräsidenten, der Handschlag zwischen dem Gefreiten und dem Feldmarschall bildete den Höhepunkt der Inszenierung.[28]

Wie viele Deutsche gleichermaßen glaubten, die Spaltung durch Abspaltung aufheben zu können und die »Volksgemeinschaft« durch die Verfolgung und Vertreibung der »Roten«, Juden und anderer Mißliebiger herzustellen, zeigt die Bereitwilligkeit, mit der Hunderttausende in den folgenden Wochen und Monaten in Parlamenten, Gemeinden, Vereinen, Universitäten mithalfen, die nationalsozialistische Machtergreifung siegen zu lassen und das NS-Regime fest zu etablieren. Die Mitglieder der Sektion Dichtkunst der Preußischen Akademie der Künste ließen gehorsamst

---

27 Goebbels: »Hitler hält eine phantastische Rede. Ganz gegen Marxismus. Zum Schluß großes Pathos. ›Amen‹ Das hat Kraft und haut hin. Ganz Deutschland wird Kopf stehen. Massen in sinnlosem Taumel. So muß das bleiben.« (Tagebücher von Joseph Goebbels, Teil I, Bd. 2, S. 371 [Eintrag unter dem 11. 2. 1933]) Luise Solmitz notierte in ihrem Tagebuch, nicht ohne Verstimmung über den Schluß der Rede: »Hitlerrede im Sportpalast Berlin, riesige nationalsozialistische Feier. Wir gingen zu dem alten M. und erlebten alles mit im Rundfunk. Welch ein Aufmarsch! Welche Begeisterung! [...] Erst sprach Goebbels, – dann sprach der Führer und Reichskanzler. Er schilderte die Not, den Abstieg, die Verworfenheit, den Schmutz dieser furchtbaren 14 Jahre, er sprach aus, was wir empfunden haben, er versprach nicht, daß es von morgen an besser werden könne, aber er versprach, daß von nun an der deutsche Geist wieder Deutschland leiten solle, d. h. das sagte er nicht, es war der Sinn. – Er erwähnte unser altes Heer, er vermißte mit Recht die Marine, die sehr empfindlich ist, und Übermenschliches geleistet hat. Er ließ die Rede auf Deutschland vaterunserartig und mit ›Amen‹ ausklingen, und er übersteigerte sich etwas. Ist ja auch nicht Redner, sondern genialer Führer.« (Zitiert nach Jochmann, Nationalsozialismus, S. 424 f.)

28 Vgl. Bracher/Sauer/Schulz, Machtergreifung, S. 150–152. Eine Schilderung dieses Schauspiels findet sich bei François-Poncet, Als Botschafter in Berlin, S. 106–109; zur Inszenierung des 21. März siehe Vaget, Wagner-Kult und nationalsozialistische Herrschaft, S. 265–271.

den Ausschluß von Heinrich Mann, Alfred Döblin, Jakob Wassermann und anderen geschehen – mit der rühmlichen Ausnahme von Ricarda Huch, die daraufhin ihren Austritt erklärte.[29] Die »Wagner-Stadt München« gab im April ihrer Empörung laut Ausdruck über den angeblich verunglimpfenden Vortrag von Thomas Mann über Richard Wagner, den er zudem im Ausland, in Amsterdam und Brüssel, gehalten hatte.[30] Der bekannte protestantische Berliner Bischof Otto Dibelius, der später aktives und verfolgtes Mitglied der Bekennenden Kirche wurde, schrieb noch zu Ostern 1933 an die Pastoren seiner Provinz in einem vertraulichen Rundbrief, daß für die Motive, aus denen die völkische Bewegung hervorging, »wir alle nicht nur Verständnis, sondern volle Sympathie haben. Ich habe mich trotz des bösen Klanges, den das Wort vielfach angenommen hat, immer als Antisemiten gewußt. Man kann nicht verkennen, daß bei allen zersetzenden Erscheinungen der modernen Zivilisation das Judentum eine führende Rolle spielt.«[31]

Annäherungen. Heinz Gräfe und das NS-Regime

Auch Heinz Gräfe mußte für sich eine Einstellung zum neuen Regime finden. Wie viele andere war er sich im ersten Moment keineswegs im klaren, was das Hitler-Kabinett bringen würde. An seine Verlobte, die zu dieser Zeit als Au-pair-Mädchen in England arbeitete, schrieb er unmittelbar am 30. Januar:

»Nun sieh Dir erst mal rasch die (brieflich mitgeschickten!) Zeitungsausschnitte an! Was? Das ist ne Überraschung? Was das bedeutet, wird man erst in einiger Zeit merken, wenn die Regierung handelt. Zunächst bedeutet es den Sieg (der Koalition?) parlamentarisch-demokratischen Denkens und reaktionären Dünkels, zugleich den Anfang vom Ende der NSDAP. Was sagt old England zu alle dem? Aber auch dieser

---

29 Jens, Dichter zwischen rechts und links. Zu Ricarda Huch siehe Bruns, Ricarda Huch und die Konservative Revolution.

30 Eine ausführliche Dokumentation der Auseinandersetzung findet sich bei Vaget, Im Schatten Wagners, S. 229–261; s. oben, Anm. 9.

31 Zitiert nach Friedländer, Das Dritte Reich und die Juden, Bd. 1, S. 55; zur Haltung der Kirchen im Jahr 1933 vgl. Scholder, Die Kirchen und das Dritte Reich, Bd. 1, S. 277–700.

Kopfstand der Politik hat mich nicht abgehalten, gestern wieder in die Berge zu fahren.«[32]

Der politischen Umwälzung, die vor seinen Augen stattfand, war er sich wohl bewußt. Seiner Verlobten berichtete er über die Gerüchte zum Reichstagsbrand, die er von einem Kommilitonen aus Berlin gehört hatte:

»Der Reichstagsbrand ist von den Nazis arrangiert (Wahlpropaganda!!), die ›SA‹ ist zu Tausenden in Berlin zusammengezogen, kaserniert und schwer bewaffnet! Der ›Stahlhelm‹ wird dagegen ausgeschaltet und unbewaffnet gehalten. Hindenburg-Palais völlig von SA besetzt. Hindenburg ist seit acht Tagen für niemanden erreichbar und soll vielleicht schon morgen gezwungen werden, abzudanken. Was von alle dem werden wird, weiß man nicht. Sicher ist, daß eine Revolution von rechts, ein rascher Putsch durchaus im Bereich des Möglichen liegt.«[33]

Und wenige Tage nach den Reichstagswahlen vom 5. März, in deren Folge die Nationalsozialisten allerorten die Macht ergriffen, schrieb er aus Leipzig:

»Die Staatsumwälzung ist im Gange! Auf allen Rathäusern und öffentlichen Gebäuden (Gerichten, Polizei, Kasernen) sind gestern und vorgestern schwarz-weiß-rote und Hakenkreuz-Fahnen gehißt worden. Die SA ist mit Karabinern bewaffnet und fungiert als Hilfspolizei. Unter dem Schutz der staatlichen Polizei stürmte sie überall die Volkshäuser und die Druckereien der Volkszeitungen. So auch in Pirna: die hiesige Volksdruckerei und Buchhandlung wird heute mittag von SA besetzt, das Personal teils verhaftet, teils herausgetrieben, die Außenschilder zerstört und das gesamte Lager an Drucksachen und Büchern auf die Straße geschafft und dort in einem hohen Scheiterhaufen verbrannt. Noch jetzt nach drei Stunden schaffen sie immer noch Bücher (darunter viele Schulbücher, Hefte, Zeichenblocks, Drucksachen) heraus. In großer Entfernung, hinter Polizeiabsperrung, bestaunt eine wachsende Menge das unerwartete Schauspiel. […] Wohin wir treiben? Ob eine unabhängige Staatsform (überhaupt!) gebildet werden kann …«[34]

Daß es gegen die Juden ging, hatte das neue Regime von vornherein mit aller Brutalität deutlich gemacht.[35] Nach der ersten großen antisemitischen Aktion, dem Boykott jüdischer Geschäfte am 1. April 1933, suchte

---

32 Heinz Gräfe an seine Verlobte, 30. 1. 1933, Familienbesitz.
33 Heinz Gräfe an seine Verlobte, 5. 3. 1933, Familienbesitz.
34 Heinz Gräfe an seine Verlobte, 9. 3. 1933, Familienbesitz.
35 Zur antisemitischen Politik der Nationalsozialisten in den ersten Jahren des NS-Regimes vgl. Friedländer, Das Dritte Reich und die Juden, Bd. 1; Longerich, Politik der Vernichtung, S. 23–152; sowie Adam, Judenpolitik im Dritten Reich; Schleunes,

es mit zahlreichen antisemitischen Gesetzen und Verordnungen in den folgenden Wochen und Monaten zielstrebig die deutschen Juden aus dem öffentlichen Leben zu verdrängen. Für Preußen ordnete der Reichskommissar für die preußische Justiz Ende März an, daß jüdische Richter sowie alle anderen jüdischen Juristen an den Gerichten zwangsweise zu beurlauben seien und das Gerichtsgebäude nicht mehr betreten dürften;[36] vier Tage später erfolgte das Vertretungsverbot für jüdische Rechtsanwälte.[37] Am 7. April trat dann das Gesetz zur Wiederherstellung des Berufsbeamtentums in Kraft, das sogenannte nichtarische Beamte in den Ruhestand versetzte.[38] Am selben Tag wurde per Gesetz bestimmt, daß jüdischen Rechtsanwälten »nichtarischer Abstammung« bis Ende September 1933 die Zulassung entzogen werden konnte.[39] Mit dem »Gesetz gegen die Überfüllung deutscher Schulen und Hochschulen« vom 25. April wurde der Anteil jüdischer Schüler und Studenten bei den Neuaufnahmen auf höchstens 1,5 Prozent beschränkt, wobei es insgesamt an jeder Bildungsinstitution nicht mehr als 5 Prozent Juden geben durfte.[40]

The Twisted Road to Auschwitz; Graml, Reichskristallnacht; Benz, Die Juden in Deutschland 1933–1945.

36 Reichskommissar der Preußischen Justiz, Anordnung vom 31.3.1933, in: Walk, Sonderrecht, S.9 (I 22). Am selben Tag erließ Bayern eine ähnliche Anordnung (ebenda [I 21]).

37 Reichskommissar der Preußischen Justiz, Rundverfügung vom 4.4.1933, in: Walk, Sonderrecht, S.10 (I 37).

38 RGBl. I, 1933, S. 175–177. Mit der vorläufigen Ausnahme für diejenigen Beamten, die bereits seit dem August 1914 Beamte waren beziehungsweise im Ersten Weltkrieg Frontsoldaten oder deren Väter oder Söhne im Weltkrieg gefallen waren. Daß diese Ausnahmeregelung ihrerseits als demütigend empfunden wurde, weil sie die Weiterbeschäftigung nicht von der beruflichen Leistung, sondern von der längst vergangenen Kriegsteilnahme abhängig machte, schildert Karl Löwith in seiner Autobiographie (Löwith, Mein Leben, S. 9–13).

39 Gesetz über die Zulassung zur Rechtsanwaltschaft vom 7.4.1933, RGBl. I, 1933, S. 188. In der Praxis fielen die Maßnahmen aufgrund der Aufnahmebestimmung fürs erste noch glimpflich aus: Von den 4585 jüdischen Rechtsanwälten durften vorerst noch gut 3100 weiterarbeiten, von den 717 jüdischen Richtern und Staatsanwälten blieben noch 336 anfangs im Amt (Friedländer, Das Dritte Reich und die Juden, Bd. 1, S. 42).

40 RGBl. I, 1933, S. 225.

Die Verfolgung der Juden hatte Heinz Gräfe durchaus im Blick – und schaute zugleich weg. Am 6. April schrieb er seiner Verlobten:

»Vom Boykott der jüdischen Geschäfte am vorigen Sonnabend in ganz Deutschland hast Du wohl in der Zeitung gelesen? Hast Du eigentlich mal Greuelnachrichten über die Zustände in Deutschland gelesen? In Wahrheit ist fast nirgends grausam, wenn auch oft hart und mitleidslos vorgegangen worden.«

Und am 16. April:

»In der Zeitung lese ich, daß im englischen Unterhaus über die ›Judenverfolgung‹ etc. in Deutschland gesprochen wurde. Richtig ist, daß ein Gesetz erlassen ist, wonach Juden als Beamte, Rechtsanwälte etc. entlassen werden können, aber davon wird bisher nur sparsam Gebrauch gemacht. Abgesehen von dem ehemaligen eintägigen Boykott ist es aber bisher zu keinerlei Ausschreitung gegen die Juden gekommen. Du siehst sie noch genauso unbehelligt herumgehen wie früher.«[41]

Der Ton hat fraglos einen judenverächtlichen Klang. Daß die Beobachtung Gräfes wenig mit der Wirklichkeit zu tun hatte, zeigten die oben angeführten Beispiele. Auch unweit von ihm, im sächsischen Chemnitz, wurde, wie Victor Klemperer notierte, ein jüdischer Arzt entführt und erschossen.[42] Dennoch ist Gräfes Brief aufschlußreich, weil er die rhetorische Prozedur zu erkennen gibt, mit der man sich mit der Praxis des neuen Regimes arrangierte. Wenn es schon nicht zu übersehen war, daß die Juden verfolgt wurden, so ließ sich der offen ausgetragene Antisemitismus dadurch erträglich gestalten, daß man das Schlimmste präsumierte und in der Beobachtung, der schlimmste Fall sei ja nicht eingetreten, das tatsächliche Geschehen als nicht so schlimm abtun konnte. »Hart« und »mitleidslos« werde gegen die Juden vorgegangen, aber nicht »grausam«, darum könnten auch »Greuelnachrichten« nicht stimmen – wobei der Terminus schon einer des neuen Regimes war. Härte und Mitleidslosigkeit hatten die Juden offenbar verdient, nur grausam durfte man sich ihnen gegenüber nicht verhalten. Exzesse durften nicht geschehen. In dieser Trennung steckt bereits exakt jener bedeutsame Unterschied, der das Töten später als harte, aber notwendige »Endlösung der Judenfrage«, die jedoch nicht »grausam« exekutiert werden sollte, legitimierte. Ganz offenkundig ist aus den Zeilen Gräfes weder Judenhaß herauszulesen noch dachte er an Mord. Die Be-

41 Heinz Gräfe an seine Verlobte, 6. und 16. 4. 1933, Familienbesitz.
42 Klemperer, Ich will Zeugnis ablegen, S. 22 (Eintrag unter dem 12. 4. 1933).

griffe indes sind für ihn nicht neu. »Dienst mit aller Härte und Rücksichtslosigkeit«, so hatte er über das studentische freiwillige Arbeitslager 1932 geschrieben. Daß Härte und Mitleidslosigkeit in einer geschichtlichen Situation erforderlich sein können, sich dagegen Grausamkeit, also Judenhaß, Sadismus oder die Freude am Quälen verbieten, ja die Härte sich nur dadurch rechtfertigt, daß sie ohne persönliche Grausamkeit geschieht – »anständig geblieben zu sein«, wie Himmler später betonte –, diese Rechtfertigungsfigur, notiert wenige Tage nach dem 30. Januar 1933, wurde später eine wesentliche Legitimation des Handelns der Täter in SS und RSHA. Eben weil Heinz Gräfe sich zu diesem Zeitpunkt in keiner Weise mit der SA-Gewalt identifizierte, geschweige denn, daß er den Mord an Juden gebilligt hätte, ist das Auftauchen dieser rechtfertigenden Wendung von der notwendigen Härte und Mitleidslosigkeit, die aber nicht grausam sein dürfe, um so interessanter, als habe die Rechtfertigung bereits vor der Tat existiert.

Es kam auch noch ein weiteres, profaneres Motiv zum Vorschein. »Wenn ich nur zwei Jahre jünger wäre!« schrieb er am 14. April. »Jetzt werden überall die Juden rausgesetzt. Selbst jüdischen Rechtsanwälten wird die Praxis entzogen! Da kommen jetzt viele Juristen unter!«[43]

Da tritt der alltägliche Antisemitismus, verbunden mit der Angst, die Gunst der Stunde nicht zu nutzen, hervor. Grundlage war die weitverbreitete Annahme, daß der Anteil von Juden in bestimmten Berufen wie zum Beispiel bei Juristen überproportional hoch sei und daher jetzt zu Recht reduziert würde. Sebastian Haffner notierte, daß eine der seltsamsten und entmutigendsten Konsequenzen der antisemitischen Politik des Regimes gleich in den ersten Wochen war, daß allerorten offen über die »Judenfrage« gesprochen wurde, jeder sich nun bemüßigt und berechtigt fühlte, seine Meinung zum besten zu geben, wobei der angeblich überhöhte Prozentsatz jüdischer Ärzte, Rechtsanwälte, Journalisten etc. selbst von vormals »gebildeten« Leuten als valides Argument betrachtet wurde.[44] Fast scheint es, als hätte nun endlich offen ausgesprochen werden

---

43 Heinz Gräfe an seine Verlobte, 14. 4. 1933, Familienbesitz.
44 Haffner, Geschichte eines Deutschen, S. 138 f. Zur tatsächlichen Repräsentation von Juden im deutschen Staat siehe Pulzer, Jews and the German State, zum jüdischen Anteil bei den juristischen Berufen insbesondere S. 274–283.

dürfen, was sich lange im verborgenen an Ressentiments angesammelt hatte. Gräfe gab jedenfalls keinerlei Vorbehalte gegen die Berufsverbote und Entlassungen von Juden zu erkennen, weit mehr jedoch die Angst, zu kurz zu kommen, die Gelegenheit die sich bot, nicht am Schopf packen zu können.

Heinz Gräfe trieb es in den kommenden Wochen und Monaten um, wie er sich zur neuen Situation verhalten sollte. Politisch hatte er offenkundig auf das falsche Pferd gesetzt. Die frühere Selbstgewißheit der »Schwarzen Hand« gegenüber den NSDStB-Kommilitonen war angesichts der nationalsozialistischen Machtergreifung zerstoben. Die Nazis hatten entgegen den eigenen Erwartungen den Sieg errungen, und mit ein wenig Neid schaute Gräfe auf diejenigen, die bereits früher im Nationalsozialismus den Sieger gesehen hatten.

»Jedenfalls ist aber das eine klar,« so Heinz Gräfe Anfang Juni, »der Nationalsozialismus bestimmt jetzt und in naher Zukunft Deutschlands Geschick. Da ist jeder, der freimütig zur NSDAP hält und halten kann, glücklich zu schätzen, denn er kann gläubig und sorgenlos mitarbeiten. Was in ferner Zukunft wird, das kann niemand wissen.«[45]

Die Macht des Stärkeren ist zu jeder Zeit ein unschlagbares Argument. Wenn klar ist, daß der Nationalsozialismus das Zepter in der Hand hat, muß man die Tatsachen anerkennen – obgleich man nicht weiß, was die fernere Zukunft bringen wird, ob das Einschwenken von heute nicht der Fehler von morgen sein könnte. Man merkt diesen Sätzen die Orientierungslosigkeit an, die Sorge, welche Entscheidung die richtige sei. Verpaßt man in Zeiten großer Umwälzungen seine Chance, wenn man abseits stehenbleibt? Muß man nicht zupacken, wenn sich die Gelegenheit ergibt? Gerät der Zauderer nicht ins Hintertreffen? Wie gut haben es da die Gläubigen! Der Seufzer darüber, zu den Nichtgläubigen zu gehören, bestätigt bei aller koketten Larmoyanz zumindest erst einmal wieder die elitäre Gewißheit, daß es die Klugen immer schwerer als die Dummen haben und der quälende Selbstzweifel eben Ausdruck der eigenen Integrität ist.

Gräfe schwankte im Sommer 1933 hin und her. Am 10. Juni schrieb er nach England:

---

45 Heinz Gräfe an seine Verlobte, 8.6.1933, Familienbesitz.

»Ich habe übrigens in den letzten Tagen so eine Art Loyalitätserklärung zur Regierung abgegeben, indem ich in den NS-Juristenbund eingetreten bin. In die Partei gehe ich aber nicht. Wer wie ich und meine Freunde so viel hinter die Kulissen dieser Revolution der vierzigjährigen Spießer und Mittelmäßigkeit hat sehen müssen, der trägt schwere Sorgen mit sich herum (Hoffentlich liest die Zensur hier nichts Falsches heraus!). Bisher haben wir nur einen katastrophalen Bergrutsch, eine Verhöhnung aller konservativen Bindung und einen patriotischen äußerlichen Hurra-Enthusiasmus erleben müssen.«[46]

Gräfe versuchte eine Annäherung ohne Nähe. Der Entschluß, dem NS-Juristenbund, aber nicht der NSDAP beizutreten (deren Mitglied er später dennoch werden wird), war indessen ein untauglicher Versuch, sich auf die neuen Machtverhältnisse einzulassen, ohne sich mit ihnen zu verbünden. Im Juli sah er eine weitere Chance, sich einerseits dem Zug der Zeit nicht zu entziehen und andererseits dem Sog nicht gänzlich zu ergeben.

»Von mir große Neuigkeit: Ich habe mich zu Stahlhelm angemeldet! Kurz entschlossen! Ab 1. Juli wurden Neuanmeldungen an sich nicht mehr angenommen. Durch meine Verbindungen bin ich aber doch noch angekommen. Es ist sehr schwierig, Dir diese Gründe hierfür zu verdeutlichen, da Du die deutsche Entwicklung nicht selbst erlebt hast. Es ist jedenfalls jetzt soweit, daß jeder junge Deutsche, der etwas auf sich hält, einem Wehrverband (SA, SS oder Stahlhelm) beitritt. ›Zivilisten‹ zählen nicht mehr. Ausschlaggebend war aber nicht das für mich: Ich kann ja nicht zu denen gehören, die Angst haben, ›den Anschluß zu verlieren‹, ihre Karriere zu verderben, die das Parteibuch als Empfehlung brauchen. Wenn ich das gewollt hätte, hätte ich in die SA gehen müssen, denn der ›Stahlhelm‹ wird von den jetzt allein regierenden Hitler-Leuten – Hugenberg ist ja nicht mehr in der Regierung – sehr wenig geschätzt und geachtet.«[47]

Tatsächlich hat Heinz Gräfe dieser Beitritt zum Stahlhelm in einer Zeit, in der Millionen anderer aufstrebender junger Deutscher sich um die Aufnahme in die NSDAP oder die SA bewarben, später noch einmal Unannehmlichkeiten bereitet. Der Personalreferent im Reichs- und preußischen Innenministerium, von Wedelstädt, merkte im März 1936 anläßlich der anstehenden Übernahme des Assessors Heinz Gräfe in den Probedienst der preußischen inneren Verwaltung in einem Brief an Reinhard

---

46 Heinz Gräfe an seine Verlobte, 10. 6. 1933, Familienbesitz. Schon in einem früheren Brief hatte sich Gräfe besorgt über eine mögliche Briefzensur geäußert.
47 Heinz Gräfe an seine Verlobte, 4. 7. 1933, Familienbesitz. Zur Gleichschaltung des Stahlhelms im Sommer 1933 vgl. Berghahn, Stahlhelm, S. 263–271; sowie ders., Das Ende des Stahlhelms.

Heydrich kritisch an – ob aus eigener nationalsozialistischer Gesinnung heraus oder um den Chef des Geheimen Staatspolizeiamtes durch die Dekuvrierung eines anscheinend politisch nicht lupenreinen Kandidaten in die Schranken zu weisen –, daß Gräfe erst im Dezember 1933 der SS beigetreten sei und vorher dem Stahlhelm angehört habe.

»Für den Fall«, so von Wedelstädt, »daß er noch nach der Machtübernahme in den Stahlhelm eingetreten ist, muß angenommen werden, daß er zu diesem Zeitpunkt dem Anschluß an die nat.soz. Bewegung noch ablehnend gegenüber gestanden hat. Da ich auf die besondere politische Zuverlässigkeit der in die innere Verwaltung zu übernehmenden Beamten Wert lege, erscheint mir ein Aufschluß über die politische Haltung bzw. Einstellung des Assessors Gräfe vor und während der Machtübernahme notwendig.«[48]

Allerdings hatte von Wedelstädts Insinuation keinen Erfolg. Nachdem er gehörige Zeit hatte verstreichen lassen, antwortete Heydrich am 29. Juni 1936:

»Es trifft zu, daß der Assessor Gräfe auf Veranlassung von befreundeten Studienkameraden am 15. Juni 1933 in die Stahlhelm-Studentengruppe in Leipzig eingetreten ist und ihr bis zur Überführung in die SS im Herbst 1933 angehört hat. Nach den über seine politische Einstellung vor und nach der Machtübernahme eingeholten günstigen Auskünften ist nicht anzunehmen, daß er zu jener Zeit der nationalsozialistischen Bewegung ablehnend gegenüber gestanden hat. Daß Gräfe weltanschaulich fest auf nationalsozialistischem Boden steht, hat er während seiner Verwendung im Sicherheitsdienst des RFSS seit Dezember 1933 unter Beweis gestellt.«[49]

Daß Heydrich sich vom Innenministerium nicht sagen lassen wollte, wen er einzustellen habe, kann getrost unterstellt werden. Darüber hinaus deuten die späte Antwort und die Details, die Heydrich aufführte, darauf hin, daß er den Vorwürfen von Wedelstädts doch nachgegangen ist. Was ihn letztlich veranlaßt hat, sich demonstrativ vor Gräfe zu stellen und ihm im nationalsozialistischen Sinn ein so eindeutiges Zeugnis auszustellen, bleibt ungeklärt, wobei auch aus anderen Akten zu entnehmen ist, daß Heydrich

---

48 RuPrMdI an Gestapa, 3.3.1936, BArch DH, ZR 48.
49 Heydrich an RuPrMdI, 29.6.1933, BArch DH, ZR 48. Mit Schreiben vom 6.7.1936 erklärte von Wedelstädt sich daraufhin mit der Einberufung zur probeweisen Beschäftigung im Dienst der Geheimen Staatspolizei einverstanden; am 2.11.1936 wurde Gräfe endgültig zum Regierungsassessor im preußischen Landesdienst unter gleichzeitiger Berufung in das Beamtenverhältnis ernannt.

weniger auf politische Vergangenheiten denn auf das Engagement in der Gegenwart achtete und möglicherweise auch die Abhängigkeit solcher »belasteter« Mitarbeiter im Auge hatte.

Gräfes Versuch, dem politischen Druck durch den Eintritt in den Stahlhelm zu entgehen, scheiterte. Die Gleichschaltung auch des Stahlhelms und seine Überführung in die SA ließen klar erkennen, daß es eine politische Nische im NS-Regime nicht gab und die Entscheidung weit radikaler zu stellen war: entweder mitzumachen oder abseits zu stehen. Zwar hatte Heinz Gräfe durchaus zu den politischen Gegnern des Nationalsozialistischen Studentenbundes an der Leipziger Universität gezählt, war von ihnen sogar namentlich angegriffen worden. Aber von den politischen Inhalten her gesehen besaß er mit dem Engagement für Grenzland- und Volkstumspolitik, mit der Adaption des »Führerprinzips« und der Verachtung von Intellektualismus und parlamentarischer Demokratie etliche Berührungspunkte, wenn nicht sogar Überschneidungen mit nationalsozialistischen Vorstellungen. Die Angst, am Beginn der Karriere bereits ausgesteuert zu werden, die Befürchtung, den beanspruchten gesellschaftlichen Elitenplatz nicht mehr zu erreichen, das Verlangen nach Erfolg und Einfluß höhlten offenkundig auch die moralischen Skrupel gegen eine Zusammenarbeit mit dem nationalsozialistischen Regime aus.

Im Grunde richtete sich die Kritik der »Schwarzen Hand«, jenes bündischen Freundeskreises um Gräfe, Mäding, Spengler in Leipzig, nur noch gegen die plebejischen, rüpelhaften Ausdrucksformen nationalsozialistischer Politik, gegen das Rohe, Hemdsärmelige und »Ungeistige«. Sie vermißten das intellektuelle Niveau, die Verbindung von Männerbund und geistigem Austausch, die die Teilnehmer der Miltenberger Tagung erreicht zu haben glaubten. In ihren Augen waren die groben und intriganten Vertreter des NS-Studentenbundes im Leipziger AStA den geistigen Herausforderungen der Zeit nicht gewachsen. Nun wurde sogar der Stahlhelm in die SA überführt und damit auch Heinz Gräfe ebenjenem braunen Pöbel zugeschlagen, den er zutiefst verabscheute. Vielleicht war daher der Zeitpunkt überaus günstig, zu dem das Überraschende geschah: Gräfes Eintritt in den SD.

Die Mittlerrolle fiel Erhard Mäding zu, der wie Heinz Gräfe 1933 sein Referendariat am Amtsgericht in Pirna absolvierte. Mäding erhielt – so in seiner Darstellung nach dem Krieg – im September 1933 eine Notiz von

Reinhard Höhn: »Lieber Mäding, kannst Du mich in einer wichtigen Angelegenheit am … einmal besuchen? Kosten werden erstattet. Höhn.«[50]

Mäding kannte Höhn aus der gemeinsamen Zeit im Jungdeutschen Orden, in dem dieser die bayrische Landesorganisation geleitet und einflußreicher staatsrechtlicher Berater Arthur Mahrauns gewesen war. Mittlerweile nahm Reinhard Höhn, der über zahlreiche akademische Kontakte verfügte, eine Schlüsselrolle beim Aufbau des SD ein. Er führte dort die sogenannte »Lebensgebietsarbeit« ein, das heißt eine kontinuierliche nachrichtendienstliche Berichterstattung über Kultur, Wissenschaft, Film, Rundfunk, Recht, Verwaltung, Erziehung und Wirtschaft, und war sehr daran interessiert, junge Akademiker für den SD zu gewinnen.[51]

Mäding fuhr nach Jena und traf sich mit Höhn:

»Er zeigte sich informiert über meine Tätigkeit an der Uni Leipzig, ich hingegen hatte ihn aus den Augen verloren gehabt. Er erklärte mir, daß er mir wichtige Eröffnungen zu machen habe und schlug zu diesem Zweck einen Waldspaziergang vor […]. ›Im tiefsten Walde‹ erklärte er, daß an ihn von seiten der SS mit dem Vorschlag herangetragen worden sei, einen objektiven Informationsdienst aufzubauen, der die wirklichen Verhältnisse und das Denken auf den hauptsächlichen Lebensgebieten in regelmäßigen Lageberichten darstellen solle. Nachdem die Macht errungen sei, müsse man nun die Grundlagen für notwendige praktische Maßnahmen erfassen. Der für ihn zunächst eh-

50 Elisabeth und Erhard Mäding, Erinnerungsblätter (masch.), 1984, BArch Koblenz, Kleine Erwerbungen 817, S. 49.
51 Höhn, 1904 als Sohn eines Rechtsanwalts im thüringischen Gräfenthal geboren, trat als Achtzehnjähriger dem Deutschvölkischen Schutz- und Trutzbund bei und verkaufte den »Völkischen Beobachter« in seiner Heimatstadt. Den Hitler-Ludendorff-Putsch 1923 erlebte er als Jurastudent in München, wurde in der Verbotszeit der NSDAP Mitglied des Jungdeutschen Ordens und bald ein wichtiger Mitarbeiter des Orden-Großmeisters Arthur Mahraun. Als dieser jedoch 1929 zum Mitbegründer der Deutschen Staatspartei wurde, kam es zum politischen Bruch. Höhn zog sich aus den Ordensämtern zurück, wurde Assistent und freiberuflicher Repetitor an der Universität Jena und verließ den Jungdeutschen Orden 1932. Im selben Jahr wurde er Mitglied der SS und des SD. Nachdem Otto Ohlendorf 1936/37 von Höhn im SD-Hauptamt die »Lebensgebietsarbeit« übernommen hatte, zog sich Höhn mehr und mehr aus der aktiven Arbeit im SD zurück. Nach dem Zweiten Weltkrieg war er Gründer und langjähriger Leiter der Harzburger Akademie für Führungskräfte. Er starb am 14. 5. 2000 im Alter von 95 Jahren (zu Höhn vgl. Heiber, Walter Frank, S. 881–888; Aronson, Reinhard Heydrich, S. 212 f.; Browder, Hitler's Enforcers, S. 127, 187, 194 f.; Herbert, Best, S. 271–278; Hickel, Kaderschmiede; siehe ebenfalls unten, S. 248, 378 f.).

renamtliche Auftrag betreffe das ganze Reichsgebiet. Die Arbeit vollziehe sich im Rahmen des Sicherheitsdienstes der SS (SD); mit Einzelpersonen und ihrer politischen Ausforschung habe sie nichts zu tun, es komme vielmehr darauf an, aus den ›Lebensgebieten‹ (z. B. Verwaltung, Wirtschaft) fachlich gute Leute für die Mitarbeit zu gewinnen und so die allgemeine Lage zu erfassen. Das Ganze sei natürlich streng vertraulich. Ich schilderte kurz den Aufbau der Akademischen Selbsthilfe und meine kritische politische Situation. Er kündigte an, daß ich demnächst zu einem Gespräch mit einem maßgebenden Mann eingeladen würde.«[52]

Mäding besprach die Sache mit den Freunden. Nun war anscheinend die Chance da, sowohl auf die politischen Entscheidungen des neuen Regimes Einfluß nehmen zu können als auch der braunen Masse zu entkommen und einer exklusiven, geheimen und elitären Organisation anzugehören, die ebendeshalb über besondere Macht zu verfügen schien. Zugleich war, wenn man den Worten Höhns Glauben schenkte, nicht ehrenrührige Bespitzelung gefragt, sondern wissenschaftliche Kompetenz. Das Angebot Höhns schien geradezu die Lösung aller Probleme zu sein, die diesen jungen Männern die politische Situation in den vorangegangenen Monaten bereitet hatte. Nun versprach ihnen der SD politischen Einfluß und Zugehörigkeit zur NS-Elite, nun durften sie nicht nur endlich auf dem großen, mächtigen Strom mitschwimmen, sie konnten sogar glauben, am Steuer des Bootes zu sitzen. Die Anpassung als Gelegenheit zur Gestaltung – verführerischer konnte das Angebot für diese jungen Männer nicht sein.

Im November 1933 kam die angekündigte Einladung, Mäding fuhr mit Gräfe nach Jena.

»Wir wurden dem uns noch unbekannten SS-Oberführer Reinhard Heydrich vorgestellt, einer blendenden Erscheinung von wachsamer Spannung, früherer Marineoffizier, damals knapp 30 Jahre alt. Er nahm Bezug auf die Empfehlung durch Höhn und forderte mich auf, über die Arbeit an der Universität Leipzig zu berichten. Ich begann damit, zu erklären, daß ich nicht der NSDAP angehöre, ihr auch nicht nahestünde, vielmehr bemüht gewesen sei, den NS-Studentenbund von den Einrichtungen der akademischen Selbstverwaltung fernzuhalten. Er unterbrach mich: ›Das ist bekannt‹. […] An der Schilderung der Landesorganisation der Akademischen Selbsthilfe mit den Obleuten in 25 Landkreisen und Städten war er sehr interessiert. Er legte dann die Ziele dar: Information über wichtige Sachverhalte, Tendenzen und Probleme. Die Partei der Kampfzeit stünde nun vor großen praktischen Aufgaben. Man brauche Vertrauensleute mit Sachverstand; Parteizugehörigkeit spiele keine Rolle. Innerhalb der ›Bewegung‹

---

52 Mäding, Erinnerungsblätter, S. 49 f., a. a. O. (s. Anm. 50).

gäbe es sehr unterschiedliche Kräfte – ›unsere Gegner in der Partei sind Göring, Goebbels und Ley‹. Das war eine verblüffende, klare Abgrenzung; denn das waren Namen uns unsympathischer Figuren, deren Nennung die Hemmungen vor einer Mitarbeit abbauen half.«[53]

Welche Worte Heydrich auch in Wirklichkeit gewählt haben mag, die Schilderung Mädings könnte nicht besser erfunden sein. Mäding und Gräfe – voller Erwartung, sicher auch geschmeichelt, daß sich ein hoher SS-Funktionär ihretwegen nach Jena bemüht – trafen keineswegs auf den offenbar erwarteten grobschlächtigen, vierschrötigen Nazibonzen, sondern auf eine – im doppelten Wortsinn – »blendende« Erscheinung, die ihnen auch noch mit scheinbar vertraulicher Offenheit führende NS-Funktionäre als politische Gegner nannte. Nahezu fünfzig Jahre nach dieser Begegnung kam Mäding immer noch nicht in den Sinn, daß Heydrich für den Aufbau des personell wie organisatorisch bis dahin kümmerlichen SD ein Netzwerk wie das der Akademischen Selbsthilfe in Sachsen wie gerufen kommen mußte und er nur ein paar rhetorische Taschenspielertricks, die ihm womöglich Höhn souffliert hatte, anzuwenden brauchte, um diese Jungakademiker für den SD zu werben. Mit der Führungsriege der Akademischen Selbsthilfe hatte Heydrich mit einem Schlag in Sachsen ein Informationsnetzwerk gewonnen, das er an anderen Orten erst mühsam knüpfen mußte. Die Stichworte objektive Berichterstattung und Sachverstand reichten Mäding und Gräfe aus, um ihre letzten Bedenken über Bord zu werfen. Im Anschluß an diese Begegnung traten beide in die SS ein und wurden Mitarbeiter des SD in Sachsen.

Karrieren. Wege zum SD und zur Gestapo

Für die meisten der künftigen Führungskräfte des Reichssicherheitshauptamtes bedeutete das Jahr 1933 einen biographischen Einschnitt, der ihren Lebenslauf zum Teil nachhaltig beeinflußte. Nur wenige gehörten zu jener Kategorie »alter Kämpfer«, die nach dem Sieg der Bewegung ihren Anteil verlangten, wie Carl Brocke, Jahrgang 1887, später Referent in der Haushaltsabteilung des RSHA, der, nachdem er aus dem Ersten Weltkrieg zu-

---

53 Ebenda, S. 50 f.

rückgekehrt war, das elterliche Klempnergeschäft übernahm und im Inflationsjahr 1923 fast das gesamte Betriebskapital verlor. Obwohl »Zinswucher und Steuerbolschewismus« das Geschäft ruiniert hätten, habe er sich »schon 1928 öffentlich zu unserem Führer bekannt. Meine gesamte Kundschaft, die grössten Teils Deutschnational war, boykottierte mich vollständig. Für meine Familie habe ich manches Mal nicht das trockne Brot gehabt. Aber auch trotzdem haben wir nicht nachgelassen.«[54]

Als stellvertretender Kreisleiter der NSDAP und Gründungsmitglied der SS in Ballenstedt im Harz fand Brocke dann rasch nach der Machtübernahme eine auskömmliche Stelle. Er wurde Verwaltungsführer beim SD-Oberabschnitt Mitte und wechselte von dort 1936 ins SD-Hauptamt. Diese Gruppe der »alten Kämpfer«, die vornehmlich dank ihres früheren Parteiengagements nach 1933 eine Staats- oder Parteistellung erhielten, umfaßte nicht mehr als 6 Prozent des RSHA-Führungskorps.[55]

Auch waren nur wenige der späteren RSHA-Führungsangehörigen im Frühjahr 1933 erwerbslos, wie Hans Daufeldt, Jahrgang 1908, Sohn eines Werkmeisters.[56] Nach Volks- und Mittelschule hatte Daufeldt eine kaufmännische Lehre begonnen. Sein Ehrgeiz jedoch trieb ihn offenkundig weiter. Er holte das Abitur nach und fing ein Volkswirtschaftsstudium in Kiel an. Nebenher arbeitete er als Bauarbeiter, Chauffeur und Autoschlosser, aber finanziell war das Studium nicht durchzuhalten. Er brach es ab, fand in der Wirtschaftskrise keine Arbeit mehr und lebte von 1930 bis 1933 von der Arbeitslosenunterstützung und der Unterstützung seiner Eltern. Seit September 1931 in der NSDAP wie SA, wurde er 1933 bei der

---

54 Handschriftlicher Lebenslauf Carl Brocke, o. D. (1933/34), BArch, BDC, SSO-Akte Carl Brocke.

55 Ganz im Unterschied zum Beispiel zu den Lagerführern, die Theodor Eicke als Inspekteur der Konzentrationslager in den dreißiger Jahren einsetzte. Mehrheitlich gehörten sie zu den »alten Kämpfern«, die sich vor 1933 um Partei und Bewegung »verdient« gemacht hatten und sich zum Zeitpunkt ihres Einsatzes fast sämtlich in einer finanziellen oder beruflichen Notlage befanden (Orth, Konzentrationslager-SS, S. 101). Zur Versorgung »alter Kämpfer« mit staatlichen Stellen siehe Bajohr, Parvenus, S. 17 ff.

56 Die nachfolgenden Angaben nach BArch, BDC, SSO- und RuSHA-Akte Hans Daufeldt; BArch DH, ZR 527 A 4, ZSK 14; ZStL, 4 AR 1517/62; Vernehmung Daufeldt, 18. 11. 1964, GenStAnw KG Berlin, RSHA-Ermittlungsunterlagen, Personalheft Pd 4.

Machtergreifung in Kiel als Hilfspolizist eingesetzt. Im Juni 1933 ergab sich dann seine Chance: Daufeldt kam über die Kieler SS als hauptamtlicher Mitarbeiter zum SD. Dort standen ihm Wege offen, die ihm bislang versperrt gewesen waren. Daufeldt absolvierte 1934/35 einen Lehrgang an der SS-Führerschule in Bad Tölz, wurde anschließend für anderthalb Jahre Heydrichs Adjutant im SD-Hauptamt und 1936 auf Parteikosten für ein Jahr nach England geschickt, konnte an der Commercial School der Handelskammer London studieren und erwarb 1938 an der Auslandswissenschaftlichen Fakultät der Universität Berlin ein Diplom für die englische Sprache. Entsprechend dieser Ausbildung leitete er später im RSHA-Amt VI SD-Ausland die Gruppe VI D Englisch-amerikanisches Einflußgebiet – ein vor 1933 kaum für möglich gehaltener Aufstieg mit Hilfe des SD.[57]

Aber auch bei denjenigen, die 1933 bereits seit mehreren Jahren bei der Polizei waren – immerhin ein Viertel des RSHA-Führungskorps –, erweist sich die äußere bürokratische Kontinuität bei näherem Hinsehen als bloß oberflächlich. Fast zwei Drittel dieser Beamten wurden 1933 entweder in das Geheime Staatspolizeiamt in Berlin versetzt und kamen in leitende Funktionen der politischen Polizei in ihren jeweiligen Heimatorten. Erwin Schulz zum Beispiel (Jahrgang 1900), der später der Nachfolger Bruno Streckenbachs als Chef des RSHA-Amtes I wurde, war zwar bereits vor der nationalsozialistischen Machtübernahme innerhalb der politischen Polizei in Bremen tätig gewesen, wurde aber im November 1933 zum Leiter der bremischen politischen Polizei ernannt. Heinz Jost (Jahrgang 1904), dem späteren Amtschef des SD-Auslands, der sich als Rechtsanwalt in Lorsch niedergelassen hatte, wurde nun, im März 1933, wegen seiner politischen Zuverlässigkeit als Polizeidirektor in Worms eingesetzt. Paul Werner (Jahrgang 1900), später stellvertretender Chef des Amtes V, war als Amtsgerichtsrat in Lörrach tätig gewesen und wurde Anfang September 1933 zum Leiter des Landeskriminalamtes in Karlsruhe ernannt. Werner Best (Jahrgang 1903), Gaurechtsberater der hessischen NSDAP und Mitglied der Landtagsfraktion, war einer der Schlüsselfiguren der national-

---

57 1942 wurde Daufeldt vom SD als Honorarkonsul in Lausanne/Schweiz plaziert, wo er bis zum Kriegsende blieb (AA, Inl.II, Liste der Polizeiattachés, Polizeiverbindungsführer, SD-Beauftragten und ihrer – männlichen – Mitarbeiter, 16. 10. 1943; Nürnb. Dok NG-4852).

sozialistischen Machtergreifung in Hessen und wurde am 7. März zum Staatskommissar für das Polizeiwesen ernannt. Auch für Bruno Streckenbach (Jahrgang 1902), der im Oktober 1933 zum Leiter der politischen Polizei in Hamburg bestellt wurde, bedeutete diese Ernennung den Einstieg in eine steile SS- und Polizeikarriere, nachdem er sich in den Jahren zuvor als ADAC-Geschäftsführer, Werbeberater und Rundfunkredakteur versucht hatte.

Das Jahr 1933 brachte für Streckenbach, Schulz, Jost und etliche andere nicht allein die Versetzung zur politischen Polizei, sondern auch einen signifikanten Aufstieg in Führungspositionen, die sie ohne nationalsozialistische Machtergreifung wohl kaum hätten erreichen können. Vor allem aber bedeuteten diese biographischen Zäsuren die erfolgreiche Bestätigung der politischen Überzeugung. Der amerikanische Historiker Bradley Smith hat in seiner Himmler-Biographie darauf hingewiesen, daß die unversöhnliche Gegnerschaft zur Weimarer Gesellschaft die jungen, militanten Rechtsaktivisten einerseits marginalisierte und ihnen jede Möglichkeit versperrte, sich ebendieser Gesellschaft anzupassen und in ihr eine normale Karriere zu verfolgen. Andererseits konservierte diese soziale Randlage die radikale Weltanschauung und totalisierte die Feindbilder. In dem Augenblick, in dem sich durch die Machtübernahme 1933 die politischen Rahmenbedingungen änderten, rückten diese jungen, völkischen und gewalterfahrenen Radikalen von der sozialen Peripherie ins Zentrum der Macht.[58] Nach vielen Versuchen, eine beruflich kontinuierliche Laufbahn zu verfolgen, hatten sie nun gefunden, wonach sie in all den Jahren gesucht hatten: eine berufliche Karriere, die ihrer politischen Weltanschauung entsprach und ihnen darüber hinaus bereits in jungen Jahren Aufstiegschancen eröffnete, die ihnen ansonsten kaum möglich gewesen wären. Das Jahr 1933 öffnete zahlreichen späteren RSHA-Führern mit dem Einstieg in Gestapo und SD einen Aufstiegs- und Machthorizont, den diese jungen Männer damals kaum überschauten.

Reinhard Heydrich und Werner Best bemühten sich für das Führungspersonal um die Rekrutierung junger Akademiker, die im Anschluß an ihr Referendariat und abgeschlossenes Assessorexamen zur Gestapo einberufen wurden. Die expandierende politische Polizei bot diesen jun-

---

58 Smith, Heinrich Himmler, S. 224.

gen Leuten bessere Einstiegs- und Aufstiegsmöglichkeiten, als sie es – angesichts des bis in die Mitte der dreißiger Jahre hineinreichenden Überangebots an jungen Juristen gegenüber den tatsächlich vorhandenen Beamtenstellen – in der normalen inneren Verwaltung gehabt hätten. Damit eröffnete sich aber auch die Möglichkeit, unter der Vielzahl der Bewerber auszuwählen und nur die geeignetsten, in fachlicher wie in politischer Hinsicht, einzustellen.[59] In den Personalakten kann man immer wieder Briefe von Heydrich an das preußische Innenministerium entdecken, in denen er sich um die endgültige Versetzung eines Gerichtsassessors in die Gestapo bemühte, um die Loslösung eines vielversprechenden jungen Juristen aus Länderdiensten oder sich auch an den Dienstvorschriften vorbei für die vorzeitige Ernennung zum Oberregierungsrat einsetzte – in fast allen Fällen mit Erfolg.

»Mein teils bekämpfter, teils bespöttelter ›Assessoren-Kindergarten‹ jener Jahre«, schrieb Best nach dem Krieg, habe sich »in der Folgezeit voll bewährt. Als Staatspolizeistellenleiter und als ›Inspekteure der Sicherheitspolizei‹ sowie als Referenten der Zentralbehörden haben die jungen Juristen ihre schweren Aufgaben korrekt, pflichtgetreu und, soweit ihnen Ermessens- und Handlungsfreiheit gegeben wurde, vernünftig, gerecht und menschlich erfüllt.«[60]

Ganz im Gegensatz zu dieser ebenso selbstgefällig wie schönredend-zynischen Aussage findet sich kaum einer in diesem »Assessoren-Kindergarten«, der nicht als Leiter einer Stapostelle oder als Referent im Reichssicherheitshauptamt in die Verfolgung, Vertreibung und Ermordung der politischen wie »rassischen« Gegner des NS-Regimes als Täter beteiligt gewesen war.

»Kompromisslos und vorwärtsdrängend« – Erich Ehrlinger

Ein Drittel der späteren RSHA-Führer, in erster Linie die Angehörigen der Jahrgänge zwischen 1908 und 1910, befand sich 1933 entweder noch im Studium oder schon im Referendariat, immerhin zwölf von ihnen absolvierten in diesem Jahr wie Erich Ehrlinger oder Martin Sandberger ihr

---

59 Vgl. dazu Herbert, Best, S. 191–196.
60 Best, Reinhard Heydrich, Manuskript, Kopenhagen, 1. 10. 1949, gedruckt in: Matlok, Dänemark in Hitlers Hand, S. 163; vgl. auch Herbert, Best, S. 195.

erstes juristisches Staatsexamen. Bei ihnen fiel der Eintritt in die juristische Berufslaufbahn und die nationalsozialistische Machtergreifung zusammen. Die Phase der revolutionären Politik an der Universität Tübingen hatte weder Ehrlinger noch Sandberger daran gehindert, ihre berufliche Karriere weiterzuverfolgen. Ehrlinger bestand im Mai 1933 sein erstes juristisches Staatsexamen und tat anschließend Dienst als Gerichtsreferendar im Amtsgericht Tübingen. Zugleich engagierte er sich in der studentischen SA-Organisation. Am 1. Juni 1933 wurde er zum Obertruppführer befördert und als Abteilungsführer zum SA-Sportlager Feldstetten abkommandiert. Das SA-Zeugnis über ihn fiel eindeutig aus:

»Ehrlinger war einer der wenigen Tübinger Verbindungsstudenten, die sich schon in den Jahren vor der Machtergreifung bedingungslos der SA zur Verfügung gestellt haben. [...] Durch seinen ehrlichen, offenen Charakter und sein strenges aber kameradschaftliches Auftreten hat sich Ehrlinger bei Führern und Männern beliebt gemacht. Seine Schar hat er durch das Beispiel seiner Persönlichkeit zu einer zuverlässigen, stets einsatzbereiten Einheit herangezogen, die beim Saalschutz, Propaganda- oder Geländedienst regelmässig auf dem Platze war. Obersturmführer Ehrlinger ist der Typ des unbeirrbaren, überzeugten, kompromisslosen und vorwärtsdrängenden nationalsozialistischen Kämpfers und fähigen Führers von Fronteinheiten.«[61]

Anfang 1934 wurde er zu einem Führerlehrgang an die Führerschule des Reichs-SA-Hochschulamtes in Zossen geschickt.[62] In der Lehrgangsbeurteilung hieß es über ihn: »Guter straffer Soldat, guter Lehrer, alter Kämpfer, klarer fester Charakter.«[63] Damit fand eine entscheidende Zäsur in seiner Biographie statt. Ehrlinger hatte sich entschieden, seine juristische Be-

---

61 Dienstleistungszeugnis für Erich Ehrlinger, 17.4.1935, BArch, R 58 Anh./14.
62 SA-Führer-Fragebogen Erich Ehrlinger, 20.2.1934, BArch DH, ZR 555, A 14. Hitler hatte im September 1933 der SA die Aufgabe übertragen, »die deutschen Studierenden körperlich und geistig im Sinne der Vorkämpfer der deutschen Revolution einheitlich« auszubilden, woraufhin an allen Hochschulorten sogenannte SA-Hochschulämter entstanden. Außerdem drängte die damalige Führung der Deutschen Studentenschaft darauf, daß die Studenten Mitglieder der dem SA-Chef unterstellten Wehrverbände (also SA und SS) würden. Damit wuchs im Alltag der Studenten vor allem der Wehrsportdienst, den die SA-Führung forcierte und der an manchen Orten wie Erlangen oder Halle über 20 Stunden in der Woche beanspruchte (Grüttner, Studenten im Dritten Reich, S. 251–255).
63 Führerschule des Reichs S.A. Hochschulamtes, Fragebogen Erich Ehrlinger, 19.2.1934, BArch DH, ZR 555, A 14.

rufslaufbahn aufzugeben und von nun an die Politik zu seinem Beruf zu machen. Es ist aus den vorliegenden Dokumenten nicht zu erkennen, ob diese Entscheidung unmittelbar mit der politischen Erfahrung während der Machtergreifungsphase im Frühjahr 1933 zusammenhing. Nicht zu übersehen ist indessen, daß Ehrlinger von jener Zeit an die Politik mit weit größerer Energie betrieb als die juristische Laufbahn.[64]

Im Juli 1934 stieg er zum Leiter der SA-Sportschule »Burg Rieneck« bei Würzburg auf,[65] im Oktober wurde er nach Auflösung des SA-Hochschulamtes auf Reichsebene mit der Abwicklung des SA-Hochschulamtes Frankfurt am Main beauftragt und zum Verbindungsführer des Chefs des Ausbildungswesens der SA ernannt, damit gewissermaßen zum Kommissar für die Studentenpolitik der SA für die Universität Frankfurt.[66] Prekär wurde es für ihn, als im Zuge der Neuorganisation des Studentenwesens, insbesondere nach der Entmachtung der SA im Juni 1934, die Dienststelle eines Chefs des Ausbildungswesens innerhalb der SA geschlossen wurde.[67] Ehrlinger mußte sich nach einer neuen Tätigkeit umsehen – und fand sie im SD. Anfang April 1935 bat er um Entlassung aus der SA, da ihm die Führung des SD Nürnberg und Fürth bereits zum 1. Mai angeboten worden sei.[68] Es dauerte aber noch einige Wochen und kostete einige Korrespondenz, bis er schließlich im September nach Berlin in das SD-Hauptamt kam, wo er als Stabsführer der von Six geführten Zentralabteilung I 3 (Presse und Museum) zugeteilt wurde.

---

64 Ein Detail beleuchtet diese biographische Wende Ehrlingers: Am 19. Juni 1934 trat er aus der evangelischen Kirche aus (Handschriftlicher Lebenslauf Erich Ehrlinger, 11. 9. 1934, BArch DH, ZR 555, A 14).

65 SA-Führer-Fragebogen Erich Ehrlinger, 11. 9. 1934, BArch DH, ZR 555, A 14.

66 Dienstleistungszeugnis Chef AW für Erich Ehrlinger, 11. 4. 1935, BArch, DH, ZR 555, A 14. Zur Auflösung der SA-Hochschulämter im Oktober 1934 vgl. Grüttner, Studenten, S. 254–260.

67 Zur Organisation und Abwicklung der SA-Dienststelle Chef des Ausbildungswesens siehe den Nachlaß Friedrich Wilhelm Krüger, BArch, N 1410, insbesondere N 1410/25 (Chef AW: Auflösung und personelle Abwicklung) und N 1410/26 (Chef AW: Organisation, Aufgaben, Abwicklung).

68 Ehrlinger an Chef AW, 2. 4. 1935, BArch DH, ZR 555, A 14.

»Scharfe Logik und zu allem zu gebrauchen« – Martin Sandberger

Martin Sandberger bestand im Mai 1933 das erste juristische Staatsexamen mit der unter Juristen glanzvollen Note »lobenswert«, im November desselben Jahres erhielt er für seine Promotion zum Dr. jur. die ebenfalls ausgesprochen seltene Note »sehr gut«.[69] Sandberger absolvierte zwar im Unterschied zu Ehrlinger nach dem ersten Staatsexamen die übliche Referendarzeit, aber auch er gab die Politik keineswegs auf. Im August 1933 wurde er in die Reichsleitung der Deutschen Studentenschaft und des NSDStB in Berlin berufen, im Sommer 1934 war er für einige Zeit im Reichs SA-Hochschulamt als Hilfsreferent tätig und arbeitete vom Mitte September 1934 bis Mitte März 1935 hauptamtlich für das Hochschulreferat beim Chef des Ausbildungswesens der SA.[70] Folgt man seinen eigenen Nachkriegsaussagen, so ist er in Berlin von Gustav Adolf Scheel auf den SD angesprochen und mit Reinhard Höhn bekannt gemacht worden. Beide hätten ihn durch Intellekt und politisches Verständnis so beeindruckt, daß er seine Mitarbeit beim SD zugesagt habe.[71]

Scheel blieb ein Gönner des jungen Juristen. Als er wenig später Führer des SD-Oberabschnitts Südwest in Stuttgart wurde, förderte er Sandberger nach Kräften und schrieb ihm glänzende Zeugnisse. Sandberger verließ Berlin im März, um in Stuttgart sein Referendariat fortzusetzen – übrigens unter der Betreuung von Carlo Schmid, der in der Nachkriegszeit für Sandberger noch eine wichtige Rolle spielen sollte.[72] Von nun an jedoch war Sandberger eng mit dem SD verbunden. Noch arbeitete er

---

69 Seine Dissertation schrieb er zum Thema: Die Sozialversicherung im nationalsozialistischen Staat. Grundsätzliches zur Streitfrage: Versicherung oder Versorgung?, Urach 1934.

70 Handschriftlicher Lebenslauf, 9. 9. 1936, BArch, BDC, SSO-Akte Martin Sandberger.

71 Camp 020 Interim Interrogation Report, Oktober 1945, p. 4, US National Archives, RG 319, Box 191, File XE000855 Sandberger. Scheel bestätigte diese Angaben in seiner Eidesstattlichen Erklärung vom 28. 11. 1947: Er kenne Sandberger seit dessen Tätigkeit als Leiter der Tübinger Studentenschaft im Frühjahr 1933. Als er Leiter des SD-Oberabschnitts Südwest geworden sei, habe er mit Sandberger über dessen Mitarbeit im SD gesprochen (Eidesstattliche Versicherung Gustav-Adolf Scheel, 28. 11. 1947, United Military Tribunals Nürnberg, Case No. 9 Otto Ohlendorf et al., Defense exhibits, Sandberger No. 8 [roll 24, fol. 118–120]).

72 Weber, Carlo Schmid, S. 476; siehe unten, S. 786 f.

ehrenamtlich für den SD, war gleichzeitig Assistent an der juristischen Fakultät der Universität, absolvierte aber bereits im Juli 1935 einen Lehrgang auf der SD-Schule in Bernau bei Berlin. Als Scheel Ende 1935 Leiter des SD-Südwest wurde, warb er Sandberger erfolgreich als hauptamtlichen SD-Mitarbeiter zum 1. Januar 1936. Zwar ließ Sandberger nach seinem zweiten juristischen Staatsexamen im November 1936 die Beamtenkarriere weiterlaufen, arbeitete halbjährlich als Assessor in den Landratsämtern in Stuttgart, Esslingen und Waiblingen, aber wie Ehrlinger hatte nun auch Sandberger den Schritt in die Politik als Beruf getan. Im Mai 1936 schrieb Scheel im ersten Personalbericht, der die Grundlage für Sandbergs Beförderung – mit dem Eintritt in den SD war seine Überweisung von der SA zur SS erfolgt – zum SS-Obersturmführer bildete:

»SS-U'stuf. Dr. Sandberger ist einer der tüchtigsten und besten Männer des SD-OA-Südwest. Er ist entschlossen, klar, schnell und schlagend im Urteil. Sehr begabter [sic], fleißig und nie verlegen, scharfe Logik und zu allem zu gebrauchen. Er ist Leiter der Abteilung II 2 [Lebensgebiete, M. W.] und Untersuchungsführer. SS-U'stuf. Sandberger hat die ihm unterstellten Referate ganz vorzüglich aufgebaut. Sein juristisches Examen ist eines der besten Württembergs.«[73]

Sandberger als der vielversprechende junge Mann im SD Südwest korrespondierte mit dem Präsidenten der Akademie für Deutsches Recht und späteren »Generalgouverneur« des besetzten Polens, Reichsminister Dr. Hans Frank, der ihn bat, auf die pünktliche Ablieferung eines Artikels von Scheel für die von Frank herausgegebene Zeitschrift »Deutsches Recht« zu achten, oder ihn aufforderte, junge Autoren für die Zeitschrift zu nennen.[74] Bei Reinhard Höhn fragte Sandberger an, ob er einen Artikel über die geplante neue Disziplinarordnung der Studentenschaft für »Deutsches Recht« schreiben könne.[75] Mit dem einflußreichen Ernst Krieck, Herausgeber der Zeitschrift »Volk im Werden« und führender Interpret einer nationalsozialistischen Pädagogik, von 1937 an Rektor der Heidelberger

---

73 Personalbericht, 5. 5. 1936, gez. Scheel, BArch, BDC, SSO-Akte Martin Sandberger.
74 Frank an Sandberger, 3. 12. 1936 und 9. 2. 1937, BArch, BDC, SSO-Akte Martin Sandberger. Im Februar 1937 schrieb Sandberger daraufhin an diverse ihm bekannte Referendare und Assessoren, um sie zur Mitarbeit für »Deutsches Recht« zu gewinnen (ebenda).
75 Höhn an Sandberger, 11. 10. 1937, ebenda.

Universität,[76] vereinbarte er einen Vortrag in Stuttgart zum Thema »Führertum und Hochschulreform« anläßlich einer Sitzung des Verfassungsausschusses der Reichsstudentenführung, den Sandberger leitete.[77] Für die Zeitschrift »Volk im Werden«, die seit Anfang 1937 in der Hauptsache von Six geleitet wurde, setzte sich Sandberger besonders ein, schickte Ansichtsexemplare an den württembergischen Reichsstatthalter und NSDAP-Gauleiter Murr, an Ministerpräsident Professor Mergenthaler sowie an den Innen- und Finanzminister, an Regierungsrat Dr. Deyhle im württembergischen Kultusministerium, an den Führer der SA-Gruppe Südwest Ludin, den Rektor der Technischen Hochschule in Stuttgart, Professor Dr. Stortz, den Gaudozentenbundsführer Dr. Zimmermann, den SS-Oberabschnittsführer von Alvensleben und andere mehr.[78] 1938 urteilte Scheel über Sandberger:

»Dr. Sandberger ist in den Leistungen hervorragend, klar, von allen anerkannt. Alter Studentenführer, Sturmführer aus der Kampfzeit. Sehr anerkannt von den höchsten Dienststellen (Staatssekretär Stuckart) etc. Seine Beförderung [zum SS-Sturmbannführer, M. W.] ist im Zuge der Gleichstellung mit der Sicherheitspolizei ganz besonders verdient.«[79]

Der SD-Oberabschnitt Südwest unter Gustav Adolf Scheel war ein wichtiges Rekrutierungsfeld für die Führung des SD im Reichssicherheitshauptamt. Erich Ehrlinger, Martin Sandberger, Erwin Weinmann, Eugen Steimle, Georg Elling und Heinrich Bernhard begannen ihre SD-Karriere

---

76 Krieck war ein alter Freund von Reinhard Höhn (Heiber, Walter Frank, S. 581), und in der Zeitschrift »Volk im Werden« publizierten auch die späteren RSHA-Angehörigen Hans Rößner, Wilhelm Spengler und Walter von Kielpinski. Zu Krieck vgl. Hojer, Nationalsozialismus und Pädagogik; Wojtun, Die politische Pädagogik von Ernst Krieck; zu den Angriffen Kriecks auf Martin Heidegger siehe Ott, Martin Heidegger, S. 186–190, 241 f.; Farías, Heidegger, S. 233–235.
77 Krieck an Sandberger, 10. 12. 1936, BArch, BDC, SSO-Akte Martin Sandberger.
78 Die entsprechenden Begleitschreiben siehe ebenda.
79 Personalbericht, o. D. [1938], unterzeichnet von Scheel, BArch, BDC, SSO-Akte Martin Sandberger. Nach Sandbergers Nachkriegsaussagen habe ihn Scheel, der 1939 IdS in München geworden war, dorthin mitnehmen wollen. Das sei aber nicht auf Heydrichs Zustimmung gestoßen. Statt dessen wurde Sandberger zur EWZ in Gotenhafen/Gdansk kommandiert (Camp 020 Interim Interrogation Report, Oktober 1945, p. 4, US National Archives, RG 319, Box 191, File XE000855 Sandberger; siehe unten, S. 489 f.).

im SD-Oberabschnitt Südwest.[80] Scheel bemühte sich um das Fortkommen seiner Mitarbeiter und schrieb ihnen beste Zeugnisse. Er selbst zählte ohne Zweifel zu den einflußreichen SS-Führern.[81] Scheel, Jahrgang 1907, hatte Volkswirtschaft, Theologie, Jura, Chemie studiert und sich dann schließlich für Medizin entschieden und 1934 seine Approbation sowie Promotion zum Dr. med. erhalten. Seit 1930 in der NSDAP, gehörte er wie Six zu den nationalsozialistischen Studentenaktivisten an der Universität Heidelberg, erhielt eine Disziplinarstrafe wegen Beleidigung des jüdischen Dozenten Professor Gumbel. 1936 wurde Scheel Reichsstudentenführer, war zu diesem Zeitpunkt bereits seit zwei Jahren SD-Mitarbeiter und seit Ende 1935 Führer des SD-Oberabschnitts Südwest. In der SS setzte er seine Karriere fort. 1940 war er Befehlshaber der Sicherheitspolizei und des SD im Elsaß, dann in München, 1941 Höherer SS- und Polizeiführer in Salzburg. Dort stieg er, unter Aufgabe seines Amtes als HSSPF, mit 34 Jahren zum NSDAP-Gauleiter und zum Reichsstatthalter auf. Hitler bedachte den engagierten SS-Führer in seinem politischen Testament vom 29. April 1945, indem er ihm den Posten eines Kultusministers im Nachfolgekabinett zukommen lassen wollte.[82]

80 Vgl. dazu auch – mit dem Fokus auf die Rekrutierung solcher jungen Referendare für die Verwaltung in Württemberg und Baden – Ruck, Korpsgeist und Staatsbewußtsein, S. 228–230.

81 Es kennzeichnet das immer noch rudimentäre Wissen um SS-Täter, daß auch im neuesten, vom Verlag als »Who's Who der SS-Elite« angepriesenen, biographischen Handbuch von Ronald Smelser und Enrico Syring ein Artikel zu Scheel fehlt (Smelser/Syring, SS); siehe aber den kurzen, doch informativen Eintrag von Hermann Weiß zu Scheel in: Weiß, Biographisches Lexikon zum Dritten Reich, S. 399 f.; sowie Arnold, Deutscher Student; zu Scheels Tätigkeit als Reichsstudentenführer siehe Grüttner, Studenten im Dritten Reich, passim; als apologetische Biographie vgl. Franz-Willing, »Bin ich schuldig?«.

82 Scheel wurde im Mai 1945 von der US-Armee verhaftet, als »Hauptschuldiger« von einem deutschen Spruchgericht zu fünf Jahren Arbeitslager verurteilt, 1953 erneut im Zusammenhang mit der britischen Verhaftungsaktion gegen ehemalige führende Nationalsozialisten im sogenannten Naumann-Kreis für ein halbes Jahr gefangengesetzt. Von 1954 bis kurz vor seinem Tod 1979 führte Gustav Adolf Scheel dann unbehelligt eine Arztpraxis in Hamburg (vgl. Arnold, Deutscher Student, S. 593 f.; Faust, Der Nationalsozialistische Deutsche Studentenbund, Bd. 1, S. 161 f.; Birn, Die Höheren SS- und Polizeiführer, S. 345).

Der Germanist als Zensor – Wilhelm Spengler

Ein anderer wichtiger Rekrutierungsort für die SD-Angehörigen des Reichssicherheitshauptamts war die »Arbeitsstelle für Schrifttumsbearbeitung beim Sicherheitsamt des Reichsführers SS«, kurz: Schrifttumsstelle, in Leipzig. Die Idee zu dieser Einrichtung stammte von Wilhelm Spengler. Im Januar 1932 hatte er das Staatsexamen für das höhere Lehramt für die Fächer Deutsch, Geschichte und Philologie mit der Note I bestanden[83] und war im Juli mit einer Dissertation über das Drama Schillers mit »summa cum laude« zum Dr. phil. promoviert worden, in der er Schillers Terminus der »schöpferischen Konstruktion« in den Mittelpunkt stellte.[84] Seither arbeitete Spengler als Lehrer am Carola-Gymnasium in Leipzig und widmete, wie er selbst schrieb, »da die Lebens- und Berufssituation der deutschen Jugend 1932 geradezu trostlos geworden war, [...] die neben dem Schuldienst verbleibende Zeit der sozialen Arbeit für den arbeitslosen akademischen Nachwuchs in Sachsen. Im Rahmen der Akademischen Selbsthilfe baute ich die Abteilungen für Arbeitsdienst, Siedlung, Arbeitsvermittlung, Junglehrerhilfe mit auf.«[85]

Spenglers Eintritt in den SD lief über Lothar Beutel, den er 1933 kennenlernte. Beutel, ein Apotheker, der 1929 in die NSDAP, ein Jahr später in die SS eingetreten war, organisierte seit Herbst 1932 den Aufbau des SD in Sachsen und wurde Anfang 1934 hauptamtlich Leiter des SD-Oberabschnitts in Leipzig.[86] Im November, also sogar noch einen Monat früher

---

83 Handschriftlicher Lebenslauf, 13.7.1936, BArch, BDC, SSO-Akte Wilhelm Spengler; zu Spengler vgl. die biographischen, zum Teil allerdings unrichtigen, Hinweise bei Aronson, Heydrich, S. 162 f.; Simon, Germanistik, S. XXII f.

84 Wilhelm Spengler, Das Drama Schillers. Seine Genesis. Leipzig 1932, S. 63. Betreut wurde die Dissertation von Andreas/André Jolles, in Holland geboren, im Weltkrieg als Kriegsfreiwilliger auf deutscher Seite, 1916 Professor an der flämischen Universität Gent, seit 1917 Professor für vergleichende Literaturwissenschaft in Leipzig. 1936 schrieb Spengler ein außerordentlich lobendes Gutachten über Jolles für den SD (BArch DH, ZB I, 1422 A 5, Bl. 174 f., gedruckt in: Simon, Germanistik, S. XLI).

85 Handschriftlicher Lebenslauf, 13.7.1936, BArch, BDC, SSO-Akte Wilhelm Spengler.

86 Laut Aussage von Friedrich Karl Freiherr von Eberstein, der 1933/34 Führer des SS-Oberabschnitts Mitte mit Sitz in Dresden war, führte Beutel in Sachsen am 30. Juni 1934 in Heydrichs Auftrag die Exekutionsbefehle durch (IMG, Bd. 20, S. 317); zu Beutel siehe den Biographischen Anhang.

als Gräfe und Mäding, wurde Spengler ehrenamtlicher SD-Mitarbeiter und entschied sich wenig später, den Schuldienst zu quittieren und im März 1934 ganz zum SD zu wechseln.[87] Spengler betreute anfänglich das Sachgebiet Konfessionelle Strömungen, aber schon im Frühjahr 1934 schlug er vor, eine Stelle in der Verlags- und Buchhandelsstadt zu schaffen, die für den SD das gesamte deutschsprachige Schrifttum auswerten sollte. Er selbst wurde mit dieser Aufgabe betraut und baute seit dem Juni 1934 die Schrifttumsstelle des SD-Hauptamtes in Leipzig auf, aus der mehrere SD-Mitarbeiter wie Waldemar Beyer oder Paul Dittel hervorgingen.[88] Deren Arbeit bestand darin, die Bücher und Broschüren, die bei der Deutschen Bücherei eingingen, zu sichten, auszuwerten und de facto auch Zensur zu üben. So setzte sich Spengler beispielsweise für das Verbot des Buches von Otto Weber-Krohse, »Landschaftliche Politik«, ein, weil dieser eine preußische Expansionspolitik nach Osten, eine vierte Teilung Polens, einen Ausgleich mit der Sowjetunion fordere und daher »die Begründung des Reiches auf rassischer Grundlage« ablehne. Da das Buch geeignet sei, so Spengler an das Geheime Staatspolizeiamt in Berlin, »die weltanschauliche Grundlage unseres Staates und seine außenpolitischen Beziehung zu Polen zu gefährden«, werde vorgeschlagen, es zu verbieten.[89] Julius Schaxels Bücher »Das Leben auf der Erde« und »Das Geschlecht« dienten nach Spengler der »wissenschaftlichen Unterbauung des Marxismus«; ein Verbot der beiden Bücher sei daher notwendig.[90] Ebenfalls wegen »offensichtlich marxistischer Tendenz« müßte Franz Masereels Sammlung von Holzschnitten »Die Passion des Menschen« verboten werden.[91]

---

87 Handschriftlicher Lebenslauf, 13.7.1936, sowie RuSHA-Fragebogen, 5.2.1936, BArch, BDC, SSO- und RuSHA-Akte Wilhelm Spengler. 1947 begründete Spengler seinen Ausstieg als Lehrer damit, daß er wegen Überfüllung keine Aussichten hatte und erst 1948 mit einer Anstellung hätte rechnen können (Vernehmung, 27.2.1947, GenStAnw KG Berlin, RSHA-Ermittlungsunterlagen, Personalheft Ps 71).

88 Handschriftlicher Lebenslauf, 13.7.1936, BArch, BDC, SSO-Akte Wilhelm Spengler.

89 Spengler an Gestapa, 3.5.1935, BArch Potsdam, SS Versch. Prov. Film 4971, Aufn. 909718.

90 Spengler an Gestapa, 13.6.1935, BArch Potsdam, SS Versch. Prov. Film 3664, Aufn. 899906.

91 Spenglers Verbotsantrag löste bei der Gestapo emsige Aktivitäten aus, weil nicht mehr der Kurt Wolff Verlag das Buch herausgab, sondern es 1929 vom Transmare

Neben seiner Zensurtätigkeit für SD und Gestapo war Spengler – zusammen mit anderen SD-Führern wie Six, Levin – für den sogenannten H-Sonderauftrag des Reichsführers SS tätig, also die umfangreichen Recherchen zu Hexen in Deutschland, die Himmler 1935 in Auftrag gegeben hatte.[92]

Wegen ihrer zunehmenden Bedeutung für die Arbeit des Sicherheitsdienstes wurde die Leipziger Schrifttumsstelle zum April 1936 mit allen Mitarbeitern von Leipzig nach Berlin verlegt und um das Aufgabengebiet Presse erweitert. Die Leitung der nunmehrigen Hauptabteilung Presse und Schrifttum (I 31) in der von Six geleiteten Zentralabteilung I 3 übernahm Wilhelm Spengler. Six lobte später dessen Arbeit als grundlegend für den SD. Durch die Integration der Leipziger Schrifttumsstelle in die Presseabteilung des SD-Hauptamtes und die Weiterentwicklung einer in Leipzig verbliebenen Verbindungsstelle hätten sich 1936 »umfassende nachrichtendienstliche Materialquellen« ergeben. Entgegen den »oft sehr unzuverlässigen Meldungen« aus den SS-Oberabschnitten hätten sich Schrifttum und Presse »als die wohl zuverlässigsten Nachrichtenquellen innerhalb des Sicherheitsdienstes« herausgestellt.[93]

Der Rassereferent – Hans Ehlich

Dr. med. Hans Ehlich wurde 1901 in Leipzig als ältestes von fünf Kindern geboren, der Vater war Ingenieur. Weil der Vater die Stelle wechselte, zog

---

Verlag in Berlin übernommen worden war (Vorgang in: BArch Potsdam, SS Versch. Prov. Film 3664, Aufn. 899927–33).

92 Vgl. dazu jetzt den ausführlichen und verdienstvollen Band: Lorenz/Bauer/Behringer/Schmidt, Himmlers Hexenkartothek; darin vor allem den Aufsatz von Rudolph, »Geheime Reichskommando-Sache!«. Jörg Rudolph weist bereits für den Juli 1935 einen Besuch Spenglers im Bayrischen Staatsarchiv in Neuburg a.D. nach, wo er nach den Unterlagen des Archivs »Akten über Hexenwesen zwecks einer Arbeit über Aberglauben auf dem Lande« angefordert habe (ebenda, S. 70).

93 Memorandum Six, »Die Entwicklung des Amtes II (1935–1939)«, 17.7.1939, BArch, R 58/F, 295, Bl. 2–9; vgl. dazu Hachmeister, Gegnerforscher, S. 211. Spengler wechselte 1937 in die Zentralabteilung II 2 Lebensgebietsmäßige Auswertung und leitete dort die Hauptabteilung II 21 Kulturelles Leben, die später in die RSHA-Gruppe III C Kultur überführt wurde.

die Familie 1905 erst nach Heilbronn, sechs Jahre später nach Chemnitz. Dort absolvierte Hans Ehlich 1920 das Abitur und studierte anschließend Medizin und Zahnheilkunde in Leipzig und Würzburg. Als zweiundzwanzigjähriger Student trat er der »Reichsflagge« bei, einem rechtsradikalen bayrischen Wehrverband, der zusammen mit anderen militanten Gruppen den Sturz der Weimarer Republik betrieb.[94] Nachdem die »Reichsflagge« vom Stahlhelm übernommen wurde, der Distanz zur NSDAP hielt, trat Ehlich 1926 aus, weil, wie er zehn Jahre später schrieb, »uns der Besuch nationalsozialistischer Versammlungen verboten wurde«.[95] Allerdings brauchte es noch einmal fünf Jahre, bis er am 1. Dezember 1931 in die NSDAP eintrat. Womöglich wollte er seine Stellung als Assistenzarzt am Stadtkrankenhaus in Dresden-Johannstadt, die er nach seinem Staatsexamen und Promotion zum Dr. med. 1927 erlangt hatte, nicht gefährden. Erst sah es so aus, als strebte Ehlich eine ganz normale bürgerliche Karriere an. Anfang Februar 1932 ließ er sich in Kötzschenbroda nahe Dresden als praktischer Arzt nieder und heiratete im März die Tochter eines Dresdner Sanitätsrats. Doch ganz ließ ihn die Politik nicht los: Im Juni 1932 trat er in die SS ein und tat als Sturmbannarzt Dienst. Auch beruflich war ihm die Praxis in Kötzschenbroda nicht genug. Da es keine Kassenpraxis war, wie er in seinem Lebenslauf von 1936 begründete, siedelte das Ehepaar im April 1933 nach Sebnitz in Sachsen über. Zwei Jahre später erfolgte der entscheidende biographische Bruch:

»Im Sommer 1935 erhielt ich eine Aufforderung, in den Staatsdienst überzugehen. Da ich mich schon lang mit Erb- und Rassenpflege beschäftigt hatte und mir die Stellung hierin besondere Gelegenheit bot, gab ich meine Praxis auf.«[96]

---

94 Bis in den September 1923 war die »Reichsflagge« an den Vorbereitungen zum Putsch in Bayern beteiligt. Mit der SA und dem Bund Oberland schloß sich die »Reichsflagge« zum »Deutschen Kampfbund« zusammen, dessen politische Führung Adolf Hitler übernahm. Erst in dem nachfolgenden Konflikt zwischen Kahr und Hitler trennte sich die »Reichsflagge« vom Kampfbund und ging in das Lager Kahrs über. Allerdings blieb die Münchner Gruppe der »Reichsflagge«, jetzt als »Reichskriegsflagge«, unter Ernst Röhm dem Kampfbund und Hitler treu und beteiligte sich wenige Wochen später an dessen Putschversuch (Gruchmann, Der Weg zum Hitler-Putsch, S. LV–LVII).
95 Handschriftlicher Lebenslauf, 30. 9. 1936, BArch, BDC, SSO-Akte Hans Ehlich.
96 Ebenda.

Ehlich, zum Regierungsmedizinalrat ernannt, wurde Rassereferent in der Gesundheitsabteilung des sächsischen Innenministeriums, zugleich Mitarbeiter des Rassenpolitischen Amtes der NSDAP. Dort wurde der SD auf ihn aufmerksam. In einer Nachkriegsaussage gab Ehlich an, daß Reinhard Höhn ihn im Herbst 1936 für den SD angeworben habe.[97] Im Februar 1937 kam Ehlich, erst nur vom sächsischen Innenministerium abgeordnet, nach Berlin in das SD-Hauptamt als Abteilungsleiter II 213 Rasse und Volksgesundheit.[98]

»Ehlich ist alter Parteigenosse und SS-Mann, der sich jederzeit für den Nationalsozialismus eingesetzt hat,« beurteilte ihn Six 1938. »Auf Grund seiner umfassenden Erfahrungen auf dem medizinischen Sachgebiet hat sich E. in allen Fragen des medizinischen Sachgebietes bewährt. Er führt die Abteilung voll verantwortlich und hat sich hierbei besondere Verdienste erworben.«[99]

Auch Erwin Weinmann entschied sich für die Politik. Nachdem er im Wintersemester 1932/33 die ärztliche Prüfung mit »sehr gut« bestanden hatte, erhielt er im April 1934 seine Approbation, im Januar 1935 promovierte er zum Dr. med. und war danach zuerst als Medizinalpraktikant am Hygienischen Institut, dann als Assistenzarzt an der Poliklinik in Tübingen tätig.[100] Im Herbst 1936 trat Scheel offenkundig an ihn heran,

97 Eidesstattliche Erklärung, 25.11.1947, GenStAnw KG Berlin, RSHA-Ermittlungsunterlagen, Personalakte Pe 6.
98 Kennzeichnend für die zum Teil verwinkelten administrativen Wege, um für SD-Mitarbeiter staatliche Planstellen beizubehalten, ist die Tatsache, daß Ehlich am 1.4.1939 unter Aufrechterhaltung seiner Abordnung zum SD-Hauptamt in die Stelle eines Oberstabsarztes bei der Polizeidirektion Frankfurt/Oder versetzt und damit in den Reichsdienst übernommen wurde (RMdI, Vorschlag zur Ernennung zum Ministerialrat, 12.1.1943, BArch DH, ZR 45). Allerdings gab Ehlich in einer Nachkriegsvernehmung an, daß er vom SD besoldet worden sei (Vern. 3.6.1960, GenStAnw KG Berlin, RSHA-Ermittlungsunterlagen, Personalakte Pe 6).
99 Personalbericht, 1938, gez. Six, BArch, BDC, SSO-Akte Hans Ehlich.
100 Sein Bruder Ernst war mittlerweile zum Fraktionsführer der NSDAP im Tübinger Gemeinderat sowie zum stellvertretenden Kreisleiter der NSDAP aufgestiegen und ein wichtiger Faktor der Tübinger Stadtpolitik geworden. 1935 erhielt er das einflußreiche Amt des Ersten Beigeordneten und wurde 1939 selbst Oberbürgermeister Tübingens (Schönhagen, Tübingen unterm Hakenkreuz, S. 187, 319). Von 1941 bis 1944 war Ernst Weinmann »Umsiedlungskommissar« beim Militärbefehlshaber Serbien, das heißt für die Vertreibung und Deportation von Tausenden von Menschen verantwortlich. Ernst Weinmann, der im November

um ihn für die SD-Arbeit zu werben.[101] Seit dem 1. Dezember 1936 arbeitete Weinmann hauptamtlich für den SD.

Diese Entscheidung fiel offenkundig nicht deswegen, weil er möglicherweise ein schlechter Arzt oder von der Poliklinik gekündigt worden war. Im Gegenteil, in einem SD-Zeugnis über ihn heißt es:

»Weinmann war Assistenzarzt am Universitätskrankenhaus Tübingen. Er wird von dort immer wieder angefordert, um Oberarzt zu werden. Weinmann ist ein ausgezeichneter Arzt, aber auch ein ebenso ausgezeichneter SD-Mann. Seine Neigung gehört überwiegend dem SD.«[102]

Dr. Erwin Weinmann, Leiter der Gruppe Besetzte Gebiete im RSHA-Amt IV Gestapo, Führer des Einsatzkommandos 4 a, Befehlshaber der Sicherheitspolizei und des SD in Prag (Bundesarchiv, BDC, RuSHA-Akte Erwin Weinmann)

Ähnlich wie Erwin Weinmann war Hans Ehlich die bürgerliche Karriere eines honorig verheirateten, praktischen Arztes in einer sächsischen Kleinstadt nicht genug. Sein Beitritt zur SS im Juni 1932, ein Jahr vor der Machtergreifung, zeigt, daß er auch als kleinstädtischer Honoratior die Politik nicht aufgegeben hatte, mehr noch, Ehlich zeigte deutlich Flagge zu einer Zeit, als es für lokale Würdenträger noch nicht opportun war (der erdrutschartige Wahlsieg der NSDAP geschah erst ei-

---

1944 wieder auf seinen Posten als Tübinger Oberbürgermeister zurückgekehrt war, wurde wegen dieser Verbrechen nach dem Krieg an Jugoslawien ausgeliefert, im Dezember 1946 zum Tode verurteilt und hingerichtet (Lang, Ernst Weinmann).

101 In einem Schreiben an das SS-Rasse- und Siedlungshauptamt vom 23. 1. 1937 notierte Weinmann, daß er sich im Oktober »auf Vorschlag des Führers des SD-Oberabschnittes Südwest bereit erklärt [habe], eine hauptamtliche Stelle beim SD-RFSS zu übernehmen« (BArch, BDC, SSO-Akte Erwin Weinmann).

102 Personalbeurteilung, SD-Oberabschnitt Südwest, o. D. (1938), ebenda.

nen Monat später), der NSDAP oder gar der SS anzugehören. Das Politische, insbesondere die Beschäftigung mit Rassenfragen, bildeten in seiner Biographie offenkundig eine stets präsente wie naheliegende Alternative. Als sich die Gelegenheit zum Wechsel bot, ergriff er sie ohne Zögern. Und selbst der Staatsdienst im sächsischen Innenministerium war noch nicht das Ziel seines Engagements. Nach einem Jahr entschied er sich, ganz für den SD zu arbeiten.[103]

Europaweit einzusetzen – Walter Blume

Dr. Walter Blume, 1906 in Dortmund geboren, der Vater Oberlehrer in einem Lyzeum, evangelisch groß geworden, studierte Jura in Bonn, Jena und Münster.

»Um das Grenzlandsdeutschtum kennen zu lernen«, schrieb er in seinem Lebenslauf 1935, »benutzte ich die Ferien zu ausgedehnten Wanderungen durch Österreich, die Tschechoslowakei und Dänemark.«[104]

Er bestand die erste juristische Staatsprüfung im Januar 1929 mit »befriedigend«, drei Jahre später sein Assessorexamen im August 1932 mit »ausreichend«, promovierte 1933 zum Dr. jur. Wie viele andere junge

---

103 1967 formulierte Hans Ehlich seinen Werdegang für diese Jahre folgendermaßen: »Während meiner Tätigkeit als Arzt in Sebnitz beschäftigte ich mich besonders mit der Schulgesundheitsfürsorge. Dadurch kam ich mit den für die Gesundheitsfürsorge zuständigen Stellen im Sächsischen Innenministerium in nähere Berührung. Dies führte dazu, daß mir 1935 die Stelle des Referenten für Gesundheitsfürsorge im Innenministerium angeboten wurde. Ich wurde als Medizinalrat übernommen. 1937 lernte ich anlässlich einer Urlaubsreise einige Herren kennen, die in Berlin in dem damaligen SD-Hauptamt einen Inlandsnachrichtendienst auf den verschiedenen Lebensgebieten aufbauen sollten. Man machte mir den Vorschlag, diese Tätigkeit auf dem Sektor Volksgesundheit und Bevölkerungspolitik zu übernehmen. Da im Ministerium in Dresden die Arbeitsverhältnisse durch die Rivalitäten zwischen Staat und Partei wenig günstig waren, sagte ich zu und wurde aus dem Staatsdienst zum SD-Hauptamt beurlaubt. Dort wurde ich als Referent in der Hauptabteilung II 2 (SD-Inland) mit der Aufgabe der Bearbeitung der Nachrichten, die von den SD-Abschnitten auf den Gebieten der Volksgesundheit und der Bevölkerungspolitik zum SD-Hauptamt kamen, betraut.« (Lebenslauf, 24. 4. 1967, ZStL, 415 AR 1310/63, E 8 [Ehlich])

104 Handschriftlicher Lebenslauf, 1935, BArch, BDC, SSO-Akte Walter Blume.

Assessoren konnte er froh sein, ein sogenanntes unentgeltliches richterliches Kommissarium zu erhalten, das heißt er arbeitete als unbezahlter Hilfsrichter im Amtsgericht in Dortmund[105] – eine nicht weiter zu beachtende Assessorenkarriere, wenn nicht die Machtergreifung Blume im März 1933 eine unerwartete Chance eröffnet hätte.

Ein bekannter Rechtsanwalt, so sagte Blume im Einsatzgruppenprozeß nach dem Krieg aus, habe ihn darauf aufmerksam gemacht, daß jetzt die Möglichkeit bestünde, eine Verwaltungslaufbahn einzuschlagen, und wollte ihm eine Beschäftigung beim Polizeipräsidium vermitteln.[106] Junge Assessoren waren gefragt. Sebastian Haffner, der zu dieser Zeit als Referendar im Kammergericht Berlin arbeitete, berichtete, daß die jungen Juristen hoch im Kurs standen. Er selbst erhielt Briefe des Nationalsozialistischen Juristenbundes, daß sie doch die Generation seien, die das neue deutsche Recht aufzubauen habe. Haffner:

»Ich ließ die Schreiben in den Papierkorb sinken, aber so taten nicht alle. Man fühlte es den Referendaren an, wie sie an Wichtigkeit und Selbstbewußtsein gewannen. *Sie* waren es jetzt, und nicht mehr die Kammergerichtsräte, die in Sitzungspausen eingeweiht die höheren Justizpersonalien diskutierten. Man hörte die unsichtbaren Marschallstäbe in den unsichtbaren Tornistern rascheln.«[107]

Blume ergriff die Gelegenheit und wurde, wie er selbst 1934 schrieb, »am 1. 3. 1933 von dem aus Anlass der national-sozialistischen Revolution neuernannten Polizeipräsidenten und SA-Gruppenführer Schepmann mit der Leitung der politischen Abteilung des Polizeipräsidiums Dortmund betraut«.[108]

Aus seiner politischen Einstellung machte er auch 1947 keinen Hehl. Er sei in einem politisch konservativen Elternhaus aufgewachsen und habe den Gedanken des Klassenkampfes stets abgelehnt. »Statt dessen hielt ich den politischen Gedanken der Volksgemeinschaft für richtig, wie ihn die NSDAP vertrat.« Nach der Verfolgung der Juden gefragt, antwortete er:

---

105 RMdI, Vorschlag zur Ernennung Blumes zum Ministerialrat, 14. 10. 1941, BArch DH, ZR 106; Vernehmung Blume, 31. 10. 1947, United Military Tribunals Nürnberg, Case No. 9 Otto Ohlendorf et al., S. 1803 (roll 15, fol. 210).
106 Vernehmung Blume, 31. 10. 1947, ebenda.
107 Haffner, Geschichte eines Deutschen, S. 179 (Hervorhebung im Original).
108 Lebenslauf Blume, 15. 8. 34, BArch DH, ZR 106.

»Ich billigte grundsätzlich die Bestrebungen, den ganzen unverhältnismässig hohen Anteil der Juden am öffentlichen Leben in Deutschland, in den Beamtenstellungen, in den freien Berufen usw., allmählich auf einen Prozentsatz zu beschränken, der ihrem prozentualen Anteil an der deutschen Bevölkerung entsprach. Ich hielt es auch für nötig, den ungehemmten Zustrom des sogenannten Ostjudentums aus Polen nach Deutschland, der seit 1918 ständig erfolgt war, und der den Antisemitismus in Deutschland besonders gesteigert hatte, abzustoppen.«[109]

Offener kann man unter den Bedingungen eines Gerichtsverfahrens mit Anklage auf Massenmord, auf die das Todesurteil stand, wohl kaum seine Übereinstimmung mit dem Antikommunismus und Antisemitismus der NSDAP formulieren. Mit Dienstbeginn trat Walter Blume zum 1. Mai 1933 in die NSDAP (Mitglieds-Nr. 3 282 505) und die SA ein, von der er im März 1935 in die SS überwiesen wurde.[110] Zugleich wurde er im Juli 1933, in Anlehnung an die militärische Bezeichnung des Nachrichtendienstoffiziers im Generalstab, sogenannter 1c-Referent der SA-Gruppe Westfalen, arbeitete also seit dieser Zeit für den SD.[111]

In den folgenden Jahren wechselte er wie alle anderen Angehörigen des Leitenden Dienstes bei der Gestapo ständig den Arbeitsplatz. Durch diese Rotation gelang es der RSHA-Spitze, daß die Führungsangehörigen zum einen möglichst viele Erfahrungen sammelten, zum anderen durch die »Nicht-Seßhaftigkeit« ein hohes Maß an Flexibilität und Einsatzbereitschaft zeigten.[112] Bis zum Herbst 1934 blieb Blume Leiter der Gestapo in Dortmund und wurde dann in das Geheime Staatspolizeiamt nach Berlin berufen, übernahm wenige Monate später die Leitungen der Staatspolizeistellen in Halle und Hannover.

Von Halle aus berichtete Blume im Dezember 1935 über seine Erfolge bei der Verfolgung der Juden. Es habe sich als wichtig erwiesen, daß die »Bearbeitung von Judenfragen besonderen Beamten übertragen worden ist, die sich ständig ausschliesslich mit dieser Materie zu befassen haben«.

---

109 Vernehmung Blume, 31. 10. 1947, a. a. O. (s. Anm. 105).
110 BArch, BDC, SSO-Akte Walter Blume.
111 SA-Führer-Fragebogen Blume, 22. 5. 1934, BArch DH, ZR 106.
112 Gerhard Paul beobachtete in seiner Untersuchung sämtlicher Stapostellenleiter des Jahres 1938/39 ebenfalls dieses Rotationsprinzip. Die weitaus meisten dieser insgesamt 60 Stapostellenleiter blieben jeweils nur kurze Zeit an ihren Dienststellen (Paul, Ganz normale Akademiker, S. 246).

Auch die intensive Zusammenarbeit mit dem SD habe sich als »sehr wertvoll« erwiesen. Mit Stolz meldete er:

»1.) Halle wird von einem Zuzug durch Juden gemieden.
2.) Es macht sich eine verstärkte Abwanderung bemerkbar.
3.) In Halle ist eine fast völlige Zurückziehung der Juden aus der Öffentlichkeit zu bemerken.«[113]

Walter Blume stieg auf. Zum 1. Dezember 1939 wurde er Chef der Gestapo Berlin, gleichzeitig zum Oberregierungsrat ernannt, anderthalb Jahre später, im März 1941, wechselte er ins Reichssicherheitshauptamt als Leiter der wichtigen Personalabteilung (Gruppe I A) im Amt I unter Streckenbach.[114] Nach Aussage des Adjutanten Streckenbachs zählte Blume zu dessen engsten Mitarbeitern.[115] Im Juni 1941 erhielt Blume, der im RSHA an der Zusammenstellung des Personals für die Einsatzgruppen maßgeblich beteiligt war, selbst seine Kommandierung als Führer des Sonderkommandos 7a in der Einsatzgruppe B, für dessen Morde er nach dem Krieg im Nürnberger Einsatzgruppenprozeß vor dem US-Militärgericht zur Verantwortung gezogen wurde.

Im September 1941 kehrte Blume nach Berlin zurück – bis Mitte September hatte die Einsatzgruppe B insgesamt nach eigenen Angaben annähernd 24 000 Menschen getötet[116] – und nahm wieder seine Tätigkeit als Personalleiter des RSHA auf. Ein dreiviertel Jahr später, im Juni 1942, wurde Blume erneut »eingesetzt«, dieses Mal als Leiter der Sicherheitspolizeieinheiten in einer »Sonderaktion« zur sogenannten »Bandenbekämpfung« in Slowenien. Himmlers persönlicher Befehl lautete, daß diese Aktion »zweckvoll, hart und rücksichtslos« zu geschehen habe.[117]

---

113 Blume an Staatspolizeileitstelle Dresden, 5. 12. 1936, Sonderarchiv Moskau, 500-1-290, Bl. 109–111.

114 RMdI, Vorschlag zur Ernennung Blumes zum Ministerialrat, 14. 10. 1941, BArch DH, ZR 106.

115 Vernehmung Heinrich Johann zum Broock, 6. 11. 1963, StAnw Hamburg, 147 Js 31/67, Bd. 9, Bl. 1550–1560.

116 Gerlach, Einsatzgruppe B, S. 62.

117 Befehl Himmlers zur »Unterdrückung des Bandentätigkeit in den Gebieten Oberkrain u. Untersteiermark«, Juni 1942, IfZ, MA 344, fol. 670042–44; vgl. auch: Dienstkalender Heinrich Himmlers 1941/42, S. 437, 466 (Einträge unter dem 27. 5. und 25. 6. 1942).

Er sei »sehr stolz« auf seine Zeit in Slowenien gewesen, bekannte Blume noch im Nürnberger Prozeß.[118] Anschließend kam Blume für ein knappes Jahr als Inspekteur der Sicherheitspolizei nach Düsseldorf und ging im August 1943 als Befehlshaber der Sicherheitspolizei und des SD nach Athen. Mark Mazower charakterisierte Blume als »the real force behind the SS in Greece«, indem es Blume verstanden habe, die BdS-Dienststelle in Athen zum Zentrum des gesamten deutschen Terrorapparates in Griechenland zu machen.[119] Seit September richteten Dieter Wisliceny und nachfolgend Anton Burger eine Dependance des Eichmann-Referats IV B 4 in Blumes Dienststelle ein, um nach der Deportation der Juden von Saloniki nach Auschwitz nun auch die Juden auf dem griechischen Festland, insbesondere in Athen, zu berauben und nach Auschwitz zu deportieren.[120] Seine Untergebenen in Athen beschenkte Blume zu Weihnachten 1943 mit ausgesuchten Kleidungsstücken – aus dem Eigentum der geflohenen oder ermordeten griechischen Juden.[121] Blumes unerbittlicher terroristischer Einsatz gegen alle, die auch nur in Verdacht gerieten, Kontakte zur Widerstandsbewegung oder zu den Alliierten zu haben, brachte ihn schließlich sogar in Konflikt mit dem Auswärtigen Amt, das angesichts des alliierten Vormarsches zu Recht befürchtete, daß der Terror selbst kollaborationsbereite Griechen in den Widerstand treiben würde. Ehe der Konflikt zur offenen Auseinandersetzung zwischen Auswärtigem Amt und RSHA führte, hatte jedoch die Wehrmacht Griechenland aufgrund der militärisch bedrängten Lage wieder zur Operationszone erklärt und damit auch die Verantwortung für die Sicherheit übernommen.[122] Blume kehrte Ende 1944 nach Berlin zurück – ein überall in Europa einzusetzender Mann, der scheinbar mühelos vom Schreibtisch an die Erschießungsgräben, vom Personalleiter im Reichssicherheitshauptamt in die Rolle des Gestapochefs in den eroberten Gebieten wechselte.

118 Vernehmung Blume, 5. 11. 1947, a. a. O. (s. Anm. 105).
119 Mazower, Inside Hitler's Greece, S. 224.
120 Ebenda, S. 248–261; Safrian, Eichmann-Männer, S. 270–292; Hilberg, Vernichtung der europäischen Juden, S. 737–755; Yahil, Shoah, S. 556–573.
121 Mazower, Inside Hitler's Greece, S. 225.
122 Ebenda, S. 234.

Der Hoffnungsträger –
Hans Nockemann

Dr. Hans Nockemann, drei Jahre älter als Blume, 1903 in Aachen als Sohn eines Kaufmanns geboren, hatte im letzten Kriegsjahr als Fünfzehnjähriger noch zehn Wochen als Jungmann in der Etappe Dienst getan und studierte nach dem Abitur Rechts- und Staatswissenschaften in Bonn und München. Seine Staatsexamina fielen eher durchschnittlich aus, seine Dissertation zum Kohlenwirtschaftsgesetz erhielt nur die Note »voll befriedigend«. Im Oktober 1931, ebendem Monat, als er dem Amtsgericht in Aachen zur unentgeltlichen Beschäftigung zugewiesen wurde, trat Nockemann nach eigenen Angaben in die NSDAP ein, im Mai 1932 wurde er Mitglied der SA.[123] Dabei ist nicht so

Dr. Hans Nockemann, Chef des RSHA-Amtes II Verwaltung 1941
(Bundesarchiv, BDC, RuSHA-Akte Hans Nockemann)

sehr die Tatsache überraschend, daß Nockemann, der immerhin schon als zwanzigjähriger Student ein Aktivist gegen die separatistischen Versuche im Rheinland gewesen und deswegen sogar inhaftiert worden war, sich der NSDAP anschloß, als vielmehr der Zeitpunkt des Beitritts. Denn bis zum Juli 1932 galt in Preußen die Mitgliedschaft von Beamten in KPD

---

123 Auf seiner NSDAP-Mitgliedskarte (Mitglieds-Nr. 1 107 551) ist als Aufnahmedatum der 1. 5. 1932 vermerkt (NSDAP-Mitgliedskarte Hans Nockemann, BArch, BDC). Nach Nockemanns eigenen Auskünften schied er im November 1932 auf Bitten des NSDAP-Kreisleiters wieder aus der SA aus, um sich ganz auf die Parteiarbeit in der Kreisleitung konzentrieren zu können (Lebenslauf, o. D. [1936], BArch, BDC, SSO-Akte Hans Nockemann).

und NSDAP als Dienstvergehen.[124] Nockemann, so der Bund National-sozialistischer Juristen im September 1933 in einer politischen Stellung-nahme, sei in Aachen »einer der allerersten höheren Beamten gewesen, die sich der nationalsozialistischen Bewegung nicht nur angeschlossen, sondern auch dauernd und energisch in ihr mitgearbeitet haben. Stets ist er in aller Öffentlichkeit und auch gegenüber seinen Behördenchefs als Nationalsozialist aufgetreten.«[125]

Das Politische war Hans Nockemann offenkundig wichtiger als die mögliche Karriereeinbuße, die für ihn realiter nicht stattfand – im Gegen-teil, seine frühe Parteimitgliedschaft und sein Engagement für die NSDAP als Rechtsberater der Kreisleitung in Aachen lassen ihn in jenen Kreis jun-ger Assessoren aufrücken, die nach der Machtergreifung dringend ge-braucht wurden, um die entsprechenden Positionen in der Verwaltung politisch neu zu besetzen.

Nockemann beantragte Ende Februar 1933, in die preußische innere Verwaltung übernommen zu werden.[126] Das Innenministerium fragte bei den verschiedenen Stellen nach und erhielt lobende Empfehlungen über Nockemann. Der Duisburger Oberbürgermeister und 1925 Reichspräsi-dentschaftskandidat des rechten Lagers, Dr. Jarres, beurteilte Nockemann als »vortrefflichen Juristen«, der »gerade unter den heutigen politischen Verhältnissen besonders geeignet« sei.[127] Auch der Aachener Oberbürger-meister Rombach stellte ihm einen guten Leumund aus und empfahl ihn für den preußischen Verwaltungsdienst.[128] Das preußische Innenministe-

---

124 Das Verbot der preußischen Regierung vom 25. 7. 1930, wonach die Mitglied-schaft in KPD und NSDAP als Dienstvergehen angesehen wurde, war durch die kommissarische Regierung Preußens am 27. 7. 1932 für die NSDAP wieder aufge-hoben worden (Huber, Deutsche Verfassungsgeschichte, Bd. 6, S. 522 Anm. 61). Hans Mommsen weist darauf hin, daß es der NSDAP seit 1930 vor allem in Preu-ßen gelungen war, trotz des Verbots für Beamte, der NSDAP oder KPD anzuge-hören, innerhalb der Beamtenschaft eine beachtliche Resonanz zu finden und im Deutschen Beamtenbund einen starken Einfluß zu gewinnen (Mommsen, Beam-tentum im Dritten Reich, S. 27 f.).
125 BNSDJ, Bezirk Köln, an PrMdI, 22. 9. 1933, RMdI, Personalakte Nockemann, BArch DH, ZR 05.
126 Nockemann an PrMdI, 22. 2. 1933, ebenda.
127 Jarres an Reichskommissar für das PrMdI, 11. 4. 1933, ebenda.
128 Reg.präs. Aachen an PrMdI, 20. 4. 1933, ebenda.

rium erklärte sich daraufhin bereit, Nockemann probeweise als Justitiar zu beschäftigen und wies ihn zum 10. Mai 1933 dem Regierungspräsidenten in Aachen zu.[129] Dort wurde er sogleich nicht nur als politischer Sachbearbeiter und Pressedezernent, sondern auch als Leiter der Staatspolizeistelle eingesetzt, zur vollen Zufriedenheit des Regierungspräsidenten, der die Übernahme Nockemanns in die Verwaltung und seine gleichzeitige Ernennung zum Regierungsrat im Oktober 1933 wärmstens befürwortete.[130] Tatsächlich wurde Nockemann zum 1. November 1933 übernommen, allerdings vorerst als Regierungsassessor. Auf die Beförderung zum Regierungsrat mußte er noch bis zum Juni 1934 warten. Das tat seinem Engagement für den Nationalsozialismus keinen Abbruch. Mit antisemitischer Verve schrieb er im September 1934:

»Der Unterzeichnete hat gelegentlich einer kurzen Urlaubsreise feststellen müssen, dass sich in den verschiedensten deutschen Seebädern, insbesondere aber auf Helgoland, das Judentum wieder in unangenehmster Weise breitmacht, darüber hinaus aber auch andere Kreise in einer die Volksgemeinschaft aufs Empfindlichste gefährdende Weise auftreten, die nur den einen zweifelhaften Vorzug haben, dass sie über Geld verfügen.«[131]

Nun aber hatte das Geheime Staatspolizeiamt in Berlin, namentlich Reinhard Heydrich und Werner Best, das Augenmerk auf den jungen, befähigten Assessor gerichtet. Mit Schreiben vom 4. Februar 1935 teilte Best dem Reichs- und preußischen Innenministerium mit, Nockemann solle die Leitung der Stapostelle Aachen endgültig übernehmen. Da er zugleich durch den Stellenplan der Gestapo für 1934 in eine neugeschaffene Regierungsratsstelle nachrücken könne, würde er als Beamter auch offiziell zur Staatspolizeistelle Aachen versetzt[132] – Nockemann gehörte nun der Gestapo, und diese ließ ihn sich nicht mehr abjagen. Noch im März rückte das Geheime Staatspolizeiamt in Berlin von seinen Aussagen zuvor ab und beauftragte Nockemann mit der Leitung der Stapo Köln, deren bisheriger Leiter Dr. Möller dem preußischen Innenministerium »zur Wiederver-

---

129 PrMdI an Nockemann, 26. 4. 1933, ebenda.
130 Reg.präs. Aachen an PrMdI, 17. 10. 1933, ebenda.
131 Staatspolizeistelle Aachen, Lagebericht für August 1934, unterzeichnet von Nockemann, 4. 9. 1934, BArch, R 58/3590, Bl. 63. Zum Antisemitismus in den Seebädern siehe Wildt, »Der muß hinaus!«.
132 Best an RuPrMdI, 4. 2. 1935; RuPrMdI an Nockemann, 9. 2. 1935, RMd I, Personalakte Nockemann, BArch DH, ZR 05.

wendung in der inneren Verwaltung« gewissermaßen retour geliefert wurde.[133] Rudolf Diels, erster Chef der Gestapo und nun Regierungspräsident in Köln, sowie der Oberpräsident der Rheinprovinz und NSDAP-Gauleiter von Essen, Josef Terboven, versuchten beide vergeblich, Nockemann dem Zugriff Heydrichs und Bests zu entwinden. Dem Antrag Diels, daß Nockemann zugleich mit der Leitung der Gestapo Köln auch als politischer Dezernent des Regierungspräsidenten tätig sein solle, stimmte Best noch zu. Den Vorschlag Terbovens, der klagte, daß seine vor einiger Zeit bei »Heiderich« [sic!] erfolgten Bemühungen um eine Freigabe Nockemanns fehlgeschlagen seien, diesen nun als politischen Referenten einzustellen, unterlief die Gestapozentrale in Berlin, indem sie Nockemann als Leiter der Gestapo nach Koblenz, dem Sitz des Oberpräsidenten, versetzte und sich einverstanden erklärte, daß er zugleich als dessen politischer Referent fungieren könne.[134] Und einen zweiten Erfolg konnte Heydrich wenig später verbuchen. Im Verbund mit dem Personalreferenten des Innenministeriums, Oberregierungsrat von Wedelstädt, setzte Heydrich gegen den Widerstand des Finanzministeriums durch, daß Nockemann 1936 vorzeitig und unter Abweichung der Reichsgrundsätze – Nockemann war erst im Juli 1934 Regierungsrat geworden und hatte noch nicht die üblichen drei Jahre Dienst getan – befördert wurde, nachdem sich auch Terboven persönlich bei Staatssekretär Pfundtner im Innenministerium für Nockemann stark gemacht hatte.[135] Zum 1. Oktober 1936 wurde der noch nicht 33jährige Dr. Hans Nockemann zum Oberregierungsrat ernannt.[136]

---

133 Inspekteur der Preußischen Geheimen Staatspolizei an RuPrMdI, 30. 3. 1935, ebenda. Nockemanns Nachfolger in Aachen wurde Heinz Seetzen.

134 Reg.präs. Köln an RuPrMdI, 17. 4. 1935; Best an RuPrMdI, 28. 5. 1935; Terboven an RuPrMdI, 17. 7. 1935; RuPrMdI an Inspekteur des Gestapa, 22. 7. 1935; Best an RuPrMdI, 3. 8. 1935; RuPrMdI an Nockemann, 27. 8. 1935; Best an RuPrMdI, 3. 9. 1935; RuPrMdI an Nockemann, 26. 10. 1935, ebenda.

135 Heydrich an RuPrMdI, 28. 4. 1936; RuPrMdI an RMdF, 11. 5. 1936; RMdF an RuPrMdI, 27. 5. 1936; Terboven an Pfundtner, 7. 6. 1936; RMdF an RuPrMdI, 31. 7. 1936; RuPrMdI an Heydrich, 20. 8. 1936, ebenda.

136 Es gab aber auch Reibungsverluste in dieser steilen Karriere. So merkte der SD Oberabschnitt Rhein an, daß Nockemann in der Vergangenheit »nicht immer den guten Willen zu einer Erfolg versprechenden Zusammenarbeit« habe erkennen lassen, was seine Ursachen darin gehabt haben könne, daß er in der gleichzeitigen

Drei Jahre später war Nockemann Inspekteur der Sicherheitspolizei in Düsseldorf und für weitere Aufgaben ausersehen. Mit dem Angriff auf Holland, Belgien und Frankreich im Mai 1940 ernannte ihn das RSHA zum Befehlshaber der Sicherheitspolizei und des SD im besetzten Holland, wo er bis Juni blieb, um dann im Reichssicherheitshauptamt das Amt II Verwaltung zu übernehmen.[137] Ein Jahr später war er erneut für einen Einsatz vorgesehen: als Leiter einer Einsatzgruppe in der besetzten Sowjetunion. Aber Anfang Juni erlitt Nockemann einen Autounfall, bei dem sowohl sein Fahrer als auch seine Frau getötet wurden. Nockemann war anscheinend durch diesen Unfall so mitgenommen, daß er von der vorgesehenen Leitung einer Einsatzgruppe entbunden und statt seiner Dr. Walter Stahlecker als Chef der Einsatzgruppe A ernannt wurde.[138] Nockemann selbst wurde zur Waffen-SS eingezogen, nahm am Angriff gegen die Sowjetunion teil und starb am 19. Dezember 1941 an den Folgen einer Granatsplitterverwundung vor Moskau im Lazarett.[139]

Position als Stapostellenleiter und regionaler SD-Führer und zugleich als politischer Dezernent Terbovens »in seinen Entschlüssen und Verhalten beeinflusst« gewesen sei. In der letzten Zeit jedoch habe sich das Verhalten Nockemanns merklich gebessert und zu keinen Beanstandungen mehr Anlaß gegeben (Personalbericht des SD-Oberabschnittsführers Rhein, Walter Potzelt, 28. 8. 1936, BArch, BDC, SSO-Akte Hans Nockemann).

137 Siehe unten, S. 511–513.

138 SS-Führungshauptamt/Kommandoamt der Waffen-SS an Ergänzungsamt der Waffen-SS, 14. 6. 1941, BArch, BDC, SSO-Akte Hans Nockemann; Vernehmung Emil Finnberg, 11. 5. 1966; ZStL, VI 415 AR 1310/63, E 8 (GenStA Berlin, 1 Js 4/65). Stahlecker wurde zeitgleich auch im von Wagner unterzeichneten OKH-Befehl vom 14. 6. 1941 zur Kriegsgliederung der den HSSPF unterstehenden Einsatzkräften der Sicherheitspolizei neben Nebe und Rasch als Beauftragter des Chefs der Sicherheitspolizei und des SD beim Befehlshaber des rückwärtigen Heeresgebietes Nord genannt – Nebe entsprechend für die Heeresgruppe Mitte und Rasch für die Heeresgruppe Süd (Krausnick/Wilhelm, Truppe des Weltanschauungskrieges, S. 149). Damit ist auch die Version falsifiziert, die aus einer Vernehmung Streckenbachs stammt, daß Nebe für Nockemann eingesetzt worden sei (Vernehmung Bruno Streckenbach, 2. 9. 1965, StAnw Hamburg 147 Js 31/67, Bd. 18, Bl. 3364–3381, hier Bl. 3376; vgl. auch Gerlach, Einsatzgruppe B, S. 64 Anm. 5).

139 Verlustmeldung Waffen-SS-Division »Das Reich«, 9. 5. 1942, BArch, BDC, SSO-Akte Hans Nockemann; CSSD, Befehlsblatt Nr. 29, 11. 7. 1942.

Die Ehefrauen

Himmler sah die SS keineswegs als einen reinen Männerorden. Im Gegenteil, in einer Grundsatzrede vor den SS-Gruppenführern in Tölz am 18. Februar 1937 wandte er sich ausdrücklich gegen eine »zu starke Vermännlichung unseres ganzen Lebens«.[140] Ihm schwebte ein anderes Ideal vor:

»Darüber hinaus haben wir uns ja als Ziel gesetzt, hier nicht einen Männerbund ins Leben zu rufen, der wie alle Männer- oder Soldatenbünde früher oder später einmal zerfällt, sondern wir haben uns das Ziel gesetzt, hier wirklich einen Orden allmählich wachsen zu lassen. [...] Ich hoffe, daß wir in 10 Jahren ein Orden sind und auch nicht ein Orden nur von Männern, sondern ein Orden von Sippengemeinschaften. Ein Orden, zu dem die Frauen genauso notwendig dazu gehören wie die Männer. [...] Wir wollen für Deutschland eine auf Jahrhunderte hinaus immer wieder ausgelesene Oberschicht, einen neuen Adel, der sich immer wieder aus den besten Söhnen und Töchtern unseres Volkes ergänzt, schaffen, einen Adel, der niemals alt wird, der in der Tradition und der Vergangenheit, soweit sie wertvoll ist, bis in die grauesten Jahrtausende zurückgeht und der für unser Volk ewig Jugend darstellt.«[141]

Diese rassistische biopolitische Utopie bildete den Kern von Himmlers Weltanschauung. In ihr fokussierten sich seine Konzepte zum Aufbau der SS, zur Sippengemeinschaft, zur Schulung wie zur Eroberung neuer Siedlungsräume im Osten. Aus ihr leitete er gleichermaßen die destruktive Dimension, die Vernichtung all derjenigen ab, die der Vermehrung »gutrassigen Blutes« entgegenstünden. An dieser Politik hat er beharrlich festgehalten, und es hieße die Konsistenz seiner Handlungen unterschätzen, wenn man dieses geschlossene Weltbild ignorierte. Der Primat des »Blutes« hatte für Himmler stets Geltung, unabhängig von herrschenden Moralvorstellungen oder tagespolitischen Rücksichtnahmen.

---

140 Rede Himmlers vor den SS-Gruppenführern in Tölz am 18.2.1937, BArch, NS 19/4004, Bl. 85–188, Zitat: Bl. 142. Übrigens erließ die Parteikanzlei zur selben Zeit eine Anweisung, daß bei der geplanten Neuaufnahme von NSDAP-Mitgliedern, alle »Vorurteile« gegen Frauen »auszuschalten« seien. Der Anteil der Frauen bei den neuen Mitgliedern 1937 verdoppelte sich gegenüber 1933 auf zehn Prozent (Kater, Frauen, S. 206).

141 Rede Himmlers vor den SS-Gruppenführern in München im Führerheim der SS-Standarte »Deutschland« am 8.11.1937, BArch, NS 19/4004, Bl. 278–351, teilweise gedruckt in: Himmler, Geheimreden, S. 61.

Für die Organisation und Politik der SS hat Himmler konsequent an dem Rassenkonzept festgehalten. Grundlage für die rassische Auslese der SS war der Heiratsbefehl vom 31. Dezember 1931. In ihm stellte Himmler als Ziel die »erbgesundheitlich wertvolle Sippe deutscher Nordisch-bestimmter Art« voran. Um dieses Ziel zu erreichen, führte er ab sofort für alle unverheirateten Angehörigen der SS eine Heiratsgenehmigung ein, die der Reichsführer SS erteilte. Eine solche Heiratsgenehmigung wurden allein »nach rassischen und erbgesundheitlichen Gesichtspunkten erteilt oder verweigert«. SS-Angehörige, die trotz verweigerter Genehmigung heirateten, wurden aus der SS ausgeschlossen.[142] Zur Bearbeitung der Heiratsgesuche richtete Himmler mit dem Erlaß zugleich ein »Rassenamt« der SS unter der Leitung von Richard Walther Darré ein, das 1933, nun als »Rasse- und Siedlungsamt«, von München nach Berlin wechselte, wo Darré seine neue Funktion als Reichsbauernführer und Reichsminister für Ernährung und Landwirtschaft ausübte.[143] In Himmlers SS-Konzeption besaß das Rasse- und Siedlungshauptamt einen bedeutsamen Stellenwert und war verantwortlich sowohl für die weltanschauliche Schulung, für die Auslese der SS und für einen »gesunden und artgemäßen Familienaufbau von SS-Angehörigen« als auch für die Herstellung einer engen Verbindung der SS mit dem Bauerntum.[144]

Im November 1936 schlossen Himmler und die Reichsfrauenführerin Gertrud Scholtz-Klink eine Vereinbarung, die die künftigen SS-Ehefrauen verpflichtete, sich vor der Heirat einer Prüfung durch eine Lehrkraft des Deutschen Frauenwerks, Reichsmütterdienst, zu unterziehen. Im selben Jahr noch wurde auf Schwanenwerder bei Berlin die erste von mehreren

---

142 Vgl. Schwarz, Frau, S. 24 f.
143 Vgl. Gies, Entstehung des Rasse- und Siedlungsamtes. Zu Darré siehe die Skizze von Corni, Richard Walther Darré. Zu Darrés weltanschaulichen Vorstellungen vgl. jetzt Kroll, Utopie, S. 157–205. Die Bekanntschaft zwischen Himmler und Darré rührte aus dem Jahr 1930 her, als Darré, mittlerweile bekannt durch seine Bücher »Das Bauerntum als Lebensquell der nordischen Rasse« (1929) und »Neuadel aus Blut und Boden«, Hitler vorgestellt und von diesem beauftragt worden war, den agrarpolitischen Apparat der NSDAP neu aufzubauen (Gies, NSDAP und landwirtschaftliche Organisation, S. 341–351).
144 Koehl, Black Corps, S. 116. Von Isabelle Heinemann ist demnächst eine Dissertation über das Rasse- und Siedlungshauptamt zu erwarten.

Bräuteschulen eröffnet, in denen die künftigen Ehefrauen von SS-, SA-und Wehrmachtsangehörigen in den Pflichten unterwiesen wurden, die sie im nationalsozialistischen Sinn zu erfüllen hatten.[145]

Daß der Heiratsbefehl auf Vorbehalte, womöglich sogar Ablehnung stoßen könnte, deutete Himmler in seinem Schlußsatz an: »Spott, Hohn und Mißverstehen berühren uns nicht; die Zukunft gehört uns!«

Tatsächlich galt der Heiratsbefehl bis zum Ende des Dritten Reiches, wenngleich das rasche Wachstum der SS von 1932 an das Personal und die Organisationskraft des SS-Rassenamtes sichtlich überforderte. Auch Himmler mußte sehr bald dazu übergehen, persönlich nur noch die Heiratsgenehmigungen für die SS-Führer zu erteilen beziehungsweise in strittigen Fällen zu entscheiden. Von der umständlichen und zeitraubenden Prozedur der Heiratsgenehmigungen erfuhr offenbar auch Hitler, der Himmler im Mai 1937 »halb scherzend, halb ernst« darauf ansprach. Er habe den Eindruck, daß die Heiratsanträge im Rasse- und Siedlungshauptamt furchtbar lange lägen und die Einrichtung der Heiratsgenehmigungen möglicherweise geradezu ein Hinderungsgrund fürs Heiraten sei.[146] Als Himmler sich im Anschluß an dieses Gespräch beim Sippenamt erkundigte, erfuhr er, daß in der Tat dort noch über 20 000 unerledigte Gesuche lagen.[147]

---

145 Scholtz-Klink, Frau im Dritten Reich, S. 166 f.; Schwarz, Frau, S. 35 f. Zu Scholtz-Klink vgl. Böltken, Führerinnen, S. 27–62; Kater, Frauen, S. 217–224. Scholtz-Klink, die sich 1938 von ihrem Mann Dr. Scholtz scheiden ließ, heiratete übrigens anschließend den SS-Obergruppenführer und von 1935 bis 1940 Chef des SS-Hauptamtes August Heißmeyer (Kater, Frauen, S. 224).

146 Himmler an Darré, 18.5.1937, BArch, NS 2/41, Bl. 55 f.; vgl. demnächst Wildt, Himmlers Terminkalender.

147 Himmler an Darré, 18.5.1937, ebenda. Hitlers Kritik führte zur sofortigen Ablösung des bisherigen Chefs des Sippenamtes, des SS-Oberführers Freiherr von Kanne. Nachfolger wurde Dr. med. Arthur Gütt, Leiter der Abteilung Volksgesundheit im Reichsinnenministerium und Mitautor des offiziellen Kommentars zum Sterilisationsgesetz vom Juli 1933. Himmler richtete außerdem bei den SS-Standarten »SS-Pflegestellen« ein, die die Heiratsgesuche in erster Instanz bearbeiten sollten, und gab am 13.11.1937 Anweisungen für Standardisierungsregeln in der Bearbeitung der Gesuche (Himmlers Befehl zur Einrichtung von SS-Pflegestellen bei jeder Fußstandarte der Allgemeinen SS, 13.8.1937, BArch, NS 19/3902, Bl. 176; Erlaß Himmlers, 13.11.1937, BArch, NS 2/51, Bl. 3). Trotzdem

Das Genehmigungsverfahren für eine SS-Heirat war ebenso aufwendig wie langwierig. Sowohl der SS-Angehörige wie seine zukünftige Ehefrau mußten einen »Rasse-Fragebogen« ausfüllen, jeweils ein ärztliches Gutachten eines SS-Arztes vorweisen, in dem dieser nicht nur sogenannte äußere rassische Merkmale festhielt, erbbiologische Anamnese betrieb, sondern auch die Fortpflanzungsfähigkeit kontrollierte. In einem »Ahnennachweis« mußte die »arische« Abstammung – bei SS-Führern bis in das Jahr 1750 zurück – nachgewiesen werden; zusätzlich hatte die Braut zwei Leumundszeugnisse vorzulegen, in denen unter anderem danach gefragt wurde, ob sie »kameradschaftlich oder herrschsüchtig, sparsam oder verschwenderisch, häuslich oder flatterhaft, putzsüchtig« sei.[148]

Trotz dieses hohen bürokratischen Aufwandes gab es genügend kaum lösbare Fälle. In Polen, der Tschechoslowakei und nach dem mißglückten nationalsozialistischen Putschversuch 1934 auch für Österreich waren die Möglichkeiten rassekundlicher Ahnenforschung in den dreißiger Jahren verschlossen. Ab 1939 beschränkte der Krieg die Ahnenforschung; viele SS-Angehörige waren eingezogen oder standen im »Einsatz« und hatten kaum Zeit, sich intensiv um die Überprüfung ihrer Familienvergangenheit bis ins 18. Jahrhundert hinein zu kümmern; das SS-Sippenamt verfügte angesichts der Einberufungen auch gar nicht über ausreichend Personal, um die Anträge zügig zu bearbeiten. Himmler mußte deshalb die Genehmigungsrichtlinien lockern, indem er Heiraten auf eigene Verantwortung freigab oder die Vorlage der erforderlichen Abstammungsnachweise auf die Nachkriegszeit verschob – ohne jedoch prinzipiell von der Auslesekonzeption für die SS mittels der Heiratskontrolle abzurücken.

Schwierige Fälle lassen sich auch im Führungskorps des RSHA finden. Bei der Ehefrau von Rolf Kelbling, einem unauffälligen, strebsamen Beamten in der Paßabteilung des Amtes II, vermutete das Sippenamt einen jüdischen Vorfahren, da auf der Ahnentafel der Nachname Simon erschien. Dennoch konnte die Heirat am 2. Dezember 1944 stattfinden, die Nach-

beklagte sich Gütt im April 1938, daß weiterhin Hunderte von Bewerbern zu Ostern vergeblich auf ihre Verlobungs- beziehungsweise Heiratsgenehmigung warten würden (Gütt an Himmler, 12.4.1938, BArch, NS 2/231, Bl. 135–138).

148 All diese Unterlagen finden sich in den jeweiligen RuSHA-Akten der SS-Führer im BArch, BDC (vgl. dazu Schwarz, Frau, S. 26 f.).

forschungen wurden auf die Nachkriegszeit verschoben.[149] Auch bei der zukünftigen Ehefrau von Alwin Wipper, Referent im Gestapoamt IV und 1942/43 Polizeiattaché in Sofia, wurde ein Großvater mütterlicherseits verdächtigt, jüdischer Abstammung zu sein. Da die Mutter der Ehefrau unehelich geboren war, ließ sich die Angelegenheit nicht eindeutig klären. Himmler gab in diesem Fall die Heirat auf eigene Verantwortung frei, bestimmte aber zugleich, daß Kinder aus dieser Ehe nicht Mitglied der SS werden könnten.[150] Bei Erika B., die den Leiter des Hauptbüros im Amt II, Helmut Pommerening, heiraten wollte, sperrte sich Himmler anfangs, da gegen sie nicht nur ein staatspolizeiliches Ermittlungsverfahren lief, sondern das SS-Sippenamt auch Einspruch erhob, da in der Familie der Braut Fälle von Geisteskrankheit aufgetaucht waren. Himmler gab aber schließlich einem erneuten Antrag im März 1942 auf eigene Verantwortung statt. Pommerening, der in Prag von September 1941 bis Juni 1942 Heydrichs persönliches Sekretariat leitete, was den Ausschlag bei Himmlers Entscheidung gegeben haben mochte, heiratete im Mai 1942 in Prag.[151]

Auch sonst entsprachen die Ehefrauen der RSHA-Führungsangehörigen nicht dem Klischee von blonden, hochgewachsenen SS-Frauen, die ihre vornehmliche Bestimmung darin sahen, dem Orden zahlreiche neue Mitglieder zu gebären. Vielmehr scheint es, daß die RSHA-Führungsgruppe, die sich zur großen Mehrheit aus der unteren Mittelschicht rekrutierte und durch Studium und Rang im RSHA sozial aufgestiegen war, sich ebenso wie andere Angehörige der neuen Mittelschichten verhielten und eher eine Kleinfamilie gründeten, als durch große Kinderzahl in der »Volksgemeinschaft« zu reüssieren. Die Zahl derjenigen innerhalb der RSHA-Führung mit vier oder mehr Kindern lag bei zehn Prozent, die Ehen mit zwei oder drei Kindern überwogen.[152] Kinderlosigkeit indessen

---

149 RuSHA an Kelbling, 22. 11. 1944, BArch, BDC, RuSHA-Akte Rolf Kelbling. Charakteristischerweise wurde auch ein Verwaltungsbeamter wie Kelbling noch im Mai 1944 zum »Einsatz« als Untersuchungsführer beim BdS in Brüssel abgeordnet (BArch, BDC, SSO-Akte Rolf Kelbling).

150 BArch, BDC, RuSHA-Akte Alwin Wipper.

151 BArch, BDC, SSO- und RuSHA-Akte Helmut Pommerening. Name der Ehefrau geändert.

152 Von den 221 untersuchten RSHA-Angehörigen hatten 16 vier, 3 fünf und 2 sechs Kinder. Die meisten Kinder hatte Hans-Henning von Ramin, Jahrgang 1899,

zog unweigerlich die Aufmerksamkeit Himmlers auf sich und erforderte stets einen erheblichen Begründungsaufwand, warum die Ehe bislang ohne Kinder geblieben war.[153]

Als traditionell könnte man bezeichnen, daß in nahezu allen Ehen der Mann älter war als die Frau. Aber schaut man auf die Ausbildung, die die Frauen durchlaufen haben, wird schnell deutlich, daß es sich überwiegend um Frauen handelte, die im Anschluß an die Volksschule sowohl eine höhere Schule, zumeist die höhere Handelsschule, in einigen Fällen sogar die Universität besucht hatten als auch einen Beruf erlernten und ihn bis zur Heirat ausübten. Elli P., Jahrgang 1906, zum Beispiel besuchte nach der Volksschule für zwei Jahre eine kaufmännische Schule und arbeitete anschließend in einer Bank, zunächst in der Buchhaltung, dann als Angestellte der Direktion. Sie heiratete mit 28 Jahren im September 1934 einen Referenten im SD-Hauptamt, der später im RSHA-Amt VII tätig wurde, und gab Anfang 1935 ihren Beruf auf. Anneliese B., 1908 in Berlin geboren, der Vater Schutzmann, absolvierte die Berliner Gemeindeschule, lernte danach Englisch und Französisch an der Städtischen Handelsschule und war anschließend mehrere Jahre kaufmännische Angestellte in Groß- und Exporthandlungen, bevor sie im April 1930 mit 22 Jahren einen Berliner Kriminalkommissar heiratete, der später im RSHA-Amt IV Karriere machen sollte.[154]

Auch technische Berufe lassen sich bei den Ehefrauen finden. Anneliese H., Jahrgang 1910, ging nach dem Oberlyzeum nach Jena und machte am Pharmakologischen Institut der Universität eine Ausbildung zur Laboratoriums- und Röntgenassistentin. Nach bestandenem Examen arbeitete sie zwei Jahre lang als technische Assistentin an der Universitäts-Kinderklinik und nahm im Sommer 1934 eine Stelle bei einer ärztlichen Behörde in Magdeburg an. Vielleicht lag der Grund für den Ortswechsel im Selbstmord ihrer Mutter im selben Jahr. Deswegen fragten die Sippenforscher

---

Referent für Umsiedlung (III B 4) im RSHA, ab 1943 beim SD Litzmannstadt (Łódź), der in erster Ehe fünf und, nachdem seine erste Ehefrau 1936 gestorben war, in zweiter Ehe noch einmal drei Kinder zeugte.

153 Vgl. zum Beispiel die entsprechenden Vorgänge in den RuSHA-Akten von Karl Schulz, Walter Huppenkothen oder Theodor Paeffgen.

154 BArch, BDC, RuSHA-Akten Walter B., Kurt L. Aus Datenschutzgründen werden die Namen der Ehemänner anonymisiert.

des RuSHA nach und der Ehemann mußte eine ausführliche Erklärung nachreichen, zumal sich die beiden 1934 ohne Wissen und Einwilligung des RuSHA verlobt hatten:

»Die Gründe zum Freitod der Mutter von Fräulein Anneliese H[...] sind in wirtschaftlichen Angelegenheiten zu suchen. Frau H[...] war die Ehefrau eines wohlhabenden Fabrikbesitzers, der in den ersten Kriegsjahren fiel. In der Inflation ging das Vermögen verloren. Sie war dadurch gezwungen, ihre beiden Kinder ihrer Schwester zur Erziehung und Ausbildung zu geben. Frau H[...] vereinsamte dadurch, und m. E. hat sie in dieser Lage die wirtschaftlichen Sorgen nicht mehr bewältigen können. Andere Gründe zu einem Freitod sind nicht ersichtlich.«[155]

Die Heirat verzögerte sich bis zum Juni 1937. Margarete H. erhielt nach ihrer Ausbildung zur medizinisch-technischen Laborantin an der Universitäts-Frauenklinik in Tübingen keine Stelle. »Da die Anstellungsmöglichkeiten sehr schlecht waren u. ich mich in der Zwischenzeit verlobt hatte«, schrieb sie in ihrem Lebenslauf zum Heiratsgesuch 1936, »widmete ich mich wieder dem Haushalt, Nähen u. der Kinderpflege.«[156]

Haushaltsschulen hatten zahlreiche Frauen besucht, ebenso waren etliche Frauen als staatliche Fürsorgerinnen, Gesundheitspflegerinnen oder Kindergärtnerinnen tätig gewesen. Oftmals scheiterten die beruflichen Pläne an den wirtschaftlichen oder familiären Umständen. Ilse V., 1912 in dem damals noch westpreußischen Konitz als Tochter eines Lehrers geboren, wollte nach dem Abitur Gewerbeschullehrerin werden, bestand auch im Februar 1933 die Aufnahmeprüfung am Berufspädagogischen Institut in Königsberg. Aber aus familiären Gründen mußte sie die Ausbildung wenige Wochen später abbrechen und arbeitete als Haustochter in einem Ärztehaushalt. Aber sie unternahm einen zweiten Anlauf, absolvierte einen Bürolehrgang, fand eine Anstellung beim Kreisarzt in Schneidemühl und wurde 1935 als leitende Büroangestellte beim Staatlichen Gesundheitsamt in Schneidemühl eingestellt.[157]

Zwölf Frauen hatten ein Studium aufgenommen, vier von ihnen sogar promoviert; Anna B., die in Berlin, Leipzig und Bonn Geschichte, Französisch und Kunstgeschichte studiert hatte und 1939 einen Germanisten,

---

155 Bernhard B. an RuSHA, 3. 10. 1934, BArch, BDC, RuSHA-Akte Bernhard B.
156 BArch, BDC, RuSHA-Akte Eugen S.
157 BArch, BDC, RuSHA-Akte Wilhelm S.

der im RSHA-Amt III Karriere machen sollte, heiratete, stand nach eigenen Angaben kurz vor der Promotion im Fach Germanistik, gab aber diesen Plan offenkundig mit der Heirat wieder auf. Ruth H. brach ihr Medizinstudium ebenfalls wegen der Heirat ab; Elisabeth N. dagegen machte ihre berufliche Karriere nicht von der Verbindung zu ihrem Mann abhängig. Als sich die beiden 1928 in Kiel kennenlernten, studierte sie gerade Deutsch, Englisch und Sport und führte das Studium bis zum Staatsexamen 1932 weiter. Die Verlobung fand erst im Herbst 1933 in Dessau statt, als sie dort eine zusätzliche pädogische Ausbildung am Lyzeum begann. Auch diese absolvierte sie bis zur Prüfung und arbeitete danach noch als Assessorin, bis sie schließlich im Juli 1936 heiratete. Offenkundig begabte Frauen lassen sich unter den RSHA-Ehefrauen finden, wie die Tschechin Anna K., die ihre Matura mit Auszeichnung bestand, Studentin der philosophischen Fakultät der Universität Prag war, neben Tschechisch und Deutsch fließend Französisch, Italienisch und Russisch sprach.[158] Andere standen hinsichtlich ihrer wissenschaftlichen Qualifikation ihren Männern in keiner Weise nach. Die Ehe zwischen dem aufstrebenden Juristen Dr. Hans Nockemann und seiner 1911 geborenen Ehefrau, die in Kiel, München, Berlin, Hamburg und Kopenhagen Deutsch, Kunstgeschichte, Zeitungs- und Theaterwissenschaften studierte, um 1936 dann als Kunsthistorikerin an der Universität Köln mit einer Dissertation über den Holzschnitt des 15. Jahrhunderts zu promovieren, würde man im Umfeld der SS und auf der Amtschefebene des Reichssicherheitshauptamts kaum vermuten. Edith Nockemann, die ihre Karriere als Kunsthistorikerin nicht fortsetzte, ging als Arbeiterin in die Produktion, offenkundig, um die Arbeitsbedingungen in verschiedenen Fabriken selbst zu erfahren, lernte als Praktikantin in der Unterstützungsabteilung der Firma Krupp in Essen und arbeitete seit 1938 beim Frauenamt der DAF in Aachen. »Ich möchte die Sozialarbeit«, so betonte sie in ihrem Lebenslauf vom September 1938, »auch beruflich in meiner Ehe fortführen.«[159]

---

158 BArch, BDC, RuSHA-Akten Waldemar B., Hermann L., Heinrich M., Hans R., Walter R.

159 BArch, BDC, SSO- und RuSHA-Akte Hans Nockemann. Da Edith Nockemann im Juni 1941 bei einem Autounfall ums Leben kam, Hans Nockemann im Dezember 1941 im Krieg fiel, ohne daß das Ehepaar Kinder hinterlassen hat, ist hier auf die Anonymisierung verzichtet worden.

Damit blieb sie jedoch eine Ausnahme. Ansonsten beendeten die Frauen, auch wenn sie wie Elisabeth N. oder Anneliese H. durchaus erfolgreich in ihrem Beruf waren, mit der Heirat ihre berufliche Tätigkeit. Gegenüber der allgemeinen Entwicklung der Frauenerwerbstätigkeit ergeben sich dadurch signifikante Unterschiede. Die Erwerbsquote aller Frauen im erwerbsfähigen Alter (16 bis unter 60 Jahre) stieg zwischen 1933 und 1939 leicht von 48 auf 49,8 Prozent an, wobei die Erwerbsquote bei ledigen Frauen erwartungsgemäß mit rund drei Viertel höher lag als bei den verheirateten Frauen, von denen nur etwa ein Drittel erwerbstätig waren. Von diesen wiederum waren die meisten in familiären Betrieben, also vor allem in der Landwirtschaft, tätig, und nur rund ein Fünftel aller verheirateten Frauen waren auf dem freien Arbeitsmarkt erwerbstätig.[160] Untersucht man dazu die Relationen bei den Ehefrauen der RSHA-Führungsgruppe, so waren 70 Prozent vor der Ehe marktbezogen und etwa 16 Prozent familiär erwerbstätig gewesen.[161] Damit erreichten sie fast den Durchschnitt, da sie für diese Betrachtung noch als Ledige zu gelten haben. Mit der Heirat und dem fast einhelligen Ende der Berufstätigkeit lagen diese Frauen allerdings deutlich hinter der allgemeinen Entwicklung zurück, wobei jedoch zu berücksichtigen ist, daß sie, anders als Frauen aus der Arbeiterschicht oder unteren sozialen Klassen, als Ehefrauen von Regierungsräten, SS-Sturmbannführern oder Kriminaldirektoren nicht gezwungen waren, für den Lebensunterhalt der Familie zusätzlich aufzukommen, und darum wie die meisten übrigen verheirateten Frauen aus der gehobenen Mittelschicht keinen Beruf ausübten.

Allerdings trifft Angelika Willms im Kohortenvergleich erwerbstätiger Frauen im 20. Jahrhundert die interessante Feststellung, daß zwar die Erwerbsbeteiligung der zwischen 1911 und 1920 geborenen Ehefrauen prozentual gesehen trotz Kriegswirtschaft nicht viel höher lag als bei den zehn Jahre zuvor geborenen Frauen, aber sich die Erwerbsmöglichkeiten wesentlich verändert hatten. Und so könnte darin der Grund dafür liegen, daß es ebendiese Jahrgänge nach dem Zweiten Weltkrieg waren, die als erste das neue Erwerbsmuster verstärkter Berufstätigkeit der über Vierzig-

---

160 Müller/Willms/Handl, Strukturwandel, S. 35.
161 Diese Relationen beziehen sich allerdings nur auf die Frauen, für die Angaben über ihre Berufstätigkeit vorliegen.

jährigen einführten. Nachdem sie schon als junge Frauen in den modernen Bereichen der Wirtschaft tätig waren, wirkten diese Frauen in ihren mittleren Jahren am deutschen Wirtschaftsaufschwung mit.[162] Nun liegen keine Informationen über die Berufstätigkeit der RSHA-Ehefrauen für die Zeit nach 1945 vor, und es läßt sich daher nur vermuten, daß auch sie diesem Trend folgten und im Nachkriegsdeutschland nach der Kinderphase wieder, womöglich in ihren erlernten Berufen, arbeiteten.

Rund ein Fünftel der berufstätigen Ehefrauen der RSHA-Führungsangehörigen arbeiteten als Stenotypistinnen, Sekretärinnen oder Kanzleiangestellte bei Institutionen des NS-Staates, die meisten direkt bei der Gestapo oder im RSHA selbst. Auch das muss nicht auf den ersten Blick verwundern, da zu erwarten ist, daß sich ein Teil der Ehen am Arbeitsplatz angebahnt hat und damit der Anteil von Frauen, die vor der Ehe im RSHA oder bei der Gestapo angestellt waren, durchaus überdurchschnittlich war. Aber es fällt auf, daß eine Reihe von ihnen nicht im Reichsgebiet blieb, sondern in den deutschen Verwaltungen der besetzten Gebiete tätig war, und zwar vor ihrer Ehe. Aus den Daten ist zu erkennen, daß sie nicht ihrem späteren Ehemann in den »Einsatz« gefolgt sind, sondern ihn dort kennengelernt haben.

Erika O., Jahrgang 1920, war nach dem Lyzeum zuerst Kanzleiangestellte beim NSV in München und wechselte Anfang 1938 zur Gestapo als Arbeitgeber. Von dort meldete sie sich freiwillig nach Polen und kam im Juni 1940 nach Lublin. Dort lernte sie ihren zukünftigen Ehemann kennen, gab Ende 1941 ihre Stelle auf, um die Brautschule in Brüggen zu besuchen, und heiratete im November 1942. Laura F., Jahrgang 1917, arbeitete nach dem Besuch von Lyzeum und Oberrealschule 1938 als Stenotypistin bei der Reichsleitung der NSDAP in München, wechselte ein Jahr später zum SD und wurde 1940 zum RSHA nach Berlin versetzt. Schon im Februar 1940 kam sie als Stenotypistin zur Dienststelle des Befehlshabers der Sicherheitspolizei und des SD nach Den Haag und wurde wenig später nach Saloniki abkommandiert, wo sie bis 1942 blieb. Marianne B. kam von der Kreisverwaltung Dinslaken im Mai 1941 als Stenotypistin zum SD Paris, wo sie auf ihren späteren Ehemann traf. Inge-Lore B., die nach dem Abitur staatliche Arbeitsvermittlerin im Arbeitsamt Hamburg geworden

---

162 Müller/Willms/Handl, Strukturwandel, S. 44.

war, ließ sich im Juli 1939 ins sogenannte Protektorat Böhmen und Mähren abordnen und leitete als Beauftragte des Reichsarbeitsministeriums in Mährisch-Ostrau die weibliche Arbeitsvermittlung, also den Einsatz von tschechischen Arbeiterinnen im Deutschen Reich.[163]

Mary M. wurde 1918 in Petersburg als Tochter eines begüterten baltischen Kaufmanns geboren, der nach dem Sieg der Bolschewiki nach Reval übersiedelte. Der Vater hatte durch die russische Revolution sein Geschäft verloren, gelangte jedoch mit Hilfe seines Bruders, der in Estland ein Rittergut besaß, zu dem auch eine ertragreiche Kalkgrube gehörte, mit einem Geschäft mit Baumaterialien erneut zu Wohlstand. Mary ging auf das deutsche humanistische Mädchengymnasium in Reval, spielte mit deutschen Kindern. Estnische Freundinnen besaß sie nicht. Zwar gehörte die Familie, nach eigener Aussage von Mary M., nicht zu den »Bewegten«, das heißt zu den engagierten Volksdeutschen, in Estland, und die anderen Familien schauten deswegen ein wenig auf sie herab, aber natürlich galt auch bei ihnen: Reval ist die Heimat, Deutschland das Vaterland.[164]

Die Umsiedlungsankündigung, die im Oktober 1939 einen Tag vor ihrem Geburtstag bekanntgegeben wurde, traf sie wie ein schwerer Schlag, denn eigentlich hatte sie sich bereits an der TH München für ein Studium der technischen Chemie immatrikuliert. Noch in ihrem ansonsten linientreuen Lebenslauf für das Rasse- und Siedlungshauptamt vom März 1942 klingt das Bedauern darüber durch: »Indessen zerschlug sich mein Studium durch die Umsiedlung. Wir folgten geschlossen dem Ruf des Führers und wurden in Polen angesetzt.«

Mary M. erzählt die Geschichte der volksdeutschen Umsiedlung heute als unvermeidliche Flucht vor der bolschewistischen Machtübernahme in Estland. Die Eltern wurden vorgeschickt, Mary und ihre Geschwister folgten mit den Möbeln und dem übrigen Haushalt. Alles mußte sehr rasch gehen; Ende Oktober, Anfang November 1939 hätten sie Reval in Richtung Wartheland verlassen. In Posen wurden sie zunächst in einer Schule untergebracht, später sei ihnen eine ganze, vollmöblierte Etage in einer enteigneten Villa zugewiesen worden. Der Vater erhielt ein ebenfalls enteignetes polnisches Geschäft mit transportablen Öfen. Gewissensbisse

163 BArch, BDC, RuSHA-Akten Herbert H., Walter H., Walter H., Heinz R. Vgl. allgemein dazu Schwarz, During total war.
164 Gespräch mit Mary M., 7./8. Juli 1997; BArch, BDC, RuSHA-Akte Erich H.

über die Aneignung fremden Eigentums sind Mary M. auch heute noch nicht anzumerken. Die enteignete polnische Hausbesitzerin sei in der Nacht noch einige Male gekommen, um persönliche Sachen zu holen, und man habe ihr natürlich gegeben, was sie wollte. Aber das war offenkundig das weitgehendste Zugeständnis, zu dem die Familie bereit war.

Mary M. erhielt Arbeit bei der Einwandererzentralstelle in Posen, absolvierte einen Volkswirtschaftskurs und ging im Herbst 1940 nach Berlin, um dort zu studieren. Eine Kommilitonin, die bereits beim RSHA arbeitete, brachte Mary M. dann gleichfalls auf den Gedanken, für »das Amt« zu arbeiten. Sie sei aber nicht mehr in Berlin dienstverpflichtet, sondern im Februar 1941 gleich nach Paris zur Dienststelle der Sicherheitspolizei und des SD beordert worden, wo sie ihren späteren Ehemann kennenlernte. Paris 1941, so Mary M. heute, sei ihre »glücklichste Zeit« gewesen. Da ihr Zwillingsbruder, der bei der Waffen-SS kämpfte, als vermißt gemeldet wurde, kehrte sie im Herbst 1941 wieder nach Posen zurück und half im Geschäft ihres Vaters. Im März 1942 heiratete sie.

Der Einsatz in den besetzten Gebieten mag auch Dienstverpflichtung gewesen sein, und aus den vorliegenden Unterlagen ist über die Freiwilligkeit der Versetzung oftmals keine eindeutige Aussage zu gewinnen. Aber bei der Lektüre der selbstverfaßten Lebensläufe fällt auf, wie viele von diesen Ehefrauen selbst NSDAP-Mitglieder und offenkundig engagierte Nationalsozialistinnen gewesen sind. Margarete B. trat der NSDAP bereits 1931 bei, sechs Jahre vor ihrem Mann, der nach dem Krieg mit seiner späten Aufnahme in die Partei 1937 das Bild eines unbescholtenen Beamten aufrechtzuerhalten suchte. Charlotte H. wurde im November 1931 Mitglied des Nationalsozialistischen Schülerbundes, danach des BDM und wurde im Februar 1934 in den Stab der Reichsjugendführung berufen. Elisabeth W. trat schon mit fünfzehn Jahren dem »Jungdeutschland«, später dem Bund »Königin Luise« bei und wurde nach Abitur und höherer Handelsschule im November 1933 Sekretärin der Kreisführung der Deutschen Studentenschaft und des NSDStB in Tübingen, hatte also unmittelbar mit nationalsozialistischen Studentenaktivisten Martin Sandberger und Erwin Weinmann, den sie 1937 heiratete, zu tun. Margarete H. hatte nach Auskunft eines Brautbürgen heftige politische Auseinandersetzungen mit ihrem Vater in Tübingen, der ein »eingefleischter Zentrumsmann« gewesen sei. Auch bei Dr. Eva K., die Weinmanns Kommilitonen und späteren KdS Estland heiraten sollte, notierten die Brautbürgen, daß sie und ihre Familie bereits 1932 »begeisterte Anhänger der NSDAP« gewesen sein sollen. Gerda L. erlebte den Wahlkampf der NSDAP in Berlin 1932 mit, der sie, damals zwanzig Jahre alt, nach eigenen Angaben zur Nationalsozialistin werden ließ. Da der Leiter der Stadtbücherei, wo sie als Praktikantin beschäftigt war, ihren Eltern als »Judenfreund« galt, verboten sie ihr den Umgang mit der NSDAP. Aber Gerda L. trat heimlich in den BDM ein und war bald hauptamtliche BDM-Gruppenführerin in einem Landjahrlager, ebenso wie andere dieser Ehefrauen, die vor ihrer Ehe als hauptamtliche BDM-Führerin arbeiteten.[165]

Diese Ehefrauen passen nicht in das Bild, daß Frauen im NS-Regime zu bloßen Hausfrauen oder »Gebärmaschinen« degradiert worden seien, Opfer eines extrem patriarchalischen Systems und nicht verantwortlich für die Verbrechen des Regimes.[166] Sie verfolgten offenkundig in ihrer großen Mehrheit eine eigene, selbständige berufliche Karriere, die sie erst im Moment der Heirat aufgaben, einzelne auch danach fortsetzten. Sie waren zu einem Großteil selbst engagierte Nationalsozialistinnen, die sich auch zum »Einsatz« in die besetzten Gebiete versetzen ließen oder sich gar freiwillig dazu meldeten. Sie lagen damit auch quer zu dem Bild, das Ehefrauen im NS-Regime deswegen zu Täterinnen erklärt, weil sie die Privatsphäre strikt von der öffentlichen trennten und durch mütterliche Häuslichkeit den Männern ebendie Rückendeckung gaben, die diesen die Mordtaten möglich machten.[167]

Aber es ist auch nicht zu erkennen, daß sie – wie die These David Schoenbaums lautete – durch den Nationalsozialismus ihre soziale Stellung haben verbessern können oder zu Täterinnen wurden, indem sie »emanzipiert« versuchten, es den Männern gleichzutun.[168] Eine pauschale Verurteilung ist ebenso unangebracht wie ein allgemeiner Freispruch. Hinweise auf eine direkte Täterschaft und Beteiligung an den Verbrechen

---

165 BArch, BDC, RuSHA-Akten Emil B., Horst K., Hans R., Eugen S., Martin S., Erwin W.

166 Zum teilweise heftig geführten Streit um die Rolle von Frauen im NS-Regime vgl. die resümierende Zusammenfassung in: Heinsohn/Vogel/Weckel, Zwischen Karriere und Verfolgung, S. 7–23.

167 Vgl. zu dieser These vor allem Koonz, Mothers in Fatherland; sowie die Kritik von Bock, Frauen und der Nationalsozialismus.

168 Schoenbaum, Revolution.

des Regimes sind allenfalls bei der Arbeitsfunktionärin in der Tschechoslowakei, Inge-Lore B., zu finden und bei denen, die für den SD und die Sicherheitspolizei in Paris, Saloniki oder in Posen arbeiteten, zu vermuten. Gisela Bock hat dafür plädiert, bei den weiblichen Tätern statt der Unterschiede zu den männlichen vielmehr die Ähnlichkeiten zu untersuchen und die Geschlechterdifferenz zwischen männlichen und weiblichen Opfern zu erforschen. Ihrer These nach spielte bei den Handlungen, mit denen Frauen zur Rassen- und Vernichtungspolitik des NS-Regimes beitrugen, die Geschlechterdifferenz eine geringere Rolle als die Geschlechterähnlichkeit. Für den Nationalsozialismus war Rasse als politische Kategorie entscheidender als Geschlecht.[169] Hinsichtlich der Ehefrauen der RSHA-Führung lassen sich Gisela Bocks Überlegungen und kritische Auseinandersetzung mit gängigen Vorstellungen zur Rolle von Frauen im NS-Regime bestätigen. Diese Frauen lassen sich nicht einfach als Opfer oder Täter kategorisieren, sondern sind sowohl Täterinnen, Opfer, Mitläuferinnen und Zuschauerinnen gewesen.

Heydrichs »kämpfende Verwaltung«

Von ihrer Ausbildung her mögen diese Männer »ganz normale Akademiker« (Gerhard Paul) gewesen sein, in der Art und Weise, wie sie agierten, die befohlenen Maßnahmen an den Tatorten radikalisierten und nicht nur am fernen Schreibtisch in Berlin, sondern vor Ort die Politik des RSHA Wirklichkeit werden ließen, waren diese Männer alles andere als eine bloß »undoktrinäre Elite karrierebewußter neusachlicher Jungakademiker«.[170] So naheliegend das Bild vom ehrgeizigen, aber ansonsten unpolitischen Assessor auf den ersten Blick auch sein mag, den allein die Karrieremöglichkeiten zur Gestapo brachten und der dort als »autoritäre Persönlichkeit« die ihm erteilten Befehle beflissen ausführte – bei näherer Betrachtung zeigt sich, daß die wenigsten, die es zu Gestapo und SD trieb, unpolitisch waren. RSHA-Angehörige wie Walter Blume und Hans Nockemann wußten und

---

169 Was indes, so Gisela Bock weiter, Historiker nicht blind machen sollte für die Bedeutung von Geschlecht als historischer Kategorie (Gisela Bock, Ganz normale Frauen, S. 267).

170 Paul, Ganz normale Akademiker, S. 241.

wollten, was sie taten. Die antisemitische Verve Blumes wurde nicht erst in seiner Zeit als Gestapochef in Halle sichtbar, und sie blieb es noch im Nürnberger Prozeß 1947/48. Für alle hier als Beispiele vorgeführten Männer, ob Ehrlinger, Sandberger, Spengler, Weinmann, Ehlich, Blume oder Nockemann, war das Politische ein zentraler, wichtiger Bestandteil ihrer Biographie und konnte als ernstzunehmende Option für die Berufswahl jederzeit in Betracht gezogen werden. Ehrlinger entschied sich nach dem Referendarexamen gegen eine normale bürgerliche juristische Karriere und für eine Laufbahn bei der SA, die 1935 in den SD mündete. Sandberger, der glänzende juristische Prüfungen absolvierte, entschied sich gleichfalls nicht für eine Karriere als Jurist, sondern wechselte in die Politik. Weinmann ging in den SD, nicht weil er eine gescheiterte Existenz war, die in der NS-Bewegung Unterschlupf suchte. Er gab die bürgerliche, wohlsituierte Stelle als Oberarzt an der Tübinger Universitätsklinik auf, um im SD politisch zu wirken. Blume nutzte die Chance im Frühjahr 1933 zur persönlichen »Machtergreifung«, Nockemann bekannte sich auch als Karriereassessor zur NSDAP, als es noch inopportun war.

Politik war nicht bloß eine Gunst der Stunde, sie war offenkundig eine stets präsente biographische Alternative, die einzuschlagen nicht das Ergebnis eines gescheiterten Berufswegs war, als vielmehr eine seriöse Option, die auch dann nicht an Wert verlor, wenn mit dem Übertritt in die Politik materielle Einbußen verbunden waren. Die Perspektive, nach dem Machtantritt der Nationalsozialisten nun seinerseits die veränderten politischen Koordinaten als Möglichkeit der Einflußnahme, der Veränderung, der Abrechnung mit dem Alten und Herkömmlichen zu nutzen, war zu verlockend, als daß diese Männer weiterhin als Ärzte in sächsischen Kleinstädten oder württembergischen Universitätskliniken, als Assessoren auf rheinischen Amtsgerichten und Landratsämtern oder als Studienräte an Leipziger Gymnasien ihr wohlbestalltes, bürgerliches Auskommen hätten fristen mögen.

Politik allerdings stellte sich für alle keineswegs als das beharrliche Bohren dicker Bretter dar, nicht als Aushandeln von Kompromissen oder als geduldiges Formulieren von Erlassen und Verordnungen. Politik war ihnen vielmehr Gestaltungsfeld, Arena des Willens, wie sie es in der kurzen revolutionären Phase im Frühjahr 1933 erlebt hatten. Politik betraf stets das Ganze, das nicht kleinlicher Ziele wegen aus dem Auge verloren werden durfte. Politische Probleme galt es mit Entschiedenheit und Unbedingtheit, mit Schärfe und Rücksichtslosigkeit zu lösen. Der Begriff des Politischen in diesem Sinn war eng verwandt mit Carl Schmitts Definition der Unterscheidung von Freund und Feind als »den äußersten Intensitätsgrad einer Verbindung oder Trennung, einer Assoziation oder Dissoziation«.[171] Nach Schmitt stellt sich in dieser Unterscheidung erst die politische Einheit, das Volk her, das Souveränität beanspruchen darf. Der Staat ist dagegen nur als Funktion zu betrachten, in einem spezifischen historischen Moment diese Entscheidung, wer Freund, wer Feind sei, zu treffen. Die Abkopplung des Politischen vom Staat brachte nicht nur Schmitt selbst dazu, schließlich Adolf Hitler als Repräsentation des zur politischen Einheit homogenisierten Volkes zu preisen.[172] Diese konzeptionelle Trennung – wie sie auch schon auf der Miltenberger Tagung im April 1929 eben auf der Grundlage von Schmitts und Freyers Positionen diskutiert worden ist – öffnete den Horizont, im nationalsozialistischen Staat der »Volksgemeinschaft« neue politische Institutionen zu schaffen, die im »Kampf«, im »Ernstfall«, im »Krieg« zur Entscheidung über Freund und Feind in der Lage waren. In den Worten Heydrichs war Verwaltung stets »kämpfende Verwaltung«, die SS ein »Stoßtrupp der Partei in allen Dingen der Sicherung innerpolitischer Art des Raumes und der Sicherung der nationalsozialistischen Idee«.[173]

Für diese Auffassung von Politik als Gestaltung, als Feld der entschiedenen Tat waren SD und Gestapo die geradezu idealen Institutionen, waren doch beide organisiert sowohl als Zentrale exekutiver Macht einerseits und zentraler Nachrichtendienst zur Erforschung politischer, weltanschaulicher wie »rassischer« Feinde andererseits, als auch herausgelöst aus herkömmlichen administrativen Regelsystemen. Beide Institutionen unter der Führung der SS sollten im Reichssicherheitshauptamt nicht nur vereinigt werden, sondern durch die Verschmelzung eine spezifische nationalsozialistische Institution neuen Typs bilden, die allein der Politik

171 Schmitt, Begriff des Politischen, S. 27.
172 So in seiner 1933 erschienenen Schrift »Staat Bewegung Volk«. Auf die kleine, aber bedeutungsvolle Silbenverstellung Carl Schmitts von der »Gleichartigkeit« des Volkes zur »Artgleichheit« hat Lutz Niethammer in seiner Kritik an Schmitt hingewiesen (Niethammer, Kollektive Identität, S. 102 f., 106 f.).
173 Rede Heydrichs an die leitenden Mitarbeiter der deutschen Besatzungsverwaltung in Prag, 2. 10. 1941, gedruckt in: Kárný/Milotová/Kárná, Deutsche Politik, S. 108.

dienen sollte, keiner Kontrolle außer der durch die Führer unterworfen, und die von keinem Gesetz oder sonstigen Paragraphen abhängig war. Wenn eine solche Weltanschauungspolitik, die diese Männer ernst genug nahmen, um ihre Lebensentwürfe auf sie einzustellen, mit Institutionen zusammentraf, die entsprechend organisiert waren, denen nicht die Beschränkung, sondern die Entgrenzung innewohnte, dann entstand eine Verbindung, die zu jeder Radikalisierung in der Lage war.

II. Institution

4. Planung und Konzeption des Reichssicherheitshauptamtes

Als mit Erlaß vom 17. Juni 1936 Hitler den Reichsführer SS Heinrich Himmler zum Chef der deutschen Polizei ernannte,[1] war damit nach mehrjährigen Machtkämpfen innerhalb der NS-Führung nicht nur die endgültige Entscheidung für eine Zentralisierung der Polizei, im damaligen Wortgebrauch deren »Verreichlichung«, gefallen.[2] Durch die Unterstellung der Polizei unter die SS-Führung wurde zugleich die Grundlage für eine spezifisch nationalsozialistische Institution gelegt, deren Angehörige nach wie vor Staatsbedienstete blieben, nun aber mit einer Formation der NSDAP, also einer Institution der »Bewegung«, verbunden wurden und einen obersten Dienstherrn erhielten, der weder Beamter war noch je einer wurde. Martin Broszat nannte Hitlers Entscheidung zugunsten der SS daher den »weitaus folgenreichsten Vorgang der Verselbständigung eines Teils der Reichsgewalt bei gleichzeitiger Verschmelzung von Partei- und Staatsaufgaben«.[3]

Die Entwicklung der politischen Polizei bis hin zur Bildung des Reichssicherheitshauptamts war zugleich ein Prozeß der Loslösung dieser Exekutive des Regimes aus den bis dahin geltenden administrativen und rechtlichen Zusammenhängen. Denn sowohl in der Debatte um die politische Polizei als auch in deren konkreten organisatorischen und konzeptionellen Ausgestaltung trat zutage, wie die Nationalsozialisten den Staat umgestalten wollten: ihn nicht nur als Terrorinstrument für ihre Herrschaft zu übernehmen, wie es etliche Diktaturen und repressive Regime getan hatten und tun, sondern ihn zu transformieren, eine neue Staatlichkeit zu institutionalisieren.

---

1 RGBl. I, 1936, S. 487, gedruckt in: Buchheim, SS, S. 52.
2 Zu den Auseinandersetzungen zwischen Göring, Frick, Himmler und den Gauleitern um die Struktur und Kompetenz der Polizei im NS-Regime siehe Browder, Foundations of the Nazi Police State, S. 163–200.
3 Broszat, Staat Hitlers, S. 336.

Staat und Volk

Als einer der ersten hat Ernst Fraenkel diesen Transformationsprozeß untersucht. Fraenkel, der bis 1938 noch als jüdischer Anwalt in Berlin tätig sein konnte, weil er als Soldat im Ersten Weltkrieg gedient hatte, hatte noch aus eigener Anschauung beobachten können, wie die Nationalsozialisten das vorgefundene Rechtssystem zerstörten. »Der Doppelstaat« nannte er seine Analyse, an der er schon in den Jahren vor seiner Emigration geschrieben hatte und die er in den USA 1940 abschloß.[4] Fraenkel meinte damit das »Nebeneinander eines seine eigenen Gesetze im allgemeinen respektierenden ›Normenstaates‹ und eines die gleichen Gesetze mißachtenden ›Maßnahmenstaates‹«,[5] ausdrücklich nicht gleichzusetzen mit dem Nebeneinander von Staat und Partei. Die Institutionen des NS-Staates gehörten, nach Fraenkel, sowohl zum Normen- als auch zum Maßnahmenstaat, so daß der herkömmlichen Unterscheidung zwischen Staat und NSDAP, die selbstverständlich auch immer die Funktion besaß, den ›reinen‹ Staat der ›verunreinigenden‹ Partei beziehungsweise Bewegung entgegenzusetzen, keine übermäßige Bedeutung zukommt.[6] Fraenkels Analyse erlaubte es erstmals,

---

4 Fraenkels Buch erschien zuerst 1941 unter dem Titel »The Dual State«, auf deutsch erst 1974. Da, wie Fraenkel in seinem Vorwort zur deutschen Ausgabe schrieb, er nicht erwartet hatte, daß das ursprünglich deutsch verfaßte Buch jemals im Original veröffentlicht werden würde, hatte er das erste Manuskript, das für ihn einen »Affektionswert« dargestellt habe, nicht aufbewahrt. Die deutsche Ausgabe ist demnach eine Rückübersetzung aus dem Amerikanischen.
Ernst Fraenkel, 1895 geboren, seit 1927 Anwalt in Berlin, emigrierte 1938 in die USA und kehrte nach dem Krieg wieder nach Deutschland zurück. Seit 1953 war er Professor für Politikwissenschaft an der Freien Universität Berlin. Er starb im März 1975 (Steffani, Ernst Fraenkel; Brünneck, Ernst Fraenkel).

5 Fraenkel, Doppelstaat, S. 13.

6 Ebenda, S. 24. Für Hans Buchheim zum Beispiel stellte die Verklammerung der Polizei mit der SS noch eine Entwicklung dar, die »auf eine Entstaatlichung der Polizei abzielte. Damit begann ein Prozeß zunächst einer Relativierung und später eines allmählichen Verlöschens der staatlichen Verfügungsgewalt über die Polizei beziehungsweise deren Integration in den Zuständigkeitsbereich des Reichsführers-SS. Alle Versuche des Reichsinnenministeriums, eine solche Entwicklung zu verhindern, blieben vergeblich« (Buchheim, SS, S. 49). Mit diesem Urteil legt Buchheim zum einen nahe, daß das Reichsinnenministerium eine weniger radikale Polizeipolitik betrieben hätte, was notwendigerweise ein kontrafaktisches Argument bleiben

die Machtergreifung der Nationalsozialisten nicht mehr als bloße Usurpation der Staatsgewalt durch die Partei zu sehen, sondern die Transformation des Staates durch die Nationalsozialisten in den Blick zu nehmen. Fraenkel kennzeichnete den politischen Sektor als das Terrain, auf dem der Maßnahmenstaat herrschte, der die Tendenz hatte, das Politische und damit auch sich selbst auszudehnen. Dagegen grenzte er den Normenstaat ab, jenen Bereich notwendiger Rechtssicherheit, einer für den Bestand jeder Gesellschaft nötigen Rechtsordnung, die in Gesetzen, Gerichtsentscheidungen und Verwaltungsakten zum Ausdruck kommt. Fraenkel hob damit den analytisch fruchtlosen Gegensatz von Partei und Staat auf. Denn in seiner Theorie konnten auch Institutionen der Partei wie SA, SS oder SD Herrschaftselemente des Maßnahmenstaats sein.

Was Carl Schmitt theoretisch gefordert hatte, nämlich das Politische als Entscheidung, Freund und Feind zu bestimmen, zu verstehen und das Volk, verstanden nicht als Ansammlung individueller Staatsbürger, sondern als homogene, gleichartige, in Schmitts Worten nach 1933 »artgleiche« politische Einheit, als Subjekt des Staates zu definieren,[7] ist bei Fraenkel Instrument der Analyse. Für Schmitt war der Staat nur noch »ein besonders gearteter Zustand des Volkes«,[8] dessen Gewalt nur deshalb uneingeschränkt konzipiert werden kann, weil sie »Volksgewalt« ist. Im »Ernstfall« kann »keine andere verfassungsmäßige Einrichtung vor der alleinigen Maßgeblichkeit des irgendwie geäußerten, unwidersprechlichen Willens des Volkes statthalten« – eine klare Absage Schmitts sowohl an die Vorstellung eines Gesellschaftsvertrages wie an eine Begrenzung des Han-

---

muß. Zum anderen bliebe zu überlegen, ob sich die Vorstellung von Staatlichkeit ohne weiteres mit der Form des preußischen Staates zur Deckung bringen läßt, oder ob nicht gerade in der Verbindung von SS und Polizei, die Himmler zu einem Staatsschutzkorps verschmelzen wollte, eine eigene, nationalsozialistische Staatlichkeit zutage tritt. Das hieße, daß nicht »Entstaatlichung«, sondern vielmehr staatliche Umgestaltung, besser: die Herausbildung eines neuen, nationalsozialistischen Staates das Kennzeichen dieses Erlasses vom Juni 1936 ist. – Diese Überlegungen, die ich einer langjährigen Diskussion mit Alf Lüdtke verdanke, werden in ein zukünftiges Forschungsprojekt über Staat und Volk im Nationalsozialismus einfließen.

7 »Subjekt jeder Begriffsbestimmung des Staates ist das Volk.« (Schmitt, Volksentscheid und Volksbegehren [1927], zitiert nach Adam, Rekonstruktion des Politischen, S. 68)

8 Schmitt, Begriff des Politischen, S. 20.

delns durch Rechtsstaatlichkeit und Verfassung. Der Wille des Volkes steht über dem Gesetz, das Politische über dem Staat.[9] Ebendiese Abkopplung des Politischen vom Recht benutzt Fraenkel, um die spezifische staatliche Ordnung des Nationalsozialismus zu analysieren. Umfaßt der Normenstaat den Bereich, in dem, wenn zweifellos nicht Rechtsstaatlichkeit, so doch im formalen Sinn Rechtssicherheit herrscht, weil Vorschriften, Anordnungen, Gesetze bindend und gleichermaßen gelten, so kennzeichnet den Maßnahmenstaat die Dominanz des Politischen, die Herrschaft des Volkswillens – eine Spaltung, die sich nicht, wie Fraenkel immer wieder simplifizierend mißverstanden wird, auf bestimmte Ministerialbürokratien auf der einen und Institutionen der Verfolgung auf der anderen Seite beschränkt, sondern durch alle Institutionen und Bürokratien des NS-Staates hindurchgeht. Die zentrale Organisation des Maßnahmenstaates jedoch stellte ohne Zweifel die Polizei dar.

Daß sich sowohl das nationalsozialistische als auch das sowjetische Regime statt auf die Armee auf die Polizei stützten, hat bereits Hannah Arendt beschrieben.[10] Das ist für den Anfang des Regimes auch kaum zu übersehen, geht es doch jeder Diktatur zuerst darum, mit Hilfe der eigenen Milizen und der Polizei die innenpolitische Opposition terroristisch zu zerschlagen. Die eigentliche Herrschaft der Geheimpolizei, so Hannah Arendt, beginnt dann, wenn eine solche Opposition nicht mehr vorhanden ist.

»Terror hört auf, ein bloßes Mittel für die Brechung des Widerstands und die Bewachung der Bevölkerung zu sein, wenn alle wirkliche Opposition liquidiert und die Bevölkerung so organisiert ist, daß sie sich ohnehin nicht mehr rühren kann, einer eigentlichen Bewachung also kaum noch bedarf. Erst in diesem Stadium beginnt die wirklich totale Herrschaft, deren eigentliches Wesen der Terror ist. Der Inhalt dieses spezifisch totalitären Terrors ist niemals einfach negativ – etwa die Niederschlagung der Feinde des Regimes –, sondern dient positiv der Verwirklichung der jeweiligen totalitären Fiktion.«[11]

Nach Hannah Arendt besteht die Aufgabe der Polizei eines totalitären Staates weniger darin, Abweichungen vom kodifizierten positiven Recht zu verfolgen, als vielmehr das »objektiv mögliche« Verbrechen zu bekämp-

---

9 Vgl. dazu Adam, Rekonstruktion des Politischen, S. 72–76. Das Zitat stammt aus Schmitt, Die geistesgeschichtliche Lage des heutigen Parlamentarismus, S. 21.
10 Arendt, Elemente, S. 604.
11 Ebenda, S. 666.

fen, nicht nur den Täter zu fassen, der eine konkrete Tat begangen hat, sondern den »objektiven Gegner«, der durch seine bloße Klassen- beziehungsweise Rassenexistenz dem Regime zum Feind wird. Damit trifft sie den Kern der nationalsozialistischen Auffassung von der Rolle der Polizei.[12]

Das Neue des nationalsozialistischen Regimes bestand darin, daß es sich eben nicht auf Staat und Gesetz als Ordnungsprinzip gründete, sondern auf Volk und Rasse. Nicht der Staat stand im Mittelpunkt des nationalsozialistischen Denkens, sondern das Volk. Hitler selbst hat dies in »Mein Kampf« unmißverständlich formuliert:

»Im allgemeinen soll aber nie vergessen werden, daß nicht die Erhaltung eines Staates oder gar die einer Regierung höchster Zweck des Daseins der Menschen ist, sondern die Bewahrung ihrer Art. [...] Wir, als Arier, vermögen uns unter einem Staat also nur den lebendigen Organismus eines Volkstums vorzustellen, der die Erhaltung dieses Volkstums nicht nur sichert, sondern es auch durch Weiterbildung seiner geistigen und ideellen Fähigkeiten zur höchsten Freiheit führt.«[13]

Nicht anders Heinrich Himmler: »Die nationalsozialistische Idee, die heute das deutsche Volk und das Reich beherrscht, sieht im Volk, nicht im Einzelmenschen, die wirkliche Erscheinungsform des Menschentums«, führte er in seinem grundsätzlichen Aufsatz über »Aufgaben und Aufbau der Polizei des Dritten Reiches« aus.

»Das Volk wird begriffen nicht als zufällige Summe von Einzelnen, nicht einmal als die Gesamtheit der gegenwärtig lebenden Menschen gleichen Blutes, sondern als überpersönliche und überzeitliche Gesamtwesenheit, die begrifflich alle Generationen dieses Blutes – von den frühesten Ahnen bis zu den fernsten Enkeln – umfaßt. Dieser Volkskörper wird als organische Einheit gesehen, die von einem Gestaltungs- und Entwicklungsgesetz eigener Art beherrscht wird. [...] Die Aufgaben der Führung und der von ihr geschaffenen Einrichtungen zielen ausschließlich auf die Erhaltung und Entfaltung aller Kräfte des Volkes.«

Und entsprechend folgerte Himmler daraus für die nationalsozialistische Polizei:

»Die Polizei hat das deutsche Volk als organisches Gesamtwesen, seine Lebenskraft und seine Einrichtungen gegen Zerstörungen und Zersetzung zu sichern. Die Befug-

12 Ebenda, S. 669–673; vgl. dazu die von Werner Best entwickelte Konzeption einer politischen Polizei von der Gegnerbekämpfung zur »rassischen Generalprävention« (Herbert, Best, S. 170–177; vgl. auch Herbert, Gegnerbekämpfung).
13 Hitler, Mein Kampf, S. 104, 434.

nisse einer Polizei, der diese Aufgaben gestellt sind, können nicht einschränkend ausgelegt werden.«[14]

Nicht das selbst in seiner repressivsten Form bindende staatliche beziehungsweise bürokratische Regelwerk einer Diktatur bildete die Handlungsgrundlage, sondern das »gesunde Volksempfinden«, die Rasse, deren
Fortentwicklung »naturgemäß« von keiner Bürokratie geregelt werden
durfte. Von hierher rührte der bekannte Widerwillen gegen Juristen, den
Hitler ebenso wie Himmler und Heydrich teilten. Nicht so sehr kleinbür-
gerliches Ressentiment war dafür verantwortlich, als vielmehr klare politische Ablehnung jeglicher juristischer, das heißt systematischer, einheitlicher, durchschaubarer und in der Reichweite ihrer Gültigkeit verbindlich
definierter Regulierungsansprüche. Die Fundierung des NS-Regimes auf
Volk und Rasse, und eben nicht auf Staat, enthielt bereits die Entgrenzung
politischen Handelns.

Die Entwicklung der politischen Polizei und die Bildung des RSHA sind
daher unmittelbar mit dem destruktiven Charakter des NS-Regimes verbunden. In der Verschmelzung von Geheimer Staatspolizei, Kriminalpolizei und SD bildete sich gewissermaßen die kritische Masse des Regimes, die
nur noch den Krieg benötigte, um ihre Zerstörungskraft freizusetzen. Eine
Polizei traditionellen Zuschnitts kann ohne Zweifel zur Unterdrückung
der politischen Opposition, zur Terrorisierung und Überwachung einer
Bevölkerung eingesetzt werden. Aber erst die konzeptionelle Entwicklung und organisatorische Realisierung einer spezifisch nationalsozialistischen weltanschaulichen Polizei, deren Führungspersonal nicht mehr
durch den Verwaltungsjuristen verkörpert wird, sondern durch den politischen Aktivisten, schaffen die Bedingungen für die entgrenzte Destruk-
tionsdynamik, die das nationalsozialistische Regime kennzeichnete.

Politische Polizei

Die Weichenstellung vom Juni 1936 war weder zwangsläufig noch im Jahr
1933 bereits abzusehen. In der Weimarer Republik unterstand die Polizei
(wie auch in der heutigen Bundesrepublik) der Länderhoheit, während

---

14 Himmler, Aufgaben und Aufbau der Polizei, S. 127 f.

das Reich allein Gesetzgebungs- und Aufsichtsbefugnisse besaß. Allerdings hatte Preußen aufgrund seiner dominierenden Stellung im Deutschen Reich auch in bezug auf seine Polizeimacht eine hervorgehobene Stellung inne. Unmittelbar nach seiner Ernennung zum Reichskanzler am 30. Januar 1933 übertrug Hitler die kommissarische Leitung des preußischen Innenministeriums Hermann Göring, der es als seine wichtigste Aufgabe ansah, »das Machtinstrument der Schutzpolizei und der politischen Polizei fest in die Hand zu bekommen«.[15] Am 7. Februar beauftragte er den SS-Gruppenführer und späteren Chef des Hauptamtes Ordnungspolizei, Kurt Daluege,[16] mit der politischen Säuberung der preußischen Polizei; am 17. Februar erließ Göring den berüchtigten Schießbefehl, mit dem die Polizei zum rücksichtslosen Gebrauch der Schußwaffe aufgefordert wurde, sobald sie sich angegriffen wähnte; am 22. Februar setzte er die Angehörigen von SA, SS und Stahlhelm, insgesamt in Preußen rund 50 000 Mann, als »Hilfspolizisten« ein.[17]

Die entscheidende rechtliche Grundlage für die politische Polizei bildete jedoch die »Verordnung zum Schutz von Volk und Staat vom 28. Februar 1933«,[18] nach Ernst Fraenkel die »Verfassungsurkunde« des Dritten Reiches,[19] die unmittelbar nach dem Reichstagsbrand wesentliche Bürgerrechte außer Kraft setzte und der Gestapo die Handhabe bot, Menschen unbefristet in Schutzhaft zu nehmen, ohne daß ein Gericht die Haft überprüfen geschweige denn die Freilassung verfügen konnte.[20] Zwar knüpfte die Reichstagsbrandverordnung in der Außerkraftsetzung von Verfassungsrechten durchaus an entsprechende Ausnahmeverordnungen der Weimarer Republik an, unterschied sich aber in zwei charakteristischen Bestimmungen von ihren Vorgängern. Zum einen erlaubte § 2 die Übernahme der Befugnisse einer Landesbehörde durch die Reichsregie-

---

15 Zitiert nach: Wilhelm, Polizei im NS-Staat, S. 37.

16 Zu Daluege siehe die biographische Skizze von Cadle, Kurt Daluege. Zu Hitlers Dotation, mit der Daluege für die Entmachtung 1943 »entschädigt« wurde, siehe auch Ueberschär/Vogel, Dienen und Verdienen, S. 143–146, 228–231.

17 Zur Übernahme der Polizeigewalt durch die Nationalsozialisten siehe Wilhelm, Polizei im NS-Staat, S. 37–40.

18 RGBl. I, 1933, S. 83; siehe oben, S. 148 f.

19 Fraenkel, Doppelstaat, S. 26.

20 Gruchmann, Justiz im Dritten Reich, S. 535–544; Scheffler, Schutzhaft im Nationalsozialismus.

rung, ohne daß wie früher der Reichspräsident eine solche Maßnahme anordnete, zum zweiten vermied die Reichstagsbrandverordnung bewußt, den militärischen Ausnahmezustand auszurufen. Sie übertrug die exekutive Gewalt nicht an einen Militärbefehlshaber, sondern zielte deutlich auf die Polizei als exekutiver Organisation, um die Bestimmungen der Verordnungen durchzusetzen.[21] Die Reichstagsbrandverordnung stärkte die exekutive Macht der Polizei im NS-Regime und ließ erkennen, wie wenig die NS-Führung in den traditionellen Kategorien eines Staatsnotstands dachte, in dem selbstverständlich das Militär die Ordnungsmacht darstellte. Es ging ihr nicht um die »Wiederherstellung der öffentlichen Sicherheit und Ordnung«, wie es der Artikel 48 der Weimarer Verfassung, auf den sich sämtliche Notstandsverordnungen bezogen, vorschrieb, nicht um eine temporäre Außerkraftsetzung der staatsbürgerlichen Grundrechte, und es ging auch nicht allein um »die Abwehr kommunistischer staatsgefährdender Gewaltakte«, wie es die Präambel der Reichstagsbrandverordnung vorsah, sondern um die dauerhafte Festschreibung nationalsozialistischer Herrschaft, die sich wesentlich auf Polizei und Konzentrationslager stützte.[22] Entsprechend schufen SA und SS in der Machtergreifungsphase der ersten Märztage in den Ländern erst die »Gefährdung der öffentlichen Sicherheit«, derentwegen dann die Reichsregierung aufgrund von § 2 der Reichstagsbrandverordnung jeweils einen Reichskommissar als Länderchef einsetzte.

Die Reichstagsbrandverordnung sollte dem Regime die politische Handlungsfreiheit geben, oder allgemeiner gesprochen, das Politische der Sphäre des Rechts entziehen.

»Der politische Sektor des Dritten Reiches«, so Ernst Fraenkel, »bildet ein rechtliches Vakuum. Dies schließt nicht aus, daß innerhalb seines Apparates eine gewisse Ordnung und Kalkulierbarkeit des Verhaltens seiner Funktionäre in Erscheinung tritt. Es fehlt jedoch in diesem Sektor eine auf publizierten und daher generell verbindlichen Normen basierende Regelung des Verhaltens seiner Behörden und sonstigen Exekutivorgane. Im politischen Sektor des Dritten Reiches gibt es weder ein objektives noch ein subjektives Recht, keine Rechtsgarantien, keine allgemein gültigen Verfahrensvor-

---

21 Vgl. dazu ausführlich Raithel/Strenge, Reichstagsbrandverordnung.
22 Konsequenterweise entfiel in der Reichstagsbrandverordnung die sonst übliche Schutzklausel, die gewisse Rechte von »Schutzhäftlingen« – wie die Vorführung vor einen Richter, das Recht auf einen Verteidiger oder die Gültigkeit der Strafprozeßordnung – festschrieb (Raithel/Strenge, Reichstagsbrandverordnung, S. 436 f.)

schriften und Zuständigkeitsbestimmungen – kurzum, kein auch die Betroffenen verpflichtendes und berechtigendes Verwaltungsrecht. In diesem Sektor fehlen die Normen und herrschen die Maßnahmen. Daher der Ausdruck ›Maßnahmenstaat‹.«[23]

Göring löste die politische Polizei aus ihrem bisherigen administrativen Kontext im Berliner Polizeipräsidium und schuf das Geheime Staatspolizeiamt, das ihm als preußischen Ministerpräsidenten mit dem zweiten Gestapo-Gesetz vom Herbst 1933 direkt unterstellt wurde.[24] Auch in den übrigen Ländern des Reiches wurde die politische Polizei in unterschiedlichen Graden innerhalb der Polizeiverwaltung weitgehend selbständig.[25] Der Oberregierungsrat in der Polizeiabteilung des preußischen Innenministeriums, Rudolf Diels, der Göring seit 1932 mit vertraulichen Informationen versorgt hatte, übernahm die Reorganisation und den Ausbau der politischen Polizei, deren Leitung sich Göring ausdrücklich vorbehielt.[26]

In dieser ersten Phase des NS-Regimes richtete sich der Terror fast ausschließlich gegen den politischen Gegner, in erster Linie die Kommunisten, nach dem Verbot der SPD auch gegen die Sozialdemokraten.[27] Schon in den Morgenstunden des 28. Februars begannen die Verhaftungen nach vorbereiteten Listen; bis zum 5. März, dem Tag der Reichstagswahlen, wurden allein in Preußen ungefähr 5000 Menschen festgenommen. Bis Ende Juni waren nur in Preußen annähernd 25 000 Personen verhaftet und in einem Konzentrationslager zum Teil kurz, zum Teil mit längerer Haftdauer festgehalten worden.[28] Allerdings berücksichtigen diese Zahlen nicht die Menschen, die zu Tausenden von lokalen SA-Gruppen, regionalen Parteiführern und anderen Parteiinstitutionen in »wilden Konzentrationslagern« festgehalten und mißhandelt wurden. Hier beglichen die neuen Machthaber manche alte Rechnung und ließen ihren jahrelangen Ressentiments gegen »die Roten« freien Lauf.[29]

---

23 Fraenkel, Doppelstaat, S. 26.
24 Dazu ausführlich Graf, Politische Polizei, S. 108–169.
25 Vgl. den Überblick bei Wilhelm, Polizei im NS-Staat, S. 41 f.
26 Zu Diels siehe die biographische Skizze von Graf, Politische Polizei, S. 317–329.
27 Zur Überwachung und polizeilichen Kontrolle der Arbeiterschaft in den ersten Jahren des NS-Regimes siehe auch das informative, den jüngsten Forschungsstand berücksichtigende Kapitel bei Lotfi, KZ der Gestapo, S. 23–57.
28 Tuchel, Konzentrationslager, S. 100–101.
29 Zum SA-Terror und zu den frühen Konzentrationslagern 1933 vgl. ausführlich Drobisch/Wieland, System der NS-Konzentrationslager, S. 11–182.

Diese Phase revolutionärer Willkür lokaler Potentaten mußte jedoch an ihre Grenzen stoßen, denn deren dezentraler Machtanspruch ließ sich mit dem Willen der NS-Führung nicht vereinbaren, das Gewaltmonopol fest und zentral in der Hand zu behalten. Die beiden entscheidenden Herrschaftsinstrumente zur Verfolgung der Gegner bildeten die politische Polizei und die Konzentrationslager. In deren Konzeption und Rolle, vor allem in Hinblick auf die Einbindung von politischer Polizei und Konzentrationslager in das Machtgefüge des NS-Staates, sind zwei Modelle zu unterscheiden, die nach den Regionen ihrer Entstehung das preußische und das bayerische Modell genannt werden.

In Preußen war die politische Polizei zwar aus der sonstigen Polizeiverwaltung ausgegliedert und de facto jeder verwaltungsrechtlichen Kontrolle entzogen, blieb aber als Oberste Landesbehörde unmittelbar dem Ministerpräsidenten unterstellt und damit Teil der preußischen Verwaltung. Ähnliche Pläne wurden für die Leitung der Konzentrationslager entworfen. Nachdem die »wilden« SA-Lager aufgelöst und die Häftlinge in Konzentrationslager unter staatlicher Aufsicht zusammengefaßt wurden, sollte ein ziviler Direktor an der Spitze der Konzentrationslager direkt dem preußischen Innenministerium unterstehen. Da dieses Modell schon im Sommer 1933 versagte, wurden die Konzentrationslager dem Geheimen Staatspolizeiamt unterstellt, blieben aber damit unter staatlicher Kontrolle.[30]

In Bayern dagegen gerieten politische Polizei und Konzentrationslager von vornherein unter eine einheitliche Leitung. Heinrich Himmler erhielt Mitte März 1933 nicht nur die Führung über die gesamte politische Polizei Bayerns. Ihm wurden zusätzlich die Hilfspolizei aus SA- und SS-Formationen sowie das Konzentrationslager Dachau unterstellt.[31] Nur wenige Wochen nach der Machtübernahme entstand damit in Bayern jene Verbindung von SS, politischer Polizei und Konzentrationslager, die sich im Machtkampf innerhalb der NS-Führung um die Verfügungsgewalt über die exekutive Macht als das siegreiche Modell herausstellen sollte. Himmler verfügte mit der SS über eine als diszipliniert geltende Truppe, die einerseits die

---

30 Vgl. dazu Graf, Politische Polizei, S. 108–169; Tuchel, Konzentrationslager, S. 60–120.

31 Faatz, Vom Staatsschutz zum Gestapo-Terror, S. 396 f.; zum »Dachauer Modell« siehe Orth, System der nationalsozialistischen Konzentrationslager, S. 27–31.

aus nationalsozialistischer Sicht unzuverlässigen Polizeibeamten ersetzen konnte und sich andererseits von der in ihrem revolutionären Elan unberechenbaren SA abhob. Anders als konservative oder deutschnationale Kandidaten boten SS-Bewerber die Gewähr einwandfreier nationalsozialistischer Gesinnung und Härte gegenüber den politischen Gegnern. Zudem bedeutete das gleichzeitige Kommando über die Konzentrationslager umfassende, von einer Hand gelenkte Terrormöglichkeiten.

Sicher nicht ohne Unterstützung Hitlers, der aus seinen Vorbehalten gegenüber jeglicher Bürokratie keinen Hehl machte, aber auch nicht ohne eigenes Engagement und Verhandlungsgeschick gelang es Himmler in den kom-

Reinhard Heydrich, Chef des Reichssicherheitshauptamtes 1939–1942 (ullstein bild)

menden Monaten, von Bayern aus auch in den übrigen Ländern Politischer Polizeikommandeur zu werden.[32] Den Abschluß dieser ersten Phase bildete die Ernennung Heinrich Himmlers zum Inspekteur der preußischen Geheimen Staatspolizei am 20. April 1934. Reinhard Heydrich, zuvor Chef der Bayerischen Politischen Polizei, übernahm die Leitung des Geheimen Staatspolizeiamtes in Berlin, das zu dieser Zeit bereits rund 600 Beamte und Angestellte zählte.[33] Himmler und Heydrich wechselten von München nach Berlin in das politische Zentrum des NS-Regimes. Offenkundig mit Blick auf die bevorstehende Auseinandersetzung mit der SA

---

32 Vgl. Browder, Foundations, S. 98–116; sowie den Überblick bei Buchheim, SS, S. 37–42. Schon dieses politische Kunststück Himmlers 1933/34 sollte davor warnen, seine politische Kompetenz zu unterschätzen und ihn nur als blassen, pedantischen Gefolgsmann Hitlers zu sehen.

33 Tuchel/Schattenfroh, Zentrale des Terrors, S. 80.

hatte Göring dieses bedeutsame Zugeständnis gemacht und mit der Übergabe der preußischen Gestapo an die SS-Führung deren Modell einer Verbindung von SS, politischer Polizei und Konzentrationslager auf das ganze Deutsche Reich ausgedehnt.[34]

Zudem ging die SS aus der blutigen Säuberung Ende Juni 1934 gestärkt hervor. Denn es waren Himmler, Heydrich und der SD, die das Material lieferten,[35] das Röhm des angeblichen Staatsputsches bezichtigte, und SS-Kommandos führten die Morde aus. So sicher sich die Wehrmacht ihres Sieges schien, als »einziger Waffenträger der Nation« (Hitler am 28.2. 1934[36]) bestätigt zu sein, so erleichtert das deutsche Bürgertum über das Ende der Bedrohung durch den »braunen Pöbel« reagierte – auch Claus Graf von Stauffenberg glaubte damals noch, man habe nur »eine Eiterbeule aufgestochen«[37] –, so geflissentlich übersahen sie, daß der Mordaktion

---

34 Graf weist darauf hin, daß seit Ende 1933 Daluege und der Berliner SD-Führer Hermann Behrends im Auftrag von Himmler und Heydrich gegen den amtierenden Gestapachef Rudolf Diels intrigierten und belastendes Material über ihn sammelten, darunter auch die Beschuldigung, Diels habe noch nach der Machtübernahme Beziehungen zur kommunistischen Bewegung unterhalten (Graf, Politische Polizei, S. 212–215).

35 Herbert, Best, S. 143–147. Himmler ordnete unmittelbar nach den Morden an, »daß jegliche Schreiben, Funksprüche, Durchschlagpapiere, Listen und Notizen, die auf die Säuberungsaktion und ihre Durchführung Bezug nehmen, durch Feuer zu vernichten sind. Für die Bürgermeister kommen insbesondere die Funksprüche in Betracht, die sich mit der Verfolgung flüchtiger SA-Führer befassen« (zitiert nach Tuchel/Schattenfroh, Zentrale des Terrors, S. 85). Innerhalb des Gestapa wurde unter dem SD-Führer Behrends ein eigenes Sonderdezernat gebildet, um die Nacharbeiten der Aktion abzuwickeln. Noch Anfang Oktober 1934 sandte das Sonderdezernat eine Liste der erschossenen Beamten an den preußischen Innenminister, der danach mehrmals gefragt hatte. Im Geschäftsverteilungsplan des Gestapa vom 25.10.1934 erscheint allerdings weder das Sonderdezernat II 1 S noch dessen Leiter, Hermann Behrends, so daß Tuchel/Schattenfroh annehmen, die Tätigkeit dieses Dezernats sei zu dieser Zeit beendet gewesen (ebenda).

36 Müller, Das Heer und Hitler, S. 99.

37 Kramarz, Claus Graf Stauffenberg, S. 48. Die Lageberichte der preußischen Ober- und Regierungspräsidenten für den Monat Juli 1934 zeichneten überwiegend ein Bild der Erleichterung, daß der »Führer« durchgegriffen und die selbstherrlichen und großspurigen SA-Führer entmachtet habe. »Das rücksichtslose Vorgehen gegen die Schuldigen«, so der Bericht des Regierungspräsidenten Stade, »das auch vor höher gestellten Personen nicht Halt machte, entsprach dem Rechtsempfinden

nicht nur SA-Führer und innerparteiliche Opponenten wie Gregor Strasser zum Opfer gefallen waren, sondern gleichfalls auch rechtskonservative Gegner Hitlers wie der Publizist Edgar Jung, der Leiter der Katholischen Aktion, Erich Klausener, der ehemalige bayerische Generalstaatskommissar von Kahr und selbst Offiziere wie der langjährige Reichswehrminister und Hitlers unmittelbarer Vorgänger als Reichskanzler, Kurt von Schleicher, und dessen Mitarbeiter von Bredow.[38] Daß es sich um eine von der Staatsführung angeordnete Mordaktion handelte, ließ sich auch durch die nachträgliche Legitimierung seitens des Reichskabinetts am 3. Juli nicht kaschieren.[39] Die SS verdankte ihrem Mordeinsatz ihre organisatorische Unabhängigkeit. Nachdem am 9. Juni der SD, der das Material gesammelt und die Fäden der Mordeinsätze in der Hand gehalten hatte, zum einzigen Nachrichtendienst der NSDAP erklärt worden war,[40] erhob Hitler am 20. Juli 1934 »im Hinblick auf die großen Verdienste der SS, besonders im Zusammenhang mit den Ereignissen des 30. Juni 1934« die SS zur selbständigen Organisation im Rahmen der NSDAP.[41]

Mit der Übernahme des Geheimen Staatspolizeiamtes durch Heydrich mußte eine Reihe höherer Gestapobeamter aus der Ära Diels ihren Platz räumen, während auf der mittleren und unteren Ebene das vorhandene Personal weitgehend seine Posten behielt.[42] Aus München brachte Heydrich einige Vertraute mit, allen voran Heinrich Müller, den späteren Ge-

---

weiter Bevölkerungskreise und löste in vielen ein Gefühl wiederkehrender Rechtssicherheit aus, das seit Monaten mehr und mehr im Schwinden begriffen war.« (Zitiert nach Jamin, Ende der »Machtergreifung«, S. 213)

38 Zu den Säuberungen vgl. Höhne, Mordsache Röhm. Eine instruktive Schilderung der Ereignisse jetzt auch bei Kershaw, Hitler 1889–1936, S. 627–662.

39 Am 3. 7. 1934 verabschiedete das Reichskabinett nach einem Bericht Hitlers über die Vorgänge am 30. 6. ein Gesetz, das aus einem einzigen, rechtlich völlig dubiosen Satz bestand: »Die zur Niederschlagung hoch- und landesverräterischer Angriffe am 30. Juni und am 1. und 2. Juli 1934 vollzogenen Maßnahmen sind als Staatsnotwehr rechtens.« (RGBl. I, 1934, S. 529) Vgl. Gruchmann, Justiz, S. 453.

40 Anordnung StdF, Heß, 9. 6. 1934, dokumentiert in: Buchheim, SS, S. 63 f.

41 Buchheim, SS, S. 54.

42 Auch von den leitenden Beamten behielten einige weiterhin ihre führende Stellung, wie zum Beispiel der Polizeirat Kreklow, der Judendezernent Hasselbacher, der Leiter des Abwehramtes Patschowski, der Kriminalpolizeirat Heller wie die meisten höheren Kriminalbeamten (Graf, Politische Polizei, S. 218).

stapochef, ebenso Franz Josef Huber, Josef Meisinger und Flesch, die sämtlich leitende Posten im neuen Gestapa erhielten.[43] Aus Breslau kam der Leiter der Kripo, Ernst Damzog,[44] aus dem Berliner Polizeipräsidium Ernst Schambacher.[45] Im Spätsommer nahm Werner Best seine Tätigkeit im Gestapa auf, zunächst nur mit halber Wochenarbeitszeit, um sich einzuarbeiten, und zu Beginn des Jahres 1935 wechselte er endgültig nach Berlin.[46]

Heydrich setzte Görings Vorhaben fort, das Geheime Staatspolizeiamt aus der Polizeiverwaltung herauszulösen und zu einer selbständigen Behörde werden zu lassen. Himmler schuf unverzüglich nach seinem Amtsantritt in Berlin das Zentralbüro des Politischen Polizeikommandeurs der Länder, um vom Gestapa aus zugleich die politischen Polizeien der übrigen Länder zu leiten, und bündelte dadurch seine jeweiligen Länderkompetenzen de facto bereits zu einer Reichskompetenz.[47] Damit war allerdings die Auseinandersetzung um das Machtinstrument der Polizei, insbesondere um die politische Polizei, noch keineswegs entschieden. Frick plante seit langem, die Polizei reichseinheitlich aufzubauen und dem Innenministerium zu unterstellen.[48] Göring versuchte seinerseits, die Geheime Staatspolizei in Preußen wieder unter seine Kontrolle zu bekommen, und die regionalen Machthaber der NSDAP mochten ihrerseits auf die Befehlsgewalt über ein so wichtiges Herrschaftsinstrument wie die Polizei nicht verzichten.[49] Doch waren es die veränderten Machtkonstellationen infolge der Röhm-Morde, die Fricks Versuche scheitern ließen. Anfang Juli 1934 ließ Göring Frick in einem Schreiben wissen:

---

43 Aronson, Reinhard Heydrich, S. 219. Daher resümiert Christoph Graf, daß der Wechsel von Diels zu Heydrich zwar einen deutlichen Vormarsch der SS auf die höheren Positionen und damit eine deutliche Verstärkung des SS-Einflusses brachte, aber noch keinen prinzipiellen Wendepunkt markierte (Graf, Politische Polizei, S. 219).

44 Zu Ernst Damzog siehe den Biographischen Anhang.

45 Zu Ernst Schambacher siehe den Biographischen Anhang.

46 Bis Ende 1934 blieb Best noch Leiter der SD-Oberabschnitte Süd und Südwest in München und pendelte zwischen Berlin und München hin und her (Herbert, Best, S. 147).

47 Tuchel/Schattenfroh, Zentrale des Terrors, S. 83.

48 Neliba, Wilhelm Frick, S. 247–251.

49 Browder, Foundations, S. 163–200.

»In Anerkennung der besonderen Verdienste, die sich die Politische Polizei in den vergangenen Tagen erworben hat, hat der Herr Reichskanzler mir und dem Reichsführer SS Himmler freie Hand darüber eingeräumt, wie im Rahmen der von ihm selbst erteilten Anordnungen die Politische Polizei geführt werden und mit welchen Mitteln sie arbeiten soll.«[50]

Tags darauf stellte Göring als preußischer Ministerpräsident und Chef der Geheimen Staatspolizei in einem ausführlichen Runderlaß an die Ober- und Regierungspräsidenten Preußens fest, daß die Gestapo mit einem besonderen Behördenapparat (der Inspekteur der Geheimen Staatspolizei – diese Funktion hatte Himmler inne –, das Geheime Staatspolizeiamt unter Heydrich und die regionalen Staatspolizeistellen) ihm unmittelbar unterstellt sei und etwaige Beschwerden über die Gestapo von ihr selbst bearbeitet, in letzter Instanz von ihm selbst entschieden würden. Auch in der mittleren Instanz bekräftigte Göring, daß die regionalen Stapostellen nicht den Regierungspräsidenten unterstanden, allerdings die Leiter der Stapostellen verpflichtet seien, Abschriften ihrer politischen Berichte den Regierungspräsidenten zu übermitteln.[51] Frick, der zugleich seinerseits sämtliche Landesregierungen anwies, monatliche Berichte über die politische Lage zu verfassen und diese Aufgabe der politischen Polizei nicht allein zu überlassen,[52] erklärte sich mit Görings Erlaß einverstanden, hob – wenngleich vergeblich – hervor, daß es sich »lediglich um eine Übergangsregelung handeln soll, die infolge der durch die Röhm-Revolte angespannten politischen Lage notwendig geworden ist«.[53]

---

50 Zitiert nach Herbert, Best, S. 149.
51 Weiterhin hatten die Stapostellenleiter »Ersuchen der Regierungspräsidenten um Durchführung bestimmter Maßnahmen zu entsprechen, es sei denn, daß ausdrückliche Anweisungen von mir oder dem Inspekteur der Geheimen Staatspolizei der Erfüllung des Ersuchens entgegenstehen«. Runderlaß Preußischer Ministerpräsident und Chef der Geheimen Staatspolizei, gez. Göring, 6. 7. 1934, gedruckt in: Plum, Staatspolizei und innere Verwaltung, S. 208–210.
52 Runderlaß RMdI, gez. Frick, 7. 7. 1934, gedruckt in: ebenda, S. 210–211.
53 Rundschreiben PrMdI, gez. Frick, 16. 7. 1934 an die Ober- und Regierungspräsidenten, gedruckt in: ebenda, S. 212. Dort auch weitere Dokumente, die den anhaltenden Widerstand einzelner Regierungspräsidenten gegen die Herauslösung der politischen Polizei aus der ihnen unterstellten inneren Verwaltung belegen. Himmler konnte jedoch solche Beschwerden, wie im Falle des ostpreußischen Oberpräsidenten, der im Herbst 1935 monierte, daß die Stapostelle Königsberg nicht ihm

Gegenüber Göring wiederum waren sich Himmler und Frick, der ab November 1934 sowohl das Amt des Reichsinnenministers als auch des preußischen Innenministers in sich vereinigte, einig im Aufbau einer reichseinheitlichen Polizei. Ende November sah sich Göring genötigt, Himmler die Geschäfte der gesamten preußischen Geheimen Staatspolizei unter dessen alleiniger Verantwortung ihm gegenüber zu übertragen.[54] Obwohl Himmler beim preußischen Gestapo-Gesetz vom Februar 1936 noch einmal zurückstecken mußte, da die regionalen Staatspolizeistellen kurzzeitig nicht nur dem Gestapa als oberster Landesbehörde, sondern zugleich den preußischen Regierungspräsidenten unterstellt wurden, war er de facto zum Chef der Gestapo aufgerückt.[55] In der Frage der Begrenzung und Nachprüfbarkeit der »Schutzhaft« hatte sich Himmler mit seiner Auffassung, daß die politische Polizei keinerlei Beschränkungen unterliegen dürfe, ebenso durchgesetzt wie mit der Abwehr von gerichtlichen Ermittlungen zu Tötungen in den Konzentrationslagern.[56] Nachdem bereits im Frühjahr 1935 das Preußische Oberverwaltungsgericht entschieden hatte, daß die Gestapo als Sonderbehörde nicht den Bestimmungen des Polizeiverwaltungsgesetzes und damit den dort noch vorhandenen Beschwerdemöglichkeiten unterlag, weitete dasselbe Gericht die Bestimmung des Gestapo-Gesetzes vom Februar 1936, daß Verfügungen und Angelegenheiten der Gestapo nicht der Nachprüfung durch die Verwaltungsgerichte unterlagen, auch auf die Kreis- und örtlichen Polizeibehörden aus, wenn sie als Hilfsorgane der Gestapo tätig wurden.[57]

---

unterstellt sei, stets dadurch abwehren, daß er sich von Hitler selbst, wie in diesem Falle auch, die eigene Position bestätigen ließ (vgl. dazu Buchheim, SS, S. 45).

54 Erlaß Preußischer Ministerpräsident, 20. 11. 1934, gedruckt in: Buchheim, SS, S. 43.

55 Das Gestapo-Gesetz vom 10. 2. 1936 ist dokumentiert in: Buchheim, SS, S. 46 f.; vgl. dazu Herbert, Best, S. 160–163. Daß sich inzwischen die Machtverhältnisse definitiv zugunsten der SS verschoben hatten, machte ein Erlaß Görings zwei Wochen später deutlich, der besagte, daß im Konfliktfall die Regierungspräsidenten eine Entscheidung des Gestapa einzuholen hätten (Buchheim, SS, S. 48).

56 Vgl. dazu vor allem Gruchmann, Justiz, S. 535–632; jetzt auch Herbert, Best, S. 150–160.

57 Vgl. Plum, Staatspolizei und innere Verwaltung, S. 200–203; Kirchberg, Kontrolle von Maßnahmen; siehe aber auch bereits Fraenkel, Doppelstaat, S. 45–62, der die Beseitigung der polizeirechtlichen Schranken ausführlich untersucht hat.

Ebenso scheiterten Fricks Pläne, die gesamte Polizei reichseinheitlich ihm als Reichsinnenminister zu unterstellen. Gestützt auf das zentralisierende Gesetz über den Neuaufbau des Reiches vom Januar 1934, das die Hoheitsrechte der Länder auf das Reich übertrug,[58] waren in Fricks Ministerium entsprechende Gesetzentwürfe ausgearbeitet worden, denen zufolge ab April 1936 die Länderpolizei Reichspolizei werden und auf den Reichshaushalt übernommen werden sollte. In einer Denkschrift wurde dieser Plan im September 1935 bereits dem Reichsfinanzministerium vorgetragen.[59] Noch im November verfaßte der Leiter der Polizeiabteilung im Innenministerium, Kurt Daluege, eine Denkschrift für den Chef der Reichskanzlei, Lammers, in der er sowohl die Notwendigkeit einer »Verreichlichung« der Polizei als auch die Wiedereingliederung der politischen Polizei in die allgemeine Polizei begründete.[60]

Zu diesem Zeitpunkt hatte sich allerdings Himmler bereits durchgesetzt. Bei seiner Unterredung mit Hitler am 18. Oktober 1935 hatte er nach seinen eigenen Notizen über folgende Punkte gesprochen: »1. Behandlung der Kommunisten, 2. Abtreibungen, 3. Asoziale Elemente, 4. Wachverbände, 5. Gestapa-Erlaß v. Frick«.[61]

Geschickt hatte Himmler die Frage der Zugehörigkeit der politischen Polizei in einen Zusammenhang von Verfolgung der politischen Gegner und »Reinhaltung des deutschen Volkes« gebracht und damit ebenjene weltanschauliche Begründung aufgebaut, die dann folgerichtig in der Behandlung des Punktes 5 dazu führen sollte, dem Reichsführer SS die Polizei zu unterstellen, weil nur er diesen Zusammenhang gewährleisten könne.[62] Diese Argumentation entsprach Hitlers eigener Auffassung, und

---

58 RGBl. I, 1934, S. 75.
59 Neufeldt, Entstehung, S. 8 f.
60 Wilhelm, Polizei im NS-Staat, S. 73.
61 BArch, NS 19/1447, Bl. 17.
62 Zur Tragweite dieses Vortrags Himmlers bei Hitler vgl. bereits Tuchel/Schattenfroh, Zentrale des Terrors, S. 89. Ulrich Herbert resümiert, daß die Unterstellung der Polizei unter den Reichsführer SS »also nicht oder jedenfalls nicht vorwiegend als Folge eines abstrakten Machtstrebens Himmlers oder des Kompetenzstreites zwischen Gestapa und Innenministerium zu verstehen [sei], sondern als das Resultat einer politischen Konzeption, die in der Führung von SS und Gestapa entwickelt worden war und die von Hitler akzeptiert wurde: die Ausweitung politischpolizeilicher Verfolgungsmaßnahmen über politische Vergehen hinaus auf Abwei-

es ist daher wenig verwunderlich, daß Himmler in dieser Unterredung offensichtlich die grundsätzliche Zustimmung erhielt, die Polizei des NS-Regimes insgesamt der SS-Führung zu unterstellen. In der Notiz, die Himmler anschließend über seinen Vortrag anfertigte, hieß es:

»Über die Frage der Führerschulen, inneren Unruhen und der Verfügungstruppe und über die Frage der asozialen Elemente und ihrer Sicherstellung in besonderen Erziehungslagern sowie über das schärfere Vorgehen gegen die Kommunisten wurde lange gesprochen. Die Führerschulen wurden vom Führer grundsätzlich genehmigt und sollen im Rahmen der *Zusammenfassung der Gesamtpolizei unter den Reichsführer-SS*, entweder als Staatssekretär im Innenministerium oder unmittelbar unter den Führer gestellt werden.«[63]

In den darauffolgenden Verhandlungen zwischen Heydrich und dem Innenministerium um einen entsprechenden Erlaß legte das Innenministerium Anfang Juni 1936 einen Entwurf vor, der Himmler lediglich im Rang eines Ministerialdirektors zum Leiter der Polizeiabteilung im Innenministerium machte, ihm zwar den Titel eines »Inspekteurs der Deutschen Polizei« verlieh, ihn ansonsten jedoch dem Innenminister unterstellte.[64] Schon tags darauf, am 9. Juni 1936, übermittelte Heydrich die Gegenvorschläge der SS-Führung, denen zufolge Himmler zum »Chef der deutschen Polizei« im Rang eines Ministers ernannt werden sollte. Noch am selben Tag hielt Frick Vortrag bei Hitler und erreichte, daß dieser eine Ernennung Himmlers zum Reichsminister ablehnte und entschied, ihn wie einen Staatssekretär zu den Kabinettssitzungen hinzuzuziehen. In der endgültigen Fassung des Erlasses, den Hitler am 17. Juni 1936 unterzeichnete, wurde Himmler daher mit dem umständlichen Titel »Chef der deutschen Polizei im Reichsministerium des Innern« eingesetzt und Frick

---

chungen im Sozialverhalten und damit die Einordnung der gesamten polizeilichen Tätigkeit in den Gesamtauftrag der politischen ›Gesunderhaltung des deutschen Volkskörpers‹« (Herbert, Best, S. 169).

63 Aktennotiz Himmler, 18. 10. 1935, BArch, NS 19/3582, Bl. 3 (Hervorhebung von mir, M. W.); vgl. Tuchel, Gestapa und Reichssicherheitshauptamt, S. 91–93.

64 Die Darstellung folgt Neufeldt, Entstehung, S. 11–16, dem alle späteren Darstellungen – wie Buchheim, SS, S. 49–51, oder Wilhelm, Polizei im NS-Staat, S. 74–76 – verpflichtet sind. Vgl. auch die Quellen zu den Verhandlungen zwischen Staatssekretär Pfundtner und Heydrich in: BArch, R 1501/5535 (Bestand Reichsministerium des Innern).

»persönlich und unmittelbar« unterstellt, was im NS-Staat nichts weniger bedeutete, als daß die Polizei von nun an aus der bisherigen Struktur der inneren Verwaltung herausgelöst wurde.[65] Bezeichnenderweise setzte sich Himmler erfolgreich gegen die Absicht des Innenministeriums zur Wehr, seine Ernennung »unter Berufung in das Beamtenverhältnis« vorzunehmen. Himmler blieb Funktionär der NS-Bewegung und verstand seine neue Funktion nicht als Staatsdienst im herkömmlich bürokratischen Sinn.

Der Sieg Himmlers in dieser Auseinandersetzung war keineswegs von vornherein ausgemacht, Hitler noch nicht von Anfang an festgelegt. Das SS-Modell setzte sich durch, weil es sowohl reichseinheitliche Organisation, absolute Loyalität, eine unbürokratische, nicht an formaljuristische Regeln gebundene Schlagkraft als auch weltanschauliche Ausrichtung in sich vereinigte, also alle Vorteile zu bieten hatte, die die übrigen rivalisierenden Institutionen nur zum Teil ins Feld führen konnten. Himmlers Immediatstellung bei Hitler und dessen bekannte Ablehnung jeglicher bürokratischer Regulierungen kamen ebenfalls dem SS-Modell zugute.

Die Entbindung der Polizei als eines der wichtigsten Herrschaftsinstrumente aus dem normenstaatlichen Geflecht und deren Unterstellung beziehungsweise Verbindung mit der SS als nach dem Führerprinzip organisierten, weltanschaulich ausgerichteten, machtpolitisch grenzenlosen Organisation, die sich keinerlei formalrechtlich regulierenden Verfahren unterwerfen wollte, stellte die folgenschwerste Entscheidung 1935/36 dar. Carl Schmitt hat 1922 in seiner »Politischen Theologie« über den Ausnahmezustand als »Suspendierung der gesamten bestehenden Ordnung« geschrieben:

»Ist dieser Zustand eingetreten, so ist klar, daß der Staat bestehen bleibt, während das Recht zurücktritt. Weil der Ausnahmezustand immer noch etwas anderes ist als eine Anarchie oder ein Chaos, besteht im juristischen Sinne immer noch eine Ordnung, wenn auch keine Rechtsordnung. Die Existenz des Staates bewahrt hier eine zweifellose Überlegenheit über die Geltung der Rechtsnormen. [...] Die Entscheidung macht sich frei von jeder normativen Gebundenheit und wird im eigentlichen Sinne absolut.«[66]

---

65 Erlaß zur einheitlichen Zusammenfassung der polizeilichen Aufgaben, gez. Hitler und Frick, 17. 6. 1936, RGBl. I, 1936, S. 487, gedruckt in: Buchheim, SS, S. 52.
66 Schmitt, Politische Theologie, S. 18.

Die Reichstagsbrandverordnung schuf den rechtlichen Ausnahmezustand, der die Befugnisse der Polizei immens ausweitete und sie zum zentralen Instrument des Terrors machte. Die Herauslösung der Polizei aus dem herkömmlichen staatlichen Regulierungsrahmen, der bis dahin insbesondere durch unabhängige Gerichte überprüft und eingeklagt werden konnte, bedeutete im Sinne Schmitts, daß sich nicht mehr der Staat als solcher absolut setzte, sondern eine neue Institution entstand, die sowohl staatlich als auch außerstaatlich existierte und sich »im eigentlichen Sinne absolut« setzte.

Werner Best, Verwaltungschef des Geheimen Staatspolizeiamtes, Chef des RSHA-Amtes I Personal und Verwaltung 1939/40 (Bundesarchiv, BDC, RuSHA-Akte Werner Best)

Vor allem Werner Best, als Stellvertreter Heydrichs im Gestapa verantwortlich für Verwaltung, Personal, Organisation und Abwehr, begründete die Herauslösung polizeilichen Handelns aus den Begrenzungen des Normenstaates. So hielt Best im April 1936 in einem Aufsatz »Die Geheime Staatspolizei« fest, daß die politische Polizei in der Lage sein müsse, »unabhängig von jeder Bindung jedes zur Erreichung des notwendigen Zweckes geeignete Mittel anzuwenden«. Sie besitze daher »grundsätzlich jede zur Erfüllung ihrer Aufgaben erforderliche Befugnis, die sich allein aus der neuen Staatsauffassung ableitet, ohne daß es einer besonderen gesetzlichen Normierung bedarf«.[67] Die »neue Staatsauffassung« hatte sich am »Führerwillen« zu orientieren, an der in der jeweiligen Situation notwendigen Entscheidung und nicht an festgeschriebenen Paragraphen. Der »Führerwillen«

---

67 Zitiert nach Herbert, Best, S. 163.

bedeutete indes nicht Bindungslosigkeit. Was an »gesetzlichen Normierungen« fehlte, sollte durch das politisch-weltanschauliche Einverständnis mit dem »Führerwillen« ersetzt werden, so daß auch ohne konkreten Befehl in einer gegebenen Situation die richtige Entscheidung gefällt werden konnte.[68]

Doch umreißt diese Loslösung von rechtlichen Bindungen nicht nur den Bruch mit einer rechtsstaatlichen Bestimmung polizeilicher Aufgaben. Werner Best selbst, dem das zentrale Problem des NS-Regimes, nämlich das Verhältnis von Maßnahmen- und Normenstaat, durchaus bewußt war,[69] hielt an der Notwendigkeit eines Normensystems fest, da sonst seiner Auffassung nach die Gefahr von Willkür und subjektivem Gutdünken bestand. Allerdings sollte die Rechtssicherheit eines Normenstaates keineswegs für alle gelten. Die Normierung staatlichen Handelns war Best zufolge »angebracht gegenüber allen positiv aufbauenden Kräften. Diese sollen, um sich möglichst fruchtbar auswirken zu können, möglichst weitgehend das Han-

---

68 Werner Willikens, Staatssekretär im preußischen Landwirtschaftsministerium, hat diese Überlegung in einer Rede im Februar 1934 gewissermaßen praxisanleitend auf den Punkt gebracht: »Jeder, der Gelegenheit hat, das zu beobachten, weiß, daß der Führer schwer von oben her alles das befehlen kann, was er für bald oder für später zu verwirklichen beabsichtigt. Im Gegenteil, bis jetzt hat jeder an seinem Platz im neuen Deutschland dann am besten gearbeitet, wenn er sozusagen dem Führer entgegen arbeitet.« Zitiert nach Kershaw, Hitler 1889–1936, S. 665, der dieses »Dem Führer entgegenarbeiten« in seiner Hitler-Biographie gewissermaßen als Leitmotiv verwendet.

69 Nicht von ungefähr ist Werner Best einer der wichtigsten Kronzeugen für Ernst Fraenkels Theorie vom Doppelstaat. Bests strikte Trennung zwischen der Tätigkeit der politischen Polizei – die gegen den inneren Feind vorgehe analog zur Wehrmacht, die den äußeren Feind bekämpfe – als »notwendige, unmittelbare, normenfreie Anwendung allgemeiner Staatsgewalt« und der Tätigkeit der übrigen Administration, »für die aus Zweckmäßigkeitsgründen – um der Rechtssicherheit willen wie auch zur Entlastung der Verwaltung selbst – an dem Prinzip der Gesetzmäßigkeit der Verwaltung festgehalten« werden müsse, gab eine Vorlage für Fraenkels analytische Differenzierung des NS-Regimes in Normen- und Maßnahmenstaat (Herbert, Best, S. 163 f., 179 f.). Die Analogie von Wehrmacht und Polizei hatte Best von Himmler übernommen, der in seiner Antrittsrede am 17. 6. 1936 davon sprach, daß er seine Aufgabe darin sehe, »wie die Wehrmacht zum Schutz nach außen bestimmt ist, die Polizei, zusammengeschweißt mit dem Orden der Schutzstaffeln, zum Schutz des Volkes nach innen auszubauen« (zitiert nach Buchheim, SS, S. 101).

deln des Staates voraussehen können.«[70] Der Normenstaat galt ausschließlich für die Volksgemeinschaft. Nur wer zu ihr gehörte – und darüber entschied das Regime selbst –, sollte Rechtssicherheit erhalten, für alle anderen, Juden, »Asoziale«, Behinderte, Zigeuner, »Fremdvölkische«, galt der Maßnahmenstaat, die ungehinderte Entscheidung der Polizei, mit welchen Mitteln sie gegen die »objektiven Gegner« vorgehen wolle. Diese wichtigste Exekutive des Regimes vor Kriegsbeginn übernahm die SS, das heißt diejenige NS-Organisation, die sich keineswegs mit der Niederschlagung der politischen Opposition und der Aufrechterhaltung eines autoritären Staates beziehungsweise einer Diktatur zufriedengeben wollte, sondern ein klares, völkisch-rassistisches Ordnungskonzept verfolgte.

Vom »Staatsfeind« zum »Volksfeind«

Reinhard Heydrich formulierte in einer mehrteiligen Artikelserie im »Schwarzen Korps« im Herbst 1935 über »Die Wandlungen unseres Kampfes« die neuen Bedingungen und Gegnergruppen:

»Als nun plötzlich das Nahziel [die Eroberung des Staates, M. W.] erreicht war, da erschienen den meisten Mitkämpfern mit einem Male mit der Zerschlagung der gegnerischen Organisationen die Gegner überhaupt verschwunden zu sein. Sie suchten nach ihm und fanden ihn nicht mehr, da er sich meist gleichgeschaltet hatte. […] Sie haben leider in Wirklichkeit nur die gegnerischen Parteien gesehen und bekämpft. Sie sind sich nicht klar, daß diese Parteien nur die zur Zeit der Lage entsprechend günstigste äußere Erscheinungsform geistiger Kräfte waren, die im Führer und der NSDAP Deutschland bekämpfen, die Deutschland mit allen seinen starken Kräften von Blut, Geist und Boden ausrotten wollen. […] Jede Organisation ist nichts ohne die Kräfte, die sie ideenmäßig beseelt. Wenn jetzt die gegnerischen Organisationen zerschlagen oder auch nur in der Umbildung sind, so bedeutet das für uns, daß sich damit lediglich die Kampfform ändert. Die treibenden Kräfte des Gegners bleiben ewig gleich: Weltjudentum, Weltfreimaurertum und ein zum großen Teil politisches Priesterbeamtentum, welches die Religionsbekenntnisse mißbraucht.«

Ebenso wie der Bolschewismus bereits als »eine der wichtigsten Zweckschöpfungen des Judentums« erschien, stellte Heydrich wenige Abschnit-

---

70 Best, Neubegründung des Polizeirechts (1937), zitiert nach Fraenkel, Doppelstaat, S. 94.

te später klar, daß auch das Freimaurertum nur zum besseren Verständnis eigens aufgeführt sei, in Wahrheit jedoch die Freimaurer gleichfalls nur eine Zweckorganisation des Judentums darstellten, »so daß wir in letzter Konsequenz als Grundlage aller Gegnergruppen den Juden und den politischen Geistlichen (in seiner ausgeprägtesten Form Jesuit genannt) ansehen können«.[71]

In der Tat hatte sich bereits im Laufe des Jahres 1933 gezeigt, daß der Widerstand vor allem von der organisierten Arbeiterschaft gegen das neue Regime schwächer ausfiel als erwartet. Schon im Mai 1933 kam es zu ersten Entlassungen aus den Konzentrationslagern, und nach der für das Regime überaus positiv ausgefallenen Volksabstimmung im November ließ Hitler zu Weihnachten eine Amnestie prüfen.[72] Anfang Dezember kündigte Göring für Preußen eine Amnestie von rund 5000 Schutzhäftlingen an, ebenso wurde vor Weihnachten auch in anderen Ländern angekündigt, Häftlinge zu entlassen. Das Instrument der Schutzhaft, das sich zu dieser Zeit in erster Linie gegen den politischen Gegner richtete, schien angesichts dessen Schwäche überflüssig zu werden. Die Zahl der KZ-Häftlinge lag in der ersten Hälfte 1935 in Preußen bei 1700, in Sachsen bei 700 und in Bayern bei maximal 2000 Häftlingen.[73]

Mit seinem Artikel hatte Heydrich demnach auch eine Erweiterung der Gegnerzahl vorgenommen, indem er die Ebene des ausschließlich politisch definierten Feindes, also der Kommunisten und »Marxisten«, verließ und die weltanschauliche Auseinandersetzung als die wesentliche benannte. Nicht mehr die Kommunisten, Marxisten allgemein sollten in Zukunft im Blick des nationalsozialistischen Verfolgungsapparates stehen, sondern die »Kräfte, die die Organisationen ideenmäßig beseelten«, das hieß die weltanschaulichen »objektiven Gegner«. Neben den sogenannten politischen Priestern, die unter dem Deckmantel der Kirche weltliche Machtpositionen erobern wollten – hier offenbarte sich die Furcht des totalitären Staates vor anderen potentiellen Machtzentren, wie sie die Kirchen, allen voran die universal organisierte katholische, in der Perspektive der Nationalsozialisten darstellten –, waren es vor allem die Juden, die

---

71 Hier zitiert nach der gedruckten Broschüre, die 1936 im Eher-Verlag erschien: Heydrich, Wandlungen unseres Kampfes, S. 4 f., 7, 13.
72 Tuchel, Konzentrationslager, S. 104–106.
73 Ebenda, S. 6.

unerbittlich verfolgt werden sollten. Zwar sei durch die Rassengesetzgebung, so Heydrich, der »direkte Einfluß des Judentums« stark beschränkt worden, aber damit die Gefahr nicht gebannt:

> »Die jüdischen Zweckorganisationen mit allen Verbindungen zu ihrer internationalen Führung arbeiten nach wie vor an der Vernichtung unseres Volkes mit allen seinen Werten. [...] Erleichtert wird ihm [dem Juden, M. W.] seine Arbeit dadurch, daß es noch Volksgenossen gibt (die Kirchen fördern diese Gesinnung sogar), welche die Ariergesetzgebung nur gezwungen anerkennen und die rassischen Grundgedanken nicht erfassen wollen. Während ein Teil des deutschen Volkes schon jetzt nach zwei Jahren der nationalsozialistischen Revolution beginnt, dem Juden gegenüber gleichgültig zu werden, sehen wir auf seiten des Juden ein zähes, ewig gleichbleibendes Anstreben seines Zieles, das immer nur heißt: die Beherrschung der Welt und die Vernichtung nordischer Völker.«[74]

Ein Teil dieser Gegner sei sichtbar, ein anderer würde jedoch getarnt in einem, wie Heydrich es ausdrückte, unterirdischen »Kanalsystem« arbeiten. Zahlreiche Gegner gäben sich hundertzehnprozentig und würden doch alles in ihren Kräften Stehende tun, um nationalsozialistische Maßnahmen durch bürokratische Hindernisse zu hemmen oder versanden zu lassen. Gegen diesen »unpolitischen Fachmann« könne man nicht mit der Staatspolizei kämpfen, die »nur die äußerlich juristisch faßbare staatsfeindliche Haltung des Gegners treffen« könne und daher »ein Organ der Abwehr und Verteidigung« bleibe, sondern: »Weltanschauliche Gegner kann entscheidend nur im geistigen Ringen die Weltanschauung bezwingen.«[75] Heydrich wiederholt hier einen der Kerngedanken aus »Mein

---

74 Heydrich, Wandlungen unseres Kampfes, S. 13, 14.
75 Ebenda, S. 18. Heydrich spielte damit auch auf die Präambel der Reichstagsbrandverordnung an, in der es hieß, daß die nachfolgende Aussetzung der Verfassungsrechte »zur Abwehr kommunistisch gefährdender Gewaltakte« geschehe. Noch im Januar 1935 hatte das preußische Oberverwaltungsgericht in einer Entscheidung erklärt, daß die Polizei auch durch die Verordnung vom 28. 2. 1933 »auf die Aufgabe der Gefahrenabwehr im eigentlichen Sinn beschränkt geblieben« sei (zitiert nach Fraenkel, Doppelstaat, S. 46). Gegen diese Interpretation haben sich Best, Heydrich und andere immer wieder gewandt. Praktisch wirksam wurde die gerichtlich festgestellte Einschränkung nie. Im Gegenteil, Werner Best hielt im Juni 1938 fest: »Wenn die Verwaltungsgerichte immer wieder Juden, ehemaligen Fremdenlegionären und dergl. Wandergewerbescheine zusprechen, wird die Gestapo aufgrund des ihr erteilten Auftrages, Volk und Staat gegenüber den aus dem

Kampf«, wo Hitler die selbstgestellte Frage, ob man Weltanschauungen mit Gewalt bekämpfen könne, beantwortet:

»Jeder Versuch, eine Weltanschauung mit Machtmitteln zu bekämpfen, scheitert am Ende, solange nicht der Kampf die Form des Angriffs für eine neue geistige Einstellung erhält. Nur im Ringen zweier Weltanschauungen miteinander vermag die Waffe der brutalen Gewalt, beharrlich und rücksichtslos eingesetzt, die Entscheidung für die von ihr unterstützte Seite herbeizuführen.«[76]

In diesem weltanschaulichen Kampf gelte es, so forderte Heydrich für die SS, sich selbst geistig gleichzurichten, damit jeder über jeden Gegner gleichermaßen denke, und hart zu werden, auch auf die Gefahr hin, »dem einzelnen Gegner menschlich damit einmal wehe zu tun« oder bei wohlmeinenden Menschen als »Rohlinge« verschrien zu werden.

»Wenn wir nämlich als Nationalsozialisten unsere geschichtliche Aufgabe nicht erfüllen, weil wir zu objektiv und menschlich waren, so wird man uns trotzdem nicht mildernde Umstände anrechnen. Es wird einfach heißen: Vor der Geschichte haben sie ihre Aufgabe nicht erfüllt.«[77]

In ähnlicher Weise präzisierte Heydrich wenige Wochen später seine Position in einem Artikel für die Zeitschrift »Deutsches Recht«. Unter der Überschrift »Die Bekämpfung der Staatsfeinde« setzte er sich von der, in seinen Worten, liberalistischen Vergangenheit ab, in der vom Staat aus gedacht worden sei und entsprechend der Gegner als Staatsfeind betrachtet und bekämpft worden sei. Der Nationalsozialismus hingegen, so Heydrich,

»geht nicht mehr vom Staate, sondern vom Volke aus. Dies hat der Führer schon in ›Mein Kampf‹ richtunggebend gesagt. Er bezeichnete den Staat als ›Mittel zum Zweck‹, als ›eine Einrichtung für das jeweils in Frage kommende Volkstum‹ zu Erhaltung und Förderung einer ›Gemeinschaft physisch und seelisch gleichartiger Lebewesen‹.[78]

Hausieren solcher Personen erwachsenen Gefahren zu schützen, immer wieder den erteilten Schein den Inhabern wegnehmen. Die aus dieser Divergenz etwa entspringende Ansehensverminderung trifft daher bestimmt nicht die Gestapo, deren Maßnahme als letzte immer recht behält.« (Zitiert nach Fraenkel, Doppelstaat, S. 69)

76 Hitler, Mein Kampf, S. 189.
77 Heydrich, Wandlungen, S. 18 f.; vgl. dazu bereits Buchheim, Befehl, S. 235–257, 277–279.
78 Bei Hitler lautet die Passage: »Der Staat ist ein Mittel zum Zweck. Sein Zweck liegt in der Erhaltung und Förderung einer Gemeinschaft physisch und seelisch gleichartiger Lebewesen.« (Hitler, Mein Kampf, S. 433)

Dementsprechend kennen wir Nationalsozialisten nur den Volksfeind. Er ist immer derselbe, er bleibt sich ewig gleich. Es ist der Gegner der rassischen, volklichen und geistigen Substanz unseres Volkes.«[79]

Und wie in seinem Aufsatz »Wandlungen unseres Kampfes« nennt Heydrich als die »ewig gleichen« Volksfeinde: »Der Jude, der Freimaurer und der politische Geistliche«.[80]

Heydrich griff damit einen Kerngedanken Hitlers auf – die Auffassung vom Staat als bloßes Mittel zum rassischen Zweck – und wandte dieses vom »Volk« her gedachte Konzept auf die polizeiliche Gegnerbekämpfung an: Aus dem Staatsfeind wurde der »Volksfeind«. Er verband die Umorientierung des polizeilichen Blicks vom Staat auf das »Volk« mit der Frage der Weltanschauung, mit Hitlers immer wieder vorgetragener Ansicht, der wahre rassische Gegner, i. e. das Judentum, könne nicht technisch, sondern müsse weltanschaulich bekämpft werden – was keineswegs Milde oder allein geistige Auseinandersetzung bedeutete, als vielmehr unerbittliche Härte.

Die Polizei als Exekutive der Volksgemeinschaft umfaßte damit weit mehr als den Schutz der Volksgenossen. Volk im Sinne der Nationalsozialisten wurde nicht gedacht als Gesellschaft von Individuen, sondern als organisches Ganzes, in dem der einzelne sich der Gemeinschaft unterzuordnen habe. In dieser biologistisch-organischen Perspektive fiel der Polizei eine Rolle zu, die Werner Best klar und unmißverständlich formulierte:

»Der politische Totalitätsgrundsatz des Nationalsozialismus [...] duldet keine politische Willensbildung in seinem Bereich, die sich nicht der Gesamtwillensbildung einfügt. Jeder Versuch, eine andere Auffassung durchzusetzen oder auch nur aufrechtzuerhalten, wird als Krankheitserscheinung, die die gesunde Einheit des unteilbaren Volksorganismus bedroht, ohne Rücksicht auf das subjektive Wollen seiner Träger ausgemerzt. Aus diesen Grundsätzen heraus hat der nationalsozialistische Führerstaat zum ersten Mal in Deutschland eine politische Polizei entwickelt, wie sie von unserem Standpunkt aus als modern, d.h. den Bedürfnissen unserer Gegenwart entsprechend, aufgefaßt wird: als

---

79 Heydrich, Bekämpfung der Staatsfeinde, S. 121.
80 In diesem Aufsatz erscheint auch noch kurz »der Kommunist«, allerdings kaum noch als politischer Gegner, sondern als Krimineller, als jemand, der sich, so Heydrich, »in seinem Kernstück aus dem internationalen Verbrechertum rekrutiert« und zugleich als Spion der Sowjetunion angesehen werden muß, also ein Feind der Landesverteidigung ist.

eine Einrichtung, die den politischen Gesundheitszustand des deutschen Volkskörpers sorgfältig überwacht, jedes Krankheitssymptom rechtzeitig erkennt und die Zerstörungskeime [...] feststellt und mit jedem geeigneten Mittel beseitigt.«[81]

Diese Biologisierung des Gegners findet sich auch bei der Kriminalpolizei, deren »Feindbild: Berufsverbrecher« zwar bereits in der Weimarer Republik geschaffen wurde, sich dort aber noch gegen eine sozial definierte Gruppe richtete. Erst im Nationalsozialismus galt abweichendes Verhalten als Ausdruck minderwertigen Blutes, das heißt die Erfassung und Festsetzung sämtlicher Berufsverbrecher – und damit, in der Hoffnung der Kriminalbeamten, die endgültige Liquidierung von Kriminalität – gründete sich nicht mehr auf tatsächliche und registrierte Straffälle, sondern sollte jetzt präventiv geschehen. Der Begriff der »Asozialität« wurde zu einer zentralen rassehygienischen Kategorie, kriminalbiologische Prämissen zur Grundlage der »vorbeugenden Verbrechensbekämpfung durch die Polizei«.[82] Himmler erklärte im März 1936 in einer Rede vor den preußischen Staatsräten die lang anhaltende Aufgabe, die noch bevorstehe:

»Ein verhältnismäßig kleiner Teil [von politischen Gegnern] wird übrig bleiben... Dieser Teil wird zunächst nicht von innen heraus zu bekehren sein, da bis zu einem hohen Grade bei diesen zugleich rassisch schlechtesten Elementen eines Volkes im Herzen nichts anklingt, das den Menschen und seine Seele für eine Weltanschauung des Blutes und damit der Nation mitschwingen ließe. – Für diese ist es nun notwendig, vorbeugend dafür Sorge zu tragen, daß sie nicht zum Träger gegnerischer Weltanschauungen und nicht zu aktiven Feinden des Staates und des Volkes werden können. Die Meinung, daß der politische Kampf gegen die Gegner Juden, [unleserlich], Bolschewismus, verjudete Welt-Freimaurerei und alle die Kräfte, die ein neues auferstandenes

---

81 Zitiert nach Herbert, Best, S. 164. Bests Formulierungen wurden in der Folge von anderen Autoren zum Polizeirecht übernommen. So schrieb zum Beispiel Helmut Schlierbach 1938 unter Bezug auf Best, »daß die Geheime Staatspolizei notwendig den ›politischen Gesundheitszustand des deutschen Volkskörpers‹ sorgfältig zu überwachen hat«; Theodor Maunz gründete seinen Aufsatz über »Die Polizei im Rechtsgefüge« 1941 vollständig auf den Ausführungen Bests (vgl. Herbert, Best, S. 165, 574 Anm. 90).

82 Siehe den zentralen Runderlaß RuPrMdI, Pol. S-Kr. 3, Vorbeugende Verbrechensbekämpfung durch die Polizei, 14. 12. 1937, BArch, R 58/473, Bl. 46–49; sowie die Richtlinien des RKPA, gez. Heydrich, zum Erlaß des RuPrMdI vom 14. 12. 1937 »Vorbeugende Verbrechensbekämpfung durch die Polizei«, 4. 4. 1948, ebenda, Bl. 63–72; vgl. dazu umfassend Wagner, Volksgemeinschaft ohne Verbrecher.

Deutschland nicht wollen, vorbei sei, ist meines Erachtens ein schwerer Irrtum, denn Deutschland steht erst am Anfang seiner vielleicht Jahrhunderte langen Auseinandersetzung, vielleicht der entscheidenden Welt-Auseinandersetzung mit diesen Kräften des organisierten Untermenschentums.«[83]

Das Charakteristische dieses Zitats besteht in der Verbindung von politischer Opposition und völkisch-biologischer Disposition. Der beharrlich politisch Andersdenkende besaß in Himmlers Perspektive »schlechtes Blut«; all diejenigen, die nicht zur deutschen Volksgemeinschaft gehören, sind aufgrund ihrer biologischen Minderwertigkeit auch politisch gefährlich – eine ideologische Konstruktion, die in der Begriffsverbindung »jüdisch-bolschewistisch« mörderisch auf die Spitze getrieben wurde.[84]

Die Metaphern vom Arzt, der den Körper vor Krankheiten bewahrt, oder des Gärtners, der fürsorglich das Unkraut jätet, damit die »guten Pflanzen« gedeihen können, waren durchaus nicht neu. Schon Platon verglich die Untertanen mit einem Körper und den Gesetzgeber mit einem Arzt, der die politische Unordnung heilt.[85] Der Königsberger Staatswissenschaftler und preußische Regierungsrat Karl Heinrich Hagen bezeichnete in seinem 1839 erschienenen Staats-Lehrbuch die »Staatsverwaltung als Heilkunst«;[86] der Ende des 18. Jahrhunderts hochgeachtete Arzt, Für-

---

83 Zitiert nach Tuchel, Konzentrationslager, S. 300.

84 Interessanterweise setzte sich zur selben Zeit auch innerhalb der »Konzentrationslager-SS« mit Rudolf Höß eine neue, konzeptionell denkende Generation von KZ-Kommandanten gegen die alte Garde um Theodor Eicke durch, dem Höß vorwarf, bei der Verfolgung der politischen Gegner zu verharren, obwohl die organisierte Arbeiterbewegung offenkundig zerschlagen sei, und die wirklichen Feinde des Nationalsozialismus, die »Asozialen«, »Berufsverbrecher« und vor allem das »Judentum«, nicht zu erkennen (Orth, Konzentrationslager-SS, S. 148–150).

85 Platon, Sämtliche Werke, Bd. 3, Phaidon, Politeia, S. 263. Zur Metapher des Staats als Gärtner vgl. Bauman, Moderne und Ambivalenz, S. 43–56. Selbst der englische Sozialist H. G. Wells schrieb in einem seiner Essays, der Sozialist wie der Wissenschaftler »sucht einen Plan zu machen, wie man einen Garten entwirft und anlegt, damit süße und angenehme Dinge wachsen können, sich weite und schöne Aussichten eröffnen und Unkraut und Fäulnis verschwinden. [...] Was all seine Anmut und Schönheit möglich macht, sind der Plan und die beharrliche Absicht, das Beobachten und das Eingreifen, das Graben und Verbrennen, die Gartenschere und die Hacke.« (Zitiert nach ebenda, S. 51)

86 Vgl. Lüdtke, »Gemeinwohl«, Polizei und »Festungspraxis«, S. 78.

stenberater und Universitätsprofessor Johann Peter Frank entwarf ein mehrbändiges »System einer vollstaendigen medicinischen Polizey«, in dem er die medizinische mit der administrativen Praxis gleichsetzte und das Volk mit einem »Körper« verglich, dessen »Anlagen«, »Leidenschaften« und »Triebfedern« nach den Gesetzen der Galenschen Temperamentlehre zu behandeln sei.[87]

Was bei Johann Peter Frank noch im absolutistischen Kontext von »Gemeinwohl« und »Wohlfahrt« gedacht und entfaltet wurde, erhielt im Zusammenhang mit Rassenhygiene und Eugenik eine tödliche bevölkerungspolitische Dimension. Die naturwissenschaftliche Begründung der Eugenik verlieh den politischen Konsequenzen, sei es als »positive« Evolutionspolitik oder als »negative« Selektionspolitik konzipiert, den Nimbus exakter wissenschaftlicher Notwendigkeit und moralischer Unangreifbarkeit.[88] Keineswegs mündet die Geschichte der »medicinischen Polizey« und der Eugenik zwangsläufig in die Euthanasie von Kranken und Behinderten im Nationalsozialismus, aber die Überschneidungen zwischen wissenschaftlicher Erbforschung und Eugenik, Rassenhygiene und Rassentheorie sowie die Korrespondenzen zwischen der Eugenik als praxisorientierter Wissenschaft und politischer Praxis sind zu augenfällig, als daß sie übersehen werden könnten.

In der Weimarer Republik war die Rede »vom kranken Volkskörper« und dessen dringlicher »Gesundung« eine durchaus gängige. Hitler selbst beendete seine Rede vor dem Düsseldorfer Industriellenklub im Januar 1932 mit der Forderung nach dem »Primat der Wiederherstellung eines gesunden, nationalen und schlagkräftigen deutschen Volkskör-

---

87 Vgl. Pieper, Körper des Volkes. Ich danke Maren Lorenz für den Hinweis auf diesen Aufsatz.

Johann Peter Frank erfuhr im Dritten Reich eine entsprechend neue Aufwertung. Der saarländisch-pfälzische NSDAP-Gauleiter und Reichsstatthalter Josef Bürckel schrieb 1939 über Frank: »Gleich groß als Naturforscher, Rassehygieniker [!] und Bevölkerungspolitiker, als Kliniker und Reformator des öffentlichen Gesundheitswesens muß dieser schöpferische Tatmensch als der fanatische Vorkämpfer auf dem Gebiete der Gesundheitsführung, wie sie heute der Nationalsozialismus zu verwirklichen bestrebt ist, gewertet werden.« (Zitiert nach Pieper, Körper des Volkes, S. 119)

88 Vgl. dazu als nach wie vor informativsten Überblick: Weingart/Kroll/Bayertz, Rasse, Blut und Gene, S. 15–187.

pers«.[89] Wie sehr die Kongruenz von Volk und Körper und der Ruf nach einem »Volksarzt« in die Redeweise und Metaphorik der wissenschaftlichen Publizistik eingebettet war, ja gewissermaßen von hier aus ihre Legitimation bezog, zeigt ein Aufsatz des Zoologen Konrad Lorenz aus dem Jahr 1940, in dem es heißt:

»Aus der weitgehenden biologischen Analogie des Verhältnisses zwischen Körper und Krebsgeschwulst einerseits und einem Volke und seinen durch Ausfälle asozial gewordenen Mitgliedern andererseits ergeben sich große Parallelen in den notwendigen Maßnahmen. [...] Jeder Versuch des Wiederaufbaus der aus ihrer Ganzheitsbezogenheit gefallenen Elemente ist daher hoffnungslos. Zum Glück ist ihre Ausmerzung für den Volksarzt leichter und für den überindividuellen Organismus weniger gefährlich als die Operation für den Einzelkörper [!].«[90]

Eine solche Gegnerdefinition hatte Konsequenzen für die Organisation, die jene weltanschaulichen Feinde bekämpfen sollte. Die Staatspolizei mußte nach Heydrich einerseits zwar so aufgebaut sein, daß sie »die große, den Staat erhaltene Verwaltung nicht sprengt« und daher »eine gewisse Verbindung« zur allgemeinen Verwaltung behielt. Andererseits aber sollte sie »eine in sich geschlossene Organisation sein, welche die Möglichkeit eines direkten Befehls- und Meldewegs in sich birgt«. Entsprechend genüge es nicht, das Personal verwaltungsmäßig und kriminalistisch auszubilden, darüber hinaus gehöre »das bedingungslose Erfassen der nationalsozialistischen Idee und die umfassende Erkenntnis des Gegners« zu den Grundfesten der Anforderungen an die Angehörigen der Polizei. »Die Männer der Staatspolizei müssen daher absolut gleichgerichtet in ihrer geistigen Haltung sein. Sie müssen sich als ein kämpferisches Korps fühlen.« Außerdem sei engste Zusammenarbeit mit dem SD geboten, dessen Aufgabe eben in der Erforschung und Überwachung der ideenmäßigen Gegner des Nationalsozialismus liege, um »strategische Grundlagen für die Führung der Bewegung und damit des Staates zu liefern«. Heydrich begründete die Zusammenarbeit zwischen politi-

---

89 Hitler, Reden, Schriften, Anordnungen. Februar 1915 bis Januar 1933, Band IV, Teil 3: Januar 1932 – März 1932, hrsg. von Christian Hartmann, München 1997, S. 74–110, Zitat: S. 110. Zum Zusammenhang siehe den Aufsatz von Föllmer, Der »kranke Volkskörper«.
90 Zitiert nach Müller-Hill, Tödliche Wissenschaft, S. 18; vgl. dazu auch Müller-Hill, Selektion, besonders S. 146–148 zu Konrad Lorenz.

scher Polizei und dem SD keineswegs funktional; er hielt sie deshalb für notwendig, weil der Kampf gegen die »Volksfeinde« ein weltanschaulicher sei und eben der SD diesen Weltanschauungskampf führe: »Der Volksfeind kann nur dann richtig bekämpft werden, wenn er geistig in seinen Methoden und Mitteln erkannt wird.«[91]

Sicherheitsdienst des Reichsführers SS (SD)

Um den Sicherheitsdienst des Reichsführers SS (SD) ranken sich bis heute beschönigende Mythen, deren Anfänge sich bis zu den Nürnberger Prozessen zurückverfolgen lassen. Dort wurde der SD zwar zur verbrecherischen Organisation erklärt, aber weniger als eigenständige Formation der SS, als vielmehr in der Verbindung mit der Sicherheitspolizei, vor allem wegen der Einsatzgruppenmorde in der Sowjetunion.[92] So konnte Otto Ohlendorf, Chef des SD-Inland, in seiner Vernehmung unwidersprochen behaupten, daß zumindest das Amt III, das er leitete, ein »reiner Nachrichtendienst« gewesen sei, der die »Stimmung und Haltung des Volkes« feststellen sollte. Der SD war, so Ohlendorf, »die einzig kritische Stelle innerhalb des Reiches, die nach objektiven Sachgebietspunkten Tatbestände bis in die Spitzen hineinbrachte«.[93]

Während sich dieses Bild vom SD als eine Art Gallup-Institut des Dritten Reiches bis in die Forschung fortzog,[94] wuchs das Bild vom SD auf der anderen Seite ins Dämonische. In der Perspektive von Lucy S. Dawidowicz rangiert der SD »ganz oben in der Hierarchie des Terrors« und gerät zu einem Überwachungssystem, »das ganz Deutschland und dann das ge-

91 Heydrich, Bekämpfung der Staatsfeinde, S. 123.
92 Urteil des Internationalen Militärgerichtshofs vom 1. 10. 1946, in: IMG, Bd. 1, bes. S. 294–300; siehe auch unten, S. 750–755.
93 Vernehmung Otto Ohlendorf, 3. 1. 1946, IMG, Bd. 4, S. 364, 391. Aber schon Wilhelm Höttl, Referent im Amt VI SD-Ausland, setzte in Nürnberg einen anderen Akzent, indem er aussagte, daß das Amt III in erster Linie bestrebt gewesen sei, »daß in allen führenden Positionen des Reiches nur 100-prozentige Nazis saßen und bekämpften [sic] alle anderen heftigst« (Eidesstattliche Erklärung Wilhelm Höttl, 5. 11. 1945, IMG, Bd. 31, S. 37 f. [2614-PS]).
94 Vgl. zum Beispiel Stokes, Otto Ohlendorf, the Sicherheitsdienst and Public Opinion in Nazi Germany.

samte besetzte Europa einschloß – ein organisierter böser Blick, dessen Wachsamkeit niemand zu entgehen vermochte.«[95] Für Alwin Ramme stellte der SD als »Führungs- und Kaderorganisation der faschistischen Sicherheitspolizei« eines der »Hauptinstrumente« des NS-Regimes dar.[96] Zwischen Apologetik und Dämonisierung weist aber auch der Mittelweg, wie ihn Friedrich Zipfel mit der Charakterisierung des SD als einem »Hilfsorgan der staatlichen Gestapo« anbot,[97] eher in eine verharmlosende Richtung.

Das so widerspruchsvolle Bild läßt sich zu einem Teil auf die unterschiedlichen Aufgaben zurückführen, die der SD im Laufe seiner Entwicklung von 1931 bis 1945 übernommen hatte. So war der SD zuerst als Nachrichtendienst geschaffen worden, um über den politischen Gegner und nicht zuletzt auch innerparteiliche Konkurrenten Informationen zu sammeln. Mit dem Eintritt Höhns und Ohlendorfs in den SD 1935/36 gewann die sogenannte Lebensgebietsarbeit, also die systematische Beobachtung aller gesellschaftlichen Bereiche, an Bedeutung und stand bei Gründung des RSHA deutlich im Vordergrund. Mitglied des SD wurden aber auch sämtliche Angehörige der Sicherheitspolizei automatisch, wenn sie der SS beitraten. Über seine nachrichtendienstliche Funktion hinaus wurde der SD nach 1938 damit ebenfalls zu einer innerpolizeilichen, weltanschaulichen Formation. Die Verschmelzung von Sicherheitspolizei und SD sollte, wie weiter unten näher ausgeführt, unter der Federführung des SD geschehen. SD-Angehörige gehörten wie Gestapo- und Kripobeamte zum Personal der einheitlich als SD uniformierten Einsatzgruppen und hatten an deren Mordtätigkeit einen übermäßigen Anteil. Für Buchheim fungierte der SD daher »nicht nur als Nebenpolizei, sondern mischte sich auch auf den verschiedensten Sachgebieten in Angelegenheiten von politischem Belang ein«. Die eigentliche Bedeutung des SD habe darin bestanden, »daß aus ihm eine Reihe von Leuten hervorging, die im Laufe der Jahre die politisch besonders wichtigen Stellen der Sicherheitspolizei besetzten«.[98]

---

95 Dawidowicz, Krieg gegen die Juden, S. 78. In ähnlicher Weise auch die frühe Skizze von Erich Pruck, der SD und Gestapo unterschiedslos und ins Monströse verzerrt in eins setzte (Pruck, Heydrichs SD).
96 Ramme, Sicherheitsdienst der SS, S. 60; zu Ramme siehe oben, S. 31, Anm. 44.
97 Friedrich Zipfel, Gestapo und Sicherheitsdienst, Berlin 1960, S. 13.
98 Buchheim, SS, S. 75.

Nachrichtendienste gab es zu Beginn der dreißiger Jahre innerhalb verschiedener nationalsozialistischer Institutionen wie der SA, der DAF oder, unter Görings Aufsicht, das sogenannte Forschungsamt.[99] Und auch die SS baute ihren eigenen Nachrichtendienst auf. Himmlers Entscheidung, wem diese Aufgabe anvertraut werden sollte, fiel auf den Marineoffizier a. D. Reinhard Heydrich, der im April 1931 wegen »ehrenwidrigen Verhaltens« aus der Reichsmarine entlassen worden war.[100] Heydrich, als technischer Nachrichtenoffizier für den Funk ausgebildet, seit dem Sommer 1931 Mitglied der NSDAP und SS, erhielt über den in München tätigen SA-Oberführer Karl von Eberstein, einen Freund der Familie Heydrich, die Gelegenheit, sich bei Himmler zu bewerben. Daß dieser den Terminus Nachrichtenoffizier falsch deutete und hinter dem Funkoffizier einen Nachrichtendienstexperten vermutete, erzählte Himmler Jahre später als Anekdote.[101]

Heydrich wurde am 10. August 1931 im SS-Oberstab München als Ic-Referent eingesetzt. Die SS-Führung lehnte sich damit in der Namensgebung an das militärische Vorbild an, denn innerhalb der Generalstäbe war der sogenannte Ic-Offizier für die Feindaufklärung zuständig. Die SS-Stabsabteilung Ic bestand zunächst aus nicht mehr Mitarbeitern als Heydrich selbst, dem ein halbes Dienstzimmer ohne Schreibmaschine zur Verfügung stand. Auch als die Abteilung im Dezember 1931 in die private Zweizimmerwohnung des Ehepaars Heydrich in der Türkenstraße 23

---

99 Vgl. Roth, Facetten des Terrors; zum Forschungsamt siehe Gellermann, ... und lauschten für Hitler.

100 Deschner, Reinhard Heydrich, S. 36–40.

101 Himmler in seiner Rede zur Amtseinführung von Ernst Kaltenbrunner als neuer RSHA-Chef am 30. 1. 1943: »Im Jahre 1930 [1931, M. W.] war es für die Partei notwendig, einen Nachrichtendienst zu bilden, um über die kommunistischen, jüdischen, freimaurerischen und reaktionären Gegner ins Bild zu kommen. Ich holte mir, empfohlen durch den damaligen Gruppenführer von Eberstein, den Oberleutnant zur See a. D. Reinhardt [sic] Heydrich. Dieses Holen beruhte eigentlich auf einem Irrtum. Dies ist etwas, was die wenigsten wissen. Es hiess, Heydrich wäre Nachrichtenoffizier. Ich habe mich damals im Jahre 1930 [1931, M. W.] gar nicht viel darum gekümmert, ich dachte, ein Nachrichtenoffizier ist ein Mann, der Nachrichten holt.« (US National Archives, RG 319, Box 102A, File XE000440 Kaltenbrunner, gedruckt in: Breitman/Aronson, Eine unbekannte Himmler-Rede, Zitat S. 343)

umzog, umfaßte sie nicht mehr als drei Arbeitskräfte, die in erster Linie eine Personenkartei aufbauten.[102] Heydrich versuchte, bei den SS-Standarten als nachrichtendienstliche Vertrauensmänner Ic-Verbindungsführer zu installieren, die entsprechend »Feindaufklärung« betreiben, das heißt Informationen über den politischen Gegner sammeln sollten. Anfangs übernahmen die Adjutanten der jeweiligen SS-Standartenführung diese Funktion, was jedoch zu Loyalitätskonflikten mit den SS-Standartenführern führen mußte. Deshalb wurden eigene Ic-Führer bestimmt, deren Zahl Ende Dezember 1931 knapp fünfzig betrug.[103] Allerdings besaß Heydrich zu diesem Zeitpunkt nur wenig Kontrolle über diese Männer, was deutlich zutage trat, als im Februar 1932 einer von ihnen in Oldenburg eigenmächtig militärische Spionage betrieb und von der Polizei enttarnt wurde.[104]

Einen ersten Aufschwung nahm die Ic-Abteilung 1932, als Heydrich während der Verbotszeit von SA und SS von April bis Juni 1932 in etlichen Inspektionsreisen den Nachrichtendienst der SS auf eine neue, organisatorische Grundlage stellte. Statt der bislang eher zufälligen Informanten aus den jeweiligen SS-Standarten, die ihre Mitteilungen mehr beiläufig nach München schickten, sollten nun feste Mitarbeiter eingestellt werden, die unter strenger zentraler Leitung standen. Aus dem »Presse-Informationsdienst« (PID), wie er während des Verbots kurzzeitig hieß, entstand im Juli 1932 der »Sicherheitsdienst des Reichsführers SS« (SD) unter Heydrichs Leitung. Im September fand eine erste Zusammenkunft der eingesetzten Außenstellenleiter statt, auf der Himmler und Heydrich programmatisch erklärten, daß der SD in Anlehnung an die großen Vorbilder, den britischen Intelligence Service und das französische Deuxième Bureau, als Nachrichtendienst der Partei ausgebaut werden solle. Dessen Aufgabe sei es, so zitiert Aronson einen Erinnerungsbericht Paul Lefflers, damals einer der wenigen hauptamtlichen SD-Mitarbeiter, »in großzügiger und umfassender Weise wahrheitsgetreues und stichhaltiges Material über Ziele, Methoden und Pläne der innenpolitischen Gegner zusammenzutragen und auszuwerten, gegebenenfalls über Mißstände in den eigenen Reihen zu berichten und die Führer und die Parteileitung und später die

---

102 Aronson, Reinhard Heydrich, S. 56.
103 Browder, Hitler's Enforcers, S. 107–109.
104 Ebenda, S. 108.

nationalsozialistische Staatsführung über alles Wissenswerte zu unterrichten«.[105]

Die großen Vorbilder dürfen nicht darüber hinwegtäuschen, daß der SD zu dieser Zeit eine winzige Organisation darstellte, die sich in keiner Weise mit dem französischen oder britischen Geheimdienst messen konnte. Regional gliederte sich der SD in fünf Gruppen: Nord, West, Süd, Südost und Ost, darunter Unterbezirke und Außenstellen, wobei man sich diese Struktur keinesfalls flächendeckend vorstellen darf. Unterhalb der Gruppen waren SD-Unterbezirke und Außenstellen nur selten personell besetzt; für Österreich, in die SS-Organisation als Bezirk VIII wie selbstverständlich integriert, existierte zu dieser Zeit ebensowenig eine SD-Organisation wie für Danzig-Ostpreußen. Die Mitarbeiter des SD waren nur zu einem geringen Teil bezahlt, selbst der Führer der SD-Gruppe West, SS-Hauptsturmführer Dr. August Simon, erhielt bis September 1933 kein Gehalt vom SD.[106] Neben der Zentrale in München bildete Berlin unter der Führung des SS-Hauptsturmführers Hans Kobelinski den zweiten regionalen Schwerpunkt des SD. Browder errechnete anhand der SS-Dienstalterliste und aufgrund intensiver Auswertung von SS-Personalakten für das Jahr 1932 nicht mehr als 33 SD-Angehörige. 94 kamen 1933 hinzu, 201 waren es 1934, 224 im Jahr 1935, und 1936 bestand der SD aus 269 Mitgliedern, von denen nur die wenigsten für ihre Tätigkeit ein Gehalt bezogen. Die Zahl der Informanten lag zwar entsprechend höher, aber von mehr als tausend im Jahr 1935 geht Browder nicht aus.[107]

---

105 Aronson, Reinhard Heydrich, S. 61. Lefflers Bericht, der Aronson von Werner Best übergeben worden ist, relativiert das später immer vorgetragene Bekenntnis, daß sich der SD in keiner Weise um die internen Belange der NSDAP kümmere, und zeigt, daß der Interessenkonflikt zwischen der NSDAP, insbesondere den Gauleitern, die fürchteten, vom SD bespitzelt zu werden, und dem SD, der Informationen über seine parteiinternen Konkurrenten gewinnen wollte, öffentlich zwar immer zugunsten der Partei gelöst, realiter aber durch die Praxis des SD unterlaufen wurde.

106 Browder, Hitler's Enforcers, S. 110. Auch die Leiter der SD-Bezirke Dresden und der Unterbezirke Chemnitz und Oberschlesien taten unentgeltlich Dienst, wohingegen der Führer der SD-Gruppe Südost, Lothar Beutel, ein Gehalt bezog.

107 Browder, Numerical Strength of the Sicherheitsdienst des RFSS. Ramme beziffert die Zahl der hauptamtlichen Angehörigen des SD Ende 1932 auf 40, dazu etwa 250 ehrenamtlich tätige Mitarbeiter (Ramme, Sicherheitsdienst, S. 35).

Dennoch war ein wichtiger Schritt in Richtung Professionalisierung getan. In einem solchen Sicherheitsdienst wurde weniger »Wert auf kampferprobtes Saalschlachtheldentum« als auf Intelligenz, Einfluß und Gehorsam gelegt.[108]

Im Januar 1933 verlagerte sich der Schwerpunkt nationalsozialistischer Aktivität nach Berlin, und es mag der frühe Versuch der SS-Führung gewesen sein, auf die Polizeientscheidungen der neuen Regierung Einfluß zu nehmen, daß Heydrich Ende Januar aus dem Stab der SS-Führung in München ausschied und nach Berlin umzog. Sein Versuch, mit Kurt Daluege als neuem »Kommissar z.b.V.« im preußischen Innenministerium, der de facto die Aufsicht über die preußische Polizei innehatte, Kontakt aufzunehmen, scheiterte jedoch an dessen abweisender Haltung. Heydrich mußte Anfang März unverrichteterdinge nach München zurückkehren.[109] Wenige Wochen später, nachdem Himmler zum Politischen Polizeikommandeur in Bayern ernannt worden war, übernahm Heydrich die Leitung der Bayerischen Politischen Polizei. In den ersten Monaten nach der Machtübernahme durch die Nationalsozialisten besaß der SD in erster Linie die Aufgabe, die Ausdehnung der Kompetenzen Himmlers als Politischen Polizeikommandeur über Bayern hinaus auch auf die anderen Länder zu unterstützen. In Sachsen zum Beispiel gelang es, im September 1933 einen SD-Mann als stellvertretenden Präsidenten des Geheimen Staatspolizeiamtes einzusetzen. Auch im Gestapa in Berlin wurden unter Leitung Diels' einige Schlüsselressorts von SD-Leuten besetzt.[110]

Mit einem solchem Vorgehen, das sich zum Teil gegen die eigenen Machtinteressen der regionalen Gauleiter richtete, geriet der SD unweigerlich unter erheblichen innerparteilichen Beschuß. Im Mai 1933 beschuldigte der Hamburger Gauleiter und Reichsstatthalter Karl Kaufmann den Führer des SD in Hamburg, Ferdinand Funke, ihn und andere norddeutsche Gauleiter auszuspionieren.[111] Ebensolche Vorwürfe waren in Braunschweig erhoben worden. Nur mit Mühe gelang es der SS-Füh-

---

108 Zipfel, Gestapo, S. 11.
109 Browder, Foundations, S. 61–62.
110 Ramme, Sicherheitsdienst, S. 40–41.
111 Browder, Foundations, S. 93–94.

rung, die Angriffe abzuwehren. Es gab sogar durchaus ernstzunehmende Stimmen, den SD, der nach der Machtübernahme als Nachrichtendienst zur Ausspionierung des politischen Gegners überflüssig geworden sei, aufzulösen.[112] Aber seine Funktion sowohl für die SS-Führung bei der Übernahme der politischen Parteien der einzelnen Länder als auch für die Parteiführung, die mit dem SD über einen eigenen Nachrichtendienst innerhalb der NS-Bewegung verfügte, war wichtig genug, um an seinem Bestehen festzuhalten. NSDAP-Reichsschatzmeister Schwarz bewilligte weiterhin Finanzmittel für den SD; Himmler erhob ihn am 9. November 1933 zu einem eigenständigen Amt innerhalb der SS, und vier Tage später teilte Bormann den Gauleitern mit, daß entgegen anderslautenden Gerüchten der SD bestehenbleibe.[113]

In der Folgezeit widmete sich Heydrich verstärkt dem personellen Aufbau des SD. Zur Zentrale stießen Arthur Bork und Karl Oberg, ehemalige Soldaten und Freikorpskämpfer: Bork als Verwaltungsführer und Oberg als Stabsleiter. In Berlin wurde der NSV-Führer und Wirtschaftsexperte Leo Hausleiter gewonnen, der über zahlreiche in- wie ausländische Kontakte verfügte; in Hamburg war der neu ernannte Gestapochef Bruno Streckenbach zugleich SD-Führer; in Württemberg und Baden baute Werner Best den SD auf.[114] Und nicht zuletzt gelang es Höhn, Beutel und Heydrich, in Sachsen das Netz der Akademischen Selbsthilfe für den SD zu werben, neben Gräfe und Mäding auch Ernst Kaußmann einzubinden, der erst im sächsischen Volksbildungsministerium arbeitete und dann den Bereich Berufsbildung im Chemnitzer Arbeitsamt leitete, und nicht zuletzt Wilhelm Spengler, der seit 1932 Lehrer am Carola-Gymnasium in Leipzig war, sich nebenher der Akademischen Selbsthilfe widmete und ebenfalls seit November 1933 für den SD arbeitete.[115]

Mittlerweile war Heydrichs Apparat auf fünf Abteilungen angewachsen: Z (Registratur), I (Organisation, Personal), II (Verwaltung), III In-

112 Buchheim, SS, S. 60; Browder, Hitler's Enforcers, S. 124.

113 Aronson, Reinhard Heydrich, S. 140; Dierker, Religionspolitik des SD, S. 20.

114 Leo Hausleiter wurde später Direktor des Hamburger Weltwirtschaftsarchivs (Browder, Hitler's Enforcers, S. 116); Wildt, Bruno Streckenbach; Herbert, Best, S. 137 f.

115 Wilhelm Spengler, Handschriftlicher Lebenslauf, 13. 7. 1936, BArch, BDC, SSO-Akte Wilhelm Spengler.

formation (Inland) mit Referaten zur völkischen und monarchistischen Opposition, Religion, zum Marxismus, zu Wissenschaft/Erziehung, Verfassung/Recht, IV Abwehr und Ausland, dort war unter anderem der Bereich »Juden, Pazifisten, Greuelpropaganda, Emigranten« angesiedelt, eine eigene Abteilung V für den Bereich Freimaurerei sowie zwei eigenständigen Referaten für Presse und Technik.[116] Nach Browders umfassenden Auswertung der Personalakten von 526 Männern, die zwischen 1932 und 1934 in den SD eintraten – dieses Sample umfaßt rund 62 Prozent aller damaligen SD-Mitglieder und nahezu sämtliche SD-Führer –, war ein Drittel der SD-Mitglieder 1900 oder später geboren, wobei der Anteil der Älteren unter den SD-Führern noch etwas mehr als die Hälfte ausmachte. Signifikant ist der hohe Schulbildungsgrad der SD-Angehörigen: 41 Prozent besaßen eine Hochschulausbildung, 14 Prozent einen Doktortitel, wobei diese Zahlen bei den SD-Führern mit 49 Prozent und 16 Prozent noch einmal höher lagen. Die Anzahl derjenigen, die nach eigenen Angaben Arbeitslosigkeit in den Jahren vor 1933 erfahren hatten, war mit 32 Prozent relativ hoch, zumal Browder zu Recht weitere 15 Prozent hinzurechnet, deren Schilderungen hinsichtlich ihrer Arbeitsverhältnisse relativ vage sind und bei denen vermutet werden kann, daß sie zumindest zeitweise ebenfalls arbeitslos waren. Damit wären insgesamt knapp die Hälfte aller frühen SD-Mitglieder, wahrscheinlich vor allem unter den jungen Akademikern, ohne Arbeitsaussichten gewesen. Doch läßt das politische Engagement darauf schließen, daß es nicht allein materielle Gründe waren, die diese Männer zum Eintritt in den SD bewogen. Fast drei Viertel (74 Prozent) waren vor 1933 in die NSDAP eingetreten; der Anteil der »Alten Kämpfer«, also derjenigen, die vor 1928 der NSDAP beigetreten waren, lag bei 10 Prozent.[117] Der SD bestand demnach überwiegend aus überzeugten Nationalsozialisten, eher aus politischen Kämpfern denn aus Opportunisten.

Die realen Machtverhältnisse 1934/35 fielen allerdings noch recht deutlich zuungunsten des SD aus. Allein das Gestapa zählte im Frühjahr 1934

---

116 Browder, Hitler's Enforcers, S. 252 f. (Appendix B.3).
117 Ebenda, S. 135–152. 55 Prozent hatten bereits der SS angehört, bevor sie dem SD beitraten, was auf die SS als das ursprüngliche Reservoir für die Rekrutierung von SD-Angehörigen hinweist.

rund 600 Beamte und Angestellte, ohne die 2000 Beamten in den preußischen Staatspolizeistellen hinzuzurechnen.[118] Angesichts der von Browder ermittelten Zahl von 201 SD-Mitgliedern im gesamten Reich zur selben Zeit wird die Differenz der Kräfte deutlich. Mangelnde Koordination zwischen SD und Gestapo führte zum Beispiel dazu, daß beide Seiten »Kraft durch Freude«-Reisegesellschaften bespitzelten, ohne voneinander zu wissen, und sich womöglich gegenseitig beobachteten.[119] Dennoch entschied sich die SS-Führung nicht, den SD in den staatlichen Organen aufgehen zu lassen. Auch nachdem Himmler am 20. April 1934 Inspekteur der Preußischen Geheimen Staatspolizei wurde und Heydrich zum Chef des Gestapa ernannte, führte dieser den Sicherheitsdienst weiter und verlegte das SD-Amt nach Berlin. Nachdem dem SD am 9. Juni 1934 durch Rudolf Heß bestätigt wurde, einziger Nachrichtendienst der Partei zu sein, war damit auch eine wichtige Finanzierungsfrage geregelt. Denn von nun an war den Gauleitern untersagt, eigenständig irgendwelche Nachrichtenstellen zu unterhalten, statt dessen überwies der Reichsschatzmeister der NSDAP, Franz Xaver Schwarz, dem SD als Parteigliederung zentral die notwendigen finanziellen Mittel.[120] Himmler erhob den SD mit Befehl vom 25. Januar 1935 zu einem SS-Hauptamt.[121]

---

118 Tuchel/Schattenfroh, Zentrale, S. 80. Graf geht zwar von niedrigen Zahlen aus, die allerdings im Verhältnis zum SD ebenso drastisch zu dessen Ungunsten ausfallen (Graf, Politische Polizei, S. 176–177).

119 Über einen solchen Fall berichtet Heinz Boberach (Boberach, Meldungen aus dem Reich, Bd. 1, S. 13).

120 Im Sommer 1933 erhielt der SD offiziell von der NSDAP einen monatlichen Betrag von 4000 RM, im Mai 1934 war diese Summe bereits auf 20 000 RM angestiegen, immer noch viel zuwenig, um einen umfassenden Nachrichtendienst aufzubauen. So beschaffte sich der SD auch Geld aus den Industriespenden für die NSDAP. Im November 1934 forderte Heydrich einen Etat von 700 000 RM monatlich, stieß jedoch bei Schwarz auf Widerstand, der höchstens 80 000 RM im Monat zugestehen wollte. Auch Bormann vom Stab des Stellvertreters des Führers, der späteren Parteikanzlei, sah sich außerstande, mehr als 270 000 RM pro Monat aus dem Wirtschaftsspendenfonds an den SD zu überweisen (Browder, Hitler's Enforcers, S. 128 f.).

121 Browder, Hitler's Enforcers, S. 175. Die anderen SS-Hauptämter waren das SS-Hauptamt und das SS-Rasse- und Siedlungshauptamt.

Heydrich und Best reorganisierten das SD-Amt und rekrutierten systematisch Personal.[122]

»Himmlers Interesse«, schrieb Best nach dem Krieg, »war zunächst nicht auf die ganze, sondern nur auf die politische Polizei gerichtet, und Heydrich war ursprünglich nicht so sehr an der Polizei als vielmehr am SD interessiert, aus dem er gern eine persönliche Hausmacht gebildet hätte. Ohne Zweifel hegte er den Gedanken, in Parallele zu dem Prinzip ›Die Partei befiehlt dem Staat‹ den SD zu einem Generalstab der Polizei zu machen.«[123]

Vor allem unter jungen, politisch engagierten Akademikern wie der Leipziger Gruppe suchte die SD-Führung neue Mitarbeiter zu gewinnen, wobei Reinhard Höhn, der über zahlreiche akademische Kontakte verfügte, eine Schlüsselrolle zukam. Höhn, seit 1935 Professor an der Juristischen Fakultät in Berlin, Direktor des Instituts für Staatsforschung und gleichzeitig von Heydrich mit der Leitung der Zentralabteilung II 1 des SD-Amtes beauftragt, konzipierte und entwickelte die sogenannte lebensgebietsmäßige Auswertung. Mit Ohlendorfs und Six' Eintritt in den SD wurde dieses Konzept einer systematischen Beobachtung aller gesellschaftlichen Bereiche, was vor allem die Auswertung von Zeitungen, Zeitschriften und Büchern hieß, stark forciert und stellte die Haupttätigkeit der SD-Mitarbeiter in der Berliner Zentrale dar. »Höhn, with his staff of young intellectuals«, so George Browder, »began building the network that would produce reports on the mood in influential circles and the general public, focusing especially on criticisms of policies and practices that they wanted the leadership to reconsider.«[124]

---

122 Werner Best, der gerade als nationalsozialistischer Polizeichef in Hessen entmachtet worden war, wurde im September 1933 von Himmler nach München gerufen, um ihn für den neu aufzubauenden Apparat einer Reichspolizei, wie sie Himmler vorschwebte, zu gewinnen. Heydrich beauftragte ihn mit dem Aufbau des SD in Württemberg und Baden sowie mit der Aufgabe, die Ernennung Himmlers zum Politischen Polizeikommandeur dieser Länder bei den Reichsstatthaltern zu beschleunigen. Im März 1934 holte Himmler Best zurück nach München, und Best übernahm zusätzlich zum SD-Oberabschnitt Südwest die Leitung des SD-Oberabschnitts Süd und damit die Führung des SD in Süddeutschland. Im Spätsommer 1934 nahm dann Best, wie mit Himmler im Jahr zuvor vereinbart, seine Tätigkeit als Verwaltungschef des Geheimen Staatspolizeiamtes in Berlin auf (Herbert, Best, S. 127–130).
123 Zitiert nach ebenda, S. 137.
124 Browder, Hitler's Enforcers, S. 127.

Der Auslandsnachrichtendienst des SD hinkte dieser Entwicklung hinterher. Zu Beginn des NS-Regimes gab es für die Auslandsspionage etliche, seit vielen Jahren funktionierende Institutionen beim Auswärtigen Amt oder das militärische Amt Abwehr/Ausland.[125] Aber auch Einrichtungen der NSDAP, wie Rosenbergs Außenpolitisches Amt, verfügten über gewichtige ausländische Kontakte, die selbstverständlich als Informationsquellen für das Regime genutzt wurden. Nicht zuletzt Görings eigene nachrichtendienstliche Ambitionen durch den Aufbau des Forschungsamtes als Telefonabhörzentrale ließen den Absichten der SS, einen eigenen Auslandsnachrichtendienst aufzubauen, kaum Möglichkeiten. Im Januar 1934 erhielt das Auswärtige Amt folgerichtig die Zustimmung Görings, die Gestapo – vom SD war zu dieser Zeit noch gar nicht die Rede – von jedweder nachrichtendienstlicher Tätigkeit außerhalb Deutschlands auszuschließen. Hitler selbst billigte im Frühjahr den Vorstoß des Auswärtigen Amtes und der militärischen Abwehr, der SA und SS jegliche Aktivitäten im Ausland zu verbieten.[126]

Allerdings war damit Heydrichs und Bests Ehrgeiz nicht zu bremsen. Die Abwehrpolizei blieb eine Abteilung des Geheimen Staatspolizeiamtes, mit der das Amt Abwehr/Ausland notwendigerweise kooperieren mußte, und als Best die Leitung der Abwehrpolizei übernahm, versuchte er erfolgreich, ihr eine gewichtigere Rolle zu verschaffen. So waren die Gestapo- und SD-Stellen zum Beispiel in den Hafenstädten wie Hamburg oder an den Reichsgrenzen für die militärische Abwehr von besonderem Interesse, sammelte die politische Polizei doch auch wertvolle Informationen, indem sie Schiffe überwachte, ausländische Matrosen überprüfte, Rückkehrer kontrollierte, deutsche Seeleute befragte, Material beschlagnahmte beziehungsweise an den Grenzen Kontrollen durchführte, häufige Grenzgänger als V-Leute anwarb etc.[127]

Nicht zuletzt war es der Wechsel Anfang 1935 an der Spitze des Amtes Ausland/Abwehr selbst, der den SD begünstigte. Der damalige Leiter der Abwehr, Kapitän zur See Conrad Patzig, war oftmals mit Gestapo und SD

---

125 Zur Geschichte der Abwehr vgl. Höhne, Canaris; Kahn, Hitler's Spies; eingeschränkt: Buchheit, Der deutsche Geheimdienst.

126 Browder, Foundations, S. 172–176.

127 Vgl. als beachtliche Regionalstudien Fuhrer, Spionage gegen die Schweiz; Brammer, Spionageabwehr und »Geheimer Meldedienst«.

aneinandergeraten und hatte keinen Hehl aus seiner Auffassung gemacht, der SS den Zugang zum Geheimdienst zu verwehren. Nicht zuletzt von Himmler und Heydrich gedrängt, entschied sich Reichskriegsminister Werner von Blomberg für einen Wechsel und glaubte, im damaligen Kapitän zur See Wilhelm Canaris den geeigneten Mann gefunden zu haben, der auch die Beziehungen zur Gestapo und zum SD beruhigen wie kontrollieren könne.[128] Eine erste Abmachung zwischen Heydrich und Canaris vom 17. Januar 1935 grenzte die Tätigkeitsbereiche der Abwehr und der Abwehrabteilung des Gestapa voneinander ab. Zwei Jahre später, im Dezember 1936, regelte eine neue Vereinbarung, die sogenannten »10 Gebote«, die Kompetenzen folgendermaßen: Der militärische Nachrichtendienst war ausschließlich der Abwehr vorbehalten, die Abwehrbeauftragten in den Rüstungsbetrieben sollten möglichst eng mit der Gestapo zusammenarbeiten. Da die Abwehr über keine Exekutivrechte verfügte, war sie im Falle von Verhaftungen sowieso auf die Geheime Staatspolizei angewiesen. Der SD sollte dieser Vereinbarung gemäß den politischen Nachrichtendienst übernehmen.[129]

So gelang es dem SD, innerhalb der politischen Organisationen der Sudetendeutschen in der Tschechischen Republik Kontakte bis in die Führungskreise um Konrad Henlein aufzubauen. Das Saargebiet, das 1935 zu entscheiden hatte, ob es wieder zum Deutschen Reich gehören oder einen unabhängigen Status behalten wollte, war ein Schwerpunkt der Auslandsarbeit des frühen SD. Von Rheinland-Pfalz aus versuchte der SD, ein Informantennetz im Saarland zu installieren, um das Regime von der Stimmung der Bevölkerung und dem vermutlichen Ausgang der Abstimmung zu informieren sowie seinerseits das ihm mögliche zu tun, damit die Entscheidung der Saarländer zugunsten des nationalsozialistischen Deutschlands fiel.[130] Dennoch war das Amt III Abwehr im SD-Hauptamt bis in die späten dreißiger Jahre der kleinste Bereich des SD. Im Januar 1937 bestand

---

128 Zu den Hintergründen des Wechsels vom Conrad Patzig zu Wilhelm Canaris vgl. Höhne, Canaris, S. 162 f. Admiral Wilhelm Canaris war einstmals der Vorgesetzte und Gönner Heydrichs gewesen, ihre Bekanntschaft hatte die Jahre überdauert, und da ihrer beider Wohnungen in Berlin nicht weit auseinanderlagen, trafen sich die Familien auch privat (Höhne, Canaris, S. 174; Deschner, Heydrich, S. 146 f.).

129 Buchheit, Der deutsche Geheimdienst, S. 169 f.

130 Mallmann/Paul, Herrschaft und Alltag, S. 270.

es aus nicht mehr als 12 Führern und 29 weiteren Mitarbeitern.[131] Der Leiter Heinz Jost war ein enger Vertrauter von Werner Best, und die institutionelle Verbindung zwischen der Abwehrabteilung des Gestapa unter Best und des Amtes III des SD-Hauptamtes blieb auch für die kommenden Jahre kennzeichnend.[132]

Verschmelzung von SS und Polizei

Unmittelbar nach seiner Ernennung als Chef der deutschen Polizei nahm Himmler gravierende institutionelle Veränderungen vor. Per Erlaß vom 26. Juni 1936 teilte er die Polizei in zwei Bereiche: das Hauptamt Ordnungspolizei unter Kurt Daluege, dem fortan die Schutzpolizei, die Gendarmerie und die Gemeindepolizei unterstand, und das Hauptamt Sicherheitspolizei unter Heydrich, in dem nun die politische Polizei und die Kriminalpolizei zusammengefaßt wurden.[133] Schon die Bezeichnung Hauptamt machte deutlich, daß die künftige Polizei sich kaum mehr an die preußische Verwaltungsstruktur, in der es »Hauptämter« nicht gab, sondern vielmehr an der SS orientieren sollte. Untergliedert war das Hauptamt Sicherheitspolizei in das Amt Verwaltung und Recht (V) unter Werner Best, das Amt Politische Polizei (P. P.), das von Heydrich selbst

---

131 Browder, Hitler's Enforcers, S. 201. Zum SD-Ausland vgl. Querg, Spionage und Terror. Katrin Paehler arbeitet derzeit an einer größeren Studie zu Walter Schellenberg und dem SD-Ausland.

132 Zu Heinz Jost siehe den Biographischen Anhang.

133 Erlaß Reichsführer SS und Chef der deutschen Polizei, gez. Himmler, 26. Juni 1936, BArch, R 58/239, Bl. 148, veröffentlicht im RMBliV. 1936, S. 946 ff. Mit der Bezeichnung Sicherheitspolizei, die in den Anfangsjahren der Weimarer Republik bereits kurze Zeit gebräuchlich war, wollte Heydrich als Chef des Sicherheitshauptamtes der SS vermutlich durch Namensähnlichkeit die Verbindung kenntlich machen. Von nun an lautete Heydrichs Dienstbezeichnung: Chef der Sicherheitspolizei und des SD. Der Begriff Ordnungspolizei, der ebenfalls bereits zu Beginn der Weimarer Republik geläufig war, ist zum ersten Mal in einer Notiz des Staatssekretärs im Innenministerium, Pfundtner, aktenkundig, der am 15. 6. 1936 notierte, Heydrich habe im Auftrag Himmlers vorgeschlagen, die uniformierte Polizei unter dem Oberbegriff Ordnungspolizei zu fassen (Neufeldt, Entstehung, S. 25–27; siehe jetzt auch Dierl, Hauptamt Ordnungspolizei).

geleitet wurde, und das Amt Kriminalpolizei (S-Kr), dem Heydrich eben-falls formell vorstand, das aber, da es sich de facto um das preußische Lan-deskriminalpolizeiamt, ab Juli 1937 Reichskriminalpolizeiamt, handelte, tatsächlich von Arthur Nebe geleitet wurde.[134]

Die Bestrebungen, die Kriminalpolizei zu zentralisieren und eine Reichskriminalpolizei aufzubauen, waren nicht neu.[135] Bereits im Juli 1922 hatte der Reichstag ein Gesetz beschlossen, das den Aufbau von Landes-kriminalpolizeiämtern und eines dem Reichsinnenministerium unterstell-ten Reichskriminalpolizeiamtes vorsah, allerdings aufgrund der Wider-stände seitens der Länder, allen voran Bayern und Preußen, nie in Kraft trat.[136] Dennoch arbeiteten die leitenden Kriminalbeamten auch unterhalb einer gesetzlichen Regelung an einer praktischen Vernetzung, da moderne Verbrechensbekämpfung statt partikularer Behördeninteressen überregio-nale Datenzentralen erforderten, zum Beispiel um Fingerabdrücke zu sammeln und für die Fahndung einzusetzen. 1925 gründeten Vertreter ver-schiedener deutscher Kriminalpolizeien die Deutsche Kriminalpolizeili-che Kommission, die sich als Arbeitsgemeinschaft von Praktikern verstand und den jeweiligen Landesbehörden Empfehlungen zur Zusammenarbeit geben wollte. In den folgenden Jahren entstanden so nationale Datenzen-tralen für die Bekämpfung von Taschendieben, Falschgelddelikten, zur

---

134 Erlaß Himmler, Betr. Die Geschäftsverteilung im Hauptamt Sicherheitspolizei, 2.7.1936, BArch, R 58/239, Bl. 137–143.

135 Die Darstellung der organisatorischen Entwicklung zum Reichskriminalpolizei-amt folgt Wagner, Volksgemeinschaft, S. 110–136, 233–253; vgl. auch Hübner, Ent-stehung einer Reichskriminalpolizei.

136 Hübner, Entstehung, S. 21–35. Arthur Nebe schrieb 1938 zum Reichskriminalpo-lizeigesetz von 1922: »Dieser Versuch zeigte die ganze Ohnmacht liberalistischen Denkens und die Nutzlosigkeit parlamentarischer Debatten. Eine einheitliche Form zur Bekämpfung des Verbrechertums sollte gefunden werden, aber föderalistische Gegenströmungen stellten sich der Entwicklung entgegen und brachten alle Bemühungen zum Scheitern. Dazu kam, daß in Deutschland bis zur Machtübernahme die Kriminalpolizei allein der Bekämpfung des einzelnen Ver-brechers durch Ermittlung und Festnahme des Täters diente. Sie war somit ledig-lich ein Vollzugsorgan der Staatsanwaltschaft. Die Möglichkeit, sie einmal auch als vorbeugende Waffe zur Verhinderung von Schäden am einzelnen Volksgenossen oder am Volksvermögen einzusetzen, wurde kaum in Betracht gezogen.« (Arthur Nebe, »Aufbau der deutschen Kriminalpolizei«, in: Kriminalistik, 12. Jg. 1938, Heft 1, S. 4–7, hier S. 4)

Identifizierung von Vermißten und Toten sowie für den Aufbau einer gemeinsamen Fingerabdrucksammlung. Auch auf Länderebene wurden entsprechend den inhaltlichen Vorgaben des Gesetzes von 1922 Landeskriminalbehörden geschaffen. Sachsen gründete schon im Oktober 1922 als erstes Land eine solche Behörde, Preußen folgte 1925, indem innerhalb der Berliner Kriminalpolizei, der größten und am besten ausgestatteten des Reiches, ein Landeskriminalpolizeiamt aus dem vorhandenen Personal eingerichtet wurde, das über die Sammlung von Daten und die Ausbildung von Kriminalpolizisten hinaus für eine einheitliche Tätigkeit der preußischen Kripostellen sorgen sollte. Der Chef der Berliner Kripo war damit zugleich Leiter der für die Provinz Brandenburg zuständigen Landeskripostelle Berlin und Chef des preußischen Landeskriminalpolizeiamtes. Andere Länder, wie Württemberg, Thüringen, Baden, Bayern, Hessen und Braunschweig, folgten dem sächsischen und preußischen Beispiel.

Nach der Ernennung Himmlers zum Chef der deutschen Polizei vollzog sich der Aufbau einer Zentrale in zügigen Schritten. Im Juli 1937 wurde das preußische Landeskriminalpolizeiamt in ein Reichskriminalpolizeiamt (RKPA) umgewandelt, in dem für die exekutive Verfolgung spezifischer Delikte Reichszentralen zuständig waren, die jeweils zur Bekämpfung von Kapitalverbrechen, Geldfälschungen, Taschendieben, reisenden Einbrechern und Betrügern, aber auch »zur Bekämpfung des Zigeunerunwesens« gebildet wurden.[137] Zugleich erhielt die Kriminalpolizei ein flächendeckendes Netz von Kriminalpolizeistellen, von denen es im September 1936 51 gab, die wiederum von 14 Kriminalpolizeileitstellen geführt wurden.[138] 1939, zum Zeitpunkt, als das RKPA als Amt V in das Reichssicherheitshauptamt überführt wurde, waren im Reich über 12 000 Kriminalbeamte und knapp 380 Kriminalbeamtinnen tätig, 302 Kripoangehörige arbeiteten allein im RKPA.[139]

---

137 Eine Übersicht der Reichszentralen findet sich bei Wilhelm, Polizei im NS-Staat, S. 81 f.; zur »Reichszentrale zur Bekämpfung der Homosexualität und Abtreibung«, die bis 1939 dem Gestapa zugeordnet war, siehe insbesondere Jellonek, Homosexuelle, S. 122–134.

138 Durch die Annexion besetzter Gebiete wuchs die Zahl der Kriminalpolizeistellen bis 1941 auf 64, die der Kriminalpolizeileitstellen auf 19 an (Wagner, Volksgemeinschaft, S. 235 f.).

139 Ebenda, S. 236.

Während sich die Kriminalpolizei vornehmlich mit den individuellen Tätern beschäftigen sollte, oblag der politischen Polizei der rassisch-weltanschauliche Kampf gegen die als Gegner der Volksgemeinschaft definierten Feinde.

»Die Gesamtaufgabe der Sicherheitspolizei«, so Heydrich 1937, »ist, das deutsche Volk als Gesamtwesen, seine Lebenskraft und seine Einrichtungen gegen jede Art von Zerstörung und Zersetzung zu sichern. Die Aufgabe ist daher naturgemäß defensiver und offensiver Art. Defensiv hat sie die Angriffe aller Kräfte abzuwehren, die in irgendeiner Weise die Gesundheit, Lebenskraft und Handlungsfähigkeit des Volkes und des vom Volk organisierten Staates schwächen und zerstören können. Offensiv hat sie vorausschauend alles Gegnerische zu erforschen und so zu bekämpfen, daß es gar nicht erst zerstörend und zersetzend wirken kann. Welche Gegner sind es nun, die den Bestand der Volksgemeinschaft oder die Lebenskraft des deutschen Volkes gefährden, mit denen sich daher zwangsläufig die Sicherheitspolizei zu befassen hat? Es sind erstens Einzelmenschen, die aus physischer und seelischer Degeneration sich aus den natürlichen Zusammenhängen der Volksgemeinschaft gelöst haben und als abgesunkenes ›Untermenschentum‹ hemmungslos ihren Trieben und individuellen Interessen dienen. Es sind zweitens internationale weltanschauliche und geistige Kräfte, denen unser Volk in seiner rassischen Grundlage und in seiner seelischen geistigen und politischen Haltung zur Verwirklichung ihrer Ziele im Wege steht und daher von ihnen bekämpft wird.«[140]

Die enge Verbindung mit dem SD ist in diesem Konzept evident, denn ihm fiel es zu, die weltanschaulichen Grundlagen der Gegner zu erforschen und politische Handlungskonzepte zu entwickeln. Den SD sollten nicht, so Himmler 1937, die »Einzelfragen der Exekutive« interessieren, sondern »nur die großen weltanschaulichen Fragen«. »Wissenschaftlich« und »generalstabsmäßig« sollte der SD vor allem den Einfluß des Judentums und die strategischen Linien der Kommunistischen Internationale untersuchen.[141]

Das Verhältnis zwischen Gestapo und SD legte Heydrich im Funktionsbefehl vom 1. Juli 1937 fest. Dem zufolge sollten ausschließlich vom SD die Sachgebiete Wissenschaft, Volkstum, Kunst, Erziehung, Partei und Staat, Verfassung und Verwaltung, Ausland, Freimaurerei bearbeitet werden. Die Gestapo sollte ausschließlich für Marxismus, Landesverrat und Emigranten zuständig sein. Für die Sachgebiete Kirchen, Pazifismus, Judentum, Rechtsbewegung und sonstige staatsfeindliche Gruppen wie »Schwarze

---

140 Heydrich, Aufgaben und Aufbau des Sicherheitspolizei, Zitat S. 149 f.
141 Himmler, Wesen und Aufgabe der SS und der Polizei, IMG, Bd. 29, S. 222–224.

Front« u. ä., Wirtschaft sowie Presse sollte der SD für »alle allgemeinen und grundsätzlichen Fragen (in denen staatspolizeiliche Vollzugsmaßnahmen nicht in Betracht kommen)« und die Gestapo für »alle Einzelfälle (in denen staatspolizeiliche Vollzugsmaßnahmen in Betracht kommen)« zuständig sein. Entsprechend hätten SD und Gestapo ihre Vorgänge jeweils der anderen Institution zuzuleiten. Soweit das Gestapa allgemeine und grundsätzliche Fragen als Behörde zu bearbeiten habe oder an Gesetzgebungsangelegenheiten beteiligt werde, müsse es sich die Mitzeichnung des SD-Hauptamtes besorgen, und umgekehrt.[142] In dem Begleitschreiben, mit dem Heydrich den Funktionsbefehl an die SD-Führer und die Leiter der Staatspolizeistellen versenden ließ, wurde er noch deutlicher:

»Der Sinn dieser Anordnung ist, aus diesen beiden mir unterstellten Gliederungen des Staatsschutzkorps des Reichsführers-SS eine in sich einige, zweckmäßig gegliederte und sich ergänzende Einheit zu schaffen.«[143]

Darin hob Heydrich hervor, daß es ihm mit diesem Befehl nicht darum ging, eine, wie er selbst in Anführungszeichen setzte, »Rechtsgrundlage« zur Klärung von Zuständigkeitsstreitigkeiten zu schaffen, sondern einen »heilsamen Zwang« zur Zusammenarbeit, um darauf die zukünftige gemeinsame Organisation gründen zu können.

Institutionen der Zusammenarbeit sollten vor allem die Inspekteure der Sicherheitspolizei und des SD sein, die Ende September 1936 geschaffen wurden.[144] Die IdS sollten einerseits die Zusammenarbeit der Sicherheits-

142 »Gemeinsame Anordnung für den Sicherheitsdienst des Reichsführer-SS und die Geheime Staatspolizei« des Chefs des Sicherheitshauptamtes und Chefs der Sicherheitspolizei, gez. Heydrich, 1. Juli 1937, BArch, R 58/239, Bl. 198–202, gedruckt in: Wildt, Judenpolitik des SD, S. 118–120.
143 Rundschreiben Heydrich, 1.7.1937, BArch, R 58/239, Bl. 196–197.
144 Runderlaß Reichs- und Preußisches Ministerium des Innern, gez. Himmler, 20.9.1936, RMBliV. 1936, S. 1343. Zu den Inspekteuren der Sicherheitspolizei vgl. Banach, Heydrichs Elite, S. 174–182.
   Zum selben Zeitpunkt wurde auch dem Geheimen Staatspolizeiamt in Berlin die Kompetenz übertragen, die politischen Polizeien der reichsdeutschen Länder zu führen. Im August 1936 waren die Länder angewiesen worden, als Dienststellenbezeichnung für die Zentralen der jeweiligen politischen Polizeien einheitlich den Namen »Staatspolizeileitstelle« und »Staatspolizeistelle« für die mittlere Ebene (Regierungsbezirke) einzuführen. Parallel zu den IdS wurden gleichfalls Inspekteure der Ordnungspolizei (IdO) eingerichtet (Wilhelm, Polizei im NS-Staat, S. 79, 84 f.).

polizei mit der inneren und allgemeinen Verwaltung, mit NSDAP und Wehrmacht verbessern, andererseits sich um die organisatorische Verschmelzung von Kriminalpolizei und Gestapo kümmern. Allerdings war die Stellung der IdS innerhalb der Befehlswege der Polizei nicht eindeutig geregelt, so daß über ein Jahr verstrich, bevor überhaupt mit Lothar Beutel im Dezember 1937 in Bayern der erste Inspekteur der Sicherheitspolizei ernannt wurde. Es folgten für Hamburg Bruno Streckenbach, für Sachsen Wilhelm Koppe, für Württemberg und Baden Gustav Adolf Scheel.[145] Es ist kennzeichnend, daß sämtliche IdS zugleich die SD-Führer in ihren Bezirken waren, nur drei (Koppe, Beutel und Streckenbach) zugleich Leiter der jeweiligen Staatspolizeileitstelle waren, und kein einziger Kripochef sich darunter befand. Offenkundig war dem SD im Prozeß der Verschmelzung von SS und Sicherheitspolizei eine führende Rolle zugedacht.[146] Als wichtiger für die Zusammenführung von SS und Polizei stellten sich allerdings die Höheren SS- und Polizeiführer (HSSPF) heraus, die Ende 1937 geschaffen wurden und gewissermaßen als Himmlers regionale Vertreter agieren sollten.[147]

---

145 Ende September 1938 kamen drei weitere hinzu: Walter Stahlecker in Wien, Hermann Freiherr von Schade in Düsseldorf und Jakob Sporrenberg in Königsberg. Eine Übersicht der IdS findet sich bei Banach, Inspekteure der Sicherheitspolizei und des SD 1936–1945, S. 181–192; vgl. auch Wilhelm, Polizei im NS-Staat, S. 79–81.

146 Daß diese Personalunion von IdS und SD-Oberabschnittsführer nicht zufällig war, sondern »planvolles System«, führte Schellenberg rückblickend Anfang 1939 aus (Vermerk SD-Hauptamt, Stabskanzlei I 11, verfaßt von Schellenberg, 24. 2. 1939, BArch, R 58/826, Bl. 9). Jens Banach macht zusätzlich darauf aufmerksam, daß es sich bei den Bezirken, in denen IdS zuerst eingerichtet wurden, um Grenzbezirke handelte, so daß den IdS trotz ihrer schwachen Stellung durchaus eine Funktion im Rahmen der geplanten Annexion Österreichs und der Tschechoslowakei zukam (Banach, Heydrichs Elite, S. 178).

147 Nach wie vor grundlegend Birn, Die Höheren SS- und Polizeiführer. Während die HSSPF im Reichsgebiet noch mit den gegebenen Verwaltungsstrukturen zu kämpfen hatten und erst in der Ausnahmesituation nach den verheerenden Bombardements der Städte 1943/44 und im letzten Kriegsjahr einen wachsenden Einfluß gewinnen konnten, fanden sie in den besetzten Gebieten, vor allem im Osten, wo Kompetenzen nicht eindeutig festgelegt waren, weitaus günstigere Bedingungen vor, zu Macht und Einfluß für die SS zu gelangen.

Mit etlichen Verordnungen suchten Himmler und Heydrich den Prozeß der Verschmelzung voranzutreiben.[148] Mit Erlaß vom 23. Juni 1938 regelte Himmler die Aufnahmebedingungen für Angehörige der Sicherheitspolizei in die SS. Ausdrücklich wurde betont, daß Polizeibeamte aufgenommen werden können, wenn sie die allgemeinen Bedingungen der SS erfüllen und entweder vor dem Januar 1933 Mitglied der NSDAP, SA, NSKK, HJ oder Förderndes Mitglied der SS geworden waren oder wenigstens drei Jahre in der Sicherheitspolizei unter Himmlers Führung Dienst getan hatten.[149] Allerdings behielt sich Himmler eine persönliche Entscheidung vor.[150] Im Februar 1938 hatte Himmler erstmals gemeinsame Ausbildungsrichtlinien für Angehörige der Sicherheitspolizei und des SD erlassen, wo vordem die preußischen Ausbildungsbestimmungen gegol-

---

148 Aufgrund des Gesetzes über Finanzmaßnahmen auf dem Gebiete der Polizei vom 19. März 1937 wurden zum 1. April Beamte in der Dienststelle Himmlers als Chef der deutschen Polizei ebenso wie die Beamten der Sicherheitspolizei, der Kriminalpolizei und der Schutzpolizei sowie Gendarmerie (Landjägerie) unmittelbare Reichsbeamte. Nicht berücksichtigt wurden die Polizeiverwaltungsbeamten, die erst 1940 von den Länderhaushalten auf den Reichshaushalt übernommen wurden. Bezeichnenderweise bestimmte eine Durchführungsverordnung vom März 1937, daß die Leiter von Kriminalpolizeiabteilungen auch dann als Beamte der Sicherheitspolizei zu gelten haben, wenn sie aus der Laufbahn der allgemeinen Verwaltung hervorgegangen sind. Das Polizeibeamtengesetz vom 24. Juni 1937 regelte anschließend reichseinheitlich Anstellung, Ernennung und Beförderung von Polizeibeamten (RGBl. I, 1937, S. 653 ff.).

149 RdErl. RFSSuChdDtPol, 23. 6. 1938, RMBliV. 1938, Sp. 1089 ff. Ziel des Erlasses sei, so steht es in der Präambel, die »Verschmelzung der Angehörigen der Deutschen Pol.[izei] mit der Schutzstaffel der NSDAP zu einem einheitlich ausgerichteten Staatsschutzkorps des Nationalsozialistischen Reiches«. 1935 lag der Anteil der SS-Mitglieder innerhalb der Gestapo noch unter 50 Prozent. Wie George C. Browder berechnete, waren von den rund 600 Beamten und Angestellten des Geheimen Staatspolizeiamtes in Berlin 245 in der SS. Von den rund 2600 Gestapoangehörigen in Preußen insgesamt besaßen rund 557 (21 Prozent) eine SS-Mitgliedschaft, 232 (9 Prozent) gehörten dem SD an (Browder, Hitler's Enforcers, S. 56).

150 Kriminalkommissare mit mehr (beziehungsweise Kriminalräte mit weniger) als 15 Dienstjahren konnten gemäß diesem Erlaß zum SS-Hauptsturmführer, Kriminalräte mit mehr als 15 Dienstjahren, Kriminaldirektoren sowie Regierungsräte zu SS-Sturmbannführern und Oberregierungsräte zu SS-Obersturmbannführern ernannt werden.

ten hatten. Danach hatten Bewerber »deutsches oder artverwandtes Blut« und »unbedingte politische Zuverlässigkeit« nachzuweisen, über »SS-Fähigkeit und polizeiliche Diensttauglichkeit« zu verfügen und der NSDAP beziehungsweise einer ihrer Gliederungen anzugehören.[151]

Das Ziel all dieser Bemühungen war eindeutig: Himmler und Heydrich wollten SS und Polizei zu einer Organisation unter Führung der SS verbinden. Unter ausdrücklicher Berufung auf Himmler bezeichnete Werner Best diese Verbindung als »einheitliches Staatsschutzkorps neuer Prägung«, in dem SS und Polizei zu einem untrennbaren Ganzen werden sollten.[152] Der flächige Charakter des Begriffs darf allerdings nicht die Unterschiede verdecken, die insbesondere zwischen Ordnungs- und Sicherheitspolizei herrschten. Angehörige der Ordnungspolizei hatten der Allgemeinen SS, Angehörige der Sicherheitspolizei dem SD beizutreten.[153] Während den Ordnungspolizisten der Weg in die SS sogar mit Erleichterung der Aufnahmebedingungen geebnet wurde,[154] galten für die Angehörigen der Sicher-

---

151 RdErl. RFSSuChdDtPol, 18.2.1938, Einstellung und Ausbildung der Anwärter für die Sicherheitspol.[izei] u. den Sicherheitsdienst des RFSS, RMBliV. 1938, Sp. 289 ff. Bewerber aus freien Berufen, die zum leitenden Dienst stoßen wollten, mußten Abitur besitzen oder eine Junker-Schule der SS absolviert haben. Bewerber mit abgeschlossenem Hochschulstudium oder besonderen Sprachkenntnissen sollten, so der Erlaß, bevorzugt werden (vgl. Banach, Heydrichs Elite, S. 268–271).

152 Best, Schutzstaffel der NSDAP und die Deutsche Polizei. Zum »Staatsschutzkorps« siehe auch Wegner, Hitlers Politische Soldaten, S. 110–112.

153 Am 18.1.1938 hatte Himmler in einem Runderlaß die Aufnahmebedingungen für Angehörige der Ordnungspolizei festgelegt (RMBliV. 1938, Sp. 158 ff.), nachdem schon Anfang 1937 den SS-Mitgliedern der Ordnungspolizei erlaubt worden war, die SS-Runen auf ihrer Dienstuniform zu tragen (Buchheim, SS, S. 104). In einem weiteren Erlaß zur Aufnahme von Angehörigen der uniformierten Ordnungspolizei in die SS vom 4.3.1938 schrieb Himmler ausdrücklich: »Ich erwarte daher, daß die Angehörigen der uniformierten Ordnungspol.[izei], die der SA., dem NSKK. oder der HJ. angehören, nunmehr auf Grund des oben angeführten RdErl. [vom 18.1.1938, M.W.] in die SS übertreten.« (RMBliV. 1938, Sp. 390 f.) Zur Aufnahme von Angehörigen der Ordnungspolizei in die SS vgl. Buchheim, SS, S. 103–107.

154 Vgl. Himmlers Erlaß zur Aufnahme von Angehörigen der uniformierten Ordnungspolizei vom 16.6.1938 (RMBliV. 1938, Sp. 1007 ff.), dem zufolge die Größe wie das Alter des Bewerbers außer acht gelassen werden konnte und der Nachweis der arischen Abstammung bis zu den Großeltern erst einmal genügte. Der Ariernachweis bis 1800 – bei SS-Führerdienstgraden bis 1750 – brauchte erst nach Ablauf eines Jahres und bloß auf Aufforderung hin erbracht zu werden.

heitspolizei die hohen Anforderungen, die Himmler an die SS stellte. Bezeichnend ist sein Brief an den damaligen RSHA-Chef Kaltenbrunner im April 1943, in dem er zur Aufnahme von Beamten der Sicherheitspolizei in die SS explizit klarstellte:

»Ich wünsche nur dann eine Aufnahme, wenn der Mann sich 1. wirklich freiwillig meldet, 2. bei der Anlegung eines scharfen friedensmäßigen Maßstabes rassisch und weltanschaulich in die SS paßt und auch entsprechend der Zahl seiner Kinder eine wirklich gesunde SS-Sippe garantiert und nicht krank, absterbend und wertlos ist.«[155]

Diese Differenzierung unterstreicht die Erwartung, die die SS-Führung in die Angehörigen der Sicherheitspolizei und des SD setzte. Diese sollten eine Elite innerhalb der Elite bilden, den rassisch und weltanschaulichen Kern der SS wie des zukünftigen Staatsschutzkorps.

»Erhalt kämpferischer Linie«. Konzeptionelle Auseinandersetzungen

Die Bildung eines Staatsschutzkorps 1937/38 durch Eintritt der Beamten der Sicherheitspolizei in den SD besaß allerdings einen entscheidenden Haken: Die Stellung der SD-Angehörigen, die nicht Polizeibeamte waren, blieb ungeklärt. So eindeutig und klar das Ziel, die Verschmelzung von SS und Polizei, schien, so undeutlich waren die Pläne, was mit dem SD-Hauptamt geschehen sollte. Und wenn der SD ein »Generalstab« der politischen Polizei werden sollte, mußte man dann nicht konsequent die Führungspositionen innerhalb der Sicherheitspolizei mit SD-Angehörigen besetzen, statt Fachbeamte und Verwaltungsjuristen aufrücken zu lassen, wie es Werner Best forderte? Best als Personalchef des Gestapa hatte bei der Rekrutierung des Führungsnachwuchses für die politische Polizei in erster Linie auf junge ausgebildete Juristen zurückgegriffen.

»Als Staatspolizeistellenleiter und in Referentenstellen des Geheimen Staatspolizeiamtes«, so Best im August 1936 an das Innenministerium, wurde »eine größere Anzahl von Assessoren verwendet, deren Auswahl

---

155 Himmler an Kaltenbrunner (24. 4. 1943), in: IMG, Bd. 31, S. 105 f. (2768-PS).

und Ausbildung allein unter dem Gesichtspunkte, ein zuverlässiges und exaktes Führerkorps zu schaffen, erfolgte.«[156]

Demgegenüber stand die Auffassung, daß weniger Verwaltungsjuristen als vielmehr »politische Kämpfer« die führenden Positionen in einer nationalsozialistischen Verwaltung innehaben sollten. Hitlers scharfe und herabsetzende Meinung über Juristen ist bekannt. So führte er im November 1941 im Beisein Himmlers aus:

»Der Jurist kann nur ein Berater sein, führen kann er nicht! Wie will ein Mensch, der sein ganzes Leben nur über Akten sitzt, von den Vorgängen des Lebens eine Vorstellung haben: Er weiß gar nichts! [...] Was sollen juristische Bedenken, wenn etwas volkspolitisch notwendig ist? Nicht dank, sondern trotz der Juristen lebt das Volk.«[157]

In gleicher Weise äußerte sich Heinrich Himmler:

»Für die Planungsaufgaben, die ein guter Landrat und Regierungspräsident durchführen soll, der bei der Gestaltung der ihm übertragenen Aufgaben voller Phantasie sein muß, ist gerade der Jurist verkehrt am Platz. Er hat höchst einseitig zu denken gelernt und braucht eigentlich von dem, was die Rechtsanwendung betrifft, nur einen minimalen Bruchteil bei seiner täglichen Arbeit. Wirklich fähige Verwaltungsbeamte, die über ihre juristische Ausbildung längst hinausgewachsen sind und mit denen ich mich über dieses Problem eingehend unterhalten habe, haben mir dies immer wieder bestätigt. Ein gut ausgebildeter Ingenieur oder ein Wirtschaftsfachmann ist hier viel eher am Platze und leistet für den Staat eine viel zweckdienlichere Arbeit.«[158]

Doch wäre es vorschnell, die Vorstellung, daß reine Juristen nicht die Gewähr dafür boten, dem geforderten neuen Beamtentypus eines neuen nationalen Staates zu entsprechen, ausschließlich auf die Ressentiments einzelner NS-Führer wie Hitler, Himmler oder Heydrich zurückzuführen. Auch innerhalb der jüngeren Beamtenschaft wurde ein anderes Bild diskutiert als das althergebrachte vom preußischen Staatsdiener. So hatte

---

156 Zitiert nach Herbert, Best, S. 193.
157 Hitler, Monologe, S. 140 (Eintrag unter dem 16. 11. 1941). Bezeichnenderweise berichtete Himmler gleich am folgenden Tag telefonisch Daluege wie Heydrich über Hitlers abfällige Bemerkungen über Juristen (Dienstkalender Himmlers, S. 265 [17. 11. 1941]).
158 Kersten, Totenkopf und Treue, S. 140 f. In gleichem Sinn erließ Himmler am 16. 8. 1942 die »Grundsätzliche Richtlinie Nr. 1«: »Ich bestimme, daß niemals ein Jurist Chef des SS-Gerichts sein darf.« (BArch, NS 19/1913, Bl. 7)

der damalige Assessor Fritz-Dietlof Graf von der Schulenburg[159] in einer Denkschrift für das preußische Innenministerium, die nach Hans Mommsen in vieler Hinsicht repräsentativ für die Erwartungen in der höheren Beamtenschaft war, vorgeschlagen, die künftigen nationalsozialistischen Beamten als »eine Streitmacht von politischen Kämpfern« zu erziehen, die ihre Ausbildung ausdrücklich nicht in der Universität, sondern in Führerschulen erhalten sollten.

»Der Beamte der Zukunft muß sich vom Beamten der Jetztzeit so unterscheiden, wie der Stoßtruppführer des Weltkrieges vom Wachtsoldaten der Duodezfürstenzeit.«[160]

Den Dezisionismus der nationalsozialistischen Vorstellung eines »soldatischen Beamtentums« machte Heinrich Himmler an prominenter Stelle deutlich. Ausgerechnet auf der konstituierenden Sitzung des neugeschaffenen Ausschusses für Polizeirecht, in dem Werner Best ein neues Polizeigesetz ausarbeiten wollte,[161] stellte Himmler am 11. Oktober 1935 klar:

»Wir Nationalsozialisten haben uns dann – es mag absonderlich klingen, wenn ich das in der Akademie für Deutsches Recht sage, aber Sie werden das verstehen – nicht ohne Recht, das wir in uns tragen, wohl aber ohne Gesetz an die Arbeit gemacht. Ich habe mich dabei von vornherein auf den Standpunkt gestellt, ob ein Paragraph unserem Handeln entgegensteht, ist mir völlig gleichgültig; ich tue zur Erfüllung meiner Aufgaben grundsätzlich das, was ich nach meinem Gewissen in meiner Arbeit für Führer und Volk verantworten kann und dem gesunden Menschenverstand entspricht.«[162]

Heydrich ließ seinerseits keinen Zweifel daran, daß er ebenfalls nicht den Typus des Juristen an der Spitze der Sicherheitspolizei sehen wollte. In 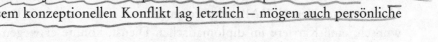 diesem konzeptionellen Konflikt lag letztlich – mögen auch persönliche

---

159 Schulenburg wurde später Polizeivizepräsident in Berlin und Regierungspräsident in Breslau. Sein anfänglicher Enthusiasmus für den Nationalsozialismus wandelte sich schließlich in strikte Ablehnung des Hitler-Regimes. Schulenburg beteiligte sich an den Attentats- und Staatsstreichplänen des 20. Juli 1944 und wurde im August 1944 hingerichtet (vgl. Heinemann, Ein konservativer Rebell).

160 Denkschrift Fritz-Dietlof von der Schulenburg, April 1933, gedruckt in: Mommsen, Beamtentum, S. 137–142, Zitat: S. 139; Heinemann, Ein konservativer Rebell, S. 27–34; sowie Korrespondenz Dr. Erich Keßler über Schulenburgs Denkschrift, 1946–1965, in: BArch Koblenz, Kleine Erwerbungen 759.

161 Vgl. Herbert, Best, S. 177–179.

162 Heinrich Himmler, Rede, in: Frank/Himmler/Best/Höhn, Grundfragen der deutschen Polizei, S. 11–16, Zitat: S. 11 f.

261

Antipathien oder der zu groß gewordene Einfluß Bests als Personal- und Verwaltungschef des Gestapa gleichfalls eine nicht unwichtige Rolle gespielt haben – der Grund für den Bruch zwischen Heydrich und Best. Heydrich selbst schilderte die Gründe für die Auseinandersetzung in einem späteren Brief an Daluege in ebendieser Weise:

»Ich habe aber – den Weisungen des Reichsführers entsprechend und damit gleichzeitig in hundertprozentiger Verwirklichung meiner eigenen Auffassung – den Juristen in meinem Bereich zurückgedrängt in die Ebene, in die er gehört: nämlich in die Rolle des formalistisch beratenden Justitiars. Bei mir hat der Jurist – auch in den Verhandlungen mit den Ministerien – nicht die sog. führende Funktion auf allen Gebieten (auch von denen er nichts versteht), sondern ist tatsächlich lediglich die in der Form von Gesetzgebung, Verordnung und Erlaß beratende und nicht entscheidend führende Hilfe. Das ist letzten Endes – wie Du weißt – der innere Grund meiner Trennung von Dr. Best, der im übrigen sogar ein älterer Nazi war als Dr. Bracht.«[163]

Die politische Absicht, die Sicherheitspolizei mit dem SD zu verbinden, ist daher notwendigerweise gleichfalls ein Streit darüber gewesen, wer die Führung dieser neuen Institution innehaben sollte – eine Kontroverse, die in den Jahren 1938 und 1939 zwischen Heydrich und Walter Schellenberg auf der einen und Werner Best auf der anderen Seite ausgetragen wurde und schließlich in die Gründung des Reichssicherheitshauptamtes mündete.

Walter Schellenberg, am 16. Januar 1910 in Saarbrücken als siebtes Kind eines Klavierfabrikanten geboren, hatte in Marburg und Bonn Rechts- und Staatswissenschaften studiert und war im März 1933 der SS, einen Monat später der NSDAP beigetreten. Seinen ursprünglichen Berufswunsch, eine Karriere im diplomatischen Dienst, konnte er wegen der finanziellen Schwierigkeiten, in die das Unternehmen seines Vaters geraten war, nicht realisieren, und so absolvierte er die übliche Referendariats- und Assessorenausbildung des höheren Verwaltungsdienstes. Während einer SS-Veranstaltung an der Bonner Universität, so Schellenberg in

---

163 Heydrich an Daluege, 30. 10. 1941, zitiert nach Buchheim, SS, S. 90. Dr. Werner Bracht war Chef des Amtes Verwaltung und Recht im Hauptamt Ordnungspolizei unter Kurt Daluege. Zum Bruch zwischen Heydrich und Best vgl. auch Herbert, Best, S. 228–230, der allerdings den konzeptionellen Aspekt geringschätzt und vielmehr den Anspruch der SD-Angehörigen auf staatliche Versorgung als Grund für den Konflikt angibt.

seinen Erinnerungen, sei er von zwei Professoren angesprochen worden, die ihn für den SD gewinnen wollten.

»Professor N. erklärte mir, daß es sich beim SD-Inlands- und Auslandssicherungsdienst um geheime Institutionen handele, die der obersten Staatsführung unter anderem ein Bild der Volksstimmung vermittelten und deren Berichterstattung ihr zugleich als Kontrolle für die Auswirkungen ihrer jeweiligen Entscheidungen diente.«[164]

Schellenberg überlegte nicht lange und sagte zu. Anfangs schrieb er Berichte über die rheinischen Universitäten, wurde dann aber aufgefordert, sein Referendariat bei der Staatspolizeistelle Frankfurt am Main und im Geheimen Staatspolizeiamt in Berlin zu absolvieren.

Walter Schellenberg, Chef des RSHA-Amtes VI SD-Ausland 1941–1945 (Bundesarchiv, BDC, RuSHA-Akte Walter Schellenberg)

Nachdem er im Dezember 1936 sein Assessorexamen mit »befriedigend« bestanden hatte, wurde er gleich anschließend vom Gestapa übernommen, arbeitete jedoch de facto im SD-Hauptamt in der Zentralabteilung I/1.

Offenkundig gefielen Heydrich die Berichte und das Engagement Schellenbergs, denn in den Jahren 1937 und 1938 wurde er mehr und mehr zu Sonderaufträgen herangezogen. Schellenberg hatte die SD-Berichte aus Italien vor der Annexion Österreichs – die NS-Führung war sich hinsichtlich der Haltung Mussolinis höchst unsicher – zu redigieren, bevor sie Hitler vorgelegt wurden; mit Himmler flog er am 12. März 1938 nach Wien, um österreichische Geheimdienstunterlagen zu beschlagnahmen; Mitte April erhielt er den Befehl, zusammen mit Gestapochef Müller nach Rom zu reisen, um mit der dortigen Polizei den Besuch Hitlers vorzubereiten. Gleichzeitig sollte Schellenberg mit Hilfe von deutschen SD-Mitarbeitern, die als Touristen getarnt ebenfalls nach Italien zu fahren hatten,

---

164 Schellenberg, Memoiren, S. 28.

die Stimmung in der italienischen Bevölkerung erkunden. Im Sommer desselben Jahres reiste er sogar im Auftrag Himmlers und Heydrichs nach Nordafrika, um inkognito den französischen Flottenstützpunkt in Dakar auszuspionieren.[165] Von seinem unmittelbaren Vorgesetzten, dem Zentralabteilungsleiter und SS-Standartenführer Albert, erhielt Schellenberg ausgezeichnete Zeugnisse:

>»Charakter: Offener, einwandfreier, lauterer Charakter; er ist SD-Mann. Wille: Fest, zäh, besitzt Energie. Gesunder Menschenverstand: Sehr scharf denkend. [...] Sch. ist mit der Durcharbeitung organisatorischer Anordnungen, Befehlen und Problemstellungen beauftragt. Er zeigt klaren Blick, Umsicht und erkennt sofort die ›grosse Linie‹.«[166]

Es nimmt daher nicht wunder, daß Heydrich diesen jungen Mann beauftragte, eine Konzeptvorlage für die Verschmelzung von SD und Sicherheitspolizei zu erarbeiten. Im Juli 1938 hatte Schellenberg sowohl seine Kritik an der »durch SS-Oberführer Dr. Best vertretenen Auffassung« formuliert als auch einen eigenen Gegenvorschlag unterbreitet.[167] Bests Politik berühre zum einen die materielle Gleichbehandlung der hauptamtlichen SD-Angehörigen, die keine Beamten seien.[168] Zum anderen gebe es nicht zu verwischende Unterschiede in der Aufgabenstellung von Geheimer Staatspolizei und SD. Die politische Polizei exekutiere Einzelfälle oder arbeite, wie im Hauptamt Sicherheitspolizei, verwaltungsmäßig. Ganz anders der SD, der »das bewegliche Instrument, das Tast- und Sinnesorgan am Körper des Volkes« sei. Dem SD gehe es um die »systematische Zusammenfassung« von Nachrichten, aus der sich »ein nach bestimmten Gesetzen organisch betrachtetes Bild auf dem jeweiligen Gegner- und Lebensgebiet« ergebe.

---

165 Ebenda, S. 38, 52–55, 60–62.

166 Personalbericht, 27. 3. 1937, gez. Albert, BArch, BDC, SSO-Akte Schellenberg.

167 Vermerk SD-Hauptamt, Stabskanzlei I 11, Schellenberg, 5. 7. 1938, BArch, R 58/827, Bl. 13–17.

168 Die hauptamtlichen SD-Angehörigen seien nun mit einer Fülle von neuen SD-Männern konfrontiert, die zudem durch die Angleichung an ihre Beamtenränge mit hohen SS-Rängen ausgestattet würden. Es müsse daher erstens eine entsprechende Dienstgradangleichung auch für SD-Führer geben, zweitens eine vergleichende Übersicht der Tätigkeit von Angehörigen von Sicherheitspolizei und SD, die dann drittens zu einer angeglichenen Besoldung und einer Alters- und Hinterbliebenenversorgung von hauptamtlichen SD-Mitarbeitern führen müsse.

Entsprechend sollte sich auch der Aufbau des SD-Hauptamtes als Nachrichtendienst von der Polizei unterscheiden. Die »arteigenen« – so Schellenbergs nach biologistischer Bekräftigung suchende Bezeichnung für ein organisatorisches Problem – Stellungen eines Hauptabteilungs- und Zentralabteilungsleiters, die jeweils in der Lage sein müßten, die gesammelten Nachrichten der ihnen unterstellten Stellen zu bündeln, zu systematisieren und aufzubereiten, seien unerläßlich für die Tätigkeit des SD.

»Nur durch diese planvolle Aufteilung in der Systematik in der Betrachtung wird es ermöglicht, das ungeheure Material der anfallenden Nachrichten auf allen Gegner- und Lebensgebieten so zu ordnen, daß der letzte Zweck eines Nachrichtendienstes überhaupt erfüllt werden kann, nämlich stets zur Unterrichtung der Staatsführung da zu sein.«

Daraus folgerte Schellenberg konsequent, daß die Schaffung eines »Staatsschutzkorps« nicht nach dem Vorschlag Bests, sondern genau umgekehrt, entlang der Struktur des SD-Hauptamtes erfolgen müsse. Konkret schlug Schellenberg vor, die »arteigenen Dienstränge des SD-RFSS« (also Referent, Abteilungsleiter etc.) mit den Diensträngen der Gestapo (Assessor, Regierungsrat etc.) gleichzusetzen, von der Dienstgradbesoldung abzugehen und eine »arteigene Besoldung« einzuführen.

Die Befürchtungen sind in Schellenbergs Papier offenkundig. Der Strom neuer SD-Angehöriger mit hohen SS-Führerrängen nur aufgrund ihrer Stellung als Regierungsrat oder Oberregierungsrat in der politischen Polizei mußte den Widerspruch der Angehörigen des SD-Hauptamtes hervorrufen.[169] Daß selbstverständlich auch eigene, ganz persönliche Interessen eine Rolle spielten, zeigt der Punkt der Alters- und Hinterbliebenenversorgung.

---

169 Diese schwelende Auseinandersetzung zwischen den SD-Angehörigen und den Beamten der Sicherheitspolizei schildert auch Leopold von Caprivi, damals Mitarbeiter im SD-Hauptamt, in seinen Aufzeichnungen (Leopold von Caprivi, Erinnerungen, Ms., IfZ, ZS 3070, S. 23–25). Auch Schellenberg konstatierte in seinem Konzeptvorschlag vom 28. 2. 1939, daß sich »eine psychologisch ungeheuer wirkende und sich ausbreitende Unsicherheit über das kommende Schicksal des Sicherheitsdienstes« gezeigt und bereits eine starke Abwanderung aus dem hauptamtlichen Dienst eingesetzt habe. Schellenberg schlug vor, daß Heydrich auf einer SD-Arbeitstagung die Pläne zur Neuorganisation vorstellen und erläutern solle. Daß dem »scharf denkenden« SD-Funktionär Schellenberg »mit klarem Blick

Doch ging es im Schellenberg-Papier nicht um den Eintritt der SD-Angehörigen in das Paradies der öffentlichen Versorgungen und Pensionsberechtigungen. Sein grundlegender Einspruch beruht auf der Inkommensurabilität von einer politischen Polizei als Exekutive des Staates und dem SD als Nachrichtendienst, der in größeren und systematischen Dimensionen denken und handeln müsse. Mehr noch als die Furcht vor der »Überschwemmung« des SD durch die Beamten der Sicherheitspolizei, vor der Aufweichung der straffen weltanschaulichen Ausrichtung durch eine Staatsdienermentalität oder auch der Neid auf die versorgungs- und besoldungsmäßig bessergestellten neuen SD-Kameraden klingt in Schellenbergs Papier die Befürchtung durch, der SD könne seine Eigenständigkeit, seine »Arteigenheit« verlieren.

Anfang Februar 1939 beauftragte Heydrich Walter Schellenberg, ein Konzept zur Neuordnung von SD und Sicherheitspolizei auszuarbeiten.[170] Schellenbergs Entwurf nahm den Faden seiner Ausarbeitung aus dem Sommer 1938 wieder auf.[171] Als oberster Grundsatz habe zu gelten, daß die Polizei »durch Aufgehen in der SS« Staatsschutzkorps werde »und nicht umgekehrt«, ein unübersehbarer Seitenhieb gegen den ungenannt bleibenden Werner Best. Die Angleichung des SD müsse durch die Übernahme des Etats des Sicherheitsdienstes, der als Organisation der NSDAP vom Reichsschatzmeister geführt wurde, auf den Reichshaushalt gesche-

---

für die große Linie« das unfreiwillig komische Wortspiel von der Unsicherheit, die im Sicherheitsdienst herrsche, entgangen ist, sei hier zumindest als unkommentierte Anmerkung notiert.

170 Im Begleitschreiben vom 27. 2. 1939, in dem es heißt: »In der Anlage wird die angeordnete Ausarbeitung gehorsamst vorgelegt«, erwähnte Schellenberg die Besprechung mit Heydrich vom 9. 2., von der er die besprochenen Punkte »handschriftlich befehlsgemäß niedergelegt und aufbewahrt« habe (Schellenberg an Heydrich, 27. 2. 1939, BArch, R 58/826, Bl. 41).

171 SD-Hauptamt, Stabskanzlei I 11, 24. 2. 1939, von Schellenberg verfaßt und mit Datum vom 25. 2. unterschrieben, »Reorganisation des Sicherheitsdienstes des Reichsführers SS im Hinblick auf eine organisatorische und personelle Angleichung mit der Sicherheitspolizei«, BArch, R 58/826, Bl. 2–30. Dieses Konzept wurde Heydrich offenkundig am 27. 2. zusammen mit den Entwürfen zu den Laufbahnrichtlinien und zur Dienstanweisung für die Inspekteure der Sicherheitspolizei vom 22. 2. 1939 (BArch, R 58/826, Bl. 31–40) mit dem Begleitschreiben übergeben.

hen, wie bereits durch Schreiben vom Anfang Dezember 1938 an den Reichsfinanzminister gefordert.[172]

Mit dem Terminus »Reichssicherheitsdienst« grenzte Schellenberg die organisatorische Verbindung von SD und Sicherheitspolizei auch begrifflich gegen das »Staatsschutzkorps«, der einheitlichen Organisation von Polizei und SS insgesamt, ab. Folgerichtig bezeichnete er die neu zu schaffende Zentrale des »Reichssicherheitsdienstes« als »Reichssicherheitshauptamt«. Kennzeichnend ist die handschriftliche Anmerkung Heydrichs, der gegen den Begriff des Reichssicherheitshauptamtes offensichtlich nichts einzuwenden hatte, aber neben dem Wort Reichssicherheitsdienst vermerkte: »SD des RFSS«, also auf der ursprünglichen Bezeichnung beharrte.[173]

Das künftige RSHA sollte sich in folgende Ämter gliedern:

Amt I   Verwaltung und Recht
Amt II   Forschungsamt
Amt III   Nachrichtendienst Inland
Amt IV   Nachrichtendienst Ausland
Amt V   Abwehr und politische Exekutive
Amt VI   Verbrechensbekämpfung

Dieses von Schellenberg im Februar 1939 entworfene Organisationsschema eines künftigen RSHA skizziert mit wenigen Abstrichen – die Namen der jeweiligen Ämter änderten sich leicht und der SD-Ausland wurde Amt VI, womit Gestapo und Kripo um eine Ziffer nach oben rückten und Amt IV und V wurden – bereits die tatsächlich verwirklichte Struktur des RSHA vom 27. September 1939.[174]

---

172 Keineswegs verlangte Schellenberg in seinem Konzept, neue Beamtenstellen für den SD zu schaffen, sondern die notwendige Angleichung sollte dadurch erreicht werden, daß »unter Belassung der Dienststellenbezeichnungen des SD diese in ein entsprechendes Wertigkeitsverhältnis zu den Dienststellen der Sicherheitspolizei« gesetzt werden und so »verreichlichte Planstellen« gemäß den Reichsbesoldungsgruppen eingerichtet würden.

173 Die Bezeichnung Reichssicherheitsdienst (RSD) war außerdem schon für die unmittelbare Personenschutzeinheit der NS-Führung belegt.

174 Das Amt III sollte nach den Plänen Schellenbergs zum Träger eines »wirklich schlagkräftigen Nachrichtendienstes auf allen Lebensgebieten« ausgebaut werden, während dem Amt II (Forschungsamt) die Aufgabe zufallen sollte, »eine großplanige Planung der Bekämpfung der Gegner durch Erforschung ihrer Ideologien,

Heydrich sah Schellenbergs Entwurf am 28. Februar durch, befahl ihn zur Rücksprache und traf sich am selben Tag mit Werner Best, der schon tags darauf ein eigenes Konzept vorlegte. Die zum Teil heftig und öffentlich geführte Kontroverse, die sich daraus in den folgenden Monaten entspann und letztlich zur Ablösung von Werner Best aus der Führung des Geheimen Staatspolizeiamtes führte, ist in ihrer Schärfe am klarsten zu verstehen, wenn man Bests Entwurf mit dem Vorschlag Schellenbergs zu neuen Laufbahnrichtlinien im Sicherheitsdienst kontrastiert, die dieser ebenfalls am 28. Februar vorlegte. Kernstück des SD, so Schellenberg, seien die Referenten, Abteilungsleiter und Hauptabteilungsleiter als die »eigentlichen Sachbearbeiter im SD«. Ihnen unterstellt sei die Gruppe der Unterführer, die mit der technischen Handhabung des Materials, mit Registratur und Karteiführung beschäftigt sei. Für diesen Unterführerdienst könne dem Vorschlag von Dr. Best entsprochen werden, diese SD-Angehörigen auf zumeist SS-Scharführer- und Hauptscharführer-Planstellen in Leistung und Besoldung den Kriminalassistenten beziehungsweise Kriminaloberassistenten gleichzustellen. Für den Führerdienst, ebenjene Sachbearbeiter im Rang von Referenten, Abteilungs- und Hauptabteilungsleitern, sowie für den höheren Führerdienst, der die Oberabschnittsführer und Amtschefs im SD-Hauptamt umfaßte, seien jedoch die Bestimmungen des Erlasses vom 18. Februar 1938, der eine Ausbildung von 34 Monaten vorsehe, die zur Kriminalkommissarprüfung hinführe, zu eng. Damit würde die SD-Arbeit zu einem Spezialfach der Polizei. »Der rein kriminalistisch vorgebildete Stapo-Beamte wird für die Beurteilung z. B. wirtschaftlicher Vorgänge ebenso wenig zuständig und befähigt sein wie für die Betrachtung kultureller Erscheinungen.«[175]

Weltanschauungen, taktischen Kampfmethoden und Strategien« zu betreiben. Während das Amt III als Nachrichtendienst bis in die Unterabschnitte, die »Frontinstanz«, reichen müßte, bliebe das künftige Amt II auf die zentralen Ebene beschränkt, wo es Gegnerforschung mit wissenschaftlichen Methoden betreiben solle. Schellenberg krititisierte, daß durch eine zu früh einsetzende feingliedrige Auswertung der Nachrichten, vor allem im SD-Hauptamt, nur einseitige wissenschaftliche Forschung werden würde und die eigentliche Aufgabe des Nachrichtendienstes, »stets Auge und Ohr der Führung« zu sein, aus dem Blick gerate.

175 SD-Hauptamt, Stabskanzlei I 11, Schellenberg, 28. 2. 1933, BArch, R 58/826, Bl. 53–63.

Daher könne der SD auf die »Heranziehung von Fachmännern auf den verschiedenen Lebensgebieten« nicht verzichten. In Erweiterung des Erlasses vom Februar 1938 forderte Schellenberg, daß insbesondere Bewerber mit abgeschlossenem Hochschulstudium, wobei er bezeichnenderweise das Studienfach offenließ, und Bewerber, die in freien Berufen an leitender Stelle tätig waren, für den Führerdienst des SD berücksichtigt werden sollten. In deutlicher Abgrenzung von den festgelegten Beamtenlaufbahnen hieß es in Schellenbergs Entwurf: »Grundsätzlich kann jeder SD-Angehörige alle Dienststellungen im SD erreichen.«[176]

Was Werner Best hingegen vorschlug, war die Verbeamtung des SD. Sein Konzept stellte das genaue Gegenteil des Schellenbergschen Vorschlags dar. Best wollte nicht die Sicherheitspolizei in den SD, sondern den SD in eine »Deutsche Sicherheitspolizei« integrieren.[177] Künftig, so führte Best in seinem Planpapier vom 1. März aus, dürfe es nur eine einheitliche Ausbildung und Laufbahn der Führer (als leitende Beamte) der Deutschen Sicherheitspolizei geben, die sowohl die Gestapo und Kripo als auch den SD umfassen sollte. Nach bestandenem Abitur sollten die Bewerber erst einmal eine informatorische Beschäftigung bei einer Dienststelle der Gestapo, Kripo oder des SD ableisten, wobei als einzige Voraussetzung die SS-Fähigkeit zu gelten habe. Gleichzeitig mit der Annahme als Bewerber werde der Betreffende als SS-Bewerber angenommen. Anschließend sollte ein vierteljähriger Lehrgang an der Führerschule der Sicherheitspolizei absolviert werden, um dann zu entscheiden, ob der Bewerber sich tatsächlich als Anwärter für die Führerlaufbahn eigne. Danach sah Best ein obligatorisches Jurastudium für sämtliche Anwärter ohne Ausnahme bis zum Referendarexamen vor. Er begründete diesen weitreichenden Vorschlag damit, daß der Großteil der ausgebildeten Führer der Sicherheitspolizei später auch in der allgemeinen Verwaltung tätig sein sollte, um diese »mit dem Geiste und der Haltung des Staatsschutzkorps zu durchdringen«, und deshalb die volle Ausbildung eines höheren Verwaltungsbeamten besitzen müßte. Zudem sei es »für jeden, der in der Zivilverwaltung – Polizei, innere Verwaltung usw. – eine leitende Stellung einnehmen will, unerlässlich, das System und die Technik der zivi-

176 Ebenda.
177 Bests Konzept blieb im SD-Hauptamt selbstverständlich nicht verborgen. So notierte Six während einer Abteilungsleiterbesprechung am 28. 2. 1939 Gerüchte zur Übernahme des SD durch die Gestapo (Hachmeister, Gegnerforscher, S. 204).

len Befehlsgebung und Befehlsausführung – nichts anderes ist nämlich die Rechtsetzung und Rechtsanwendung – kennen zu lernen«. Erst nach bestandenem Referendarexamen sollten sich die Ausbildungen verzweigen. Die einen sollten einen Vorbereitungsdienst bei der Sicherheitspolizei oder auch in der allgemeinen, inneren Verwaltung absolvieren, um dann ihr zweites Staatsexamen, die Assessorprüfung, abzulegen, die anderen ein Spezialstudium wie Geschichte, Chemie, Sprachen, Wirtschafts- oder Religionswissenschaft aufnehmen. Die Zahl der »Juristen« müsse allerdings, so Best, stets bedeutend größer sein als die der »Spezialisten«.[178]

In seinem Begleitschreiben an Heydrich hielt Best lapidar fest, daß er die von ihm formulierten Grundsätze mit der Bitte um grundsätzliche Zustimmung vorlege.[179] Ebendiese erhielt Best nicht. Schon bei seinem Vorschlag, daß sämtliche Anwärter ein Jurastudium aufnehmen sollten, notierte Heydrich am Rand: »nicht nur, sondern je nach Verwendung u. Eignung auch andere«.[180] Bests Begründungen für das obligatorische Jurastudium versah Heydrich mit einem großen Fragezeichen.[181] Und hinsichtlich Bests Unterscheidung zwischen juristischer und spezialistischer Ausbildung hielt Heydrich ganz im Gegenteil als Grundsatz fest: »Tragende Allgemeinausbildung muß die SSmässige Sich.Pol. u. SD Ausbildung sein, der Jurist gehört zu den Spezialisten«.[182]

Heydrich notierte auf Schellenbergs Begleitschreiben vom 27. Februar unmißverständlich: »Trotz Zusammenschmelzung Laufbahn, Erziehungsweg, Formen so gestalten, daß SD in 50 Jahren nicht bürokratischer Beamtenladen! Erhalt kämpferischer Linie.«[183]

Heydrichs grundsätzliche Ablehnung des Bestschen Konzept für das künftige Staatsschutzkorps war schon formuliert, bevor die öffentlichen

---

178 Werner Best, Grundzüge der Ausbildung und der Laufbahn der Führer (leitenden Beamten) der Deutschen Sicherheitspolizei, 1.3.1939, BArch, R 58/827, Bl. 67–72.
179 Best an Heydrich, 1.3.1939, ebenda, Bl. 66.
180 Ebenda, Bl. 68.
181 Ebenda, Bl. 69.
182 Ebenda, Bl. 70 (Hervorhebung im Original).
183 Ebenda (Hervorhebung im Original). Komplementär schilderte Werner Best seine Kontroverse mit Heydrich exakt entlang dieses Konflikts: Werner Best, Reinhard Heydrich, Ms., Kopenhagen, 1.10.1949, gedruckt in: Matlok, Dänemark in Hitlers Hand, S. 160–170.

Artikel Bests den Bruch unabwendbar machten. Werner Best, der in den vorangegangenen Jahren so beharrlich an einer Rechtstheorie der politischen Polizei gearbeitet hatte und zweifellos der juristisch führende Kopf des Gestapa war, trat nun hinter den nächsten radikalen Schritt, der Verbindung von SS und Polizei, insbesondere von SD und Sicherheitspolizei, zurück. Best blieb im Grunde seiner Weltanschauung Jurist, der die Praxis der politischen Polizei zwar nicht den Vorschriften des Normenstaates unterwerfen wollte, aber auf einer »Rechtsetzung und Rechtsanwendung« im nationalsozialistischen Sinn nicht verzichten mochte. Die Führer der Sicherheitspolizei mußten daher in seiner Perspektive Volljuristen sein, wenn sie ihre Aufgabe erfüllen sollten. Ebendies widersprach der Auffassung nicht allein Heydrichs und Schellenbergs. Himmler selbst hat im Rückblick seine Politik in dieser Kontroverse um die Rolle und Stellung der Juristen innerhalb der Führung der SS drastisch geschildert:

»Zunächst haben wir hier einmal prinzipiell das Monopol der Juristen gebrochen und mit dem Aberglauben aufgeräumt, daß eine führende Stellung innerhalb der Verwaltung immer nur mit einem Juristen besetzt werden könne. […] Wenn ich da nicht aufgepaßt hätte, hätten die Juristen in meinen Stäben und nicht ich geherrscht. Ich hätte bei jeder meiner Maßnahmen erst einmal bei meinen Herrn Juristen anfragen müssen, ob sie richtig seien und dem überkommenen Rechtsdenken entsprächen, demselben Rechtsdenken, das wir gerade auf das Bitterste bekämpfen und das uns mit allen seinen Möglichkeiten den Weg zur Macht verlegt hatte. Wie grotesk dies im Anfang war, kann ich Ihnen gar nicht sagen. Überall stieß ich auf an und für sich nette, liebe, anständige Leute in SS-Uniform, die ihre Aufgabe darin sahen, mir zu allen meinen Befehlen eine Art Rechtsgutachten zu liefern und mir zu beweisen, in welchen Punkten meine Maßnahmen dem geltenden Recht widersprächen und daher nicht rechtsverbindlich seien. Sie taten das aus bester Absicht, um mich, wie sie sich ausdrückten, vor Schaden und Regreßansprüchen zu bewahren und sahen gar nicht, daß sie selbst die Gefangenen eines Systems waren. Da galt es, eine ungeheure Erziehungsarbeit vorzunehmen. Die Unbelehrbaren habe ich hinausgesetzt, die anderen mit meinen Gedankengängen zu durchdringen versucht.«[184]

Für Himmler, Heydrich, Schellenberg war es der SD, der weltanschaulich gefestigt, politisch radikal und administrativ ungebunden die Polizei zu führen hatte, wie schon die Inspekteure der Sicherheitspolizei aus den jeweiligen SD-Oberabschnittsführern rekrutiert wurden. Nicht die in ihren Augen juristische Gängelei durfte die Praxis eines künftigen Reichssicher-

---

184 Kersten, Totenkopf und Treue, S. 139 f.

heitshauptamtes beschränken, sondern der politische Kampf gegen die rassischen Gegner mußte sowohl in weltanschaulich verläßlichen Händen liegen als auch von jedem Regulierungsanspruch befreit sein. Zweifellos hat die starke Stellung Bests im Geheimen Staatspolizeiamt und das Ansehen, das er genoß, das Mißtrauen Heydrichs gegenüber einem möglichen Rivalen genährt und zum Bruch beigetragen. Aber die unüberbrückbare konzeptionelle Differenz, die sich in dieser Kontroverse um die Vereinigung von Sicherheitspolizei und SD zeigte, hätte die Trennung von Best so oder so unausweichlich gemacht. Sein Konzept der Verbeamtung des SD widersprach der Politik von Himmler und Heydrich, sein Festhalten an der Hegemonialstellung der Juristen innerhalb der allgemeinen Verwaltung wie auch der Sicherheitspolizei und des SD war mit deren Vorstellungen nicht zu vereinbaren.

Best scheute sich nicht, die Kontroverse an die Öffentlichkeit zu tragen und seine Position in einem Artikel in der Zeitschrift »Deutsches Recht« zu vertreten. Nicht ungeschickt argumentierte er darin entlang seiner eigenen Biographie vom »jungen Juristen« bis zum noch unerfahrenen Amtsrichter, der erleben mußte, daß das »Volk« weit mehr erwarte als bloße Auslegung der Gesetze. Nicht eine neutrale Person fordere das »Volk«, sondern »einen Repräsentanten der Volksgemeinschaft und des Staates, der – in genauer Kenntnis der das Getriebe des öffentlichen Lebens ordnenden Regeln, d. h. des ›Rechts‹ – dem einzelnen aus tieferer Erkenntnis der ewigen Spannungen zwischen Leben und Regel hilft, seine Lebenstatbestände in die richtige Beziehung zu den geltenden Regeln zu setzen«. In strikter Absetzung von der »individualistisch-humanitären Weltanschauung« der liberalistischen Zeit, in der Recht kodifiziert und durch einzelne Bürger einklagbar gewesen sei, gelte im Nationalsozialismus eine andere Auffassung.

»Auf die Form«, betonte Best, »kommt es nicht an. Insbesondere hat der Begriff des Gesetzes nur noch formale Bedeutung. [...] Recht wird heute von jeder Stelle gesetzt, die kraft ihrer höheren Funktion in der Volksordnung befugt ist, den völkischen Erscheinungen nachgeordneter Funktion – bis zum einzelnen Volksgenossen – allgemeine Anweisungen für ihr Handeln unter bestimmten wiederkehrenden Voraussetzungen zu erteilen.«[185]

---

185 Best, Kritik und Apologie des »Juristen«. Best ließ den Artikel sogar in gekürzter Form in der »Deutschen Allgemeinen Zeitung« nachdrucken und machte damit die beabsichtigte Provokation perfekt (Herbert, Best, S. 231).

Was Best hier als nationalsozialistische Rechtsordnung skizziert, ist nicht viel anderes als die Auflösung der Gesetze in Verordnungen und Befehle.[186] Das Recht wird ausschließlich Mittel zur »Aufrechterhaltung der Funktionen des Volksorganismus«, wird selbst zur Politik und kann daher von jedem zum Führer Ernannten ausgeübt werden. Als Kriterium für die Richtigkeit dieser Art »Rechtsetzung« nannte Best charakteristischerweise, daß sie an der »Wirklichkeit – meist am ›Erfolg‹ – zu erproben« sei. Rechtsnormen wie positiv gesetztes Recht verschwinden in dieser Perspektive und verwandeln sich in eine Ordnung oder Technik der Herrschaft. Damit jedoch der Primat der Politik nicht zum Chaos führt und sich in reine Willkür verwandelt, bedarf es weiterhin der Juristen, die allerdings nicht mehr wie früher Gesetze auslegen, sondern nun selbst Recht setzen können. Der Beruf des nationalsozialistischen Juristen sei zu verstehen als die eines »Ordners in der Volksordnung«, der die »Technik der ›zivilen‹ Befehlsgebung« verstehe. Folgerichtig forderte Best eine grundsätzliche Veränderung der juristischen Ausbildung, in der besonderer Wert auf Rechtsauslegung als Technik der Rechtsetzung gelegt werden sollte. Über das Studium dieser Technik muß der künftige Jurist in dem »Studium aller Aufgaben und der gesamten Technik der Volks- und Staatsordnung« unterwiesen werden. Statt wie früher ein »Linienoffizier« zu sein, der dazu ausgebildet worden sei, Befehle auszuführen, werde der künftige Jurist ein »Generalstabsoffizier« sein, der selbst Befehle erteile.

Bests Quadratur des Kreises, nämlich zum einen das Recht in einer völkischen Ordnung aufzulösen, Rechtsetzung als Technik völkischer Herrschaft zu verstehen, und zum anderen dennoch den Herrschaftsanspruch der Juristen aufrechtzuerhalten und diesen durch eine definitorische Erweiterung ins Allgemeine als »Ordner der Volksordnung« die Legitimation zu schaffen, mit der sie auch weiterhin an der Spitze von Staat, Polizei und Partei stehen konnten, barg in sich genügend Wider-

---

186 Dieser Gedanke findet sich bei Hannah Arendt: »Im Gegensatz zu dieser Funktion der Stabilisierung, die Gesetze in allen normal funktionierenden Gemeinschaften haben, sind die totalitären Gesetze von vornherein als Bewegungsgesetze, als Gesetze, die einer Bewegung immanent sind, bestimmt. Positives Recht wird verletzt, weil es in eine dauernde Veränderung hineingerissen ist: was gestern Recht war, ist heute überholt und Unrecht geworden. (Juristisch gesprochen: aus jedem Gesetz ist eine Verordnung geworden.)« (Arendt, Elemente, S. 729)

sprüche, um bei Heydrich und Schellenberg auf Kritik zu stoßen. Schellenberg lieferte Ende April auf Weisung Heydrichs eine Sammlung von Kritikpunkten an Bests Artikel.[187] Selbstverständlich war Bests Anspruch an eine künftige juristische Ausbildung so vage und nebulös-allumfassend, daß Schellenberg folgerichtig auf die Unmöglichkeit hinwies, eine derartige Ausbildung in allen Lebensgebieten durchzuführen. Auch fiel Schellenberg der Einwand nicht schwer, daß, wenn doch das Recht in Politik verwandelt werden sollte, nicht der Jurist, sondern folgerichtig der Politiker Führer sein müsse.

»Im Gegensatz zu der Auffassung des Verfassers [Best, M. W.] kann man nämlich Regieren nicht erlernen, sondern man muß dazu geboren sein. Es ist wie in der Kunst: Man kann zwar in eine Malschule gehen, wird aber darauf keineswegs zum Künstler. Es ist daher völlig unbeachtlich, ob der höchste Führer den Beruf eines Architekten erlernt hat, ob ein Reichsstatthalter früher das Tischlerhandwerk ausübte oder ob ein Regierungspräsident etwa einmal Bauer war. Die Hauptsache ist, daß jeder in der Lage ist, das ihm anvertraute Volk, oder ein Lebensgebiet, oder einen bestimmten Bezirk im Sinne der gegebenen großen Zielsetzung zu führen.«[188]

Ungeachtet solcher Platitüden richtete sich die Kritik Schellenbergs in erster Linie gegen die »Überheblichkeit des Juristen«. Hierin bestand die Kränkung, die Bests Anspruch auf Führung durch die Juristen ausgelöst hatte. Schellenberg zog den alten Titel des »Rats« als Beleg herbei, um die beratende Funktion des Juristen zu bestimmen.[189] Ebenso wie dem Staat »die Gefahr des Erstickens des Volkslebens in einem künstlichen Netz von Formeln durch die Herrschaft der Juristen« drohe, müsse ebensosehr vor einem »Berufsführerstand der Parteibeamten« gewarnt werden. Juristen und Parteileiter könnten Führer sein, aber nicht wegen ihrer beson-

---

187 Schellenberg an Heydrich, 25.4.1939, BArch, R 58/827, Bl. 110–120.

188 Ebenda. Daß diese Argumentationen in besonderer Weise all diejenigen überzeugte, die wie Gräfe, Spengler ausdrücklich betont hatten, daß Führer nicht gewählt werden könnten, sondern geboren werden müßten, braucht nicht hervorgehoben zu werden. Außerdem sind die Bezüge Schellenbergs auf Hitlers Ausführungen in »Mein Kampf« nicht zu übersehen.

189 Hier existiert ebenfalls eine von Schellenberg nicht näher gekennzeichnete, aber offenkundige Verbindung zu »Mein Kampf«, in dem Hitler ausdrücklich forderte, daß die Staatsbeamten wieder »Räte« werden sollten, die zu beraten und nicht zu entscheiden hätten (Hitler, Mein Kampf, S. 501).

deren Ausbildung, sondern aufgrund bestimmter Eigenschaften, die sich erst im »eigentlichen Leben« zeigten.

Beide, Best wie Schellenberg, endeten mit ihrer Argumentation im unbestimmten »eigentlichen Leben«. Bests argumentatives Dilemma, einerseits die Auflösung des Rechts als System und andererseits die Herrschaft der Juristen zu fordern, war zwar von Schellenberg leicht auszuhebeln. Aber auch diesem gelang es nicht, aus dem in Politik verwandelten Recht eine Herrschaftstechnik abzuleiten, die nicht in Willkür und Chaos zu münden drohte. Lief es bei Best letztlich wieder auf die juristische, formal an Rechtssätzen geschulte Verwaltungstechnik hinaus, so vertraute Schellenberg schlicht auf die Biologie, die schon genug zum Führen geborene Führer produzieren werde. Beide waren sich darüber hinaus durchaus bewußt, daß die herrschende juristische Ausbildung noch gänzlich am alten System der Rechtsauslegung und Rechtsetzung orientiert war, daß diese streng normierte und vorgeschriebene Ausbildungslaufbahn von Juristen nach wie vor Voraussetzung für die Besetzung der leitenden Verwaltungsposten war und nur, wer sein juristisches Studium mit dem ersten Staatsexamen erfolgreich beendet, seine mehrjährige Referendarzeit durchlaufen und schließlich sein Assessorexamen bestanden hatte, Aussicht auf Einstellung in den höheren Dienst besaß. Und es gab keinerlei Anzeichen dafür, weder beim Reichsinnen- noch beim Reichsfinanzminister, daß an diesen existierenden Laufbahnrichtlinien gerüttelt würde und andere Kriterien als die geltenden für die künftigen Führer einer Deutschen Sicherheitspolizei oder eines Reichssicherheitsdienstes akzeptiert würden.

Deshalb hielt Werner Best ein ganz entscheidendes Argument in seinen Händen, auch wenn er es in seinem Artikel geschickt in den Hintergrund schob: Wurden diese Laufbahnrichtlinien für das künftige Staatsschutzkorps und insbesondere für die Integration der SD-Angehörigen in den Reichsdienst nicht verändert, so fehlte jeglichem Versuch einer Verreichlichung des SD die Grundlage. Blieb es bei der herkömmlichen Beamtenlaufbahn – und das Deutsche Beamtengesetz vom 26. Januar 1937 änderte daran nichts grundlegend –, so wurden die weitreichenden Pläne Schellenbergs und Heydrichs Makulatur und Bests Position konnte sich gewissermaßen auf die normative Kraft des Faktischen stützen. Heydrich drängte daher Anfang April 1939 darauf, daß die Neuorganisation schnellstens realisiert werden sollte, damit bereits für das Etatjahr 1940/41 auch für den SD die Pflicht zur Rechnungslegung gegenüber dem Finanzminister bestehe oder besser gesagt: dieser vor vollendete Tatsachen gestellt werde.[190] Der Vorstoß Heydrichs scheiterte, und auch die verwaltungsjuristischen Laufbahnrichtlinien wurden in der kurzen Dauer des NS-Regimes nicht geändert. Dennoch macht die Heydrich-Best-Kontroverse die konzeptionelle Grundlage deutlich, auf die das RSHA gestellt wurde. Es war keine Institution des Normenstaates, ja nicht einmal des Maßnahmenstaates mehr, dessen juristische Herrschaftstechnik Werner Best begründen wollte. Das RSHA zeigt sich bereits als Polizei der »Volksgemeinschaft«, als Institution einer rassistischen staatlichen Organisation, die Fraenkels analytische Trennung hinter sich ließ und sich allein auf der Grundlage von Rasse und Volk definierte.

Bildung des Reichssicherheitshauptamtes

Heydrich selbst entwickelte Anfang April 1939, wie Schellenberg anschließend in einem umfänglichen Vermerk festhielt, Überlegungen zur Neuorganisation von SD und Sicherheitspolizei.[191] Er ergänzte handschriftlich den Schellenberg-Vermerk um ein neues Amt »Nachwuchs und Erziehung«, das von dem SD-Stabsleiter Albert geleitet werden sollte.[192] Das Amt SD-Inland stelle, so Heydrich, den eigentlichen Nachrichtendienst mit einem umfassenden V-Männer-Netz und regelmäßiger Berichtspflicht dar. Interessanterweise war für die Leitung dieses Amtes im April 1939 nicht Otto Ohlendorf, sondern Erich Ehrlinger vorgesehen, der im SD-Hauptamt unter Six die Hauptabteilung II 11 Weltanschauungen leitete und darüber hinaus als Stabsführer der Zentralabteilung Stellvertreter von Six war.[193] Ehrlinger war zweifellos einer der agilsten und ge-

---

190 Vermerk Schellenberg, 4. 4. 1939, BArch, R 58/826, Bl. 134–136, 155–164. Die von Schellenberg vorgeschlagene Bezeichnung »Reichssicherheitsdienst« war mittlerweile von Himmler selbst abgelehnt worden, da dieser Name bereits für Hitlers persönliches Schutzkommando vergeben sei. Außerdem sei die Bezeichnung SD so eingebürgert, daß sie nicht aufgegeben werden solle. Heydrich notierte dazu handschriftlich, daß die Namensfrage zurückgestellt werden solle. »Dafür zunächst Doppelfirmierung der einen Organisation.« (Ebenda, Bl. 155)
191 Vermerk Schellenberg, 4. 4. 1939, a. a. O. (s. Anm. 190).
192 BArch, R 58/826, Bl. 134, 158.
193 Allerdings notierte Heydrich handschriftlich ein einschränkendes »evtl.« vor Ehrlingers Namen (ebenda, Bl. 134).

fährlichsten SD-Führer, der zwar nicht Chef des RSHA-Amtes SD-Inland wurde, aber statt dessen als Einsatzkommandoführer in Österreich, Prag, Polen und in der Sowjetunion, als Befehlshaber der Sicherheitspolizei und des SD in Minsk Karriere machte – und später, im Frühjahr 1944, doch noch Amtschef im RSHA (Amt I Personal und Verwaltung) wurde. Der Auslandsnachrichtendienst sollte nach den Plänen Heydrichs aus der Zentralabteilung III 1 des SD-Hauptamtes Fremdländische Lebensgebiete, die Jost bereits leitete, in ein neues RSHA-Amt unter Jost überführt werden. Die SD-Zentralabteilung III 2 Außenpolitische Abwehr sollte Jost an das Gestapoamt unter Müller abgeben, dem auch die bislang eigenständige Abwehrabteilung des Gestapa unter Best zugeschlagen werden sollte.

Am 15. April fand erneut eine Besprechung bei Heydrich mit Albert und Schellenberg über die Neugestaltung von Sicherheitspolizei und SD statt.[194] Nach wie vor lag das schwierigste Problem darin, eine einheitliche organisatorische Spitze, ein Sicherheitshauptamt aus Gestapo, Kripo und SD, gegenüber dem Reichsfinanz- und dem Reichsinnenminister durchzusetzen »unter Wahrung der SS-mäßigen Grundhaltung«, wie Heydrich hervorhob. Schon im Februar hatte Heydrich notiert, daß der Staat nicht die Parteiarbeit kontrollieren dürfe und eine Form gefunden werden müsse, »die etwa sagt, daß M.d.I. oder RM.d.F. Parteiaufträge nicht kontrollieren können«.[195] Für das neue Sicherheitshauptamt entwarf Heydrich nun sieben Ämter: I Verwaltung und Recht, II Nachwuchs und Erziehung, III Weltanschauliche und wissenschaftliche Forschungsstelle, IV SD-Inland, V SD-Ausland, VI Abwehr, Bekämpfung der Staatsfeinde und Spionage, VII Verbrechensbekämpfung. Diese Ebene stelle die Ministerialinstanz dar, unter der jeweils Reichsfachzentralen, also das Geheime Staatspolizeiamt und das Reichskriminalpolizeiamt, gegliedert waren. Der SD behielte damit seine eigene Struktur, wobei seine Integration in die haushalts- und verwaltungsrechtliche Struktur ungeklärt blieb. Ideal wäre es, so Heydrich, wenn ein Pauschalbetrag aus dem Reichsetat überwiesen würde, um damit entsprechend den eigenen Kriterien die SD-Angehörigen zu besolden. Unter allen Umständen, so Heydrich, müsse vermie-

---

194 Vermerk Schellenberg, 25. 4. 1939, BArch, R 58/137, Bl. 165–190.
195 Handschriftlicher Vermerk Heydrichs auf dem Begleitschreiben Schellenbergs vom 27. 2. 1939, BArch, R 58/826, Bl. 90.

den werden, daß die SD-Leute wie Beamte behandelt würden und damit unter die Verwaltungshoheit des Innenministers fielen. Handschriftlich notierte Heydrich, daß seines Erachtens der Finanzminister gerade deswegen nur über Beamtenstellen verhandeln wolle, »um unsere eigenen Ausbildungsgedanken abzudrehen«.[196] Einen Ausweg sah Heydrich darin, zu einer ähnlichen Lösung wie bei der SS-Verfügungstruppe, also der Waffen-SS, zu kommen, die durch gleiche militärische Dienstränge zu gleichgestellten Besoldungsgruppen gelangte.

Anfang Juli war die Konzeptphase so weit gediehen, daß Heydrich sämtlichen Amtschefs der Sicherheitspolizei und des SD einen ausgearbeiteten Entwurf präsentierte und sie zu Organisations- und Personalvorschlägen bis zum Ende des Monats aufforderte (s. S. 279).[197]

Zwei Antworten – von Heinrich Müller, der sich zur künftigen Gliederung der politischen Polizei äußerte, und von Franz Alfred Six, der ausführliche Konzepte zum geplanten Forschungsamt vorlegte – sind überliefert.[198] Aber der nahende Angriff auf Polen am 1. September 1939 setzte sämtlichen weitreichenden Plänen zur Neuorganisation von Sicherheitspolizei und SD, zur Bildung eines »Reichssicherheitsdienstes«, »Deutscher Sicherheitspolizei« oder eines »Staatsschutzkorps« ein Ende.[199] Denn jetzt wurden zahlreiche Angehörige der Polizei wie vom SD zum Wehrdienst einberufen, und beide Organisationen hatten trotz der angespannten Personallage zusätzlich Polizeifunktionen in den besetzten polnischen Gebieten zu übernehmen. An die Realisierung hochtrabender Pläne war in einer solchen Situation nicht zu denken. Vielmehr mußte

---

196 Ebenda, Bl. 135.

197 Rundschreiben CSSD, 5.7.1939, sowie Anordnung CSSD, Betr. Neuorganisation der Sicherheitspolizei und des Sicherheitsdienstes, gez. Heydrich, 5.7.1939, BArch, R 58/826, Bl. 203–206.

198 Siehe dazu S. 335 f., 364–367.

199 Allerdings hat Himmler an dem Plan, ein einheitliches »Staatsschutzkorps« zu schaffen, auch während des Krieges festgehalten und – wenngleich vergeblich – in Zusammenarbeit mit dem Chef der Reichskanzlei, Lammers, ein SS- und Polizeigesetz beziehungsweise »Erlaß des Führers über SS und Polizei« herbeizuführen (Schriftwechsel zwischen Himmler und Lammers 1941/42 in BArch, R 43 II/393a; vgl. auch die Besprechungen Himmlers mit Heydrich am 1.9.1941 [Dienstkalender Himmlers, S. 201], mit Daluege am 3.9.1941 [ebenda, S. 204] und mit Lammers am 6.12.1941 [ebenda, S. 286]).

Der Chef der Sicherheitspolizei und des Sicherheitshauptamtes

C.d.S. Tgb.Nr. 7350/39 Berlin, den 5. Juli 1939
Geheim !

Betr. Neuorganisation der Sicherheitspolizei und des Sicherheitsdienstes

Zur Erzielung einer aufeinander abgestimmten Arbeit, einer einheitlich ausgerichteten Laufbahn und der erzieherischen Gestaltung des Nachwuchses von Sicherheitspolizei und Sicherheitsdienst hat sich eine straffe organisatorische Zusammenfassung der Sicherheitspolizei und des Sicherheitsdienstes als notwendig erwiesen. Nach Genehmigung durch den Reichsführer SS wird daher zur Durchführung dieses Zweckes unter teilweiser Abänderung des Reichsführererlasses O./S. Nr. 2/36 vom 26. 6. 1936 (soweit er die Sicherheitspolizei betrifft) folgende Neugestaltung angeordnet:

I.

Das Hauptamt Sicherheitspolizei wird zur Erzielung der einheitlichen Verschmelzung von Sicherheitspolizei und Sicherheitsdienst umgewandelt in das unter meiner Leitung stehende »Reichssicherheitshauptamt«. Es stellt die Ministerialbehörde für die in Zukunft zusammengefaßte Sicherheitspolizei und den Sicherheitsdienst dar.

II.

Das Reichssicherheitshauptamt gliedert sich in folgende 7 Ämter:

Amt I	Verwaltung und Recht
Amt II	Nachwuchs und Erziehung
Amt III	weltanschauliche Gegner
Amt IV	SD-Inland
Amt V	SD-Ausland
Amt VI	Geheime Staatspolizei
Amt VII	Reichskriminalpolizei

III.

Für die Ämter ist folgende organisatorische Untergliederung vorgesehen:
Amt,
Abteilung,
Referat.

IV.

Das Geheime Staatspolizeiamt, das Reichskriminalpolizeiamt sowie das Sicherheitshauptamt (bzgl. SD Ausland) bleiben als Reichsfachzentralen bestehen. Es ist Personal-Union zwischen den Angehörigen des Reichssicherheitshauptamtes sowie den oben genannten Reichsfachzentralen vorzusehen. An der Organisation der Stapo- und Kripostellen ändert sich nichts, lediglich arbeitsmäßig erhalten die Stapostellen einige Sachgebiete der SD-Unterabschnitte übertragen.

V.

Die Abgrenzung der Sachgebiete der einzelnen Ämter wird durch einen noch zu erlassenden Geschäftsverteilungsplan festgelegt.
Vor der endgültigen Inkraftsetzung vorbezeichneter Anordnung in Form eines endgültigen Organisationserlasses haben mir meine Amtschefs einen Geschäftsverteilungsplan, einen Organisationsvorschlag (sachliche Zuständigkeit, Mitzeichnungsrecht, Correferate [sic] pp.) sowie personelle Vorschläge für die Besetzung der neu geschaffenen Ämter des Reichssicherheitshauptamtes vorzulegen, Amt V und VI dazu noch die entsprechenden Vorschläge für Rest SD-Hauptamt und Gestapa. […]

rasch das Vorhandene so gefügt werden, daß zumindest die gewollte enge Kooperation zwischen Sicherheitspolizei und SD wenn schon nicht administrativ perfekt, so doch praktisch möglich wurde.

Am Tag vor dem deutschen Überfall auf Polen konzentrierte Heydrich die Aufgaben der Gestapo auf die wichtigsten Gebiete: Während die Bekämpfung von Kommunismus und Marxismus unverändert fortgeführt werden sollte, könne die Tätigkeit des Referats II B *Konfessionen, Juden, Freimaurer, Emigranten, Pazifisten* »in weitem Umfange eingeschränkt werden, insbesondere Emigranten-, Paß-, Juden- und Logenangelegenheiten. Auf kirchenpolitischem Gebiet ist die Arbeit im Hinblick auf die Stellung der Kirchen im September 1938 fortzusetzen. Die Judenauswanderung läuft weiter.«[200] Das Sachgebiet *Reaktion* könne auf ein Mindestmaß reduziert werden, wohingegen der nationalsozialistischen *Opposition* nach wie vor größere Beachtung zu schenken sei.[201] Die Bearbeitung von *Parteiangelegenheiten* sei, so Heydrich, grundsätzlich einzustellen mit Ausnahme der bündischen Jugend. Der Bereich *Schutzhaft* sollte unverändert fortgeführt werden, aber das Aufgabengebiet des Gestaparefrates II E *Wirtschaftliche Angelegenheiten* könne »nahezu völlig eingeschränkt werden; Korruptionsangelegenheiten können an die Kriminalpolizeistellen abgegeben werden«. Ebenso sollten die Bekämpfung von Homosexualität und Abtreibungen innerhalb des Gestapa völlig eingestellt und die dringenden Fälle an die Kriminalpolizei abgegeben werden.[202] Die Bearbeitung der Inlandspresse konnte laut Heydrichs Weisung gleichfalls eingestellt beziehungsweise die Beobachtung auf die Auslands- und die Kirchenpresse konzentriert werden. Heydrichs Erlaß bedeutete indes keineswegs eine mindere Präsenz der Gestapo in der Gesellschaft

---

200 Erlaß CSSD, gez. Heydrich, 31. 8. 1939, Betrifft: Entlastung der Geheimen Staatspolizei, BArch, R 58/239, Bl. 235–236.
201 Im künftigen RSHA wurden beide Sachgebiete, im Gestapa II C 1 und 2, in einem Referat (IV A 3) geführt.
202 Die Kriminalpolizei war sowohl bei der Verfolgung von Homosexualität wie von Abtreibungen bereits in den Jahren zuvor federführend tätig gewesen; vgl. Wagner, Volksgemeinschaft, S. 248–251; Jellonnek, Staatspolizeiliche Fahndungs- und Ermittlungsmethoden gegen Homosexuelle; ders., Homosexuelle unter dem Hakenkreuz.

oder gar ein Rückzug der politischen Polizei. Im Gegenteil, wenige Tage später, am 3. September 1939, erließ er die grundsätzliche Weisung:

»Jeder Versuch, die Geschlossenheit und den Kampfwillen des deutschen Volkes zu zersetzen, ist rücksichtslos zu unterdrücken. Insbesondere ist gegen jede Person sofort durch Festnahme einzuschreiten, die in ihren Äusserungen am Sieg des deutschen Volkes zweifelt oder das Recht des Krieges in Frage stellt.«[203]

Der große Plan, Sicherheitspolizei und SD zusammenzuführen, eigene Ausbildungsgänge einzurichten, sich von den staatlich vorgegebenen Laufbahnrichtlinien für Verwaltungsjuristen zu lösen und eine spezifische, nach SS-Grundsätzen gebildete Exekutive des NS-Regimes zur Verfolgung der politischen sowie »weltanschaulichen« und rassebiologischen Gegner zu schaffen, war unter den Bedingungen des Krieges nicht mehr zu realisieren. Dennoch erzwangen der Krieg und die Eroberung wie Sicherung der besetzten Gebiete eine solche Verbindung von Sicherheitspolizei und SD. Das Reichssicherheitshauptamt, das mit Himmlers Erlaß vom 27. September 1939 geschaffen wurde,[204] blieb im Sinn der Konzeptpapiere und Debatten, die im Frühjahr und Sommer zwischen Heydrich, Schellenberg auf der einen und Best auf der anderen Seite stattgefunden hatten, ein Torso. Die gewünschte Einheitlichkeit von Laufbahnen, Ausbildung und Besoldung war nicht erreicht, die Zweiteilung von herkömmlichen Beamtenlaufbahnen des höheren Dienstes einerseits und der nicht per Gesetz festgelegte Führungsrekrutierung des SD andererseits blieb ebenso erhalten wie die unterschiedliche Finanzierung: beim SD nach wie vor durch den Schatzmeister der NSDAP, bei der Polizei über den staatlichen Haushalt. Verwaltungsrechtlich war das Reichssicherheitshauptamt keine einheitliche Größe, politisch jedoch war die Zielsetzung der neuen

---

203 Erlaß Heydrich, 3. 9. 1939, Betr. Grundsätze der inneren Staatssicherung während des Krieges, BArch, R 58/243, Bl. 202–204. Über die Festgenommenen sei unverzüglich der Zentrale in Berlin zu berichten, da gegebenenfalls »auf höhere Weisung brutale Liquidierung solcher Elemente erfolgen« werde. Allerdings sollte andererseits »mit psychologischem Verständnis und mit erzieherisch bestärkendem Bemühen« auf diejenigen Deutschen eingewirkt werden, die sich aus »äusserer und innerer Not«, sicher waren hier die Hinterbliebenen der im Krieg Getöteten gemeint, oder aus Schwäche sich »Entgleisungen« zuschulden kommen ließen.
204 Erlaß Himmler, 27. 9. 1939, BArch, R 58/240, Bl. 1 f., gedruckt in: IMG, Bd. 38, S. 102–104 (361-L).

Institution eindeutig: Das Reichssicherheitshauptamt bildete den theoretischen wie praktischen Kristallisationspunkt einer spezifisch nationalsozialistischen Polizei, die ihre Aufgaben politisch verstand, ausgerichtet auf rassische »Reinhaltung« des Volkskörpers sowie die Abwehr oder Vernichtung der völkisch definierten Gegner, losgelöst von juristischen Beschränkungen – die Exekutive der rassistischen »Volksgemeinschaft«.

5. Struktur und Akteure

Das Reichssicherheitshauptamt war eine Institution des Krieges. Schon der rasche Akt seiner Gründung am 27. September 1939 folgte – angesichts der Einberufungen und Mobilisierungsmaßnahmen – mehr den Kriegsnotwendigkeiten einer engen Zusammenarbeit von Polizei und SS als den weiterreichenden konzeptionellen Intentionen, die in den Memoranden von Schellenberg/Heydrich formuliert worden waren. Angesichts des Krieges und des Einsatzes von Gestapoangehörigen hätten sich die Staatspolizeistellen – so Heydrichs Anordnung vom 31. August – auf die dringlichsten Aufgaben, insbesondere die Bekämpfung von Landes- und Hochverrat wie von Sabotage, zu konzentrieren.[1] Den bürokratischen Kompromißcharakter hat das RSHA in den fünfeinhalb Jahren seiner Existenz nicht verloren; weder gelang es, einen eigenen Reichshaushaltstitel für Sicherheitspolizei und SD einzurichten, der eine eigene Besoldungsordnung möglich gemacht hätte, noch eine einheitliche Ausbildung und Laufbahn, obwohl sich das RSHA noch während des Krieges anschickte, die normale verwaltungsjuristische Ausbildung sicherheitspolizeilich umzuformen.[2]

Das RSHA war aber auch deshalb eine Institution des Krieges, weil es im Krieg die Richtigkeit wie Effizienz seiner Konzeption unter Beweis stellen mußte. Außer der Wehrmacht gab es wohl keine Institutionen des NS-Regimes, die durch die bis 1942 rasant wachsenden Eroberungsräume so gefordert waren wie die Sicherheitspolizei und der SD, die die terroristische Besatzungsherrschaft in allen Gebieten außerhalb der Operationsräume der Wehrmacht zu sichern hatten. 1939 gab es 64 Stapostellen, von denen bereits elf außerhalb der alten Reichsgrenzen lagen. 1941 war die Zahl der Stapostellen im »Altreich« durch Zusammenlegungen auf 41 re-

---

1 Erlaß CSSD, gez. Heydrich, 31. 8. 1939, Betr. Entlastung der Geheimen Staatspolizei, BArch, R 58/239, Bl. 235 f.
2 Das zeigt zum Beispiel der Ausbildungsgang von Kuno Callsen, Ohlendorfs Adjutant im Amt III, der 1940 an der Führerschule der Sicherheitspolizei in Berlin-Charlottenburg den Lehrgang für den Leitenden Dienst begann, in diesem Rahmen Jura studierte, Sonderkommandoführer in der besetzten Sowjetunion war und 1943 sein Assessorexamen ablegte (BArch, BDC, SSO-Akte Kuno Callsen).

duziert worden, die Zahl der Stapostellen in den besetzten Gebieten (einschließlich Österreichs) hatte sich auf 26 mehr als verdoppelt.[3] Bis November 1944 reduzierte das RSHA die Zahl der Stapostellen im »Altreich« noch einmal auf 25, um die Dienststellen in den eroberten Gebieten besetzen zu können.[4] Gerhard Paul schätzt, daß sich drei Viertel aller Gestapoangehörigen 1944 im sogenannten sicherheitspolizeilichen Einsatz außerhalb der Reichsgrenzen befanden.[5]

Wenn es ein charakterisierendes Stichwort für das Reichssicherheitshauptamt während der Zeit seiner Existenz gibt, dann ist es das der Entgrenzung. Entgrenzung nicht nur als räumliche Ausdehnung der Herrschaftsgrenzen, sondern auch in bezug auf die Zahl der Opfer, die das RSHA terrorisierte, vertrieb, deportierte und ermordete; und nicht zuletzt Entgrenzung der Praxis, als Radikalisierung der Maßnahmen bis hin zum systematischen Völkermord, mit denen das RSHA seine Politik durchsetzte. Das RSHA als Institution agierte nicht bloß als Reichsbehörde, die Erlasse herausgab in der Erwartung auf bürokratisch gründliche und verläßliche Umsetzung, sondern es herrschte als mobile, flexible Organisation, deren Sitz zwar in Berlin war, deren Kraft und Macht sich jedoch in den besetzten Gebieten entfaltete. Das RSHA betrachtete den Krieg nicht als Zwang zur erhöhten Mobilisierung, sondern begriff ihn als ebenso notwendige wie willkommene Chance, die eigenen Ziele rasch, kompromißlos und unbedingt zu verwirklichen. Es erwies sich als eine politische Institution neuen Typs: überaus anpassungsfähig und in der Lage, sich zu vergrößern oder zu verkleinern, neue Abteilungen zu schaffen oder alte aufzulösen, Schwerpunkte zu verlagern oder neu zu bilden, ämterübergreifende Arbeitsgruppen zu initiieren und allen bürokratischen Abläufen zum Trotz das Projekt einer rassistischen Neuordnung Europas zu verfolgen.

---

3 Paul, Verwaltung, S. 67 f.
4 Lotfi, KZ der Gestapo, S. 178.
5 Paul, Verwaltung, S. 68.

Verwaltung (Ämter I und II)

Ende Dezember 1939 noch führte Werner Best in einer internen Anordnung, deren Briefkopf bereits das Reichssicherheitshauptamt als Absender trug, das Geheime Staatspolizeiamt und das Hauptamt Sicherheitspolizei als Verteiler auf und benutzte die bisherigen Referatsziffern statt der Amts- und Referatsbezeichnungen, wie sie der Geschäftsverteilungsplan vom Februar 1940 angab.[6] Eine Woche zuvor hatte es ein Rundschreiben Bests gegeben, in dem ausdrücklich die übrigen Amtschefs II, III, IV, V, VI angesprochen worden waren.[7] Daraus ist durchaus der Schluß zu ziehen, daß noch im Dezember 1939 zwar über den allgemeinen Aufbau des RSHA Einigkeit herrschte, aber dessen Feinstruktur, insbesondere die Verteilung und Organisation der Referate, noch nicht verbindlich feststand. Tatsächlich hatte Best erst am 12. Oktober die Amtschefs aufgefordert, nach den vorliegenden Vorarbeiten nun den endgültigen Geschäftsverteilungsplan zu entwerfen und dabei die formalen Kennzeichnungen: Ämter durch römische Ziffern, Gruppen durch große Buchstaben und Referate durch »deutsche Ziffern«, i. e. arabische Ziffern!, zu benennen.[8]

Daß mehrere Wochen nach der offiziellen Gründung des RSHA noch immer kein feingegliederter Organisationsplan existierte, scheint die Mei-

---

6 Anordnung RSHA, gez. Best, 22. 12. 1939, Betr. Heranziehung der höheren Beamten und Dienststellenleiter zum Ordnerdienst im Zivilen Luftschutz, BArch, R 58/246, Bl. 44–46.

7 Rundschreiben RSHA Amt I, Best, an die Amtschefs II, III, IV, V, VI, 16. 12. 1939, Betr. Dienstanweisung für die Inspekteure der Sicherheitspolizei und des SD, USHMM, RG 362, file 270, fol. 12.
Erst am 18. Dezember verschickte Best an die übrigen Amtschefs einen Entwurf für die Geschäftsverteilung des Amtes I zur Kenntnisnahme, drei Tage zuvor hatte Six eine Übersicht über die neue Referatsverteilung seines Amtes an die Adjutantur Heydrichs gesandt, nachdem es von dort am selben Tag offenbar eine Nachfrage gegeben hatte (RSHA Amt I, Best, an die Amtschefs II–VI, 18. 12. 1939, BArch, R 58 F, 362/270, Bl. 19; Amt II an Adjutantur C [Heydrich], 15. 12. 1939, BArch DH, ZR 535 A 4). Am 19. 12. 1939 folgte dann der Geschäftsverteilungsplan des Amtes VI SD-Ausland (RSHA VI H, Finke, an Amtschef II, Six, 19. 12. 1939, BArch, R 58 F, 362/42, Bl. 1).

8 RSHA Amt I, Best, an die Amtschefs II, III, IV, V, VI, 12. 10. 1939, BArch, R 58 F, 362/44, Bl. 3 f.

nung zu stützen, wie sie vor allem Johannes Tuchel vertritt, das RSHA sei nur der »administrative Mantel« beziehungsweise »eine organisatorische Klammer um eine über ganz Berlin verteilte Vielzahl von Organisationen und Behörden aus dem Verfolgungsapparat« gewesen.[9] Noch am 27. September hatte Himmler hervorgehoben, daß die Zusammenfassung der zentralen Ämter der Sicherheitspolizei und des SD deren Stellung in der Partei und in der Verwaltung nicht ändere,[10] und Heydrich am selben Tag festgelegt, daß die Bezeichnung »Reichssicherheitshauptamt« innerhalb von Gestapo, Kripo und SD benutzt, aber im Geschäftsverkehr mit allen außenstehenden Dienststellen und Personen nach wie vor der Briefkopf »Der Chef der Sicherheitspolizei und des SD« verwandt werden sollte, und die Ämter IV und V mit »Geheimes Staatspolizeiamt« beziehungsweise »Reichskriminalpolizeiamt« zu firmieren hätten.[11]

Aber schon im Dezember differenzierte Heydrich die Kennzeichnung der Ämter IV und V nach außen;[12] und die neu entworfene Organisations-

---

9 Tuchel, Gestapa und Reichssicherheitshauptamt, S. 84, 97.

10 Befehl Reichsführer SS und Chef der deutschen Polizei, S-V 1, Nr. 719/39, Betr. Zusammenfassung der zentralen Ämter der Sicherheitspolizei und des SD, 27. 9. 1939, BArch, R 58/240, Bl 1 f., gedruckt in: IMG, Bd. 38, S. 102–104 (361-L).

11 Anordnung CSSD, S V 1, Nr. 720/39, 27. 9. 1939, BArch, R 58/249, gedruckt in: IMG, Bd. 38, S. 105 f. (361-L).

12 CSSD, I V 1, Nr. 720 II/39, 14. 12. 1939, R 58/240, Bl. 24 f. Demnach durfte die Bezeichnung »Geheimes Staatspolizeiamt« nur bei Maßnahmen aufgrund der Reichstagsbrandverordnung vom 28. 2. 1933 Verwendung finden, bei Schutzhaftbefehlen, bei der Bearbeitung von Anzeigen und Gerichtsakten, bei Vorladungen und Leumundsauskünften. Die Bezeichnung »Reichskriminalpolizeiamt« sollte für sämtliche Vorgänge und Maßnahmen der Reichszentralen im Rahmen von Ermittlungs-, Strafverfahren usw., im Rahmen der Arbeiten des Kriminaltechnischen Instituts, bei der vorbeugenden Verbrechensbekämpfung, bei der Erstattung kriminalbiologischer Gutachten verwandt werden. Die Bezeichnungen »Der Chef der Sicherheitspolizei und des SD« oder »Reichsführer SS und Chef der Deutschen Polizei im Reichsministerium des Innern« sollten nur verwandt werden im Geschäftsverkehr mit über- und gleichgeordneten oder außenstehenden Behörden in generellen Angelegenheiten, bei Maßnahmen kriminalpolizeilicher Art von grundsätzlicher oder besonderer Bedeutung, bei Entscheidungen im Rahmen der vorbeugenden Verbrechensbekämpfung und in Beschwerde- wie Dienstaufsichtsangelegenheiten. In allen übrigen Fällen, so Heydrich, sei ausschließlich die Bezeichnung »Reichssicherheitshauptamt« zu verwenden.

struktur selbst zeigt, daß hier eine neue Institution entstand. Werner Best nutzte die Errichtung des RSHA, um die Verwaltungstruktur erneut zu verändern. Die erste grundlegende Umstrukturierung hatte mit Bests Eintritt in das Gestapa Anfang Januar 1935 stattgefunden.[13] In den ersten Monaten des Geheimen Staatspolizeiamtes kam man noch mit einem Amtmann, verantwortlich für Personalangelegenheiten und Aktenverwaltung, sowie einer Wirtschaftsstelle, die sich um alle Besoldungs-, Kassen- und Rechnungssachen kümmern sollte, aus.[14] Aber bereits unter Diels wurde die Verwaltung zu einer eigenen Abteilung mit drei Dezernaten erhoben.[15] Heydrich baute sie zur Hauptabteilung I aus mit zwei Unterabteilungen (Organisation, Personalangelegenheiten, materielles Recht der politischen Polizei auf der einen sowie Etat- und Wirtschaftsangelegenheiten auf der anderen Seite).[16] Best strukturierte erneut um und teilte seine Abteilung in neun Referate.[17] Diese Struktur blieb im wesentlichen bis 1939 erhalten, wobei teilweise die Referenten wechselten beziehungsweise einzelne Re-

---

13 Schon im Spätsommer 1934 hatte Best begonnen, sich in die Bereiche Verwaltung, Recht und Organisation einzuarbeiten, verbrachte die Hälfte der Woche in München, wo er bis Ende des Jahres SD-Führer der SD-Oberabschnitte Süd und Südwest blieb, die andere Hälfte in Berlin. Zum 1. Januar 1935 wechselte er dann endgültig ins Gestapa nach Berlin (Herbert, Best, S. 147).

14 Geschäftsverteilungsplan der Geheimen Staatspolizeiamts, 19. 6. 1933, BArch, R 58/840, Bl. 2–6.

15 Geschäftsverteilungsplan des Geheimen Staatspolizeiamts, 22. 1. 1934, ebenda, Bl. 7–23.

16 Geschäftsverteilungsplan des Geheimen Staatspolizeiamts, 25. 10. 1934, ebenda, Bl. 24–50.

17 I A Organisation und Geschäftsbetrieb der Zentralinstanz (SS-Untersturmführer Trinkl); I B Etatangelegenheiten der Geheimen Staatspolizei (Amtsrat Krause); I C Wirtschaftsangelegenheiten der Geheimen Staatspolizei und Etatangelegenheiten der Zentralinstanz (Polizeirat Kreklow); I D Organisation und Geschäftsbetrieb der Geheimen Staatspolizei außer der Zentralinstanz (Regierungsrat Dr. Klopfer); I E Beamtenrecht und Personalangelegenheiten der Beamten (Regierungsrat Dr. Klopfer); I F Reich-, Staats- und Verwaltungssachen (Gerichtsassessor Bertrams); I G Materielles Recht der Politischen Polizei (Regierungsrat Dr. Schaper); I H Beschlagnahme und Einziehung des Vermögens staatsfeindlicher Personen und Organisationen (St.A.R. Tesmer); I J Justitiariat. Erledigung von Sonderaufträgen (Gerichtsassessor Mylius) (Erlaß Heydrich, 25. 2. 1935, und Anlage: Geschäftsverteilungsplan der Abteilung I des Geheimen Staatspolizeiamtes, BArch, R 58/239, Bl. 72–82).

ferate ergänzt und gestrichen wurden.[18] Mit dem Hauptamt Sicherheitspolizei wurde im Juni 1936 eine neue Zentralinstanz geschaffen, die Geheime Staatspolizei und Kriminalpolizei zusammenführen sollte. Das Amt Verwaltung und Recht unter Best bildete in der thematischen Aufteilung der Referate (Haushalt und Besoldung, Personal, Ausbildung, aus dem Innenministerium übernommen: Paßwesen, und 1938 neu hinzugekommen: Technische Angelegenheiten) bereits eine Vorgliederung für das spätere Amt I des Reichssicherheitshauptamtes.

Mit Bildung des RSHA-Amtes I *Verwaltung und Recht* im Winter 1939/40 ordnete Best die Verwaltungsstruktur erneut um. Zum einen wurde die Zahl der Referate deutlich erweitert und zu Gruppen zusammengefaßt:

I A Recht mit 7 Referaten zu Gesetzgebung, Verwaltungsrecht, Justitiariat, Paßwesen

I B Organisation mit 4 Referaten

I C Personalien mit ebenfalls 4 Referaten

I D Dienststrafsachen mit 2 Referaten

I E Haushalt und Wirtschaft mit anfangs 4, später 11 Referaten

I F Erziehung mit 4 Referaten

I G Technische Angelegenheiten mit 5 Referaten.[19]

---

18 Im Oktober 1935 waren zwei neue Referate hinzugekommen: I K Besondere Organisationsangelegenheiten und I L Ausländische Politische Polizeien, beide unter Assessor Dr. Biederich (Geschäftsverteilungsplan des Geheimen Staatspolizeiamtes, 1. 10. 1935, BArch, R 58/840, Bl. 60–74), die im folgenden Geschäftsverteilungsplan vom Januar 1938 nicht mehr aufgeführt werden. Mittlerweile war das Referat I A, weiterhin unter Trinkl, um die Personalangelegenheiten der mittleren und unteren Beamten aufgestockt worden, während sich I E (unter Tesmer) nun ausschließlich um die höheren Beamten des Gestapa kümmerte. I B, unter dem neuen Referenten Siegert, war nunmehr allein für den Etat des Gestapa, nicht mehr der Gestapo insgesamt, zuständig. Mylius' Referat (Justitiariat und Disziplinarangelegenheiten) firmierte nun als I F; das bisherige Sachgebiet von I F war aufgeteilt worden. Als I J war ein Referat unter dem SS-Obersturmbannführer Dr. med. Rentel für Gesundheitswesen, aber auch lt. Geschäftsverteilungsplan für die »ärztliche Betreuung der im Gefängnis untergebrachten Gefangenen« gebildet worden (Geschäftsverteilungsplan des Geheimen Staatspolizeiamtes, 1. 1. 1938, BArch, R 58/840, Bl. 152–182). Diese Struktur weist auch der Geschäftsverteilungsplan vom Juli 1939 aus (Geschäftsverteilungsplan des Geheimen Staatspolizeiamtes, 1. 7. 1939, BArch, R 58/840, Bl. 189–204).

19 Geschäftsverteilungsplan des Reichssicherheitshauptamtes, 1. 2. 1940, BArch, R 58/840, Bl. 209–224.

Damit hatte sich die Zahl der Verwaltungsreferate von 9 (Gestapa) und 8 (Hauptamt Sicherheitspolizei) auf 40 Referats- und Gruppenleitungen im RSHA mehr als verdoppelt, obwohl einzuschränken ist, daß zu Beginn des Jahres 1940 noch nicht sämtliche Referate besetzt waren.[20] Dennoch ist die neue Gewichtung des Amtes I im RSHA unverkennbar.

Erstens: Das ehemalige Referat *Organisation und Recht* des Hauptamtes Sicherheitspolizei wurde geteilt und mit neuen Referenten deutlich erweitert.[21] Sowohl das Sachgebiet Recht (das unter der Leitung Zindels blieb) als auch Organisation (im Februar 1940 noch ohne Gruppenleiter) bildeten nun jeweils eine eigene Gruppe. Statt der bisherigen Gestapareferenten wie Trinkl und Bonatz erhielten neue Männer wie Neifeind, Bilfinger, Paeffgen oder Renken die Leitungen der Referate. Neifeind kam aus dem SD, Paeffgen und Renken hatten ihre Karriere im SD-Hauptamt begonnen und waren von dort ins Gestapa versetzt worden, Bilfinger hatte zuvor im Hauptamt Sicherheitspolizei Dienst getan. Unverkennbar spiegelt sich hier die Absicht Bests wie Heydrichs wider, der weiteren institutionellen Entwicklung des RSHA hohe Beachtung zukommen und den künftigen Aufbau einer nationalsozialistischen Polizei konzeptionell entwerfen zu lassen.

Zweitens: Personal- wie Haushaltsangelegenheiten wurden nun strikt nach Sicherheitspolizei (Gestapo und Kripo) und SD geteilt, wobei die Referenten für die SD-Angelegenheiten erwartungsgemäß aus dem SD-Hauptamt stammten.[22]

---

20 Die Gruppe I F Erziehung bestand erst einmal nur aus ihrem Gruppenleiter Willich, der auch nur vorübergehend diesen Posten innehatte und schon im September 1940 als IdS nach Danzig wechselte. Willich fungierte außerdem als Gruppenleiter I C (b) Personalien des SD (Geschäftsverteilungsplan des Reichssicherheitshauptamtes, 1. 2. 1940, ebenda.

21 Integriert wurden in die neue Gruppe Recht die Referate Paßwesen/Ausländerpolizei aus dem Hauptamt Sicherheitspolizei sowie Mylius' Sachgebiet Justitiariat (I F) aus dem Gestapa.

22 Die Leitung der Personalangelegenheiten der Sicherheitspolizei behielt Tesmer fürs erste, aber die Referenten waren neu (Hafke für Personalien der Gestapo war in Tesmers Referat V 3 im Hauptamt Sicherheitspolizei tätig; Kaphengst, Personalien der Kripo, kam von der Kripo München zum RSHA. Der langjährige Personalreferent für Kripo-Personalangelegenheiten im Hauptamt Sicherheitspolizei, Thiele, wechselte nicht ins RSHA).

Drittens: Disziplinarangelegenheiten, bislang ein Sachgebiet in Mylius' Referat I F im Gestapa, wurde nun zu einer eigenen Gruppe erhoben, ebenso wie der Bereich Erziehung – ein weiteres Indiz, daß das RSHA nicht eine Entwicklung abschließen sollte, sondern seine Gründung den Beginn des Aufbaus einer Führungsinstitution für eine nationalsozialistische Sicherheitspolizei darstellte.

Vom Führungspersonal des Gestapa aus der Zeit Rudolf Diels' blieben allein Arnold Kreklow und Arthur Nebe im neuen RSHA.[23] Gefragt waren jetzt jüngere Kräfte wie Dr. Rudolf Siegert. Der Sohn eines Landwirts, geboren 1899 in Satzung im Erzgebirge, hatte Anfang der zwanziger Jahre Rechts- und Staatswissenschaften in Leipzig und Berlin studiert, beide juristischen Staatsexamen mit der ausgezeichneten Note »gut« bestanden und war im Oktober 1926 mit »summa cum laude« zum Dr. jur. promoviert worden. Über verschiedene Amtshauptmannschaften kam Siegert in das sächsische Finanzministerium, von dort 1934 ins Reichsfinanzministerium. Zuvor, im November 1933, war er in die SA eingetreten, konnte allerdings erst nach der Mitgliedersperre mit Datum vom 1. Mai 1937 in die NSDAP aufgenommen werden. Seit 1939 war Siegert SS-Mitglied und wurde entsprechend seinem Rang als Ministerialrat gleich zum SS-Sturmbannführer ernannt. Im Oktober 1936 holte ihn Best aus dem Finanzministerium ins Gestapa und machte ihn zum Referenten für Etatangelegenheiten (I B). Zugleich übernahm Siegert von Hans Tesmer das Referat Haushalt (V 2) im Amt Verwaltung und Recht, geleitet von Best, im Hauptamt Sicherheitspolizei, der neuentstandenen Kopfbehörde von Gestapo und Kriminalpolizei. Im Reichssicherheitshauptamt erhielt er entsprechend die Leitung der Gruppe I E (a) *Haushalt und Wirtschaft der Sicherheitspolizei* in Bests Amt I.[24]

---

23 Allerdings gehörte Kreklow, der im September 1939 sechzig Jahre alt war, nicht mehr zur Führungsspitze des neugebildeten RSHA. Er blieb Referent für Wirtschaftssachen der Sicherheitspolizei. Erst als der Zenit des RSHA 1944 überschritten war und der Krieg auch die letzten personellen Reserven der Sicherheitspolizei beanspruchte, wurde er mit 65 Jahren, mittlerweile SS-Obersturmbannführer und Oberregierungsrat, Leiter der Gruppe II A Haushalt, Besoldung und Rechnungswesen (BArch, BDC, SSO-Akte Arnold Kreklow).

24 BArch, BDC, SSO- und RuSHA-Akte Rudolf Siegert; RMdI an Präsidialkanzlei, Vorschlag zur Ernennung Siegerts zum Ministerialrat, 15. 5. 1939; BArch DH,

Das Führungspersonal der Verwaltungsabteilung übernahm Best nahezu vollständig in das Reichssicherheitshauptamt.[25] Von den 31[26] im Geschäftsverteilungsplan des Amtes I vom Februar 1940 ausgewiesenen Referenten-und Gruppenleitern stammten 18, also mehr als die Hälfte, aus dem Personal des Geheimen Staatspolizeiamtes beziehungsweise des Hauptamtes Sicherheitspolizei. Zählt man Theodor Paeffgen und Walter Renken, die aus dem SD-Hauptamt kamen, mittlerweile jedoch im Gestapa beschäftigt waren, hinzu, so rekrutierte sich das Personal der Verwaltung des RSHA zu Anfang sogar zu zwei Dritteln aus dem Geheimen Staatspolizeiamt. Hans-Karl Kaphengst, verantwortlich für die Personalien der Kriminalpolizei, kam von der Kripo München, die restlichen zehn Führungsangehörigen stammten aus dem SD.

Angesichts Bests sonstigen Anstrengungen, junge Assessoren für den SD und die Gestapo zu gewinnen, war seine Verwaltungsabteilung recht ältlich. Zwei Drittel waren vor 1904 geboren, ein Drittel sogar vor 1900. Nur 17 Referenten hatten ein Jurastudium und eine klassische verwaltungsjuristische Ausbildung hinter sich. Kennzeichnenderweise waren es

ZR 555 A 6; Geschäftsverteilungsplan des Hauptamtes Sicherheitspolizei, 31.7. 1936, BArch, R 58/840, Bl. 77–107; Geschäftsverteilungsplan des Hauptamtes Sicherheitspolizei, 1.1.1938, ebenda, Bl. 121–151.

25 Allerdings mit deutlich unterschiedlichen Gewichtungen: Trinkl, im Gestapa noch Verwaltungsdirektor, war nun bloß Leiter des Hauptbüros, Bonatz, im Gestapa noch eigenständiger Referent für die Staatspolizeistellen im Reich, mußte unter Bilfinger als Hilfsreferent arbeiten, Kreklow blieb Referent für Wirtschaftsangelegenheiten ebenso wie Mylius, der auch im RSHA unter Best das Justitiariat betreute. Ebenfalls behielt Pommerening die Hauptregistratur, Karl Tent, der in der Gestapaverwaltungsabteilung die Hauptgeschäftsstelle geführt hatte, tat im RSHA anfangs unter Trinkl im Hauptbüro Dienst und wurde dann für kurze Zeit Personalreferent für die Gestapo. Die 1936 aus dem Innenministerium in das Hauptamt Sicherheitspolizei eingegliederte Paßabteilung unter Krause und Kröning wurde komplett in die neue Gruppe I A integriert. Dagegen stiegen Siegert und Tesmer zu Gruppenleitern auf, und für Verwaltungsbeamte aus der zweiten Reihe wie Bilfinger bot sich die Chance, in der neugebildeten Institution aufzurücken.

26 Von den insgesamt 42 Referaten und Gruppenleiterpositionen waren zu diesem Zeitpunkt neun nicht besetzt. Willich und Mylius hatten jeweils zwei Positionen inne (Geschäftsverteilungsplan des Reichssicherheitshauptamtes, 1.2.1940, BArch, R 58/840, Bl. 209–224).

SD-Angehörige, die keine verwaltungsjuristische Laufbahn aufwiesen. Bork, Braune, Brocke, Radtke, Willich stammten sämtlich aus dem SD-Hauptamt und hatten als Kaufleute, Redakteure, Klempner, Angestellte gearbeitet, bevor sie hauptamtlich beim SD eingestiegen waren.

Politisch betrachtet waren die Hälfte alte Parteigenossen, die vor 1933 in die NSDAP eingetreten waren. Dazu gehörten alle oben aufgeführten SD-Angehörigen, die ebenfalls auch schon vor 1933 SS-Mitglieder geworden waren. Die übrigen waren der NSDAP im Frühjahr 1933 beigetreten oder hatten später ihre Mitgliedschaft beantragt, um sie nach der Mitgliedersperre mit Datum vom 1. Mai 1937 zu erhalten, ebenso wie nahezu alle Führungsangehörigen des Verwaltungsamtes des RSHA Mitglied der SS gewesen sind. Allein die Beamten der Paßabteilung aus dem Innenministerium, die gewissermaßen geschlossen ins RSHA übernommen worden waren, haben ohne SS-Zugehörigkeit ihren Dienst im RSHA getan.[27]

Die erste einschneidende Zäsur bildete die Trennung von Werner Best, der nach der Auseinandersetzung mit Heydrich im Juni 1940 das RSHA verließ. Am 12. Juni 1940 informierte Heydrich sämtliche Dienststellen des RSHA, daß Best vom folgenden Tag an bis auf weiteres beurlaubt sei und vom derzeitigen Befehlshaber der Sicherheitspolizei und des SD in Krakau, dem SS-Brigadeführer und Regierungsdirektor Streckenbach, vertreten werde. Als persönlicher Referent sei diesem der SS-Hauptsturmführer und Regierungsassessor Mohr zugeteilt.[28] Bis Eberhard

---

27 Die Staatsanwälte, die Mitte der sechziger Jahre gegen die ehemaligen Angehörigen des RSHA ermittelten, sahen keinen Anlaß, gegen Kröning und Krause weiter vorzugehen. Das Referat II B 4, später IV B 4 b (Grundsatzfragen der Ausländerpolizei und Grenzsicherung), sei zu keiner Zeit mit der »Endlösung der Judenfrage« befaßt gewesen. Daß Kröning u. a. mit der Einweisung von jüdischen Häftlingen in das Konzentrationslager Bergen-Belsen befaßt gewesen war, erforderte keine strafrechtliche Verfolgung, da das »Judenlager« ein Austauschlager gewesen sei und Kröning bemüht gewesen sei, das Lager in einen solchen Zustand zu bringen, daß ein Austausch nicht gefährdet war. Für die katastrophalen Zustände in Bergen-Belsen zum Kriegsende sei das Referat unter Kröning nicht verantwortlich (GenSt-Anw KG Berlin, I Js 1/65, Einstellungsverfügung, 13. 12. 1966; vgl. dazu jetzt Wenck, Menschenhandel).

28 Rundschreiben Heydrich an RSHA (Verteiler C), 12. 6. 1940, BArch R 58/240, Bl. 61.

292

Schöngarth im Januar 1941 Streckenbachs Nachfolge antrat, führte dieser allerdings die Amtsgeschäfte des BdS in Krakau weiter und pendelte, wie sein Adjutant Heinrich Johann zum Broock aussagte, zwischen Berlin und Krakau hin und her.[29]

Bests Einfluß war nach seiner Niederlage in der Auseinandersetzung um die Konzeption des RSHA geschwunden. Zwar nahm er Anfang 1940 weiterhin an wichtigen Konferenzen innerhalb des RSHA teil und war auch in die Vorbereitungen für die Einsatzgruppen in Belgien, Frankreich und Norwegen involviert, aber die Zahl der von ihm herausgegebenen Erlasse und Anordnungen verringerte sich zusehends. Wahrscheinlich, so Ulrich Herbert, hatte Best sich schon im Winter 1939/40 zum Rückzug entschlossen und als Kriegsfreiwilliger zur Wehrmacht gemeldet.[30] Best selbst gab in einer Nachkriegsvernehmung an, daß er das RSHA Ende Mai 1940 verlassen habe.[31] Tatsächlich spricht einiges dafür, daß der Wechsel im Mai vollzogen wurde und zu diesem Zeitpunkt bereits die Teilung von Bests Amt geplant worden war.[32] Zum einen mag es institutionelle Gründe dafür gegeben haben, das Amt übersichtlicher zu gestalten. Andererseits werden aber auch Überlegungen eine Rolle gespielt haben, nach Best keinem Amtschef mehr eine solche institutionelle Machtfülle zukommen zu lassen. Damit entstand 1940/41 die eigentümliche Situation, daß das mächtige Amt von Werner Best zwar geteilt, aber die Teilung wiederum dem Bereich Verwaltung und Organisation nun mit zwei Ämtern im RSHA eine unangemessen starke Stellung zuwies.

---

29 Vernehmung zum Broock, 6. 11. 1963, StAnw Hamburg, 147 Js 31/67, Bd. 9, Bl. 1550–1560.

30 Herbert, Best, S. 248.

31 Zeugenvernehmung Werner Best, Öffentliche Sitzung des Schwurgerichts Darmstadt Ks 1/67, 2. 10. 1967, StAnw Hamburg, 147 Js 31/67, Bd. 31, Bl. 5830–5850. Best sagte übrigens in der Zeugenvernehmung aus, daß Heydrich mit dieser Lösung zufrieden gewesen sei und ihm gegenüber geäußert habe, Best immer als »Bremse« empfunden zu haben.

32 So gab Friedrich Suhr in einem handschriftlichen Lebenslauf vom Juli 1940, also wenige Wochen nach dem Weggang Bests, an, seit Ende Mai »zur Vertretung des Amtschefs II« ins RSHA abgeordnet worden zu sein (Handschriftlicher Lebenslauf Friedrich Suhr, 19. 7. 1940, BArch D-H, ZR 37).

Dr. Hans Nockemann, der designierte Chef des Amts II *Organisation und Recht*, der Ende Juni 1940 vom Amt als Befehlshaber der Sicherheitspolizei und des SD in den Niederlanden abberufen worden war und für kurze Zeit als IdS in Düsseldorf amtiert hatte, kam im September 1940 ins RSHA.[33] Offenkundig wurde er in den ersten Monaten in seine neue Funktion eingearbeitet und vertrat Streckenbach, der immer wieder nach Krakau fuhr.[34] Zur gleichen Zeit sind weitere Umstrukturierungen und Neubesetzungen zu beobachten, die allesamt die Teilung des einstigen Amtes I anzeigen. Helmut Willich, alter SD-Führer aus dem vordem von Best geführten SD-Oberabschnitt Süd, i. e. Bayern, der Anfang 1940 ins RSHA kommandiert worden war und als Gruppenleiter I F *Erziehung* sowie I C (b) *Personalien des SD* fungiert hatte, wurde im September von Heydrich als IdS nach Danzig befohlen, wo er bis Kriegsende blieb.[35] Tesmer, der den Bereich *Personalien der Sicherheitspolizei* geleitet hatte, wurde im Frühjahr 1940 zur Wehrmacht einberufen.[36] Herbert Edler von Daniels, ein bekannter NS-Sportfunktionär, wurde im Oktober

---

33 Ende August 1940 hatte sich Nockemann als IdS Düsseldorf noch zum Kolonialdienst gemeldet. Mit Datum vom 13. 9. jedoch hatte Kriminaldirektor Riese, Gruppenleiter im Amt V, der die Kolonialdienst-Lehrgänge für die Sicherheitspolizei organisierte, auf der Meldung von Willich handschriftlich notiert: »Infolge Einberufung zum RSHA nicht abkömmlich.« (RSHA I C b, gez. Willich, an Reichskriminalpolizeiamt, z. Hdn. Krim.Dir. Riese, 28. 8. 1940, BArch DH, ZR 05)

34 So unterzeichnete Nockemann die Anordnung zur Erweiterung der Gruppe Haushalt und Wirtschaft des SD (I E b) im Oktober 1940 auf nun insgesamt 11 Referate (Rundschreiben RSHA I B 1, gez. Nockemann, 1. 10. 1940, BArch, R 58/240, Bl. 82). Mitte November ordnete er ein internes Verfahren zur Devisenabstimmung bei Auslandsreisen von SD-Angehörigen an (Anordnung RSHA I E [a] 2, gez. Nockemann, 19. 11. 1940, BArch, R 58/869, Bl. 91).

35 Helmut Willich, Jahrgang 1895, war SD-Führer in Bayreuth und Würzburg sowie vor seinem Wechsel nach Berlin ins RSHA Stabsführer beim SD-Oberabschnitt Süd in München gewesen. Am 22. 9. 1940 setzte ihn Heydrich mit sofortiger Wirkung als IdS Danzig ein (Erlaß Heydrich, 22. 9. 1940, Sonderarchiv Moskau, 720-5-11012, Bl. 1; ZStL 203 AR-Z 182/59).

36 Die Leitung der Gruppe übernahm, bis Dr. Walter Blume im März 1941 kam, der Referent für die Gestapopersonalien (I C a 1) Kurt Hafke; zu Tesmer siehe den Biographischen Anhang.

1940 nach seinem Wehrdienst Leiter der Reichssportschule und führte zugleich die neugebildete Gruppe I C *Leibesübungen* im Reichssicherheitshauptamt.[37] Im Oktober 1940 wurde Walter Tempelhagen, der in Tesmers Personalreferat gearbeitet hatte, mit dem Aufbau einer Amtsgeschäftsstelle für das Amt II beauftragt.[38]

Auch das wichtige Gebiet Organisation, einer der zentralen Aufgabenbereiche des künftigen Amtes II, nahm schon im Herbst und Winter 1940 Gestalt an. Nachdem Karl Zindel, Gruppenleiter I A (a) *Recht*, Ende September 1940 zur Unterstützung Heydrichs als frisch gewählter Präsident der Internationalen Kriminalpolizeilichen Kommission (IKPK) aus dem Amt I ausschied,[39] wurden die noch vor Jahresfrist geteilten Bereiche Recht und Organisation wieder zusammengelegt: Aus I A (a) *Recht* und I B *Organisation* wurde nun II A *Organisation und Recht* ohne Gruppenleiter, aber de facto führte die Gruppe der Oberregierungsrat und SS-

---

37 BArch, BDC, SSO-Akte Herbert Edler von Daniels; Urteil Spruchgericht Bielefeld 3 Sp. Ls. Nr. 131/47, 14. 10. 1968, GenStAnw KG Berlin, RSHA-Ermittlungsunterlagen, Personalheft Pd 1.

38 Vernehmung Walter Tempelhagen, 11. 8. 1967, GenStAnw KG Berlin, RSHA-Ermittlungsunterlagen, Personalheft Pt 8.

39 Anordnung Heydrich, 20. 9. 1940; BArch, R 58/240, Bl. 79. Heydrich war im August Präsident der IKPK, einer Vorläuferorganisation von Interpol, geworden, da der bisherige Amtsinhaber, der Wiener Polizeipräsident und SS-Oberführer Otto Steinhäusl, im Juni gestorben war und Heydrich als der Vorgesetzte Steinhäusls sich unter Zustimmung der Kommissionsmitglieder als Nachfolger bestätigen ließ. Bereits auf dem Bukarester Kongreß der IKPK im Frühjahr 1938, an dem 33 Staaten, darunter Großbritannien, Frankreich, Schweden, Japan, die Schweiz und die USA, teilnahmen, war es Heydrich gelungen, die Mehrheit für seine Interpretation zu gewinnen, daß der Sitz der IKPK nicht ins Ausland verlegt werden, sondern in Wien bleiben solle, und daß die Präsidentschaft, die bislang beim österreichischen Staatssekretär Skubl lag, trotz des »Anschlusses« Österreichs auf den neuen, deutschen Polizeipräsidenten Wiens, Steinhäusl, überging (Deschner, Reinhard Heydrich, S. 120 f.). Da die IKPK infolge des Krieges an Bedeutung verlor, zog Zindel mehr und mehr die Verbindung zu den Polizeiattachés in verschiedenen deutschen Botschaften im Ausland an sich. Nachdem der bisherige Leiter der Attaché-Gruppe, der Adjutant und Vertraute Heydrichs, Dr. Achim Ploetz, Ende 1943 zur Waffen-SS eingezogen worden war, wurde Zindel von Kaltenbrunner mit dieser Funktion betraut (CSSD, I A 2 a, an Zindel, 6. 9. 1944, BArch, BDC, SSO-Akte Karl Zindel).

Sturmbannführer Rudolf Bilfinger, der ebenfalls als ein Mann Strecken-bachs gelten darf, war er doch von September bis Dezember 1940 als Leiter der Verwaltung zum BdS Krakau abgeordnet worden, um Strek-kenbach in dessen Doppelfunktion zu entlasten.[40] Die Trennung der bei-den Organisationsreferate SD und Sicherheitspolizei wurde nun aufgeho-ben. Der neue Referent für *Organisation der Sicherheitspolizei und des SD* (II A 1), Dr. Alfred Schweder, hatte bereits seit August 1940, als Bilfinger nach Krakau abgeordnet wurde, dessen Referat vertreten. Die einstmals neun Referate verringerten sich auf fünf, wobei von den bisherigen Refe-renten außer Bilfinger nur noch Neifeind und Renken übrigblieben.[41] Die gesamte technische Abteilung unter Rauff wurde in bisheriger Struktur und mit dem existierenden Leitungspersonal in das Amt II übernommen (nun als II D).

Die Haushalts- und Wirtschaftsreferate, Anfang 1940 nach Sicherheits-polizei und SD getrennt, behielten diese Teilung vorerst im Amt II (nun Gruppe II C a und b) bei, wenn auch die Zahl der Referate drastisch von vier auf acht verdoppelt wurde. Der 1892 geborene, einstmalige Verwal-tungschef des SD-Hauptamtes, SS-Oberführer Arthur Bork, der bei der Überführung der SD-Verwaltungsabteilung in das RSHA immerhin noch den Posten eines Gruppenleiters für den Haushalt des SD erhalten hatte, rückte mehr und mehr in den Hintergrund. Der Geschäftsverteilungsplan vom März 1941 erwähnte ihn schon nicht mehr, Anfang Juli 1941 wurde

---

40 Generalstaatsanwalt beim Kammergericht Berlin, 1 Js 12/65 (RSHA), Ermittlungs-vermerk, 10. 12. 1968; vgl. auch Schreiben BdS I HB, gez. Bilfinger, an den HSSPF, 22. 11. 1940, StAnw Hamburg, 147 Js 31/67, Bd. 17, Bl. 3018.

41 Der Referent für Organisation des SD, Theodor Paeffgen, war seit Juni 1940 beim Sipo/SD-Einsatzkommando in Metz/Lothringen. Die zwei Gesetzgebungsreferate (I A a 1 und 2) waren unter der Leitung Neifeinds wieder zusammengelegt worden (II A 2), Renken ging mit seinem Sachgebiet: Angelegenheiten des Abwehrbeauf-tragten des RMdI (I B 4) in das Amt II über (II A 4 Reichsverteidigungsangelegen-heiten). Heinz Richter, im Gestapa zuletzt Referent für materielles Recht (I G) und »Beschlagnahme und Einziehung volks- und staatsfeindlichen Vermögens« (I H), verwaltete diese Sachgebiete, erweitert um die Aberkennung der deutschen Staats-bürgerschaft, nun als Referent II A 5. Und Friedrich Suhr schließlich, der schon im Mai 1940 »zur Vertretung des Amtschefs II« ins RSHA abgeordnet worden war, löste dann Anfang März 1941 Mylius als Leiter der Justitiariats ab.

er aus dem RSHA entlassen, und Siegert übernahm auf Anordnung Nockemanns die Leitung der beiden Haushaltsabteilungen.[42]

Aber auch der Stern des aufstrebenden Rudolf Siegert, der nach der Abkommandierung Nockemanns im Juni 1941 mit der Führung des Amtes II beauftragt worden war,[43] sank schnell. Wahrscheinlich war er zu sehr Reichsfinanzbeamter geblieben, als daß er dem geforderten Profil eines »Trägers kämpfender Verwaltung« entsprochen hätte.[44] Zwar wurde er von Heydrich Anfang 1942 in der Begründung für die Verleihung des Kriegsverdienstkreuzes noch gelobt, aber in einem Aktenvermerk des Persönlichen Stabes Reichsführer SS aus dem August 1942 über RSHA-interne Personalmeinungen hieß es bereits, Siegert »sei ein Mann, der alles recht machen und niemanden dabei weh tun wolle«.[45] Und im September 1942 zog er sich endgültig den Zorn Himmlers zu, als er versuchte, eigenmächtig Verordnungen zur Frage jüdischen Vermögens auszugeben:

»Lieber Streckenbach! Unser lieber Siegert hat sich wieder einmal ganz gross ausgezeichnet. Er hat eine ganze Anzahl Verordnungen bezüglich der Judenvermögen mit ministerieller, gottähnlicher Vollkommenheit herausgegeben, zu denen er in keiner Weise befugt war und bei denen er es nicht der Mühe wert befunden hat, mich irgend-

---

42 Anordnung Nockemann, 16.6.1941, BArch, R 58/240, Bl. 121. Bork tat zunächst Dienst im Ersatzverpflegungsmagazin Potsdam, kam dann Anfang 1943 erst zum SS-Wirtschafts- und Verwaltungshauptamt, wenige Monate später, im Mai 1943, zum Rasse- und Siedlungshauptamt, nachdem er sich vergeblich bei Greifelt, Chef des SS-Hauptamtes Reichskommissar für die Festigung deutschen Volkstums, um die Zuweisung für einen Hof in Kärnten bemüht hatte. Die Funktion als Verwaltungsleiter im Rasse- und Siedlungshauptamt scheint Bork nicht erfüllt zu haben; seine Zeugnisse erwähnen Unfähigkeit und Alkoholismus. Anfang 1944 wurde er dann als stellvertretender Leiter der Verwaltung zum SS-Oberabschnitt Spree abkommandiert (BArch, BDC, SSO- und RuSHA-Akte Arthur Bork; GenStAnw KG Berlin, RSHA-Ermittlungsunterlagen, Personalheft Pb 112).
43 Erlaß Heydrich, 20.6.1941, BArch R 58/240, Bl. 124.
44 Nach der Aussage von Erwin Schulz soll Himmler Siegert als »sturen Beamten« bezeichnet haben (Interrogation Erwin Schulz, No. 1006-A, 4.4.1947, GenStAnw KG Berlin, RSHA-Ermittlungsunterlagen, Personalheft Psch 128).
45 CSSD, I A 1 b, Heydrich an Präsidialkanzlei, Vorschlagsliste Nr. 4 a für die Verleihung des Kriegsverdienstkreuzes II. Klasse mit Schwertern, 20.1.1942, BArch DH, ZR 759, A 14; Aktenvermerk Pers.Stab RFSS zu Aussagen der Beamten der Hausinspektion Prinz-Albrecht-Str. 8 über das Referat II C 4, August 1942, BArch, NS 19/2494.

wie zu fragen. Eröffnen Sie ihm noch einmal in eindeutiger Form, dass ich persönlich der Chef des Reichssicherheitshauptamtes bin und mir ministerielle Eigenmächtigkeiten ein für allemal verbitte.«[46]

Wenig später, Mitte Dezember, zeigte Himmler in einer internen Notiz an, daß er anläßlich des Dienstantritts Kaltenbrunners als Chef des RSHA den Verwaltungschef »in aller Ruhe und Freundlichkeit« austauschen wolle.[47] Ende Januar 1943 schied Siegert »aus organisatorischen Gründen« aus dem RSHA aus und kehrte ins Reichsfinanzministerium zurück.[48]

Der Nachfolger, so die Aufforderung Himmlers an den Chef des Wirtschafts- und Verwaltungshauptamtes, Pohl, sollte ein »besonders guter Mann [sein], der fähig ist, die Fragen der Verwaltungsvereinfachung und Zusammenlegung von SS und Polizei zu bearbeiten«.[49] Daß Pohl überhaupt den Nachfolger für das RSHA-Verwaltungsamt benennen sollte, ist kennzeichnend für den Bedeutungsverlust des Amtes. In einem RSHA-internen Rundschreiben vom 25. 1. 1943 kündigte Erwin Schulz als Amtschef I bereits schon die Auflösung des Amtes II an.[50] Ernannt wurde Kurt Prietzel, Jahrgang 1897, seit Anfang 1942 Chef der Amtsgruppe Verpflegungswirtschaft in Pohls SS-Wirtschafts- und Verwaltungshauptamt.[51] Unter Prietzels Führung wurde die einstmals bedeutsame Abteilung II A *Organisation und Recht* zum 10. April 1943 aufgelöst, die Sachgebiete aufgeteilt beziehungsweise ab August 1943 als I Org. dem Amt I unterstellt.[52] Rudolf Bilfinger, der die Gruppe II A kommissarisch geführt hatte, wurde

---

46 Himmler an Streckenbach, 22. 9. 1942, BArch, BDC, SSO-Akte Rudolf Siegert.
47 Notiz Himmlers an RSHA und Pohl, 19. 12. 1942, BArch, NS 19/2199.
48 Anläßlich seiner Entlassung aus der Sicherheitspolizei »in allen Ehren« wurde Siegert noch auf ausdrücklichen Wunsch Himmlers hin zum SS-Oberführer befördert (BArch, BDC, SSO-Akte Rudolf Siegert). Laut Geschäftsverteilungsplan des Reichsfinanzministeriums vom 10. 7. 1943 leitete Siegert dort das Referat Besoldungsrecht und Haushalte. Er starb am 24. 4. 1945 in seinem Haus in Berlin-Lichterfelde, offenbar von sowjetischen Soldaten niedergeschossen. Die Todesurkunde gab als Todesursache an: »Kopf- und Bauchverletzung (Schuß) durch Feindeinwirkung.« (Standesamt Berlin-Lichterfelde, Nr. 1657, 18. 10. 1949, StAnw Hamburg, 147 Js 31/67, Bd. 31, Bl. 5986)
49 Notiz Himmlers an RSHA und Pohl, 19. 12. 1942, a. a. O. (s. Anm. 47).
50 Rundschreiben RSHA II A 1, gez. Schulz, 25. 1. 1943, IfZ, MA 445, Bl. 6934.
51 BArch, BDC, SSO-Akte Kurt Prietzel; sowie BArch, BDC, HO 638c und 1304.
52 Runderlaß RSHA, II A 1, 9. 4. 1943, BArch, R 58/840, Bl. 254.

nach Frankreich abgeordnet und kommandierte ein Einsatzkommando in Toulouse;[53] Friedrich Suhr war bereits seit November 1942 zum BdS Kiew, Alfred Schweder im August 1942 als Verwaltungsleiter zum BdS Krakau kommandiert worden.[54] Heinz Richter wurde im Januar 1943 Führer des Einsatzkommandos 8 in der Einsatzgruppe B.[55] Die mit zehn Referaten bislang umfangreichste Gruppe II C Haushalt und Wirtschaft, die Siegert geleitet hatte, wurde ebenfalls im April 1943 auf vier Referate zurechtgestutzt,[56] die bisherige Gruppe II B Grundsatzfragen des Paß-wesens und der Ausländerpolizei unter Ministerialrat Krause als IV F dem Chef der Gestapo unterstellt.[57] Das ganze Amt II, nun unter der kenn-zeichnenden Firmierung *Haushalt und Wirtschaft*, besaß nach dieser rigo-rosen Umorganisation neben dem Hauptbüro nur noch drei Gruppen: II A Haushalt, Besoldung und Rechnungswesen unter Kreklow; II B Wirtschafts-, Justitiarangelegenheiten, Gefangenenwesen (Hausgefäng-nis) unter Bergmann und II C Technische Angelegenheiten unter Hafke.[58]

---

53 Fernsprechverzeichnis der Polizei- und SS-Dienststellen in Frankreich, hrsg. vom BdS im Bereich des Militärbefehlshabers Frankreich, Stand 1. 8. 1943, BArch, BDC, O. 457, Bl. 220.

54 BArch, BDC, SSO-Akte Friedrich Suhr; RMdI, Vorschlag zur Ernennung Schwe-ders zum Oberregierungsrat, 8. 4. 1944, BArch DH, ZR 112; GenStAnw KG Ber-lin, 1 Js 13/65 (RSHA), Vermerk vom 9. 12. 1970.

55 BArch, BDC, SSO-Akte Heinz Richter. Seine Sachgebiete: Feststellung der Volks- und Staatsfeindlichkeit, Einziehung volks- und staatsfeindlichen Vermögens, Aberkennung der deutschen Staatsbürgerschaft wurden Eichmanns Referat IV B 4 zugeschlagen. Walter Renken wechselte mit seinem Referat II A 4 Reichsverteidi-gungsangelegenheiten in die Gruppe IV E und wurde dort Referatsleiter IV E 1 All-gemeine Abwehrangelegenheiten. Kurt Neifeind ging mit seinem Referat Gesetz-gebung (bislang II A 2) ins Amt III (nun III A 5). Heinz Wanninger, bislang Refe-rent II A 1 Organisation der Sicherheitspolizei und des SD, übernahm nun I Org. im Amt I.

56 Die anfänglich getrennten Abteilungen: II C a Haushalt und Wirtschaft der Sicher-heitspolizei und II C b Haushalt und Wirtschaft des SD waren bereits ein Jahr zu-vor zusammengelegt worden (Erlaß RSHA I A 1, gez. Heydrich, 22. 4. 1942, BArch, R 58/240, Bl. 175).

57 Erlaß CSSD, I Org., gez. Kaltenbrunner, 26. 8. 1943, BArch DH, ZR 271.

58 Erlaß CSSD, I Org., gez. Kaltenbrunner, 26. 8. 1943, ebenda; Geschäfts-verteilungsplan des Reichssicherheitshauptamtes, 1. 10. 1943, BArch, R 58/840, Bl. 303–341, gedruckt in: IMG, Bd. 38, S. 60–85 (219-L).

Auch Prietzel blieb nicht lange Amtschef. Mit Verfügung vom 11. Mai 1944 wurde er vom SS-Personalhauptamt zum 1. Juni als SS-Wirtschafter beim HSSPF Norwegen eingesetzt.[59] Nachfolger Prietzels für das letzte Kriegsjahr wurde Josef Spacil, bis dahin SS-Wirtschafter beim HSSPF Rußland-Süd und von Himmler als einer der »allerbesten Männer« Pohls bezeichnet.[60] Dessen wichtigste Aufgabe, so Himmler, sei die »Erstellung des Ausweichquartiers des gesamten Reichssicherheitshauptamtes [...] einschliesslich der Erstellung von einigen absolut bombensicheren Bunkern, damit die unersetzlichen Karteien nicht mehr gefährdet sind«.[61]

Im Unterschied zum Amt I, das als Personalamt seine Wichtigkeit behielt, ist die Geschichte des Amtes II die eines Bedeutungsverlustes. Seine einstmalige konzeptionelle Relevanz, die es vor allem unter Werner Best besessen hatte, verlor es, da der Krieg jedwede administrative, haushaltsrechtliche Veränderung verhinderte oder zumindest bis auf die Nachkriegszeit verschob und der Kriegsverlauf selbst die Chance einer verwaltungsrechtlichen Neubestimmung des RSHA immer unwahrscheinlicher werden ließ. Daß die Leitung des Amtes auch in der Nachfolge von Werner Best mit Hans Nockemann noch einmal hochkarätig besetzt worden war, beweist, daß Heydrich auch nach dem Weggang Bests an einem konzeptionell starken Amt interessiert war. Junge, engagierte Referenten wie Bilfinger, Neifeind, Paeffgen oder Renken hatten 1940/41 nach der Teilung des ursprünglichen Verwaltungsamtes die Chance erhalten, Leitungsfunktionen zu übernehmen. Rudolf Siegert war offenkundig eine von Heydrich ebenso geschätzte Führungskraft wie Hans Nockemann, den er seit 1933 gefördert hatte. Die politisch konzeptionelle Kompetenz, die die Abteilung II A *Organisation und Recht* verkörperte, blieb für Heydrich unverzichtbar. Erst nach dessen Tod lenkte Himmler die Tätigkeit des Amtes in konventionelle Bahnen und besetzte die Leitung mit SS-Wirtschaftern. Während das Aufgabengebiet des Amtes II sich wieder auf

---

59 BArch, BDC, SSO-Akte Kurt Prietzel; so auch Vernehmung der Ehefrau, 7.9.1964, die ihren Mann zuletzt Ende April 1945 in Berlin gesehen haben will, GenStAnw KG Berlin, RSHA-Ermittlungsunterlagen, Personalheft Pp 64.
60 Himmler an Pohl, 3.3.1944, BArch DH, ZM 1469, A 5.
61 Himmler an Pohl, 12.4.1944, ebenda.

Haushalt und Besoldung reduzierte, war die Bedeutung des RSHA indessen auf die konzeptionellen Praktiker, auf Kriminalpolizei, Gestapo und SD übergegangen.

Kriminalpolizei (Amt V)

Der Fall Arthur Nebe

Das Amt V war weitgehend identisch mit dem Reichskriminalpolizeiamt, das 1937 aus dem preußischen Landeskriminalpolizeiamt hervorgegangen war und von Arthur Nebe geleitet wurde. Obwohl Nebe, der aus einfachen Verhältnissen stammte, es bis zum Chef der Kriminalpolizei des Deutschen Reiches gebracht hatte und als Amtschef des Reichssicherheitshauptamtes unmittelbar unter Heydrich Dienst tat, lavierte er stets zwischen Ehrgeiz, Opportunismus und Unsicherheit, als sei er sich seiner Position nie sicher gewesen. Seine persönliche Beteiligung an den Verbrechen des Regimes ist vielfach bewiesen. Unter seiner Leitung hat die Einsatzgruppe B in der Sowjetunion von Juni bis November 1941 mehr als 45 000 Menschen ermordet. Nebes Kontakte zum Widerstand gegen Hitler waren hingegen viel zu vorsichtig, distanziert, absichernd, um ihn zum Kreis der Widerständler zählen zu können. Selbst nachdem er am 24. Juli 1944 untergetaucht war, suchten Himmler, Kaltenbrunner und Müller noch tagelang die Gründe für sein Verschwinden eher in persönlichen Problemen Nebes, als daß sie ernsthaft eine Verbindung zu den Attentätern des 20. Juli ins Kalkül gezogen hätten.

Am 13. November 1894 in Berlin geboren und evangelisch getauft, gehörte Arthur Nebe zur Minderheit der älteren, vor 1900 geborenen Beamten des Reichssicherheitshauptamtes, sechs Jahre älter als Himmler und Heinrich Müller, zehn Jahre älter als Reinhard Heydrich, von seinen erheblich jüngeren Amtschefkollegen Six (1901), Ohlendorf (1907) und Schellenberg (1910) ganz zu schweigen. Arthur Nebe war der deutlich älteste unter den Amtschefs des RSHA – und er hatte als einziger von ihnen den Ersten Weltkrieg noch als Soldat erlebt. Am 7. August 1914 legte er das sogenannte Notabitur ab, fünf Tage zuvor hatte er sich schon als Kriegsfreiwilliger bei den Pionieren gemeldet, durchlief eine Offiziersausbildung und wurde im Februar 1916 Leutnant. Von 1915 bis zum Ende 1918 nahm er am Krieg teil, erlitt zweimal eine schwere Gasvergiftung und erhielt das EK I, weil er in der Marne-Offensive des Jahres 1918 einen Brückenkopf erkämpft hatte.[62] Die SS-Personalakte vermerkte später über seine Militärzeit als besondere Fähigkeit: »Sprengdienst«.[63]

Nebe blieb nach dem Krieg zunächst Soldat, gehörte als Adjutant zum Reichswehr-Pionierbataillon 37. Im März 1920 bat er um seinen Abschied, weil er, wie er es später formulierte, es mit seiner Auffassung als Soldat glaubte nicht vereinbaren zu können, »daß mir als Btl.Adjutanten ein sozialdemokratischer Funktionär zur Kontrolle beigegeben wurde«.[64] Schon als Soldat habe er sich den propagandistischen Aktivitäten gegen den Marxismus seines Bataillonskameraden, dem späteren Gauleiter und Reichsstatthalter von Braunschweig und Anhalt, Loeper, angeschlossen. Nebe begann, Medizin und Volkswirtschaft zu studieren, brach das Studium wegen finanzieller Schwierigkeiten aber schnell wieder ab und suchte sich einen neuen Beruf. Seine Bewerbung bei der Polizeiverwaltung Berlin hatte Erfolg, er bestand die Kriminalkommissaranwärter-Prüfung und wurde zum 1. April 1920 in die Polizei übernommen. Seine politischen Aktivitäten setzte er fort, gründete eine deutschnationale Jugendgruppe im Berliner Stadtteil Prenzlauer Berg und bildete 1923, wenn man seinen eigenen Aussagen Glauben schenkt, mit Polizeikollegen eine völkische Gruppe, die gegen Juden und Freimaurer innerhalb der Beamtenschaft zu Felde zog.[65] Bernd Wehner, Nebes Untergebener und nach dem Krieg Autor einer »Spiegel«-Serie über die Kriminalpolizei, kolportiert die Geschichte, daß Nebe, wenn er von Juden nach einem Dienstzimmer gefragt wurde, sie grundsätzlich erst einmal in die oberste Etage schickte: »Damit sie ihre Plattfüße mal in Bewegung bringen.«[66]

---

62 Handschriftlicher Lebenslauf, 4.9.1936, sowie SS-Stammrollenauszug Arthur Nebe, 4.9.1936, BArch, BDC, SSO-Akte Nebe; [Bernd Wehner], »Das Spiel ist aus – Arthur Nebe, Glanz und Elend der deutschen Kriminalpolizei«, 1. Folge, in: Der Spiegel, 29.9.1949, S.23; zu Nebe siehe außerdem die zahlreichen Hinweise bei Wagner, Volksgemeinschaft; jetzt auch die biographische Skizze von Black, Arthur Nebe.

63 SS-Stammrollenauszug Arthur Nebe, 4.9.1936, a.a.O. (s. Anm. 62).

64 Handschriftlicher Lebenslauf, 4.9.1936, a.a.O. (s. Anm. 62).

65 Ebenda.

66 Wehner, »Spiel«, 2. Folge, in: Der Spiegel, 13.10.1949, S.29.

Und über seinen Vorgesetzten, den aus jüdischem Elternhaus stammenden Polizeivizepräsidenten Bernhard Weiß, den Goebbels öffentlich stets als »Isidor« verunglimpfte, ließ er sich geringschätzig aus, obwohl es Weiß war, der Nebe beruflich förderte und über ihn noch 1931 urteilte, daß er »Hervorragendes« leiste.[67]

Arthur Nebe, Chef des RSHA-Amtes V Kriminalpolizei
(ullstein bild)

Nebe leitete, nachdem er 1923 im zweiten Anlauf die Kommissar-Prüfung geschafft hatte, zunächst das Rauschgiftdezernat der Berliner Kriminalpolizei und setzte nebenher sein Studium der Medizin und Volkswirtschaft fort. Der Historiker Patrick Wagner hebt den sachlichen Ton von Nebes Berichten aus den Jahren 1926/ 27 hervor. Seine in den »Kriminalistischen Monatsheften« publizierten Aufsätze zeigten sogar ein ausgeprägtes Mitleid mit den Suchtkranken, wenngleich Nebe die »zwangsweise Heilung der Süchtigen« forderte, denn »Rücksicht auf den einzelnen« könne »nicht ausschlaggebend« sein, »wo die Gesundheit unseres Volkes auf dem Spiel steht«.[68] Wagner bezeichnet Nebe daher als einen »Prototyp des engagierten NS-Kriminalisten«, dem es um »eine moderne, (für die Betroffenen nicht minder unmenschliche) kriminalistische Gesellschaftspolitik [ging], die auf den

---

67 Noch nach dem Krieg bezeichnete Weiß, der 1951 in London starb, Nebe als »seinen erklärten Liebling«, dem er »von Herzen beide Daumen gedrückt« habe, als er von Nebes Flucht 1944 erfuhr (Wehner, »Spiel«, 2. Folge, in: Der Spiegel, 13. 10. 1949, S. 29; Wagner, Volksgemeinschaft, S. 183). Zur denunziatorischen, antisemitischen Politik Goebbels' vgl. Bering, Kampf um Namen; sowie Angress, Bernhard Weiß.

68 Arthur Nebe, »Kriminalpolizei und Rauschgifte«, in: Kriminalistische Monatshefte, 1929, zitiert nach Wagner, Volksgemeinschaft, S. 184.

scheinbaren Gewißheiten der biologistischen Strömungen innerhalb der zeitgenössischen Humanwissenschaften fußte«.[69]

Arthur Nebe entschloß sich, wie er selbst im September 1936 schrieb, »trotz meiner Eigenschaft als Polizeibeamter« – als preußischer Beamter war ihm die Mitgliedschaft in der KPD wie NSDAP formell untersagt –, im Juni 1931 Förderndes Mitglied der SS zu werden. Zwei Wochen später trat er der der NSDAP, Anfang November desselben Jahres der SA bei.[70] Im Frühjahr 1932 gründete er mit anderen Kriminalbeamten die Fachschaft Kriminalpolizei innerhalb der Nationalsozialistischen Beamten-Arbeitsgemeinschaft, die bald starke Zustimmung erhielt. Bei den Wahlen für die Vertreter der höheren Kriminalbeamten im Beamtenausschuß des Berliner Polizeipräsidiums im Dezember 1932 setzten sich für alle sieben Plätze die NS-Kandidaten durch, darunter auch Arthur Nebe.[71] Zugleich fungierte Nebe nach eigenem Bekunden als Verbindungsmann zur SS-Gruppe Ost unter Kurt Daluege, der zugleich Polizeisachverständiger der

---

69 Ebenda, S. 184. Nebes späterer Vertrauter Hans Bernd Gisevius sieht dessen Engagement für den Nationalsozialismus erwartungsgemäß harmloser. Gisevius zufolge war Nebe nicht aus ideologischen Gründen zur NS-Bewegung gestoßen, sondern auch er sei vom »Sturmwind der sozialen Erschütterung« gepackt und mitgerissen worden. Über Weltanschauung, Arierparagraphen und Lebensraum habe Nebe gelächelt, aber die Parole »Preußentum und Sozialismus« sei nach seinem Herzen gewesen. Angesichts der empfundenen Hilflosigkeit der Kriminalpolizei in ihrem Kampf gegen das organisierte Verbrechen und der nicht abreißenden Korruptionsskandale habe Nebe Disziplin, Sauberkeit und Erneuerung der Kripo für dringend erforderlich gehalten (Gisevius, Nebe, S. 118 f.).

70 Reguläres Mitglied der SS wurde Nebe erst am 2. 12. 1936 und sogleich zum SS-Sturmbannführer befördert (BArch, BDC, SSO-Akte Nebe).

71 Wagner, Volksgemeinschaft, S. 180. Hans Mommsen weist darauf hin, daß es der NSDAP seit 1930 vor allem in Preußen gelungen war, trotz des Verbots für Beamte, der NSDAP oder KPD anzugehören, innerhalb der Beamtenschaft eine beachtliche Resonanz zu finden und im Deutschen Beamtenbund einen starken Einfluß zu gewinnen (Mommsen, Beamtentum, S. 27 f.). Das Verbot der preußischen Regierung vom 25. 7. 1930, wonach die Mitgliedschaft in KPD und NSDAP als Dienstvergehen angesehen wurde, war allerdings durch die kommissarische Regierung Preußens am 27. 7. 1932 für die NSDAP sowieso wieder aufgehoben worden (Huber, Deutsche Verfassungsgeschichte, Bd. 6, S. 522 Anm. 61. Ernst Rudolf Huber, dem hier Gelegenheit gegeben wurde, ein renommiertes Lehrwerk zur Verfassungsgeschichte zu publizieren, gehörte selbst zu den führenden Staatsrechtlern des NS-Staates).

nationalsozialistischen Landtagsfraktion war. Ihm hinterbrachte Nebe Interna aus dem Berliner Polizeipräsidium, die Daluege für seine Attacken gegen die republikanische Polizei verwendete.[72]

Daluege, der im Februar 1933 von Göring als Kommissar z. b. V. in das preußische Innenministerium berufen wurde und dort als Leiter der Polizeiabteilung eine Schlüsselstellung bei den personellen Säuberungen innehatte, war es auch, der Nebe erst zu sich ins Ministerium holte, zum 1. April 1933 zum Kriminalrat ernannte und in das neugeschaffene Geheime Staatspolizeiamt versetzte. Dort leitete Nebe die sogenannte Bewegungsabteilung III, das heißt die staatspolizeiliche Exekutivabteilung, die die Verhaftungen vornahm. Schon Ende August wurde er zum Regierungs- und Kriminalrat, Ende November 1933 zum Oberregierungs- und Kriminalrat befördert – ein rasanter Aufstieg, wenn man den »Beförderungsstau« in der Kriminalpolizei vor 1933 bedenkt. 1934 berief ihn Daluege wieder in das preußische Innenministerium zurück und übertrug ihm zum 1. Mai die Führungsgeschäfte des preußischen Landeskriminalpolizeiamtes. Mit Erlaß über die »Neuordnung der staatlichen Kriminalpolizei« vom 20. September 1936 beauftragte Himmler das preußische Landeskriminalpolizeiamt mit der fachlichen Leitung der Kriminalpolizei aller deutschen Länder: Arthur Nebe war Chef der deutschen Kriminalpolizei geworden. Im Juli 1937 wurde das preußische Landespolizeikriminalamt auch offiziell in das Reichskriminalpolizeiamt verwandelt, Nebe, im Sommer 1937 42 Jahre alt, hatte den Gipfel seiner Karriere erreicht.

Zweifellos war Nebe durch sein frühes Engagement für die Nationalsozialisten ausgewiesen, eine leitende Funktion im neuen Polizeiapparat zu übernehmen. Aber er hatte auch auf die erfolgreiche Fraktion von Himmler und Heydrich im Machtkampf um die Führung der politischen Polizei gesetzt. Gegenüber Rudolf Diels, der als Schützling Görings nur kurze Zeit Leiter der preußischen Gestapo war, bestand eine offenkundige Abneigung – so jedenfalls Hans Bernd Gisevius, auf dessen Berichte wir ausschließlich angewiesen sind, wenn es um Nebe in diesen frühen Jahren des NS-Regimes geht. Gisevius, Jahrgang 1904, Jurist, Deutschnationaler, seit

---

72 Handschriftlicher Lebenslauf, 4. 9. 1936, a. a. O. (s. Anm. 62); Graf, Politische Polizei, S. 97.

Februar 1933 Mitglied der NSDAP, hatte sich Anfang August 1933 freiwillig bei der politischen Polizei in Berlin beworben, um, wie er in seinen Erinnerungen schreibt, die ungesetzlichen Zustände bei der Gestapo zu bekämpfen.[73] Gisevius kam in Nebes Abteilung, und zwischen beiden entwickelte sich bald ein Vertrauensverhältnis.[74] Beide, so Gisevius, waren von dem brutalen und willkürlichen Treiben der SA-Leute gegen die politischen Gegner entrüstet und machten vor allem den damaligen Leiter des preußischen Geheimen Staatspolizeiamtes, Rudolf Diels, für diese Zustände verantwortlich. Nebe soll ihn sogar für einen verkappten Kommunisten gehalten haben, der den neuen nationalen Staat kompromittieren wolle.[75] Anfang November wurde Diels tatsächlich von Göring aus seiner

---

73 Gisevius, Ende, 1982, S. 26. Eine ausführliche Schilderung der Zustände im Geheimen Staatspolizeiamt 1933 aus der Sicht Gisevius' in der 1946 erschienenen Erstausgabe: Gisevius, Ende, Bd. I, S. 57–94.

74 Selbstverständlich sind Gisevius' Aussagen mit äußerster Vorsicht zu behandeln, da ihr Sinn, sich selbst und Nebe als frühe Kritiker des ungesetzlichen Treibens der nationalsozialistischen Führungsspitze auszuweisen, offenkundig ist. Gisevius kam Ende November 1933, nach der vorläufigen Rückkehr von Rudolf Diels an die Spitze des Geheimen Staatspolizeiamtes, in die Polizeiabteilung Dalueges im preußischen Innenministerium, folgte Nebe für kurze Zeit in das Reichskriminalpolizeiamt und wechselte schließlich aus dem Staatsdienst in die Privatwirtschaft. Heydrich selbst, als er erfuhr, daß Gisevius im Rahmen der polizeilichen Vorbereitung der Olympiade beim Berliner Polizeipräsidenten Helldorff eine Aufgabe übernehmen sollte, sorgte für die Abberufung Gisevius', da er, so Heydrich, »stets der Geheimen Staatspolizei alle erdenklichen Schwierigkeiten bereitet hat, sodaß das Verhältnis zwischen ihm und uns höchst unerfreulich war« (Heydrich an Helldorff, 17.2.1936, IfZ, ED 82). Im Krieg wurde Gisevius zur Abwehr eingezogen, nachdem in den Jahren zuvor bereits Verbindungen zum Widerstandskreis um Hans Oster bestanden hatten. Als Vizekonsul in Zürich knüpfte er Kontakte zu dem Vertreter der US-Geheimdienste in der Schweiz, Allan Dulles, und überbrachte Botschaften von Beck und Goerdeler. An den Vorbereitungen zum Attentat auf Hitler beteiligt, befand sich Gisevius am 20. Juli 1944 im Bendlerblock, konnte jedoch fliehen und setzte sich in die Schweiz ab. Im Nürnberger Prozeß sagte er als Zeuge gegen Göring aus. Gisevius starb 1974 in Mühlheim/Baden.

75 Gisevius, Nebe, S. 128–131. Entsprechend charakterisierte Diels Nebe als den »einzigen Nationalsozialisten der politischen Polizei jener Zeit«, dessen »subalternem Wesen das ganze Spiel unterwürfiger Gesten zur Verfügung stand«, und nannte Gisevius und Nebe als Haupttreiber des Komplotts gegen ihn, die als Vorkämpfer

Funktion entlassen sowie eine Kommission zur Reorganisation des Gestapa eingesetzt, der auch Gisevius und Nebe angehört haben wollen. Allerdings war Diels' Nachfolger, der Altonaer Polizeipräsident Paul Hinkler, offenkundig so unfähig, daß das Intermezzo keine dreißig Tage dauerte und Diels am 29. November von Göring wieder zurückgeholt wurde. »Noch heute sehe ich«, schreibt Gisevius, »Nebe in seinem Sessel zusammensinken, als er mir, fassungslos aus dem Ministerium zurückkehrend, die Hiobsbotschaft anvertraute.«[76]

Nur – Hans Bernd Gisevius ist der einzige Zeuge dieser Geschichte. Christoph Graf sieht die Hintergründe für die kurzzeitige Abberufung denn auch eher in einem Machtintrigenspiel zwischen Göring, Frick und Himmler um die politische Polizei als in einer Auseinandersetzung um das gewalttätige und brutale Vorgehen der SA.[77] Gisevius wechselte unmittelbar nach der Rückkehr Diels' aus dem Gestapa in die Polizeiabteilung des preußischen Innenministeriums, und es dauerte nur wenige Wochen, bis auch Arthur Nebe das Geheime Staatspolizeiamt für kurze Zeit verließ und in Dalueges Abteilung versetzt wurde, um dort eine reichseinheitliche Kriminalpolizei aufzubauen.

In dieser undurchsichtigen Auseinandersetzung innerhalb der NS-Führung um die Rolle und Führung der politischen Polizei lavierte Nebe zwischen den Machtgruppen. Als Mann Dalueges – noch in seinem handschriftlichen Lebenslauf vom September 1936 hob Nebe hervor, daß sein Wechsel ins Innenministerium und seine Ernennung zum Chef des preußischen Landeskriminalpolizeiamtes auf Weisung Dalueges erfolgt seien – gehörte Nebe institutionell zur Fraktion um Innenminister Frick. Zugleich unterhielt Nebe Kontakte zu Fricks Rivalen Heydrich und Himmler und ließ ihnen Informationen zukommen. Gisevius spricht sogar von einem ausführlichen Schriftstück über die Gestapo, in dem er und Nebe sich nicht gescheut hätten, »neben der Darstellung von aller-

---

Himmlers die Anschuldigung, er sei Kommunist, bei Göring kolportiert hätten (Diels, Lucifer, S. 78, 243–249).

76 Gisevius, Ende, 1982, S. 33.

77 Graf, Politische Polizei, S. 140–145. Die im Moskauer Sonderarchiv liegende Personalakte des Reichsinnenministeriums zu Rudolf Diels gibt zu diesen Vorgängen keinen Aufschluß (Sonderarchiv Moskau, Fonds Reichsinnenministerium 720-5-1459-66).

hand Erpressungen, Quälereien und Morden unser Wissen über den Reichstagsbrand anzudeuten«.[78] Nebe versorgte demnach die SS-Führung im Vorfeld der Mordaktion vom 30. Juni mit nützlichen Informationen, die die Willkür und Unbotmäßigkeit der SA dokumentieren konnten.

Den Tag der Massenexekutionen nicht nur von SA-Führern, sondern auch von rechtskonservativen Opponenten und jüdischen Gegnern der Nationalsozialisten erlebte Nebe an der Seite Görings. Am 29. Juni wurde er zu Göring befohlen, um dessen Begleitschutz zu übernehmen. Die Nacht verbrachte er in Görings Residenz und erlebte so die Mordaktion in der Befehlszentrale selbst mit.[79] Möglicherweise hinterließ diese blutige Säuberung erste Risse in Nebes Bild von der »nationalen Revolution« angesichts der mörderischen Kaltblütigkeit, mit der sich Hitler, Göring und Himmler selbst enger Kampfgenossen entledigten und sich nicht scheuten, die Aktion zu benutzen, um alte Rechnungen zu begleichen und potentielle Oppositionelle wie den ehemaligen Reichskanzler General von Schleicher, den Rechtsintellektuellen Edgar Jung oder den innerparteilichen Gegner Gregor Strasser erschießen zu lassen. Gerade Strassers Ermordung hat Nebe, so Gisevius, aufgebracht, weil er diesem einstmals führenden Nationalsozialisten und dessen Forderung nach einem »Deutschen Sozialismus« besondere Sympathie entgegengebracht habe. Am Abend des 1. Juli sprachen Nebe und Gisevius noch einmal über die Eindrücke der letzten Stunden.

»Wir versuchen, das Fazit beider Tage zu ziehen. Mittlerweile sind wir ja nicht mehr auf Vermutungen angewiesen. Wir kennen die meisten ›Fälle‹. Wir haben gehört, dieser ist tot, und jener lebt: wir wissen die gräßlichen Einzelheiten mancher Ermordungen. Vor allem haben wir die Akteure dieses scheußlichen Schaustückes gesehen, und das gibt den Ausschlag. Ich kann heute nicht mehr sagen, was wir im einzelnen sprachen. Nur ein einziger Satz klingt mir noch in den Ohren, denn um ihn kreiste unser Gespräch: ›Dieses Blut wird über sie kommen.‹«[80]

Der Wahrheitsgehalt dieser Geschichte muß unbestätigt bleiben. Wer als Organisator der Morde an der Aktion beteiligt war, wie Nebes späterer

---

78 Gisevius, Ende, 1982, S. 38.
79 Ebenda, S. 71.
80 Gisevius, Ende, 1982, S. 97; ders., Ende, 1946, Bd. I, S. 266.

Amtschefkollege Werner Best, mag wie dieser von der notwendigen Abwehr eines drohenden Staatsstreiches und der Unvermeidlichkeit, den Machtanspruch der plebejischen SA zurückzuweisen, überzeugt gewesen sein.[81] Andere, nicht eingeweihte SS-Führer wie Kurt Daluege waren offenkundig höchst verunsichert und sicher nicht ohne Angst, ob nicht auch sie auf den Mordlisten stehen könnten. Arthur Nebe, der seinerseits weder exponiert noch bedeutend genug war, um befürchten zu müssen, Opfer der Säuberung zu werden, konnte die Aktion aus unmittelbarer Nähe verfolgen und begreifen, was sie war: eine blutige Entmachtung der SA und die Liquidierung der rechtskonservativen, potentiellen Opposition. Damit war Nebe ein näherer Blick auf die Ereignisse des 30. Juni möglich als vielen anderen, die wie zum Beispiel Claus Graf von Stauffenberg die Morde mit dem Platzen einer Eiterbeule verglichen, durch das endlich klare Verhältnisse geschaffen worden seien, und allen Ernstes glaubten, die Wehrmacht und die alten Eliten seien die Gewinner des Tages gewesen.[82] Für jemanden wie Nebe, der seine Position dem erfolgreichen Lavieren zwischen den Machtgruppen verdankte, waren die Ereignisse des 30. Juni 1934 eine stete Mahnung zur Vorsicht und zur Anpassung. Ebenso enthielten sie die Lehre, daß in einem politischen System, in dem der eine Teil der Machtelite den anderen ermorden ließ, die Gewinner von heute die möglichen Opfer von morgen sein konnten.

Die Erfahrung der Mordaktion im Juni 1934 darf für die nationalsozialistischen Führungsgruppe nicht unterschätzt werden. Das gängige Argument, Stalinismus und Nationalsozialismus unterschieden sich unter anderem darin, daß im Unterschied zu Nazideutschland die führenden Funktionäre in der Sowjetunion vor allem in den dreißiger Jahren von ständigen mörderischen Säuberungen bedroht waren, gilt im Grunde nur in der Retrospektive. NS-Funktionäre wie Nebe, Daluege und andere konnten sich keineswegs sicher sein, daß sich der 30. Juni nicht wiederholte. Für sie blieb, auch wenn eine derartige Säuberung innerhalb der NS-Spitze tatsächlich nicht erneut geschah, die erlebte Bedrohung durchaus auch in den kommenden Jahren existent.

---

81 Vgl. Herbert, Best, S. 143–147.
82 Zeller, Stauffenberg, S. 31.

An keiner Stelle indes, folgt man den Berichten selbst eines so vorein-
genommenen Beobachters wie Gisevius, äußerte Nebe inhaltliche Kritik
an der Politik der NS-Führung; daß er Antisemit war, steht außer Zweifel.
Nebes Berührungen mit Kreisen, die der Politik vor allem der SS kritisch
gegenüberstanden, beruhten eher auf institutioneller Rivalität zur Gestapo, der mächtigen Konkurrenz der Kriminalpolizei. Nebes Verhältnis
zum Chef der Gestapo, Heinrich Müller, war seit jeher gespannt, und
seine subalterne Angst vor Heydrich bildete nur zu deutlich die Grundlage für den Wunsch, eben von diesem befreit zu werden. Diese Haltung
erinnert an die seines Mitkämpfers Graf Wolf-Heinrich von Helldorff,
Polizeipräsident von Berlin, altes SA- und NSDAP-Mitglied und ein
ebenso in der Wolle gefärbter Antisemit.[83] Helldorff lavierte gleichermaßen, besaß seit 1937/38 Kontakte zu Gisevius, Oster und Beck, lieferte Informationen, aber sorgte sich ebenso wie Nebe, ob das Schiff tatsächlich
sank, auf dem es sich sehr gut lebte und dessen Kapitän Macht, Einfluß
und Pfründe verschaffte. Als es am 20. Juli 1944 auf ihrer beider Unterstützung angekommen wäre, entschlossen sich weder Nebe noch Helldorff
zugunsten des Staatsstreichversuchs einzugreifen – was jedoch beide nicht
vor dem Galgen rettete.

Soziogramm einer Kriminalelite

Arthur Nebes Werdegang steht gewissermaßen exemplarisch für die Karrieren der leitenden Beamten seines Amtes. Die führenden Angehörigen
des Reichskriminalpolizeiamtes (RSHA Amt V) unterschieden sich in cha-
rakteristischer Weise vom übrigen Führungspersonal des Reichssicherheitshauptamtes. Zwar entstammten auch sie überwiegend dem oberen
Mittelstand. Ihre Väter waren in der Regel Beamte des mittleren und höheren Dienstes, nahezu alle hatten ein Gymnasium besucht und das Abitur bestanden. Auch lag der Anteil derjenigen, die ein Studium absolviert
hatten – überwiegend Rechtswissenschaften beziehungsweise Chemie/
Biologie bei den Referenten des Kriminaltechnischen Instituts (KTI) – mit
80 Prozent ähnlich hoch wie bei den übrigen Ämtern des RSHA. Einen
Doktorgrad hatten zehn, das heißt über die Hälfte der Akademiker, er-

---

83 Vgl. Harrison, »Alter Kämpfer«.

worben.[84] Aber die leitenden Beamten des Amtes V waren wie ihr Chef Arthur Nebe in der Regel deutlich älter als das übrige Führungspersonal im RSHA. Zehn (42 Prozent) waren vor 1900 geboren; elf (46 Prozent) zwischen 1900 und 1910 und nur drei, nämlich Nebes Adjutant Engelmann und zwei Referenten des KTI, waren noch jünger. Zwei Drittel von ihnen hatten ihre Karriere in der Kriminalpolizei bereits in der Weimarer Republik begonnen. Diejenigen, die nach 1933 zur Kriminalpolizei stießen, gehörten den Jahrgängen 1905 und später an, das heißt, es lag allein an ihrer dem Alter entsprechenden Berufsausbildung, daß sie nicht früher Kripobeamte werden konnten.

Zu den frühen Parteimitgliedern zählten nicht viele: Amend, Werner, Nebe. Die übrigen traten entweder im Frühjahr 1933 der NSDAP und SA bei oder wurden nach der Aufnahmesperre zum 1. Mai 1937 Parteimitglied. Auffallend ist, daß sich im Amt V mehr als in den übrigen Ämtern Referenten finden, die erst Anfang der vierziger Jahre, also recht spät und nach der ansonsten üblichen Austrittswelle 1937/38, aus der, zumeist evangelischen, Kirche austraten. Das alles könnte darauf hindeuten, daß unter den altgedienten Kriminalkommissaren die herkömmlichen Bindungen länger hielten und sich erst im Laufe des Krieges lösten – was keineswegs bedeutet, daß die leitenden Beamten des Amtes V geringere Täter gewesen wären. Dr. Karl Baum, promovierter Volkswirt und seit 1926 bei der Kriminalpolizei als Experte für Daktyloskopie, im RSHA erst Referent im Bereich *Aufbau, Aufgaben und Rechtsfragen* (V A 1), dann kurze Zeit Leiter der *Fahndung* (V C 2), ging im Frühjahr 1941 als Leiter der Kripo ins besetzte Elsaß.[85] Dr. Walter Zirpins kam nach Banklehre, Jurastudium und glänzender Promotion mit »cum laude« zum Dr. jur. 1927 zur Kriminalpolizei. Seit Januar 1933 war er bei der politischen Polizei in Berlin und nach dem Reichstagsbrand der Hauptvernehmer des Tatverdächtigen Marinus van der Lubbe, dessen Aussagen Zirpins bewußt

---

84 Von den 24 Führungspersonen der Untersuchungsgruppe aus dem Amt V hatten 19 studiert, davon sieben Rechtswissenschaften und sechs, überwiegend die Angehörigen des Kriminaltechnischen Instituts, Naturwissenschaften (Chemie) sowie Zahnmedizin.

85 Zu Baum: GenStAnw KG Berlin, RSHA-Ermittlungsunterlagen, Personalheft Pb 25.

fälschte, um die These von der Alleintäterschaft zu erhärten.[86] Seit Mai 1940 war er Kripochef in Łódź, wohnte in einer geraubten jüdischen Wohnung und berichtete in der Zeitschrift »Kriminalistik« über seinen schweren Dienst gegen Schmuggel, Schwarzhandel, das Verstecken von Wertsachen und gegen das »illegale Verlassen« des jüdischen Ghettos. Seine Tätigkeit betrachtete Zirpins als Pionierleistung:

»Es bedarf keines kriminalistischen Scharfblicks, um auf den ersten Blick zu ahnen, daß eine solche Zusammenpferchung von Kriminellen, Schiebern, Wucherern und Betrügern auch sofort ihre besonderen kriminalpolizeilich bedeutsamen Erscheinungsformen gezeitigt hat. Da aber die Schaffung eines so großen und vor allem festgeschlossenen Gettos bisher einmalig ist, fehlt es an kriminalistischen einschlägigen Erfahrungen und an jeglichem Vorbild. Es hat daher eines umfangreichen Studiums der jüdischen Mentalität und Gepflogenheiten, einer eingehenden Erfassung aller vorgekommenen Fälle, einer sorgfältigen Beobachtung aller Möglichkeiten und Prüfung ihrer Voraussetzungen, Begehungsarten und -mittel usw. bedurft, um die Wege zur präventiven und repressiven Bekämpfung durch die Kriminalpolizei herauszufinden.«[87]

Zirpins tat sich hervor in der Beschlagnahme jüdischer Wertsachen, Schmuck, Gold, Devisen, und vergaß auch nicht die zur Fahndung im Ghetto eingesetzten Kripobeamten der Sonderkommission, die Beutestücke zum Sonderpreis erwerben konnten.[88]

Eine Besonderheit kennzeichnete das Amt V: In ihm arbeitete die einzige Referentin des Reichssicherheitshauptamtes, Friederike Wieking, seit 1937 im RKPA verantwortlich für die Weibliche Kriminalpolizei und in dieser Funktion gleichfalls im RSHA bis zum Ende tätig. Wieking, Jahr-

---

86 Zu Zirpins: BArch, BDC, SSO- und RuSHA-Akte Walter Zirpins; BArch DH, ZA V 81, Dok/P 649; GenStAnw KG Berlin, RSHA-Ermittlungsunterlagen, Personalheft Pz 32; zu Zirpins Rolle bei den Vernehmungen van der Lubbes vgl. Bahar/Kugel, Reichstagsbrand, S. 209–213.

87 Walter Zirpins, »Das Getto in Litzmannstadt, kriminalpolizeilich gesehen«, in: Kriminalistik, 15 (1941), Heft 9, September, S. 97–99, hier S. 98.

88 Aufzeichnung Zirpins über eine Besprechung mit Biebow am 23.10.1940 über die Verteilung von beschlagnahmten Sachen an Kriminalbeamte, nach Hilberg, Vernichtung, Bd. 1, S. 260; vgl. auch Schröder/Surmann, »Ein bewährter alter Fachmann«. Wegen seiner Tätigkeit in Łódź lief gegen Zirpins ein staatsanwaltliches Ermittlungsverfahren (StAnw Hannover, 2 Js 363/60), das jedoch eingestellt wurde.

gang 1891, wurde nach Mittelschule und Sozialem Frauenseminar staatlich anerkannte Wohlfahrtspflegerin. Im April 1919 begann sie ihre Polizeikarriere bei der Fürsorgestelle für sittlich gefährdete Mädchen und Frauen des Polizeipräsidiums Stettin und wechselte von dort 1921 als Leiterin der Frauenhilfsstelle zum Polizeipräsidium Berlin. 1927 wurde sie zur Kriminalpolizeirätin ernannt und in den Reichsdienst übernommen. Während der Jahre der Weimarer Republik zeigte sie keine erkennbaren Neigungen für den Nationalsozialismus. Von 1919 bis 1933 gehörte sie dem Deutschen Sozialbeamtenbund an und war 1931 für einige Monate sogar Mitglied des Vereins demokratischer Polizeibeamter.[89] Allerdings trat sie 1933 der NS-Beamtenvereinigung bei, machte in den folgenden Jahren Karriere und wurde Leiterin der Weiblichen Kripo in Berlin. Auf ihre Initiative hin wurde die Weibliche Kriminalpolizei aufgewertet, mit einem Runderlaß Himmlers vom 24. November 1937 reichseinheitlich nach preußischem Vorbild geregelt und im Reichskriminalpolizeiamt eine eigene Stelle für die Weibliche Kriminalpolizei geschaffen, die mit ihr selbst besetzt wurde.[90]

Anfang 1938 taten insgesamt 180 Beamtinnen im Reich Dienst, die sich nun keineswegs allein um »sittlich gefährdete« Mädchen und Frauen kümmerten, sondern im Sinne der von Werner und Nebe geforderten »vorbeugenden Verbrechensbekämpfung« erbbiologische Karteien für Kinder und Jugendliche führten, um den »Berufsverbrechernachwuchs« zu kontrollieren: gelbe Reiter für Jugendliche mit schweren oder häufigen Straftaten, violette Reiter für »Judenkinder«, schwarze Reiter für »Zigeunerkinder«.[91] Wiekings Referat wurde mit Erlaß des Reichsinnenministeriums zum 1. Juli 1939 der Reichszentrale zur Bekämpfung der Jugendkriminalität angegliedert, die alle Kinder und Jugendlichen erfassen sollte, die aufgrund

---

89 RMdI, Vorschlag zur Ernennung Wiekings zur Regierungs- und Kriminalrätin, 31.3.1943, GenStAnw KG Berlin, RSHA-Ermittlungsunterlagen, Personalheft Pw 77.

90 Erlaß Himmlers, 24.11.1937, zur Neuordnung der Weiblichen Kriminalpolizei, in: Mitteilungen des RKPA, 1 Jg. 1938, Nr. 2, Februar. Vgl. dazu vor allem Nienhaus, Komplizinnen.

91 Wagner, Volksgemeinschaft, S. 272 f.; Nienhaus, Komplizinnen, S. 518 f. Im Mai 1943 gab es insgesamt 61 den Kripo(leit)stellen zugeordnete Dienststellen der Weiblichen Kriminalpolizei mit über 71 leitenden Beamtinnen. Insgesamt sollen etwa 370 Exekutivbeamtinnen in der Weiblichen Kriminalpolizei des NS-Regimes tätig gewesen sein (ebenda, S. 519).

der Delinquenz der Eltern als »erblich kriminell belastet« galten. Bis 1940 wurden nicht allein Daten zu über 2000 Jugendlichen gesammelt, Wieking unterstanden damit fachlich auch die »Jugendschutzlager«, für männliche Jugendliche in Moringen[92] und für Mädchen das Lager Uckermark beim KZ Ravensbrück.[93] Friederike Wieking, die erst im Oktober 1941 Mitglied der NSDAP wurde, rechtfertigte die Lager später damit, daß die Jugendlichen ansonsten in ein Konzentrationslager gekommen wären, ohne auch nur mit einer Silbe zu erwähnen, daß die Jungen und Mädchen in den »Jugendschutzlagern« schwersten Mißhandlungen ausgesetzt waren.[94]

Rassenbiologische Verbrechensbekämpfung

Daß Nebe energisch das kriminalbiologische Konzept einer »vorbeugenden Verbrechensbekämpfung« in die Praxis umsetzte, stellte er als Chef der Kriminalpolizei gemeinsam mit seinem Stellvertreter Paul Werner unter Beweis. Werner zählte zu den wenigen Jüngeren im Führungspersonal des RSHA-Amtes V, geboren 1900 im badischen Appenweier, nur wenige Kilometer von Straßburg entfernt, der Großvater noch Gastwirt, der Vater schon Reichsbahninspektor. Aufgewachsen in Heidelberg, wohin der Vater 1902 versetzt worden war, machte Werner dort 1918 das sogenannte Notabitur, damit er noch für die letzten Kriegsmonate eingezogen werden konnte.[95] Er studierte nach dem Krieg Rechtswissenschaft an den

---

92 Zum Jugendschutzlager Moringen vgl. ausführlich Wagner, Volksgemeinschaft, S. 376–384.

93 Zum Mädchenlager Uckermark vgl. Nienhaus, Komplizinnen, S. 527–533; sowie Hepp, Vorhof zur Hölle.

94 Friederike Wieking, Die Entwicklung der weiblichen Kriminalpolizei von den Anfängen bis zur Gegenwart, Lübeck 1958, S. 74. Zu den Mißhandlungen und Gewaltverhältnissen in den »Jugendschutzlagern« vgl. Nienhaus, Komplizinnen, S. 528–533; Wagner, Volksgemeinschaft, S. 376–384. Friederike Wieking war nach 1945 nach den Recherchen von Ursula Nienhaus sieben Jahre in sowjetischer Haft in Waldheim und wohnte danach in West-Berlin, wo sie im August 1958 starb. Ich danke Ursula Nienhaus für die freundlichen, kollegialen Auskünfte.

95 Zu den Lebensdaten von Paul Werner siehe BArch, BDC, SSO- und RuSHA-Akte Werner, RMdI an Präsidialkanzlei, Vorschlag zur Ernennung zum Oberregierungs- u. Kriminalrat, 30. 11. 1937; BArch ZA DH, ZA V 80, Bl. 157; Wagner, Volksgemeinschaft, S. 258.

Universitäten in Heidelberg und Freiburg, bestand 1923 sein Referendarexamen mit der ausgezeichneten Note »lobenswert«, wurde an verschiedenen Orten im Land Baden als Hilfsrichter und Hilfsstaatsanwalt eingesetzt und absolvierte schließlich 1926 sein Assessorexamen mit der ebenfalls seltenen Note »gut«. In den folgenden Jahren durchlief Werner die übliche juristische Karriere, war Staatsanwalt in Offenburg, Zivil- und Arbeitsrichter am Amtsgericht in Lörrach. Werner selbst schrieb in seinem Lebenslauf 1938, daß er als Verbindungsstudent und Burschenschafter politisch stets rechts, völkisch, eingestellt gewe-

Paul Werner, stellvertretender Chef des RSHA-Amtes V Kriminalpolizei (Bundesarchiv, BDC, RuSHA-Akte Paul Werner)

sen, aber keiner Partei beigetreten sei und erst zum 1. Mai 1933 Mitglied der NSDAP wurde.

Der Bruch in seiner Biographie erfolgte, als er »nach dem nationalen Umbruch«, wie es Werner bezeichnete, vom badischen Innenminister zum Leiter des Landeskriminalamtes in Karlsruhe ernannt wurde und im Frühjahr 1937 nach Berlin ins neugebildete Reichskriminalpolizeiamt als dessen stellvertretender Leiter berufen wurde. Die Hintergründe für diese deutliche Zäsur in Werners Biographie bleiben im dunkeln; er selbst hat in seinen Nachkriegsvernehmungen behauptet, da Arthur Nebe aus Norddeutschland stammte und kein Jurist war, habe man in Berlin nach einem Juristen aus Süddeutschland gewissermaßen als Ausgleich gesucht.[96] Den Kollegen galt Paul Werner als »weich veranlagt« und als Nationalsozialist nicht besonders »scharf«.[97] Dessenungeachtet war er an entscheidender Stelle für

96 Vernehmung Werner, 25. 10. 1960 (StAnw Frankfurt a. M., 4 Js 220/59), GenStAnw KG Berlin, RSHA-Ermittlungsunterlagen, Personalheft Pw 55.
97 So der stellvertretende Leiter des KTI, Dr. Walter Schade, in einer Vernehmung vom 10. 1. 1961 (StAnw Stuttgart, 19 Js 328/60), GenStAnw KG Berlin, RSHA-Er-

die konzeptionelle und praktische Radikalisierung kriminalpolizeilicher Tätigkeit im Dritten Reich verantwortlich.[98] Werner war es, der die Strategien »vorbeugender Verbrechensbekämpfung«, also die Erfassung, Beobachtung und gegebenenfalls Internierung sogenannter Berufsverbrecher, innerhalb des Amtes V als Gruppenleiter V A *Kriminalpolitik und Vorbeugung* bis 1945 forcierte.[99]

Daß er schon als Chef der badischen Kripo keineswegs »reiner Kriminalbeamter« war, zeigen seine Kontakte zum späteren Leiter der Kriminalbiologischen Instituts, Dr. Robert Ritter, der damals noch als Privatdozent an der Universität Tübingen erste rassenbiologische Untersuchungen durchführte und von Werner mit polizeilichem Material unterstützt wurde. Ritter, Jahrgang 1901, in einem streng konservativen Elternhaus

---

mittlungsunterlagen, Personalheft Psch 2. Nebes Adjutant Engelmann charakterisierte Werner nach dem Krieg folgendermaßen: »Werner war meines Erachtens kein besonders scharfer Nationalsozialist. Seine Interessen lagen vorwiegend auf wissenschaftlichem und juristischem Gebiet. Wenn ich gesagt habe, er sei wissenschaftlich interessiert gewesen, so bezieht sich das nur auf Geisteswissenschaften. Er war musisch veranlagt und zeigte etwa für die Naturwissenschaften, wie Chemie und Biologie u. dergl. kein besonderes Interesse.« (Vernehmung Engelmann, 9. 1. 1961 [StAnw Stuttgart, 19 Js 328/60], GenStAnw KG Berlin, RSHA-Ermittlungsunterlagen, Personalheft Pe 23) Und laut Nebes persönlichem Referenten, Dr. Josef Menke, sei Werner zwar der Vertreter von Nebe gewesen, hätte aber als Jurist nicht dessen volles Vertrauen besessen (Vernehmung Menke, 6. 6. 1966 [GenStAnw KG Berlin, 1 Js 10/65 RSHA], RSHA-Ermittlungsunterlagen, Personalheft Pm 44).

98 Darum bewertet Patrick Wagner, wenn er Werner und Ritter als »sachliche Technokraten« charakterisiert, deren konzeptionelles politisches Engagement m. E. zu gering, zumal er selbst im Nebensatz die weltanschauliche Dimension wieder hervorhebt: »Beide – Werner wie Ritter – waren vielmehr sachliche Technokraten, die im Nationalsozialismus den idealen Rahmen dafür fanden, ihre Überzeugung von den genetischen Ursachen von Kriminalität in praktisches kriminalpolizeiliches Handeln zu übersetzen.« (Wagner, Volksgemeinschaft, S. 266)

99 Allerdings mit einer Unterbrechung von Frühjahr 1942 bis Anfang 1943, als er nach eigener Nachkriegsaussage verschiedene Kriminalpolizeistellen in den besetzten Gebieten, Paris, Brüssel, Den Haag, zu inspizieren hatte, anschließend für ein halbes Jahr Inspekteur der Sicherheitspolizei und des SD in Stettin wurde, um im März 1943 wieder ins RSHA zurückgeholt und in seine frühere Funktion als stellvertretender Amtschef und Gruppenleiter V A eingesetzt zu werden (vgl. Wagner, Volksgemeinschaft, S. 340). Während dieser Abwesenheit vertrat ihn Dr. Robert Schefe als Gruppenleiter.

aufgewachsen, verbrachte einen Teil seiner Jugend in der Kadettenanstalt Berlin-Lichterfelde.[100] Nach der Novemberrevolution 1918 schloß er sich zunächst einem in Oberschlesien kämpfenden Freikorps an und betätigte sich dann in Jugendbünden als Aktivist gegen die französische Besatzungsmacht im Rheinland. Erst 1921 holte er das Abitur nach, studierte Pädagogik, Psychologie, Philosophie und Psychiatrie. 1927 promovierte er an der Münchner Universität mit einer Dissertation zur »Sexualpädagogik auf psychologischer Grundlage«. In ihr konstatierte er eine »sexuelle Krise« in der »materialistisch-rationalistisch[en] Gegenwart« und sah den »Volkskörper« durch Geschlechtskrankheiten sowie »nervöse und psychosexuelle Störungen geschwächt«.[101] 1930 promovierte Ritter zusätzlich zum Doktor der Medizin und wurde Assistenzarzt bei Professor Robert Gaupp, dem Leiter der Universitäts-Nervenklinik in Tübingen, der bereits 1925 über die »Unfruchtbarmachung geistig und sittlich Kranker und Minderwertiger« publiziert hatte. Ritter näherte sich dort immer weiter erbbiologischen und rassehygienischen Positionen an, übernahm 1934 zusätzlich zur inzwischen erreichten Stellung eines Oberarztes die Leitung der neugegründeten rassenhygienischen Eheberatungsstelle in Tübingen und begann, genealogisches Material über die Einwohner einer Barackensiedlung am Stadtrand von Tübingen zusammenzutragen, die seit vielen Jahren durch ihre Renitenz der Stadtverwaltung ein Dorn im Auge waren.

---

100 Vernehmung Werner, 19.5.1959 (AG Stuttgart, B 5 Gs 1418/59), a.a.O. (s. Anm. 96); Wagner, Volksgemeinschaft, S. 273 f. Zu Ritter und seinem Kriminalbiologischen Institut vgl. Wagner, Volksgemeinschaft, S. 273–278, 378–384; Zimmermann, Rassenutopie, S. 127–155; Ayaß, Feinderklärung, S. 11–41; Hohmann, Robert Ritter.

101 Zitiert nach Zimmermann, Rassenutopie, S. 127. Politisch fühlte sich Ritter der jungkonservativen Bewegung zugehörig und bezeichnete sich selbst als »national und sozial«. Die NSDAP allerdings stellte für ihn zu diesem Zeitpunkt keine geeignete politische Kraft dar, da sie durch ihre »Mythologie«, ihre »Auffassungen über die Rassenlehre und über Wirtschafts- und Außenpolitik« ungeheure Gefahren für das deutsche Volk heraufbeschwöre. Nicht »Drohungen, Terror, Anmaßung, Totschläger, Stinkbomben«, sondern »soziale Verpflichtung« und die »schöpferische Kraft der Liebe« sollten zur »Versittlichung der Beziehungen der Volksgenossen« führen und die gespaltene Nation zur »Volksgemeinschaft« einen (Zimmermann, Rassenutopie, S. 127 f., der sich auf Zuschriften Ritters an die »Kölnische Zeitung« aus dem Jahr 1931 bezieht).

In Zusammenarbeit mit der Polizei, nicht zuletzt durch Unterstützung von Paul Werner, der ihm Dokumente der Karlsruher Kriminalpolizei zur Verfügung stellte, und finanziell gefördert von der Tübinger Universität sowie der Deutschen Forschungsgemeinschaft, versuchte Ritter, die Ahnenfolge dieser Siedlung zu rekonstruieren. Daraus entstand seine Schrift »Ein Menschenschlag« über die »Nachkommen alter Gaunergeschlechter«, die Ritter auf einen »Züchtungskreis« von »Gaunern« und »Zigeunermischlingen« aus dem 18. Jahrhundert zurückführte, eine »mehrere tausend Köpfe umfassende Gaunerpopulation« von »Malefizbuben« und »Vagabunden«, ein »wild zusammengewürfelte[s] Gesindel verschiedenster Nationen und Rassen«.[102] Mit diesem Machwerk konnte er sich nicht nur 1936 an der Medizinischen Fakultät der Universität Tübingen habilitieren,[103] er erlangte auch die Aufmerksamkeit des Reichsgesundheitsamtes, das ihn im selben Jahr nach Berlin holte und ihm die Leitung der neueingerichteten »Rassenhygienischen und Bevölkerungsbiologischen Forschungsstelle« (RHF) übertrug.[104]

In den folgenden Jahren reisten »Fliegende Arbeitsgruppen« der RHF durch das Deutsche Reich, um Zigeuner anthropometrisch zu erfassen und rassisch zu kartographieren. Anhand eines umfangreichen Fragebogens und standardisierter »Verhöre«, in denen nicht selten Gewalt angewandt wurde, wurden die Zigeuner in »Störenfriede / Schmarotzer / Unstete / Unbegabte / Gewaltverbrecher / Gauner / Erblich Geisteskranke« klassifiziert. In enger Verbindung mit der Kriminalpolizei führten die Mitarbeiter der RHF auch in Konzentrationslagern wie Ravensbrück, Auschwitz und Mauthausen ihre rassebiologischen Untersuchen durch.[105] Im Reichssicherheitshauptamt besprach Ritter mit Ehlich, Leiter der Gruppe *Volkstum* im Amt III SD-Inland, und Referenten des Amtes V die Kriterien,

---

102 Vgl. dazu ausführlich Wagner, Volksgemeinschaft, S. 275–277.

103 Der Psychiater Hermann F. Hoffmann, seit 1935 Nachfolger Gaupps als Leiter der Tübinger Universitätsklinik für Gemüts- und Nervenkranke, beurteilte als Gutachter Ritters Arbeit als »einzigartig und unerreicht«. Die Konsequenzen ergäben sich, so Hoffmann, »von selbst«: Das »Fortleben« dieses »Schlages« müsse durch »rassehygienische Maßnahmen verhindert« werden (Zimmermann, Rassenutopie, S. 130).

104 Vgl. dazu Krokowski, Forschungsstelle.

105 Zimmermann, Rassenutopie, S. 140–143.

nach denen die Zigeuner im Deutschen Reich zu selektieren und zu deportieren seien. Nach den Ausführungsbestimmungen des Amtes V vom 29. Januar 1943 zu Himmlers Deportationserlaß aus dem Dezember 1942 sollte die entsprechende »rassische« Zuordnung der Zigeuner anhand »gutachterlicher Äußerungen« der RHF erfolgen. Diese Gutachten, so Michael Zimmermann, bildeten die Grundlage nicht allein der ersten großen Deportationen im März 1943, sondern auch für die weiteren Transporte von Sinti und Roma aus dem Deutschen Reich nach Auschwitz.[106]

Seit 1936 stand Ritter mit der Kriminalpolizei in Kontakt. Seine These, daß man bei der Forschung nach »der Entstehung geborener Verbrecher« immer wieder darauf stoße, daß »viele von ihnen aus dem sogenannten Bodensatz der Bevölkerung stammen«,[107] entsprachen exakt der rassebiologischen Auffassung Paul Werners und Arthur Nebes, daß im »Asozialentum« das Verbrechertum wurzele. Die Kriminalpolizei sah in der Verbindung die günstige Gelegenheit, die Personenfeststellung von Sinti und Roma zu perfektionieren und damit die Grundlage für rassenbiologisch konzipierte polizeiliche Präventivmaßnahmen zu schaffen. Die bestehende Zusammenarbeit wurde schließlich institutionalisiert, indem – vor allem auf Betreiben Paul Werners, der sich seit dem Sommer 1941 bemühte, das erbbiologische Forschungsreferat des Amtes unter Führung Ritters neu zu organisieren – mit Erlaß vom 21. Dezember 1941 das »Kriminalbiologische Institut der Sicherheitspolizei« errichtet wurde, das Ritter neben seiner Forschungsstelle im Reichsgesundheitsamt leitete.[108]

---

106 Von den nach Auschwitz deportierten etwa 22 600 Zigeunern kamen bis zum Sommer 1944 über 19 000 ums Leben, mehr als 5600 wurden im Gas erstickt, über 13 600 starben aufgrund von Hunger und Seuchen. Die restlichen Menschen wurden, nachdem das sogenannte Zigeunerfamilienlager in Auschwitz-Birkenau im August 1944 aufgelöst wurde, ebenfalls von der SS ermordet (ebenda, S. 304).

107 Robert Ritter, Die Aufgaben der Kriminalbiologie und der kriminalbiologischen Bevölkerungsforschung (1941), zitiert nach Wagner, Volksgemeinschaft, S. 276 f.

108 RdErlaß RMdI, 21. 12. 1941, RMBliV 1942, S. 41; Wagner, Volksgemeinschaft, S. 378 f.; Krokowski, Forschungsstelle, S. 79, die die Vermutung anstellt, daß die Bildung des Kriminalbiologischen Instituts eine gemeinsame Idee von Ritter und Werner war. Werner bat im Sommer 1941 diverse NS-Persönlichkeiten, u. a. den Chef des SS-Rasse- und Siedlungshauptamtes, Otto Hofmann, um Empfehlungsschreiben an Himmler für Ritter als Leiter des geplanten Instituts (ebenda).

Paul Werner arbeitete den grundlegenden Erlaß des Reichsinnenministeriums vom 14. Dezember 1937 zur »Vorbeugenden Verbrechensbekämpfung durch die Polizei« maßgeblich aus.[109] In ihm heißt es ausdrücklich, daß die bisherige polizeiliche Praxis in Auswertung der »durch die kriminalbiologischen Forschungen gewonnenen Erkenntnisse« zu erweitern sei. Zusammen mit den Ausführungsrichtlinien des RKPA vom 4. 4. 1938[110] bildeten sie die administrative Grundlage der kriminalpolizeilichen Arbeit bis 1945. Danach war die Kriminalpolizei angehalten, »alle ihr bekannten Rechtsbrecher und alle asozialen Personen, welche die Gemeinschaft durch ihr Verhalten ständig gefährden«, fortlaufend zu überwachen und gegebenenfalls in Vorbeugehaft zu nehmen. Leitlinie des kriminalpolizeilichen Handelns sollte nach Paul Werner die Erbbiologie werden:

»Wenn ein Verbrecher oder Asozialer Vorfahren hat, die ebenfalls verbrecherisch oder asozial lebten [...], ist nach den Ergebnissen der Erbforschung erwiesen, daß sein Verhalten erbbedingt ist. Ein solcher Mensch muß [...] in anderer Weise angepackt werden, als ein Mensch, der [...] einer anständigen Familie entstammt [...]. Der Verbrecher wird nicht mehr als Einzelperson, seine Tat nicht mehr als Einzeltat angesehen. Er ist vielmehr als Sproß und Ahn einer Sippe, seine Tat als Tat eines Sippengliedes zu betrachten.«[111]

Arthur Nebe betonte, daß auf dem Gebiet der Kriminalpolizei durch den Nationalsozialismus etwas anderes und Neues entstanden sei, daß es

---

109 BArch, R 58/473, Bl. 46–49. Laut Kopf des Erlasses, der von Frick unterzeichnet wurde, war das Referat S-Kr 3 im Hauptamt Sicherheitspolizei, das von Dr. Franz Wächter geleitet wurde, federführend. Wächter, der später im RSHA unter Paul Werner das Referat V A 1 Rechtsfragen leitete, wurde 1942 zur Kriminalleitstelle Berlin versetzt und im Mai 1945 durch russische Sicherheitskräfte verhaftet. Vermutlich starb er 1947 im sowjetischen Internierungslager Ketschendorf.
110 RKPA, Richtlinien zum Erlaß des RuPrMdI v. 14. 12. 1937, 4. 4. 1938, gez. Heydrich, BArch R 58/437, Bl. 63–72.
111 Zitiert nach Wagner, Volksgemeinschaft, S. 266. Daß die kriminalbiologische Orientierung keineswegs eine allein auf Deutschland beschränkte Angelegenheit war, sondern auch in anderen europäischen Ländern diskutiert und beobachtet wurde, zeigen die Kontakte, die die deutsche Kriminalpolizei zu ihren britischen Kollegen hielt. Nur der Kriegsbeginn verhinderte, daß der Chef von Scotland Yard, Sir Norman Kendal, im Herbst 1939 Deutschland besuchte, sich von Nebe über die kriminalpolizeilichen Fortschritte informieren ließ und im KZ Dachau über die Erfolge deutscher Polizeiarbeit kundig machte (Mazower, Kontinent, S. 151).

»nicht allein um die Vernichtung des Verbrechertums, sondern gleichzeitig auch um die Reinhaltung der deutschen Rasse« gehe.

»Die Polizei ist heute das Schutzkorps, das den Schutz der Gemeinschaft im Innern zu gewährleisten hat und Leben und Entwicklung des Volkes vor jeder Störung und Zerstörung bewahren und schützen soll. Schutz bedeutet aber nicht nur, einen Feind verfolgen, eine Straftat aufklären, Schutz, wie wir diesen Begriff heute verstehen, heißt, vorbeugend und verhütend wirken.«

Allen voran gelte der Kampf den »asozialen Elementen, in denen das Verbrechertum letztes Endes seine Wurzeln hat, aus denen es seine Kraft schöpft und seine Ergänzung erhält«.[112] Wie weit Nebes praktische Vorstellungen einer »vorbeugenden Verbrechensbekämpfung« gingen, offenbaren die Stichworte, die Heinrich Himmler zu Nebes Vortrag auf der SS-Gruppenführertagung Ende Januar 1939 notierte:

»Fürsorgezöglinge / Lager f. Frauen u. Kinder [––] Prüfung d. Lebens u. Vorlebens Sicherheitsverwahrung [––] Sterilisation zuglich [zuzüglich, M. W.] mit bestimmtem Strafmaß.«[113]

Labor der Vernichtung: Das Kriminaltechnische Institut

Die Struktur des Amtes V beziehungsweise des Reichskriminalpolizeiamtes blieb relativ stabil im Laufe der Jahre bis 1945 – mit der Ausnahme, daß es auch im Zuge der Umstrukturierung Anfang 1941 verkleinert und gestrafft wurde.[114] Im März 1941 blieben vier Gruppen mit elf Referaten

---

112 Arthur Nebe, »Aufbau der deutschen Kriminalpolizei«, in: Kriminalistik, 12. Jg. 1938, Heft 1, S. 4–8, Zitat: S. 4 f.

113 Notizen Himmlers zur Rede Nebes auf der SS-Gruppenführertagung vom 23.–25. 1. 1939 in Berlin, National Archives, US, RG 242, T 175, roll 94, fol. 2515248.

114 1939/40 hatte es noch sechs Gruppen mit insgesamt 17 Referaten gegeben: V A Aufbau, Aufgaben und Rechtsfragen der Kriminalpolizei (V A unter Werner), Vorbeugung (V B unter Dr. Riese), Einsatz (V C unter Galzow), Erkennungsdienst und Fahndung (V D unter Dr. Wächter), Kriminaltechnisches Institut der Sicherheitspolizei (V E unter Dr. Heeß) und Wirtschaftsangelegenheiten, Sonderbeschulung und Ausrüstung der Kriminalpolizei (V F unter Berger), Geschäftsverteilungsplan des RSHA, 1. 2. 1940, BArch, R 58/840, Bl. 209–224. Der Geschäftsverteilungsplan vom Februar 1940 entsprach weitgehend dem Entwurf, den Paul Werner für das Amt V im Dezember 1939 eingereicht hatte (Amt V, i. V.

übrig: V A Kriminalpolitik und Vorbeugung (V A unter Werner), Einsatz (V B unter Galzow), Erkennungsdienst und Fahndung (V C unter Berger) und das Kriminaltechnische Institut der Sicherheitspolizei (V D unter Heeß).[115] Diese Struktur blieb erhalten, bis im Mai/Juni 1944 eine neue, mit sechs Referaten recht große Gruppe zur Wirtschaftskriminalität gebildet wurde (V Wi), die Albert Filbert aufgebaut hatte, der, nachdem er von seinem Einsatz als Kommandoführer (Ek 9) aus der Sowjetunion nach Berlin zurückgekehrt war, im Amt V Verwendung gefunden hatte. Nach der Verhaftung von Lobbes im August 1944 übernahm Filbert dessen Leitung der Gruppe V B Einsatz, und Karl Schulz rückte als Gruppenleiter V Wi nach.

Entgegen dieser strukturellen wie personellen Kontinuität gab es aber auch im Amt V eine beachtenswerte Differenz, denn gegenüber den ausgebildeten Kriminalkommissaren, die in den übrigen Gruppen die Leitung innehatten, verkörperten die drei kriminalistischen Institute: das Kriminaltechnische, das Kriminalbiologische und das Kriminalmedizinische Institut, nicht nur Modernität zur althergebrachten Kripoarbeit, bildeten nicht nur wie das Kriminalbiologische Institut unter Ritter den konzeptionellen Ort kriminalpolizeilicher Arbeit in rassebiologischer Perspektive, sondern hoben sich auch hinsichtlich des Personals von den übrigen Gruppen des Amtes V ab – und waren, insbesondere das Kriminaltechnische Institut, in unmittelbarer Weise an den Massenverbrechen des Regimes

Werner, Entwurf des Geschäftsverteilungsplans des Amts V, 19.12.1939, BArch DH, ZR 535 A 4, Bl. 36–38).

115 Geschäftsverteilungsplan des RSHA, 1.3.1941, BArch, R 58/840, Bl. 244–294, gedruckt in: IMG, Bd. 38, S. 1–24 (185-L); Vernehmung Wolfgang Berger, 5.11. 1960, GenStAnw KG Berlin, RSHA-Ermittlungsunterlagen, Personalheft Pb 58. Der Bereich Vorbeugung war als eigenständige Gruppe aufgelöst und mit Riese als Referent in die Gruppe V A integriert worden. Die Referenten wurden entweder wie Andexer ebenfalls in V A übernommen oder wurden versetzt, wie Dr. Richard Zaucke zur Kriminalpolizeistelle Wien. Patrick Wagner überinterpretiert allerdings diese Straffung des Amtes V, wenn er den Weggang von Andexer und Zaucke als Beleg für einen einschneidenden Personalwechsel zu einem jüngeren Führungskorps nimmt, der zugleich eine Radikalisierung der Praxis bedeutet habe (Wagner, Volksgemeinschaft, S. 340 f.). Tatsächlich waren die Kontinuitätselemente stärker. Die Gruppe V F wurde ebenfalls aufgelöst, deren Leiter Wolfgang Berger übernahm die Gruppe Erkennungsdienst und Fahndung, nun VI C.

beteiligt.[116] In ihnen vereinigten sich wissenschaftliche Intelligenz und mörderische Vernichtungsplanung aufs engste; ihr Personal bestand aus jungen Chemikern, Biologen, Medizinern, die weniger Kriminalpolizisten waren als Kriminalwissenschaftler, die ihren Auftrag zur »Reinheit der deutschen Volksgemeinschaft« umfassend und radikal verstanden. Ihr Platz im RKPA war keineswegs peripher. Seit 1938 verfolgte Werner im RKPA eine Strategie, die rassenbiologischen polizeilichen Präventionsmaßnahmen mit »notwendiger Wissenschaftlichkeit« und durch »Heranziehung der einschlägigen Fachkräfte« zu untermauern.[117] Nebe selbst, so der stellvertretende Leiter des Kriminaltechnischen Instituts (KTI) in einer Zeugenaussage von 1961, habe sich sehr um die Institute gekümmert. Sie seien gewissermaßen »sein Aushängeschild« gewesen.[118]

Als erstes Institut entstand das KTI, das im neuen Gebäude des RKPA am Werderschen Markt in Berlin eingerichtet wurde, im Oktober 1938 aus einer Abteilung der Chemischen Landesanstalt in Stuttgart, die Dr. Walter Heeß leitete.[119] Heeß, 1901 in Ludwigsburg geboren, stammte aus einer württembergischen, gutbürgerlichen protestantischen Familie. Sein

---

116 Zu den drei Instituten siehe die knappe Übersicht bei Wilhelm, Polizei im NS-Staat, S. 174–177, der jedoch deren Tätigkeit sträflich verharmlost; zum KTI: Wagner, Volksgemeinschaft ohne Verbrecher, S. 238 f., Banach, Heydrichs Elite, S. 286 f.; zum Kriminalbiologischen Institut vor allem Zimmermann, Rassenutopie und Genozid, S. 147–155.

117 Paul Werner, »Nationalsozialistische Verbrechungsbekämpfung«, in: Einweihung des Reichskriminalpolizeiamtes am 31. August 1939, o. O., o. J. [Berlin 1939], zit. nach: Wagner, Volksgemeinschaft, S. 273.

118 Vernehmung Walter Schade, 10.1.1961 (StAnw Stuttgart, 19 Js 328/60), GenStAnw KG Berlin, RSHA-Ermittlungsunterlagen, Personalheft Psch 2. In der Akte BArch R 58/1060 finden sich gleichfalls mehrere Vermerke Nebes aus dem Jahr 1944, in denen er die Präsentation von Arbeitsergebnissen des KTI bei Himmler und Kaltenbrunner forcierte.

119 Runderlaß Himmlers, 6.3.1939, BArch, R 58/473, Bl. 101 f., veröffentlicht im RMBliV, 1939, S. 556. Heeß hob 1939 hervor, daß damit die Kriminalpolizei zum ersten Mal seit ihrem Bestehen über ein eigenes wissenschaftliches Laboratorium verfüge und von Gutachten außerhalb der Polizei stehender Stellen unabhängig geworden sei (Walter Heeß, »Das Kriminaltechnische Institut der Sicherheitspolizei [KTI] beim Reichskriminalpolizeiamt«, in: Kriminalistik, 13. Jg. 1939, Heft 6, S. 121–125. Zu Heeß: BArch, BDC, SSO-Akte Walter Heeß; BArch DH, ZR 252; GenStAnw KG Berlin, RSHA-Ermittlungsunterlagen, Personalheft Ph 58).

Dr. Walter Heeß, Leiter des
Kriminaltechnischen Instituts
(Bundesarchiv, BDC, RuSHA-Akte
Walter Heeß)

Großvater mütterlicherseits war ein geachteter Verlagsbuchhändler in Stuttgart, der Vater Oberbauinspektor. Auch Heeß trat mit seiner Familie erst spät, im August 1941, aus der Kirche aus. Er studierte Chemie an der Technischen Hochschule in Stuttgart, absolvierte seine Diplomprüfung mit »gut«, seine Promotion zum Dr.-Ing. im Mai 1925 mit Auszeichnung. Zunächst noch ein Jahr als Vorlesungsassistent tätig, trat er im September 1926 als Volontär beim Chemischen Untersuchungsamt der Stadt Stuttgart ein und ließ sich als Lebensmittelchemiker ausbilden. Doch wandte er sich in der Folgezeit mehr und mehr der kriminaltechnischen Abteilung des Amtes zu. Im Februar 1935 wurde er Leiter der Abteilung für gerichtliche Chemie und Kriminaltechnik bei der Chemischen Landesanstalt in Stuttgart, beschäftigte sich mit Problemen wie der chemischen Lesbarmachung überschmierter Schriften oder dem Sulfatbild als Mittel der Altersbestimmung von Tintenschriften, das Thema, mit dem er sich 1937 habilitierte. Der nationalsozialistischen Regierung in Württemberg galt er als »besonders tüchtig«.[120] Der NSDAP war Heeß zum 1. Mai 1933 beigetreten, der SA nur wenige Monate später. Daß die Mitgliedschaft in der NSDAP keineswegs eine bloß formale war, belegt seine Funktion als Blockleiter, die er von 1936 bis 1938, also bis zu seinem Umzug nach Berlin, innehatte. Wissenschaftliche Tüchtigkeit und politische Zuverlässigkeit waren es offenkundig, die in Berlin die Aufmerksamkeit für ihn weckten. Zum April 1938 wurde Heeß als Leiter des neu zu errichtenden Kriminaltechnischen Instituts der Sicherheitspolizei im RKPA berufen und blieb es bis zum Kriegsende. Heeß, so sein Vor-

---

120 Reichsstatthalter in Württemberg an RuPrMdI, 7. 4. 1936; BArch DH, ZR 252.

gesetzter Nebe in einer Personalbeurteilung 1943, sei »eine zielbewußte, charaktervolle Persönlichkeit. In Folge seiner besonderen Begabung und seines unermüdlichen Fleißes hat er auf allen Gebieten der modernen Kriminaltechnik Hervorragendes geleistet. Unter seiner Leitung hat das Kriminaltechnische Institut der Sicherheitspolizei eine anerkannt führende Stellung erhalten.«[121]

Noch im Spätsommer 1938 holte Heeß aus Stuttgart den jungen Chemiker Dr. Albert Widmann ins KTI, mit dem er dort bereits beruflich zusammengearbeitet hatte. Widmann, 1912 geboren, zum Zeitpunkt seines Wechsels ins KTI also 26 Jahre alt, Sohn eines Lokomotivführers, hatte, wie Heeß, Chemie an der Technischen Hochschule in Stuttgart studiert und anschließend als wissenschaftlicher Assistent gearbeitet.[122] Im Organisch-Pharmazeutischen Institut der TH Stuttgart, mit dem Heeß nach wie vor verbunden war, arbeitete Widmann an seiner Dissertation und promovierte im September 1938 zum Dr.-Ing. Kurz darauf ließ Heeß ihn in Berlin an der Aufklärung eines Sprengstoffunglücks mitwirken und stellte ihn, nachdem Widmann sich bewährt hatte, mit Wirkung vom 1. September 1938 als wissenschaftlichen Mitarbeiter für das Fachgebiet Chemie ein. Auch Widmann blieb als Referatsleiter bis zum Kriegsende im KTI. Noch als Student war er dem Nationalsozialistischen Kraftfahrerkorps beigetreten, wurde im Mai 1937 Mitglied der NSDAP und nach seinem Antritt im KTI in die SS gleich mit dem Rang eines SS-Untersturmführers aufgenommen.

Neben Heeß und Widmann gehörte Dr. Walter Schade[123] zum Stammpersonal des KTI. Drei Jahre jünger als Heeß, der Vater Kaufmann, stammte Schade ebenfalls aus einem bürgerlich-protestantischen Eltern-

---

121 Beförderungsvorschlag zum SS-Standartenführer, 30. 1. 1943, BArch, BDC, SSO-Akte Walter Heeß. Heeß schrieb ab 1939 regelmäßig Berichte aus der Praxis des KTI für die Zeitschrift »Kriminalistik. Monatshefte für die gesamte kriminalistische Wissenschaft und Praxis«.

122 Zu Widmann: BArch, BDC, SSO-Akte Albert Widmann; GenStAnw KG Berlin, RSHA-Ermittlungsunterlagen, Personalheft Pw 71; Urteil LG Düsseldorf, 8 Ks 1/ 61, 10. 10. 1962, gedruckt in: Justiz und NS-Verbrechen, Bd. 18, S. 687–714; Urteil LG Stuttgart, Ks 19/62, 15. 9. 1967, ZStL, 439 AR-Z 18a/60, demnächst gedruckt in: Justiz und NS-Verbrechen, Bd. 26, Lfd. Nr. 658.

123 Zu Schade: BArch, BDC, SSO-Akte Walter Schade; BArch DH, ZR 645 A 2; GenStAnw KG Berlin, RSHA-Ermittlungsunterlagen, Personalheft Psch 2.

haus. Auch er trat wie Heeß relativ spät, im Juni 1942, aus der evangelischen Kirche aus. Nach dem Abitur hatte Schade als Praktikant in einer Porzellanfabrik gearbeitet, nahm im Wintersemester 1925/26 sein Chemiestudium auf und promovierte 1931 zum Dr.-Ing. Allerdings gelang es ihm in der Wirtschaftskrise nicht, in seinem Beruf Arbeit zu finden. Ende 1931 bewarb er sich bei der Berliner Kriminalpolizei als Kriminalkommissaranwärter, wurde im April 1932 angenommen, zum Lehrgang geschickt und nach bestandener Prüfung als Kriminalkommissar, nun schon unter nationalsozialistischer Herrschaft, in verschiedenen Kommissariaten des preußischen Landeskriminalamtes eingesetzt, um schließlich im Mai 1938 ins KTI als stellvertretender Leiter und verantwortlicher Referent für Spurenidentifizierung zu kommen, wo er seine chemischen wie polizeilichen Kenntnisse einsetzen konnte. Politisch stand Schade schon vor seiner Studentenzeit auf der Rechten, gehörte dem Bayerischen Wehrwolf und dem Treubund Schlageter an. Im März 1933 wurde er Mitglied der SA, zwei Monate später der NSDAP. In die SS wurde er zum 9. 11. 1937 aufgenommen und brachte es bis zum SS-Sturmbannführer. In einem frühen Zeugnis aus dem Jahr 1938 bescheinigte ihm Nebe sehr gutes Auffassungsvermögen, energischen Willen und ernste Lebensauffassung: »gute körperliche und geistige Fähigkeiten, zuverlässiger Beamter, Führereigenschaften«.[124]

Vier Chemiker[125] und ein Botaniker[126] bildeten das Führungspersonal des KTI, das sich von den übrigen Referaten im Amt V nicht nur dadurch unterschied, daß ausschließlich Naturwissenschaftler entsprechend den

---

124 Personal-Bericht Schade, gez. Nebe, 1938, BArch, BDC, SSO-Akte Walter Schade.

125 Darüber hinaus gehörten zum KTI zwei Fotografen und mehrere Hilfskräfte. Das Institut war im 4. Stock des RKPA untergebracht und verfügte dort über 27 Räume (Heeß, Das Kriminaltechnische Institut, S. 122). Der Gerichtschemiker und Baltendeutsche Dr. Felix Wittlich, 1905 in Reval geboren, 1940 eingebürgert, leitete das Referat Urkundenuntersuchungen. Der gleichfalls von der TH Stuttgart kommende Chemiker Dr. Helmut Hoffmann, Jahrgang 1910, arbeitete in Widmanns Referat.

126 Der Botaniker Dr. Otto Martin, Jahrgang 1911, stieß im April 1939 zum KTI, wurde im Frühjahr 1940 eingezogen, kehrte aber nach einer Verwundung 1943 wieder als wissenschaftlicher Mitarbeiter zum KTI zurück und blieb dort bis zum Kriegsende. Er hatte in Tuttlingen und München Biologie studiert, war 1937 zum

besonderen Aufgaben des KTI dessen Referate leiteten, die zudem sowohl ein Diplom erworben als auch sämtlich promoviert hatten. Sie waren auch durchweg jünger als ihre Kollegen im Amt V. Entsprachen Heeß (1901) und Schade (1904) dem Durchschnittsalter der RHSA-Referenten, stießen Widmann und Martin zum KTI, als sie noch keine dreißig Jahre alt waren. Die emsige Beihilfe zum Massenmord in den Jahren 1939 bis 1941, derentwegen Widmann nach dem Krieg verurteilt wurde, beging er im Alter zwischen 27 und 29 Jahren.

So ausschließlich akademisch ausgerichtet, wie es auf den ersten Blick erscheinen mag, waren indes die Referenten des KTI nicht. Heeß hatte sich trotz ausgezeichneter Promotion entschieden, als Lebensmittelchemiker in städtische Dienste zu treten und keine weitere Hochschulkarriere zu verfolgen. Erst später, als Direktor des KTI, suchte er wieder Anschluß an die Hochschule und betrieb 1941 zusätzlich zu seiner Tätigkeit im RSHA seine Zulassung als Dozent an der Universität Berlin. Auch Schade hatte die Hoffnung auf eine Universitätskarriere in der Wirtschaftskrise aufgegeben und sich als Kriminalkommissar beworben. In seiner Person vereinigten sich gewissermaßen die wissenschaftlichen wie polizeilichen Aufgaben des KTI. Widmann hatte nicht lange gezaudert, als ihn Heeß von der Technischen Hochschule nach Berlin abwarb, und war, folgt man dem Zeugnis Schades, ein ausgesprochener Praktiker, der wissenschaftliche Forschung weniger als theoretische Herausforderung denn als konkrete Hilfe für die Praxis begriff. Ihr politisches Engagement läßt sie auch nicht als »unpolitische Manager« erscheinen, wie Friedlander annimmt.[127] Heeß war im Mai 1933 nicht nur der NSDAP beigetreten, er gehörte als Blockleiter der Ortsgruppe Weißenhof zu den Politischen Leitern der Partei. Schade hatte als junger Mann bereits militant rechtsradikalen Vereinigungen angehört und war im Frühjahr 1933 zuerst Mitglied der SA, dann der

---

Dr. rer. nat. promoviert und wollte zunächst eine Hochschullaufbahn einschlagen. Bis Ende 1938 arbeitete er an der wissenschaftlichen Zeitschrift »Der Biologe« mit, ging, als die Redaktion nach Berlin zog, ebenfalls dorthin und kam so in Kontakt mit dem KTI (BArch, BDC, SSO-Akte Otto Martin; Vernehmung Walter Schade, 10.1.1961, GenStAnw KG Berlin, RSHA-Ermittlungsunterlagen, Personalheft Psch 2).

127 Friedlander, Weg zum NS-Genozid, S. 338 f.

NSDAP geworden. Und selbst Widmann war noch als Student dem NSKK beigetreten.

Das KTI war ursprünglich mit der Untersuchung von Urkunden, von Schußwaffen, Munition, Brandrückständen, Blutproben usw. beauftragt. Drei Referate leisteten die Arbeit: V D 1 Spuren- und Personenidentifizierung unter Schade, V D 2 Chemische und biologische Untersuchungen unter Widmann und V D 3 Urkundenuntersuchungen unter Wittlich. 1939 legte das KTI mehr als 1100 Gutachten vor, zwei Jahre später über 2500, wobei die Untersuchung von Schußwaffen und -spuren den größten Anteil bildete.[128] Aber von 1939 an war das KTI ebenfalls in die Vernichtungspolitik involviert. Angesichts des Problems, woher die Euthanasieärzte die Mengen von Medikamenten nehmen sollten, die sie für ihre Morde brauchten, ohne aufzufallen, hatten sich die Funktionäre der Kanzlei des Führers (KdF), die in Hitlers Auftrag die Euthanasiemorde organisierten, an Himmler gewandt und um Unterstützung gebeten, der wiederum Arthur Nebe mit der Giftbeschaffung beauftragte. Den Befehl, mit der KdF zusammenzuarbeiten, erhielt Widmann als Leiter des Referats für chemische Untersuchungen, nach eigenen Angaben von Nebe selbst.[129] Anfang 1940 sandte Widmann erstmals Zäpfchen mit hochdosiertem Morphium-Skopolamin an die KdF. Später, mit Ausweitung des Krieges, konnte das KTI problemlos vom Sanitätsamt der Waffen-SS eine breite Palette von Giften einschließlich Luminal und Morphium erhalten und an die Euthanasietäter weiterleiten.[130]

---

128 Walter Heeß, »Aus dem Kriminaltechnischen Institut der Sicherheitspolizei (KTI)«, in: Kriminalistik, 14. Jg. 1940, Heft 4, S. 45–47, ebenso: Heft 5, S. 59–60. Darüber hinaus bildete das KTI Kriminalbeamte aus den regionalen Dienststellen aus, damit auch dort bereits erste kriminaltechnische Untersuchungen möglich wurden; vgl. dazu Wagner, Volksgemeinschaft ohne Verbrecher, S. 238 f.

129 So bezeugte der KdF-Amtsleiter Dr. Hans Hefelmann, daß er Ende August 1939 während einer Besprechung zur Euthanasie in der Reichskanzlei ins Zimmer von Viktor Brack, dem Chef der T 4-Organisation, gerufen und dort Nebe und Werner vorgestellt worden sei. Werner sei Verbindungsmann des RPKA zum Leiter der Transportabteilung von T 4, Reinhold Vorberg, gewesen (Vernehmung Hefelmann, 20. 2. 1963, StAnw Stuttgart, 19 Js 328/60, ZStL 202 AR-Z 152/59, Bd. 2, Bl. 699).

130 Friedlander, Weg zum NS-Genozid, S. 106–108.

Albert Widmann spielte nicht allein die Rolle des Boten, er trug mit eigenen Ideen zur Mordaktion bei. Mit Viktor Brack, dem Leiter des Euthanasiemordprogramms, besprach er Ende 1939 die technischen Möglichkeiten, Menschen mittels Gas umzubringen, nachdem er zuvor Versuche mit Ratten und Mäusen angestellt hatte. Widmann machte von sich aus den Vorschlag, man solle nachts, wenn die Kranken schliefen, Kohlenmonoxyd in die Schlafsäle leiten.[131] Die Manager der T4, genannt nach dem Sitz der Euthanasiezentrale in Berlin, Tiergarten 4, entschieden anders: Die Patienten sollten in einem eigenen Raum, einer Gaskammer, umgebracht werden. An dem ersten Versuch mit Menschen, der im Dezember 1939 oder Januar 1940 im alten Zuchthaus Brandenburg stattfand, nahm neben den Euthanasiebeauftragten Hitlers, Dr. Karl Brandt und Philipp Bouhler, dem für Gesundheitsfragen zuständigen Staatssekretär im Reichsinnenministerium, Leonardo Conti, etlichen Bürokraten und Ärzten auch Albert Widmann teil, der die Ärzte instruierte, wie man das Gas in die Kammer leitete. Die versammelten Teilnehmer verfolgten das Sterben der Opfer durch ein Guckloch in der Tür.[132] Widmann beschaffte für die Euthanasiemorde in der Folgezeit das notwendige Kohlenmonoxydgas, das er von dem Werk Ludwigshafen der I.G. Farben, der heutigen BASF, bezog. Im Jahr 1944 erfüllte er die zahlreichen Bestellungen der Euthanasiestätten für tödliche Medikamente.[133]

Auch an der massenhaften Ermordung von Menschen in der Sowjetunion 1941 war Widmann beteiligt. Heinrich Himmler hatte, nachdem er eine Erschießung von Menschen bei Minsk Mitte August beobachtet hatte, Arthur Nebe, zu dieser Zeit Chef der Einsatzgruppe B, beauftragt, nach anderen Möglichkeiten zu suchen, große Mengen von Menschen zu

---

131 Vernehmung Widmann, 11.1.1960 (LG Düsseldorf, UR I 13/59), GenStAnw KG Berlin, RSHA-Ermittlungsunterlagen, Personalheft Pw 71.

132 Friedlander, Weg zum NS-Genozid, S. 153–155.

133 Kogon u.a., Massentötungen, S. 52–53. Siehe auch den entsprechenden Schriftwechsel Widmanns mit der I.G. Farben in BArch, R 58/1059. Dort findet sich unter anderem das folgende Schreiben der Direktion der Heil- und Pflegeanstalt Ansbach vom 9.11.1944 an das KTI: »Durch Ihre gütige Vermittlung erhielten wir vor einem halben Jahre 250 Ampullen Luminal 0.2 für unsere Kinderstation. Da dieser Vorrat allmählich zu Ende geht, wäre ich Ihnen zu grossem Dank verpflichtet, wenn Sie uns wieder einige hundert Ampullen vermitteln könnten.« (Ebenda, Bl. 74)

töten.[134] Nebe ließ daraufhin Widmann mit Sprengstoff und zwei Metall-schläuchen nach Minsk kommen. Worum es ging, hatte Paul Werner Widmann unmißverständlich gesagt. Nebe wisse nicht, was mit den Gei-steskranken in seinem Bereich geschehen solle. Er könne nicht von seinen Männern verlangen, diese Menschen zu erschießen.[135] Widmann besprach den Auftrag mit Heeß und nahm ausreichend Sprengstoff nach Rußland mit, »weil man das bei jeder Sprengung machen muß für den Fall, daß ein Versager auftritt«.[136] Mit Heeß diskutierte Widmann auch die Möglich-keit, Menschen mittels Autoabgasen zu töten,[137] da der Transport von Gasflaschen mit Kohlenmonoxyd, wie sie für die Euthanasiemorde ver-wendet wurden, nach Rußland nicht möglich war. Deshalb habe er die Metallschläuche mitgenommen.

In Minsk angekommen, informierte ihn Nebe, daß die Geisteskranken am folgenden Tag in einen Bunker gesperrt und dann in die Luft gesprengt werden sollten. Mit Widmann und Nebe fuhr auch dessen Adjutant Karl Schulz nach Mogilew. In einer Zeugenvernehmung im Jahr 1959 gab Schulz an, daß er gewußt habe, zu welchem Zweck die Fahrt durchgeführt wurde.[138] In einem weiteren Versuch ließ Nebe in einer bei Mogilew gele-genen Anstalt für Geisteskranke eine Raum zumauern, zwei Stutzen an-

---

134 Hilberg, Vernichtung, Bd. 2, S. 349 f.; Krausnick/Wilhelm, Truppe, S. 543–546; Gerlach, Kalkulierte Morde, S. 571–574.

135 Vernehmung Albert Widmann, 11. 1. 1960 (Landgericht Düsseldorf UR I 13/59), GenStAnw KG Berlin, RSHA-Ermittlungsunterlagen, Personalheft Pw 71, aus-zugsweise gedruckt in: Wilhelm, Rassenpolitik, S. 204–209. Werner bestritt in sei-nen Nachkriegsvernehmungen vehement, eine solche Aussage gegenüber Wid-mann je gemacht zu haben.

136 Vernehmung Albert Widmann, 11. 1. 1960, ebenda.

137 Widmann sagte auch aus, daß Heeß ihm erzählt habe, daß Nebe einmal bei laufen-dem Motor seines Autos in der Garage eingenickt und dabei fast zu Tode gekom-men sei. Die Erinnerung an diesen Vorfall habe Nebe womöglich auf den Gedan-ken gebracht, Menschen mittels Autoabgasen umzubringen (Vernehmung Albert Widmann, 11. 1. 1960, ebenda. Skeptisch gegenüber dieser Aussage, die Nebe als alleinigen Urheber der Idee, Menschen mit Autoabgasen zu töten, ausweist, ist Christopher Browning (ders., Fateful Months, S. 59 f.).

138 Er selbst sei aber nicht an den Tatort gefahren, sondern habe verschiedene Heeres- und Polizeidienststellen besucht (ZStL an Justizministerium Nordrhein-Westfa-len, 4. 6. 1959, ZStL 202 AR-Z 152/59, Bd. 1, Bl. 2). Tatsächlich wurde er von an-deren Tatzeugen am Tatort nicht gesehen. Das Verfahren gegen ihn wurde darauf-

bringen und, nachdem etwa 20 bis 30 Menschen in diesen Raum gepfercht worden waren, zunächst einen der Schläuche an das Auspuffrohr eines Pkws, dann, als nach mehreren Minuten mit laufendem Motor die Opfer noch nicht tot waren, zusätzlich den zweiten Schlauch an einen Lkw anschließen.[139] In einer Bilanz ihrer Mordaktion hielten Widmann und Nebe fest, daß das Töten mittels Sprengstoff »zwar ruckartig vor sich geht«, aber wegen der umfangreichen vorbereitenden Maßnahmen und dem anschließenden Zuschütten der Sprengtrichter nicht praktikabel sei.

»Unter diesen Umständen sei die Tötung durch Abgase vorzuziehen, weil überall Fahrzeuge zur Verfügung ständen und weil man jeden beliebigen Raum verwenden könne.«[140]

Doch verlangten die Einsatzgruppen keine stationären Gaskammern, sondern mobile Mordinstrumente. So entstand in den folgenden Wochen die Idee von Gaswagen, also Lkw, in deren abschließbaren Kastenaufsatz die Autoabgase geleitet werden sollten.[141] Einen entsprechenden Vorschlag unterbreiteten Heeß und Nebe ihrem Vorgesetzten Heydrich. Widmann dazu in einer Nachkriegsvernehmung:

»Über das Ergebnis seines Vortrages in der Prinz-Albrecht-Straße hat mich Heess kurz unterrichtet. Er hat mir gesagt, es würden Wagen gebaut, in welche die Abgase geleitet würden, statt der bisherigen Verwendung von CO-Flaschen.«[142]

Heydrich wandte sich daraufhin Ende September, Anfang Oktober 1941 an Rauff, Leiter der RSHA-Gruppe II D Technische Angelegenheiten, der wiederum Friedrich Pradel als Verantwortlichen für das Kraftfahrzeugwesen der Sicherheitspolizei mit der Entwicklung solcher Wagen beauftragte. Einen entsprechend hergerichteten Wagen brachte ein Mitarbeiter der Gruppe II D wenige Wochen später zum KTI. Kurz darauf fand eine »Probevergasung« im KZ Sachsenhausen statt, an der Heeß, die beiden

---

hin am 18.7.1960 eingestellt (GenStAnw Bremen, Zweigstelle Bremerhaven, Einstellungsverfügung, 18.7.1960, ZStL 202 AR-Z 152/59, Bd. 1, Bl. 245 a); siehe auch S. 790–796.

139 Vernehmung Albert Widmann, 11.1.1960, a. a. O. (s. Anm. 135); Urteil des LG Stuttgart, 15.9.1967, a. a. O. (s. Anm. 122).

140 Vernehmung Albert Widmann, 11.1.1960, a. a. O. (s. Anm. 135).

141 Zur Entwicklung der Gaswagen vgl. Beer, Entwicklung; Kogon, Massentötungen, S. 81–145; Browning, Fateful Months, S. 57–67.

142 Vernehmung Widmann, 27.1.1959, zitiert nach Beer, Entwicklung, S. 409.

KTI-Mitarbeiter Leiding und Hoffmann sowie andere SS-Offiziere teilnahmen. Etwa 30 Häftlinge mußten in den Wagen klettern und wurden durch die Abgase des laufenden Motors qualvoll umgebracht. Der erste Prototyp eines Gaswagens war geschaffen, über das »erfolgreiche« Mordexperiment verfaßten Heeß und Widmann einen Bericht für Heydrich. Das RSHA gab nun weitere Gaswagen in Auftrag, die im November und Dezember bei den Einsatzgruppen in der Sowjetunion und beim Sonderkommando Lange in Chełmno Verwendung fanden.[143] Die Ermordung von Menschen mittels Gaswagen war im KTI Gesprächsthema. Walter Schade gab in einer Zeugenaussage 1959 an, dabeigewesen zu sein, als Heeß und Widmann davon sprachen, man könne Menschen dadurch töten, daß man Auspuffgase in das Innere eines Wagens leitete. Entsprechende Versuche würden im KZ Sachsenhausen unternommen. Auch habe er einmal Heeß erzählen hören, wie dieser in der Heilanstalt Pirna die Ermordung von Kranken durch Kohlenmonoxyd mit angesehen habe. Heeß habe gesagt, daß man es sich im totalen Krieg nicht leisten könne, »diese unheilbar Geisteskranken durchzufüttern«. Man brauche zudem das Pflegepersonal dringender in den Lazaretten.[144]

Nach dem Kriminaltechnischen und Kriminalbiologischen Institut wurde das Kriminalmedizinische Zentralinstitut (KMI) mit Erlaß Himmlers vom 28. September 1943 in Wien gegründet. Nebe selbst kümmerte sich um die Ausstattung und Arbeitsfähigkeit dieses Instituts. Bei seinem Besuch Ende Januar 1944 gab er den Auftrag, daß Angehörige des KMI nach Kopenhagen reisen sollten, um dort Apparaturen zu kaufen, und wandte sich in persönlichen Schreiben an den Befehlshaber der Sicherheitspolizei und des SD in Dänemark, Otto Bovensiepen, wie an den Reichsbevollmächtigten Werner Best, um deren Unterstützung zu gewinnen.[145] Aus

---

143 Zum Einsatz der Gaswagen durch die Einsatzgruppen siehe Kogon, Massentötungen, S. 87–109, zu Chełmno ebenda, S. 110–145.

144 Vernehmung Walter Schade, 12.2.1959 (Landgericht Düsseldorf UR I 8/56), GenStAnw KG Berlin, RSHA-Ermittlungsverfahren, Personalheft Psch 2.

145 Schneider, Direktor des KMI, an Teichmann, RKPA, 14.2.1944, BArch DH, Z 782, A 12, Bl 14; Nebe an Bovensiepen, 21.3.1944, ebenda, Bl. 36; Nebe an Best, 21.4.1944, ebenda, Bl. 43. Tatsächlich erklärte sich Best bereit, den erforderlichen Betrag von ca. 250 000 dänischen Kronen für die Anschaffung medizinischer Apparaturen für das KMI freizumachen (Notiz RSHA II A 1 b/Devisenstelle, 26.4.1944, ebenda, Bl. 44).

dem RSHA sollten Stempel, Schreibmaschinen, Arbeitsmäntel und Benzinmarken besorgt werden. Sobald Widmann vom KTI ein russisches Giftgeschoß aus Minsk erhalte – so der Auftrag Nebes –, sollte das KMI dessen Wirkung an Menschen ausprobieren.[146] Im Frühjahr 1944 entwickelte Widmann, von dem Schade nach dem Krieg sagte, daß er »sehr eifrig und ehrgeizig« gewesen sei,[147] Giftgeschosse, die nach der Haager Landkriegsordnung verboten waren, an denen aber vor allem die RSHA-Gruppe VI S unter Skorzeny großes Interesse zeigte.[148] Widmann selbst schilderte die Wirkungen seines Geschosses folgendermaßen: »Beim Auftreffen des Geschosses auf dem Ziel zerplatzt es, reißt grosse Wunden und verletzt sehr wahrscheinlich eine grosse Anzahl von Blutgefässen.«[149]

Am 18. Mai 1944 meldete Kaltenbrunner Himmler den Erfolg der Giftmunition: »Versuche mit dem Geschoss haben ergeben, dass ein Mensch

---

146 KMI an Engelmann, RKPA, 26.4.1944, BArch DH, ZR 782, A 12, Bl. 8. Allerdings weigerte sich der Direktor des KMI, Prof. Philipp Schneider von der Universität Wien, derartige Menschenversuche zu unternehmen und drohte, von seinem Posten zurückzutreten (Notiz Nebe, 11.4.1944, BArch DH, ZR 782, A 12, Bl. 39). Zwar nahm Nebe die Demission an und hatte bereits den vom Reichsarzt-SS Prof. Dr. de Crinis vorschlagenen Dozenten Dr. Schön als Nachfolger im Auge. Aber Schneider blieb in den kommenden Monaten der Direktor des KMI, und der Ton des Briefwechsels zwischen ihm und Nebe im Sommer 1944 kann nur als freundlich bezeichnet werden. Schneider kümmerte sich auch darum, daß das KMI vorerst in Räumen des Allgemeinen Krankenhauses in Wien untergebracht wurde. Angesichts dieses doch sehr provisorischen und behelfsmäßigen Zustandes des KMI noch im Sommer 1944 ist es fraglich, ob die Aussage von Widmann im Gerichtsverfahren 1967, das KMI habe sich 1943/44 primär mit Forschungen zum »Unfruchtbarmachen von Verbrechern« befaßt, die Wagner zitiert und Wilhelm wiederholt, der Wirklichkeit entspricht (Wagner, Volksgemeinschaft, S. 391; Wilhelm, Polizei im NS-Staat, S. 177). Die Vermutung Wagners, das KMI sei mit Blick auf die künftige Zwangssterilisationskampagne gegen »Gemeinschaftsfremde« gegründet worden, bleibt davon allerdings unberührt.
147 Vernehmung Walter Schade, 19.8.1958, GenStAnw KG Berlin, RSHA-Ermittlungsunterlagen, Personalheft Psch 2.
148 Skorzeny an Widmann, 20.4.1944, BArch, R 58/1060, Bl. 19.
149 Vermerk Widmann über ein Gespräch mit SS-Hauptsturmführer Faulhaber und Übergabe von 30 Giftgeschossen am 11.4.1944; BArch, R 58/1060, Bl. 18. Nach Art. 23 der Haager Landkriegsordnung von 1907 ist die Verwendung von Brunnen- und Nahrungsmittelvergiftungen sowie von Giftgeschossen verboten.

333

auch bei leichter Verwundung eingeht.«[150] Im September war Widmann persönlich zusammen mit dem Obersten Hygieniker der SS, Dr. Mrugowsky, an einem Menschenversuch mit vergifteter Munition beteiligt. Fünf zum Tode verurteilte Männer wurden mit den Giftpatronen angeschossen, von denen drei nach etwa zwei Stunden qualvoll starben.[151]

Es fällt schwer, Heeß, Widmann und die anderen Mitarbeiter des KTI als Technokraten zu zu definieren, die in erster Linie ihre Karriere im Sinn hatten und bloß fachliche Leistungen erbrachten. Es war nicht allein ein Auftrag, den sie als Techniker unbeteiligt und gleichgültig ausführten. Heeß und Widmann waren engagiert bei der Sache, haben ihrerseits Vorschläge gemacht, wie Menschen schneller und »reibungsloser« zu töten wären. Die Mehrheit des Führungspersonals des RSHA-Amtes V bildeten zweifellos antikommunistisch ausgewiesene Kriminalkommissare, die ihre beruflichen Erfahrungen bereits in der Weimarer Republik sammelten. Arthur Nebe verkörperte diesen Typus in fast idealer Weise. Dennoch waren sie deshalb keineswegs immun gegen Radikalisierung. Wie Nebe und Werner verfolgten sie in der kriminalbiologischen »Modernisierung« ihres Amtes die »wissenschaftliche« Verschiebung der Gegnerdefinition vom »Berufsverbrecher« zur rassenbiologischen Kriminalprävention. Unterstützt wurde diese konzeptionelle Radikalisierung durch eine neue und spezifische Tätergruppe, die sich durch ihr deutlich jüngeres Alter wie durch ihre nichtpolizeiliche Ausbildung von dem übrigen Personal unterschied. Im Kriminaltechnischen Institut konzentrierte sich ein radikales Täterpotential, das die möglichen berufsspezifischen Grenzen der Kriminalkommissare nicht kannte und nicht berücksichtigen mußte. Wie im Amt V findet sich dieser Tätertypus auch im Gestapoamt IV, dort vor allem in der Gruppe IV D, verantwortlich für die besetzten Gebiete.

---

150 Kaltenbrunner an Himmler, 18.5.1944, BArch, R 58/1060, Bl. 22
151 Bericht Dr. Mrugowsky vom 12.9.1944 über die Versuche am 11.9.1944, BArch, R 58/1060, Bl. 35–36. Das KTI unterhielt im KZ Sachsenhausen eine Außenstelle, um Menschenversuche an Häftlingen vorzunehmen. Wegen tödlicher Menschenexperimente mit vergifteter Munition wurde Widmann vom Schwurgericht Düsseldorf im Mai 1961 zu fünf Jahren Zuchthaus verurteilt. Nach Revision beim Bundesgerichtshof wurde das Strafmaß auf dreieinhalb Jahre reduziert (Urteil des Schwurgerichts Düsseldorf, 10.10.1962, 8 Ks 1/61).

Gestapo (Amt IV)

Am 5. Juli 1939 hatte Heydrich die Amtschefs des Gestapa, der RKPA und des SD aufgefordert, ihm zu dem vorgelegten Organisationsentwurf des künftigen Reichssicherheitshauptamtes Struktur- wie Personalvorschläge zu unterbreiten. Der als geheim gekennzeichnete Entwurf zur Neugliederung des Geheimen Staatspolizeiamtes von Heinrich Müller sah als wichtigste Änderung vor, die bisherige eigenständige Abteilung III Abwehr unter Best und Jost in das künftige RSHA-Gestapoamt unter Müllers Leitung zu übernehmen.[152] Des weiteren hatte Müller vorgeschlagen, die bisherigen Abteilungen II und III des Gestapa in vier Gruppen zu gliedern, die, schaut man auf den ersten Geschäftsverteilungsplan des RSHA vom Februar 1940, auch weitgehend realisiert wurden – allerdings mit einigen wichtigen Abweichungen. Das bisherige übergreifende Gestaparereferat II B Konfessionen, Juden, Freimaurer, Emigranten, Pazifisten sei aufzugliedern, »die Behandlung der Judenangelegenheiten und der Emigranten aus der Zuständigkeit des bisherigen Referats II B herauszunehmen und in Anlehnung an die gebildete Reichszentrale zur Förderung der jüdischen Auswanderung [gemeint war: Reichszentrale für jüdische Auswanderung, die im Januar 1939 nach Eichmanns Wiener Modell geschaffen worden war, M. W.] zu einem neuen Sachgebiet zusammenzufassen«.[153]

Tatsächlich wurden im RSHA die kirchenpolitischen Angelegenheiten von denen der Emigranten und Judenverfolgung getrennt. Außerdem wurde das einstmals umfangreiche Gestaparereferat II E Wirtschaftsangelegenheiten deutlich reduziert und vom bisherigen Führungspersonal allein Dr. Ernst Jahr übernommen, erst als Sachbearbeiter im Referat Wirtschaftsangelegenheiten, dann als Referent für Presseangelegenheiten.[154] Das neue

---

152 BArch R 58/826, Bl. 231–272.
153 Ebenda.
154 Der bisherige Leiter des Referates Wirtschaftsangelegenheiten im Gestapa, Dr. Großkopf, verließ die Zentrale in Berlin ebenso wie sein Sachbearbeiter Dr. Bruno Lettow, der bei der Gestapo Brünn im sogenannten Protektorat Böhmen und Mähren eingesetzt wurde und erst im Herbst 1941 ins RSHA zurückkehrte. Der ehemalige Ordenspriester Dr. Hans Schick wechselte in das Gegnerforschungsamt von Six.

RSHA-Referat Wirtschaftsangelegenheiten leitete Willi Wolter, der von der Gestapo Köln zum RSHA kam.[155]

Verfolgung der politischen Gegner (IV A)

Wie von Müller vorgesehen, wurden das Kommunismusreferat des Gestapa, das von Willy Litzenberg geführte Referat zu Reaktion/Opposition, wozu Deutschnationale, Monarchisten ebenso zählten wie Otto Strassers Schwarze Front, der »Tat«-Kreis oder der Jungdeutsche Orden, sowie das Referat Sabotagebekämpfung, Fälschungen in einer Gruppe IV A zusammengefaßt. Damit war die Verfolgung sämtlicher politischer

Heinrich Müller, Chef des RSHA-Amtes IV Gestapo
(Bundesarchiv, BDC, RuSHA-Akte Heinrich Müller)

Gegner auf der Linken wie auf der Rechten in einer Gruppe vereint. Offensichtlich wurde die Gelegenheit der Umorganisation zugleich für

155 Nachdem Anfang 1941 das Wirtschaftsreferat im Amt IV fortgefallen war, kam Wolter nach eigenen Angaben in das Amt I und arbeitete in der Gruppe I D Strafsachen unter Haensch (Vernehmung vom 5.4.1965, GenStAnw KG Berlin, RSHA-Ermittlungsunterlagen, Personalakte Pw 116). Im Spätsommer 1942 wurde er zur Stapostelle Stettin als stellvertretender Leiter versetzt, im Mai 1943 nach Jugoslawien zur Einsatzgruppe E abgeordnet und übernahm dort die Führung des Einsatzkommandos 15. Im September 1944 wurde er von jugoslawischen Partisanen gefangengenommen, allerdings im April 1945 gegen jugoslawische Offiziere wieder ausgetauscht. Von der Spruchkammer in Hofgeismar 1948 als »Minderbelasteter« eingestuft, lebte er unbehelligt in der Nähe von Köln, bis er im Mai 1969 starb (BArch, BDC, SSO-Akte Willi Wolter; GenStAnw KG Berlin, RSHA-Ermittlungsunterlagen, Personalakte Pw 116; RuPrMdI, Personalakte Willi Wolter, Sonderarchiv Moskau, 720-5-11220; zu Wolter siehe auch den Biographischen Anhang).

ein Personalrevirement genutzt. Der bisherige Referatsleiter Reinhold Heller kam als Leiter der Staatspolizeistelle nach Potsdam;[156] neuer Referent im RSHA IV A 1 Kommunismus, Marxismus, Einheitsfront, illegale Propaganda wurde Josef Vogt, bis dahin im Gestapa für »Sachliche Auswertung aller Erscheinungsformen des Kommunismus« zuständig.[157] Das Referat Sabotagebekämpfung, Sabotageabwehr, Fälschungswesen (IV A 2) erhielt zunächst Kurt Geißler,[158] aber ihm folgte schon im Frühjahr 1940 Horst Kopkow. Anfänglich gehörten zur Gruppe IV noch die Referate Kirchenpolitische Angelegenheiten (IV A 4) unter Regierungsassessor Erich Roth, der bereits im Gestapa das Sachgebiet Evangelische Kirchen bearbeitet hatte, und Emigranten (IV A 5) unter dem jungen, engagierten, aber in der Holocaustforschung weitgehend unbeachtet gebliebenen Dr. Walter Jagusch.[159] Allerdings verließ Jagusch das RSHA Ende 1940 nach Straßburg, wo er in der Dienststelle des BdS die Gestapoabteilung leitete;

---

156 Vgl. dazu Hinze, Schutzmann. Mit Heller ging auch dessen Mitarbeiter Bruno Sattler nach Potsdam. (Zu Sattler vgl. neben dem kurzen biographischen Abriß in Graf, Politische Polizei, S. 378, einen ausführlichen Artikel im »Tagesspiegel« vom 29. 12. 2000, S. 3, über die Nachforschungen, die dessen Tochter über ihren Vater angestellt hat. Den Hinweis auf diesen Artikel verdanke ich Peter Klein.)

157 Geschäftsverteilungsplan des Gestapa vom Juli 1939 (BArch, R 58/840, Bl. 189–204). Paul Opitz, im Gestapa Referent für Paßfälscherangelegenheiten, wurde 1939 zur Einwandererzentrale Posen versetzt, übernahm 1941 ein »fliegendes Kommando« des RSHA zur Grenzüberwachung und kehrte erst 1943 als Referent für die Grenzpolizei ins RSHA nach Berlin zurück; Erich Schröder, bislang im Gestapa zuständig für Beobachtung sowjetischer Staatsbürger in Deutschland sowie russischer und jugoslawischer Emigranten, erhielt ein neues Referat in der Gruppe IV D. Zur Errichtung von »fliegenden Kommandos« des Amtes IV, die zur Unterstützung der Grenzpolizei, des Hotel- und Ausländerkontrolldienstes und zur Kontrolle von Zügen an jeweils besonderen Brennpunkten eingesetzt werden sollten, siehe Schellenbergs Erlaß vom 20. 4. 1940 (BArch, R 58/246, Bl. 74).

158 Geißler wechselte vom RSHA zur deutschen Botschaft in Bukarest als Sonderbeauftragter der Sicherheitspolizei (Rundschreiben RSHA I-HB, gez. Streckenbach, Betr. Schriftverkehr mit den Sonderbeauftragten der Sicherheitspolizei bei deutschen Auslandsvertretungen, 29. 8. 1940, BArch, R 58/246, Bl. 101; Vernehmung Kurt Geißler, 23. 4. 1947, GenStAnw KG Berlin, RSHA-Ermittlungsunterlagen, Personalheft Pg 15.

159 Zu Jagusch siehe den Biographischen Anhang. Zur Verfolgung der Emigranten durch die Gestapo vgl. Paul, Repressionen.

sein Arbeitsgebiet Emigranten wurde dem Referat IV A 3 zugeschlagen.[160] Roth kam mit seinem Kirchenreferat Anfang 1941 zur neugebildeten Gruppe IV B.

Mit Josef Vogt, Kurt Lindow, der Vogt im Juli 1942 als Referatsleiter ablöste,[161] Horst Kopkow, Willy Litzenberg, Franz Schulz und dem engen Müller-Vertrauten Friedrich Panzinger als Gruppenleiter[162] besaß diese Kerngruppe des Amtes IV eine bemerkenswerte personelle Konstanz. Bis auf Kopkow, der mit Abstand jüngste Referent der Gruppe und als gelernter Drogist Quereinsteiger in die Polizeilaufbahn, hatten alle anderen bereits in der frühen Weimarer Republik ihre Karriere als Kriminalkommissaranwärter begonnen.[163] Panzingers Karriere war eng

---

160 Im Mai 1941 wurde das Sachgebiet Emigranten dann dem Referat IV D 3, zu diesem Zeitpunkt von Erich Schröder geleitet, angegliedert (Runderlaß RSHA II A 1, gez. Nockemann, 13. 5. 1941, BArch, R 58 F, 396, Bl. 14). Das zweite Sachgebiet (IV A 5 b) »Judenangelegenheiten (einschl. Reichsvereinigung)«, also die Gestapoaufsicht über die mit der 10. Verordnung zum Reichsbürgergesetz vom 4. 7. 1939 (RGBl. I, 1939, S. 1097 f.) geschaffene (Zwangs-)Reichsvereinigung der Juden in Deutschland, war Jagusch ausdrücklich im Februar 1940 zugesprochen worden (Erlaß Müller, 29. 2. 1940, BArch, R 58/240, Bl. 32). Im Dezember führte er noch Gespräche mit dem Vertreter der Reichsvereinigung, Dr. Paul Eppstein (Vermerk Eppstein über eine Unterredung mit Jagusch, Dezember 1940, BArch DH, ZR 783, A 13). Nach Jaguschs Weggang wurde das Gebiet »Judenangelegenheiten« dann endgültig Eichmanns Referat IV B 4 zugewiesen.

161 Lindow war dem Referat seit Oktober 1941 zur Einarbeitung zugeteilt (GenStAnw KG Berlin, 1 Js 1/64, Abschlußvermerk, 15. 9. 1970, S. 14). Vogt wurde als KdS nach Maribor (Marburg) a. d. Drau, Slowenien, versetzt. Für die Verbrechen, die er dort beging, stand er 1947 vor einem jugoslawischen Kriegsgericht, wurde zum Tode verurteilt und hingerichtet (BArch, BDC, Personalakte Josef Vogt; BArch D-H, ZR 64; GenStAnw KG Berlin, RSHA-Ermittlungsunterlagen, Personalheft Pv 4).

162 Friedrich Panzinger ist zwar schon im Geschäftsverteilungsplan des RSHA vom 1. 3. 1941 als Leiter der Gruppe IV A ausgewiesen, trat seinen Dienst aber erst Ende September 1941 an. Seit August 1940 war er Sonderbeauftragter der Sicherheitspolizei bei der deutschen Gesandtschaft in Sofia gewesen (BArch, BDC, SSO-Akte Friedrich Panzinger; RMdI, Vorschlag zur Ernennung Panzingers zum Regierungsdirektor, 12. 1. 1943, BArch DH, ZR 58; GenStAnw KG Berlin, 1 Js 1/ 64, Abschlußvermerk, 15. 9. 1970, S. 10).

163 Horst Kopkow, Jahrgang 1910, war bis August 1934 Drogist in Allenstein, bevor er sich entschloß, aus seiner politischen Überzeugung einen Beruf zu machen und

338

mit Heinrich Müller verbunden. Beide holten als Abendschüler weiterqualifizierende Abschlüsse nach: Müller 1923 die mittlere Reife, Panzinger 1927 das Abitur. Zusammen bereiteten sie sich anschließend auf die Prüfung für den mittleren Polizeidienst vor; Panzinger nahm anschließend sogar noch ein Jurastudium auf, das er 1932 mit dem Referendarexamen erfolgreich abschloß.[164] Alle waren gestandene Kriminalkommissare: Vogt gehörte mehrere Jahre der zentralen Mordkommission im Ruhrgebiet an, bevor er im Juli 1933 ins Polizeipräsidium Berlin versetzt wurde. Lindow war nach seiner Kriminalkommissarprüfung im Berliner Betrugsdezernat tätig, seit 1930 bei der Kripo Altona und kam im Sommer 1932 nach Elbing, wo er Leiter der politischen Polizei wurde. Litzenberg, Kriminalkommissar im Berliner Polizeipräsidium, war gleich nach der Machtübernahme in die politische Abteilung gewechselt und hatte von Anfang des Geheimen Staatspolizeiamtes an die sogenannte Rechtsopposition bearbeitet.[165] Franz Schulz kam von Stettin Ende 1932

---

als Kriminalkommissaranwärter bei der Staatspolizeistelle Allenstein anzufangen. Die übrigen Referenten der Gruppe IV A waren deutlich älter: Vogt und Schulz Jahrgänge 1897 beziehungsweise 1894, Litzenberg 1900 und Panzinger ebenso wie Lindow Jahrgang 1903.

Auch Lindow, Vogt und Schulz waren eine Zeitlang als kaufmännische Angestellte tätig gewesen, Litzenberg und Schulz hatten sogar einige Semester Jura studiert, bevor sie sich zur Polizei meldeten: Panzinger wie sein späterer Chef Heinrich Müller 1919 in München, Vogt und Schulz 1925 in Düsseldorf beziehungsweise in Stettin und Lindow wie Litzenberg 1927/28 in Berlin.

164 RMdI, Vorschlag zur Ernennung Friedrich Panzingers zum Regierungsdirektor, 12. 1. 1943 (BArch DH, ZR 58). Zu Müller siehe Seeger, Gestapo-Müller, S. 30 f.

165 Vogt ging 1934 wieder zurück zur Gestapo Düsseldorf, Ende 1936 zur Gestapo Köslin und zum 1. Januar 1938 in das Geheime Staatspolizeiamt in Berlin, wo er Sachbearbeiter für die »Sachliche Auswertung aller Erscheinungsformen des Kommunismus« wurde.

Lindow wurde im Oktober 1933 zur Stapostelle Hannover versetzt, wo er die Leitung der Abteilung III Spionageabwehr innehatte. 1938 kam er ins Geheime Staatspolizeiamt, erst zum Schutzhaftreferat, dann im Frühjahr 1940 in die Abwehrabteilung IV E, wo er, bevor er im Juli 1942 als Referent in die Gruppe IV A kam, das Referat IV E 1 leitete (BArch, BDC, SSO-Akte Kurt Lindow; Urteil Landgericht Frankfurt am Main, 4–54 Ks 4/50, 22. 12. 1950, gedruckt in: Justiz und NS-Verbrechen, Bd. 8, S. 2–10).

nach Berlin und war wie Panzinger vor seinem Eintritt ins RSHA erst in der Stapoleitstelle Berlin tätig.

Von Heinrich Müller sind die Widerstände der Gauleitung München gegen seine NSDAP-Mitgliedschaft bekannt.[166] Ähnlich traten Panzinger und Lindow im Juni/Juli 1933 der SA bei und erlangten erst nach der Aufnahmesperre im Mai 1937 ihre NSDAP-Mitgliedschaft.[167] Vogt, Litzenberg und Franz Schulz wurden im Frühjahr 1933 Parteimitglieder. Lindow und Schulz wollen sogar zur Zeit der Weimarer Republik der liberalen Deutschen Staatspartei, bis 1930 Deutsche Demokratische Partei, angehört haben.[168] Allein der junge Quereinsteiger Horst Kopkow, als

---

Willy Litzenberg war es, der 1944 als letzter Leiter der Sonderkommission zur Fahndung nach dem untergetauchten Arthur Nebe erfolgreich war, nachdem mehrere vor ihm gescheitert waren, und Nebe verhaften konnte. Heinrich Müller beurteilte Litzenberg folgendermaßen: »ausgezeichneter Kriminalist, ist an ein genaues, tiefschürfendes und erfolgreiches Arbeiten gewöhnt. Seine kriminalistischen Fähigkeiten sind höher zu werten als seine politische Konzeption. Fleiss und Tatkraft werden stark gehindert durch innere Krankheit. Legt gegen sich und auch gegen seine Mitarbeiter einen besonders scharfen Maßstab an. In politischer und weltanschaulicher Hinsicht absolut einwandfrei. Desgleichen in charakterlicher Hinsicht. Wirkt nach aussen zwar ablehnend, misstrauisch, negativ, ist jedoch seinen Mitarbeitern gegenüber ein sehr guter Kamerad« (Personal-Beurteilung Müllers, 5. 5. 1941, BArch, BDC, SSO-Akte Litzenberg). Litzenberg wurde nach dem Krieg für einige Jahre interniert und starb 1964 in Würzburg.

166 Seeger, Gestapo-Müller, S. 36, 42, 50 f.

167 Die NSDAP-Ortsgruppe nahm Anfang Oktober 1936 zum Aufnahmeantrag Panzingers so Stellung: daß ihr seine politische Einstellung vor der Machtübernahme unbekannt sei, Panzinger aber »bei jeder Sammlung gern« gebe, stets aus gegebenem Anlaß flagge und den »Völkischen Beobachter« abonniert habe. Zu den Parteiversammlungen käme er selten, würde sein Fehlen aber »glaubhaft« mit seinem Polizeidienst entschuldigen. In die SS wurde Panzinger im April 1939 aufgenommen (BArch, BDC, SSO-Akte Panzinger).

168 Für Lindow siehe Urteil Landgericht Frankfurt am Main vom 22. 12. 1950, 4–54 Ks 4/50, gedruckt in: Justiz und NS-Verbrechen, Bd. 8, S. 2–10; für Schulz: Erklärung Franz Schulz, o. D., vor dem Spruchgericht Bielefeld, 4a Sp. Is. 275/47, BArch DH, ZR 201. Bei Schulz votierte der zuständige Rassereferent gegen die Aufnahme in die SS, trotzdem wurde Schulz auf ausdrückliche Anweisung Himmlers 1939 in den SD als SS-Sturmbannführer aufgenommen (Sicherheitshauptamt, Leiter Zentralabteilung I/2, gez. Klingemann, an SS-Personalhauptamt, 31. 8. 1939, BArch, BDC, Personalakte Franz Schulz). Auch Josef Vogt, der

Referent für Sabotageabwehr ein erfolgreicher Agent im Funkspiel gegen die Sowjetunion und Ermittler gegen die »Rote Kapelle« sowie beim Attentat des 20. Juli 1944, hatte sich früh öffentlich zum Nationalsozialismus bekannt, war im August 1931 in die NSDAP eingetreten und hatte sich vor 1933 durch aktiven Einsatz hervorgetan.[169] An der Loyalität der Referenten war indes nicht zu zweifeln. Kopkow, Litzenberg, Vogt, Panzinger waren ebenso wie Lindow und Schulz gewissenhafte und engagierte Gestapobeamte. Die Erwartung, gerade im Bereich der Verfolgung der politischen Gegner langjährige Nationalsozialisten, »alte Kämpfer«, vorzufinden, erweist sich als vorschnell. Vielmehr liegt das Charakteristikum des politischen Profils des Führungspersonals der Gruppe IV A nicht in der Abweichung, sondern in der Ähnlichkeit mit ihrem Chef Heinrich Müller.

Man könnte annehmen, daß das Kommunismusreferat, das zu Beginn des NS-Regimes innerhalb des Gestapa eine überragende Bedeutung besaß, mit der Zerschlagung des kommunistischen Widerstands Mitte der dreißiger Jahre seine Wichtigkeit eingebüßt hätte, auch wenn die alte nationalsozialistische Furcht, durch Unzufriedenheit der Arbeiter könnte ein neues 1918/19 entstehen, das Regime ohne Zweifel auch in den späte-

---

Anfang 1939 seine Aufnahme in die SS beantragt hatte, mußte sich vom Rasse- und Siedlungshauptamt bescheinigen lassen, aufgrund eines »mangelhaften Körperbaus« und als »unausgeglichener Mischling ostisch beziehungsweise ostbaltisch« »für die SS ungeeignet« zu sein. Best legte den Aufnahmeantrag Heydrich zur Entscheidung vor, der den Vorgang an Himmler weitergab, der dann die Aufnahme Vogts in die SS genehmigte (Stellungnahme des RuSHA, 14. 4. 1939, Vermerk Best, 22. 4. 1939, SD-Hauptamt an Personalhauptamt, 31. 7. 1939, BArch, BDC, RuSHA-Akte Josef Vogt).

169 »Mit vorbildlicher Haltung und seltenem Schneid«, so eine RSHA-Beurteilung über ihn, »nahm er stets in den vordersten Reihen an den Saalschlachten teil.« (RSHA, Beförderungsvorschlags Kopkows zum SS-Sturmbannführer, 17. 9. 1943, BArch, BDC, SSO-Akte Horst Kopkow; vgl. auch den Abschlußbericht Kopkows zur Tätigkeit und Festnahme der »Roten Kapelle« vom 20. November 1942, BArch, R58/1131) Heinrich Müller lobte Kopkow Anfang 1943 als einen seiner erfolgreichsten Mitarbeiter (Beurteilung Müllers, 8. 2. 1943, BArch, BDC, SSO-Akte Kopkow, und auch Kaltenbrunner stellte Kopkow nach dem 20. Juli 1944 ein hervorragendes Zeugnis aus (ebenda). Seine Kenntnisse gab Kopkow nach dem Krieg dem US-amerikanischen CIC weiter und erhielt dafür eine neue Identität (Tuchel, Zwischen kriminalistischer Recherche und brutaler Folter, S. 387).

ren Jahren immer wieder dazu antrieb, mit Argusaugen auf die Stimmung innerhalb der Arbeiterschaft zu achten.[170]

Der Krieg gegen die Sowjetunion gab dem Kommunismusreferat eine neue Relevanz. Ihm wurden jetzt sämtliche Angelegenheiten übertragen, die mit Sowjetbürgern zu tun hatten, was neben der Abwehr sowjetischer Agenten und Spionage vor allem die sowjetischen Kriegsgefangenen betraf, soweit staatspolizeiliche Interessen betroffen waren.[171] So kam es, daß nicht nur die Meldungen der Einsatzgruppen im Referat IV A 1 von den Sachbearbeitern Fumy und Knobloch empfangen, bearbeitet und als tägliche, später wöchentliche »Ereignismeldungen UdSSR« an einen sich ständig erweiternden Verteilerkreis geschickt wurden,[172] sondern auch die Aussonderung und Ermordung der »politisch verdächtigen« sowjetischen Kriegsgefangenen Aufgabe des Referats waren.[173]

---

170 Vgl. Morsch, Arbeit und Brot. Zum kommunistischen Widerstand siehe nach wie vor Peukert, KPD im Widerstand; jetzt auch Mallmann, Die geschlagenen Sieger. In der Zeit des Hitler-Stalin-Paktes ermahnte Heydrich seine Beamten, daß sich an der »innenpolitischen Einstellung des nationalsozialistischen Staates zum Kommunismus« nichts ändern dürfe. Nach wie vor würden die Komintern und die jeweiligen kommunistischen Parteien die Weltrevolution als Endziel ihrer Tätigkeit betrachten (Runderlaß Heydrichs, betr. Bekämpfung des Kommunismus, 5.2.1940, BArch DH, ZR 920, A 146). Nicht zuletzt wurden aus dem Referat »Sonderkommissionen« gebildet, die das RSHA zum Beispiel zur Aufklärung und Verhaftung der Widerstands- und Nachrichtenorganisation »Rote Kapelle« bildete (Tuchel, Zwischen kriminalistischer Recherche und brutaler Folter).

171 Runderlaß II A 1, gez. Nockemann, 13.5.1941, BArch, R 58 F, 396, Bl. 14. Diese Sachgebiete wurden unter der Sammelbezeichnung »Sowjetrussen (Bolschewisten)« zusammengefaßt; das Sachgebiet »Sowjetunion als Staatsgebiet« blieb indes beim Amt VI SD-Ausland (Runderlaß II A 1, gez. Streckenbach, 29.7.1941, BArch, R 58 F, 396, Bl. 17).

172 Zu den Ereignismeldungen vgl. Krausnick/Wilhelm, Truppe des Weltanschauungskrieges, S. 333–347; Headland, Messages of Murder.

173 Kurt Lindow wurde deswegen vor dem Schwurgericht Frankfurt des gemeinschaftlichen Mordes angeklagt, mit Urteil vom 22.12.1950 (gedruckt in Justiz und NS-Verbrechen, Bd. 8, S. 2–10) allerdings freigesprochen. Das Verfahren 1 Js 1/64 gegen den Sachbearbeiter in IV A 1, Franz Königshaus, wegen der Massenexekution von polnischen und sowjetischen Kriegsgefangenen wurde wegen Verhandlungsunfähigkeit des Beschuldigten eingestellt. Die Verfahrensunterlagen, insbesondere die umfangreichen Abschlußvermerke vom 15.9.1970 und 1.11.1970, befinden sich heute im Landesarchiv Berlin, Bestand B Rep. 057–01, 1 Js 1/64.

Bis September 1944, als Heinrich Himmler nach dem Attentat vom 20. Juli nicht nur von Hitler zum Befehlshaber des Ersatzheeres ernannt, sondern ihm auch das Kriegsgefangenenwesen unterstellt wurde,[174] fielen alle Angelegenheiten der Kriegsgefangenen in den Bereich des OKW.[175] Die Aussonderung »potentieller Gegner« und ihre Ermordung war hingegen Aufgabe der Einheiten der Sicherheitspolizei und des SD. Im Juli 1941 hatte das OKW in Verhandlungen mit Gestapochef Heinrich Müller die verbrecherische Aussonderung und Tötung von sowjetischen Kriegsgefangenen gebilligt und nur verlangt, daß die Exekutionen außerhalb der Truppe stattfinden sollten.[176] Am 17. Juli 1941 gab Heydrich den Einsatzbefehl Nr. 8 heraus, der die Aufstellung von besonderen Kommandos anwies, um die Kriegsgefangenenlager zu »säubern«. In der Anlage 2 zu diesem Befehl wurde der auszusondernde Personenkreis genauer bestimmt: »alle bedeutenden Funktionäre des Staates und der Partei, insbesondere Berufsrevolutionäre, die Funktionäre der Komintern, alle maßgeblichen Parteifunktionäre der KPdSU und ihrer Nebenorganisationen in den Zentralkomitees, den Gau- und Gebietskomitees, alle Volkskommissare und ihre Stellvertreter, alle ehemaligen Polit-Kommissare in der Roten Armee, die leitenden Persönlichkeiten der Zentral- und Mittelinstanzen bei den staatlichen Behörden, die führenden Persönlichkeiten des Wirtschaftslebens, die sowjetrussischen Intelligenzler, alle Juden, alle Personen, die als Aufwiegler, oder fanatische Kommunisten festgestellt werden«.

Vier Tage später ließ Müller einen ergänzenden Einsatzbefehl Nr. 9 folgen, der die Ermordung der Kriegsgefangenen in den Lagern innerhalb

174 Weisung Hitlers zur Neuordnung des Kriegsgefangenenwesens, 25. 9. 1944, BArch, NS 19/3809, Bl. 28, gedruckt in: Moll, Führer-Erlasse, S. 460 f.
175 Vgl. dazu Streit, Keine Kameraden, S. 67–82; Streim, Behandlung, S. 10–15; Otto, Wehrmacht, S. 27–33.
176 Vgl. dazu Streim, Behandlung, S. 52–57. Anfang Dezember gab Müller auf einer Sitzung mit Vertretern des OKW, des Ost- und des Reichsarbeitsministeriums an, daß bis dahin 22 000 sowjetische Kriegsgefangene ausgesondert und 16 000 erschossen worden seien, was sich allerdings allenfalls auf die im Reich internierten sowjetischen Kriegsgefangenen beziehen kann (Vermerk vom 22. 12. 1941 über die Besprechung vom 5. 12. 1941 von dem Vertreter des Reichsarbeitsministeriums, Nbg. Dok. NG-1370, nach Streim, Behandlung, S. 58).

der Reichsgrenzen regelte, indem diese zur Exekution in das nächstge-
legene Konzentrationslager gebracht werden sollten.[177] Die Zahl allein der
im Reich getöteten sowjetischen Kriegsgefangenen liegt nach der Untersuchung von Reinhard Otto bei wenigstens 38 000 Männern,[178] die Zahl
der in der besetzten Sowjetunion von der Wehrmacht an die Sicherheitspolizei und den SD zur Exekution abgegebenen Kriegsgefangenen bei geschätzten 140 000 Männern,[179] ganz zu schweigen von den mehr als
2,5 Millionen sowjetischer Kriegsgefangener, die 1941/42 durch Hunger,
Erschöpfung und Massenexekutionen getötet worden sind. Die Selektion
nahmen die Einsatzkommandos vor Ort vor, aber die Entscheidung über
Leben und Tod der Ausgesonderten lag allein beim RSHA. Die Kommandos beziehungsweise die örtlichen Stapostellen schickten ihre Listen nach
Berlin, wo sie zuerst von Müller eingesehen und von ihm über den Gruppenleiter IV A an das Referat IV A 1 gegeben wurden. Vogt, Lindow
beziehungsweise der zuständige Sachbearbeiter Franz Königshaus bereiteten dann entsprechende Fernschreiben vor, die entweder für die Einsatzkommandos den Exekutionsbefehl enthielten oder für die Stapostellen die Anweisung, die betreffenden Kriegsgefangenen an ein bezeichnetes
Konzentrationslager zu überstellen, dem seinerseits vom RSHA, IV A 1,
das Eintreffen der Kriegsgefangenen mitgeteilt wurde mit dem Ersuchen,
diese Menschen »sonderzubehandeln«.[180] Danach schickten die Kom-

---

177 Die berüchtigten Einsatzbefehle Nr. 8 und Nr. 9 von Müller vom 17.7. beziehungsweise 21.7.1941 (Nbg. Dok. NO-3414 und 3415) sind mehrfach dokumentiert worden; hier sei auf die gedruckte Fassung hingewiesen in: Klein (Hg.), Einsatzgruppen, S. 331–342. Zur Bedeutung dieser Befehle vgl. Streit, Keine Kameraden, S. 87–105; Streim, Behandlung, S. 69–72; Otto, Wehrmacht, S. 48–57. Zur Selektion und Ermordung der sowjetischen Kriegsgefangenen im Deutschen Reich
   siehe jetzt vor allem Otto, Wehrmacht; hinsichtlich der Konzentrationslager vgl.
   auch Orth, System der nationalsozialistischen Konzentrationslager, S. 122–131.
178 Otto, Wehrmacht, S. 268.
179 Streim, Behandlung, S. 244, anders als Streit, der von 580 000 bis 600 000 überge-
   benen Kriegsgefangenen ausging (Streit, Keine Kameraden, S. 105); vgl. dazu jetzt
   die Zahlen evaluierend Gerlach, Kalkulierte Morde, S. 839.
180 Die regionalen Stapostellen begannen ab Frühjahr 1942 ein sogenanntes Russen-
   referat (II E R) einzurichten (Ende 1942 kam ein Westarbeiterreferat II E A hinzu)
   und gingen mehr und mehr dazu über, die Hinrichtungen an »Ostarbeitern« selbst
   zu vollstrecken (Lotfi, KZ, S. 210).

mandanturen der Konzentrationslager dem RSHA, Amt IV, entsprechende Vollzugsmeldungen, die wiederum von Müller über Panzinger bei Vogt beziehungsweise Lindow landeten, der sie säuberlich in der Registratur ablegen ließ.[181] Mitte November 1941 bekräftigte Himmler, daß die KZ-Kommandanten, sollten sie sowjetische Kriegsgefangene, die ihnen zur Tötung übergeben worden waren, zur Zwangsarbeit einsetzen wollen, sie vorab das Einverständnis des Chefs der Sicherheitspolizei und des SD benötigten.[182]

Schutzhaft und Abwehr (IV C und IV E)

Zentral beim Reichssicherheitshauptamt blieb auch die Verhängung von Schutzhaft. Aufgrund der Reichstagsbrandverordnung vom 28. Februar 1933 konnte die Polizei Personen in Schutzhaft nehmen, ohne an zeitliche oder verfahrensrechtliche Regelungen gebunden zu sein, die ihr ansonsten durch die Strafprozeßordnung und jeweilige landesrechtliche Bestimmungen auferlegt waren.[183] Heydrich hatte im Mai 1934 festgelegt, daß die einzelnen Gestapostellen zwar befugt seien, Schutzhäftlinge festzunehmen, der endgültige Schutzhaftbefehl jedoch nur mit seiner Unterschrift gültig und das Schutzhaftreferat im Gestapa zu informieren sei, das sowohl die administrative Abwicklung (Eintragung in die Schutzhaftkartei und Überweisung in ein Konzentrationslager) vornehme, als auch die Dauer der Schutzhaft prüfe.[184] Nach verschiedenen Vorgängern[185] über-

---

181 Zum administrativen Verfahren und den Mordmethoden in den Konzentrationslagern vgl. Streim, Behandlung, S. 96–119; Lotfi, KZ, S. 212 f.; zur Praxis der Aussonderungskommandos im Reich vgl. Otto, Wehrmacht, S. 87–147, und hinsichtlich der besetzten sowjetischen Gebiete Streit, Keine Kameraden, S. 87–105; für den Bereich der Heeresgruppe Mitte jetzt auch Gerlach, Kalkulierte Morde, S. 834–843.

182 Inspekteur der Konzentrationslager an Lagerkommandanten der Konzentrationslager Dachau, Sachsenhausen, Buchenwald, Mauthausen, Flossenbürg, Neuengamme, Auschwitz, Groß-Rosen, 15. 11. 1941, IMG, Bd. 35, S. 163 f. (569-D).

183 Vgl. dazu Gruchmann, Justiz im Dritten Reich, S. 535–632; jetzt auch Scheffler, Schutzhaft im Nationalsozialismus.

184 Erlaß Heydrichs, 31. 5. 1934, BArch, R 58/264, Bl. 50.

185 Vgl. dazu Tuchel/Schattenfroh, Zentrale des Terrors, S. 171–187.

nahm am 1. März 1934 Dr. Emil Berndorff das Schutzhaftreferat und sollte es bis zum Kriegsende behalten.

Auch Berndorff, 1892 in Berlin geboren, war ein alter erfahrener Kriminalbeamter. Nach dem Abitur hatte er an der Universität Berlin Rechts- und Staatswissenschaften studiert, sich aber gleich im August 1914 freiwillig für den Krieg gemeldet. Bis Ende 1918 war er auf verschiedenen Kriegsschauplätzen im Westen wie im Osten, u. a. auch in Serbien, eingesetzt gewesen und als Leutnant der Reserve nach Berlin zurückgekehrt, um sein Studium fortzusetzen. 1920 promovierte er zum Dr. jur. und bewarb sich erfolgreich bei der Berliner Kriminalpolizei. Seine Kriminalkommissarprüfung bestand er im Juli 1921 glänzend und war in den folgenden Jahren im Berliner Morddezernat unter der Leitung des damals legendären Kriminalisten Gennat mit einigen spektakulären Kriminalfällen, wie zum Beispiel dem Fall des Eisenbahnattentäters Matuschka, befaßt. Politisch bekannte sich Berndorff schon vor 1933 zum Nationalsozialismus. Seine Ehefrau war im August 1931 Parteimitglied geworden, er selbst schloß sich im August 1932 – also nachdem das Verbot der NSDAP-Mitgliedschaft für preußische Beamte aufgehoben worden war – der Fachschaft nationalsozialistischer Kriminalbeamter Groß-Berlins an, die von Arthur Nebe, dem späteren Chef des Amtes V, gegründet worden war.[186] So war es keine Überraschung, daß Berndorff zu den ersten Beamten des neugegründeten Geheimen Staatspolizeiamtes gehörte, zunächst mit Willy Litzenberg im Dezernat für die Rechtsopposition, dann als Nachfolger des pensionierten Kriminalrats Karl Futh als Leiter des Schutzhaftreferats.[187]

Zwar war das Schutzhaftreferat in der Gruppe IV C angesiedelt, aber de facto bestand diese Gruppe vor allem aus dem Schutzhaftreferat IV C 2

---

186 Parteimitglied wurde Berndorff erst nach der Aufnahmesperre im Mai 1937. Es fällt auch auf, daß er erst spät, im November 1941, seine Ehefrau sogar erst im Februar 1944 aus der evangelischen Kirche ausgetreten ist.

187 BArch, BDC, SSO-Akte Emil Berndorff; RMdI, Vorschlag zur Ernennung Berndorffs zum Reg.u.Krim.rat, 15. 8. 1938, BArch DH, ZR 214. Zu Berndorff siehe Graf, Politische Polizei, S. 334–335; Scheffler, Schutzhaft, S. 188–191. Es leuchtet allerdings nicht ein, wenn Scheffler Berndorffs Nachkriegsversion folgt und von einer »unfreiwilligen Versetzung zur Gestapo« schreibt (ebenda, S. 189). Berndorff wurde 1947 in einem Spruchgerichtsverfahren zu fünf Jahren Gefängnis verurteilt, 1950 entlassen und lebte seitdem als Rentner.

unter Berndorff und wurde auch von ihm geleitet.[188] Durch die wachsende Zahl der Schutzhäftlinge und die zentrale Bedeutung der Schutzhaft als eines der wichtigsten exekutiven Mittel der Gestapo war das Schutzhaftreferat personell besonders stark ausgestattet, zumal allein die Führung der Personenkartei etliche Sachbearbeiter und Hilfskräfte erforderte. Bei der Übernahme des Referats 1937 arbeiteten dort sechs Polizeiinspektoren, sechs Registratoren und etwa sieben bis acht weibliche Schreibkräfte. 1944 war die Zahl der Arbeitskräfte auf elf Inspektoren und über 40 Registratoren und Schreibkräfte angewachsen.[189] Die Zahl der Schutzhaftfälle stieg, vor allem im Krieg, erheblich an. Die von Detlev Scheffler ermittelten laufenden Haftnummern für bestimmte Anfangsbuchstaben der Häftlingsnamen wiesen zum Beispiel für den Buchstaben H einen Anstieg von 2216 im Oktober 1937 auf 9511 im Mai 1940 und 16 981 im Januar 1943,

---

188 Der im Geschäftsverteilungsplan vom März 1941 als Gruppenleiter IV C ausgewiesene Dr. Fritz Rang leitete die Gruppe vom Frühjahr 1941 bis Januar 1943 und wechselte dann zu IV D (Eidesstattliche Erklärung Rang, 24. 9. 1947, IfZ, ZS 1333; Geschäftsverteilungspläne der RSHA vom 1. 3. 1941 und 1. 10. 1943, a. a. O. [s. Anm. 115]). Die Kartei (IV C 1), die nacheinander von Paul Matzke, Erwin Jarosch und Johannes Witzel geführt wurde, war fachlich unmittelbar mit dem Referat Berndorffs verbunden. Das Referat IV C 3 Angelegenheiten der Presse und des Schrifttums, das zuerst von Dr. Fritz Rang, dann von Dr. Ernst Jahr geleitet wurde, blieb, nachdem dieser im Februar 1943 zur Stapostelle Königsberg versetzt wurde, ohne Leitung. Ebenso wie das Referat IV C 4 Angelegenheiten der Partei und ihrer Gliederungen, das Kurt Stage innehatte, der im Herbst 1942 als Kommandeur der Sicherheitspolizei und des SD im norwegischen Tromsö eingesetzt wurde. Das Sachgebiet Berichterstattungen, Ereignismeldungen, A-Kartei unter Hans Pieper blieb nur kurze Zeit 1940 ein eigenständiges Referat und kehrte dann mit Pieper wieder zur Hauptgeschäftsstelle des Amtes IV zurück, wo auch schon zuvor die Berichterstattung angesiedelt war. Die im Geschäftsverteilungsplan vom Februar 1940 aufgeführte Nachrichtensammelstelle unter Leonhard Halmanseger wurde als IV N (später IV C 4) Heinrich Müller direkt unterstellt. Überwachungen, Sonderaufträge unter Kriminalrat Alwin Wipper, der dieses Aufgabengebiet schon im Gestapa betreut hatte, wurde ebenfalls als IV P direkt dem Amtschef IV unterstellt.

189 Tuchel/Schattenfroh, Zentrale des Terrors, S. 120; Paul, Verwaltung, S. 51. Scheffler hat berechnet, daß in der Gruppe IV C zwischen 1939 und 1945 insgesamt 824 Personen gearbeitet haben. Damit war die Schutzhaftabteilung innerhalb des Amtes IV die personell weitaus größte Gruppe (Scheffler, Schutzhaft, S. 200).

für den Buchstaben W von 2811 im November 1938 auf 7848 im Juni 1940 und 25 632 im Dezember 1943 auf.[190]

Wegen dieser hohen Zahl der Schutzhaftfälle war es daher längst Praxis geworden, daß nicht mehr Heydrich jeden Schutzhaftbefehl eigenhändig unterzeichnete, sondern er diese Befugnis an Müller abgegeben hatte. Und auch dieser zeichnete die Befehle nicht mehr sämtlich selbst ab. Berndorff leitete den Bereich Schutzhaft weitgehend selbständig und besaß Heydrichs wie später Kaltenbrunners Unterschriftsstempel, um Schutzhaftbefehle auszustellen, ohne zuvor die Genehmigung Müllers einholen zu müssen.[191] Diese Kompetenz, Schutzhaftbefehle zu erteilen, wurde im Laufe des Krieges mehr und mehr auf die regionalen Gestapodienststellen delegiert: Ab Oktober 1939 konnten die Stapostellen eigenständig Schutzhaft bis zu 21 Tagen verhängen,[192] vom Mai 1940 an wurden Schutzhaftbefehle nicht mehr zentral, sondern von den regionalen Staatspolizei(leit)stellen ausgefüllt, während im RSHA nur noch die zentrale Kartei geführt wurde.[193]

Aber Berndorff besaß weiterhin regelnden Einfluß, hatte zum Beispiel großen Anteil an Heydrichs sogenannten Stufen-Erlaß vom 2. Januar 1941, dem zufolge »wenig belastete und unbedingt besserungsfähige Schutzhäftlinge« in die Konzentrationslager Dachau, Sachsenhausen und das Stammlager Auschwitz (Stufe 1), »schwerer belastete«, aber noch »erziehungs- und besserungswürdige« Schutzhäftlinge nach Buchenwald, Flossenbürg, Neuengamme (Stufe 2) und »schwer belastete, insbesondere auch gleichzeitig kriminell vorbestrafte und asoziale, das heißt kaum noch erziehbare Schutzhäftlinge« in das KZ Mauthausen mit besonders

---

190 Scheffler, Schutzhaft, S. 206 f.

191 Feststellung des Öffentlichen Anklägers beim Spruchgericht Bielefeld, 4a Sp. Js. 237/47, 9. 6. 1947, sowie Vernehmungen Berndorffs, 10. 6. 1947, 22. 2. 1960, GStAnw KG Berlin, RSHA-Ermittlungsunterlagen, Personalheft Pb 63; Scheffler, Schutzhaft, S. 208.

192 Am 24. 10. 1939 teilte Müller den Gestapodienststellen mit, daß Entlassungen aus der Schutzhaft während des Krieges nicht mehr stattfinden sollten und die jeweiligen Stapostellen nun in eigener Zuständigkeit die Haftdauer von Schutzhäftlingen jeweils um drei Monate verlängern könnten (Graf, Politische Polizei, S. 386).

193 Runderlaß RSHA, 18. 5. 1940, BArch, R 58/1027, Bl. 131.

unerträglichen Lagerbedingungen gebracht werden sollten (Stufe 3).[194]
Berndorff war beteiligt an den Erlassen zur Folter von Häftlingen – als
»verschärfte Vernehmung« bezeichnet. Aus seinem Referat stammte der
von Himmler herausgegebene zynische Erlaß über die »Benachrichtung
der Angehörigen von im KL verstorbenen Häftlingen der Sicherheitspolizei« vom 21. Mai 1942 oder die Anordnung vom Januar 1943, daß
Schutzhäftlinge an den Exekutionen in den Konzentrationslagern als Gehilfen eingesetzt werden konnten.[195] Die Staatsanwälte der RSHA-Er-
mittlungsgruppe beim Kammergericht Berlin sahen daher die Täterschaft
Berndorffs insbesondere bei der zwischen RSHA und Reichsjustizministerium vereinbarten Abgabe von jüdischen und »fremdvölkischen« Justizhäftlingen an die Polizei und deren Einweisung in ein Konzentrationslager als erwiesen an und den Beschuldigten Berndorff für hinrei-
chend verdächtig, Beihilfe zum Mord beziehungsweise zum versuchten
Mord geleistet zu haben.[196]

Ebenfalls zu den personell und strukturell konstanten Bereichen des
Amtes IV zählte die Abwehr. Bis 1939 als ein eigenständiges Amt Teil des
Geheimen Staatspolizeiamtes, geführt von Best mit Jost als seinem Stellvertreter, war es auf Drängen Müllers und sicher nicht zuletzt aufgrund
der schwächer werdenden Position Bests als Gruppe IV E in das Gestapoamt integriert worden. Zwar hieß der Leiter noch Werner Best, aber sein
Kontrahent Walter Schellenberg hatte bereits die Stellvertretung erhalten.
Nachdem Best im Juni 1940 das RSHA offiziell verließ, erhielt Schellenberg auch formell die Gruppenleitung.[197] Die Zahl der Referate wurde
von zehn auf sechs reduziert, die leitenden Beamten sämtlich übernom-

194 Runderlaß RSHA, IV C 2, gez. Heydrich, 2.1.1941, Beweisdokumente für
die Spruchgerichte in der britischen Zone, G.J. Nr. 120; vgl. Scheffler, Schutzhaft, S. 135–137; Orth, System der nationalsozialistischen Konzentrationslager,
S. 86–88.
195 Scheffler, Schutzhaft, S. 141–145.
196 Vermerk GenStAnw KG Berlin, 1 Js 13/65, 9.12.1970. Allerdings war der inzwischen fast achtzigjährige Berndorff laut einem nervenärztlichen Gutachten vom
16.2.1970 nicht mehr verhandlungsfähig, so daß die Staatsanwaltschaft von einem
Antrag auf Eröffnung der Hauptverhandlung und einer förmlichen Anklage ab-
sah.
197 Anordnung Heydrich, 12.6.1940, BArch, R 58/240, Bl. 60.

men.[198] Der Kern der Abwehrabteilung des RSHA bestand aus dem Kriminalrat Dr. Herbert Fischer (Jahrgang 1904), dem Kriminaldirektor Dr. Ernst Schambacher (Jahrgang 1899) und Kriminaldirektor Walter Kubitzky (Jahrgang 1891).[199] Alle drei hatten schon in der Weimarer Republik in der Kriminalpolizei gedient. Walter Kubitzky hatte noch vor dem Ersten Weltkrieg Rechtswissenschaften und Nationalökonomie an der Universität Breslau studiert und gehörte zu den wenigen RSHA-Führungsangehörigen, die den Krieg als Soldat erlebt hatten. Nach kurzem Referendariat und Ausbildung im Justizdienst wurde er 1920 als Grenz-

198 Allerdings verließ Walter Blaesing, Referent für grundsätzliche Richtlinien und allgemeine Aufgaben, das RSHA Ende 1940 und wechselte zum Reichsluftfahrtministerium; Walter Liska, Referent für die Abwehr Süd, der seit Ende 1935 in der Abwehr des Gestapa schon für die Länder Ungarn, Jugoslawien und Italien zuständig war, trat sein Referat im RSHA nie an, da er mit Beginn der Krieges in Polen eingesetzt wurde. Walter Liska war erst bei der Dienststelle des KdS Krakau, dann als Leiter der Gestapoabteilung beim KdS Lublin tätig. Er wurde 1948 in Polen zum Tode verurteilt und hingerichtet (BArch, BDC, SSO-Akte Walter Liska; GenStAnw Berlin, RSHA-Ermittlungsunterlagen, Personalheft Pl 59).
Erwin Jarosch wechselte schon im März 1940 in die Geschäftsstelle des Amtes III SD-Inland und übernahm später die Leitung der Zentralen Sichtvermerkstelle des RSHA. Die Sichtvermerkstelle des RSHA (zugleich Referat IV C 1, später IV F 5) hatte die Aufgabe, den gesamten Reiseverkehr vom und in das Deutsche Reich zu überwachen. Jarosch wurde im Mai 1945 interniert und anderthalb Jahre später wieder freigelassen. Das Spruchgericht verurteilte ihn 1948 wegen Zugehörigkeit zu einer verbrecherischen Organisation zu sechs Monaten Haft, die durch Internierung als verbüßt galten. Er fand 1949 eine Arbeitsstelle in einer Herforder Buchdruckerei und arbeitete dort bis 1958 als Korrektor. 1956 genehmigte das nordrhein-westfälische Innenministerium seine Wiedereinstellung in den öffentlichen Dienst, im September 1958 wurde er dann bei der Bezirksregierung Düsseldorf angestellt und brachte es bis zu seiner Pensionierung immerhin zum Regierungsoberamtmann. Jarosch starb 1968 in Düsseldorf (BArch, BDC, SSO-Akte Erwin Jarosch; BArch DH, ZA I 7110 A 3; GenStAnw KG Berlin, RSHA-Ermittlungsunterlagen, Personalheft Pj 25).
199 Die folgenden Angaben zu Fischer nach: BArch, BDC, SSO-Akte Herbert Fischer; BArch DH, ZR 242, 243; Sonderarchiv Moskau, 500-4-105, 500-4-311; GenStAnw KG Berlin, RSHA-Ermittlungsunterlagen, Personalheft Pf 53; zu Schambacher: BArch, BDC, Research-Unterlagen; BArch DH, ZR 245; GenStAnw KG Berlin, RSHA-Ermittlungsunterlagen, Personalheft Psch 11; zu Kubitzky: BArch, BDC, Research-Unterlagen; BArch DH, ZR 247; GenStAnw KG Berlin, RSHA-Ermittlungsunterlagen, Personalheft Pk 155.

polizeikommissar eingestellt und tat seinen Dienst die Weimarer Zeit hindurch in Breslau. Ernst Schambacher war nach dem Abitur 1917 noch für kurze Zeit Soldat gewesen, hatte anschließend in Königsberg Jura studiert, 1925 seinen Dr. jur. erworben und unmittelbar danach als Kriminalkommissaranwärter im Berliner Polizeipräsidium angefangen. Fischer bewarb sich noch während seines Jurastudiums bei der Kriminalpolizei und begann gleich nach Studienabschluß Anfang 1929 eine Ausbildung bei der Kriminalpolizei in Königsberg.

Alle drei kamen schon in den ersten Monaten nach der nationalsozialistischen Machtübernahme zur Gestapo. Kubitzky gehörte zu den schlesischen Beamten, die der Abwehrspezialist und SD-Mann Günther Patschowsky Ende 1933 von Breslau nach Berlin ins Gestapa mitnahm.[200] Schambacher kam als Gefolgsmann Heydrichs ins Gestapa, als dieser im April 1934 die Leitung übernahm.[201] Fischer, der sich 1932 bereits als Denunziant gegen den sozialdemokratischen Berliner Polizeipräsidenten Grzesinski hervorgetan hatte, zählte zu den NS-Sympathisanten innerhalb der Berliner Kripo, die mit Arthur Nebe im Februar 1933 zur neugebildeten politischen Polizei gingen.[202] Fischer war nicht nur ein guter Kenner der französischen politischen Polizei, des Deuxième Bureau, sondern wurde 1936 und 1937 in Spanien eingesetzt, erfolgreich genug, um anschließend mit dem »Spanienkreuz in Silber« ausgezeichnet zu werden.[203] Im Krieg gegen Polen führte er im September 1939 die Einsatzgruppe III, 1942 wurde er von Berlin zum Befehlshaber der Sicherheitspolizei und des

200 Zu den Hintergründen des Wechsels von Patschowsky in das Gestapa vgl. Aronson, Reinhard Heydrich, S. 156 f.

201 Vgl. Graf, Politische Polizei, S. 218.

202 Vgl. ebenda, S. 80, 118, 171. Rasch wurde Fischer von Patschowsky in die Abwehrabteilung übernommen; der Geschäftsverteilungsplan des Gestapa vom Januar 1934 weist Fischer innerhalb der Abteilung IV Landesverrat und Spionage verantwortlich für Franzosen, Fremdenlegionäre, Belgien aus (Geschäftsverteilungsplan des Geheimen Staatspolizeiamtes vom 22. 1. 1934, gedruckt in: Graf, Politische Polizei, S. 420–423).

203 Fischer hielt auf der Tagung der Ober- und Regierungspräsidenten, Ministerpräsidenten und Innenminister der Länder vom 26. bis 28. 6. 1939 in Berlin einen Vortrag: »Die Tätigkeit der Sicherheitspolizei während des Spanischen Krieges 1936/39« (BArch Potsdam, Film Pers.Stab RFSS 5547, Aufn. 637830–637836).

SD in Budapest versetzt und übernahm im Oktober 1944 noch die Gestapoabteilung beim KdS im polnischen Radom.

Besetzte Gebiete (IV D)

Ein ganz anderes Profil als das des altgedienten Kriminalkommissars bot die Gruppe IV D, die sich mit den besetzten Gebieten befaßte und in Müllers Planungshorizont im Herbst 1939 noch gar nicht existiert hatte. Charakteristischerweise war Eichmanns Referat mit der unverhohlenen Bezeichnung Auswanderung, Räumung bis zum März 1941 als IV D 4 in dieser Gruppe angesiedelt, bevor es Teil der neugebildeten Gruppe IV B wurde. Die Ländergruppe IV D wurde von jungen Assessoren geführt, ohne kriminalpolizeiliche Erfahrung, aber mit hartem politischem Engagement und hoher Mobilität. Die Referenten von IV D waren nicht nur am Schreibtisch in Berlin, sondern ebenso als Einsatzkommandoführer in den besetzten Gebieten zu finden, wie der Tübinger Arzt Dr. Erwin Weinmann, der im Oktober 1936 hauptamtlicher Mitarbeiter beim SD und wenig später Stabsführer des SD-Oberabschnitts Südwest geworden war, 1937 in gleicher Funktion zum SD nach Berlin versetzt wurde, zu dessen Leiter er Anfang 1940 ernannt wurde. Bevor er die Leitung der Gruppe IV D im März 1941 übernahm, hatte er bereits seinen ersten SD-Einsatz in Lothringen hinter sich. Für die »Bereinigung Lothringens von volks- und reichsfeindlichen Elementen« wurde er mit dem Kriegsverdienstkreuz ausgezeichnet.[204] Ein knappes Jahr später verließ Weinmann das RSHA wieder, um die Führung des Sonderkommandos 4a in der Ukraine zu übernehmen. Sein Nachfolger als Gruppenleiter, nachdem die Gruppenleitung für einige Monate unbesetzt geblieben und wahrscheinlich von Jonak vertreten worden war, wurde für kurze Zeit Gustav Noßke, der zuvor Führer des Einsatzkommandos 12 in Ohlendorfs Einsatzgruppe D gewesen war und von April bis Oktober 1942 das neu eingerichtete Referat IV D 5 Besetzte Ostgebiete geleitet hatte.[205] Noßke mußte

---

204 CSSD, Vorschlagsliste für die Verleihung des KVK, 27.3.1942; BArch DH, ZR 785 A 8, Bl. 273. Zu Weinmann siehe oben, S. 99, 178 f.

205 Zu Noßke: BArch, BDC, SSO-Akte Noßke; BArch DH, ZR 57; Verhandlungen des Internationalen Militärgerichtshofes gegen Otto Ohlendorf et al. (Fall 9 Einsatzgruppenprozeß); ZStL, II 204 AR-Z 11/61.

Anfang 1943 wieder gehen, da ihm
und Geißler die Flucht des rumänischen Faschistenführers und
Antonescu-Opponenten Horia
Sima, der nach einem mißglückten
Putschversuch in Deutschland unter die Fittiche der SS genommen
worden war, im Dezember 1942
angelastet wurde.[206] Er übergab
die Leitung der Gruppe IV D an
den einstigen Referenten für Presseangelegenheiten und zeitweili-
gen Leiter der Schutzhaftgruppe
IV C, Dr. Fritz Rang, der zugleich
auch für das Referat IV D (Ausländische Arbeiter), das heißt die
für das Reich geworbenen wie
gezwungenen ausländischen Arbeitskräfte verantwortlich war.[207]
Rang, Jahrgang 1899, Soldat im
Ersten Weltkrieg und Angehö-

Dr. Fritz Rang, Gruppenleiter im RSHA-
Amt IV Gestapo
(Bundesarchiv, BDC, RuSHA-Akte
Fritz Rang)

riger des Freikorps Epp 1919/20, hatte Landwirtschaft studiert, landwirt-
schaftliche praktische Kenntnisse erworben und war im April 1933 –
NSDAP-Mitglied seit Oktober 1932 – Landesbauernführer in Olden-
burg/Niedersachsen und Geschäftsführer des Amtes für Agrarpolitik im
NSDAP-Gau Weser-Ems geworden. Von dort kam er im Januar 1934 zum
SD, wurde der Vorgänger von Six als Leiter der Presseabteilung im SD-
Hauptamt und wechselte, als Six antrat, mit gleichem Aufgabengebiet ins
Gestapa. Auch Rang hatte seinen »sicherheitspolizeilichen Einsatz« hin-

---

206 Zur hektischen Aktivität in der SS-Führung und im RSHA, um Horia Sima wieder
einzufangen, vgl. Dienstkalender Heinrich Himmlers 1941/42, S. 652–659.
207 Rang löste im Zwangsarbeiterreferat Bernhard Baatz ab, der als Führer des Einsatzkommandos 1 in den Osten abkommandiert wurde und als KdS Estland Martin Sandberger nachfolgte, der wiederum ins RSHA zurückkehrte (Rundschreiben Müller, 2.8.1943, betr. Geschäftsverteilung, nach Scheffler, Schutzhaft,
S. 404).

ter sich, indem er von Oktober 1939 bis Januar 1940 die Stapostelle Zichenau an der ostpreußisch-polnischen Grenze geleitet hatte.[208]

Stellvertretender Gruppenleiter war Dr. Gustav Jonak, im Gestapa seit Juni 1939 Leiter einer Sonderdienststelle Politisch-polizeiliche Angelegenheiten des Reichsprotektorats Böhmen und Mähren im Müllers Amt II, die dann in das Referat IV D 1 Protektoratsangelegenheiten überführt wurde. Für diese Arbeit war er bestens vorgebildet. Jonak stammte aus Mähren, wo er in Olmütz 1903 geboren wurde. Sein Vater, Notar im mährischen Neutitschein, wurde 1917, als Jonak vierzehn Jahre alt war, ermordet, ob aus politischen oder anderen Motiven, ist aus den Personalunterlagen nicht ersichtlich.[209] Jonak selbst jedenfalls schloß sich schon als Schüler dem völkischen Bund der Deutschen Nordmährens an und gehörte offensichtlich während seines Jurastudiums, das er in Innsbruck begonnen und an der deutschen Universität in Prag abschloß, dem radikalen volksdeutschen »Aufbruch«-Kreis um Rudolf Kaspar an.[210] 1930 wurde er Mitglied der sudetendeutschen nationalsozialistischen Partei (DNSAP). Beruflich ließ er sich als Rechtsanwalt ausbilden, entschied sich dann aber doch für die Politik und wurde im August 1936 Generalsekretär der Sudetendeutschen Partei Konrad Heinleins, der er nach dem Verbot der DNSAP beigetreten war. Hier gehörte er dem radikalen Flügel an, der die taktierende Position Henleins scharf verurteilte und die Auflösung der Tschechoslowakischen Republik und Angliederung des Sudetenlandes an das Deutsche Reich forderte. Als sich die Spaltung der Sudetendeutschen Partei vertiefte und Henlein den radikalen Rudolf Kaspar ausschloß, verließ Jonak ebenfalls die Führung der Partei, ohne sich deshalb aus der Politik zu verabschieden.[211] Seit dem Sommer 1936 hatte er nach eigenem Bekunden Verbindung zum SD, der die Radikalen in der Sudetendeutschen Partei unterstützte. Er blieb noch bis zum November

---

208 BArch, BDC, SSO-Akte Fritz Rang; GStAnw KG Berlin, 1 Js 12/65 (RSHA), Ermittlungsvermerk, 10.12.1968, S. 229; Abschlußvermerk, 8.9.1976, ZStL, 117 AR 1119/68, Bl. 189; GenStAnw KG Berlin, 1 Js 13/65 (RSHA), Einstellungsverfügung, 9.12.1970; Archiv IfZ, ZS 1333.

209 Die Angaben zu Jonak nach BArch, BDC, SSO-Akte Gustav Jonak; BArch DH, ZR 52; GenStAnw KG Berlin, RSHA-Ermittlungsunterlagen, Personalheft Pj 33.

210 Zum radikalen »Aufbruch«-Kreis vgl. Smelser, Sudetenproblem, S. 124.

211 Ebenda, S. 180.

1938, verließ dann nach der vorläufigen Beilegung der Sudetenkrise und dem Abschluß des Münchener Abkommens das Land, um nach Berlin ins Geheime Staatspolizeiamt zu gehen. Dort wurde ihm von Heydrich im Mai 1939 die Leitung des neueingerichteten Referats II T übertragen: »Das Referat II T ist zuständig für die Behandlung aller das Reichsprotektorat betreffenden grundsätzlichen Angelegenheiten in politischer, wirtschaftlicher und kultureller Hinsicht, soweit ein staatspolizeiliches Interesse besteht.«[212]

Einen Monat später wurde II T in die Sonderdienststelle BM [Böhmen und Mähren, M. W.] umgewandelt,[213] die dann schließlich in das Referat IV D 1 führte. Schon Heydrich hatte offenkundig vor, den ehrgeizigen Jonak als Landrat ins Protektorat zu holen, was zu seinen Lebzeiten nicht mehr klappte.[214] Aber zwei Monate nach Heydrichs Tod, im August 1942, wurde Jonak vom Reichsinnenministerium mit der Leitung des Oberlandratsamts Mährisch-Ostrau beauftragt.[215] Sein Nachfolger im RSHA, Dr. Bruno Lettow, Jahrgang 1910, hatte gleichfalls als stellvertretender Leiter der Stapostelle Brünn von 1939 bis 1941 Besatzungsterror vor Ort praktiziert, bevor er ins RSHA nach Berlin wechselte. Lettow war auch Vorsitzender des Standgerichts in Brünn, das in dieser Zeit 29 Menschen zum Tode verurteilte und weitere 200 Menschen an die Gestapo überwies, von denen mindestens 42 ebenfalls den Tod fanden.[216]

Auch Bernhard Baatz, der das Referat IV D 2 für das besetzte Polen leitete, gehörte zu den jungen, radikalen Aktivisten im RSHA. 1910 als Sohn eines Garnisonverwaltungsinspektors geboren, ging Baatz im westpreußischen Graudenz zur Grundschule.[217] »Da Westpreußen«, wie er in seinem

---

212 Anordnung Heydrichs, 8. 5. 1939; BArch, R 58/239, Bl. 226–227.

213 Anordnung Heydrichs, 2. 6. 1939; ebenda, Bl. 231–232.

214 Vermerk RMdI, Pfundtner, 23. 6. 1942, Sonderarchiv Moskau, 720-5-4137, Bl. 1 f.

215 Erlaß RMdI, 13. 8. 1942; Sonderarchiv Moskau, 720-5-4137, Bl. 4. Bis zum Kriegsende allerdings schaffte es das RSHA nicht, Jonak in den Haushalt des Reichsprotektors überzuleiten; er behielt eine Planstelle des RSHA; vgl. die entsprechende Korrespondenz zwischen RMdI und RSHA, ebenda, Bl. 9–26.

216 Diese Urteile des Standgerichts waren Gegenstand eines Ermittlungsverfahrens der StAnw Frankfurt/Main, 4 Js 608/64, ZStL, II 5050 AR-Z 632/67.

217 Die folgenden biographischen Angaben zu Baatz nach: BArch, BDC, SSO-Akte Bernhard Baatz; BArch DH, Dok-P 2396, ZR 139, ZR 759 A 14; GenStAnw KG Berlin, RSHA-Ermittlungsunterlagen, Personalheft Pb 3; GenStAnw KG Berlin,

Bernhard Baatz, Referent für Polen, die besetzten Gebiete Westeuropas und Zwangsarbeiter im RSHA-Amt IV Gestapo
(Bundesarchiv, BDC, RuSHA-Akte Bernhard Baatz)

SS-Lebenslauf 1934 schrieb, »im Diktat von Versailles abgegeben werden mußte, wurde mein Vater nach Dessau versetzt«, wo Baatz das humanistische Gymnasium besuchte und sich nach eigenen Angaben vor allem für Geschichte und Literatur interessierte. Er studierte Jura in Jena und Halle, trat im Februar 1932 in die NSDAP, ein halbes Jahr später in die SS ein. Er leistete seine Referendarzeit unter anderem bei der Staatspolizeistelle Berlin ab. Nach seinem zweiten Staatsexamen wurde er im Februar 1937 als Assessor in das Geheime Staatspolizeiamt nach Berlin einberufen und war dort zunächst im Kirchenreferat tätig.[218] Bereits auf einer der ersten Besprechungen bei Heydrich im Juli 1939 über die Einsatz von SD und Sicherheitspolizei im geplanten Krieg gegen Polen war Baatz für eine der Einsatzgruppen vorgesehen. Tatsächlich marschierte er mit der Einsatzgruppe IV, die unter anderem in Bromberg, später in Warschau eingesetzt war, nach Polen ein. In einer Nachkriegsvernehmung gab er zu, selbst den Feuerbefehl bei einer Exekution von Polen gegeben zu haben.[219]

Seine Erfahrungen im Einsatz gegen Polen zeichneten ihn offensichtlich so sehr aus, daß er nach seiner Rückkehr ins Gestapo Anfang Dezem-

---

1 Js 12/65, Ermittlungsverfahren gegen Dr. Werner Best, Bernhard Baatz, Joachim Deumling, Harro Thomsen u. a. wegen Verfolgung und Ermordung polnischer Volkszugehöriger, insbesondere Angehöriger der polnischen Intelligenz.

218 Laut Paul, Akademiker, S. 239, soll Baatz nach dem »Anschluß« Österreichs Leiter der Staatspolizeistelle Linz gewesen sein. Ich habe allerdings in seinen Personalunterlagen keinen Hinweis darauf gefunden.

219 Vernehmung vom 17. 9. 1976, ZStL, 211 AR-Z 13/63, Bd. 9, Bl. 1836–1841.

ber dort bis zum Januar 1940 (kennzeichnend für das noch im Aufbau befindliche RSHA) das Referat Besetzte polnische Gebiete mit der Gestapa-Referatskennzeichnung II O erhielt, das dann in das RSHA-Referat IV D 2 Gouvernementsangelegenheiten übergeleitet wurde. Über seinen Schreibtisch liefen etliche Anträge der Stapostellen im besetzten Polen nicht nur zur Schutzhaft, sondern auch zur Hinrichtung von Polen.[220] Die Staatsanwaltschaft legte Baatz nach dem Krieg zur Last, während seiner Zeit als Leiter des Polenreferats maßgeblich an den Erlassen des RSHA mitgewirkt zu haben, die im Frühjahr und Frühsommer 1940 zur Ermordung einer Vielzahl von Polen, insbesondere Angehörige der Intelligenz, führten.[221] Baatz blieb indes nicht lange Leiter des Polenreferats. Im Juli 1940 baute er erst das nach dem Westfeldzug neu eingerichtete Referat für die besetzten Westgebiete auf und übernahm im April 1941 das anfänglich kleine, doch an Bedeutung stets zunehmende Sachgebiet Ausländische Arbeiter.[222] Als Ende 1941 im RSHA der »Arbeitskreis für Sicherheitsfragen beim Ausländereinsatz« eingerichtet wurde, war Baatz dort als Vertreter des Reichssicherheitshauptamtes tätig.[223]

Die Referenten der Gruppe IV D waren von erkennbar anderem Zuschnitt als in den übrigen Sachgebieten des Amts IV. Keiner von ihnen war 1939 älter als vierzig Jahre, im Gegenteil, über die Hälfte war aus dem Jahrgang 1910 und folgende, zum Zeitpunkt der RSHA-Gründung also noch nicht einmal dreißig Jahre alt. Sie hatten sämtlich studiert, keineswegs alle Jura – es finden sich ebenso der Mediziner Weinmann, der Landwirtschaftswirt Rang oder der Bergassessor Schröder unter ihnen. Über die Hälfte hatte promoviert. Nur einer, Erich Schröder, ein diplomierter Bergingenieur, fand nach seiner Ausbildung an der Bergakademie in Clausthal-Zellerfeld keine Anstellung und bewarb sich 1929 bei der Kriminalpolizei. Alle anderen kamen nach ihrer verwaltungsjuristischen

---

220 Vgl. dazu Scheffler, Schutzhaft, S. 425–428; zum Referat II O/IV D 2 siehe auch Borodziej, Terror, S. 44 f., 52.

221 Landgericht Berlin, II VU 1/69, Vermerk zur Eröffnung der Voruntersuchung, 14. 2. 1969, StAnw Hamburg, 147 Js 31/67, Bd. 32, Bl. 6135–6144; siehe unten S. 829.

222 Rundschreiben Müller, 2. 8. 1943, betr. Geschäftsverteilung, nach Scheffler, Schutzhaft, S. 404.

223 Zur Konstituierung des Arbeitskreises siehe Herbert, Fremdarbeiter, S. 179.

Ausbildung als Referendare und Assessoren 1937 oder 1938 zur Gestapo beziehungsweise wie Weinmann, Rang und Jonak über den SD zur politischen Polizei. Baatz und Weinmann zählten zu den ältesten Parteimitgliedern, die übrigen traten zumeist im Frühjahr 1933 in die NSDAP und SA/SS ein. Alle Referenten waren Männer einer »kämpfenden Verwaltung«: Deumling und Thiemann, die neben Baatz das Referat IV D 2 Gouvernementsangelegenheiten geleitet hatten, als Angehörige der Einsatzgruppe E in Kroatien beziehungsweise des Sonderkommandos 4b in der besetzten Sowjetunion, Hans-Helmut Wolff, der Nachfolger Schröders, als Leiter der Gestapoabteilung beim BdS in den Niederlanden, andere als Stapostellenleiter in den besetzten polnischen und tschechischen Gebieten. Diese Männer waren keineswegs Schreibtischtäter oder gar Bürokraten. Sie verbanden ihre Arbeit in der Zentrale in Berlin mit der Praxis vor Ort. Sie vollzogen den Terror nicht nur per Erlaß, sondern praktizierten ihn selbst.

Verfolgung der Kirchen und Juden (IV B)

Eine besondere Stellung im Amt IV besaß die Gruppe IV B, bekannt vor allem durch das das Referat Adolf Eichmanns, den Heydrich am 21. Dezember 1939 zum Sonderreferenten für die »Durchführung der Räumung im Ostraum« im RSHA, Amt IV, ernannte.[224] Nach der Konzeption Müllers aus dem Herbst 1939 sollte das bisherige übergreifende Gestapareferat II B Konfessionen, Juden, Freimaurer, Emigranten, Pazifisten aufgegliedert werden und der Bereich Judenangelegenheiten/Emigranten in Anlehnung an die im Januar 1939 gebildete Reichszentrale für jüdische Auswanderung zu einem eigenen Sachgebiet zusammengefaßt werden.[225] Auf einer Amtschefbesprechung des RSHA am 4. Januar 1940 entschied Heyd-

---

224 Heydrich an BdS Krakau, IdS Breslau, Posen, Danzig, Königsberg, 21.12.1939, BArch, R 58/240, Bl. 26.
225 Der bisherige Leiter der Gestapareferats II B, Kurt Lischka, wurde im Januar 1940 Chef der Gestapo Köln und wechselte von dort nach Paris, wo er Stellvertreter des BdS, Helmut Knochen, und zeitweilig sogar selbst Kommandeur der Sicherheitspolizei und des SD in Paris wurde. In Frankreich war er für die Internierung und Deportation von rund 80 000 französischen Juden und Emigranten verantwortlich. Ende 1943 kehrte er ins RSHA zurück und übernahm das Referat IV D 1

rich, daß »die Judenfrage, sofern sie nicht exekutiv zu behandeln ist, durch das Amt II [also nach damaliger Numerierung das Amt Six, M. W.] zu bearbeiten ist. Exekutiv wird sie durch das Amt IV, SS-Hauptsturmführer Eichmann, behandelt.«[226]

Im Geschäftsverteilungsplan vom Februar 1940 firmierte das Eichmann-Referat als IV D 4 Auswanderung, Räumung. Aber auch das schien immer noch nicht die endgültige administrative Lösung zu sein. Im März 1941 wurde es als IV B 4 Judenangelegenheiten, Räumungsangelegenheiten Teil der von Albert Hartl geführten Gruppe IV B, die außer Eichmanns Referat noch die Kirchenreferate Politischer Katholizismus und Politischer Protestantismus unter Roth und Sonstige Kirchen, Freimaurerei umfaßte, dessen Leitung unbesetzt blieb, bis Otto-Wilhelm Wandesleben es im Dezember 1942 übernahm.[227] Mit der Umwidmung der Kirchenreferate vom SD zur Gestapo hatte sich Heinrich Müller durchgesetzt. Noch im Januar 1940 hatte Heydrich entschieden, daß das von Hartl im SD geführte und innerhalb des RSHA in Six' Amt angesiedelte Referat Politische Kirchen (II B 3) »als Führungsreferat aller Kirchenfragen anzusehen« sei.[228] Die Umorganisation im März 1941 bedeutete nun die Abgabe der Bearbeitung der Politischen Kirchen an die Gestapo. Das einstmals große und politisch aktive Kirchenreferat des SD wurde aufgelöst,

---

Protektorat als Nachfolger von Lettow, der Chef der Stapostelle Karlsbad wurde. 1945 tauchte Lischka in Schleswig-Holstein unter, wurde von den Briten verhaftet, 1947 an die Tschechoslowakei ausgeliefert und 1950 wieder in die Bundesrepublik entlassen. Hierzulande lebte er jahrelang unbehelligt, obwohl ihn ein französisches Gericht im September 1950 in Abwesenheit wegen seiner Beteiligung an der »Endlösung« in Frankreich zu lebenslanger Zwangsarbeit verurteilt hatte. Auf Betreiben des französischen Anwalts Serge Klarsfeld wurde Lischka zusammen mit Herbert Hagen und Ernst Heinrichsohn Ende der siebziger Jahre in Köln vor Gericht gestellt und am 2. Februar 1980 zu zehn Jahren Haft verurteilt (BArch, BDC, SSO-Akte Kurt Lischka; ZStL, I 104 AR 3603/65; Serge Klarsfeld, Vichy – Auschwitz. Die Zusammenarbeit der deutschen mit französischen Behörden bei der »Endlösung der Judenfrage« in Frankreich, Nördlingen 1989, passim).

226 Vermerk Six, 6. 1. 1940, USHMM, Record Group 15 007 M, reel 7, fol. 11.

227 Eine dichte, in seiner Anschaulichkeit geradezu beklemmende Schilderung der Räumlichkeiten des Referats IV B 4 in der Kurfürstenstraße 115/116 findet sich bei Lozowick, Malice in Action, S. 289–294.

228 Notiz Six vom 5. 1. 1940 über die Amtschefbesprechung vom 4. 1. 1940, BArch, R 58 F, 270, Bl. 23; Six an Ehlers und Richter, 5. 1. 1940, ebenda, Bl. 24.

die Mitarbeiter größtenteils zur Gruppe IV B überwiesen, deren Leitung Hartl übertragen wurde. Auf der Ebene der regionalen Stapostellen beziehungsweise SD-Abschnitte mußte der SD das Material, das er über die Kirchen gesammelt hatte, an die Gestapo abgeben.[229]

Auch die Ansiedlung von Eichmanns ehemaligem SD-Referat im Gestapoamt besaß durchaus administrativen Sinn. Da nach dem Funktionsbefehl Heydrichs vom 1. Juli 1937 der SD »alle allgemeinen und grundsätzlichen Fragen (in denen staatspolizeiliche Vollzugsmaßnahmen nicht in Betracht kommen)« bearbeiten sollte, die Gestapo hingegen »alle Einzelfälle (in denen staatspolizeiliche Vollzugsmaßnahmen in Betracht kommen)«,[230] war der Verbleib von Eichmann im SD-Hauptamt in dem Moment nicht zu halten gewesen, als er in Österreich 1938 damit begann, eine exekutive Rolle zu spielen.[231] Für die Erfüllung seiner Aufgaben, der Deportation der deutschen, österreichischen, polnischen und tschechischen Juden, mußte er Exekutivmacht besitzen, Anweisungen an nachgeordnete Gestapodienststellen geben können.

---

229 Runderlaß RSHA, IV B 1, an alle Stapo(leit)stellen und SD-(L-)Abschnitte, Betr. Bearbeitung der politischen Kirchen, 12.5.1941, IMG, Bd. 28, S. 439f. (1815-PS); zum Kirchenreferat des SD vgl. jetzt Dierker, Religionspolitik des SD.

230 Gemeinsame Anordnung für den Sicherheitsdienst des Reichsführer-SS und die Geheime Staatspolizei des Chefs des Sicherheitshauptamtes und Chefs der Sicherheitspolizei, 1. Juli 1937, BArch, R 58/239, gedruckt in: Wildt, Judenpolitik des SD, S. 118–120.

231 Eichmanns Dienststelle, anfangs nur die Abteilung II 112 des SD-Oberabschnitts Österreich, wurde im August 1938 von Reichskommissar Bürckel zur Zentralstelle für jüdische Auswanderung erhoben, deren Gesamtleitung formell dem SD-Führer in Österreich, Stahlecker, oblag. Im Januar 1939 folgte auf Anweisung Görings die Zentralstelle für jüdische Auswanderung für das Deutsche Reich, offiziell unter der Leitung Heydrichs, der wiederum Heinrich Müller mit der Geschäftsführung beauftragte. Im Juli 1939 wurde dann noch eine entsprechende Zentralstelle im besetzten Prag gegründet, wiederum formell geleitet durch den Befehlshaber der Sicherheitspolizei und des SD Böhmen und Mähren, Dr. Walter Stahlecker, faktisch geführt als Geschäftsführer durch Adolf Eichmann beziehungsweise durch dessen Nachfolger Hans Günther (vgl. Safrian, Eichmann-Männer, S. 36–46; Anderl, Zentralstellen). Eichmann war demnach schon 1939 Teil des Exekutivapparates der Gestapo geworden und seine Überleitung in das Amt IV, erst als Sonderreferent IV R, dann als Leiter IV D 4, war nur ein folgerichtiger Schritt.

Dennoch geben die vorhandenen Dokumente keinen Aufschluß darüber, warum noch einmal ein Wechsel Eichmanns aus der Ländergruppe des Amtes IV in die Kirchengruppe Hartls IV B erfolgte, zumal die Bedeutung des Referats IV B 4 die der anderen weit überragte und sich Eichmann mit Vorlagen und Entscheidungen keineswegs an den formellen Dienstweg über den Gruppenleiter hielt, sondern direkt mit dem Amtschef Müller die Deportationen besprach.[232] Die meisten Autoren schreiben diese Konstruktion entweder der Unfähigkeit Hartls als Gruppenleiter zu[233] oder gehen auf das Problem nicht weiter ein.[234] Der Leiter der Geschäftsstelle des Amtes IV, Hans Pieper, gab in einer Nachkriegsvernehmung eine eher innerorganisatorische Interpretation:

»Ursprünglich war das Judenreferat eine reine SD-Stelle und ich würde sie auch auch noch so bezeichnen, da die Leitung dieses Referats (Eichmann und Günther) in den Händen von SD-Leuten lag, während alle anderen Referate des Amtes IV von Beamten geleitet wurden.«[235]

Abgesehen von der kaum verhüllten Absicht, die Verfolgung und Ermordung dem SD in die Schuhe zu schieben, stimmte Piepers Aussage so nicht, denn Erich Roth, Referent für Katholizismus und Protestantismus (IV B 1/2) und stellvertretender Leiter der Gruppe IV B, war ein gelernter Verwaltungsjurist, der nach Jurastudium, Referendariat und Assessorexamen 1937 in den Dienst der Gestapo trat. Dasselbe gilt für andere Refe-

---

232 So stellt das Urteil gegen Adolf Eichmann fest, daß Müller sein direkter Vorgesetzter gewesen sei, formell zwar Eichmann von Müller durch einen Gruppenleiter getrennt war, es aber keine Meinungsverschiedenheit darüber gebe, daß Eichmann, indem er den Gruppenleiter umging, praktisch direkten Zugang zu Müller gehabt habe (Schuldig. Das Urteil gegen Adolf Eichmann, S. 111).

233 Nach Hannah Arendt habe sich Hartl als »Null« erwiesen und deshalb sei Müller Eichmanns »eigentlicher Chef« gewesen (Arendt, Eichmann in Jerusalem, S. 101). Für Robert Kempner hatte Hartl als Gruppenleiter keine Bedeutung (Kempner, Eichmann, S. 32 f.).

234 Vgl. zum Beispiel Hilberg, Vernichtung, Bd. 2, S. 426 f.; Hans Safrian erwähnt den Referatswechsel nur, ohne ihn zu erläutern (Safrian, Eichmann-Männer, S. 98); ebenso jüngst Paul, Verwaltung, S. 71–75. Auch Lozowick stellt keine Vermutungen an (Lozowick, Hitlers Bürokraten).

235 Vernehmung Hans Pieper, 13. 12. 1966, GenStAnw KG Berlin, 1 Js 7/65, RSHA-Ermittlungsunterlagen, Personalheft Pp 34.

renten wie Erich Hahnenbruch, der, als Roth im Februar 1943 als Gestapochef nach Dortmund ging, das Referat IV B 2 erhielt.

Dennoch ist nicht zu übersehen, daß der SD engagiert Politik gegen die Kirchen betrieb und früh die konzeptionelle Federführung für die antisemitische Politik innerhalb der SS und Polizei errang.[236] Mit Albert Hartl als Gruppenleiter hatte IV B innerhalb des Amtes IV einen unzweifelhaften SD-Anstrich, der die Gruppe von den übrigen unterschied.[237] So durchsichtig Piepers Versuch der Abwälzung von Verantwortung ist, so kann er doch als Hinweis auf eine mögliche Separierung der »SD-Sachgebiete« innerhalb des Gestapoamtes dienen, die dann in der Gruppe IV B zusammengefaßt worden sind.

Insgesamt betrachtet sind die Differenzen des Führungspersonals des RSHA-Amtes IV augenfällig. Den ursprünglichen politischen Kern des Geheimen Staatspolizeiamtes bildete die Verfolgung der politischen Gegner, das hieß in erster Linie die Kommunisten und Sozialdemokraten. Entsprechend bestand das anfängliche Führungspersonal aus antikommunistischen Kriminalkommissaren, die ihre kriminalistische Karriere in der Weimarer Republik begannen und von der ersten Stunde des NS-Regimes das Stammpersonal der Geheimen Staatspolizei bildeten. Dieser anfängliche Führungskern des Gestapa stellte im RSHA das Personal für die Gruppe IV A ebenso wie für das Schutzhaftreferat. Panzinger, Lindow, Litzenberg, Vogt repräsentierten ebenso wie Berndorff diesen Typus eines politischen Polizisten, der nicht unbedingt auf eine langjährige Parteikarriere zurückblicken mußte, wie der Amtschef Heinrich Müller selbst. Gefragt war verläßlicher Antikommunismus. Die Radikalisierung dieser antibolschewistischen Kriminalkommissare setzte kennzeichnenderweise mit dem Krieg gegen die Sowjetunion ein. Nun galt es nicht mehr, die »Roten« und ihre Organisationen zu zerschlagen, kommunistische und sozialdemokratische Funktionäre in Konzentrationslagern zu internieren, zu schinden und gegebenenfalls zu ermorden. Jetzt wurde der Massenmord sowjetischer Kriegsgefangener von ihren Schreibtischen aus entschieden, die Opferzahlen gingen nun in die Zehntausende. Der rassisti-

---

236 Vgl. jetzt vor allem Dierker, Religionspolitik des SD.
237 Zu Hartl siehe den Biographischen Anhang.

sche Vernichtungskrieg gegen die Sowjetunion radikalisierte auch die Praxis des Kommunismusreferates des RSHA.

Von den altgedienten antikommunistischen Kriminalkommissaren unterschied sich ein anderer Typus des Gestaporeferenten, wie ihn Bernhard Baatz verkörperte: jung, Verwaltungsjurist, der das Studium noch in der Endphase der Weimarer Republik begonnen, aber sein Referendariat schon während der NS-Zeit absolviert hatte. Vom Assessorexamen führte der Weg direkt zur Geheimen Staatspolizei. Dieser Typus leitete kennzeichnenderweise die Ländergruppe des Amtes IV, jenen mit den militärischen Erfolgen rasch expandierenden Bereich, den Heinrich Müller in seiner Konzeption für das Amt IV im Herbst 1939 noch gar nicht im Blick gehabt hatte. Die staatspolizeiliche Beherrschung der besetzten Gebiete entgrenzte die Praxis des RSHA. Die Ausweitung des deutschen Herrschaftsbereiches bedeutete nicht nur einen sich schnell vergrößernden Raum, dessen Kontrolle durch sich ein dynamisch erweitertes Netz von regionalen RSHA-Dienststellen, BdS, KdS gewährleistet werden sollte. Die Entgrenzung bezog sich auch auf die Zahl der Menschen, die das RSHA als »Gegner« und »Feinde« definierte. Mit der Eroberung Polens fielen den Deutschen über drei Millionen Juden in die Hände, 1942 auf der Wannsee-Konferenz redete man von mehr als elf Millionen. Zugleich ging die Zahl der ausländischen Arbeitskräfte aus den besetzten Gebieten, ob geworben oder mit Zwang verschleppt, in die Millionen und stellte in der Perspektive des RSHA ein immenses Sicherheits- wie auch Rassenproblem dar. Diesen für das RSHA wie für die regionalen Dienststellen von Sicherheitspolizei und SD zentralen Aufgabenbereich bearbeitete im RSHA die Gruppe IV D. Hier entfaltete sich die rassistische Politik gegen Polen, Tschechen, »Fremdvölkische«. Von IV D gingen die Exekutionsbefehle aus, wurde der Besatzungsterror gesteuert, und in Koordination mit den Arbeitsämtern, der Speer-Behörde und dem Generalbevollmächtigten für den Arbeitseinsatz wurden die Zwangsarbeiter im Reich drangsaliert.

Dieser expansive, sich entgrenzende und in der Praxis sich radikalisierende Bereich des RSHA-Amtes IV wurde weniger von den Kriminalbeamten aus der »Systemzeit« getragen, als vielmehr von einer neuen, jungen Gestapoführung, die sich, zumindest auf der Leitungsebene des RSHA, von ihrer Ausbildung, vom generationellen Zuschnitt und von rassistischer Praxis sichtlich von den älteren Kommissaren unterschied, für die der Antikommunismus noch das zentrale politische Moment darstellte. Diese jungen, rassistisch und antisemitisch orientierten Gestaporeferenten fanden die ihnen entsprechenden Mitkämpfer denn auch weniger bei den altgedienten Kriminalkommissaren als bei den ebenfalls jungen, radikalen SD-Führungskadern. Diese beiden Personengruppen machten den radikalen Kern des RSHA aus.

Weltanschauliche Gegnerforschung (Amt VII)

Schon daß neben den zentralen Exekutivbereichen ein formell gleichberechtigtes Amt zur wissenschaftlichen Gegnerforschung eingerichtet wurde, zeigt die Besonderheit des Reichssicherheitshauptamtes, das mehr sein sollte als eine herkömmliche Polizeibehörde. Ende Juni 1939 hatte Franz Alfred Six festgestellt, daß die Führungen der gegnerischen Organisationen ihre Zentralen ins Ausland verlegt hätten und die Gegner im Inland gewissermaßen in der Volksgemeinschaft untergetaucht und nur durch die intensive Erforschung der Lebensgebiete zu erkennen seien. Für das geplante Reichssicherheitshauptamt zog Six daraus folgende organisatorische Schlußfolgerungen: a) Die Gegnerbekämpfung in Einzelfällen ist exekutive Aufgabe der Gestapo; b) die Erkundung der Gegner im Inland ist Teil der Überwachung der Lebensgebiete geworden; c) die nachrichtendienstliche Erforschung der gegnerischen Zentralen im Ausland ist Aufgabe des Auslandsnachrichtendienstes.[238] Für sich selbst schlug Six nur eine wissenschaftliche Forschungsstelle vor, die Heydrich direkt unterstellt sein sollte.[239]

---

238 Six an Heydrich, 23. 6. 1939, BArch, R 58 F, 441, Bl. 5–10. Als Leiter einer entsprechender Abteilung im SD-Ausland, die die Gebiete Freimaurer, Juden, Kirchen, Emigranten umfassen müßte, kamen nach Auffassung Six' sowohl Erich Ehrlinger als auch Helmut Knochen in Frage. Für den SD-Inland schlug Six vor, sämtliche Kulturgebiete wie Wissenschaft und Hochschule, Gesundheit, Volkstum, Kunst, Erziehung, Presse, Schrifttum und Religion in einem Kulturamt zusammenzufassen und der Leitung von Wilhelm Spengler zu unterstellen. Analog sollten Wirtschaft und Verwaltung ebenfalls in einem Amt Gemeinschafts- und materielles Leben unter Otto Ohlendorf zusammengefaßt werden.

239 Den Grund für die Zurückhaltung legte Six selbst offen: »Da die Leitung der wissenschaftlichen Forschungsstelle meine Arbeitskraft nicht voll beansprucht, bitte

Doch wollte Heydrich offenkundig weder auf ein eigenes, gleichwertiges Amt zur Gegnerforschung im künftigen RSHA noch auf Six als Amtschef verzichten. Nach Heydrichs Vorstellungen sollte das künftige Amt Weltanschauliche Gegner drei Abteilungen umfassen: a) Forschungsabteilung, b) Inlandserkundung, c) Auslandserkundung.[240] Six wandte dagegen zu Recht ein, daß damit Überschneidungen und Kompetenzstreitigkeiten mit den Ämtern SD-Inland und SD-Ausland unvermeidlich würden. Das geplante Amt, so Six außerdem, »kann sich nicht [wie von Heydrich vorgesehen, M. W.] ›weltanschauliche Gegner‹ nennen, da diese Bezeichnung

---

ich gehorsamst, mich mit Datum der Neuorganisation des Sicherheitshauptamtes aus dem hauptamtlichen Dienst zu entlassen, mir der wissenschaftliche Forschungsstelle als ehrenamtlichen Angehörigen des Sicherheitshauptamtes zu übertragen und für die Aufgabe der auslandswissenschaftlichen Fakultät an der Universität Berlin freizustellen.« (Six an Heydrich, 23. 6. 1939, BArch, R 58 F, 441, Bl. 5–10) Six, der seit dem Juli 1935 hauptamtlich in der SD-Zentrale in Berlin arbeitete, hatte seine akademische Karriere nie aufgegeben. Während seiner SD-Zeit war er weiterhin Dozent an der Universität Königsberg geblieben, wo er 1936 habilitiert worden war und das Institut für Zeitungswissenschaft gegründet hatte. Das neue Fach Auslandswissenschaft, eine, wie Lutz Hachmeister formulierte, Gemengelage aus politischer Geistesgeschichte, »Geländekunde«, Lehre des Weltstaatensystems und praktischer Fremdsprachenlehre – nicht zuletzt aus dem offenkundigen Bedarf des NS-Regimes seit der Annexion Österreichs und der Besetzung des Sudetenlandes und Tschechiens an eroberungspolitischen Informationen über die besetzten beziehungsweise die noch zu besetzenden Länder (Hachmeister, Gegnerforscher, S. 112, 119), wollte Six an der Berliner Universität unter seiner Leitung verankern. Tatsächlich gelang Six im Verbund mit Reichserziehungsministerium und Reichssicherheitshauptamt gegen den eifersüchtigen Widerstand der Berliner Philosophischen Fakultät 1940 die Bildung einer eigenen auslandswissenschaftlichen Fakultät, deren Dekan er wurde. Zum Lehrkörper der neuen, eng mit dem SD verbundenen Fakultät gehörten der Volkstumsforscher Karl-Christian von Loesch, der Historiker und spätere Ordinarius an der Hamburger Universität, Egmont Zechlin, der Amerikanist Friedrich Schönemann und der Staatsrechtler Wilhelm Grewe (Hachmeister, Gegnerforscher, S. 116–130; Haiger, Politikwissenschaft und Auslandswissenschaft im »Dritten Reich«; Eisfeld, Ausgebürgert und doch angebräunt).

240 Organisationsentwurf I für das Amt III Weltanschauliche Gegner, 17. 7. 1939, BArch, R 58F/295, Bl. 10–16, gekürzt abgedruckt bei: Matthäus, Weltanschauliche Forschung und Auswertung, S. 297–299; vgl. auch Hachmeister, Gegnerforscher, S. 210–213.

Franz Alfred Six, Chef des RSHA-Amtes VI Weltanschauliche Gegnerforschung (Bundesarchiv, BDC, RuSHA-Akte Franz Alfred Six)

nur einen kleinen Ausschnitt aller Forschungsaufgaben des Reichssicherheitshauptamtes trifft insofern, als sich dies ganz ebenso auf das Amt ›SD-Inland‹, auf das Amt ›SD-Ausland‹, Amt ›Geheime Staatspolizei‹ und Amt ›Reichskriminalpolizei‹ erstrecken müßte«. Heydrich notierte handschriftlich zu dieser Passage: »richtig!«[241]

Nun plante Six für das neue Amt vier Abteilungen – von einer kleinen Forschungsstelle war keine Rede mehr: a) Grundlagenforschung, zu der neben einem Referat Presse – Bibliothek – Archiv, in dem allgemeines Pressematerial und Buchneuerscheinungen gesammelt werden, ein Referat Staatensicherung, in der Fragestellungen der Gestapo wie Hintergründe von »Terror-Gruppen, Saboteure, Anarchisten, Staats- und landesverräterische Elemente« bearbeitet,[242] ein Referat Volkssicherung, in der analog Fragestellungen, die die Kriminalpolizei betrafen, behandelt werden sollten, und schließlich ein Referat Politische Geschichte.[243] Die zweite Abteilung hatte »weltanschauliche Gegner« zu erforschen, worunter Six wie Heydrich die Freimaurer, Juden, politischen Konfessionalis-

---

241 Six, Organisationsvorschlag für ein Amt III Gegnerforschung, 17. 7. 1939, BArch, R 58 F, 362/44, Bl. 8–12.
242 Heydrich notierte am Rand: »ja, und gleichzeitig Geschichte der Stapo!«.
243 In ihm sollten »die gesamten politischen Erfahrungen aus der Geschichte der vergangenen Jahrhunderte und aus der politischen Entwicklung der einzelnen geographischen Räume als Vergleichsmaterial für die Aufgabenstellungen des Nationalsozialismus, insbesondere für den sicherheitspolizeilichen Aufgabenbereich, erarbeitet« werden – eine reichlich allgemeine Beschreibung, die Heydrich auch mit einem Fragezeichen versah und einem Rücksprachevermerk für Six.

mus, Marxismus und Liberalismus, jeweils mit eigenen Referaten, zählten. Für die dritte und vierte Abteilung, Inlands- und Auslandsprobleme, hatte nach Six zu gelten, daß sie keinen eigenen nachrichtendienstlichen Apparat besaßen, sondern die vorhandenen Informationen tiefer und eingehender, als es die Nachrichtendienste könnten, erforschen und bewerten sollten. Für den Auslandsbereich schlug Six regionale Referate vor, die im Prinzip Landeskunde betreiben und entsprechende Dossiers zur Geschichte und politischen Entwicklung dem SD-Ausland zur Verfügung stellen sollten.[244]

Betrachtet man den ersten Geschäftsverteilungsplan des RSHA vom Februar 1940, so wurde das Amt Weltanschauliche Gegnerforschung, das erst als Amt II, ab Anfang 1941 als Amt VII firmierte, in seiner Struktur weitgehend so aufgebaut, wie Six es vorgeschlagen hatte. Aber entgegen den weitreichenden Konzeptionen, die Six eingereicht hatte, sah die Wirklichkeit erkennbar bescheidener aus. Zwar wurden die im Juli 1939 geplanten vier Abteilungen: Grundlagenforschung, Weltanschauliche Gegner, Inlandsprobleme, Auslandsprobleme als Gruppen II A bis D tatsächlich realisiert. Aber es war zugleich kennzeichnend, daß keine der vier Gruppen mit einem Gruppenleiter besetzt werden konnte beziehungsweise der Geschäftsverteilungsplan jeweils nur lapidar »z. Zt. Umbesetzung« notierte.[245]

---

244 Six, Vorläufiger Arbeitsplan des Amtes III, 17. 7. 1939, BArch, R 58 F, 362/44, Bl. 28–32. Wie dominierend dabei die antisemitische Ausrichtung war, läßt sich an den Ausführungen zu den geplanten Abteilungen ablesen: »Solche Probleme können z. B. sein: Die Feststellung, dass die Judenfreundlichkeit Englands begründet ist auf seiner puritanischen Haltung und auf dem Glauben, dass England aus einem der verloren gegangenen Stämme Israels hervorgegangen ist«, oder in Hinsicht auf Italien: »z. B. in der Beobachtung der Entwicklung der Rassenfrage in Italien, die Unmöglichkeit einer mit dem Nationalsozialismus gleich gerichteten Rasseauffassung aus der rassischen Überlagerung Italiens heraus, aus der verschiedenartigen Auffassung des Begriffs Rasse, aus der verschiedenartigen geistigen Tradition und nun insbesondere, wie sich eine solche Rasseauffassung verschiedenartig in der Assimilierung der Südtiroler, der Araber in Afrika und der Griechen in Rhodos auswirkt« (ebenda).

245 Organisationsvorschlag für ein Amt III Gegnerforschung, Six, 17. 7. 1939, BArch R 58 F, 295, Bl. 17–21; Geschäftsverteilungsplan des Reichssicherheitshauptamtes, 1. 2. 1940, BArch, R 58/840, Bl. 209–224.

Die erste Gruppe Grundlagenforschung (II A) war gehörig zurechtgestutzt worden.[246] De facto bestand die ganze Gruppe II A Grundlagenforschung allein aus dem ursprünglich nur für ein Referat vorgesehenen Bereichen: Presse, Bibliothek, Archiv. Das Pressereferat (II A 1) leitete Helmut Mehringer, der in München Jura, Geschichte und Wehrwissenschaft studiert und als wissenschaftlicher Mitarbeiter im Wehrpolitischen Amt der NSDAP eine Parteikarriere hinter sich hatte, bevor der SD aufgrund seines Buches »Die NSDAP als Ausleseorganisation« auf ihn aufmerksam wurde und ihn als Mitarbeiter einstellte.[247] Waldemar Beyer, der Leiter der Bibliothek (II A 2), hatte nach seinem Studium in Leipzig und seiner Promotion zum Dr. phil. die Laufbahn des höheren Bibliotheksdienstes eingeschlagen und war seit 1935 als Bibliothekar an der Universitätsbibliothek Leipzig bereits eng mit der SD-Publikationsstelle verbunden gewesen, bevor er 1936 ins SD-Hauptamt kam.[248] Auch Paul Dittel, Leiter des Archivs (II A 3) und Nachfolger Six' als Amtschef,

---

246 Das ursprünglich vorgesehene Referat Politische Geschichte, in dem allgemein aus der Geschichte der vergangenen Jahrhunderte Lehren für die politischen Aufgaben der Sicherheitspolizei im Nationalsozialismus gezogen werden sollten und dessen vage Aufgabenbestimmung Heydrich schon seinerzeit mit einem Fragezeichen versehen hatte, tauchte nicht mehr auf. Und das geplante ambitionierte Referat zur Staatssicherung, in dem zu Terrorgruppen, Saboteuren, Anarchisten wissenschaftlich-historisch gearbeitet werden sollte, wie auch das Referat Volkssicherung, wo analog zu Problemen wie »Homosexualität als Staatsgefahr« oder »Zigeuner als Rassegefahr« geforscht werden sollte, erschienen zwar 1940 noch in der Gruppe II C Inlandsprobleme, aber mit Referenten besetzt wurden sie nicht.

247 Von Dezember 1939 an zum Einsatz beim HSSPF Posen kommandiert, trat er seinen Dienst im RSHA im Februar 1940 an. Mehringer kam wenig später erneut zum SD-Einsatz, dieses Mal in Frankreich, und leitete anschließend wieder das Pressereferat (jetzt VII A2) im RSHA. Er bewarb sich für den in der Siegeseuphorie in Aussicht genommenen Kolonialdienst und besuchte im März 1941 einen Lehrgang an der italienischen Kolonialpolizeischule in Tivoli bei Rom. Im Juni 1942 allerdings wurde er in die Sowjetunion zum Einsatzkommando 8 kommandiert. Mehringer starb im März 1944 im Osten (BArch, BDC, Personalakte Helmut Mehringer; BArch DH, ZR 542, A 12; Befehlsblatt CSSD Nr. 720 vom 15.7.1944).

248 Beyer wechselte im September 1942 als Bibliothekar zur Reichsuniversität Straßburg. Er starb 1952 in Köln (RMWEV, Vorschlag zur Ernennung des Dr. Waldemar Beyer zum Bibliotheksrat, 6.3.1943; BArch DH, ZA V 142; GenStAnw KG Berlin, RSHA-Ermittlungsunterlagen, Personalheft Pb 72).

gelangte 1935 über die Leipziger Publikationsstelle zum SD und leitete seit 1936/37 im SD-Hauptamt das Freimaurerarchiv.[249] Ebenso stammte Martin Nitsche, der als Referent (II A 5) die Verbindungsstelle zur Deutschen Bücherei in Leipzig führte, aus Leipzig, wo er an der Universität und am Pädagogischen Institut eine Ausbildung zum Volksschullehrer durchlaufen hatte. Zwar begann er Ende 1933 seinen Schuldienst, ließ sich jedoch 1938 beurlauben, um für den SD zu arbeiten. Karl Burmester, Leiter der Auskunftsstelle (II A 4), gehörte zu den frühen SD-Mitarbeitern. Er war einer der wenigen im Six-Amt, die nicht studiert hatten.[250]

Die Gruppe II B sollte mit fünf Referaten die »weltanschaulichen Gegner« erforschen: Freimaurerei und Judentum (II B 1 und 2) wurden von SS-Hauptsturmführer Hans Richter geführt, der seit Mai 1933 dem SD als hauptamtlicher Mitarbeiter angehörte und das Freimaurer-Museum geleitet hatte, aber sonst keine besonderen Kenntnisse erkennen ließ, die ihn für die Beobachtung des Judentums qualifiziert hätten.[251] Seitdem Eichmann 1938 in Wien mit Terror und administrativer Taylorisierung im Sinne seiner Auftraggeber Erfolge bei der Vertreibung der österreichischen Juden vorzuweisen hatte und nach Wiener Vorbild auch in Berlin und Prag »Zentralstellen für jüdische Auswanderung« gebildet worden waren, verlor das einstmals initiativreiche und betriebsame Judenreferat II 112 im SD-Hauptamt zunehmend an Bedeutung.[252] Ende August 1939 monierte Theodor Dannecker, daß das Referat nur noch mit zwei Referenten besetzt sei, ansonsten weder über weitere Mitarbeiter noch Schreibkräfte verfüge und damit selbst die notwendigen Karteiarbeiten, die »im Zuge der Liquidation« des Referats notwendig seien,

---

249 Zu Dittel siehe den Biographischen Anhang.
250 Burmester, ein Pastorensohn aus Nordschleswig, Jahrgang 1911, hatte nach dem Abitur 1932 als Import- und Exportkaufmann in Hamburg gearbeitet und war 1934 zum SD, damals noch in München, in die Abteilung Presseauswertung gewechselt und hatte es dort bis zum persönlichen Referenten von Six gebracht. Die Auskunftei (II A 4) bestand nach Burmesters eigenen Worten aus einer Sammlung von Nachschlagewerken, wie sie in allen größeren Bibliotheken vorhanden sind (BArch, BDC, SSO-Akte Karl Burmester; Vernehmung, 16. 2. 1965, GenStAnw KG Berlin, RSHA-Ermittlungsunterlagen, Personalheft Pb 171).
251 Zu Richter siehe den Biographischen Anhang.
252 Vgl. Wildt, Judenpolitik des SD.

nicht erledigt werden könnten.[253] Tatsächlich war die Behandlung der »Judenfrage« mit Eichmann, der seit Oktober 1939 als Sonderreferent mit der Deportation der österreichischen, tschechischen und polnischen Juden ins Generalgouvernement befaßt war, als Exekutivangelegenheit in den Bereich des RSHA-Amtes IV gewechselt.

Das Referat II B 3 Politische Kirchen hatte Albert Hartl inne; den Bereich Marxismus und Liberalismus (II B 4 und 5) leitete Rolf Mühler, der Romanistik, Anglistik und Geographie studiert und, nachdem er nach dem Staatsexamen für das höhere Lehramt keine Anstellung fand, sich erfolgreich beim SD beworben hatte.[254] Von den hochfahrenden Plänen für die Gruppe II C Inlandsprobleme blieb ein Torso übrig. Nur ein einziges Referat, Kulturforschung (II C 1), war mit Dr. Hans Schick als Leiter besetzt.[255] Die sechs Referate der Gruppe II D Auslandsprobleme schließlich waren zwar mit Referenten bestückt, die aber schon bald das Amt verließen und zumeist ins Amt VI SD-Ausland wechselten.[256] Aber auch andere wichtige Mitarbeiter Six' verließen das Amt. Helmut Knochen wurde Gruppenleiter für die Erkundung weltanschaulicher Gegner im Ausland

---

253 Vermerk Dannecker (II 112) an Leiter II, 25. 8. 1939, BArch, R 58/612, Bl. 43. In Six' Stellenbesetzungsplan vom 12. September ist Richter mit einem Hilfsreferenten für das Freimaurerreferat vorgesehen, wohingegen das Referat Judentum keinen Leiter, sondern nur einen Hilfsreferenten besaß (Six an Heydrich, 12. 9. 1939, BArch, R 58 F, 44, Bl. 13–19). Diese Aufstellung spricht dafür, daß Richter nicht, wie im Geschäftsverteilungsplan vom Februar 1940 notiert, beide Referate (II B 1 und 2) leitete, sondern in Wirklichkeit nur das Freimaurerreferat (II B 1).

254 Mühler blieb nicht lange im RSHA. Im Juni 1940 war er im SD-Einsatz in Amsterdam und wurde einen Monat später in Frankreich eingesetzt. Erst im Juni 1944 kehrte er ins RSHA zurück und wurde der Gruppe VI B Westen zugeteilt. Nach 1945 geriet Mühler in französische Gefangenschaft und wurde 1954 von einem Kriegsgericht in Marseille zum Tode verurteilt. Das Berufungsgericht in Lyon reduzierte das Urteil auf 20 Jahre Haft, und 1956 wurde Rolf Mühler in die Bundesrepublik entlassen (BArch, BDC, Personalakte Rolf Mühler; GenStAnw Berlin, RSHA-Ermittlungsunterlagen, Personalheft Pm 92).

255 Zu Schick siehe den Biographischen Anhang.

256 Erich Hengelhaupt (II D 1 Ost), der aus dem Wannsee-Institut des SD kam, wurde im Juli 1940 ins Amt VI versetzt; Emil Steudle (II D 2 Südost), dessen vornehmliche Qualifikation für die Aufgabe vielleicht darin bestand, daß er aus Bessarabien stammte und Russisch wie Rumänisch sprach, schied im August 1940 aus dem Amt II wieder aus und wurde bei der Umsiedlung von Volksdeutschen

(VI H) im SD-Ausland. Dorthin kam auch Herbert Hagen, einstmals Leiter des Judenreferats im SD-Hauptamt und unter Knochen für kurze Zeit Referent für Judentum und Antisemitismus (VI H 2), bis er im Juni 1940 ebenfalls nach Frankreich kommandiert und Leiter der Gestapo- und SD-Stelle in Bordeaux wurde.[257]

Die Männer, die das erste Personal des Amtes Weltanschauliche Gegnerforschung laut Geschäftverteilungsplan vom Februar 1940 stellten, stammten sämtlich aus dem SD-Hauptamt, und zwar unmittelbar aus dem Bereich von Six, und nicht wenige (Beyer, Dittel, Nitsche, Steudle) waren über die Publikationsstelle Leipzig für den SD rekrutiert worden. Von den 15 Referenten und Gruppenleitern (inkl. des Amtschefs Six)[258] war nur ein einziger (Schick) vor 1900 geboren. Drei, darunter Six, waren vor 1907 geboren und zehn, also zwei Drittel, gehörten den Jahrgängen zwischen 1909 und 1912 an, waren demnach zum Zeitpunkt der Gründung des RSHA zwischen 28 und 31 Jahre alt. Das Amt II unter Six stellte damit das mit Abstand jüngste im Reichssicherheitshauptamt dar. Bis auf Burmester, der nach dem Abitur als Import- und Exportkaufmann arbeitete, hatten sämtliche Referenten studiert, acht, das heißt mehr als die Hälfte, darüber hinaus promoviert.

---

aus Bessarabien eingesetzt. Karl Haß (II D 3 Süd), seit 1934 als Hilfskraft in der Presseabteilung des SD-Hauptamtes in Berlin beschäftigt, wechselte ins Italienreferat des Amtes VI; Andreas Biederbick (II D 4 Frankreich) wurde ebenso wie Rolf Mühler im Juni 1940 nach Frankreich kommandiert. Karl Haß, der während seiner Tätigkeit im SD-Hauptamt ein Studium an der Auslandswissenschaftlichen Fakultät begann und dort 1943 promovierte, gehörte im März 1944 zu einem SS-Kommando, das in den Ardeatinischen Höhlen bei Rom 355 italienische Geiseln erschoß. Zusammen mit Erich Priebke wurde Haß der Prozeß gemacht und 1997 zu einer mehrjährigen Haftstrafe verurteilt, die er jedoch wegen seines Alters nicht antreten mußte (BArch, BDC, SSO-Akte Karl Haß; GenStAnw KG Berlin, RSHA-Ermittlungsunterlagen, Personalheft Ph 46; Der Spiegel, Nr. 4/ 1997, S. 70–73).

257 Das Türkeireferat (VI D 5), das Hagen ebenfalls leitete, wurde zum 20. 5. 1940 aufgelöst, die Türkei dem Referat VI D 4 zugeschlagen (Vermerk RSHA I HB, gez. Trinkl, 20. 5. 1940, BArch, R 58/240, Bl. 50). Die Gruppe VI H wurde dann im März 1941 aufgelöst beziehungsweise in VI E überführt.

258 Von einem Referenten, SS-Obersturmführer Hanke (II D 6), ließen sich keine näheren biographischen Angaben ermitteln.

Das Amt war klar akademisch ausgerichtet. Six' ursprüngliche Idee einer wissenschaftlichen Forschungsstelle, die indes nichts mit Akademismus zu tun haben als vielmehr Wissenschaft in den Dienst weltanschaulicher Gegnerforschung stellen sollte, hatte sich in bezug auf das Personal erfüllt. Gefragt waren offenkundig Spezialkenntnisse wie die von Hartl und Schick zu Religions- und Kirchenfragen, Ostkenntnisse wie bei Hengelhaupt oder Sprach- und Landeskenntnisse wie bei Steudle. Dennoch ist nicht zu übersehen, daß, obwohl Heydrich in der Planungsphase Six' Minimalprogramm einer Forschungsstelle abgelehnt hatte und für ein eigenständiges Amt zur Gegnerforschung im RSHA eingetreten war, das Amt II schon bei seiner Konstituierung nicht die hochgesteckte Konzeption erfüllte.

Allerdings begann die Bedeutung des Amtes II, später VII, bereits in dem Moment zu sinken, als es geschaffen wurde. Six' Wunsch, seine Karriere eher als Institutsdirektor an der Universität Berlin denn als Amtschef im RSHA unter Heydrich fortzusetzen, war sicher nicht geeignet, dem Amt in der Konkurrenz zu den übrigen Ämtern Gewicht zu verleihen. Der Krieg ließ die weitgespannte, geistes- wie kulturgeschichtliche Aufgabenbestimmung, die Six für sein Amt vorgenommen hatte, obsolet und überdimensioniert erscheinen. Im Krieg waren nachrichtendienstliche Fakten gefragt, nicht akademische Ausarbeitungen. Six selbst hatte wohl zeitig begriffen, daß seine Bedeutung im RSHA im Schwinden begriffen war, und sich im April 1940 zur Waffen-SS gemeldet. Im Juni begann er seine militärische Ausbildung beim SS-Artillerie-Ersatzregiment in Berlin-Lichterfelde.[259]

Sogleich wurde das Amt II neu definiert. Der gerade eingesetzte Chef des Amtes I, Bruno Streckenbach, schlug vor, mit der durch die Teilung des einstigen Verwaltungs- und Personalamtes notwendigen Umorganisation auch die Aufgaben neu zu definieren und das zukünftige Amt VII »zum

---

259 Six war im Sommer 1940 für kurze Zeit für die Leitung eines Einsatzkommandos der Sicherheitspolizei und des SD in Großbritannien vorgesehen (Hachmeister, Gegnerforscher, S. 229, 373 Anm. 84). Er wurde dann 1941 Leiter des Vorkommandos Moskau in der Einsatzgruppe B, kehrte Ende August/Anfang September nach Berlin zurück, arbeitete mehr an der Auslandswissenschaftlichen Fakultät als im RSHA und wurde schließlich im September 1942 im Auswärtigen Amt zum Leiter der Kulturpolitischen Abteilung ernannt (ebenda, S. 217–243; siehe auch unten, S. 684, Anm. 248).

wirklich zentralen Archiv der gesamten Sicherheitspolizei und des Sicherheitsdienstes« auszubauen.[260] Ein Forschungsamt stellte Streckenbach allenfalls vage in Aussicht. Six protestierte, konnte aber die Bedeutungsminderung seines Amtes nicht mehr aufhalten. Walter Braune, Leiter der Geschäftsstelle des Amtes II, berichtete Six im Herbst 1940 über den Verfall des Amtes. Hartl sei von Heydrich am 11. Oktober beauftragt worden, sofort mit den Vorbereitungen zu beginnen, den Bereich Politische Kirchen in das Amt IV zu überführen.[261] Insgesamt sei die Personallage »beinah katastophal«. Nachdem im Juni und August schon etliche Mitarbeiter das Amt verlassen hätten, habe das RSHA-Personalamt nun bestimmt, daß alle Jahrgänge 1914 und jünger zum Wehrdienst freigegeben werden sollten.[262]

Am 14. April 1941 schließlich setzte Heydrich den Schlußpunkt. Er ernannte den langjährigen Justitiar des Geheimen Staatspolizeiamtes, Paul Mylius, mit sofortiger Wirkung zum stellvertretenden Amtschef und beauftragte ihn, »mit den Reorganisationsarbeiten des Amts VII sofort zu beginnen«[263] – was nichts anderes bedeuten sollte, als es auf einen personell schmal besetzten Archiv-, Presse- und Auskunftsdienst zu reduzieren. Paul Mylius, der, wie er schrieb, in dem »rein wissenschaftlichen Amt [...] das ursprünglich Erlernte nicht verwerten konnte« und aufgrund seines körperlichen Gebrechens nicht auf eine Karriere bei SD und SS hoffen durfte,[264] hielt es nicht lange im neuen Amt. Schon Mitte Januar 1942 suchte er im Reichsinnenministerium eine Verwendung in der inneren Verwaltung zu erwirken, aber der zuständige Ministerialrat vertröstete ihn auf die Nachkriegszeit.[265] Im Mai 1943 wandte sich Mylius erneut ans Innenministerium und schaltete offenbar sogar Werner Best, seinen ehemaligen Vorgesetzten im Verwaltungsamt des Gestapa, zu seinen Gunsten ein, denn kein Geringerer als Staatssekretät Stuckart selbst ließ den Mini-

---

260 Hachmeister, Gegnerforscher, S. 215.
261 »Die Durchführung«, so Braune an Six, »wird jedoch, besonders wegen der technischen Schwierigkeiten, einige Wochen in Anspruch nehmen. Hoffen wir, dass der Verein recht bald das Feld räumt.« (Braune an Six, 18. 10. 1940, BArch, R 58 F, 131, Bl. 3–4; vgl. auch Hachmeister, Gegnerforscher, S. 232)
262 Braune an Six, 18. 10. 1940, a. a. O. (s. Anm. 261).
263 Heydrich an Mylius, 14. 4. 1941, Sonderarchiv Moskau, 720-5-6854, Bl. 95.
264 Mylius an Böttcher, RMdI, 26. 4. 1943, Sonderarchiv Moskau, 720-5-6851, Bl. 20–22.
265 Vermerk Böttcher, RMdI, 15. 1. 42, Sonderarchiv Moskau, ebenda, Bl. 18–22.

sterialdirektor Dr. von Helms im September 1943 wissen, daß sich Werner Best an ihn mit einer Empfehlung für Mylius gewandt habe.[266] Mit Erlaß vom 18. November 1943 wurde Mylius als Verwaltungsgerichtsdirektor zur Regierung Stettin versetzt.[267] Nach ihm übernahm Paul Dittel geschäftsführend die Leitung des Amtes.

Der Forschungsertrag des Amtes war bescheiden. Der ehemalige Ordenspriester Hans Schick, der, nachdem 1942 auch die beiden Referate zu Inland und Ausland aufgelöst wurden, sich als Referent für Liberalismus wiederfand, beschäftigte sich mit dem Rosenkreuzertum. SS-Hauptsturmführer Dr. Horst Mahnke war in der Bekämpfung des Marxismus eher praktisch als wissenschaftlich tätig, indem er seinem Chef in den »Einsatz« gegen die Sowjetunion folgte.[268] Rühriger war da schon Dr. Heinz Ballensiefen, Jahrgang 1912, nach dem Studium von Volkskunde und Geschichte als wissenschaftlicher Referent im »Institut zur Erforschung der Judenfrage« im Reichspropagandaministerium tätig, seit August 1940 in der SS und beim RSHA Referent für »Judenfragen«, der die »Informationsberichte zur Judenfrage« herausgab, die das Amt VII an ausgewählte NS-Stellen versandte. Ballensiefen bemühte sich im Sommer 1944 um den Aufbau eines ungarischen »Instituts zur Erforschung der Judenfrage« und trat durch ausführliche Ausarbeitungen zur Arbeitsplanung seines Referats hervor.[269]

---

266 Stuckart an von Helms, 27. 9. 1943, Sonderarchiv Moskau, 720-5-6851, Bl. 36.

267 Allerdings ging dieser Erlaß durch die Bombardierung des Gestapogebäudes in Berlin am 22. 11. 1943 verloren, und Mylius trat seine Stelle in Stettin nicht an. Da außerdem sich sowohl der Stettiner Regierungspräsident als auch Mylius selbst gegen eine Versetzung nach Stettin wandten, kam Mylius schließlich zum 1. 5. 1944 nach Zichenau (Regierungspräsident Stettin an RMdI, 25. 1. 1944, Sonderarchiv Moskau, 720-5-6851, Bl. 55; Mylius an Kaltenbrunner, 12. 2. 1944, ebenda, Bl. 59; RMdI an Mylius, 22. 3. 1944, ebenda, Bl. 67). Für die RSHA-Ermittler beim Kammergericht Berlin galt Mylius nach dem Krieg als nicht mehr auffindbar (GenStAnw KG Berlin, RSHA-Ermittlungsunterlagen, Personalheft Pm 117).

268 Zum Vorkommando Moskau vgl. Hachmeister, Gegnerforscher, S. 233–238.

269 Arbeitsplanung VII B 1 b Judentum, o. D. [1941], USHRI, RG 15 007 M, reel 33, fol 90–96, dokumentiert in: Matthäus, Weltanschauliche Forschung, S. 301–307; BARch, BDC, SSO-Akte Heinz Ballensiefen; vgl. auch Hachmeister, Gegnerforscher, S. 225 f.; zu Ballensiefens Ungarnaktivitäten vgl. von Papen, Schützenhilfe nationalsozialistischer Judenpolitik, S. 29.

Am umtriebigsten scheint SS-Sturmbannführer Dr. Rudolf Levin gewesen zu sein, der das Referat VII C 3 Wissenschaftliche Sonderaufträge innehatte. Auch er, Jahrgang 1909, der Vater evangelisch-lutherischer Kantor, gehörte zu den jungen Akademikern des Amtes, hatte Deutsch, Philologie und Geschichte mit dem Staatsexamen für das höhere Lehramt studiert und war im Februar 1935 zum Dr. phil. promoviert worden. Seit August desselben Jahres war er Mitarbeiter des »H-Sonderauftrages des Reichsführers SS«, dem obskur anmutenden langjährigen Forschungsprojekts zu Hexen, das Heinrich Himmler nicht nur aus eigenem Interesse an der »Aufklärung katholischer Verbrechen an deutschen Frauen« initiiert hatte,

Dr. Rudolf Levin, Referent für wissenschaftliche Sonderaufträge im RSHA-Amt VII (Bundesarchiv, BDC, RuSHA-Akte Rudolf Levin)

sondern vor allem, um den nationalsozialistischen Kampf gegen die Kirchen zu unterstützen.[270] Levin wurde ebenso wie Mahnke Assistent von Six an der Auslandswissenschaftlichen Fakultät in Berlin, hielt mitunter sogar in Vertretung von Six Vorlesungen und betreute den »H-Sonderauftrag« in seinem Referat.[271] Auch Levin hatte hochgesteckte Ziele, sein Referat sollte die »Planung, Leitung und Führung aller Forschungen des Amtes VII« übernehmen. Drei große Forschungsgebiete: »Volks- und Wesensforschung, d. h. Erforschung der germanischen Substanz und der Fremdüberlagerungen«, »Gegnerforschung« und »Raumforschung, d. h.

---

270 Vgl. dazu jetzt den ausführlich informierenden, verdienstvollen Band Lorenz/ Bauer/Behringer/Schmidt, Himmlers Hexenkartothek.

271 Rudolph, Geheime Reichskommando-Sache!; Hachmeister, Gegnerforscher, S. 132, 136.

Erforschung der Raumideen« sollten erschlossen werden.[272] Aber wenn man die lange Liste der geplanten Publikationen und Forschungsvorhaben mit den tatsächlich realisierten vergleicht, so war nach etlichen Jahren Arbeit kaum ein Werk druckreif.[273]

Dem ehemaligen katholischen Priester und Dr. theol. Friedrich Murawski, Referent VII B 2 Politische Kirchen, wurde sogar in einem internen Gutachten des Jenaer Professors und Leiters des antisemitischen Instituts der Deutschen Christen, Walter Grundmann, im März 1941 eine »philo-semitische Haltung« vorgeworfen und nachgewiesen, für die 1940 erschienene Schrift »Jesus der Nazaräer, der König der Juden« wesentlich aus einem Werk des jüdischen Religionshistorikers Robert Eisler abgeschrieben zu haben. Murawskis Buch wurde daraufhin im November 1941 verboten, er selbst im April 1943 aus dem RSHA und zum 7. Februar 1944 »auf eigenen Wunsch« ebenfalls aus der SS entlassen.[274] Auch Levin scheiterte mit seinem Versuch, sich 1942 an der Universität München mit einer Arbeit über »Das magische Problem bei den Gerichtsprozessen des 16. und 17. Jahrhunderts und seiner Auswirkungen auf das Volksleben« zu habilitieren. Der bekannte Historiker Karl Alexander von Müller bemängelte zwar, daß die Arbeit »auf großen Strecken im Stoff erstickt« sei, befürwortete jedoch eine Annahme, wohingegen der Zweitgutachter, der Germanist und Volkskundler Otto Höfler, ablehnend feststellte, die Arbeit sei »zum großen Teil nur eine Materialsammlung«. Am 10. Juli 1944 teilte der Dekan Levin die Ablehnung seiner Arbeit mit, »weil sie keinen

272 VII C 3 an VII, Aufbau des Referats VII C 3, 14. 1. 1942. USHRI, RG 15 007 M, reel 33, fol. 159–168, teilweise dokumentiert in: Matthäus, Weltanschauliche Forschung, S. 307–309.
273 Vgl. die von Levin selbst gegebene Übersicht auf der Arbeitstagung mit Prof. Günther Franz am 10./11. 4. 1942 (Niederschrift vom 15. 4. 1942 über die Arbeitstagung mit Prof. Franz bei VII C am 10. und 11. 4. 1942 sowie Stellungnahme des Amtschefs VII zu der Niederschrift über die Arbeitstagung mit Prof. Franz, dokumentiert in: Matthäus, Weltanschauliche Forschung, S. 309–314). Zur Rolle und SD-Verbindung des Agrarhistorikers und Bauernkriegsforschers Günther Franz vgl. Behringer, Abwickler.
274 BArch, BDC, SSO-Akte Friedrich Murawski; Friedrich Zipfel erwähnte bereits diesen Fall kurz, allerdings ungenau und ohne Quellennachweis (Zipfel, Kirchenkampf, S. 486 Anm. 85); zu Walter Grundmann vgl. Heschel, Deutsche Theologen.

376

eindeutigen Erweis strenger methodischer Wissenschaftlichkeit« darstelle.[275]

Mochte auch die akademische Professionalität des Amtes VII offensichtlich üblichen Maßstäben nicht genügen, so war es doch mehr als nur eine obskure Erscheinung der SS-Geschichte. Denn ungleich der Dürftigkeit des publizierten Ertrages war die intrigante Umtriebigkeit des Amtes, auf Stellenbesetzungen und Promotions- wie Habilitationsverfahren Einfluß zu nehmen, beachtlich,[276] ganz zu schweigen von der Vehemenz, mit der das Amt VII aus allen besetzten Gebieten Europas und der Sowjetunion Bibliotheken, Archive und andere Sammlungen raubte. Aus Österreich, Holland, Frankreich, Belgien ebenso wie aus Polen oder dem Baltikum wurden ganze Bibliotheken und Nachlässe, vornehmlich von jüdischen Eigentümern, beschlagnahmt und nach Berlin in das vom SD konfiszierte einstmalige Logenhaus in der Emser Straße 12 geschafft. So teilte Heinz Ballensiefen Ende Juni 1942 dem Leiter der Geschäftsstelle des Amtes VII, Walter Braune, mit, daß nach seiner »Dienstreise« Ende September ins Baltikum etwa 45 Kisten mit dem Archiv und der Bibliothek des jüdischen Historikers Dubnow und 80 Kisten mit Materialien der jüdischen Gemeinde Dorpat versandfertig für den Transport nach Berlin bereitstünden.[277] Etliche weitere Belege ließen sich anführen.[278] Allein in der Auslagerungsstelle des Amtes VII im niederschlesischen Schlesiersee/Sława fand man nach dem Krieg etwa 140 000 Bücher und Akten.[279]

---

275 Universitätsarchiv München, Habilitationsakte Rudolf Levin, hier nach Behringer, Abwickler, S. 134; zu Levins Habilitationsverfahren vgl. auch Matthäus, Kameraden im Geiste.

276 Vgl. dazu die umfangreich überlieferte Korrespondenz Levins in: BArch DH, ZR 115, ZB I 1255, und ZR 550, A 1; BArch, R 58 F, 219, 380.

277 Ballensiefen an Braune, 25. 6. 1942, USHRI, RG 15 007 M, reel 23, fol. 44, dokumentiert in: Matthäus, Weltanschauliche Forschung, S. 316.

278 Demnächst ist eine ausführliche Studie des Bibliothekswissenschaftlers Jörg Rudolph über den Raub von Bibliotheken, Archiven, Sammlungen des Amtes VII zu erwarten.

279 Rudolph, Reichskommando-Sache, S. 64. Nicht unerwähnt dürfen die parallelen Raubaktionen des Einsatzstabes Rosenberg bleiben, der gleichfalls in allen besetzten Gebieten Bibliotheken, Dokumente, Kunstgegenstände raubte (vgl. Manasse, Verschleppte Archive). Die Bibliothek des Rosenbergschen »Instituts zur Erfor-

SD-Inland (Amt III)

Innerhalb des RSHA besaßen die beiden anderen SD-Ämter III (Inland) unter Otto Ohlendorf und VI (Ausland) unter Walter Schellenberg zweifellos größeres Gewicht als das Amt VII. Das Amt III SD-Inland entstand im wesentlichen aus der Zentralabteilung II 1 Lebensgebietsmäßige Auswertung des SD-Hauptamtes, die Reinhard Höhn, seit 1935 Professor an der Juristischen Fakultät in Berlin, Direktor des Instituts für Staatsforschung und gleichzeitig von Heydrich mit der Leitung der Zentralabteilung II 1 beauftragt, entscheidend konzipierte und entwickelte. In den Anfangsjahren hatte sich der SD vornehmlich als Nachrichtendienst gesehen, der Informationen über politische wie weltanschauliche Feinde, zu denen Kommunisten, Marxisten ebenso gerechnet wurden wie katholische Priester, Freimaurer und Juden, sammelte und auswertete.[280] Einen anderen Akzent setzte Höhn bereits im Januar 1935 auf dem ersten Lehrgang der SD-Schule in Bernau, in dem er seine Aufgabe darin sah, die gesamte Erziehung, Bildung und Wissenschaft zu überwachen und die »geistige Sabotage des Nationalsozialismus zu erkennen«.[281] Höhn mußte den SD im Frühjahr 1937 verlassen, nachdem ihn der Präsident des Reichs-

---

schung der Judenfrage Frankfurt am Main« war von etwa 40 000 Bänden vor dem Krieg auf rund 2 Millionen Bücher 1944 angewachsen (vgl. Schiefelbein, Institut zur Erforschung der Judenfrage; von Papen, Schützenhilfe, S. 35; demnächst Rudolph, Weltanschauungskrieger).

280 Ein Runderlaß Heydrichs als Politischer Polizeikommandeur Bayerns vom 7.12.1934 legte fest: »Der SD überwacht die Feinde der nationalsozialistischen Idee und regt die Bekämpfung und Abwehr bei den staatlichen Polizeibehörden an.« BArch, Sammlung Schumacher 457, zitiert nach: Boberach, Meldungen aus dem Reich, Bd. 1, S. 12. Vgl. auch die Berichte zur Verfolgung der Juden in: Wildt, Judenpolitik des SD; sowie die Berichte zur Verfolgung der Kirchen in: Boberach, Berichte des SD und der Gestapo über Kirchen.

281 Bericht des Leiters der Außenstelle Kreuznach des SD-Unterabschnitts Koblenz über den ersten Lehrgang der SD-Schule in Berlin-Grunewald vom 8.–16. 1. 1935, BArch NS 29/45, gedruckt in: Boberach, Berichte, S. 900–902. Salopper formulierte es Höhn intern: Aufgabe des SD sei es, »schräge Vögel abzuschießen«, das heißt unliebsame oder politisch mißliebige Funktionsträger so zu diskreditieren, daß sie abgelöst würden (Leopold von Caprivi, Erinnerungen, Ms., Archiv IfZ, ZS 3070, S. 9).

instituts für die Geschichte des neuen Deutschlands, Walter Frank, heftig angegriffen hatte und sich selbst Hitler kritisch zu Höhn geäußert hatte.[282] Vorher jedoch hatte er den jungen Abteilungsleiter am Institut für angewandte Wirtschaftswissenschaften, Otto Ohlendorf, für die SD-Arbeit gewonnen. 1936 übernahm Ohlendorf den Bereich Wirtschaft im SD-Hauptamt und baute ihn konsequent zur Hauptabteilung II 23 aus. Zusammen mit Franz Alfred Six, der im Mai 1935 in das SD-Amt gekommen war, die Zentralabteilung I 3 Presse und Museum leitete und im Frühjahr 1937 sowohl die Zentralabteilung I 1 Weltanschauliche Auswertung von Hermann Behrends als auch die Zentralabteilung II 2 Lebensgebietsmäßige Auswertung von Höhn übernahm und damit de facto Chef des SD-Inland wurde, prägten beide die neue Orientierung des SD.[283]

Six als junger, vielversprechender Akademiker, der das neue Fach Zeitungswissenschaft betrieb, stellte die Arbeit der SD-Zentrale auf systematische, nachrichtendienstlich orientierte Presse- und Schrifttumsauswertung sowie kontinuierliche Lageberichterstattung um. Unter Six begannen Männer wie Ehrlinger, Hagen, Ehlich, Spengler, Seibert, die jeweiligen Sachgebiete zu beobachten, Karteien anzulegen, Gutachten zu schreiben, Entwicklungen zu analysieren und ebenjenes Wissen zu akkumulieren, das der Exekutivapparat, die politische Polizei, dringend benötigte. Heydrichs Funktionsbefehl vom 1. Juli 1937, der die Aufgaben von SD und Gestapo trennen sollte, überließ dem SD unter anderem folgende Gebiete zur ausschließlichen Bearbeitung: Wissenschaft, Volkstum und Volkskunde, Kunst, Erziehung, Partei und Staat, Verfassung und Verwaltung, Ausland, Freimaurerei.[284] Im September legte Heydrich fest:

---

282 Ausführlich dazu Heiber, Walter Frank, S. 880–937; Hachmeister, Gegnerforscher, S. 177; zu Höhn siehe ebenfalls oben, S. 161, Anm. 51.

283 Hachmeister, Gegnerforschung, S. 144–198; siehe oben, S. 245–248.

284 Die Gestapo erhielt ausschließlich die Gebiete Marxismus, Landesverrat, Emigranten. Hinsichtlich von Kirchen, Pazifismus, Judentum, Rechtsbewegung, Wirtschaft und Presse sollte der SD die allgemeinen und grundsätzlichen Fragen bearbeiten, die Gestapo alle Einzelfälle, in denen exekutiv vorgegangen werden müsse (Anordnung des Chefs des Sicherheitshauptamtes und der Sicherheitspolizei, Heydrich, für den Sicherheitsdienst des Reichsführers SS und die Geheime Staatspolizei, 1. 7. 1937, BArch, R 58/239, gedruckt in: Wildt, Judenpolitik des SD, S. 118–120; siehe oben, S. 254 f.).

»Aufgabe der Lageberichtserstattung auf den Lebensgebieten kann es nur sein zu berichten, wie sich die nationalsozialistische Weltanschauung auf den einzelnen Lebensgebieten durchsetzt und welche Widerstände und ggf. von wem zu verzeichnen sind, nur unter diesem Gesichtspunkt ist über kulturelle, materielle oder das Gemeinschaftsleben betreffende Dinge zu berichten.«[285]

Six selbst merkte 1939 an, daß konsequente Lebensgebietsarbeit und die planmäßige Schulung der Mitarbeiter ein so gut ausgebildetes Personal im SD-Hauptamt herangebildet habe, daß die SD-Stellen in Österreich sowie in den besetzten Gebieten im Sudetenland und in Prag im wesentlichen aus SD-Mitarbeitern der von ihm geführten Zentralabteilungen zusammengesetzt sei.[286]

Alle Referenten und Gruppenleiter stammten bis auf den ehemaligen Benediktinermönch Georg Elling (III A 6 Religiöses Leben), der bis dahin das Kirchenreferat im SD-Oberabschnitt Ost in Berlin geführt hatte, und Gengenbach (Gruppenleiter III B Gemeinschaftsleben), der vom SD-Oberabschnitt Süd in München kam, aus dem SD-Hauptamt und übertrugen ihre bisherigen Referate in das Reichssicherheitshauptamt. Aber

---

285 Erlaß Heydrichs, 4. 9. 1937, BArch, R 58/990, zitiert nach Boberach, Meldungen aus dem Reich, 1965, S. XIV. Allerdings kritisierte Heydrich im gleichen Schreiben die noch unzureichende Berichterstattung aus den Oberabschnitten. Seit Januar 1937 waren vierzehntägige und vierteljährliche Lageberichte anzufertigen, die nach Heydrich jedoch bis dahin kaum praktisch zu verwerten waren. Eine wirklich regelmäßige aktuelle Berichterstattung scheint erst ab dem Herbst 1939 möglich gewesen zu sein, als die SD-Zentrale in Berlin am 9. 10. 1939 damit begann, »Berichte zur innenpolitischen Lage« zur »Unterrichtung des Reichsführers SS, der Staatsführung und der Leitung der Partei über die politische Lage im Reich und die Stimmung der Bevölkerung« herauszugeben, die Anfang Dezember in »Meldungen aus dem Reich« umbenannt wurden, bis Mai 1940 dreimal, danach zweimal wöchentlich erschienen. Die Informationen stammten von unterschiedlichen V-Leuten, deren Zahl Otto Ohlendorf im Nürnberger Prozeß mit 30 000 angab. Nach der Aussage von Prof. Dr. Gerhard Ritter gab es an den Universitäten SD-Arbeitsgemeinschaften, die Informationen zu den Hochschulen und zur Wissenschaft lieferten (Boberach, Meldungen, 1984, S. 16 f., 20 f.; Eidesstattliche Erklärung Prof. Dr. Gerhard Ritter, 26. 7. 1946, IMG, Bd. 42, S. 465–468 [SD-65]). Carsten Schreiber arbeitet derzeit an einer Dissertation zu den V-Leuten des SD in Sachsen (vgl. demnächst Schreiber, Verfolgungsnetzwerke).

286 Denkschrift Six »Die Entwicklung des Amtes II (1935–1939)«, [Juli 1939], BArch, R 58 F, 295, Bl. 2–9.

schon im März 1940 trat eine entscheidende Änderung ein. Das bisherige Referat Rasse und Volksgesundheit unter Dr. Hans Ehlich wurde deutlich aufgewertet und für Volkstum eine eigene Gruppe III B geschaffen, die Ehlich leitete.[287]

Ehlich, der Anfang 1937 durch Vermittlung von Höhn aus dem sächsischen Innenministerium ins SD-Hauptamt nach Berlin gekommen und dort Abteilungsleiter für *Rasse und Volksgesundheit* (II 213) unter Ohlendorf geworden war, wurde ein wichtiger RSHA-Funktionär, als im Oktober 1939 mit der Ansiedlung der Baltendeutschen im nationalsozialistischen Sinn rassekundliche Kompetenz verlangt war, um die Ankömmlinge rassisch zu sieben. Als Angehöriger der Einsatzgruppe V im September/Oktober 1939 war Ehlich am »Volkstumskampf« gegen Polen und Juden beteiligt und zählte von Anfang an zu den RSHA-Koordinatoren der Vertreibungs- und Ansiedlungspolitik des SS in den besetzten polnischen Gebieten. Als Sonderreferent III ES (Einwanderung und Siedlung) arbeitete er eng mit dem damaligen Sonderreferenten IV R (Räumungen), Adolf Eichmann, zusammen.[288] Heydrich selbst kennzeichnete III B als »besonders wichtige Gruppe« im Reichssicherheitshauptamt,[289] und auch Wilhelm Höttl machte 1945 die Gruppe III B verantwortlich für »die radikale Einstellung in Deutschland gegenüber nationalen Minderheiten, wie Tschechen und Polen«.[290]

Einer der engsten Mitarbeiter Ehlichs war Dr. Heinz Hummitzsch, sowohl als Referent für Volkstumspolitik (III B 1) als auch von 1941 bis 1943 als stellvertretender Gruppenleiter. Hummitzsch, Jahrgang 1910, Sohn eines Bäckermeisters im sächsischen Herzberg an der Elbe, hatte Deutsch, Geschichte, Geographie in München und Leipzig studiert. Da ihn, wie er in seinem SS-Lebenslauf schrieb, »der Studiengang nicht vollauf befriedigte, wandte ich mich im starken Masse volksdeutschen und grenzlanddeutschen Aufgaben zu. Durch Grenzfahrten und besonders viele Fahrten in das sudetendeutsche Gebiet bekam ich über diese Fragen einen

---

287 Rundschreiben RSHA I A 1, gez. Zindel, 21. 3. 1940, BArch, R 58/840, Bl. 225.
288 Siehe unten, S. 488–499.
289 CSSD I A 5 a, gez. Heydrich, an SS-Personalhauptamt, 2. 10. 1941, BArch, BDC, SSO-Akte Hans Ehlich.
290 Eidesstattliche Erklärung Wilhelm Höttl, 5. 11. 1945, IMG, Bd. 31, S. 37 f. (2614-PS).

Dr. Heinz Hummitzsch, Referent für Volkstumspolitik im RSHA-Amt III (Bundesarchiv, BDC, RuSHA-Akte Heinz Hummitzsch)

guten Überblick. Ausserdem wurde ich als Landdienstführer der Deutschen Studentenschaft eingesetzt.«[291] Durch diese volksdeutschen Aktivitäten kam Hummitzsch in Verbindung mit dem SD, für den er seit dem Frühjahr 1935 arbeitete. Nachdem er einige SD-Aufträge in der Tschechoslowakei offenkundig zur Zufriedenheit ausgeführt hatte, wurde er Ende 1935 ins SD-Hauptamt nach Berlin als Bearbeiter des Sachgebiets Volkstum und Volkskunde (II 212) berufen.[292] Hummitzsch nahm an den Sipo- und SD-Einsätzen 1938 im Sudetenland, 1939 in der Tschechoslowakei teil und »bewährte« sich im Einsatz gegen Polen im Herbst 1939 als rechte Hand des SD-Führers der Einsatzgruppe IV, Erich Ehrlinger, als »Fachmann für die Fragen der Minderheiten vorbildlich«.[293] Mit Ehrlinger ging Hummitzsch nach dem Einsatz auch nach Warschau als Referent für Volkstumsfragen in der Dienststelle des KdS und kam von dort Anfang Januar 1940 ins RSHA – ein einsatzerfahrener und einsatzbereiter SD-Mann, der auch später in den besetzten Gebieten »Volkstumspolitik« betrieb.

Aber auch die anderen Gruppen (III A Fragen der Rechtsordnung und des Reichsaufbaus unter Gengenbach, III C Kultur unter Spengler und III D Wirtschaft unter Seibert) arbeiteten nicht als »Meinungsforschungsinstitut« des NS-Regimes, dessen Mitarbeiter objektiv und vorurteilslos Mel-

---

291 Handschriftlicher Lebenslauf, 12.7.1938; BArch, BDC, SSO-Akte Heinz Hummitzsch.
292 Personalbericht Hummitzsch, o. D. [1939], ebenda.
293 Beurteilung Ehrlinger, 1.11.1939, ebenda; GStAnw KG Berlin, 1 Js 12/65 (RSHA), Ermittlungsvermerk, 10.12.1968, S. 156.

dungen aus dem Reich sammelten und in ihren Berichten den Herrschenden des Dritten Reichs ungeschminkt die Stimmung in der Bevölkerung
mitteilten – ein Bild, das Otto Ohlendorf und sein Referent Dr. Hans Rößner während des Nürnberger Prozesses in den kräftigsten Farben malten
und das auch Eingang in die Forschung gefunden hat.[294] Sicher waren die
Gruppen auch mit den jeweiligen Sachgebieten der »Meldungen aus dem
Reich«: Stimmung und Haltung der Bevölkerung im allgemeinen; Kultur;
Volkstum und Volksgesundheit; Verwaltung; Rechtswesen und Wirtschaft,
befaßt. So ging es in den Berichten zu Verwaltung und Recht, die in der
Gruppe III A bearbeitet wurden, auch um die alltägliche Unbill mit der
komplizierten und zersplitterten Rechtsprechung. Aber vor allem sollten
die V-Leute »Strafurteile erfassen, die dem gesunden Volksempfinden
gröblich widersprechen«, damit das RSHA in der Lage sei, diese zu »repa-
rieren«.[295] So legte das RSHA am 28. Oktober 1942 Reichsjustizminister
Thierack 72 Urteile vor, »die der herrschenden Auffassung nicht entsprechen«, und erreichte, daß Thierack in 43 Fällen die Verurteilten der Gestapo
zum »Sonderarbeitseinsatz in Konzentrationslagern« überstellte, andere
Urteile noch einmal untersuchen ließ und nur in neun Fällen beim erkannten Strafmaß bleiben wollte.[296] Gengenbach selbst nahm neben anderen
RSHA-Referenten wie Bilfinger und Neifeind an der von Eichmann geleiteten Folgebesprechung nach der Wannsee-Konferenz zur »Endlösung der

---

294 Vgl. zum Beispiel die Arbeiten von Lawrence D. Stokes, Otto Ohlendorf, the
Sicherheitsdienst and Public Opinion; beziehungsweise ders., The Sicherheitsdienst (SD) of the Reichsführer SS; siehe unten, S. 797–814. Eine neuere und dem
heutigen Forschungsstand angemessene Monographie über den SD-Inland ist ein
nach wie vor existierendes Forschungsdesiderat.

295 Arbeitsanweisungen für das Lebensgebiet Recht, 1.9.1941, BArch, R 58/990.
Bereits im April 1935 hatte Heydrich in einem Runderlaß die Gestapostellen aufgefordert, in ihren Augen ungenügende Gerichtsurteile gegen »Staatsfeinde« zu
melden, damit die Gestapoführung das Reichsjustizministerium veranlassen
könne, »Fälle mit offensichtlichen Fehlurteilen den erkennenden Gerichten zur
nochmaligen Überprüfung zurückzuleiten« (Runderlaß Gestapa, gez. Heydrich,
28.4.1935, zitiert nach Gruchmann, Justiz, S. 659). Die Gestapo ging im folgenden
dazu über, Verurteilte und sogar Freigesprochene gleich im Anschluß an das Ge-
richtsurteil oder die Verbüßung der Haftstrafe in Schutzhaft zu nehmen, das heißt
in einem Konzentrationslager zu internieren (ebenda, S. 583–632).

296 Boberach, Meldungen, Bd. 1, S. 31.

Judenfrage« im RSHA am 27. Oktober 1942 teil, auf der erneut über das Schicksal der sogenannten Mischlinge verhandelt wurde.[297] Im Frühjahr 1943, so sagte Martin Sandberger nach dem Krieg aus, sei Gengenbach nach Tallinn gekommen, um ein Treffen mit den SD-Mitarbeitern der Abteilung III bei KdS Estland abzuhalten, und habe dabei betont, daß die Politik der Besatzung mehr prodeutsch und weniger proestnisch sein sollte.[298] Auf der Arbeitstagung der Sicherheitspolizei und des SD am 19./20. Januar 1944 in Königsberg hielt Gengenbach noch einen Vortrag über »Die Neuordnung der Zuständigkeiten im Reichsministerium des Innern«[299] – und verunglückte wenige Tage später, am 25. Januar 1944, zusammen mit Heinz Gräfe auf einer Dienstfahrt in der Nähe von München tödlich.

Am klarsten war der Übergang vom SD-Hauptamt in das RSHA für die einstige Hauptabteilung II 23 *Materielles Leben,* die von Ohlendorf geführt wurde, und nun nahezu komplett als Gruppe *Wirtschaft* (III C, ab 1941 III D) in das RSHA übergeleitet wurde. Willy Seibert (Verkehrswirtschaft), Heinz Kröger (Finanzwirtschaft) oder Dr. Hans Leetsch (Arbeits- und Sozialwesen) behielten auch im Reichssicherheitshauptamt ihre Sachgebiete. Alle Referenten hatten nicht nur Wirtschaft studiert, sondern auch vier von ihnen (von Reden, Zehlein, Kröger, Leetsch) eine kaufmännische Ausbildung vor dem Studium durchlaufen. Damit stellte die Gruppe, gemessen an der Vorbildung ihres Führungspersonals, zweifellos eine der sachkundigsten innerhalb des SD dar. Aber so umfangreich diese Wirtschaftsgruppe sich 1939/40 mit acht Referaten ausnimmt, so schmal wird sie, wenn man auf die Zahl der Referenten schaut. Hinter den acht Referaten standen aufgrund von Doppelbesetzungen, Vertretungen und baldigen Abgängen nur zwei vollwertige Referenten: Willy Seibert, der Handel/Handwerk und Verkehr betreute, und Hans Leetsch für Arbeits- und Sozialwesen. Dennoch behielt der Wirtschaftsbereich eine starke Stellung im Amt III, was sicher nicht zuletzt auf Ohlendorf selbst zurückgeführt werden kann, dessen Kompetenz und Neigung als studierter Volkswirt, Hauptgeschäftsführer der Reichsgruppe Handel und späte-

---

297 Niederschrift der Besprechung vom 27. 10. 1942, BArch, R 58/1086 (Nbg. Dok. NG 2586-G); siehe unten, S. 637–642.

298 Camp 020 Interim Interrogation Report, Oktober 1945, p. 12; US National Archives, RG 319, Box 191, File XE000855 Sandberger.

299 BArch Potsdam, Film SS Versch.Prov. 4153, Aufn. 637942–945.

rer stellvertretender Staatssekretär im Reichswirtschaftsministerium sich hier spiegelten.

Am unscheinbarsten und unschuldigsten erscheint die Gruppe III C Kultur unter Wilhelm Spengler, der mit seinen langjährigen Referenten Dr. Ernst Turowski (III C 1 Wissenschaft), vor allem aber Walter von Kielpinski (III C 5 Presse, Schrifttum, Rundfunk) und Dr. Hans Rößner (III C 3 Volkskultur und Kunst) während des NS-Regimes eine offenkundig verschworene Gemeinschaft bildete, die auch in der Nachkriegszeit ein enges Band verknüpfte.[300] Turowski hatte 1937 mit einer Dissertation zur Entwicklung Polnisch-Preußens und dessen staatsrechtlicher Stellung zu Polen im 15./16. Jahrhundert promoviert – ein Ostforscher, auf den der SD aufmerksam wurde.[301] Kielpinski gehörte zusammen mit Spengler und Rößner zu den Germanisten des Amtes III und beschäftigte sich mit dem »Einbruch« des Katholizismus in Literatur und Wissenschaft.[302] Er hatte wie Spengler in Leipzig studiert, arbeitete seit Juli 1934 als Leiter der Abteilung Presse und Schrifttum im SD-Hauptamt unter Six, der ihm Fleiß, Energie und Pünktlichkeit bescheinigte. Im Herbst 1939 war Kielpinski wie etliche andere spätere RSHA-Führer als Angehöriger einer Einsatzgruppe in Polen eingesetzt. Mit Hummitzsch gehörte er zum Stab der Einsatzgruppe IV und war danach mit diesem unter Ehrlinger in der SD-Abteilung beim KdS Warschau eingesetzt, bis er im Juni 1940 ins RSHA

---

300 Der vierte Referent im Bunde (III C 2 Erziehung), Dr. Heinrich Seibert, Jahrgang 1910, kam wie Gengenbach aus dem SD-Oberabschnitt Süd. Er verließ das RSHA Mitte 1942, da er zur Wehrmacht einberufen wurde. Er starb 1951 im pfälzischen Bischheim (BArch, BDC, SSO-Akte Heinrich Seibert; GenStAnw KG Berlin, RSHA-Ermittlungsunterlagen, Ps 24). Sein Nachfolger, SS-Hauptsturmführer Dr. Rudolf Böhmer, der das Referat bis zum Kriegsende behielt, stammte ebenfalls aus dem SD-Oberabschnitt Süd. Böhmer wurde zugleich als Verbindungsführer des RSHA zur Reichsjugendführung und zum Amt Erziehung im RMWEV eingesetzt (BArch, BDC, SSO-Akte Rudolf Böhmer; RMWEV, Vorschlag zur Ernennung Böhmers zum Studienrat, 23.3.1943; BArch DH, ZA V 130, Bl. 219–220).

301 Seit September 1937 arbeitete Turowski als hauptamtlicher SD-Mitarbeiter in der Abteilung Wissenschaft (II 211) des SD-Hauptamtes (BArch, BDC, SSO-Akte Ernst Turowski; GenStAnw KG Berlin, RSHA-Ermittlungsunterlagen, Personalheft Pt 54).

302 Vgl. Kielpinskis Aufsatz »Der Einbruch des Katholizismus in die Wissenschaft«, in: Volk im Werden 5 (1937).

kam und die Leitung des Referats III C 5 Presse, Schrifttum, Rundfunk übernahm.[303]

Dritter im Bunde der Germanisten war Dr. Hans Rößner, der ebenfalls aus Sachsen stammte, 1910 in Dresden als Sohn eines Volksschullehrers geboren wurde und in Leipzig Deutsch und Geschichte studiert hatte. Wie Gräfe, Spengler, Mäding war auch Rößner im Leipziger Studentenwerk und in der Akademischen Selbsthilfe tätig gewesen und früh zur SS und zum SD gekommen.[304] Seit Anfang November 1933 SA-Mitglied, stieg er im Mai 1934, noch keine 24 Jahre alt, beim SD ein und wurde in die SS übernommen. Er arbeitete erst ehren-, dann hauptamtlich für die von Spengler geleiteten Schrifttumsstelle Leipzig und folgte 1936 Prof. Dr. Karl Justus Obenauer, der sich in Leipzig habilitiert, dort auch als Privatdozent gelehrt hatte, nach Bonn. Obenauer, der übrigens auch der akademische Lehrer Spenglers war,[305] wurde 1935 als ordentlicher Professor für neuere Literaturgeschichte an die Universität Bonn berufen und stellte Rößner als Assistent an, obwohl dieser zu diesem Zeitpunkt noch nicht promo-

Dr. Hans Rößner, Referent für Volkskultur und Kunst im RSHA-Amt III (Bundesarchiv, BDC, RuSHA-Akte Hans Rößner)

---

303 BArch, BDC, SSO-Akte Walter von Kielpinski; Vernehmung Heinz Hummitzsch, 11. 8. 1965, ZStL, 211 AR-Z 13/63, Bd. 3, Bl. 547; StAnw LG Berlin, 3 P (K) Js 198/61, Schlußvermerk, 29. 1. 1971; GenStAnw KG Berlin, RSHA-Ermittlungsunterlagen, Personalheft Pk 36.

304 Seine Parteimitgliedschaft erhielt Rößner aufgrund der Aufnahmesperre erst zum 1. 5. 1937 (Nr. 4 583 219), BArch, BDC, SSO-Akte Hans Rößner.

305 In einer Erklärung vom 30. 5. 1949 bezeichnete sich Spengler ausdrücklich als Schüler von Obenauer, dessen Vorlesungen er gehört und in dessen Haus er von 1928 bis 1932 häufig verkehrt habe (Eidesstattliche Erklärung Spenglers, 30. 5. 1949, gedruckt in: Simon, Germanistik, S. XXXVIII–XL).

viert war.[306] Obenauer, selbst NSDAP-Mitglied seit 1933, hielt seinerseits seit 1934 enge Verbindungen zum SD.[307] Für die Assistentenstelle gab Rößner seine besser dotierte SD-Anstellung auf, um eine Universitätskarriere zu verfolgen – ohne daß der SD sein Interesse an ihm als hauptamtlichen Mitarbeiter verloren hätte.[308]

In Bonn betrieben Obenauer als Dekan der Philosophischen Fakultät und sein Assistent Rößner die Aberkennung der Ehrendoktorwürde Thomas Manns.[309] Am 19. Dezember 1936 teilte Obenauer dem »Schriftsteller Thomas Mann« lapidar mit, daß sich die Philosophische Fakultät der Universität Bonn »nach Ihrer Ausbürgerung genötigt gesehen hat, Sie aus der Liste der Ehrendoktoren zu streichen«,[310] woraufhin Thomas Mann jenen berühmten Antwortbrief vom 1. Januar 1937 schrieb, mit dem er sich öffentlich – sowohl Obenauers Schreiben als auch die Antwort Thomas Manns erschienen schon Mitte Januar 1937 als Broschüre beim Zürcher Oprecht-Verlag – vom NS-Regime distanzierte.[311]

---

306 Zu Obenauer in Bonn vgl. Höpfner, Universität Bonn, S. 366–369; Jäger, Seitenwechsel, S. 293 f.; Simon, Germanistik, S. XXIX–XL.

307 Zu Obenauers Beziehungen zum SD vgl. Hübinger, Thomas Mann, S. 208–210. Spengler gab nach dem Krieg an, den Kontakt zum SD hergestellt zu haben, indem er als Mitarbeiter der Publikationsstelle Leipzig Obenauer um Gutachten gebeten haben will und ihn so zur Mitarbeit beim SD gewonnen habe (Erklärung Spenglers, 30. 5. 1949, a. a. O. (s. Anm. 305).

308 1938 schrieb Rößner, daß er 1936 freiwillig aus dem hauptamtlichen Dienst beim RFSS ausschied, weil ihm mit der Assistentenstelle in Bonn die Möglichkeit zur Hochschullaufbahn und zur Habilitation für das Fach Deutsche Literatur geboten wurde (Rößner an Dozentenbundsführer Bonn, Prof. Dr. Chadoba, 18. 3. 1938, BArch DH, ZB II, 1939 A 1). Sein Chef Obenauer sekundierte und bescheinigte Rößner, er gehöre »zu unserem förderungswürdigsten Nachwuchs, wie wir ihn für die Zukunft unserer Hochschulen unbedingt erhalten müssen, besonders da seine alte Dienststelle in Berlin SS-Hauptamt ihn jederzeit wieder hauptamtlich einstellen würde, wenn er nicht durch eine bescheidene Förderung unserer Hochschule erhalten wird« (Obenauer an RMWEV, 4. 4. 1938, zitiert nach Jäger, Seitenwechsel, S. 299).

309 Vgl. dazu ausführlich Hübinger, Thomas Mann, S. 101–279, zur Beteiligung Rößners siehe S. 220–224.

310 Obenauer, Dekan, an Thomas Mann, 19. 12. 1936, dokumentiert in: Hübinger, Thomas Mann, S. 561 f.

311 Thomas Mann an den Dekan der Philosophischen Fakultät der Universität Bonn, 1. 1. 1937, dokumentiert in: Hübinger, Thomas Mann, S. 562–569. Zur Verbreitung der Broschüre »Ein Briefwechsel« siehe ebenda, S. 250–264. Obenauer ließ

Das nächste Opfer war Stefan George. Der berühmte Dichter, zu dessen Kreis in den zwanziger Jahren auch die Brüder Alexander, Berthold und Claus von Stauffenberg gehört hatten,[312] war etliche Jahre hindurch ein begehrtes Objekt der Nationalsozialisten gewesen, was George aber nicht so heftig erwiderte, wie es das Regime gewünscht hätte.[313] 1937 war nun offenkundig die Zeit reif, den George-Kreis anzugreifen. Nachdem Rößner 1936 eine erste Attacke gegen Stefan George verfaßt hatte,[314] widmete sich seine mit »ausgezeichnet« beurteilte Dissertation ganz dem Thema: »Georgekreis und Literaturwissenschaft«. Zwar wolle er »das dichterische Werk Stefan Georges als künstlerische Gestalt und Wirkungsform in seiner Eigenständigkeit unangetastet lassen«, wandte sich aber desto heftiger gegen die »geistige Verjudung« des George-Kreises. Schuld an dem »so starkem Einstrom des vornehm urbanen Bildungsjudentums« in den George-Kreis sei »zweifellos auch die rassisch-biologische und rassenseelische Instinktlosigkeit des Kreises«. Getragen sei der Kreis von »jener ästhetisch-humanistischen Bildungsüberlieferung, die, zum europäischen Gemeingut geworden, sich immer mehr von den völkischen Lebensgründen gelöst« habe, mit einer völkisch-rassischen Literaturwissenschaft unvereinbar sei und daher kompromißlos bekämpft werden müsse.[315]

übrigens vom Brief Thomas Manns vier Abschriften anfertigen, je eine für die Fakultätsakte, das Rektorat der Universität, das Reichserziehungsministerium – und für den SD (ebenda, S. 265).

312 Vgl. Hoffmann, Stauffenberg und seine Brüder, S. 61–78, Wildt, Ethos der Tat. Zu den Verbindungen des George-Kreises zur deutsch-völkischen, antisemitischen und nationalsozialistischen Bewegung siehe Kolk, Literarische Gruppenbildung, S. 455–465; vgl. dazu auch Breuer, Ästhetischer Fundamentalismus.

313 Die ihm im Frühjahr 1933 angebotene Präsidentschaft der Sektion für Dichtkunst in der Preußischen Akademie der Künste lehnte George ab. Den von offizieller Seite vorbereiteten Ehrungen zu seinem 65. Geburtstag am 12. Juni 1933 entzog er sich und schwieg. Als er am 4. Dezember 1933 in Locarno starb, waren unter den zwölf Wachen an seinem Totenbett auch die drei Brüder Stauffenberg (zu den zahlreichen Versuchen in den ersten Jahren des NS-Regimes, George als Wegbereiter des Nationalsozialismus zu reklamieren, vgl. David, Stefan George, S. 383–389; sowie Kolk, Gruppenbildung, S. 483–508).

314 Hans Rößner, Dritter Humanismus im Dritten Reich, in: Zeitschrift für deutsche Bildung 12 (1936), S. 186–192.

315 Hans Rößner, Georgekreis und Literaturwissenschaft. Zur Würdigung und Kritik der geistigen Bewegung Stefan Georges, Frankfurt am Main 1938, S. 10 f., 215. Mit

Seinen George-Feldzug führte Rößner auch danach fort,[316] aber er hatte mittlerweile Größeres im Sinn. Gerd Simon identifizierte ihn als den Autor einer ebenso umfassenden wie programmatischen und denunziatorischen SD-Denkschrift zur »Lage und Aufgabe der Germanistik und deutschen Literaturwissenschaft«.[317] Neben einer umfassenden, detaillierten Übersicht der germanistischen Institute und Seminare an den deutschen Hochschulen, den literarischen Gesellschaften, Vereinen und Stiftungen, der deutschen Literaturpreise und germanistischen wie literarischen Zeitschriften enthält Rößners Denkschrift auch eine Liste mit 50 Namen »gegnerischer« deutscher Germanisten und Literaturwissenschaftler, die wiederum in Freimaurer/Rotarier, Juden, Katholiken und Liberale wie Reaktionäre unterteilt waren, sowie 18 Namen von »positiven Wissen-

---

dieser Arbeit war Rößner 1938 zum Dr. phil. promoviert worden. Zur Kritik an George vgl. auch Kolk, Gruppenbildung, S. 518–521; Jäger, Seitenwechsel, S. 300.

316 Siehe seine Aufsätze »Ende des George-Kreises«, in: Volk im Werden 6 (1938), S. 459–477, und »George und Ahasver oder vom geistigen Reich«, in: Die Weltliteratur, 1941, S. 244–248, in dem er erneut scharf gegen die »Verjudung« des George-Kreises polemisierte (Kolk, Gruppenbildung, S. 521; Leggewie, Von Schneider zu Schwerte, S. 105 f. Hauptschriftleiter der »Weltliteratur« war Schneider-Schwerte!); sowie seinen Vortrag über »George-Kreis und die 3. Humanismus« auf der Jahrestagung des NS-Dozentenbundes in Rittmershausen im März 1939 (Simon, Germanistik, S. XII).

317 Die Denkschrift, die 1938 entstanden ist, befindet sich im BArch DH, ZR I, 1226, und ist bei Simon vollständig abgedruckt: Simon, Germanistik, S. 1–69. Die Autorenschaft Rößners ergibt sich neben anderen Hinweisen vor allem aus dem Personalbericht zu Rößner aus dem Januar 1939, unterschrieben von Six und Spengler, in dem es u. a. heißt: »Dr. Rößner ist ehrenamtlicher Mitarbeiter in der Wissenschaftsabteilung. Er hat sich während der letzten Hochschulferien im SD-Hauptamt zur Verfügung gestellt und eine abschließende Gesamtdenkschrift über die Lage der Germanistik fertiggestellt, in der das gesamte SD-Material zu dieser Frage verarbeitet wird.« (Personalbericht Rößner, o. D. [Januar 1939], unterschrieben von Six und Spengler mit Datum vom 24. 1., BArch, BDC, SSO-Akte Hans Rößner; vgl. auch Simon, Germanistik, XX–XXII)
Schon 1936 verfaßte der SD eine Denkschrift zur »Zersetzung der nationalsozialistischen Grundwerte im deutschsprachigen Schrifttum seit 1933« (BArch, R 58/234), die, so vermuten Hübinger wie Jäger, gleichfalls von Rößner und/oder Spengler verfaßt worden ist. Allerdings kann deren Autorenschaft nicht belegt werden (Hübinger, Thomas Mann, S. 222; Jäger, Seitenwechsel, S. 20 Anm. 65).

schaftlern«, die, so Rößner, »nach der wissenschaftlichen, weltanschaulichen und politischen Gesamthaltung als einwandfrei oder zumindest als besonders einsatzbereit bezeichnet werden können«, darunter selbstverständlich den von Karl Justus Obenauer.[318] Zwar sollte laut Rößner zuverlässig und methodisch einwandfrei geforscht werden, aber das Politische war das zentrale Element dieser Denkschrift. Rößners Bestimmung der Germanistik gewissermaßen als kämpfende Wissenschaft rührt vom gleichen Bewegungsmoment her wie Heydrichs Bestimmung der Polizei als kämpfende Verwaltung. Die Germanistik, so Rößner, dürfe sich nicht bloß als »registrierende Museumsverwaltung« verstehen, sondern müsse vor allem eine Wirkungsgeschichte schreiben. Wissenschaftliche Kontemplation und Gelehrtentum waren diesen jungen Akademikern ebenso verhaßt wie Intellektualität. Geist bedeutete immer auch Tat. Wer forsche, sollte auch wirken wollen, sonst besaß er in ihren Augen keine völkische Berechtigung. Daß die Germanistik wieder zum »kulturpolitischen Einsatz« – innerhalb und außerhalb der Grenzen Deutschlands! – fähig würde, war ein zentrales Anliegen von Rößners Denkschrift.[319]

Den »kulturpolitischen Einsatz« führten die Mitarbeiter des SD-Amtes III nicht nur auf dem Papier. Von den untersuchten 30 Führungsangehörigen des Amtes III waren 18 im sogenannten sicherheitspolizeilichen Einsatz. Leetsch und Seibert aus der Gruppe Wirtschaft gingen mit ihrem Vorgesetzten Ohlendorf als Stabsangehörige der Einsatzgruppe D nach Südrußland. Reinholz folgte 1942/43 als Führer des Einsatzkommandos 11 b. Ernst Turowski wurde Ende September 1943 als SD-Abteilungsleiter

---

318 Denkschrift, in: Simon, Germanistik, S. 13.
319 Rößner, der 1941 offenkundig als Professor für die Reichsuniversität Straßburg im Gespräch war (Rößner an Spengler, 24. 6. 1941, BArch DH, ZB II, 1939, A 1), gehörte, so sein Vorgesetzter Wilhelm Spengler in einer Beurteilung über ihn, »zweifelsohne zu den fähigsten und begabtesten Referenten des Amtes III. [...] Er ist ein schöpferischer Mensch, in dem Sinn, dass es ihm für seine Referate gelungen ist, die nationalsozialistischen Grundprinzipien so scharf und klar herauszuarbeiten, dass eine Reihe von Entscheidungen während des Krieges in der Kulturarbeit in den Führungsstellen durch diese produktive SD-Arbeit mit herbeigeführt worden sind« (Personalbeurteilung Spenglers zum Beförderungsvorschlag Rößners zum SS-OStubaf., 28. 2. 1944, BArch, BDC, SSO-Akte Hans Rößner; zu Rößner siehe auch unten, S. 797–813).

zum BdS Verona in Italien abkommandiert, Neifeind war 1944 in Ungarn. Gengenbach befand sich 1940 im »Einsatz« in Holland, der zeitweilige Leiter des Referats Einwanderung und Umsiedlung (III B 4), Reinhard, führte 1941 die »Zentralstelle für jüdische Auswanderung« in den Niederlanden und wurde 1942 als Leiter der Gestapoabteilung zum BdS Norwegen nach Oslo kommandiert. Auch Wilhelm Spengler war zumindest im Mai 1942 für drei Wochen bei der Einsatzgruppe D auf der Krim, nachdem er zuvor im März im Nordabschnitt der Ostfront eingesetzt war und sich, wie es in der Begründung für den Vorschlag zur Verleihung des Kriegsverdienstkreuzes 2. Klasse hieß, »wiederholt bei der Bekämpfung von Partisanengruppen besonders ausgezeichnet« hatte.[320] Von seinen Einsätzen berichtete Spengler in Goebbels' Zeitschrift »Das Reich«, so zum Beispiel im Artikel »Volksdeutsche Schicksale« vom 9.8.1942 – mit Zeichnungen von A. Paul Weber [!]:

»Am Abend des gleichen Tages sitzt neben mir ein junger, achtzehnjähriger volksdeutscher Mann. Als sie seinen Vater, seine Mutter und seine Geschwister in der Wohnung erschossen, hat ihn sein Vater im Zusammenbrechen mit zu Boden gerissen, und überströmt vom Blut seines Vaters ist er vom Schrecken ohnmächtig liegen geblieben, und die Bolschewisten haben ihn tot geglaubt. Am Ende unseres Gesprächs sagt er: ›Mich hat dieses Schicksal nicht zerbrochen, Obersturmbannführer. Wenn dieser Krieg auch so lange dauern würde, bis ich ein alter Mann geworden bin, und wenn wir auch bis ans Ende der Welt marschieren müßten, ich ziehe mit euch, bis der Bolschewismus ausgerottet worden ist. Das habe ich meinem Vater und meiner Mutter und den Geschwistern geschworen, als ich mich von ihnen in jener Nacht aus unserem Hofe fortgeschlichen habe.‹ Eine Stunde später fährt der SS-Mann mit uns im Vorauskommando der Sicherheitspolizei und des SD gegen Sewastopol.«

SD-Ausland (Amt VI)

Auf den ersten Blick nahm sich das neue Amt VI des RSHA, SD-Ausland, das aus dem Amt III Abwehr des SD-Hauptamtes entstanden war, recht imposant aus. Von allen RSHA-Ämtern, die der erste Geschäftsverteilungsplan vom Februar 1940 auswies, besaß das Amt VI mit acht Grup-

---

320 RSHA, Amt III, i.V. Gengenbach, Vorschlag für die Verleihung des KVK 2. Kl. an Wilhelm Spengler, 9.4.1942, BArch DH, ZR 917 A 4, Bl. 390.

Heinz Jost, Chef des RSHA-Amtes VI SD-Ausland 1939–1941, Chef der Einsatzgruppe A und Befehlshaber der Sicherheitspolizei und des SD in Riga 1942 (Bundesarchiv, BDC, RuSHA-Akte Heinz Jost)

pen (VI A–H) und 38 Referaten den größten Umfang.[321] 19 Prozent der führenden Angehörigen des Amtes VI waren vor 1900 geboren, 44 Prozent gehörten den Jahrgängen zwischen 1902 und 1909 an, ein Drittel dem Jahrgang 1910 und jünger. Von der sozialen Herkunft unterschieden sich die SD-Mitarbeiter des Amtes VI nicht von den anderen RSHA-Ämtern. Die Väter waren kleinere und mittlere Beamte, Lehrer, Handwerker; ein einziger, Waneck, hatte einen promovierten Ministerialrat als Vater gehabt. Über 80 Prozent hatten das Abitur absolviert, übrigens deutlich mehr an Realgymnasien oder Oberrealschulen denn an humanistisch ausgerichteten Gymnasien. Vor allem jedoch fällt auf, daß der Anteil derjenigen, die nach der Schule einen Beruf erlernten oder beruflich tätig waren, deutlich höher liegt als bei den anderen Ämtern. Über die Hälfte des Führungspersonals des SD-Ausland absolvierte nach der Schule eine kaufmännische Lehre oder war in einem Beruf tätig. 58 Prozent hatten studiert, wobei die Hälfte von ihnen Jura als Studienfach gewählt hatte, die übrigen Wirtschaftswissenschaften, Deutsch, Geschichte, Englisch, Zeitungswissenschaft, Sport oder auch Chemie. Nur neun, signifikant weniger als im Amt VII, hatten einen Doktorgrad erworben, darunter fünf mit einem Dr. jur, also die Hälfte der Jurastudenten.

Im SD-Ausland waren politische Zuverlässigkeit und langjährige Zugehörigkeit gefragt. Heinz Jost, der 1927 der NSDAP beigetreten war, zählte zu den ältesten Parteimitgliedern im RSHA. Fünf weitere seiner Mitarbei-

---

321 Die SD-Ämter II Gegnerforschung und III SD-Inland verfügten laut Geschäftsverteilungsplan vom Februar 1940 zusammen nur über 32 führende Mitarbeiter (Amtschefs, Gruppenleiter und Referenten).

ter (Lapper, Seidel, Christensen, Möller, Hanke) waren vor 1930 Parteimitglied geworden. Neun waren 1930/31 in die NSDAP eingetreten, weitere fünf vor dem Januar 1933. Weit mehr als die Hälfte des Führungspersonals des Amtes VI zählte demnach zu den »alten Kämpfern«. Es kennzeichnet den SD-Ausland, daß sich hier zahlreiche der frühen Angehörigen des SD-Hauptamtes gesammelt haben. Zehn waren zwischen 1932 und 1934 zum SD gestoßen, weitere elf kamen 1935 und 1936 hinzu. Es hat fast den Anschein, als sei der SD-Ausland gerade in den frühen Jahren eine Art Auffangbecken für SD-Leute gewesen, die nicht in das akademische Profil der Lebensgebietsarbeit paßten, wie sie Höhn, Six und Ohlendorf für den SD-Inland entwickelt hatten. Wilhelm Höttl, aktiver SD-Mitarbeiter in Österreich seit 1934 und Südostreferent im Amt VI, führt in seinen Lebenserinnerungen mehrere Putschisten aus dem Juli 1934 auf, die nach der Niederlage im SD-Hauptamt Aufnahme fanden.[322]

Gegenüber so erfahrenen Institutionen wie dem Amt Ausland/Abwehr der Wehrmacht oder auch der Abwehrabteilung des Gestapa, die sich aus altgedienten Abwehrpolizisten zusammensetzte, die ihre Kenntnisse aus der Weimarer Zeit in das Geheime Staatspolizeiamt mitbrachten, bestand der SD-Ausland vornehmlich aus Neulingen im Nachrichtendienst. Weder Heinz Jost noch irgendein anderer seiner leitenden Mitarbeiter verfügten über Kompetenz auf dem Gebiet des Nachrichtendienstes, sondern waren auf vielfältigen Wegen zur Abwehrabteilung des SD-Hauptamtes gekommen und von dort in das RSHA übernommen worden. Filbert, Siebert, Knochen, Paeffgen, Schellenberg, Waneck stammten sämtlich aus dem SD und mußten sich erst nachrichtendienstliche Fachkenntnisse aneignen. Nach Waneck war die Zeit vor 1939 »als eine im Aufbau begriffene und noch keineswegs eine ausgereifte, durchorganisierte« Phase zu bezeichnen. Selbst die Nachrichtenbeschaffung erfolgte nicht planmäßig nach bestimmten Richtlinien, sondern war dem Zufall, d. h. der Erkundung jeweils aktueller Ereignisse, die politisch im Vordergrund standen, überlassen.[323] Hermann Bielstein, der 1940 die Gruppe VI F West leitete,

---

322 Höttl, Einsatz, S. 26–29. Zum SD-Ausland vgl. die allerdings unzulängliche Dissertation von Thorsten Querg, Spionage und Terror. Demnächst ist von Katrin Paehler eine Studie über Schellenberg und den SD-Ausland zu erwarten.
323 Wilhelm Waneck, Aufzeichnungen, Archiv IfZ, ZS 1579 II, S. 13.

qualifizierten offenkundig seine Auslandsreisen, Sprachkenntnisse und ein Studienaufenthalt in Dublin für die Tätigkeit im SD-Ausland, zu dem er 1935 stieß. Über seine Arbeit berichtete er nach dem Krieg durchaus glaubwürdig:

>»Im SD-Hauptamt führte ich von Anfang an die Amtsbezeichnung ›Abteilungsleiter‹, doch bestand die Abteilung lange Zeit nur aus mir selbst. Meine Tätigkeit war von Mai 1935 bis Mai 1940 gleichbleibend die Auswertung der auf den verschiedensten Kanälen an das SD-Hauptamt gelangenden aussenpolitischen Informationen, soweit diese den europäischen Westraum betrafen, und ihre Weiterleitung an interessierte Dienststellen und Ämter, insbesondere das Auswärtige Amt.«[324]

Im SD-Hauptamt war Bielstein Leiter mehrerer Abteilungen zugleich gewesen: III 112 Südosteuropa (dazu gehörten die Referate Ungarn/Jugoslawien/Albanien sowie Rumänien/Bulgarien/Griechenland), III 115 Westeuropa (Frankreich und Belgien/Luxemburg/Holland) sowie III 116 Nordeuropa (England, Dänemark und Norwegen/Schweden).[325] Bielstein wurde im Mai 1940 erst zum SD-Einsatz nach Brüssel geschickt und im September dann zur Waffen-SS einberufen.[326]

Bei Paul Baron von Vietinghoff-Scheel war es offenbar seine Herkunft aus Riga und antibolschewistische Kampferfahrung, die ihn für die Arbeit im SD-Ausland empfahlen. Sein Vater war 1919 von den Bolschewisten getötet worden, er selbst kämpfte in der Baltischen Landwehr gegen die Rote Armee, bis er 1920 Lettland verließ und sich als Industrievertreter in Deutschland durchschlug.[327] Im SD-Hauptamt leitete er die Abteilung III 111 Osteuropa und zugleich die Referate Rußland, Polen, ČSR und Danzig,[328] im RSHA 1939/40 die Gruppe VI C Ost, wobei die drei Referate: Rußland, Randstaaten und Ferner Osten [!] unbesetzt blieben.

Bernhard Christensen, 1911 in Kiel geboren, hatte die Mittelschule abgebrochen, in der Landwirtschaft, als Volontär in einem Reisebüro und als

---

324 Handschriftlicher Lebenslauf, 19. 4. 1947, GenStAnw KG Berlin, RSHA-Ermittlungsunterlagen, Personalheft Pb 77.
325 Geschäftsverteilungsplan des Sicherheitshauptamtes 1938, Sonderarchiv Moskau, 500-4-21, Bl. 129–143.
326 BArch. BDC, SSO-Akte Hans-Hermann Bielstein.
327 Handschriftlicher Lebenslauf, 1936, GenStAnw KG Berlin, RSHA-Ermittlungsunterlagen, Personalheft Pv 20.
328 Geschäftsverteilungsplan des Sicherheitshauptamtes 1938, a. a. O. (s. Anm. 325).

Vertreter von verschiedenen Margarinefabriken gearbeitet, bevor er im Juni 1933 vom SS-Sturm 2/III/40 in Kiel zum SD nach Berlin abgeordnet wurde, dort als Kraftfahrer tätig war und dann dem SD-Hauptamt in München zugeordnet wurde. Außer daß Christensen ein alter Parteigenosse war – er war 1929 sowohl der NSDAP als auch der SA beigetreten – und er wegen seines »vorbildlichen Einsatzes« bei der Venlo-Aktion von Hitler persönlich mit dem EK I ausgezeichnet worden war, qualifizierte ihn eigentlich nichts für einen Nachrichtendienst. Es war daher vielleicht nicht zufällig, daß er Anfang 1942, nachdem Schellenberg das Amt VI übernommen hatte, aus dem SD ausschied und als Angehöriger der Besatzungsmacht in Holland in der Leitung der N.V. Centrale Zuiker die deutschen Wirtschaftsinteressen vertrat.[329]

Jost selbst verfügte als Leiter des Amtes III Abwehr im SD-Hauptamt und als erster Chef des RSHA-Amtes VI über keinerlei Erfahrungen im Nachrichtendienst.

»Heinz Jost«, so der österreichische SD-Mitarbeiter und spätere Referent im Amt VI, Wilhelm Höttl, in einem Interview nach dem Krieg, »war keine Koryphäe und schon gar kein Nachrichtenmann, der hat das Werk laufen lassen, wie wir Österreicher sagen. Er hat sich auf seinen sehr tüchtigen Stabsführer verlassen, den Dr. Filbert, der hat das damalige Amt III weitgehend in der Hand gehabt. Durch Schellenbergs Persönlichkeit sind diese Leute dann ganz in den Hintergrund gekommen. Wenn man die Entwicklung von damals sieht, war Jost mit dem Dr. Filbert das eigentliche Gespann.«[330]

Albert Filbert wurde 1905 als drittes Kind eines Berufssoldaten geboren, der seinen Sohn »korrekt«, wie Filbert es selbst ausdrückte, erzogen hatte.[331] In Darmstadt, in dessen Garnison der Vater als Kompaniefeldwebel tätig war, verlebte Filbert die ersten sechs Lebensjahre in der Kaserne. Dann wurde der Vater Telegrapheninspektor bei der Post, und die Familie siedelte nach Worms am Rhein um. Dort ging Filbert bis zur Obersekunda auf die Oberrealschule und begann anschließend eine Banklehre. Doch gab er sich mit der Aussicht auf eine Bankkarriere nicht zufrieden, be-

---

329 BArch, BDC, SSO-Akte Bernhard Christensen.
330 Zitiert nach Querg, Spionage und Terror, S. 165.
331 Zu Albert Filbert siehe BArch, BDC, SSO- und RuSHA-Akte Albert Filbert; Anklageschrift gegen Filbert, 22. 11. 1961, ZStL, 202 AR 72a/60; Urteil Landgericht Berlin, 3 Pks 1/62, 22. 6. 1962 gegen Filbert, gedruckt in: Justiz und NS-Verbrechen, Bd. 18, S. 602–651; BArch DH, Dok/P 12569; BStU, PA 2985.

Albert Filbert, stellvertretender Chef des RSHA-Amtes VI SD-Ausland 1939–1941, Führer des Einsatzkommandos 9, Leiter der Gruppe Wirtschaftskriminalität im RSHA-Amt V (Bundesarchiv, BDC, RuSHA-Akte Albert Filbert)

suchte die Abendschule und absolvierte als Externer und Bester seiner Prüfungsgruppe 1927 das Abitur an der Mainzer Oberrealschule. Sein Vater, so Filberts eigene Einlassung, erlaubte ihm daraufhin, Jura zu studieren. In Worms lernte Filbert den niedergelassenen Rechtsanwalt Heinz Jost kennen und trat noch während des Studiums im August 1932 zugleich in die NSDAP wie in die SS ein. Nach Filberts eigener Aussage waren schon seine Eltern überzeugte Nationalsozialisten. Er machte zwar noch das erste juristische Staatsexamen und begann sein Referendariat, bewarb sich aber zugleich beim SD und wurde zum März 1935 hauptamtlich bei der SD-Zentrale in Berlin eingestellt und der Abwehrabteilung, die Jost leitete, zugewiesen.[332]

Filberts Beurteilungen waren tadellos. Er verfüge »über die nötige eigene Initiative«, widme sich seiner Arbeit »mit leidenschaftlicher Hingabe und großem Fleiss« und führe seine Abteilung »mit grosser Umsicht und Tatkraft«.[333] Im Januar 1939 wurde Filbert zum SS-Obersturmbannführer befördert, im Amt VI des RSHA leitete er bis Juni 1941 die Gruppe A All-

332 Filbert selbst schilderte in einer Nachkriegsvernehmung, daß er 1935 nach Berlin befohlen worden sei und sich bei Höhn melden sollte. Dieser habe ihm mitgeteilt, daß er für die Bearbeitung von Korporationsfragen vorgesehen sei. Da er selbst Korporationsmitglied gewesen war, habe er um Bedenkzeit gebeten und sich an Best gewandt. Kurz darauf habe er mit Best zu Heydrich kommen müssen, dort noch einmal seine Gründe erklärt, nicht das Sachgebiet Korporationen bearbeiten zu wollen, und sei dann Jost und dem neu aufzubauenden SD-Auslandsnachrichtendienst zugeteilt worden (Vernehmung Filbert, 25. 2. 1959, ZStL 202 AR 72a/60, Bd. 1, Bl. 3 f.).
333 Personalbeurteilungen, Jost, vom 2. 8. 1937, 1. 3. 1938, BArch, BDC, SSO-Akte Albert Filbert.

gemeine Aufgaben und wurde dann Führer des Einsatzkommandos 9 in der Einsatzgruppe B unter Nebe. Aber es gab einen Makel in dieser vielversprechenden SS-Karriere. Filberts Bruder, der einige Zeit in den USA gelebt hatte, ließ 1939 nach dem Bürgerbräu-Attentat eine bedauernde Bemerkung darüber fallen, daß Hitler nicht getötet worden sei. Er wurde denunziert, verhaftet und in einem Konzentrationslager interniert, wo er umkam. Albert Filbert hat nach dem Krieg behauptet, daß er durch die Verhaftung seines Bruders tief erschüttert gewesen sei und sich vom Nationalsozialismus abwandte. Ihm selber sei eine Beförderungssperre auferlegt worden, was angesichts des bereits erreichten Dienstgrades nicht recht einleuchtet.[334] Denn die Tatsache, den eigenen Bruder im KZ zu wissen, kann auch eine ganz andere Reaktion hervorrufen, nämlich durch noch größeren Eifer der RSHA-Führung zu beweisen, ein weltanschaulich fester und über jeden Zweifel erhabener SS-Führer zu sein. Filberts scharfes Verhalten als Einsatzkommandoführer zeigt in ebendiese Richtung.

Als Filbert im Oktober 1941 nach Berlin zurückkehrte, wurde er mit schwerwiegenden Vorwürfen zur Unterschlagung von Devisen konfrontiert und für zwei Jahre vom Dienst im RSHA suspendiert.[335] Im November 1941 hatte eine Kassenrevision im Amt VI stattgefunden, die offenbar zu weiteren Nachforschungen Anlaß gab. Gegen zwei Angehörige des Amtes VI, Friedrich Hanke und Hermann Roßner, lief 1942 ein SS- und

---

334 Vernehmung Alfred Filbert, 25. 2. 1959, ZStL 202 AR 72a/60, Bd. 1, Bl. 5; Urteil Landgericht Berlin, 3 Pks 1/62, 22. 6. 1962 gegen Filbert, a. a. O. (s. Anm. 331).

335 BArch, BDC, SSO-Akte Albert Filbert; Vernehmungen Filbert, 25. 2. und 14. 5. 1959, ZStL 202 AR 72a/60, Bd. 1, Bl. 6, 36. Laut Aussage des Nebe-Adjutanten Karl Schulz sei Filbert wegen der fragwürdigen Erlangung eines Hauses aus jüdischem Besitz am Wannsee suspendiert worden. Deswegen sei er später nicht beim SD, sondern bei der Kripo zur Wiederverwendung, als Leiter der Gruppe V Wi (Wirtschaftskriminalität), eingesetzt worden (Vernehmung Karl Schulz, 2. 5. 1960, Landgericht Berlin, 3 Pks 1/62, GenStAnw KG Berlin, RSHA-Ermittlungsunterlagen, Personalheft Psch 134). Möglicherweise verwechselte Schulz Filbert mit Jost, der in der Tat im März 1940 ein Grundstück in Berlin-Wannsee aus jüdischem Besitz »erworben« hatte. 1954 mußte Jost an die Erbin des jüdischen Besitzers, die wieder als Eigentümerin ins Grundbuch eingetragen wurde, nachträglich eine Ablösesumme zahlen (Spruchkammer Berlin, Sprka 64/56, Urteil vom 14. 1. 1959, ZStL, V 205 AR 799/67).

polizeigerichtliches Ermittlungsverfahren, weil sie mit RSHA-Devisen in Belgrad Textilien für die Angehörigen des Amtes eingekauft hatten, und das mit Billigung von Jost.[336] Jost wurde ins Ostministerium zum Aufbaustab Kaukasus abkommandiert und trat mit seinem Adjutanten Nyhoegen eine längere Inspektionsreise nach Rußland an, wo er im März 1942 einen Funkspruch Heydrichs erhielt, sofort die Nachfolge des von Partisanen getöteten Stahleckers als Befehlshaber der Sicherheitspolizei und des SD in Riga und damit zugleich als Chef der Einsatzgruppe A anzutreten.[337]

Jost wurden aber auch glücklose politische Aktionen angelastet, wie der Versuch einer eigenständigen Rumänienpolitik der SS, die für den SD-Ausland in einem Fiasko endete. In der Kriegspolitik des Deutschen Reiches spielte Rumänien eine strategisch wichtige Rolle, da die Lieferungen rumänischen Erdöls für die Treibstoffversorgung der Wehrmacht unerläßlich waren. Hitler setzte dabei auf den rechtsnationalistischen Marschall Antonescu, der im August 1940 erfolgreich gegen König Carol geputscht hatte, den neunzehnjährigen Michael als machtlosen Thronfolger ab- und sich selbst als Staatschef einsetzte. Antonescu trat im November 1940 dem Dreimächtepakt von Deutschland, Italien und Japan bei und stellte sein Land unter den Schutz deutscher Truppen. Allerdings versuchten die innenpolitischen Konkurrenten Antonescus, die faschistischen Eisernen Garden unter Horia Sima, ihrerseits, den Diktator im Januar 1941 zu stürzen und wurden dabei vom SD, insbesondere durch dessen Repräsentanten in Bukarest, von Bolschwing, unterstützt, vermutlich mit Billigung von Himmler selbst. Der Putsch scheiterte jedoch, die Eisernen Garden wurden von Antonescus Truppen niedergeschlagen,

---

336 BArch, BDC, SSO-Akten Friedrich Hanke und Hermann Roßner; Vernehmung Roßner, 12. 10. 1964, ZStL, 1 AR (RSHA) 385/64; Berger an Himmler, 15. 6. 1942, IfZ, MA 664, fol. 602074–77; zu den Unregelmäßigkeiten bei verschiedenen zu Nachrichtenzwecken gegründeten Firmen vgl. auch den Vorgang in: BArch, NS 19/2035.

337 Vernehmung Jost, 17. 2. 1959, ZStL, V 205 AR 799/67, Bl. 13–26; Vernehmung Gerhard Nyhoegen, 9. 3. 1960, ZStL, V 205 AR 799/67, Bd. 1, Bl. 49; Funkspruch CSSD, gez. Heydrich, an BdS Riga, zur sofortigen Aushändigung an den SS-Brigadeführer Jost, 24. 3. 1942, BArch, BDC, SSO-Akte Jost; Krausnick/Wilhelm, Truppe des Weltanschauungskrieges, S. 178.

Horia Sima flüchtete mit Hilfe des SD nach Deutschland. Hitler geriet angesichts der »Außenpolitik« der SS in einen Wutausbruch, befahl Himmler, schleunigst die Sache zu bereinigen und den SD in seine Schranken zu weisen. Bolschwing wurde abgelöst, die Tage Josts als Chef des Amtes VI waren gezählt.[338]

Anfang Juli 1941, als Filbert zum Einsatz in die Sowjetunion kommandiert worden war, hatte Heydrich Walter Schellenberg als Stellvertreter Jost zur Seite gestellt. Schellenberg hatte sich nicht nur in der Kontroverse mit Werner Best Meriten erworben, er war der NS-Führung auch durch einige Hasardstückchen aufgefallen, die ihm den Ruf eines energischen und erfolgreichen Abwehrmannes eingebracht hatten. Als »Hauptmann Schemmel«, der dem militärischen Widerstand gegen Hitler angehöre, hatte er es geschafft, Kontakt zu zwei britischen Geheimdienstoffizieren in den Niederlanden herzustellen, die er mit einem SD-Kommando in einer spektakulären Aktion am 9. November 1939 an der deutsch-holländischen Grenze bei Venlo entführte.[339] Hitler, überzeugt davon, daß der britische Geheimdienst Urheber des Attentats im Münchner Bürgerbräukeller war, zollte Schellenberg besondere Anerkennung. Er empfing das Sonderkommando in der Reichskanzlei, zeichnete Schellenberg und andere mit dem Eisernen Kreuz für ihre »rücksichtslose Einsatzbereitschaft« aus.[340] Unter geheimdienstlichen Gesichtspunkten war die Aktion eher gescheitert, weil der SD zwar zwei Briten in seiner Gewalt hatte, da-

---

338 Zur deutschen Rumänienpolitik 1941 vgl. Hillgruber, Hitler, König Carol und Marschall Antonescu, S. 116–121; Höhne, Orden, S. 267 f.; Querg, Spionage, S. 181–183; vgl. auch die Unterredung Himmlers mit Bolschwing, Jost und dem Sonderbeauftragen der Sicherheitspolizei an der deutschen Gesandtschaft in Bukarest, Kurt Geißler, am 21. 2. 1941 zur Lage in Rumänien (Dienstkalender Heinrich Himmlers 1941/42, S. 121).

339 Vgl. Höhne, Orden, S. 263–265; Querg, Spionage, S. 224 f.; Schellenberg, Memoiren, S. 79–89; Best, Venlo Incident, London u. a. 1950. S. Payne Best war einer der beiden britischen Offiziere, die bis 1945 im Konzentrationslager interniert waren und durch glückliche Umstände überlebten. Einen Austausch gegen deutsche Agenten hatten Hitler und Himmler stets verweigert (Schellenberg, Memoiren, S. 89).

340 Schellenberg, Memoiren, S. 90. Bei der Aktion, die insgesamt eindeutig gegen internationales Recht verstieß, war ein Holländer von der SS niedergeschossen worden.

mit aber über keine weiteren Informationen zum britischen Spionagenetz in Holland verfügte und den britischen Geheimdienst mit der Entführung sogar noch gewarnt hatte.[341]

Es waren bezeichnenderweise solche unprofessionellen und verbrecherischen Aktionen, die dem SD bei Hitler Renommee verschafften, auch wenn sie der geheimdienstlichen Tätigkeit Deutschlands eher schadeten und den ihnen angedichteten Erfolg vermissen ließen.[342] Im April 1941 gelang es Schellenberg, den jugoslawischen Militärattaché in Berlin, der sein Land vor der bevorstehenden deutschen Invasion gewarnt hatte, zu verhaften und einige militärische Geheimnisse zu erpressen. Wieder schien es, als habe die professionelle militärische Abwehr versagt und der SD erfolgreich gehandelt.[343] Gegenüber dem glücklosen Jost schien Schellenberg der richtige Mann zu sein. Als Jost im Spätherbst das Amt verließ, begann Schellenberg mit einer umfassenden Neuorganisation.[344] Aus der Gruppe VI verließen mehrere Referenten Berlin, um wie August Finke als

341 Vgl. Andrew, Secret Service, S. 439. Dennoch wurde die Venlo-Aktion vom britischen Geheimdienst anfänglich als Niederlage gewertet. David Kahn »Though the kidnappng did not enable Heydrich to crack the embryonic opposition to Hitler, it did virtually paralyze the British espionage service in Germany.« (Kahn, Hitler's Spies, S. 257, 259)

342 So hatte Heydrich im Frühjahr 1937 am Amt Ausland/Abwehr vorbei gefälschte Informationen über den sowjetischen Marschall Tuchatschewski an sowjetische Stellen lanciert und rühmte sich, damit für dessen Verhaftung und Liquidierung gesorgt zu haben. Canaris war über dieses dilettantische Geheimdienstspiel mit unkalkulierbaren Folgen zu Recht entsetzt. Zudem ist nicht klar, ob nicht in Wirklichkeit die Sowjets den SD benutzt haben, um angeblich authentisches Gestapomaterial zur Belastung Tuchatschewskis an sich zu bringen (vgl. Schellenberg, Memoiren, S. 43–50; Lukes, Stalin, Benesch und der Fall Tuchatschewski).

343 Vgl. Schellenberg, Memoiren, S. 163–168; Querg, Spionage, S. 185 f.

344 Querg, Spionage, S. 168, 223. Heydrich bekräftigte den Neubeginn mit einem grundsätzlichen Erlaß vom 10. 12. 1941, in dem er für alle Stapo-, Kripo- und SD-Stellenleiter, alle BdS, KdS und Einsatzgruppenchefs (der Verteiler des als geheime Reichssache deklarierten Erlasses umfaßte 297 Ausfertigungen!) die Unterstützung des Auslandsnachrichtendienstes in deren persönliche Verantwortung legte (Erlaß Heydrich, Betr. Geheimer politischer Nachrichtendienst im Ausland, 10. 12. 1941, nach Querg, Spionage, S. 223). Seit 1940/41 hatte das Amt VI auch ein neues Gebäude in Berlin-Schmargendorf bezogen: das ehemalige Altersheim der jüdischen Gemeinde Berlins (Vermerk RSHA I HB, gez. Trinkl, Betr. Umzug des Amtes VI, 11. 11. 1940, BArch, R 58/246, Bl. 110).

SD-Mann in der deutschen Botschaft in Stockholm oder wie Julius Westergaard in der Wirtschaft eingesetzt zu werden.[345] Die im Geschäftsverteilungsplan vom März 1941 aufgeführten und von Jost/Filbert aufgebauten Stellen der »Beauftragten des Amtes VI für die Überprüfung und Sicherung der den SD(Leit)Abschnitten gestellten Auslandsaufgaben« wurden 1942 aufgelöst.[346] Die Leitung der Gruppe übernahm Ende 1943 Martin Sandberger.[347]

Im Februar 1942 hatte Schellenberg auch die bisherige, nur mit Naujocks besetzte Gruppe VI B Nachrichtenübermittlung/Nachrichtentechnischer Einsatz im Ausland aufgelöst und an deren Stelle die neue Gruppe VI B Deutsch-italienisches Einflußgebiet mit den Referaten Belgien/Holland, Frankreich, Schweiz, Spanien/Portugal gesetzt.[348] Als

---

345 Nach Aussage Kaltenbrunners ist Finke der beste Agent Schellenbergs in Schweden gewesen, der bis zum Kriegsende gutes Material beschafft habe (Headquarters 12th Army Group, Interrogation Center, Apo 655, Kaltenbrunner, Comments on RSHA abroad 28.6.1945, US National Archives, RG 319, Box 102A, File XE000440 Ernst Kaltenbrunner). Allerdings meldete Finke am 12.6.1944 aus Stockholm, daß nach seinen Informationen die alliierte Invasion in den nächsten Tagen in Norwegen oder Dänemark stattfinde (Kahn, Hitler's Spies, S. 517). Zu Finke vgl. seine Eidesstattliche Erklärung, 14.1.1948 (Nbg. Dok. NG-4390); Telegramm Gesandtschaft Stockholm an AA, 14.4.1942 (Nbg. Dok. NG-4852); AA, Inl.II, Liste der Polizeiattachés, Polizeiverbindungsführer, SD-Beauftragten und ihrer – männlichen – Mitarbeiter, 16.10.1943, Archiv IfZ, MA 1563/49. Zu Westergaard: BArch, BDC, SSO-Akte Julius Westergaard; Vernehmung Westergaard, 7.10.1964, GenStAnw KG Berlin, RSHA-Ermittlungsunterlagen, Personalheft Pw 64.

346 Heinrich Bernhard (Beauftragter I West) übernahm das Frankreichreferat (VI B 2), Dr. Hermann Lehmann (Beauftrager II Nord) wurde einberufen, Karl von Salisch (Beauftragter III Ost) wurde Polizeipräsident von Bromberg, Hermann Lapper (Beauftragter IV Süd) kam nach Prag zur Waffen-SS, Karl Thiemann (Beauftrager V Mitte) wechselte zu den Pilsener Skoda-Werken.

347 Vgl. zur Gruppe VI A den zusammenfassenden Bericht: Counter Intelligence War Room London, Liquidation Report No. 6, Amt VI of the RSHA, Gruppe VI A, 9.10.1945, US National Archives, RG 319, Box 191, File XE000855 Sandberger.

348 RSHA, II A 1, gez. Streckenbach, 26.2.1942, Betr. Änderungen im Aufbau des Amtes des Reichssicherheitshauptamtes, BStU, FV 19/72, Bd. 2, Bl. 104; BArch, BDC, SSO-Akte Eugen Steimle; Aussage Erwin Schulz, 20.10.1947, United Military Tribunals Nürnberg, Case No. 9 Otto Ohlendorf et al., Official Record, S. 1044 (roll 14, fol. 267).

neuen Gruppenleiter bemühte er sich um Eugen Steimle, der Anfang 1943, fast zeitgleich mit Martin Sandberger, von seinem Einsatz als Führer des Sonderkommandos 4a aus der Sowjetunion ins RSHA zurückkehrte und die Leitung der Gruppe übernahm. Steimle, wie Sandberger, Ehrlinger, Weinmann aus Scheels SD-Oberabschnitt Südwest stammend, hatte höchstens als Stuttgarter SD-Führer Erfahrungen mit Nachrichtentätigkeit im Ausland sammeln können. Dennoch scheint ihm zumindest in Frankreich der Aufbau eines Agentennetzes gelungen zu sein. Hingegen verfügte in Spanien und Portugal das Amt Ausland/Abwehr des OKW über deutlich bessere Verbindungen.[349] Steimle gehörte 1944/45 zu den Teilnehmern der täglichen Lagebesprechungen bei Kaltenbrunner und vertrat nach Sandbergers Aussage zuweilen Schellenberg bei den Amtschefbesprechungen.[350]

Die Gruppe VI C Sowjetunion, Naher und Ferner Osten war von Heinz Gräfe, Erich Hengelhaupt, bekannt aus Studententagen an der Leipziger Universität, und Rudolf Oebsger-Röder, ebenfalls aus Leipzig stammend, bestimmt. Gräfe hatte im April 1941 die Gruppenleitung übernommen, Hengelhaupt kam im März 1942 vom Einsatzkommando aus Paris ins Amt VI.[351] Gräfe und Hengelhaupt beschränkten sich nicht darauf, allein Informationen über die Sowjetunion zu gewinnen, sondern entwickelten eine einsatzorientierte SD-Arbeit. Gräfe initiierte eine großangelegte antisowjetische Zersetzungs- und Sabotageaktion, das »Unternehmen Zeppelin«, das Oebsger-Röder als Leiter fortsetzte. Abweichend von der strikt rassenpolitischen Linie der SS-Führung sollte damit versucht werden, die verschiedenen Völkerschaften der Sowjetunion, vornehmlich im Kaukasus, gegen den Bolschewismus und für Nazideutschland zu mobilisieren.[352] In Gräfes Zuständigkeitsbereich fiel auch die

---

349 Vgl. Querg, Spionage, S. 190 f., 246–249; Schellenberg, Memoiren, S. 263–271.

350 Camp 020 Interim Interrogation Report, Oktober 1945, US National Archives, RG 319, Box 191, File XE000855 Sandberger; Eidesstattliche Erklärung Sandberger, 19. 11. 1945, IMG, Bd. 33, S. 195 f. (3838-PS).

351 RMdI, Vorschlag zur Ernennung Gräfes zum Oberregierungsrat, 12. 1. 1943, BArch DH, ZR 48; RSHA, VI, Beförderungsvorschlag Hengelhaupt zum SS-Sturmbannführer, 27. 11. 1942, BArch, BDC, SSO-Akte Erich Hengelhaupt; zu Oebsger-Röder siehe den Biographischen Anhang.

352 Siehe unten, S. 654–679.

Türkei, wo dem SD-Ausland vielleicht der ertragreichste Agent mit dem Decknamen »Cicero« zufiel, ein Albaner, der direkt aus der britischen Botschaft in Ankara den Deutschen hochbrisantes Material zuspielte.[353] Gräfe selbst war in der Türkei, um Kontakte zum türkischen Geheimdienst zu knüpfen und Vertreter nach Deutschland einzuladen.[354]

Den Leiter der Gruppe VI D Englisch-amerikanisches Einflußgebiet (Großbritannien, USA, Südamerika, Skandinavien), Hans Daufeldt, hatte Schellenberg im Frühjahr 1942 ablösen lassen und als Honorarkonsul in Lausanne abgeschoben. Daufeldts Nachfolger wurde Dr. Theodor Paeffgen, ein Studienkollege Schellenbergs aus Bonner Tagen, der Ende September 1942 von seinem Einsatz in Bialystok aus direkt ins RSHA kam. »Seine Stärke«, hieß es in einer späteren Personalbeurteilung, »liegt in der ›methodischen‹ Arbeit.« Paeffgen sei von Natur aus kühl, aber »weltanschaulich ist P. in Ordnung und mit ganzem Herzen bei seiner Arbeit«.[355] Erfolgreich konnte man die Arbeit Paeffgens mit seinen Referenten Friedrich Carsten (USA) und Dr. Ernst Schüddekopf (Großbritannien) allerdings nicht nennen. Das gemeinsame Bemühen von Abwehr und SD, in der Irish Republican Army (IRA) einen Bündnispartner zu finden, scheiterte, die wenigen Agenten in Großbritannien standen de facto unter Beobachtung der britischen Spionageabwehr, und die spektakuläre Aktion, zwei deutsche Agenten mittels eines U-Boots im Herbst 1944 in die USA

---

353 Zu den Verbindungen zwischen Gräfe, deutscher Botschaft in Ankara und Auswärtigem Amt vgl. Telegramm Deutsche Botschaft Ankara, von Papen, an Gräfe, RSHA, 12.8.1943, BArch Potsdam, DZA Film 15415, E518227 f.; Aufzeichnung Gesandter Ettel, 3.9.1942, ebenda, Film 4925, 390843 f. Zum Fall Cicero: Kahn, Hitler's Spies, S.340–346, der allerdings hervorhebt, daß trotz des aussagekräftigen Materials über die alliierten Balkanpläne die »Cicero«-Informationen nicht die Entscheidungen der NS-Führung beeinflussen konnten. Nur in begrenztem Maß zuverlässig sind die jeweiligen Erinnerungen der Protagonisten: Bazna, Ich war Cicero; sowie des SD-Beauftragten an der deutschen Botschaft in Ankara, des Österreichers Ludwig von Moyzisch, Der Fall Cicero.

354 Telegramm Deutsche Botschaft an AA, 1.10.1942, BArch Potsdam, DZA Film 15371, fol. 329278–280, dort auch weitere Unterlagen zu einem Besuch türkischer Geheimdienstoffiziere in Deutschland.

355 RSHA I A 5, gez. Schulz, Beförderungsvorschlag Paeffgens zum OStubaf, 14.3.1944, BArch, BDC, SSO-Akte Theodor Paeffgen; siehe auch den Biographischen Anhang.

zu bringen, endete kläglich, da das FBI die beiden kurze Zeit später verhaftete.[356]

Die intensivste auslandsnachrichtendienstliche Arbeit seitens des SD wurde zweifellos von Wien aus betrieben, wo Wilhelm Höttl und Wilhelm Waneck (Gruppe VI E Süd) über diverse Informationsquellen verfügten, um die politischen und wirtschaftlichen Verhältnisse in Südosteuropa zu verfolgen.[357] Schellenberg hatte die bisherige Gruppe VI E Erkundung weltanschaulicher Gegner im Ausland mit Dr. Helmut Knochen als Gruppenleiter Anfang 1942 aufgelöst. Die Aufgaben dieser Gruppe sollten künftig von den jeweiligen Länderreferaten bearbeitet werden. VI E umfaßte nun sechs Referate zu Italien, Ungarn/Slowakei, Serbien/Kroatien, Rumänien/Bulgarien, Griechenland, Skandinavien.[358] Knochen selbst ging

---

356 Kahn, Hitler's Spies, S. 3–26; Counter Intelligence War Room London, Situation Report No. 9, Amt VI of the RSHA, Gruppe VI D, 23. 11. 1945, US National Archives, RG 319, Box 1, File XE002303; Vernehmung Paeffgen, 15. 4. 1947, GenStAnw KG Berlin, RSHA-Ermittlungsunterlagen, Personalheft Pp 3. Etwas günstiger ist die Arbeit des SD für Lateinamerika zu werten, wo er auf ein Informantennetz der Auslandsorganisation der NSDAP zurückgreifen konnte und es nach Aussage Schellenbergs in Argentinien sogar halboffizielle Kontakte des deutschen Geheimdienstes zur Regierung gab (Eidesstattliche Erklärung Schellenberg, 28. 12. 1945, classified top secret, Archiv IfZ, ZS 291, Bd. I; Affidavit Schellenberg, 2. 6. 1946, classified secret, ebenda, Bd. VII; Schellenberg, Memoiren, S. 269 f.; vgl. ebenfalls Kahn, Hitler's Spies, S. 279; Müller, Nationalsozialismus in Lateinamerika; Pommerin, Das Dritte Reich und Lateinamerika; Hilton, Hitler's Secret War in South America).
357 Counter Intelligence War Room London, Situation Report No. 10, Amt VI of the RSHA, Gruppe VI E, 9. 11. 1945, US National Archives, RG 319, Box 1, File XE002303; Querg, Spionage, S. 308–311. Zu Höttl vgl. das Porträt von Querg, Wilhelm Höttl, sowie, selbstverständlich nur mit Einschränkungen, Höttls Autobiographie: Höttl, Einsatz für das Reich, sowie seinen früheren, unter Pseudonym veröffentlichten Band: Hagen, Die geheime Front.
358 RSHA, II A 1, gez. Streckenbach, 26. 2. 1942, Betr. Änderungen im Aufbau des Amtes des Reichssicherheitshauptamtes, BStU, FV 19/72, Bd. 2, Bl. 104. Das Skandinavienreferat unter Leitung von Arthur Grönheim wurde mit Wirkung vom 1. 12. 1943 wieder aus der Gruppe VI E herausgenommen und als VI D 3 weitergeführt (Mitteilungsblatt des RSHA-Amts VI, Nr. 20, 2. 12. 1943, Sonderarchiv Moskau, 500-3-805).
Die bisherige Gruppe VI E war aus der im RSHA-Geschäftsverteilungsplan vom Februar 1940 ausgewiesenen Gruppe VI H Erkundung weltanschaulicher Gegner

im Mai 1942 als Befehlshaber der Sicherheitspolizei und des SD nach Paris.[359] Die bestimmenden neuen Männer der Gruppe VI E wurden Höttl und Waneck, die mit dem Großteil der Gruppe im Dezember 1943 nach Wien umzogen.[360] Kaltenbrunner, der als HSSPF in Wien bereits einen Nachrichtendienst zu Südosteuropa entwickelt und damit bei Himmler Anerkennung gefunden hatte, hatte daher auf die Gruppe VI E ein besonderes, förderndes Augenmerk.[361] Daß es sich keineswegs um eine bloße Schreibtischarbeit handelte, zeigt Höttls Einsatz in Ungarn 1944, wo er als Angehöriger des Stabes des HSSPF Winkelmann und zusammen mit anderen RSHA-Angehörigen der Gruppe VI G an der Verfolgung der ungarischen Juden teilhatte und mit dem Einsatzkommando unter Eichmann zur Deportation der ungarischen Juden zusammenarbeitete.[362]

---

im Ausland (Gruppenleiter: Knochen, mit den Referaten Freimaurerei, Judentum [Hagen], Politische Kirchen [Looss], Kommunismus/Marxismus, Liberalismus/Emigration, Legitimismus/Rechtsbewegung [Christensen]) hervorgegangen, die im März 1941 aufgelöst worden war (Geschäftsverteilungsplan des Reichssicherheitshauptamtes, 1. 2. 1940, BArch, R 58/840, Bl. 209–224; RSHA VI H, Looss, Rechenschaftsbericht für die Gruppe VI H, 27. 3. 1941, BArch, ZR 920 A 63).

359 Knochens Stellvertreter Helmut Looss wurde im August 1942 zum Polizeiattaché in Rom und dann m. W. v. 28. 12. 1942 zum BdS Kiew abgeordnet (Mitteilungsblatt des RSHA-Amts VI, Nr. 1, 15. 1. 1943, Sonderarchiv Moskau, 500-3-805).

360 Bis September 1943 führte offiziell noch Dr. Walter Hammer die Gruppe VI E, der auch noch im Geschäftsverteilungsplan des RSHS vom Oktober 1943 als Leiter ausgewiesen ist, dann aber beim BdS Verona eingesetzt wurde (Vernehmung Hammer, 24. 2. 1964; ZStL, 518 AR-Z 4/63, Bd. 7, Bl. 1361–1362). Ende Januar 1943 kam Höttl ins RSHA nach Berlin und will nach eigener Aussage von Schellenberg als Leiter der Gruppe VI E vorgesehen worden sein. Kaltenbrunner habe jedoch Waneck bevorzugt (Höttl, Einsatz, S. 42 f.). Laut Mitteilungsblatt des RSHA-Amts VI wurde VI E für die Zeit der Abwesenheit von Hammer dem Amtschef selbst unterstellt und Waneck mit der Wahrung der Dienstgeschäfte beauftragt (Mitteilungsblatt des RSHA-Amts VI, Nr. 18, 25. 10. 1943, Sonderarchiv Moskau, 500-3-805). Zum Umzug der Gruppe nach Wien siehe die Vernehmung des Jugoslawien-Sachbearbeiters in VI E, Rudolf Schrems, vom 5. 10. 1646, BArch DH, ZM 1603 A 1, Bl. 174–178.

361 Black, Kaltenbrunner, S. 133–135; Headquarters 12th Army Group, Interrogation Center, Apo 655, Consolidated Interrogation Report (CIR) No. 3, Subject: Amt VI-E of the RSHA, 21. 6. 1945; US National Archives, RG 319, Box 102A, File XE000440 Ernst Kaltenbrunner.

362 Querg, Spionage, S. 318–324; Fahlbusch, Wissenschaft, S. 495–499, 632.

Schellenberg vergrößerte die Gruppe VI F Technische Hilfsmittel, die in Personalunion vom Leiter der Gruppe II D Technische Angelegenheiten, Walther Rauff, geleitet wurde[363] und unter anderem für die großangelegte Fälschungsaktion von britischen Pfundnoten (»Unternehmen Bernhard«) durch Häftlinge des KZ Sachsenhausen verantwortlich war,[364] um eine leistungsfähige Funkzentrale, »Havelinstitut« genannt, mit mehreren Sende- und Empfangsanlagen im Reich.[365] VI S, 1943 unter Otto Skorzeny gebildet, war für direkte Sabotage- und Kommandoaktionen zuständig.[366] Mit der Gruppe VI Wi, die seit 1941/42 arbeitete, sollten in enger Kooperation mit dem Reichswirtschaftsministerium die Verbindungen zur Wirtschaft nachrichtendienstlich genutzt werden.[367] So existierte im Reichswirtschaftsministerium eine eigene Verbindungsstelle des Amtes VI, das

---

363 Vorläufer war die bis 1941 existierende Gruppe VI B Nachrichtenübermittlung und nachrichtentechnischer Einsatz im Ausland unter Alfred Naujocks, jenem SS-Führer, der mit seinem Anschlag auf den Sender Gleiwitz im September 1939 Hitler die Begründung für den Angriff auf Polen lieferte und 1935 in Prag den Ingenieur Formis erschossen hatte. Naujocks wurde Anfang 1941 zur Waffen-SS versetzt, fand aber wieder Anstellung im SD. Mit Skorzeny (VI S) baute er in Dänemark ein Mordkommando auf, das Angehörige des dänischen Widerstands tötete (Herbert, Best, S. 381). Naujocks wurde in Dänemark 1949/50 erst zu 15, dann zu 4 Jahren Haft verurteilt (ZStL, 7 AR 1089/65. Quergs Behauptung, daß Naujocks nie juristisch zur Verantwortung gezogen wurde, ist falsch [Querg, Spionage, S. 329]). In den fünfziger Jahren war Naujocks, so die Vermutung des MfS, Agent des BND (HA II/7 an Abt. X, 23. 8. 1970, BStU, AP 1557/78, Bl. 29). Naujocks starb im April 1960 in Hamburg (zu Naujocks existiert nur ein reißerisch aufgemachtes Buch: Günter Peis, The Man Who Started the War, London 1960, das damals teilweise in »Quick« und »Spiegel« abgedruckt wurde).
364 Zum »Unternehmen Bernhard« vgl. den Bericht eines damals beteiligten Häftlings: Burger; nur mit Einschränkungen: Hoettl, Unternehmen Bernhard.
365 Querg, Spionage, S. 333 f.
366 Zu Skorzeny und den Aktionen von VI S vgl. Eidesstattliche Erklärung Schellenbergs, 28. 5. 1948, Archiv IfZ, ZS 291, Bd. VI; Schellenberg, Memoiren, S. 301; Höhne, Orden, S. 504–507; Querg, Spionage, S. 336–343; Giefer/Giefer, Rattenlinie, S. 127–135; nur mit Einschränkungen: Mader, Jagd nach dem Narbengesicht; sowie die Erinnerungen Skorzenys selbst, der nach dem Krieg sicher in Madrid lebte: Skorzeny, Meine Kommandounternehmen.
367 Vernehmung Schellenberg, 26. 10. 1946, Archiv IfZ, ZS 291, Bd. I; vgl. Kahn, Hitler's Spies, S. 92 f., 376; Querg, Spionage, S. 344–348.

Kontakte zu den großen Konzernen knüpfen sollte. Die »Wirtschaftsinformationsabteilung« der I.G. Farben kooperierte sowohl mit dem Amt Ausland/Abwehr des OKW als auch mit dem SD-Ausland.[368] VI Kult war analog zu VI Wi von Schellenberg Ende 1942 gegründet und sollte im Inland ein Netz von Informanten mit Hilfe des Reichspropanda-, dem Reichserziehungsministerium, dem Auswärtigen Amt und anderen Ministerien aufbauen. Doch kollidierten die Ambitionen des Amtes VI mit den Tätigkeitsbereichen des Amtes III, das darüber wachte, daß sämtliche inländische Nachrichtenarbeit, insbesondere zu Wirtschaft und Kultur, in seiner Zuständigkeit blieb, und nach Sandbergers Aussage, in dessen Gruppe VI A das Referat VI Kult schließlich integriert wurde, zeigte Schellenberg auch bei der Auswahl der Referenten keine glückliche Hand.[369]

Besondere Beachtung verdient das »Wannsee-Institut«. Den Plan des Reichserziehungsministeriums, die verschiedenen Auslandsinstitute in Berlin zusammenzufassen und mit der Verlagerung der mehr als 30000 Bände umfassenden Bibliothek des Breslauer Osteuropa-Instituts nach Berlin den Grundstock für ein künftiges »Rußlandinstitut« zu legen, machte sich der SD zunutze, um sein eigenes Ostinstitut aufzubauen. Das Ministerium stimmte dem SD-Personalvorschlag zu, die Leitung des Instituts im Januar 1937 mit Prof. Dr. Michael Achmeteli aus Breslau zu besetzen, der engste Verbindung zum SD hielt. Der SD, federführend die Abteilung II 121 Linksbewegung unter Martin Wolf, bildete seinerseits einen Sonderstab, sorgte für junge Wissenschaftler und betrachtete im Herbst 1937 das Institut, das aus Tarnungsgründen Institut für Altertums-

---

368 Kahn, Hitler's Spies, S. 88–91.

369 Der erste Leiter, Möller, kam von der Gestapo und erwies sich nach wenigen Monaten als unfähig. Im Herbst 1943 folgte Reichert, der ebenfalls für die Aufgabe ungeeignet war. Im Mai 1944 gelang es Sandberger, den SS-Sturmbannführer Wadel mit diesem Posten zu betrauen, der seine Sache gut gemacht habe, aber im Oktober 1944 zur Waffen-SS einberufen wurde. Wadels Nachfolger wurde Ende 1944 Carstens, dem aber keine Zeit mehr geblieben sei, sich seiner Aufgabe zu widmen (Camp 020 Interim Interrogation Report, Oktober 1945, US National Archives, RG 319, Box 191, File XE000855 Sandberger; zu VI Kult vgl. auch Counter Intelligence War Room London, Liquidation Report No. 6, Amt VI of the RSHA, Gruppe VI A, S. 3 f., ebenda).

forschung hieß, intern aber wegen seiner Lage nur als Wannsee-Institut bezeichnet wurde, als »übernommen«.[370] Einer dieser jungen Wissenschaftler war Erich Hengelhaupt, der mittlerweile mit einer Dissertation über die »Geschichte der nationalsozialistischen Presse im Gau Sachsen« promoviert worden war und am Institut für Zeitungswissenschaft in Leipzig einen Forschungsauftrag zu den volksdeutschen Siedlungen auf dem Balkan und in der Sowjetunion erhalten hatte. Bei einer Vorlesung in Leipzig warb Six den jungen Wissenschaftler für das Wannsee-Institut, um dort das Sachgebiet Emigration aus der Sowjetunion und insbesondere die kaukasischen Emigranten zu übernehmen. Hengelhaupt willigte ein und kam nach Berlin.[371]

Die Arbeit des Wannsee-Instituts bestand vornehmlich in der Anfertigung von Monatsberichten beziehungsweise Sonderberichten zu speziellen Themen wie die Rote Armee, Landwirtschaft oder den Bodenschätzen der Sowjetunion.[372] Diese deutliche nachrichtendienstliche Ausrichtung des Instituts ließ es nur konsequent erscheinen, es aus der Zuständigkeit von Six zu entlassen und dem Amt VI zu unterstellen.[373] Per Erlaß Heydrichs vom 22. November 1940 wurde das Wannsee-Institut in ein Sonderreferat des Amtes VI des RSHA umgewandelt, das unmittelbar dem Amtschef unterstand.[374] Faktisch hatte der Leiter der Gruppe VI C, Gräfe, die Aufsicht über das Institut. Von ihm stammte auch ein neuer Organisa-

---

370 Vgl. Botsch, Geheime Ostforschung; sowie die umfangreichen Dossiers, Dokumentationen und Ausarbeitungen des MfS zum Wannsee-Institut und der Ostforschung des SD in: BStU, FV 36/70 und FV 2/72.

371 Handschriftlicher Lebenslauf, 22.11.1938, BArch, BDC, SSO-Akte Erich Hengelhaupt; Erich Hengelhaupt, Erinnerungen, Ms., 14.4.1988. Ich danke Frau Mary Hengelhaupt für die Möglichkeit, dieses Manuskript einsehen zu können.

372 Siehe zum Beispiel: Marschall Tuchatschewski, 1937 (BArch, R 58/141), Die politische Lage in der Roten Armee, 1938 (BArch, R 58/138), Das Kosakentum, 1942 (BArch, R 59/370), Der Kaukasus: Die Gebiete und ihre Geschichte, 1942 (BArch, R 58/390), Die Kohlenindustrie in Sowjetrußland, 1938 (BArch, R 58/23), Die Buntmetalle in der UdSSR, 1937 (BArch, R 58/25), Die wirtschaftspolitische Lage auf dem Lande in der Sowjetunion, 1938 (BArch, R 58/140).

373 Wahrscheinlich fiel diese grundsätzliche Entscheidung schon während der Unterredung zwischen Jost und Six im Februar 1940 (Botsch, Ostforschung, S.515; Hachmeister, Gegnerforscher, S.214 f.).

374 Erlaß Heydrich, 22.11.1940, BStU, FV 36/70, Bd.1, Bl. 193 f.

tionsentwurf aus dem Dezember 1941, dem zufolge das Wannsee-Institut als »Ostinstitut des Reichsführers-SS« eine Sonderdienststelle des RSHA unter der Leitung Heydrichs werden und zugleich ein Institutsausschuß gebildet werden sollte, dem alle interessierten RSHA-Ämter (III SD-Inland, IV Gestapo, VI SD-Ausland und VII Wissenschaftliche Gegnerforschung) mit einem Vertreter angehören sollten.[375]

Soweit kam es nicht, denn die Ernennung Himmlers zum Reichsinnenminister im August 1943 ermöglichte eine andere Lösung. Nunmehr wurde die Abteilung Volkstum des Reichsinnenministeriums dem RSHA zugeschlagen und dort im Amt VI eine neue Gruppe gebildet: VI G Wissenschaftlich-methodischer Forschungsdienst, dessen Leitung dem Wiener Historiker und Geographen Dr. Wilfried Krallert übertragen wurde.[376] Krallert war schon seit 1939 für den SD tätig und hatte die Presseauswertungsstelle der Südostdeutschen Forschungsgemeinschaft in Wien geführt.[377] Auch er war im »Einsatz« gewesen und hatte mit dem Sonderkommando Künsberg des Auswärtigen Amtes im April 1941 an der Besetzung Belgrads teilgenommen, um mehrere Lkw-Ladungen umfaßendes Material wie Karten, Bücher, statistische Unterlagen aus dem

---

375 Anlage »Organisatorische Neuordnung des Wannsee-Instituts« zu VI C Dr. Gr., Schellenberg, an Six, 21. 12. 1941, BStU, FV 36/70, Bd. 1, Bl. 180–183.

376 Befehl CSSD, 21. 9. 1943, Betr. Errichtung der Gruppe VI G, Mitteilungsblatt des Reichssicherheitshauptamtes Amt VI, Nr. 17, 6. 10. 1943, BstU, FV 2/72, SA, Bd. 6, Bl. 176. »Im Zuge der Neuverteilung der Dienstaufgaben in seinen Geschäftsbereichen hat der Reichsführer SS angeordnet, dass die Betreuung des Volksdeutschen Forschungsgemeinschaften, der Publikationsstellen und der sonstigen wissenschaftlichen Einrichtungen, die bisher von Abt. VI des Reichsministeriums des Innern wahrgenommen wurden, (Deutsch-Auslandsinstitut, Handwörterbuch des Grenz- und Auslandsdeutschtums. Südost-Institut, München, Osteuropa-Institut Breslau, Allemann. Institut-Freiburg i. Br. usw.) nunmehr auf das Reichssicherheitshauptamt übergeht. Die Belange aller dem Reichsführer SS unterstehenden Dienststellen in den vorgenannten Angelegenheiten werden durch SS-Standartenführer Dr. Ehlich dritten Dienststellen gegenüber einheitlich wahrgenommen. Die laufende Geschäftsführung wurde SS-Hauptsturmführer Dr. Wilfried Krallert übertragen.« (RMdI, I 112/43, an Führungsstab Politik i. Hse., 29. 12. 1943, IfZ, MA 541)

377 RSHA, Beförderungsvorschlag Krallerts zum Sturmbannführer, o. D. (1944), BArch, BDC, SSO-Akte Wilfried Krallert. Zur SODFG siehe Fahlbusch, Wissenschaft, S. 247–297, 622–660, zur P-Stelle Wien: S. 273–277, 628–642.

Militärgeographischen Institut und dem Statistischen Amt zu erbeuten, die dann in der P-Stelle Wien gesichtet wurden.[378]

Das Wannsee-Institut, dessen Leitung, nachdem sich Achmeteli mit der RSHA-Führung zerstritten hatte, Gerd Teich erhielt, wurde nun der Gruppe VI G zugewiesen. Nach außen trat VI G als »Reichsstiftung für Länderkunde« auf, damit nicht sofort erkennbar würde, wer nun die Volkstumsarbeit des Reichsinnenministeriums und die verschiedenen Volksdeutschen Forschungsgemeinschaften mit ihren ranghoch besetzten Wissenschaftlerstellen tatsächlich führte. Seit Sommer 1944 lag die Leitung bei dem Kuratorium für Volkstums- und Länderkunde, Vorsitzender: Hans Ehlich, Geschäftsführer: Wilfried Krallert, was die enge Verzahnung zwischen der Volkstumsgruppe III B des Ohlendorfschen Amtes SD-Inland und des entsprechenden Pendant, der Gruppe VI B, innerhalb des RSHA zeigt. Rund zwanzig Institute und Arbeitsgemeinschaften, vom Deutschen Auslandsinstitut in Stuttgart, dem Südostinstitut in München, der Reinhard-Heydrich-Stiftung in Prag bis zu den diversen Volkdeutschen Forschungsgemeinschaften unterstanden mit einem jährlichen Millionenetat der Kontrolle des RSHA, federführend III B unter Ehlich und VI G unter Krallert.[379]

Eine Institution neuen Typs

Das Reichssicherheitshauptamt war eine Institution der Bewegung – nicht nur in dem Sinn, daß sich der Nationalsozialismus nie als Partei, sondern immer als »Bewegung« verstand. Die Veränderungen, die das RSHA in der kurzen Zeit seiner Existenz durchlief, sind augenfällig und zeigen, daß es sowohl aus Bedeutungsverlust wie Relevanzzuwachs Konsequenzen zu ziehen in der Lage war und je nach politischen Bedingungen Referate oder Gruppen zusammenlegte, auflöste oder neu schuf.

---

378 Fahlbusch, Wissenschaft, S. 482. Im Herbst 1941 nahm Krallert auch an den Beutezügen in Kiew, Charkow, Odessa, Simferopol und Sewastopol teil (ebenda, S. 487).

379 Eine Übersicht der zahlreichen Institute und Arbeitsgemeinschaften unter dem RSHA III B/VI G findet sich bei Fahlbusch, Wissenschaft, S. 747.

Ohne Zweifel hat der Kriegsbeginn einschneidend auf die personelle Situation auch des – noch gar nicht gegründeten – RSHA gewirkt, da aus dem Geheimen Staatspolizeiamt, Reichskriminalpolizeiamt, Hauptamt Sicherheitspolizei und SD-Hauptamt etliche Männer zur Wehrmacht beziehungsweise zur Waffen-SS einberufen wurden. Das erste Personalrevirement beim Übergang dieser Institutionen ins RSHA war denn auch überwiegend auf die Einberufungen und die von Heydrich per Erlaß vom 31. August 1939 geforderte Konzentration auf die wichtigsten Aufgaben zurückzuführen. Dieser Aderlaß unterschied das RSHA in keiner Weise von allen anderen staatlichen und Parteiorganisationen, die selbstverständlich in gleicher Weise zahlreiche Beamte und Angestellte abgaben und wie das RSHA in den folgenden Jahren immer wieder »durchkämmt« wurden, um die Reihen der Truppenteile aufzufüllen. In den Jahren danach fallen die Personalveränderungen durch Einberufungen nicht mehr so ins Gewicht. Die Meldung Streckenbachs zur Waffen-SS im Dezember 1942 war eher der Gekränktheit über die nicht zustande gekommene Ernennung zum RSHA-Chef geschuldet, als daß das SS-Personalhauptamt nach Streckenbach verlangt hätte. Was die Beteiligung des RSHA-Führungskorps am Krieg charakterisiert, war nicht die Einberufung, sondern der »Einsatz«.

Gegen Ämterbegehrlichkeiten und Abteilungsinteressen war auch das RSHA nicht gefeit. Der Geschäftsverteilungsplan aus dem Februar 1940 offenbart die Planungseuphorie, mit der die neue Institution aufgebaut werden sollte. Während sich die Kriminalpolizei im wesentlichen auf die vorhandene administrative Struktur des RKPA ebenso wie das Amt III SD-Inland auf die Gliederung der Zentralabteilung II 2 des SD-Hauptamtes stützte, nahm der SD-Ausland wie die Weltanschauungsabteilung von Six die Transformation zum Anlaß, um das Profil ihrer Tätigkeit deutlich zu erweitern. Aber auch Best und Müller nutzten die Zäsur, um ihre Ämter umzugruppieren, andere Akzente zu setzen und auch, wie zum Beispiel im Fall der Haushalts- und Personalabteilung im neuen RSHA-Amt I, spürbar zu vergrößern.

Daß solche Ausweitungen unter Kriegsbedingungen nicht durchzuhalten waren, gibt die Entwicklung der Ämter II und VII zu erkennen. Die Teilung des Amtes I in ein Personal- und ein Haushaltsamt brachte letzterem, das mit Hans Nockemann als Amtschef noch zu Beginn vielversprechend besetzt worden war, nach dessen Weggang, vor allem aber Anfang

1943 mit Siegerts Rückkehr ins Reichsfinanzministerium einen unverkennbar geminderten Status. Die Auflösung der Gruppe II A Organisation beziehungsweise ihrer teilweisen Ansiedlung im Amt I war ein unzweideutiges Zeichen, daß der Bereich administrativer Konzeption an Relevanz verloren hatte. Das war angesichts des Kriegsverlaufes – die Kapitulation der 6. Armee in Stalingrad lag erst wenige Wochen zurück – nicht überraschend. Eher erstaunt, daß diese Abteilung bis dahin aufrechterhalten wurde. Wahrscheinlich kann der prägende Einfluß Heydrichs nicht hoch genug eingeschätzt werden, denn bis zu seinem Tod ist die administrative Substanz des RSHA fast ungebrochen, wenn man vom Amt VII unter Six einmal absieht. Heydrich hat mit Müller und Nebe die Kontinuität der beiden exekutiven Ämter unterstrichen. Streckenbach als Nachfolger von Best in der Funktion des Peronalchefs zu ernennen, hieß, diese wichtige Position mit einem ebenso erfahrenen wie selbstbewußten Mann zu besetzen. Mit der Wahl Nockemanns, Ohlendorfs und Schellenbergs als junge, ehrgeizige und engagierte Amtschefs ließ Heydrich erkennen, daß er sowohl deren Aufgabengebieten viel entwicklungsfähiges Potential zutraute als auch innerhalb der RSHA-Führung ein spezisches Profil stärken wollte.

Der rasche Bedeutungsverlust des Amtes VII Weltanschauliche Gegnerforschung lag vor allen Dingen am Krieg, der die langfristige, akademisch ausgerichtete Forschungstätigkeit, die Six vorschwebte, allzu abgelegen und unbrauchbar erscheinen lassen mußte. Daß es zwischen ihm und Heydrich zu Spannungen kam und Six selbst sich 1940 von »seinem« Amt abwandte, um sich auf anderen Feldern wie der Universität und dem Auswärtigen Amt zu engagieren, hat diesen Prozeß sicher noch gefördert. Dennoch bleibt die Tatsache bemerkenswert, daß ein solches Amt nicht nur ernsthaft geplant, sondern 1939/40 mit sichtlicher Unterstützung Heydrichs konzeptionell entwickelt und in Ansätzen realisiert wurde. Heydrich selbst hat in seinen Reden und Texten wie in der Auseinandersetzung mit Best immer wieder deutlich gemacht, daß die weltanschauliche Ausrichtung den Kern einer nationalsozialistischen Polizei darstelle. Die Idee, dem Reichssicherheitshauptamt eine gleichberechtigte Abteilung anzuschließen, die »wissenschaftlich« und »generalstabsmäßig«, wie Himmler für den SD gefordert hatte, die weltanschaulichen Gegner beobachtete, analysierte und für die exekutiven Teile des RSHA gewissermaßen Grundlagenforschung betrieb, war für die Konzeption dieser Institution

412

kennzeichnend und blieb ihr inhärent, auch wenn das Amt VII selbst sich nach 1941 wieder in das Vorbereitungsstadium eines solcherart umrissenen Forschungsamtes zurückversetzte, indem es in großem Maße Materialien, Archive, Dokumente, Bücher aus allen besetzten Gebieten Europas raubte und sammelte, um damit die Grundlage für die spätere weltanschauliche Auswertung zu legen.

Trotz der deutlichen personellen Akzente, die Heydrich mit der Besetzung der Amtschefs setzte, kann nicht von einer Personalisierung der Führung im RSHA insgesamt die Rede sein, die so häufig zitiert wird, wenn es um den Führungsstil im Nationalsozialismus geht. Im Reichssicherheitshauptamt wurden weder Gauleiter »bedient« noch »alte Kämpfer« versorgt. Allein für die erste Zeit des Amtes VI SD-Ausland ist eine stärkere Rekrutierung des Führungspersonals aus dem alten SD-Stamm zu verzeichnen. Ansonsten rekrutierte sich die RSHA-Führung zum größten Teil aus dem Personal von Gestapa, RKPA und SD-Hauptamt. Bei der Kriminalpolizei war der Anteil der Kriminalkommissare, die ihre Polizeikarriere bereits in der Weimarer Republik begonnen hatten und vom Reichskriminalpolizeiamt zum Amt V des RSHA gekommen waren, am höchsten. Auch bei der politischen Polizei waren die beiden »klassischen« Abteilungen, die Kommunisten- und die Schutzhaftabteilung, sowie die Abwehrabteilung mit älteren Kriminalkommissaren besetzt, die ihre Erfahrungen schon in republikanischen Zeiten gesammelt hatten.

Hingegen stößt man in beiden Ämtern auf Abteilungen, die sich in ihrem Personal spezifisch von den übrigen absetzten: die Ländergruppe IV D und das Kriminaltechnische wie Kriminalbiologische Institut. In ihnen finden sich jüngere Führungskräfte, die nicht über eine polizeiliche Ausbildung verfügten, sondern wie beim KTI vornehmlich naturwissenschaftlich ausgebildet, bei den Referenten der Gruppe IV D überwiegend verwaltungsjuristische Kräfte waren. Beide Gruppen waren in besonderer Weise mit der Eroberungspolitik, dem Besatzungsterror und dem Völkermord verknüpft und erhielten ihre Bedeutung innerhalb des RSHA erst durch diese Verbindung. Gerade die Gruppe IV D zeigt, wie rasch und flexibel sich die Struktur des RSHA je nach den politischen Gegebenheiten richtete, wie nicht nur mit der Eroberung neuer Länder entsprechende neue Referate entstanden, sondern in ebendieser Gruppe auch das eminent wichtige Zwangsarbeiterreferat angesiedelt war, das durch die Bildung des »Arbeitskreises für Sicherheitsfragen beim Ausländereinsatz« beim RSHA wesentlichen Einfluß auf die Zwangsarbeiterpolitik nahm.

Bemerkenswert ist die Entsprechung des Profils dieser jungen Referenten in IV D und im KTI mit denen in den SD-Ämtern. Das Führungspersonal des SD im RSHA setzte sich aus jungen, akademisch ausgebildeten Männen aus einem breiten Spektrum an Fachrichtungen zusammen. Historiker und Germanisten waren dort ebenso vertreten wie Ärzte, Theologen, Zeitungswissenschaftler oder Orientphilologen. Für diese Männer spielte die herkömmliche Verwaltungspraxis keine Rolle mehr. Für sie galt allein der politische Auftrag, der sowohl in der unbedingten Bekämpfung jeder gegnerischen Weltanschauung als auch in der umfassenden, präventiven Beobachtung aller »Lebensgebiete« und der Informationsgewinnung im In- und Ausland bestand – sich darin aber keineswegs erschöpfte. Im Gegensatz zur selbstfabrizierten Nachkriegslegende vom reinen Nachrichtendienst, der mit der exekutiven Polizei nichts zu tun gehabt habe, stellen gerade die SD-Ämter III und VI unter Beweis, wie die beabsichtigte Verschmelzung von Polizei und SS gedacht gewesen war: als politische Organisation, geführt von politisch wie weltanschaulich entschiedenen jungen und »einsatzbereiten« Männern, die nicht nur am Schreibtisch Zeitungen auswerteten, Lageberichte schrieben und politische Analysen lieferten, sondern selbst die Konzeption vor Ort praktisch umsetzten. Eine Gruppe wie III B Volkstum war an sämtlichen Entscheidungen zur völkischen Neuordnungspolitik im besetzten Europa beteiligt, was die Klassifikation, Enteignung, Vertreibung und Ermordung der als unerwünscht geltenden ansässigen Bevölkerung bedeutete. III A hatte wichtigen Anteil an den Diskussionen in der Nachfolge der Wannsee-Konferenz über die Definition der sogenannten Mischlinge – keine papierene, sondern eine mörderische Entscheidung. Die Referenten aus III D zählten zum Stab und zu den Kommandoführern der Einsatzgruppe D. Das »Unternehmen Zeppelin«, das von der Gruppe VI C unter Gräfe initiiert worden war, war der Versuch einer großangelegten antisowjetischen Diversions-, Sabotage- wie Attentatsorganisation, die den Rahmen eines bloßen Nachrichtendienstes weit überschritt.

Das RSHA als eine Institution der Bewegung muß daher in besonderer Weise in ebendiesem Praxissinn verstanden werden. Idealtypisch im Sinne seiner Konstrukteure hätte es politische Initiative, Problemanalyse, Organisations- und Handlungsauftrag – und praktischen Vollzug in einer Institution vereinigen sollen, die keiner administrativen oder gar rechtlichen Norm mehr unterstand, sondern als politische Organisation überall dort und mit allen Mitteln handeln konnte, wo es in ihrem Sinn politisch notwendig war. Erkennbar orientiert am militärischen Führungsstil, Offiziere dorthin zu senden, wo »Not am Mann ist«, erschien das Führungspersonal des RSHA an allen Brennpunkten der NS-Herrschaft in Europa. Wenn Heydrich einmal stolz verkündete, daß Hitler gesagt habe, er würde überall dort, wo die Einheit des Reiches gefährdet sei, einen SS-Mann hinschicken, um die Einheit zu wahren, dann kann dieser Auftrag getrost über die territoriale Dimension hinaus verstanden werden. Die »völkische Flurbereinigung« in den annektierten westpolnischen Gebieten ebenso wie die Liquidierung der »jüdisch-bolschewistischen Führungsschicht« in der Sowjetunion war Aufgabe von SS und Polizei. Für diese monströse wie mörderische völkische Neuordnungspolitik war das RSHA gebildet worden.

Die verwaltungsrechtlich uneindeutige und in der Perspektive herkömmlicher Verwaltungstheorie höchst zweifelhafte Bildung des RSHA stellte daher nur vordergründig eine administrative Schwäche dar. Gerade weil es aus dem bindenden wie regelnden Geflecht traditioneller Verwaltung herausgelöst worden war und diesen Prozeß durch seine personelle Rekrutierung mit Führungskräften verstärkte, die über keine verwaltungsjuristische Ausbildung mehr verfügten, war das RSHA ein entscheidendes radikalisierendes Element der NS-Politik. Ohne die Willfährigkeit und Bereitwilligkeit der traditionellen deutschen Verwaltung in Frage zu stellen, sich aktiv an der Ausgrenzung, Verfolgung und Vernichtung von Juden, Sinti, Roma, Behinderten, Kriegsgefangenen, Zwangsarbeitern zu beteiligen, waren es Organisationen wie das RSHA, die entgrenzend wirkten. Im »Einsatz« seiner Akteure verwirklichte sich der institutionelle Sinn des RSHA. Die Einsatzgruppen, die in Polen im Herbst 1939 den polizeilichen »Sicherungsauftrag« der Besatzungsmacht auf die »völkische Flurbereinigung«, auf Deportation und Massenerschießungen ausdehnten, stellten als mobile Einheiten des RSHA ebenjene »kämpfende Verwaltung« dar, die Heydrich gefordert hatte.

III. Krieg

6. Polen 1939. Die Erfahrung rassistischen Massenmords

Himmler und Heydrich trachteten von Beginn des Krieges gegen Polen an danach, die bis dahin außerhalb der Reichsgrenzen beschränkte exekutive Macht von SS und Polizei auszuweiten, und nutzten entschlossen jede sich bietende Gelegenheit. Dabei kamen ihnen Hitlers Konzept der »völkischen Flurbereinigung«, das in den annektierten polnischen Gebieten verwirklicht werden sollte, einerseits und die (damals noch) zögerliche Haltung der Wehrmacht andererseits, die ethnische Säuberungspolitik mitzutragen, entgegen. Am Ende des Jahres 1939 hatten SS und Polizei, insbesondere das Reichssicherheitshauptamt, nicht allein ihre räumlichen Grenzen, sondern vor allem ihre politischen Kompetenzen deutlich erweitert.

Im Gegensatz zur Außenpolitik der Weimarer Republik hatte Hitler nach der Machtübernahme 1933 eine Annäherung an Polen angestrebt, die im Januar 1934 zu einem deutsch-polnischen Nichtangriffspakt führte.[1] Seine »Lebensraum«-Vorstellungen hatte er allerdings keineswegs aufgegeben. Das vorläufige Einfrieren revisionistischer Forderungen an Polen bedeutete nicht deren Verzicht, zumal Hitler keine Revision der vom Versailler Vertrag gezogenen Grenzen im Sinn hatte, sondern die Eroberung großer Räume in der Sowjetunion.[2] Dabei kam Polen als Juniorpartner durchaus zupaß, dem bei späteren Gebietsansprüchen von deutscher Seite territoriale Kompensationen im Baltikum und Westrußland angeboten werden konnten.[3] In dem Moment jedoch, als sich die polnische Regierung 1938 nicht den deutschen Wünschen fügte und in ein Kriegsbündnis gegen die Sowjetunion einbinden ließ, wechselte die deutsche Politik gegen Polen

---

1 Vgl. den Abschnitt mit dem bezeichnenden Titel »Die polnische Überraschung« bei Hildebrand, Reich, S. 586–592.
2 Broszat, Polenpolitik, S. 9–13; Herbst, Deutschland, S. 106–110.
3 Hitler deutete diese Möglichkeit in seinem Gespräch mit dem polnischen Gesandten Lipski am 15. 11. 1933 an (Herbst, Deutschland, S. 107 f.). Zur Interpretation, daß Hitler zwischen 1934 und 1938 in Polen einen möglichen Verbündeten in der Ostexpansion sah und erst durch die Weigerung Polens, eine solche Rolle zu spielen, und angesichts des neuen Bündnisses mit der Sowjetunion sich in der »Lebensraum«-Politik auf das Gebiet Polens konzentrierte, vgl. Broszat, Polenpolitik, S. 9–13.

ebenso abrupt, wie sie 1933 umgeschwenkt war. Nachdem die polnische Regierung im März 1939 mehrere Male zu verstehen gegeben hatte, daß sie den deutschen Forderungen nicht nachgeben werde, unterrichtete Hitler wenige Tage später den Oberbefehlshaber des Heeres, von Brauchitsch, er beabsichtige zwar vorläufig noch nicht, die polnische Frage »zu lösen«, aber durch eine »in naher Zukunft erfolgende Lösung« müßte Polen »so niedergeschlagen werden, daß es in den nächsten Jahrzehnten als pol.[itischer] Faktor nicht mehr in Rechnung gestellt zu werden braucht«.[4]

Bezeichnenderweise sprach Hitler bereits in dieser Unterredung von »Aus- und Umsiedlung«, die eine »noch offenstehende Frage« darstellten. Parallel zur britischen Garantieerklärung für Polen am 31. März 1939 durch Premierminister Chamberlain im Unterhaus erteilte Hitler OKW-Chef Keitel den Befehl zur Vorbereitung des »Falles Weiß«, wie der Codename für den Krieg gegen Polen hieß, und unterzeichnete die entsprechende Weisung am 11. April.[5]

Ende Mai legte Hitler vor Göring, Raeder, von Brauchitsch, Keitel und anderen hohen Offizieren seine Kriegsziele offen: »Es handelt sich für uns um Arrondierung des Lebensraumes im Osten und die Sicherstellung der Ernährung«; da es keinen Grund mehr gäbe, Polen zu schonen, gelte nun, »bei erster passender Gelegenheit Polen anzugreifen«.[6]

Während Außenminister Ribbentrop in Moskau den Pakt schloß, der den Weg zum Krieg frei machte, erläuterte Hitler den Befehlshabern der Wehrmacht auf dem Obersalzberg am 22. August 1939 ausführlich seine Vorstellungen zum bevorstehenden Krieg gegen Polen:

»Herz verschließen gegen Mitleid. Brutales Vorgehen. 80 Mill. Menschen müssen ihr Recht bekommen. Ihre Existenz muß gesichert werden. Der Stärkere hat das Recht. Größte Härte.«[7]

---

4 Vermerk des Generalstabsoffiziers von Siewert über die Mitteilungen Hitlers an von Brauchitsch am 25.3.1939, IMG, Bd. 38, S. 274–276 (100-R); vgl. Hartmann/Ilutsch, Franz Halder. Zum Entschluß zum Angriff auf Polen siehe Graml, Europas Weg, S. 184–198.

5 Das Deutsche Reich und der Zweite Weltkrieg, Bd. 2, S. 79. Zwei Wochen später kündigte Hitler sowohl das deutsch-britische Flottenabkommen als auch den deutsch-polnischen Nichtangriffspakt aus dem Jahre 1934 auf.

6 Bericht Schmundt über die Besprechung am 23.5.1939, IMG, Bd. 37, S. 546–556 (Dok. 079-L).

7 ADAP, Serie D, Bd. 7, S. 172. Über diese Rede Hitlers am 22.8.1939 existieren fünf

Kriegsvorbereitungen

Im SD-Hauptamt reagierte man rasch auf den Bruch mit Polen im Frühjahr 1939 und den Entschluß zum Krieg. Am 22. Mai wurde in der Zentralabteilung II 2 Lebensgebietsmäßige Auswertung, zu dieser Zeit geleitet von Otto Ohlendorf, die Zentralstelle II P (Polen) unter Leitung von SS-Obersturmführer Germann eingerichtet. Ihre Aufgabe bestand in der »Zusammenfassung sämtlicher das Deutschtum in Polen berührender Vorgänge weltanschaulich-politischer, kultureller, propagandistischer und wirtschaftlicher Art«.[8]

Alle übrigen Hauptabteilungen wurden aufgefordert, entsprechende Berichte aus ihrem jeweiligen Bereich an die Zentralstelle II P zu geben, die wiederum jeden zweiten Tag Heydrich einen Kurzbericht erstatten und jede Woche eine zusammenfassende Übersicht verfassen sollte. Außerdem sollte die Zentralstelle eine zentrale, nach Regionen wie nach Personen geordnete Kartei anlegen, die »einem eventuellen Einsatzkommando zur Verfügung gestellt« werden konnte.[9] Zugleich wies das Judenreferat II 112 des SD-Hauptamtes die angrenzenden SD-Oberabschnitte an, sich »um alle Vorgänge über das Judentum in Polen zu bemühen«.[10]

Aufzeichnungen, die allesamt keine offiziellen Protokolle darstellen, da Hitler den Teilnehmern ausdrücklich untersagt hatte, mitzuschreiben, sondern es handelt sich um private Mitschriften beziehungsweise Notizen, deren Verfasser zum Teil unbekannt sind; vgl. dazu Baumgart, Ansprache Hitlers; Boehm/Baumgart, Ansprache Hitlers.

8 Vermerk SD-Hauptamt II 2, 22. 5. 1939, BArch DH, ZR 521, A 9, Bl. 36/7–9; vgl. auch Ramme, Sicherheitsdienst, S. 106. Bereits mit Datum vom 9. 5. 1939 vermerkte Herbert Hagen, Leiter II 112 des SD-Hauptamtes, ein Gespräch mit SS-UStuf. Augsburg über Verbindungsmöglichkeiten nach Polen. Hagen wies vor allen Dingen darauf hin, daß es darauf ankomme, genaue Auskünfte für eine vollständige Erfassung des Judentums in Polen zu erhalten (Vermerk II 112, Hagen, 9. 5. 1939; ich danke Dan Michman für eine Kopie dieses Dokuments).

9 Zu den Vorbereitungen von Sicherheitspolizei und SD vgl. Herbert, Best, S. 238 f.; Ramme, Sicherheitsdienst, S. 104 f., 116 f.; zum Einsatz von Sicherheitspolizei und SD in Polen 1939 vgl. auch Wildt, Radikalisierung.

10 Vermerk II 112, Hagen, 25. 5. 1939, zitiert nach Michman, Preparing for Occupation?, S. 177. Anfang Juli erstattete II P Bericht. Meldungen über Polen in Deutschland und Deutsche in Polen seien unter dem Begriff »deutsch-polnische Volkstumsauseinandersetzung« zusammengefaßt worden. Insbesondere seien die östlichen

Auf der Grundlage dieser Vorbereitungen fand am 5. Juli die erste zentrale Besprechung unter Heydrichs Leitung statt. Neben Heydrich und dessen Adjutant Neumann nahmen Heydrichs Stellvertreter im Geheimen Staatspolizeiamt und Leiter der Abwehrpolizei, Werner Best, der Chef des Amtes III Abwehr im SD, Heinz Jost, dessen Mitarbeiter (und späterer Nachfolger) Walter Schellenberg, Helmut Knochen sowie Heinrich Müller als Chef der Gestapo teil. Die »P-Vorbereitung« wurde nach Aufgabengebieten verteilt, wobei »wie bisher Gestapa und SD zusammen« die Durchführung organisieren sollten. Für den SD-Einsatz waren Jost beim Chef der Zivilverwaltung, Franz Alfred Six beim Stab Heydrich, Erich Ehrlinger als Leiter der SD-Einsatzkommandos und Knochen als Verantwortlicher für SD-Sonderaufgaben vorgesehen. Die technische Gesamtvorbereitung, das heißt, wie der Vermerk aufführt, Ausrüstung, Uniformen, Beschaffung von Waffen etc., lag bei Best, die staatspolizeilichen Vorkehrungen bei Müller und Six. Heydrich wies daraufhin, daß auch für die »Exekutivmaßnahmen« Vorbereitungen zu treffen seien, wie »Feststellung der bestehenden Gefängnisse, Haftmöglichkeiten«.[11]

Vier Einsatzgruppen zu je 500 Mann waren geplant, unter Leitung von Josef Meisinger, Ernst Damzog, Emanuel Schäfer und Bruno Streckenbach. Den Gesamtbefehl sollte Lothar Beutel mit Sitz in Warschau übernehmen. Insgesamt jedoch betonte Heydrich in dieser Besprechung, daß der Einsatz erst dann klar entschieden werden könne, wenn die Wehrmacht ihre Pläne festgelegt habe. Außerdem sei noch nicht klar, ob lediglich Danzig und der Korridor oder Gesamtpolen besetzt und in ein Protektorat verwandelt werde, mit der Ukraine in einem ähnlich abhängigen Status wie die Slowakei nach dem Einmarsch in Tschechien. Sollte es zu einem Einsatz in der Ukraine kommen, für den nach Heydrichs Informa-

---

SD-Oberabschnitte aufgefordert worden, Berichte zu liefern; zusätzlich hätten Besprechungen mit den dortigen Referenten stattgefunden. Außerdem sei eine »Einsatzkartei« aufgestellt worden, die nach Personen, Institutionen, Orten und Sachgebieten gegliedert sei (SD-Hauptamt II P, Aktennotiz, o. D. [Juli 1939]; BArch DH, ZR 521, A 9, Bl. 36/13). Die Kartei wurde zu einem »Sonderfahndungsbuch Polen« zusammengefaßt, in dem etwa 61 000 Namen von Polen aufgeführt wurden, die vor allem an den deutsch-polnischen Auseinandersetzungen der Jahre 1918 bis 1921 teilgenommen hatten (Borodziej, Terror, S. 29).

11 Aktenvermerk Knochen vom 8. 7. 1939 über die Besprechung vom 5. 7. 1939, BArch DH, ZR 512 A9, Bl. 36/10–12.

tionen der Chef des OKW-Amtes Ausland/Abwehr bereits einen »Sonderauftrag« habe, sollte dieser von Jost vorbereitet werden.[12]

In den folgenden Wochen wurde die Zahl der Einsatzgruppen entsprechend der Aufstellung der Heeresarmeen auf fünf erhöht und zunächst nach ihren Sammelplätzen benannt, später mit römischen Zahlen bezeichnet: Wien (I), Oppeln (II), Breslau (III), Dramburg/Pommern (IV) und Allenstein (V).[13] Streckenbach, vorgesehener Chef für die Einsatzgruppe I, sagte nach dem Krieg aus, er habe Ende Juli, Anfang August seinen Einsatzbefehl von Best in Berlin erhalten und sei gleich daran anschließend nach Wien gefahren, um die Vorbereitungen für den Einsatz zu treffen.[14] Die Angehörigen der Einsatzgruppen stammten zum großen Teil aus den SS- und Polizeidienststellen jener Gegenden, in denen die jeweiligen Aufstellungsorte lagen, die Führer der Einsatzkommandos wurden jedoch von der Führung der Sicherheitspolizei in Berlin sorgfältig ausgewählt.[15]

---

12 Zum Sonderauftrag von Canaris vgl. die Aussage von Erwin Lahousen am 30. 11. 1945, IMG, Bd. 2, S. 494. Laut Lahousen war Canaris am 12. 9. aufgetragen worden, eine Aufstandsbewegung in der galizischen Ukraine zu entfachen, bei der, wie Ribbentrop Canaris gegenüber ausführte, »alle Gehöfte der Polen in Flammen aufgingen und alle Juden totgeschlagen würden«.

13 Das Fernschreiben Bests, mit dem die Umbenennung bekanntgegeben wurde, stammt vom 4. 9. 1939, nimmt aber deutlich Bezug auf eine bereits erfolgte Aufstellung (CdS, gez. Best, 4. 9. 1939, StAnw Hamburg, 147 Js 31/67, Bd. 11, Bl. 1850). Eine personelle Übersicht der EGr Wien datierte auf den 26. 8. 1939 (Vermerk Einsatzgruppe Wien der Sicherheitspolizei, gez. Huppenkothen, 26. 8. 1939; ebenda, Bd. 8, Bl. 1322 f.).

14 Vernehmung Streckenbach, 14. 3. 1967, GenStAnw KG Berlin 1 Js 12/65, Bd. 21, Bl. 3.

15 Vgl. Krausnick/Wilhelm, Truppe des Weltanschauungskrieges, S. 34. Der Führer der EGr II, Dr. Emanuel Schäfer, gab in einer Vernehmung im Ermittlungsverfahren gegen Werner Best u. a. an, daß er mit Bestimmtheit sagen könne, daß die Einsatzgruppen personell von Best zusammengestellt worden seien (Vernehmung Emanuel Schäfer, 27. 1. 1967; GenStAnw KG Berlin, RSHA-Ermittlungsunterlagen, Personalheft Psch 4). Der Personalreferent im RSHA 1939/40, Kurt Hafke, sagte nach dem Krieg aus, daß das Personalreferat des Hauptamtes Sicherheitspolizei das Personal der Einsatzgruppen bis auf die Führer, die von Best und Heydrich ausgewählt worden seien, zusammengestellt habe (Vernehmungen Kurt Hafke, 16. 3. 1967 und 8. 7. 1969, GenStAnw KG Berlin, RSHA-Ermittlungsunterlagen, Personalheft Ph 14). Zum Personal der Einsatzgruppen siehe demnächst ausführlich Rossino, Crucial Weeks, insbesondere Kapitel 2: Radicals and Killers.

Überwiegend gehörten sie dem SD an und erhielten in dem wenige Wochen später gebildeten Reichssicherheitshauptamt führende Funktionen: Der Führer der Einsatzgruppe I Bruno Streckenbach war vorher Gestapochef und IdS in Hamburg gewesen und avancierte 1940 zum Amtschef im RSHA.[16] Sein Stellvertreter Walter Huppenkothen, im RSHA später Leiter der Abwehrgruppe (IV E), war 1934 als Gerichtsassessor dem SD beigetreten und hatte an den Stapostellen Königsberg und Tilsit seine ersten Gestapokenntnisse erworben, bevor er im Oktober 1937 die Leitung der Stapostelle Lüneburg übernahm. Huppenkothen verfügte bereits über Erfahrungen im Sipo-Einsatz, hatte er doch beim Einmarsch in Tschechien als stellvertretender Führer einer Einsatzgruppe teilgenommen.[17] Die beiden Stabsangehörigen der Einsatzgruppe I, Heinrich Johann zum Broock und Georg Schraepel, folgten später Streckenbach ins RSHA-Amt. Broock, Jahrgang 1914, war vorher in Streckenbachs Hamburger IdS-Dienststelle gewesen; der ältere Schraepel (Jahrgang 1898) war seit 1930 bei der Kriminalpolizei in Braunschweig gewesen, von 1936 bis 1939 sogar als deren Leiter, und hatte im April 1939 gerade die Leitung der Kripo Bochum übernommen, von der er zum Einsatz in Polen abgeordnet wurde.[18] Von den vier Einsatzkommandoführern der EGr I gelangte Bruno Müller später ins RSHA.[19]

---

16 Vgl. Wildt, Streckenbach, S. 93–123.

17 BArch, BDC, Personalakte Walter Huppenkothen; RMdI, Vorschlag zur Ernennung Huppenkothens zum Oberregierungsrat, 15. 8. 1942, BArch DH, ZR 238.

18 BArch, BDC, Personalakte Georg Schraepel; Befähigungsbericht des Braunschweigischen Ministerpräsidenten, 16. 4. 1937, sowie RMdI, Vorschlag zur Ernennung Schraepels zum Regierungs- und Kriminaldirektor, 18. 12. 42, BArch DH, ZR 110. Schraepel berichtete in einer Nachkriegsvernehmung, daß er am 17. August den Befehl für den Einsatz erhalten habe. In Wien habe er dann als Vorbereitung ein umfängliches Manuskript von Six mit dem Titel »Polen als geschichtliche Hypothek« bekommen, mit dem er sich dann zwei Tage beschäftigt habe (Vernehmung Georg Schraepel, 9. 5. 1967, GenStAnw KG Berlin, RSHA-Ermittlungsunterlagen, Personalheft Psch 100).

19 Müller, der nach seinem Jurastudium 1933/34 für ein knappes Jahr Bürgermeister der Nordseeinsel Norderney gewesen war, hatte nach seinem Assessorexamen 1935 die Leitung der Gestapo Oldenburg erhalten und 1937 die Leitung der Gestapo Wilhelmshaven übernommen. Von dort kam er im Herbst 1939 zur Einsatzgruppe I (BArch, BDC, SSO-Akte Bruno Müller; RMdI, Vorschlag zur Ernen-

Bei der Einsatzgruppe II unter Emanuel Schäfer taten die Stabsangehörigen Dr. Günther Knobloch und Dr. Richard Schulze später im RSHA Dienst.[20] Chef der Einsatzgruppe III war Dr. Hans Fischer, Jahrgang 1906, Leiter der Gestapo Breslau, wo auch die Einsatzgruppe aufgestellt wurde.[21]

Die Einsatzgruppe IV wurde von Lothar Beutel geführt, einem »alten Kämpfer« und langjährigen SD-Führer in Leipzig und München.[22] Zum Gruppenstab gehörten neben Bernhard Baatz aus dem Gestapa, der bereits auf der zentralen Heydrich-Besprechung am 5. Juli 1939 als Mitglied einer Einsatzgruppe bestimmt worden war, und Erich Ehrlinger aus dem SD-Hauptamt, der schon an den SD-Einsätzen in Österreich 1938 und in Prag im Frühjahr 1939 teilgenommen hatte, sowie die späteren RSHA-Referenten Dr. Heinz Hummitzsch, Walter von Kielpinski, Arthur Wettich und Heinz Wossagk, die ebenfalls bereits als SD-Angehörige im Einsatz 1938 in Österreich, im Sudetenland und im März 1939 in Prag gewesen waren. Von den zwei Kommandoführern der Einsatzgruppe IV nahm Dr. Walter Hammer später als Gruppenleiter im Amt VI eine wichtige Funktion im RSHA wahr.[23]

Aus der Einsatzgruppe V unter Ernst Damzog, die in Allenstein aufgestellt wurde, kamen später ins RSHA der Führer des Ek 1/V, Dr. Heinz

---

nung Müllers zum Oberregierungsrat, 2.2.1942, BArch DH, ZR 234; siehe auch unten, Anm. 206).

20 Zu Schäfer vgl. Johnson, Nazi Terror, S. 53–57; zu Knobloch siehe den Biographischen Anhang.

21 Der Ermittlungsvermerk der Generalstaatsanwaltschaft beim Kammergericht Berlin vom 10.12.1968 (1 Js 12/65) führt noch Dr. Herbert Fischer, später Leiter der Gruppe IV E Abwehr im RSHA, als Führer der Einsatzgruppe III auf. Allerdings weisen zeitgenössische Dokumente wie der Tätigkeitsbericht der Einsatzgruppe III vom 29.9.1939, der von SS-OStubaf. Dr. Fischer unterzeichnet ist (StAnw Hamburg, 147 Js 31/67, Bd. 7, Bl. 1157–1159 [NOKW 2664]), darauf hin, daß aufgrund des SS-Dienstgrades nicht Herbert Fischer, der zu diesem Zeitpunkt noch SS-Hauptsturmführer war, sondern der Breslauer Stapostellenleiter Dr. Hans Fischer Chef der Einsatzgruppe III war. Ich danke Klaus-Michael Mallmann für diesen Hinweis.

22 Zu Beutel siehe den Biographischen Anhang.

23 Vor seinem Einsatz in Polen war Hammer bis August 1939 Leiter der Stapostelle Schneidemühl gewesen (Dienststellenbesetzung der Stapostelle in Schneidemühl, ZStL, I 117 AR-Z 65/80, Bl. 968; BArch, BDC, SSO-Akte Walter Hammer). Zu Wossagk siehe den Biographischen Anhang.

Gräfe, und der ihm unterstellte Dr. Rudolf Hotzel sowie der Führer der Ek 2/V, Dr. Robert Schefe, der seit Mitte 1938 Leiter der Stapostelle Allenstein war und später seine Karriere im Amt V des RSHA machte. Gräfe und Hotzel kannten sich aus Königsberger Tagen. Gräfe war seit Ende 1937 Leiter der Stapostelle Tilsit gewesen und zugleich SD-Führer des entsprechenden SD-Unterabschnitts Gumbinnen, den Hotzel als SD-Stabsführer weitgehend selbständig aufbaute, bevor er 1939 zum SD-Oberabschnitt Nordost in Königsberg wechselte.[24]

Die Aufgabe der Einsatzgruppen wurde in den »Richtlinien für den auswärtigen Einsatz der Sicherheitspolizei und des SD« vom 31. Juli 1939 mit der Formel »Bekämpfung aller reichs- und deutschfeindlichen Elemente« umschrieben.[25] Diese Formulierung lehnte sich an die vorangegangenen Einsätze im Sudetenland und in Tschechien an. Dort waren im Juni 1938 die Aufgaben für den »Einsatz des S.D. im Falle CSR« folgendermaßen festgelegt worden:

»Der S.D. folgt, wenn möglich unmittelbar hinter der einmarschierenden Truppe und übernimmt analog seinen Aufgaben im Reich die Sicherung des politischen Lebens und gleichzeitig damit soweit als möglich die Sicherung aller für die Volkswirtschaft und damit zwangsläufig für die Kriegswirtschaft notwendigen Betriebe. [...] Massnahmen im Reich stehen unter Leitung der Gestapo. S.D. wirkt mit. Massnahmen im besetzten Gebiet stehen unter Leitung eines höheren SD-Führers.«[26]

Ähnlich hatte nun Heydrich mit Oberst Wagner vom OKH verhandelt.[27] Entsprechend der Aufgabe der Einsatzkommandos: »Bekämpfung aller reichs- und deutschfeindlichen Elemente in Feindesland rückwärts der

---

24 In Hotzels Personalbeurteilung 1939 hieß es: »Hotzel ist ein äusserst diensteifriger u. brauchbarer SS-Führer, der den UA. Gumbinnen mehr oder weniger allein sehr gut aufgebaut hat.« (BArch, BDC, SSO-Akte Rudolf Hotzel)

25 BArch, R 58/241, Bl. 169–175.

26 SD-Hauptamt III 225 Ro/Ed, 29.6.1938, IMG, Bd. 39, S. 536–543 (509-USSR). Das Dokument wird bereits von Buchheim – allerdings mit nicht gekennzeichneten Auslassungen – zitiert (Buchheim, SS, S. 71).

27 Am 29.8.1939 vermerkte Wagner eine Besprechung über den »Einsatz der Gestapo-Gruppen im Operationsgebiet«; seine Gesprächspartner Best und Heydrich charakterisierte er als »etwas undurchdringliche Typen, Heydrich besonders unsympathisch«, fügte aber hinzu: »Wir kamen schnell überein.« (Wagner, Generalquartiermeister, S. 103)

fechtenden Truppe«[28] sollten überall diejenigen Personen, die auf der Fahndungsliste standen, sowie »reichsdeutsche Emigranten« und Polen festgenommen werden, die sich deutschen Amtsstellen widersetzten oder »offensichtlich gewillt und auf Grund ihrer Stellung und ihres Ansehens in der Lage« sein würden, »Unruhe zu stiften«.[29] Nach der Vereinbarung zwischen Wagner und Heydrich sollten »in der ersten Rate« 10 000, in einer »zweiten Rate« 20 000 Festnahmen erfolgen, jeweils mit dem Ziel »Konzentrationslager«.[30] Auch »Sicherstellungen« von Gebäuden, Dokumenten und Einrichtungen sowie »Unterbindung jeder Tätigkeit deutschfeindlicher Organisationen und Bestrebungen« gehörten zu den Aufgaben der Einsatzgruppen. Dem SD wurde aufgetragen, Material zu Judentum, Katholizismus und Freimaurerei zu beschlagnahmen und mit Hilfe von V-Leuten aus der deutschen Minderheit einen Nachrichtendienst aufzubauen. Allerdings hielten die mit der Wehrmacht abgestimmten Richtlinien ausdrücklich fest:

»Misshandlungen oder Tötungen festgenommener Personen sind strengstens untersagt und, soweit derartiges von anderen Personen unternommen werden sollte, zu verhindern. Gewalt darf nur zur Brechung von Widerstand angewandt werden. Die festgenommenen Personen sind zunächst in geeigneten Haftäumen zu sammeln. Die Führer der Einsatzgruppen haben für schnellsten Transport der Festgenommenen zu der am besten zu erreichenden Staatspolizeistelle zu sorgen, die zu ersuchen ist, das Eintreffen der festgenommenen Personen unverzüglich dem Geheimen Staatspolizeiamt – II D – zu melden.«[31]

---

28 Richtlinien für den auswärtigen Einsatz der Sicherheitspolizei und des SD, BArch, R 58/241, Bl. 169.

29 Ebenda, Bl. 173.

30 Halder, Kriegstagebuch, Bd. 1, S. 44. Allerdings meldete Halder am kommenden Tag, 30.8.1939, morgens in einer Unterredung mit Oberst Stapf, dem Verbindungsoffizier zu Göring, »Bedenken gegen beabsichtigte Maßnahmen Himmlers«, wohl in der Absicht, Göring gegen Himmler einzunehmen (ebenda).

31 Die Einsatzgruppen sollten dem Heer »dichtauf folgen«, von dem sie auch Verpflegung und Benzin erhielten, und »dauernde Verbindung aufrechterhalten« (Richtlinien für den auswärtigen Einsatz der Sicherheitspolizei und des SD, BArch, R 58/241, Bl. 171). In der Besonderen Anordnung Nr. 16, die das Armeeoberkommando 8 am 9.9.1939 herausgab, wurden die Aufgaben der Einsatzgruppe III unter Fischer folgendermaßen bestimmt: »Bekämpfung aller reichs- und deutschfeindlichen Elemente rückw. der fechtenden Truppe. Insbesondere Spionageabwehr, Fest-

Ausdrücklich erklärte der Generalstab des OKH Ende Juli 1939, die »Polizeigewalt« stehe »allein dem Armee-Oberbefehlshaber zu«.[32] Von einer eigenen Exekutivgewalt, von Erschießungen oder Deportation der jüdischen Bevölkerung Polens war in den Vereinbarungen zwischen OKH und Chef der Sicherheitspolizei und des SD nicht die Rede. Stellt man die Anweisungen Himmlers ebenso wie die tatsächliche Praxis der Einsatzgruppen unmittelbar nach Kriegsbeginn dagegen, dann wird erkennbar, daß die SS-Führung sich von vornherein an diese Vereinbarung nicht halten wollte und alles dafür tat, sie von den ersten Tagen des Krieges an zu unterlaufen.

Der Überfall

Um einen Anlaß für den deutschen Einmarsch nach Polen vorzutäuschen, hatte am Vorabend des 1. Septembers ein SD-Kommando unter Alfred Naujocks den deutschen Sender Gleiwitz überfallen, das Personal gefesselt und einen vorbereiteten Text in deutscher und polnischer Sprache über den Sender verlesen. Getötete KZ-Häftlinge in polnischen Uniformen wurden als »Beweis« einer polnischen Provokation hinterlassen.[33] Ähnliche Überfälle inszenierten SD-Kommandos auch auf die Zollämter Hohenlinde, Pfalzdorf und Geyersdorf.[34] Am Morgen des 1. Septembers

---

nahme von politisch unzuverlässigen Personen, Beschlagnahme von Waffen, Sicherstellung von abwehrpolizeilich wichtigen Unterlagen usw., Unterstützung der Ortskdtrn. bei der Erfassung von Flüchtlingen und Wehrpflichtigen.« (AOK 8, Besondere Anordnung Nr. 16 für die Versorgung der 8. Armee, 9.9.1939, in: ZStL, Einsatzgruppen in Polen, Heft 1, 1962, Bl. 198)

32 OKH, GenStdH, 6. Abt. (II), 24.7.1939, Betr. Fall »Weiß«, Sonderbestimmungen zu den Anordnungen für die Versorgung, zitiert nach Krausnick/Wilhelm, Truppe des Weltanschauungskrieges, S. 39.

33 Vgl. Eidesstattliche Erklärung von Alfred Naujocks, 20.11.1945, IMG, Bd. IV, S. 270–272, beziehungsweise Bd. 31, S. 90–92 (2751-PS); Runzheimer, Überfall; Höhne, Orden, S. 240–246.

34 Bereits vorher hatte es im polnischen Oberschlesien Diversionsakte seitens der sogenannten Kampforganisation gegeben, die von der deutschen Abwehr geleitet wurde (Groscurth, Tagebücher, S. 199, 268; vgl. dazu auch Jansen/Weckbecker, Selbstschutz, S. 26 f.; Madajczyk, Okkupationspolitik, S. 9–11).

griffen die beiden deutschen Heeresgruppen Nord und Süd an. In den folgenden Tagen gelang es der deutschen Armee, wesentliche Teile der polnischen Verbände zu zerschlagen. Am 17. September überschritt die Rote Armee die Grenze von Weißrußland und Wolhynien und fiel entsprechend den Vereinbarungen des Hitler-Stalin-Paktes ihrerseits in Polen ein. Die deutschen Truppen zogen sich aus Ostpolen zurück; die Flüsse Bug und San bildeten die Demarkationslinie zwischen den jeweils besetzten Gebieten. Allein Warschau war noch nicht erobert. Mit schweren Luftangriffen und Artilleriebeschuß zerstörten die Deutschen die polnische Hauptstadt, am Morgen des 27. Septembers bot der polnische General Rommel die bedingungslose Übergabe der Stadt an.[35]

Die Einsatzgruppen folgten den Armeen unmittelbar. Die Einsatzgruppe I unter Streckenbach verließ am 6. September Wien und erreichte einen Tag später Krakau. Die Einsatzgruppe II unter Schäfer, die der 10. Armee unter Reichenau folgte, marschierte von Oppeln aus und kam am 7. 9. in Tschenstochau/Częstochowa an. Die Einsatzgruppe III unter Fischer gelangte von Breslau über Kempen/Kepno, Kalisch nach Łódź, wo sie am 10. 9. eintraf. Die Einsatzgruppe V unter Damzog, die der 3. Armee unter General Küchler folgte, erreichte von Allenstein aus am 6. September Soldau.[36] Die Meldungen der Einsatzgruppen an das Hauptamt Sicherheitspolizei in Berlin wurden dort in einem Sonderreferat unter Leitung von Rudolf Bilfinger gesammelt und in einem Tagesbericht zum »Unternehmen Tannenberg«, dem Tarnnamen für den Einsatz der Sicherheitspolizei und des SD in Polen, zusammengefaßt.[37] Der erste überlieferte Bericht vom 6. 9. weist von den Einsatzgruppen I und II keine Meldungen aus, berichtet dagegen von der Einsatzgruppe III aus Kempen/Kepno. Die polnische Verwaltung sei dort geflohen und habe die Gefängnisse geöffnet, so

---

35 Das Deutsche Reich und der Zweite Weltkrieg, Bd. 2, S. 92–131.

36 ZStL, GStAnw KG Berlin, 1 Js 12/65 [RSHA], Ermittlungsvermerk, 10. 12. 1968, S. 146–147.

37 Die Einsatzgruppen berichteten zweimal täglich um 8 und um 20 Uhr. Die überlieferten, insgesamt 45 Tagesberichte des Sonderreferats in Berlin beginnen am 6. 9. und enden am 5. 10., obwohl die Einsatzgruppen erst im November in stationäre Dienststellen umgewandelt wurden (Krausnick/Wilhelm, Truppe des Weltanschauungskrieges, S. 41; vgl. auch die polnischen Quellensammlungen: Radziwończyk, Akcja Tannenberg; Leszczyński, Działalność Einsatzgruppen).

daß »die zurückgebliebene Bevölkerung den Plünderungen und Räubereien der etwa 100 Verbrecher ausgeliefert« sei.[38] Von den über 200 in Kempen/Kepno lebenden Juden seien drei Viertel geflohen, für die dagebliebenen habe das Einsatzkommando einen jüdischen Kommissar ernannt. Die katholischen Kirchen seien am 3.9. überfüllt gewesen, die Geistlichen hätten zu Ruhe und Würde aufgerufen. Ein katholischer Probst, der als »übler Deutschenhetzer« bekannt sei, sei verhaftet worden. Dagegen setze sich die evangelische Gemeinde überwiegend aus Volksdeutschen zusammen. Der Kempener Pfarrer Schildberg, der als Führer der Volksdeutschen in der Gegend bekannt sei und »schon früher nachrichtendienstlich gearbeitet« habe, sei als kommissarischer Bürgermeister eingesetzt worden.[39]

In ähnlicher Weise handelten auch die übrigen Einsatzgruppen von den ersten Kriegstagen an. Am 7. September meldete das Einsatzkommando unter Heinz Gräfe, daß es für die 600 Mitglieder zählende jüdische Gemeinde in Graudenz/Grudziadz zwei »Bevollmächtigte« eingesetzt habe.

»Diese haben innerhalb 14 Stunden ein namentliches Personenverzeichnis und Vermögensaufstellung vorzulegen. Sämtliche männlichen führenden Juden in Graudenz sind geflohen. Die Abwanderung der übrigen Juden wird vorbereitet.«[40]

Von diesen Vorbereitungen berichtete Gräfe drei Tage später:

»Abwanderung der Graudenzer Juden dadurch vorbereitet, dass der jüdischen Gemeinde aufgegeben wurde, binnen 3 Tagen 20 000 Zloty zwecks Schaffung eines Auswanderungsfonds aufzubringen.«[41]

In Mlawa wurden am 10. September jüdische Männer im Alter zwischen 15 und 60 Jahren verhaftet und in das noch nicht besetzte polnische Gebiet

38 Bericht CdS, Sonderreferat »Unternehmen Tannenberg« (im folgenden: Tannenberg-Bericht), 6.9.1939, BArch, R 58/1082, Bl. 7.
39 Ebenda.
40 Tannenberg-Bericht, 7.9.1939 abends, a.a.O. (s. Anm. 38), Bl. 18. Darüber hinaus hatte das Einsatzkommando an diesem Tag 25 Geiseln festgenommen und zwei Polen beim Plündern ergriffen, die nach Anweisung der Zentrale in Berlin zu erschießen waren (Protokoll der Amtschefbesprechung am 7.9.1939, BArch, R 58/825, Bl. 1 f.).
41 Tannenberg-Bericht, 10.9.1939 abends, a.a.O. (s. Anm. 38), Bl. 45.

abgeschoben; das gleiche Schicksal erlitten 70 Juden aus Przasznitz/ Przasnysz.[42] Von Pułtusk und Maków hieß es im Bericht der Einsatzgruppe V, daß die jeweiligen Rabbiner und Synagogenvorsteher angewiesen wurden, die Juden ihrer Gemeinden zu registrieren und Vermögensverzeichnisse aufzustellen.[43]

Dieses Schema: Einsetzung von »Judenräten«, Anweisung zur Registrierung, Vorbereitung zur »Abwanderung«, das hieß Vertreibung aus den von Deutschland besetzten Gebieten nach Osten, findet sich auch in den anderen Berichten der Einsatzgruppen. Für Tschenstochau/Częstochowa meldete die Einsatzgruppe II am 14. September:

»Zur Vorbereitung der in Aussicht genommenen Abschiebung der Juden sind 6 massgebliche Juden aus der jüdischen Gemeinde Tschenstochau beauftragt, bis zum kommenden Sonntag eine vollständige Liste der in der Stadtgemeinde Tschenstochau ansässigen Juden zu erstellen. Bei dieser Anweisung ist die Durchführung einer jüdischen Hilfsaktion zum Vorwand genommen worden.«[44]

Die Einsatzgruppe III setzte gleichfalls am 6. September in Kempen/ Kepno für die nicht geflüchteten Juden einen »jüdischen Kommissar« ein.[45] Die ähnliche Praxis verschiedener Einsatzkommandos schon in den ersten Tagen ihres Einsatzes läßt den Schluß zu, daß Anweisungen für

---

42 Tannenberg-Bericht, 10. 9. 1939 abends, a. a. O. (s. Anm. 38), Bl. 45. Wegen der Aktionen in Mława, bei denen es nach dem Zeugnis von General a. D. von Boeckmann vom 22. 2. 1948 ebenfalls zu »einzelnen Erschießungen von Juden und zur Inbrandsetzung einiger jüdischer Anwesen« gekommen war, forderte der Oberbefehlshaber der 3. Armee, General von Küchler, die Entwaffnung des Einsatzkommandos, dessen Rückbeorderung nach Ostpreußen und die Verfolgung der Taten durch ein Kriegsgericht. Heydrich beklagte sich daraufhin direkt bei Hitler (Halder notierte am 7. 10. 1939: »Wagner [meldet]: Heydrich beim Führer: Klage über Mlawa. Judenbehandlung. Prüter kommt im Flugzeug«, Halder, Kriegstagebuch, Bd. 1, S. 99). Der Quartiermeister der 3. Armee, Oberstleutnant i.G. Prüter, mußte sich in Hitlers Hauptquartier verantworten, weil er den Führer der Polizeieinheit kurzzeitig festgenommen hatte, da Küchlers Befehle nicht befolgt worden waren (Krausnick/Wilhelm, Die Truppe des Weltanschauungskrieges, S. 80 f.).
43 Tannenberg-Bericht, 13. 9. 1939 abends, a. a. O. (s. Anm. 38), Bl. 65–66.
44 Tannenberg-Bericht, 14. 9. 1939 abends, ebenda, Bl. 75.
45 Tannenberg-Bericht, 6. 9. 1939 morgens, ebenda, Bl. 7. Musial stellt fest, daß die Militärverwaltung (CdZ) hinsichtlich dieser ersten antisemitischen Maßnahmen die aktive Rolle der Einsatzgruppen akzeptierte (Musial, Zivilverwaltung, S. 109; vgl. ebenfalls Pohl, Judenpolitik, S. 72).

die Behandlung der jüdischen Gemeinden existierten, die über die in den Wehrmachtsdokumenten fixierten und in den Protokollen der Amtschefbesprechungen der Sicherheitspolizei und des SD festgehaltenen Richtlinien hinausgingen. Vor allem die Tätigkeit des Einsatzkommandos von Heinz Gräfe gibt zu erkennen, daß dessen antisemitischen Anweisungen sich auf die SD-Erfahrungen aus Österreich 1938 gründeten, wo Eichmann mit Hilfe der erzwungenen Mitarbeit seitens der Jüdischen Gemeinde in Wien die Zwangsemigration der österreichischen Juden betrieben hatte.[46] Über die Vermögensaufstellungen hinaus dienten die Registrierungen offensichtlich einer späteren, organisierten Deportation, die, wie das Gräfesche Einsatzkommando zeigt, bereits unmittelbar zu Vertreibungen nach Osten in die noch nicht besetzten Gebiete führen konnten.[47]

»Bromberger Blutsonntag«

Ungeachtet der Vereinbarungen mit dem OKH, verschärfte Himmler in Absprache mit Hitler die Praxis der SS- und Polizeiverbände unmittelbar nach Kriegsbeginn.[48] Am 3. September, am selben Tag, als England und Frankreich dem Deutschen Reich den Krieg erklärten und damit die Hoffnungen der NS-Führung zunichte machten, daß der Überfall auf Polen wie die Unternehmen gegen Österreich und die Tschechoslowakei

---

46 Zum »Wiener Modell« siehe Safrian, Eichmann-Männer, S. 36–49; Aly/Heim, Vordenker, S. 33–43.

47 Ähnlich war am 18. September in einer Besprechung beim Befehlshaber der Sicherheitspolizei und des SD im Protektorat Böhmen und Mähren, Stahlecker, mit Gestapoangehörigen aus Brünn und Mährisch-Ostrau die Deportation von 8000 Juden nach Galizien »in Aussicht genommen worden« (Longerich, Politik, S. 252). Die Organisation der Deportation von 1000 Juden aus Mährisch-Ostrau übernahm dann Anfang Oktober Adolf Eichmann, der von Müller mit der Verschleppung dieser Menschen in das Gebiet um Nisko am San beauftragt worden war (siehe unten, S. 468–472).

48 Himmler befand sich in diesen Tagen beim Stab der Heeresgruppe Nord und gab unter anderem unerbetene Ratschläge, wie nach dem Mißerfolg der Marine die Westerplatte bei Danzig eingenommen werden könnte (Groscurth, Tagebücher, S. 197).

432

von den Westmächten toleriert würden,[49] wies Himmler per Fernschreiben die Einsatzgruppen an, »polnische Aufständische, die auf frischer Tat oder mit der Waffe in der Hand ergriffen« würden, auf der Stelle zu erschießen. Sollten größere Gruppen von »Aufständischen« festgenommen werden, so sei seine Entscheidung über das weitere Handeln einzuholen, ebenso wie im Falle, daß die »Erschießung von Geiseln erforderlich« sei.[50] Tags zuvor war vom Deutschen Nachrichtenbüro (DNB) die Meldung verbreitet worden, daß einige deutsche grenznahe Dörfer im Kreis Schneidemühl von »polnischen Aufständischen« in Brand gesteckt worden seien.[51] Ähnliche Greuelmeldungen verbreitete das Deutsche Nachrichtenbüro in den nächsten Tagen.[52]

---

49 Die NS-Spitze in Berlin reagierte auf die Tatsache, daß England und Frankreich dieses Mal Ernst machten, konsterniert und betroffen. In Proklamationen an die Bevölkerung, die am Nachmittag im Rundfunk gesendet wurden, schwor Hitler die Deutschen auf den Krieg ein (zur Reaktion in der deutschen Öffentlichkeit auf den Krieg gegen Polen vgl. Kershaw, Überfall). Zugleich formulierte Heydrich in einer Anweisung an die Staatspolizei: »Jeder Versuch, die Geschlossenheit und den Kampfeswillen des deutschen Volkes zu zersetzen, ist rücksichtslos zu unterdrükken.« (CdS an die Leiter aller Staatspolizeistellen, 3. 9. 1939, BArch, R 58/243, Bl. 202)

50 Das Fernschreiben Himmlers, P.P. II 1537/39, vom 3. 9. 1939 ist nicht im Original erhalten, sondern in einem Fernschreiben des Chefs der Ordnungspolizei, Daluege, an den BdO beim AOK 4 vom 16. 9. 1939 wörtlich wiedergegeben: »Polnische Aufständische, die auf frischer Tat oder mit der Waffe ergriffen werden, sind auf der Stelle zu erschießen. Werden größere Gruppen von Aufständischen geschlossen festgenommen, so ist mir unverzüglich Meldung zu erstatten und meine Entscheidung über die weitere Behandlung der Aufständischen einzuholen. […] In jedem Bereich, in dem Aufständische aufgetreten sind, sind unverzüglich die leitenden Persönlichkeiten der polnischen Verwaltung (Starosten, Bürgermeister und dergl.) als Geiseln festzunehmen. Wenn zur Abwehr des Handelns der Aufständischen die Erschiessung von Geiseln erforderlich erscheint, ist mir sofort zu berichten und mein Entscheid einzuholen.« (GenStAnw KG Berlin, 1 Js 12/65 [RSHA], Ermittlungsvermerk im Verfahren gegen Dr. Werner Best u. a., 10. 12. 1968, S. 360) Für die der 8. Armee unterstellten SS-Leibstandarte »Adolf Hitler« soll schon am 1. 9. der Befehl gegolten haben: »Bei Schießen der Bevölkerung die gesamte männl. Bevölkerung, die wehrfähig ist, standrechtlich erschießen.« (Böhler, Verbrechen, S. 31)

51 Jastrzębski, Blutsonntag, S. 162.

52 So sei nördlich Mława die Leiche eines deutschen Fliegeroffiziers gefunden worden, dem die Augen ausgestochen worden waren, nachdem er »in die Hände

Noch am Abend des 3. Septembers setzte Himmler den SS-Gruppenführer von Woyrsch als »Sonderbefehlshaber der Polizei« ein und erteilte ihm den Befehl zu »radikaler Niederwerfung des aufflammenden Polenaufstandes in neu besetzten Teilen Oberschlesiens mit allen zur Verfügung stehenden Mitteln«. Als Polizeikräfte erhielt von Woyrsch vier Bataillone Ordnungspolizei und ein Sonderkommando der Sicherheitspolizei mit 350 Mann unter Führung von Dr. Rasch. Himmler wies von Woyrsch an, »zunächst dreistündlich über besondere Ereignisse und Maßnahmen« an das Geheime Staatspolizeiamt in Berlin zu berichten, das die Meldungen an Himmler weiterleiten sollte.[53] Ebenfalls ließ Himmler, nachdem Hitler aufgrund der Berichte über polnische Greueltaten an Volksdeutschen die Aufstellung einer Heimwehr befohlen hatte, unter Kuratel der SS einen »Volksdeutschen Selbstschutz« aufstellen, der an der Terrorisierung der polnischen Bevölkerung erheblichen Anteil

---

polnischer Franktireurs« gefallen sei (DNB, 4.9.1939, BArch, Dt. Auslandswissenschaftliches Institut, 4361, Bl. 105). In Kattowitz/Katowice sei das Kommandogebäude der Sicherheitspolizei von »14–15-jährigen Judenbengels« vom Dach des Hotels »Monopol« beschossen, zwei Posten seien dabei getötet worden (Bl. 103). Beim Einmarsch in die Tucheler Heide hätten die deutschen Truppen die Försterei bei Mentschikel in einem Zustand furchtbarster Verwüstung gefunden. Die beiden Jagdhunde seien aufgeschlitzt und der 63jährige Förster an das Scheunentor genagelt und als Zielscheibe benutzt worden. In Koselitz/Koźlice habe man in einem Bauernhaus vier Kinder mit der Zunge auf den Tisch genagelt vorgefunden, die erstickt seien (DNB, 6.9.1939, ebenda, Bl. 104). Allerdings erhob Generaloberst von Bock, Oberbefehlshaber der Heeresgruppe Nord, am 8.9. schärfsten Einspruch gegen die deutsche Propaganda über polnische Greueltaten; das Heer kämpfe nicht gegen Banditen und Räuber (Groscurth, Tagebücher, S. 200). Bei Groscurth findet sich auch die Richtigstellung der Falschmeldung aus dem »Völkischen Beobachter« vom 6.9.1939, daß Polen eine deutsche Sanitätskompanie samt den Verwundeten niedergemetzelt hätten. In Wirklichkeit sei die Sanitätskompanie in der Tucheler Heide ausdrücklich geschont worden (ebenda).

53 Fernschreiben Himmler an von Woyrsch, 3.9.1939; Nbg. Dok. NOKW-1006, ZStL, Einsatzgruppen in Polen, Heft 1, 1962, S. 198–199. Es waren vermutlich solcherart einlaufende Greuelnachrichten, die Himmler zu diesem Fernschreiben veranlaßten, nicht die Ereignisse des Bromberger »Blutsonntags«, wie Herbert annimmt (vgl. Herbert, Best, S. 240). Himmler konnte am 3. September noch nichts von den Ereignissen in Bromberg erfahren haben, da deutsche Truppen Bromberg erst am 5. September erreichten.

hatte.[54] Obwohl von Woyrsch dem Befehlshaber der 8. Armee unterstellt war und Himmler ihm ausdrücklich befohlen hatte, »hervorragend mit den Dienststellen der Wehrmacht, dem C.d.Z. dieser Armee und den dieser Armee zugeteilten Kommandos der Sicherheits- und Ordnungspolizei zusammenzuarbeiten«, war doch nicht zu verkennen, daß Himmler versuchte, eine von der regulären Armee unabhängige »Sicherheitspolitik« zu betreiben.

Bei den deutschen Truppen war die Erwartung, auf polnische »Franktireurs« zu stoßen, sehr hoch. Das OKW hatte in einem Merkblatt für die Divisionsstäbe zum sogenannten polnischen Nationalcharakter Ende August unter anderem festgehalten:

>»Im Handeln ersetzt er [der Pole, M.W.] eine planvolle Organisation gern durch Notlösungen. Er ist willkürlich und rücksichtslos gegen andere. Grausamkeiten, Brutalität, Hinterlist und Lüge sind Kampfmittel, die er an Stelle der ruhigen Kraft in der Erregung gebraucht.«[55]

Vom ersten Kriegstag an meldeten die Truppenteile »Heckenschützen«, »Insurgenten«, »Franktireurs«.[56] Halders Kriegstagebuch vermerkte am 4.9. morgens: »Freischärler!«[57] Die 17. Division berichtete allerdings am selben Tag, daß neben »sinnlosen Schießereien gegen meist nicht vorhandene Freischärler« ebenso Gehöfte und Ortschaften, aus denen angeblich

---

54 Vgl. Jansen/Weckbecker, Selbstschutz, S. 48–54. In einem Befehl vom 26.9.1939 unterstellte Himmler die Selbstschutz-Einheiten den Befehlshabern und Kommandeuren der Ordnungspolizei (ebenda, S. 82). Bis Ende September 1939 zählte der Selbstschutz in Westpreußen mehr als 16 000 Mann, bis Ende November fast 40 000 und damit etwa 80 Prozent der wehrfähigen volksdeutschen Männer (ebenda, S. 60, 67). Ebenfalls dürfen die SS-Totenkopfstandarten nicht unerwähnt bleiben, die, von Theodor Eicke befehligt, sich gleichermaßen an den Mißhandlungen und Ermordungen der polnischen und jüdischen Bevölkerung beteiligten (vgl. dazu Orth, Konzentrationslager-SS, S. 153–156; siehe auch die Skizze zur 2. Totenkopfstandarte »Brandenburg« und ihren Kommandeur Paul Nostitz von Kwiet, Erziehung zum Mord).

55 Merkblatt des OKW, »Geheim! Polen – Staatsgebiet und Bevölkerung«, verteilt bis auf Divisionsebene, zitiert nach Böhler, Verbrechen, S. 10.

56 Vgl. ebenda, S. 20–24.

57 Halder, Kriegstagebuch, Bd. 1, S. 59, sowie S. 62, 65; siehe dazu demnächst auch Rossino, Crucial Weeks.

geschossen worden sei, einfach angezündet würden.[58] In Tschenstochau/ Częstochowa gab es während der Einnahme der Stadt durch die Wehrmacht Schießereien, die am 4. September bis in die Abendstunden andauerten, wobei vier Soldaten getötet und 40 verletzt wurden. Die Wehrmacht riegelte das Stadtviertel ab, in dem die Schüsse fielen, durchsuchte die Häuser und nahm etwa 10 000 Einwohner fest, sperrte Frauen und Kinder in zwei Kirchen und zwang die Männer, sich auf die Straße zu legen. Wer den Anschein von Widerstand zeigte, wurde auf der Stelle erschossen.[59] Der Bericht der Einsatzgruppe notierte dazu:

»Die militärischen Stellen in Tschenstochau sind sehr nervös. Wenn auch Tatsache ist, dass die deutschen Truppen von Zivilisten angegriffen wurden, so war zum Schluss nicht mehr festzustellen, wer auf wen schoss.«[60]

Ein Begriff tauchte in den Berichten immer wieder auf: Franktireur. Das Deutsche Nachrichtenbüro meldete in den ersten Kriegstagen etliche Greueltaten, die angeblich von »polnischen Franktireurs« begangen worden waren. Der Chef des Stabes beim Generalquartiermeister, Eduard Wagner, notierte unter dem 5. September in sein Tagebuch:

»Die Schwierigkeiten im rückwärtigen Polen werden immer größer. Abscheuliche Banden- und Franktireurkämpfe, Unsicherheit überall. Die Truppe greift scharf durch ...«[61]

---

58 17. Division, Ia, Divisionsbefehl für das Verhalten der Truppe im Operationsgebiet, 4. 9. 1939 (Krausnick/Wilhelm, Truppe des Weltanschauungskrieges, S. 76).

59 Etwa 100 Polen wurden so getötet (Umbreit, Militärverwaltungen, S. 152).

60 Tannenberg-Bericht, 6. 9. 1939 abends, BArch R 58/1082, Bl. 11. Der Oberbefehlshaber der 10. Armee, General Reichenau, gab wegen solcher Vorfälle am 11. 9. den Befehl aus: »Die Nervosität der Truppe gegenüber Schießereien im rückwärtigen Gebiet muß aufhören. Sie werden häufig von uns selbst verursacht. Einzelne Fälle wirklicher Feindhandlungen dürfen nicht dazu verleiten, daß die ganze Truppe beim kleinsten Anlaß eine ungeordnete Schießerei beginnt. Das Niederbrennen von Häusern als Vergeltungsmaßnahme ist verboten. Bei wirklichen Angriffen auf die Truppe oder feindseligen Handlungen anderer Art ist rücksichtslos an Ort und Stelle durchzugreifen.« (Zitiert nach Böhler, Verbrechen, S. 27)

61 Wagner, Generalquartiermeister, S. 127. Vgl. auch die Forderung Wagners am folgenden Tag, eine »Polizeiwalze« solle hinter den Armeen tätig werden (siehe unten, S. 450).

Die Furcht vor dem Franktireur – eine Wortschöpfung aus dem Krieg 1870/71, in dem französische Milizen einen Guerillakrieg gegen die deutschen Truppen führten – war weder neu und noch zufällig. Auch im Sommer 1914 grassierte im deutschen Westheer während der Invasion Belgiens und Frankreichs die Vorstellung, verborgene, unsichtbare »Franktireurs« schössen aus dem Hinterhalt auf die deutschen Soldaten, die sich nur durch »scharfes Durchgreifen« gegen diese »heimtückischen« Angriffe zur Wehr setzen könnten.[62] In fast kongruenter Weise findet sich diese Wahrnehmung auch in Erfahrungsberichten, die Soldaten des XVIII. Armeekorps nach dem Krieg gegen Polen geschrieben haben.[63] Darin beklagten sich die Soldaten, daß die Polen wie Feiglinge gekämpft und die deutschen Truppen erst hätten passieren lassen, um ihnen dann in den Rücken zu schießen. Als stünde den Polen nicht zu, sich gegen die deutsche Aggression zu verteidigen, wird »Rache geschworen«. Fast klingt hinter der Redewendung die Empörung und Erbitterung darüber durch, daß die »polnischen Untermenschen« es überhaupt wagten, sich zur Wehr zu setzen.[64] Ein Soldat erklärte sich den heftigen Widerstand in den Städten als »charakteristisch für wilde Völker« und verglich seine Erfahrungen mit denen von kolonialen Armeen, die gleichermaßen gegen »Wilde« zu kämpfen gehabt hätten.[65] Die vermeintlich hinterhältige Kampfweise wiederum legitimierte die grausame Härte der Reaktion. Wer als »Zivilisierter« gegen »Wilde« kämpft, darf sich jeden Mittels bedienen, ja wird um des Überlebens im »Dschungel« willen gezwungen, sich jeglicher »zivilisatorischer« Rücksichtnahmen zu entledigen.[66]

---

62 Diesen Hinweis verdanke ich Alan Kramer, der zusammen mit John Horne jüngst eine grundlegende Studie über deutsche Kriegsverbrechen 1914 abgeschlossen hat (Horne/Kramer, German Atrocities); vgl. auch den Aufsatz von Alan Kramer, Greueltaten.

63 Vgl. dazu Rossino, Destructive Impulses.

64 Einen ähnlichen völkisch-überheblichen Dünkel hat Alan Kramer auch in den deutschen Tagebüchern und Briefen aus dem Ersten Weltkrieg gefunden, in denen die Belgier »als minderwertige Nation« dargestellt wurden. Sie seien kein »civilisiertes Volk«, sondern bedürften der strengen, deutschen Herrenhand (Kramer, Greueltaten, S. 91 f.).

65 Rossino, Destructive Impulses, S. 355.

66 Diese Überlegung, die – unschwer zu erkennen – auf die Lektüre der Romane und Erzählungen von Joseph Conrad und Rudyard Kipling zurückzuführen ist, ver-

In ihrem Selbstverständnis hatten die Soldaten »Zivilisation« in den Osten bringen wollen, da weder Polen noch Juden in der Lage seien, einen vernünftigen Staat oder eine gebildete Kultur hervorzubringen. Das Zerrbild über »polnische Zustände« erfüllte sich in der Wahrnehmung der deutschen Soldaten. Der Staub der nichtasphaltierten Straßen, die Ärmlichkeit der Ortschaften offenbarten in ihren Augen die kulturelle Rückständigkeit der Polen. Entsprechend wurden die Dörfer, in denen Volksdeutsche wohnten, als »heimatlich«, »vertraut«, »sauber«, »ordentlich« empfunden. Die Juden erschienen so, wie sie der »Stürmer« gezeichnet hatte. Ohne zu zögern akzeptierten die Soldaten die Vorstellung, daß diese Ostjuden eine Bedrohung für die deutschen Truppen seien. In ihrer Wahrnehmung waren es Juden, die als Heckenschützen, als Straßenkämpfer »aus dem Hinterhalt« auf deutsche Soldaten schossen. Der kulturelle Antisemitismus, so Rossino in seinem Befund, sei in den Erfahrungsberichten evident. Die Juden als Verschwörungszentrum, als Blutsauger und »zerlumptes Gesindel«, von dem befreit zu werden die Polen den Deutschen eigentlich dankbar sein müßten. Hier in Polen, so schrieb ein Soldat, »erkennen wir die Notwendigkeit für eine radikale Lösung der Judenfrage. Hier kann man Häuser mit Tieren in menschlicher Form sehen. Mit ihren Bärten und Kaftans, mit ihren teuflisch verzerrten Gesichtern machen sie einen entsetzlichen Eindruck. Jeder, der noch kein radikaler Gegner der Juden gewesen ist, wird es hier.«[67]

Nicht zufällig benutzte Heydrich die Vorstellung vom Franktireur, um die antisemitischen Maßnahmen von SS und Polizei zu rechtfertigen. In seinem Brief an die Chefs der Einsatzgruppen vom 21. September gab er die Sprachregelung aus, daß die Konzentration der Juden damit begründet werden solle, »daß sich Juden maßgeblichst an den Franktireurüberfällen und Plünderungsaktionen beteiligt« hätten.[68]

Eine deutliche Radikalisierung der Aktionen ist durch die Ereignisse des »Bromberger Blutsonntags« zu beobachten, an dem es zu Morden an volksdeutschen Einwohnern der Stadt durch Polen kam. Die Ursachen für das

danke ich dennoch in besonderer Weise dem Aufsatz von Jan Philipp Reemtsma, »Mord am Strand«, in: ders., Mord am Strand.

67 Rossino, Destructive Impulses, S. 356.
68 Heydrich an die Chefs aller Einsatzgruppen der Sicherheitspolizei, 21.9.1939, BArch, R 58/954, Bl. 181–185.

Massaker lagen zum einen in dem seit Monaten von deutscher Seite betrie-
benen Propagandakrieg gegen Polen, in dessen aufgeputschter Atmosphäre
sich etliche Volksdeutsche zu Spionage- und Sabotageunternehmungen an-
stacheln ließen und die polnischen Behörden ihrerseits die volksdeutschen
Bürger mit äußerstem Argwohn und angespannter Nervosität beobachteten. Zum anderen befanden sich die vor den deutschen Panzerspitzen zu-
rückflutenden, in Auflösung befindlichen polnischen Truppen in einem Zustand, in dem schon der geringste Zwischenfall unberechenbare Reaktionen
zur Folge haben konnte. Schießereien, sogar irrtümlich von polnischen Soldaten auf Polen, waren nicht selten. Zahlreiche Zeugenaussagen und Belege
sprechen dafür, daß gegen Mittag des 3. Septembers von Angehörigen der
deutschen Minderheit auf polnische Truppen geschossen wurde und daraufhin sowohl polnische Soldaten als auch Zivilisten den vermeintlichen
oder tatsächlichen deutschen Aufstandsversuch niederzuschlagen suchten.[69] Da die polnischen Truppen am Abend des 3. Septembers die Stadt
verließen, die deutsche Armee aber erst am 5. 9. in Bromberg/Bydgoszcz
einmarschierten, hatte die polnische zivile Bürgerwehr einen Tag lang die
Waffengewalt in der Stadt inne und ging zweifellos gegen die in ihren Augen
deutschen Aufständischen, aber auch gegen die deutsche Zivilbevölkerung
vor.[70] Über die tatsächliche Zahl der deutschen Opfer herrscht nach wie vor
keine Klarheit. Das Deutsche Nachrichtenbüro, das am 7. September erstmals unter der Überschrift »Bromberg – Stadt des Grauens« über die Ereignisse eine Meldung verbreitete, gab im ersten Bericht des folgenden Tages
eine Zahl von 140 getöteten Volksdeutschen an und erhöhte diese Zahl in
einer späteren Nachricht desselben Tages auf 1000 Tote.[71]

---

69 Schubert, Unternehmen; Jastrzębski, Blutsonntag; beide mit zahlreichen Quellen-
verweisen.

70 Daß es dabei auch zu Morden, Mißhandlungen und Vergewaltigungen gekommen
ist, steht außer Frage; vgl. die Zeugenaussagen von Volksdeutschen zu den Ge-
schehnissen vor allem am Sonntag, 3. 9., die von der Wehrmacht-Untersuchungsstelle gesammelt worden sind (BArch MA, RW 2/v. 51, sowie BArch, Ost-Dok. 7;
Auszüge werden zitiert bei: de Zayas, Wehrmacht-Untersuchungsstelle, S. 227–
232).

71 DNB vom 8. 9., 1. Meldung: Nach dem Bericht eines deutschen Offiziers: »Allein
bis zum Donnerstagmittag sind von der Truppe, die in Bromberg stand, nur in der
Stadt 140 bestialisch Ermordete festgestellt worden ...« (BArch, Dt. Auslandswissenschaftliches Institut, 4361, Bl. 93), DNB vom 8. 9., 2. Meldung: »Nach Bericht

Der damalige Führer des Einsatzkommandos 2 in der EGr IV, Wilhelm Bischoff, berichtete in einer Niederschrift, die er nach dem Ende des Polenfeldzuges verfaßte,[72] daß er mit seinem Kommando am späten Nachmittag des 5. Septembers in Bromberg eingerückt sei. Dort wurde er vom Kommandierenden General des III. Armeekorps zum »Polizeipräsidenten« ernannt. Auf dem Weg zum Rathaus habe er immer noch Schüsse gehört, die Stadt sei noch nicht völlig in deutscher Hand gewesen. Bischoff schrieb von »Plünderern«, die »ihr verdientes Schicksal« gefunden hätten. Bei der Durchfahrt von Nakel/Nakło, so Bischoff, »lief mir ein Bandit, voll bepackt mit Raubgut, offen in die Arme. Nach wenigen Mi-

---

des katholischen Pfarrherrn von Bromberg, Kaluschke, wurden insgesamt rund 1000 Personen ermordet« (ebenda, Bl. 91 f.). Jastrzębski nennt für Bromberg 103 Tote (Jastrzębski, Blutsonntag, S. 185); Madajczyk gibt die Zahl 165 an (Madajczyk, Okkupationspolitik, S. 10); Otto Heike beziffert die Toten auf 366 (Heike, Minderheit, S. 445); vgl. zusammenfassend Jansen/Weckbecker, Der »Volksdeutsche Selbstschutz«, S. 27 f. Die Zahl von 1000 Getöteten haben Krausnick/Wilhelm übernommen (Krausnick/Wilhelm, Truppe des Weltanschauungskrieges, S. 56).

Allgemein ist die von den Nationalsozialisten später immer wieder behauptete Zahl von insgesamt 58 000 ermordeten Volksdeutschen in Polen propagandistisch bewußt überhöht worden (Krausnick/Wilhelm, Truppe des Weltanschauungskrieges, S. 56, Anm. 140). Ein diesbezüglicher Funkspruch des Reichsinnenministeriums vom 7. 2. 1940, daß künftig die Zahl von 58 000 ermordeten und vermißten Volksdeutschen zu verwenden sei, ist im Institut für Zeitgeschichte als Fotokopie dokumentarisch erhalten geblieben (Broszat, Nationalsozialistische Polenpolitik, S. 48).

72 Auszüge dieser Niederschrift schickte Bischoff im März 1943 an den SS-Obersturmführer und Bromberger Stadtbaurat Froese, der offenbar an einem Buch über die Bromberger Ereignisse arbeitete. Bischoff, der von Froese im Februar aufgefordert worden war, Materialien o. ä. zu senden, hob hervor, daß die Niederschrift »unter dem frischen Eindruck des Erlebten und an Hand der bei mir vorhandenen Aufzeichnungen entstanden« sei (Bischoff an Froese, 3. 3. 1943, samt der Niederschrift archiviert im Archiv der polnischen Hauptkommission zur Untersuchung der Naziverbrechen in Polen, Warschau, gedruckt in: Tadeusz Esman/Włodzimierz Jastrzębski, Pierwsze Miesiące Opupacji Hitlerowskiej w Bydgoszczy, Bydgoszcz 1967, ZStL, Ordner Verschiedenes 108, Bl. 437–448). Wilhelm Bischoff wurde nach seinem Einsatz in Polen Leiter der Stapostelle Posen und später der Stapostelle Magdeburg.

nuten hatte sich sein Schicksal erfüllt. Zur Abschreckung für die übrige Bevölkerung habe ich ihn kurzerhand auf offener Strasse erschossen und liegen lassen; ein wenig humanes, aber sehr wirksames Abschreckungsmittel. Für lange Verhandlungen mit solchen Verbrechern war bei der uns gebotenen Eile beim besten Willen keine Zeit.«[73]

Im »Tannenberg«-Bericht vom 7. September hieß es:

»Bei der Besetzung von Bromberg ist unmittelbar mit den deutschen Truppen ein Trupp der Einsatzgruppe IV eingerückt. Auch die Männer dieses Einsatztrupps mussten dabei von der Waffe Gebrauch machen. – Die sicherheitspolizeilichen Arbeiten wurden sofort aufgenommen. Es konnte erreicht werden, dass ein Aufruf zur Abgabe der Waffen vom Bürgermeister und dem Probst des Bischofs mitunterzeichnet wurde. – In Bromberg haben Strassenkämpfe Verluste gefordert. 18 Volksdeutsche waren am Eingang der Stadt von den Polen niedergeschossen worden. Plünderungen wurden versucht. Es wird jedoch scharf durchgegriffen. Das Erforderliche ist durch den Chef der Einsatzgruppe IV veranlasst.«[74]

Und zwei Tage später:

»Die Wehrmacht stiess beim Einmarsch in die Stadt Bromberg auf Widerstand, der durch die vom polnischen Stadtkommandanten eingesetzte Bürgerwehr geleistet wurde. Hierbei wurden ein Leutnant erschossen und ein Major gefangen genommen. Reguläre polnische Truppen befanden sich nicht mehr in der Stadt. Durch Verhandlungen des Generals von Gablenz wurde erreicht, dass die Bürgerwehr die Waffen streckte und den Gefangenen herausgab. Als Gegenleistung werden der Bürgerwehr die Rechte einer regulären Truppe eingeräumt, das heisst, sie wurden nicht als Freischärler behandelt. Wie in den Aussagen von angelaufenen Vertrauenspersonen zu entnehmen ist, herrscht unter den Volksdeutschen allgemein eine grosse Furcht vor Racheakten durch die polnische Bevölkerung. Diese Befürchtungen werden noch dadurch verstärkt, dass in polnischen Kreisen das Gerücht umgeht, Bromberg werde bald wieder von den Polen zurückerobert werden. Dieser Zustand wird dadurch verschlimmert, dass sämtliche führende Köpfe der Volksdeutschen ermordet oder verschleppt sind, und der polnischen Flüsterpropaganda deutscherseits keine wirksame Gegenpropaganda entgegengesetzt wird. Bis jetzt fehlt der Einsatz der Propagandaabteilung der Wehrmacht. Das Fehlen genügender Feld- und Ordnungspolizeikräfte ermöglichte das Plündern zahlreicher deutscher Geschäfte durch den polnischen Mob, wobei sich auch deutsche Truppen beteiligten.«[75]

---

73 Niederschrift Bischoff, ebenda, Bl. 440.
74 Tannenberg-Bericht, 7. 9. 1939 morgens, BArch, R 58/1082, Bl. 15.
75 Tannenberg-Bericht, 9. 9. 1939 morgens, ebenda, Bl. 38.

Die festgenommen polnischen Verteidiger der Stadt wurden, nach der Niederschrift Bischoffs, »auf dem Wege zur Ablieferung ins Rathaus von unseren masslos erbitterten Soldaten und Polizeibeamten übel zugerichtet. Sie hatten es auch nicht anders verdient!«[76] Die Polen wurden im beschlagnahmten Dienstgebäude des Einsatzkommandos gefangengehalten. Auf dem Weg dorthin, abends gegen acht Uhr, nahmen polnische Heckenschützen die deutschen Lastwagen erneut unter Beschuß. Ein Soldat und ein Polizeibeamter starben dabei. Bischoff:

> »Wir aber schworen den feigen Heckenschützen in jener Nacht blutige Rache! Unser Entschluss, mit diesem Gesindel radikal aufzuräumen, stand nunmehr endgültig fest. Als wir am nächsten Tage dazu noch mit eigenen Augen sehen mussten, in welcher viehischen Weise ungezählte Volksdeutsche massenweise abgeschlachtet in Häusern, Kellern, Böden und notdürftig verscharrt auf den Friedhöfen und sonstwo lagen, da kannte unsere Erbitterung keine Grenzen mehr.«[77]

Bischoff forderte tags darauf vom Ortskommandanten der Wehrmacht »energische und drakonische Abschreckungsmaßnahmen«, konkret: die öffentliche Erschießung von 50 Geiseln.[78] Der Ortskommandant überließ

---

76 Niederschrift Bischoff, a. a. O. (s. Anm. 72), Bl. 443.

77 Ebenda, Bl. 444 f. Auch der Tannenberg-Bericht vom 9. 9. führte die anhaltenden Beschießungen, insbesondere des Lkw-Transports, auf: »In der Nacht vom 7. auf den 8. 9. in Bromberg Feuerüberfälle auf Truppentransporte, Quartiere in Privathäusern, deutsche Dienststellen, Einzelpersonen, Militärstreifen. Nach bisherigen Meldungen auf deutscher Seite 2 Opfer, ein Flieger, ein Ordnungspolizist. Beschiessung des Rathauses begann kurz vor 20.00 Uhr, als gerade ein LKW. der Sicherheitspolizei starten wollte. Anscheinend auf diesen Wagen abgesehen. Schüsse kamen im Wesentlichen aus Richtung der Kirche Hl.-Martin – Hl. Nikolaus. Insbesondere vom Kirchturm. Ausserdem Schüsse vom Dach des jüdischen Kinos ›Lido‹. Beschiessung zog sich bis in frühe Morgenstunden hin. Im Rathaus waren am 7. 9. folgende Dienststellen: SD-Kommando, Gestapo, Ortskommandantur usw. An Sicherung und Verteidigung das gesamte SD-Kommando beteiligt. Tagsüber herrscht Ruhe. Gegenmassnahmen im Gang.« (Tannenberg-Bericht, 9. 9. 1939 morgens, BArch, R 58/1082, Bl. 398)

78 Laut Befehlslage des Heeres durften Geiseln nur genommen werden, wenn die Sicherheit der Truppe nicht anders zu gewährleisten war. Über das Schicksal der Geiseln, entweder erschossen oder freigelassen zu werden, konnte nur ein Vorgesetzter, mindestens im Rang eines Divisionskommandeurs, entscheiden (AOK 8, Besondere Anordnungen Nr. 16 für die Versorgung der 8. Armee, 9. 9. 1939, ZStL, Einsatzgruppen in Polen, Heft 1, 1962, Bl. 199).

diese Aktion den Polizeikräften, die aus den Festgenommenen die Opfer aussuchten und öffentlich auf dem Marktplatz von Bromberg erschossen, einschließlich des Pfarrers der Marktkirche, aus der heraus Schüsse gefallen sein sollten. Der Kraftfahrer einer Militäreinheit schilderte 1964 in einer Vernehmung diese Erschießung:

»Ich war gerade mit dem Zubereiten des Essens beschäftigt, als ich bemerkte, daß die SS den Platz abgesperrt hatte. Auf dem Platz standen in einer Entfernung von ca. 100 m von uns etwa 60 bis 80 poln. Zivilisten. Z.T. waren Geistliche darunter, die man an der Kleidung erkennen konnte. Die poln. Zivilisten mußten sich gestaffelt in Vierer- und Fünferreihen, jeweils auf Lücke, aufstellen. Jeder einzelne hatte seine Arme hinter dem Kopf verschränkt. Aus einer MP wurde plötzlich das Feuer eröffnet. Einer von den Genannten versuchte noch zu fliehen und wurde ebenfalls erschossen. Was mit den Erschossenen geschah, kann ich nicht sagen. Soviel ich weiß, waren bei der Exekution keine Soldaten eingesetzt worden. Die Erschießung wurde nur von der SS durchgeführt.«[79]

Das Einsatzkommando dachte sich eine weitere Maßnahme aus. Es stellte 14 Geiseln vor den Eingang des Hotels auf, das dem Kommando als Hauptquartier diente. Da nachts wiederum Schüsse fielen, wurden auch diese polnischen Zivilisten am nächsten Tag erschossen.[80] Andere Geiseln, die vor dem Hotel Lengling in Bromberg aufgestellt worden waren, wurden nach einer Zeugenaussage von Wehrmachtsangehörigen erschossen.[81]

Am späten Nachmittag des 8. Septembers traf als Kommandant des rückwärtigen Armeegebiets 580, Generalmajor Braemer, in Bromberg/ Bydgoszcz ein und übernahm die vollziehende Gewalt.[82] Noch am Abend des 8. 9. gab er den Befehl aus, daß derjenige, der auf deutsche Soldaten oder

---

79 Vernehmung Walter G., 8. 12. 1964, ZStL, 211 Ar-Z 13/63, Bd. 1, Bl. 193–194.

80 Niederschrift Bischoff, a. a. O. (s. Anm. 72), Bl. 446. Bischoff schrieb selbst zur Begründung der Geiselerschießungen, daß »zu einem Verfahren gegriffen wurde, das aus der Not der Stunde geboren war« (ebenda).

81 Schlußvermerk StAnw LG Berlin, 3 P (K) Js 198/61, Strafsache gegen Beutel, Bischoff, Hammer u. a., 29. 1. 1971, S. 25, ZStL, 211 AR-Z 13/63.

82 KTB Kommandant für das rückwärtige Armeegebiet 580, Eintrag: »8. 9. 39 17 Uhr Eintreffen in Bromberg. Übernahme der vollziehenden Gewalt« (Nbg. Dok. NOKW-3332). Braemer war später Wehrmachtsbefehlshaber Ostland und spielte eine hervorstechende Rolle bei der Einleitung der Massenmorde in Weißrußland im Herbst 1941 (vgl. Gerlach, Kalkulierte Morde, S. 612; Heer, Killing Fields, S. 31–34).

Zivilisten schieße oder mit einer Waffe angetroffen werde, erschossen werden solle. Ebenso sollte jeder erschossen werden, der beim Plündern oder Marodieren angetroffen würde.[83] Zugleich ließ er eine Bekanntmachung an die Bevölkerung von Bromberg für den nächsten Tag drucken, in der außer dem erwähnten Befehl angekündigt wurde, daß eine größere Anzahl der verhafteten Geiseln ebenfalls erschossen würde, wenn noch auf irgendeinen Deutschen geschossen werde oder Angriffe auf Deutsche unternommen würden. »Die Geiseln werden auf dem Markt der Bevölkerung gezeigt.«[84] Am Morgen des nächsten Tages hielt Braemer die Lage fest:

»Bisherige Säuberungsaktionen, von den einzelnen Truppenteilen angesetzt, ergeben folgendes: Erschossen 200–300 polnische Zivilisten. Mitteilung stammt von der Ortskommandantur Bromberg. Kommissarischer Oberbürgermeister Kampe schätzt Zahl der Erschossenen auf mindestens 400. Genaue Zahlen sind nicht zu ermitteln. Durchgeführt von Polizei, SD, Einsatzgruppe und Truppen, vornehmlich Flieger Nachr Rgt 1. Interniert etwa 400–500 Zivilisten, wahllos von der Straße durch die in Bromberg eingerückten Truppe.«[85]

Die Zahl der internierten polnischen Zivilisten erhöhte sich bis zum 10. September auf 1400.[86] Als in der Nacht vom 9. auf den 10. September offenbar erneut auf deutsche Soldaten geschossen und einer verwundet wurde, befahl Braemer die öffentliche Erschießung von 20 Geiseln auf dem Marktplatz, was am Mittag geschah.[87]

Bevor Braemer die exekutive Gewalt am 8. September übernahm, hatte die Einsatzgruppe ihrerseits ohne Standrecht und Ankündigung von Repressalien eigenmächtig Hunderte von Menschen getötet. Aber auch unter Braemer wütete die Einsatzgruppe weiter. Am 8.9. hatte sie die Aufgabe erhalten, die bereits begonnene Durchsuchung »der bisher als gefährlichsten erkannten Stadtteile« fortzusetzen.[88] Mittlerweile waren auch die beiden Einsatzkommandos der EGr IV, darunter Walter Hammer mit seinem Einsatzkommando, in Bromberg/Bydgoszcz eingetroffen. Am 9. Septem-

---

83 KTB Korück 580, 8.9. 18 Uhr, Nbg. Dok. NOKW-3332.
84 Bekanntmachung (in deutscher und polnischer Sprache) vom 9.9.1939, ebenda.
85 KTB Korück 580, Lage am 9.9.1939 morgens, ebenda.
86 Ebenda.
87 KTB Korück 580, 10.9.1939, ebenda.
88 KTB Korück 580, »Befehl zur Sicherung und Befriedung Bombergs«, 8.9.1939, ebenda.

ber sollte unter Beteiligung der Ordnungspolizei und sämtlicher Angehörigen der Sicherheitspolizei und des SD eine großangelegte Razzia auf der »Schwedenhöhe« stattfinden, dem angeblich gefährlichsten Stadtviertel Brombergs.[89] Beutel ließ die Angehörigen der Einsatzgruppe IV antreten, wies auf die getöteten Volksdeutschen hin und befahl den Männern, hart und scharf durchzugreifen. Das Leitmotiv seiner Ansprache, so Walter Hammer, war, die Empörung über den »Blutsonntag« zu schüren.[90] Ein Fahrer des Ek 2 schilderte die Aktion in einer Nachkriegsvernehmung:

»Während die Festnahmetrupps durch die poln. Wohnungen gingen, sammelten sich außerhalb der Absperrungen Schaulustige an. Darunter waren viele Volksdeutsche, die nach Revanche schrien und dabei den Blutsonntag erwähnten. Sie riefen auch u. a.: ›Schlagt sie tot‹. [...] Mir ist noch bekannt, daß bei der Festnahmeaktion viele Schüsse fielen. Ich habe aber nicht gesehen, wie Polen erschossen wurden. Allerdings kann ich berichten, daß viele männliche Polen flüchten wollten. Dabei konnte ich beobachten, daß sowohl von der Wehrmacht als auch von den SS-Leuten auf sie geschossen wurde. Die Polen sind getroffen worden und liegengeblieben, ob sie tot waren, weiß ich nicht. Es herrschte ein ziemliches Durcheinander, da die Angehörigen der festgenommenen Polen mit auf die Straße kamen und um ihre Männer jammerten.«[91]

---

89 Befehl Braemers an die versammelten Kommandeure, Mot. Polizei-Batl. 6, Panzer-abwehr-Abt. 218, Feldgend.Abtl. 581, Einsatzgruppe Beutel, Pol.Generalleutnant Mülverstädt, ausgegeben am 9. 9. 1939 11 Uhr vormittags, KTB Korück 580, ebenda; Niederschrift Bischoff, a. a. O. (s. Anm. 72), Bl. 448; Vernehmung Walter Hammer, 6. 7. 1964, ZStL, 211 AR-Z 13/63, Bd. 4, Bl. 884. Die Durchsuchung sollte vom Mot.Pol.Batl. 6 und der Einsatzgruppe unter Leitung von Mülverstädt durchgeführt werden.
90 Vernehmung Walter Hammer, ebenda.
91 Vernehmung Georg Br., 16. 11. 1965, ZStL, 211 AR-Z 13/63, Bd. 4, Bl. 723–727. Am 10. 9. wurden in der deutschsprachigen »Bromberger Rundschau« alle »kerndeutschen Männer im wehrfähigen Alter, die bereit sind, für Führer und Volk ihr Leben einzusetzen« aufgerufen, sich als Hilfspolizisten zur Verfügung zu stellen und damit den Aufbau des »Volksdeutschen Selbstschutzes« zu beginnen. Am 10. 9. trafen die ersten Selbstschutzführer, darunter der berüchtigte SS-Sturmbannführer Josef Meier, ein, der nun mit Selbstschutzkommandos Erschießungen vornahm. Die Polen, so Meier in seinen Nachkriegsaussagen, seien dem Selbstschutz von der Gestapo übergeben worden mit der Begründung, es handle sich um Freischärler und Heckenschützen. Anläßlich eines Besuchs von Himmler in Bromberg sei von diesem der Befehl ausgegeben worden, für jeden getöteten Deutschen zehn Angehörige der polnischen Oberschicht zu erschießen (Jansen/Weckbecker, Selbstschutz, S. 56 f., 125 f.).

An Ort und Stelle wurden 120 Menschen sofort erschossen, annähernd 900 wurden festgenommen.[92] In der anschließenden Lagebesprechung der Einsatzgruppe, an der laut Erinnerung von Walter Hammer auch Erich Ehrlinger und Bernhard Baatz teilnahmen, ordnete Beutel an, die gefangenen Polen zu erschießen, da sie eine ständige Gefahr für die Sicherheit darstellten und ihr potentieller Widerstand verhindert werden müsse.[93] Am 12. September erschossen die beiden Einsatzkommandos die gefangenen Polen in einem nahe gelegenen Wald.[94]

Die Initiative und die Durchführung für die Erschießungen in Bromberg/Bydgoszcz in den ersten Tagen nach dem Einmarsch deutscher Truppen gingen deutlich von der Sicherheitspolizei und dem SD aus. Bischoff und Beutel verlangten vom Ortskommandanten nicht nur allgemein härtere Maßnahmen, sondern wußten gleich, was sie wollten, nämlich zahlreiche Festnahmen und die öffentliche Erschießung von mindestens 50 Geiseln, die von der Einsatzgruppe ausgesucht worden waren. In den folgenden Tagen ging die Einsatzgruppe mit den festgenommenen Geiseln offensichtlich völlig eigenständig um und tötete sie nach eigenem Gutdünken. Von Standgerichtsverfahren oder angekündigten Repressalien, wie es Braemer nach den damals möglichen Normen des Kriegsrecht praktizierte, war bei Sicherheitspolizei und SD keine

---

92 KTB Korück 580, 10. 9. 1939, a. a. O. (s. Anm. 83); Vernehmung Walter Hammer, 6. 7. 1965, a. a. O. (s. Anm. 89); vgl. auch Krausnick/Wilhelm, Truppe des Weltanschauungskrieges, S. 61.

93 Vernehmung Walter Hammer, 20. 7. 1965, ZStL, 211 AR-Z 13/63, Bd. 3, Bl. 596. In dieser Vernehmung gab Hammer die Zahl der Opfer mit 80 an. Die Staatsanwaltschaft hielt jedoch in einem anschließenden Vermerk u. a. fest, daß ein Widerspruch darin bestehe, daß Hammer ebenfalls ausgesagt hatte, die Erschießungen hätten den ganzen Tag hindurch angedauert, das heißt, daß die Zahl der Opfer höher liegen müßte (StAnw LG Berlin, 3 P [K] Js 198/61, Vermerk, 20. 7. 1965, ebenda).

94 Vernehmung Walter Hammer, 20. 7. 1965, a. a. O. (s. Anm. 93). Walter Hammer war wegen der Bromberger Erschießungen im Mai 1965 inhaftiert, im November desselben Jahres allerdings wieder freigelassen worden. Das gegen ihn als Beschuldigten laufende Ermittlungsverfahren der Staatsanwaltschaft Berlin (3 P [K] Js 198/61) wurde Anfang 1971 eingestellt, die Beschuldigten Beutel, Bischoff, Hammer und andere wegen mangelnden Beweises außer Verfolgung gesetzt (Beschluß LG Berlin, 26. 3. 1971, ZStL, 211 AR-Z 13/63, Bd. 12, Bl. 2385–2412).

Rede.[95] Die Razzia auf der »Schwedenhöhe« war zwar von Braemer angeordnet worden, die Verantwortung an Ort und Stelle samt der Ermordungen aber lag bei der Einsatzgruppe. Die Erschießungen von wahrscheinlich mehreren hundert Polen am 12. September geschah nach Aussage von Walter Hammer auf Befehl Beutels. Die Einsatzgruppe übte in Bromberg auf eigene Initiative eine terroristische, von keinem noch so weit ausgelegten Kriegsrecht gerechtfertigte Praxis aus, bevor Braemer die vollziehende Gewalt übernahm und noch bevor Hitlers radikale »Sondervollmacht« für Himmler, die das Kriegsrecht außer Kraft setzte, in Bromberg bekannt wurde.

»Sonderauftrag Himmler«

Für Himmler und Heydrich waren die Zwischenfälle in den ersten Tagen des Krieges und die Befürchtung von »heimtückischen« Franktireurüberfällen die willkommene Gelegenheit, die Ausdehnung der Exekutivgewalt von SS und Polizei, die vor Ort, wie das Beispiel Bromberg/Bydgoszcz zeigt, bereits extensiv und entgegen den mit dem OKH vereinbarten Beschränkungen ausgeübt wurde, auch gegenüber der Militärspitze durchzusetzen. Das OKH hatte bereits am 6. September die im Raum Bromberg operierende 4. Armee informiert, daß »auf Weisung des Führers [...] gegen Sabotage und Aufstände im besetzten Gebiet mit den schärfsten Mitteln

---

95 Am 9. 9. erschien der Staatssekretär im Reichsjustizministerium und spätere Präsident des Volksgerichtshofes, Roland Freisler, in Bromberg/Bydgoszcz, um zu erfahren, ob das erst tags zuvor eingerichtete Sondergericht schon Urteile gefällt habe, was Braemer verneinte. Laut Fernschreiben des AOK 8 vom 11. 9. wurden 1050 polnische Zivilisten von den übrigen Internierten getrennt und dem Sondergericht zur Aburteilung übergeben (Krausnick/Wilhelm, Truppe des Weltanschauungskrieges, S. 62). Laut Bericht des geschäftsführenden Reichsjustizministers Schlegelberger vom 17. 4. 1941 verurteilte das Sondergericht Bromberg in den ersten zehn Monaten seines Bestehens 201 Angeklagte zum Tode, 11 zu lebenslanger Zuchthausstrafe und 93 zu Haftstrafen von insgesamt 912 Jahren (IMG, Bd. 38, S. 263). Zur heiklen Frage des damaligen Kriegsrecht vgl. Meyer, Der »zivile Feind«; sowie die bislang unveröffentlichte Studie von Gerd Hankel, Zum Begriff des Kriegsverbrechens 1941, Hamburg 2000 (masch.).

vorzugehen« sei.[96] Himmler nutzte Hitlers Anweisung und befahl der Einsatzgruppe in Bromberg, 500 Geiseln festzunehmen. Der Befehl Himmlers erreichte die Einsatzgruppe am 10. September, nachdem also bereits Hunderte von Geiseln in Bromberg/Bydgoszcz festgenommen und zahlreiche erschossen worden waren. Im Bericht des Sonderreferats »Unternehmen Tannenberg« vom 11. September morgens heißt es:

»Der Reichsführer-SS hat auf Grund der Meldung über die zahlreichen Feuerüberfälle auf deutsche Truppentransporte, Dienststellen und Militärstreifen in Bromberg befohlen, vornehmlich aus den Kreisen der polnischen Intelligenz in Bromberg und zusätzlich aus den Kommunisten 500 Geiseln festzunehmen und bei den geringsten Aufstands- und Widerstandsversuchen rücksichtslos durch Erschiessung von Geiseln durchzugreifen.«[97]

Ebenfalls am 11. 9. teilte das OKH der 4. Armee mit, Hitler habe »im Hinblick auf die aufsässige Bevölkerung in Bromberg dem Reichsführer SS befohlen, dort 500 Geiseln festzusetzen und zu schärfsten Maßregeln (standrechtliche Erschießungen) zu schreiten, bis Befriedung erreicht ist. Truppe ist anzuweisen, die Organe des Reichsführers SS hierbei nicht zu behindern.«[98]

96 Fernschreiben OKH, GenQu (Qu 2) an AOK 4, 6. 9. 1939; BA/MA, W 6969/5, zitiert nach Krausnick/Wilhelm, Truppe des Weltanschauungskrieges, S. 57. Demnach seien Freischärler im Kampf zu erschießen, danach aber nur durch ein gerichtliches Verfahren abzuurteilen. Geiseln könnten genommen werden, die Tötung von Geiseln sei nicht rechtswidrig, wenn ein unabänderlicher Notstand gegeben sei (Eisenblätter, Grundlinien, S. 33).

97 Tannenberg-Bericht, 11. September morgens, BArch, R 58/1082, Bl. 51–52.

98 Fernschreiben OKH, GenQu an AOK 4, 11. 9. 1939, zitiert nach Krausnick/ Wilhelm, Truppe des Weltanschauungskrieges, S. 57. Der amtierende Oberbefehlshaber der 4. Armee, General Strauß, wies am selben Tag entsprechend den Kommandeur des rückwärtigen Armeegebiets 580, Generalmajor Braemer, und den Bromberger Stadtkommandanten an, die »Arbeiten des Reichsführers SS in Bromberg nicht zu behindern«, bemerkte jedoch gegenüber dem OKH, daß damit »eine völlige Verschiebung der Verantwortlichkeit in Bromberg« eintrete (Krausnick/ Wilhelm, Truppe des Weltanschauungskrieges, S. 57 f.). In einem Fernschreiben an den Generalquartiermeister forderte das Armeeoberkommando: »Polizeikräfte unterstehen eindeutig der Armee und erhalten von hier nach örtlicher Lage Weisung. AOK bittet, unmittelbare Weisungen an Polizei durch RFSS zu unterbinden.« (Zitiert nach Eisenblätter, Grundlinien, S. 37) Halder notierte in seinem Kriegstagebuch unter dem 11. 9. lapidar: »OBdH: 1. Bromberg Sonderauftrag Himmler.« (Halder, Kriegstagebuch, Bd. 1, S. 71)

Die Befehle Hitlers an Himmler sanktionierten damit nachträglich eine Praxis, die in Bromberg bereits vor Ort vom SS-Einsatzkommando geübt wurde. Obwohl nach diesen Quellen auch die Wehrmacht an den Geiselerschießungen in den ersten Kriegstagen beteiligt war, so ist doch unverkennbar, daß gerade in diesen ersten Tagen Hitler und die SS-/Polizei-Führung die völkische Radikalisierung der Politik gegenüber Polen betrieben.

Am 7. September informierte Heydrich die Amtschefs von Gestapo, Kripo und SD, daß für Polen keine Protektoratsregierung, sondern eine rein deutsche Verwaltung vorgesehen sei, was auch eine starke Gestapo und Kriminalpolizei nötig machen werde. »Die führende Bevölkerungsschicht in Polen soll so gut wie möglich unschädlich gemacht werden. Die restlich verbleibende niedrige Bevölkerung wird keine besonderen Schulen erhalten, sondern in irgendeiner Form heruntergedrückt werden.« Die Führerschicht, so Heydrich weiter, dürfe auf keinen Fall in Polen bleiben, sondern müsse in deutsche Konzentrationslager gebracht werden, während für die »Unteren« provisorische Lager hinter den Einsatzgruppen an der Grenze eingerichtet werden sollten. »Polnische Plünderer« seien sofort zu erschießen.[99]

Am Abend des 8. 9. hörte der Abwehroffizier Helmuth Groscurth, daß sein Chef, Admiral Canaris, erfahren hatte, Heydrich hetze in »wüstester Weise gegen die Armee – es ginge alles viel zu langsam!!! Täglich fänden 200 Exekutionen statt. Die Kriegsgerichte arbeiteten aber viel zu langsam. Er [Heydrich] würde das abstellen. Die Leute müßten sofort ohne Verfahren abgeschossen oder gehängt werden. ›Die kleinen Leute wollen wir schonen, der Adel, die Popen und Juden müssen aber umgebracht werden. Nach dem Einzug in Warschau werde ich mit der Armee vereinbaren, wie wir diese Kerle alle herausdrücken.‹«[100]

99 Protokoll der Amtschefbesprechung vom 7. 9. 1939; BArch, R 58/825, Bl. 1 f.
100 Groscurth, Tagebücher, S. 201. Laut Aussage des ehemaligen Chefs der Rechtsabteilung des OKW, Dr. Lehmann, im OKW-Prozeß nach dem Krieg, hat sich Heydrich ihm gegenüber »etwa am 6. oder 7. 9.« in ähnlicher Weise geäußert: »Ihre Gerichte versagen auf der ganzen Linie; die lassen alle Freischärler laufen. Der Führer ist außer sich, und Sie werden schon sehen, was daraus wird.« (Vgl. Groscurth, Tagebücher, S. 201, Anm. 476) Canaris befahl Groscurth, diese Informationen an den Quartiermeister I, General Karl-Heinrich von Stülpnagel, weiterzugeben, der Groscurth gleich weiter an Halder verwies. Bei dieser Unterre-

Die Heeresführung war sich sehr wohl im klaren über die Vorstöße seitens der SS-Führung, die in den »Richtlinien für den auswärtigen Einsatz der Sicherheitspolizei und des SD« festgelegten Vereinbarungen zu unterlaufen und die Exekutivgewalt der Einsatzgruppen drastisch auszuweiten. Aber offensichtlich betrachtete die Heeresführung selbst die Gefahr, die von vermeintlichen polnischen Aufständischen ausging, als so gravierend, daß sie die Ansprüche der Polizeikräfte keineswegs energisch zurückwies. Am 6.9. schlug Wagner als Mittel gegen Freischärler eine »Polizeiwalze hinter Armeen« vor.[101] Gegenüber dem Militärbefehlshaber Danzig-Westpreußen erklärte von Brauchitsch am 10. September, daß bei der Befriedung des Gebietes »mit harter Faust« durchgegriffen werden müsse. Die Kampftruppe neige zu einer übertriebenen »Ritterlichkeit«.[102] Am selben Tag notierte Halder: »Schweinereien hinter der Front. Bekanntgeben an die Truppe. (Bromberger Ereignisse). Scharfes Zufassen. (OQuIV!).«[103]

Tags darauf wurde er von Brauchitsch über den »Sonderauftrag Himmler« informiert.[104] Am 12. September gab der Oberbefehlshaber des Heeres einen eigenen Erlaß zur, wie Groscurth ihn kennzeichnete, »rücksichtslosen Brechung des Widerstandes« heraus. Sämtliche Waffen seien innerhalb von 24 Stunden abzugeben; wer danach noch mit einer Waffe angetroffen werde, werde mit dem Tode bestraft: »Erledigung durch Standgericht«, notierte Halder.[105]

---

dung, die noch am selben Nachmittag des 9. Septembers stattfand, sagte Halder laut Groscurth, die Metzeleien der Polen im Rücken der Front nähmen tatsächlich so zu, daß wahrscheinlich bald rigoros durchgegriffen werden müsse. Groscurth notierte noch, daß das übrige »auch nicht andeutungsweise schriftlich niedergelegt« werden könne (Groscurth, Tagebücher, S. 202, 265).

101 Halder, Kriegstagebuch, Bd. 1, S. 62.

102 Hanns von Krannhals, Zeittafel für die Tätigkeit der Einsatzgruppe IV der Sicherheitspolizei im Polenfeldzug, BArch, ZSg, 122/3, S. 20.

103 Halder, Kriegstagebuch, Bd. 1, S. 68. Der Oberquartiermeister IV, General Kurt von Tippelskirch, war verantwortlich für die Auswertung von Feindnachrichten; ihm unterstanden u. a. die Abteilungen Fremde Heere West und Fremde Heere Ost.

104 Halder, Kriegstagebuch, Bd. 1, S. 71 (11.9.1939).

105 Wortlaut der Verordnung vom 12.9.1939 in: Verordnungsblatt für die besetzten Gebiete in Polen, Nr. 3 vom 13.9.1939; Halder, Kriegstagebuch, Bd. 1, S. 71; Groscurth, Tagebücher, S. 204, 268.

Für die SS- und Polizeiführung war es jedoch nicht damit getan, daß nun auch das Heer, vermutlich vor allem aus der Befürchtung heraus, durch einen weniger scharfen Kurs sich dem Vorwurf mangelnder Härte auszusetzen, rücksichtslos gegen Zivilisten vorging. Himmler nutzte seinerseits den ihm erteilten »Sonderauftrag«, um die Kompetenzen für SS und Polizei zu erweitern. Der Stabsoffizier Ic der Heeresgruppe Süd meldete, daß am 12. September 180 Zivilgefangene der Einsatzgruppe II unter Schäfer in Tschenstochau/Częstochowa übergeben worden waren. Als am Abend desselben Tages gerüchteweise bekannt wurde, daß die Einsatzgruppe die Gefangenen erschießen wollte, verlangte der Offizier die Herausgabe der Gefangenen, was ihm jedoch von einem SS-Untersturmführer verweigert wurde. Der Führer der Einsatzgruppe, Schäfer, erklärte dem Stabsoffizier, daß er einen Befehl von Himmler erhalten habe, alle Mitglieder der polnischen Insurgentenverbände zu erschießen. Da der Oberbefehlshaber der Heeresgruppe Süd keinerlei Kenntnis von einem solchen Befehl hatte, fragte sein Stab u. a. im Geheimen Staatspolizeiamt in Berlin nach. Dort antwortete Best am 17. September morgens telefonisch, daß auch ihm ein Befehl Himmlers zur Erschießung von Insurgenten ohne Standrecht nicht bekannt sei, sondern »lediglich scharfe Verfügungen im Sinne des Führers« erlassen worden seien, gegen Insurgenten vorzugehen. Noch am selben Tag jedoch teilten zwei höhere Polizeioffiziere einem Offizier aus dem Stab der Heeresgruppe Süd mit, daß der Befehl, alle polnischen Insurgenten ohne Standrecht sofort zu erschießen, »unmittelbar aus dem Führerzug an die Einsatzkommandos der Gestapo und Kommandeure der Ordnungspolizei« ergangen sei.[106]

Himmler hatte also seinen Sonderauftrag ausgeweitet, ohne die Heeresführung zu unterrichten, die offenbar von einem auf Bromberg/Bydgoszcz begrenzten Sonderauftrag ausgegangen war. Am 12. September notierte Halder als Besprechungspunkt eines Vortrags von Brauchitschs bei Hitler am selben Tag: »Aufräumungsarbeit – vollziehende Gewalt. Führer will sagen lassen, was er sich darüber denkt.«[107]

Daß sich der Stellvertreter Heydrichs, Werner Best, in Berlin in Unkenntnis zeigte, kann ein bewußtes Katz-und-Maus-Spiel mit den Militärs

---

106 Vortragsnotiz des Oberquartiermeisters IV für den ObdH, Generaloberst von Brauchitsch, 17. 9. 1939, dokumentiert in: Groscurth, Tagebücher, S. 360.
107 Halder, Kriegstagebuch, Bd. 1, S. 73.

gewesen sein. Allerdings spricht viel dafür, daß diese entscheidende Verschärfung der Maßnahmen der Einsatzgruppen tatsächlich, wie die Polizeioffiziere dem Ic der Heeresgruppe Süd mitteilten, von Hitler, Himmler und Heydrich, der vom 9. bis 13. September in Polen die Einsatzgruppen inspizierte, vor Ort und nicht von Berlin aus entschieden wurde. Erneut wich die Armeeführung zurück. Groscurth notierte am 18. 9.:

>»Reichsführer-SS hat an alle Polizeibefehlshaber usw. im Operationsgebiet unmittelbare Weisung gegeben, alle Angehörigen der polnischen Insurgentenverbände zu erschießen, Oberbefehlshaber haben keine Kenntnis davon erhalten. Statt eines energischen Durchgreifens des ObdH wird verhandelt.«[108]

Über das Ergebnis der Verhandlungen zwischen Wagner und Heydrich notierte Halder am 19. 9., daß die Aufträge an die Einheiten von SS und Polizei dem Heer bekannt sein müßten und zusätzlich bei Himmler wie bei von Brauchitsch jeweils Verbindungsoffiziere eingesetzt wurden. Der zweite Vereinbarungspunkt hielt lapidar, ohne nähere Erläuterung und doch in seiner mörderischen Dimension eindeutig, fest: »b) Flurbereinigung: Judentum, Intelligenz, Geistlichkeit, Adel.«[109] Allerdings erhob das Heer die Forderung, daß die »Bereinigung« erst nach der Übergabe an eine stabile Zivilverwaltung Anfang Dezember erfolgen sollte, um nicht selbst mit der ethnischen Säuberungen beauftragt zu werden.[110] Noch am selben Tag teilte Heydrich den Amtschefs von Sicherheitspolizei und SD in Berlin das Ergebnis seiner Verhandlung mit Wagner mit: Daß die Führer der Einsatzgruppen zwar weiterhin den jeweiligen Oberkommandos der Armeen unterstünden, aber nun »unmittelbar Weisun-

---

108 Groscurth, Tagebücher, S. 206.
109 Ob Heydrich diesen Punkt einbrachte, wie Müller meint (Müller, Heer und Hitler, S. 430), oder ob sich Heydrich und Wagner über die »Flurbereinigung« einig waren, geht aus Halders Notiz nicht eindeutig hervor. Laut einem Brief Wagners an seine Frau hat die Besprechung mit Heydrich am Morgen des 19. 9. stattgefunden. Es sei zu einer »sehr wichtigen, notwendigen und deutlichen Aussprache mit dem Chef des Sicherheitsdienstes – dem ›berühmten‹ Gruppenführer Heydrich« gekommen (Wagner, Generalquartiermeister, S. 134). Tags zuvor hatte Wagner notiert: »Fragen größter politischer Tragweite, die man mit dem OB und Halder unter vier Augen besprechen muß, und es gehört allerhand Härte dazu, die ich anscheinend oder scheinbar besitze.« (Ebenda)
110 Halder, Kriegstagebuch, Bd. 1, S. 79.

gen vom Chef der Sicherheitspolizei« erhielten, müsse »als ein sehr günstiges Ergebnis in der Zusammenarbeit mit der Wehrmacht« bezeichnet werden.[111]

Einen Tag später, am 20. September, brachte von Brauchitsch den ganzen Komplex noch einmal in einem Vortrag bei Hitler zur Sprache, der ihm beruhigend versicherte, daß zu Entscheidungen über Fragen der vollziehenden Gewalt er selbst oder Himmler und Heydrich ihm als Oberbefehlshaber des Heeres Kenntnis geben würden und die Polizeikommandeure die jeweils zuständigen Befehlshaber zu unterrichten hätten.[112] Aber von Brauchitsch machte ein folgenschweres Zugeständnis, indem er konzedierte, daß die Standgerichte zur Aburteilung von verbotenem Waffenbesitz, die bislang nur von einem Regimentskommandeur und zwei Soldaten gebildet werden durften, sich nun auch aus einem Kommandeur eines Polizeiregiments oder -bataillons beziehungsweise aus dem Führer eines Einsatzkommandos nebst je zwei Angehörigen aus den jeweiligen Befehlsbereichen zusammensetzen konnten und deren Urteile allein von Himmler nachgeprüft werden sollten.[113] Damit hatte von Brauchitsch die Ausschließlichkeit der vollziehenden Gewalt aufgegeben, die bisher eindeutig beim Militär gelegen und die er eben noch in seinem Erlaß vom 18. 9. hervorgehoben hatte.[114]

Heydrich selbst kam auf der Amtschefbesprechung am 14. Oktober noch einmal auf diesen wichtigen Zusammenhang zwischen »Liquidierung des führenden Polentums« und dem Standrecht zu sprechen, als er seine Befürchtung äußerte, daß mit dem Ende der Militärverwaltung das Standrecht in Polen beendet sei. Er bat daher den anwesenden Arthur Greiser, der wenig später Gauleiter und Reichsstatthalter im Gau Wartheland wurde, sich bei Hitler für eine Fortsetzung des Standrechts durch die

---

111 Protokoll der Amtschefbesprechung vom 19. 9. 1939; BArch, R 58/825, Bl. 14–17.

112 Halder, Kriegstagebuch, Bd. 1, S. 82.

113 Verordnung vom 21. 9. 1939, Verordnungsblatt für die besetzten Gebiete in Polen, Nr. 4, 23. 9. 1939; Halder, Kriegstagebuch, Bd. 1, S. 82.

114 Noch am 18. 9. war ein Fernschreiben an die Heeresgruppen Süd und Nord geschickt worden: »Die Entscheidung in allen gerichtlichen Fragen liegt ausschließlich beim Inhaber der vollziehenden Gewalt. Anweisungen jeder Dienststelle, die diese Gerechtsame berühren oder einschränken, sind nicht rechtswirksam.« (Groscurth, Tagebücher, S. 206, Anm. 495)

Polizei einzusetzen.[115] Rückblickend stellte Himmler in einem Brief an Göring selbstzufrieden fest:

»Die Übertragung einer Standgerichtsbarkeit auf Polizeiorgane entsprach einem zwingenden, von der Wehrmacht richtig erkannten sachlichen Bedürfnis und war im Grunde nur eine zwangsläufige Folgerung aus der Tatsache, daß die Polizei im polnischen Feldzuge im weitesten Umfange zur Lösung von Aufgaben herangezogen wurde, die, wie die Niederkämpfung des Freischärler- und Heckenschützenunwesens, die Verhinderung und Verfolgung von Sabotageakten, überhaupt die Befriedung des rückwärtigen Armeegebiets, in früheren Kriegen unter vergleichbaren Verhältnissen von der Wehrmacht durch die eigenen Organe wahrgenommen zu werden pflegten.«[116]

Die Schwäche der Generalität machte es möglich, daß Himmler und Heydrich ihren Plan, die SS- und Polizeikräfte von der militärischen Führung unabhängig zu machen, einer direkten und ausschließlichen Weisungsgebundenheit durch die SS- und Sicherheitspolizeiführung zu unterstellen und vor allem exekutive Gewalt zukommen zu lassen, weitgehend verwirklichen konnten. Sie hatten erstens gegenüber den Vereinbarungen über die Tätigkeit der Einsatzgruppen zu Beginn des Krieges durchsetzen können, daß die Einsatzgruppen zwar weiterhin dem Befehl der AOK unterstanden, aber unmittelbar vom Chef der Sicherheitspolizei und des SD ihre Weisungen erhielten. Zweitens hatte von Brauchitsch zugestanden, daß es neben den Standgerichten der Wehrmacht nun auch Polizeistandgerichte gab, die ausschließlich aus Angehörigen von Polizeibataillonen oder den Einsatzkommandos gebildet wurden und deren Urteile allein von Himmler nachgeprüft werden konnten.[117] Nur in einem Punkt erzielte das OKH einen relativen Erfolg. Himmler zog seinen Erlaß, daß polni-

---

115 Protokoll der Amtschefbesprechung vom 14.10.1939, BArch, R 58/825, Bl. 39 f. Tatsächlich galt das polizeiliche Standrecht im Generalgouvernement auch nach dem Ende der militärischen Besatzungsverwaltung und wurde Ende Oktober sogar noch drastisch erweitert, indem jede Art Widersetzlichkeit von den Polizeistandgerichten abgeurteilt werden konnte. Allerdings scheiterten Himmlers Bemühungen, das Polizeistandrecht auch für die annektierten westpolnischen Gebiete fortgelten zu lassen, am Widerstand von Lammers und Göring (Eisenblätter, Grundlinien, S. 42).

116 Himmler an Göring, 4.5.1940, zitiert nach Eisenblätter, Grundlinien, S. 42.

117 Diese Nachprüfungsmöglichkeit übertrug Himmler am 17.10.1939 auch auf Heydrich beziehungsweise für die Standgerichte der Ordnungspolizei auf Daluege und bestimmte, daß Urteile der Standgerichte keiner Bestätigung bedürften,

sche Insurgenten sofort ohne Standgericht zu erschießen seien, wieder zurück. Erschießungen sollten, so wies Heydrich die Chefs der Einsatzgruppen auf der Sitzung am 21. September in Berlin an, nur noch erfolgen, »wenn es sich um Notwehr handelt bezw. bei Fluchtversuchen«. Alle übrigen Verfahren seien an die Kriegsgerichte abzugeben, die allerdings »mit Anträgen so eingedeckt werden müssen, daß sie der Arbeit nicht mehr Herr werden können«.[118] Alle Kriegsgerichtsurteile, die nicht auf Tod lauteten, wollte Heydrich persönlich vorgelegt haben.[119] Da zudem von Brauchitsch der Bildung von Polizeistandgerichten zugestimmt hatte, was Heydrich zu diesem Zeitpunkt noch nicht wußte, waren genug Möglichkeiten vorhanden, die terroristische Politik der SS- und Polizeiführung fortzusetzen.

Vertreibung von Polen und Juden

Am 7. September hatte Heydrich seinen Amtschefs mitgeteilt, daß die »führende Bevölkerungsschicht in Polen [...] so gut wie möglich unschädlich gemacht« werden solle, auf keinen Fall in Polen bleiben dürfe, sondern in deutsche Konzentrationslager gebracht werden müsse.[120] »Die restlich verbleibende niedrige Bevölkerung«, so Heydrich, »wird keine besonderen Schulen erhalten, sondern in irgendeiner Form heruntergedrückt werden.«[121] Gegenüber Canaris hatte Heydrich tags darauf

---

sondern unverzüglich zu vollstrecken seien (Himmler an Befehlshaber der Ordnungspolizei und der Einsatzgruppen, 17. 10. 1939, BArch, R 58/240, Bl. 15 f.). Am selben Tag gab Hitler den Erlaß über eine eigene SS- und Polizeigerichtsbarkeit heraus (siehe unten, S. 475 f.).

118 Gegenüber von Brauchitsch beklagte sich Heydrich am 22. 9. demgemäß über »zu langsames Arbeiten der Kriegsgerichte«, was der Oberbefehlshaber zurückwies (Aufzeichnung Groscurths über eine mündliche Orientierung durch Major Radke am 22. 9. 1939, in: Groscurth, Tagebücher, S. 361–363).

119 Protokoll der Besprechung vom 21. 9. 1939, BArch R 58/825, Bl. 26–30.

120 Protokoll der Amtschefbesprechung vom 7. 9. 1939; BA 58/825, Bl. 1–2.

121 Ebenda. Am selben Tag ordnete Heydrich an, daß sämtliche männlichen Juden polnischer Staatsangehörigkeit in Deutschland verhaftet und in einem Konzentrationslager interniert werden sollten. Alle Juden mit ehemals polnischer Staatsangehörigkeit beziehungsweise solche, die aus Polen stammten, sollten unauffällig

davon gesprochen, daß »der Adel, die Popen und Juden« umgebracht werden müßten.[122]

General Erwin Lahousen, Offizier im Amt Ausland-Abwehr im OKW unter Canaris, berichtete als Zeuge der Anklage an einem der ersten Verhandlungstage des Nürnberger Prozesses gegen die Hauptkriegsverbrecher von einer Besprechung am 12. September 1939 im Sonderzug des OKW vor Warschau mit Canaris und OKW-Chef Keitel. Canaris habe vor »den bevorstehenden Erschießungen und Ausrottungsmaßnahmen, die sich insbesondere gegen die polnische Intelligenz, den Adel, die Geistlichkeit, wie überhaupt alle Elemente, die als Träger des nationalen Widerstandes angesehen werden konnten, richten sollten«,[123] und gegen die Juden, wie Lahousen danach ergänzte, gewarnt. Keitel habe darauf erwidert, diese Dinge seien von Hitler entschieden worden, der den Oberbefehlshaber des Heeres hatte wissen lassen, wenn die Wehrmacht nicht dazu in der Lage sei, müsse sie sich gefallen lassen, daß die SS und die Sicherheitspolizei neben ihr in Erscheinung treten und diese Maßnahmen ausführen würden.[124] Lahousen erinnerte sich deutlich, daß Keitel von »politischer Flurbereinigung« gesprochen habe, ein Begriff, der von Hitler stammte.[125]

Am 14. 9. informierte Heydrich die Amtschefs von Gestapa und SD-Hauptamt, daß Himmler Hitler Vorschläge zum »Judenproblem in Polen« unterbreiten wolle, die »nur der Führer entscheiden könne, da sie auch von

---

erfaßt werden. »Es ist beabsichtigt«, so Heydrich, »soweit möglich, diese Juden und die inzwischen nach Ziffer 1.) festgenommenen Juden mit polnischer Staatsangehörigkeit zu einem bestimmten Zeitpunkt in Gebiete des nicht zu besetzenden übrigen Polen abzuschieben.« (Erlaß Heydrich an alle Stapo[leit]stellen, 7. 9. 1939, nach Abschrift Stapostelle Frankfurt/Oder, 8. 9. 1939, Eichmann-Prozeß, Dok. T/644. Von Peter Witte ist demnächst eine Studie zur Internierung und zum Schicksal der verhafteten polnischen Juden zu erwarten.)

122 Groscurth, Tagebücher, S. 201.
123 Aussage Erwin Lahousen, 30. 11. 1945, IMG, Bd. 2, S. 493.
124 Ebenda; vgl. dazu auch den Aktenvermerk Lahousens vom 14. 9. 1939 in: Groscurth, Tagebücher, S. 357–359.
125 Aussage Erwin Lahousen, 30. 11. 1945, a. a. O. (s. Anm. 123), S. 494. Keitel bestätigte später, daß er offenbar wiederholt habe, was zwischen Hitler und Brauchitsch gesprochen worden war (Aussage Wilhelm Keitel, 4. 4. 1946, IMG, Bd. 10, S. 580).

erheblicher außenpolitischer Tragweite sein werden«.[126] Am 20. September legte Hitler den Oberbefehlshabern des Heeres seine Pläne von einer »Umsiedlung im großen« dar, die sowohl die Vertreibung von Polen und Juden aus den westpolnischen Gebieten als auch die Ghettoisierung der Juden umfaßte, die, nach der Eintragung Halders, »im einzelnen noch nicht klarliegend« sei, aber gleichfalls bereits »im großen besteht«.[127] Zuständig für die »Bereinigung« sei die Zivilverwaltung, die Ausführung solcher Maßnahmen »im einzelnen« solle, wie von Brauchitsch einen Tag später den Oberbefehlshabern mitteilte, den Polizeikommandeuren überlassen bleiben und liege »außerhalb der Verantwortlichkeit« der Heeresbefehlshaber.[128]

Einen Tag später, am 21. September, fand in Berlin eine große Besprechung Heydrichs mit den Amtschefs und den Einsatzgruppenführern statt, an der auch Eichmann teilnahm.[129] Heydrich sprach erst über die Kriegslage, daß man England die gesamte Kriegsschuld zuschieben und mit der Teilung Polens zwingen möchte, auch Rußland den Krieg zu erklären, da es ja die Garantie von Gesamtpolen übernommen habe. Für das ehemalige Polen sei geplant, daß die einstmals deutschen Provinzen deutsche Gaue würden und daneben »ein Gau mit fremdsprachiger Bevölkerung mit der Hauptstadt Krakau« unter der Führung von Seyß-Inquart entstehen solle.[130] Dieser fremdsprachige Gau solle »praktisch als Nie-

---

126 Protokoll der Amtschefbesprechung vom 14. 9. 1939, BArch, R 58/825, Bl. 10–12.

127 Halder, Kriegstagebuch, Bd. 1, S. 82.

128 Müller, Heer und Hitler, S. 431. Am Tag zuvor hatte Göring in Berlin schon im Ministerrat für Reichsverteidigung unter Beisein von Heydrich »die Frage der Bevölkerung des zukünftigen polnischen Protektoratsgebietes und die Unterbringung in Deutschland lebender Juden« erörtert (Niederschrift über die Sitzung des Ministerrats für die Reichsverteidigung am 19. 9. 1939, IMG, Bd. 31, S. 230–232 [2852-PS]).

129 Anwesend waren neben Heydrich: Best, Müller, Nebe, Ohlendorf, Six, Filbert, Rauff, Beutel, Streckenbach, Naumann, Damzog, Schäfer, Fischer, Dr. Meier vom Gestapa und Eichmann; Protokoll der Besprechung vom 21. 9. 1939, BArch, R 58/825, Bl. 26–30.

130 Seyß-Inquart war bereits Anfang September als Verwaltungschef für den geplanten Militärbezirk Krakau vorgesehen gewesen (Eisenblätter, Grundlinien, S. 3). Eingesetzt wurde er dann mit Hitlers Erlaß über die »Organisation der Militärverwaltung in den besetzten ehemals polnischen Gebieten« vom 25. 9. 1939 (gedruckt in: Moll, Führer-Erlasse, S. 97–99). Arthur Seyß-Inquart, 1892 in Mähren geboren, Rechtsanwalt in Wien, spielte beim »Anschluß« im März 1938 die

mandsland« außerhalb des neu zu schaffenden Ostwalls liegen, der alle deutschen Provinzen umfassen werde. Als Siedlungskommissar für den Osten werde Himmler eingesetzt. Heydrich fuhr fort:

»Die Juden-Deportation in den fremdsprachigen Gau, Abschiebung über die Demarkationslinie ist vom Führer genehmigt. Jedoch soll der ganze Prozess auf die Dauer eines Jahres verteilt werden. Die Lösung des Polenproblems – wie schon mehrfach ausgeführt – unterschiedlich nach der Führerschicht (Intelligenz der Polen) und der unteren Arbeiterschicht des Polentums. Von dem politischen Führertum sind in den okkupierten Gebieten höchstens noch 3 % vorhanden. Auch diese 3 % müssen unschädlich gemacht werden und kommen in KZs. [...] Die primitiven Polen sind als Wanderarbeiter in den Arbeitsprozess einzugliedern und werden aus den deutschen Gauen allmählich in den fremdsprachigen Gau ausgesiedelt.«[131]

Die Juden in den westpolnischen Gebieten sollten in den Städten in Ghettos gepfercht werden, um eine »bessere Kontrollmöglichkeit und später Abschubmöglichkeit« zu haben. Innerhalb der nächsten drei bis vier Wochen sollte »der Jude als Kleinsiedler vom Land« verschwinden. Heydrich faßte seine Anordnungen in vier Punkten zusammen: »1.) Juden so schnell wie möglich in die Städte, 2.) Juden aus dem Reich nach Polen, 3.) die restlichen 30 000 Zigeuner auch nach Polen, 4.) systematische Ausschickung der Juden aus den deutschen Gebieten mit Güterzügen.«[132] In einem

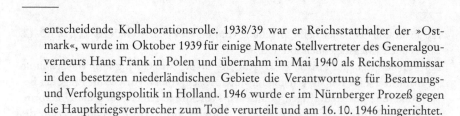

---

entscheidende Kollaborationsrolle. 1938/39 war er Reichsstatthalter der »Ostmark«, wurde im Oktober 1939 für einige Monate Stellvertreter des Generalgouverneurs Hans Frank in Polen und übernahm im Mai 1940 als Reichskommissar in den besetzten niederländischen Gebiete die Verantwortung für Besatzungs- und Verfolgungspolitik in Holland. 1946 wurde er im Nürnberger Prozeß gegen die Hauptkriegsverbrecher zum Tode verurteilt und am 16. 10. 1946 hingerichtet.

131 Protokoll der Besprechung vom 21. 9. 1939, BA R 58/825, Bl. 26–30. Auch am folgenden Tag, dem 22. 9. 1939, erwähnte Heydrich von Brauchitsch gegenüber den Plan, »bei Krakau einen Judenstaat unter deutscher Verwaltung zu errichten, in dem auch andere unerwünschte Elemente aufgenommen werden sollen« (Goshen, Eichmann, S. 79).

132 Protokoll der Besprechung vom 21. 9. 1939, BArch R 58/825, Bl. 26–30. Leni Yahil wies mich darauf hin, daß Heydrich die Forderung, die Juden in den Städten zu konzentrieren, ein Jahr zuvor auf der Konferenz im Reichsluftfahrtministerium am 12. 11. 1938 noch vehement abgelehnt hatte, da solche Ghettos »in polizeilicher Hinsicht« nicht zu überwachen seien (Stenographisches, unvollständiges Protokoll der Sitzung im Reichsluftfahrtministerium am 12. 11. 1938, IMG, Bd. 28, S. 499–540 [1816-PS]).

Schnellbrief an die Chefs aller Einsatzgruppen vom selben Tage schärfte Heydrich seinen Männern noch einmal ein, daß die »geplanten Gesamtmaßnahmen (also das Endziel) streng geheim zu halten sind«.[133]

Es sei zu unterscheiden zwischen dem »Endziel (welches längere Fristen beansprucht)«, also die Deportation sämtlicher Juden aus den eroberten westpolnischen Gebieten und dem Reich in ein Judenreservat, und »den Abschnitten der Erfüllung dieses Endzieles (welche kurzfristig durchgeführt werden)«. Dazu gehörten zuerst die Konzentration der Juden vom Lande in die größeren Städte, wobei die Gebiete Danzig, Westpreußen, Posen und Ostoberschlesien möglichst »von Juden freigemacht«, zumindest aber »nur wenige Konzentrierungsstädte« gebildet werden sollten, während in den übrigen besetzten Gebieten »möglichst wenige Konzentrierungspunkte festzulegen [sind], so daß die späteren Maßnahmen erleichtert werden«. Nur solche Städte sollten als »Konzentrierungspunkte« bestimmt werden, die entweder Eisenbahnknotenpunkte seien oder zumindest an Eisenbahnstrecken lägen.[134] In den jüdischen Gemeinden seien jüdische Ältestenräte zu bilden, die eine Zählung der Juden vorzunehmen hätten und für den »Abzug der Juden vom Lande« verantwortlich seien. Als Begründung für die Konzentration der Juden habe zu gelten, »daß sich Juden maßgeblichst an den Franktireurüberfällen und Plünderungsaktionen beteiligt« hätten. Alle Maßnahmen gegen die jüdische Bevölkerung seien »grundsätzlich im engsten Benehmen und Zusammenwirken mit den deutschen Zivilverwaltung- und örtlich zuständigen Militärbehörden zu treffen«. Mit Rücksicht auf die Bedürfnisse des Heeres werde es sich, so Heydrich bedauernd, kaum vermeiden lassen, »zunächst da und dort Handelsjuden zurückzulassen«. Jedenfalls sei die rasche »Arisierung« der Betriebe anzustreben und die »Auswanderung der Juden nachzuholen«.[135]

---

133 Heydrich an die Chefs aller Einsatzgruppen der Sicherheitspolizei, 21.9.1939, BArch, R 58/954, Bl. 181–185, Hervorhebungen im Original.

134 Dieser Teil des Erlasses sollte nicht das Gebiet der Einsatzgruppe I östlich von Krakau betreffen, das als Reservatsgebiet vorgesehen war. Hier sollte lediglich eine behelfsmäßige Judenzählung durchgeführt und wie in den anderen Gebieten sollten auch jüdische Ältestenräte aufgestellt werden.

135 Heydrich an die Chefs aller Einsatzgruppen der Sicherheitspolizei, 21.9.1939, BArch, R 58/954, Bl. 181–185. Eine Kopie des Heydrich-Schreibens ging an das

Die Weisungen Heydrichs stellten die veränderte antisemitische Konzeption der SS-Führung unter Kriegsbedingungen dar. Hatte bislang die von Hitler nach dem Novemberpogrom von 1938 noch einmal bekräftigte Hauptmaxime gegolten, Juden so rasch und zahlreich, wie es nur irgend ging, ins Ausland abzuschieben,[136] so lautete jetzt das Konzept der SS-Führung für die Millionen in Polen lebenden Juden: Ghettoisierung als vorübergehende Maßnahme und endgültige Deportation in ein Judenre-

---

OKH, den Staatssekretär Neumann in der Vierjahresplanbehörde, an Staatssekretär Stuckart im Reichsinnenministerium, an Staatssekretär Landfried vom Wirtschaftsministerium und an die Chefs der Zivilverwaltung in den besetzten Gebieten. Von Brauchitsch machte am folgenden Tag, dem 22. 9., gegenüber Heydrich geltend: »Bei allen Maßnahmen müssen auf Befehl des Führers die wirtschaftlichen Belange zunächst den Vorrang haben. Also keine zu schnelle Beseitigung der Juden usw.« sowie »Volkspolitische Bewegungen erst nach Beendigung der Operationen«. Die »Bewegungen« müßten »von militärischer Seite gesteuert werden unter Ausschaltung der Zivilbehörden«. Von Brauchitsch forderte: »Kein eigenmächtiges Vorgehen der Zivilisten«, sonst käme es »zu Reibungen«. Hinsichtlich der wirtschaftlichen Belange insistierte Heydrich darauf, daß »keine Rücksicht« genommen werden könne auf »Adel, Geistlichkeit, Lehrer und Legionäre«. Diese seien aber »nur wenige, ein paar Tausend«, die sofort verhaftet und in ein KZ gebracht werden müßten. Von Brauchitsch stimmte dem grundsätzlich zu, wollte nur langsamer vorgehen (Aufzeichnung Groscurths über eine mündliche Orientierung durch Major Radke am 22. 9. 1939, in: Groscurth, Tagebücher, S. 361–363). Heydrich gab aber insoweit nach, daß er am 30. September einen neuen Schnellbrief an die Einsatzgruppenchefs sandte, in dem er sie aufforderte, auf die Belange des Heeres Rücksicht zu nehmen, und daß »Zeitpunkt und Intensität« der als Vorbereitung auf das »Endziel« vorzunehmenden Konzentration der Juden grundsätzlich davon abhängig zu machen seien, die militärischen Bewegungen keinesfalls zu stören (Heydrich an die Chefs der Einsatzgruppen, 30. 9. 1939; zitiert nach Müller, Heer und Hitler, S. 433–434; vgl. auch Eisenblätter, Grundlinien, S. 48 f.).

136 Als oberster Grundsatz, so hatte Göring Anfang Dezember 1938 die Gauleiter, Oberpräsidenten und Reichsstatthalter wissen lassen, habe nach Hitlers Weisung zu gelten: »An der Spitze aller unserer Überlegungen und Maßnahmen steht der Sinn, die Juden so rasch und so effektiv wie möglich ins Ausland abzuschieben, die Auswanderung mit allem Nachdruck zu forcieren, und hierbei all das wegzunehmen, was die Auswanderung hindert.« (Göring, Rede vom 6. 12. 1938, zitiert nach: Heim/Aly, Staatliche Ordnung, S. 384; zu den Weisungen Hitlers im Anschluß an den Novemberpogrom vgl. auch Adam, Judenpolitik, S. 216–219)

servat in jenem »fremdsprachigen Gau« jenseits des »Ostwalls«, der das neue Deutsche Reich umgürten sollte.[137]

Das von Heydrich ominös bezeichnete »Endziel« deutet Peter Longerich überzeugend als den umfassenden Plan, auch die deutschen Juden in das polnische »Judenreservat« zu deportieren.[138] Hitlers Ausführungen gegenüber von Brauchitsch und das konkrete Deportationsprogramm, das Heydrich mit den Einsatzkommandoführern besprach, verweisen auf die frühe Entschlußbildung während der ersten drei Kriegswochen, durch ethnische Säuberungen deutschen Siedlungsraum in den westpolnischen Gebieten zu schaffen und mit einem »Ostwall« zu sichern sowie die dort ansässigen Polen, Juden und die reichsdeutschen Juden in ein Gebiet jenseits davon zu deportieren. Alfred Rosenberg gegenüber erläuterte Hitler wenige Tage später, am 29. September, das Programm, das einstmals polnische Gebiet in drei Streifen zu teilen:

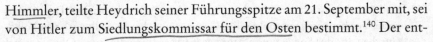

»1. Zwischen Weichsel und Bug: das gesamte Judentum (auch a. d. Reich), sowie alle irgendwie unzuverlässigen Elemente. An der Weichsel einen unbezwingbaren Ostwall – noch stärker als im Westen. 2. An der bisherigen Grenze ein breiter Gürtel der Germanisierung und Kolonisierung. Hier käme eine große Aufgabe für das gesamte Volk: eine deutsche Kornkammer zu schaffen, starkes Bauerntum, gute Deutsche aus aller Welt umzusiedeln. 3. Dazwischen eine polnische ›Staatlichkeit‹. Ob nach Jahrzehnten der Siedlungsgürtel vorgeschoben werden kann, muß die Zukunft erweisen.«[139]

Himmler, teilte Heydrich seiner Führungsspitze am 21. September mit, sei von Hitler zum Siedlungskommissar für den Osten bestimmt.[140] Der ent-

---

137 In der Unterredung mit Oberst Wagner am 22. 9. ließ Heydrich das Stichwort fallen: »Ein Judenstaat unter deutscher Verwaltung bei Krakau. Dahinein auch alle Zigeuner und sonstige Unliebsame.« (Aufzeichnung Groscurths über eine mündliche Orientierung durch Major Radke am 22. 9. 1939, in: Groscurth, Tagebücher, S. 361–363) Nach der Neufestsetzung der deutsch-sowjetischen Demarkationslinie umriß Heydrich am 29. 9. den Raum »hinter Warschau und um Lublin« als Gebiet für ein »›Naturschutzgebiet‹ oder ›Reichs-Getto‹«, in dem »all die politischen und jüdischen Elemente untergebracht werden, die aus den künftigen deutschen Gauen ausgesiedelt werden müssen« (Protokoll der Amtschefbesprechung vom 29. 9. 1939, BArch R 58/825, Bl. 36–37).
138 Longerich, Politik der Vernichtung, S. 254.
139 Aufzeichnungen Rosenbergs in seinem politischen Tagebuch, zitiert nach Broszat, Nationalsozialistische Polenpolitik, S. 19.
140 Am 28. 9. bereits bat Lammers den Reichsfinanzminister, entsprechende Finanzmittel für Himmler bereitzustellen, und am 3. Oktober erhielt Greifelt als zukünf-

sprechende Erlaß Hitlers, Himmler mit der »Festigung des deutschen Volkstums« zu beauftragen, wurde zwar erst am 7. Oktober herausgegeben,[141] die politische Entscheidung darüber war jedoch schon vor dem 21. September gefallen.[142] Am 6. Oktober hielt Hitler im Reichstag eine Rede, in der er eine »neue Ordnung der ethnographischen Verhältnisse« in Polen

---

tiger Chef des Stabs RKFDV von Himmler die Verfügungsgewalt über den bereitgestellten Fonds von 10 Millionen RM (Eisenblätter, Grundlinien, S. 50). Bereits im Frühjahr 1939 war Himmler von Hitler mit der Frage der Südtiroler betraut worden, die im Zuge der deutsch-italienischen Kooperation, »heim ins Reich« geholt werden sollten (vgl. dazu Stuhlpfarrer, Umsiedlung, sowie als Überblick: Steininger, Südtirol).

141 Erlaß Hitlers zur Festigung deutschen Volkstums, 7.10.1939, IMG, Bd. 26, S. 255–257 (PS 686); vgl. Buchheim, Rechtsstellung; Koehl, RKFDV, S. 51. So mag sich auch die zeitliche Diskrepanz zwischen der Ankündigung Heydrichs am 21. September, daß Himmler »Siedlungskommissar« werde, und des tatsächlichen Erlasses vom 7. Oktober erklären. Während sich die Funktion des »Siedlungskommissars« auf das besetzte Polen bezog, reichten die Kompetenzen des Erlasses vom 7. Oktober darüber hinaus. Im Entwurf des Erlasses vom 29. September war noch lediglich von Polen die Rede, während es in der Formulierung zum 7. Oktober um »Europa« ging. (Ich danke Christoph Dieckmann für diesen Hinweis.)

142 Damit relativiert sich der Kausalnexus, den Götz Aly zwischen den Deportationen aus den besetzten westpolnischen Gebieten und den Ansiedlungen von Volksdeutschen aus der Sowjetunion nahegelegt hat (Aly, Endlösung). Ohne Zweifel haben die Einsiedlungen von Hunderttausenden die Täter, unter hohem Zeit- und Sachdruck möglichst viele Menschen zu deportieren und buchstäblich zum Verschwinden zu bringen, angetrieben. Der enge Zusammenhang zwischen Siedlung, Vertreibung, Deportation und Mord ist evident. Doch der Wille zur »völkischen Flurbereinigung« bestand schon vor den Plänen, die Volksdeutschen aus der Sowjetunion »heim ins Reich« zu holen. Das Gespräch zwischen dem Landesleiter der Lettlanddeutschen, Erhard Kroeger, und Heinrich Himmler, in dessen Anschluß sich Himmler für die »Rückführung« der Baltendeutschen stark machte und hektische diplomatische Aktivitäten zwischen Berlin und Moskau auslöste, um im am 28. 9. unterzeichneten »Vertraulichen Protokoll« zwischen der Sowjetunion und dem Deutschen Reich eine »Übersiedlung« der deutschstämmigen Bevölkerungsgruppen zu vereinbaren, fand am 26. September statt, also nach den politischen Festlegungen von Hitler und Heydrich am 20. beziehungsweise 21. September. Der Wille zur »Germanisierung« der annektierten westpolnischen Gebiete stand fest, noch bevor die Absicht der Ansiedlung der Volksdeutschen aus der UdSSR politisches Programm wurde.

forderte und ankündigte, daß damit auch »der Versuch einer Ordnung und Regelung des jüdischen Problems zu unternehmen« sei.[143]

Schon während der Zeit der Militärverwaltung begannen die Vertreibungen von Tausenden polnischer Juden in das russisch besetzte Gebiet. Am 12. September gab der Generalquartiermeister beim OKH den Befehl, die Juden in Ostoberschlesien »ostwärts über den San abzuschieben« und die Aktion »sofort einzuleiten«.[144] Obwohl der Stab der Heeresgruppe Süd vermerkte, daß der Befehl »in Praxis kaum durchführbar« sei, erweiterte der Generalquartiermeister die Weisung Ende September nach der Besetzung der ostpolnischen Gebiete durch die sowjetische Armee, daß polnischen und jüdischen Flüchtlingen, die über den San, die Weichsel oder den Narew nach Osten geflohen seien, die Rückkehr über die Demarkationslinie »mit allen Mitteln – notfalls mit der Waffe« zu verweigern sei.[145] Die Armeeoberkommandos betrauten mit dieser Aufgabe vielfach die Einsatzkommandos. Die 14. Armee erteilte den Einsatzkommandos den zusätzlichen Auftrag, die Grenzorte »aus Abwehrgründen von allen unzuverlässigen Elementen zu säubern«, in erster Linie »die jüdische Bevölkerung [...] – soweit möglich – über den San abzuschieben«.[146]

Einen Tag nach dem Befehl des Generalquartiermeisters marschierte das Einsatzkommando I/3 unter Dr. Alfred Hasselberg bereits in Richtung Rzeszów, und das Ek 2 unter Bruno Müller meldete drei Tage später

---

143 Rede Hitlers vor dem Reichstag am 6.10.1939, in: Verhandlungen des Reichstages, Band 460, Stenographische Protokolle 1939–1942, 4. Sitzung, 6.10.1939, S. 51–63; vgl. dazu Aly, Endlösung, S. 36–38.

144 Fernschreiben GenQu an Heeresgruppe Süd, 12.9.1939, Nbg. Dok. NOKW-129; vgl. Krausnick/Wilhelm, Truppe des Weltanschauungskrieges, S. 70. Heydrich erteilte dem Führer der Einsatzgruppe I Bruno Streckenbach während seiner Inspektionsreise durch Polen am 11. September in Krakau den Befehl, »durch rigorose Maßnahmen insbesondere das Judentum zur Flucht in die russisch besetzten Gebiete zu veranlassen« (Vernehmung Streckenbach, 25.11.1966, ZStL, 201 AR-Z 76/59, Bd. 2, Bl. 42. Ich danke Alexander Rossino für den Hinweis auf dieses Dokument).

145 Fernschreiben GenQu an HGr Süd, AOK 14, 8 und 10, 18.9.1939, Nbg. Dok. NOKW-129; AOK 10, Bes. Anordnungen Nr. 25 vom 26.9.1939, Krausnick/Wilhelm, Truppe des Weltanschauungskrieges, S. 70.

146 Abwehrbericht Ic/AO III des AOK 14 an Ic/AO III der HGr Süd, 23.9.1939, ebenda, S. 71.

seinen Standort Jarosław am San. In der zweiten Monatshälfte des Septembers konzentrierte offenkundig die Einsatzgruppe I die Einsatzkommandos 1, 2 und 3 am San,[147] und zumindest ein Teil des Stabes befand sich zwischen dem 20. und 24. September in Przemyśl nahe der Demarkationslinie. Vor allem das Ek 3/I unter SS-Stubaf. Dr. Alfred Hasselberg hatte die Demarkationslinie zu dem sowjetisch besetzten Teil Polens zu sichern und Rückkehrer, die in den ersten Kriegstagen nach Osten geflohen waren und nun heimkehren wollten, den Übergang über den San mit aller Gewalt zu verwehren.[148] Am 25. September wurden Hunderte von Juden gezwungen, innerhalb einer Stunde die Stadt Jarosław zu verlassen. Sie wurden am Ufer des San auf Flöße gesetzt und mit Schüssen der SS-Einheiten an das andere Ufer getrieben, wobei etliche ertranken oder tödlich getroffen wurden.[149] Ähnlich hieß es im Kriegstagebuch des Grenzabschnittskommandos Süd unter dem 28. Oktober:

>»Bei dem z. Z. herrschenden Hochwasser sind dabei viele Flüchtlinge ertrunken, z. T. wurden sie dabei von Russen erschossen. Die auf deutscher Seite ankommenden Flüchtlinge werden gesammelt und der Gestapo zugeführt.«[150]

Von Hassel hielt die Äußerung des stellvertretenden sowjetischen Außenministers Potemkin gegenüber dem deutschen Botschafter Graf von der Schulenburg fest, »dauernd kämen Tausende von Polen und Juden, die man nicht in Rußland haben wolle, über die Grenze. Von den Russen nicht hinübergelassen, würden sie von der deutschen SS in Scharen erschossen«.[151]

---

147 Auch das Ek 1 unter Dr. Ludwig Hahn meldete am 28. 9. seinen Aufenthaltsort in Sanok, das Ek 2 unter Bruno Müller befand sich vom 16. 9. bis 27. 9. in Jarosław am San, und das Ek 3 marschierte bereits am 13. 9. in Richtung Rzeszów und meldete noch am 28. 9. seinen Standort in Jarosław (Tannenberg-Berichte, 28. 9. 1939, BArch R 58/1082, Bl. 178).

148 In den »Besonderen Anordnungen für die Versorgung des XVII. Armeekorps – Befehl Nr. 21 – vom 28. 9. 39« heißt es: »Die Truppe nimmt alle über den San herüberkommenden Personen fest, (Volksdeutsche Flüchtlinge sind nach Ziff. 7 zu behandeln) und führt sie dem Einsatzkommando 3 zu, das die Aufgabe hat, die Kontrolle über Zivilpersonen, die den San überschreiten, durchzuführen.« (ZStL, Einsatzgruppen in Polen, Heft 1, 1962, S. 34)

149 Reitlinger, Endlösung, S. 56.

150 Zitiert nach Krausnick/Wilhelm, Truppe des Weltanschauungskrieges, S. 71.

151 Ebenda. Am 8. 10. notierte Groscurth, daß laut Meldung des AOK 14 vom Nachmittag desselben Tages 2300 jüdische Familien nicht auf das russisch besetzte Ge-

Auch an anderen Orten der deutsch-sowjetischen Demarkationslinie spielten sich solche Flüchtlingsdramen ab. In einem Bericht über eine Inspektionsreise des stellvertretenden Generalgouverneurs Seyß-Inquart im November 1939 ist für Ostrów am Bug, unweit Warschaus, folgende Passage zu finden:

>»Ins Auge fiel[en] bei der Grenze die zahlreichen Juden und ähnliches Gesindel, das sich auf dem etwa 200 m Niemandsland zwischen dem deutschen und dem russischen Grenzposten befanden und die darauf warteten[,] in der Dunkelheit auf russisches Gebiet übertreten zu können. Vielfach sollen die Russen derartige Flüchtlinge selbst nach einigen Tagen noch zurückbringen.«[152]

Am 4. September wurden in Częstochowa 300 Männer und Frauen erschossen, darunter 180 Juden. In Mielec, Bedzin und anderen Orten schloß man die Juden am 13. September, dem Vorabend des jüdischen Neujahrsfestes, in die Synagogen ein, begoß die Gebäude mit Benzin und zündete sie an. Hunderte verbrannten bei lebendigem Leib.[153] Nachdem der Landrat von Ostrów die Juden für einen Brand verantwortlich gemacht hatte, nahm das dort stationierte Polizeiregiment am 11. November 159 jüdische Männer sowie 196 jüdische Frauen und Kinder fest und erschoß sie außerhalb der Stadt.[154] Anfang Oktober wurden, vermutlich auf Befehl des örtlichen Leiters der Sicherheitspolizei, auf dem jüdischen Friedhof von Schwetz/Święcie etwa 20 bis 30 Polen, darunter auch Kinder, und bei einer weiteren Exekution mehr als 60 Personen, darunter

---

biet gelassen worden seien. Noch am 28. 10. 1939 beschwerten sich die Sowjets nach einer Eintragung im KTB des Grenzabschnittskommandos Süd vom 28. 10. 1939 darüber, daß die SS nachts Juden über die Demarkationslinie trieb, und drohten ihrerseits, Volksdeutschen nicht den Grenzübertritt zu gestatten (Groscurth, Tagebücher, S. 215, 290).

152 Bericht über eine Inspektionsreise Seyß-Inquarts in die Distrikte Warschau, Lublin und Radom vom 17.–22. 11. 1939, IMG, Bd. 30, S. 84–101 (2278-PS), hier: S. 91, zur Gegend um Belzec, S. 96.

153 Deutschland im zweiten Weltkrieg, Bd. 1, S. 187.

154 Bericht Ic, gez. Gen.Lt. v. Schenckendorff, des Höheren Kommandos z. b. V. XXXV an Oberost, 15. 11. 1939, Krausnick/Wilhelm, Truppe des Weltanschauungskrieges, S. 93. Himmler trug den Fall persönlich wenige Tage später bei Hitler vor (Vortragsnotizen für Hitler, 17. 11. 1939: »Erschießungen von 380 Juden in Ostro«, BArch, NS 19/1447).

28 Frauen und 10 Kinder, erschossen, was etliche Wehrmachtssoldaten beobachteten. Einer von ihnen schilderte wenige Tage später seinem Vorgesetzten die Erschießungen:

»Am Samstag den 7.10.39 hörte ich bei einem Rundgang durch die Stadt bei Gesprächen unter Kameraden, daß am Vormittag auf dem Judenfriedhof in Schwetz eine größere Anzahl Polen erschossen worden seien, und daß am Sonntagmorgen nochmals eine Erschießung von Polen stattfinden sollte. Das Gespräch über die bevorstehende Erschießung war unter den in Schwetz untergebrachten Soldaten allgemein. – Infolgedessen begab ich mich am Sonntagmorgen mit dem größten Teil meiner Kompaniekameraden zum Judenfriedhof, wo wir bis 9 Uhr zunächst vergebens warteten. Wir waren schon der Meinung, daß wir einer sogenannten Latrinenparole zum Opfer gefallen seien, und wollten uns schon wieder in unser Quartier begeben, als ein größerer Autobus beladen mit Frauen und Kindern zum Friedhof hineinfuhr. Wir gingen nun wieder zum Friedhof zurück. Wir sahen dann, wie eine Gruppe von einer Frau und drei Kindern, die Kinder im Alter von etwa 3–8 Jahren, von dem Omnibus zu einem ausgeschaufelten Grab von etwa 2 mtr. Breite und 8 mtr. Länge hingeführt wurden. – Die Frau mußte in dieses Grab hineinsteigen und nahm dabei ihr jüngstes Kinde auf dem Arm mit. Die beiden anderen Kinder wurden ihr von zwei Männern des Exekutions-Kommandos gereicht. – Die Frau mußte sich nun bäuchlings, mit dem Gesicht zur Erde flach ins Grab legen, ihre drei Kinder zur Linken in derselben Weise angereiht. – Danach stiegen 4 Mann des Kommandos ebenfalls in das Grab, legten ihre Gewehre so an, daß die Mündung der Gewehre etwa 30 ctm vom Genick entfernt waren und erschossen auf diese Weise die Frau mit ihren drei Kindern. –
Ich wurde dann von dem aufsichtführenden Sturmbannführer aufgefordert, zuschaufeln zu helfen. – Ich kam diesem Befehl nach und konnte daher aus nächster Nähe jedesmal sehen, wie die nächsten Gruppen, Frauen und Kinder, in derselben Weise wie in der ersten Gruppe geschildert, erschossen wurden. […] Der Erschießung sahen in einer Entfernung von etwa 30 mtr. etwa 200 Soldaten der Wehrmacht zu.«[155]

---

155 Ermittlungsvermerk GenStAnw KG Berlin, 1 Js 12/65 (RSHA), 10.12.1968, S. 469–470, gedruckt in: Groscurth, Tagebücher, S. 406 f., vgl. auch Jansen/Weckbecker, Selbstschutz, S. 117–119. Es darf nicht unerwähnt bleiben, daß es eine anklagende Stimme gab. Der Oberstabsarzt und Kompanieführer der 3. Komp./ Krankentransport-Abt. 581, Dr. Möller, dem mehrere Augenzeugen über die Erschießungen berichteten, meldete die Exekution von Schwetz am 9.10.1939 offiziell auf dem militärischen Dienstweg an den »Obersten Befehlshaber der Wehrmacht und Führer des Deutschen Volkes Adolf Hitler« mit dem besonders hervorgehobenen Zusatz: »Es seien bei der Exekution auch 5–6 Kinder im Alter von etwa 2–8 Jahren erschossen worden. Die Obengenannten sind bereit, ihre Aussagen zu beeiden.« (Möller an Hitler, 9.11.1939, IfZ, MA 261, fol. 6229570)

Im November 1939 erwähnte ein NSDAP-Bericht aus dem nordwestlichen Westfalen, daß Soldaten sich in der Eisenbahn offen über die Greueltaten in Polen unterhalten und geschildert hätten, wie Juden in Gräben gestoßen und dort mit Handgranaten getötet worden seien. Einige Juden hätten sogar Selbstmord begangen, um nicht in die Hände der SS zu fallen.[156]

Aber auch die Wehrmacht selbst war an den Morden beteiligt.[157] Nachdem von Brauchitsch bei seinen Fahrten an die Front »vielfach ein zu freundschaftliches Verhältnis zwischen Soldaten und Zivilisten einschließlich Juden« beobachtet haben wollte, gab er am 18. September ein »Merkblatt« heraus, in dem es unter anderem hieß: »Das Verhalten gegen den Juden bedarf für den Soldaten des nationalsozialistischen Reiches keiner besonderen Erwähnung.«[158]

So erschossen Soldaten des Infanterieregiments 15 der 10. Armee unter Hauptmann Wessel am 9. September in der Nähe von Dąbrowa über 300 polnische Kriegsgefangene aus Rache über eigene Verluste. Ebenfalls in Urzyce, Ciepelow und Zambrowie wurden Kriegsgefangene getötet. Am 13. September waren in der Ortschaft Piątek 47 Zivilisten, die am Bau einer Brücke gearbeitet hatten, von Wehrmachtsangehörigen in einem Bombentrichter erschossen worden.[159] Am 12. September erreichte die 8. Luftaufklärungseinheit die Stadt Końskie und fand vier verstümmelte Leichen deutscher Soldaten.[160] Die Soldaten nahmen daraufhin eine Anzahl jüdischer Männer fest, führten sie zum Friedhof und befahlen ihnen, Gräber auszuheben. Während die Juden gruben, schlugen und mißhandelten die Soldaten sie. Auf den Appell des örtlichen Schutzpolizeikommandanten, Major Schulz, daß die Juden ohne Zweifel die Quelle alles Bösen in der Welt seien, deutsche Soldaten nichtsdestoweniger Disziplin zu zeigen hätten, ließen die Soldaten die Juden aus der Grube steigen, schlugen sie aber erneut. Als die Männer glaubten, gehen zu können und fortliefen,

---

156 Stimmungsbericht Gauleitung West-Nord, 21. 11. 1939, Bankier, Meinung, S. 143.

157 Siehe dazu die demnächst publizierte Arbeit von Alexander Rossino.

158 Zitiert nach Krausnick/Wilhelm, Truppe des Weltanschauungskrieges, S. 79; vgl. auch Groscurth, Tagebücher, S. 273.

159 Zu den aufgeführten Fällen vgl. Deutschland im zweiten Weltkrieg, Bd. 1, S. 186–187.

160 Diesen Fall schildert Rossino, Destructive Impulses, S. 358–359, aufgrund eines Berichtes des Oberkriegsgerichtsrates Rittau der 10. Armee vom 19. 9. 1939.

schoß ein Leutnant auf die Fliehenden, woraufhin auch die anderen Soldaten das Feuer eröffneten und insgesamt 22 Juden erschossen.[161]

Im Korpsbefehl des VII. Armeekommandos drei Tage später war davon die Rede, daß Zivilisten ohne ausreichende Beweise »im Affekt« erschossen würden,[162] der Befehlshaber der 14. Armee, General List, sah sich genötigt, am 18. September per Befehl Plünderungen, »willkürliche Erschießungen«, »Mißhandlungen Wehrloser, Vergewaltigungen« und »Niederbrennen von Synagogen« zu verbieten.[163] Groscurth notierte am 22. September nach einem Gespräch mit einem Offizier aus dem Stab des ObdH:

> »Bei Pultusk sind 80 Juden durch die Truppe niedergeknallt in viehischer Weise. Kriegsgericht ist eingesetzt, ebenso gegen 2 Leute, die in Bromberg geplündert, gemordet und vergewaltigt haben.«[164]

Anfang Oktober 1939 gab es den ersten größeren Versuch, das Reichsgebiet von Juden »zu reinigen«, wie Hitler sich ausgedrückt hatte.[165] Adolf Eichmann, der im Juli 1939 mit der Leitung der neuerrichteten Prager »Zentralstelle für jüdische Auswanderung« nach dem Wiener Vorbild beauftragt worden war,[166] hatte an der Amtschefbesprechung am 21. Septem-

---

161 Laut Bericht von Rittau wurde der Leutnant zu einem Jahr Haft verurteilt, ein Urteil, das vom Befehlshaber der 10. Armee, General Walter von Reichenau, bestätigt wurde. Die ganze Szene wurde übrigens auch von Leni Riefenstahl beobachtet, die davon in ihren Memoiren berichtet, ohne allerdings zu versäumen, sich selbst in einem positiven Licht zu zeichnen; vgl. Rossino, Destructive Impulses, S. 359. Diesen Fall einschließlich der Zeugenschaft Leni Riefenstahls erwähnt bereits Reitlinger, Endlösung, S. 38 f.

162 Korpsbefehl des Gen.Kdo. VII. AK, 7. 9. 1939 (MAR-1532), zitiert nach Krausnick/Wilhelm, Truppe des Weltanschauungskrieges, S. 76.

163 Oberbefehlshaber der 14. Armee, gez. List, an die Kommandeure, 18. 9. 1939 (NOKW-1621), Krausnick/Wilhelm, Truppe des Weltanschauungskrieges, S. 77; Hilberg, Vernichtung, Bd. 1, S. 199.

164 Aufzeichnung Groscurths über eine mündliche Orientierung durch Major Radke am 22. 9. 1939, in: Groscurth, Tagebücher, S. 361–363, Zitat S. 363.

165 Vgl. dazu Goshen, Eichmann; Safrian, Eichmann-Männer, S. 68–104.

166 Nach der Besetzung Böhmens und Mährens im Frühjahr 1939 hatte Heydrich anfangs noch angeordnet, die Vertreibung von tschechischen Juden zu unterbinden, da er fürchtete, ansonsten die Einreisekontingente ausländischer Staaten für deutsche Juden zu beeinträchtigen. Erst am 21. 6. 1939 hatte er sich mit der Errichtung einer Zentralstelle einverstanden erklärt, wenn dadurch nicht die Vertreibung der deutschen Juden behindert werde (Safrian, Eichmann-Männer, S. 72–73).

ber teilgenommen und blieb anschließend offenbar noch einige Tage in Berlin. Am 6. Oktober erhielt er vom Chef des gerade errichteten Amts IV des RSHA, Heinrich Müller, die Weisung, sich mit der NSDAP-Gauleitung in Kattowitz/Katowice wegen der »Abschiebung von 70–80 000 Juden aus dem Kattowitzer Bezirk« in Verbindung zu setzen. Ebenfalls sollten Juden aus der Mährisch-Ostrauer Gegend gleichfalls »mit zum Abschub gebracht werden«.[167] Am 7. Oktober reiste Eichmann nach Wien, um dort die Deportation vorzubereiten, war am 9. Oktober in Mährisch-Ostrau/Ostrava und fuhr am selben Tag weiter nach Kattowitz, um mit Gauleiter Wagner sowie Vertretern der Zivil- und Militärverwaltung zu verhandeln. Gegenüber Wagner äußerte er tags darauf, daß Himmler ein Erfahrungsbericht über die Deportation vorgelegt werden müsse, den dieser wiederum an Hitler weiterleiten würde. Dann müsse abgewartet werden, bis der »generelle Abtransport von Juden angeordnet« werde. Hitler habe »vorerst die Umschichtung von 300 000 Juden« aus dem Altreich und Österreich genehmigt.[168] Darauf kehrte Eichmann nach Ostrau/Ostrava zurück, flog am 12. Oktober mit dem Befehlshaber der Sicherheitspolizei und des SD im Protektorat Böhmen und Mähren, Walter Stahlecker, der 1938 in Wien Eichmanns Vorgesetzter gewesen war,[169] über Krakau nach

---

167 Akten der Gestapo Mährisch-Ostrau, DÖW, 17072 a/b, zitiert nach Safrian, Eichmann-Männer, S. 73; Goshen, Eichmann, S. 84. Diese Weisung Müllers liegt nur als ein Aktenvermerk von Eichmann selbst vor, der Seev Goshen dazu bringt, von einer weitgehend selbstinitiierten und ausgeführten Aktion Eichmanns zu sprechen. Sicherlich überschätzt Goshen die Befugnisse und Möglichkeiten Adolf Eichmanns zu dieser Zeit, aber das Engagement und die Initiative Eichmanns sind unverkennbar. Peter Longerich sieht in der Nisko-Aktion im Unterschied zu Goshen eine »experimentell begonnene Deportation« für die geplanten Zwangsumsiedlungsmaßnahmen gegen die deutschen Juden insgesamt. Für Longerichs Überlegung spricht nicht nur der Hinweis, daß Eichmann noch am 6. 10. die Zusammenstellung aller bereits in Listen erfaßten deutschen Juden nach Kultusgemeinden befahl. Auch der Einbezug von österreichischen Juden, von denen im Auftrag Müllers noch keine Rede war, verweist auf die über den ursprünglichen Auftrag hinausgehende Dimension (Longerich, Politik der Vernichtung, S. 256–261).

168 Goshen, Eichmann, S. 85.

169 Franz Walter Stahlecker, Jahrgang 1900, trat 1932 der NSDAP bei, diente in der Polizei und wurde 1934 zum Leiter der Württembergischen Politischen Polizei ernannt. 1938 wurde er Führer des SD-Oberabschnitts Donau in Wien, anschlie-

Warschau und fuhr von dort mit dem Pkw weiter nach Galizien, um ein geeignetes Gebiet für das Lager zu erkunden.[170] Am 15. Oktober gab Eichmann aus Krakau telefonisch nach Ostrau/Ostrava durch: »Eisenbahnstation für Transporte ist Niesko [sic] am San.« Tags darauf war er wieder in Wien, um die ersten Transporte zu organisieren. Zu diesem Zeitpunkt lebten in Österreich noch etwa 80 000 Juden.[171]

Der erste Transport aus Wien mit 912 Menschen ging am 20. Oktober ab, ein zweiter folgte am 26.10. mit 672 Personen. Am 18. Oktober hatte bereits ein Zug mit 1000 Menschen Ostrau/Ostrava verlassen.[172] Von den Transporten wurden ein paar hundert Menschen zurückbehalten, um das Lager aufzubauen; die übrigen wurden von SS-Männern, Wiener Polizisten und Soldaten weiter zum Fluß San getrieben. Später berichtete einer der jüdischen Deportierten aus Wien:

»Plötzlich bogen die ersten des Transports unter Leitung der SS-Leute, die unterwegs immer zahlreicher geworden waren, auf eine große Wiese ein. [...] Es regnete stärker und stärker. Was jetzt geschah, kann ich nicht mehr genau berichten, da wir Stunden der größten Panik und Ungewißheit erlebten. Die SS begann plötzlich zu schießen und zu brüllen: Schaut, daß ihr weiterkommt! Vorwärts! Wer innerhalb einer Stunde im Umkreis von 5 km angetroffen wird, wird erschossen, ebenso der, der es unternehmen sollte, nach Nisko zurückzukehren! Geht hinüber zu euren roten Brüdern!«[173]

Allerdings fand die »Nisko-Aktion« ein jähes Ende. Am 19. Oktober teilte das SD-Hauptamt per Fernschreiben nach Mährisch-Ostrau/Ostrava mit, daß »die Umsiedlung und Abschiebung von Polen und Juden in das Gebiet des künftigen polnischen Reststaates einer zentralen Leitung be-

---

ßend BdS im Protektorat Böhmen und Mähren, im Mai 1940 in gleicher Funktion im besetzten Norwegen. Im Juni 1941 übernahm er die Führung der Einsatzgruppe A, ab Herbst 1941 war er dann zugleich BdS im Reichskommissariat Ostland, das Estland, Lettland, Litauen und Teile von Weißrußland umfaßte. Bei einem Zusammenstoß mit Partisanen wurde er im März 1942 getötet.

170 Nach Longerichs Überlegung war ein Durchgangslager geplant, das als eine Art Schleuse an der Grenze zum Distrikt Lublin dazu dienen sollte, von hier aus die Deportierten in das »Judenreservat« zu lenken (Longerich, Politik der Vernichtung, S. 258).

171 Safrian, Eichmann-Männer, S. 74.

172 Zur Deportation aus Mährisch-Ostrau/Ostrava vgl. Yahil, Shoah, S. 205 f.

173 Bericht eines anonymen Teilnehmers des Transports aus Wien vom 26.10.1939, zitiert nach Safrian, Eichmann-Männer, S. 78.

darf« und deshalb grundsätzlich eine Genehmigung der Deportationen von Berlin aus erforderlich sei.[174] Eichmann, der die Transporte aus Wien in Nisko persönlich empfangen hatte, reiste daraufhin über Ostrau/Ostrava nach Berlin weiter, um dort zu erfahren, daß die Deportationen nach Nisko einzustellen seien, allein der zweite Transport aus Wien am 26.10. und ein weiterer am selben Tag von Mährisch-Ostrau/Ostrava sollten noch erfolgen.[175]

Es ist bis heute ungeklärt, welchen Stellenwert die Deportationsversuche nach Nisko gehabt haben. Es mag sein, daß Eichmann, der zwischen dem 7. und 24. Oktober ohne Pause zwischen Berlin, Wien, Ostrau, Warschau, Kattowitz und Galizien hin und her reiste und für seine Vorgesetzten in Berlin kaum zu erreichen war, zu selbständig und zu weitgehend agierte.[176] Aber die Tatsache, daß Eichmann mit den Deportationen betraut wurde, und die Vehemenz, mit der er sie betrieb, legen die Vermutung nahe, es habe sich hier gewissermaßen um einen »Modellversuch« gehandelt, mit dem Heydrich und das neuerrichtete RSHA die Durchführbarkeit von Deportationen aus dem Deutschen Reich und Österreich in ein »Judenreservat« in Polen unter Beweis stellen wollten.[177] Trotz des Stopps der »Nisko-Aktion« ließ das RSHA Ende Ok-

---

174 Fernschreiben SD-Hauptamt an Sipo und SD Donau, Mährisch Ostrau, zu. Hdn. SS-HStuf. Eichmann, 19.10.1939, zitiert nach Goshen, Eichmann, S. 92.

175 Ebenda; sowie Safrian, Eichmann-Männer, S. 78–79. Das Lager nahe dem polnischen Dorf Zarzecze bei Nisko blieb noch bis April 1940 bestehen und wurde dann, nach Protesten des Landrats und der Militärverwaltung gegen den »nun völlig planlos einsetzenden Zustrom jüdischer Flüchtlinge und Emigranten«, so die 44. Division am 25.11.1939, aufgelöst. Die überlebenden 501 Juden wurden nach Wien beziehungsweise Mährisch-Ostrau zurückgeschickt (Goshen, Eichmann, S. 92–96); zum Schicksal des dritten Transports aus Mährisch-Ostrau/Ostrava siehe jetzt Přibyl, Schicksal.

176 So die These von Goshen, Eichmann (siehe oben, Anm. 167). Christopher Browning macht hingegen geltend, daß am 15.10. (genau: am 18.10.) der erste Transport mit Baltendeutschen eintraf und damit alle Anstrengungen auf die Umsiedlung konzentriert werden mußten, und die Deportationen aus Oberschlesien, dem Altreich und dem Protektorat hintan gestellt wurden (Browning, Umsiedlungspolitik, S. 19 f.).

177 Vgl. Longerich, Politik der Vernichtung, S. 256–261. Leni Yahil verweist auf den Vermerk Eichmanns vom 6.10.1939 zu Müllers Auftrag, dem zufolge die Aktion

471

tober den SD-Oberabschnitt Wien wissen, daß das OKW keineswegs eine generelle Transportsperre in den Lubliner Raum verhängt habe und es durchaus denkbar sei, einzelne Deportationen von Wiener Juden einzuschieben.[178]

Eichmann selbst präsentierte sich hier keineswegs als ein subalterner Befehlsempfänger, sondern mit forschem Selbstbewußtsein, zielstrebigem Engagement und zynischem Organisationsgeschick.[179] Galt Eichmann schon durch seine Tätigkeit im Referat II 112 des SD-Hauptamtes als »Judenexperte«, so festigte er als Leiter der Wiener »Zentralstelle für jüdische Auswanderung« seinen Ruf als Praktiker der Vertreibung. Zwei Monate später, am 21. Dezember 1939, gab Heydrich bekannt, daß er Adolf Eichmann zu seinem Sonderreferenten für die »Räumung der Ost-

---

ausdrücklich »in erster Linie dazu dienen [soll], Erfahrungen zu sammeln, um auf Grund dieser derart gesammelten Erfahrungen die Evakuierung größerer Massen durchführen zu können« (Yahil, Shoah, S. 220). Peter Longerich unterstreicht, daß die Nisko-Aktion als Deportation in ein Gebiet, das kaum genügend Existenzmittel für die Vielzahl der Deportierten bot, sowie die gewalttätigen Vertreibungen über den San bereits eine hohe Todesrate und das Aussterben der Deportierten antizipierte, das physische Ende der Deportierten mit dieser Aktion bereits in den Blick genommen worden war (Longerich, Politik der Vernichtung, ebenda; ebenso Yahil, Shoah, S. 231 f.).

178 Longerich, Politik der Vernichtung, S. 258 f. Auf einer Inspektionsreise des stellvertretenden Generalgouverneurs Seyß-Inquart empfahl der Lubliner Distriktchef SS-Brigadeführer Schmidt das Gebiet um Włodawa am Bug noch einmal in unverhohlen mörderischer Absicht: »Dieses Gebiet mit seinem stark sumpfigen Charakter könnte nach den Erwägungen des Distriktgouverneurs Schmidt als Judenreservat dienen, welche Massnahme womöglich eine starke Dezimierung der Juden herbeiführen könne.« (Bericht über eine Inspektionsreise Seyß-Inquarts in die Distrikte Warschau, Lublin und Radom vom 17.–22. 11. 1939, IMG, Bd. 30, S. 84–101 [2278-PS], hier: S. 95, vgl. dazu Safrian, Eichmann-Männer, S. 87 f., Aly, Endlösung, S. 34) Für den Stopp der Nisko-Aktion dürften vor allem die gigantischen Ansiedlungs- und Umsiedlungspläne verantwortlich gewesen sein (siehe Anm. 176). Außerdem machte das OKW Bedenken gegen eine »Zusammenballung von Juden« in einem Gebiet geltend, das als »vorgeschobenes Glacis« eminente militärische Bedeutung besaß (vgl. Longerich, Politik der Vernichtung, S. 259).

179 In diesem Sinn beurteilt auch Goshen Eichmanns Engagement (Goshen, Eichmann, S. 77; ebenso Safrian, Eichmann-Männer, S. 80).

provinzen«, wenig später mit der Referatsbezeichnung IV-R benannt, bestimmt habe.[180]

»Germanisierung« der westpolnischen Gebiete

Die Heeresführung hatte am 20. September im Prinzip zugestanden, daß die »Germanisierung« der eroberten westpolnischen Gebiete Sache der Zivilverwaltung und der Polizeikräfte sein sollte. Der Rest des militärischen Widerstands gegen die ethnischen Säuberungen verlor sich in Rückzugsgefechten.[181] Hitler, der bereits zu Beginn des Krieges deutlich gemacht hatte, daß dieser Krieg rücksichtslos und mit aller Härte geführt werden solle, amnestierte per »Gnadenerlaß« vom 4. Oktober 1939 alle Taten, die seit dem 1. September »aus Erbitterung wegen der von den Polen verübten Greuel« begangen worden waren, rechtskräftig erkannte Strafen seien zu erlassen, anhängige Strafverfahren einzustellen.[182] Der Oberbefehlshaber Ost, General von Rundstedt,[183] gab am 10. Oktober –

---

180 Heydrich an BdS Krakau und IdS in Breslau, Posen, Danzig, Königsberg, 21. 12. 1939, mit Bezug auf eine Dienstbesprechung am 19. 12. 1939, BArch R 58/240, Bl. 26.

181 Vgl. dazu vor allem Müller, Heer und Hitler, S. 435–470.

182 »Gnadenerlaß des Führers und Reichskanzlers vom 4. Oktober 1939«, gedruckt in: Moll, Führer-Erlasse, S. 99 f. Von Brauchitsch begegnete dieser unmißverständlichen nachträglichen Außerkraftsetzung der Urteile der Kriegsgerichte mit einer Richtlinie vom 7. 10. 1939, die festlegte, daß Taten wie Plünderungen, Erpressungen, Diebstähle, Vergewaltigungen nicht als Handlungen gelten sollten, die »aus Erbitterung wegen der von den Polen verübten Greuel« begangen worden seien. Diese Verordnung aber verhinderte nicht, daß Erschießungen von Geiseln, Juden und Polen straffrei ausgingen. Obwohl der Erlaß Taten, die nach dem 4. 10. verübt wurden, nicht abdeckte, setzte sich Hitler persönlich dafür ein, daß das Todesurteil gegen einen Major, der in Preußisch Stargard/Starogard Anfang November 1939 nach einem »Herrenabend« in betrunkenem Zustand vier verhaftete Frauen eigenhändig per Genickschuß tötete, weil sie »biologisch minderwertig« seien, aufgehoben wurde, weil das Gericht die Psychologie eines Soldaten im Krieg angeblich nicht zu würdigen in der Lage gewesen sei (Krausnick/Wilhelm, Truppe des Weltanschauungskrieges, S. 82 f.; Groscurth, Tagebücher, S. 412 f.).

183 Am 3. Oktober hatte der Oberbefehlshaber der Heeresgruppe Süd, General von Rundstedt, als Oberbefehlshaber Ost die gesamte Kommandogewalt übernom-

473

offensichtlich in Kenntnis der Ernennung Himmlers zum Verantwortlichen für die Volkstumspolitik drei Tage zuvor – zurückweichend einen Erlaß heraus, in dem er als Grund für den noch nicht befriedeten Zustand des besetzten Landes unter anderem »gewisse bevölkerungspolitische Maßnahmen« nannte, mit denen aber »das Militär nichts zu tun« habe.[184] Als Hitler am Abend des 17. Oktobers Keitel eröffnete, im besetzten restpolnischen Gebiet die Militärverwaltung aufzuheben, merkte er sogleich an, daß die Wehrmacht es doch begrüßen solle, wenn sie sich von den Verwaltungsfragen in Polen absetzen könne. Dann skizzierte Hitler, wie er sich die Zukunft Polens vorstellte: Dort sollte keine Musterprovinz entstehen, sondern verhindert werden, daß »eine polnische Intelligenz als Führerschicht aufmacht«. Ein »niederer Lebensstandart [sic]« sollte bleiben, »wir wollen dort nur Arbeitskräfte schöpfen«. Das ganze Gebiet habe als vorgeschobenes Glacis und für einen militärischen Aufmarsch zu dienen.

»Alle Ansätze einer Konsolidierung der Verhältnisse in Polen müssen beseitigt werden. Die ›polnische Wirtschaft‹ muß zur Blüte kommen. Die Führung des Gebietes muß es uns ermöglichen, auch das Reichsgebiet von Juden und Polacken zu reinigen.«

Und Hitler fügte kennzeichnend hinzu, daß die Verwaltung dort mit klaren eigenen Befehlskompetenzen arbeiten müsse und nicht von Berlin abhängig sein dürfe:

»Die Durchführung bedingt einen harten Volkstumskampf, der keine gesetzlichen Bindungen gestattet. Die Methoden werden mit unseren sonstigen Prinzipien unvereinbar sein.«[185]

---

men. Mehrere Armeen wurden aus Polen herausgezogen, beim »Oberost« verblieben die 3., 8. und 14. Armee, nunmehr umbenannt in Grenzabschnitt Nord, Mitte und Süd, sowie die Militärbefehlshaber Posen und Danzig-Westpreußen (Das Deutsche Reich und der Zweite Weltkrieg, Bd. 2, S. 132).

184 Krausnick/Wilhelm, Truppe des Weltanschauungskrieges, S. 84.

185 »Besprechung des Führers mit Chef OKW über die künftige Gestaltung der polnischen Verhältnisse zu Deutschland (Vom 17.10.1939 abds.)«, IMG, Bd. 26, S. 377–383 (864-PS). Von Brauchitsch war entgegen allen vorherigen Zusagen zu dieser Besprechung nicht hinzugezogen worden; vgl. dazu Eisenblätter, Grundlinien, S. 9–11.

Mit dem 25. Oktober endete die Militärverwaltung in den besetzten polnischen Gebieten, tags darauf übernahm Hans Frank die Leitung des Generalgouvernement genannten Restpolens beziehungsweise die Gauleiter Forster und Greiser die politische Führung in den annektierten westpolnischen Gebieten.[186]

Bevor noch der Strom der volksdeutschen Umsiedler aus dem Baltikum die Vertreibungspläne forcierte, hatte die Entscheidung der NS-Führung, das Wartheland, Danzig-Westpreußen und Ostoberschlesien ethnisch zu säubern und in rein deutsche Gebiete zu verwandeln, eine neue Radikalisierung der antisemitischen Politik verursacht. Die Vertreibung der Juden vom Land, ihre Ghettoisierung in den Städten und schließliche Deportation nach Restpolen wie auch der selbstgeschaffene zeitliche Druck und die große Zahl der Opfer forcierten die einzusetzende Gewalt. Bezeichnenderweise hat Himmler darauf beharrt, daß die Polizeigrenze entlang der alten Reichsgrenze verlief, das heißt die annektierten Gebiete damit nicht dem Polizeirecht des Altreiches unterstanden. Himmler berief sich dabei ausdrücklich auf die »mit der Umsiedlung zusammenhängenden Probleme«.[187]

Ebenfalls am 17. Oktober traf Hitler eine Entscheidung, die weit über den Herbst 1939 hinaus grundlegende Bedeutung für die Verselbständigung von SS und Polizei besaß: die Herauslösung der SS und Polizei aus

---

186 Hitlers Entschluß, sich jetzt gegen die Westmächte zu wenden, hat sicher dazu beigetragen, daß die Generalität dem »lästigen Osten« den Rücken kehrte. Eine kritische Denkschrift des neuen Oberbefehlshabers Ost, Generaloberst Blaskowitz, kommentierte Hitler Anfang November barsch, daß man mit »Heilsarmee-Methoden« keinen Krieg führen könne (Broszat, Nationalsozialistische Polenpolitik, S. 41; zu den verschiedenen Blaskowitz-Denkschriften vgl. auch Eisenblätter, Grundlinien, S. 161–163; Stahl, Blaskowitz). Oppositionelle Offiziere wie Groscurth sorgten indes für die Verbreitung der Blaskowitz-Denkschriften, die innerhalb der höheren Generalität Aufsehen erregten. Der Oberbefehlshaber der Heeresgruppe B, Generaloberst von Bock, notierte am 20.11.1939 in seinem Tagebuch: »Ich höre hier Vorgänge aus der ›Kolonisierung‹ des Ostens, die mich tief erschrecken. Macht man dort weiter so, so werden diese Methoden sich einmal gegen uns kehren!« (Müller, Heer und Hitler, S. 441 f.; zur Annexion der westpolnischen Gebiete vgl. ausführlich Madajczyk, Okkupationspolitik, S. 30–63)
187 So in einem Schreiben Himmlers an Frick vom 28.9.1940, zitiert nach Broszat, Nationalsozialistische Polenpolitik, S. 37. Lediglich Danzig und Oberschlesien wurden in die polizeiliche Abgrenzung des Reiches aufgenommen.

der Wehrmachts- beziehungsweise der ordentlichen Gerichtsbarkeit und die Einrichtung einer eigenen Sondergerichtsbarkeit in Strafsachen für Angehörige der Waffen-SS, der SS-Totenkopfverbände und der Angehörigen der Polizeiverbände »bei besonderem Einsatz«.[188] Himmler stellte dazu in einem Erlaß vom April 1940 fest, daß die gesamte Sicherheitspolizei einschließlich des SD in besonderem Einsatz stehe und das Einsatzgebiet während des Krieges »unbegrenzt« sei.[189] Damit war eine entscheidende Zäsur gesetzt für die »Entgrenzung« von Sicherheitspolizei und SD, deren Einsatz keiner Kontrolle mehr durch die regulären Kriegsgerichte der Wehrmacht unterlag.[190]

Nach Heydrichs Drängen auf der Amtschefbesprechung vom 14. Oktober 1939, daß die »Liquidierung des führenden Polentums« bis zum 1. November durchgeführt sein müßte, da die SS-Führung von diesem Zeitpunkt als dem Ende der Militärverwaltung und damit des Standrechts ausging,[191] begann mit der »Intelligenzaktion« die zweite massive Verhaf-

---

188 Darüber hinaus waren auch die hauptamtlichen Angehörigen der Reichsführung-SS, der Stäbe der Höheren SS- und Polizeiführer und Angehörige der SS-Junkerschulen der Sondergerichtsbarkeit unterstellt. An die Stelle der Kriegsgerichte traten nun SS- und Polizeigerichte, deren Zusammensetzung in der Entscheidung von Himmler als Gerichtsherrn lag (Verordnung über eine Sondergerichtsbarkeit in Strafsachen für Angehörige des SS und für Angehörige der Polizeiverbände bei besonderem Einsatz, 17. 10. 1939, RGBl. I, S. 2107 f.; vgl. dazu Scheffler, Praxis der SS- und Polizeigerichtsbarkeit; Wegner, Sondergerichtsbarkeit).

189 Krausnick/Wilhelm, Truppe des Weltanschauungskrieges, S. 87.

190 Durch Franks Verordnung vom 31. Oktober 1939 zur »Bekämpfung von Gewalttaten im Generalgouvernement« wurden Taten gegen die deutsche Besatzungsmacht, Beschädigungen von Gebäuden, Brandstiftungen oder Angriffe auf Deutsche, ja der bloße Versuch oder die Kenntnis solcher Taten mit dem Tode bestraft, wobei die Aburteilung durch die Polizeistandgerichte erfolgen sollte. Dadurch war den SS- und Polizeieinheiten faktisch freie Hand gegeben. Frank versuchte allerdings seit Dezember 1939, wieder Einfluß auf die Urteile der Polizeistandgerichte zu nehmen, indem er sich das Gnadenrecht und die Überprüfung von Urteilen vorbehielt. Im Februar 1940 ordnete er per Erlaß an, daß die Vollstreckung der Standgerichtsurteile an seine Genehmigung gebunden sei, Exekutionen dürften ohne seine Genehmigung nicht mehr stattfinden (Eisenblätter, Grundlinien, S. 168 f.).

191 Protokoll der Amtschefbesprechung vom 14. 10. 1939, BArch, R 58/825, Bl. 39 f. Der Inspekteur der Sicherheitspolizei in Danzig, Dr. Tröger, erklärte Mitte Oktober den Führern der Einsatzkommandos, die im Raum Danzig-Westpreußen

tungs- und Exekutionswelle im besetzten Polen, an der unter Führung der Einsatzgruppen in erster Linie Männer des »Volksdeutschen Selbstschutzes« die Erschießungen ausführten.[192] Dr. Rudolf Oebsger-Röder, Führer eines SD-Einsatzkommandos in Bromberg und 1940 wie 1944 für jeweils kurze Zeit im Reichssicherheitshauptamt,[193] führte in einem Bericht an das SD-Hauptamt vom 21. Oktober 1939 aus, daß in den westpreußischen Städten von der Gestapo und vom Selbstschutz »Aktionen durchgeführt [werden], um die poln. Lehrer zu verhaften und in das Zuchthaus Krone anzutransportieren. Es ist geplant, die radikalen polnischen Elemente zu liqudieren.«

In einem anderen Bericht wurde er noch deutlicher:

»Nach dem Willen des Führers soll in kürzester Zeit aus dem polnischbestimmten Pommerellen ein deutsches Westpreussen entstehen. Zur Durchführung dieser Aufgaben machen sich nach übereinstimmender Ansicht aller zuständigen Stellen folgende Massnahmen notwendig: 1) Physische Liquidierung aller derjenigen polnischen Elemente, die a) in der Vergangenheit auf polnischer Seite irgendwie führend hervorgetreten sind oder b) in Zukunft Träger eines polnischen Widerstandes sein können. [...]

---

operierten, er habe von Himmler den Auftrag erhalten, in seinem Bezirk alle Angehörigen der polnischen Intelligenz zu »beseitigen« (Jansen/Weckbecker, Selbstschutz, S. 170).

192 Vgl. dazu vor allem Jansen/Weckbecker, Selbstschutz, S. 111–159. Zur sogenannten »Intelligenz« gehörten im nationalsozialistischen Sinn vorrangig die katholische Geistlichkeit, Lehrer und Hochschullehrer, Funktionäre von politischen Verbänden, insbesondere des polnischen Westmarkenverbandes, Ärzte, Apotheker, Offiziere, höhere Verwaltungsbeamte, Kaufleute, Großgrundbesitzer, Schriftsteller, Hochschulabsolventen (Kleßmann/Długoborski, Nationalsozialistische Bildungspolitik, S. 538 f.). In Krakau erfolgte am 6. November eine spektakuläre und internationales Aufsehen erregende Verhaftungsaktion von Professoren der traditionsreichen Jagiellonen-Universität durch das Einsatzkommando 2 unter Bruno Müller (vgl. dazu Pierzchała, Den Fängen des SS-Staates entrissen; sowie August, Sonderaktion Krakau). Krakau war kein Einzelfall. In Posen/Poznań hatte die Einsatzgruppe VI seit ihrem Eintreffen Mitte September polnische Wissenschaftler verhaftet, in Lublin wurden gleichfalls am 9. und 11. November Hochschullehrer der Katholischen Universität festgenommen und interniert, in vielen Städten des Generalgouvernements wurden im November und Dezember 1939 die allgemeinbildenden Sekundarschulen geschlossen (Kleßmann/Długoborski, Nationalsozialistische Bildungspolitik, S. 542–549).

193 Zu Oebsger-Röder siehe den Biographischen Anhang.

Die angeführten Maßnahmen sind von Anfang an in Angriff genommen worden. Es erscheinen jedoch folgende Bemerkungen nötig, um die Notwendigkeit des Vorschlags zu erhärten: zu 1.) Die Liquidierung wird nur noch kurze Zeit durchgeführt werden können. Dann werden die deutsche Verwaltung sowie andere, außerhalb der NSDAP liegende Faktoren direkte Aktionen unmöglich machen. Auf jeden Fall wird am Ende trotz aller Härte nur ein Bruchteil der Polen in Westpreußen vernichtet sein (schätzungsweise 20 000).«[194]

Nach einem Bericht des Rüstungsinspekteurs Barckhausen vom 21. November waren Verhaftungen von katholischen Geistlichen, die Schließung von Kirchen, Zwangsräumungen, Vertreibungen jüdischer und polnischer Bewohner aus ihren Häusern, Raub und Plünderungen von deren Eigentum und Massenerschießungen an der Tagesordnung.[195] In Warschau verhaftete die Einsatzgruppe IV, die seit Anfang Oktober dort stationiert war – erst noch unter Leitung Beutels, der aber wegen Korruption abgelöst wurde, anschließend seit Anfang November 1939 unter Josef Meisinger – zahllose Polen und Juden und führte im nahe gelegenen Wald von Palmiry Massenerschießungen von mehr als 1700 Menschen durch.[196] Heydrich

---

194 Zitiert nach: ZStL, Einsatzgruppen in Polen, Heft 1, 1962, S. 80 f., Heft 2, S. 173–176. Das selbständige SD-Einsatzkommando Nr. 16 unter Führung von Oebsger-Röder bestand aus insgesamt vier Personen und war direkt dem Führer des SD-Oberabschnitts Nordost, SS-Brif. Sporrenberg, unterstellt (Ermittlungsvermerk GenStAnw KG Berlin, 1 Js 12/65, 10. 12. 1968, S. 174–175). Die Münchner Staatsanwaltschaft sah sich gezwungen, das Ermittlungsverfahren gegen Oebsger-Röder (StAnw München I, 22 Js 156/61) einzustellen, da sich, obwohl durch die o. a. Dokumente bewiesen war, daß der Beschuldigte von den Erschießungen Kenntnis hatte und sie billigte, keine für eine Anklage hinreichenden Beweise finden ließen, daß Oebsger-Röder selbst an Erschießungen beteiligt gewesen war (Einstellungsverfügung StAnw München I, 17. 12. 1962, ZStL 203 AR-Z 313/59, Bd. VI, Bl. 1199 f.). Insgesamt lag die Zahl der vom Selbstschutz Getöteten nach Schätzung von Jansen/Weckbecker zwischen 20 000 und 30 000 Menschen (Jansen/Weckbecker, Selbstschutz, S. 155).

195 Vgl. Eisenblätter, Grundlinien, S. 157; ebenso den Bericht des Befehlshabers Wehrkreis XXI (Posen) an Befehlshaber des Ersatzheeres, 23. 11. 1939, in: Groscurth, Tagebücher, S. 438–439; dokumentiert auch in: Klee/Dreßen/Rieß, Gott mit uns, S. 12–14. Vgl. ebenso die Berichte über Gewalttaten gegen Juden und Polen im Herbst 1939, die die Reichskanzlei erreichten (BArch, R 43 II, 1411 a).

196 Schlußvermerk StAnw LG Berlin, 3 P (K) Js 198/61, 29. 1. 1971, S. 15, 128 f.; Vernehmung Georg Br., 16. 11. 1965, ZStL, 211 AR-Z 13/63, Bd. 4, Bl. 723–727).

selbst charakterisierte in einem Aktenvermerk im Juli 1940 die Weisungen für den Einsatz von SS und Polizei als »außerordentlich radikal« und führte als Beispiel den »Liquidierungsbefehl für zahlreiche polnische Führungskreise, der in die Tausende ging«, an. Die Schwierigkeit bestand nach Heydrich darin, daß den »gesamten führenden Heeresbefehlsstellen und selbstverständlich auch ihren Stabsmitgliedern dieser Befehl nicht mitgeteilt werden konnte, so daß nach außen hin das Handeln der Polizei und SS als willkürliche, brutale Eigenmächtigkeit in Erscheinung trat«.[197] Auch Himmler betonte am 13. März 1940 vor den Befehlshabern des Heeres:

»Exekutionen – der führenden Köpfe der Gegenbewegung – sehr hart, aber notwendig – selbst dabei gewesen – keine wilden Angelegenheiten von Unterführern – ebensowenig von mir. weiß sehr genau, was vorgeht«.[198]

In den Auseinandersetzungen im Herbst 1939 zwischen Heeresleitung und SS-Führung, in denen es weniger um Kriegsverbrechen und Morde als vielmehr um Kompetenzabgrenzung und Unterstellungsverhältnisse ging, hatte die Wehrmachtsführung aufgrund ihres früh gegebenen Einverständnisses zum Volkstumskrieg, der die völkerrechtlichen Grenzen eines Krieges als militärische Auseinandersetzung durchbrach, von vornherein und sehenden Auges den schwächeren Stand. Die Tendenz der Verhandlungsposition seitens der Militärführung gegenüber der Ausrottungspolitik der SS ist augenfällig, wie Klaus-Jürgen Müller festhält:

---

197 Aktenvermerk Heydrich, 2. 7. 1940, gedruckt in: Krausnick, Hitler und die Morde in Polen, S. 206–209. Himmler redete ähnlich am 7. 9. 1940 in Metz vor den Führern der Leibstandarte-SS »Adolf Hitler« über »diesen Winter (1939/40) von 40° Grad Kälte [...], wo wir die Härte haben mußten, Tausende von führenden Polen zu erschießen« (Rede Himmler in Metz, 7. 9. 1940; IMG, Bd. 29 [1918-PS], S. 98–110, Zitat: S. 104).

198 Zitiert nach Krausnick/Wilhelm, Truppe des Weltanschauungskrieges, S. 105. Der anwesende General Ulex gab später an, daß Himmler in dieser Rede gesagt habe: »In diesem Gremium der höchsten Offiziere des Heeres kann ich es wohl offen aussprechen: Ich tue nichts, was der Führer nicht weiß.« Zu den Umständen des Zustandekommens der Rede Himmlers vor den Befehlshabern des Heeres, mit der Himmler sich ursprünglich für das Vorgehen von SS und Polizei rechtfertigen sollte, vgl. Müller, Heer und Hitler, S. 446–452.

»Man wollte damit in keiner Weise zu tun haben, schaute einfach weg, mußte aber notgedrungen zur Wahrung eigener Interessen doch mit den betreffenden Dienststellen verhandeln.«[199]

Rückblickend konnte Heydrich auf die gute Zusammenarbeit »unterhalb der Stäbe« hinweisen, »lediglich über grundsätzliche Fragen der Staatsfeindbekämpfung bestand in vielen Fällen bei den höheren Befehlshabern des Heeres eine grundsätzliche andere Auffassung. Diese Auffassung, die zum großen Teil aus Unkenntnis der weltanschaulichen Gegnerlage heraus entstand, verursachte dann Reibungen und Gegenweisungen gegen die vom Reichsführer-SS nach den Weisungen des Führers sowie des Generalfeldmarschalls durchgeführte politische Tätigkeit.«[200]

Die Entstehung des RSHA aus der Praxis rassistischen Massenmords

Nachdem Himmler am 8. November die Auflösung des Volksdeutschen Selbstschutzes zum 30. des Monats und die Übernahme der Männer in die SS oder andere Parteiorganisationen befohlen hatte,[201] verfügte Best am 20. November 1939 die Auflösung der Einsatzgruppen der Sicherheitspolizei.[202] Bereits am 6. Oktober hatte Best im Hauptamt Sicherheitspolizei

---

199 Ebenda, S. 430.
200 Aktenvermerk Heydrich, 2. 7. 1940, a. a. O. (s. Anm. 197), Zitat: S. 206 f.
201 Zur selben Zeit verbot der Selbstschutz-Führer Ludolf von Alvensleben den Selbstschutz-Einheiten weitere Exekutionen, und auch der Reichsstatthalter von Danzig-Westpreußen, Albert Forster, hatte einem seiner Kreisleiter eine entsprechende Weisung erteilt (Jansen/Weckbecker, Selbstschutz, S. 110, 193). Tatsächlich kam es in mehreren Kreisen trotz des Verbotes weiterhin zu Erschießungen, und auch die Auflösung des Selbstschutzes zog sich bis in das Jahr 1940 hinein (ebenda, S. 193–197). Der Führer des Einsatzkommandos 3 in der Einsatzgruppe I, Dr. Alfred Hasselberg, sagte am 19. 11. 1939 gegenüber dem stellvertretenden Generalgouverneur Seyß-Inquart während dessen Inspektionsreise, daß er den Volksdeutschen Selbstschutz »für eine Belastung« halte (Bericht über eine Inspektionsreise Seyß-Inquarts in die Distrikte Warschau, Lublin und Radom vom 17.–22. 11. 1939, IMG, Bd. 30, S. 84–101 [2278-PS], hier S. 93).
202 CSSD, gez. Dr. Best, 20. 11. 1939, Abschrift in: ZStL, Einsatzgruppen in Polen, Heft 2, S. 183–185.

in Berlin angeordnet, die Tagesberichterstattung des Sonderreferats »Unternehmen Tannenberg« zu beenden, am 17. Oktober befahl Heydrich die Auflösung des Sonderreferats, zugleich wurde im Amt IV des RSHA ein neues, ständiges Polenreferat IV D 2 unter Baatz aufgebaut.[203] Am 23. Oktober, also kurz vor dem Ende der Militärverwaltung, hatte Himmler folgende Befehlshaber der Sicherheitspolizei eingesetzt: für das Gebiet des Oberbefehlshaber Ost, das spätere Generalgouvernement, den Chef der Einsatzgruppe I, SS-Brigadeführer Bruno Streckenbach, für den Militärbezirk Westpreußen den Leiter der Gestapo Danzig, SS-Obersturmbannführer und Regierungsdirektor Dr. Tröger, für den Militärbezirk Posen den Führer der Einsatzgruppe V, Ernst Damzog, und für den Militärbezirk Krakau den SS-Obersturmbannführer und Oberregierungsrat Dr. Harster.[204] Am 20. November wurde nun das Personal der Einsatzgruppen den jeweiligen Dienststellen der Sicherheitspolizei und des SD zugeteilt, die vierzehn Tage zuvor auf Himmlers Weisung eingerichtet worden waren.[205]

Der Führer der Einsatzgruppe I, Bruno Streckenbach, avancierte zum Befehlshaber der Sicherheitspolizei und des SD für das Generalgouvernement mit Sitz in Krakau und wurde im Juni 1940 Chef des RSHA-Amtes I Personal. Die beiden Stabsangehörigen Heinrich Johann zum Broock und

---

203 Erlaß Best, 6. 10. 1939, BArch, R 58/1082, Bl. 210; Erlaß Heydrich, 17. 10. 1939, BArch, R 58/1082, Bl. 211.

204 Reichssicherheitshauptamt S I V 1, gez. Dr. Best, 23. 10. 1939, IfZ, MA 436, fol. 730775.

205 Runderlaß Himmler, 7. 11. 1939, Abschrift, ZStL, Einsatzgruppen in Polen, Heft 1, S. 217 f. Die Angehörigen des überwiegend aus den Stapostellen Danzig und Bromberg rekrutierten Einsatzkommandos 16 wurden wieder zurück nach Graudenz beziehungsweise Bromberg beordert, das Personal des Gruppenstabes der Einsatzgruppe VI, der seit dem 12. September in Posen stationiert war, trat nun zum Stab des IdS Posen über, ein Kommando der Einsatzgruppe zur Stapoleitstelle Posen ein weiteres zur Stapostelle Łódź sowie ein Kommando der Einsatzgruppe V, das bereits in Hohensalza stationiert war, zur Stapo Hohensalza. Die Angehörigen der ehemaligen Einsatzgruppe z.b.V., mit Gruppenstab unter Dr. Rasch seit Anfang September in Kattowitz, gingen zur Stapostelle Kattowitz. Das Personal der Einsatzgruppe I wurde zum KdS Krakau, der Einsatzgruppe II nach Lublin, der Einsatzgruppe III nach Radom und schließlich der Einsatzgruppe IV nach Warschau befohlen (CSSD, gez. Dr. Best, 20. 11. 1939, Abschrift, ZStL, Einsatzgruppen in Polen, Heft 2, S. 183–185).

Georg Schraepel blieben zuerst bei Streckenbach in Krakau. Broock wurde Streckenbachs Adjutant; Schraepel blieb bis zum Frühjahr 1941 Leiter der Kripo in Krakau, dann holte Streckenbach auch ihn ins Amt I nach Berlin als Referenten für Personalfragen der Kriminalpolizei (I A 3), was Schraepel bis zum Kriegsende blieb. Walter Huppenkothen wurde Kommandeur der Sicherheitspolizei und des SD erst in Krakau, dann in Lublin, bevor auch er im Juli 1941 ins Reichssicherheitshauptamt wechselte und Leiter der Gruppe IV E Abwehr wurde. Bruno Müller war bis Dezember 1939 als KdS Krakau der Vorgänger Huppenkothens, gehörte dann im Frühjahr und Sommer 1940 einem Einsatzkommando in den Niederlanden an und kam anschließend als Leiter des Referats III B 4 Einwanderung/Umsiedlung ins RSHA. 1941 folgte er seinem Amtschef Otto Ohlendorf in die Einsatzgruppe D, erst als Angehöriger des Gruppenstabes, dann auch als Führer eines Einsatzkommandos.[206]

Der Chef der Einsatzgruppe II, Emanuel Schäfer, wurde Leiter der Stapostelle Kattowitz, später BdS in Belgrad. Sein Stellvertreter, Dr. Günther Knobloch, blieb zunächst Schäfers Adjutant in Kattowitz und wechselte im Sommer 1941 ins RSHA, wo er im Amt IV die Ereignismeldungen der Einsatzgruppen aus der Sowjetunion bearbeitete. Aus dem Personal der Einsatzgruppe IV rekrutierten sich etliche RSHA-Angehörige. Bernhard Baatz wurde Referent für »Gouvernementsangelegenheiten« (IV D 2). Erich Ehrlinger kam als Leiter des SD zum KdS Warschau, mit ihm gingen Walter von Kielpinski, der später Referent im Amt III in der Gruppe von

---

206 Vgl. Angrick, Einsatzgruppe D, S. 124–126, 199. Ab Dezember 1941 war Müller Leiter der Stapostelle Stettin, von Oktober 1943 bis März 1944 KdS Wolhynien, anschließend in der Einsatzgruppe E in Kroatien, Mai 1944 KdS Rouen, November 1944 beim BdS in Prag. 1947 wurde er von einem britischen Militärgericht zu 20 Jahren Haft verurteilt, weil er in den letzten Kriegswochen noch zum KdS in Kiel ernannt worden war und ihm in dieser Funktion das Arbeitslager Kiel-Hassee unterstand. Mehrere Versuche Polens, Müller wegen seiner Verbrechen in Polen vor ein polnisches Gericht zu stellen, scheiterten. Im September 1953 wurde er aus der Haft entlassen und arbeitete als Versicherungskaufmann. Müller starb 1960 in Oldenburg (BArch, BDC, SSO-Akte Bruno Müller; RMdI, Vorschlag zur Ernennung zum Oberregierungsrat, 2. 2. 1942, BArch DH, ZR 234; August, Sonderaktion Krakau, S. 61–63; Sonderarchiv Moskau, 720-5-6702; StAnw München I, 22 Js 205/61; Sterbeurkunde Standesamt Oldenburg, 417/60, ZStL, II 204 AR-Z 11/61, Bd. 23, Bl. 112).

Wilhelm Spengler werden sollte, Heinz Wossagk, im RSHA Referent im Amt VI SD-Ausland, bevor er zur Volksdeutschen Mittelstelle wechselte, und Heinz Hummitzsch, später im RSHA Referent in der Gruppe III B Volkstum unter Ehlich. 1941 führte Ehrlinger das Einsatzkommando 1b in der Sowjetunion, avancierte zum BdS Minsk und wurde schließlich im April 1944 Amtschef im RSHA.[207]

Von den Kommandoführern nahm Walter Hammer, später als Gruppenleiter im Amt VI, eine wichtige Funktion wahr, Heinz Gräfe setzte seine Karriere ebenfalls im RSHA-Amt VI fort. Anfang 1940 wurde er als Hauptbeauftragter des Amtes VI für die baltischen Staaten eingesetzt und initiierte 1941 das »Unternehmen Zeppelin«, eine vom Amt VI organisierte Spionage- und Sabotageaktion gegen die Sowjetunion.[208] Rudolf Hotzel baute nach dem Einsatz in Polen den SD in Hohensalza auf und wechselte im April 1940 ins RSHA, um dort den Bereich Erziehung und Schulung zu leiten. Im Sommer 1942 wurde er Leiter der Führerschule der Sicherheitspolizei in Berlin.

Bruno Streckenbach blieb noch bis Mitte 1940 in Krakau und war als Befehlshaber der Sicherheitspolizei und des SD verantwortlich für die »Allgemeine Befriedungsaktion«, kurz »AB-Aktion« genannt. In einer »schlagartigen« Aktion wurden am 30. März 1940 etwa 1000 Menschen festgenommen, um einen angeblichen Zusammenschluß verschiedener illegaler Gruppen zu einer einheitlichen Aktion zu verhindern.[209] Am 19. April wurde auf einer Regierungssitzung die »Frage der kurzhändigen Exekution schwer vorbestrafter Elemente« zur Sprache gebracht, ohne daß zu diesem Zeitpunkt bereits eine Entscheidung fiel. Im Mai 1940 begann dann die berüchtigte »AB-Aktion«.[210] Den Hintergrund für den Zeitpunkt der Aktion offenbarte Frank im nachhinein den versammelten Polizeiführern des Generalgouvernements Ende des Monats. Mit dem Beginn der Offensive im Westen am 10. Mai sei das »vorherrschende In-

---

207 Siehe unten, S. 591–601.
208 Siehe unten, S. 671–679.
209 Sitzung des Reichsverteidigungsausschusses in Warschau am 2.3.1940, Diensttagebuch Frank, S.135; Regierungssitzung vom 16.5.1940, ebenda, S.202/203; vgl. auch Brodziej, Terror, S.89–91.
210 Vgl. Madajczyk, Okkupationspolitik, S.187–188; sowie Ramme, Sicherheitsdienst, S.187–189.

teresse der Welt an den Vorgängen hier« erloschen, und nun müsse der Augenblick genutzt werden. Hitler selbst habe ihm gesagt, was jetzt an Führungsschicht in Polen festgestellt sei, das sei zu liquidieren, und was wieder nachwachse, sei sicherzustellen und in einem entsprechenden Zeitraum wieder wegzuschaffen.[211] In den kommenden Wochen wurden rund 2000 Männer und einige hundert Frauen, die bereits in den Gefängnissen einsaßen, in summarischen Standgerichtsverfahren abgeurteilt und hingerichtet. Streckenbach berichtete Ende Mai, daß die »standrechtliche Aburteilung« so gut wie abgeschlossen sei. Darüber hinaus befänden sich in den Karteien der Sicherheitspolizei weitere 2000 Personen, die derzeit festgenommen und entsprechend »zur summarischen Aburteilung« gebracht würden. Er rechne mit einem »75%igen Ergebnis«, das heißt mit weiteren 1500 Hinrichtungen. Ebenfalls sei im Rahmen der »außerordentlichen Befriedungsaktion« ein Kreis von 3000 »Berufsverbrechern« ins Auge gefaßt, die »nur unnötigerweise die Gefängnisse füllen« würden. Diese 3000 Menschen, die »auf Grund ihrer geistigen und moralischen Qualitäten für die anderen Menschen nur eine Belastung bedeuteten, [...] unterlägen natürlich nicht der summarischen Aburteilung, sondern hier genüge allein die Anordnung der außerordentlichen Befriedungsaktion, um sie der Liquidation im Rahmen der Aktion zuzuführen«.[212]

Vergleicht man die mehrjährige Amtszeit Streckenbachs als Gestapochef in Hamburg mit diesen wenigen Monaten in Polen, so wird die Radikalisierung deutlich. Auch in Hamburg war er für willkürliche Verhaftungen, Mißhandlungen, Körperverletzung und sicher auch für den Tod von Häftlingen zumindest mitverantwortlich. Aber in Polen galt der Einsatz der Sicherheitspolizei ganzen Menschengruppen, die verschleppt, vertrieben und getötet wurden. Hunderttausende waren von den »Umsiedlungen« betroffen, Tausende wurden in der »AB-Aktion« ermordet. Streckenbachs Tätigkeit hatte nicht nur eine neue, »völkische« und rassistische Begründung erhalten, sie entwickelte ebenso eine bis dahin kaum vorstellbare mörderische Dimension.

Die gleichförmigen antisemitischen Maßnahmen: Erfassung, Enteignung, Vertreibung, die die Einsatzgruppen von Anfang an betrieben,

---

211 Polizeisitzung am 30. 5. 40, Diensttagebuch Frank, S. 211–212.
212 Ebenda, S. 214–215.

legen eine Weisung nahe, obgleich ein entsprechendes Dokument bislang nicht gefunden wurde. Daß die polnischen Juden schon Monate vor Kriegsbeginn erfaßt werden sollten, belegen die Hagen-Vermerke aus dem SD-Hauptamt vom Mai 1939. Zwar glichen die offiziellen, mit dem OKH abgesprochenen Befehle für die Einsatzgruppen dem bis dahin geltenden polizeilichen Sicherungsauftrag der »Bekämpfung aller reichs- und deutschfeindlichen Elemente in Feindesland rückwärts der fechtenden Truppe«, aber Himmler und Heydrich waren dessenungeachtet offenkundig von Anfang an darauf aus, die Exekutivgwalt für SS und Polizei zu erweitern. Daß die Einsatzgruppen ihrerseits, ebenfalls von Kriegsbeginn an, mit Massenerschießungen gegen die polnische Zivilbevölkerung vorging, und zwar, wie die Ereignisse in Bromberg/Bydgoszcz zeigen, noch bevor Himmlers »Sonderauftrag« durch Hitler bekannt wurde, legt gleichfalls nahe, daß zumindest die extensive Ausweitung des Einsatzbefehls von vornherein Befehlslage war.

Die Praxis der Einsatzgruppen, deren Führungspersonal zum Großteil kurze Zeit später zur RSHA-Führung gehörte, überstieg bei weitem den Terror, den diese Männer zuvor als Stapostellenleiter oder SD-Führer praktiziert hatten. In Polen lernten nicht nur Streckenbach, sondern mit ihm etliche SS-Führer, die später im Reichssicherheitshauptamt für die »Endlösung« verantwortlich waren, in »großen Räumen« zu denken und zivilisatorische Schranken zu überschreiten. In Polen machten diese Männer die Erfahrung rassistischen Massenmords, der in der Art und Weise, wie er verwirklicht wurde, bereits an die Massenerschießungen zwei Jahre später in den besetzten sowjetischen Gebieten erinnert. In der Praxis von Sicherheitspolizei und SD bedeutete der »Einsatz« in Polen ohne Zweifel eine Zäsur. In der chronologischen Abfolge entstand das RSHA offiziell am 27. September, also nach dem Einsatz, und zahlreiche Kommandoführer und Stabsangehörige der Einsatzgruppen traten ihren Dienst im RSHA danach an. Die Massenmordpraxis in Polen im Herbst 1939 stellte damit den eigentlichen Gründungsakt des Reichssicherheitshauptamtes dar.

7. Verfolgung, Vertreibung, Vernichtung 1940/41

Die Aufgabe war eine doppelte. Zum einen sollten aus dem Reich Juden, »Zigeuner«, »Asoziale« ins Generalgouvernement gebracht und dort, in den Begriffen Heydrichs, ein »Judenreservat« beziehungsweise »Reichsgetto« errichtet werden. Zum anderen sollten die annektierten westpolnischen Gebiete »germanisiert«, das heißt die dort lebenden Polen und Juden gleichfalls vertrieben werden, deren Deportation zudem durch das Umsiedlungsprogramm von Volksdeutschen aus dem Baltikum und der Sowjetunion in außerordentlicher Weise dringlich wurde. Für die Ankömmlinge hatten Wohnungen, Häuser und Höfe zur Verfügung zu stehen, was bedeutete, daß zu deren Ankunftsterminen – und die Sowjets legten auf die rasche Abschiebung der Deutschen aus ihren Gebieten Wert – eine entsprechende Anzahl an Menschen deportiert werden mußte. Innerhalb von acht Wochen wurde die Vertreibung von 60 000 Menschen im Spätherbst 1939 organisiert – ein selbstgesteckter enormer Zeitdruck, der nicht nur zu Improvisation und Überstürzung führte, sondern ebenso zu Radikalisierung.

Und doch scheiterte der Plan eines »Reichsgettos« im besetzten Polen, weil sich die deutsche Besatzungsverwaltung außerstande sah, Hunderttausende in kürzester Zeit aufzunehmen. Hitler selbst beklagte im März 1940, daß die »Judenfrage« eigentlich nur eine Raumfrage sei, die aber gerade schwer zu lösen sei, weil ihm ein entsprechender Raum nicht zur Verfügung stünde.[1] Nach der Niederlage Frankreichs schien daher der alte antisemitische Plan, die Juden nach Madagaskar zu bringen, die »Lösung« für dieses Dilemma zu sein. Obwohl ohne die Einwilligung der Seemacht England ein solches Unternehmen gar nicht zu realisieren war, arbeiteten Auswärtiges Amt wie RSHA intensiv an den Madagaskarplänen, die allerdings im Sommer 1940 mit Hitlers Entscheidung, nicht England, sondern erst die Sowjetunion anzugreifen, bereits Makulatur waren.

---

1 Aufzeichnung Hewel über ein Gespräch Hitlers mit Colin Ross am 12. 3. 1940, nach Browning, Umsiedlungspolitik, S. 24.

Dort jedoch, wo die Vertreibung in den besetzten Gebieten möglich war, suchten Sicherheitspolizei und SD das Projekt eines »judenreinen« Europas voranzutreiben. Trotz der politischen Grenzen, die dem RSHA in Frankreich, Belgien, Holland oder Norwegen gesteckt waren, bemühte es sich von Beginn der Besetzung an, ebendiese Grenzen zu unterlaufen, zu durchbrechen oder auszudehnen. Heydrich schreckte in Frankreich selbst vor einem inszenierten Bombenanschlag, der deutsche Soldaten verletzte, nicht zurück, um die antisemitische Stimmung anzuheizen. Im Elsaß und in Lothringen bot die radikale Allianz des RSHA mit den NSDAP-Gauleitern und Hitler einen größeren Aktionsradius als in Frankreich oder Belgien, so daß hier Sicherheitspolizei und SD Zehntausende Juden und Franzosen in den unbesetzten Teil Frankreichs vertrieben.

Dennoch blieb das Dilemma bestehen, daß für die »territoriale Endlösung« (Heydrich) kein Territorium zur Verfügung stand. Der Krieg gegen die Sowjetunion ließ die Planer im RSHA hoffen, damit endlich die selbstgeschaffenen Probleme »lösen« zu können. Die Deportation der europäischen Juden in den Osten schien der Ausweg aus allen Schwierigkeiten zu sein, mit denen das RSHA 1940 konfrontiert wurde. Zugleich radikalisierte der Charakter des geplanten Kriegs gegen die Sowjetunion als Rassen- und Weltanschauungskrieg, der mit aller Rücksichtslosigkeit geführt werden sollte, die antisemitische Politik des RSHA. Der »jüdische Bolschewismus« sollte radikal vernichtet werden; die Einsatzgruppen erhielten den klaren Mordauftrag, »alle Juden in Partei- und Staatsstellungen« zu töten. Schon in den ersten Tagen nach dem Angriff erfaßten die Erschießungen alle wehrfähigen jüdischen Männer, und ab Juli/August verschärfte Himmler selbst das Ausmaß des Tötens, indem er befahl, auch Frauen und Kinder in die Hinrichtungen einzubeziehen, damit keine späteren »Rächer« entstünden. Die Einsatzgruppen gingen dazu über, ganze jüdische Gemeinden auszulöschen.

In drei Fallstudien zu Erwin Schulz, Martin Sandberger und Erich Ehrlinger sollen individuelle Verhaltensweisen auf den systematischen Massenmord innerhalb der Führungsgruppe des RSHA gezeigt werden. Alle drei waren als Einsatzkommandoführer unmittelbar an den Mordtaten beteiligt und legten ihren Verbrechen doch unterschiedliche Legitimationen zugrunde, die wiederum den Grad der Teilnahme am Massenmord bestimmten. Schulz, Sandberger und Ehrlinger stehen exemplarisch für das RSHA-Führerkorps in jener entscheidenden Phase 1941/42, in denen das rassistisch-völkische Projekt eines »judenreinen Europas« in die Vernichtung der europäischen Juden mündete.

Deportationen ins Generalgouvernement

Das RSHA war von vornherein in die Siedlungspläne und Deportationen des NS-Regimes involviert, nachdem Hitler entschieden hatte, keinen polnischen Staat mehr zu dulden, sondern die westpolnischen Gebiete zu annektieren und das restpolnische Gebiet als »Generalgouvernement« unter deutsche Verwaltung zu stellen. In der Besprechung mit Keitel am 17. Oktober 1939 legte Hitler seine Pläne offen. Polen sollte dem militärischen Aufmarsch dienen und, wie Hitler sich nach den Notizen Keitels ausdrückte, um »das Reichsgebiet zu reinigen von Juden u. Polacken«. Ein solcher »harter Volkstumskampf« gestatte »keine gesetzlichen Bindungen«. Die Verwaltung des Generalgouvernements könne weder ein Teil deutscher Administration sein noch könne ein Ministerium in Berlin die Verantwortung tragen. »Wir wollen nichts dort machen, was wir hier machen!« so Hitler klar und eindeutig. »Die Methoden werden mit unseren Prinzipien unvereinbar sein!«[2]

Für solcherart »Volkstumskampf« war das Reichssicherheitshauptamt die adäquate Institution. Es bündelte die erforderliche exekutive Macht, um die »Germanisierung« der annektierten westpolnischen Gebiete durchzusetzen, und es stand als Institution außerhalb der Berliner Ministerialbürokratie. In Zusammenarbeit mit dem RKF-Führungsstab, den Himmler mit Ulrich Greifelt an der Spitze eingerichtet hatte,[3] und den jeweiligen Gauleitern organisierte das RSHA die Deportation von Polen und Juden aus dem Wartheland und Westpreußen. Am 9. Oktober 1939 notierte Heydrich, daß angesichts der zu erwartenden mehreren zehntausend Baltendeutschen in »Gotenhafen« (Gdingen/Gdynia) »eine weitge-

---

2 Aufzeichnung Keitels vom 20.10.1939 über eine Unterredung mit Hitler am 17.10.1939, IMG, Bd. 26, S. 378–383 (864-PS); vgl. auch Broszat, Polenpolitik, S. 35.

3 Greifelt datierte nach dem Krieg diese erste Anordnung zur Einrichtung eines Führungsstabes auf den 17.10.1939 (Eidesstattliche Erklärung, 8.5.1947, Nbg. Dok. NO-3978; vgl. auch Koehl, RKFDV, S. 249–251).

488

hende Räumung der Stadt von ihrer polnischen Bevölkerung« erforderlich sein werde, die in das besetzte Polen abgeschoben werden solle.[4] Vier Tage später ordnete er die Gründung einer Einwandererzentralstelle Nord-Ost (später Einwandererzentralstelle, EWZ) in Gotenhafen/Gdingen an, deren Aufgabe in der »rassischen Bewertung«, Einbürgerung und auch in der vorübergehenden Unterbringung der baltendeutschen Volksdeutschen aus dem Baltikum und der Sowjetunion bestehen sollte.[5] Zum Leiter der EWZ bestimmte er Dr. Martin Sandberger, der wenige Tage zuvor aus Stuttgart ins RSHA nach Berlin befohlen worden war und dort von Heydrich persönlich den Auftrag erhalten hatte, die neueingerichtete EWZ zu führen.[6] Deren Pendant, die Umwandererzentralstelle (UWZ), die ihrerseits die »Aussiedlung« von Polen und Juden vor Ort zu organisieren hatte, wurde einen Monat später geschaffen.[7]

---

4 Ausarbeitung Heydrich zum »Abtransport der deutschen Volksgruppe aus Lettland und Estland nach Gotenhafen«, 9. 10. 1939 (zitiert nach Aly, Endlösung, S. 45). Bis zum 25. 10. 1939 wurden etwa 38 000 Polen vertrieben (Madajczyk, Okkupationspolitik, S. 407).

5 Nach Aussage Ehlichs war Himmler selbst auf den Gedanken gekommen, das Einbürgerungsverfahren für die Baltendeutschen, das ansonsten lange Zeit und etliche Behördengänge in Anspruch genommen hätte, zu vereinfachen und – nach dem Muster von Eichmanns Zentrale für jüdische Auswanderung in Wien – alle beteiligten Instanzen in einer Stelle zusammenzufassen. Die Dienstaufsicht für die EWZ lag bei der RSHA-Gruppe III B (Eidesstattliche Erklärung Hans Ehlich, 19. 9. 1947, IfZ, ZS 877; vgl. auch Lumans, Himmler's Auxiliaries, S. 189–192).

6 Camp 020 Interim Interrogation Report Martin Sandberger, Oktober 1945, NA, RG 319, Box 191, File XE000855 Sandberger. Nach Sandbergers Aussage hatte Ohlendorf für diese Kommandierung gesorgt, da er Sandbergers Berichte aus Stuttgart schätzte. Am 10. 10. 1939 sei er, Sandberger, mit einer Reihe von Beamten, die für die EWZ vorgesehen waren, nach Danzig gereist. Die Eile sei notwendig gewesen, da die ersten Transporte mit Volksdeutschen aus Tallinn bereits unterwegs waren (ebenda). Zu Sandberger siehe oben, S. 98–104 und 170–173.

7 Die UWZ wurde am 11. 11. 1939 auf Anweisung des HSSPF Koppe in Posen mit der noch bis Ende April 1940 geltenden Bezeichnung »Amt für die Umsiedlung der Polen und Juden« gegründet und unterstand den Ämtern III (Ehlich) und IV (Eichmann) des RSHA. Für die »Evakuierung der Fremdstämmigen aus dem Warthegau« benutzte die UWZ alle lokalen Polizeidienststellen. Offiziell war Ernst Damzog als IdS Posen der Leiter der UWZ, de facto wurde sie von seinem Stellvertreter Rolf Heinz Höppner geführt. (Aly, Endlösung, S. 68, 91; Madajczyk, Okkupationspolitik, S. 406).

Am 30. Oktober 1939 gab Himmler die Ziele vor: Aus den ehemaligen westpolnischen Provinzen sollten alle Juden (etwa 550 000 Menschen), aus Danzig-Westpreußen alle sogenannten Kongreßpolen, also im Sprachgebrauch der deutschen Bevölkerungspolitiker diejenigen, die nach 1919 in diese Gebiete zugewandert waren, und aus den Provinzen Posen, Süd- und Ostpreußen sowie Ostoberschlesien eine noch näher zu bestimmende Zahl »besonders feindlicher polnischer Bevölkerung« in das Generalgouvernement deportiert werden, insgesamt nahezu eine Million Menschen.[8] Am 1. November gab es ein erstes koordinierendes Gespräch zwischen dem Chef des RKF-Stabes Ulrich Greifelt, dem Leiter der Abteilung »Menscheneinsatz« beim RKF, Ernst Fähndrich, Otto Ohlendorf und Hans Ehlich vom Amt III des RSHA sowie Martin Sandberger.[9] Tags zuvor war Ehlich innerhalb des RSHA mit der Leitung des neuen »Einwanderungs- und Siedlungsreferats für die besetzten Gebiete« (III ES) beauftragt worden, da, wie es in der Anordnung hieß, »in der Durchführung der Baltenübersiedlung« bei der EWZ in Gotenhafen/Gdingen täglich Fragen und Probleme aufgeworfen würden, »die einer sofortigen grundsätzlichen Klärung und Bearbeitung im Reichssicherheitshauptamt bedürfen«.[10] Die Anbindung an das Amt III hatte ihren Grund darin, daß die Prüfung der völkisch-rassischen Eignung der Baltendeutschen in das Gebiet der Rasse- und Volkstumspolitik des SD fiel und Ehlich als Experte galt, zumal er im September/Oktober 1939 als Angehöriger der Einsatzgruppe V seine Fähigkeiten auch in der Praxis von Verfolgung und Vertreibung hatte unter Beweis stellen können.[11]

Für »Abmarsch und Transport« hatte Himmler die regionalen Höheren SS- und Polizeiführer als Beauftragte des RKF verantwortlich gemacht,[12] woraufhin sich am 8. November Generalgouverneur Hans Frank mit Wil-

---

8 Anordnung RKF, Himmler, I/II, 30. 10. 1939, BArch, R 75/3 b, gedruckt in: Faschismus – Getto – Massenmord, S. 42 f.

9 Vermerk Ehlich, 1. 11. 1939, BArch, R 69/493, Bl. 8 ff.; Aly, Endlösung, S. 65 f.

10 Anordnung RSHA I HB, gez. Best, 31. 10. 1939, BArch, R 58/240, Bl. 17.

11 Vgl. auch Eidesstattliche Erklärung Ehlich, 19. 9. 1947, IfZ, ZS 877, in der er die Zusammenarbeit mit dem Stabshauptamt des RKF sowie die Beteiligung von III B sowohl bei Ansiedlungen der Volksdeutschen als auch bei »Umsiedlung« der Polen erläuterte; zu Ehlichs Werdegang siehe oben, S. 176–180.

12 Anordnung RKF, Himmler, I/II, 30. 10. 1939, a. a. O. (s. Anm. 8).

helm Koppe, HSSPF in Posen, Friedrich-Wilhelm Krüger, HSSPF in Krakau, und dessen BdS Bruno Streckenbach trafen, um die Deportationen vorzubereiten.[13] Allerdings wurde rasch deutlich, daß die Vorgaben Himmlers illusorisch waren. Keine vierzehn Tage nach Himmlers Anordnung reduzierte Koppe die Zahl der zu vertreibenden Menschen aus dem »Warthegau«. Bis Ende Februar 1940 sollten »zunächst 200 000 Polen und 100 000 Juden« vor dem Eintreffen der Volksdeutschen aus dem Baltikum, Wolhynien und Galizien vertrieben werden.[14] Ende November verminderte Heydrich die Deportationszahlen erneut, indem er das Umsiedlungsprogramm in einen Nah- und einen Fernplan teilte. Demnach sollten im Rahmen dieses 1. Nahplans noch im Dezember 1939 80 000 Menschen vertrieben werden, um 40 000 Volksdeutschen Platz zu machen. Der Fernplan sah die vollständige »Entpolonisierung und Entjudung der deutschen Ostprovinzen« vor.[15]

Tatsächlich wurden bis zum 17. Dezember fast 88 000 Menschen unter unsäglichen Bedingungen in das Generalgouvernement deportiert: in ungeheizten Viehwaggons, ohne Verpflegung, oftmals sogar ohne Trinkwas-

---

13 Protokoll der Besprechung vom 8. 11. 1939, gedruckt in: Documenta Occupationes Teutonicae, Bd. I–XII, VIII, Poznań 1946, hier Bd. VII, S. 3 ff. Streckenbach stellte auf dieser Sitzung den erweiterten Deportationsplan vor, dem zufolge bis Ende Februar 1940 »sämtliche Juden und Kongreßpolen aus den Reichsgauen Danzig und Posen sowie aus Ostoberschlesien und Süd-Ostpreußen evakuiert« werden sollten (Longerich, Politik der Vernichtung, S. 263; Aly, Endlösung, S. 67). Acht Tage zuvor, am 31. 10. 1939, war bereits auf einer Polizeibesprechung für das Generalgouvernement unter Vorsitz von Hans Frank u. a. vereinbart worden, ab dem 15. 11. das gesamte polnische Eisenbahnnetz dem Generalgouvernement (nun unter der deutschen Firmierung »Ostbahn«) für die Vertreibung bereitzustellen (Hilberg, Vernichtung, S. 215).

14 Rundschreiben Koppe, 12. 11. 1939, zur »Abschiebung von Juden und Polen aus dem Reichsgau ›Wartheland‹, gedruckt in: Faschismus – Getto – Massenmord, S. 43–46, vgl. Aly, Endlösung, S. 68 f.

15 Der Fernplan selbst ist bisher als Dokument nicht aufgefunden worden, aber es existiert ein Entwurf, offenkundig aus dem Amt III, »Fernplan der Umsiedlung in den Ostprovinzen« (BArch, R 69/1146, Bl. 1–13; zur Zuschreibung und Datierung vgl. Aly, Endlösung, S. 70 f.). Longerich weist darauf hin, daß zur gleichen Zeit ähnlich lautende Pläne auch im Rassenpolitischen Amt der NSDAP entworfen wurden (Longerich, Politik der Vernichtung, S. 264).

ser.[16] Anfang Januar klagte Streckenbachs Sachbearbeiter für die Vertreibungen, Robert Mohr, später Personalreferent im RSHA, darüber, daß die Behörden des Generalgouvernements Schwierigkeiten hätten, die Menschen überhaupt unterzubringen, und sie statt dessen tagelang in den Waggons lassen müßten. Aufgrund des Frostes sei es bei einem Transport allein zu über 100 Erfrierungen gekommen.[17] Generalgouverneur Hans Frank sprach die deutsche Haltung Ende November brutal-offen aus:

> »Der Winter wird hier ein harter Winter werden. Wenn es kein Brot gibt für Polen, soll man nicht mit Klagen kommen. [...] Bei den Juden nicht viel Federlesens. Eine Freude, endlich einmal die jüdische Rasse körperlich angehen zu können. Je mehr sterben, um so besser.«[18]

Offenkundig hatte sich die regionale Verantwortlichkeit für die Deportationen durch die HSSPF, wie sie von Himmler Ende Oktober festgelegt worden war, in den Augen der SS-Führung als unzureichend erwiesen. Denn obwohl der 1. Nahplan in der Perspektive seiner Planer mehr als erfüllt worden war, teilte Heydrich mit der Vorstellung des 2. Nahplans am 19. Dezember mit, daß »sachdienliche Gründe« eine »zentrale Bearbeitung der sicherheitspolizeilichen Angelegenheiten bei der Durchführung der Räumung im Ostraum notwendig« machten, und bestimmte dafür den durch die Nisko-Deportation ausgewiesenen SS-Hauptsturmführer

---

16 Vgl. Madajczyk, Okkupationspolitik, S. 408–411. Das beschlagnahmte Eigentum der Deportierten verwaltete eine eigens eingerichtete Behörde, die Haupttreuhandstelle Ost (HTO), von Göring in seiner Eigenschaft als Beauftragter für den Vierjahresplan am 19.10.1939 errichtet. Auf SS-Seite war es die am 3.11.1939 gegründete Deutsche Umsiedlungs-Treuhand GmbH (DUT), die dem RKF zugeordnet war und die »vermögensrechtliche Betreuung« der volksdeutschen Umsiedler übernahm, das heißt sich das jüdische und polnische Vermögen aneignete, um die Ansiedlung und Entschädigung der Volksdeutschen zu finanzieren (Erlaß Göring, 19.10.1939, gedruckt in: Röhr, Europa unterm Hakenkreuz, Bd.2, S. 132 f.; Gesellschaftsvertrag der DUT vom November 1939, BArch, R 35/20; Aly, Endlösung, S.64).

17 Vermerk über die Vorbesprechung wegen der »Juden- und Polenevakuierung in den Ostgebieten« in Berlin am 4.1.1940, unterschrieben von SS-OStuf. Abromitz, Danzig, 8.1.1940, Beweisdokument des Eichmann-Prozesses T/171 beziehungsweise Israel Police 1399; ein ähnlicher Bericht findet sich in einem Schreiben eines Beamten der Abteilung Arbeit im Amt des Generalgouverneurs an den Gouverneur des Distrikts Krakau, 29.12.1939, gedruckt in: Faschismus – Getto – Massenmord, S.48.

18 Rede Franks am 25.11.1939 vor Mitarbeitern in Radom, zitiert nach ebenda, S.46.

Adolf Eichmann zu seinem Sonderreferenten.[19] Eichmanns Referat, das Mitte Januar den Titel IV R erhielt,[20] gehörte zum Gestapoamt, um es mit der notwendigen Exekutivgewalt auszustatten. Damit wechselte Eichmann endgültig in das Amt von Heinrich Müller, ohne jedoch seine SD-Zugehörigkeit zu verlieren.[21]

Zugleich stellte Heydrich den 2. Nahplan vor, der Mitte Januar 1940 beginnen sollte und bis zum April die Vertreibung von etwa 600 000 Juden vorsah. Die »Räumungsaktion hat vom Norden beziehungsweise vom Westen in Richtung auf das Gebiet des Generalgouvernements vorgehend, die neuen deutschen Ostgaue gleichsam durchzukämmen«.[22]

Täglich sollten von Mitte Januar an 5000 Menschen mit Zügen in das Generalgouvernement geschafft und die männlichen Juden dort in Arbeitskommandos eingesetzt werden. Aber noch bevor der 2. Nahplan begonnen hatte, präsentierte Eichmann Anfang Januar 1940 auf einer Besprechung in Berlin nicht nur eine deutlich niedrigere Deportationszahl; er räumte auch ein, daß mit dem Beginn der Deportationen nicht vor Ende Januar gerechnet werden könne.[23]

---

19 Rundschreiben Heydrich vom 21.12.1939 mit Bezug auf eine Dienstbesprechung am 19.12.1939, BArch, R 58/240, Bl. 26.

20 Rundschreiben RSHA I HB, gez. Best, 18.1.1940, BArch, R 58/240, Bl. 26 R.

21 Vielleicht ist damit die Eigentümlichkeit der organisatorischen Anbindung des späteren Eichmann-Referates IV B 4 in der Gruppe IV B unter Hartl zu erklären, die ansonsten die katholische und evangelische Kirche sowie Freimaurer überwachte. Nicht weil das RSHA Kirchenangelegenheiten mit »Judenangelegenheiten« gleichgesetzt hätte, wurde Eichmanns Referat der Gruppe IV B zugeordnet, sondern weil sich diese Gruppe vornehmlich aus Angehörigen des ehemaligen SD-Hauptamtes zusammensetzte, die sich hinsichtlich ihrer Ausbildung und Karriere von den übrigen Gestaporeferenten im Amt IV unterschied (siehe oben, S. 358–362).

22 Zitiert nach Aly, Endlösung, S. 73 f. Aly weist zu Recht darauf hin, daß sich diese Formulierungen auch im späteren von Eichmann geschriebenen und von Heydrich redigierten Protokoll der Wannsee-Konferenz wiederfinden, wenn es dort heißt, daß »Europa vom Westen nach Osten durchkämmt« werden soll.

23 Eichmann sprach nunmehr von 350 000 Juden, die vertrieben werden sollten (Vermerk Abromitz, 8.1.1940, a.a.O. [s. Anm. 17]). Zusätzlich zu diesen 350 000 Menschen sollten, so erklärte der Vertreter des Warthegaus, außerdem 80 000 Polen deportiert werden, »um für die Volksdeutschen aus Galizien und Wolhynien Platz zu schaffen«. Bis dahin habe der Warthegau »bereits 87 000 Polen evakuiert« (ebenda; vgl. Aly, Endlösung, S. 75).

Darüber hinaus begann sich im Deutschen Reich der Mangel an Arbeitskräften bemerkbar zu machen, und etliche Polen, die aus den annektierten Ostgebieten ins Generalgouvernement gebracht worden waren, wurden von dort zur Zwangsarbeit wieder nach Deutschland verschleppt. Am 16. November 1939 hatte Göring die Arbeitsämter angewiesen, polnische Arbeitskräfte »in größtem Ausmaß« zu rekrutieren, um den deutschen Betrieben »leistungsfähige Arbeitskräfte billigst zur Verfügung zu stellen«. Staatssekretär Backe aus dem Landwirtschaftsministerium kündigte an, daß ab Januar 1940 1,5 Millionen Polen »in die Bedarfsgebiete rollen« sollten. Das RSHA, das anfangs nachhaltig für eine »rassische Auslese« unter den polnischen Arbeitern eintrat, mußte zwar einräumen, daß dies praktisch kaum durchzuführen war, erhob aber von nun an den Anspruch, für die »Sicherheit« gegenüber den »fremdvölkischen« Arbeitern verantwortlich zu sein.[24] Anfang 1940 fanden Gespräche zwischen Otto Ohlendorf, Hans Ehlich und Vertretern des Reichsarbeitsministeriums wie der Arbeitsämter statt, um eine, wie es die Täter nannten, »doppelte Umsiedlung« zu vermeiden und die zu vertreibenden Polen direkt ins Reich zu bringen.[25] Ebenso verabredete Ehlich im Februar 1940 mit Vertretern des Reichsnährstandes, daß dessen Beauftragte die Bauernhöfe auswählen sollte, von denen die polnischen Eigentümer zu vertreiben seien, um den Volksdeutschen aus der Sowjetunion Platz zu machen.[26]

Der Zwangsarbeiterplan galt für die polnischen Juden selbstredend nicht. Himmler ordnete am 8. Januar ausdrücklich an, daß die »Evakuierung sämtlicher Juden« aus den annektierten westpolnischen Gebieten »vordringlich« zu erledigen sei.[27] Mitte Januar gab der HSSPF Posen, Koppe, bekannt, daß der 2. Nahplan erst Anfang Februar aufgenommen

---

24 Vgl. Herbert, Fremdarbeiter, S. 86. Ein erster Erlaß Himmlers vom 23. Dezember 1939 wies an, daß »arbeitsscheue Polen« bei »wiederholter Arbeitsverweigerung« oder wenn sie »ohne Genehmigung ihre Arbeitsstelle« verließen, in ein Konzentrationslager gebracht werden sollten (Erlaß RFSSuChdDtPol, gez. Best, 23. 12. 1939, betr. Behandlung arbeitsunwilliger polnischer Arbeiter, gedruckt in: Documentia Occupationis, Bd. X, Poznań 1976, S. 99 f.).
25 Fernschreiben RSHA, gez. SS-OStuf. Lorenz, 5. 1. 1940, sowie Fernschreiben Heydrich an die Sicherheitspolizei in Posen, 12. 1. 1940, zitiert nach Aly, Endlösung, S. 76.
26 Madajczyk, Okkupationspolitik, S. 415.
27 Aly, Endlösung, S. 76.

werden könnte,[28] zugleich entwickelten Eichmann und Ehlich eine Zwischenlösung zum 2. Nahplan, der zufolge in erster Linie das Wartheland zugunsten der anzusiedelnden Volksdeutschen zu räumen sei.[29] Dem standen beachtliche Hindernisse entgegen. Das Verkehrsministerium machte geltend, daß wegen dringlicher Kohlen- und Lebensmitteltransporte derzeit keine Lokomotiven für die geplanten Deportationszüge zur Verfügung gestellt werden könnten, wolle jedoch noch einmal auf einer internen Sitzung darüber beraten.[30] Auch Hans Frank lehnte, so Ehlich, beeinflußt durch seine Distriktchefs, eine weitere Aufnahme von Juden und Polen ebenso ab wie der Staatssekretär im Reichsinnenministerium, Stuckart. Allein Streckenbach war, nachdem Eichmann mit ihm tags zuvor telefoniert hatte, bereit, sofort 40 000 Personen trotz der Schwierigkeiten, die von den Distriktchefs zu erwarten seien, gewissermaßen auf eigene Verantwortung in das Generalgouvernement zu lassen. Angesichts dieser Schwierigkeiten schlugen Eichmann und Ehlich eine große Konferenz vor, um die aufgetauchten Probleme zu lösen.[31]

Auf dieser zentralen Besprechung im RSHA in Berlin am 30. Januar 1940 veränderte Heydrich erneut den Akzent der geplanten Vertreibungen. Neben den bis zu einer Millionen Polen, die nach den neuen zentralen Vorgaben aus den annektierten westpolnischen Gebieten zum Zwangsarbeitseinsatz ins Reich zu deportieren waren,[32] sollten – wie von Ehlich und Eichmann vorgeschlagen – »im Interesse der Baltendeutschen« sofort 40 000 Polen und Juden, danach noch einmal für die Wolhyniendeutschen 120 000 Polen und schließlich als »letzte Massenbewegung« sämtliche Juden der neuen Ostgaue und 30 000 Sinti aus dem Reichsgebiet in das Generalgouvernement deportiert werden. Zugleich kündigte Heydrich die

---

28 Ebenda, S. 77.

29 Vermerk Ehlich, 17. 1. 1940, BArch DH, ZR 890 A 2.

30 Auf der Fahrplankonferenz des Reichsverkehrsministeriums und der Reichsbahn am 26./27. 1. 1940 in Leipzig wurde, obwohl »durchweg guter Wille« vorhanden sei, festgestellt, daß vor dem 10. 2. 1940 keine Züge für Deportationen ins Generalgouvernement zur Verfügung stünden (Aly, Endlösung, S. 82).

31 Bislang waren erst 25 000 Baltendeutsche untergebracht, 30 000 warteten noch in Lagern, und gewissermaßen vor der Tür standen noch rund 140 000 Volksdeutsche aus Wolhynien und Galizien (Vermerk Ehlich, 17. 1. 1940, BArch DH, ZR 890 A 2).

32 Tatsächlich wurden im ersten Halbjahr 1940 rund 272 000 polnische Arbeitskräfte ins Deutsche Reich gebracht (Herbert, Fremdarbeiter, S. 87).

Deportation von tausend Stettiner Juden in den Bezirk Lublin an. Die »zentrale Steuerung der Räumungsaufgaben« habe das RSHA-Referat IV D 4 unter Eichmann, das bisherige Sonderreferat IV R.[33] In der Realität wurden von Mitte Februar bis Mitte März über 40 000 Menschen aus dem Wartheland nach Restpolen abgeschoben. Doch waren inzwischen die Widerstände innerhalb der NS-Führung zu groß geworden. Auf einer Chefbesprechung mit Frank, den Gauleitern Greiser, Koch, Wagner und Forster, dem Reichsfinanzminister, mehreren Staatssekretären und Heinrich Himmler wandte sich Göring am 12. Februar entschieden gegen eine weitere »wilde Umsiedlung« ins Generalgouvernement.[34]

Damit waren vorerst die Hoffnungen gescheitert, das Generalgouvernement als Abschiebegebiet für Juden, Polen und »Asoziale« aus dem Reich und den besetzten westpolnischen Gebieten zu benutzen.[35] Dessenungeachtet hielten Himmler und das RSHA an dem Projekt der »Entjudung« unbedingt fest. Auf der Chefbesprechung bei Göring hatte Himmler noch angekündigt, daß etwa 30 000 Volksdeutsche aus dem Bezirk Lublin in die »neuen Ostgaue« umgesiedelt werden sollten, da das Lubliner Gebiet als »Judenreservat« bestimmt sei.[36] Vor den Gauleitern spielte er wenig später seine ursprünglichen Deportationspläne vom Oktober 1939 herunter, blieb aber dabei, noch im Laufe des Jahres 1940 »unter der Voraussetzung, daß das ganze Jahr Krieg ist« die »Auswanderung [!] der

---

33 Vermerk über die Sitzung vom 30. 1. 1940 im RSHA, Nbg. Dok. NO-5322, gedruckt in: Faschismus – Getto – Massenmord, S. 50–52 (Ehlich bestätigte 1947, daß das Protokoll sowohl die Teilnehmer als auch den Inhalt der Besprechung richtig wiedergebe [Eidesstattliche Erklärung Hans Ehlich, 4. 10. 1947, IfZ, ZS 877]; vgl. auch Aly, Endlösung, S. 96 f.).

34 Protokoll der »Sitzung über Ostfragen unter dem Vorsitz des Ministerpräsidenten Generalfeldmarschall Göring« am 12. 2. 1940 in Berlin, IMG, Bd. 36, S. 299–307 (305-EC).

35 Eine Woche nach der Chefsitzung am 12. 2. schrieb Heydrich an Göring, daß die deutschen und tschechischen Juden »derzeit nicht ins Generalgouvernement evakuiert« würden, für die in den »neuen deutschen Ostgebieten« lebenden Juden jedoch eine Auswanderung nach Übersee nicht mehr in Frage käme, da sie doch »in Zeitkürze« in das Generalgouvernement abgeschoben würden (Anordnungsentwurf Heydrich, 19. 2. 1940, zitiert nach Aly, Endlösung, S. 86).

36 Protokoll der »Sitzung über Ostfragen unter dem Vorsitz des Ministerpräsidenten Generalfeldmarschall Göring« am 12. 2. 1940, a. a. O. (s. Anm. 34), S. 306.

Juden« anzugehen, soweit dies die Ernährungs- und Aufnahmemöglichkeiten im Generalgouvernement sowie die Transportkapazitäten zuließen. Dabei nannte Himmler ausdrücklich neben den »rund 600 000 Juden« der neuen Provinzen auch die »noch rund 400 000 Juden und Judenmischlinge ersten Grades« aus Deutschland, Österreich und dem Sudetenland.[37]

Wo Vertreibungen aus dem »Altreich« möglich waren, wurden sie realisiert. Am 30. Januar hatte Heydrich auf der RSHA-Konferenz die Abschiebung der gesamten jüdischen Gemeinde aus Stettin, etwa tausend Menschen, angekündigt, weil man, wie Himmler vor den Gauleitern Ende Februar begründete, in Pommern Platz für die Baltendeutschen brauche.[38] Vierzehn Tage später wurden die Stettiner Juden in der Nacht zusammengetrieben und unter grausamen Bedingungen in den Bezirk Lublin verschleppt. Bei minus 22 Grad und im tiefen Schnee mußten diese Menschen zu Fuß marschieren, kamen in abgelegene Dörfer, wurden nur unzureichend verpflegt, so daß innerhalb von vier Wochen nahezu ein Drittel von ihnen umkam.[39] Wenig später wurden 160 jüdische Menschen aus dem westpreußischen Regierungsbezirk Schneidemühl nach Lublin deportiert, nachdem Martin Sandberger Mitte Januar darauf gedrängt hatte, die Baltendeutschen stärker in Schneidemühl anzusiedeln.[40] Nachrichten über die Umstände dieser Deportationen erschienen in der Weltpresse,[41] was

---

37 Rede Himmler vor den Gauleitern, 29. 2. 1940, BArch, NS 19/4007, Bl. 14–84, gedruckt in: Himmler, Geheimreden, S. 115–144.

38 Ebenda. Zugleich warnte Himmler die Gauleiter vor falschen Hoffnungen. Für andere Gaue käme eine ähnliche Räumung nicht in Frage, da es sich hier um eine Maßnahme gehandelt habe, die durch eine augenblickliche Notlage entstanden sei.

39 Yahil, Shoah, S. 204 f., die darauf hinweist, daß die Deportationen exakt am Tag der Chefbesprechung bei Göring begannen; Longerich, Politik der Vernichtung, S. 267 f. Der SS- und Polizeiführer des Distrikts Lublin, Odilo Globocnik, sagte am 14. 2. 1940 auf einer Distriktssitzung: »Die evakuierten Juden und Polen sollten sich selbst ernähren und von ihren Landsleuten unterstützen lassen, da diese Juden genug hätten. Falls dies nicht gelänge, sollte man sie verhungern lassen.« (Zitiert nach Pohl, Judenpolitik, S. 52)

40 Fernschreiben EWZ, gez. Sandberger, 16. 1. 1940, BArch, R 69/854, Bl. 61; Aly, Endlösung, S. 78.

41 Die Reichsvereinigung der Juden in Deutschland bemühte sich intensiv um das Schicksal der Deportierten und hat vermutlich die Deportationen im Ausland bekannt gemacht (Yahil, Shoah, S. 331; Longerich, Politik der Vernichtung, S. 267 f.).

dazu beigetragen haben mag, daß Göring am 23. März »bis auf weiteres
alle Evakuierungen« in das Generalgouvernement untersagte und alle weiteren Deportationen von seiner beziehungsweise von Franks Zustimmung abhängig machte.[42] Die Idee eines »Judenreservats« im Bezirk
Lublin war vorerst gescheitert; die Juden aus dem Wartheland wurden
nun in Łódź in einem Ghetto zusammengepfercht, bis sich wieder
Deportationsmöglichkeiten nach Zentralpolen ergaben.[43]

Man könnte die Deportationsbemühungen, gemessen an den Zielen
ihrer nationalsozialistischen Planer, durchaus als eine »Chronologie des
Scheiterns« (Aly) bezeichnen. Von den 350 000 reichsdeutschen Juden
wurden bis Ende 1941 etwa 20 000 deportiert, von den 550 000 Juden in den
annektierten westpolnischen Gebieten rund 110 000, von den 30 000 Sinti
aus dem Reich etwa 2800.[44] Trotz aller terroristischen Anstrengungen,
trotz brutaler Gewalt und gnadenloser Rücksichtslosigkeit war der Plan
aus dem Herbst 1939, nicht nur die neuen Ostgaue »judenrein« zu machen, sondern auch aus dem Deutschen Reich Juden, »Zigeuner« und
»Asoziale« in ein »Reservat« in Polen zu verschleppen, nicht verwirklicht

---

Selbst Victor Klemperer erfuhr über die Jüdische Gemeinde in Dresden von der
Vertreibung der Stettiner Juden und deren Echo in der internationalen Presse, notierte aber auch, wie die Deportation in den reichsdeutschen Zeitungen der Bevölkerung vorgestellt wurde: »Furchtbaren Auslandeindruck muß die Lublin-Affäre
gemacht haben (plötzliche Verschickung der Stettiner Juden), von der hier nur Gerüchte gehen: in der Zeitung ein Artikel über deutsche Zivilisationsarbeit am Lubliner Ghetto.« (Klemperer, Tagebücher 1933–1941, S. 514 [Eintrag unter dem
30. 3. 1940])

42 Aly, Endlösung, S. 89. In den folgenden Monaten bis Januar 1941 wurden etwa
130 000 polnische Bauern und einige tausend Juden in das Generalgouvernement
abgeschoben, um für die wolhynien- und galiziendeutschen Bauern Platz zu schaffen.

43 Yahil, Shoah, S. 232–234. Schon am 19. Januar hatten die UWZ-Mitarbeiter alterna-
tiv zu den Deportationen ins Generalgouvernement vorgeschlagen, die ihrer Wohnung beraubten Juden zunächst in einem Stadtteil in Łódź zu ghettoisieren
(ebenda, S. 80). Ende April befanden sich etwa 160 000 Menschen im Ghetto Łódź.
Zum Ghetto Łódź siehe Adelson/Lapides, Łódź Ghetto; Freund/Perz/Stuhlpfar-
rer, Getto in Litzmannstadt (Łódź); Baranowski, Lodzkie getto. Peter Klein arbeitet derzeit an einer Dissertation zum Ghetto Łódź.

44 Aly, Endlösung, S. 35.

worden. Die Widerstände, die sich dem RSHA aus dem Verkehrsministerium, der Verwaltung des Generalgouvernements oder auch der Wehrmacht entgegenstellten, die in ihrem Aufmarschgebiet unmittelbar an der deutsch-sowjetischen Demarkationslinie kein »Judenreservat« haben wollte, konnten nicht überwunden werden. Die Konsequenz jedoch, die das Reichssicherheitshauptamt daraus zog, hieß nicht die Aufgabe des Unternehmens oder zumindest seine Verschiebung auf die Zeit nach dem Krieg. Im Gegenteil, am Plan einer »Germanisierung« der westpolnischen Gebiete mußte ebenso festgehalten werden wie an dem Vorhaben, das Reichsgebiet »judenfrei« zu machen. Ein Erlaß des RSHA vom 24. April 1940 hob noch einmal hervor: »Die jüdische Auswanderung aus dem Reichsgebiet ist nach wie vor auch während des Krieges verstärkt zu betreiben.«[45]

Kaum war der militärische Sieg über Frankreich in Sicht, lebte daher ein alter antisemitischer Plan im RSHA wieder auf: die Juden nach Madagaskar zu bringen.

Madagaskar-Plan

Ende Mai 1940 verfaßte Himmler seine »Denkschrift über die Behandlung der Fremdvölkischen im Osten« und übergab sie Hitler, der sie am 25. Mai nach Himmlers eigenem Zeugnis »sehr gut und richtig« fand.[46] Darin for-

---

45 Allerdings legte Heydrich mit ausdrücklicher Zustimmung Görings fest, daß »wehr- und einsatzfähige Juden nach Möglichkeit nicht in das europäische Ausland, keinesfalls aber in die europäischen Feindstaaten auswandern dürfen. [...] Eine betonte Ausweitung der Palästina-Wanderung ist aus außenpolitischen Gründen unerwünscht« (Erlaß RSHA, Heydrich, 24.4.1940, gedruckt in: Dokumente über die Verfolgung der jüdischen Bürger in Baden-Württemberg, S. 125; vgl. auch Adler, Der verwaltete Mensch, S. 27).

46 Denkschrift Himmlers »Einige Gedanken über die Behandlung der Fremdvölkischen im Osten«, Mai 1940 (BArch, NS 19/3282, Nbg. Dok. NO-1880, gedruckt in: VfZ, 5 [1957], S. 196–198, sowie Vermerk Himmler, 28.5.1940, Nbg. Dok. NO-1881, gedruckt in: ebenda, S. 195–196). Nach Hitlers Anweisung sollte sie allerdings nur in ganz wenigen Exemplaren vorhanden und ganz geheim zu behandeln sein. Die Denkschrift wurde an Göring, dem sie Himmler persönlich übergab,

derte Himmler, die »Fremdvölkischen im Osten [...] in möglichst viele Teile und Splitter zu zergliedern. [...] Eine Zusammenfassung nach oben darf es nicht geben, denn nur dadurch, daß wir diesen ganzen Völkerbrei des Generalgouvernements von 15 Millionen und die 8 Millionen der Ostprovinzen auflösen, wird es uns möglich sein, die rassische Siebung durchzuführen, die das Fundament in unseren Erwägung sein muß, die rassisch Wertvollen aus diesem Brei herauszufischen, nach Deutschland zu tun, um sie dort zu assimilieren.«

Die nichtdeutsche Bevölkerung sollte bis höchstens 500 rechnen, den eigenen Namen schreiben können und wissen, »daß es ein göttliches Gebot ist, den Deutschen gehorsam zu sein und ehrlich, fleißig und brav zu sein. Lesen halte ich nicht für erforderlich.« Die »rassische Siebung«, räumte Himmler ein, möge im Einzelfall »grausam und tragisch« sein, aber sie sei, »wenn man die bolschewistische Methode der physischen Ausrottung eines Volkes aus innerer Überzeugung als ungermanisch und unmöglich ablehnt, doch die mildeste und beste«. Den Begriff des Juden, hoffte Himmler »durch die Möglichkeit einer großen Auswanderung sämtlicher Juden nach Afrika oder sonst in eine Kolonie völlig auslöschen zu sehen«.[47] Damit erweckte Himmler einen alten, antisemitischen Plan zu neuem Leben: die Deportation der europäischen Juden nach

---

Lammers, Frank, die Gauleiter der vier neuen Provinzen: Koch, Forster, Greiser, Wagner, Reichsernährungsminister Darré, Bormann und innerhalb des SS-Apparates Heydrich, Greifelt, den fünf in Frage kommenden HSSPF Krüger, Hildebrandt, Koppe, von dem Bach-Zelewski, Rediess sowie an die SS-Hauptamtchefs übergeben. Heydrich, Greifelt und der Chef des SS-Rasse- und Siedlungshauptamtes wiederum hatten die Erlaubnis, die Denkschrift jeweils ausgewählten Mitarbeitern zur Kenntnis zu geben (Vermerk Himmler, 28. 5. 1940, ebenda).

47 Denkschrift Himmlers, Mai 1940, a. a. O. (s. Anm. 46), S. 196–198. Die »bolschewistische Methode« hatte Himmler bereits zuvor in einer Rede vor Industriellen Anfang April erwähnt. Mit den slawischen Völkern werde man, so Himmler in dieser Rede, nur durch scharfes Durchgreifen, Hineinströmen von Volksdeutschen, »Evakuierung« der übrigen fertig. Drei Möglichkeiten stünden zur Verfügung: die bolschewistische Methode und die Methode Dschingis Khans, die Himmler nicht näher erläuterte, und die »deutsche Lösung«, der zufolge die rassisch Wertvollen von den rassisch Untauglichen getrennt und letztere ins Generalgouvernement abgeschoben würden (Rede Himmler, 4. 4. 1940, zitiert nach Breitman, Architekt, S. 151).

Afrika.[48] Antisemiten wie Paul de Lagarde verbreiteten diese Idee seit Ende des 19. Jahrhunderts.[49] Selbst europäische Staaten wie Polen oder Frankreich zogen in den dreißiger Jahren die Deportation ihrer jüdischen Staatsbürger nach Madagaskar in Erwägung. Die polnische Regierung entsandte gar 1937 eine Kommission nach Madagaskar, um die Bedingungen für eine Deportation von polnischen Juden zu prüfen.[50] Auch im SD-Hauptamt hatte man sich schon früher über eine Deportation der europäischen Juden nach Übersee Gedanken gemacht.[51] Im Januar 1937 lag im Referat II 112 eine umfangreiche Ausarbeitung »Zum Judenproblem« vor.[52] Leitgedanke des Memorandums war die »Entjudung Deutschlands«, wobei die deutschen Juden, um zu verhindern, daß sie in anderen Ländern »neue Weltverschwörungszentren« schaffen könnten, nur in Gebiete mit »niedriger Kulturstufe«, am besten in völlig unwirtliche Gegenden, ausreisen sollten. So unterschied das SD-Judenreferat für Ekuador zwischen fruchtbarem Küstenstreifen und wüstenhaftem, kargem

---

48 Daß Himmlers Ausarbeitung der Ausgangspunkt für die anschließenden Madagaskar-Pläne gewesen sei, halten Peter Longerich ebenso wie Yehuda Bauer für wahrscheinlich (Longerich, Politik der Vernichtung, S. 273; Lozowick, Hitlers Bürokraten, S. 94, mit Hinweis auf Yehuda Bauer; vgl. auch Kershaw, Hitler 1936–1945, S. 432).

49 Ausführlich zur Geschichte der Madagaskar-Pläne: Brechtken, Madagaskar; Jansen, Madagaskar-Plan; siehe ebenfalls den verdienstvollen Aufsatz von Yahil, Madagascar.

50 Am 7. 12. 1938 hatte der französische Außenminister Bonnet Ribbentrop »privatim« informiert, »wie sehr man in Frankreich an einer Lösung des Judenproblems interessiert sei«. Man wolle erstens keine Juden aus Deutschland mehr aufnehmen und »zweitens müßte man in Frankreich zehntausend Juden irgendwohin loswerden. Man denke hierbei tatsächlich an Madagaskar« (Aufzeichnung Ribbentrop über sein Gespräch mit Bonnet am 7. 12. 1938, ADAP, Serie D, Bd. IV, S. 420 f.; vgl. ausführlich Brechtken, Madagaskar, S. 81–164; Jansen, Madagaskar-Plan, S. 109–174).

51 Schon in einem SD-Dokument an Heydrich vom 24. 5. 1934 wurde Madagaskar neben Palästina, Syrien, Angola u. a. als möglicher Ort für einen jüdischen Staat aufgeführt (Memorandum SD-Amt IV/2 an Heydrich, 24. 5. 1934, Sonderarchiv Moskau, 501-1-18, Bl. 18–20, gedruckt in: Wildt, Judenpolitik, S. 66–69).

52 Memorandum »Zum Judenproblem«, BArch, R 58/956, Bl. 2–19, gedruckt in: Wildt, Judenpolitik, S. 95–105.

Hinterland, in das die Juden abgeschoben werden sollten.[53] Auf derartigen Überlegungen, die Juden in Gegenden zu deportieren, in denen menschliches Leben kaum möglich war, basierte der Madagaskar-Plan, der den Vernichtungsaspekt bereits in sich trug, da den Planern durchaus bewußt war, daß diese Insel etlichen Millionen Menschen keinerlei Überlebenschancen bieten konnte. Ausdrücklich war Eichmann aufgefordert, für Heydrich »in der nächsten Zeit Material zusammenzustellen für eine Denkschrift an C [...] Es soll darin klargelegt werden, daß die Judenfrage auf der augenblicklichen Basis nicht zu lösen ist (finanzielle Schwierigkeiten usw.), und daß man darum herantreten muß, eine außenpolitische Lösung zu finden, wie sie bereits zwischen Polen und Frankreich verhandelt wurde. (Madagaskar-Projekt).«[54]

In der NS-Führung blieb das Thema Madagaskar virulent. Ende April 1938 notierte Goebbels in sein Tagebuch über eine Unterredung bei Hitler: »Jedenfalls gehen wir jetzt viel radikaler vor. Der Führer will sie [die Juden] allmählich alle abschieben. Mit Polen und Rumänien verhandeln. Madagaskar wäre für sie das Geeignete.«[55] Auch andere NS-Größen wie Rosenberg und Streicher kamen 1938 auf Madagaskar zu sprechen.[56] Vor diesem Hintergrund kann es nicht überraschen, wenn auch das Auswärtige Amt seinerseits Anfang Juni 1940 mit eigenen Madagaskar-Überlegungen hervortrat. Autor war der gerade erst im Deutschlandreferat angetretene Judenreferent Franz Rademacher, der seine Vorgesetzten mit »Gedanken über die Arbeiten und Aufgaben des Ref. D III« zu beeindrucken suchte.[57] Parallel verfaßten auch Eichmann und Dannecker einen

---

53 Sachakte Ekuador der Abteilung II 112; Sonderarchiv Moskau, 500-1-715.
54 Hagen an Eichmann, undatiert, mit handschriftlicher Datumsangabe: »5.III.38«, BArch, R 58/979, Bl. 47; vgl. Brechtken, Madagaskar, S. 188; Jansen, Madagaskar-Plan, S. 228, allerdings mit ungenauer Zitierweise und Auslegung des Dokuments; außerdem Yahil, Shoah, S. 357; Lozowick, Hitlers Bürokraten, S. 355, Anm. 3).
55 Tagebücher Goebbels (Irving-Materialien), Eintrag unter dem 23.4.1938, zitiert nach Kershaw, Hitler 1936–1945, S. 191.
56 Longerich, Politik der Vernichtung, S. 273
57 Darin hieß es unter anderem auf die selbstgestellte Frage »nach dem deutschen Kriegsziel in der Judenfrage«: »a) alle Juden aus Europa, b) Trennung zwischen Ost- und Westjuden; Ostjuden, die den zeugungskräftigen und talmudsicheren Nachwuchs für eine kämpferische jüdische Intelligenz stellen, bleiben z. B. im Be-

eigenen RSHA-Entwurf zur Madagaskar-Planung, nachdem Heydrich selbst Ende Juni bei Ribbentrop interveniert und diesen daran erinnert hatte, daß Göring ihn im Januar 1939 »mit der Durchführung der jü-dischen Auswanderung aus dem gesamten Reichsgebiet beauftragt« hatte. Das »Gesamtproblem« – mittlerweile gebe es 3 ¼ Millionen Juden in den von Deutschland beherrschten Gebieten – könne durch Auswanderung nicht mehr gelöst werden. »Eine territoriale Endlösung wird daher not-wendig. Ich darf bitten, mich bei bevorstehenden Besprechungen, die sich mit der Endlösung der Judenfrage befassen, falls solche von dort aus vor-gesehen sein sollten, zu beteiligen.«[58]

Am 15. August ließ Heydrich an das Auswärtige Amt drei Exemplare einer vierzehnseitigen Broschüre mit Karte, Lexikon-Auszügen und Organigramm zum »Madagaskar-Projekt« schicken.[59] Detailliert entwik-kelte der RSHA-Plan, wie vier Millionen europäische Juden nach Mada-gaskar deportiert und dort in einem Polizeistaat unter der Leitung des Chefs der Sicherheitspolizei und des SD vegetieren sollten. Mit 120 Schif-fen könnten täglich etwa 3000 Juden verschifft werden, so daß innerhalb von vier Jahren, so die Rechnung des RSHA, das »Judenproblem« gelöst sein sollte. Die Kosten des Unternehmens seien selbstverständlich inner-halb eines Friedensvertrages den unterlegenen Westmächten abzuverlan-gen.

Deren Niederlage allerdings ließ auf sich warten. Solange England nicht bezwungen war, mußte jede Planung zur Nutzung der Seewege blanke Spekulation bleiben. Schon am 11. Juli schätzte der Oberbefehlshaber der Marine, Admiral Raeder, in einem Vortrag bei Hitler den Wert von Mada-

zirk Lublin als Faustpfand in deutscher Hand, damit die Juden Amerikas in ihrem Kampf gegen Deutschland lahmgelegt bleiben. Die Westjuden werden aus Europa entfernt, beispielsweise nach Madagaskar« (zitiert nach Brechtken, Madagaskar, S. 228; vgl. Browning, Final Solution, S. 35–43; Döscher, Das Auswärtige Amt, S. 213–220).

58 Heydrich an Ribbentrop, 24. 6. 1940, PA AA, Inland IIg 177, zitiert nach Döscher, ⟵ Das Auswärtige Amt, S. 217.
59 RSHA, Madagaskar-Projekt, PA AA, Inland IIg 177, Text dokumentiert in: Jansen, Madagaskar-Plan, S. 341–348; vgl. Brechtken, Madagaskar, S. 246–254; Browning, Final Solution, S. 40 f.

gaskar als gering ein, da der Atlantik Hauptkriegsgebiet bleibe.[60] De facto war das Madagaskar-Projekt mit der Entscheidung Hitlers, von einer Invasion Englands Abstand zu nehmen, beendet. Mitte August vermerkte Goebbels nach einem Gespräch mit Hitler, daß die Juden »später mal nach Madagaskar verfrachtet« werden sollten.[61] Aber es kennzeichnet die Energie der antisemitischen Politik der NS-Führung, daß selbst ein so schlecht durchdachter und wenig praktikabler Plan im Sommer 1940 innerhalb der NS-Führung durchaus ernst genommen wurde.[62] Er schien die Lösung für das Problem der ausgesetzten Deportationen ins Generalgouvernement zu sein.[63]

Anscheinend fühlte sich das RSHA sicher genug, daß bereits gegenüber jüdischen Organisationen offen über den Plan gesprochen wurde. Zu Vertretern der Reichsvereinigung der Juden in Deutschland sagte der RSHA-Referent Walter Jagusch am 25. Juni, daß »im Zusammenhang mit

---

60 Brechtken, Madagaskar, S. 240.
61 Zitiert nach Kershaw, Hitler 1936–1945, S. 434; vgl. dazu Longerich, S. 656, Anm. 214.
62 In diesem Sinn ist auch Leni Yahils Charakterisierung des Plans als Phantom zu verstehen, der selbst dann noch verfolgt wurde, als seine völlig unrealistischen Prämissen offenkundig zutage traten (Yahil, Madagascar). Eichmanns Mitarbeiter Dieter Wisliceny sagte nach dem Krieg, dieser habe sich das ganze Jahr 1940 intensiv mit der Madagaskar-Frage beschäftigt, und Dannecker sei unter anderem mit der Aufgabe nach Paris geschickt worden, das Madagaskar-Problem im französischen Kolonialministerium zu studieren (Reitlinger, Endlösung, S. 87).
63 Hans Frank sprach diesen Zusammenhang exakt an, als er seine Mitarbeiter Mitte Juli über seine Unterredung mit Hitler am 8. Juli informierte: »Sehr wichtig ist auch die Entscheidung des Führers, die er auf meinen Antrag gefällt hat, daß keine Judentransporte ins Generalgouvernement mehr stattfinden. Allgemein politisch möchte ich dazu sagen, daß geplant ist, die ganze Judensippschaft im Deutschen Reich, im Generalgouvernement und im Protektorat in denkbar kürzester Zeit nach Friedensschluß in eine afrikanische, oder amerikanische Kolonie zu transportieren. Man denkt an Madagaskar, das zu diesem Zwecke von Frankreich abgetrennt werden soll.« (Abteilungsleitersitzung in Krakau am 12.7.1940, in: Diensttagebuch Frank, S. 252) Ende Juli bezogen sich Frank, Greiser, Koppe, Krüger und Streckenbach in Krakau auf den Madagaskar-Plan, um die Stagnation der Deportationen zu überwinden (Besprechung in Krakau am 31.7.1940, in: Diensttagebuch Frank, S. 261–264; vgl. dazu Aly, Endlösung, S. 163–166).

dem Kriegsende wohl eine grundsätzliche Lösung dieser Frage durch Bereitstellung eines kolonialen Reservatgebiets für die Juden aus Europa angestrebt werde«.[64] Eichmann erklärte am 3. Juli in Berlin gegenüber Vertretern der jüdischen Kultusgemeinden aus Prag und Wien, daß nach Beendigung des Krieges eine »Gesamtlösung der europäischen Judenfrage« angestrebt werde, wobei für die rund vier Millionen in Betracht kommenden europäischen Juden eine »Einzelauswanderung« nicht mehr »ausreichend« sei.[65] Die Nachricht von dem möglichen Deportationsort Madagaskar drang bis hinab zu den jüdischen Opfern in Dresden. Victor Klemperer schrieb Anfang Juli die Gerüchte vom angeblichen Rücktritt der englischen Regierung auf, die damit den Weg für einen Friedensvertrag mit Deutschland frei mache. Eine Mitbewohnerin der »Judenhauses« sagte dazu: »Nun machen sie Frieden, und wir werden nach Madagaskar geschickt.«[66]

Unter Historikern ist die Debatte nicht beendet, ob der Madagaskar-Plan überhaupt ernst gemeint und nicht vielmehr ein großes Verschleierungsmanöver war, um die deutschen Juden wie die internationale Öffentlichkeit über die wahren Mordpläne zu täuschen.[67] Aber harmlos waren die Madagaskar-Pläne vom Auswärtigen Amt wie vom RSHA keineswegs. Explizit wollten die RSHA-Planer keinen eigenständigen Judenstaat auf Madagaskar errichten, sondern einen Polizeistaat unter deutscher Kontrolle. Und wenn Rademacher in seinen Plänen von mehr als sechs Millionen Juden ausging, also die doppelte Zahl, die Heydrich Ende Juni Rib-

---

64 Aktennotiz der Reichsvereinigung über eine Vorladung im Gestapa bei Reg.ass. Jagusch am 25. 6. 1940, zitiert nach Longerich, Politik der Vernichtung, S. 274.

65 Aktennotiz über die Rücksprache im RSHA von Jakob Edelstein, Prag, Franz Weißmann, Prag, Josef Löwenherz, Wien, Paul Eppstein, Berlin, am 3. 7. 1940, Beweisdokument des Eichmann-Prozesses T/802 beziehungsweise Israel Police 1143. Der Vorsitzende des Warschauer Judenrates, Adam Czerniaków, hörte am 1. Juli durch den Judenreferenten der Warschauer Gestapo, Mende, daß der Krieg in einem Monat zu Ende sei und die Warschauer Juden dann nach Madagaskar »ausreisen« würden (Longerich, Politik der Vernichtung, S. 275).

66 Klemperer, Tagebücher, 1933–1941, S. 538 [Eintrag unter dem 7. 7. 1940].

67 Hans Jansen breitet in seiner Einleitung ausführlich die unterschiedlichen Urteile und Bewertungen aus (Jansen, Madagaskar-Plan, S. 13–32; vgl. auch Longerich, Politik der Vernichtung, S. 277 f.).

bentrop nannte, dann belegt das zum einen, daß nun auch die Juden aus den südosteuropäischen Staaten und den nordafrikanischen französischen Kolonien einbezogen waren.[68] Zum anderen wird offenbar, daß man in Berlin ohne weiteres die Zahl der Deportierten um Millionen verdoppelte, völlig gleichgültig, ob eine Insel wie Madagaskar überhaupt eine solche Menschenzahl aufnehmen konnte. Die genozidale Grundlinie solcher Pläne, deren Autoren sich nicht mehr darum kümmerten, ob die Menschen auf Madagaskar genug zu essen haben würden, ob hygienische und medizinische Versorgungsmöglichkeiten gegeben sein würden, kennzeichnet sämtliche Varianten des Madagaskar-Plans. Daß er, so vage und phantomhaft er angesichts der tatsächlichen Kriegslage gewesen war, eine so intensive Resonanz, insbesondere im RSHA, fand, hat seinen Grund in der immer wieder zu beobachtenden Dynamik: In der selbstgeschaffenen Aporie zogen sich diese Männer nicht auf eine pragmatische Linie zurück, sondern griffen nach der nächsten, noch phantastischeren, radikaleren Idee. Ging es eben noch darum, ein »Judenreservat« für die deutschen und polnischen Juden zu schaffen, hatte man jetzt schon sämtliche europäischen Juden im Blick. Handelte es sich noch wenige Monate zuvor darum, rund eine Million Menschen aus den annektierten westpolnischen Gebieten zu vertreiben, war jetzt schon von drei bis sechs Millionen die Rede. Daß das RSHA die Vertreibung nicht nur plante, sondern überall dort, wo es möglich war, in die Praxis umzusetzen suchte, stellte es im »Einsatz« in Westeuropa zur selben Zeit unter Beweis, als in Berlin am Madagaskar-Plan gearbeitet wurde.

Einsatz in Westeuropa 1940

Der Krieg gegen Polen, die Annexion der westpolnischen Gebiete, die Errichtung des Generalgouvernements und die Vertreibung von Polen und Juden hatten das gerade geschaffene RSHA bereits in einem hohen Maße gefordert. Die unerwarteten Eroberungen in den kommenden Monaten stellten es vor neue Probleme. Die Besetzung Polens und der Aufbau eines Polizeiapparates war kaum abgeschlossen, da mußten auch für Norwegen,

---

68 Darauf verweist Longerich, Politik der Vernichtung, S. 276.

Frankreich, Belgien, Holland Einsatzgruppen aufgestellt und in diesen Ländern Dienststellen des RSHA eingerichtet werden.

Ende März 1940 informierte das SD-Personalreferat im RSHA die Inspekteure der Sicherheitspolizei in Düsseldorf, Wiesbaden, Hamburg, Berlin, Stuttgart und Wien sowie das RSHA-Amt VI SD-Ausland und die RSHA-Gruppen Haushalt/Wirtschaft des SD (I E [b]) und Technische Angelegenheiten (I G) über den geplanten Einsatz von zwei Einsatzkommandos im Westen: Einsatzkommando I (Belgien) unter Dr. Erwin Weinmann, dem unter anderen auch Heinz Kröger angehören sollte, und Einsatzkommando II (Holland), das der SS-Sturmbannführer Knolle aus Düsseldorf leiten sollte, beide mit jeweils mit 14 namentlich aufgeführten SS-Männern.[69] Wenige Tage später, am 2. April 1940, fand unter Leitung von Werner Best eine Besprechung über die künftigen Einsatzkommandos statt, an der neben Zindel (Gruppenleiter Recht im Amt I), Tesmer (Gruppenleiter Personalien der Sicherheitspolizei), Rauff (Gruppenleiter Technische Angelegenheiten) und Pradel, verantwortlich für das Kfz-Wesen, Meier und Kreklow aus der Wirtschaftsabteilung, auch die vorgesehenen Kommandoführer Gerhard Flesch, Karl Stoßberg, Ingo Eichmann und Hans Wilhelm Blomberg teilnahmen. Nachdem zunächst jeder Einsatz abgeblasen worden sei, werde nun doch, so Best, wieder die Idee aufgegriffen, kleinere Einsatzkommandos in Stärke von 20 Mann bei den drei SS-Divisionen und der SS-Leibstandarte »Adolf Hitler« aufzustellen. Damit war klar, daß es sich bei dieser Besprechung nicht um einen Einsatz in Norwegen, sondern in Frankreich, Holland, Belgien handeln würde. Best wies darauf hin, daß der Einsatz gegenüber der Wehrmacht streng geheimzuhalten sei und aus diesem Grunde die Kommandos sich nicht von der Truppe unterscheiden dürften. Die Einsatzkommandos sollten ab dem 5. April in der Grenzpolizeischule in Pretzsch zusammengezogen und militärisch ausgebildet werden, damit sie, so Best, bei ihrem Einsatz nicht zu erheblich von der Truppe abstachen.[70] Allerdings kam der Einsatz in Norwegen doch unerwartet früher.

---

69 Schnellbrief (gRs.) RSHA I C (b) 4, gez. Best, 28. 3. 1940, BArch DH, ZR 277.
70 Vermerk RSHA I G, Rauff, 2. 4. 1940, BArch DH, ZR 277.

Norwegen

Am 9./10. April 1940 besetzten deutsche Truppen Oslo, Stavanger, Drontheim und norwegische Küstenstädte, um einer britischen Besetzung zuvorzukommen und den Zugang zu den kriegsnotwendigen skandinavischen Rohstoffen zu sichern.[71] Nachdem der deutsche Versuch, Vidkun Quisling als Regierungschef einsetzen zu lassen, am norwegischen König gescheitert war, ernannte Hitler am 24. April den westfälischen Gauleiter Josef Terboven zum Reichskommissar für das besetzte Norwegen.[72] Als Terboven in Oslo eintraf, war der Keim für den SS- und Polizeiapparat bereits gelegt. Über Wehrmachtsführungsstab, Auswärtiges Amt und Stuckart war Himmler aufgefordert worden, eine geeignete Person für die innere Verwaltung zu benennen. Seine Wahl fiel auf Dr. Walter Stahlecker, bis dahin Befehlshaber der Sicherheitspolizei und des SD im Protektorat Böhmen und Mähren, der sich am 16. April schon auf dem Weg nach Oslo befand.[73] Während Hitler mit Terboven, Himmler, Göring und Bormann am 20. April die Grundlinien der Politik in Norwegen besprach,[74] gab Heydrich am selben Tag den Befehl aus, unver-

---

71 Vgl. Stegemann, Unternehmen »Weserübung«. Die Kämpfe um Norwegen endeten erst mit dem Abzug der alliierten Truppen aus Narvik Ende Mai und der Kapitulation der norwegischen Armee am 10.6.1940.

72 Vgl. dazu ausführlich Loock, Quisling, S. 277–341; Bohn, Errichtung.

73 Auf Heydrichs Wunsch wurden Stahlecker zusätzlich der Regierungsrat und SS-Sturmbannführer im Geheimen Staatspolizeiamt, Dr. Werner Knab, der bereits als Kultur- und Polizeiattaché an der Deutschen Gesandtschaft in Oslo tätig war, und SS-Sturmbannführer Dr. Rudolf Schiedermair, Mitglied des SD und Sachbearbeiter für Rassefragen im Innenministerium, zugeordnet (Loock, Quisling, S. 356 f.).

74 Loock, Quisling, S. 357; Bohn, Instrumentarien, S. 86. Himmler konnte in dieser Unterredung offenbar seine Forderung nach Einsetzung eines Höheren SS- und Polizeioffiziers durchsetzen. Zwar war der HSSPF Terboven nicht unterstellt, aber es zeigte sich in der künftigen Besatzungspolitik, daß Himmler ein enges Verhältnis mit Terboven anstrebte und Personalentscheidungen mit ihm abstimmte. Zugleich gelang es Terboven, den HSSPF Friedrich Wilhelm Rediess, der nach dem Tod des ersten HSSPF Fritz Weitzel, Polizeipräsident von Düsseldorf und enger Vertrauter Terbovens, im Juni 1940 dessen Nachfolger wurde und bis 1945 in Norwegen blieb, in seine Politik einzubinden (Loock, Quisling, S. 358 f.; Bohn, Instrumentarien, S. 86–89; Birn, Die Höheren SS- und Polizeiführer, S. 216–220).

züglich den Einsatz der Sicherheitspolizei und des SD in Norwegen vorzubereiten.[75] Fünf Tage später wurden zwei Regimenter der Waffen-SS[76]
und die rund 200 Mann starke Einsatzgruppe der Sicherheitspolizei und
des SD nach Norwegen in Marsch gesetzt, zu der unter anderen Kriminalrat Opitz und der RSHA-Referent für weltanschauliche Erziehung
(I B 1), Dr. Siegfried Engel, gehörten. Rauff selbst war seinen eigenen
Angaben zufolge in Norwegen, um die Nachrichtenverbindungen nach
Deutschland zu organisieren.[77] Stahlecker, nun BdS Norwegen, wies den
Einsatzkommandos ihre Standorte Oslo, Bergen, Trondheim, Kristian-
sund und Stavanger zu, wo sie gewissermaßen als Außenstellen des
Reichssicherheitshauptamtes stationiert wurden.[78] Stahlecker selbst be-
zog als Dienstgebäude das ehemalige norwegische Außenministerium in
Oslo.[79] Seit August befand sich auch Erich Ehrlinger mit dem besonde-

---

75 Vermerk RSHA I, Best, 20. 4. 1940, BArch DH, ZR 277. Geplant waren etwa 160
Mann aus Gestapo und SD, als Kommandoführer waren außer den bereits Anfang
April aufgeführten SS-Führern zusätzlich Fehlis für eine fünftes Kommando vorgesehen. Innerhalb von drei Tagen sollten die Vorbereitungen abgeschlossen sein
und sich die Kommandoführer mit einem Teil ihrer Männer am 23. April zur Be-
fehlsausgabe in der Prinz-Albrecht-Straße 8 einfinden (ebenda). Rauff als Technischer Leiter (I G) war für den Transport des Materials nach Oslo verantwortlich,
das am 25. 4. 1940 mit Lkws über Warnemünde nach Kopenhagen gebracht und
dort per Flugzeug nach Oslo geschafft wurde. Die Angehörigen der Einsatzkommandos fuhren am 25. 4. morgens vom Stettiner Bahnhof in Berlin ab (Vermerk I
G, Rauff, 24. 4. 1940, BArch DH, ZR 277).

76 Es handelte sich um die SS-Totenkopf-Standarten 6 und 7 der SS-Division »Das
Reich«, die in Tschechien stationiert waren (Bohn, Instrumentarien, S. 86 Anm. 58).

77 Vernehmung Walther Rauff, 28. 6. 1972 in Santiago de Chile, StAnw HH, 147 Js 31/
67, Bd. 46, Bl. 8235–8250.

78 Das Einsatzkommando Oslo bestand aus 96 Mann, Ek 2 Kristiansand umfaßte 26
Mann, Ek 3 Stavanger 24 Mann, Ek 4 Bergen 32 Mann, Ek 5 Drontheim 38 Mann.
Opitz gehörte zum Einsatzkommando Oslo unter dem SS-Sturmbannführer und
Regierungsrat Dr. Fehlis, der Stahleckers Nachfolger als BdS werden sollte (Rund-
schreiben RSHA I B 1, gez. Best, 17. 5. 1940; BArch Potsdam, Film 2437 [T 175, roll
425], 953735–736; BArch, BDC, SSO-Akte Siegfried Engel).

79 Bohn, Instrumentarien, S. 91. Im Juni 1940 kam als sechste Außenstelle Tromsö
hinzu. Alle sechs Außenstellen wurden im Herbst 1940 dann in KdS-Dienststellen
umgewandelt (ebenda, S. 92; vgl. dazu jetzt auch Bohn, Reichskommissariat Norwegen, S. 74–91).

Dr. Siegfried Engel, Referent für welt-
anschauliche Erziehung im RSHA-Amt I
(Bundesarchiv, BDC, RuSHA-Akte
Siegfried Engel)

ren Auftrag Himmlers in Norwegen, eine norwegische Waffen-SS
aufzubauen.[80] Bis zum Herbst
1940 war die Sicherheitspolizei
vor allem damit beschäftigt, Informationen zu sammeln und auszuwerten. Über Stahlecker war sie
zudem in die Verhandlungen mit
der norwegischen politischen
Führung eingebunden. Mit Hitlers Entscheidung im September,
keine kollaborierende, weitgehend eigenständige norwegische
Regierung zu dulden und dem
Reichskommissariat die alleinige
Regierungsgewalt zu übertragen,
wuchs der Sicherheitspolizei die
entscheidende exekutive Funktion
bei der Verfolgung der norwegischen Widerstandsbewegung und
der Juden in Norwegen zu.[81]

---

80 Urteil des Landgerichts Karlsruhe Ks 1/60, 20. 12. 1961, gedruckt in: Justiz und
NS-Verbrechen, Band 18, S. 66–126. Laut Feststellung des Urteils blieb Ehrlinger
bis zum Februar 1941 in Oslo. Dann fiele seine Ablösung zusammen mit Himmlers
Besuch in Norwegen von Ende Januar bis Mitte Februar 1941, der zu einem großen
Teil der Gewinnung von norwegischen Freiwilligen für die Waffen-SS gewidmet
war (vgl. Dienstkalender Himmlers 1941/42, S. 114–116 [Norwegenreise Himmlers
vom 28. 1.–15. 2. 1941]). Von 1940 bis Mitte 1942 war auch Heinz Kröger beim BdS
Oslo eingesetzt (Handschriftlicher Lebenslauf RuSHA-Fragebogen, 30. 1. 1944,
BArch, BDC, RuSHA-Akte Heinz Kröger), was insofern bemerkenswert ist, als er
in diesen Jahren in den Geschäftsverteilungsplänen des RSHA zugleich als Referent
Finanzwirtschaft in Ohlendorfs Amt III aufgeführt ist. De facto hat daher sein
Stellvertreter Erich von Reden, der Ende September aus dem Sipo-Einsatz in den
Niederlanden zurückkehrte, das Referat geleitet. Später waren auch die RSHA-Re-
ferenten Arthur Grönheim als Leiter der Abteilung VI SD-Ausland und Hellmuth
Reichard als Leiter der Abteilung IV Gestapo beim BdS in Oslo tätig.
81 Zur Gestapo vgl. Bohn, Errichtung, S. 79–87.

510

Niederlande

In Amsterdam war gleich nach dem deutschen Einmarsch – die Holländer hatten am 15. Mai kapituliert – ein SD-Kommando unter Dr. Hans Nockemann eingetroffen, der von Himmler Ende Mai zum ersten Befehlshaber der Sicherheitspolizei und des SD in den besetzten Niederlanden ernannt worden war.[82] Als Führer des SD fungierte Dr. Karl Gengenbach, seit Oktober 1939 Leiter der RSHA-Gruppe III B Gemeinschaftsleben sowie der Referate Recht (III B 1) und Verwaltung (III B 2). Zum Kommando der Sicherheitspolizei und des SD in Holland gehörten außerdem Bruno Müller, der nach seinem Einsatz in Holland im RSHA für kurze Zeit das Referat Einwanderung, Umsiedlung (III B 4) leitete, und Erich von Reden, im Amt III Referent für Währung, Banken, Versicherungen (III C 4) und wie Müller von Ende Mai bis Ende September 1940 in Holland eingesetzt.[83] Zur Unterstützung des Einsatzkommandos bildete das RSHA Anfang Juni eine Sonderauswertungskommission West, die in Münster unter Leitung des Kriminaldirektors Dr. Schambacher, Leiter des entsprechenden Abwehrreferats IV E 4, die vom Einsatzkommando festgenommenen Personen verhören und das beschlagnahmte Material auswerten sollte.[84]

Gleich im Juni 1940 fand unter Nockemanns Leitung eine Razzia und Durchsuchung bei den beiden bekanntesten deutschsprachigen Verlagen für Emigrationsliteratur in Amsterdam, dem Querido-Verlag und dem Verlag Allert de Lange, statt, die von Six' Amt im RSHA initiiert worden

---

82 Runderlaß Himmler, 24. 5. 1940, gedruckt in: De SS en Nederland, Bd. 1, S. 483 f. Zugleich teilte Himmler in dem Schreiben an sämtliche SS-Hauptämter mit, daß Hitler Seyß-Inquart zum Reichskommissar für die besetzten Gebiete der Niederlande ernennen wolle.

83 BArch, BDC, SSO-Akte Bruno Müller; RSHA, Beförderungsvorschlag Erich von Reden zum SS-Sturmbannführer, 17. 9. 1943, BArch, BDC, SSO-Akte Erich von Reden. Im Oktober 1940 wurde ebenfalls der kurzzeitige Referent für Sonderfragen/Lektorat in der Gruppe III C, Dr. Ulrich Wegener, zur Dienststelle des BdS in Den Haag abgeordnet (GenStAnw KG Berlin, RSHA-Ermittlungsunterlagen, Personalheft Pw 29).

84 KdS Warschau, Befehl Nr. 26, 21. 6. 1940; ZStL, Ordner Polen 180, Bl. 224–227. Zusätzlich wurde aus Prag Wilhelm Clemens, ebenfalls aus der Abwehrabteilung des RSHA-Amtes IV, nach Münster abgeordnet.

war.[85] Am 17. Juni überfiel ein SD-Kommando die beiden Verlage, verhörte das Personal und beschlagnahmte mehrere Kisten mit Emigrationsliteratur.[86] Als am nächsten Tag ein Kommando den deutsch-jüdischen Querido-Verleger Walter Landauer, der vor den Nazis nach Amsterdam geflohen war, verhaften wollte, sei ihnen, so meldete der eigens aus dem RSHA zur Beschlagnahmeaktion angereiste Rolf Mühler, Referent für Marxismus und Liberalismus in Six' Amt Gegnerforschung, mitgeteilt worden, »daß sich Dr. L. am Tage vorher aus dem Fenster gestürzt habe und daß er z. Zt. vernehmungsunfähig im Krankenhaus liege«.[87] Resümierend hielt Mühler fest, »daß in Holland bisher noch kaum exekutiv gegen reichsfeindliche Personen beziehungsweise Organisationen eingeschritten worden war, es mußten deshalb erst einige Widerstände aus dem Weg geräumt werden, um Aktionen durchführen zu können. Da aber sowohl Staf. Nockemann in seiner Eigenschaft als Inspekteur der Sicherheitspolizei und des SD als auch SS-Sturmbannführer Gengenbach als oberster SD-Führer in Holland größtes Entgegenkommen zeigten, konnten die gesteckten Ziele im wesentlichen erreicht werden, beziehungsweise konnten Anregungen gegeben werden, um die Aktionen durch die EK's zu Ende führen zu lassen.«[88]

---

85 Am 29. 5. 1940 hatte der Referent für Marxismus und Liberalismus (1940: II B 4 und II B 5), Rolf Mühler, eine »Dienstreise nach Holland« beantragt, um sowohl »die größte pazifistische Institution«, den Friedenspalast in Den Haag, als auch den Querido-Verlag wie den Verlag de Lange »einer Sichtung unterziehen zu lassen« (vgl. Hachmeister, Gegnerforscher, S. 223).

86 Vgl. dazu ausführlich Schroeder, Dienstreise.

87 Zitiert nach Hachmeister, Gegnerforscher, S. 223 f. Walter Landauer, der die deutsche Abteilung des Verlages Allert de Lange leitete, hatte vor 1933 mit Fritz Landshoff den Kiepenheuer-Verlag in Berlin geleitet, der wiederum den Querido-Verlag in Amsterdam gründete, in dem neben Jakob Wassermann, Heinrich Mann, Ernst Toller, Lion Feuchtwanger, Anna Seghers, Arnold Zweig, Alfred Döblin auch die Bücher von Klaus Mann erschienen. Der »feine, grundanständige und grundgescheite, witzig-melancholische Walter Landauer« – so charakterisierte ihn Klaus Mann. »Zwischen seinem Unternehmen und Querido bestand eine Art von freundschaftlicher Rivalität, wobei das Beiwort stärker zu akzentuieren ist als das Substantiv. Die literarische Emigration war produktiv genug, um zwei Verlage mit erstklassigem Material zu versorgen.« (K. Mann, Wendepunkt, S. 310) Walter Landauer wurde in das KZ Bergen-Belsen deportiert und kam dort 1944 um.

88 Zitiert nach Hachmeister, Gegnerforscher, S. 224 f.

Nockemann indessen blieb nur kurze Zeit BdS in den Niederlanden. Anläßlich des Geburtstages des Prinzen Bernhard am 29. Juni 1940 kam es in Holland zu zahlreichen Sympathiekundgebungen für das Königshaus. Um das von den Deutschen verhängte Flaggenverbot zu umgehen, trugen viele Holländer an diesem Tag eine Nelke. Hitler, äußerst ungehalten über die Widerspenstigkeit der holländischen Bevölkerung, befahl Reichskommissar Seyß-Inquart zum Rapport. Die deutschen Besatzungsbehörden reagierten mit drakonischen Maßnahmen: Entlassung des Bürgermeisters von Den Haag, Internierung des Oberkommandierenden der niederländischen Streitkräfte und weitere Verhaftungen. Wegen dieser Vorfälle wurde offenbar auch Nockemann abgelöst und durch Wilhelm Harster als BdS ersetzt.[89] Allerdings bedeutete die Ablösung für Nockemann keinen Abbruch seiner beruflichen Karriere. Mit seiner Versetzung ins Reichssicherheitshauptamt wurde er Chef des Amtes II Organisation, Verwaltung und Recht.[90]

89 Hirschfeld, Fremdherrschaft, S. 28, 214. Vgl. auch den Abschlußbericht Nockemanns als Befehlshaber der Sicherheitspolizei und des SD in den Niederlanden, Anlage zum Schreiben Heydrich an Daluege, 2. 7. 1940, BArch, BDC, Sammlung Schumacher, 301.

90 In der Folgezeit wurden noch etliche andere Führungsangehörige des RSHA in Holland eingesetzt. Walter Hammer, ab 1942 Referent im Amt VI SD-Ausland, war von Januar 1941 bis Februar 1942 in der Gestapoabteilung beim BdS in Den Haag (Befehlsblatt CSSD 8/42, 21. 2. 1943, S. 69; Vernehmung Walter Hammer, 13. 12. 1962, ZStL I 107 AR 1460/62, Bd. 3, Bl. 465), und hatte dort u. a. mit den juristischen Vorbereitungen zur Errichtung einer Zentralstelle für jüdische Auswanderung zu tun (HSSPF Rauter an Rechtsabteilung beim Reichskommissar für die besetzten niederländischen Gebiete, 18. 4. 1941, ZStL, Ordner Verschiedenes, Band 137, Bl. 65–66), als deren Leiter in der zweiten Jahreshälfte 1941 Hellmuth Reinhard, vormals Referent unter Gengenbach, fungierte. Reinhard wurde 1942 als Leiter der Gestapoabteilung beim BdS nach Oslo kommandiert (BArch, BDC, SSO-Akte Hellmuth Reinhard). Anfang 1942 wurde Kurt Hafke, der im RSHA zunächst die Personalien der Gestapo bearbeitet hatte und Anfang 1941 nach Krakau versetzt worden war, für mindestens ein halbes Jahr zur Dienststelle des BdS in Den Haag befohlen (BArch, BDC, SSO-Akte Kurt Hafke). Der spätere Referent im Amt IV, Hans-Helmut Wolff, leitete 1941/42 die Gestapoabteilung beim BdS Den Haag (RSHA, Vorschlag zur Ernennung zum Ostubaf, 3. 10. 1944, BArch, BDC, SSO-Akte Hans-Helmut Wolff), und auch der Kriminalrat aus dem Reichskriminalpolizeiamt, Dr. Hans Maly, war 1942 in Den Haag tätig (BArch, BDC,

Frankreich

Der Einsatz der Sicherheitspolizei und des SD im besetzten Frankreich war ebenso wie in Belgien vor allem durch den Anspruch des Militärs eingeschränkt, die sicherheitspolizeilichen Aufgaben mittels der Geheimen Feldpolizei selbst zu erledigen. Da die Erfahrungen mit SS und Einsatzgruppen in Polen noch recht frisch in Erinnerung waren, war das OKH offensichtlich nicht gewillt, erneut einen unabhängig vom militärischen Oberbefehl agierenden SS- und Polizeiapparat neben sich zu dulden. Anders als in den Niederlanden, das nach der militärischen Besetzung einer Zivilverwaltung unterstellt wurde, kam den Militärs entgegen, daß Frankreich unter einer Militärverwaltung bleiben sollte, da seine Rolle im nationalsozialistisch dominierten Nachkriegseuropa zwar zweifellos eine untergeordnete sein sollte, aber an eine Angliederung an ein Großgermanisches Reich, wie dies zum Beispiel für Holland und Dänemark in Erwägung gezogen wurde, für Frankreich nicht gedacht war.[91] Außerdem blieb ein Großteil des Landes unbesetzt und unterstand der kollaborierenden Vichy-Regierung, wobei allerdings ihre Dekrete, die selbstverständlich von den Deutschen genehmigt werden mußten, auch für den besetzten Teil galten. Auf die Juden, die im unbesetzten Teil Frankreichs lebten, hatte das RSHA bis 1943, als Deutschland auch dieses Gebiet okkupierte, keinen direkten Zugriff und war auf die antisemitische Kooperation mit der Vichy-Regierung angewiesen.

Die politischen Fäden im besetzten Frankreich hielt unzweifelhaft der Gesandte des Auswärtigen Amtes, Otto Abetz, in der Hand, der von Hitler, so Außenminister Ribbentrop Anfang August 1940 in einem Schreiben an Keitel, »für die Behandlung aller politischen Fragen im besetzten

---

SSO-Akte Hans Maly). Erich Deppner schließlich, der im Frühjahr 1940 im RSHA das Referat III C 1 Ernährungswirtschaft führte, war 1942 Kommandant des Lagers Westerbork, von wo aus die Züge mit den holländischen Juden in die Vernichtungslager fuhren (Hilberg, Vernichtung, Bd. 2, S. 619).

91 Allerdings war die Abtrennung der nordfranzösischen Küstendépartements Nord und Pas-de-Calais und deren Unterstellung unter den Militärbefehlshaber von Belgien ein deutlicher politischer Schritt, diese angeblich völkisch flämischen Gebiete vom übrigen romanischen Frankreich zu trennen (Paxton, Vichy France, S. 55f.; Umbreit, Militärbefehlshaber, S. 79–81).

und unbesetzten Frankreich verantwortlich« gemacht worden war.[92] Mit Abetz und seinen Mitarbeitern arbeiteten die Vertreter der SS und Polizei eng zusammen und beherrschten, wie Raul Hilberg feststellte, »schließlich zumindest in der Judenfrage weitgehend die Szenerie«.[93]

Ungeachtet der Vorbehalte der Wehrmacht war auch in Frankreich nach dem Waffenstillstand vom 22. Juni ein Sipo- und SD-Kommando unter der Führung von Helmut Knochen tätig, das offiziell dem Beauftragten des Chefs der Sicherheitspolizei und des SD für Belgien und Frankreich, Max Thomas, dem späteren Chef der Einsatzgruppe C in der Sowjetunion, unterstand, der allerdings in Brüssel residierte. Das Kommando umfaßte anfangs 20 Mann, die zumeist aus dem RSHA stammten.[94]

Dr. Helmut Knochen, Gruppenleiter im RSHA-Amt VI SD-Ausland, Befehlshaber der Sicherheitspolizei und des SD in Frankreich (Bundesarchiv, BDC, RuSHA-Akte Helmut Knochen)

Helmut Knochen gehörte zu den jungen, vielversprechenden SD-Führern im RSHA. 1910 geboren, war er zum Zeitpunkt seines Einsatzes in

92 Ribbentrop an Keitel, 3.8.1940 (PS-3614), ADAP, Serie D, Bd. X, S.333 f.; zu Abetz siehe jetzt Ray, Annäherung, insbesondere S. 355–370.

93 Hilberg, Vernichtung, Bd. 2, S. 646.

94 In Absprache mit Canaris trug das SD-Kommando anfangs die Uniform der Geheimen Feldpolizei und konnte deren Fahrzeuge benutzen (Vernehmung Knochen, 14.6.1946, GenStAnw KG Berlin, RSHA-Ermittlungsunterlagen, Personalheft Pk 80; Umbreit, Militärbefehlshaber, S. 107). Delarues Vermutung, die Ahlrich Meyer übernimmt, daß der SD aus Tarnungsgründen die GFP-Uniformen trug, um unerkannt vom OKW agieren zu können, geht fehl. Eher sind die Gründe in den Unterstellungsverhältnissen und in der Absicht des Militärbefehlshabers zu suchen, keine eigenständige Dienststelle der Sicherheitspolizei und des SD zu dulden (Delarue, Geschichte der Gestapo, S. 206 f.; Meyer, Besatzung, S. 175, Anm. 9).

Paris gerade dreißig Jahre alt. Der Sohn eines Mittelschullehrers[95] studierte nach seinem Abitur 1930 Geschichte, Englisch und Sport an den Universitäten in Leipzig, Halle und Göttingen, um Studienrat zu werden. Knochen trat gleich zu Beginn seines Studiums dem Nationalsozialistischen Deutschen Studentenbund bei, 1932 der NSDAP wie der SA, und avancierte 1935 zum Kreisleiter der Deutschen Studentenschaft. Zugleich war er Hauptamtsleiter für Presse, Film, Propanda und damit Herausgeber der zentralen Korrespondenz der Deutschen Studentenschaft, »Wissen und Dienst«. Es war diese Tätigkeit, die Franz Alfred Six auf ihn aufmerksam werden ließ, der den »brillanten und vielseitigen Intellektuellen« (Serge Klarsfeld), der 1935 mit einer Studie über den englischen Dramatiker Georges Colman promoviert worden war, in das SD-Hauptamt holte. 1936 ging Knochen für ein paar Monate zur Schulung nach Düsseldorf zum SD-Oberabschnitt West und übernahm anschließend im SD-Hauptamt in Berlin die Freimaurerabteilung in der von Six geleiteten Zentralabteilung II 1. Ehrlinger beurteilte Knochen Ende 1937:

»Knochen hat es verstanden, die ihm übertragene Abteilung, II 111, Freimaurerei, zur eigentlich SD-nachrichtendienstlichen Tätigkeit hinzuführen und die einzig mögliche Arbeitsausrichtung auch auf seine Mitarbeiter zu übertragen. [...] Seine SSmässige Haltung ist tadellos.«[96]

Im November 1939 war er an der Venlo-Aktion beteiligt und wurde von Hitler persönlich mit dem Eisernen Kreuz ausgezeichnet.[97]

---

95 Den Beruf seines Vaters gab Knochen in seinem Lebenslauf für das Rasse- und Siedlungshauptamt mit »Mittelschullehrer« an (BArch, BDC, RuSHA-Akte Helmut Knochen). In Serge Klarsfelds Buch fungiert Helmut Knochen irrigerweise als Professorensohn, was vermutlich auf einen Fehler des Übersetzers zurückzuführen ist, der den französischen Begriff »professeur« offenbar wörtlich genommen hat (Klarsfeld, Vichy – Auschwitz, S. 47; dem folgt fälschlicherweise auch die Enzyklopädie des Holocaust, Bd. 2, S. 773).

96 Personalbericht, gez. Six, 7. 12. 1937, BArch, BDC, SSO-Akte Helmut Knochen.

97 Helmut Knochen, der zugleich im Amt VI SD-Ausland als Leiter der Gruppe VI H Weltanschauliche Gegner im Ausland fungierte, wurde von Mai 1942 bis September 1944 als Befehlshaber der Sicherheitspolizei und des SD in Frankreich eingesetzt und gehörte damit neben dem Höheren SS- und Polizeiführer Oberg zu den führenden Akteuren der »Endlösung« in Frankreich. Im Juni 1946 verurteilte ein britisches Militärgericht Helmut Knochen wegen der Ermordung britischer Piloten zum Tode, setzte jedoch die Hinrichtung aus und lieferte Knochen an Frank-

Außerdem gehörten aus dem RSHA zum Einsatzkommando in Frankreich /Herbert Hagen,/ der anfangs im Sipo- und SD-Kommando für die »Judenangelegenheiten« verantwortlich war und Ende Juli 1940 als Leiter der Außenstelle von Sicherheitspolizei und SD nach Bordeaux kommandiert wurde.[98] Andreas Biederbick, seit 1936 im SD-Hauptamt und in den ersten Monaten des RSHA Frankreichreferent in Six' Amt Gegnerforschung, gehörte ebenfalls dem SD-Kommando seit Juni 1940 an. Rolf Mühler, der im Juni 1940 noch in Amsterdam im SD-Einsatz war und sich seit Juli in Paris befand, übernahm im April 1941 die Leitung der Außenstelle in Rouen und wurde nach der Besetzung auch der freien Zone

Herbert Hagen, Referent im RSHA-Amt VI SD-Ausland, Leiter der Sicherheitspolizei und des SD in Bordeaux, persönlicher Referent des Höheren SS- und Polizeiführers in Frankreich (Bundesarchiv, BDC, RuSHA-Akte Herbert Hagen)

Frankreichs im November 1942 Kommandeur des Einsatzkommandos der Sicherheitspolizei und des SD in Marseille.[99] Seit September 1940 war auch Erich Hengelhaupt in Paris, um im Auftrag von Schellenberg für den SD-Ausland Kontakte zu russischen und kaukasischen Emigrantengruppen

---

reich aus. Dort wurde er 1954 ebenfalls zum Tode verurteilt. 1958 allerdings wurde die Strafe in lebenslange Haft umgewandelt, vier Jahre später begnadigte ihn Staatspräsident de Gaulle und ließ Knochen in die Bundesrepublik Deutschland ausreisen, wo er sich als Versicherungsmakler in Offenbach niederließ (BArch, BDC, SSO- und RuSHA-Akte Helmut Knochen sowie Parteikorrespondenz; BArch DH, ZR 545 A4; Sonderarchiv Moskau, 500-3-399; GenStAnw KG Berlin, RSHA-Ermittlungsunterlagen, Personalheft Pk 80; zur Venlo-Aktion siehe oben, S. 399 f.).

98 Zu Herbert Hagen, der im SD-Hauptamt von 1937 bis 1939 das Judenreferat leitete, vgl. Wiedt, Judenpolitik; Paul, Judenangelegenheiten.

99 Vgl. zu Mühlers Tätigkeit in Marseille Klarsfeld, Vichy – Auschwitz, S. 267, 542, 554, 558, 560–562.

zu knüpfen. Sein Büro hatte er im Dienstgebäude des Einsatzkommandos. Von seinem früheren Vorgesetzten Prof. Dr. Michael Achmeteli, Direktor des »Wannsee-Instituts«, erhielt Hengelhaupt die Adresse von Michael Kedia, einem der führenden Vertreter der georgischen Emigration in Paris, mit dem Hengelhaupt bald eng zusammenarbeitete. Ein »Kaukasischer Arbeitsstab« wurde gebildet, dem Kedia für die Georgier, Alibekoff für die Aserbeidschaner, Djamalian für die Armenier und Kantemir für die nordkaukasischen Bergvölker angehörten. Kedia war als Vertreter aller kaukasischen Emigranten gegenüber den deutschen Militärstellen, der Botschaft wie der französischen Polizei und Verwaltung gewählt worden.[100]

Die Aufgaben des Kommandos waren allgemein umschrieben worden mit »Erfassung und Überwachung der Juden, Kommunisten, Emigranten, Logen und Kirchen«.[101] Es war an die Weisungen des Militärbefehlshabers gebunden und besaß keine eigene Exekutivgewalt, sondern hatte sich gegebenenfalls der Geheimen Feldpolizei zu bedienen. Selbst ein selbständiger Funkverkehr mit dem RSHA war dem Einsatzkommando untersagt.[102] Erst im Januar 1941 erhielt Knochen die Erlaubnis, »in dringenden Fällen« ohne vorherige Genehmigung seitens des Militärbefehlshabers Verhaftungen und Beschlagnahmungen durchzuführen.[103] So nahm sich die Tätigkeit des RSHA in Frankreich zu Beginn der Besatzung noch recht bescheiden aus; die Zahl an Verhaftungen, die aufgrund von Ermittlungen des Sipo- und SD-Kommandos stattfanden, bewegte sich zwischen 20 und 30 Personen monatlich.[104] Doch Knochen versuchte engagiert, die Aufgaben und Kom-

---

100 RSHA VI, Beförderungsvorschlag Hengelhaupts zum SS-Sturmbannführer, 27.11.1942, BArch, BDC, SSO-Akte Erich Hengelhaupt; Erich Hengelhaupt, Aufzeichnungen (masch.), 1968, S. 39–44, Familienarchiv. Ich danke Frau Hengelhaupt für die Genehmigung, die Aufzeichnungen ihres Mannes einzusehen und auszuwerten.

101 Militärbefehlshaber in Frankreich, Kommandostab Ic, Richtlinien für die Zusammenarbeit zwischen dem Militärbefehlshaber und dem Beauftragten des Chefs der Sicherheitspolizei und des SD in Frankreich, 23.3.1941, zitiert nach Kasten, Franzosen, S. 23.

102 Umbreit, Militärbefehlshaber, S. 107.

103 Steur, Dannecker, S. 48.

104 Der Beauftragte des Chefs der Sicherheitspolizei und des SD für Frankreich und Belgien, Dienststelle Paris, Lageberichte vom 30.10.1940 und 14.2.1941, zitiert nach Kasten, Franzosen, S. 23.

petenzen des Kommandos zu erweitern. Noch im Juni 1940 nahm er Kontakt zum Innenminister der Vichy-Regierung auf, um in den Départements V-Leute des SD zu rekrutieren. Zwar scheiterte das Unternehmen, weil Marquet einen Monat später zurücktreten mußte, aber der Versuch zeigte, daß Heydrich und Knochen sich keineswegs mit der ihnen zugewiesenen Rolle zufriedengeben wollten. Bis 1942 verzehnfachte sich der Personalbestand der Sicherheitspolizei und des SD in Frankreich auf über 200, und neben der Dienststelle in Paris existierten Außenstellen in Bordeaux, Rouen und Dijon mit Außenkommandos in Nancy, Besançon und Orléans.[105]

Bei der Verfolgung von Kommunisten suchten Sicherheitspolizei und SD sowohl ihre Notwendigkeit und Effektivität unter Beweis zu stellen, als auch durch dramatische Schilderungen der kommunistischen Gefahr ihre Kompetenzen auszuweiten. Von Anfang an gab es enge Kontakte zum französischen Polizeiapparat, die für die Sicherheitspolizei einen wertvollen Informationsvorsprung gegenüber den Wehrmachtsstellen bedeutete und Erfolge bei Verhaftungsaktionen sicherten. So lobte die Feldkommandantur von Orléans im Juni 1941 die »vom SD hervorragend vorbereitete, blitzartige Aktion« gegen Kommunisten.[106] Werner Best, seit Juni 1940 Verwaltungschef der Militärverwaltung und damit »eine Art Über-Innenminister Frankreichs« (Ulrich Herbert), dem die Aufsicht über die gesamte französische Verwaltung einschließlich der Polizei oblag, bemühte sich intensiv um die Kollaboration der französischen Polizei. Mit dem Prinzip von Zuckerbrot und Peitsche, wie er selbst in seinen Nachkriegserinnerungen über seine Tätigkeit im besetzten Frankreich schilderte, erreichte er ein hohes Maß an Kollaborationsbereitschaft seitens der französischen Polizei.[107] »Der französische Polizeiapparat war nach der notwendigsten und strukturellen Bereinigung unter deutscher Führung allen innerfranzösischen Sicherheitsproblemen gewachsen und

---

105 Kasten, Franzosen, S. 24. Seit März 1943 befand sich auch Dr. Rudolf Bilfinger im Einsatz in Frankreich und führte von August 1943 bis Anfang 1944 ein Sicherheits-(SD-)Einsatzkommando in Toulouse (Fernsprechverzeichnis der Polizei- und SS-Dienststellen in Frankreich, hg. vom BdS im Bereich des Militärbefehlshabers Frankreich, Stand 1.8.1943; BArch, BDC, Ordner 457, Bl. 220; Klarsfeld, Vichy – Auschwitz, S. 568).
106 Kasten, Franzosen, S. 24.
107 Herbert, Best, S. 256 f.

konnte darüber hinaus für rein deutsche Zwecke mit Erfolg eingesetzt werden«, so der Abschlußbericht der Gruppe Polizei des Verwaltungsstabes des Militärbefehlshabers für die Zeit bis zum Frühjahr 1942.[108]

Die erste Initiative von deutscher Seite zur Verfolgung der Juden in Frankreich ging von Abetz aus, nachdem die Regierung Pétain am 22. Juli eine Kommission zur Revision der Einbürgerungen errichtet und damit – ohne Druck von deutscher Seite – den ersten Stein für die nachfolgende antisemitische Gesetzgebung gelegt hatte.[109] Am 17. August 1940 regte Abetz in einer Besprechung mit Best an, die Militärverwaltung möge »a) anordnen, daß mit sofortiger Wirkung keine Juden mehr in das besetzte Gebiet hereingelangen werden; b) die Entfernung aller Juden aus dem besetzten Gebiet vorbereiten; c) prüfen, ob das jüdische Eigentum im besetzten Gebiet enteignet werden kann«.[110]

Best ließ Abetz' Vorschläge sogleich in seiner Abteilung prüfen und erhielt von seinen Beamten grundsätzlich positive Rückmeldungen. Das Auswärtige Amt befürwortete die Vorschläge ebenfalls, am 26. August gab auch Hitler persönlich seine Zustimmung.[111]

Am 5. September 1940 traf auch Theodor Dannecker in Paris ein, der künftig namens des RSHA als sogenannter Judenberater in Frankreich tä-

---

108 Zitiert nach ebenda, S. 258. Schon im Juli 1940 hatten sich einzelne regionale Feldkommandanten der Wehrmacht entschlossen, die französischen Polizeieinheiten in ihren Gebieten wieder mit Waffen auszustatten. Im Oktober zog dann auch der Militärbefehlshaber nach und erkannte die Notwendigkeit an, die französische Polizei zumindest mit Pistole und Hiebwaffe wieder zu bewaffnen (Kasten, Franzosen, S. 55; Herbert, Best, S. 257).

109 Klarsfeld, Vichy – Auschwitz, S. 22. Am 30.7.1940 hielt Abetz in einer Denkschrift fest, daß die antisemitische Stimmung im Land so stark sei, »daß sie von unserer Seite keiner Förderung mehr bedürfte«. Abetz empfahl, alle »Kriegsschuldigen« zu verfolgen, zu denen seiner Auffassung nach »jeder Parlamentarier, jeder Freimaurer, jeder Jude, jeder Kleriker und Journalist« gerechnet werden könne (zitiert nach Ray, Annäherung, S. 356 f.).

110 Aufzeichnung Bests über ein Gespräch mit Abetz am 17.8.1940, zitiert nach: Klarsfeld, Vichy – Auschwitz, S. 356. Abetz' Initiative ist, wie Herbert schreibt, im Kontext des Madagaskar-Plans zu sehen. Nach Angaben von Abetz hatte ihn Hitler persönlich am 3. August über seine Pläne, alle Juden aus Europa zu entfernen, informiert (Affidavit Abetz, 30.5.1947 [Nbg. Dok NG-1893]; Hilberg, Vernichtung, S. 648, Anm. 816; Herbert, Best, S. 263).

111 Ray, Annäherung, S. 357 f.; Herbert, Best, S. 263, 599, Anm. 38.

520

tig sein sollte. Offiziell wurde Danneckers Judenreferat als IV J in Knochens Dienststelle geführt, de facto jedoch war es eine Außenstelle von Eichmanns Referat in Berlin, von dem Dannecker seine Weisungen erhielt.[112] Heydrich legte großen Wert darauf, die Sicherheitspolizei und den SD in Paris an der Konzeption und Durchführung der ersten antisemitischen Maßnahmen zu beteiligen. Möglicherweise hing sogar die Entsendung Danneckers nach Paris mit der Initiative Abetz' zusammen, da Heydrich fürchtete, seinen Einfluß auf die Judenpolitik des Besatzungsregimes zu verlieren. Nachdem ihn das Auswärtige Amt am 23. August um eine Stellungnahme zu den Vorschlägen Abetz' gebeten hatte, antwortete Heydrich am 20. September und stimmte erwartungsgemäß zu, forderte jedoch zugleich ausdrücklich die »Einschaltung des im besetzten Frankreich befindlichen Kommandos der Sipo-SD, das gerade auf dem Judengebiet über sacherfahrene Kräfte verfügt«. Und er fügte hinzu: »Die Übernahme der Kontrolle der Tätigkeit der franz. Behörden durch die Sicherheitspolizei ist umso dringender geboten, als für die Durchführung dieser Maßnahmen in erster Linie die franz. Polizei in Betracht kommt, mit der das Kommando der Sicherheitspolizei in engster Fühlung steht.«[113] In Heydrichs Argumention sind zugleich die Grenzen zu erkennen, die dem RSHA gesteckt waren. Ohne die Zusammenarbeit mit der französischen Polizei, die der Vichy-Regierung unterstand, konnte man der Juden in Frankreich nicht habhaft werden. Zwei Wochen später stimmte die Wehrmacht zu. Ein Geheimerlaß des OKW vom 4. Oktober übertrug die politi-

---

112 Steur, Dannecker, S. 45. Dannecker, 1913 in Tübingen geboren, Ausbildung zum Textilkaufmann, seit 1934 bei der SS-Wachtruppe erst des Columbia-Hauses in Berlin, später beim SS-Wachverband »Brandenburg«. Wegen einer Dienstverfehlung wurde er im Mai 1935 entlassen und wenig später, im Juni 1935, beim SD-Oberabschnitt Südwest angestellt. Von dort kam er im Frühjahr 1937 in das SD-Hauptamt zur Abteilung II 112, dem Judenreferat. 1939 wurde er zur Zentralstelle für jüdische Auswanderung in Prag kommandiert. Von 1940 bis 1942 war Dannecker als »Judenberater« beim Befehlshaber der Sicherheitspolizei und des SD im besetzten Frankreich verantwortlich für die ersten Deportationen nach Auschwitz und gehörte später in Italien, Bulgarien und Ungarn zu jenen »Deportationsexperten« des RSHA, die in ganz Europa eingesetzt wurden. 1945 beging er in amerikanischer Haft Selbstmord.
113 Heydrich an Auswärtiges Amt, Luther, 20. 9. 1940, zitiert nach Klarsfeld, Vichy – Auschwitz, S. 360.

sche Zuständigkeit für die »Behandlung der Judenangelegenheiten« dem Beauftragten des Chefs der Sicherheitspolizei und des SD für Belgien und Frankreich.[114]

Belgien

In Belgien lebte eine große Zahl von jüdischen Flüchtlingen aus dem Deutschen Reich. Als die deutschen Truppen einmarschierten, setzte eine Massenflucht nach Frankreich ein. Die deutsche Militärverwaltung erhöhte ihrerseits den Druck und schob unmittelbar nach der Besetzung rund 8000 weitere Juden, vorwiegend Flüchtlinge aus Deutschland, ins benachbarte Frankreich ab, so daß Ende 1940 nur noch etwa 52 000 Juden in Belgien lebten, von denen weniger als ein Zehntel die belgische Staatsbürgerschaft besaßen.[115] Anfang Juli traf ein SD-Kommando auf Anforderung des Chefs der Militärverwaltung, Admiral Eggert Reeder, ein, das – am 27. Juli von Heydrich mit Billigung des OKH und des Militärbefehlshabers in Belgien, General von Falkenhausen, offiziell eingesetzt – sich rasch zu einer festen Dienststelle des Beauftragten der Sicherheitspolizei und des SD für den Bereich des Militärbefehlshabers in Belgien und Nordfrankreich entwickelte.[116] Neben Hermann Bielstein, der im RSHA anfangs die Gruppe West im SD-Ausland leitete und vom Mai bis Juli 1940 im Einsatz in Belgien war, nahm vor allem Ernst Ehlers eine wichtige Rolle im Brüsseler Apparat der Sicherheitspolizei und des SD ein.[117] Ehlers,

---

114 Ebenda, S. 21 f.; Steur, Dannecker, S. 48; Herbert, Best, S. 263 f.

115 Hilberg, Vernichtung, Bd. 2, S. 632 f. Zum Schicksal der nach Frankreich geflüchteten belgischen Juden vgl. Lazare, Belgian Jews.

116 Warmbrunn, German Occupation, S. 118 f.

117 Im Laufe des Krieges wurden weitere RSHA-Führungsangehörige nach Brüssel abgeordnet. Marcel Zschunke war vom September 1942 bis Oktober 1943 Leiter der Abteilung VI, also des SD-Ausland, beim BdS Brüssel (BArch, R 58/830, Personalakte Marcel Zschunke). Im September 1943 kam der Volkstumsreferent (III B 1) Dr. Heinz Hummitzsch zum BdS, um mit Ehlers, wie Hummitzsch in einer Nachkriegsvernehmung aussagte, volkstumspolitische Differenzen zu klären, da Ehlers anders als das RSHA die flämische nationalistische Organisation VNV (Vlaams Nationaal Verbond) unterstützte (Vernehmung Ehlers, 23. 8. 1967, ZStL, I 124 AR-Z 491/67, Bd. 1, Bl. 8; zur Politik der SS in Belgien vgl. Warmbrunn, German Occupation, S. 130–136). Heinz Hummitzsch verließ Belgien 1944 und

im Geschäftsverteilungsplan des RSHA vom Februar 1940 als Referent für Verwaltungsrecht ausgewiesen, war Anfang Juni 1940 kommissarischer Leiter der Stapostelle Liegnitz, im Krieg gegen die Sowjetunion als Führer des Einsatzkommandos 8 vorgesehen, das dann aber Bradfisch übernahm, und kam schließlich zur Dienststelle des BdS in Brüssel. Ehlers war später die entscheidende Person für die »Aktion Iltis«, durch die in der Nacht vom 3. auf den 4. September 1943 etwa 1000 Juden in Brüssel und Antwerpen ergriffen und in das Internierungslager Malines gebracht werden sollten, um sie weiter nach Auschwitz zu transportieren.[118]

betreute wallonische wie flämische Kollaborateure, die sich vor dem alliierten Vormarsch in Sicherheit zu bringen versuchten. Nachdem er die Ardennenoffensive mitgemacht hatte, kehrte er für wenige Wochen ins RSHA zurück und wurde noch in den letzten Kriegsmonaten als SD-Führer in Dresden eingesetzt (BArch, BDC, SSO-Akte Heinz Hummitzsch; Vernehmung Hummitzsch, 11. 8. 65, ZStL, 211 AR-Z 13/63, Bd. 3, Bl. 547).
Von Dezember 1943 bis September 1944 gehörte Dr. Andreas Biederbick, der seit Juni 1940 in Frankreich eingesetzt war, der SD-Abteilung beim BdS Brüssel an. Biederbick kam anschließend wieder für kurze Zeit ins RSHA und wurde dann zum SD-Abschnitt Salzburg kommandiert, wo er am 3. 5. 1945 von der US-Armee verhaftet wurde (BArch, BDC, SSO-Akte Andreas Biederbick.). Im Mai 1944 wurde Rolf Kelbling, vor 1939 Vertreter von Erwin Schulz als Leiter der Gestapo Bremen und im RSHA als Referent verantwortlich für Ausweise und Kennkarten (II B 3), als Untersuchungsführer beim Beauftragten des CSSD für den Bereich des Militärbefehlshabers in Belgien und Nordfrankreich abgeordnet. Im Oktober 1944 nach Berlin zurückkommandiert, ist Kelbling 1945 in den Kämpfen um Berlin gefallen (BArch, BDC, SSO-Akte Rolf Kelbling).
118 Warmbrunn, German Occupation, S. 151; Hilberg, Vernichtung, Bd. 2, S. 633, 640; Steinberg, Judenpolitik in Belgien, S. 215 f. Zu Ehlers: BArch, BDC, SSO-Akte Ehlers; RMdI, Vorschlag zu Ernennung zum Oberregierungsrat, 20. 1. 1943; BArch DH, ZR 361; Vernehmung Albert Filbert, 22. 2. 1966, ZStL 202 AR-Z 73/61, Bd. 6, Bl. 1583. Gegen Ehlers, der es nach dem Krieg bis zum Landesverwaltungsgerichtsrat in Schleswig-Holstein gebracht hatte, wurde ebenso wie gegen Kurt Asche, Dr. Konstantin Canaris, Dr. Heinz Hummitzsch u. a. ein Ermittlungsverfahren der Staatsanwaltschaft Kiel (2 Js 19/67) wegen der Deportationen von belgischen Juden nach Auschwitz eingeleitet. Ehlers nahm sich am 4. 10. 1980 das Leben; verurteilt wurde am 8. 7. 1981 durch das Landgericht Kiel allein Kurt Asche zu einer Freiheitsstrafe von sieben Jahren (Landgericht Kiel, 2 Ks 1/75).

Elsaß-Lothringen

Anders als in Frankreich nahmen die Pläne, Europa »judenrein« zu machen, für das besetzte Elsaß und Lothringen bereits im Sommer 1940 konkrete Gestalt an. Obwohl das deutsch-französische Waffenstillstandsabkommen keine territoriale Sonderregelung für Elsaß-Lothringen enthielt und auch Hitler in seiner Reichstagsrede am 19. Juli entgegen allen Erwartungen nicht die Annexion verkündete, war der Wille der deutschen Führung unverkennbar, die Bestimmungen des Versailler Vertrages zu revidieren und beide Gebiete Deutschland anzugliedern – eine »annexion déguisée«, wie das deutsche Vorgehen von französischer Seite aus bezeichnet wurde.[119] Die Ernennung der beiden benachbarten Gauleiter Josef Bürckel (Saarpfalz) und Robert Wagner (Baden)[120] zu jeweiligen Chefs der Zivilverwaltung sollte die enge Verzahnung der französischen Gebiete mit dem Deutschen Reich garantieren. Die von Anfang an betriebene Volkstumspolitik hatte ähnlich wie in den westpolnischen Gebieten die »Eindeutschung« Elsaß-Lothringens zum Ziel, also die Bevorzugung von ansässigen und Ansiedlung von neuen Deutschen auf der einen und Vertreibung von »völkisch unerwünschten« Menschen aus ihrer Heimat auf der anderen Seite.[121]

Im faktisch annektierten Elsaß-Lothringen begannen SS und Polizei wenige Wochen nach der Besetzung damit, die dort lebenden Juden zu vertreiben. Am 16. Juli wurden die Juden in Colmar zusammengetrieben und über die Demarkationslinie in das unbesetzte Frankreich abgeschoben. Ungefähr 3000 elsässische Juden wurden im Juli und rund 25 000 Lothringer, darunter sämtliche lothringischen Juden, allein zwischen Juli und September deportiert.[122] Doch damit war dem Willen der deutschen

---

119 Vgl. dazu Kettenacker, Volkstumspolitik, S. 51–57; Jäckel, Frankreich, S. 75–84; Umbreit, Militärbefehlshaber, S. 81–83; zur bereits im Ersten Weltkrieg gescheiterten deutschen Okkupationspolitik in Elsaß-Lothringen vgl. Kramer, Wackes at War.

120 Zu Bürckel: Paul, Josef Bürckel; Wolfanger, Populist. Zu Wagner: Kettenacker, Volkstumspolitik, S. 59–75; Grill, Robert Wagner.

121 Zur deutschen Siedlungspolitik siehe jetzt Schaefer, Bürckels Bauernsiedlung.

122 Im August fingen gar die lokalen NSDAP-Organisationen in Kehl und Breisach damit an, auf eigene Faust Juden auf Lastwagen zu laden und in das unbesetzte Frankreich abzuschieben (Toury, Entstehungsgeschichte, S. 435–437).

Besatzer noch nicht Genüge getan. Ende September forderte Hitler von seinen beiden Gauleitern Bürckel und Wagner, daß sie ihm in zehn Jahren zu melden hätten, daß ihre Gebiete »deutsch, und zwar rein deutsch« seien, und er werde nicht danach fragen, »welche Methoden sie angewandt hätten, um das Gebiet deutsch zu machen«.[123] Allein aus dem Elsaß wurden daraufhin 105 000 Menschen vertrieben, aus Lothringen bis zum Ende des Jahres 1940 weitere 50 000 Menschen in das unbesetzte Frankreich abgeschoben.[124]

Bürckel und Wagner nutzten die Vertreibungen aus dem Elsaß zugleich, um aus ihren Gauen mit offenkundiger Billigung Hitlers auch

---

123 Bormann an Lammers, 20. 11. 1940, BArch, R 43 II/1549. Bormann und Lammers hatten neben Stuckart, Bürckel und Wagner an dem Treffen mit Hitler teilgenommen (Aufzeichnung Stuckarts über die Unterredung vom 25. 9. 1940, BArch, R 43 II/1334a; zu dieser grundlegenden Besprechung über die Volkstumspolitik in Elsaß und Lothringen vgl. vor allem Kettenacker, Volkstumspolitik, S. 61 f.; ebenfalls Jäckel, Frankreich, S. 83).

124 Hilberg, Vernichtung, S. 647; Wolfanger, Politik, S. 146. Ende Oktober verschärften Bürckel und Wagner noch einmal ihre Volkstumspolitik, indem sie nun auch die französischsprechende Bevölkerung aus Elsaß und Lothringen vertreiben wollten. Anfang August hatte Hitler angewiesen: »Wer französele oder auch nur gegen die deutsche Besetzung oder gegen Maßnahmen des Reiches meckere, sei augenblicklich auf Lastwagen zu verladen und über die Westgrenze nach Frankreich abzuschieben.« (Bormann an Bürckel, 6. 8. 1940, zitiert nach Wolfanger, Politik, S. 146) Bürckel rechtfertigte das Vorgehen damit, daß für die Umerziehung der Jugend und eine allmähliche »Eindeutschung« keine Zeit und deshalb eine radikale Lösung notwendig sei. Man könne nicht die Zeit damit vergeuden, herauszufinden, ob die Vertriebenen einen »stärkeren romanischen oder germanischen Rasseneinschlag« besäßen, sondern müsse sich an die Sprache halten. Wer französisch spreche, müsse Lothringen verlassen. Zwar erreichten Bürckel und Wagner nicht das Ziel der Vertreibung der gesamten französischsprechenden Bevölkerung, aber aus Lothringen wurden bis Ende des Jahres 1940 weitere 50 000 französischsprachige Menschen, aus dem Elsaß bis Frühjahr 1941 rund 20 000 Menschen vertrieben. (Zu den Lothringer Zahlen vgl. Wolfanger, Politik, S. 155, der die frühen Nachkriegsschätzungen, die von über 100 000 Vertriebenen ausgingen, präzisiert; zu den Zahlen für das Elsaß vgl. Kettenacker, Volkstumspolitik, S. 249; zur Auseinandersetzung zwischen Abetz, Stülpnagel auf der einen und Bürckel, Wagner auf der anderen Seite um die politische Opportunität der Vertreibungen der französischen Bevölkerung aus Elsaß-Lothringen vgl. Jäckel, Frankreich, S. 128–132; Umbreit, Militärbefehlshaber, S. 83.)

deutsche Juden nach Frankreich abzuschieben.[125] Ende Oktober wurden in Zusammenarbeit mit den örtlichen Gestapostellen und dem RSHA rund 7000 Juden aus der Saarpfalz und Baden unter peinigenden Bedingungen mit Zügen nach Frankreich gebracht, wo die Vichy-Behörden sie sogleich in verschiedenen Lagern internierte. Die Kommandos deportierten selbst alte Frauen und Männer, die nicht zu gehen imstande waren und daher zum Teil auf Tragbahren zu den Zügen gebracht wurden. Die Frist, die den Opfern zum Packen ihrer Sachen gewährt wurde, schwankte zwischen einer bloßen Viertelstunde und zwei Stunden. Selbstmorde waren keine Seltenheit.[126]

Die Durchführung der Vertreibungen lag bei der SS und Polizei. Bereits im Mai 1940 traf der erste Befehlshaber der Sicherheitspolizei und des SD, Gustav Adolf Scheel, mit zwei Einsatzkommandos in Straßburg ein. Es nimmt nicht wunder, daß Scheel gleich einen seiner besten ehemaligen Mitarbeiter aus dem SD-Oberabschnitt Südwest anforderte: Dr. Martin Sandberger. Da Heydrich zu diesem Zeitpunkt nicht in Berlin gewesen sei, so Sandberger in einer Vernehmung im Oktober 1945, habe Best die Abordnung ausgesprochen. Allerdings sei nach vier oder fünf Tagen ein Telegramm Heydrichs in Straßburg eingetroffen, das die Abordnung zurücknahm und Sandberger befahl, sich unverzüglich wieder in Berlin einzufinden.[127] Zum Einsatzkommando, das in Mühlhausen sta-

---

125 In seinem Schreiben an Luther bezeichnete Heydrich Ende Oktober 1940 diese Deportationen als Anordnung Hitlers (RSHA, IV D 4, unterschrieben von Heydrich, an Luther, AA, 29. 10. 1940, gedruckt in: Dokumente über die Verfolgung der jüdischen Bürger in Baden-Württemberg, Bd. 2, S. 241; vgl. dazu Toury, Entstehungsgeschichte; Adler, Der verwaltete Mensch, S. 156–160).

126 Bericht vom 30. Oktober über die Deportation der Juden aus Baden, der Pfalz und dem Saarland, Politisches Archiv des Auswärtigen Amtes, gedruckt in: Dokumente über die Verfolgung der jüdischen Bürger in Baden-Württemberg, Bd. 2, Stuttgart 1966, S. 242 f.; zu den Protesten der französischen Regierung gegen die unangekündigten Deportationen und die hinhaltenden deutschen Reaktionen siehe ebenda, S. 243–248; Jäckel, Frankreich, S. 128; sowie insgesamt Toury, Entstehungsgeschichte, S. 450–457.

127 Camp 020 Interim Interrogation Report, Oktober 1945, National Archives, RG 319, Box 191, File XE000855 Sandberger. Sandbergers Bericht ist durchaus glaubwürdig, da er sich mit dem Geständnis, zum Einsatz in Straßburg abgeordnet worden zu sein, eher selbst belastet hatte. Hätte er diese Episode verschwiegen, wäre

tioniert war, gehörte unter anderen auch Heinz Wanninger, der 1942 ins Amt I des RSHA kam und dort zum Leiter der Organisationsabteilung aufstieg.

Anfang Juli ließ Scheel zwei Durchgangslager bei Straßburg und Mühlhausen für diejenigen errichten, »die bald nach ihrer Festnahme in das unbesetzte französische Gebiet abgeschoben werden«.

Folgende Personengruppen sollten von den Einsatzkommandos festgenommen und interniert werden:

»a) Juden, b) Zigeuner, c) fremdrassige Personen, d) Rotspanienkämpfer nichtdeutscher Abstammung, e) Berufsverbrecher, die mindestens 3mal mit Freiheitsstrafen von über 6 Monaten bestraft worden sind und deren letzte Strafe seit der Strafverbüßung nicht mehr als 5 Jahre zurückliegt, f) asoziale Elemente (Bettler, Landstreicher, Arbeitsscheue), g) alle seit 1918 zugewanderten Innerfranzosen (ausgenommen Beamte, über die eine Sonderregelung erfolgt), h) Elsässer, die sich in besonders gehässiger Weise gegen das Reich und die Heimatbewegung betätigt haben.«[128]

An erster Stelle standen die elsässischen Juden, die oftmals nicht einmal mehr interniert wurden, sondern wie in Colmar gleich auf Lastwagen verfrachtet und in das unbesetzte Frankreich abgeschoben wurden. Aber auch den übrigen Deportierten blieb nicht mehr als eine Stunde, um das Notwendigste zusammenzupacken. Die Angehörigen der Sicherheitspolizei und des SD suchten, oft mitten in der Nacht, anhand von Namenslisten die Opfer auf und forderten sie auf, sich sofort für den Abtransport fertigzumachen. Das Packen der wenigen Habseligkeiten fand unter Aufsicht der Polizei statt, die die Familien zusätzlich zur Eile antrieb. Verpflegung für vier Tage hatten sie selbst mitzunehmen, an Geld war ihnen ein Höchstbetrag von 500 RM in französischer Währung gestattet. Die Deportierten wurden dann zunächst in Sammellager und anschließend zum Bahnhof gebracht, um sie per Bahn in das unbesetzte Frankreich zu

---

er in der Perspektive der Vernehmer ein zu diesem Zeitpunkt unbelasteter RSHA-Referent in der Gruppe I F Erziehung in Berlin geblieben.

128 Befehl an die Führer der Einsatzkommandos 1 und 2, 2.7.1940, BArch, R 83 Els./ Vorl. 1, zitiert nach Kettenacker, Volkstumspolitik, S. 249f. Die Rolle Scheels als BdS im Elsaß wird bei Arnold eher verharmlost, da sie sich ausschließlich auf Scheels Nachkriegsaussagen im Spruchkammerverfahren verläßt (Arnold, Deutscher Student, S. 581).

transportieren.[129] Ihr gesamtes Hab und Gut, das sie nicht mitnehmen konnten, beschlagnahmte die nationalsozialistische Besatzungsmacht, was durchaus ein wesentlicher Beweggrund für die Vertreibungen gewesen ist. Insgesamt wurden zwischen Juli und Dezember 1940 etwa 105 000 Menschen ausgewiesen beziehungsweise an ihrer Rückkehr aus den Evakuierungsgebieten, in die sie zu Beginn des Krieges geflüchtet waren, in das Elsaß gehindert, also rund zehn Prozent der elsässischen Bevölkerung.[130]

Im lothringischen Metz hielt die Gestapo am 25. Juli 1940 offiziell ihren Einzug, wenige Tage später folgte die Schutzpolizei.[131] In Lothringen lag die Vertreibungsaktion in den Händen des Höheren SS- und Polizeioffiziers Theodor Berkelmann und des Befehlshabers der Sicherheitspolizei und des SD, Anton Dunckern, die sich wie im Elsaß auf mehrere Einsatzkommandos stützen konnten.[132] Unter ihnen finden sich ebenfalls zwei ehemalige SD-Angehörige aus Scheels SD-Oberabschnitt Südwest wieder: Erwin Weinmann und Georg Elling. Von Elling heißt es in einer späteren Beurteilung: »Während seines Einsatzes in Lothringen hat sich E. besondere Verdienste bei der Rückführung verschleppter Kunstwerte, Sichtung von Büchereien und beim Aufbau des Schulwesens erworben«, was kaum verhohlen den Raub von Kunstgegenständen und Bibliotheken bezeichnete.[133] Weinmann war erst als Führer eines Einsatzkommandos in Belgien vorgesehen. Aus seinen Personalunterlagen geht jedoch hervor, daß er sich spätestens seit Juli 1940 bis Anfang 1941 im SD-Einsatz beim BdS Metz befand.[134] Unter anderem für diesen »besonderen Einsatz bei der Bereinigung Lothringens von volks- und reichsfeindlichen Elementen nach dem Einmarsch der deutschen Truppen und besondere Verdienste bei Bekämpfung der Widerstandsbewegung« erhielt Ernst Weinmann später das

---

129 Vgl. dazu Wolfanger, Politik, S. 146–177.

130 Kettenacker, Volkstumspolitik, S. 252.

131 Wolfanger, Politik, S. 58 f.

132 Eine Aufstellung der Vertreibungen aus den einzelnen Ortschaften durch die Einsatzkommandos II/1–3 führt allein für die Zeit vom 17. bis 20. 11. 1940 mehr als 20 600 Menschen auf (Schaefer, Bauernsiedlung, S. 213–216).

133 RSHA, Vorschlag zur Beförderung zum SS-Obersturmbannführer, November 1943, BArch, BDC, SSO-Akte Georg Elling.

134 BArch, BDC, SSO-Akte Erwin Weinmann; BArch DH, ZR 277.

Kriegsverdienstkreuz 2. Klasse mit Schwertern.[135]

Ebenfalls gehörte Dr. Theodor Paeffgen seit Juni 1940 zum Einsatzkommando in Metz, einer jener jungen Führungsangehörigen im RSHA, die sich durch Flexibilität und Einsatzfähigkeit überall in den besetzten Gebieten auszeichneten. In einer eidesstattlichen Erklärung als Zeuge für die Nürnberger Prozesse hielt Paeffgen am 16. Januar 1946 in dürren Worten seinen Einsatz in Lothringen fest:

Dr. Theodor Paeffgen, Referent im RSHA-Amt I, stellvertretender Kommandeur der Sicherheitspolizei und des SD in Bialystok, Gruppenleiter im RSHA-Amt VI SD-Ausland
(Bundesarchiv, BDC, RuSHA-Akte Theodor Paeffgen)

»Im Herbst 1940 ordnete der Gauleiter Bürckel in seiner Eigenschaft als Chef der Zivilverwaltung für Lothringen an, daß sämtliche Personen, die in Frankreich geboren und nach 1918 von dort nach Lothringen gekommen waren, sowie alle Personen des französisch sprechenden Teils von Lothringen, die sich auf Grund einer Option für Frankreich entschieden, in die nicht besetzte Zone Frankreichs zu evakuieren seien. Es wurden von der Zivilverwaltung Fragebogen an alle Landräte und Bürgermeister zur Befragung der Bevölkerung über ihre Abstammung herausgegeben, die die Grundlage für die Evakuierung bildeten. Im französisch sprechenden Teil wurde die Option durchgeführt, bei der sich der größte Teil der Bevölkerung für Frankreich entschied. Die Evakuierung selbst wurde von der Ordnungs- und Sicherheitspolizei durchgeführt. Die Leute durften an persönlicher Habe und Werten nur das mitnehmen, was sie an sich tragen konnten. Sie wurden mit Omnibussen zum Bahnhof gefahren, wo sie mit dem Zug nach Lyon gebracht wurden. Evakuierte Wohnungen wurden versiegelt. Das Vermögen dieser Leute wurde von den staatlichen Behörden beschlagnahmt und treuhänderisch verwaltet. Was mit

---

135 BdS Ukraine, Vorschlagsliste für die Verleihung des KVK, 27. 3. 1942; BArch DH, ZR 785 A 8, Bl. 273.

den Vermögen endgültig geschehen ist, kann ich nicht angeben, da die Treuhandverwaltung noch bestand, als ich in Lothringen war. Den etwa 60 000 Evakuierten wurde erklärt, daß sie sich wegen einer Entschädigung an den französischen Staat wenden sollten.«[136]

Heinrich Himmler fand für diese Aktionen deutlichere Worte. In seiner Rede am 7. September 1940 vor der Leibstandarte-SS »Adolf Hitler« in Metz verglich er die Vertreibungen aus Elsaß-Lothringen ausdrücklich mit den Deportationen in Polen und hob die Tätigkeit von Sicherheitspolizei und SD mit Argumenten hervor, die bereits die berüchtigten Sätze seiner Posener Rede von 1943 vorwegnahmen:

»Sehr oft sagt sich der Angehörige der Waffen-SS – und diese Gedanken kamen mir heute so – wie ich da draussen diese sehr schwierige Tätigkeit ansah, die die Sicherheitspolizei unterstützt von Euren Leuten, die ihnen sehr gut helfen, haben – das Hinausbringen dieses Volkes hier. Genau dasselbe hat bei 40° Kälte in Polen stattgefunden, wo wir tausende und zehntausende und hunderttausende wegtransportieren mußten, wo wir die Härte haben mussten – Sie sollen das hören und sollen das aber gleich wieder vergessen, – tausende von führenden Polen zu erschiessen. [...] Es ist bedeutend leichter in vielen Fällen, mit einer Kompanie ins Gefecht zu gehen, wie mit einer Kompanie in irgend einem Gebiet eine widersätzliche Bevölkerung kulturell tiefstehender Art niederzuhalten, Exekutionen zu machen, Leute herauszutransportieren, heulende und weinende Frauen wegzubringen und deutsche Volksgenossen über die Grenze aus Russland herüberzuholen und dort zu versorgen. Ich möchte etwas sagen: Wir müssen beginnen, auch in der Gesamt-Waffen-SS, dass wir die übrige grosse Tätigkeit der Gesamt-SS und -Polizei erblicken und sehen, dass Sie die Tätigkeit, die der Mann im grünen Rock tut, genau so als wertvoll ansehen, wie die Tätigkeit, die Sie tun. Dass Sie die Tätigkeit, die der Mann des SD oder der Sicherheitspolizei tut, genau so als lebensnotwendiges Stück unserer Gesamttätigkeit ansehen wie das, dass Sie mit der Waffe marschieren können. [...] Viel schwerer ist an vielen Stellen, – und ich will damit Ihre Taten wirklich nicht herunter tun, ich bin der letzte. Aber viel schwerer ist, das glauben Sie mir, an vielen Stellen dieses stille Tun-müssen, die stille Tätigkeit, dieses Postenstehen vor der Weltanschauung, dieses Konsequent-sein-müssen, Kompromisslos-sein-müssen, das ist an manchen Stellen viel, viel schwerer.«[137]

Man erkennt unschwer den Nimbus, den das Militärische in der SS besaß, den Dünkel, mit denen die Angehörigen der Waffen-SS ihre Polizeikame-

---

136 Eidesstattliche Erklärung Theodor Paeffgen, 16. 1. 1946, NO-5393.
137 Rede Himmlers vor der Leibstandarte-SS »Adolf Hitler« im Fort von Alvensleben in Metz, 7. 9. 1940, BArch, NS 19/4007, Bl. 108–129; gedruckt in: IMG, Bd. 29, S. 98–110 (1918-PS), Zitat: S. 104 f.

raden betrachteten. Zugleich wird das Bemühen Himmlers sichtbar, die völkischen Säuberungen durch die Polizei den militärischen Aufgaben gleichzustellen und den Einsatz von Sicherheitspolizei und SD als konsequenten weltanschaulichen Kampf, der dem soldatischen ebenbürtig ist, zu bestimmen. Mehr noch, die kompromißlose Haltung, sogar den Einsatz gegen Frauen und Kinder als notwendig und gerechtfertigt zu betrachten, wog in Himmlers Perspektive ungleich schwerer. »Postenstehen vor der Weltanschauung« – bildlicher und zugleich kitschiger kann man die Tätigkeit dieser Männer wohl kaum ausdrücken. Dennoch traf Himmler den Ton. Hier wie in seiner späteren Posener Rede verschwieg er die Spannungen, die Widersprüche nicht, mit denen die Täter konfrontiert waren. Himmler redete keineswegs schön oder verharmloste die Exekutionen. Indem er das Grauenerregende eben nicht ausklammerte, sondern aussprach und zugleich heroisierte, konnte er mit dem eigentlichen Kern der Argumentation überzeugen: daß nur die SS die Härte besitze, diese fürchterlichen, aber notwendigen Taten zu tun. Den Schrecken nicht zu verleugnen, ihn vielmehr auszuhalten und trotz des Grauens das Grauenvolle zu tun, in dieser heroisch-pathetischen Uminterpretation des Verbrechens lag die Auszeichnung, die Himmler seinen Leuten versprach. Still meinte keineswegs Bescheidenheit oder Unmündigkeit; still hieß, zu wissen, warum das Morden notwendig war und es ohne Diskussion, ohne Widerworte zu tun. Im Oktober 1943 wird dann von dem »ungeschriebenen und nie zu schreibenden Ruhmesblatt deutscher Geschichte« die Rede sein. Dann wird das Schweigen kein stilles Tun mehr, sondern gemeinsames, geheimes Wissen, das nicht mitgeteilt werden kann und darf, aber eben die Wissenden zu einem exklusiven Bund, gewissermaßen zu Gralshütern der Bluttat, zusammenschweißt.

Neue Horizonte

1940 waren den Deportationsplänen des RSHA im besetzten Westeuropa sichtliche Grenzen gesetzt. In Frankreich und Belgien bestimmte ein Militärbefehlshaber, der anfangs die Frage der polizeilichen Sicherheit nicht aus der Hand geben wollte; in Norwegen herrschte ebenso wie in Holland ein Reichskommissar, der gleichfalls darauf achtete, daß Sicherheitspolizei und SD unter seiner Kontrolle blieben, auch wenn die Befehlswege hier klarer an das RSHA gebunden waren als im Bereich der Militärbefehlshaber in Frankreich und Belgien. Zu Recht weist Raul Hilberg darauf hin, daß die Sicherheitspolizei im besetzten Europa dünn gesät war, die Einsatzgruppen jeweils neu aufgestellt werden mußten und das ständige Personal stets gering an Zahl war.[138] Desto bemerkenswerter ist es, daß überall dort, wo sich die Möglichkeit bot, die Einsatzkommandos eindeutig und ohne zu zögern handelten. Bezeichnenderweise waren es ebenso wie in Polen die Ermächtigungen der Gauleiter zur völkischen Säuberung und raschen Germanisierung ihrer Gebiete durch Hitler persönlich, die den Handlungsraum auch für das RSHA öffneten. 1940 konnte das RSHA in Westeuropa kaum autonom und unabhängig agieren, aber in Verbindung mit den Gauleitern wie in Elsaß und Lothringen waren die Rahmenbedingungen für den Einsatz, wie ihn das RSHA plante, geschaffen.

Das Problem der Täter allerdings, wohin die Opfer deportiert werden sollte, blieb bestehen. Die Pétain-Regierung hatte mittlerweile heftig gegen die Deportationen der elsässischen, lothringischen, badischen und pfälzischen Juden in die unbesetzte Zone protestiert. Mitte September 1940 hatte Heydrich anläßlich einer Denkschrift über die »Behandlung des Tschechen-Problems und die zukünftige Gestaltung des böhmisch-mährischen Raums« die selbstgestellte Frage: Wohin mit den »nicht eindeutschfähigen Rest-Tschechen«? mit der Feststellung beantwortet, daß es eine »zunächst imaginäre Zielsetzung« bleibe, wolle man diese Menschen in ein »zur Zeit imaginäres Gouvernement« deportieren.[139]

Andererseits drängten die Gauleiter. Als Anfang Oktober 1940 Generalgouverneur Hans Frank im kleinen Kreis bei Hitler sich damit brüstete,

---

138 Hilberg, Vernichtung, Bd. 1, S. 212.
139 Stellungnahme Heydrichs zur Denkschrift Franks, 14. 9. 1940, gedruckt in: Die Vergangenheit warnt, S. 74 f. Der Staatssekretär in der deutschen Protektoratsverwaltung und SS-Gruppenführer Karl-Hermann Frank hatte in seiner Denkschrift einen radikaleren Schritt vorgeschlagen, nämlich »die Aussiedlung von rassisch unverdaulichen Tschechen und der reichsfeindlichen Intelligenzschicht, bezw. Sonderbehandlung [!] dieser und aller destruktiven Elemente« (Karl-Hermann Frank, Denkschrift über die Behandlung des Tschechen-Problems und die zukünftige Gestaltung des böhmischen-mährischen Raums, 28. 8. 1940, in: ebenda, S. 68). Heydrich indessen empfahl mit Billigung Himmlers erst einmal eine »völkische Bestandsaufnahme« und »Festsetzung des Prozentsatzes, der überhaupt, unabhängig von seiner Gesinnung, zur Eindeutschung in Frage kommt« (ebenda).

daß die Juden in Warschau und anderen Städten jetzt in Ghettos einge-schlossen seien und Krakau in Kürze »judenrein« sein werde, setzte Baldur von Schirach, Reichsstatthalter von Wien, sofort nach und verlangte, daß ihm Frank die noch über 50 000 Wiener Juden abnehmen müsse. Auch der ostpreußische Gauleiter Koch beklagte sogleich, er habe bisher weder Polen noch Juden aus dem Zichenauer Gebiet abschieben können. Frank protestierte zwar auf der Stelle, da man für derartige Mengen Polen und Juden keinerlei Unterbringungsmöglichkeiten habe. Aber Hitler betonte, daß es ganz gleichgültig sei, wie hoch die Bevölkerungsdichte im General-gouvernement sei. Das Generalgouvernement sei nichts weiter als ein »Reservoir an Arbeitskräften für niedrige Arbeiten«.[140] Schirach erhielt zwei Monate später von Lammers die Bestätigung, daß Hitler entschieden habe, die Wiener Juden »beschleunigt, also noch während des Krieges, we-gen der in Wien herrschenden Wohnungsnot ins Generalgouvernement« zu deportieren.[141] Auch Himmler ging Ende Oktober noch von dieser Vorstellung aus. Vor der Landesgruppe der NSDAP in Madrid sagte er un-ter anderem:

»Alles fremde Volkstum und besonders das Judentum wird künftig im Generalgouver-nement angesetzt werden, was bedeutet, daß dorthin etwa 5 bis 6 hunderttausend Men-schen umgesiedelt werden, wobei die Juden in einem gesonderten Ghetto untergebracht werden sollen, und zwar alle Juden aus dem ganzen Großdeutschen Reich.«[142]

Um auch zu diesem Zeitpunkt keine Stagnation entstehen zu lassen, hielt das RSHA – allerdings mit unverkennbar pessimistischem Grundton – an der Weisung Görings fest, trotz des Krieges die Zwangsemigration deut-

---

140 Aktenvermerk Bormanns über ein Gespräch bei Hitler am 2.10.1940, IMG, Bd. 39, S. 425–429 (172-USSR). Hitler rechtfertigte in dieser Unterredung aus-drücklich die Ermordung der polnischen Intelligenz: Für die Polen dürfe es nur einen Herren geben, und das sei der Deutsche; »daher seien alle Vertreter der pol-nischen Intelligenz umzubringen. Dies klinge hart, aber es sei nun einmal das Lebensgesetz« (ebenda, S. 428; vgl. auch Aly, Endlösung, S. 181–183; Longerich, Politik der Vernichtung, S. 283, 285).

141 Lammers an Schirach, 3.12.1940, IMG, Bd. 29, S. 176 (1950-PS). Tatsächlich wur-den im Februar und März 1941 etwa 5000 Menschen aus Wien nach Polen depor-tiert (Safrian, Eichmann-Männer, S. 97 f.).

142 Himmler vor der Landesgruppe der NSDAP in Madrid, 22.10.1940, BArch, R 49/20, gedruckt in: Müller, Hitlers Ostkrieg, S. 139.

scher Juden fortzusetzen, indem es am 25. Oktober per Erlaß die Auswanderung von Juden aus dem Generalgouvernement verbot, um »die ohnedies immer kleiner werdenden Möglichkeiten der Auswanderung für Juden aus dem Altreich, der Ostmark und dem Protektorat Böhmen und Mähren« nicht weiter zu verringern.[143] Ähnlich vertrat eine interministerielle Runde aus RSHA (Eichmann), RKF, Auswärtigem Amt und Reichsinnenministerium Ende November den Standpunkt, daß deutsche Juden, die von den Umsiedlungsaktionen Volksdeutscher aus der Sowjetunion erfaßt würden, möglichst ausgebürgert werden sollten. Als oberster Grundsatz müsse gelten, daß es »unter allen Umständen unerwünscht sei, Juden ins Reich hereinzubekommen«.[144] Zur selben Zeit ordnete Heydrich an, daß Juden mit deutscher oder ehemals österreichischer sowie tschechoslowakischer oder polnischer Staatsangehörigkeit in den besetzten Gebieten interniert und alle geeigneten Maßnahmen ergriffen werden sollten, um »die Gefahr des Rückströmens der Juden« nach Deutschland zu bannen.[145]

Am 10. Dezember hatte Himmler Gelegenheit, in einer Rede vor den Reichs- und Gauleitern der NSDAP Bilanz über die Umsiedlungen zu ziehen. Zwar charakterisierte er die Aktionen als »Große Völkerwanderung seit 8 Jahren«, die mit allen Ein- und Auswanderungen nahezu 1,5 Millionen Menschen erfaßt habe. Zwar belief sich das Vermögen der Umsiedler, das laut Vertrag die Herkunftsstaaten zu erstatten hatten und dem Reich

---

143 Erlaß RSHA, 25. 10. 1940, zitiert im Rundschreiben der Regierung des Generalgouvernements an die Gouverneure der Distrikte, 23. 11. 1940, gedruckt in: Faschismus – Getto – Massenmord, S. 59.

144 Vermerk Großkopf über die interministerielle Besprechung über die »Behandlung der bei den Umsiedlungen sich meldenden reichsdeutschen Juden« am 30. 11. 1940, Beweisdokument des Eichmann-Prozesses T/672 beziehungsweise Israel Police 1059. Bezeichnenderweise erhob Eichmann größte Bedenken gegen eine Massenausbürgerung von Juden aus der Sowjetunion, da dadurch die Einreiseländer negativ beeinflußt würden und die Auswanderung von Juden aus dem Deutschen Reich gefährdet sei. Im September 1940 seien noch 3000, im Oktober 1940 noch 9500 Juden aus Deutschland zur »Auswanderung« gelangt, und man wolle diesen Weg nicht verschließen.

145 Erlaß Heydrichs zur »Erfassung der in den besetzten Gebieten befindlichen Ausländer«, 30. 10. 1940, BArch, R 58/243, Bl. 305–307.

zufiel, auf mehr als 3,3 Milliarden Reichsmark.[146] Aber gemessen an den Planungen der SS-Führung und vor allen den Erwartungen der Gauleiter war das Ergebnis mager. Goebbels hatte klar die Stimmung notiert: »Alle möchten ihren Unrat ins Generalgouvernement abladen. Juden, Kranke, Faulenzer etc.«[147]

Jetzt deutete Himmler eine neue Möglichkeit an. Für das Generalgouvernement gelte »rücksichtslos deutsche Herrschaft«, die Polen seien ausschließlich als Arbeitskräftereservoir für Saison- und andere einmalige Arbeiten zu verwenden. Als nächster Punkt stand auf Himmlers Stichwortzettel: »7.) Judenauswanderung u. damit noch mehr Platz für Polen«.[148] Die Vorlage für Himmlers Rede stammte von Eichmann, der in seiner Notiz vom 4. Dezember deutlicher war. Dort hieß es:

»II. Die Endlösung der Judenfrage. Durch Umsiedlung der Juden aus dem europäischen Wirtschaftsraum des deutschen Volkes in ein noch zu bestimmendes Territorium. Im Rahmen dieses Projektes kommen rund 5,8 Millionen Juden in Betracht.«[149]

Das heißt, auch das RSHA und die SS-Führung gingen davon aus, die Juden aus Südosteuropa, das zu diesem Zeitpunkt noch nicht militärisch besetzt war, in die »Endlösung« einzubeziehen.[150]

146 Stichwortnotizen Himmlers zur Rede vor den Reichs- und Gauleitern am 10.12.1940, BArch, NS 19/4007, Bl. 175–183; vgl. Breitman, Architekt, S. 189 f.; Aly, Endlösung, S. 195–201.
147 Tagebücher Goebbels, Teil I, Bd. 4, S. 387 (Eintrag unter dem 5.11.1940). Weiter heißt es: »Und Frank sträubt sich dagegen. Nicht ganz mit Unrecht. Er möchte aus Polen ein Musterland machen. Das geht zu weit. Das kann er nicht und soll er nicht. Polen soll für uns, so bestimmt der Führer, ein großes Arbeitsreservoir sein. [...] Und die Juden schieben wir später auch einmal aus diesem Gebiet ab.«
148 Stichwortnotizen Himmlers zur Rede am 10.12.1940, a.a.O. (s. Anm. 146).
149 Zitiert nach Aly, Endlösung, S. 198. Damit hatte Eichmann die Zahl der Juden, die Heydrich Anfang Juli desselben Jahres noch mit 3¼ Millionen angegeben hatte, auf eben die Zahl angehoben, die auch Rademacher in seinem Entwurf für einen Madagaskar-Plan angegeben hatte. (Zu den Spekulationen unter Historikern, die sich an diesen Zahlen der Eichmann-Notizen entzündeten, vgl. Aly, Endlösung, S. 198 f.)
150 Dafür spricht auch, daß Himmler in seiner Rede ausführlich auf die Bevölkerungsverhältnisse und volksdeutschen Anteile in Rumänien, Ungarn, Jugoslawien und der Slowakei einging und – völlig überhöht – eine Zahl von über 2,9 Millionen Juden in diesen Ländern errechnete.

Kurze Zeit später wurde Frank erneut mit der Forderung Hitlers konfrontiert, daß das Generalgouvernement etwa 800 000 Polen und Juden aufnehmen müsse.[151] Auch fand Anfang Januar 1941 im RSHA eine große Besprechung über den 3. Nahplan statt, dem zufolge im Laufe des Jahres 1941 aus den vom Reich annektierten westpolnischen Gebieten fast eine Million Polen und Juden in das Generalgouvernement deportiert werden sollten. Allerdings ließen der Aufmarsch der Wehrmacht gegen die Sowjetunion, der die Transportkapazitäten voll beanspruchte, und Koordinationsprobleme mit der Regierung des Generalgouvernements den 3. Nahplan rasch Makulatur werden.[152] Mitte März teilte das RSHA dann den entsprechenden Dienststellen per Fernschreiben mit, daß ab 16. 3. 1941 »bis auf weiteres« keine Deportationen mehr ins Generalgouvernement möglich seien.[153] Fünf Tage später bestätigte Eichmann auf einer Besprechung im Propagandaministerium, Heydrich sei von Hitler mit der »endgültigen Judenevakuierung« betraut worden und habe diesem vor acht bis zehn Wochen bereits einen Vorschlag vorgelegt, »der deshalb noch nicht zur Ausführung gelangt sei, weil das Generalgouvernement z. Zt. nicht in der Lage sei, einen Juden oder Polen aus dem Altreich aufzunehmen«.[154]

---

151 Am 11. 1. 1941 berichtete Hans Frank seinen Mitarbeitern über das kürzlich stattgefundene Gespräche mit Hitler und dessen Forderung, das Generalgouvernement müsse 800 000 Polen und Juden aufnehmen: »Der Führer stehe nach wie vor auf dem Standpunkt, daß das Generalgouvernement diese Aufgabe übernehmen müsse. Den vom Führer dafür gegebenen Argumenten könne man sich auch wohl nicht verschließen.« (Besprechung am 11. 1. 1941, Diensttagebuch Frank, S. 318 f.)
152 Die Deportationen im Rahmen des 3. Nahplans begannen am 5. 2., bis März wurden knapp 20 000 Polen, darunter 2140 Juden, ins Generalgouvernement deportiert. Bis zum Abbruch der Deportationen am 15. 3. wurden außerdem etwa 5000 Wiener Juden nach Polen verschleppt (Longerich, Politik der Vernichtung, S. 287).
153 Fernschreiben RSHA IV B 4, gez. Müller, an IdS Königsberg, UWZ-Dienststellen Gotenhafen, Kattowitz, Posen, Litzmannstadt, Zentralstelle für jüdische Auswanderung Wien, BdS Krakau, 15. 3. 1941, Beweisdokument des Eichmann-Prozesses T/384 beziehungsweise Israel Police 1395.
154 Protokoll einer Besprechung im Propagandaministerium, 21. 3. 1941, gedruckt in: Adler, Der verwaltete Mensch, S. 152; ausführlich dazu Longerich, Politik der Vernichtung, S. 287 f.

536

Zur selben Zeit jedoch versicherte Hitler Hans Frank, das Generalgouvernement werde »als erstes Gebiet judenfrei gemacht«.[155] Auch die Formulierung Himmlers aus dem Dezember 1940, daß die Vertreibung der Juden »noch mehr Platz für Polen« schaffe, impliziert durchaus – darauf hat Götz Aly hingewiesen –, daß an einen Weg gedacht wurde, die polnischen Juden aus dem Generalgouvernement zu beseitigen.[156] Am 26. März unterbreitete Heydrich einen neuen Entwurf, der offensichtlich in dieselbe Richtung wies. Heydrich notierte über seine Unterredung mit Göring u. a.:

»10. Bezüglich der Lösung der Judenfrage berichtete ich kurz dem Reichsmarschall und legte ihm meinen Entwurf vor, dem er mit Änderung bezüglich der Zuständigkeit Rosenbergs zustimmte und Wiedervorlage befahl.

11. Der Reichsmarschall sprach mich u. a. darauf an, daß bei einem Einsatz in Rußland wir eine ganz kurze, 3–4seitige Unterrichtung vorbereiten sollten, die die Truppe mitbekommen könne. Über die Gefährlichkeit der GPU-Organisation, der Polit-Kommissare, Juden usw., damit sie wisse, wen sie praktisch an die Wand zu stellen habe.«[157]

Zu Beginn des Jahres 1941 hatte sich damit in der NS-Führung offenkundig die Option durchgesetzt, daß die deutschen und europäischen Juden nicht mehr ins Generalgouvernement als vielmehr in die demnächst eroberten sowjetischen Gebiete deportiert werden sollten, wie Heydrichs Hinweis auf die Zuständigkeit des designierten Verantwortlichen für die Zivilverwaltung in den besetzten sowjetischen Gebieten, Alfred Rosenberg, belegt.

Mit dem Überfall auf die Sowjetunion war das RSHA hinsichtlich der Aufstellung der Einsatzgruppen nicht nur in einem ungleich höheren Maße gefordert als in den Einsätzen zuvor. Auch der Auftrag, die »jüdisch-bolschewistische Führungsschicht« der Sowjetunion zu töten, ging über die Internierungs- und Mordbefehle auch des Einsatzes gegen Polen im Herbst 1939 deutlich hinaus. Zugleich öffnete der Krieg gegen die Sowjetunion Handlungsräume und ermöglichte völkische Planungsvisionen, die das RSHA 1941/42 auf den Zenit seiner Macht bringen sollte.

---

155 Diensttagebuch, S. 337; vgl. Aly, Endlösung, S. 251 (allerdings mit falschen Datum).

156 Aly, Endlösung, S. 200 f.

157 Vermerk Heydrich, 26. 3. 1941, Sonderarchiv Moskau, 500-3-795, zitiert nach: Aly, Endlösung, S. 270. Der Vermerk war für Himmler bestimmt, Kopien gingen auch an die RSHA-Amtschefs Müller (»auch zur Unterrichtung Eichmann«), Streckenbach, Schellenberg und Albert Filbert (stellv. Chef des Amtes VI) sowie Ohlendorf »nur zur persönlichen, streng vertraulichen Information«.

Einsatzgruppen in der Sowjetunion

Nach einer grundlegenden Besprechung Hitlers mit den drei Oberbefehlshabern der drei Wehrmachtsteile am 21. Juli 1940 erteilte von Brauchitsch am folgenden Tag Halder den konkreten Auftrag: »Russisches Problem in Angriff nehmen. Gedankliche Vorbereitungen treffen.«[158] Am 31. Juli eröffnete Hitler den drei Wehrmachtsbefehlshabern seinen Entschluß, Rußland zu zerschlagen, um England jede Hoffnung zu nehmen, und gab als Termin für den Angriff das Frühjahr 1941 vor.

> »Je schneller wir Rußland zerschlagen, um so besser. Operation hat nur Sinn, wenn wir Staat in einem Zug schwer zerschlagen. Gewisser Raumgewinn genügt nicht. Stillstehen im Winter bedenklich.«[159]

Als am 5. Dezember Halder über die Grundzüge des Operationsplanes des Heeres berichtete, waren die internen Vorbereitungen des OKH schon weit vorgeschritten. Hitler billigte die Vorschläge und faßte das Ergebnis der Besprechung in der »Weisung Nr. 21 (Fall ›Barbarossa‹)« vom 18. Dezember 1941 zusammen.

Damit konnten auch die Vorbereitungen im RSHA beginnen. Ähnlich wie in Polen 1939 sollte für den geplanten Krieg gegen die Sowjetunion die SS unabhängig von der Wehrmacht mit Sondervollmachten ausgestattet werden, um die »jüdisch-bolschewistische« Führung zu vernichten. Diese Intention Hitlers tritt klar in den Anweisungen zutage, die er dem Chef des Wehrmachtsführungsstabes Jodl Anfang März 1941 gab. Den ursprünglich eingereichten Entwurf hatte Hitler abgelehnt und Jodl als Richtlinie für eine neue Vorlage ausdrücklich mitgegeben:

> »Dieser kommende Feldzug ist mehr als nur ein Kampf der Waffen; er führt auch zur Auseinandersetzung zweier Weltanschauungen. [...] Die jüdisch-bolschewistische Intelligenz, als bisheriger ›Unterdrücker‹ des Volkes, muß beseitigt werden.«

---

158 Halder, Kriegstagebuch, Bd. 2, S. 42 f. Halder hatte schon Anfang Juli aus eigener Initiative der Operationsabteilung des Generalstabes des Heeres den Auftrag erteilt, die Möglichkeiten eines militärischen Schlages gegen Rußland prüfen zu lassen (ebenda, S. 6). Zur militärischen Planung des Angriffs auf die Sowjetunion vgl. Klink/Boog, Planung; Ueberschär, Hitlers Entschluß; sowie darauf in weiten Strecken Bezug nehmend: ders., Die militärische Planung; außerdem Deist, Planung.

159 Halder, Kriegstagebuch, Bd. 2, S. 49.

Da diese Aufgaben, so Hitler, so schwierig seien, daß man sie nicht dem Heere zumuten könne, müsse, heißt es bei Jodl weiter, mit Himmler geprüft werden, »ob es notwendig sei, auch dort [im Operationsgebiet, M. W.] schon Organe des Reichsführers SS neben der Geheimen Feldpolizei einzusetzen«. Und in aller Deutlichkeit fügte Jodl hinzu: »Die Notwendigkeit, alle Bolschewistenhäuptlinge und Kommissare sofort unschädlich zu machen, spreche dafür.«[160]

Zwei Tage später, am 5. März 1941, legte der Wehrmachtsführungsstab einen neuerlichen Entwurf vor, demzufolge der Reichsführer SS zur »Vorbereitung der politischen Verwaltung« in den Ostgebieten »Sonderaufgaben im Auftrage des Führers« erhalte, die Himmler selbständig und in eigener Verantwortlichkeit ausführe.[161] Am 13. März erließ dann das Oberkommando der Wehrmacht die »Richtlinien auf Sondergebieten zur Weisung Nr. 21 (Fall Barbarossa)«, in denen es entsprechend hieß:

---

160 Kriegstagebuch OKW, Erster Halbband, Bd. 1, S. 340 f.; vgl. dazu Krausnick/Wilhelm, Truppe des Weltanschauungskrieges, S. 116 f. Am 30. 3. 1941 hielt Hitler dann seine bekannte Rede vor den Generälen, in der er den Charakter des Krieges gegen die Sowjetunion als Weltanschauungs- und Vernichtungskrieg unmißverständlich darlegte (Halder, Kriegstagebuch, Bd. 2, S. 336 f.).

161 Ogorreck, Einsatzgruppen, S. 20 f. Unmittelbar danach, am 6./7. März 1941 fand eine Besprechung zwischen Rittmeister Schach von Wittenau, Offizier in der Abwehrabteilung der Heeresgruppe B (später Mitte), mit Oberst Hans Oster und Oberstleutnant von Bentivegni vom OKW-Amt Ausland/Abwehr über den »Einsatz von Einsatzkommandos« statt. Die drei Offiziere hielten fest, daß zwar deren Weisungen unmittelbar durch den Reichsführer SS erfolgen sollten, Warlimont aber beauftragt worden sei, von Hitler Befehle zu erwirken, daß von der SS Verbindungsoffiziere zu den jeweiligen Armeen gestellt würden, die im Rang nicht über den Ic-Offizieren stünden, damit alle Befehle der SS-Führung an die Einsatzkommandos gleichzeitig den Ic zur Kenntnis zugingen. Darüber hinaus sollten Befehle erlassen werden, um Operationsstörungen des Heeres zu vermeiden, drittens – und damit gaben die Offiziere zu erkennen, daß sie genau wußten, um welchen »Sonderauftrag« es sich handelte – sollte sichergestellt werden, »dass Executionen möglichst abseits der Truppe vorgenommen werden« (Sonderarchiv Moskau, 1303-1-41, Bl. 41. Das Dokument trägt den handschriftlichen Vermerk Bentivegnis: »Chefsache: Nur zur Orientierung von Oberstlt. v. Tresckow, Persönlich«. Ich danke Peter Klein für den Hinweis auf das Originaldokument; vgl. auch Gerlach, Kalkulierte Morde, S. 82).

»Im Operationsgebiet des Heeres erhält der Reichsführer SS zur Vorbereitung der politischen Verwaltung Sonderaufgaben im Auftrage des Führers, die sich aus dem endgültig auszutragenden Kampf zweier entgegengesetzter Systeme ergeben. Im Rahmen dieser Aufgaben handelt der Reichsführer SS selbständig und in eigener Verantwortung. Im übrigen wird die dem Ob.d.H. und den von ihm beauftragten Dienststellen übertragene vollziehende Gewalt nicht berührt. Der Reichsführer SS sorgt dafür, dass bei Durchführung seiner Aufgaben die Operationen nicht gestört werden. Näheres regelt das OKH mit dem Reichsführer SS unmittelbar.«[162]

Die entsprechenden Verhandlungen zwischen SS und Heer waren zu diesem Zeitpunkt bereits seit Wochen im Gange. Anfang Februar hatte Heydrich in Verhandlungen mit dem Auswärtigen Amt bereits beiläufig mitgeteilt, daß die Besprechungen mit dem Oberbefehlshaber des Heeres von Brauchitsch über den Einsatz der Sicherheitspolizei gut liefen und er bald mit einer förmlichen Vereinbarung rechne.[163] Am 10. März besprachen Himmler und Heydrich die Zusammenarbeit von Einsatzgruppen und Heer,[164] drei Tage später berichtete Generalquartiermeister Wagner Halder über seine Verhandlungen mit Heydrich,[165] am 20. März trafen sich Himmler und Heydrich erneut. Zwar betrafen die von Himmler notierten Gesprächspunkte andere Themen, aber am selben Tag formulierte

---

162 OKW, WFSt/Abt. L (IV/Qu.), Richtlinien auf Sondergebieten zur Weisung Nr. 21 (Fall Barbarossa), g.Ks. Chefs., 13.3.1941, gedruckt in: IMG, Bd. 26, S. 53–58 (447-PS), Zitat: S. 54. Der im Entwurf vom 5.3.1941 noch enthaltene Satz: »Straftaten von feindlichen Ausländern, die nach Abs. 1 und 2 nicht von Wehrmachtsgerichten verfolgt werden, sind unmittelbar der nächsten Dienststelle des Reichsführers SS zu übergeben« wurde durch den Satz: »Näheres regelt das OKH mit dem Reichsführer SS unmittelbar« ersetzt (Ogorreck, Einsatzgruppen, S. 23; Warlimont, Hauptquartier, S. 166–187; Krausnick/Wilhelm, Truppe des Weltanschauungskrieges, S. 117).

163 Aufzeichnung Künsberg, 4.2. und 10.2.1941, Nbg. Dok. NG-5225, zitiert nach Breitman, Architekt, S. 195 f. In Heydrichs Gesprächen ging es um die mögliche Übernahme des sogenannten Sonderkommandos Künsberg, das im Auftrag des Auswärtigen Amtes in Frankreich, den Niederlanden und später in der Sowjetunion Dokumente, Edelmetalle und Kunstgegenstände raubte (vgl. dazu Heuß, Beuteorganisation; Dienstkalender Himmlers, S. 113).

164 Unter dem 10.3.1941 notierte Himmler ein Telefonat mit Heydrich mit dem Stichwort »Zusammenarbeit S Pol u. Heer« (Dienstkalender Himmlers, S. 129).

165 In Halders Kriegstagebuch heißt es dazu: »Besprechung Wagner – Heydrich: Polizeifragen, Grenzzoll.« (Halder, Kriegstagebuch, Bd. 2, S. 311)

er einen – nicht erhalten gebliebenen – Aktenvermerk zur Verständigung über die Einsatzkommandos der Sicherheitspolizei.[166]

Dem RSHA mußte es in den Verhandlungen vor allem um zwei Ziele gehen: erstens eine weitgehende operative Unabhängigkeit der Einsatzgruppen von der Wehrmacht zu erreichen und zweitens hinsichtlich des Auftrages eine größtmögliche Handlungsfreiheit zu besitzen. Während des Einsatzes in Polen hatten Himmler und Heydrich noch Mühe gehabt, den eigenständigen Exekutivanspruch gegen das Heer durchzusetzen und mußten die Furcht vor den »Franktireurs« schüren, um durch den angeblichen Ausnahmezustand die Polizeigewalt zum akzeptierten Normalfall werden zu lassen. Aber auch schon damals konnten sie sich auf Hitler berufen, der den »Volkstumskampf« eben nicht vom Heer, sondern von SS und Polizei im Verbund mit den Gauleitern führen lassen wollte. Auch jetzt bildeten die »Sonderaufgaben im Auftrag des Führers« die politische Grundlage, um mit dem Heer erfolgreich zu verhandeln. Anders als in Polen war beim Krieg gegen die Sowjetunion von vornherein unbestritten, daß den SS-Verbänden eine eigene, vom Heer unabhängige Exekutivgewalt, die – das war den Gesprächsteilnehmern von der Heeresgruppe Mitte und dem Amt Ausland/Abwehr schon Anfang März klar – in erster Linie Exekutionen bedeutete. Weiterhin mußte Heydrich daran gelegen sein, sich in den Verhandlungen nicht auf eine klare Definition seiner Aufgaben festzulegen. Wer der »jüdisch-bolschewistischen Intelligenz« zuzurechnen sei, durfte nicht vom Militär entschieden werden, sondern sollte ausschließlich Sache der SS und Polizeiführung sein. Die Wehrmacht wiederum war einerseits sehr daran interessiert, die Einsatzgruppen und andere Polizeiverbände in die Sicherung der rückwärtigen Heeresgebiete einzubinden, um die eigenen Sicherungsdivisionen zu entlasten. Andererseits wollte die Wehrmachtsführung erkennbar mit den Exekutionen selbst nichts zu tun haben, sie sollten vielmehr »abseits der Truppe« stattfinden.

Nachdem am 25. März noch einmal getrennte Besprechungen zwischen Halder und Wagner auf der einen und zwischen Himmler, Heydrich und

---

166 Die Existenz des Vermerks geht aus dem Korrespondenzbuch des Persönlichen Stabes Reichsführer-SS hervor, wobei der Vermerk selbst bislang nicht aufgefunden wurde (Breitman, Architekt, S. 198, Anm. 23; Dienstkalender Himmlers, S. 137).

Daluege auf der anderen Seite stattgefunden hatten,[167] konnte Wagner tags darauf den Entwurf einer Vereinbarung präsentieren. Gleich zu Anfang wird darin die Aufgabe der Einsatzgruppen nur allgemein bestimmt: »Die Durchführung besonderer sicherheitspolizeilicher Aufgaben außerhalb der Truppe macht den Einsatz von Sonderkommandos der Sicherheitspolizei (SD) im Operationsgebiet erforderlich.«[168] Im folgenden wurde es jedoch konkreter. Unmittelbar im Rücken der Fronttruppen, im rückwärtigen Armeegebiet, lauteten die Aufgaben:

»Sicherstellung vor Beginn von Operationen festgelegter Objekte (Material, Archive, Karteien von reichs- und staatsfeindlichen Organisationen, Verbänden, Gruppen usw.) sowie besonders wichtiger Einzelpersonen (führende Emigranten, Saboteure, Terroristen usw.).«

Für das rückwärtige Heeresgebiet gelte:

»Erforschung und Bekämpfung der staats- und reichsfeindlichen Bestrebungen, soweit sie nicht der feindlichen Wehrmacht eingegliedert sind, sowie allgemeine Unterrichtung der Befehlshaber der rückwärtigen Heeresgebiete über die politische Lage.«

Diese Aufgaben sollten die Sonderkommandos »in eigener Verantwortlichkeit« ausführen. Den Armeen waren sie nur »hinsichtlich Marsch, Versorgung und Unterbringung« unterstellt, ansonsten erhielten sie ihre »fachlichen Weisungen« vom Chef der Sicherheitspolizei und des SD, dem sie auch weiterhin disziplinarisch und gerichtlich unterstellt blieben. Allein wenn es die militärischen Operationen erforderten, hatten die jeweiligen Oberbefehlshaber das Recht, den SS-Kommandos Weisungen zu erteilen, sie zum Beispiel vom Einsatz in einem bestimmten Gebiet auszuschließen. Ausdrücklich sah der Befehl vor:

»Die Sonderkommandos sind berechtigt, im Rahmen ihres Auftrages in eigener Verantwortung gegenüber der Zivilbevölkerung Exekutivmaßnahmen zu treffen.«

Großen Wert legte der Befehlsentwurf auf die Zusammenarbeit mit und vor allem auf die Unterrichtung der militärischen Stellen. So sollte für jede

---

167 Halder, Kriegstagebuch, Bd. 2, S. 328. Inhaltlich hielt Halder fest: »Besprechungspunkte für [Wagners] Besprechung mit Heydrich wegen bevorstehender Ostfragen«; Dienstkalender Himmlers, S. 139.

168 Befehlsentwurf, OKH, Gen.St.d.H./Gen.Qu., Geheim, 26.3.1941, Nbg. Dok NOKW-256, gedruckt in: Jacobsen, Kommissarbefehl, S. 482 f.; vgl. dazu Krausnick/Wilhelm, Truppe des Weltanschauungskrieges, S. 128–132; Ogorreck, Einsatzgruppen, S. 27–31.

Armee ein Beauftragter des Chefs der Sicherheitspolizei und des SD eingesetzt werden, der mit dem jeweiligen Ic-Offizier eng zusammenarbeiten und sämtliche aus Berlin kommenden Weisungen dem Oberbefehlshaber der Armee beziehungsweise des rückwärtigen Heeresgebietes rechtzeitig zur Kenntnis geben sollte. Die abwehrpolitischen Aufgaben innerhalb der Truppe und der unmittelbare Schutz der Truppe blieben weiterhin alleinige Aufgabe der Geheimen Feldpolizei.[169]

Zwar umschrieb Wagners Entwurf die Aufgaben der Sicherheitspolizei eher konventionell und erinnerte in der Terminologie an die früheren Richtlinien der Jahre 1938 und 1939. Auch wurden Juden oder »Zigeuner« mit keinem Wort erwähnt.[170] Aber hinter dieser sicher auch auf »Normalität« ausgerichteten Fassade waren entscheidende Tatsachen zugunsten des RSHA geschaffen worden: a) die Unterstellung der Kommandos unter den Befehl von SS- und RSHA-Führung, die, anders als noch im Krieg gegen Polen, dieses Mal ihre fachlichen Weisungen ausschließlich aus Berlin erhalten sollten; b) die disziplinarische und gerichtliche Unterstellung der Einsatzkommandos unter den Chef der Sicherheitspolizei und des SD, womit die Angehörigen der Einsatzkommandos dem Zugriff seitens der Wehrmacht entzogen waren. Zwar waren die Einsatzgruppen gehalten, den Ic-Offizier wie den jeweiligen Oberbefehlshaber der Heeresgruppen auf dem laufenden zu halten und insbesondere über ihre Einsatzbefehle zu informieren. Aber an dieser Kooperation, solange sie nichts an den Befehlswegen veränderte, war dem RSHA durchaus gelegen, konnte doch die »Vernichtung der jüdisch-bolschewistischen Intelligenz« mit den zahlenmäßig geringen Kräften der Einsatzgruppen nur gelingen, wenn die

---

169 Der Entwurf wurde am 4. 4. an Heydrich weitergeleitet und unverändert vom OKH am 28. 4. 1941 als »Regelung des Einsatzes der Sicherheitspolizei und des SD im Verbande des Heeres« erlassen (gedruckt in: Jacobsen, Kommissarbefehl, S. 483–485 [NOKW 2080]).

170 Durch den plötzlichen Krieg gegen Jugoslawien und Griechenland Anfang April 1941 waren für die dort vorgesehenen Einsatzgruppen rasch Richtlinien festzulegen, die fast wortwörtlich mit dem Wagner-Entwurf übereinstimmten. Mit einer kennzeichnenden Ausnahme: Der Personenkreis, der »sicherzustellen« sei, wurde von »Emigranten, Saboteuren, Terroristen« um »Juden und Kommunisten« erweitert (OKH, Gen.St.d.H./Gen.Qu., Regelung des Einsatzes der Sicherheitspolizei und des SD, gez. Halder, 2. 4. 1941, nach Krausnick/Wilhelm, Truppe des Weltanschauungskrieges, S. 137).

Wehrmacht aktiv an dem »Vernichtungskampf« teilnahm.[171] Wagner selbst gab die längst vollzogene Preisgabe des Anspruchs, alleiniger Inhaber der exekutiven Gewalt zu sein, damit aber auch die Verantwortung für die Kriegführung zu übernehmen, öffentlich bekannt, als er vor den versammelten Chefs der Generalstäbe Anfang Juni erklärte:

»Das Heer kann nicht mit allen Aufgaben belastet werden, daher Zusammenarbeit mit Reichsführer-SS in polizeilicher, dem Reichsmarschall in wirtschaftlicher und dem Reichsleiter Rosenberg in politischer Hinsicht.«[172]

In den folgenden Wochen gab es weitere Kontakte zwischen Wehrmachtsführung und SS beziehungsweise RSHA. Insbesondere war Himmler daran interessiert, Höhere SS- und Polizeiführer in den besetzten Gebieten zu installieren. Mitte April sprach er mit einigen für diese Posten vorgesehenen SS-Offizieren; am 16. April trafen sich Himmler, Daluege, Heydrich, Jüttner mit Wagner in Graz, um Fragen des Einsatzes von SS und Polizei

---

171 Kennzeichnenderweise kamen in diesen Monaten vor dem Angriff gegen die Sowjetunion Himmler und der Oberbefehlshaber des Heeres überein, die »Ostvorgänge 1939«, also die Massenexekutionen während des Polenkrieges, als endgültig abgeschlossen zu betrachten. Von seiten der Truppe sollten keine kritischen Äußerungen mehr gegenüber Außenstehenden, aber auch innerhalb des Heeres mehr getan werden (Vorlage der Dienststellen des OKH für den Vortrag des Chefs der Heerwesen-Abteilung vor sämtlichen Chefs der Generalstäbe am 4./5.6.1941, Halder, Kriegstagebuch, Bd. 2, S. 482).

172 Punkte für die Besprechung mit den Chefs der Generalstäbe am 4./5.6.1941, ebenda, S. 484 f. Gleichermaßen betonte Wagner am 6. Juni in einer Besprechung mit Vertretern der Sicherheitspolizei, Offizieren des Heeres und Abwehr OKW über die Zusammenarbeit mit der Sicherheitspolizei in den rückwärtigen Armee- und Heeresgebieten, daß die Wehrmacht für die Niederringung des Feindes verantwortlich sei, der Reichsführer SS für die politisch-polizeiliche Bekämpfung des Feindes, der Reichsmarschall für die Wirtschaft und Reichsleiter Rosenberg für den politischen Neuaufbau. Anschließend erläuterte Nockemann die Aufgaben der Einsatzgruppen, die, über die Sicherung der Gebiete zwischen den großen Versorgungswegen und den Rollbahnen (deren Sicherung selbst das Militär übernahm) hinaus, darin bestünden, »daß die Grundlagen für die endgültige Beseitigung des Bolschewismus geschaffen« würden. Neben der Beschlagnahme von Materialien gehöre dazu auch die Erfassung von politisch gefährlichen Personen wie »Juden, Emigranten, Terroristen« (Ogorreck, Einsatzgruppen, S. 43; zur Rolle Wagners im Vernichtungskrieg gegen die Sowjetunion vgl. Gerlach, Versorgungszwänge).

zu besprechen.[173] Wagner akzeptierte nicht nur die Position der SS, daß es nicht möglich sei, Polizeikräfte an die Sicherungsdivisionen abzugeben, sondern stimmte offenbar sogar zu, die Polizeiverbände einem eigenen Höheren Polizeiführer zu unterstellen.[174] Wenige Tage später schickte Himmler einen entsprechenden Befehlsentwurf an das OKH,[175] und obwohl es offenbar weiterhin strittige Punkte gab,[176] konnte er am 21. Mai den Beteiligten mitteilen, daß er im Einvernehmen mit dem Oberbefehlshaber des Heeres »zur Durchführung der mir vom Führer gegebenen Sonderbefehle für das Gebiet der politischen Verwaltung« Höhere SS- und Polizeiführer einsetzen werde.[177]

---

173 Dienstkalender Himmlers, S. 148 (10. 4. 1941), S. 150 (16. 4. 1941); zum Treffen in Graz vgl. auch Angrick u. a., Tagebuch, S. 327 f.

174 Halder, Kriegstagebuch, Bd. 2, S. 371 (17. 4. 1941); vgl. auch Birn, Die Höheren SS- und Polizeiführer, S. 220–223.

175 Entwurf Himmlers, 21. 4. 1941, BArch, NS 19/2772, Bl. 1–3.

176 Halder notierte über eine Unterredung mit Wagner am 19. 5. 1941: »SS-Aufstellungen für rückwärtige Gebiete. Die von diesen Verbänden erbetenen Aufträge sind abzulehnen.« (Halder, Kriegstagebuch, Bd. 2, S. 419; vgl. dazu Krausnick/ Wilhelm, Truppe des Weltanschauungskrieges, S. 134)

177 Birn, Die Höheren SS- und Polizeiführer, S. 221; Krausnick/Wilhelm, Truppe des Weltanschauungskrieges, S. 138. Für die Dauer des Einsatzes der HSSPF im rückwärtigen Heeresgebiet galt deren Unterstellung unter den jeweiligen Militärbefehlshaber nur wieder hinsichtlich Marsch, Versorgung und Unterbringung. Analog zur Vereinbarung vom 26. 3. konnte der Militärbefehlshaber den HSSPF Weisungen geben, um militärische Operationen nicht zu stören, und konnte auch bei einem dringenden Kampfeinsatz in eigener Befehlszuständigkeit über alle SS- und Polizeitruppen verfügen. Ansonsten waren alle eingesetzten SS- und Polizeikräfte gerichtlich und disziplinarisch in eigener Zuständigkeit und unterstanden, einschließlich der Einsatzgruppen, den jeweiligen HSSPF (Erlaß RFSS, 21. 5. 1941 [Nbg. Dok. NOKW-2079], gedruckt in: Jakobsen, Kommissarbefehl, S. 496–497). Andrej Angrick hält damit die ausschließliche Unterstellung der Einsatzgruppen unter die HSSPF und nicht unter das RSHA für belegt (Angrick, Einsatzgruppe D, 1999, S. 36, Anm. 141). Damit aber geriete der doppelte Befehlsweg außer Betracht, der die Einsatzgruppen analog zum einen als Teil der SS- und Polizeikräfte dem HSSPF, zum anderen als Einheiten der Sicherheitspolizei und des SD den fachlichen Weisungen des CSSD beziehungsweise des RSHA unterstellte. Dieser doppelte Befehlsweg wurde durch den Erlaß Himmlers keineswegs außer Kraft gesetzt. Es fällt vielmehr auf, wie eng sich Himmlers Befehl an das Ende März ausgehandelte Ergebnis zwischen Wehrmacht und Sicherheitspolizei hält.

Betrachtet man diese Vielzahl an Kontakten und notwendigen Koordinationen in den Monaten vor dem Angriff, so ist es nicht unglaubwürdig, wenn sowohl Schellenberg als auch Ohlendorf nach dem Krieg ausgesagt haben, daß sie und Müller gleichfalls in dieser Zeit mit Wagner Verhandlungen geführt hätten.[178] Auch Streckenbach bestätigte nach dem Krieg, daß es während der Verhandlungen zwischen Heydrich und Wagner zu weiteren Kontakten zwischen RSHA und Wehrmachtsdienststellen gekommen sei. So seien der für Verwaltung und Rechtsfragen verantwortliche Amtschef Nockemann und auch der für Abwehrfragen verantwortliche Schellenberg in Verbindung mit den entsprechenden Wehrmachtsdienststellen gewesen.[179] Allerdings beruht die Behauptung Schellenbergs, daß er von Heydrich Anfang Mai beauftragt worden sei, die Verhandlungen mit Wagner fortzusetzen, weil sich Müller ungeschickt angestellt habe, allein auf seiner eigenen Nachkriegsaussage. Die angeblich endgültige Vereinbarung zwischen OKH und RSHA über den Einsatz von Sicherheitspolizei und SD, die Schellenberg Ende Mai ausgehandelt haben will, existiert nicht als Dokument, sondern nur in dessen Aussage.[180]

Führungspersonal

Im RSHA wurde zu Beginn des Jahres 1941 zum ersten Mal in einem größeren Kreis offiziell über den bevorstehenden Krieg gegen die Sowjetunion geredet. Der damalige Sachbearbeiter für das Kraftfahrwesen, Friedrich Pradel, sagte nach dem Krieg aus, daß Streckenbach die Grup-

---

178 Eidesstattliche Erklärung Schellenberg, 26. 11. 1945, IMG, Bd. 32, S. 472–475 (PS-3710); Aussage Schellenberg im Prozeß, 4. 1. 1946, IMG, Bd. 4, S. 416–418; Schellenberg, Memoiren, S. 171–176; Eidesstattliche Erklärung Ohlendorf, 24. 4. 1947 (Nbg. Dok. NO-2890); vgl. auch Hilberg, Vernichtung, Bd. 2, S. 299.

179 Vernehmung Streckenbach, 3. 9. 1965, StAnw Hamburg 147 Js 31/67, Bd. 18, Bl. 3364–3381.

180 Da Schellenbergs Version hinter die bereits ausgehandelte Fassung vom 26. 3. zurückfällt (die Einsatzgruppen konnten zwar demnach auch in den Frontgebieten tätig werden, waren aber dort der Befehlsgewalt des Heeres unterstellt und insgesamt nicht nur hinsichtlich Marsch, Verpflegung und Unterbringung, sondern auch disziplinär der Truppe unterstellt), muß man Schellenbergs und Ohlendorfs Aussagen wohl als Versuch werten, die selbständige Verantwortung der Einsatzgruppen für ihre Tätigkeit zumindest in Teilen auf das Heer abzuwälzen.

pen- und Referatsleiter der Ämter I und II (Personal und Verwaltung) beauftragt habe, einen großen Einsatz in weiten Räumen vorzubereiten.[181] Dr. Albert Filbert, stellvertretender Chef des Amtes VI SD-Ausland und späterer Führer des Einsatzkommandos 9, erinnerte sich in einer Nachkriegsvernehmung an eine Besprechung im März 1941 »im kleineren Kreis«, bei der Heydrich Streckenbach, Müller und Filbert über den Angriff auf die Sowjetunion informierte. Drei Marschsäulen sollte es geben, deren Zwischenräume zunächst ungesichert sein würden. Zu deren Sicherung sollten Wehrmachtseinheiten und Einsatzgruppen eingesetzt werden.[182] Im Verlauf der Besprechung hätten sich Streckenbach, Müller und auch er, Filbert, freiwillig für den Einsatz gemeldet. Heydrich habe jedoch sofort geltend gemacht, daß es nicht möglich sei, sämtliche Amtschefs einzusetzen, und erklärt, daß er sich noch überlegen wolle, wen er für diesen Einsatz Himmler vorschlagen könne.[183]

Die personelle Zusammenstellung der Einsatzkommandos übernahm Streckenbachs Amt I des RSHA, das für Personal zuständig war. Streckenbach selbst sagte nach dem Krieg aus, daß es keine förmlichen Richtlinien für die Auswahl der Einsatzkommandos gegeben habe:

»Angehörige der Sicherheitspolizei und des SD wurden bei ihrer Einstellung überprüft und galten deshalb grundsätzlich als zuverlässig im Sinne der nationalsozialistischen Staatsführung. Die Erstauswahl führte eher dazu, die Beamten und SD-Angehörigen abzuordnen, die in ihren Heimatdienststellen weniger stark ausgelastet waren.«[184]

Klaus-Michael Mallmann bestätigt jetzt mit seinen Forschungen, daß ein erheblicher Teil der Gestapoangehörigen der Einsatzkommandos aus den

181 Anklageschrift gegen Bruno Streckenbach vom 30. 6. 1973, StAnw Hamburg, 147 Js 31/67, S. 168; Krausnick/Wilhelm, Truppe des Weltanschauungskrieges, S. 141.
182 Die Behauptung Filberts, Heydrich habe mit keinem Wort die Absicht erwähnt, die jüdische Bevölkerung in Rußland zu töten, es habe sich vielmehr um eine militärische Aufgabe gehandelt, muß vor dem Hintergrund gesehen werden, daß er zur Zeit der Vernehmung beschuldigt war, in der UdSSR Erschießungen von Juden angeordnet zu haben (vgl. Ogorreck, Einsatzgruppen, S. 33 Anm. 55).
183 Anklageschrift gegen Bruno Streckenbach a. a. O. (Anm. 181), S. 164–167; Vernehmung Alfred Filbert, 25. 2. 1959, ZStL 202 AR 72a/60, Bd. 1, Bl. 5 f. Streckenbach allerdings mochte sich an diese Besprechung nicht erinnern und glaubte auch nicht, sich freiwillig gemeldet zu haben.
184 Anklageschrift gegen Bruno Streckenbach, a. a. O. (Anm. 181), S. 171.

Stapostellen Dessau, Erfurt, Plauen, Wesermünde, Bielefeld oder Hildesheim stammten, deren Selbständigkeit aufgelöst wurde und die teilweise die Hälfte bis zu zwei Drittel ihres Personals an die Einsatzgruppen abgeben mußten.[185] Untere und mittlere Beamte wurden vom Amt I nicht namentlich angefordert. Streckenbach hatte Ende 1940/Anfang 1941 seinen persönlichen Referenten Robert Mohr, der ihm bereits während seiner Zeit als BdS in Krakau als Sachbearbeiter für die »Umsiedlungen« gedient hatte, als Leiter des zentralen Referats I A 1 Allgemeine Personalangelegenheiten der Angehörigen der Sicherheitspolizei und des SD eingesetzt, das sämtliche Personalfragen der Einsätze bearbeitete.[186] Dieses Referat erhielt die Anweisung, ein bestimmtes Kontingent an Personal bereitzustellen, das nach Angehörigen der Gestapo, der Kripo und des SD aufgeschlüsselt war, und gab diese Weisung an die entsprechenden Fachreferate weiter, die in Verbindung mit den regionalen Gestapo-, Kripo- und SD-Dienststellen Namenslisten zusammenstellten. Auf der Grundlage dieser Listen fertigte dann Mohrs Referat I A 1 Einberufungsbefehle aus.[187]

Bei den Angehörigen des leitenden Vollzugsdienstes, also zum Beispiel den Kriminalkommissaren, hätte es, so Streckenbach, auch schon Gespräche mit den entsprechenden Fachämtern über die auszuwählenden Personen gegeben. Für die leitenden Angehörigen der Sicherheitspolizei und des SD allerdings, die als Führer der Einsatzkommandos oder gar der Einsatzgruppen vorgesehen waren, wurden besondere Listen für Heydrich zusammengestellt, der wiederum eine Auswahl traf und mit Himmler abstimmte, der sich die letzte Entscheidung vorbehalten hatte. Mehrere dieser Listen wurden ausgefertigt und bis kurz vor dem Tag des Abrückens immer wieder geändert. Heydrich verlangte noch während der Zusammenstellung der Kommandos immer wieder neue Vorlagen, um die ihm geeignet erscheinenden Einsatzkommandoführer endgültig auszusuchen.[188]

---

185 Mallmann, Türöffner, S. 456–459. Mallmann macht zu Recht geltend, daß diese Männer unter besonderem Druck standen, ihre Eignungsfähigkeit für leitende Posten zu zeigen und sich für eine künftige Verwendung zu profilieren.

186 Vermerk StAnw Hamburg, 147 Js 15/66, 14. 6. 1974; Vernehmung Robert Mohr, 11. 12. 1963, StAnw Hamburg, 147 Js 31/67, Bd. 10, Bl. 1670 f.

187 Ebenda, Bl. 1671 f.

188 So wurde der Leiter der Stapostelle Aachen, Gustav Noßke, erst drei Tage vor dem Überfall zum Einsatz als Führer des Ek 12 in der EGr D abkommandiert (BArch,

548

Ein Großteil des Führungspersonals der Einsatzgruppen stammte aus dem RSHA. Von den vier Chefs der Einsatzgruppen kamen aus dem RSHA: Arthur Nebe, Amtschef V (EGr B), Otto Ohlendorf, Amtschef III (EGr D). Hans Nockemann, Amtschef II, sollte ursprünglich die Leitung der Einsatzgruppe A übernehmen.[189] Ein weiterer RSHA-Amtschef, Franz Alfred Six, erhielt zwar keine Einsatzgruppe, aber die Leitung des Vorkommandos Moskau, das mit der Eroberung der sowjetischen Hauptstadt als SD-Kommando analog zu Wien, Amsterdam, Oslo, Paris entsprechende Verhaftungen, Beschlagnahmen, Sicherstellen von NKWD-Material etc. vornehmen sollte.[190] Von den ersten Einsatzkommandoführern gehörten knapp die Hälfte, nämlich sieben von 18, zum RSHA: Sandberger (Sk 1a), Ehrlinger (Sk 1b), Blume (Sk 7a), Six (Vorkommando Moskau), Filbert (Ek 9), Schulz (Ek 5) und Noßke (Ek 12). Später kamen noch Baatz (Ek 1), Steimle (Sk 7a, dann Sk 4a), Looss (Sk 7a), Buchardt (Ek 9), Weinmann (Sk 4a), Fritz Braune (Sk 4b), Haensch (Sk 4b), Mohr (Ek 6), Suhr (Ek 6), Heinz Richter (Ek 8) und Rudolf Hotzel hinzu, der noch Ende Oktober 1944 zum Führer des Sonderkommandos 7b bei der sich längst auf dem Rückzug befindlichen

---

BDC, SSO-Akte Noßke; Angrick, Einsatzgruppe D, 1997, S. 90; vgl. ebenfalls Anklageschrift gegen Streckenbach, a. a. O. (s. Anm. 181), S. 172; Krausnick/Wilhelm, Truppe des Weltanschauungskrieges, S. 142–144).

189 Nockemanns Adjutant, Emil Finnberg, sagte nach dem Krieg aus, daß er von Nockemann »einige Wochen vor Beginn des Rußlandfeldzuges« erfahren habe, daß dieser als Chef einer EGr vorgesehen war (Vernehmung Emil Finnberg, 11. 5. 1966, ZStL, VI 415 AR 1310/63, E 8 [GenStA Berlin, 1 Js 4/65]). Auch Karl Tschierschky, Leiter III im Gruppenstab der EGr A vom Juni 1941 bis Ende 1942, sagte nach dem Krieg aus, daß Nockemann für die EGr A vorgesehen war und sogar zunächst in Pretzsch gewesen sein soll (Vernehmung Karl Tschierschky, 14. 8. 1959, ZStL 207 AR-Z 246/59, Bd. 3, Bl. 590; siehe auch oben, S. 189). Chef der EGr A wurde dann Dr. Walter Stahlecker; die EGr C übernahm Dr. Dr. Emil Otto Rasch (vgl. dazu ausführlich Klein, Einsatzgruppen).

190 Hachmeister, Gegnerforscher, S. 233–238. Das Vorkommando, das am 7. Juli in Minsk aufgestellt wurde, bestand aus 20 bis 25 Mann, darunter Dr. Horst Mahnke vom Amt VII, Dr. Emil Augsburg vom SD-Wannsee-Institut und Kriminalrat Bruno Sattler, der im Gestapa im Marxismusreferat gearbeitet hatte. Seinen ersten größeren Einsatz hatte das Kommando in Smolensk und beteiligte sich dort auch an Erschießungen (ebenda).

Einsatzgruppe B ernannt wurde. Darüber hinaus waren etliche RSHA-Referenten in den Einsatzgruppenstäben tätig, wie Karl Schulz (EGr B), Hartl (EGr C) beziehungsweise Leetsch und Seibert (EGr D), in den KdS-Dienststellen als Befehlshaber der Sicherheitspolizei und des SD in den besetzten Gebieten.

Ein gesamter Lehrgang der Führerschule der Sicherheitspolizei in Berlin-Charlottenburg wurde Mitte Mai 1941 zum »Osteinsatz« kommandiert, unter ihnen Lothar Fendler und Kuno Callsen, die danach im RSHA zum Referenten beziehungsweise zum persönlichen Referenten von Ohlendorf aufstiegen. Streckenbach zufolge geschah der Einsatz des Lehrgangs auf ausdrückliche Anordnung Heydrichs und sei von ihm selbst eher als Entlastung betrachtet worden, da damit den Stapostellen nicht noch weiteres Personal entzogen werden brauchte.[191] Diese jungen Anwärter auf den leitenden Dienst bei der Sicherheitspolizei – fast alle gehörten den Jahrgängen 1910 bis 1915 an – stellten das Gros der Teilkommandoführer, die einen erheblichen Anteil an den Exekutionen hatten.[192] Sie bildeten die ersten Jahrgänge, deren Laufbahn bereits vollständig vom NS-Regime bestimmt wurden und die im Einsatz eine besondere Karrierechance sahen, zumal ihnen wegen der Kommandotätigkeit ein leistungsvermindertes Kriegsexamen in Aussicht gestellt worden war. Nicht zuletzt war ihr Einsatz zeitlich begrenzt, da Anfang November das Wintersemester begann, von ihnen also innerhalb einer kurzen, absehbaren Zeit besondere Leistungen abverlangt werden konnten. Streckenbach lobte später die Lehrgangsteilnehmer, daß sich »alle ausnahmslos hervorragend bewährt« hätten.[193]

---

191 Vernehmung Streckenbach, 2. 9. 1965, StAnw Hamburg, 147 Js 31/67, Bd. 18, Bl. 3364–3381, hier Bl. 3369; vgl. auch Anklageschrift gegen Streckenbach, a. a. O. (s. Anm. 181), S. 175.

192 Darauf hat Klaus-Michael Mallmann aufmerksam gemacht (ders., Türöffner, S. 459–461). Über die Lehrgangsteilnehmer hinaus wurden ebenfalls etwa 100 Teilnehmer an einem Lehrgang für die Fachprüfung I des Kriminaldienstes geschlossen zum Einsatz kommandiert (Anklageschrift gegen Streckenbach, a. a. O. [s. Anm. 181], S. 175; Krausnick/Wilhelm, Truppe des Weltanschauungskrieges, S. 142).

193 Streckenbach an RMdI, 17. 10. 1942, Nbg. Dok. PS-4044, vgl. auch Anklageschrift gegen Streckenbach, a. a. O. (s. Anm. 181), S. 175.

Schaut man sich die elf RSHA-Referenten an, die für den Einsatz im Juni 1941 entweder als Kommandoführer oder als Abteilungsleiter im Gruppenstab ausgewählt worden waren,[194] so spiegeln sie in vielerlei Hinsicht die Gruppe junger Aktivisten wider, die das Führungskorps des Reichssicherheitshauptamts dominierten. Der jüngste unter ihnen war Martin Sandberger, zum Zeitpunkt des Angriffs noch keine 30 Jahre alt, der älteste Erwin Schulz, geboren 1900. Bis auf drei – Seibert mit einem volkswirtschaftlichen Studium, Erwin Schulz, der nach einer Banklehre 1923 zur Schutzpolizei gegangen war, und Karl Schulz, der sein Jurastudium abgebrochen und 1932 eine Kripolaufbahn begonnen hatte – hatten alle ein abgeschlossenes juristisches Studium hinter sich, vier von ihnen waren sogar als Dr. jur. promoviert. Allerdings waren nicht alle über die verwaltungsjuristische Laufbahn zum RSHA gekommen. Das trifft nur für Ehlers, Blume und Bruno Müller, cum grano salis auch für Noßke zu, der als Gerichtsassessor eine Anstellung bei der Grenzpolizei fand. Dagegen hatten sich Sandberger, Ehrlinger, Filbert und Buchardt für eine SD-Karriere entschieden, waren entweder bei einem SD-Oberabschnitt, im SD-Hauptamt beziehungsweise im »Wannsee-Institut« des SD gewesen. Rechnet man Seibert, der als Volkswirt zum SD gekommen war, noch hinzu, so wird das starke Gewicht des SD im Führungskader der Einsatzgruppen deutlich.[195] Nur ein Kriminalpolizist, Karl Schulz, befindet sich

---

194 Einsatzgruppe A: Sandberger (Ek 1a), Ehrlinger (Ek 1b); Einsatzgruppe B: Karl Schulz (pers. Referent Nebes), Buchardt (Leiter III SD im Gruppenstab), Ernst Ehlers (Leiter IV/V im Gruppenstab), Blume (Sk 7a), Filbert (Ek 9); Einsatzgruppe C: Erwin Schulz (Ek 5); Einsatzgruppe D: Seibert (Leiter III SD im Gruppenstab), Müller (Leiter IV/V im Gruppenstab), Noßke (Ek 12).

195 Von den 75 zwischen 1941 und 1944 tätigen Einsatzgruppenchefs und Einsatzkommandoführern stammten nach Krausnick/Wilhelm mindestens 42 aus dem SD (Krausnick/Wilhelm, Truppe des Weltanschauungskrieges, S. 148). Streckenbach selbst beklagte 1942, daß die Dienststellen der Sicherheitspolizei und Einsatzkommandos in den besetzten Ostgebieten zu rund 50 Prozent von SD-Führern geleitet würden, obwohl die Personallage beim SD noch weit schlechter sei als bei der Sicherheitspolizei (Streckenbach an RMdI, 17. 10. 1942 [Nbg. Dok. PS-4044], hier nach Krausnick/Wilhelm, Truppe des Weltanschauungskrieges, S. 148; vgl. auch Mallmann, Türöffner, S. 456–458; für die EGr A: Krausnick/Wilhelm, Truppe des Weltanschauungskrieges, S. 281–285; für die EGr D: Angrick, Einsatzgruppe D, 1999, S. 273–287).

unter diesen Männern, und dieser war bezeichnenderweise ein enger Vertrauter Nebes, den er als persönlicher Referent bei dessen Aufgabe als Chef der Einsatzgruppe B begleitete. Spezifische Bindungen wie die Rekrutierung des Stabs der Einsatzgruppe D aus den Referenten des von Ohlendorf geleiteten Amtes III sind ebenso offenkundig wie die starke Gruppe um Schulz, Sandberger, Blume, später noch Mohr, Fritz Braune, Haensch, die aus Streckenbachs Amt I stammte.[196] Hier mag zusammenfallen, daß sich die Angehörigen der Ämter IV (Gestapo) und V (Kripo) als ohnehin im Einsatz stehend begriffen und das Führungspersonal des SD wie der Verwaltungsämter unter stärkerem Druck ihrer Einsatzbereitschaft stand. Andererseits verfügten die meisten Einsatzkommandoführer bereits über Erfahrungen im sicherheitspolizeilichen Einsatz, waren 1938 in Österreich oder im Sudetenland, 1939 in Tschechien und in Polen beziehungsweise 1940 in Norwegen oder Holland gewesen und sind womöglich deshalb ausgewählt worden.

Reitlingers Urteil, daß es sich um einen »seltsam zusammengewürfelten Haufen von Halbintellektuellen« gehandelt habe, eine »verlorene Legion arbeitsloser Intellektueller«, die es »im normalen Leben zu nichts gebracht« hätten, hat sich mittlerweile als krasses Vorurteil herausgestellt.[197] Raul Hilberg hat bereits darauf hingewiesen, daß es sich bei den meisten Führern der Einsatzgruppen und -kommandos um Akademiker handelte, um junge Intellektuelle, die nach Macht, Ruhm und Erfolg gestrebt hätten.[198] Vielleicht gehört zum Entsetzen über die Massenmorde, die diese Männer verübt haben, bis heute die Ungläubigkeit, daß die Täter akademisch gebildete, junge Menschen waren, nicht Angehörige einer angeblich kriminellen Unterschicht, sondern der Verwaltungselite – als schütze Bildung und Ausbildung vor Verbrechen. Bei nüchterner Betrachtung entpuppt sich der hohe Anteil an ausgebildeten, teilweise sogar promovierten Juristen als gar nicht sonderlich überraschend, denn aus der Perspektive des RSHA waren hier wichtige Leitungspositionen zu vergeben, nicht für

---

196 Auch der Adjutant Ohlendorfs von Oktober 1941 bis Juni 1942, Heinz Schubert, war Hilfsreferent im Referat I A 4 Personalien SD gewesen, bevor er seinen Einsatzbefehl erhielt.

197 Reitlinger, Endlösung, S. 208, 215 f.

198 Hilberg, Vernichtung, Bd. 2, S. 302.

Killer, wie Goldhagen unterstellt, sondern für mobile Einheiten des RSHA in den zu erobernden Gebieten, von deren polizeilicher Effizienz und terroristischer Kompetenz die Stellung der Sicherheitspolizei und des SD vor Ort abhing. Es wäre verkehrt, diese Auswahl gewissermaßen als Negativauslese zu betrachten oder den Einsatzbefehl als Strafmaßnahme darzustellen, wie es Ohlendorf und andere aus offenkundigen Motiven nach dem Krieg hinzustellen trachteten. In bezug auf die geforderten Fähigkeiten wie Durchsetzungsvermögen und Verhandlungsgeschick gegenüber den Wehrmachtsstellen, Selbständigkeit in der Entscheidung, wie die zentralen Richtlinien vor Ort umgesetzt werden konnten, und Improvisationsvermögen angesichts nicht zu übersehender Schwierigkeiten und Probleme waren Himmler, Heydrich und die RSHA-Führung mit Sicherheit bemüht, erfahrene und in ihren Augen ausgezeichnete Männer für diese Aufgaben zusammenzustellen.

Auftrag

Die Aufstellung der Einsatzgruppen erfolgte im Mai in Pretzsch an der Elbe, wo die Kommandoangehörigen in der dortigen Grenzpolizeischule untergebracht waren.[199] Allerdings wurde der Raum schnell knapp, so daß auch in die Nachbarorte Düben und Bad Schmiedeberg ausgewichen werden mußte. Mochte zu Beginn noch Unklarheit über den Einsatzort herrschen, spätestens mit dem Eintreffen von Russisch-Dolmetschern und Volksdeutschen, die über Ortskenntnisse sowjetischer Gebiete verfügten, war ohne jeden Zweifel klar, daß sich der Einsatz gegen die Sowjetunion richten würde.[200] Neben Gelände-, Sport- und Schießübungen

---

199 August Häfner, ein Teilnehmer des Lehrgangs der Anwärter für den leitenden Dienst, sagte 1947 aus, daß sie das Studium etwa Mitte Mai hätten abbrechen müssen und der gesamte Lehrgang zur Grenzpolizeischule in Pretzsch kommandiert wurde (Eidesstattliche Erklärung August Häfner, 27.10.1947, Defense exhibit Fendler No. 6, United Military Tribunals Nürnberg, Case No. 9 Otto Ohlendorf et al., roll 22, fol. 575–577).

200 Einsatzkommandoführer wie Sandberger sagten nach dem Krieg aus, daß sie im Frühjahr 1941 von Streckenbach persönlich erfahren hätten, daß es zum Krieg gegen die Sowjetunion kommen würde (Anklageschrift gegen Streckenbach, a.a.O. [s. Anm. 181], S. 168).

gehörten deshalb auch spezielle Vorträge zur Sowjetunion zu den Ausbildungsinhalten der Kommandos in Pretzsch.[201] Aus dem RSHA kamen unter anderen Heinz Gräfe, der aufgrund seiner Tätigkeit als Leiter der Stapostelle Tilsit und seiner Kontakte zum litauischen antisowjetischen Untergrund als Baltikumexperte galt, um gewissermaßen Länderkunde zu vermitteln, und ein nicht näher benannter volksdeutscher Referent, der die versammelten Kommandoangehörigen über die »russische Mentalität« aufklärte. Aber auch andere »Spezialisten« hielten Vorträge zum Partisanenkampf, über die Rote Armee oder auch die Krankheiten, vor denen man sich schützen müsse.[202] Ähnlich wie beim Überfall auf Polen 1939, wurde den Kommandos eine »Sonderfahndungsliste UdSSR« ausgehändigt, die jedoch, wie Angrick bemerkt, eklatant unter Beweis stellt, wie wenig das RSHA über die Sowjetunion wußte. Ein Mann wie Berija tauchte in diesem Fahndungsbuch gar nicht auf, und die Darstellung der Verwaltungsstruktur des NKWD war hoffnungslos veraltet.[203] Der Chef der Einsatzgruppe B, Nebe, übte seinerseits später Kritik an der Vorbereitung der Kommandos. Er hätte es begrüßt, so Nebe in seinem Tätigkeitsbericht vom 14. Juli 1941 über die ersten drei Wochen des Einsatzes, »wenn die gesamte Mannschaft meiner Einsatzgruppe bereits vor dem Einsatz besser zusammengeschweißt worden wäre, was bei einem truppenmäßigen Einsatz von nicht zu unterschätzender Bedeutung ist«. So hätten die Fahrer erst einen Tag vor dem Abmarsch zur Verfügung gestanden, die Kompanie der Schutzpolizei wäre erst danach zur Einsatzgruppe gestoßen, und an Dolmetschern habe es gemangelt, so daß das beschlagnahmte sowjetische Schriftmaterial kaum ausgewertet werden konnte.[204]

Am wichtigsten waren die Instruktionen, die die Führer der Einsatzkommandos durch Streckenbach, Müller und Heydrich persönlich erhiel-

---

201 Eidesstattliche Erklärung August Häfner, 27. 10. 1947, a. a. O. (s. Anm. 199).

202 Krausnick/Wilhelm,Truppe des Weltanschauungskrieges, S. 288; Angrick, Einsatzgruppe D, 1999, S. 56.

203 Ebenda. Die »Sonderfahndungsliste UdSSR« (BArch, BA, R 58/574) ist als Faksimile, herausgegeben von Werner Röder, 1977 in Erlangen erschienen.

204 Tätigkeitsbericht des Chefs der Einsatzgruppe B für die Zeit vom 23.6.–13.7. 1941, 14.7.1941, BStU, ZUV 9, Bd. 31, Bl. 3–17, gedruckt in: Klein, Einsatzgruppen, S. 375–385.

ten. Die juristische Auseinandersetzung wie die wissenschaftliche Debatte um den Inhalt und die Reichweite der Befehle an die Einsatzgruppen – also vor allem die Frage, ob sie bereits vor Beginn des Angriffs auf die Sowjetunion die Weisung erhielten, sämtliche Juden in den besetzten sowjetischen Gebieten zu töten – sind über Jahrzehnte hinweg von zwei Perspektiven bestimmt worden, die auf eine eigentümliche Weise miteinander verschränkt waren: den Aussagen der Angehörigen der Einsatzgruppen und Einsatzkommandos selbst und spezifischer Vorannahmen über den Entscheidungsverlauf der »Endlösung der Judenfrage«.[205]

Nur ein einziger Einsatzkommandoführer ist von seinen ersten Aussagen als Angeklagter im Nürnberger Prozeß 1947/48 an bis hin zu seinen späteren Vernehmungen in den sechziger und siebziger Jahren bei seiner ursprünglichen Schilderung geblieben: Erwin Schulz, ehemaliger Gestapochef von Bremen, Leiter der Schule der Sicherheitspolizei in Berlin-Charlottenburg, Nachfolger von Bruno Streckenbach als Chef des Amtes I und 1941 Führer des Einsatzkommandos 5 in der von Dr. Dr. Rasch geleiteten Einsatzgruppe C. Schulz behauptete als einziger im Unterschied zu seinen Mitangeklagten im Nürnberger Einsatzgruppenprozeß, daß er von keinem allgemeinen »Judentötungsbefehl« vor Abmarsch der Einsatzgruppen wisse, vielmehr den »Führerbefehl« zur Ermordung sämt-

---

205 Vor allem Helmut Krausnick hat die These gestützt, daß die Einsatzgruppen vor ihrem Einsatz einen umfassenden Befehl zur Ermordung aller sowjetischen Juden erhalten haben (Krausnick, Judenverfolgung, S. 609–615; ders., Hitler und die Befehle an die Einsatzgruppen). Eberhard Jäckel ist dieser Argumentation weitgehend gefolgt (Jäckel, Entschlußbildung). Schon damals hat jedoch Alfred Streim die gegensätzliche These vertreten, daß es einen solchen generellen Befehl zum Judenmord vor dem Einsatz nicht gegeben habe, sondern erst im Juli/August 1941 die Befehle ausgeweitet und nun auch Frauen und Kinder erschossen wurden (Streim, Eröffnung). Mittlerweile kann vor allem durch Ralph Ogorrecks gründliche Studie als sicher angenommen werden, daß die Einsatzgruppen vor ihrem Einsatz nicht einen allgemeinen Mordbefehl für alle sowjetischen Juden erhalten haben, sondern Himmler selbst auf seiner Inspektionsreise im Juli/August 1941 die Erweiterung des Massenmords auch auf Frauen und Kinder persönlich den HSSPF befohlen hat, die diesen Befehl an die Einsatzgruppen weitergegeben haben. Eine kluge Übersicht und Bewertung dieser historiographischen Kontroverse findet sich bei Burrin, Hitler und die Juden, S. 116–132; jetzt auch Longerich, Politik der Vernichtung, S. 310–320.

licher Juden erst im August 1941 von Rasch erhalten habe. Alle übrigen angeklagten Kommandoführer, Paul Blobel (Sk 4a), Walter Blume (Sk 7a), Gustav Noßke (Ek 12), Martin Sandberger (Sk 1a) sowie der stellvertretende Kommandoführer Waldemar Klingelhöfer (Sk 7b), folgten den Ausführungen von Otto Ohlendorf, ehemals Chef der Einsatzgruppe D, daß drei oder vier Tage vor dem Abmarsch Bruno Streckenbach, Chef des RSHA-Amtes I, nach Pretzsch, dem Aufstellungsort der Einsatzgruppen, gekommen sei und den Einsatzgruppen- und Kommandoführern den Befehl Hitlers übermittelt habe, sämtliche Juden in den eroberten sowjetischen Gebieten zu töten.[206]

Es ist auch in den späteren Aussagen dieser Einsatzkommandoführer nie ganz plausibel geworden, warum Streckenbach und nicht Heydrich als Übermittler angegeben wurde. Man kann zu Recht vermuten, daß die Angeklagten befürchteten, die konkreten und dokumentarisch belegten Befehle Heydrichs vom 29. Juni und 2. Juli 1941 könnten Widersprüche zu ihren Aussagen im Prozeß aufwerfen, und sie daher den tot geglaubten Streckenbach als von Rang und Funktion her glaubwürdigen Übermittler fungieren ließen. Die Absicht der Aussagen als Verteidigungsstrategie, zumal in ihrer offenkundig abgesprochenen Übereinstimmung, ist unverkennbar: Wenn es diesen unabdingbaren »Führerbefehl« vor dem Einsatz gegeben hat und die Verbrechen der Einsatzgruppen von Hitler selbst angeordnet waren, dann konnten die Täter auf »Befehlsnotstand« plädieren, um sich zu entlasten. Das amerikanische Militärgericht folgte der Version Ohlendorfs und seiner Mitangeklagten und schrieb in seinem Urteil die Schilderung vom »Führerbefehl«, den Streckenbach Ende Juni 1941 in Pretzsch übermittelt habe, fest, ohne jedoch der Verteidigungsstrategie zu entsprechen und den beabsichtigten »Befehlsnotstand« anzuerkennen.[207] Als aber im Oktober 1955 der tot geglaubte Bruno Streckenbach aus sowjetischer Kriegsgefangenschaft in die Bundesrepublik zurückkehrte und eben aufgrund der Aussagen im Nürnberger Einsatzgruppenprozeß des Mordes an Hunderttausenden sowjetischer Juden beschuldigt wurde, was

---

206 Vgl. dazu die ausführliche Auswertung der Aussagen der Einsatzgruppenchefs und Einsatzkommandoführer durch Ogorreck, Einsatzgruppen, S. 47–109.
207 Zum Einsatzgruppenprozeß und zur Verteidigungsstrategie Ohlendorfs vgl. Ogorreck/Rieß, Fall 9; Angrick, Einsatzgruppe D, 1999, S. 58–66.

Streckenbach selbstverständlich vehement bestritt, revidierten die meisten der ehemaligen Angeklagten ihre einstigen Aussagen, zumal der Hauptprotagonist dieser Schilderung, Otto Ohlendorf, inzwischen hingerichtet worden war.[208] Selbst der ehemalige Verteidiger Ohlendorfs, Dr. Aschenauer, trat einen Canossa-Gang nach Hamburg an und bestätigte gegenüber dem ermittelnden Staatsanwalt, daß die Beteiligten damals übereingekommen seien, Streckenbach zu nennen, da sie diesen für tot gehalten hätten.[209]

Von tatsächlich zentraler Bedeutung war die Besprechung, die Heydrich am 17. Juni mit den Führern der Einsatzkommandos und den Chefs der Einsatzgruppen im RSHA in Berlin abhielt. Von dieser Besprechung existieren weder ein schriftliches Protokoll noch ein Vermerk, sondern allein Aussagen von Teilnehmern aus der Zeit nach dem Krieg. Da etliche der Vernommenen als Beschuldigte befragt wurden und die Frage nach dem Mordbefehl den Angelpunkt des Verfahrens bildete, sind sämtliche Aussagen nur mit größtem Vorbehalt zu verwenden. So hat der Führer des Ek 3, der für seine hohen Mordzahlen berüchtigte Karl Jäger, der sich in der Untersuchungshaft im Juni 1959 selbst tötete, berichtet, daß Heydrich befohlen habe, die Juden im Osten zu erschießen, und auf eine Nachfrage: »Wir sollen die Juden erschießen?« geantwortet habe, daß dies doch selbstverständlich sei.[210] Hier soll der Bericht von Erwin Schulz zitiert werden, der, da er als einziger der Ohlendorfschen Verteidigungslinie nicht zustimmte und stets leugnete, daß ein allgemeiner Mordbefehl für alle Juden vor dem Einsatz ausgegeben worden sei, die größte Glaubwür-

---

208 Vgl. Wildt, Streckenbach. Eine Übersicht über die veränderten Aussagen findet sich bei Longerich, Politik der Vernichtung, S. 316–319.

209 Vermerk Staatsanwaltschaft Hamburg, 141 Js 747/61, 14.9.1962, StAnw Hamburg, 147 Js 31/67, Bd. 5, Bl. 803; Vernehmung Dr. Rudolf Aschenauer, 13.10. 1972, ebenda, Bd. 46, Bl. 8394–8396. Ohlendorfs Behauptung bildete paradoxerweise den Hauptanklagepunkt gegen Streckenbach. Indem sich dieser nun dagegen verteidigte, Überbringer des Mordbefehls gewesen zu sein, gab er, obwohl er faktisch recht hatte, das Bild eines Beschuldigten ab, der zu einer der üblichen, verleugnenden und daher unglaubwürdigen Verteidigungslinien Zuflucht nahm (vgl. dazu Wildt, Differierende Wahrheiten).

210 Vernehmung Karl Jäger, 15.–19.6.1959, gedruckt in: Wilhelm, Rassenpolitik, S. 186–198.

digkeit für seine Darstellung der Besprechung am 17. Juni beanspruchen darf. Laut Schulz habe Heydrich gesagt,

»daß der bevorstehende Kampf der schwerste und erbittertste sein würde, der dem deutschen Volk bevorstünde. Er ließ in seinen Ausführungen, sowohl in Sprache, wie in Haltung, keinen Zweifel über den ungeheuren Ernst der gegebenen Lage. Er betonte, daß in dem kommenden Kampf nicht nur Volk gegen Volk, sondern zum ersten Mal Weltanschauung gegen Weltanschauung ringe. Er machte weiterhin auf die ungeheure Weite des russischen Raumes und die Schwierigkeiten des Kampfes in diesem Raum aufmerksam. Er ging darauf ein, daß der Bolschewismus vor keinem Mittel des Kampfes zurückschrecken werde, wie es Lenin schon in seinen Schriften dargelegt habe. Unterstrichen wurde hierbei die besondere Rolle der Partisanen, über die sich Lenin und andere unmißverständlich geäußert haben. Klar müßte sich auch jeder darüber sein, daß in diesem Kampf das Judentum entschlossen mit antrete. In diesem Kampf gehe es Härte gegen Härte. Der Nachgiebige sei hier der Unterlegene. Es müßte daher auch gegen das Judentum härter durchgegriffen werden, dies hätten die Erfahrungen in Polen gelehrt.«[211]

Heydrich selbst faßte im Anschluß an die Besprechung seine Aufträge an die Einsatzgruppen schriftlich zusammen. Mit ausdrücklichem Bezug auf die Besprechung vom 17. Juni wies er die Einsatzgruppenchefs am 29. 6. noch einmal an, lokale antijüdische Pogrome zu fördern, ohne jedoch als Initiator oder Unterstützer kenntlich zu werden.[212] Am 2. Juli informierte Heydrich die Höheren SS- und Polizeiführer für die zu besetzenden sowjetischen Gebiete über die Weisungen, die er den Einsatzgruppen gege-

---

211 United Military Tribunals Nürnberg, Case No. 9 Otto Ohlendorf et al., Protokoll der Verhandlung, S. 948 (roll 14, fol. 170). Schulz betonte, daß Begriffe wie »Ausrottung« oder »Endlösung« nicht gefallen seien und auch der Kommissarbefehl in dieser Besprechung noch nicht bekanntgegeben worden sei.

212 Fernschreiben Heydrichs an die Einsatzgruppenchefs, 29. 6. 1941, BArch, R 70 Sowjetunion/32, gedruckt in: Klein, Einsatzgruppen, S. 318 f. Im Einsatzbefehl Nr. 2 vom 1. 7. 1941 präzisierte er, daß sich die Pogrome »primär auf Bolschewisten und Juden zu erstrecken haben« und Polen nicht »primär« einzubeziehen seien, zumal sie als »Initiativelement« solcher Pogrome und als »Auskunftspersonen« von besonderer Wichtigkeit seien (Fernschreiben Heydrichs an die Einsatzgruppenchefs, 1. 7. 1941, BArch, R 70 Sowjetunion/32, gedruckt in: ebenda, S. 320 f.; zu den Pogromen vgl. Krausnick/Wilhelm, Truppe des Weltanschauungskrieges, S. 205–209; Wilhelm, Einsatzgruppe A, S. 105 f.; Pohl, Judenverfolgung, S. 54–67; problematisch in den aus dem Material gezogenen Schlußfolgerungen: Musial, Elemente, S. 172–248).

ben habe.[213] In diesem häufig zitierten Dokument unterschied Heydrich zwischen dem Nahziel einer politischen, das hieß für ihn »im wesentlichen die sicherheitspolizeiliche Befriedung« der besetzten Gebiete und der »wirtschaftlichen Befriedung« als Endziel des Einsatzes. Für die »politische Befriedung« sei den Einsatzkommandos zwar eine Sonderfahndungsliste mitgegeben worden, aber da es nicht möglich sei, alle gefährlichen Personen zu erfassen, hätten die Einsatzkommandos über diese Fahndungsliste hinaus »alle diejenigen Fahndungs- und Exekutionsmaßnahmen zu treffen, die zur politischen Befriedung der besetzten Gebiete erforderlich sind«.

Sie erhielten also weitgehend freie Hand, um jeweils selbständig vor Ort Entscheidungen zu treffen. Konkret gab Heydrich an, daß folgende Personengruppen zu exekutieren seien: »alle Funktionäre der Komintern (wie überhaupt die kommunistischen Berufspolitiker schlechthin), die höheren, mittleren und radikalen unteren Funktionäre der Partei, der Zentralkomitees, der Gau- und Gebietskomitees, Volkskommissare, Juden in Partei- und Staatsstellungen, sonstigen radikalen Elemente (Saboteure, Propagandeure, Heckenschützen, Attentäter, Hetzer usw.)«, soweit sie nicht für Informationen noch nützlich sein könnten.[214]

Damit umriß Heydrich recht präzise den Feind, den die Einsatzkommandos vernichten sollten: den jüdischen Bolschewisten.[215] Es ging ähnlich wie in Polen 1939 – wenn auch in der Dimension des Mordens weit

---

213 Heydrich an die HSSPF Jeckeln, v. d. Bach, Prützmann, Korsemann, 2.7.1941, gRs, BArch, R 70 Sowjetunion/32 und R 58/241, gedruckt in: Klein, Einsatzgruppen, S. 323–328.

214 Deswegen sollten auch nicht Wirtschafts-, Gewerkschafts- und Handelsgremien restlos liquidiert werden, um nicht wichtige Informationen über die Wirtschaft ebenfalls zu vernichten; und auch bei Ärzten solle man mit den Erschießungen »sorgfältig« vorgehen, um nicht bei eventuell auftretenden Epidemien ohne Ärzte dazustehen!

215 Die jahrzehntelange Diskussion, inwieweit Heydrich in diesem Brief den HSSPF verschwiegen beziehungsweise mit scheinbaren Konkretionen verschleiert habe, daß die Einsatzgruppen tatsächlich den Auftrag hatten, sämtliche Juden ohne Unterschied zu töten (vgl. dazu exemplarisch Krausnick/Wilhelm, Truppe des Weltanschauungskrieges, S. 150–167), kann mittlerweile als beendet betrachtet werden. Es gab keinen generellen Mordbefehl zu Beginn des Krieges, sondern der Vernichtungsbefehl, wie ihn Heydrich in dem Brief vom 2.7. umriß, wurde sukzessive auf

darüber hinaus – um die Liquidierung der politischen Führungsschicht, um die Ermordung der kommunistischen Funktionäre und der Juden in Verwaltung, Staat, Partei, von denen die Täter im RSHA ebenso wie in der Wehrmacht und der gesamten NS-Führung selbstverständlich annahmen, daß sie die personelle Trägerschicht des Bolschewismus darstellten.[216] Die Juden waren die Feinde per se, die die »Sicherheit« bedrohten und die »Befriedung« gefährdeten. Von ihnen ging in der rassistischen Perspektive die größte Gefahr aus, die letztlich nur durch ihre Vernichtung wirksam bekämpft werden konnte. Indem die »jüdische Intelligenz« gleich zu Beginn ausnahmslos ermordet werden sollte, glaubten die Täter, sowohl den Bolschewismus buchstäblich enthaupten zu können als auch den sowjetischen Juden den vernichtenden Schlag zu versetzen.

Der Brief vom 2. Juli offenbart darüber hinaus, wie Heydrich erneut – ähnlich wie zu Beginn des Kriegs gegen Polen – die eingegangene Vereinbarung mit der Wehrmacht uminterpretierte und zugunsten der SS und des RSHA erheblich ausdehnte. Zwar verwies er in seinem Brief auf die Abmachungen vom 26. 3. 1941,[217] um mögliche Unklarheiten »im Hin-

---

die Ermordung ganzer jüdischer Gemeinden ausgedehnt (vgl. dazu ausführlich und die Diskussion resümierend Longerich, Politik der Vernichtung, S. 310–320).

216 Vgl. dazu jetzt Pohl, Schauplatz Ukraine. Pohl zufolge erscheinen die ersten Mordbefehle als »Ergebnis eines antisemitischen und antikommunistischen Sicherheitsterrors, dem alle potentiell gefährlichen Gegner zum Opfer fallen sollten«. Die Wehrmacht sollte aufgrund des Kommissarbefehls die Politoffiziere der Roten Armee töten, die Einsatzgruppen »bestimmte Kreise sowjetischer Funktionäre liquidieren, insbesondere aber alle Juden unter ihnen, das heißt anfangs nur einen kleinen Teil der jüdischen Bevölkerung«. Allerdings erweiterte sich der Opferkreis schon in den ersten Tagen des Krieges, als die zuvor begangenen Massenmorde des NKWD an den Häftlingen in den sowjetischen Gefängnissen (siehe unten, S. 569–571) entdeckt wurden, für die vor allem die Juden als angebliche Träger des sowjetischen Regimes haftbar gemacht wurden. Nun, so Pohl, nahm man in vielen Städten alle greifbaren jüdischen Männer im wehrfähigen Alter fest und internierte sie. »Nicht mehr bestimmte Funktionärsgruppen wurden von da an ausgesondert, sondern umgekehrt alle Personen, die man als Handwerker, Ärzte oder Facharbeiter noch brauchte; die Verbleibenden wurden erschossen.« (Ebenda, S. 138; vgl. auch Gerlach, Kalkulierte Morde, S. 536–555)

217 Kennzeichnenderweise setzte Heydrich in seinem Brief den Entwurf Wagners vom 26. 3. 1941 und den, gleichlautenden, Befehl des OKH vom 28. 4. 1941 in eins.

blick auf den organisatorischen Einsatz und den sachlichen Aufgabenbereich der Einsatzgruppen« zu vermeiden. Aber von der dort vereinbarten »Sicherstellung« von Material und »besonders wichtiger Einzelpersonen« im rückwärtigen Armeegebiet und der »Erforschung und Bekämpfung der staats- und reichsfeindlichen Bestrebungen« im rückwärtigen Heeresgebiet unterschied sich der Exekutionsauftrag, wie er den Einsatzgruppen gegeben wurde, gravierend. Auch wenn unterstellt werden kann, daß die Wehrmachtsführung, die selbst an der Planung des Vernichtungskrieges aktiv beteiligt war, mit der Praxis der Einsatzgruppen durchaus einverstanden war und im Verlauf des Krieges offenkundig wenig gegen diese extensive Auslegung der Vereinbarung einzuwenden hatte, muß doch für etliche militärische Befehlshaber vor Ort die Diskrepanz zwischen dem OKH-Befehl, der ihnen zugegangen war, und der Mordtätigkeit der Einsatzkommandos evident gewesen sein.

Wenig beachtet wird auch, daß Heydrich ausdrücklich die Entscheidung, wer zu exekutieren war, den Einsatzkommandoführern vor Ort überließ, und die Beschreibung der Personengruppen, die zu ermorden waren, gewissermaßen eine bloße Richtlinie darstellten. Der häufige Verweis in der Forschungsliteratur auf die unterschiedliche Praxis der Einsatzgruppen verfehlt daher den Charakter von Heydrichs Befehl. Die Kommandos erhielten keineswegs eine detaillierte Anweisung, was in einer jeweils gegebenen Situation zu tun sei, sondern der Befehl stellte vielmehr einen Auftrag zum Handeln dar, eine Ermächtigung, im Sinn des Befehls vor Ort eine adäquate Entscheidung zu fällen.

Erwin Schulz und das Einsatzkommando 5

Erwin Schulz, zwei Jahre älter als Bruno Streckenbach, erscheint doch wie dessen jüngerer Nachfolger. Streckenbach war in der Karriere Schulz stets einen Schritt voraus, aber erklomm er die nächste Stufe, folgte ihm Erwin Schulz auf dem Fuße. Als Streckenbach 1939 Hamburg verließ, um erst Einsatzgruppenführer und BdS in Polen, wenig später Amtschef im RSHA zu werden, wurde Schulz an seiner Stelle zum Inspekteur der Sicherheitspolizei und des SD für den Wehrkreis X Hamburg ernannt. Streckenbach holte Schulz ins RSHA nach, wo dieser innerhalb des Amtes I die Gruppe I B Erziehung, Ausbildung und Schulung und damit zugleich die Führungsschule der Sicherheitspolizei in Berlin-Charlottenburg leitete. Und als Streckenbach 1942, enttäuscht, weil nicht er, sondern Kaltenbrunner Chef des RSHA wurde, sich zur Waffen-SS meldete, folgte ihm Schulz auf den Chefposten des Amtes I. Und doch gibt es signifikante Unterschiede in den beiden Lebensläufen. Obwohl sie in ihrem Antibolschewismus übereinstimmten, beide als junge Männer etliche engagierte Anläufe unternahmen, um eine Lebensperspektive zu gewinnen, und beide sie offenkundig in der politischen Polizei fanden, weichen ihre Biographien voneinander ab, als sie mit dem rassistischen Massenmord konfrontiert werden. Während Streckenbach in Polen mit Nachdruck die Exekution von Tausenden polnischen Häftlingen betrieb, galt Erwin Schulz im SS-Jargon als »zu weich«, als jemand, der der unerbittlichen Härte der Anforderungen nicht gewachsen war. Schulz hatte sich offenbar trotz der Verbrechen, die er ohne Zweifel beging, Skrupel bewahrt und den Sprung vom antikommunistischen Polizeichef zum rassistischen Massenmörder nicht vollziehen können. Er gehörte zu den wenigen, die vom amerikanischen Militärgericht im Nürnberger Einsatzgruppenprozeß nicht zum Tode oder zu lebenslanger Haft verurteilt wurden, sondern das Gericht erkannte trotz der dokumentierten Erschießungen, für die Schulz verantwortlich war, auf zwanzig Jahre Freiheitsstrafe.

Erwin Schulz wurde am 27. November 1900 in Berlin geboren. Der Vater war Verwaltungsinspektor bei den Städtischen Wasserwerken in Berlin-Lichtenberg, wo die Familie wohnte und Schulz seine Kindheit und Jugend verbrachte.[218] Die Eltern stammten aus kleinen Verhältnissen. Der Vater, das fünfte Kind einer Bauernfamilie, hatte beide Eltern verloren. Mit 18 Jahren hatte er sich zum Heer gemeldet und im gleichen 3. Garderegiment Dienst getan, in das später auch sein Sohn eintrat. Zwölf Jahre war der Vater bei der Armee gewesen, womit er sich eine Anwart-

---

218 Die biographischen Angaben nach: BArch, BDC, SSO-Akte Erwin Schulz; BArch DH, ZR 04; GenStAnw KG Berlin, RSHA-Ermittlungsunterlagen, Personalheft Psch 128; IfZ, ZS 1442; Eidesstattl. Erklärung vom 20.12.45 (NO-3841); United Military Tribunals Nürnberg, Case No. 9 Otto Ohlendorf et al.; US National Archives, RG 319, Box 202, File XE001772 Erwin Schulz; StA Bremen, Senator für die Innere Verwaltung 4,13/1–, unpag.: Personalangelegenheiten bei der Staatspolizeistelle Bremen. Ich möchte an dieser Stelle Herrn Peter Fricke sehr für die große Hilfe bei den Recherchen zu Erwin Schulz danken.

schaft auf eine Beamtenstelle erworben hatte. Zunächst war er bei der Berliner Polizei eingestellt worden, wurde aber aufgrund seiner guten Prüfungsleistungen in die Verwaltung geholt und mit der Verwaltung des Wasserwerkes betraut. Bis zu seiner vorzeitigen Pensionierung aufgrund einer schweren Erkrankung im Jahr 1924 hatte es Schulz' Vater zum Verwaltungsoberinspektor gebracht. Die Mutter war die Tochter eines kleinen Eisenbahnbeamten, verlor ebenfalls als Kind ein Elternteil und wuchs bei der Großmutter auf. Da deren Pension kaum reichte, mußten Erwin Schulz' Mutter und ihre beiden Schwestern durch Heimarbeit zum Unterhalt der Familie beitragen. Gerade weil beide Eltern einen so mühsamen Lebensweg hinter sich hatten, hatten sie sich, so Erwin Schulz im Nürnberger Prozeß, zum Ziel gesetzt, ihn trotz der engen finanziellen Möglichkeiten studieren zu lassen.

Schulz ging auf das Köllnische Gymnasium in Berlin, meldete sich wie Streckenbach im April 1918 in der Unterprima als Kriegsfreiwilliger, kam nach einer kurzen infanteristischen Ausbildung zu einem Feldrekrutendepot in Frankreich, allerdings ebenso wie Himmler und Streckenbach aufgrund des Waffenstillstands im November nicht mehr an die Front. Statt dessen wurde er gegen die aufständischen Spartakisten eingesetzt. Als Soldat des 3. Garderegiments nahm er an den Kämpfen in Berlin um das Proviantamt, die Pionierkaserne in der Köpenicker Straße und den Schlesischen Bahnhof teil. Nachdem er nach seiner Entlassung als Soldat erst einmal auf die Schulbank zurückgekehrt war, um Ende 1919 wie viele andere das vereinfachte Abiturexamen für Kriegsteilnehmer zu absolvieren, habe er danach, so Schulz in Nürnberg, eigentlich Arzt werden wollen, aber sein Vater hätte ein Medizinstudium nicht bezahlen können. Daher habe er ursprünglich geplant, sich für den Sanitätsdienst im Heer zu melden und mit Hilfe der Armee zu studieren. Aber dieser Plan sei durch die Niederlage und die Beschränkung der deutschen Reichswehr auf 100 000 Mann gescheitert. Also entschied er sich aus Gründen der Zweckmäßigkeit für ein Studium der Rechtswissenschaften und immatrikulierte sich zum Wintersemester 1919 an der Friedrich-Wilhelm-Universität in Berlin. Aber dort hielt es ihn nicht lange. Im Nürnberger Prozeß verschwieg er, was er in seinem Lebenslauf vom Juni 1935 noch stolz vermerkte: daß er im Frühjahr 1921, noch keine zwanzig Jahre alt, mit dem Freikorps Oberland nach Oberschlesien zog, um an den Kämpfen gegen die Polen teilzunehmen.

Erwin Schulz kehrte nicht an die Universität zurück. 1922 nahm er eine Stelle als Buchhalter bei der Dresdner Bank in Berlin an, gab sie aber bald wieder auf und verließ die Stadt im Frühjahr 1923. Er ging nach Hamburg, um sein Studium fortzusetzen. Die Inflation jedoch machte sein Vorhaben zunichte, und Schulz mußte sich als Torfarbeiter über Wasser halten. Dann erfuhr er, daß bei der Schutzpolizei in Bremen Offiziersanwärter gesucht wurden, bewarb sich und wurde Anfang November 1923 eingestellt. Schulz durchlief die normale Polizeiausbildung, wurde 1926 zum kommissarischen Leutnant der Schutzpolizei ernannt und konnte ein Jahr später auf eine Etatstelle als Polizeioffizier vorrücken. 1928 wurde er Leiter der Polizeischule.

Im Dezember 1930 erhielt sein Berufsweg eine entscheidende Wende. Er wurde zur sogenannten Nachrichtenstelle kommandiert, einer Bremer Einrichtung, die direkt dem Polizeipräsidenten unterstellt war und, mit der politischen Polizei 1929 zur Zentralpolizeistelle zusammengefaßt, sowohl als Abwehr- und Nachrichtensammelstelle als auch als politische Polizei fungierte. Aus ihr entstand im Juni 1933 die Bremer Geheime Staatspolizei.[219] Von 1931 an stand Schulz, wie er es selbst 1943 formulierte, »in einem besonderen Vertrauensverhältnis zur SS und auch zur Reichsleitung der NSDAP«,[220] die beide über einen Gewährsmann bei der Bremer politischen Abwehrpolizei zweifellos erfreut waren, auch wenn Schulz aufgrund der Bestimmungen für Polizeibeamte nicht NSDAP-Mitglied werden konnte. Allerdings gehörte er wie Streckenbach, Blume, Nebe und etliche andere seit August 1932 der Nationalsozialistischen Beamten-Arbeitsgemeinschaft an.[221]

---

219 Peter Fricke, Anfänge und Organisation der Nachrichtenstelle bei der Polizeidirektion Bremen, Bremen 1967 (masch., Staatsarchiv Bremen). Erwin Schulz sagte in Nürnberg zur Struktur dieser Zentralpolizeistelle aus: »Sie war untergliedert in zwei Referate, die die Bezeichnung I und II trugen. Das Referat I war beschäftigt mit der Gesamttätigkeit der politischen Parteien. Das Referat II war das Abwehr-Referat, d. h. also für Landesverratsangelegenheiten. Die Besetzung dieser Referate bestand ausschließlich aus Beamten der Schutzpolizei. Für die exekutive Tätigkeit war eine Abteilung der Kriminalpolizei eingesetzt.« (Vernehmung Erwin Schulz, 17. 10. 1947, United Military Tribunals Nürnberg, Case No. 9 Otto Ohlendorf et al., Protokoll der Verhandlung, S. 924 [roll 14, fol. 146])
220 Eigene Personalangaben, 22. 3. 1943, BArch, BDC, SSO-Akte Erwin Schulz.
221 SS-Stammrollen-Auszug, BArch, BDC, SSO-Akte Erwin Schulz.

Die Machtübernahme durch die Nationalsozialisten in Bremen fand ähnlich wie in Hamburg statt. Am 4. März 1933, einen Tag vor den Reichstagswahlen, demonstrierte die SPD noch einmal Stärke, als 30 000 Menschen an einer Kundgebung der »Eisernen Front« teilnahmen. Am selben Tag nahm die Bremer Polizei 40 kommunistische Funktionäre in Schutzhaft.[222] Am 6. März forderten SA-, SS- und Stahlhelmformationen die Auflösung des Senats, der nicht mehr dem »Volkswillen« entspreche. Noch am Nachmittag traten die sozialdemokratischen Senatoren zurück, am Abend übernahm Reichsinnenminister Frick die Regierungsgewalt in Bremen. Wie in Hamburg drohte die Hilfspolizei aus SA-, SS- und nationalen Verbänden, in ihrem Furor gegen Juden aus dem Ruder zu laufen. Kurze heftige Machtkämpfe um die Besetzung der Führungsposten bei der politischen Polizei endeten mit der Niederlage der SA, und so wie Streckenbach als gemeinsamer Kandidat des Reichsstatthalters Karl Kaufmann und Heinrich Himmlers im Oktober 1933 Chef der politischen Polizei in Hamburg wurde, beauftragte auch der Bremer Innensenator am 13. November 1933 Erwin Schulz mit der Wahrnehmung der Dienstgeschäfte des Leiters der Geheimen Staatspolizei Bremen.[223] Die Aufnahme in die NSDAP hatte Schulz im März 1933 beantragt und war zum 1. Mai aufgenommen worden. SS- und gleichzeitig SD-Mitglied wurde er erst zwei Jahre später, zum 20. 4. 1935, allerdings gleich entsprechend seinem nunmehrigen Rang als Hauptmann der Schutzpolizei zum SS-Hauptsturmführer befördert.[224]

In Nürnberg schilderte Schulz seine Gründe für den Parteieintritt folgendermaßen:

---

222 Vgl. zum Folgenden Marßolek/Ott, Bremen im Dritten Reich, S. 110–116. Bei der Reichstagswahl erreichte die NSDAP in Bremen zwar mit 32,6 Prozent (Reichsdurchschnitt: 43,9 Prozent) die meisten Stimmen, verfehlte aber selbst mit ihrem Bündnispartner DNVP, die in Bremen als »Kampffront Schwarz-Weiß-Rot« antrat, die absolute Mehrheit.

223 RMdI, Vorschlag zur Ernennung von Erwin Schulz zum Regierungsrat, 5. 3. 1938; BArch DH, ZR 04. Im Mai 1934 wurde Schulz dann endgültig zum Leiter der Geheimen Staatspolizei Bremen ernannt.

224 Hier ergibt sich ein womöglich kennzeichnender Unterschied zu Bruno Streckenbach, der sich zwar ebenso wie Schulz 1930/31 der nationalsozialistischen Bewegung angeschlossen hatte, aber bereits im August 1931 von der SA zur SS wechselte, also einige Jahre länger mit der SS verbunden war als Erwin Schulz.

»Zweierlei Gründe waren für meinen Eintritt in die NSDAP ausschlaggebend. Ich wurde von der gleichen Begeisterung mitgerissen, von der auch damals das ganze deutsche Volk ergriffen war; denn auch ich war damals der festen Überzeugung, daß nach den endlosen Jahren der Not, des Zwistes und des Bruderkampfes die nationalsozialistische Bewegung wohl in der Lage wäre, das deutsche Volk zu einen und wieder vorwärts und aufwärts zu führen. Ich hatte ja auch Gelegenheit zu beobachten, mit welchem Idealismus sich Männer und Frauen aller Schichten im Glauben an die Erlösung aus der Not sich für die Bewegung einsetzten. Dieser Einsatz für das Vaterland und die Arbeit und die Freiheit seiner Mitmenschen, hatte schon vor 1935 meine Sympathie. Trotzdem hatte ich seinerzeit ausgesprochen Hemmungen, in die Partei einzutreten, da die vielen Neueintritte die Kritik der Alt-Parteigenossen herausforderten, die sie als Konjunkturritter, Märzveilchen und ähnlich bezeichneten. Auf der anderen Seite erkannte ich aber die Notwendigkeit, sich auch offiziell für die junge Bewegung zu bekennen, um gerade bei der Eigenart meiner Dienststelle sich der Partei gegenüber als gleichberechtigter Partner durchsetzen zu können. Ich möchte aber ausdrücklich betonen, daß im Vordergrund meines Eintrittes die innere Begeisterung und erst in zweiter Linie die nüchterne Zweckmäßigkeit stand.«[225]

An der Argumentation fällt auf, daß Schulz sich nicht als zum Parteieintritt gezwungenes Opfer der Verhältnisse darstellt, sondern die emotionale Dimension hervorhebt. Trotz des erkennbaren Bemühens, sich den amerikanischen Richtern als jugendlich Begeisterten zu präsentieren, sind unter dem euphemistischen Firnis seiner Aussage die Gründe zu erkennen, sich der nationalsozialistischen Bewegung anzuschließen: zum einen die Hoffnung auf Einigung des Volkes, der Aufbau-Idealismus, der Glaube und der Einsatz für das Vaterland und zum anderen die Überwindung von Zwist und Bruderkampf, was getrost als Klassenkampf übersetzt werden kann und die antikommunistische Intention zu erkennen gibt, die bei dem ehemaligen konterrevolutionären Soldaten und Freikorpskämpfer in Oberschlesien mit Sicherheit eine wesentliche Rolle spielte. In der Formel von der »Erlösung aus der Not« scheint eine Vorstellung auf, die Saul Friedländer »Erlösungsantisemitismus« genannt hat.[226] In Hitlers antisemitischer Konstruktion bedeutete der unerbittliche Kampf gegen Juden als Feinde, als Parasiten und Ungeziefer zugleich die »Erlösung« des deutschen Volkes aus seinen politischen, wirtschaftlichen und sozialen Krisen. Mag der »Erlösungsantisemitismus«, wie Leni Yahil argumentiert, für die Radikalisie-

225 Vernehmung Erwin Schulz, 17. 10. 1947, a. a. O. (s. Anm. 219), S. 928 (roll 14, fol. 150).
226 Friedländer, Das Dritte Reich und die Juden, Bd. 1, S. 87–128.

rung der Judenverfolgung bis hin zur Vernichtung auch keine große Rolle mehr gespielt haben, für die Beweggründe von Erwin Schulz, sich dem Nationalsozialismus anzuschließen, war dieses quasireligiöse Element offenkundig mindestens ebenso wichtig wie die von ihm selbst angeführten Zweckmäßigkeitsgründe, sprich: der übliche Karriereopportunismus.

Es gibt eine Anzahl Nachkriegszeugnisse, auch von ehemaligen Häftlingen, die Erwin Schulz als strengen, aber korrekten, in keinem Fall grausamen Gestapochef charakterisieren. Selbst ein ehemaliger kommunistischer Häftling stellte Schulz ein entlastendes Zeugnis für die Verteidigung im Nürnberger Prozeß zur Verfügung.[227] Streckenbach als Führer des SD-Oberabschnitts Nord-West beurteilte Schulz im Juli 1937 positiv:

»Hauptsturmführer Schulz hat sich bisher stets als ein unbedingt zuverlässiger und gewissenhafter SS-Führer gezeigt. Seinen Untergebenen und Vorgesetzten gegenüber zeigt er sich als ein vorbildlicher und hilfsbereiter Kamerad. Eine Beförderung zum SS-Sturmbannführer kann nur befördert werden.«[228]

Zum 1. März 1938 wurde Schulz, der sein Jurastudium abgebrochen und weder ein Referendariat noch ein Assessorexamen absolviert hatte, zum Regierungsrat ernannt.

Bei der Angliederung Österreichs im Frühjahr 1938 kam Schulz zum ersten Mal zum Einsatz. In Graz sollte er die dortige Sicherheitsdirektion in eine den reichsdeutschen Gestapostrukturen entsprechende Staatspolizeistelle umwandeln, und er hat seine Aufgabe offensichtlich so zufriedenstellend erledigt, daß er bei der Besetzung des Sudetenlandes im Herbst 1938 erneut eingesetzt wurde, zunächst sechs Wochen in Aussig, anschließend acht Wochen in Olmütz, um dort jeweils Gestapodienststellen aufzubauen. Im Juni 1939 wurde Schulz offiziell von Bremen nach Reichenberg versetzt und dort mit der Leitung der Gestapo beauftragt;[229] von Januar 1940 an war er zugleich auch als Inspekteur der Sicherheitspo-

---

227 Eidesstattliche Versicherung Klaus B., 5. 9. 1947, United Military Tribunals Nürnberg, Case No. 9 Otto Ohlendorf et al., Defense Exhibits Erwin Schulz No. 32 (roll 24, fol. 529 f.). Rund ein Drittel der Dokumente der Verteidigung für Erwin Schulz stellen eidesstattliche Erklärungen, das heißt Entlastungen, zu seiner Zeit als Gestapochef in Bremen dar (siehe unten, Seite 755–762, 779–785).

228 Personalbericht, 15. 7. 1937, BARch, BDC, SSO-Akte Erwin Schulz.

229 Sein Nachfolger in Bremen wurde der SS-Sturmbannführer und Regierungsrat Blomberg, Stapo Erfurt, damals Einsatzkommando VI in Brünn (RFSSuChddt

lizei und des SD für den »Reichsgau Sudetenland« verantwortlich. Im April 1940 folgte Schulz dann Streckenbach in Hamburg als Inspekteur der Sicherheitspolizei und des SD nach,[230] also in jene Funktion, mit deren Hilfe nach dem Willen Himmlers und Heydrichs Kriminalpolizei, politische Polizei und der SD zu einem eigenen »Staatsschutzkorps« außerhalb der administrativen und rechtlichen Normen des traditionellen Verwaltungsapparates zusammengeschweißt werden sollten. Erneut hat Schulz offensichtlich die an ihn gerichteten Erwartungen erfüllt, denn ein Jahr später holte Streckenbach ihn als Leiter der Gruppe Erziehung, Ausbildung und Schulung in sein Amt und übertrug ihm zugleich die Leitung der Führungsschule der Sicherheitspolizei in Berlin-Charlottenburg. Von hier aus kam Erwin Schulz zum Einsatzkommando 5.

Nach seinen eigenen Aussagen erhielt er im Mai 1941 von Streckenbach den Befehl, den gesamten Lehrgang der Anwärter des Leitenden Dienstes, die gerade auf der Führerschule ihre Ausbildung zum Kriminalkommissar absolvierten (die Kommissarslaufbahn galt auch für die politische Polizei), für einen Einsatz vorzubereiten. Streckenbach begründete den Befehl »mit dem außerordentlichen Mangel an Führern, der dadurch eingetreten war, daß inzwischen die Besetzung Frankreichs, Hollands, Belgiens und soweiter erfolgt war«.[231]

Der ganze Lehrgang wurde nach Pretzsch abkommandiert, und Schulz erhielt selbst wenige Tage später die Weisung, ein Einsatzkommando zu übernehmen.[232] Von der Unterbringung in Pretzsch sei er von Streckenbach

---

Pol, S-V a Nr. 1014/30, an Blomberg, gez. Heydrich, 31.5.1939 [Abschrift an den Regierenden Bürgermeister in Bremen], StArch Bremen, Senator für die Innere Verwaltung 4,13/1–, unpag.).

230 Bereits am 13.3.1940 bat Best den Chef des SS-Personalhauptamtes, Schulz, rasch zum SS-Standartenführer zu befördern, da er »baldmöglichst als Inspekteur der Sicherheitspolizei und des SD in Hamburg eingesetzt werden« solle (Best an Chef SS-Personalhauptamt, 13.3.1940, BArch, BDC, SSO-Akte Erwin Schulz).

231 Vernehmung Erwin Schulz, 17.10.1947, a.a.O. (s. Anm. 219), S.944 (roll 14, fol. 166).

232 1967 sagte Schulz aus, ihm sei »in einem langen Fernschreiben« mitgeteilt worden, daß er als Führer des Ek 5 eingesetzt worden sei (Vernehmung Schulz, 25.1.1967, StAnw Hamburg, 147 Js 31/67, Bd.26, Bl. 4778). 1971 ergänzte er, Streckenbach habe ihn vorgeschlagen, weil er ihm »gegönnt [habe], auch einmal einen Kriegseinsatz mitzumachen« (Vernehmung Schulz, 22.3.71, ebenda, Bd. 37, Bl. 6936).

befreit worden, sagte Schulz im Nürnberger Prozeß, da er in diesen Wochen den Umzug von Hamburg nach Berlin und die Einrichtung der neuen Wohnung in Berlin hätte organisieren müssen.[233] Erst kurz vor dem Abmarsch sei er in Pretzsch eingetroffen und habe die Führung des Ek 5 übernommen.

Die Einsatzgruppe C, bis zum 11. Juli als EGr B geführt, unter der Leitung von Dr. Dr. Otto Rasch, setzte sich neben dem Gruppenstab aus den Sonderkommandos 4a (Paul Blobel) und 4b (Günther Herrmann), den Einsatzkommandos 5 (Erwin Schulz) und 6 (Erhard Kroeger) zusammen, verstärkt durch Einheiten der Ordnungspolizei und zeitweise der Waffen-SS. Insgesamt umfaßte die EGr C 700 bis 800 Personen;[234] sein eigenes Einsatzkommando bezifferte Schulz mit etwa 150 Mann, davon ungefähr 25 Angehörige der Sicherheitspolizei, 50 Ordnungspolizisten, 50 Waffen-SS-Soldaten und der Rest Fahrer und Dolmetscher.[235]

Unmittelbar nach dem 22. Juni 1941 folgte die EGr C der 6. und 17. Armee in das Gebiet der Ukraine. In der Westukraine war es nach Abzug der Roten Armee und der sowjetischen Dienststellen zu antijüdischen Pogromen und brutalen Massenmorden gekommen. Der abziehende NKWD hatte den Befehl erhalten, sämtliche Häftlinge, die nicht mehr zurück in den Osten deportiert werden könnten, zu töten, und die Entdeckung von Tausenden Leichen in den Gefängnissen gaben der von ukrainischen Nationalisten geplanten generellen »Abrechnung« mit den Juden sowohl Legitimation als auch breitere Unterstützung in der Bevölkerung. »Die Juden« galten als die Urheber für die Verbrechen des NKWD. Zusätzlich hatten die Einsatzkommandos von Heydrich den Befehl erhalten, antijüdische Pogrome unauffällig zu entfachen und zu unterstützen. Indizien für die Anstiftung zu solchen Mordpogromen lassen sich für Luzk/Łuck, Lemberg/Lwów, Zloczow und Tarnopol finden.[236]

---

233 Vernehmung Erwin Schulz, 17. 10. 1947, a. a. O. (s. Anm. 219), S. 945 f. (roll 14, fol. 167 f.).

234 Vgl. Pohl, Einsatzgruppe C.

235 Vernehmung Schulz, 21. 10. 1947, a. a. O. (s. Anm. 219), S. 1106 (roll 14, fol. 329).

236 Allerdings kamen die Einsatzkommandos in diesen ersten Wochen nur in die größeren Städte; die Pogrome auf dem Land und in den kleineren Städten wurden von den Ukrainern allein verübt. Pohl schätzt, daß etwa 24 000 Menschen, überwiegend Männer, Opfer dieser Pogrome wurden (Pohl, Judenverfolgung, S. 54–67; ders., Einsatzgruppe C, S. 72; Musial, Elemente, S. 172–199).

Die Leichenfunde in Lemberg/Lwów und anderen Orten wurden in großem Ausmaß von der deutschen Propaganda aufgegriffen. Goebbels am 6. Juli:

»Großen Propagandafeldzug gegen den Bolschewismus eingeleitet. Mit Presse, Rundfunk, Film und Propaganda. Tendenz: der Schleier fällt, Moskau ohne Maske. Dazu das ganze Greuelmaterial aus Lemberg, wohin ich nun 20 Journalisten und Rundfunkmänner schicke. Dort sähe es ganz grauenhaft aus.«[237]

Am 24. Juni, vor dem Einmarsch der deutschen Truppen, hatten ukrainische Nationalisten einen Aufstandsversuch in Lemberg/Lwów unternommen, waren jedoch durch sowjetische Kräfte niedergeschlagen worden. Schon dabei kam es vermutlich zu antijüdischen Gewalttaten. Da die Evakuierung der Häftlinge wegen des schnellen Vormarsches der deutschen Truppen nicht möglich war, begannen die NKWD-Einheiten vom 22. Juni an, die Gefängnisinsassen, zum Teil auf bestialische Weise, zu töten. Die Zahl der in Lemberg/Lwów ermordeten Häftlinge lag zwischen 2400 und 3500 Menschen.[238] Als die Sowjets Lemberg/Lwów am 28. Juni verließen, bildeten sich sofort ukrainische Milizen, die noch am Tag des Eintreffens der ersten deutschen Truppen am 29. Juni damit begannen, Jagd auf Juden zu machen. Ein Teil der festgenommenen Juden wurde in die NKWD-Gefängnisse geführt, um dort die Leichen zu bergen, und wurden danach gleich an Ort und Stelle zu Tode geschlagen oder erschossen. Juden wurden aus ihren Wohnungen geholt, mißhandelt, geschlagen, jüdischen Frauen die Kleider vom Leib gerissen, anschließend trieb man sie durch die Straßen. Zahlreiche Lemberger, aber auch deutsche Soldaten, nahmen an den Gewalt- und Mordtaten teil. Nach Zeugenaussagen wurden etwa 4000 Menschen während dieser Tage getötet. Erst am 2. Juli griff der Ortskommandant ein.[239]

---

237 Tagebücher Goebbels, Teil I, Bd. 9, S. 428. Am 8. Juli der Eintrag: »Abends Wochenschau bearbeitet mit erschütternden Szenen der bolschewistischen Greueltaten in Lemberg. Ein Furioso! Der Führer ruft an: das sei die beste Wochenschau, die wir je gemacht hätten.« (Ebenda, S. 433) Ausführlich zur NS-Propaganda: Musial, Elemente, S. 200–209.

238 Zu den NKWD-Morden in Lemberg/Lwów vgl. ebenda, S. 102–114.

239 Pohl, Judenverfolgung, S. 60–62; Sandkühler, Endlösung, S. 114–119; Musial, Elemente, S. 175–178. Aufgrund von Zeitzeugenerinnerungen kommt Musial, anders als Dieter Pohl, der sich auf Militärakten stützt, zu dem Schluß, daß der Wehr-

Noch am 30. Juni traf das Sonderkommando 4b unter Herrmann, einen Tag später das Ek 6 unter Kroeger und der Gruppenstab der EGr C in Lemberg/Lwów ein. Die Entdeckung der vom NKWD Ermordeten bot den Anlaß für massive Vergeltungsaktionen. Hitler selbst soll Erschießungen als Repressalie angeordnet haben.[240] Am 2. Juli erschoß das Ek 6 außerhalb Lembergs 133 Juden in einem Wald, das Armeeoberkommando notierte am 5. Juli die Erschießung von 500 jüdischen Menschen. Ebenfalls am 2. Juli trafen auch das Ek 5 unter Erwin Schulz sowie ein weiteres Einsatzkommando z.b.V., das aus Angehörigen der Krakauer Sicherheitspolizei gebildet worden war, in Lemberg/Lwów ein. Nach dem Pogrom der vorangegangenen Tage begannen nun die organisierten deutschen Morde durch die SS-Einheiten. Mit Hilfe der ukrainischen Miliz ließ Einsatzgruppenchef Rasch Tausende jüdischer Männer festnehmen und auf einem Sportplatz beim ehemaligen NKWD-Gebäude, das nun als Dienstsitz der Einsatzgruppe diente, internieren, wo sie von den Ukrainern, aber auch von deutschen Soldaten mißhandelt wurden. Zugleich nahmen SS-Einheiten und Feldgendarmerie gezielt 22 Professoren der Lemberger Universität fest, unter ihnen den ehemaligen polnischen Premierminister Kazimier Bartel, und erschossen sie am Morgen des 4. Juli in einem Park nahe des Hauptquartiers der Einsatzgruppe.[241]

---

machtskommandant der Stadt, Oberst Wintergerst, bereits am Nachmittag des 1.7. die Fortsetzung der Pogrome beendete (ebenda, S. 247).

240 Zur Aufdeckung der Massenmorde in Lemberg vgl. Musial, Elemente, S. 151–156. Nach den Aussagen von Schulz im Nürnberger Einsatzgruppenprozeß gab Rasch am 3. oder 4. Juli einen »Führerbefehl« bekannt, »wonach die Schuldigen an den völkerrechtswidrigen Ermordungen als Repressalie zu erschießen seien« (Vernehmung Erwin Schulz, 18.10.1947, a.a.O. [s. Anm. 219], S. 955 [roll 14, fol. 177]; vgl. auch Pohl, Judenverfolgung, S. 68; Ogorreck, Einsatzgruppen, S. 145). Nach Schulz begründete Rasch den Befehl folgendermaßen: »Er [Rasch] ging zunächst auf die Aufgabe der Sicherung des Operationsraumes und des rückwärtigen Heeresgebiets. Dann setzte er etwa fort: Im Hinblick auf die Kampfmethoden des russischen Gegners hat der Führer im Interesse der Sicherung der kämpfenden Truppe befohlen, daß sämtliche Kommissare und sämtliche kommunistische Funktionäre, Spione, Agenten, Saboteure und Plünderer sofort zu erschießen sind, da sie im Rücken der kämpfenden Truppe eine tödliche Gefahr bedeuten.« (Vernehmung Erwin Schulz, 18.10.1947, a.a.O. [s. Anm. 219]; S. 956 [roll 14, fol. 178])

241 Pohl, Judenverfolgung, S. 60.

Schulz bezeugte im Nürnberger Einsatzgruppen-Prozeß, daß er selbst gesehen habe, wie deutsche Soldaten die jüdischen Gefangenen auf dem Platz im NKWD-Gebäude herumjagten und mißhandelten. Empört will er selbst zwei dabeistehende deutsche Offiziere zur Rede gestellt und später sogar ein Tor geöffnet haben, damit die gefangenen Juden entweichen konnten.[242] Nach Selektion von Arbeitskräften, für die die Deutschen noch Verwendung hatten, wurden die Opfer am 5. Juli in einem Wald nahe Lemberg/Lwów vom Einsatzkommando z.b.V. und Ek 6, das dann von Schulz' Ek 5 abgelöst wurde, erschossen. Schulz leugnete in Nürnberg nicht, daß sich sein Einsatzkommando unter seinem Befehl an den Erschießungen beteiligt hatte. Den Meldungen der Einsatzgruppen an das Reichssicherheitshauptamt zufolge töteten die Einsatzkommandos zusammen zwischen 2500 und 3000 Menschen.[243] Schulz rechtfertigte in Nürnberg die Morde mit dem Hinweis auf die NKWD-Opfer:

»Ich stand unter dem Eindruck der Lemberger Ereignisse. Trotzdem sträubte ich mich auch gegen diesen Befehl [von Rasch], da ich ihn für falsch, auch für politisch falsch hielt. Ich machte mir die ernsthaftesten Gedanken. Ich wußte aber, daß ich in meiner Veranlagung zu einer Gutmütigkeit neigte, und schrieb meinen eigenen Konflikt dieser Anlage zu. Aus dem festgestellten Verhalten des Gegners glaubte ich, mich selbst zu größerer Härte zwingen zu müssen.«[244]

Am 6. Juli zog das Ek 5 weiter nach Dubno, wo sich ähnliche Vorgänge abspielten wie in Lemberg/Lwów. Dort waren ebenfalls im Gefängnis zahlreiche Leichen gefunden worden, für deren Ermordung die Bevölkerung jüdische Sowjetfunktionäre verantwortlich machte.[245] Eine Woche

---

242 Vernehmung Erwin Schulz, 18. 10. 1947, a. a. O. (s. Anm. 219), S. 959 (roll 14, fol. 181 f.). Ob Schulz' Bericht glaubwürdig ist, muß offenbleiben. In anderen Darstellungen findet sich ein solcher Bericht nicht. Ein Eintrag im Tagebuch des Wiener SS-Hauptscharführers und Angehörigen der Gestapo Radom, Felix Landau, vom 5. 7. 1941 wiederum erwähnt die Freilassung von mißhandelten Juden aus der NKWD-Zitadelle, ohne jedoch einen Verantwortlichen zu nennen (Sandkühler, Endlösung, S. 119).

243 Die Ereignismeldung vom 16. 7. 1941 (BArch, R 58/214, Bl. 191) notiert 7000 Opfer, wobei diese Zahl nach Pohl anscheinend aber auch die Opfer des Pogroms enthält (Pohl, Judenverfolgung, S. 69, Anm. 170).

244 Vernehmung Erwin Schulz, 18. 10. 1947, a. a. O. (s. Anm. 219), S. 957 (roll 14, fol. 179).

245 Vgl. Musial, Elemente, S. 119–122, 159.

befand sich das Ek 5 in Dubno, bevor es Richtung Shitomir weitermarschierte. Schulz stritt in Nürnberg ab, daß sein Kommando in Dubno Exekutionen vorgenommen habe. Für das Nürnberger Verfahren standen noch keine gegenteiligen Dokumente zur Verfügung, ein späterer bundesdeutscher Prozeß jedoch ergab, daß das Ek 5 auch in Dubno Juden erschossen hatte.[246] Shitomir erreichte das Ek 5 nicht. Die militärische Lage machte ein Vorrücken unmöglich, und das Kommando wurde in Berditschew stationiert. Schulz beschrieb die Tätigkeit des Kommandos mit dem Kampf gegen russische Einheiten in den Wäldern, die sogar mit Panzerabwehrkanonen bewaffnet gewesen sein sollen, vor allem aber gegen geschulte und mit Funkgeräten bestens ausgestattete russische Agenten, die teilweise durch die Front geschleust, teilweise per Fallschirm abgesetzt worden waren. Meldungen aus der Bevölkerung über Waffenlager und sowjetische Agenten sei nachgegangen worden, ebenso hätten die politischen Funktionäre der Orte überprüft werden müssen. Der Tätigkeits- und Lagebericht Nr. 2 der Einsatzgruppen der Sicherheitspolizei und des SD in der UdSSR für den Berichtszeitraum vom 29. Juli bis zum 14. August 1941, also ebenjener Zeit, als Schulz mit seinem Kommando in Berditschew stationiert war, führt unter anderem aus:

»Wegen Spionage, Plünderns und Verbindung zu Terrorbanden wurden in Trujanow 22 Juden und in Korustyschew vierzig Juden liquidiert. In Tschernjachow wurden 110 Juden und Bolschewisten, in Berditschew 222 Juden, in Miropol 24 jüdische Arbeitsverweigerer, in Polonnoje zwanzig KP-Funktionäre und in Proskurow 146 Kommunisten erschossen.«[247]

Für die darauffolgenden vierzehn Tage meldete der Bericht unter der Überschrift »Erschießungen und Festnahmen von kommunistischen

---

246 Verfahren der StAnw Düsseldorf, 8 Js 5004/60, nach Ogorreck, Einsatzgruppen, S. 146.

247 Tätigkeits- und Lagebericht Nr. 2 der Einsatzgruppen der Sicherheitspolizei und des SD in der UdSSR (Berichtszeit v. 29.7.–14.8.1941), gedruckt in: Klein, Einsatzgruppen, S. 134–155, hier: S. 139. Noch präziser heißt es in der Ereignismeldung vom 9.8.1941: »In Berditschew wurde bis zum Eintreffen des Einsatzkommandos 5 eine Abteilung des Einsatzkommandos 4 A tätig. 148 Juden wurden wegen Plünderns und kommunistischer Betätigung exekutiert. Weiter wurden vom Einsatzkommando 5 dort bis jetzt 74 Juden erschossen.« (Ereignismeldung UdSSR, Nr. 47, 9.8.1941, BArch, R 58/215, Bl. 233)

Funktionären und Kriminellen«: »Im Raum Berditschew und Shitomir wurden nahezu sämtliche Dörfer planmäßig überholt,« im Kriegsgefangenenlager von Berditschew wurden »neun kommunistische Juden ermittelt und erschossen«.[248]

Nach Aussage von Schulz befahl Rasch Anfang August[249] die Kommandoführer der Einsatzgruppe C nach Shitomir und teilte ihnen mit, daß der Höhere SS- und Polizeiführer Jeckeln Anweisung gegeben habe, »schärfer gegen die Juden« vorzugehen. Sämtliche verdächtige Juden seien nun zu erschießen, Rücksicht nur dort zu nehmen, wo sie als Fachkräfte unentbehrlich seien. Auch Frauen und Kinder seien mit zu erschießen, um keine Rächer entstehen zu lassen.[250] Weil Schulz nicht glauben wollte, daß ein solcher Befehl mit Wissen und Billigung Heydrichs und des RSHA ausgegeben worden sei, habe er versucht, mit Berlin Kontakt aufzunehmen. Da der Funkverkehr über den Stab der Einsatzgruppe lief, habe er einen Brief an Streckenbach geschrieben, den ein Angehöriger seines Einsatzkommandos, der nach Berlin reiste, mitgenommen habe. In diesem Brief habe er Streckenbach gebeten, ihn unter irgendeinem Vorwand nach Berlin zu kommandieren, da er ihm über Vorgänge zu berichten habe, die er nur mündlich vortragen könne. Der Dienstweg sei ihm versperrt gewesen. Am 22. August sei ein Funkspruch Streckenbachs beim Gruppenstab eingetroffen, der ihn nach Berlin befohlen habe, zwei Tage später sei er aus der Ukraine abgereist.[251]

---

248 Tätigkeits- und Lagebericht Nr. 3 der Einsatzgruppen der Sicherheitspolizei und des SD in der UdSSR (Berichtszeit v. 15. 8.–31. 8. 1941), gedruckt in: Klein, Einsatzgruppen, S. 155–180, hier: S. 160; vgl. auch Ereignismeldung UdSSR, Nr. 58, 20. 8. 1941, BArch, R 58/216, Bl. 190. Allerdings operierte auch das Sk 4a im Raum Berditschew.

249 In seinen verschiedenen Aussagen nach dem Krieg gab Schulz entweder den 10. oder 12. 8. an oder schwankte in seinen Datumsangaben zwischen »Anfang August« und »dem zweiten Drittel im August«. In jedem Fall muß die Besprechung vor dem Abmarsch des Gruppenstabes der EGr C am 17. 8. stattgefunden haben (Ogorreck, Einsatzgruppen, S. 191, vgl. auch Longerich, Politik der Vernichtung, S. 338, 379).

250 Vernehmung Erwin Schulz, 18. 10. 1947, a. a. O. (s. Anm. 219), S. 970 (roll 14, fol. 192).

251 Ebenda, S. 972, 976 (roll 14, fol. 194, 197). Allerdings ist nicht zweifelsfrei geklärt, ob es sich dabei nicht auch um eine Schutzbehauptung Schulz' handelte, um nicht

In Berlin berichtete Schulz Streckenbach über die von Rasch erteilten Befehle. Kennzeichnenderweise klagte Schulz, wie er sowohl in Nürnberg wie auch in einer Vernehmung durch bundesdeutsche Staatsanwälte Mitte der fünfziger Jahre angab, vor allem über die »seelische Not der Beteiligten«, also der Täter! Schulz 1956:

> »Ich schilderte nicht nur die Vorgänge als solche, sondern legte ihm auch in aller Offenheit dar, daß bei derartigen Maßnahmen das gesamte eingesetzte Menschenmaterial entweder seelisch zu Grunde gehen mußte oder sich zu einer Brutalität entwickle, die hemmungslos mache, wodurch die Menschen für normale Verhältnisse völlig verdorben seien.«[252]

Laut Schulz wollte Streckenbach mit Heydrich reden, der, wie Streckenbach bei einer zweiten Besprechung wenige Tage später, zwar »diese Art der Befehlsgebung beanstandet habe«, aber betonte, daß »ein Führerbefehl verlange, diese Maßnahmen solange aufrecht zu erhalten, solange sie der Gegner anwende und sie notwendig seien«. Schulz bat Streckenbach noch einmal um seine Ablösung, worauf Streckenbach geantwortet habe, dies sei schon geschehen, da auch von anderer Seite die Ablösung von Schulz gefordert worden sei, da er »nicht hart genug« wäre.[253]

Erwin Schulz gelang es offenbar mit dem Hinweis auf mögliche Verrohung der künftigen Führer von Sicherheitspolizei und SD, den ganzen Jahrgang der Anwärter auf den leitenden Dienst, der geschlossen in den Einsatz in die Sowjetunion geschickt worden war, früher als geplant zurückzuholen.[254] Als Leiter der Führerschule hielt er vor dem zurückge-

---

für die hohe Zahl an Erschießungen im September (Ereignismeldung Nr. 111: »207 politische Funktionäre, 112 Saboteure und Plünderer sowie 8800 Juden liquidiert«) durch das Ek 5 verantwortlich gemacht zu werden. Zum Massenmord an den Juden in der Ukraine insgesamt vgl. Pohl, Schauplatz Ukraine.

252 Vernehmung Schulz, 18. 10. 1956, StAnw Hamburg, 147 Js 31/67, Bd. 1, Bl. 14.

253 Vernehmung Erwin Schulz, 18. 10. 1947, a. a. O. (s. Anm. 219), S. 977 (roll 14, fol. 200).

254 Schulz: »Ich richtete an Streckenbach die dringende Bitte, doch unter allen Umständen dafür Sorge zu tragen, daß auch die Führeranwärter herausgezogen würden. Ich schilderte ihm, daß diese wertvollen Menschen bei weiterem Verbleiben unter solchen Befehlen als Führer verkommen müßten. Das sei aber das Gegenteil von dem, was dieser Lehrgang bezwecke. Unter einer solchen Befehlsgebung müßten sie aber entweder seelisch zerbrechen oder aber so brutal werden, daß sie als Menschenführer völlig ungeeignet würden. Streckenbach stimmte meiner Auf-

kehrten Lehrgang eine Rede, die – von Lehrgangsteilnehmern bezeugt – eine bestimmte Form von »Anständigkeit« wiederherstellen sollte. Was Schulz umtrieb, war nicht das Leiden der Opfer, sondern die »seelische Not der Täter« und die Furcht, die »Manneszucht« könnte leiden, wenn die Erschießungen in dem bisherigen Maße fortgeführt würden. Ähnlich berichtete Erich von dem Bach-Zelewski, daß Himmler, nachdem er eine Erschießung in Minsk im August 1941 beobachtet hatte, von dem Geschehen und seiner eigenen Nervenanspannung wie der des Erschießungskommandos so ergriffen war, daß er gleich im Anschluß an die Morde eine Ansprache hielt. Er wisse, welche »widerliche« Pflichterfüllung er von den Männern verlange, und es wäre ihm nicht recht, wenn sie es gern täten. Auch ihm sei dieses blutige Handwerk zuwider, aber er stünde ebenso wie jeder SS-Mann unter dem höchsten Gesetz der Pflichterfüllung und handle aus einer tieferen Einsicht in die Notwendigkeit. Das Gewissen werde nicht berührt, denn er allein trage vor Gott und dem Führer die Verantwortung für das, was geschehen müsse, und von den Kommandos verlange er unbedingten Gehorsam.[255]

Viele Argumente, die Himmler später in der Posener Rede vom Oktober 1943 aufführte, tauchen hier bereits auf. Und ebenso wird die Entlastungsrhetorik der Täter kenntlich: der bedingungslose Gehorsam, der Vorgesetzte, der die »Verantwortung« übernimmt, die Einsicht in die rassenbiologische Notwendigkeit, die das Handeln furchtbar und erschütternd, aber unumgänglich macht, wenn man nicht künftige Generationen immer wieder mit dem Problem der »Judenfrage« konfrontieren will. Jetzt sollte ein für allemal »reiner Tisch« gemacht und selbst die Frauen und Kinder getötet werden. Wer diese »Härte« aufbrachte, hatte in der SS-Perspektive

---

fassung bei und sagte nochmaligen Vortrag bei Heydrich zu. Ich mußte wieder einige Tage warten. Dann erhielt ich von ihm die Nachricht, daß Heydrich volles Einverständnis gezeigt und auch die sofortige Ablösung des Lehrgangs angeordnet habe.« (Vernehmung Erwin Schulz, 18.10.1947, ebenda, S. 979 f. [roll 14, fol. 202 f.])

255 Aussage Erich von dem Bach-Zelewski, in: Aufbau, 23.8.1946 (IfZ, ZS 543 II); zum Besuch Himmlers in Minsk vom 14. bis 16.8.1941 vgl. Dienstkalender Himmlers, S. 193–196; Gerlach, Kalkulierte Morde, S. 571–574, dort auch kritische Einwände gegen die häufig kolportierte Geschichte (z.B. Reitlinger, Endlösung, S. 234 f.), Himmler seien die Knie weich geworden und der Eindruck von der Erschießung sei die »Geburtsstunde der Gaskammer« gewesen.

historische Verdienste erworben. In diesem Sinn traf Himmler den Kern, wenn er im Oktober 1943 davon sprach: »Dies durchgehalten zu haben und dabei – abgesehen von Ausnahmen menschlicher Schwächen – anständig geblieben zu sein, das hat uns hart gemacht. Dies ist ein niemals geschriebenes und niemals zu schreibendes Ruhmesblatt unserer Geschichte ...«[256]

Die Haltung von Erwin Schulz wich von dieser geforderten SS-Norm ab, obgleich auch er sich gegenüber den Lehrgangsteilnehmern bemühte, eine »anständige Haltung« im Sinne Himmlers herzustellen.[257] Für ihn selbst lag womöglich die Hürde in dem Befehl, auch Frauen und Kinder zu erschießen – gegen die Erschießung der wehrfähigen Männer hatte er offenkundig nichts einzuwenden.[258] Unter den Lehrgangsteilnehmern wurden seine Anstrengungen im Sinn der geforderten »SS-mäßigen Haltung« eher geringschätzig aufgenommen. Rudolf Hotzel, Leiter des Referats Nachwuchs (I B 2) in der von Schulz geleiteten Gruppe Erziehung, Ausbildung und Schulung (I B) und ab Oktober 1944 selbst Führer eines Einsatzkommandos, sagte nach dem Krieg aus, daß Schulz sich nach Meinung der Lehrgangsteilnehmer »gedrückt« habe. Über den Einsatz sei an

---

256 Rede Himmlers auf der SS-Gruppenführertagung in Posen am 4.10.1943, IMG, Bd. 29 (1919-PS), S. 110–173, Zitat: S. 145.

257 Nach seiner eigenen Aussage während des Nürnberger Prozesses habe er seine Rede an die zurückgekehrten Lehrgangsteilnehmer mit den Sätzen beendet: »Ich weiß, daß ein Teil von Ihnen mit zusammengebissenen Zähnen eine harte Pflicht erfüllen mußte, die Ihrem Innern entgegen war. Der Einsatz brachte Ihnen etwas anderes, als Sie es sich erhofften und erwünscht hatten, nämlich die Bewährung im Kampf an der Front. Ich erwarte aber eines von Ihnen: Wenn auch gesagt wurde, daß die Maßnahmen notwendig waren, weil die Gegenseite sie herausgefordert hat, und wenn Sie auch gehandelt haben in tiefster Überzeugung der Rechtmäßigkeit und Notwendigkeit, so möge sich doch jeder klar darüber sein, daß es ein schreckliches Erleben war – über diese Dinge zu sprechen verbiete ich Ihnen. Sie sind zu ernst, um als Gesprächsstoff zu dienen. Wer sich aber der Erschießung von Juden als Tat rühmt, den werde ich wegen charakterlicher Unzulänglichkeit aus dem Lehrgang entfernen. Wer so denkt, kann kein Führer sein.« (Vernehmung Schulz, 18.10.1947, a. a. O. [s. Anm. 219], S. 981 f. [roll 14, fol. 204 f.])

258 Longerich hält fest, daß neben Schulz auch Blume (Sk 7a) und Kroeger (Ek 6) ihre Ablösung durchsetzten, nachdem der Befehl zur Tötung von Frauen und Kindern erteilt worden war, und die massive Ausweitung der Mordtätigkeit dieser Kommandos erst nach der Rückkommandierung der drei Führer sicher nachzuweisen ist (Longerich, Politik der Vernichtung, S. 381).

der Schule nicht weiter gesprochen worden, außer über einen Lehrgangsteilnehmer, der in Rußland, so Hotzel, einen »Knacks« bekommen habe
und auf ärztliches Anraten hin den Lehrgang abbrach.[259] Seiner eigenen
Karriere hat die Abberufung nicht weiter geschadet. Zum 9. November
1941 wurde Schulz »wegen besonderer Verdienste im Einsatz« zum SS-
Oberführer befördert.[260]

Martin Sandberger, KdS Estland

Martin Sandberger war als Führer des Sonderkommandos 1a in der Einsatzgruppe A eingeteilt worden, die im Gebiet der Heeresgruppe Nord,
also im Baltikum und Weißrußland, operierte.[261] Über 900 Angehörige
zählte die Einsatzgruppe A und stellte damit die personell größte unter
den vier Einsatzgruppen dar. 89 Männer stammten aus der Gestapo, 41 aus
der Kriminalpolizei, 35 aus dem SD, zugeordnet waren außerdem 133
Ordnungspolizisten und 340 Waffen-SS-Soldaten, der Rest verteilte sich
auf Fahrer, Dolmetscher, Verwaltungspersonal, einschließlich 13 Frauen,
die als Schreibkräfte dienten.[262] Nahezu sämtliche der insgesamt 12 Einsatzkommandoführer hatten ein Jurastudium absolviert, acht von ihnen
waren sogar promoviert. Bis auf eine Ausnahme waren sie zwischen dreißig und vierzig Jahre alt.[263] Sandbergers Kommando, das der 18. Armee

---

259 Vernehmung Rudolf Hotzel, 24. 1. 1964, GenStAnw KG Berlin, RSHA-Ermittlungsunterlagen, Personalheft Ph 164.
260 BArch, BDC, SSO-Akte Erwin Schulz.
261 Anfang Juni 1941, so Sandberger im Nürnberger Einsatzgruppenprozeß, habe er
seine Kommandierung für den Osteinsatz erhalten. Etwas 10 bis 14 Tage vor dem
Angriff sei er nach Pretzsch gekommen und dort als Führer des Sk 1a eingeteilt
worden (Vernehmung Martin Sandberger, 7. 11. 1947, United Military Tribunals
Nürnberg, Case No. 9 Otto Ohlendorf et al., S. 2200 f. [roll 15, fol. 608 f.]). Ende
April 1941 war er noch von Himmler mit der Koordination der Siedlungsmaßnah-
men in der Untersteiermark beauftragt worden, was konkret die Vertreibung der
dort lebenden Slowenen bedeutete. Sandberger sollte sich um alle neuen Sied-
lungsmaßnahmen kümmern, soweit sie das Reichssicherheitshauptamt betrafen
(Aktenvermerk über eine Besprechung in der Einwandererzentralstelle,
25. 4. 1941, in: Ferenc, Quellen, S. 72; vgl. auch Dienstkalender Himmlers, S. 152;
zu Sandberger siehe oben, S. 98–104, und S. 170–173).
262 Siehe Scheffler, Die Einsatzgruppe A.
263 Ebenda, S. 29 f.

zugeteilt war, die zwischen Rigaer Bucht und dem Peipussee operieren sollte, umfaßte 105 Mann, deutlich weniger als andere Einsatzkommandos der Einsatzgruppe A, was Hans-Heinrich Wilhelm mit dem geringeren Bedarf an Kraftfahrern erklärt.[264]

Die Besetzung Estlands verzögerte sich aufgrund des unerwartet großen Widerstands der Roten Armee, der sich an der Narwa-Front bis Ende August hinzog.[265] Am 27. Juni war es dem Sk 1a noch nicht möglich, in das litauische Libau/Liepaja einzurücken.[266] Statt dessen führte es in verschiedenen litauischen Orten insgesamt 41 »Aktionen« durch. In Skoudas, etwa 50 Kilometer südostwärts von Libau/Liepaja, erfolgte nach einer eigenen Meldung des Sk 1a »unter der jüdischen Bevölkerung eine Strafaktion für die durch Juden herbeigeführte Einäscherung von Lit. Krottingen«.[267] Anfang Juli zog Stahlecker mit den Kommandos 1a und 2 in Riga ein. Von den Deutschen aufgestellte Gruppen hatten sogleich Pogrome gegen Juden angezettelt, sämtliche Synagogen zerstört und »bisher 400 Juden liquidiert«. In einer Kaserne in Riga waren angeblich 20 deutsche Kriegsgefangene von den Sowjets erschossen worden. Ein bei der Exekution nicht getöteter deutscher Soldat soll im Anschluß an die Hinrichtung von einem Juden aus Riga erschlagen worden sein. »Daher«, so die Meldung der Einsatzgruppe A, »wurden am 4.7.1941 an der gleichen Stelle durch ein Kommando der Sicherheitspolizei und des SD 100 Juden erschossen.«[268]

Am 28. August nahm das Sk 1a in Tallinn/Reval seine Tätigkeit auf. Sandberger meldete für die ersten Tage:

---

264 Neben 18 Gestapo-, 11 Kripo- und 8 SD-Angehörigen zählte das Sk 1a 23 Kraftfahrer, was weniger als die Hälfte zum Beispiel des Ek 2 entsprach. Hinzu kamen 25 SS-Reservisten, 14 Dolmetscher, Funker und Verwaltungspersonal (Wilhelm, Einsatzgruppe A, S. 200).

265 Ebenda, S. 198.

266 Am 27. 6. 1941 notierte die Ereignismeldung Nr. 6, daß Libau/Liepaja noch nicht in deutscher Hand sei und sich das Sk 1a nach Priekole, 30 km östlich von Libau/Liepaja, begeben und der 291. Division angeschlossen habe (Ereignismeldung UdSSR Nr. 6, 27. 6. 1941, BArch, R 58/214, Bl. 34 f.).

267 Ereignismeldung UdSSR (im folgenden: EM) Nr. 7, 28. 6. 1941, BArch, R 58/214, Bl. 38.

268 EM Nr. 15, 7. 7. 1941, ebenda, Bl. 93 f.

»Stadt fast unzerstört, da Russen im letzten Augenblick auf Seeweg abgezogen. Massgebliche Funktionäre mitgeflohen. Verhaftungen bis zum 30. 8. 620. Selbstschutz bereits aufgestellt.«[269]

In seinem ersten ausführlichen, fast 25 Schreibmaschinenseiten umfassenden Bericht über die Lage in Estland Ende September 1941 hob Sandberger die Bereitwilligkeit der Esten zur Zusammenarbeit mit der deutschen Besatzungsmacht hervor.

»An den Gedanken, dass in Estland jetzt die Deutschen zu bestimmen haben, hat sich die Bevölkerung allgemein gewöhnt. Alle getroffenen Anordnungen, auch soweit sie sich überschneiden und Unklarheiten bringen, werden willig durchgeführt.«

Die Esten hofften auf eine bessere Behandlung als die Letten und Litauer und »geben sich jede erdenkliche Mühe, die Wehrmacht zu unterstützen und ihren guten Willen zu beweisen. Auch bei der Fahndung nach estnischen Bolschewisten und der Mitwirkung an ihrer Aburteilung haben die Esten fast durchweg die wünschenswerte Aktivität bewiesen.«[270]

Aus Sandbergers Berichten sprach eine unverhohlene Sympathie für die Esten, was allerdings weder unter den zeitgenössischen Rassekundlern noch in der SS eine Ausnahme darstellte. Die Esten, so Sandberger, seien den Deutschen gegenüber freundlich eingestellt, die traditionelle Verbindung zu Finnland würde abklingen, den Bolschewismus lehne der weitaus größte Teil der Bevölkerung ab, nur in Kreisen der Intelligenz und der Wirtschaft bestehe »hie und da noch eine leise Neigung zum alten politischen Freunde England«.[271] Auch Heydrich betonte Anfang Oktober

---

269 EM Nr. 71, 2. 9. 1941, BArch, R 58/216, Bl. 265.

270 EM Nr. 96, 27. 9. 1941, BArch, R 58/217, Bl. 369 f.

271 Ebenda; EM Nr. 99, 30. 9. 1941, BArch, R 58/217, Bl. 449–457. Hans-Heinrich Wilhelm urteilte: »Sandbergers wortreiche wohlwollend-sentimentale Berichte ließen auf eine gewisse innere Verbundenheit mit dem estnischen Volk und eine ungewöhnlich sorgfältige Vorbereitung auf seine neue Tätigkeit schließen. Sie unterschieden sich insofern von zahlreichen Berichten anderer SD-Beobachter aus anderen Einsatzräumen. Eine von romantischer Schwärmerei nicht freie Vorliebe für die Esten war jedoch in der SS keine Seltenheit, auch nicht beim deutschen Durchschnittsbürger damaliger Zeiten, und bei einem Manne, der als Leiter der Einwandererzentrale beim Chef der Sicherheitspolizei und des SD maßgeblich an der ›Heimholung‹ der Baltendeutschen beteiligt gewesen war, schon beinahe zu erwarten.« (Wilhelm, Einsatzgruppe A, S. 200)

1941 in Prag, daß im Baltikum, das einmal gänzlich deutsch besiedelt sein müsse, die Esten die »rassisch besten Elemente« seien, da sie angeblich schwedische Einflüsse besäßen;[272] ebenso Himmler, der gegenüber Greifelt die Esten als »zum großen Teil als rassisch gut und eindeutschungsfähig« erklärte, wobei allerdings die »schlechten Elemente, insbesondere im östlichen Teil Estlands, selbstverständlich herausgebracht« und durch deutsche Siedler ersetzt werden müßten.[273] Während andere Einsatzgruppen wie das Ek 2 in Lettgallen das »rassisch sehr schlechte Bild« der Bewohner, »erhöhte Kriminalität« und »Alkoholismus« festzustellen glaubten, lobte Sandberger die »Sauberkeit der Häuser und Höfe« in Estland.[274] Die Esten hätten sich den deutschen Soldaten gegenüber »offener, ehrlicher und anständiger« verhalten als die Letten, »die, auch soweit sie sich positiv verhalten, doch immer einen unehrlichen, z. T. verschlagenen Eindruck machen«.[275] Ausführlich stellte Sandberger ein Rassegutachten des wissenschaftlichen Assistenten Johann Aul aus Dorpat vor, dem zufolge die Esten »fast ausnahmslos zu der europiden Rassengruppe, und zwar zur nordischen und ostbaltischen Rasse« gehören würden. »Unter Auswertung aller Einzelfeststellungen ist ermittelt worden«, so Sandberger über Auls Rasseforschungen, »dass die Typen der nordischen Rasse überwiegend in West-Estland vertreten sind in einem Maße, das dieses Gebiet zu einem ziemlich reinen Verbreitungsgebiet der nordischen Rasse stempelt.«[276] Zwar sei der »Eindeutschungswille« in Estland bei Beginn des Krieges keineswegs vorhanden gewesen, aber unter dem Einfluß der neuen Umstände habe »sich in der Zwischenzeit im estnischen Volk mehr und mehr die Erkenntnis durchgesetzt, dass eine Eingliederung Estlands in das durch Deutschland geführte neue europäische System die gegebene und selbstverständliche Lösung« sei.[277]

272 Rede Heydrichs vor den führenden Mitarbeitern in Prag, 2. 10. 1941, gedruckt in: Kárný/Milotová/Kárná, Politik, S. 107–122, Zitat: S. 112.

273 Vermerk Greifets zum Vortrag bei Himmler am 28. 5. 1942, BArch, NS 19/2743, Bl. 142–146 (Nbg. Dok. NO-3182); Dienstkalender Himmlers, S. 441.

274 Zitiert nach Wilhelm, Einsatzgruppe A, S. 201.

275 EM Nr. 135, 19. 11. 1941, BArch 58/219, Bl. 136.

276 Ebenda.

277 Ebenda. Zur Zusammenarbeit der Esten, insbesondere der estnischen politischen Polizei, mit der deutschen Besatzungsmacht siehe Isberg, Bedingungen; sowie Birn, Collaboration.

Die »Judenfrage« spielte in Estland für die deutschen Besatzer nicht die gewichtige Rolle wie in Litauen und Lettland, da eine restriktive russische Ansiedlungspolitik im 19. Jahrhundert den Raum um St. Petersburg schon weitgehend »judenrein« gestaltet hatte. 1934 waren in Estland nicht mehr als 4302 Juden gezählt worden, davon lebten allein in der Hauptstadt Reval/Tallinn 2200 und 920 in Dorpat.[278] Der jüdische Bevölkerungsanteil lag mit 0,4 Prozent deutlich niedriger als in den übrigen baltischen Staaten. Einem Großteil der estnischen Juden gelang es, vor der deutschen Besetzung zu fliehen. Annähernd tausend jüdische Esten blieben zurück und wurden getötet.[279]

Die Sowjets hatten sich bei der Besetzung des Baltikums im Juli 1940 auch in Estland bei der Rekrutierung einer loyalen Führungsschicht offenbar in einem hohen Maß auf die jüdische Minorität gestützt. So sollen die Volkskommissare der Wirtschaft ausnahmslos Juden gewesen sein. Der SD notierte mit großem Interesse den angeblichen Aufstieg eines jüdischen Schuhmachers zum Direktor einer Handschuhfabrik. Und nicht zuletzt besetzte der NKWD führende Stellen im Repressionsapparat mit Juden.[280] In ebendiesem Sinn akzentuierte Sandberger seine Berichte zur »Judenfrage«. Ende September 1941 meldete er nach Berlin:

»Eine Judenfrage im deutschen Sinne hat in Estland bis zum sowjetischen Einmarsch nicht bestanden. Das Jahr sowjetischen Regimes hat aber hier eine tiefe Wandlung geschaffen. Die Erkenntnis der Rolle, die der Jude vor allem in dem NKWD gespielt hat, hat der im demokratischen Estland üblichen Parole der Gleichbehandlung der Juden sämtlichen Boden entzogen und das früher beobachtete auf einem unbewussten Rasseninstinkt beruhende (allerdings neutrale) Abstand halten vor Juden in bitterem Hass verwandelt. In seiner Einstellung zum Judentum hat das estnische Volk nicht nur in Reval, sondern im ganzen Lande eine Position bezogen, die sämtliche Voraussetzungen zu einem aktiven Einsatz an der endgültigen Lösung des Judenproblems in sich birgt.«[281]

Was Heydrichs Auftrag an die Einsatzgruppen betraf, lokale Pogrome zu entzünden, wollte Sandberger in Nürnberg 1947 die amerikanischen Rich-

---

278 Robel, Sowjetunion, S. 506.
279 Birn, Collaboration, S. 187; vgl. auch Robel, Sowjetunion, S. 506; Yahil, Shoah, S. 386.
280 Wilhelm, Einsatzgruppe A, S. 205.
281 EM Nr. 96, 27. 9. 1941, BArch, R 58/217, Bl. 383.

ter glauben machen, daß er gegenüber Stahlecker unzweideutig gegen den »Führerbefehl« protestiert habe. Sandberger, gewunden:

»Ich sagte, ich kann mich konkret nicht erinnern, aber ich kann es etwa in der Form gesagt haben, daß ich ausführte, daß, wenn dieser schwere Befehl schon überhaupt durchgeführt werden müße, dieses doch nicht die richtige Art sei. Dieses, das heißt also, auf dem Wege von Pogromen, wie Stahlecker es für richtig hielt, wobei mindestens schon in dem Ton, in dem ich es sagte, klar und eindeutig darin lag, daß ich damit das ausdrücken wollte, was ich jetzt sagte mit dem Ausdruck, daß ich diese Art der Durchführung für besonders unmenschlich hielt.«[282]

Bei näherem Hinsehen jedoch entpuppt sich Sandbergers Aussage, die ihn entlasten sollte, noch als nachträgliches Einverständnis mit den Mordaktionen: wenn sie in geordneten Bahnen vonstatten gingen und ihre Durchführung »menschlich« gestaltet würde. In der Ereignismeldung vom 12. Oktober 1941 hieß es wirklichkeitsnäher, daß der estnische Selbstschutz gleich mit dem Einrücken der Wehrmacht begonnen habe, Juden festzunehmen. »Spontane Kundgebungen« gegen das Judentum wären jedoch unterblieben, »da es weitgehend an der Aufklärung der Bevölkerung fehlte«.[283]

Doch trotz des statistisch betrachtet unbedeutenden »Judenproblems« wurde dessen »Lösung« energisch und engagiert betrieben. Als erste Maßnahmen ordnete Sandberger die Festnahme aller jüdischen Männer im Alter über 16 Jahre und sämtlicher arbeitsfähiger jüdischer Frauen in Talinn/Reval und Umgebung zwischen 16 und 60 Jahren an, um sie zum Torfstechen einzusetzen. Die in Dorpat wohnenden Jüdinnen sollten in der Synagoge und einem Wohnhaus interniert werden, ebenso wurden die in Pernau/Pärnu und Umgebung lebenden jüdischen Männer und Frauen festgenommen und in Lagern interniert. Weiter heißt es in der Meldung des Sk 1a:

»Die männlichen über 16 Jahre alten Juden wurden mit Ausnahme der Ärzte und der eingesetzten Juden-Ältesten durch den estnischen Selbstschutz unter Kontrolle des Sonderkommandos exekutiert. Für die Stadt und den Landkreis Reval ist dies noch im Gange, da die Fahndung nach den sich versteckt haltenden Juden nicht abgeschlossen ist. Die Gesamtzahl der in Estland erschossenen Juden beträgt bisher 440. Nach dem

---

282 Vernehmung Martin Sandberger, 12.11.1947, a.a.O. (s. Anm. 261), S. 2222 (roll 15, fol. 630).
283 EM Nr. 111, 12.10.1941, BArch, R 58/218, Bl. 145–146.

Abschluss dieser Massnahmen werden etwas 500 bis 600 Jüdinnen und Kinder am Leben sein. Die Landgemeinden sind schon jetzt judenfrei.«[284]

Als Sofortmaßnahmen ordnete Sandberger an: Kennzeichnungspflicht durch einen mindestens 10 cm großen gelben Stern, Verbot des Besuchs von Schulen, Kinos, Theatern und Gaststätten, Verbot der Benutzung von Bürgersteigen und öffentlichen Verkehrsmitteln sowie die Beschlagnahmung des jüdischen Vermögens.[285] Als die Finanzabteilung des Generalkommissariats Estland im Juli 1942 herauszufinden suchte, was mit dem jüdischen Vermögen geschehen war, stellte sich heraus, daß »in erster Linie die Wehrmacht und dann die SS und Polizei über sehr beträchtliche Mengen an Mobiliar und Ausrüstungsgegenständen aus jüdischem Besitz« verfügten.[286]

Im Laufe des Winters wurden dann auch diejenigen estnischen Juden ermordet, die zuvor zur Arbeit eingesetzt worden waren. In seinem Jahresbericht vom 1. Juli 1942 meldete Sandberger 921 getötete Juden.[287] Wie konsequent die Vertreter des RSHA in Estland die rassenbiologische Linie verfolgten, dokumentiert ein Fall, den Ruth Bettina Birn schildert. Ende Juli 1942 wurde eine Frau in Hapsaluu festgenommen, die, Kind jüdischer Eltern, einen Esten geheiratet und, weil ihre Eltern gegen eine christliche Heirat waren, zum Christentum konvertiert war. Der Bericht der estnischen Polizei führte aus, daß die Frau, die wegen ihrer Taufe und Ehe gezwungen war, ihre Familie aufzugeben, sich stets als Estin gefühlt habe und als Antikommunistin bekannt sei. Selbst der Leiter der estnischen politischen Polizei in Reval erklärte: »Mit Juden hat R.T. nicht verkehrt, sondern bewegte sich in estnischer Gesellschaft. Sie habe sogar die Juden verhasst, weil sie aus der juedischen Religion und von ihrer Mitte, infolge ihrer Heirat mit einem Esten, ausgestossen worden war.« All diese Einwände bewirkten nichts. In der Rassedefinition der Sicherheitspolizei und des SD galt die Frau als »Volljüdin«, ihre Exekution wurde befohlen und vollstreckt.[288]

---

284 Ebenda, Bl. 146.
285 Ebenda; Wilhelm, Einsatzgruppe A, S. 206.
286 Ebenda, S. 208. Zur wirtschaftlichen Ausplünderung der baltischen Juden vgl. auch Yahil, Shoah, S. 386 f.
287 Birn, Collaboration, S. 187.
288 Ebenda, S. 189 f.

Gleichermaßen wurden Sinti und Roma verfolgt. Mit einem Brief an den Höheren SS- und Polizeiführer Jeckeln hatte Reichskommissar Lohse Anfang Dezember 1941 grundsätzlich Stellung genommen und die »im Lande umherirrenden Zigeuner« als »Überträger von ansteckenden Krankheiten, insbesondere von Fleckfieber« stigmatisiert, als »unzuverlässige Elemente«, die sich weder den deutschen Anordnungen beugten noch gewillt seien, »eine nutzbringende Arbeit zu verrichten«. Außerdem stünden sie in begründetem Verdacht, als feindliche Spione zu wirken. »Ich bestimme daher«, so Lohse, »dass sie in der Behandlung den Juden gleichgestellt werden.«[289] Damit waren Sinti und Roma dem Massenmord preisgegeben. Im Herbst 1941 wurden sie in das Konzentrationslager Harku gebracht, ein Jahr später, im Oktober 1942, 243 von ihnen erschossen. Für die übrigen galt das »Zigeunerproblem« als gelöst, da sie sich im »geschlossenen Arbeitseinsatz« befänden.[290]

Doch mit der »Entjudung« Estlands und der Vernichtung der »Zigeuner« war die rassistische deutsche Politik in Estland noch nicht beendet. Gegenüber den mehreren tausend Estlandschweden, die schon unter der sowjetischen Besetzung ihre Auswanderung nach Schweden beantragt hatten, gaben sich die Deutschen großzügig. Nach längeren diplomatischen Verhandlungen erhielten sie 1943 ihre Ausreisegenehmigung.[291] Auch für die in Estland lebenden Finnen und Ingern wurde eine – wenngleich nicht auf Freiwilligkeit basierende – Regelung gefunden. Da das zwischen Peipus- und Onegasee gelegene Gebiet – in der deutschen völkischen Terminologie Ingermanland geheißen – als deutsches Siedlungsgebiet vorgesehen war,[292] sollten die dort lebenden Ingern unter dem Schlagwort der »Repatriierung« nach Finnland abgeschoben werden. Da Finnland aufgrund der Kriegslage an Arbeitskräften interessiert war, die Ingern selbst mit der möglichen Rekrutierung als Zwangsarbeiter und der Verschleppung nach Deutschland konfrontiert waren, stieß das deutsche

289 Zitiert nach Zimmermann, Rassenutopie, S. 269 f.
290 Birn, Collaboration, S. 195 f.; zur Verfolgung und Vernichtung von Roma und Sinti im Baltikum vgl. Zimmermann, Rassenutopie, S. 267–276.
291 Wilhelm, Einsatzgruppe A. S. 209; vgl. auch EM Nr. 135, 19. 11. 1941, EM Nr. 162, 30. 1. 1942, EM Nr. 172, 23. 2. 1942, BArch, R 58/219, Bl. 142, R 58/220, Bl. 252, 409.
292 Madajczyk, Generalplan Ost, S. VII–IX; Dallin, Deutsche Herrschaft, S. 292 f.

Vorhaben der »Repatriierung« nicht nur auf Widerstand. Insgesamt wurden etwa 65 000 Ingern aus Estland nach Finnland deportiert. Der Zusammenhang mit den Germanisierungsplänen der SS-Führung ist zu deutlich, um diese »Repatriierung« nicht eindeutig als »völkische Flurbereinigungspolitik« zu kennzeichnen.[293] Ebenfalls wurden Esten und Finnen aus »Ingermanland« deportiert. Bis April 1942 waren mehr als 11 000 Esten sowie rund 64 000 Finnen im Bereich der 18. Armee erfaßt und etwa 70 000 nach Estland verschleppt worden, wobei eine große Zahl entweder für den Arbeitseinsatz in der Landwirtschaft bestimmt oder gleich weiter als Zwangsarbeiter in das Deutsche Reich gebracht wurde.[294]

Großen Wert legte Sandberger zusammen mit seinem Gestapoabteilungsleiter auf »vorbeugende Verbrechensbekämpfung« im rassistischen Sinne des Reichskriminalamtes. Neben den Verfolgungsaktionen gegen »nicht seßhafte Zigeuner« galten die Polizeimaßnahmen den »Asozialen«, ganz im Einklang mit der kollaborierenden estnischen Polizei.[295] Ein Alkoholiker und Dieb wurde 1942 so beurteilt: »in gegenwärtiger aufbauender Zeit ist er mit seinen verbrecherischen u. heruntergekommenen Lebensweisen der Gesellschaft nachteilig«, eine Prostituierte wurde bezeichnet als »der Gesellschaft eine völlig unnütze und minderwertige Person«, als »alte Dirne, durch Geschlechtskrankheiten verseucht« – beide Fälle endeten mit der Exekution der Opfer.[296] Sandberger resümierte nach einem Jahr Tätigkeit Anfang Juli 1942, »etwa 35 Prozent der bisher erfaßten Berufs- und Gewohnheitsverbrecher wurden, da selbst eine Verlängerung polizeilicher Vorbeugungsmaßnahmen keinen Erfolg versprach, exekutiert«.[297]

Ein weiterer Schwerpunkt bestand in der Verfolgung der ehemaligen bolschewistischen Funktionäre und Kommunisten. In den ersten Tagen gelang es dem Einsatzkommando, führende ehemalige sowjetische Funktionäre, darunter den stellvertretenden Vorsitzenden des Rats der Volkskommissare in Estland, den Gewerkschaftsvorsitzenden und den Sekretär

293 Entsprechend wollten rund 46 000 der umgesiedelten Ingern nach dem Krieg wieder in ihre Heimat zurück (Wilhelm, Einsatzgruppe A, S. 210).

294 Ebenda, S. 211.

295 Vgl. Birn, Collaboration, S. 196 f.

296 Ebenda.

297 Jahresbericht KdS Estland, 1. 7. 1942, zitiert nach ebenda, S. 197.

der estnischen Kommunistischen Partei festzunehmen.[298] In der Perspektive des RSHA war die politische Frage selbstverständlich nicht von der völkischen zu trennen, galten doch die Juden in jedem Fall als Träger des »jüdischen Bolschewismus«. Aber auch der russischen Minderheit in Estland wurde unterstellt, nach wie vor besondere Sympathien für den Kommunismus zu hegen, so daß sich, in den Worten Ruth Bettina Birns, ein »Phantomfeindbild« ergab, mit dem alle ethnischen, sozialen und politischen Minderheiten, insbesondere die Unterschichten, innerhalb der estnischen Mehrheitsgesellschaft verfolgt werden konnten.[299] Bis Mitte Januar 1942 meldete das Sk 1a, daß rund 14 500 »Kommunisten« vorübergehend verhaftet, rund 1000 erschossen, 5377 in Konzentrationslagern interniert und 3875 »minderbelastete Mitläufer« wieder freigelassen worden seien. Der Rest befinde sich zur »Überprüfung« in Haft.[300] In elf Gefängnissen und dem Konzentrationslager Murru wurden diese nichtjüdischen Häftlinge zusammengepfercht; im Gefängnis Petschur/Petseri zum Beispiel, das für rund 500 Personen ausgelegt war, mußten 2700 Häftlinge hausen.[301] Noch im Mai 1943 forderte Sandberger härteste Maßnahmen und strenge Urteile gegen Kommunisten »ohne Objektivitäts- und Humanitätsduselei. Besser, 10 Unschuldige einzusperren als einen Schuldigen laufen zu lassen«.[302]

Auch in Estland dienten die Meldungen über Leichenfunde in NKWD-Gefängnissen als Mittel einer antibolschewistischen Greuelpropaganda. Mit dem Abzug der Roten Armee formierte sich eine estnische Miliz, Omakaitse, die unter Aufsicht der deutschen Armee und Polizei Estland von Kommunisten und anderen politischen Gegnern »säuberte«.[303] SS und

---

298 EM Nr. 77, 8. 9. 1941, sowie EM Nr. 86, 17. 9. 1941, BArch, R 58/216, Bl. 346, R 58/217, Bl. 108. Zur Frage, warum führende Sowjetfunktionäre Estlands nicht geflohen, sondern offenbar mit der Weisung geblieben sind, den Widerstand zu organisieren, vgl. Wilhelm, Einsatzgruppe A, S. 216 f.

299 Birn, Collaboration, S. 191–194.

300 EM Nr. 155, 14. 1. 1942, BArch, R 58/220, Bl. 116.

301 Wilhelm, Einsatzgruppe A, S. 217.

302 Zitiert nach Birn, Collaboration, S. 194.

303 Die Omakaitse wuchs rasch auf 40 000 Mann an und war erst der estnischen Selbstverwaltung, dann dem Kommandeur der Ordnungspolizei unterstellt. Sie wurde von der Wehrmacht finanziert (Birn, Collaboration, S. 10–14).

Polizei organisierten in großem Maßstab die Ausgrabung von den Sowjets ermordeter Esten; im Verbund mit estnischen Polizeikräften wurde sogar eigens eine Zentralstelle für den Verbleib der vermißten Esten aufgebaut.[304] Die estnischen Polizeibehörden zeigten sich in der Zusammenarbeit mit den Deutschen als sehr entgegenkommend. In Tallinn/Reval waren innerhalb weniger Wochen zum Teil mit mitgebrachtem estnischem Personal eine Polizeipräfektur mit Politischer Abteilung und Kriminalpolizei sowie dreizehn Polizeireviere eingerichtet worden, nachdem unter sowjetischer Besatzung die estnische Polizei weitgehend abgebaut und zahlreiche Angehörige deportiert worden waren.[305] Während die estnische Kriminalpolizei selbständig agieren konnte, war die politische Polizei Sandberger direkt unterstellt. In seinem Jahresbericht als Kommandeur der Sicherheitspolizei und SD vom 1. Juli 1942 formulierte Sandberger:

»Besonderer Wert wurde von vornherein auf ein enges, außerdienstliches, kameradschaftliches Verhältnis gelegt, das naturgemäß das persönliche Vertrauensverhältnis steigerte. Im Laufe der Zeit erlaubte dieses Verhältnis eine reibungslose Zusammenarbeit, die es uns gestattete, mit wenig Führern und Unterführern den großen estnischen Sicherheitsapparat zu führen und zu leiten.«[306]

Sandbergers »sehr effektives Modell« (Ruth Bettina Birn) zielte auf Arbeitsteiligkeit. Indem er der estnischen Polizei eine weitgehende Selbständigkeit beließ und sie spiegelbildlich zur deutschen Polizei aufbaute, integrierte er sie zugleich in den deutschen Polizeiapparat, zusammengehalten

---

304 Wilhelm geht davon aus, daß etwa 60 000 Esten von den Sowjets mobilisiert und zum Teil beim Rückzug der Roten Armee mitgeschleppt und etwa 1200 ermordet wurden (Wilhelm, Einsatzgruppe A, S. 214).

305 Birn, Collaboration, S. 4. Als SS- und Polizeiführer in Reval fungierte der Flensburger Polizeidirektor Heinrich Möller (vgl. Linck, Ordnung, S. 113–116).

306 Zitiert nach Birn, Collaboration, S. 185. Die enge Zusammenarbeit dokumentieren auch die sogenannten Strafprojektierungskommissionen, die sich aus Angehörigen der estnischen politischen und Kriminalpolizei zusammensetzten und der deutschen Sicherheitspolizei Empfehlungen für das Strafmaß aussprachen. So legte zum Beispiel im November 1941 die Politische Abteilung des Revaler Polizeipräsidiums Sandberger 282 Urteilsvorschläge vor, von denen 79 auf Exekution, 154 auf Einweisung in ein Konzentrationslager und 49 auf Freispruch lauteten (EM Nr. 150, 2.1.1942, BArch, R 58/219, Bl. 366; Birn, Collaboration, S. 186 f.).

durch persönliche Loyalität und politische Überzeugung.[307] Mit minimalem deutschem Einsatz ließ sich dadurch die Politik des RSHA in Estland verwirklichen. In der Rückschau auf das erste Jahr der Besatzungszeit vermerkte Sandberger, daß rund 60 000 Personen überprüft worden seien. Exekutiert wurden 5634, in Konzentrationslager gesperrt 5623, in Gefängnissen festgehalten 18 893, wobei in diesen Zahlen die Opfer der estnischen Miliz Omakaitse nicht vollständig enthalten sind.[308] Gemeinsam mit dem Vertreter des Ostministeriums bei der Heeresgruppe A, Dr. Peter Kleist, setzte Sandberger bei den deutschen Militärstellen eine estnische »Selbstverwaltung« unter dem Triumvirat Dr. Dr. Hjalmar Mäe, Dr. Alfred Wendt und Oskar Angelus durch. Mäe war als Direktor für die innere Verwaltung und damit auch in Polizeifragen die entscheidende estnische Figur für Sandberger; Dr. Alfred Wendt war Direktor für Wirtschaft und Transportwesen, und Oskar Angelus übernahm später, als Mäe zum Ersten Landesdirektor aufstieg, dessen Aufgabengebiet der inneren Verwaltung einschließlich der Polizei.[309] Mäe hatte sich insbesondere durch seine Pläne angeboten, Estland innerhalb von zwanzig Jahren »einzudeutschen«.[310]

Anders als Litauen und Lettland, über die der deutsche Angriff in kurzer Zeit hinweggerollt war, hatte Estland unter den anhaltenden Kämpfen schwer gelitten. Nicht nur waren Tallinn/Reval, Pernau/Pärnu, Dopart und Narwa zum Teil erheblich zerstört worden, sondern auch die Ernte hatte nicht eingebracht werden können oder war vernichtet worden.

---

307 Ruth Bettina Birn stellt anhand der von ihr, zum großen Teil erstmalig, ausgewerteten estnischen Quellen fest, daß hinsichtlich der Juden die estnische Polizei die ideologische Verbindung von Judentum und Bolschewismus uneingeschränkt teilte und sich an den Verfolgungs- wie Vernichtungsmaßnahmen aktiv beteiligte, aber nicht dem rassistischen Weltbild folgte, wie der Fall der jüdischen Frau aus Hapsaluu zeigte (ebenda, S. 188 f.).

308 Birn, Collaboration, S. 197.

309 Wilhelm, Einsatzgruppe A, S. 224–228. Erstaunlicherweise konnte Mäe als Entlastungszeuge für Sandberger im Nürnberger Einsatzgruppenprozeß aussagen und unwidersprochen angeben, er sei als Direktor für Unterrichts- und Gerichtswesen Mitglied der estnischen Selbstverwaltung gewesen (Vernehmung Hjalmar Mäe, 7. 11. 1947, United Military Tribunals Nürnberg, Case No. 9 Otto Ohlendorf et al., S. 2151–2187 [roll 15, fol. 560–596]).

310 EM 135, 19. 11. 1941, BArch, R 58/219, Bl. 138.

Durch die Requirierungen sowohl seitens der sowjetischen als vor allem der deutschen Armee war das als landwirtschaftliches Überschußgebiet geplante Estland ein ernährungswirtschaftliches Notstandsgebiet geworden. Der designierte Generalkommissar von Estland, SA-Obergruppenführer Karl-Siegmund Litzmann, schrieb Ende November 1941 an den Reichsminister für die besetzten Ostgebiete, Rosenberg, daß das Land voraussichtlich »restlos kahl gefressen« werde und die Lebensmittellage zu »ernsthaftesten Befürchtungen« Anlaß gebe.[311] Ende Okober 1941 arbeiteten zwar wieder etwa 32 000 Beschäftigte in 1373 Betrieben, aber gegenüber den rund 55 000 Beschäftigten und 3837 Betrieben der Vorkriegszeit (1937) ist der Abfall unverkennbar. Ende 1943 arbeiteten in der für die deutsche Kriegsproduktion wichtigen Brennschieferindustrie allein etwa 16 700 Menschen, davon mehr als 1110 zur Zwangsarbeit eingeteilte Juden, 5800 sowjetische Kriegsgefangene und über 2000 sonstige Zwangsarbeiter.[312] Razzien und Verhaftungsaktionen durch estnische Polizei, »Selbstschutz« und deutscher Sicherheitspolizei sollten den »Schleichhandel« lahmlegen, was angesichts der Lebensmittelnot vor allem in Tallinn/Reval und anderen größeren Städten nicht gelingen konnte. Deutsche Besatzungsstellen requirierten ohne Rücksicht auf die einheimische Bevölkerung, deutsche Soldaten konnten zudem mit Benzin, Öl, Petroleum auf dem schwarzen Markt die Esten ohne Mühe ausstechen und sich zusätzlich mit Gütern versorgen, die die estnische Bevölkerung bitter nötig hatte.[313]

Anders als bei Schulz ist bei Sandberger die engagierte und vorbehaltlose Realisierung des völkisch-rassistischen Programms zu erkennen. Gegen Kommunisten war »ohne Humanitätsduselei« vorzugehen; die »Voraussetzungen zu einem aktiven Einsatz an der endgültigen Lösung des Judenproblems« waren gegeben, damit Estland »judenfrei« würde; die »Zigeunerfrage« wurde ebenso »gelöst« wie das »Problem« der »Gemeinschaftsfremden« und »Asozialen«; die einheimische Bevölkerung des als deutsches Siedlungsland projektierten Ingermanland wurde vertrieben, deportiert und als Zwangsarbeiter nach Deutschland verschleppt. Daß

---

311 Zitiert nach Wilhelm, Einsatzgruppe A, S. 199.
312 Ebenda, S. 241.
313 Ebenda, S. 243–249.

sich die deutsche Besatzungsverwaltung auf die »gutrassigen« Esten stützen und sogar die Mordtätigkeit zu einem Gutteil der estnischen Polizei überlassen konnte, machte das Regieren sogar einfacher. Bilanziert man Sandbergers Tätigkeit in Estland von 1941 bis September 1943, so kann man sie im Sinn der RSHA-Politik geradezu musterhaft nennen.

Auch das US-Gericht kam in seinem Urteil 1948 zu der Einschätzung, es sei »aus dem dokumentarischen Beweismaterial und seiner eigenen Aussage deutlich ersichtlich, daß er bereitwillig die Durchführung des Führerbefehls mitmachte«. Zwar habe Sandberger immer wieder versucht, die Verantwortung für die Erschießungen der Geheimen Feldpolizei und der estnischen Miliz aufzubürden, aber seinen Erklärungen mangele es nicht nur an dokumentierten Beweisen, sondern auch an jeglicher Glaubwürdigkeit. Sandberger habe die Verantwortlichkeit für den Mord an mindestens 350 Menschen nicht von sich weisen können. Ebenso habe er zugegeben, im September 1941 den Befehl gegeben zu haben, 450 Juden in das Konzentrationslager Pleskau zu sperren und gewußt zu haben, daß sie später erschossen würden. »Bereitwillig und enthusiastisch« sei Sandberger dem »Führerbefehl« und »anderen Nazi-Diktaten« gefolgt. Das Gericht befand Martin Sandberger daher im Sinne der Anklage für schuldig und verurteilte ihn am 10. April 1948 zum Tode durch den Strang.[314]

Erich Ehrlinger, BdS Kiew

Erich Ehrlinger, der die Leitung des Sonderkommandos 1b übernahm, war einer der erfahrensten Kommandoführer unter dem Führungspersonal der Einsatzgruppen. Er hatte als SD-Angehöriger schon an den Einsätzen in Österreich 1938 und in Prag im Frühjahr 1939 teilgenommen, gehörte im Krieg gegen Polen zum Gruppenstab der Einsatzgruppe IV und war anschließend zum Leiter des SD beim KdS Warschau ernannt worden. Seit August 1940 befand er sich in Norwegen, um mit einem besonderen Auftrag Himmlers eine norwegische Waffen-SS aufzubauen. Dort arbeitete er bereits mit seinem späteren Vorgesetzten Walter Stahl-

---

314 Urteil Militärgerichtshof Nr. II, Case No. 9 Otto Ohlendorf et al., 10.4.1948, S. 7127 (roll 21, fol. 356); siehe unten, S. 755–762.

ecker zusammen. Im Februar 1941 kehrte Ehrlinger für wenige Wochen ins RSHA zurück, tat kurze Zeit im Amt III Dienst und wurde dann nach Pretzsch kommandiert, um das Sk 1b zu übernehmen.[315]

Das Sk 1b, etwa 70 bis 80 Mann stark und voll motorisiert, erreichte, nachdem es bei Kriegsbeginn ausgerückt war, am 28. Juni das litauische Kowno/Kaunas, das vier Tage zuvor von deutschen Truppen erobert worden war und noch an einigen Stellen brannte.[316] Zusammen mit der Wehrmacht war auch der Führer der Einsatzgruppe A, Dr. Walter Stahlecker, mit einem Vorauskommando in Kowno/Kaunas eingetroffen, um neben der Verhaftung kommunistischer Funktionäre und Beschlagnahmung von Akten, Dokumenten etc. gemäß der Weisung von Heydrich antisemitische Progrome zu entfachen.

»Befehlsgemäß«, so Stahlecker in seinem Bericht, »war die Sicherheitspolizei entschlossen, die Judenfrage mit allen Mitteln und aller Entschiedenheit zu lösen. Es war aber nicht unerwünscht, wenn sie zumindest nicht sofort bei den doch ungewöhnlich harten Massnahmen, die auch in deutschen Kreisen Aufsehen erregen mussten, in Erscheinung trat. Es musste nach aussen gezeigt werden, dass die einheimische Bevölkerung selbst als natürliche Reaktion gegen die jahrzehntelange Unterdrückung durch die Juden und gegen den Terror durch die Kommunisten in der vorangegangenen Zeit die ersten Massnahmen von sich aus getroffen hat.«[317]

Noch in der Nacht vom 25. auf den 26. Juni wurden über 1500 Juden von Litauern umgebracht, die Synagogen zerstört und ein ganzes jüdisches Wohnviertel niedergebrannt. Weitere 2300 Menschen wurden in den folgenden Nächten ermordet, zum Teil auf bestialische Weise mit Knüppeln

---

315 Eigentlich, so Ehrlinger in einer Nachkriegsvernehmung, sei der Leiter der Stapostelle Weimar, Gustav vom Felde, für die Führung des Sk 1b vorgesehen gewesen. Vom Felde sei jedoch kurzfristig wieder zurückversetzt worden, und Stahlecker habe ihn mit der Leitung des Sk 1b beauftragt (Vernehmung Erich Ehrlinger, 9.3.1966, GenStAnw KG Berlin, RSHA-Ermittlungsunterlagen, Personalheft Pe 8; zu Ehrlinger siehe oben, S. 92–96 und 167–169).

316 EM Nr. 8, 30.6.1941, BArch, R 58/214, Bl. 39. Zum Marschweg und Aktionsraum des Sk 1b vgl. Krausnick/Wilhelm, Truppe des Weltanschauungskrieges, S. 174–179. Bei Krausnick/Wilhelm wird Ehrlinger allerdings fälschlicherweise mit einem Doktortitel versehen.

317 Bericht Stahleckers über die Tätigkeit der Einsatzgruppe A bis zum 15. Oktober 1941, IMG, Bd. 37, S. 670–717 (180-L), Zitat: S. 672.

und Eisenstangen zu Tode geprügelt, wie ein Wehrmachtsoffizier bezeugte.[318]

Als Ehrlingers Einheit in Kowno/Kaunas eintraf, war der Höhepunkt des Pogroms zwar überschritten, das Morden aber keineswegs beendet. Das Kommando meldete, daß litauische Partisanen in den vergangenen drei Tagen mehrere tausend Juden erschossen hätten, aber nachts weiterhin schwere Schießereien stattfänden.[319] Obwohl das Sk 1b nur wenige Tage in Kowno/Kaunas blieb und am 5. Juli in Richtung des lettischen Dünaburg/Dangarpils weitermarschierte, fielen ihm wenigstens 185 jüdische Menschen zum Opfer, darunter alte Männer und Frauen. Ehrlinger war entweder selbst bei den Erschießungen dabei oder hatte den Befehl für die Morde gegeben. Laut Urteil des Karlsruher Landgerichts tat er sich bei mindestens einer Exekution durch lautes Zurufen hervor.[320] Auch in Dünaburg/Dangarpils tötete das Einsatzkommando weiter. Auf Befehl Ehrlingers durchsuchten Kommandoangehörige mit Hilfe ortskundiger Letten jüdische Wohnviertel, nahmen die männlichen Juden fest und brachten sie zu Sammelplätzen. Die Opfer wurden dann zu einem Park am Stadtrand geführt, gruppenweise zu vorher ausgehobenen Gruben gebracht und mit Pistolen durch Genickschuß ermordet. Ehrlinger war wiederum zugegen. »Mit umgehängter Maschinenpistole«, so die Feststellung des Urteils, »die Arme in die Hüften gestützt, stand er breitbeinig an der Grube und beobachtete den Erschiessungsvorgang.«[321]

Insgesamt, so meldete das Einsatzkommando dem RSHA, seien in Dünaburg/Dangarpils 1150 Juden erschossen worden.[322] Zwischen Oktober und

---

318 Ebenda, S. 682 f.; vgl. dazu Yahil, Shoah, S. 392–396; Wilhelm, Einsatzgruppe A, S. 53–60; sowie Dieckmann, Ghetto, S. 441 f. Der Bericht des deutschen Offiziers ist abgedruckt in: Klee/Dreßen/Rieß, Schöne Zeiten, S. 35–38, dort auch weitere Zeugnisse zum Pogrom in Kowno/Kaunas. Zur deutschen Besatzungspolitik in Litauen siehe demnächst die Dissertation von Christoph Dieckmann.

319 EM Nr. 8, a. a. O. (s. Anm. 316).

320 Urteil des Landgerichts Karlsruhe, IV Ks 1/60, gegen Erich Ehrlinger, 20. 12. 1961, gedruckt in: Justiz und NS-Verbrechen, Band 18, S. 66–126.

321 Ebenda, S. 84.

322 EM Nr. 24, 16. 7. 1941, BArch, R 58/214, Bl. 183. Dort heißt es u. a.: »Bis zum 7. 7. haben die Letten, den größten Teil allerdings erst in den letzten Tagen, 1125 Juden, 32 politische Häftlinge, 85 russische Arbeiter und 2 kriminelle Frauen gefangengesetzt. Dies ist ein Ausfluß der Tatsache, daß den Letten durch die Tätigkeit des

Dezember 1941 wurde das Sk 1b stückweise nach Minsk verlegt; aus ihm sowie aus Teilgruppen anderer Einsatzkommandos bildete sich die neue Dienststelle des Kommandeurs der Sicherheitspolizei und des SD in Minsk.[323] Teile des Sk 1b nahmen damit an der Ermordung Tausender Minsker Juden teil, die erschossen wurden, um »Platz zu schaffen« für die deutschen, österreichischen und tschechischen Juden, die nach Minsk deportiert werden sollten. Nach eigenen Angaben tötete das Sk 1b gemeinsam mit anderen Einheiten der Sicherheits- und Hilfspolizei 6624 Menschen.[324] Allerdings ist Ehrlingers Anwesenheit in diesem Fall nicht nachzuweisen.[325]

Anders als der zögerliche Schulz oder der eifrige Sandberger, der die Mordarbeit lieber der einheimischen estnischen Polizei überließ, erscheint Erich Ehrlinger, im Sommer 1941 dreißig Jahre alt, als hartgesottener SS-Täter, der selbst an der Erschießungsgrube stand und die Täter anfeuerte. Karl Tschierschky, SS-Sturmbannführer und 1941/42 Leiter des SD im Gruppenstab der Einsatzgruppe A, beschrieb Ehrlinger als »einen impulsiven Mann mit grosser eigener Initiative«.[326] Ebenso schilderte ihn ein Gestapoangehöriger während seiner Zeit in Kiew als einen cholerischen und impulsiven Mann. Ehrlinger sei spontan in seinen Entschlüssen gewe-

---

EK. der Rücken gestärkt worden ist. Die Aktionen gegen die Juden gehen stärker weiter. Auf Anregung des EK. werden z. Zt. sämtliche noch stehenden Häuser durch den Hilfspolizeidienst von Juden geräumt und die Wohnungen der nichtjüdischen Bevölkerung zugewiesen. Die jüdischen Familien werden durch die Letten aus der Stadt vertrieben, während sie die Männer festsetzen. [...] Die festgesetzten männlichen Juden werden kurzerhand erschossen und in bereits vorbereiteten Gräbern begraben. Durch das Ek. 1b wurden bis jetzt 1150 Juden in Dünaburg erschossen.«

323 Gerlach, Kalkulierte Morde, S. 187.

324 EM Nr. 140, 1. 12. 1941, BArch, R 58/219, Bl. 222; Wilhelm, EGr A, S. 321; Gerlach, Kalkulierte Morde, S. 624 f.

325 Paul Kohl schreibt zwar – allerdings ohne Quellenangabe –, daß Erich Ehrlinger als erster Leiter der Dienststelle KdS Minsk im November 1941 eine zentrale Exekutionsstätte gesucht und dafür ein Gelände in der Nähe des späteren Vernichtungslagers Trostenez ausgewählt habe (Kohl, Ich wundere mich, S. 93). Aber nach Christian Gerlach ist nicht geklärt, ob Ehrlinger als Führer des Sk 1b Ende 1941 überhaupt in Minsk amtiert hat. Nur zwei kurze Besuche sind nachgewiesen (Gerlach, Kalkulierte Morde, S. 187, 768, Anm. 1457).

326 Vernehmung Karl Tschierschky, 20. 8. 1959, ZStL, 207 AR-Z 246/59, Bd. 3, Bl. 608–609.

sen und habe dann außerordentlich hart und ungerecht gewirkt.[327] Nachdem die Letten in Dünaburg/Dangarpils die Juden zwar interniert, aber nicht getötet hatten, entschloß sich Ehrlinger vor Ort »kurzerhand«, wie es in der Meldung heißt, die gefangenen Juden zu erschießen. Die Pose, die er am Erschießungsgraben einnahm, weist ihn als jemanden aus, der sich seiner Sache sicher war und den Fortgang der »Arbeit« wie ein Gutsherr kontrollierte. Skrupel sind ihm nicht anzusehen, aber ebensowenig gibt es Hinweise darauf, daß ihm das Morden Spaß gemacht oder sadistische Freude bereitet hätte. Hier machte jemand die Arbeit, die getan werden mußte, unbedingt und entschieden.

Diese »Qualitäten« Ehrlingers blieben seinen Vorgesetzten nicht verborgen. Am 9. Dezember 1941 entband ihn Heydrich von der Führung des Einsatzkommandos und ernannte ihn mit sofortiger Wirkung zum Kommandeur der Sicherheitspolizei und des SD für den Generalbezirk Kiew im Reichskommissariat Ukraine. Zur Instruktion wurde er nach Übergabe der Kommandoführung an seinen Nachfolger Dr. Eduard Strauch nach Berlin ins Reichssicherheitshauptamt befohlen.[328] Als Ehrlinger in Kiew eintraf, war die Dienststelle, die im ehemaligen Gebäude des NKWD untergebracht war, personell schwach besetzt. Doch auf sein Drängen beim RSHA hin, wo er, wie das Karlsruher Urteil ausführte, »angesehen und gut gelitten war«, erhielt er im März/April 1942 die erforderlichen Kräfte.[329] Wie üblich richtete Ehrlinger die Dienststelle nach dem Organisationsplan des RSHA ein: Abteilung I Personal, II: Verwaltung, III: SD, IV: Gestapo, V: Kriminalpolizei.

Zu diesem Zeitpunkt lag die erste große Welle der Judenmorde bereits zurück. Nach dem Ek 5, das seit August in der Region Kiew etwa 10 000

---

327 Vernehmung Erich W., 18. 12. 1959, ZStL, 204 AR-Z 38/60, Bd. 1, Bl. 4.

328 Heydrich an Ehrlinger, 9. 12. 1941, StAnw Hamburg, 147 Js 31/67, Bd. 22, Bl. 4133. In der SSO-Akte Ehrlingers befindet sich eine Abschrift dieses Briefes, der allerdings von Streckenbach gezeichnet worden ist (BArch, BDC, SSO-Akte Ehrlinger). Beide Dokumente sind im übrigen an Ehrlinger, »z. Zt. in Riga«, adressiert. Hans-Heinrich Wilhelm nimmt aufgrund verschiedener Dokumente an, daß Ehrlinger das Sk 1b noch bis Januar 1942 von Minsk aus geleitet hat (Wilhelm, Einsatzgruppe A, S. 256, Anm. 10). Laut Urteil des Landgerichts Karlsruhe nahm Ehrlinger seine Tätigkeit als KdS Kiew im Februar 1942 auf (Urteil des Landgerichts Karlsruhe IV, Ks 1/60, a. a. O. [s. Anm. 320], S. 98).

329 Ebenda, S. 100.

Juden umgebracht hatte, hatten am 29. und 30. September das Sk 4a unter Paul Blobel, mehrere Polizeibataillone und Angehörige des Stabs des HSSPF Jeckeln in der Schlucht von Babij Jar annähernd 34 000 Kiewer Juden ermordet.[330] Gleichwohl gab es in der Stadt noch zahlreiche versteckte Juden, die – teils entdeckt, teils denunziert – den Deutschen zum Opfer fielen.[331] Ging eine solche Anzeige ein, entschieden als erste die jeweiligen Abteilungsleiter der KdS-Dienststelle, ob der Häftling getötet oder, falls er sich als noch nützliche Arbeitskraft ausbeuten ließ, im »Arbeitserziehungslager«, das unweit Kiew auf dem Gut Michalowka errichtet worden war, interniert werden sollte.[332] Die endgültige Entscheidung über Leben und Tod traf Ehrlinger selbst, der auch die Exekutionslisten abzeichnete. Waren genügend Häftlinge für eine Hinrichtung beisammen, setzte Ehrlinger den Tag fest, meistens einmal wöchentlich, überwiegend Samstagmorgens.[333] Ehrlinger war wiederum selbst bei den Exekutionen dabei, bei denen sich die Opfer abseits der Stadt in eine Grube legen mußten und durch Genickschuß getötet wurden. Einmal griff er selbst zur Waffe, wütend darüber, daß die Erschießung seiner Auffassung nach zu langsam von-

---

330 Vgl. Rüß, Massaker; Longerich/Pohl, Ermordung, S. 121–127; zur Beteiligung der Wehrmacht siehe Arnold, Eroberung.

331 Pohl betont, daß auch nach dem Massaker von Babij Jar weiterhin Kiewer Juden ermordet wurden und sich insgesamt die Zahl der Opfer auf 50 000 belaufen dürfte. Die Volkszählung vom April 1942 verzeichnete nur noch 20 Juden in Kiew (Pohl, Schauplatz Ukraine, S. 147).

332 Es existieren Hinweise auf die Absicht, ähnlich wie im weißrussischen Mogilew, 1942 ein Vernichtungslager in Kiew zu errichten. Dr. Wilhelm Gustav Schueppe sagte nach dem Krieg aus, daß er als Sonderbeauftragter des Reichsärzteführers Leonardo Conti von September 1941 bis März 1942 am Pathologischen Institut in Kiew mit einer Einheit aus etwa zehn Ärzten und weiteren zehn SD-Leuten, die als Pfleger gekleidet waren, Behinderte, Juden, »lebensunwertes Leben« vernichtete. Die Opfer, deren Zahl Schueppe selbst mit 100 000 angab, wurden durch Injektionen getötet (Friedlander, Weg zum NS-Genozid, S. 236 f.; zu Mogilew vgl. Gerlach, Failure of Plans). Geplant war im Frühjahr 1942 ein Konzentrationslager in Kiew (Pohl an Himmler, 30. 4. 1942, IMG, Bd. 38, S. 362–365).

333 Urteil des Landgerichts Karlsruhe, IV Ks 1/60, a. a. O. (s. Anm. 320), S. 103; Vernehmung Erich W., 18. 12. 1959, ZStL, 204 AR-Z 38/60. Bd. 1, Bl. 8. Während Ehrlingers Zeit als KdS Kiew vom Februar 1942 bis August 1943 hielt das Gericht eine Zahl von mindestens 365 ermordeten Juden – Männer, Frauen, Kinder – für erwiesen.

statten ging, und schoß auf die Opfer, bevor sie sich hingelegt hatten. Ein anderes Mal beteiligte er sich an dem Morden, nachdem er gehört hatte, die Täter an der Grube hätten ihren Unmut darüber geäußert, daß er nicht selbst teilnahm.[334] Ehrlinger habe, so ein damaliger Angehöriger der Gestapo in Kiew, größten Wert darauf gelegt, daß sämtliche Angehörigen der Dienststelle des KdS regelmäßig an den Exekutionen teilnahmen.[335]

Wie sehr ihn die Dynamik des Tötens mitriß, zeigt ein Vorfall aus dem Sommer 1943. Aus dem Lager auf Gut Michalowka hatten an einem Tag etwa fünf bis sechs Häftlinge von einer Außenarbeitsstelle fliehen können. Noch am selben Abend ließ Ehrlinger die Häftlinge – zu diesem Zeitpunkt befanden sich etwa 500 Frauen und Männer im Lager – in Marschformation antreten und befahl, von einem Dolmetscher übersetzt, daß Häftlinge nach einem bestimmten Abzählmodus heraustreten sollten, die anschließend wegen der Flucht des Häftlings erschossen werden sollten. Nach einem Zeugenbericht entstand unter den wehrlosen und stark bewachten Häftlingen ein Raunen, woraufhin Ehrlinger, ohne sonderlich erregt zu sein, geschweige denn bedroht oder angegriffen, seine Pistole zog und unvermittelt ein ganzes Magazin Munition ungezielt in die Menge der Häftlinge schoß.[336]

---

334 Urteil des Landgerichts Karlsruhe, IV Ks 1/60, a. a. O. (s. Anm. 320), S. 104. Im Anschluß an diese Exekution habe Ehrlinger einem SS-Offizier gegenüber erklärt, daß er selbst zu Hause eine Frau und vier Kinder habe und, wenn der Krieg verloren werde, man ihn und sie alle wegen dieser Vorgänge hier zu Recht am nächsten Laternenpfahl aufhängen werde (ebenda). Der Angehörige des Stabes BdS Ukraine und Leiter der Gruppe IV B im RSHA, Albert Hartl, sagte nach dem Krieg aus, er sei Zeuge einer Exekution von über 100 Menschen gewesen, die Ehrlinger selbst geleitet habe (Eidesstattliche Erklärung Albert Hartl, 9.10.1947, Nbg. Dok NO-5384; weitere Dokumente zu Ehrlingers Tätigkeit als KdS Kiew in: BArch, BDC, HO 2472).

335 Vernehmung Erich W., 18.12.1959, ZStL, 204 AR-Z 38/60. Bd. 1, Bl. 9.

336 Urteil des Landgerichts Karlsruhe, IV Ks 1/60, a. a. O. (s. Anm. 320), S. 113–115. Allerdings wurde dieses Verfahren gegen Ehrlinger eingestellt, da die Tatumstände ihn nicht als Mörder qualifizierten, sondern die Tötungen der Aufrechterhaltung von Disziplin und Ordnung dienen sollten! Damit liege der Tatbestand des Totschlags vor, der zum Zeitpunkt der ersten richterlichen Handlung gegen den Angeklagten Ehrlinger, dem Haftbefehl vom 10.12.1958, verjährt gewesen sei (ebenda, S. 115f., 125, Anm. 1).

Das war keine »kalte persona« (Lethen) mehr, kein Exponent der Generation der Sachlichkeit. Hier riß das Morden den Mörder Ehrlinger mit sich, die Gewalt über Leben und Tod war zur Willkür, zur Beliebigkeit des Tötens geworden. Die Grenzen, die Himmler gefordert hatte, indem er hervorhob, daß die SS beim Massenmord »anständig« geblieben sei, sind hier verwischt. Das Töten selbst machte unempfindlich, besonders wenn es sich gegen wehrlose Opfer, Frauen, Kinder, Alte, richtete. Die Macht zum Töten, die im Kampf immer noch Herausforderung des Kräftemessens, Bestätigung, wer der Schnellere, Bessere, Stärkere ist, verliert sich im Mord an Wehrlosen. Männer wie Ehrlinger entschieden über das Leben oder den Tod anderer. Hunderttausende fielen ihnen zum Opfer – und offenkundig verloren sie genau auf dem Höhepunkt ihrer Macht, in der Grenzenlosigkeit des Tötens, eben die Festigkeit ihres weltanschaulichen, kalten, unerbittlichen Vernichtungsauftrags. Das wahllose Leerschießen eines ganzen Magazins, ohne daß der Zeuge besondere Erregung oder gar Mordlust bei ihm hatte erkennen können, zeigt Ehrlinger als Täter, dem die Grenzen seiner Aufgabe abhanden gekommen sind. Situative Differenzierung, ökonomische Beweggründe, bürokratische Exekutionsregeln gelten nicht mehr. Die Juden sind des Todes, und ob sie jetzt, hier, morgen oder anderswo getötet werden, ist belanglos geworden. Mehr noch als aller ideologischer Aufwand, den Massenmord an den sowjetischen Juden zu rechtfertigen, wie er in den Befehlen, Berichten, Broschüren oder Reden zutage trat, ist diese Gleichgültigkeit, mit der Ehrlinger wahllos in eine Menge Wehrloser schoß, kennzeichnend für die Auflösung des weltanschaulichen Kerns. Die Tat holte die Täter ein, die in der Verwirklichung der Weltanschauung, in der Realisation ihrer Vernichtungsutopie die Ordnung der eigenen Welt verloren.

Im September 1942 erhielt Ehrlinger den Auftrag, seinen Vorgesetzten, den Befehlshaber der Sicherheitspolizei und des SD, Dr. Max Thomas, zu vertreten,[337] im August des folgenden Jahres wurde er von Kaltenbrunner ermächtigt, die Geschäfte des BdS Kiew wahrzunehmen, da Thomas verwundet worden war.[338] Wenig später ernannte ihn Kaltenbrunner mit Wirkung vom 6. September 1943 zu seinem Beauftragten beim Befehlshaber

---

337 RSHA I A 1 d, gez. Streckenbach, an Ehrlinger, 7. 9. 1942, BArch, R 58/Anhang, 14.
338 Kaltenbrunner an Ehrlinger, 4. 8. 1943, ebenda.

der Heeresgruppe Mitte und Chef der Einsatzgruppe B und anschließend auch zum BdS Rußland-Mitte/Weißruthenien.[339] Zugleich wurde er von Himmler zum SS-Standartenführer befördert.[340] Ehrlinger kam in Minsk gerade zur Zeit der letzten Phase der Judenvernichtung in den besetzten sowjetischen Gebieten an. Im Juni 1943 hatte Himmler von Hitler die Zustimmung für die Beschleunigung der Vernichtung erhalten.[341] Im September war mit der endgültigen Räumung des Minsker Ghettos begonnen worden. Die Transporte gingen nach Majdanek und in das Vernichtungslager Sobibór; die meisten Angehörigen des deutschen Ghettos in Minsk wurden gleich bei der Räumung ermordet, viele mittels Gaswagen getötet.[342] Unter Befehl von Ehrlinger wurden Ende Oktober die letzten noch verbliebenen Angehörigen des jüdischen Ghettos in Minsk erschossen oder im Gas erstickt. Schon während einer der ersten SS-Führerbesprechungen habe Ehrlinger in scharfer Form beanstandet, daß, so die Anklageschrift aus der Nachkriegszeit, es immer noch viele Juden in Minsk gebe und sogar in der eigenen Dienststelle Juden beschäftigt würden. Bei der bevorstehenden restlosen Liquidierung des Minsker Ghettos müßten sämtliche Offiziere an den Exekutionen teilnehmen, da es immer noch SS-Führer gebe, die bislang keinen Schuß abgegeben hätten.[343] »In sämtlichen

---

339 CSSD, gez. Kaltenbrunner, an SS-Personalhauptamt, 28.8.1943, BArch, BDC, SSO-Akte Ehrlinger.

340 von Herff an Pers.Stab RFSS, 17.9.1943, BArch, BDC, SSO-Akte Ehrlinger. Die Ernennung zum BdS beim HSSPF Rußland-Mitte und Weißruthenien mit Sitz in Minsk bei gleichzeitiger Beibehaltung der Führung der EGr B erfolgte am 18.10.1943 (CSSD I A 1 d, gez. Kaltenbrunner, an Ehrlinger, 18.10.1943, IfZ, Fa 74). Teile seines Stabes als BdS Ukraine sowie des Einsatzkommandos 4a nahm er nach Minsk mit und integrierte sie dort in den BdS-Apparat (Gerlach, Kalkulierte Morde, S. 189).

341 In seiner nachträglichen Aktennotiz zum Vortrag bei Hitler am 19.6.1943 notierte Himmler: »Der Führer sprach auf meinen Vortrag in der Judenfrage hin aus, daß die Evakuierung der Juden trotz der dadurch in den nächsten 3 bis 4 Monaten noch entstehenden Unruhen radikal durchzuführen sei und durchgestanden werden müßte.« (Vortrag bei Hitler am 19.6.1943 auf dem Obersalzberg, BArch, NS 19/1671, Bl. 67 f.; vgl. auch Yahil, Shoah, S. 604 f.)

342 Zur Vernichtung des Minsker Ghettos vgl. Gerlach, Kalkulierte Morde, S. 740–742.

343 StAnw Stuttgart, 16 Js 130/62, Anklageschrift gegen Ehrlinger u. a., 10.5.1963, ZStL, SA 195, S. 102.

Einsätzen«, hieß es in Ehrlingers Beurteilung durch das RSHA, »hat er sich durch Unerschrockenheit, Entschlußfreudigkeit und hervorragenden politischen Instinkt ausgezeichnet. Seinen Männern war er sowohl in der Arbeitsleitung als in seiner persönlichen Haltung immer ein Vorbild. Die Belange der Gesamt-SS und insbesondere die der Sicherheitspolizei und des SD hat Ehrlinger allen Stellen gegenüber eindeutig vertreten und die große Linie erfolgreich durchgesetzt.«[344]

Im Frühjahr 1944 kehrte Ehrlinger nach Berlin zurück. Kaltenbrunner hatte ihn mit Wirkung vom 1. April als Nachfolger von Erwin Schulz zum Chef des RSHA-Amtes I ernannt.[345] Himmler selbst, so sagte Kaltenbrunner nach dem Krieg aus, solle auf einem Mann für diesen Posten bestanden haben, der sich an der Front ausgezeichnet habe.[346] Schulz ging als Befehlshaber der Sicherheitspolizei und des SD nach Salzburg, und es war innerhalb des RSHA ein offenes Geheimnis, daß er als »zu weich« angesehen wurde. Sein Nachfolger hingegen galt als ausgesprochen soldatisch und aktiv.[347]

Daß mit Ehrlinger zum ersten Mal ein Amtschef mit jemandem besetzt wurde, der sich in den vorangegangenen Jahren ausschließlich im »Einsatz« im Osten hervorgetan hatte, zeigt, wie gegen Ende des Krieges auch innerhalb des RSHA das Profil der Führungsgruppe noch einmal radikalisiert wurde. Himmler legte eindeutig größeren Wert auf »kampferprobtes« Führertum als auf entsprechende Fachqualifikationen, wie sich auch im Fall Siegert zeigte, den Himmler 1943 mit verächtlichem Spott aus dem RSHA wieder ins Reichsfinanzministerium zurückgeschickt hatte. Kaltenbrunner lag auf der gleichen Linie, und sein Brief an Himmler vom 2. November 1944, in dem er die Beförderung Ehrlingers zum SS-Ober-

---

344 RSHA I A 5, Beurteilung zum Beförderungsvorschlag Ehrlingers zum SS-Oberführer, 1944, BArch, BDC, SSO-Akte Ehrlinger.
345 Notiz Kaltenbrunner an RSHA I A 5, 30.3.1944, BArch, BDC, SSO-Akte Ehrlinger.
346 Headquarters 12th Army Group, Interrogation Center, Apo 655, Kaltenbrunner, Comments on Amt I, 28.6.1945; US National Archives, RG 319, Box 102A, File XE000440 Ernst Kaltenbrunner.
347 In diesem Sinn äußerte sich u. a. einer der wichtigsten Angehörigen des Amtes I und enger Mitarbeiter von Kaltenbrunner, Heinz Wanninger (Vernehmung Wanninger, 28.5.1963, StAnw Hamburg, 147 Js 31/67, Bd. 7, Bl. 1093–1099).

führer begründete, umreißt diesen genuinen Typus einer »kämpferischen Verwaltung« präzise:

»Ich habe versehentlich unterlassen, meinen Amtschef I, SS-Standartenführer Ehrlinger, rechtzeitig zur Beförderung vorzuschlagen, möchte dies aber unbedingt nachholen, weil ich Ehrlinger in jeder Hinsicht für würdig halte, zum nächst höheren Dienstgrad befördert zu werden. Obwohl er bei der Übernahme des hies. Amtes ein sehr schwieriges und unklares Erbe angetreten hat, ist es ihm schon binnen kurzem gelungen, sich vorbildlich in seine Aufgaben einzuarbeiten. Er hat sie mit der gleichen soldatischen Härte in Angriff genommen, die er, wie Sie, Reichsführer, selbst wissen, in seiner früheren Dienststellung als BdS. in Minsk gezeigt hat. Besonders lobend möchte ich dabei hervorheben, dass er auch sein jetziges Aufgabengebiet nicht ausschliesslich vom Schreibtisch aus zu lösen versucht, sondern stets bemüht ist, lebendige Verbindung mit den einzelnen Dienststellen draussen zu halten. So hat er wiederholt Dienstreisen zu verschiedenen Einsatzgruppen unternommen und mir dadurch Erfahrungen vermittelt, die mir meine Einscheidungen über den jeweils zweckmässigsten Einsatz der sicherheitspolizeilichen Kräfte wesentlich erleichtert haben.«[348]

Entgrenzung

Die Jahre 1940/41 führten zu einer drastischen Radikalisierung nationalsozialistischer Besatzungs- und Verfolgungspolitik hin zum systematischen Massenmord, an der das Reichssicherheitshauptamt wesentlichen Anteil hatte. Die Deportationen aus den besetzten westpolnischen Gebieten folgten einem radikalen Volkstumsplan, der diese Territorien nicht nur dem Deutschen Reich einverleiben und in erster Linie durch volksdeutsche Siedler aus dem Baltikum und der Sowjetunion »germanisieren« wollte. Sondern »Germanisierung« hieß ebenso die Vertreibung der ansässigen polnischen Bevölkerung von ihren Bauernhöfen, um »Platz« zu schaffen für die Deutschen. Zugleich sollten diese Gebiete »judenrein« gemacht werden, die jüdische Bevölkerung in das restpolnische »Generalgouvernement« vertrieben werden. Während im Deutschen Reich ein-

---

348 Kaltenbrunner an Himmler, 2. 11. 1944, BArch, BDC, SSO-Akte Erich Ehrlinger. Vier Tage später teilte Kaltenbrunner dem Chef des SS-Personalhauptamtes, von Herff, mit, daß Himmler sein Einverständnis für eine Beförderung zum 9. 11. 1944 gegeben habe (Kaltenbrunner an v. Herff, 6. 11. 1944, BArch, BDC, SSO-Akte Erich Ehrlinger; zu Ehrlinger in der Nachkriegszeit siehe unten, S. 820–823).

schließlich Österreichs noch mehrere hunderttausend Juden lebten, waren die annektierten westpolnischen Territorien in den Augen der nationalsozialistischen Planer und Exekutoren »rassische Mustergebiete«, in denen bereits verwirklicht werden sollte, was für das Deutsche Reich noch anstand.

Wieder einmal jedoch standen die Pläne im Widerspruch zur Wirklichkeit. Den monströsen Deportationszahlen, wie sie etwa Himmler am 30. Oktober 1939 ausgegeben hatte, standen sowohl logistische Schwierigkeiten entgegen wie Transportprobleme und der zunehmende Unwille der deutschen Verwaltung des Generalgouvernements, Zehntausende unterzubringen, zu versorgen oder nur zu ernähren. Die Auseinandersetzung innerhalb der NS-Führung um den Charakter des Generalgouvernements, ob es in Goebbels' Terminologie »Abladeplatz für Juden, Kranke, Faulenzer«, als Arbeitskräftereservoir oder im Sinne von Hans Frank koloniales Musterland werden sollte, führte zwar zu keinem stabilen politischen Konzept, aber doch im Frühjahr 1940 zur Entscheidung, die Deportationen ins Generalgouvernement auszusetzen.

Damit war der Plan, ein »Reichsgetto« in Polen zu errichten, zumindest vorerst gescheitert. An dem Projekt, Deutschland »judenrein« zu machen, hielt die RSHA-Führung dennoch fest und nahm, als mit dem Sieg über Frankreich auch ein Einlenken Englands, wenn nicht gar eine erfolgreiche militärische Invasion, in Aussicht stand, zu dem alten antisemitischen Plan Zuflucht, die Juden Europas nach Madagaskar zu schaffen. Bemerkenswert an diesen Planungen, die im RSHA ebenso wie im Auswärtigen Amt ausgearbeitet wurden, ist nicht nur, daß sie trotz der fehlenden, unbedingt notwendigen Voraussetzung, nämlich die Seehoheit für den Transport, ernsthaft und auf höchster Ebene diskutiert wurden, sondern daß im Unterschied zu den Deportationsplänen vom Herbst 1939, als von der Vertreibung von rund einer Million Juden und Polen die Rede war, es nun bereits um vier Millionen Menschen ging. Ob diese große Zahl von Menschen überhaupt eine Chance hatte, auf der weitgehend unwirtlichen Insel Madagaskar zu überleben, war für die Planer kein Gesichtspunkt mehr. Die genozidale Intention, Menschen durch widrige Umstände sterben zu lassen, die schon bei den Plänen für ein »Judenreservat« in Polen mitschwang, war beim Madagaskar-Plan unübersehbar.

Aber auch dieser Plan wurde schneller Makulatur, als er ausgearbeitet werden konnte. Hingegen bedeutete dessen Verflüchtigung keineswegs eine Aufgabe des politischen Ziels auf seiten des RSHA. Überall dort in den besetzten Gebieten, wo es die politischen Umstände erlaubten, gehörte das RSHA zu den treibenden Kräften von antisemitischen Maßnahmen, wenn möglich auch der Vertreibung der Juden. Das war vor allem im Elsaß und in Lothringen der Fall, wo Hitler selbst die Gauleiter Bürckel und Wagner aufgefordert hatte, diese Gebiete innerhalb von zehn Jahren »rein deutsch« zu machen, und er nicht danach fragen werde, welche Methoden sie angewandt hätten. Verbunden mit der NSDAP sorgten die Kommandos der Sicherheitspolizei und des SD für die Vertreibung von Hunderttausenden einheimischen Franzosen, in besonderer Weise von Juden, in das unbesetzte Frankreich. Zugleich nutzten Gauleitung und RSHA die Situation, um rund 7000 deutsche Juden aus der Saarpfalz und Baden ins Vichy-Frankreich abzuschieben, bevor dessen Proteste und Grenzschließung eine solche Gelegenheit wieder unterbanden.

In Frankreich, Belgien, Holland oder Norwegen lagen die Dinge für das RSHA aufgrund der differierenden Besatzungspolitik komplizierter. Aber insbesondere in Frankreich bemühten sich das RSHA-Kommando unter Knochen und Eichmanns Vertreter in Paris, Theodor Dannecker, aktiv gestützt durch Werner Best, der seinerseits mit Abetz diverse politische Initiativen zur Verfolgung der in Frankreich lebenden Juden betrieb, antisemitische Maßnahmen durch die deutsche Militärverwaltung zu erlassen. Aber die ins Auge gefaßte Vertreibung der Juden aus den von Deutschland besetzten Gebieten mußte bloße Absichtserklärung bleiben, solange sich die Verwaltung des Generalgouvernements ebenso wie Vichy-Frankreich erfolgreich gegen Deportationen in ihre Gebiete wandten. Der Ausweg, der sich aus dem selbstgeschaffenen Dilemma, an einer Politik festzuhalten, für die die Voraussetzungen fehlten, zu eröffnen schien, war der Krieg gegen die Sowjetunion. Mit einem als sicher geglaubten schnellen Sieg über die Rote Armee stünde nicht nur endlich der »Lebensraum« zur Verfügung, den Hitler als Überlebensbedingung des deutschen Volkes betrachtet hatte, sondern auch Raum genug, um die deutschen und sämtliche europäischen Juden abschieben zu können. Als Himmler am 10. Dezember 1940 vor den Gauleitern der NSDAP über die bald zu erwartende »Judenauswanderung« sprach, hatte Eichmann ihm in der Vorlage für die Rede die Zahl von 5,8 Millionen genannt, das heißt bereits auch die Juden aus Südosteuropa einbezogen, das zu diesem Zeitpunkt noch gar nicht militärisch besetzt war. Innerhalb eines Jahres war die Zahl derjenigen Menschen, die das RSHA zu deportieren plante, von einer Million auf knapp sechs Millionen gestiegen.

Aber nicht allein die Entgrenzung der Zahlen bestimmte die Politik, auch die Radikalität der Verfolgung sprengte die bisherigen Grenzen. Der Krieg gegen die Sowjetunion war als Vernichtungs- und Weltanschauungskrieg beabsichtigt, »rücksichtslose Härte« sollte die Kriegführung charakterisieren. Daß »zig Millionen« sterben würden, wenn sich die deutsche Wehrmacht aus dem Land selbst zu ernähren habe, nahmen die Staatssekretäre im Mai 1941, wie das Protokoll ausweist, vorsätzlich in Kauf. Auch für das RSHA bedeutete der Krieg gegen die Sowjetunion eine deutliche Radikalisierung. Die »Sonderaufgaben im Auftrag des Führers«, die die Einsatzgruppen zu erledigen hatten, hießen nichts weniger als die Ermordung der politischen, sozialen und kulturellen Führungsschicht der Sowjetunion, insbesondere »aller Juden in Partei- und Staatsstellungen«. Dieser Auftrag wurde schon in den ersten Kriegstagen auf alle wehrfähigen jüdischen Männer ausgeweitet. Im Juli/August gingen die Einsatzgruppen dazu über, systematisch auch Frauen und Kinder zu erschießen. Die Politik der »völkischen Flurbereinigung« in Polen, die Tausenden von Menschen das Leben gekostet hatte, und Vertreibung von Hunderttausenden aus den Gebieten, die das Deutsche Reich annektieren wollte, mündete im Krieg gegen die Sowjetunion in den systematischen Massenmord an der sowjetischen Führungsschicht und vor allem an den sowjetischen Juden.

Dieser Radikalisierungsschritt zum rassistischen Genozid gelang nicht allen Führungsangehörigen des RSHA. Das Beispiel Erwin Schulz zeigt, daß der einstmalige Bremer Gestapochef und überzeugte Nationalsozialist als Führer des Einsatzkommandos 5 nicht die »Härte« aufbrachte, die man von ihm erwartet hatte. Zwar hatte sein Kommando, ohne daß irgendein Widerspruch seitens Schulz' dokumentiert wäre, Hunderte angeblich kommunistische und kriminelle jüdischen Männer erschossen. Aber als der Mordbefehl auch auf Frauen und Kinder ausgeweitet wurde, bemühte er sich offenbar, nach Berlin zurückkommandiert zu werden. Seine Skrupel galten, auch in den Nachkriegsvernehmungen, nicht den Opfern, sondern den Tätern, die bei einem solchen Einsatz, in Schulz' Worten, entweder seelisch zugrunde gehen müßten oder eine Brutalität entwickelten, die hemmungslos mache.

Anders ging Martin Sandberger mit dem Auftrag zum Massenmord um. Der ehrgeizige, geförderte junge Jurist verhielt sich als Kommandeur der Sicherheitspolizei und des SD wie ein Musterschüler des RSHA, der nach streng rassistischen Normen die Esten als »gutrassiges« Volk privilegierte, das für eine deutsche Siedlung vorgesehene Ingermanland völkisch säuberte, »Gemeinschaftsfremde« wie »Asoziale« verfolgte und die »Juden-« wie die »Zigeunerfrage« im Sinne des RSHA löste. Für die Exekutionen selbst stützte er sich auf die estnische Polizei, die spiegelbildlich zum deutschen Apparat aufgebaut wurde. Dennoch übernahm Sandberger keineswegs die estnische Perspektive, deren Antisemitismus wesentlich vom Antibolschewismus geprägt war. Im Streitfall um eine Estnin, die sich seit langem von ihrer jüdischen Familie und Tradition getrennt hatte und als vehemente Antikommunistin bekannt war, entschied Sandberger im strikt rassistischen Sinn. Die Frau wurde erschossen.

Erich Ehrlinger schließlich, der mit Martin Sandberger 1933 die Hakenkreuzflagge über der Tübinger Universität gehißt hatte, erwies sich als treibende radikalisierende Kraft. Ob als Führer des Sonderkommandos 1b, als KdS oder BdS in Kiew, Ehrlinger erscheint – anders als der skrupellose Schulz oder der Primus Sandberger, der das Morden selbst lieber der estnischen Polizei überließ – als »harter« SS-Täter, der, um die Mordaktionen zu beschleunigen, selbst mitschoß und die Täter antrieb. Bei ihm wird die Entgrenzung des Tötens sichtbar, als er wahllos in eine Gruppe Gefangener schießt. Im Unterschied zu Sandberger, der auf der »wissenschaftlichen« Grundlage seines Vernichtungsauftrages besteht, zeigt Ehrlinger den Weltanschauungstäter, dem die Grenzen seiner Aufgabe verlorenzugehen drohen.

Durch die Ausweitung des deutschen Herrschaftsbereiches wuchs die Zahl der Menschen, die das RSHA als »Gegner« und »Feinde« definierte, sprunghaft an. Die Planungsziffer für diejenigen, die aus den besetzten Gebieten vertrieben werden sollten, versechsfachte sich zwischen 1939 und Ende 1940. Diesem sich entgrenzenden Herrschaftsraum und der sich entgrenzenden Zahl der »Gegner« standen nur begrenzte Ressourcen gegenüber – sowohl materiell wie personell. Die wenigsten Dienststellen des RSHA konnten so besetzt werden, wie es die Stellenbesetzungspläne vorsahen. Zudem waren dem RSHA Grenzen durch die jeweilige Besatzungspolitik gesetzt, die den Handlungsspielraum von Sicherheitspolizei und SD wie zum Beispiel in Frankreich über ein Jahr lang deutlich einschränkten.

Dennoch hielt das RSHA an den von ihm gesteckten Zielen fest, sowohl als alleinige Institution für die Sicherheit des nationalsozialistischen Machtbereichs anerkannt zu werden, als auch die völkische »judenreine« Neuordnung Europas zu verwirklichen. Schwierigkeiten, Engpässe, Unwägbarkeiten, Hindernisse, die diesen Zielen entgegenstanden, führten keineswegs zu einer Abkehr oder zumindest zur Verschiebung auf die Zeit nach dem Krieg. Im Gegenteil, das Scheitern der Pläne provozierte noch radikalere »Lösungen«. In dieser ideologisch geprägten Praxis liegt die Erklärung für die Radikalisierung der Politik bis zum Genozid. Die Ideologie strukturierte eine spezifische Praxis, deren Aporien in der Realität nicht zur Revision der ideologischen Annahmen führten, sondern die Praxis wiederum radikalisierte. Entgrenzung als Charakteristikum des RSHA umfaßt daher nicht nur die Ausweitung des Herrschaftsraums und die immense Ausdehnung der Zahl der »Gegner«, sondern auch die Entgrenzung der Praxis, die von der Verfolgung und Vertreibung zur Vernichtung führte.

8. Zenit und Zerfall

Das Jahr 1941 brachte zweifellos für Reinhard Heydrich wie für das RSHA einen Zuwachs an Macht und Einfluß, der 1939 bei Beginn des Krieges noch kaum abzusehen gewesen war. In die Vorbereitungen des Einsatzes von SS und Polizei im Krieg gegen die Sowjetunion war Heydrich an entscheidender Stelle einbezogen. Nicht von ungefähr bestimmte ihn Himmler zum Verbindungsführer für das Reichsministerium für die besetzten Ostgebiete, mit dem die SS-Führung einen ständigen Konflikt über die jeweiligen Kompetenzen führte.[1] Vor allem jedoch wurden Heydrich und dem RSHA die Federführung bei der europaweiten »Endlösung der Judenfrage« übertragen.

Ermächtigung zur »Endlösung«

Zu Beginn des Jahres 1941 war Heydrich laut Theodor Dannecker von Göring mit der »Vorlage eines Endlösungsprojektes« beauftragt worden, da gemäß dem Willen Hitlers »nach dem Krieg die Judenfrage innerhalb des von Deutschland beherrschten oder kontrollierten Teiles Europas einer endgültigen Lösung zugeführt werden« sollte. Die Vorarbeiten dazu seien geleistet, das Projekt sei in seinen wesentlichsten Zügen ausgearbeitet und läge nun sowohl Hitler als auch Göring vor.[2] Über

---

1 Himmler an Rosenberg, 24.6.1941, BArch, NS 19/2803. Mit Bezug auf »unser heutiges Gespräch« sandte Himmler Rosenberg am 24.6. nicht weniger als fünf Schreiben. Neben der Benennung Heydrichs als Verbindungsmann zu Rosenberg teilte er die Namen der vier geplanten HSSPF für die besetzten sowjetischen Gebiete und die Entsendung von vier Polizeiregimentern und drei SS-Brigaden des Kommandostabs Reichsführer SS sowie nötigenfalls weiterer Kräfte mit. Schon einige Tage zuvor hatten Rosenberg und Himmler eine »sehr lange Aussprache« über Himmlers Forderung gehabt, die Aufgabe einer »innerpolitischen Sicherung« in den zu besetzenden sowjetischen Gebieten zu übernehmen (rückblickend Rosenberg an Lammers, 27.8.1941, BArch, R 6/23, Bl. 36, 38; vgl. Dienstkalender Himmlers 1941/42, S. 179 [24.6.1941]).

2 Bericht Danneckers »›Zentrales Judenamt‹ in Paris«, 21.1.1941, als Faksimile gedruckt in: Steur, Dannecker, S. 185–188. Am 24.1.1941 hatte Heydrich am Mittag

den Inhalt des Plans selbst ist nichts bekannt, allerdings erwähnte Eichmann Anfang März, daß Heydrich acht bis zehn Wochen zuvor einen Plan zur »endgültigen Judenevakuierung« vorgelegt habe, »der deshalb noch nicht zur Ausführung gelangt sei, weil das Generalgouvernement z. Zt. nicht in der Lage sei, einen Juden oder Polen aus dem Altreich aufzunehmen«.[3]

Am 26. März unterbreitete Heydrich Göring einen neuen Entwurf und notierte über seine Unterredung unter anderem:

»Bezüglich der Lösung der Judenfrage berichtete ich kurz dem Reichsmarschall und legte ihm meinen Entwurf vor, dem er mit Änderung bezüglich der Zuständigkeit Rosenbergs zustimmte und Wiedervorlage befahl.«[4]

Daß Heydrichs Plan die Zuständigkeiten des designierten Reichsministers für die besetzten Ostgebiete tangieren könnte, gibt einen unzweideutigen Hinweis darauf, daß nun die Perspektive geöffnet worden war, die Juden Europas in die Sowjetunion zu deportieren.[5]

Heydrich hatte sich zwar mit Göring über die Frage der »Judenevakuierung« ins Benehmen zu setzen. Aber die Konzepte stammten von ihm,

---

einen mehr als zweistündigen Vortrag bei Göring in dessen Haus Carinhall und traf um 18 Uhr, nun gemeinsam mit Himmler, noch einmal mit Göring in Berlin zusammen (Terminkalender Göring v. 24. 1. 1941, IfZ, ED 180/5; Dienstkalender Himmlers 1941/42, S. 112 [24. 1. 1941]).

3 Protokoll einer Besprechung im Propagandaministerium, 21. 3. 1941, gedruckt in: Adler, Der verwaltete Mensch, S. 152; ausführlich dazu Longerich, Politik der Vernichtung, S. 287 f.

4 Vermerk Heydrich, 26. 3. 1941, Sonderarchiv Moskau, 500-3-795, zitiert nach Aly, Endlösung, S. 270.

5 Zu den nazistischen Perspektiven: Sumpf, Eismeer, Sibirien vgl. insbesondere Aly, Endlösung, S. 268–279. Noch im Februar 1942 sprach Himmler mit Hitler über die Eismeerlager (Dienstkalender Himmlers 1941/42, S. 353 [17. 2. 1942]), und auch Heydrich erwähnte in einer Rede Anfang Februar in Prag Pläne, die europäischen Juden in die sowjetischen Eismeerlager zu verschleppen (Rede Heydrichs am 4. 2. 1942, gedruckt in: Kárný/Milotová/Kárná, Politik, S. 229). Wenig später, am 5. 4. 1942, äußerte Hitler wiederum, »der Reichsführer der SS brauche sich deshalb keine Hoffnungen zu machen, mit seinen Konzentrationslager-Insassen die russischen Strafkolonien am Murmansk-Kanal ablösen zu müssen. Er, der Chef, brauche die Arbeitskraft dieser Leute viel dringender, um im weiten russischen Raum die erforderlichen Rüstungsfabriken zu bauen« (Picker, Hitlers Tischgespräche, S. 64).

608

von ihm ging die Initiative aus und ihm unterstand der Apparat, um die Deportationen zu realisieren. Ende Juli 1941, als Göring mit der wirtschaftlichen Ausbeutung der Sowjetunion und der Teilhabe der ihm unterstehenden Wirtschaftsinstitutionen am Eroberungskrieg vollauf zu tun hatte, erhielt Heydrich von ihm die Generalermächtigung:

»In Ergänzung der Ihnen bereits mit Erlaß vom 24. 1. 1939 übertragenen Aufgabe, die Judenfrage in Form der Auswanderung oder Evakuierung einer den Zeitverhältnissen entsprechend möglichst günstigen Lösung zuzuführen, beauftrage ich Sie hiermit, alle erforderlichen Vorbereitungen in organisatorischer, sachlicher und materieller Hinsicht zu treffen für eine Gesamtlösung der Judenfrage im deutschen Einflußgebiet in Europa. Sofern hierbei die Zuständigkeiten anderer Zentralinstanzen berührt werden, sind diese zu beteiligen. Ich beauftrage Sie weiter, mir in Bälde einen Gesamtentwurf über die organisatorischen, sachlichen und materiellen Vorausmaßnahmen zur Durchführung der angestrebten Endlösung der Judenfrage vorzulegen.«[6]

Mit der Ermächtigung Heydrichs setzten im RSHA entsprechende Aktivitäten ein. Ein auf Juli/August 1941 zu datierendes Dokument, »Richtlinien für die Behandlung der Judenfrage«, begann mit der Feststellung, daß sich die »Zuständigkeit des mit der Endlösung der europäischen Judenfrage beauftragten Chefs der Sicherheitspolizei und des SD« auch auf die besetzten Ostgebiete erstrecke, woraus sich ergebe, daß alle nachgeordneten Dienststellen der Sicherheitspolizei für die »Behandlung der Judenfrage« in ihren jeweiligen Gebieten zuständig seien.[7] »Alle Maßnahmen zur Judenfrage in den besetzten Ostgebieten,« so das RSHA, »müssen unter dem Gesichtspunkt getroffen werden, dass die Judenfrage spätestens nach dem Krieg für ganz Europa generell gelöst werden wird.« Daher müßten alle diese Maßnahmen als »vorbereitende Teilmaßnahmen« auf dieses Ziel hin angelegt werden. Erstes Hauptziel müsse sein, die jüdischen Menschen von der übrigen Bevölkerung »abzusondern«, mit einem gelben Stern zu

6 Auftrag Görings an Heydrich, Juli 1941, IMG, Bd. 26, S. 266 f. (710-PS). Görings Terminkalender für den 31. 7. 1941 verzeichnet den Besuch Heydrichs von 18.15–19.15 Uhr (Terminkalender Göring v. 31. 7. 1941, IfZ, ED 180/5). Im Interview mit dem holländischen Journalisten Willem Sassen 1957 machte Eichmann geltend, daß er diese Ermächtigung diktiert habe und sie Göring unterschriftsreif vorgelegt worden sei (vgl. Yahil, Memoirs, S. 138–140, 154 f.; zum Kontext: Burrin, Hitler und die Juden, S. 133–135).

7 Richtlinien für die Behandlung der Judenfrage, o. D., IMG, Bd. 25, S. 301–306 (212-PS); zur Datierung siehe Longerich, Politik der Vernichtung, S. 396 f.

kennzeichnen und zu ghettoisieren. Darüber hinaus müsse eine »vollkommene Umschichtung des jüdischen Berufslebens« erreicht werden, das heißt die »Gruppe der Staatsangestellten, unter der Sowjetherrschaft die stärkste jüdische Berufsgruppe, verschwindet gänzlich«, sämtliche Juden seien »zum geschlossenen Arbeitseinsatz in schärfster Form« heranzuziehen und damit aus ihrem bisherigen Berufsleben auszuschalten. »Massgebliches Gebot für den jüdischen Arbeitseinsatz wird allein die volle und unnachsichtliche Inanspruchnahme der jüdischen Arbeitskraft ohne irgendeine Altersbegrenzung zum Wiederaufbau der besetzten Ostgebiete sein.«[8] Vor allem trachtete das RSHA danach, die Definition, wer ein Jude sei, außerhalb der Reichsgrenzen über die Festlegungen der Nürnberger Gesetze hinaus möglichst weit zu fassen. Demnach habe als Jude zu gelten, wer »sich zur jüdischen Religionsgemeinschaft oder sonst als Jude bekennt oder bekannt hat oder wessen Zugehörigkeit zum Judentum sich aus sonstigen Umständen ergibt. Dem Juden wird gleichgestellt, wer einen Elternteil hat, der Jude im Sinne des vorhergehenden Satzes ist.«[9] Mit dieser Bestimmung lag es ausschließlich in der Macht des Definierenden, wer Jude war!

Seit dem Sommer 1941 versuchten NSDAP-Parteikanzlei und RSHA parallel zu Goebbels' Initiative zur Kennzeichnung der Juden mit einem Stern, auch die »Mischlinge« in die »Endlösung« einzubeziehen.[10] Am 13. August fand im RSHA eine offenbar kurzfristig einberufene Konferenz unter Vorsitz von Adolf Eichmann statt, auf der offiziell über die

---

8 Ebenda, S. 305. Allerdings, so das RSHA, müsse darauf geachtet werden, daß eine »spätere, schnelle Abziehung dieser Arbeitskräfte ohne erhebliche Störung« möglich und eine Spezialisierung jüdischer Arbeiter auf jeden Fall zu verhindern sei (zur Haltung des RSHA zum Zwangsarbeitseinsatzes 1941 vgl. Gruner, Arbeitseinsatz, S. 178–184, 204–216).

9 Richtlinien für die Behandlung der Judenfrage, a. a. O. (s. Anm. 7). Die RSHA-Richtlinien stimmten inhaltlich mit der Stellungnahme Stahleckers überein, die dieser am 6. 8. 1941 zu einem Erlaßentwurf aus dem RKO über vorläufige Richtlinien für die Behandlung der Juden im Gebiet an Reichskommissar Lohse schickte. Darin forderte Stahlecker u. a. die Trennung der Juden nach Geschlechtern, Schaffung von abgesperrten »Judenreservatsräumen«, Zwangsarbeit (Stahlecker an Lohse, 6. 8. 1941, Historisches Staatsarchiv Riga, gedruckt in: Mommsen/Willems, Herrschaftsalltag, S. 467–471).

10 Vgl. dazu Noakes, Development, S. 338–341; Meyer, Mischlinge, S. 97–99.

»Blutschutzbestimmungen« gesprochen werden sollte, die Reichskommissar Seyß-Inquart in den Niederlanden einführen wollte. Tatsächlich handelte es sich um den Versuch, einen erweiterten Judenbegriff für alle besetzten Gebiete einzuführen. Während RSHA, Vierjahresplanbehörde und Partei bemerkenswerterweise den gleichen Standpunkt bezogen, sah der Vertreter des Innenministeriums zu Recht die Gefahr, daß hiermit die Bestimmungen der Nürnberger Gesetze unterhöhlt werden sollten, und vereitelte den Plan, indem er seine Zustimmung verweigerte.[11] Um das Innenministerium gefügig zu machen, schreckten Parteikanzlei und RSHA offenbar selbst vor Tricks nicht zurück. Auf einer erneuten Sitzung zur »Endlösung der Judenfrage« eine Woche später, am 21. 8., im Geheimen Staatspolizeiamt, erwähnte der Vertreter der Parteikanzlei ein Schreiben Bormanns an Heydrich, daß sich Hitler dafür ausgesprochen habe, auch die »Halbjuden« den Juden zuzurechnen, ohne diesen Brief selbst zeigen zu wollen.[12] Alarmiert schrieb daraufhin Stuckart dem Leiter der Reichskanzlei, daß er gegen eine Veränderung des Status von »Mischlingen« sei, und sandte eine Kopie des Schreibens gleichfalls an Göring, der in seiner Antwort eine Veränderung ebenfalls ablehnte – und die Auseinandersetzung vorerst beendete, zumal auch Hitler selbst deutlich machte, an der bisherigen Regelung festhalten zu wollen.[13]

Mittlerweile drängten gleichermaßen andere Instanzen des NS-Regimes darauf, die Juden loszuwerden. Noch im Mai stellte Eichmanns Referat IV B 4 unter ausdrücklicher Berufung auf die von Göring vorgegebene Linie der Zwangsemigration in einem Rundschreiben klar, daß die Auswanderung von französischen und belgischen Juden zu verhindern sei, um die ohnehin »ungenügenden Ausreisemöglichkeiten« für deutsche Juden, die in der Hauptsache über Spanien und Portugal emigrieren würden, nicht weiter einzuschränken.[14] Im April allerdings hatte Best für eine Bespre-

---

11 Lösener, Rassereferent, S. 297; vgl. Meyer, Mischlinge, S. 97; Noakes, Development, S. 339.

12 Lösener, Rassereferent, S. 306; Noakes, Development, S. 339 f.

13 Adam, Judenpolitik, S. 319 f.; Noakes, Development, S. 340. Übrigens zeigt diese Episode, daß Göring zu diesem Zeitpunkt durchaus noch als eine Entscheidungsinstanz in der »Judenfrage« anerkannt war.

14 Runderlaß RSHA IV B 4b, gez. Schellenberg, 20. 5. 1941, Nbg. Dok. NG-3104, vgl. Adler, Der verwaltete Mensch, S. 29. Die in der Literatur immer wieder diskutierte

chung mit dem Judenkommissar der Vichy-Regierung, Xavier Vallet, schon die allgemeine Maxime formuliert, daß das deutsche Interesse »in einer progressiven Entlastung aller Länder Europas vom Judentum mit dem Ziel der vollständigen Entjudung Europas« bestehe, was die Dimension der Planungen innerhalb der SS-Führung markierte.[15] Der Judenreferent in der deutschen Botschaft, Theodor Zeitschel, bestürmte Abetz mit antisemitischen Vorschlägen. Neben Überlegungen zur Zwangssterilisation von Millionen Juden schlug Zeitschel auch vor, die über sechs Millionen Juden, die in den besetzten Gebieten ansässig seien, »bei der Neuordnung des Ostraums irgendwie zusammenzufassen« und in einem »besonderen Territorium« einzusperren. Zeitschel bat Botschafter Abetz, diesen Vorschlag bei nächster Gelegenheit bei Ribbentrop und Göring vorzutragen.[16]

Auch aus dem annektierten Warthegau kam Druck. Nachdem die Möglichkeit versperrt war, die Juden in das Generalgouvernement zu deportieren, waren sich die deutschen Besatzungsbehörden unschlüssig, was nun mit den Ghettos geschehen solle. 140000 Menschen waren im Ghetto Łódź zusammengepfercht, die katastrophale Ernährung und Hygiene ließen ebendie Krankheiten ausbrechen, die den Deutschen wiederum das Schreckensbild und die Begründung lieferten, daß die Ghettos Seuchenherde seien, die rücksichtslos gesäubert werden müßten.[17] Mord als »Problemlösung« war dem SD und den Besatzungsbehörden zu diesem Zeitpunkt kein unvertrauter Gedanke mehr. Schon im Oktober 1940 hatte der SD Posen in einem Vermerk festgehalten, daß es nicht ginge, nur voll einsatzfähige Polen ins Generalgouvernement zu deportieren und Alte und Kranke hingegen im Landkreis Posen zu belassen, die nur den Fürsorge-

Frage, weshalb Schellenberg diesen Erlaß unterzeichnete, hat Eichmann selbst beantwortet: Da Müller aus irgendeinem Grund nicht anwesend war, hat Schellenberg als gleichberechtigter Amtschef stellvertretend unterschrieben (Adolf Eichmann, Götzen, 1961, Transkription des handschriftlichen Manuskripts, Bl. 324, Israelisches Staatsarchiv).

15 Besprechungsvorlage Best für den Militärbefehlshaber, 4.4.1941, gedruckt in: Klarsfeld, Vichy – Auschwitz, S. 366 f.; vgl. Longerich, Politik der Vernichtung, S. 436.

16 Zeitschel an Abetz, 21.8.1941, und Zeitschel an Abetz, 22.8.1941, gedruckt in: Klarsfeld, Vichy – Auschwitz, S. 367 f.

17 Zu dieser Täterargumentation vgl. Herbert, Rassismus und rationales Kalkül; Browning, Ghettoisierungspolitik.

behörden zur Last fielen, und Rolf-Heinz Höppner, Führer des SD-Leit-abschnitts Posen – im April 1944 noch mit der Leitung der RSHA-Gruppe III A Rechtsordnung beauftragt –, notierte an den Rand, daß seiner Auf-fassung nach »andere Maßnahmen« gegen transportunfähige Personen er-griffen werden müßten.[18] Im Januar 1941 wollte Höppner an Tuberkulose erkrankte Polen nicht ins Generalgouvernement deportieren, sondern gleich umbringen lassen.[19] Allein im Ghetto Łódź gab es im Mai 1941 of-fiziell 20 000 registrierte Tuberkulose-Kranke, die tatsächliche Zahl lag bei 60 Prozent der Ghettobevölkerung (etwa 84 000 Menschen).[20] Als Zusam-menfassung verschiedener Besprechungen zur »Lösung der Judenfrage« in der Reichsstatthalterei schrieb Höppner am 16. Juli an Eichmann, daß im kommenden Winter die Gefahr bestehe, »daß die Juden nicht mehr sämtlich ernährt werden können. Es ist daher ernsthaft zu erwägen, ob es nicht die humanste Lösung ist, die Juden, soweit sie nicht arbeitseinsatz-fähig sind, durch irgendein schnellwirkendes Mittel zu erledigen.«[21]

Anfang September schickte Höppner erneut ein ausführliches Memo-randum zur zukünftigen Organisation und Aufgabenstellung der UWZ sowohl an Eichmann (RSHA IV B 4) als auch an Ehlich (RSHA III B) und führte darin aus, daß nach Beendigung des Krieges nicht nur die Juden aus dem Deutschen Reich, sondern aus allen von Deutschland besetzten Ge-bieten »ausgesiedelt« werden sollten. Allerdings stelle sich die Frage, was mit den »unerwünschten Volksteilen« geschehen solle, ob man ihnen ein »gewisses Leben für dauernd zusichern oder ob sie völlig ausgemerzt wer-den sollen«.[22]

---

18 Vermerk der SD-Hauptaußenstelle Posen an den SD-Leitabschnitt Posen, 19. 10. 1940, sowie Handschriftliche Notiz Höppners, 21. 10. 1940, ZStL, Ordner Polen 225, Bl. 137.

19 Höppner an RSHA, Amt III B, Dr. Ehlich, 30. 1. 1941; ZStL, Ordner Polen 365 b, Bl. 48–49; vgl. auch Aly, Endlösung, S. 263 f. In dem Brief teilte Höppner Ehlich mit, daß der HSSPF Koppe bereits bei Himmler »Sonderbehandlung« für diese Menschen beantragt habe.

20 Freund/Perz/Stuhlpfarrer, Getto in Litzmannstadt (Lodz), S. 25; Adelson/Lapides, Lodz Ghetto, S. 161 f.

21 Aktenvermerk Höppner mit Anschreiben an Eichmann, 16. 7. 1941, gedruckt in: Longerich/Pohl, Ermordung, S. 74 f.; vgl. dazu Burrin, Hitler und die Juden, S. 137 f., Aly, Endlösung, S. 327–329.

22 Zitiert nach ebenda, S. 336, 338; vgl. auch Madajczyk, Okkupationspolitik, S. 417 f.

Auch die Gauleiter drängten auf eine rasche Deportation der Juden, damit die freiwerdenden Wohnungen ausgebombten »Volksgenossen« zur Verfügung gestellt werden könnten.

»In der Judenfrage«, so schrieb Goebbels, Gauleiter von Berlin, über eine Unterredung mit Hitler am 19. August, »kann ich mich beim Führer vollkommen durchsetzen. Er ist damit einverstanden, daß wir für alle Juden im Reich ein großes sichtbares Judenabzeichen einführen, das von den Juden in der Öffentlichkeit getragen werden muß […]. Im übrigen sagt der Führer mir zu, die Berliner Juden so schnell wie möglich, sobald sich die erste Transportmöglichkeit bietet, von Berlin in den Osten abzuschieben. Dort werden sie dann unter einem härteren Klima in die Mache genommen.«[23]

Zur selben Zeit fand im Propagandaministerium eine große Besprechung, unter anderem mit Eichmann, über »Sofortmaßnahmen« gegen die Berliner Juden statt, wo neben der Einführung eines Judensterns auch die Reduzierung der Lebensmittelrationen für nichtarbeitende Juden diskutiert wurde. »Am besten wäre es«, so Staatssekretär Gutterer, »diese überhaupt totzuschlagen.«[24]

Auf der gleichen Konferenz informierte Eichmann die Anwesenden, daß Hitler zwar den Antrag Heydrichs, Evakuierungen schon während des Krieges zu organisieren, abgelehnt habe, aber Heydrich nun Teilevakuierungen der größeren Städte durch das RSHA IV B 4 prüfen lasse.[25] Die Speer-Behörde in Berlin ging im August davon aus, daß demnächst 5000 bis 7000 von jüdischen Menschen bewohnte Wohnungen geräumt würden, und stellte aus seiner Gesamtkartei entsprechende Listen zusammen, die im September der Berliner Stapoleitstelle übergeben wurden.[26]

---

23 Tagebücher von Joseph Goebbels, Teil II, Bd. 1, S. 266 (19. 8. 1941). Einen Tag später mit einem zeitlich veränderten Akzent: »Darüber hinaus aber hat der Führer mir zugesagt, daß ich die Juden aus Berlin unmittelbar nach der Beendigung des Ostfeldzuges in den Osten abschieben kann.« (Ebenda, S. 278 [20. 8. 1941]) Wobei allerdings beachtet werden muß, daß die NS-Führung zu diesem Zeitpunkt von einem Sieg über die Rote Armee innerhalb weniger Monate ausging. Die Verordnung über das Tragen eines gelben Sterns erging am 1. 9. 1941 (RGBl. I, 1941, S. 547).

24 Vermerk Lösener für Frick, 18. 8. 1941, gedruckt in: Lösener, Rassereferent, S. 303; vgl. dazu ausführlich Witte, Zwei Entscheidungen, insbesondere S. 42 f.

25 Vermerk Lösener für Frick, 18. 8. 1941, a. a. O. (s. Anm. 24).

26 Es waren exakt diese Menschen, die in den ersten sieben Transporten im Oktober und November 1941 nach Łódź, Minsk, Kowno und Riga und in den folgenden drei Transporten im Januar 1942 nach Riga deportiert wurden (Willems, Neugestaltung Berlins, S. 18–19; Witte, Zwei Entscheidungen, S. 44).

In Wien informierte Eichmanns Mitarbeiter Alois Brunner entsprechend dem Vorstoß Heydrichs den Vorsitzenden der jüdischen Gemeinde, daß aus »Rücksicht auf die durch die Fliegerangriffe notwendig gewordene anderweitige Unterbringung der arischen Bevölkerung ein Teil der Juden aus dem Altreich, dem Protektorat und aus Wien nach Litzmannstadt« deportiert werden solle.[27] Nach einem schweren Luftangriff auf Hamburg in der Nacht vom 15. auf den 16. September wandte sich Gauleiter Karl Kaufmann an Hitler mit der Bitte, Hamburgs Juden deportieren zu lassen, damit, wie Kaufmann später an Göring schrieb, »wenigstens zu einem geringen Teil den Bombengeschädigten wieder eine Wohnung zugewiesen werden könnte. Der Führer hat unverzüglich meiner Anregung entsprochen und die entsprechenden Befehle zum Abtransport der Juden erteilt.«[28]

Im September 1941 verdichteten sich all diese Entwicklungen und drängten auf eine Entscheidung.[29] Am 2.9. besprach Himmler mit dem HSSPF im Generalgouvernement, Friedrich-Wilhelm Krüger, nach seinem handschriftlichen Notizzettel: »Judenfrage. – Aussiedlung aus dem Reich«.[30] Am 14. September hatte Otto Bräutigam, Verbindungsführer des Reichsministeriums für die besetzten Ostgebiete zum OKH, ein Memorandum Rosenbergs überbracht, daß das Deutsche Reich als Vergeltungsmaßnahme, falls die Sowjetunion ihre Ankündigung wahr mache, 400000 Wolgadeutsche umzusiedeln, seinerseits die Deportation aller Juden Zentraleuropas in den Osten in Aussicht nehmen sollte.[31] Am 16. traf Abetz im Hauptquartier ein, mit den Vorschlägen seines Judenreferenten Zeitschel im Gepäck. Nachmittags besprachen sich Abetz und Himmler, wobei Himmler zusagte, jüdische Lagerhäftlinge in den Osten zu depor-

---

27 Aktennotiz vom 2.10.1941 über die Vorsprache von Dr. Löwenherz bei Brunner am 30.9.1941, zitiert nach Safrian, Eichmann-Männer, S. 120.

28 Kaufmann an Göring, 4.9.1942, zitiert nach Bajohr, Gauleiter in Hamburg, S. 291.

29 Nicht zuletzt war Anfang September Himmler häufig im Hauptquartier bei Hitler zu Gast. Die Teilnahme Himmlers an den Mittag- oder Abendessen Hitlers lassen sich für den 2, 4., 5. und 7.9.1941 nachweisen (Dienstkalender Himmlers 1941/42, S. 201–206).

30 Dienstkalender Himmlers 1941/42, S. 203 (2.9.1941). Es liegt nahe, daß Himmler mit Krüger über die Möglichkeit der Wiederaufnahme von Deportationen in das Generalgouvernement gesprochen hat.

31 Witte, Zwei Entscheidungen, S. 46 f.; Kershaw, Hitler 1936–1945, S. 636 f.

tieren, sobald die Transportkapazitäten vorhanden seien.[32] Am selben Tag noch hatte Abetz eine Unterredung mit Hitler, der – nach Abetz' Aufzeichnungen – von Vernichtungsphantasien gegenüber »Bolschewisten und Asiaten« erfüllt war.[33] Am 17. schließlich trug Ribbentrop persönlich seine Stellungnahme zu Rosenbergs Vorschlag bei Hitler vor und traf sich am Abend ebenfalls mit Himmler.[34]

In diesen Tagen fiel die Entscheidung, die deutschen und westeuropäischen Juden noch während des Krieges in den Osten zu deportieren.[35] Obwohl damit noch nicht ihre Ermordung entschieden war,[36] so war doch eine entscheidende Grenze überschritten. Denn bislang hatte Hitlers politische Linie gegolten, alle Mittel auf die Erringung des Sieges zu konzentrieren und die »Judenfrage« nach dem Ende des Krieges gegen die Sowjetunion zu »lösen«, wie er noch im August Goebbels gegenüber betont hat. Daß Hitler in diesen Septembertagen die bisherigen Einwände beiseite schob und den Forderungen von verschiedenen Seiten nach Deportation der deutschen und westeuropäischen Juden in den Osten zustimmte, obwohl der Krieg gegen die Sowjetunion noch nicht gewonnen war, durchbrach die letzte immanente Schranke in der Radikalisierung der Politik. Von diesem Punkt aus waren alle Schritte möglich – auch die systematische Vernichtung.

Das Reichssicherheitshauptamt hatte zu dieser Entschlußbildung ohne Zweifel beigetragen. Schließlich war es Heydrich gewesen, der Hitler im Sommer den Deportationsplan vorgelegt und damals noch eine Ablehnung erfahren hatte. In den Septembertagen 1941 standen Heydrich und das RSHA fraglos eher im Hintergrund. Als die Entscheidung jedoch ge-

---

32 Dienstkalender Himmlers 1941/42, S. 211 (16.9.1941).

33 ADAP, Serie D, Bd. 13.2, Dok. 327, S. 423–425.

34 Kershaw, Hitler 1936–1945, S. 637; Witte, Zwei Entscheidungen, S. 52; Dienstkalender Himmlers 1941/42, S. 213 (17.9.1941).

35 Der Verbindungsführer des RMFdbO im Hauptquartier Koeppen notierte am 21.9.1941, daß Hitler »bisher noch keine Entscheidung in der Frage der Ergreifung von Pressalien gegen die deutschen Juden wegen der Behandlung der Wolgadeutschen getroffen [habe]. Wie der Gesandte von Steengracht mir mitteilte, erwägt der Führer, sich diese Maßnahme für einen eventuellen Eintritt Amerikas in den Krieg aufzuheben« (BArch, R 6/34a, Koeppen-Aufzeichnung, 21.9.1941; vgl. Longerich, Politik der Vernichtung, S. 431).

36 Vgl. dazu Gerlach, Wannsee-Konferenz.

troffen war, fiel dem RSHA die wichtigste Rolle in der Realisierung der »Endlösung der Judenfrage« zu. Am 18. September teilte Himmler dem Gauleiter des Warthelandes, Arthur Greiser, mit, der Führer wünsche, daß »möglichst bald das Altreich und das Protektorat vom Westen nach dem Osten von Juden geleert und befreit« werde. Möglichst noch im Jahr 1941 sollten die Juden des Altreichs und des Protektorats vorübergehend in das Ghetto Łódź deportiert werden, um sie dann im Frühjahr 1942 »weiter nach dem Osten abzuschieben«. Heydrich, »der diese Judenauswanderung vorzunehmen hat«, werde sich rechtzeitig bei Greiser oder dem HSSPF Koppe melden.[37] Am 23.9. bereits besprachen Goebbels und Heydrich die Deportation der Berliner Juden, die »am Ende«, so Goebbels in seinem Tagebuch, in die sowjetischen Lager am Weißmeer-Ostsee-Kanal gebracht werden sollten. Diese Lager seien »von den Juden errichtet worden; was läge also näher, als daß sie nun auch von den Juden bevölkert werden«.[38] Am 15., 16., und 18. Oktober verließen die ersten Deportationszüge Wien, Prag und Berlin in Richtung Łódź.[39]

Tschechien

Heydrich selbst übernahm ein ganzes Territorium, um es »judenrein« zu machen, und erklomm auf seiner persönlichen Karriereleiter mit der Ernennung zum stellvertretenden Reichsprotektor von Böhmen und Mähren eine entscheidende Sprosse. Da von Neurath, ehemaliger Außenminister und seit 1939 Reichsprotektor, de facto entmachtet war, stieg Heydrich zum tatsächlichen Chef der deutschen Besatzungsverwaltung in der tschechischen Republik auf. Überraschend kam Heydrichs Ernennung nicht. Im September 1940 hatte er bereits zu Neuraths und Karl-Hermann Franks Denkschrift über die Behandlung der Tschechen Stellung

---

37 Himmler an Greiser, 18.9.1941, BArch, NS 19/2655, Bl. 3, als Faksimile gedruckt in: Witte, Zwei Entscheidungen, S. 50. Allerdings wandten sich Greiser und der Regierungspräsident von Łódź, Friedrich Uebelhoer, scharf gegen die von Himmler angekündigte Zahl von 60 000 Menschen und erreichten, daß vorerst »nur« 20 000 Juden ins Ghetto Łódź deportiert wurden (Adler, Der verwaltete Mensch, S. 174; Yahil, Shoah, S. 410).

38 Tagebücher von Joseph Goebbels, Teil I, S. 481 f.; vgl. Burrin, Hitler, S. 151.

39 Adler, Der verwaltete Mensch, S. 168–175.

genommen.[40] Im Mai 1941 war er Teilnehmer einer Besprechung über Siedlungsfragen in Böhmen und Mähren bei Himmler gewesen; Anfang September besprach Himmler mit ihm die Frage der möglichen Übersiedlung von Familien aus dem Protektorat ins Altreich.[41] Schließlich empfing Hitler am 21. September Himmler, Heydrich und den für Polizei- und Sicherheitsfragen im Protektorat zuständigen Staatssekretär und HSSPF, SS-Gruppenführer Karl-Hermann Frank, zum Abendessen. Tags darauf waren Himmler und Heydrich mittags bei Hitler einbestellt, um über die zukünftige deutsche Politik in Tschechien zu reden.[42] Am 24. 9. mittags ernannte Hitler Heydrich in Anwesenheit von Himmler, Lammers, Bormann, Karl-Hermann Frank und Karl Wolff zum Vertreter des Reichsprotektors in Prag und beförderte ihn gleichzeitig zum SS-Obergruppenführer.[43]

Die Gründe für Heydrichs Ernennung lagen in der zunehmenden Besorgnis der Deutschen über die »Sicherheitslage« in Tschechien, über die wachsende Zahl von Streiks und Sabotage- wie Widerstandshandlungen, besonders nach dem Angriff gegen die Sowjetunion. Karl-Hermann Frank hatte seit einiger Zeit gegen Neuraths angeblich zu weichen Kurs opponiert und sich dabei auf Gestapo, SD und SS stützen können, die Mitte September offen drakonischere Maßnahmen forderten und Neurath zu große Milde gegenüber den Tschechen vorwarfen. Frank selbst hatte am 21. September Hitler umfassend über den wachsenden Widerstand in Tschechien berichtet, worauf dieser sich für einen Kurswechsel entschieden habe und die Geschäfte des Reichsprotektors für einige Zeit Heydrich anvertrauen wollte.[44]

---

40 Siehe oben, S. 532.

41 Dienstkalender Himmlers 1941/42, S. 158 (20. 5. 1941), 200 f. (1. 9. 1941)

42 Nach Bormanns Terminübersicht handelte es sich am 22. 9. um eine »Besprechung beim Führer mit Himmler und Staatssekretär Frank wegen der Sabotagen im Protektorat« (Dienstkalender Himmlers 1941/42, S. 215, Anm. 65 [22. 9. 1941]).

43 Ebenda, S. 217 (24. 9. 1941).

44 Brandes, Tschechen, S. 208 f. Hitler selbst war offenkundig mit der nachgiebigen Haltung Neuraths gegenüber den Tschechen nicht mehr einverstanden. Zum Militärattaché in Prag sagte er, daß Neurath ein freundlicher alter Herr sei, dessen Gutmütigkeit und Friedlichkeit sich sehr bald mit Schwäche und Dummheit verbunden hätten (ebenda, S. 208). Heydrich bezeichnete es Anfang Februar 1942 als den »Grundfehler«, der unter Neurath gemacht worden sei, daß man die Tschechen

Kaum war Heydrich am 27. September in Prag eingetroffen, verhängte er über etliche Oberlandratsbezirke den Ausnahmezustand, unter dem alle Handlungen, die die »öffentliche Ordnung und Sicherheit, das Wirtschaftsleben oder den Arbeitsfrieden« störten oder gefährdeten, vor einem Standgericht abzuurteilen waren, das nur auf Todesstrafe, Überweisung an Gestapo oder Freispruch erkennen konnte. In dieser Phase demonstrativen Terrors, der die tschechische Bevölkerung einschüchtern sollte, wurden bis Ende November zwischen 4000 und 5000 Menschen verhaftet, über 400 verurteilt und hingerichtet.[45] Ebenfalls ließ Heydrich kurz nach seinem Eintreffen den tschechischen Ministerpräsidenten verhaften und ihn vor den eigens nach Prag gereisten Volksgerichtshof stellen, der Eliáš wegen Widerstands gegen die deutsche Besatzungsbehörden zum Tode verurteilte – ein, wie Heydrich selbst meinte, »Meisterwerk von Untersuchung und Aburteilung«.[46]

Welche politischen Ziele er gegenüber den Tschechen verfolgen wollte, offenbarte Heydrich seinen neuen Mitarbeitern in Prag am 2. Oktober:

»Die Weisung des Führers, die ich für diese Aufgabe erhalten habe, – die ich zeitlich als begrenzt ansehe – lautet: daß ich mit aller Härte in diesem Raum eindeutig sicherzustellen habe, daß die Bevölkerung, soweit sie tschechisch ist, einsieht, daß an der Rea-

---

als eigenen Staat behandelt und die Protektoratsverwaltung gewissermaßen als größere Gesandtschaft betrachtet habe, statt klar zu sehen, daß dieses Gebiet mit der militärischen Besetzung im März 1939 Teil des Deutschen Reiches geworden sei (Rede Heydrichs vor leitenden Funktionären der Besatzungsverwaltung in Prag, 4. 2. 1942, gedruckt in: Kárný/Milotová/Kárná, Politik, S. 221–234).

45 Brandes, Tschechen, S. 211–213; zur Politik Heydrichs in Tschechien vgl. auch die ausgezeichnete Einleitung in: Kárný/Milotová/Kárná, Politik, S. 9–75. Von daher ist das Urteil Deschners mehr als fragwürdig, daß Heydrich »die Vergewaltigung der Tschechen in Verführung« umgewandelt habe (Deschner, Heydrich, S. 7).

46 Rede Heydrichs vor den führenden Mitarbeitern in Prag, 2. 10. 1941, gedruckt in: Kárný/Milotová/Kárná, Politik, S. 107–122, Zitat: S. 121. Die Verhaftung und Verurteilung von Eliáš war schon in Berlin vorbereitet worden. Heydrich setzte sich persönlich dafür ein, daß der Volksgerichtshof unter Vorsitz von Thierack in Prag tagte und Eliáš am 3. 10. zum Tode verurteilte. Heydrich ließ dabei den Prager Gestapochef Geschke als Ankläger auftreten und drängte Hitler, Eliáš nicht zu begnadigen (Vorgänge in BArch, R 22/4070; Dienstkalender Himmlers 1941/42, S. 221 f. [28. 9. 1941]; Brandes, Tschechen, S. 213–215; Kárný/Milotová/Kárná, Politik, S. 41–43; Deschner, Heydrich, S. 223–227). Eliáš wurde nach dem Attentat auf Heydrich im Mai 1942 hingerichtet.

619

litäten [sic] der Zugehörigkeit zum Reich und des Gehorsams gegenüber dem Reich nicht vorüberzugehen ist; für die Deutschen, daß sie wissen, daß dieser Teil des Reiches eben ein Teil des Reiches ist und daß auf der einen Seite der Deutsche hier den Schutz genießt und die führende Rolle spielt und zu spielen hat, aber auch, daß der Deutsche entsprechend diesem Recht die Pflicht hat, sich als Deutscher zu benehmen und zu führen.« Unausgesprochene Grundlinie aller Politik sei es, »daß dieser Raum einmal deutsch werden muß, und daß der Tscheche in diesem Raum letzten Endes nichts mehr verloren hat«.[47]

Als Nahziel nannte Heydrich, daß »Ruhe im Raum« herrsche, und die tschechischen Arbeiter einsähen, daß jeglicher Widerstand gegen die deutsche Besatzung ihnen selber schade. Mit Terror einerseits und Erhöhung der Lebensmittelrationen für die Arbeiter andererseits suchte Heydrich die Obstruktionshaltung der Bevölkerung zu brechen und damit die für die deutsche Kriegführung unverzichtbare tschechische Rüstungsproduktion zu gewährleisten. Aber, das machte Heydrich seinen Mitarbeitern deutlich, »daß man ganz klar immer wieder vor Augen hat, daß alles, was hier jetzt geschehen muß, nur eben eine Nahlösung ist, unter der die Endlösung nicht leiden darf«.[48] Und die hieß: völlige Eindeutschung.

Über die tschechischen Juden hatte Hitler Anfang Oktober das Urteil gefällt. Alle Juden, so Hitler, müßten aus dem Protektorat entfernt werden, und zwar nicht erst ins Generalgouvernement, sondern »gleich weiter nach Osten«, was zur Zeit nur wegen des großen militärischen Bedarfs an Transportmitteln noch nicht durchzuführen sei. Mit den »Protektoratsjuden« sollten »gleichzeitig alle Juden aus Berlin und Wien verschwinden«. Denn die Juden seien, so Hitler, »überall die Leitung, auf der alle Nachrichten des Feindes mit Windeseile in alle Verästelungen des Volkes dringen«.[49]

Am 10. Oktober besprachen Heydrich, Frank, Böhme, Eichmann und sein Prager Statthalter Hans Günther die zu ergreifenden Maßnahmen. Die Täter gingen von 88 000 Juden im Protektorat, davon 48 000 allein in Prag, aus, die sämtlich in den nächsten Wochen vorwiegend nach Minsk

---

47 Rede Heydrichs vor den führenden Mitarbeitern in Prag, 2. 10. 1941, gedruckt in: Kárný/Milotová/Kárná, Politik, S. 107–122, Zitat: S. 115.
48 Ebenda, S. 118; vgl. auch Brandes, Nationalsozialistische Tschechenpolitik.
49 Bericht Koeppen, 7. 10. 1941, BArch, R 6/34a, Bl. 42, gedruckt in: Kárný/Milotová/Kárná, Politik, S. 129–131.

und Riga deportiert werden sollten.[50] Vor allem aber wollten die Täter nicht mehr die Rücksichten nehmen, zu denen sie noch im Altreich angehalten waren. Dort, so steht es im Protokoll dieser Besprechung, »muß bei der Auswahl der Juden überprüft werden, ob nicht dieser oder jener Jude dabei ist, der von hohen Reichsstellen protegiert wird, um keinen zu großen Anlauf von Schreiben wegen solcher Juden zu erhalten«.

Nun sollte »keine Rücksicht auf Juden mit Kriegsauszeichnungen« genommen werden.[51] Die Presseerklärung, die Heydrich am 10. Oktober herausgab, erklärte ohne Umschweife:

»Ziel des Reiches wird und muß daher sein, das Judentum nicht nur aus dem Einfluß der Völker Europas auszuschalten, sondern nach Möglichkeit sie außerhalb Europas zur Ansiedlung zu bringen. Alle anderen Maßnahmen sind – abgesehen von der grundsätzlichen Gesetzgebung, die für alle Ewigkeit eine Schranke zur Sicherung des eigenen Volkstums bedeutet – Etappen zu diesem Endziel. Ich habe mich entschlossen, diese Etappen auch im Protektorat folgerichtig und möglichst schnell zu gehen.«[52]

---

50 Diesen Zahlen lag ein Bericht der Zentralstelle für jüdische Auswanderung in Prag vom 2.10.1941 zugrunde (gedruckt in: Kárný/Milotová/Kárná, Politik, S.122–127). Zu den tatsächlichen Zahlen der jüdischen Opfer vgl. Schmidt-Hartmann, Tschechoslowakei; Kárný, Die tschechoslowakischen Opfer; Škorpil, Probleme.

51 Protokoll der Besprechung bei Heydrich über die »Lösung von Judenfragen«, 10.10.1941, Beweisdokument des Eichmann-Prozesses T 37/299 bzw. Israel Police 1193, gedruckt in: Kárný/Milotová/Kárná, Politik, S.137–141; vgl. Yahil, Shoah, S.416 f.

52 Zitiert nach Schmidt-Hartmann, Tschechoslowakei, S.361 Anm. 28. Von den im Oktober und November aus Prag und Brünn deportierten 6000 Juden überlebten etwa 270 (ebenda, S.361 f.). Zwei Ghettos, jeweils im böhmischen und mährischen Landesteil, sollten eingerichtet werden, um die auf dem Land lebenden, später auch die städtischen Juden zu konzentrieren. Über den Ort war sich die Runde noch unschlüssig, ob Tabor bei Budweis, Theresienstadt oder Gaya in Mähren. Realisiert wurde jedoch allein das Ghetto Theresienstadt, in das zwischen seiner Errichtung im November 1941 und seiner Auflösung im April 1945 rund 141 000 Menschen aus dem Protektorat wie auch aus anderen europäischen Ländern verschleppt wurden, darunter aus Prag allein die gesamte jüdische Bevölkerung von annähernd 40 000 Menschen. 35 000 Menschen starben in Theresienstadt an Hunger und Krankheiten, 88 000 Menschen wurden von dort in die Vernichtungslager deportiert, von denen nur 3500 überlebten (vgl. Lederer, Ghetto Theresienstadt; Adler, Theresienstadt; Kárný, Theresienstadt; zu den Opferzahlen siehe Schmidt-Hartmann, Tschechoslowakei, S.365 f.).

Heydrich blieb auch in seiner neuen Funktion Chef der Sicherheitspolizei und des SD und führte das RSHA von Prag aus. In seiner Rede am 2. Oktober vor den engsten Mitarbeitern der deutschen Besatzungsverwaltung trat er ausdrücklich dem Bild entgegen, daß der Chef der Sicherheitspolizei und des SD ein »Mann der Exekutive« sei, der »alles nach Möglichkeit nur exekutiv lösen« wolle. Im Gegenteil, die SS, und darin besonders Sicherheitspolizei und SD, seien der »Stoßtrupp der Partei in allen Dingen der Sicherung innerpolitischer Art des Raumes und der Sicherung der nationalsozialistischen Idee«. Die SS handele daher »im Bewußtsein der Sendung des Führers«, die auf dem Weg über das Großdeutsche Reich zum Großgermanischen Reich gehe. »Bedenken Sie«, so habe ihm Hitler beim Weggehen gesagt, »daß immer da, wo ich die Einheit des Reiches gefährdet sehe, ich mir einen SS-Führer nehme und ihn vom Reich aus hinschicke, um die Einheit des Reiches zu wahren.«[53]

Als Chef des RSHA setzte Heydrich, nachdem die Entscheidung hinsichtlich der Deportation der deutschen wie der westeuropäischen Juden gefallen war, alles daran, die ihm übertragene Ermächtigung für die »Endlösung der Judenfrage« zu behaupten und auszuschöpfen. Die deutschen und tschechischen Juden befanden sich bereits in den Händen von Sicherheitspolizei und SD, bei den französischen Juden stand das RSHA vor den Schranken der Militärverwaltung und der Vichy-Regierung, die ihm einen ungehinderten Zugriff auf die in Frankreich lebenden Juden verwehrten. Um auch im besetzten Frankreich die Deportationspolitik durchzusetzen, scheute Heydrich nicht davor zurück, mit den Mitteln eines Agent provocateurs die Militärverwaltung unter Druck zu setzen.

Frankreich

In der Nacht vom 2. auf den 3. Oktober 1941 wurden in Paris Sprengstoffanschläge auf sieben Synagogen verübt, bei denen zwei deutsche Soldaten leicht verletzt wurden. Die Täter gehörten einer antisemitischen Terrorgruppe um den französischen Faschisten Eugéne Deloncle an, Drahtzieher und Lieferant des Sprengstoffs aber waren Heydrich und

---

53 Rede Heydrichs vor den führenden Mitarbeitern in Prag, 2. 10. 1941, a. a. O. (s. Anm. 46), S. 108 f.

Helmut Knochen in Paris.[54] Als äußerer Anlaß hatte ein Anschlag gedient, bei dem die beiden Vichy-Politiker Laval und Déat verletzt wurden. Die eigentliche Absicht der Anschläge bestand jedoch darin, eine antisemitische Empörungswelle der französischen Bevölkerung vorzutäuschen, um damit die Militärverwaltung zu drastischen Maßnahmen gegen die Juden in Frankreich zu zwingen.[55] Die Provokation flog rasch auf. Der Militärbefehlshaber von Stülpnagel verlangte entrüstet die Abberufung von Knochens. Aber Heydrich deckte seinen Mann in Paris. Er ließ den Generalquartiermeister Wagner im OKH am 6.11. wissen, daß die Anschläge mit seiner Zustimmung verübt worden seien, und verteidigte sie explizit. Die zunehmende Zahl von Attentaten im besetzten Frankreich gegen die deutsche Besatzungsmacht gingen, so Heydrich, sämtlich auf »jüdisch-kommunistische Kreise« zurück, und über die verhängten Strafen hinaus sei es zweckmäßig gewesen, der Öffentlichkeit zu zeigen, daß es im französischen Volk auch Kräfte gebe, die nicht nur den Bolschewismus, sondern auch das Judentum bekämpfen wollten. Heydrich hob hervor und nahm damit unmißverständlich Bezug auf Hitlers Deportationsentscheidung, daß er die Zustimmung zu den Anschlägen erst in dem Moment erteilt habe, als »auch von höchster Stelle mit aller Schärfe das Judentum als der verantwortliche Brandstifter in Europa gekennzeichnet wurde, der endgültig in Europa verschwinden muß«.[56]

---

54 Knochen sagte nach dem Krieg aus, daß er den Vorschlag von Deloncle an den BdS Thomas weitergeleitet und dieser sich mit Heydrich abgesprochen habe (Steur, Dannecker, S. 60 f.); zur Frage des Sprengstoffs siehe auch das Telefonat Himmlers mit Heydrich am 6.11.1941 (Dienstkalender Himmlers 1941/42, S. 255). Daß Hitler persönlich die Attentate genehmigte, wie Steur vermutet, läßt sich allerdings aus den Unterlagen, auch aus Heydrichs Brief an Wagner vom 6.11.1941 (siehe unten), nicht schließen (Steur, Dannecker, S. 60–64).

55 Klarsfeld, Vichy – Auschwitz, S. 33 f.; Hilberg, Vernichtung, Bd. 2, S. 668.

56 Heydrich an Wagner, 6.11.1941, gedruckt in: Klarsfeld, Vichy – Auschwitz, S. 369 f. Personell teilte Heydrich auf die Forderung nach Ablösung Knochens kurz mit, daß der BdS Thomas bereits am 20.9. den Auftrag für eine neue Verwendung im Osten erhalten habe – er hatte Anfang Oktober die Führung der Einsatzgruppe C übernommen –, aber Knochen habe entsprechend den Befehlen Heydrichs gehandelt und gebe zu keiner Beanstandung seiner Tätigkeit Anlaß.

Trotz des schmählichen Auffliegens der vom RSHA angezettelten Provokation, bei der immerhin deutsche Soldaten verletzt wurden, erreichte Heydrich sein Ziel, die Juden als angebliche Urheber des französischen Widerstands verantwortlich zu machen. Denn die Militärverwaltung stand allgemein unter Druck, auf den zunehmenden Widerstand seit dem Überfall auf die Sowjetunion zu reagieren. Am 21. August hatte der Militärbefehlshaber direkt nach verschiedenen Protestaktionen und Mordanschlägen wegen des deutschen Angriffs auf die Sowjetunion eine Großrazzia in Paris befohlen, bei der etwa 4000 Juden verhaftet und interniert wurden.[57] Zugleich erklärte von Stülpnagel alle in Haft befindlichen Franzosen zu Geiseln, von denen »bei jedem weiteren Anlaß einer der Schwere der Straftat entsprechende Anzahl erschossen werden sollte«.[58] Als von Stülpnagel nach einem weiteren Attentat Anfang September drei inhaftierte Kommunisten erschießen ließ, intervenierte Hitler und ließ durch Keitel mitteilen, daß er weit schärfere Vergeltungsmaßnahmen, nämlich mindestens 100 Erschießungen für einen Deutschen, erwarte. Nach zwei weiteren Anschlägen Ende Oktober befahl Hitler die sofortige Erschießung von 100 Menschen; die hinhaltende Taktik Otto von Stülpnagels, der vor der »Anwendung polnischer Methoden auf Frankreich« gewarnt hatte, war gescheitert.[59]

Um der politischen Ausweglosigkeit entgegenzutreten, daß der Widerstand mit immer größeren Geiselerschießungen eher befördert als gebrochen wurde, und um zugleich dem Druck aus Berlin zu begegnen, schwenkte der Militärbefehlshaber auf die Politik ein, wie sie zur selben Zeit von der Wehrmacht auch in Serbien praktiziert wurde.[60] Nach erneu-

---

57 Klarsfeld, Vichy – Auschwitz, S. 28–31; Yahil, Shoah, S. 471.
58 Bekanntmachung des Militärbefehlshabers, 22. 8. 1941, zitiert nach Delacor, Attentate, S. 91.
59 Jäckel, Frankreich, S. 190–192.
60 Nach einem Anschlag auf einen deutschen Konvoi am 2. 10. 1941 befahl der kommandierende General Böhme die Erschießung von 2100 jüdischen Männern, die in den Lagern Sabac und Belgrad in den Monaten zuvor interniert worden waren. Die SS- und Polizeieinheiten selektierten die Opfer, die Wehrmacht schoß. Zuvor hatte das deutsche Militär über das Auswärtige Amt die Abschiebung der internierten Juden gefordert, von Eichmann jedoch die Antwort erhalten, daß an Transporte ins Generalgouvernement oder in die besetzten sowjetischen Gebiete derzeit nicht zu denken sei. Statt dessen, so der Judenreferent des Auswärtigen Amtes, Rademacher,

ten Anschlägen Ende November ordnete von Stülpnagel sowohl die Erschießung von 100 Menschen, eine Geldbuße von 1 Milliarde Francs, die
den Juden des besetzten französischen Gebiets auferlegt wurde, sowie die
Deportation von 1000 Juden und 500 Kommunisten in den Osten an[61] –
ein Verfahren, das von nun an gängige Praxis wurde.[62] Das hilflose Lavieren der deutschen Militärverwaltung, einerseits den Terror gegen die
französische Bevölkerung nicht eskalieren zu lassen, um die Kollaboration des Vichy-Regimes nicht zu gefährden, und andererseits dem Druck
Hitlers nach massiver Vergeltung zu entsprechen, mündete in ebendie Deportationspolitik, die das RSHA seit dem Sommer 1940 zu forcieren
suchte.

Himmler und Heydrich versuchten zugleich, die Deportationen auch
auf die übrigen unter deutschem Einfluß stehenden europäischen Länder
auszudehnen. Am 20. Oktober 1941 trafen Ribbentrop und Himmler mit
der Staatsspitze der Slowakei zusammen. Unter anderem brachte Himmler die Rede auf die »Lösung der Judenfrage« und schlug den slowakischen Politikern vor, ihre jüdischen Staatsbürger den Deutschen zum

---

in seiner bekannten handschriftlichen Notiz vom 13. 9., schlug Eichmann Erschießen vor. Auch Luther teilte der Wehrmacht in Serbien am 2. 10. mit, daß der
Militärbefehlshaber seiner Ansicht nach selbst »für die sofortige Beseitigung dieser
8000 Juden Sorge tragen [solle]. In anderen Gebieten sind andere Militärbefehlshaber mit einer wesentlichen größeren Anzahl Juden fertig geworden, ohne überhaupt darüber zu reden« (Browning, Wehrmacht Reprisal Policy; Manoschek, Serbien, S. 102–105; Hilberg, Vernichtung, Bd. 2, S. 730 f.). Die übriggebliebenen
15 000 Frauen und Kinder wurden im Lager Semlin (Zemun) interniert. Im März
1942 traf ein Gaswagen ein, mit dem bis zum 10. Mai sämtliche Lagerinsassen von
den Deutschen ermordet wurden.

61 Klarsfeld, Vichy – Auschwitz, S. 34–36. Aufgrund von Transportschwierigkeiten
ging der erste Transport von 1112 jüdischen Männern aus dem Lager Compiègne
am 27. 3. 1942 nach Auschwitz ab; von ihnen überlebten nur 22 (Klarsfeld, Vichy –
Auschwitz, S. 376 f.).

62 Auf diesen Zusammenhang zwischen Geiselerschießungen und Deportationen hat
vor allem Ulrich Herbert hingewiesen (Herbert, Die deutsche Militärverwaltung).
Nachdem Otto von Stülpnagel erfahren mußte, daß Hitler die Deportationen nicht
anstelle der Erschießungen akzeptierte, sondern nur als zusätzliche Maßnahme, trat
er als Militärbefehlshaber Mitte Februar 1942 zurück und wurde durch seinen Vet-
ter, General Karl-Heinrich von Stülpnagel, ersetzt.

»Arbeitseinsatz« im besetzten Polen zu überlassen.[63] Am 17. Oktober erhob Heydrich in einem Telefonat mit Unterstaatssekretär Luther Einspruch gegen Pläne des Auswärtigen Amts, 2000 Juden spanischer Staatsangehörigkeit aus Frankreich nach Marokko auszuweisen, denn dort seien diese der Kontrolle sowie »bei den nach Kriegsende zu ergreifenden Maßnahmen zur grundsätzlichen Lösung der Judenfrage dem unmittelbaren Zugriff allzusehr entzogen«.[64]

Tags darauf telefonierten Heydrich und Himmler, der sich zu diesem Telefonat handschriftlich »keine Auswanderung der Juden nach Übersee« notierte.[65] Sechs Tage später, am 23. Oktober 1941, erließ das RSHA, IV B 4, gezeichnet vom Amtschef Müller, ein generelles Auswanderungsverbot für Juden:

> »Reichsführer-SS und Chef der Deutschen Polizei hat angeordnet, daß die Auswanderung von Juden mit sofortiger Wirkung zu verhindern ist. (Die Evakuierungsaktionen bleiben hiervon unberührt). [...] Lediglich in ganz besonders gelagerten Einzelfällen, z. B. bei Vorliegen eines positiven Reichsinteresses, kann nach vorheriger Herbeiführung der Entscheidung des Reichssicherheitshauptamtes der Auswanderung einzelner Juden stattgegeben werden.«[66]

Noch Ende August hatte Müller zu erkennen gegeben, daß das RSHA vornehmlich an der Förderung der Auswanderung, zumindest für die

---

63 Dienstkalender Himmlers 1941/42, S. 241 (20. 10. 1941). Im Februar 1942 setzte das Auswärtige Amt auf Drängen Himmlers nach und fragte bei der slowakischen Regierung an, dem Deutschen Reich 20 000 jüdische Arbeitskräfte zur Verfügung zu stellen. Nachdem die Slowaken zustimmten und Ende März die ersten Transporte mit jungen Frauen und Männern nach Auschwitz abgingen, ließ Himmler am 23. 3. 1942 über das AA und den Gesandten Ludin in Preßburg mitteilen, daß Deutschland auch die restlichen slowakischen Juden übernehmen wolle, was der slowakische Staatsrat begrüßte, wie Ludin bereits am 29. 3. nach Berlin melden konnte (Hilberg, Vernichtung, Bd. 2, S. 776; Longerich, Politik der Vernichtung, S. 491–493; zu den Bemühungen der slowakischen jüdischen Gemeinde, die Deportationen durch eine Kontribution von mehreren Millionen US-Dollar zu verhindern, vgl. Bauer, Freikauf, S. 103–165).

64 Rother, Franco und die deutsche Judenverfolgung, S. 195 f.

65 Dienstkalender Himmlers 1941/42, S. 238 (18. 10. 1941).

66 RSHA IV B 4b, gez. i. V. Müller, an den Beauftragten des Chefs der Sicherheitspolizei und des SD für Belgien und Frankreich, 23. 10. 1941, gedruckt in: Longerich/Pohl, Ermordung, S. 82.

österreichischen Juden, festhielt.[67] Nun, am 23. Oktober, war die Schlinge zugezogen, die NS-Führung hatte kein Interesse mehr, daß die europäischen Juden den Kontinent nach Übersee verließen. Sie sollten sämtlich in den Osten deportiert werden.

Wannsee-Konferenz

Die Entscheidung, die deutschen wie die europäischen Juden in den Osten zu deportieren, warf für die Täter eine Reihe von Fragen auf, die von den verschiedenen mit der Deportation befaßten Instanzen des NS-Regimes gemeinsam abgestimmt werden mußten, wie es nicht zuletzt Görings Ermächtigung vom 31. Juli vorgeschrieben hatte. Zudem konnte Heydrich nicht sicher sein, daß die übrigen, auf ihre Kompetenzen und Einflußbereiche eifersüchtig achtenden NS-Institutionen ohne weiteres die beanspruchte Führungsrolle des RSHA akzeptierten. Vor allem war noch nicht geklärt, ob die – im Warthegau und im Reichskommissariat Ostland bereits getroffenen – Entscheidungen, die in den Ghettos zusammengepferchten Menschen nach Arbeitsfähigkeit zu selektieren und die angeblich Arbeitsunfähigen mit neuen Tötungsmitteln massenweise und systematisch zu ermorden, von den anderen NS-Institutionen geteilt wurde.[68]

---

67 Angesichts der Praxis ausländischer Konsulate in Wien, sogenannte Gefälligkeitsvisa auszustellen, schrieb Müller am 21. 8. 1941, daß »im Interesse der Förderung der Judenauswanderung [...] ein sicherheitspolizeiliches Einschreiten nicht angebracht [ist], wenn die auswandernden Juden ihren Pflichten gegenüber dem Reich, insbesondere in finanzieller Hinsicht, nachgekommen sind und die Auswanderung legal erfolgt« (zitiert nach Rosenkranz, Verfolgung und Selbstbehauptung, S. 269; vgl. auch Burrin, Hitler, S. 139).

68 Anfang Oktober hatte die örtliche Sicherheitspolizei in Łódź/Litzmannstadt ein »Arbeitsghetto«, in dem rund 40 000 zur Arbeit eingesetzte Juden interniert wurden, von einem »Versorgungsghetto« mit rund 100 000 nichtarbeitenden Juden getrennt. Für ebendiese 100 000 Menschen hatte Gauleiter Greiser bei Himmler um die Genehmigung gebeten, sie umbringen zu lassen (Greiser rückblickend an Himmler, 1. 5. 1942, gedruckt in: Faschismus – Getto – Massenmord, S. 278). Am 8. 12. 1941 begann in Chełmno der Massenmord mittels Gaswagen zuerst an den Juden aus dem Wartheland, im Januar 1942 an polnischen Juden aus dem Ghetto

Als dringliches Problem für die Täter erwies sich die Behandlung der deutschen Juden. Von den etwa 20 000 Juden aus Deutschland, die zwischen dem 15. Oktober und 4. November nach Łódź deportiert wurden, starben etliche an Hunger, Krankheiten und Entbehrung, aber noch wurde niemand von ihnen in Chełmno ermordet. Die 12 000 Juden aus dem »Altreich«, Österreich und dem Protektorat, die im November nach Minsk verschleppt wurden, kamen ins Ghetto, aus dem in den Tagen zuvor mehr als 6600 weißrussische Juden von der Sicherheitspolizei und dem SD herausgeholt und, um Platz für die deutschen Ankömmlinge zu schaffen, erschossen wurden. Die deutschen, österreichischen und tschechischen Juden blieben vorerst am Leben. Dagegen tötete das Einsatzkommando 3 sämtliche 4934 Juden aus Deutschland und Österreich, die am 25. und 29. November in Kaunas/Kowno ankamen. Gleichfalls ermordeten SS-Einheiten unter dem HSSPF Jeckeln am 30. November in Riga 1000 Berliner Juden unmittelbar nach ihrer Ankunft.[69] Die Gründe für die unterschiedliche Praxis liegen im dunkeln.[70]

Łódź (Longerich, Politik der Vernichtung, S. 450–452; Klein, Rolle der Vernichtungslager). Ebenfalls Mitte Oktober erteilte Himmler dem SS- und Polizeiführer in Lublin, Odilo Globocnik, allem Anschein nach den Auftrag, ein regionales Vernichtungslager in Belzec zu errichten (Dienstkalender Himmlers 1941/42, S. 233 f. [13. 10. 1941]; Arad, Belzec, Sobibor, Treblinka; Arndt/Scheffler, Massenmord). Ebenso richtete man sich im Reichskommissariat Ostland darauf ein, die angeblich nicht arbeitsfähigen Juden mit »Vergasungsapparaten« zu töten. Nach Mitteilung von Eichmann, so teilte der Rassereferent im RMFdO, Dr. Erhard Wetzel, am 25. Oktober Reichskommissar Lohse mit, sollten in Riga und Minsk Lager für Juden errichtet werden, in die auch deutsche Juden gebracht werden sollten. Nach »Sachlage«, so Wetzel, bestünden »keine Bedenken, wenn diejenigen Juden, die nicht arbeitsfähig sind, mit den Brackschen Hilfsmitteln beseitigt werden« (Wetzel an Lohse, 25. 10. 1941, Nbg. Dok. NO 365, gedruckt in: Krausnick, Judenverfolgung, S. 649 f.).

69 Gerlach, Wannsee-Konferenz, S. 12–14; Hilberg, Vernichtung, Bd. 2, S. 370 f.

70 Daß zumindest Jeckeln auf eigene Initiative handelte, läßt sich anhand eines Funktelegramms vermuten, das Himmler Jeckeln am 1. 12. sandte und in dem er diesem drohte, »Eigenmächtigkeiten und Zuwiederhandlungen [sic]« gegen die »von mir bezw. vom Reichssicherheitshauptamt in meinem Auftrag gegebenen Richtlinien«, wie die »in das Gebiet Ostland ausgesiedelten Juden« zu »behandeln« seien, werde er »bestrafen« (Funktelegramm Himmlers an Jeckeln, 1. 12. 1941, Dienstkalender Himmlers 1941/42, S. 278, Anm. 104).

Allerdings erhob sich Widerspruch. Der Generalkommissar für Weißruthenien, Wilhelm Kube, der sich rühmte, seit seiner Studentenzeit im Kampf gegen das Judentum zu stehen, bemängelte nach einem Besuch des Ghettos in Minsk, daß unter den Deportierten sich auch Personen befänden, die im Sinne der Nürnberger Gesetze keine Juden seien.[71] Reichskommissar Lohse sandte Namenslisten nach Berlin von Personen, die nach den Deportationsrichtlinien nicht hätten deportiert werden dürfen. In Berlin setzten sich bekannte Persönlichkeiten für die Freilassung des jüdischen Rechtsanwaltes Loewenstein ein, der nach Minsk deportiert worden war.[72] Dieser unerwartete Widerspruch führte am 30. November zu einem Telefonat Himmlers mit Heydrich von Hitlers Hauptquartier aus, über das Himmler festhielt: »Judentransport aus Berlin. keine Liqui-

71 In einem Brief an Lohse vom 16.12.1941 formulierte Kube: »Ich bin gewiß hart und bereit, die Judenfrage mitlösen zu helfen, aber Menschen, die aus unserem Kulturkreis kommen, sind doch etwas anderes als die bodenständigen vertierten Horden.« (Kube an Lohse, 16.12.1941, Nbg. Dok. 3665-PS) Heydrich wies in seiner Antwort an Kube alle Vorwürfe zurück und schloß: »Sie werden mir zugeben, daß es im dritten Kriegsjahr auch für die Sicherheitspolizei und den Sicherheitsdienst kriegswichtigere Aufgaben gibt als dem Geseires von Juden nachzulaufen, zeitraubende Ermittlungen anzustellen und soviele meiner Mitarbeiter von anderen und weit wichtigeren Aufgaben abzuhalten. Wenn ich überhaupt in eine Nachprüfung Ihrer Liste eingetreten bin[,] so nur deshalb, um ein für allemal solche Angriffe dokumentarisch zu widerlegen. Ich bedaure, sechseinhalb Jahre nach Erlaß der Nürnberger Gesetze noch eine derartige Rechtfertigung schreiben zu müssen.« (Heydrich an Kube, 21.3.1942, gedruckt in: Heiber, Akten des Gauleiters Kube, S.86)
72 Vgl. ebenda, S.74f. Explizit nahm Eichmann auf diese Interventionen Bezug, als er Anfang März 1942 die Vertreter der Stapostellen auf der Deportationskonferenz im RSHA darauf aufmerksam machte, die Richtlinien hinsichtlich von alten und gebrechlichen Juden zu beachten, »da beim Transport nach Riga ca. 40–45 Fälle durch den Judenältesten in Riga über die Gauleiter Lohse und Meyer [der Vertreter Rosenbergs, Dr. Alfred Meyer, blieb neben seiner Stellung im Ostministerium NSDAP-Gauleiter von Westfalen-Nord, M.W.] dem SS-Obergruppenführer Heydrich als zu Unrecht evakuiert reklamiert wurden« (Bericht des Vertreters der Gestapo Düsseldorf über die am 6.3.1942 im RSHA IV B 4 stattgefundene Besprechung, 9.3.1942, gedruckt in: Adler, Die verheimlichte Wahrheit, S.9f.).

dierung«.[73] Diese Anweisung kam jedoch zu spät, zu diesem Zeitpunkt waren die Berliner Juden bereits erschossen worden. Aber in der Perspektive der Täter war ein Problem entstanden, das in Absprache mit den anderen Instanzen des Reiches gelöst werden mußte. Heydrich wies in seiner ersten Einladung zur Wannsee-Konferenz ausdrücklich darauf hin, indem er unter anderem die seit Mitte Oktober laufenden Transporte mit Juden aus dem Reichsgebiet und dem Protektorat als Grund für die Aussprache erwähnte.[74]

Ein weiteres Problem war bislang ungelöst geblieben: die Definition, wer Jude sei. Die Bestimmungen der Nürnberger Gesetze waren dem RSHA, aber auch der Parteikanzlei, dem Rassepolitischen Amt der NSDAP und der Vierjahresplanbehörde zu eng gefaßt. Sie wollten die sogenannten Mischlinge ersten Grades oder »Halbjuden« den Juden gleichstellen. Für die besetzten Gebiete hatten die Nürnberger Gesetze keine Gültigkeit, aber auch innerhalb des Reichsgebietes wollte das RSHA Zugriff auf die bislang ausgenommenen »Mischlinge«. Obwohl sich offensichtlich ebenfalls der Chef der Reichskanzlei, Lammers, auf die Seite von RSHA und NSDAP schlug, kam aus dem Reichsinnenministerium Widerstand. Aber auch Göring und Hitler lehnten offenbar eine Ausweitung der Definition, soweit sie deutsche und österreichische Juden betraf, ab, aus Furcht über eine mögliche Unruhe in der Bevölkerung und vor den rechtlichen Komplikationen wie Zwangsscheidungen, wenn zum Beispiel Juden, die mit nichtjüdischen Deutschen verheiratet waren, in die Deportationen und Morde einbezogen wurden.[75] Die Wannsee-Konferenz sollte Klarheit bringen und das widerspenstige Reichsinnenministerium, das

---

73 Dienstkalender Himmlers 1941/42, S. 278 (30. 11. 1941). Dieses Telefonat war David Irvings Beweis, daß Hitler angeordnet hätte, daß es keine Liquidation der Juden geben solle, was wiederum Martin Broszat zum Anlaß seines berühmten Aufsatzes nahm (Irving, Hitler's War, S. XIV; Broszat, Hitler und die Genesis der »Endlösung«, hier S. 760).

74 Heydrich an Luther, 29. 11. 1941, gedruckt als Faksimile in: Tuchel, Am Großen Wannsee, S. 112 f.

75 Der Protest der nichtjüdischen Ehefrauen gegen die Deportation ihrer jüdischen Männer im März 1943 in Berlin zeigte, daß diese Furcht nicht unbegründet war (vgl. Stoltzfus, Resistance of the Heart; Meyer, Mischlinge, S. 57–62).

noch im August 1941 die »Federführung in der Judenfrage« für sich beansprucht hatte, zurückdrängen.[76]

Geplant war die Konferenz für den 9. Dezember, wurde jedoch kurzfristig auf den 20. Januar verschoben. Heydrich selbst gab rückblickend kryptisch an, daß die Besprechung »aufgrund plötzlich bekannt gegebener Ereignisse und der damit verbundenen Inanspruchnahme eines Teils der geladenen Herren in letzter Minute« abgesagt werden mußte.[77] In der Forschung wird übereinstimmend sowohl der japanische Angriff auf Pearl Harbor, der zum Kriegseintritt der USA und der Kriegserklärung Deutschlands an die USA am 11. Dezember führte, und der Beginn der sowjetischen Gegenoffensive am 5. und 6. 12. als Grund für die Verschiebung verantwortlich gemacht.[78]

Mit dem Kriegseintritt der USA war der Krieg zum Weltkrieg geworden und damit jenes Szenario eingetreten, das Hitler seit seiner Rede vom 30. Januar 1939 immer wieder beschworen hatte:

---

76 Am 24. 11. hatte Himmler in einem Gespräch mit dem Staatssekretär Stuckart diesen Anspruch nachdrücklich bestritten und festgehalten: »Judenfrage gehören [sic] zu mir« (Dienstkalender Himmlers 1941/42, S. 273 f. [24. 11. 1941]). Gegenüber den älteren Interpretationen der Wannsee-Konferenz, die davon ausgingen, daß dort der Mord an sämtlichen europäischen Juden beschlossen worden sei (Reitlinger, Endlösung, S. 105 f.), haben nachfolgende Studien der Wannsee-Konferenz eher mindere Bedeutung zugemessen. Für Eberhard Jäckel diente die Zusammenkunft in erster Linie dazu, daß Heydrich innerhalb der Instanzen des NS-Regimes seinen Führungsanspruch hinsichtlich der »Lösung der Judenfrage« durchsetzte (Jäckel, Konferenz am Wannsee). Adam wiederum betonte, daß die Besprechung die ungeklärte Frage der unterschiedlichen Behandlung von west- und osteuropäischen Juden, den deutsch-jüdischen »Mischlingen« wie der jüdischen Arbeiter lösen sollte (Adam, Judenpolitik, S. 314). Diese Aspekte abwägend: Scheffler/Grabitz, Wannsee-Konferenz; sowie Klein, Wannsee-Konferenz; die bisherige Forschung resümierend und der Wannsee-Konferenz wieder Bedeutung zuweisend: Gerlach, Wannsee-Konferenz; vgl. auch den ausführlichen Dokumentenband: Pätzold/ Schwarz, Tagesordnung: Judenmord.

77 Heydrich an Luther, 8. 1. 1942, als Faksimile gedruckt in: Tuchel, Am Großen Wannsee, S. 115.

78 In einem Vermerk aus dem Ostministerium hieß es, daß die Besprechung wegen der Reichstagssitzung, die am 11. 12. stattfand, aber in der Tat mehrmals verschoben wurde, auf den Januar terminiert werden mußte (Gerlach, Wannsee-Konferenz, S. 21). Heydrich selbst hatte am 9. 12. mittags Vortrag bei Himmler zu halten (Dienstkalender Himmlers 1941/42, S. 287 [9. 12. 1941]).

»Wenn es dem internationalen Finanzjudentum inner- und außerhalb Europas gelingen sollte, die Völker noch einmal in einen Weltkrieg zu stürzen, dann wird das Ergebnis nicht die Bolschewisierung der Erde und damit der Sieg des Judentums sein, sondern die Vernichtung der jüdischen Rasse in Europa!«[79]

Durch die Kriegserklärung an die USA wurde aber auch eine Waffe stumpf, von der die NS-Führung geglaubt hatte, sie bis dahin als wirksames Instrument in der Hand zu haben, um die USA aus dem Krieg fernzuhalten: die deutschen und europäischen Juden als Geiseln. Da die NS-Führung davon überzeugt war, daß die Alliierten, insbesondere die Roosevelt-Administration, unter einem beherrschenden jüdischen Einfluß stand, glaubte sie, die US-Regierung mit den Juden als Geiseln unter Druck setzen zu können. Mit dem Kriegseintritt der USA war dieses Kalkül zwar zunichte geworden, aber Hitler und die NS-Führung waren nun »frei«, über das Leben und den Tod der deutschen wie der europäischen Juden zu verfügen.[80] Vor den engsten Kampfgefährten, den Reichs- und Gauleitern der NSDAP, auf deren Loyalität wie Antisemitismus er jederzeit vertrauen konnte, verkündete Hitler – bezeichnenderweise in seinen Privaträumen in der Reichskanzlei – am 12. Dezember laut den Aufzeichnungen von Joseph Goebbels, »bezüglich der Judenfrage [...] reinen Tisch zu machen«.[81]

Ob damit eine »Grundsatzentscheidung« Hitlers, alle europäischen Juden zu töten, gefallen ist, wie Christian Gerlach annimmt, sei dahingestellt.[82] Eine deutliche Radikalisierung hin zu massenmörderischen »Lösungen der Judenfrage« war bereits in den Wochen zuvor in der Praxis

---

79 Verhandlungen des Reichstages, Bd. 460, Stenographische Berichte 1939–1942, 1. Sitzung, 30. 1. 1939, S. 16; vgl. dazu Mommsen, Hitler's Reichstag Speech, der den drohenden Charakter der Rede eher relativiert.

80 Diesen Gedankengang hat vor wenigen Jahren der niederländische Historiker Hartog hervorgehoben (Hartog, Befehl zum Judenmord).

81 Tagebücher von Joseph Goebbels, Teil II, Bd. 2, S. 498 f. (13. 12. 1941); Goebbels weiter: »Er hat den Juden prophezeit, daß, wenn sie noch einmal einen Weltkrieg herbeiführen würden, sie dabei ihre Vernichtung erleben würden. Das ist keine Phrase gewesen. Der Weltkrieg ist da, die Vernichtung des Judentums muß die notwendige Folge sein. Diese Frage ist ohne jede Sentimentalität zu betrachten. Wir sind nicht dazu da, Mitleid mit den Juden, sondern nur Mitleid mit unserem deutschen Volk zu haben. Wenn das deutsche Volk jetzt wieder im Ostfeldzug an die 160 000 Tote geopfert hat, so werden die Urheber dieses blutigen Konflikts dafür mit ihrem Leben bezahlen müssen.«

82 Zur Kritik an seinen Kritikern vgl. Gerlach, Nachwort.

zu beobachten, und die systematische Ermordung der deutschen und westeuropäischen Juden begann erst im Frühjahr des folgenden Jahres. Doch fand der Radikalisierungsschub, der sich schon in der Entscheidung vom September, die deutschen, österreichischen und tschechischen Juden noch während des Krieges zu deportieren, dokumentiert hatte und jetzt durch den Kriegseintritt der USA und der Ausdehnung des europäischen zu einem Weltkrieg forciert wurde, in der Rede Hitlers am 12. Dezember zweifellos seinen Ausdruck. Wie so häufig »übersetzte« Generalgouverneur Frank vier Tage nach der Besprechung Hitlers Weisungen in unmißverständliche Worte:

»Mit den Juden – das will ich Ihnen auch ganz offen sagen – muß so oder so Schluß gemacht werden. [...] Ich muß auch als alter Nationalsozialist sagen: wenn die Judensippschaft in Europa den Krieg überleben würde, wir aber unser bestes Blut für die Erhaltung Europas geopfert hätten, dann würde dieser Krieg doch nur einen Teilerfolg darstellen. Ich werde daher den Juden gegenüber grundsätzlich nur von der Erwartung ausgehen, daß sie verschwinden. Sie müssen weg. [...] Aber was soll mit den Juden geschehen? Glauben Sie, man wird sie im Ostland in Siedlungsdörfern unterbringen? Man hat uns in Berlin gesagt: weshalb macht man diese Scherereien; wir können im Ostland oder im Reichskommissariat auch nichts mit ihnen anfangen, liquidiert sie selbst! [...] Die Juden sind auch für uns außergewöhnlich schädliche Fresser. Wir haben im Generalgouvernement schätzungsweise 2,5, vielleicht mit den jüdisch Versippten und dem, was alles daran hängt, jetzt 3,5 Millionen Juden. Diese 3,5 Millionen Juden können wir nicht erschießen, wir können sie nicht vergiften, werden aber doch Eingriffe vornehmen können, die irgendwie zu einem Vernichtungserfolg führen, und zwar im Zusammenhang mit den vom Reich her zu besprechenden großen Maßnahmen.«[83]

Diese »großen Maßnahmen« waren das Thema der Wannsee-Konferenz. Die Teilnehmer entsprachen in ihrer fachlichen Zusammensetzung dem grundsätzlichen Besprechungspunkt und vom Rang her der Stellung Heydrichs: Neben Heydrich, Müller und Eichmann vom RSHA waren es Otto Hofmann, Chef des SS-Rasse- und Siedlungshauptamtes, Friedrich Wilhelm Kritzinger, der zweite Mann aus der Reichskanzlei, Staatssekretär Dr. Wilhelm Stuckart aus dem Reichsinnenministerium, Dr. Gerhard Klopfer, quasi im Rang eines Staatssekretärs in der Parteikanzlei, der Leiter der Deutschland-Abteilung im Auswärtigen Amt und Unterstaatsse-

---

83 Rede Franks auf der Regierungssitzung am 16. 12. 1941, Diensttagebuch Frank, S. 457 f.

kretär Martin Luther, Dr. Roland Freisler, Staatssekretär im Justizministerium, Erich Neumann, Staatssekretär in der Vierjahresplanbehörde, Dr. Alfred Meyer und Dr. Georg Leibbrandt als hochrangige Vertreter des Ostministeriums, aus dem Generalgouvernement der Staatssekretär Dr. Josef Bühler und der BdS Dr. Eberhard Schöngarth und schließlich aus dem Reichskommissariat Ostland Dr. Rudolf Erwin Lange, der als KdS in Riga die Ermordungen der lettischen und deutschen Juden im November/Dezember 1941 befehligt hatte.[84]

Heydrich brachte eingangs noch einmal in Erinnerung, daß er von Göring mit der Vorbereitung der »Endlösung der europäischen Judenfrage« beauftragt worden sei und deshalb zu dieser grundsätzlichen Besprechung eingeladen habe, um die beteiligten Zentralinstanzen auf eine »Parallelisierung der Linienführung« zu verpflichten. Die »Federführung bei der Bearbeitung der Endlösung der Judenfrage« liege zentral beim Reichsführer SS und ihm als Chef der Sicherheitspolizei und des SD. Als erste »Lösungsmöglichkeit« sei die Auswanderung forciert worden, die dazu geführt habe, daß 537 000 Juden bis Ende Oktober 1941 emigriert seien,[85] aber mittlerweile habe Himmler die Auswanderung wegen der Gefahren im Kriege und »im Hinblick auf die Möglichkeiten des Ostens« verboten. An die Stelle der Auswanderung sei nunmehr »als weitere Lösungsmöglichkeit nach entsprechender vorheriger Genehmigung durch den Führer die Evakuierung der Juden nach dem Osten getreten«.[86] Deren

---

84 Ausführliche Lebensläufe der Teilnehmer der Wannsee-Konferenz in: Pätzold/Schwarz, Tagesordnung: Judenmord, S. 201–245. Staatssekretär Gutterer aus dem Propagandaministerium und der Leiter des Stabsamtes des Reichskommissars für die Festigung deutschen Volkstums, Greifelt, der zu dieser Zeit Verhandlungen in Italien führte, waren nicht erschienen.

85 Die Zahlenvorlage dazu stammte von Eichmann, der wiederum am 1. 11. 1941 der »Reichsvereinigung der Juden in Deutschland« die Anweisung erteilt hatte, eine statistische Gesamtübersicht über die Entwicklung der jüdischen Bevölkerung seit 1933 zu erstellen (Unterlagen der Reichsvereinigung der Juden in Deutschland; BA Potsdam, 75 C Re 1, Bd. 31, nach: Scheffler/Grabitz, Wannsee-Konferenz, S. 208). Das von Eichmann verfaßte »Besprechungsprotokoll« ist in Wirklichkeit eine nachträgliche Niederschrift, die in enger Abstimmung mit Heydrich und Müller entstand (»Besprechungsprotokoll« der Wannsee-Konferenz vom 20. 1. 1942, als Faksimile gedruckt in: Tuchel, Am Großen Wannsee, S. 122–136).

86 Besprechungsprotokoll, S. 123–126.

Zahl gab Heydrich, nach den überhöhten statistischen Vorlagen Eichmanns, mit 11 Millionen an. Europa sollte »vom Westen nach Osten durchgekämmt« werden, wobei das Reichsgebiet und das Protektorat, »allein schon aus Gründen der Wohnungsfrage und sonstigen sozial-politischen Notwendigkeiten«, vorweggenommen werden müßten. Die Juden sollten »in geeigneter Form im Osten zum Arbeitseinsatz kommen«, in großen Arbeitskolonnen, nach Geschlechtern getrennt – wie es bereits der Plan Stahleckers vorgesehen hatte –, »straßenbauend in diese Gebiete geführt, wobei zweifellos ein Großteil durch natürliche Verminderung ausfallen wird. Der allfällig endlich verbleibende Restbestand wird, da es sich bei diesem zweifellos um den widerstandsfähigsten Teil handelt, entsprechend behandelt werden müssen, da dieser, eine natürliche Auslese darstellend, bei Freilassung als Keimzelle eines neuen jüdischen Aufbaues anzusprechen ist (Siehe Erfahrung der Geschichte.)«[87]

Auf die Frage des israelischen Verhörbeamten, was mit dem Begriff »entsprechend behandelt« gemeint sei, antwortete Adolf Eichmann in Jerusalem: »getötet, getötet, sicherlich …«[88] Dann kam Heydrich auf den zweiten, für das RSHA wichtigen Punkt zu sprechen: die Einbeziehung der »Mischlinge« in die »Endlösung«. Ausführlich stellte er ausgeklügelte Modelle von Feststellungen und Ausnahmeregelungen vor, die jedoch von Stuckart mit dem Hinweis, daß die praktische Umsetzung solcherart Lösungsmöglichkeiten eine unendliche Verwaltungsarbeit bedeute, gleich wieder zu Fall gebracht wurden. Stuckart favorisierte dagegen Zwangssterilisationen und Zwangsscheidungen bei »Mischehen«. Damit waren Heydrich und das RSHA eben in derjenigen Frage, bei der sie sich von der Konferenz den Durchbruch erhofft hatten, am Widerstand Stuckarts gescheitert. Dennoch sei Heydrich laut den Aussagen Eichmanns anschlie-

---

87 Ebenda, S. 128f.
88 Vernehmung Adolf Eichmanns, 5.7.1960, zitiert nach: Pätzold/Schwarz, Tagesordnung: Judenmord, S. 174. Ob auf der Wannsee-Konferenz Heydrichs Plan zum Mord an allen Juden Thema war, wie Gerlach in der Tradition der älteren Forschung behauptet, oder die Formulierungen der Niederschrift zu einem Teil wörtlich zu nehmen sind, wie Longerich dagegenhält, also stufenweise Deportation, ein gigantisches Zwangsarbeitsprogramm und Massenmord an den »Arbeitsunfähigen« die Konferenz bestimmten, wird wissenschaftlicher Streitpunkt bleiben (Gerlach, Wannsee-Konferenz, insbesondere S. 33–36; Longerich, Politik der Vernichtung, S. 466–472).

ßend außerordentlich zufrieden gewesen. Tatsächlich hatte Heydrich insgesamt die gewünschte »Parallelisierung der Linienführung« erreicht, indem zum einen die Anwesenden die Federführung des RSHA bei der »Endlösung der Judenfrage« und zum zweiten den Massenmord akzeptiert beziehungsweise keine Bedenken geäußert hatten.[89]

Eine besondere Rolle kommt Adolf Eichmann in diesen Monaten zu. Denn in dieser Zeit des Übergangs zum systematischen Massenmord an allen europäischen Juden war sich das RSHA keineswegs sicher über die »effizienteste« Tötungsart. Die Debatte auf der Wannsee-Konferenz spiegelte nur wider, daß sich die Täter noch nicht entschieden hatten, welche Mittel die geeigneten seien. Vor allem hatte man in Berlin keinen praktischen Einblick in die Mordmechanismen vor Ort. 1939 hatte Himmler in Posen den Mord an Kranken in einer Gaskammer gesehen,[90] vermutlich haben Himmler wie Heydrich in Polen Erschießungen erlebt, im August 1941 ließ sich Himmler bei seiner Inspektion der Einsatzgruppen eine Exekution vorführen und gab anschließend dem Chef der Einsatzgruppe B und des RSHA-Amtes V, Nebe, den Auftrag, neue Methoden des Massenmords auszuprobieren. Aber zum Beispiel der Chef der Gestapo (Amt IV), Müller, verfügte über keine unmittelbare Erfahrung des Massenmords. Eichmann hingegen führten seine Reisen 1941/42 an alle Stätten, wo die Massenvernichtung praktiziert beziehungsweise deren Logistik gerade aufgebaut wurde. Mehrere Monate nach dem Angriff auf die Sowjetunion erhielt Eichmann von Heydrich den Auftrag, in den Distrikt Lublin zu fahren, um dort die Vernichtungsstätte zu besichtigen, die der SS- und Polizeiführer Globocnik auf Befehl Himmlers errichten ließ. Sein Besuch führte Eich-

89 Staatssekretär Bühler hatte sogar den Wunsch geäußert, daß im Generalgouvernement mit der »Endlösung« begonnen werde, weil die Juden als »Seuchenträger« und Verantwortliche für den Schwarzhandel eine eminente Gefahr darstellten und die Mehrzahl der in Frage Kommenden überdies arbeitsunfähig sei. Außerdem hatte er akzeptiert, daß die »Lösung der Judenfrage im Generalgouvernement« federführend beim Chef der Sicherheitspolizei und des SD liege und beendete mit diesem Zugeständnis einen sich seit langem hinziehenden Kompetenzstreit. Noch im November 1941 hatte Himmler mit Heydrich und dem HSSPF Krüger über dessen Beschwerde gesprochen, »daß der Generalgouverneur bestrebt sei, die Behandlung des Judenproblems völlig an sich zu ziehen« (Dienstkalender Himmlers 1941/42, S. 277 [28. 11. 1941]).
90 Rieß, Anfänge der Vernichtung, S. 290 f.

mann, vermutlich im November 1941, nach Belzec, wo er die Aufbauarbeiten des Vernichtungslagers, in dem Menschen mit den Abgasen eines Motors ermordet werden sollten, sehen konnte. Danach reiste er nach Chełmno, wo er eine Tötungsaktion mit Gaswagen mitverfolgte. In Minsk beobachtete er Massenerschießungen; in Auschwitz und Treblinka besichtigte er Gaskammern.[91] Zu einer Zeit, in der an verschiedenen Orten auf der Suche nach geeigneten Mitteln für den Massenmord experimentiert wurde,[92] war Eichmann im Auftrag von Heydrich und Müller unterwegs, um sich ein Bild von den unterschiedlichen Massentötungsarten zu machen und anschließend im Reichssicherheitshauptamt zu berichten. Eichmanns Schilderungen stellten für die Zentrale in Berlin, die noch über keinen fertigen Mordplan verfügte, einen wesentlichen Erfahrungswert dar.

Grenzen

Der Erfolg, mit dem es dem RSHA gelang, sich zur politischen Führungsinstanz der europaweiten »Lösung der Judenfrage« zu machen, hieß selbstverständlich nicht, daß es diesen Führungsanspruch ohne Widerspruch und Widerstände tatsächlich durchsetzen konnte. In den besetzten

91 Protokoll der Vernehmungen Eichmanns, 1960/61, Beweisdokument des Eichmann-Prozesses T/37 bzw. Israel Police 760, Bd. 1, S. 170–173 (Belzec), 174–177 (Chełmno), 210–212 (Minsk), 218–228 (Auschwitz), 229 f. (Treblinka); Aussage Eichmanns, Prozeß gegen Adolf Eichmann, 87. Sitzung, 6. 7. 1961, in englischer Sprache gedruckt in: The Trial of Adolf Eichmann, Bd. IV, S. 1559–1561. Zu der in der Forschung seither umstrittenen Datierung des Besuches Eichmanns in Belzec vgl. zusammenfassend Longerich, Politik der Vernichtung, S. 423 f., 708, Anm. 167, 168, 169. Gerlach zufolge kam Eichmann nach Minsk zu dem Zweck, die Deportation deutscher Juden dorthin vorzubereiten, und sah eher zufällig das Ende der Erschießungen, die am 2. und 3. 3. 1942 in Minsk stattfanden (Gerlach, Kalkulierte Morde, S. 693 f.).
92 Der Anteil, den die Erfahrungen der NS-Täter mit den Euthanasiemorden in Gaskammern hatten, darf trotz der in der Forschung mittlerweile hervorgehobenen jeweils spezifischen Entwicklung in keinem Fall geringgeschätzt werden. Henry Friedlander hat von der Euthanasie als einem Modell für die »Endlösung« gesprochen und detailliert die Kontinuität der Euthanasietäter in den Vernichtungslagern der »Aktion Reinhard« in Polen geschildert (Friedlander, Weg zum NS-Genozid, S. 467–476).

Gebieten waren Sicherheitspolizei und SD vor Ort in hohem Maße auf die Zusammenarbeit mit dem Militär und der Zivilverwaltung angewiesen, vielfach bildete diese Arbeitsteilung erst die Voraussetzung für den Judenmord. Auch eine institutionell entgrenzte Institution stieß im NS-Herrschaftsgeflecht an Grenzen, die politisch nicht einfach ignoriert werden konnten, sondern überwunden werden mußten. Exemplarisch werden diese an der Auseinandersetzung um die »Mischlinge« deutlich, an dem für das RSHA zunehmend wichtiger werdenden Thema der Zwangsarbeiter im Reichsgebiet und im Verhältnis zum Auswärtigen Amt hinsichtlich der Deportation der im deutschen Einflußbereich lebenden Juden in Europa.

Auseinandersetzung um die »Mischlinge«

Die Wannsee-Konferenz hinterließ trotz des Erfolgs für Heydrich mehrere offene Fragen, wie das Problem der Definition, wer Jude sein sollte. Heydrichs ausgeklügelter Vorschlag war von Stuckart als zu bürokratisch und nicht realisierbar zurückgewiesen worden. Die grundsätzliche Anweisung des RSHA an alle Stapo(leit)stellen in Deutschland und Österreich für die kommenden Deportationen vom 31. Januar 1942 mußte daher weiterhin von den Bestimmungen der Nürnberger Gesetze ausgehen.[93] Von den Deportationen ausgenommen waren in »Mischehe« lebende Juden, Juden mit ausländischer Staatsangehörigkeit,[94] Juden im Arbeitseinsatz sowie jüdische Menschen über 65 Jahre.

Am 6. März 1942 fand im RSHA eine große Besprechung mit den Vertretern der regionalen Stapostellen statt, auf der die Konturen eines umfassenden Deportationsprogramms sichtbar wurden. 55 000 Juden sollten laut Eichmann aus Deutschland, Österreich und Tschechien deportiert werden, wobei Prag mit 20 000 und Wien mit 18 000 Personen die jeweils größten Kontingente stellten. Die Stärke der übrigen Transporte sollten

---

93 Schnellbrief RSHA, IV B 4, an Stapo(leit)stellen im Deutschen Reich und in Wien, gez. Eichmann, 31.1.1942, Nbg. Dok. PS-1063, gedruckt in: Pätzold/Schwarz, Auschwitz, S.119–122.

94 Unter diese Ausnahmeregelung fielen allerdings nicht staatenlose Juden sowie Juden mit polnischer und luxemburgischer Staatsangehörigkeit (ebenda, S.119). Luxemburg war im Mai 1940 von der Wehrmacht erobert und dem Deutschen Reich zugeschlagen worden.

sich anteilsmäßig an den noch in den jeweiligen Gestapobezirken lebenden Juden ausrichten. Zeitlich könnten die Transporte nicht festgelegt werden, da nur »leere Russenzüge«, das heißt Zwangsarbeitertransporte, zur Verfügung stünden, die »leer in das Generalgouvernement zurückrollen sollen und nun vom RSHA im Einvernehmen mit dem OKH ausgenutzt werden. [...] Die Züge fassen nur 700 Personen, jedoch sind 1000 Juden darin unterzubringen.«[95]

Am selben Tag fand im RSHA eine zweite Konferenz auf Referentenebene statt, auf der über die Frage der Sterilisation von »Mischlingen« und die Behandlung von »Mischehen« gesprochen wurde. Alle Teilnehmer unterstützten den Vorschlag, den Stuckart am 20. Januar gemacht hatte, nämlich die »Mischlinge 1. Grades« zwangssterilisieren zu lassen. Allerdings wurde schnell klar, daß der Aufwand eines solchen Vorhabens angesichts von geschätzten 70 000 »Mischlingen« im Reich immens sein und in der Perspektive der Konferenzteilnehmer das Problem nicht wirklich gelöst würde, wenn die »Mischlinge« nach der Sterilisation in Deutschland bleiben dürften, wie Stuckart vorgeschlagen hatte. Daher waren sich die Teilnehmer einig, daß eine »zwangsmäßige Sterilisierung für sich allein weder das ›Mischlingsproblem‹ lösen, noch zu einer verwaltungsmäßigen Entlastung führen werde, sondern eher die augenblickliche Lage noch erschweren würde« – kurz, auch die »Mischlinge« sollten als Juden behandelt und schnellstmöglich in den Osten deportiert werden.[96] Aber sowohl der ge-

---

95 Bericht des Vertreters der Gestapo Düsseldorf über die am 6.3.1942 im RSHA IV B 4 stattgefundene Besprechung, 9.3.1942, gedruckt in: Adler, Die verheimlichte Wahrheit, S. 9 f. Von Mitte März bis Mitte Juni rollten die Deportationszüge aus deutschen Städten sowie Wien und Prag in den Distrikt Lublin, wo die ankommenden Juden in die Ghettos gepfercht wurden, deren Bewohner zuvor, um »Platz zu schaffen«, in Belzec umgebracht worden waren. Auch wenn die Neuankömmlinge nicht unmittelbar nach ihrem Eintreffen umgebracht wurden, so starben die meisten von ihnen innerhalb weniger Monate an den elenden Lebensbedingungen in den Ghettos (Adler, Der verwaltete Mensch, S. 193; Longerich, Politik der Vernichtung, S. 484–487). Ebenfalls Ende März rollten der erste Deportationszug mit französischen Juden nach Auschwitz sowie der erste Transport mit slowakischen Juden in das Generalgouvernement (Klarsfeld, Vichy – Auschwitz, S. 376 f.; Hilberg, Vernichtung, Bd. 2, S. 779).

96 Niederschrift der Besprechung über die »Endlösung der Judenfrage« am 6.3.1942 im RSHA IV B 4, gedruckt in: Pätzold/Schwarz, Tagesordnung: Judenmord,

schäftsführende Reichsjustizminister Schlegelberger als auch Stuckart blieben bei ihrer ablehnenden Haltung,[97] Stuckart wandte sich im September sogar mit einem ausführlich argumentierenden Brief an Himmler, um seine Position zu begründen.[98] Nachdem auch der neue Justizminister Thierack und Goebbels im Oktober vereinbart hatten, das »Mischlingsproblem« für die Dauer des Krieges ruhenzulassen, waren die Bemühungen von Parteikanzlei und RSHA zum Stillstand gekommen, und die Folgekonferenz zu »Mischlingen« und »Mischehen« am 27. Oktober 1942 im RSHA verlief ergebnislos im Sande.[99]

S. 116–118; Aufzeichnung Rademachers vom 7. 3. 1942 über die Sitzung im RSHA am Vortage, gedruckt in: ebenda, S. 119.

97 Hilberg, Vernichtung, Bd. 2, S. 441–443; Noakes, Development, S. 345–347; Meyer, Mischlinge, S. 99.

98 Stuckart an Himmler, Sept. 1942, dokumentiert in: Lösener, Rassereferent, S. 298–301. Himmler seinerseits war an der Realisierung von Massensterilisationen sehr interessiert. So sagte Viktor Brack, einer der Verantwortlichen der Euthanasiemorde, nach dem Krieg aus, daß Himmler ihn in einer Unterredung Anfang 1941 – laut Dienstkalender fand das Gespräch am 13. 1. statt – aufgefordert habe, medizinische Versuche für eine mögliche Sterilisation der jüdischen Bevölkerung durch Röntgenstrahlen zu beginnen (Dienstkalender Himmlers 1941/42, S. 107). Brack legte dazu Ende März 1941 einen Bericht vor, in dem er behauptete, daß es »ohne weiteres möglich ist, eine Massensterilisation durch Röntgenstrahlen durchzuführen« (ebenda, S. 141 [28. 3. 1941]; Brack an Himmler, 28. 3. 1941, Nbg. Dok. NO-203). Parallel dazu arbeitete der Frauenarzt Prof. Clauberg im Auftrag Himmlers mit Hilfe von Experimenten an weiblichen Häftlingen aus den KZ Ravensbrück und Auschwitz gleichfalls an einer Methode zur Massensterilisation, die er am 27. 5. 1941 Himmler vorstellte (Dienstkalender Himmlers 1941/42, S. 162). Bracks wie Claubergs Initiativen wurden allerdings vorerst zurückgestellt und erst im Juli 1942 wiederaufgenommen. Am 8. 7. 1942 besprach Himmler mit Clauberg, Gebhardt, Glücks und Berger die Pläne zur Massensterilisation und beauftragte Clauberg, dazu Versuche mit Menschen in Auschwitz anzustellen (Dienstkalender Himmlers 1941/42, S. 480; Vermerk Brandts, 11. 7. 1942, BArch, NS 19/1583, Bl. 48; Mitscherlich/Mielek, Medizin ohne Menschlichkeit, S. 245 f.; Bock, Zwangssterilisation, S. 453–456).

99 Vermerk Thieracks über die Besprechung mit Goebbels, 26. 10. 1942, BArch, R 22/4062; Niederschrift der Besprechung am 27. 10. 1942, BArch, R 58/1086; vgl. Noakes, Development, S. 345 f.; Meyer, Mischlinge, S. 99, die darauf aufmerksam macht, daß dennoch auf der Alltagsebene eine deutliche Verschärfung des Sonderrechts für »Mischlinge« folgte.

640

Wo es die Machtverhältnisse erlaubten, kümmerte sich das RSHA wenig um Vereinbarungen. Im eigenen Machtbereich galten andere Gesetze. Am 5. November 1942 ordnete Müller auf Weisung Himmlers die Deportation sämtlicher jüdischer Häftlinge aus den Konzentrationslagern nach Auschwitz und Lublin an – einschließlich der »Mischlinge I. Grades«.[100] Ebenso brauchte sich das RSHA außerhalb des Reichs in den besetzten Gebieten um politische Rücksichtnahmen nicht zu kümmern. Wenige Tage nach der Wannsee-Konferenz hatte im Ostministerium eine Besprechung über den »Entwurf einer Verordnung über die Bestimmung des Begriffs ›Jude‹ in den besetzten Ostgebieten« stattgefunden, an der von seiten des RSHA Kurt Neifeind (Referat II A 2 Gesetzgebung) und Friedrich Suhr (IV B 4) teilgenommen hatten. Zwar machte auch hier der Rassereferent im Reichsinnenministerium, Bernhard Lösener, seine Einwände geltend, aber drang damit nicht durch. Die Konferenz beschloß entsprechend den RSHA-Richtlinien aus dem Sommer 1941, daß als Jude zu gelten habe, wer der jüdischen Religion angehöre oder mindestens einen der jüdischen Religion angehörenden Elternteil besitze. Das geringste Zeichen sollte ausreichen, um die Zugehörigkeit zur jüdischen Religion zu beweisen.[101] Konsequent sprach der Judenreferent im Ostministerium, Wetzel, anschließend von der Eliminierung der Kategorie des »Mischlings« für die besetzten Ostgebiete.[102] Doch selbst diese ausgeweitete Definition enthielt für Himmler noch zu viele Bindungen. Ende Juli schrieb er, als er von diesen Bemühungen erfuhr, an Gottlob Berger, der nach

---

100 Runderlaß RSHA IV C 2, gez. Müller, an alle Stapo(leit)stellen, BdS- und KdS-Dienststellen, 5.11.1942, Nbg. Dok. NO-2522; Hilberg, Vernichtung, Bd. 2, S. 475.

101 RMfdbO, Vermerk über die Besprechung am 29.1.1942, Beweisdokument des Eichmann-Prozesses T/299 bzw. Police Israel 1102; vgl. Hilberg, Vernichtung, Bd. 2, S. 385 f.; Noakes, Development, S. 343.

102 Vermerk Wetzels zur Bestimmung des Begriffs ›Jude‹ in den besetzten Ostgebieten, Mai 1942, Beweisdokument des Eichmann-Prozesses N 13 bzw. Police Israel 1613; vgl. auch die ausführliche Begründung des RMfdbO für einen »besonderen Judenbegriff« in den besetzten Ostgebieten, mit dem die »Mischlinge 1. Grades« Juden gleichgestellt wurden (RMfdbO, Meyer, an Parteikanzlei, RMdI, CSSD, Vierjahresplanbehörde, AA, RuSHA, 16.7.1942, Akten der Parteikanzlei, Mikrofiche Nr. 207 00269 f.).

Heydrichs Tod dessen Funktion als Verbindungsführer zum Ostministerium übernommen hatte:

> »Ich lasse dringend bitten, daß keine Verordnung über den Begriff ›Jude‹ herauskommt. Mit all diesen törichten Festlegungen binden wir uns ja nur selber die Hände. Die besetzten Ostgebiete werden judenfrei. Die Durchführung dieses sehr schweren Befehls hat der Führer auf meine Schultern gelegt. Die Verantwortung kann mir ohnehin niemand abnehmen. Also verbiete ich mir alles Mitreden.«[103]

Zwangsarbeiter

An Grenzen stieß das RSHA auch in der Frage der jüdischen Arbeitskräfte. Auf einer Besprechung Anfang Oktober 1941 im Ostministerium, zu der Heydrich auch Hans Ehlich seitens des RSHA mitgenommen hatte, um über die Zuständigkeiten von Ostministerium, Zivilverwaltung, SS und RSHA zur Volkstums- und Siedlungsfrage, zur Rücksiedlung von Umsiedlern in die baltischen Staaten und »Regelung der Judenfrage« zu verhandeln, beklagte Heydrich, daß die Wirtschaft immer wieder Juden als unentbehrliche Arbeitskräfte reklamiere. Dies, so Heydrich, würde aber den »Plan einer totalen Aussiedlung der Juden aus den von uns besetzten Gebieten zunichte machen«.[104] Aber an den Bedürfnissen der Wehrmacht kam das RSHA vorerst nicht vorbei. Am 23. Oktober einigten sich Eichmann, Lösener vom RMdI und Vertreter des Wirtschafts-Rüstungsamts im OKW schon im Vorfeld der Wannsee-Konferenz darauf, daß kein jüdischer Arbeiter, der in der Rüstungsindustrie im Reich arbeitete, ohne Zustimmung der zuständigen Rüstungsinspektion und Arbeitsämter deportiert werden durfte.[105] Als der Staatssekretär in Görings Vierjahresplanbehörde, Neumann, auf der Wannsee-Konferenz Heydrich darauf noch einmal ansprach, antwortete Heydrich, daß aufgrund der von ihm genehmigten Richtlinien ohnedies bereits so verfahren werde.[106]

Hitlers politische Wende Ende Oktober 1941, angesichts des massiven Arbeitskräftemangels nach dem Massenmord an den sowjetischen Kriegs-

---

103 Himmler an Berger, 28. 7. 1942, Nbg. Dok. NO-626; Hilberg, Vernichtung, Bd. 2, S. 386.
104 RSHA III B, Niederschrift der Besprechung, 4. 10. 1941, Nbg. Dok. NO-1020.
105 Hilberg, Vernichtung, Bd. 2, S. 460.
106 Besprechungsprotokoll, in: Tuchel, Am Großen Wannsee, S. 135.

gefangenen durch Hunger und Seuchen nun »auch die Arbeitskraft der russischen Kriegsgefangenen durch ihren Großeinsatz für die Bedürfnisse der Kriegswirtschaft weitgehend auszunutzen«,[107] stellte das RSHA vor große Probleme, bedeutete doch der millionenfache, weitgehend unkontrollierte Zustrom »fremdvölkischer« Arbeiterinnen und Arbeiter nicht allein ein enormes »Sicherheitsproblem«, sondern auch Gefahren für die »rassische Reinhaltung« des deutschen Volkes. Auf der konstituierenden, von Heydrich geleiteten Sitzung des »Arbeitskreis für Sicherheitsfragen beim Ausländereinsatz« beim RSHA, der von Bernhard Baatz als zuständigem Referent organisiert wurde, am 3. Dezember 1941 hieß es im Protokoll:

»Sind die zu berücksichtigenden wirtschaftlichen Gesichtspunkte auch ohne weiteres als aktuell anerkannt, so muß dem Versuch, die rassische und Volkstumsfrage für die Nachkriegszeit zurückzustellen, entschieden entgegengetreten werden, da Kriegsdauer unbestimmt und die Gefahr mit der Zeit wächst. Leider hat der Ausländereinsatz ohne jegliche Führung hinsichtlich Anwerbung, Einsatz und Behandlung u. dergl. begonnen, so daß es immer schwerer werde, noch nachträglich steuernd einzugreifen. Der in Vorbereitung befindliche Russeneinsatz bietet jedoch diese Gelegenheit und sie muß und wird der besonderen Gefahren wegen, die diese Völker darstellen, genutzt werden.«[108]

Entsprechend gab das RSHA IV D Ende Februar 1942 verschärfte Erlasse über den »Einsatz von Arbeitskräften aus dem Osten« heraus, denen zufolge »Ostarbeiter« ein Abzeichen zu tragen hatten, eine »rassische Siebung« in Durchgangslagern stattfinden sollte, bevor die Arbeiter ins Reich kämen, sie in geschlossenen Kolonnen arbeiten und in stacheldrahtumzäunten Lagern untergebracht werden sollten. »Arbeitsverweigerung« oder Flucht müßten mit harten Strafen wie Einweisung in ein KZ oder mit dem Tod geahndet werden.[109] Diese drakonischen Maß-

---

107 Chef OKW/WFSt/L, 31. 10. 1941, gez. Keitel, Nbg. Dok. EC 194; vgl. Herbert, Fremdarbeiter, S. 163–166.

108 Zitiert nach ebenda, S. 179.

109 RSHA Erlasse 20. 2. 1942 RFSSuChdDtPol, IV D, Ostarbeiter-Erlasse vom 20. 2. 1942 an die höheren Verwaltungsbehörden, »Allgemeine Bestimmungen über Anwerbung und Einsatz von Arbeitskräften aus dem Osten«, Runderlaß an die Stapostellen, Allgemeine Erlaßsammlung des RSHA und RFSS, Teil 2, A III f., S. 37–41, 24–35, 15–23; vgl. Herbert, Fremdarbeiter, S. 179–182.

nahmen beeinträchtigten, sobald sie bekannt wurden, die Chancen freiwilliger Anwerbungen, auf die der Generalbevollmächtigte für den Arbeitseinsatz seinerseits nicht verzichten konnte, da die exekutiven Mittel und das Personal in den besetzten, insbesondere den westeuropäischen, Gebieten nicht ausreichte, um ausschließlich mit terroristischer Gewalt Arbeiter für das Reich zu rekrutieren. Aber auch der Zwangsarbeitereinsatz wurde durch solcherlei »Sicherungsmaßnahmen« eher behindert. Amtschef Müller gab daher im RSHA-Arbeitskreis Anfang April 1942 einzelne Zugeständnisse bekannt, wie den Wegfall der Stacheldrahtumzäunung für die Zwangsarbeiterlager und mehr Verpflegung. Zugleich aber reklamierte Müller »härteste Bestrafung aller Widersetzlichkeiten«.[110]

Den Hintergrund bildete das Bemühen Himmlers, einen Teil der Strafrechtspflege, nämlich gegen die »Fremdvölkischen«, von der Justiz an SS und Polizei zu übertragen. Am 18. September traf er, begleitet von Bruno Streckenbach,[111] mit dem neuernannten Justizminister Thierack zusammen, um das Verhältnis zwischen SS und Justiz neu zu bestimmen. Das Bemühen der SS-Führung, den Handlungsspielraum und das Machtterrain der Sicherheitspolizei zu erweitern und Gebiete, auf denen bislang die Justiz das Sagen hatte, zu polizeilichen umzudeuten, hatte in der Vergangenheit zu Konflikten mit dem bis dahin amtierenden Justizminister Gürtner geführt. Mit Otto Georg Thierack, nicht zuletzt durch die tatkräftige Hilfe des nunmehr zum Staatssekretär avancierten Curt Rothenberger, ließen sich die Wünsche der SS jetzt realisieren.[112] Thierack und Himmler kamen rasch überein, daß »nicht genügende Justizurteile durch polizeiliche Sonderbehandlung [...] korrigiert« werden sollten. Außerdem sollten sämtliche »asozialen Elemente«, wörtlich wurden genannt: »Juden, Zigeuner, Russen und Ukrainer, Polen über 3 Jahre Strafe, Tschechen oder Deutsche über 8 Jahren Strafe«, an die SS zwecks »Vernichtung durch Arbeit« übergeben werden.

---

110 Ebenda, S. 194.
111 An dem Treffen nahmen außerdem der Chef des Hauptamtes SS-Gericht, Horst Bender, und der Staatssekretär im Justizministerium, Curt Rothenberger, teil.
112 Vgl. Majer, Fremdvölkische, S. 663–667; zu Rothenberger: Bästlein, Richtertum.

»Es besteht Übereinstimmung darüber«, so Thierack in seinem Protokoll, »daß in Rücksicht auf die von der Staatsführung für die Bereinigung der Ostfragen beabsichtigten Ziele in Zukunft Juden, Polen, Zigeuner, Russen und Ukrainer nicht mehr von den ordentlichen Gerichten, soweit es sich um Strafsachen handelt, abgeurteilt werden sollen, sondern durch den Reichsführer SS erledigt werden.«[113]

Streckenbach und Rothenberger stimmten das Protokoll ab, am 22. Oktober 1942 erging ein Geheimerlaß des Justizministeriums zur »Abgabe asozialer Gefangener an die Polizei«.[114] Bis Mitte 1943 wurden 17 307 Gefangene (15 590 Männer und 1717 Frauen) »zur Vernichtung durch Arbeit« an die Konzentrationslager überstellt.[115] Am 5. November 1942 informierte Streckenbach in einem RSHA-Runderlaß, der in Neifeinds Referat II A 2 entworfen und formuliert worden war, die Führer von Gestapo, Kripo und SD, daß »die Justiz auf die Durchführung ordentlicher Strafverfahren gegen Polen und Angehörige der Ostvölker verzichtet« habe und diese »fremdvölkischen Personen« ebenso wie »Juden und Zigeuner« zukünftig an die Polizei abgeben werde – eine Vereinbarung, die von Hitler gebilligt worden sei. Streckenbach weiter:

»Polen und Angehörige der Ostvölker sind fremdvölkische und rassisch minderwertige Menschen, die im deutschen Reichsgebiet leben. Hieraus ergeben sich für die deutsche Volksordnung erhebliche Gefahrenmomente, die zwangsläufig dazu führen, die Fremdvölkischen einem anderen Strafrecht zu unterstellen als deutsche Menschen. [...] Bei Straftaten eines Fremdvölkischen haben die persönlichen Motive des Täters völlig auszuscheiden. Maßgeblich darf nur sein, daß seine Tat die deutsche Volksord-

---

113 Vermerk Thieracks über die Besprechung am 18. 9. 1942, BArch, R 22/4062, Bl. 35a-37, gedruckt in: IMG, Bd. 26, S. 200–203 (654-PS); Niederschrift Streckenbachs zu dem Treffen v. 21. 9. 1942, BA, R 22/5029, Bl. 58–65; Dienstkalender Himmlers 1941/42, S. 556 (18. 9. 1942). Himmlers Idee einer Rechtsprechung nach germanischem Vorbild durch das »Volk« könne, so Thierack, nur »Schritt für Schritt« in Orten bis zu 20 000 Einwohnern eingeführt werden. Die Forderung, die Strafregister künftig von der Polizei führen zu lassen, wollte Thierack prüfen, weitere Verhandlungen sollten über Streckenbach laufen. Dagegen lehnte er Himmlers Vorschlag, die Polizei sollte die Staatsanwaltschaften als Ankläger vor Gericht ablösen, nach eigenem Bekunden »rundweg ab« (Vermerk Thieracks, ebenda).

114 Streckenbach an Rothenberger, 21. 9. 42, mit einem Protokollentwurf, sowie Antwortschreiben Rothenbergers vom 7. 10. 42 mit Korrekturen, BA R 22/5029.

115 Bästlein, Richtertum, S. 122.

nung gefährdet und daß daher Vorkehrungen getroffen werden müssen, die weiteren Gefährdungen zu verhindern. Mit anderen Worten, die Tat eines Fremdvölkischen ist nicht unter dem Gesichtswinkel der justizmäßigen Sühne, sondern unter dem Gesichtswinkel der polizeilichen Gefahrenabwehr zu sehen.«[116]

Streckenbach hatte mit dieser Begründung jegliche Bindung polizeilicher Praxis an ein Legalitäts- und Strafprinzip, auf das sich Rechtspositivisten selbst im NS-Staat beriefen, aufgegeben. Grundlage polizeilichen Handelns bildete nach seinen Worten eine rassische Hierarchie, die Täter nicht mehr anhand des Strafgesetzbuches überführte, sondern nach »Gefährdung der deutschen Volksordnung« festlegte, wobei die »Fremdvölkischen« entsprechend der rassenbiologischen Definition per se eine »Gefahr« bedeuteten und präventiv behandelt, das heißt im polizeilichen Sinn »unschädlich« gemacht werden mußten.

Am 15. Dezember 1942 bestimmte Himmler, daß »vertragsbrüchige« russische Jugendliche unter 16 Jahren in die Arbeitserziehungslager, die älteren Sowjetarbeiter in die Konzentrationslager eingewiesen werden sollten. Zusätzlich sollten in die Arbeitserziehungslager künftig westeuropäische »Bummelanten« und »Arbeitsvertragsbrüchige« gebracht werden. Nachdem Sauckel als Generalbevollmächtigter für den Arbeitseinsatz zugestimmt hatte, erhielten damit die Stapostellen endgültig das Recht, auch Westarbeiter und somit sämtliche ausländischen Arbeitskräfte zu bestrafen.[117]

Konflikte mit dem Auswärtigen Amt

Eine europaweit agierende Institution wie das RSHA mußte unweigerlich einerseits in Kompetenzabgrenzungen und Konflikten mit dem Auswärtigen Amt kommen, dessen tatkräftige Mithilfe bei der Deportation der europäischen Juden andererseits unerläßlich war. Doch auch in den Jahren zuvor gab es durchaus schwierige Interessenkonflikte, da Sicherheitspolizei und SD, in erster Linie der SD-Ausland, eigene Nachrichtendienste im Ausland aufzubauen suchten, die vom Auswärtigen Amt, das für sich die Hoheit über alle zivilen staatlichen Aktivitäten außerhalb der Reichsgren-

---

116 Runderlaß RSHA, II A 2, gez. Streckenbach, 5. 11. 1942, IMG, Band 38, S. 98–100.
117 Lotfi, KZ der Gestapo, S. 181 f.

zen beanspruchte, mit Argwohn beobachtet wurden, zumal Ribbentrop im Mai 1940 mit der Bildung einer Abteilung Deutschland im AA unter Martin Luther eine initiativenreiche, aktive Instanz schuf, die für die Judenpolitik des AA verantwortlich zeichnete und die Verbindung zum SS- und Polizeiapparat, vornehmlich zum RSHA, halten sollte.[118]

Mit Beginn des Krieges hatte Hitler kategorisch angewiesen, daß sämtliche im Ausland befindlichen Vertreter von Zivilbehörden oder Parteidienststellen den jeweiligen deutschen Missionschefs unterstellt und über diese auch die Berichterstattung erfolgen sollte.[119] Mit dieser Entscheidung konnten sich selbstverständlich weder SD noch Sicherheitspolizei zufriedengeben, da sie an eigenständigen, unabhängig von den Missionschefs durch das RSHA geführten Vertretern im Ausland interessiert waren, zumindest sollten deren Berichte direkt nach Berlin übermittelt werden können, ohne daß die jeweiligen Botschafter und Gesandten davon Kenntnis nahmen.

Das Auswärtige Amt kam diesem Interesse im Oktober 1939 bereits insofern entgegen, als es dem SD eine eigene Nachrichtenübermittlung zugestand.[120] Aber Ribbentrop wünschte offenkundig darüber hinaus eine definitive Vereinbarung zwischen AA und RSHA über die Kompetenzabgrenzungen. Anfang August 1940 trafen Jost als Chef des RSHA-Amtes VI SD-Ausland und der in der Abteilung Deutschland für die Verbindung zum RSHA zuständige Referent Rudolf Likus zusammen und vereinbarten, wie Likus anschließend festhielt, daß zum einen der SD einen eigenen Nachrichtendienst unterhalten könne, wobei dafür ein eigener Funkverkehr, eigene Kuriere, aber auch der Kurierdienst des Auswärtigen Amtes benutzt werden könnten. Die Berichte, soweit sie außenpolitischen Charakter trügen oder die Interessen des AA berührten, sollten der Abteilung Deutschland zugeleitet werden. Aus Gründen der nachrichtendienstlichen Geheimhaltung müsse der SD die Namen seiner Informanten nicht preisgeben. Zum anderen könne der SD Unternehmen durchführen, die »von

---

118 Vgl. Browning, Final Solution, S. 21 f.
119 Verfügung Hitlers, 3. 9. 1939, gedruckt in: Moll, Führer-Erlasse, S. 90.
120 Erlaß Ribbentrops, 26. 10. 1939, erwähnt in: Aufzeichnung Likus über den Einsatz des SD im Ausland, 8. 8. 1940, gedruckt in: Kotze, Hitlers Sicherheitsdienst, S. 77–80.

den diplomatischen Vertretungen des Reiches im Ausland weder veranlaßt, noch ausgeführt, noch verantwortet werden können« – eine sehr weitreichende Vollmacht, zumal auch hier der SD die jeweiligen Missionschefs nicht über solche »Unternehmen« zu unterrichten brauchte.[121] Alle zwei Wochen sollten von nun an regelmäßige Besprechungen zwischen Jost, Likus, Luther und dem stellvertretenden Personal- und Verwaltungschef des AA, Hans Schroeder, stattfinden.[122] Eine Liste der Sonderbeauftragten der Sicherheitspolizei an deutschen Auslandsvertretungen erhielt das Auswärtige Amt.

Seit Mitte 1939 verfügte die Sicherheitspolizei über solche Sonderbeauftragte an den verschiedenen Auslandsvertretungen des Deutschen Reiches.[123] Ende August 1940 waren es: Helm in Belgrad, Geißler in Bukarest, Winzer in Madrid, Goltz in Preßburg, Kappler in Rom, Kahner in Shanghai, Panzinger in Sofia und Huber in Tokio.[124] Innerhalb des RSHA war das Referat IV D 5 in der Ländergruppe des Amtes IV für die Sonderbeauftragten, später Polizeiattachés zuständig. Über dieses Referat hatte sämtlicher Schriftverkehr zu laufen.[125] Für Heydrich waren diese Sonderbeauftragten beziehungsweise Polizeiattachés keine bequemen Repräsentativposten, sondern sie besaßen eine ausdrücklich politische Aufgabe. »Der Polizeiattaché«, so schrieb Heydrich an Daluege am 30. Oktober 1941, »wird nach dem Willen des RFSS später ein Attaché werden, der die Gesamtbelange des RFSS bei den Missionen vertritt, also voraussichtlich

---

121 Aufzeichnung Likus, 8. 8. 1940, ebenda.

122 Der AA-Referent Rudolf Likus war SS-Oberführer und berichtete auch dem RSHA direkt (Querg, Spionage und Terror, S. 171; zu Likus als Verbindungsführer der SS vgl. außerdem Döscher, Das Auswärtige Amt, S. 150 f., 209 f., 278).

123 Im Juli 1939 waren es Belgrad (Helm), Rom (Kappler), Madrid (Winzer) und Tokio (Huber) (Rundschreiben CSSD, S-V 1, gez. Best, 31. 7. 1939, BArch, R 58/859, Bl. 37).

124 Rundschreiben RSHA I HB, gez. Streckenbach, 29. 8. 1940, BArch, R 58/246, Bl. 101.

125 Ebenda. Nach Heydrichs Tod ließ Himmler mit Befehl vom 19. 8. 1942 eine Polizeiattaché-Gruppe bilden, die zuerst von Heydrichs Adjutanten Achim Ploetz, von September 1944 an von Karl Zindel geleitet wurde und direkt dem RSHA-Chef unterstand (Befehlsblatt des CSSD, Nr. 40/1942, S. 252; CSSD, I A 2a, an Zindel, 6. 9. 1944, BArch, BDC, SSO-Akte Karl Zindel).

einmal: Waffen-SS, Volkstumsfragen, Sicherheitspolizei, SD und politische Fragen und ordnungspolizeiliche Fragen.«[126]

Angesichts solcher politischen Ambitionen seitens des RSHA ist es nicht verwunderlich, wenn sich an dem eigenmächtigen Vorgehen von Vertretern des RSHA im Ausland immer wieder Konflikte mit dem Auswärtigen Amt entzündeten. Insbesondere der Versuch der SS, in Rumänien im Dezember 1940/Januar 1941 über die faschistische Miliz Horia Simas Einfluß auf die Innenpolitik zu nehmen,[127] ließ den Konflikt eskalieren. Am 18. April 1941 zog Ribbentrop in einem Brief an Himmler die im Oktober 1939 getroffenen Vereinbarungen wieder zurück und verlangte per Geheimerlaß von allen Missionsangehörigen im Ausland die ehrenwörtliche Erklärung, daß sie nicht für den SD oder die militärische Abwehr arbeiteten.[128] Daraufhin gab es im Frühjahr 1941 etliche Korrespondenzen und Entwürfe für Dienstanweisungen, die zwischen RSHA und AA hin- und hergeschickt wurden.[129] Doch bedurfte es der Vermittlung von Karl Wolff, damit am 8. August 1941 endlich eine Vereinbarung zwischen Himmler und Ribbentrop geschlossen werden konnte.[130] Diese stellte fest, daß sich die Beauftragten von SS und Polizei im Ausland jeder außenpolitischen Betätigung enthalten sollten, insbesondere sollten sie sich »nicht in die Innenpolitik des Aufenthaltsstaates mischen«. Bei den deutschen Missionen in denjenigen Ländern, in denen SD-Agenten tätig waren, wurden Polizeiattachés eingesetzt, die den Missionschefs gegenüber verantwortlich und berichtspflichtig waren. Allerdings mußte – eine der Hauptforderungen Heydrichs – der illegale Apparat nicht offengelegt werden, und dessen Berichte gingen direkt an das RSHA, das selbst

---

126 Heydrich an Daluege, 30. 10. 1941, zitiert nach Buchheim, SS, S. 145.

127 Siehe oben, S. 398 f.

128 Ribbentrop an Himmler, 18. 4. 1941, erwähnt in: Heydrich an von Weizsäcker, 20. 6. 1941, BArch, NS 19/1788, Bl. 19–27.

129 Vgl. den Vorgang in BArch, NS 19/1788, vor allem den resümierenden und die Position des RSHA ausführlich begründenden Brief Heydrichs an Staatssekretär von Weizsäcker vom 20. 6. 1941 (ebenda).

130 Wolff an Heydrich, 4. 8. 1941, BArch, R 58/859, Bl. 203. In dem Brief teilte Wolff mit, daß er mit Ribbentrop zu Mittag gegessen und noch einmal alles eingehend besprochen habe. Nun herrsche »wieder voller Frieden« zwischen Himmler und Ribbentrop, und auch in der Frage der Polizeiattachés sei man einen entscheidenden Schritt vorwärtsgekommen.

entscheiden konnte, welche Informationen es an das Auswärtige Amt weitergab.[131]

Damit war jedweder Versuch, wenn es ihn denn gegeben hatte, der SS- und Polizeiführung, eine eigene »SS-Außenpolitik« zu betreiben, gescheitert. Bei der Zusammenarbeit zur Verfolgung und Deportation der europäischen Juden in die Vernichtungslager hingegen gab es zwischen Auswärtigem Amt und dem RSHA wenig Reibungspunkte. Im Gegenteil, Luther stellte im August 1942 in einem Vermerk ausdrücklich fest, daß die entsprechenden Referate, IV B 4 unter Eichmann im RSHA und D III unter Franz Rademacher im AA, reibungslos zusammenarbeiten würden.[132] Zur Wannsee-Konferenz hatte das Auswärtige Amt seinerseits eine weitgehende Liste mit »Wünschen und Ideen« vorbereitet, die über die Deportation aller deutschen Juden auch die der serbischen, rumänischen, slowakischen, kroatischen, bulgarischen und ungarischen Juden vorsah.[133]

Schwierig gestaltete sich die Einbeziehung der Juden aus neutralen oder alliierten Ländern in die Deportationen. Während das RSHA rigoros alle Juden in die Vernichtungslager transportieren wollte, hatte das Auswärtige Amt auf die Reichsdeutschen Rücksicht zu nehmen, die im Ausland lebten, und für die Repressalien zu befürchten waren, wenn bekannt wurde, daß das Deutsche Reich amerikanische oder britische Juden ermordete. Die Deportationsanweisung, die Eichmann am 31. 1. 1942 an die Stapostellen herausgab, sah deshalb vor, daß ausländische jüdische Staatsbürger nicht in die Deportationen einbezogen werden durften, ausgenom-

---

131 Vereinbarung zwischen Ribbentrop und Himmler, 8. 8. 1941, BArch, NS 19/1633, Bl. 3–5; siehe auch Himmlers Dienstanweisung für die Polizeiattachés vom 28. 8. 1941, BArch, NS 19/1788, Bl. 35–37. Ein geheimer Zusatz zur Dienstanweisung machte die Polizeiattachés noch einmal ausdrücklich dafür verantwortlich, daß sich die im Gastland befindlichen Beauftragten und Agenten des RSHA beziehungsweise RFSS jeder außenpolitischen Betätigung enthielten und insbesondere sich nicht in die Innenpolitik des Gastlandes einmischten (Geheimer Zusatz zu der Dienstanweisung für die Polizeiattachés, 28. 8. 1941, BArch, NS 19/1788, Bl. 38).

132 Vermerk Luther, 21. 8. 1942, Politisches Archiv des AA, Inland IIg, Nbg. Dok. 2586 J; vgl. dazu Yahil, Rescue, S. 70.

133 Aufzeichnung III D an Luther, »Wünsche und Ideen des Auswärtigen Amtes zu der vorgesehenen Gesamtlösung der Judenfrage in Europa«, 8. 12. 1941, BArch, Allgemeine Prozesse 6/122, gedruckt in: Pätzold/Schwarz, Tagesordnung: Judenmord, S. 91.

men staatenlose oder Juden mit ehemals polnischer oder luxemburgischer Staatsangehörigkeit.[134]

Im Laufe des Sommers bemühte sich das RSHA, zumindest die slowakischen, kroatischen und rumänischen Juden, die sich im deutschen Machtbereich befanden, deportieren zu können, und Luthers Deutschland-Abteilung ließ die jeweiligen deutschen Gesandtschaften entsprechende Anfragen an die Regierungen richten.[135] Aber Ribbentrop intervenierte persönlich; zwar war er hinsichtlich der rumänischen Juden einverstanden, wollte bei den bulgarischen aber nicht über das Drängen auf eine scharfe antisemitische Gesetzgebung hinausgehen, und erteilte Anweisung, bei den Ungarn von jeder Initiative deutscherseits abzusehen.[136] Als Eichmann im Februar 1942 für das Ghetto Warschau vorschlug, alle dort lebenden ausländischen Juden wie staatenlose oder polnische Juden zu behandeln, das heißt gleichermaßen zu deportieren,[137] antwortete das Auswärtige Amt:

»Es wird hierbei gebeten, Juden mit der Staatsangehörigkeit des Britischen Empire, der USA, von Mexiko, Mittel- und Südamerikanischen Feindstaaten aus den [sic] Ghetto herauszuziehen und gesondert zu internieren, damit vermieden wird, daß der Fall eines dieser Juden von der Gegenseite zum Anlaß genommen wird, gegen die Deutschen in diesen Ländern Repressalien zu ergreifen.«[138]

1943 versuchte das RSHA vergeblich, mit Fristsetzungen für die »Heimschaffung« ihrer jeweiligen jüdischen Staatsbürger die Regierungen der Türkei, der Schweiz, Italiens, Portugals und Spaniens unter Druck zu set-

---

134 Schnellbrief RSHA, IV B 4, an die Stapo(leit)stellen im Deutschen Reich und in Wien, gez. Eichmann, 31. 1. 1942, Nbg. Dok. PS-1063, gedruckt in: Pätzold/ Schwarz, Auschwitz, S. 119–122.

135 Aufzeichnung Luthers, 21. 8. 1942, a. a. O. (s. Anm. 132).

136 Die kroatische Regierung sollte selbst dafür sorgen, daß ihre jüdischen Staatsbürger in der italienisch besetzten Zone an die Deutschen ausgeliefert würden. Wegen der italienischen Juden im besetzten Frankreich konnte indes nach Auffassung Ribbentrops an die Mussolini-Regierung herangetreten werden, um die Auslieferung zu erwirken (Vermerk Ministerbüro Ribbentrop an Luther, 25. 8. 1942, Politisches Archiv des AA, Inland IIg, 177, zitiert nach Wenck, Menschenhandel, S. 48 f.).

137 Eichmann an Rademacher, 18. 2. 1942, als Faksimile gedruckt in: Robert Kempner, Eichmann und Komplizen, S. 78 f.

138 Rademacher an RSHA, 18. 2. 1942, gedruckt in: ebenda, S. 82 f.

zen, diese Menschen auszuliefern. Auch wenn diese Bemühungen weniger an der judenfreundlichen Haltung dieser Staaten scheiterten als an deren Weigerung, die Souveränität über die Definition der Staatsbürgerschaft vom Deutschen Reich abhängig zu machen, so lassen sie doch die Unerbittlichkeit und Unbedingtheit erkennen, mit denen das RSHA seine Politik verfolgte. Auch das Auswärtige Amt zeigte sich durchaus reserviert gegenüber den Terminsetzungen seitens des RSHA.[139]

Die vierte Deportationswelle setzte im Mai 1942 ein. Dieses Mal fuhren die Züge wie nach Minsk nicht mehr ins Ghetto, sondern direkt zu den Erschießungsgräben.[140] Im April war Heydrich nach Minsk geflogen, hatte neue Transporte aus dem Reich angekündigt und zugleich erklärt, daß nun auch die aus dem Reich kommenden, deutschen und österreichischen Juden ermordet werden sollten.[141] In der Folge seines Besuches wurde Maly Trostinez bei Minsk als neue Vernichtungsstätte aufgebaut.[142] Anfang Mai reiste Heydrich nach Paris, um den neuen Höheren SS- und Polizeiführer Oberg in sein Amt einzuführen, nachdem die deutsche Militärverwaltung endlich dem Drängen der SS-Führung nachgegeben und ihre bisher beanspruchte Befehlskompetenz in Sicherheits- und Polizeifragen an die SS abgegeben hatte. Laut Hitlers Erlaß war der HSSPF in Frankreich nicht nur für alle Angelegenheiten zuständig, die in dem Dienstbereich Himmlers als Reichsführer SS, Chef der deutschen Polizei und Reichskommissar für die Festigung deutschen Volkstums fielen, sondern insbesondere auch für »Sühnemaßnahmen gegen Verbrecher, Juden und Kommunisten anläßlich ungeklärter Anschläge gegen das Deutsche Reich oder deutsche Reichsangehörige«.

Damit oblag der SS und Polizei die Entscheidung in der Geiselfrage, über Erschießungen und Deportationen.[143]

---

139 Vgl. dazu Yahil, Shoah, S. 564–567.

140 Adler, Der verwaltete Mensch, S. 195–197; Gerlach, Kalkulierte Morde, S. 756–760.

141 Ebenda, S. 694. Nach Gerlachs Untersuchung gab Heydrichs Besuch auch der Vernichtung der weißrussischen Juden einen neuen Schub.

142 Ebenda, S. 768–770. In Maly Trostinez sind nach den Schätzungen Gerlachs insgesamt etwa 60 000 Menschen ermordet worden.

143 Erlaß Hitlers über die Einsetzung eines Höheren SS- und Polizeiführers im Bereich des Militärbefehlshabers in Frankreich, 9. 3. 1942, gedruckt in: Moll, Führer-

Heydrich legte bei seinem Besuch die Richtlinien für die künftige Tätigkeit von SS und Polizei in Frankreich fest und unterstrich, daß man hinsichtlich der »Sühnemaßnahmen« in Frankreich eine andere Politik betreiben müsse als im Osten. Zusammen mit Oberg traf er mit dem gerade neu ernannten Judenkommissar der Vichy-Regierung, Darquier de Pellepoix, und mit dem ebenfalls jüngst ernannten französischen Polizeichef, René Bousquet, zusammen.[144] Heydrich bot Bousquet eine weitgehende Selbständigkeit der französischen Polizei an, wenn diese mit der Sicherheitspolizei, insbesondere bei der Verfolgung der Juden, kooperiere. Bousquet sagte zu und stellte darüber hinaus sogar die Frage, ob die Deutschen nicht auch die internierten Juden im unbesetzten Teil Frankreichs deportieren möchten, was Heydrich wiederum offenbar die sichere Hoffnung gab, daß der Deportation sämtlicher Juden aus Frankreich von seiten der Vichy-Regierung kein Widerstand entgegengesetzt würde.[145] Im kleinen Kreis innerhalb der deutschen Militärverwaltung berichtete er über die Ergebnisse der Wannsee-Konferenz und gab, dem Zeugnis eines Beteiligten zufolge, sogar Einzelheiten über die Vernichtungsaktionen in den besetzten Gebieten preis:

»Busse, die für den Transport von Juden bestimmt sind, vom Bahnhof zum Lager, vom Lager zur Arbeitsstätte, und in die man während der Fahrt tödliches Gas einströmen läßt. Ein Versuch, der zum Leidwesen Heydrichs an unzureichender Technik scheitert. Die Busse sind zu klein, die Todesraten zu gering, dazu kommen noch andere ärgerliche Mängel. Weshalb er zum Schluß größere, perfektere, zahlenmäßig ergiebigere Lö-

---

Erlasse, S. 239 f.; zur Vorgeschichte vgl. Birn, Die Höheren SS- und Polizeiführer, S. 250–259; Jäckel, Frankreich, S. 195–198.

144 Klarsfeld, Vichy – Auschwitz, S. 52–56. Bousquet, 33 Jahre alt, Karrierejurist in der französischen Verwaltung, Antisemit, war das ideale Pendant zu den SD-Aktivisten Knochen und Hagen. Auch Himmler, der mit Bousquet im Juni 1943 zusammentraf, war von dessen Intellektualität und Persönlichkeit beeindruckt (vgl. das kurze Porträt Bousquets in Klarsfeld, Vichy – Auschwitz, S. 51).

145 Klarsfeld, Vichy – Ausschwitz, S. 55–57; Marrus/Paxton, Vichy France, S. 218–220. Ein Zeuge der Zusammenkunft, der Pariser Bevollmächtigte der Vichy-Regierung Fernand de Brinon, schrieb nach dem Krieg über diese Begegnung: »Heydrich mußte eine besondere Zuneigung für Bousquet empfinden, der ihm seinen guten Willen und den Wunsch bekundete, mit den deutschen Behörden zu kollaborieren, um den Kommunismus zu bekämpfen. Bousquet äußerte, zumindest verbal, große Bewunderung für den Mut der SS.« (Zitiert nach Pryce-Jones, Paris unter der deutschen Besatzung, S. 34 f.)

sungen ankündigt … Wie über die russischen Juden in Kiew, ist auch über die Gesamtheit der europäischen Juden das Todesurteil gesprochen. Auch über die französischen Juden, deren Deportation in diesen Wochen beginnt.«[146]

Ostpolitik

Auch im RSHA selbst zeigten sich Risse – und kennzeichnenderweise dort, wo man die katastrophalen Folgen der rassistischen Nationalitätenpolitik des Deutschen Reiches nicht übersehen konnte: in den Ostreferaten des Amtes VI. Der SD-Ausland unter Schellenberg, der sich ebenso unermüdlich wie vergeblich mit dem Anspruch plagte, ein seinem britischen oder französischen Vorbild vergleichbarer Nachrichtendienst zu sein, wollte – nicht zuletzt in Konkurrenz zur Abteilung Fremde Heere Ost des OKH und zum Amt Ausland/Abwehr des OKW – stichhaltige und valide Informationen zur Ostpolitik des Reiches liefern und mußte ebenso wie andere Institutionen des Regimes erkennen, daß es gerade die rassistisch-völkische Politik der Deutschen war, die die antibolschewistischen und antirussischen Kräfte im Vielvölkerstaat Sowjetunion auf die Seite Stalins trieb.

Dabei war diese politische Option in der NS-Führung keineswegs unumstritten. Alfred Rosenberg, der mit anderen Baltendeutschen in der Frühzeit der NSDAP einen prägenden Einfluß auf die ostpolitischen Vorstellungen der Nationalsozialisten gehabt hatte,[147] vertrat zwar eine radikal antirussische Politik, die aber den nichtrussischen Völkern eine gewisse Selbständigkeit zusprach, um sie als *cordon sanitaire* gegen das moskowitische Restreich zu funktionalisieren.[148] Hitlers Politik dagegen war vom Konzept bestimmt, »Lebensraum« im Osten zu gewinnen. Bereits 1922 hatte er gefordert, daß Deutschland mit Hilfe Englands ver-

---

146 Zitiert nach Herbert, Best, S. 320.

147 Auerbach, Hitlers politische Lehrjahre; Nolte, Der europäische Bürgerkrieg, S. 113–118; Kershaw, Hitler 1889–1936, S. 205 f.

148 Vgl. Rosenberg, Denkschrift Nr. 1 vom 2. 4. 1941, IMG, Bd. 26, S. 547–554 (1017-PS). Der designierte Ostminister Rosenberg war am 2. 4. 1941 von Hitler beauftragt worden, ein »zentrales politisches Büro für die Ostarbeit« einzurichten, und reichte im April/Mai weitere Denkschriften zur Schaffung von Reichskommissariaten sowie Vorschläge für deren personelle Besetzung ein (zu Rosenbergs ostpolitischer Konzeption vgl. Dallin, Herrschaft, S. 58–68).

suchen müßte, den Bolschewismus niederzuwerfen und Rußland zu zer-
trümmern, das dann »genügend Boden für deutsche Siedler und ein weiteres Betätigungsfeld für die deutsche Industrie« bieten würde.[149] Um die
Ernährung einer wachsenden Bevölkerung zu gewährleisten, müsse man,
so Hitler in »Mein Kampf«, neues Land erobern, das man aber nicht in
den Kolonien, sondern nur noch in Rußland finde.[150]

Nationalistische Unabhängigkeitsbestrebungen

Platz für eine differenzierte imperialistische Politik gab es in dieser Perspektive nicht. Die Eroberung deutschen »Lebensraums« stand im Vordergrund, die einheimische Bevölkerung sollte getötet, deportiert werden
oder als Arbeitssklaven den neuen deutschen Herren im Osten dienen.
»Ob«, so Himmler in seiner Posener Rede 1943, »die anderen Völker in
Wohlstand leben oder ob sie verrecken vor Hunger, das interessiert mich
nur soweit, als wir sie als Sklaven für unsere Kultur brauchen, anders interessiert mich das nicht. Ob bei dem Bau eines Panzergrabens 10 000 russische Weiber an Entkräftung umfallen oder nicht, interessiert mich nur
insoweit, als der Panzergraben für Deutschland fertig wird.«[151]

---

149 Zitiert nach Jäckel, Hitlers Weltanschauung, S. 34 f.; vgl. auch Hillgruber, Endlösung. Nicht unterschätzt werden darf der Einfluß Ludendorffs, mit dem Hitler
im November 1923 geputscht und der im Ersten Weltkrieg zu den vehementen
Befürwortern einer Germanisierung der von Deutschland besetzten Ostgebiete
gezählt hatte (vgl. Strazhas, Ostpolitik, S. 246–253; zu Ludendorffs Einfluß auf
Hitler vgl. Nolte, Faschismus in seiner Epoche, S. 400 f.; Auerbach, Hitlers politische Lehrjahre, S. 30).

150 »Wollte man in Europa Grund und Boden, dann konnte dies im großen und ganzen nur auf Kosten Rußlands geschehen, dann mußte sich das neue Reich wieder
auf der Straße der einstigen Ordensritter in Marsch setzen, um mit dem deutschen
Schwert dem deutschen Pflug die Scholle, der Nation aber das tägliche Brot zu geben.« (Hitler, Mein Kampf, S. 154)

151 Rede Himmlers auf der SS-Gruppenführertagung in Posen am 4. 10. 1943, IMG,
Bd. 29, S. 110–173 (1919-PS), Zitat: S. 123. Himmler fuhr fort: »Wir werden niemals
roh und herzlos sein, wo es nicht sein muss; das ist klar. Wir Deutsche, die wir als
einzige auf der Welt eine anständige Einstellung zum Tier haben, werden ja auch zu
diesen Menschentieren eine anständige Einstellung einnehmen, aber es ist ein Verbrechen gegen unser eigenes Blut, uns um sie Sorge zu machen und ihnen Ideale zu
bringen, damit unsere Söhne und Enkel es noch schwerer haben mit ihnen.«

In ein solches Konzept paßte der vorsätzlich geplante Hungertod von »zig Millionen Menschen«[152] in der Sowjetunion, damit die Wehrmacht und die deutsche Bevölkerung sich aus den landwirtschaftlichen Erträgen der besetzten Gebiete ernähren könnten. Die zentrale Besprechung Hitlers mit Rosenberg, Lammers, Keitel, Göring und Bormann am 16. Juli 1941 über die Kriegsziele im Osten legte unmißverständlich fest:

> »Grundsätzlich kommt es darauf an, den riesenhaften Kuchen handgerecht zu zerlegen, damit wir ihn erstens beherrschen, zweitens verwalten und drittens ausbeuten können. [...] Wir tun lediglich so, als ob wir ein Mandat ausüben wollten. Uns muss aber dabei klar sein, dass wir aus diesen Gebieten nie wieder herauskommen.«

Die Krim sollte »von allen Fremden geräumt« und deutsch besiedelt werden, ebenso sollte das ehemals österreichische Galizien dem Deutschen Reich zugeschlagen werden wie die baltischen Länder, die Wolgakolonie, das Gebiet um Baku und die Halbinsel Kola. Leningrad wollte Hitler »dem Erdboden gleichmachen« und es dann Finnland überlassen. Den zaghaften Einwurf Rosenbergs, daß in jedem Kommissariat eine andere »Behandlung« der Bevölkerung notwendig sei, insbesondere in der Ukraine, wischte Göring mit dem Hinweis vom Tisch, daß man zunächst an die Ernährung denken müsse und alles andere erst sehr viel später kommen könne. Eine militärische Macht durfte es nach Hitlers Auffassung westlich des Urals nie wieder geben. »Eiserner Grundatz muss sein und bleiben: Nie darf erlaubt sein, dass ein Anderer Waffen trägt, als der Deutsche!«[153]

---

152 So die bekannte Formulierung aus der Besprechung der Staatssekretäre am 2.5.1941, IMG, Bd. 31, S. 84; zum Ernährungskrieg siehe ausführlich Gerlach, Kalkulierte Morde, S. 46–76.

153 Aktenvermerk Bormanns über die Besprechung Hitlers am 16.7.1941, IMG, Bd. 38, S. 86–94 (221-L). Zu den möglichen Gründen für Himmlers Abwesenheit vgl. Dienstkalender Himmlers 1941/42, S. 184. In mehreren Erlassen legte Hitler im Anschluß an diese Besprechung die Aufgabenverteilung fest: Die Zivilverwaltung übertrug er dem Reichsministerium für die besetzten Ostgebiete unter Rosenberg (Erlaß Hitlers über die Verwaltung der neu besetzten Ostgebiete, 17.7.1941, IMG, Bd. 29, S. 235–237 [1997-PS]), die wirtschaftliche Ausbeutung leitete Hermann Göring als Beauftragter für den Vierjahresplan (Erlaß Hitlers über die Wirtschaft in den neu besetzten Ostgebieten, 29.6.1941, BArch, R 43 II/604, Bl. 152, gedruckt in: Moll, Führer-Erlasse, S. 179 f.), die »polizeiliche Sicherung« der neu besetzten Ostgebiete unterstand Heinrich Himmler, der in dieser

Entsprechend diesen Vorgaben waren die Versuche nichtrussischer Nationalisten, den deutschen Vormarsch zu nutzen, um von Moskau unabhängige, antibolschewistische und zu einem Gutteil auch antisemitische Nationalstaaten auszurufen, zum Scheitern verurteilt. Mitte Juni 1941 erhielten sämtliche Stapostellen im Reich vom RSHA, Referat IV D 3 Staatsfeindliche Ausländer, die Anweisung, die mögliche Rückkehr von russischen, ukrainischen, weißruthenischen, kaukasischen, kosakischen, estnischen, lettischen und litauischen Emigranten nach Rußland zu verhindern und alle diejenigen, die im Verdacht standen, für die UdSSR zu spionieren oder gar Sabotageakte zu verüben, sofort in Schutzhaft zu nehmen. Die Leiter der entsprechenden Vertrauensstellen im Deutschen Reich durften ihren Aufenthaltsort nicht verlassen und hatten sich täglich bei der jeweiligen Gestapostelle zu melden.[154]

Allerdings besaßen deutsche Stellen, auch das RSHA, längst intensive Kontakte zur antisowjetischen Emigration.[155] So hatte Erich Hengelhaupt

Eigenschaft auch den Reichskommissaren Weisungen erteilen konnte (Erlaß Hitlers über die polizeiliche Sicherung der neu besetzten Ostgebiete, 17.7.1941, BArch, R 43 II/604, Bl. 153, gedruckt in ebenda, S. 188 f.). Himmler hatte sich in den Wochen zuvor stark bemüht, nicht nur die »polizeiliche«, sondern auch die »politische« Sicherung zugestanden zu bekommen, und sich vor allem mit Rosenberg auseinandergesetzt. Bormann gegenüber klagte Himmler, »mit Rosenberg zu arbeiten, geschweige denn unter ihm, ist bestimmt das allerschwerste in der Partei« (Himmler an Bormann, 25.5.1941, BArch, NS 19/3874, Bl. 12 f.; Dallin, Deutsche Herrschaft, S. 48 f.; Dienstkalender Himmlers, S. 161 [25.5.1941] sowie die häufigen Termine und Telefonate Himmlers mit Bormann, Lammers, Heydrich und Berger hinsichtlich der Kompetenzabgrenzung zum Ostministerium). Obwohl Himmler dieses Ziel nicht erreichte, war ihm mit seiner Weisungsbefugnis gegenüber den Reichskommissaren und der Installation von HSSPF bei den Reichskommissaren, die diesen »persönlich und unmittelbar«, das heißt außerhalb der Zivilverwaltung, unterstanden, ein weitgehender politischer Erfolg gelungen.

154 Runderlaß CSSD, IV D 3, gez. Müller, 18.6.1941, IMG, Bd. 27, S. 345–347 (1573-PS); zu den Nationalvertretungen vgl. Mühlen, Hakenkreuz, S. 82–138.

155 Zu den Emigranten der sowjetischen Orientvölker in Deutschland vgl. Mühlen, Hakenkreuz, S. 21–43. Konnten sich die antisowjetischen Emigranten des Wohlwollens der nationalsozialistischen Stellen, vor allem der Abwehr, sicher sein, so veränderte der Hitler-Stalin-Pakt deren Situation einschneidend. Insbesondere das RSHA beobachtete jetzt argwöhnisch die Emigrantenorganisationen, nachdem ein Erlaß Müllers Anfang Juni 1939 bereits für das Protektorat Böhmen und

im Auftrag von Schellenberg 1940/41 in Paris für das Amt VI Verbindungen zur kaukasischen Emigration aufgenommen.[156] Die Organisation Ukrainischer Nationalisten (OUN) hatte seit Anfang der zwanziger Jahre Beziehungen zu deutschen Geheimdiensten geknüpft, das Amt Abwehr/Ausland im OKW unter Canaris seinerseits militärische ukrainische Einheiten aufgestellt, unter anderem die bekannten Bataillone »Nachtigall« und »Roland«, die sich in Wehrmachtsuniformen an dem Vormarsch der deutschen Truppen beteiligten.[157] Am Tag der deutschen Besetzung, am 30. Juni 1941, rief eine Gruppe der OUN in Lemberg/Lwów mit zumindest stillschweigender Billigung der deutschen Abwehroffiziere einen unabhängigen ukrainischen Nationalstaat aus.[158] Allerdings blieb dieser Regierung kein langes Leben beschieden. Keine vierzehn Tage später verhafteten Angehörige der Einsatzgruppe C sowohl den Chef der provisorischen Regierung Stetsko und seine engsten Mitarbeiter als auch den Führer des radikalen Flügels der OUN, Bandera, und internierten sie in Berlin. Im Herbst 1941 wurden dann auch die gemäßigten Anhänger der OUN verhaftet.[159]

Mähren ein Betätigungsverbot für alle Emigrantenorganisationen erlassen hatte (Erlaß Müllers an die Einsatzgruppen in Prag und Brünn, 6.6.1939, BArch, R 58/1031, Bl. 24 f.). Nach der Besetzung Polens waren auch dort Emigrantengruppen von den Einschränkungen betroffen, selbst für pronazistische Organisationen galten weitgehende Einschränkungen (Runderlaß Müllers an alle Dienststellen der Sicherheitspolizei und des SD im Generalgouvernement, 3.11.1939, ebenda, Bl. 28 f.).

156 Siehe oben, S. 517 f.

157 Zu den Verbindungen zwischen OUN und deutscher Abwehr vgl. Dallin, Deutsche Herrschaft, S. 124–129; Pohl, Judenverfolgung, S. 39–42; Golczewski, Die ukrainische Emigration. Zur jahrzehntelang schwelenden und von der DDR aus politischen Gründen geschürten falschen Beschuldigung, Theodor Oberländer (als deutscher Abwehroffizier bei diesen ukrainischen Einheiten) habe sich an den Judenmorden beteiligt, siehe jetzt abschließend Wachs, Der Fall Theodor Oberländer.

158 Vgl. Armstrong, Ukrainian Nationalism, S. 56–60; Pohl, Judenverfolgung, S. 47 f.

159 Dallin, Deutsche Herrschaft, S. 129–132; Pohl, Judenverfolgung, S. 48; Sandkühler, Endlösung, S. 64; vgl. auch das Telefonat zwischen Heydrich und Himmler am 17.9.1941 über Bandera und die Ukraine (Dienstkalender Himmlers 1941/42, S. 212).

Die antisowjetischen Unabhängigkeitsbestrebungen im Baltikum fanden ebenfalls bereits vor dem Krieg deutsche Unterstützung, insbesondere durch den damaligen Leiter der Gestapo in Tilsit, Dr. Heinz Gräfe.[160] Nachdem er Ende 1933 in den SD eingetreten war, dem er »mit Leib und Seele« angehörte, wie er 1934 in seinem SS-Lebenslauf schrieb,[161] und im August 1935 das Assessorexamen mit der außergewöhnlichen Note »gut«[162] bestanden hatte, entschied er sich, in den Dienst der Geheimen Staatspolizei zu treten. Gräfe kam Ende 1935 zuerst nach Kiel, wo er als Stellvertreter unter dem gerade frisch eingesetzten, erst 27jährigen Regierungsassessor Dr. Hans-Ulrich Geschke die wenige Monate zuvor neu eingerichtete Stapostelle Kiel aufbaute.[163] Heydrich beurteilte ihn nach Ablauf des neunmonatigen Probedienstes sehr gut:

»Assessor Gräfe hat sich auf Grund seiner früheren Tätigkeit im Sicherheitsdienst des RFSS in verhältnismässig kurzer Zeit in die Arbeitsgebiete der Geheimen Staatspolizei eingearbeitet. Im Hinblick auf seine hervorragenden Fähigkeiten und Leistungen habe ich ihn bereits Juli ds. Js. mit der ständigen Vertretung des Leiters der Staatspolizeistelle Kiel beauftragt. Er verfügt über eine gute Auffassungsgabe, eine sichere Urteilsfähigkeit und das erforderliche politische Fingerspitzengefühl.«[164]

Gräfe wurde daraufhin als Regierungsassessor im preußischen Landesdienst in das Beamtenverhältnis übernommen und zum Oktober 1937

---

160 Zu Gräfe siehe S. 104–137 sowie S. 152–163. Auch die deutschbaltischen SS-Führer Erhard Kroeger und Friedrich Buchardt setzten sich für eine antisowjetische Nationalitätenpolitik ein (vgl. dazu ausführlich Schröder, SS-Führer).

161 Handschriftlicher Lebenslauf, o. D. [1934], BArch, BDC, RuSHA-Akte Heinz Gräfe.

162 RMI, II.G.114, Personal- und Befähigungsnachweis des Assessors Heinz Gräfe, BArch DH, ZR 48. Über seine Leistungen wurde notiert: »Befähigung und Kenntnisse werden stets mit ›gut‹ und ›recht gut‹ bewertet. Die Leistungen sind meistens mit ›gut‹ und ›recht gut‹, 1 × ›befr.[iedigend]‹ und 1 × (Staatsanw.) ›ausr.[eichend]‹. Von der Staatsanw. wurde gelegentliche Uninteressiertheit und gelegentliche Flüchtigkeit festgestellt. Gelobt wird sein geschickter Vortrag.«

163 Vgl. Paul, Staatlicher Terror, S. 33. Paul sieht Heinz Gräfe in einer Reihe mit anderen Gestapobeamten, die ihre nichtnationalsozialistische Vergangenheit durch gesteigerten Einsatz und forcierte Radikalität zu überspielen suchten. Insbesondere belastete ein ehemaliger Angehöriger der Gestapo Kiel Gräfe 1947 durch die Aussage, er habe wiederholt Untergebene zu »technischen Vernehmungen«, das heißt zur Anwendung von Gewalt, angespornt (ebenda, S. 78, 214).

164 Heydrich an RMI, 3. 10. 1936, BArch DH, ZR 48.

nach Tilsit versetzt, wo er einen Monat später als Nachfolger von Walter Huppenkothen die Leitung der Stapostelle und zugleich des SD-Abschnitts übernahm.[165] Hier in Tilsit begründete Gräfe seinen Ruf als Experte für das Baltikum, von hier aus knüpfte er Verbindungen zur litauischen Sicherheitspolizei, solange Litauen unabhängig war, und nach der sowjetischen Besetzung im Herbst 1939 zum litauischen antikommunistischen Untergrund, der den Deutschen als Informationszuträger diente.[166] Gräfes Ehefrau erinnerte sich später, daß mitunter nachts Besucher in Tilsit erschienen, die durch die Memel geschwommen waren und Nachrichten aus Litauen brachten.[167]

Gräfe gehörte zu den Akteuren des Anschlusses des Memellandes, eines Grenzgebietes zwischen Ostpreußen und Litauen, das durch den Versailler Vertrag vom Deutschen Reich abgetrennt und 1923 von Litauen besetzt worden war. Die überwiegend deutsche Bevölkerung betrieb dennoch weiterhin die Angliederung, wobei sich die verschiedenen Instanzen wie der selbsternannte »Führer der Memeldeutschen«, der Tierarzt Ernst Naumann, Ostpreußens Gauleiter Erich Koch, der mit Hilfe der SA im Memelland vollendete Tatsachen schaffen wollte, die Volksdeutsche Mittelstelle sowie das Auswärtige Amt gegenseitig des politischen Dilettantismus beschuldigten. Gräfe, als Gestapo- und SD-Chef der Region eine wichtige Figur, hielt sich offensichtlich von Koch fern und vertrat die Politik der Berliner Zentralen.[168] Der Druck auf Litauen wurde schließlich

---

165 RMdI, Vorschlag zur Ernennung des Reg.ass. Dr. Gräfe zum Reg.rat, 1.10.1938, BArch DH, ZR 48.

166 Bericht Heydrichs an das Auswärtige Amt, 20.12.1940, IfZ, Fb 103; Wilhelm, Einsatzgruppe A, S. 90; Dieckmann, Ghetto und Konzentrationslager in Kaunas, S. 441.

167 Dorothea J. an den Verfasser, 12.1.1997.

168 Fernschreiben Lorenz, Volksdeutsche Mittelstelle, an Rudolf Heß, 4.2.1939, BArch Potsdam, DZA, Film 13302, Aufn. 118102–103; Aufzeichnung IdS Sporrenberg über ein Telefonat mit Naumann, 18.3.1939, ebenda, Aufn. 117539; Herwarth, Stalin und Hitler, S. 156 f., der als Angehöriger des deutschen Konsulats im Memelland Gräfe als »Verbündeten« im Kampf gegen Koch bezeichnete. Zu den Auseinandersetzungen zwischen Auswärtigem Amt, Volksdeutscher Mittelstelle und Gauleiter Koch um die Memellandpolitik vgl. Lumans, Himmler's Auxiliaries, S. 90–93.

so stark, daß es am 22. März 1939 der Abtretung des Memellandes an Deutschland zustimmte, wo Hitler tags darauf persönlich den Triumph feierte. Unter den 6000 Juden im Memelland setzte eine Massenflucht ein. Doch SS und Polizei hatten schon am Morgen des 23.3. die Grenzübergänge besetzt, um die Habseligkeiten der Flüchtlinge zu konfiszieren. Jüdische Fabriken und Geschäfte wurden beschlagnahmt, die Synagogen zerstört und die verbliebenen Juden schwer mißhandelt.[169] Gräfe, der im November 1938 Regierungsrat geworden war, avancierte im April 1939 zum SS-Sturmbannführer.[170]

Anfang Februar 1940 benannte ihn Schellenberg gemäß einer Absprache zwischen Auswärtigem Amt und RSHA zum Hauptbevollmächtigten des Amtes VI für die baltischen Staaten.[171] Ein ausführlicher, kenntnisreicher Bericht über die politische Situation in den baltischen Staaten nach der sowjetischen Besetzung, den Heydrich Anfang Oktober 1940 persönlich an Ribbentrop schickte, könnte sogar die Einstiegsarbeit Grä-

---

169 Hans von Herwarth, selbst aus einer jüdischen Familie stammend, schrieb dazu über Gräfe: »Bei der Rückgliederung bat ich Graefe, dafür zu sorgen, daß dort Ausschreitungen gegen Juden verhindert würden, die von Koch zu erwarten seien. In der kurzen Zeit, die ich noch in Memel verbrachte, hielt Graefe sein Versprechen.« (Herwarth, Hitler und Stalin, S. 157. Vgl. allgemein Meissner, Die deutsche Volksgruppe; Volkmann, Die Außenbeziehungen)

170 BArch, BDC, SSO-Akte Heinz Gräfe. Allerdings tauchten in der Personalbeurteilung Sporrenbergs, als IdS Nordost und SD-Führer des SD-Oberabschnitts Nordost Vorgesetzter von Gräfe, wieder Vorbehalte auf. So sei Gräfe »ehrgeizig«, aber auch »etwas undurchsichtig, zu wenig offen, etwas egoistisch«; er sei »strebsam und geschickt«, habe »festen Willen und Ausdauer« und versuche, sich in weltanschaulicher Hinsicht Wissen anzueignen und wolle »unbedingt als NS [Nationalsozialist] gelten«, sei aber vielleicht innerlich noch nicht restlos überzeugt. »Gräfe ist in sachlicher Hinsicht ein fähiger Dienststellenleiter, dessen Geschick und Fleiss anzuerkennen ist, Mehr nat.soz. und SS-mäßige Haltung wäre notwendig. Gr. bekommt nur schwer näheren Kontakt mit SS-Führern.« (Personalbericht Sporrenbergs über Gräfe, März 1939, BARch, BDC, SSO-Akte Heinz Gräfe)

171 Schellenberg an Polizei-Verbindungsführer im AA, SS-Stubaf. Legationsrat Schumburg, 6.2.1940, BArch Potsdam, DZA, Film 15100, Aufn. E 295756 f. Die übrigen Hauptbevollmächtigten des RSHA, Amt VI, waren: für die nordischen Staaten (Dänemark, Schweden, Norwegen, Finnland) SS-Stubaf. Daufeldt, für die Staaten des Donauraums und des Balkans SS-Stubaf. Göttsch und für Spanien SS-HStuf. Plath.

fes gewesen sein.[172] Zum 1. April 1941 wurde Gräfe Leiter der Gruppe VI C Russisch-japanisches Einflußgebiet im RSHA-Amt VI. Einen Tag nach dem deutschen Angriff verkündete der litauische Radiosender in Kaunas/Kowno, den Aufständische in ihre Gewalt gebracht hatten, daß eine nationale Regierung unter dem ehemaligen Gesandten Litauens in Berlin, Kazys Škirpa, und General Rastikis, der ebenfalls als Emigrant in Deutschland lebte, gebildet würde.[173] Allerdings informierte das Auswärtige Amt das OKW, daß es die Zusammenarbeit mit antisowjetischen Gruppen in Lettland, Litauen und Estland begrüße, aber dringend rate, sich jedweder politischen Versprechungen zu enthalten. Und Hitler gab der Heeresgruppe Nord die knappe Weisung, sich um die ausgerufene Regierung Litauens nicht zu kümmern.[174] Heinz Gräfe war es, der General Rastikis im Auftrag des RSHA Ende Juni 1941 von Berlin nach Kowno begleitete und zusammen mit dem für das Baltikum verantwortlichen Abteilungsleiter im Ostministerium, Dr. Peter Kleist, vergeblich versuchte, Rastikis für eine kollaborierende litauische Regierung zu gewinnen. Und zu Gräfe hielt der ehemalige litauische Gesandte Škirpa, der Berlin nicht verlassen durfte, aber dennoch in der litauischen Emigration eine wichtige Rolle spielte, weiterhin Kontakt.[175] Doch Rastikis wollte die ihm zugedachte Aufgabe offensichtlich nicht übernehmen. Anfang August wurde die provisorische Regierung Litauens durch die Deutschen aufgelöst. Erst Ende August gelang es den Deutschen, kollaborierende litauische »Generalräte« zur Leitung der Verwaltung zu finden.[176] Allein in Estland, das erst im Laufe des Augusts vollständig von der deutschen Armee erobert worden war, fanden die Deutschen in Dr. Hjalmar Mäe einen willigen Kollaborateur.[177]

---

172 Heydrich an Ribbentrop, 2.10.1940, IfZ, Fb 107, auszugsweise gedruckt in: Wilhelm, Rassenpolitik, S.154–169.

173 Myllyniemi, Neuordnung, S.72f.

174 Ebenda, S.73.

175 Vgl. Wilhelm, Einsatzgruppe A, S.88–90; Krausnick/Wilhelm, Truppe des Weltanschauungskrieges, S.350, 360; Suduvis, Volk, S.56–59.

176 Myllyniemi, Neuordnung, S.81–83, 104; Wilhelm, Einsatzgruppe A, S.88–91. Zur deutschen Besatzung Litauens 1941 bis 1944 siehe demnächst die Dissertation von Christoph Dieckmann.

177 Siehe oben, S.589. Mäe, 1901 in Estland geboren, studierte in Berlin, Wien und Innsbruck, wo er sowohl zum Dr. phil als auch zum Dr. rer. pol. promovierte.

Generalplan Ost

Himmlers Siedlungspläne für den Osten waren weitreichend. Nachdem er von Hitler Anfang Oktober 1939 mit der »Festigung deutschen Volkstums« und insbesondere mit der »Gestaltung neuer deutscher Siedlungsgebiete durch Umsiedlung« beauftragt worden war,[178] baute er zielstrebig diese Aufgabe wie das Amt aus. Noch im Herbst 1939 gelang es ihm, den Agrarwissenschaftler Prof. Dr. Konrad Meyer als Chefplaner für das neue Stabshauptamt des RKF zu gewinnen.[179] Himmlers eigene Siedlungsvorstellungen waren zu dieser Zeit noch recht vage. In den annektierten westpolnischen Gebieten sollten in 50 bis 80 Jahren 20 Millionen deutsche Siedler leben, und wenn kein Land mehr zur Verteilung vorhanden sei, »dann muß, wie es sich immer wieder in der Geschichte wiederholt, neues Land durch das Schwert geholt werden«.[180] Meyer legte im Januar/Februar 1940 erste »Planungsgrundlagen« vor, die die annektierten Territorien differenzierten und Siedlungszonen 1. Ordnung als vordringlich zu besiedelnde Gebiete festlegten.[181]

Nach seiner Rückkehr nach Estland war Mäe als Kommunalpolitiker tätig, ließ sich 1940 mit den Volksdeutschen nach Deutschland umsiedeln, um dann wieder mit den Deutschen nach Estland zurückzukehren (vgl. Myllyniemi, Neuordnung, S. 30 f.).

178 Erlaß Hitlers zur Festigung deutschen Volkstums, 7. 10. 1939, IMG, Bd. 26, S. 255–257 (PS-686).

179 Meyer, 1901 geboren, erhielt nach einem Studium der Landbauwissenschaften bereits mit 29 Jahren die venia legendi an der Universität Göttingen. Als Leiter der Reichsarbeitsgemeinschaft für Raumforschung und Direktor des Instituts für Agrarwesen und Agrarpolitik in Berlin zählte Meyer zu den führenden Raumplanern des Dritten Reiches (vgl. das kurze biographische Porträt von Meyer in Rössler/Schleiermacher, Generalplan Ost).

180 Rede Himmlers vor SS-Führern in Posen am 24. 10. 1939, zitiert nach Müller, Hitlers Ostkrieg, S. 121.

181 RKF, Planungshauptabteilung, Planungsgrundlagen für den Aufbau der Ostgebiete [Januar 1940], BArch, R 49/157, gedruckt in: Müller, Hitlers Ostkrieg, S. 130–138. Meyer folgend gab Himmler die Anweisung, die Volksdeutschen aus dem Baltikum und der Sowjetunion in den Siedlungszonen 1. Ordnung anzusiedeln (Himmlers Anweisung, 13. 6. 1940, in: Müller, Hitlers Ostkrieg, S. 90). Im Oktober rühmte sich Himmler, daß die Siedlung im Osten aufgrund »neuester Er-

Der Krieg gegen die Sowjetunion öffnete den Horizont für weit größere Planungen. Am 24. Juni erteilte Himmler Meyer den Auftrag, die bisherigen Entwürfe zu erweitern; drei Wochen später legte Meyer eine Neufassung vor, der zufolge nicht mehr nur die annektierten westpolnischen Gebiete germanisiert, sondern auch alle östlichen Kreise des Generalgouvernements bis hin zum »russischen Raum« deutsch besiedelt werden sollten.[182] Die einen Tag später stattfindende zentrale Besprechung bei Hitler legte darüber hinaus die Germanisierung des Baltikums, der Krim, der Wolgakolonie und anderer Gebiete fest. Himmlers Anspruch, für die Siedlung auch in den neubesetzten sowjetischen Gebieten verantwortlich zu sein, ließ Hitler in der Schwebe. Entsprechende Befürchtungen Rosenbergs beschwichtigte er mit dem, allerdings vieldeutigen, Hinweis, Himmler solle keine andere Zuständigkeit als im Reich bekommen.[183]

Während die Planungshauptabteilung im RKF unter Meyer in den folgenden Monaten mit der Überarbeitung ihrer Pläne beschäftigt war, brachte sich eine zweite Institution ins Spiel: das Reichssicherheitshauptamt. In Ehlichs Gruppe III B entstand in der zweiten Jahreshälfte 1941 ein »Generalplan Ost«, dessen Original verschollen ist, der jedoch gewissermaßen im Spiegel einer sehr ausführlichen, detaillierten Stellungnahme des »Rassereferenten« aus dem Ostministerium, Dr. Erhard Wetzel, sowie anhand des Protokolls einer Besprechung im Ostministerium, an der als Vertreter Ehlichs dessen Referent Dr. Heinz Hummitzsch (III B 1 Volkstumsarbeit) teilgenommen hatte, zu rekon-

---

kenntnisse« erfolge und »revolutionäre Erkenntnisse« bringen werde (Himmler vor der Landesgruppe der NSDAP in Madrid, 22. 10. 1940, BArch, R 49/20, gedruckt in: ebenda, S. 139). Anfang 1941 zeigten die Planer des RKF mit einer Ausstellung, »Aufbau und Planung im Osten«, ihre Siedlungsvisionen, die auf die Besucher, vor allem aus NS-Führung und Wehrmacht, großen Eindruck machten. Himmler selbst führte Heß, Bormann, Todt, Bouhler, Ley und andere durch die Ausstellung (Dienstkalender Himmlers 1941/42, S. 135 [20. 3. 1941], 140 [27. 3. 1941]).

182 Meyer an Himmler, 15. 7. 1941, BArch, NS 19/1739, gedruckt in: Madajczyk, Generalplan Ost, S. 14 f.; vgl. Roth, Generalplan Ost, S. 25–95.

183 Aktenvermerk Bormanns über die Besprechung Hitlers am 16. 7. 1941, a. a. O. (s. Anm. 153).

struieren ist.[184] Laut Wetzels Stellungnahme gingen die RSHA-Planer von einem Zeitraum von etwa 30 Jahren aus, in denen rund 10 Millionen Deutsche – nach Wetzels eigenen Berechnungen wären günstigstenfalls nur mit etwa 8 Millionen zu rechnen – in den eroberten sowjetischen Gebieten angesiedelt werden sollten. Dagegen errechnete das RSHA insgesamt 45 Millionen »Fremdvölkische« in diesem Raum, von denen 31 Millionen Menschen »ausgesiedelt«, das heißt nach Sibirien deportiert oder ermordet werden sollten![185] Wetzel selbst rechnete mit einer noch höheren Zahl von zu »Evakuierenden«:

»Nur wenn man davon ausgeht, daß die etwa 5 bis 6 Mill. Juden, die in diesem Raum wohnen, schon vor der Evakuierung beseitigt sind, kommt man zu der in dem Plan erwähnten Ziffer von 45 Mill. Fremdvölkischen.«[186]

Wetzel hatte zur »Problemlösung« einen eigenen Gedanken vorzutragen. Auf der Besprechung im Ostministerium vom 4. Februar 1942, auf der die SS-Vertreter den Standpunkt vertraten, die »rassisch Unerwünschten« sollten deportiert werden, warf Wetzel in die Debatte ein, »ob nicht durch die Industrialisierung des baltischen Raumes zweckmäßigerweise die ras-

---

184 Stellungnahme Wetzels zum Generalplan Ost, 27. 4. 1942 (Nbg. Dok. NG-2325), gedruckt in: Heiber, Generalplan Ost, S. 297–324; Bericht Wetzels über die Besprechung im Ostministerium am 4. 2. 1942, 7. 2. 1942 (Nbg. Dok. NO-2585), gedruckt in: ebenda, S. 293–296. In dem Bericht erscheint Hummitzsch mit der falschen Schreibweise »Gummitzsch«. Zu einer weiteren, allerdings ebenfalls verschollenen, Stellungnahme aus dem Stabshauptamt des RKF, verfaßt von Leiter der Abteilung I 3 (Volkstum), SS-HStuf. Helmut Schubert, vom Februar/März 1942 vgl. Roth, Generalplan Ost, S. 61 f. Zu Hummitzsch siehe oben, S. 381 f.

185 Stellungnahme Wetzels zum Generalplan Ost, 27. 4. 1942, a. a. O. (s. Anm. 184), S. 299. Wetzel schrieb, daß er bereits im November 1941 von Ehlich die Zahl von 31 Millionen »auszusiedelnder Fremdvölkischer« erfahren habe. Die verbleibenden 14 Millionen »Fremdvölkischen«, unter denen kein Jude mehr sein sollte, waren in den Vorstellungen des RSHA »eindeutschungsfähig«, was Wetzel wiederum für den Zeitraum von 30 Jahren bezweifelte. Zu der angenommenen Zahl der deutschen Siedler bemerkte Wetzel, daß es die Kernfrage der ganzen Ostsiedlung sei, »ob es uns gelingt, im deutschen Volke den Siedlungstrieb nach dem Osten wieder zu erwecken« – eine Bemerkung, die unmißverständlich das monströse Wunschdenken dieser Ostsiedlungspläne offenbarte.

186 Stellungnahme Wetzels zum Generalplan Ost, 27. 4. 1942, a. a. O. (s. Anm. 184), S. 300.

sisch unerwünschten Teile der Bevölkerung verschrottet [!] werden könnten«, das heißt durch Schwerstarbeit vernichtet werden sollten.[187]

Den Kompetenzstreit um die Siedlung hatte Himmler zu diesem Zeitpunkt gewonnen, indem er mit Erfolg den Weg über die NSDAP genommen hatte. Dank der »völkischen Flurbereinigungspolitik« der SS in Polen, und sicher nicht zuletzt aufgrund seiner Verbindungen zu Bormann, war Himmler von Heß Ende Februar 1941 zum »verantwortlichen Sachbearbeiter der NSDAP für alle Grenz- und Volkstumsfragen« ernannt worden, nachdem schon im Dezember 1940 die Volksdeutsche Mittelstelle der Partei Himmlers RKF-Stab unterstellt worden war.[188] Davon ausgehend wollten Himmler und Heydrich eine neue Dienststelle, das »Büro des Reichsleiters der NSDAP für Volkstumsfragen«, aufbauen, für das Ehlich im RSHA Ende Oktober 1941 schon einen Organisationsentwurf vorlegte.[189] Nachdem etliche Widerstände, vor allem von seiten der Gauleiter, überwunden waren, ernannte Hitler am 12. März 1942 Himmler zum »Beauftragten der NSDAP für alle Volkstumsfragen« und erhob die entsprechende Dienststelle offiziell zu einem Hauptamt der NSDAP.[190]

Von dieser Machtbasis aus gab Himmler Meyer Ende Januar 1942 zahlreiche neue Anweisungen zur Siedlungsplanung, die die Erweiterungen

---

187 Bericht Wetzels über die Besprechung im Ostministerium am 4.2.1942, a.a.O. (s. Anm. 184).

188 Anordnung Heß', 26.2.1941, BArch, NS 6/821, in: Verfügungen/Anordnungen/Bekanntgaben, hrsg. von der Partei-Kanzlei der NSDAP, Bd. II, München 1943, S. 159; sowie Himmlers Besuch bei Heß am 19.3.1941, Dienstkalender Himmlers 1941/42, S. 134; Erlaß Hitlers zur Übertragung aller Kompetenzen der Volkdeutschen Mittelstelle auf den Reichsführer SS, 7.12.1940, in: Moll, Führer-Erlasse, S. 509.

189 Ehlich an Heydrich, 17.9.1941, Sonderarchiv Moskau, 500-4-70, Bl. 100; Lorenz an Himmler, 3.11.1941, ebenda, Bl. 138; Besprechung Himmlers mit Heydrich am 14.10.1941, Dienstkalender Himmlers, S. 235.

190 Verfügung Hitlers zur Errichtung eines Hauptamtes für Volkstumsfragen bei der Reichsleitung der NSDAP, 12.3.1942, BArch NS 6/821, Bl. 183, gedruckt in: Moll, Führer-Erlasse, S. 240. Stabsleiter des neu zu gründenden Hauptamtes sollte der SS-Oberführer Erich Cassel, bis dahin Stabsführer beim HSSPF Kaltenbrunner in Wien, werden (vgl. auch die Besprechung Himmlers mit Cassel am 20.7.1942, Dienstkalender Himmlers 1941/42, S. 497; zum Aufbau des Hauptamtes siehe auch BArch, NS 19/904).

des RSHA-Plans aufnehmen und eigene Kostenkalkulationen vornehmen sollten. Diejenigen volksdeutschen Umsiedler, die bislang noch nicht untergebracht werden konnten, sollten nun in Lothringen, im ostpreußischen Regierungsbezirk Zichenau und im Bezirk Bialystok, im Warthegau und im Kreis Saybusch angesetzt werden; die Krim, bislang für die Besiedlung durch Volksdeutsche vorgesehen, sollte nun »nach anderen Grundsätzen (SS-Auswahl)« besiedelt werden.[191] Anfang Juni 1942 sandte Greifelt Himmler Meyers Denkschrift »Generalplan Ost. Rechtliche, wirtschaftliche und räumliche Grundlagen des Ostaufbaues, Juni 1942«,[192] mit den Worten Rolf Dieter Müllers »ein übersichtliches, exakt kalkuliertes Siedlungsprogramm, das eindrucksvoll Sachkompetenz und Führungsanspruch des RKF zu begründen vermochte«.[193] Himmler selbst gefiel der Plan »ganz gut«, er wolle ihn »zu irgendeinem Zeitpunkt auch dem Führer übergeben«. Allerdings plante er schon weiter. Nun sollte ein »Gesamt-Siedlungsplan« entstehen, der die früheren Pläne für Danzig-Westpreußen, den Warthegau, Oberschlesien und Südostpreußen zusammenfassen und Böhmen/Mähren, Elsaß-Lothringen, die Oberkrain und Süd-Steiermark einschließen sollte. Außerdem müsse die »totale Eindeutschung von Estland und Lettland sowie des gesamten Generalgouvernements« mit enthalten sein – und der Zeithorizont betrug nun nicht mehr 30 Jahre, sondern nach Himmlers Auffassung sollte der gigantische Siedlungsplan möglichst in zwei Jahrzehnten verwirklicht sein: »Wir müssen das im Laufe von möglichst 20 Jahren schaffen. Ich persönlich habe die Überzeugung, daß es zu schaffen ist.«[194]

---

191 Besprechung Himmlers mit Meyer am 26.1.1942, Dienstkalender Himmlers 1941/42, S. 328.

192 BArch, NS 19/1739, gedruckt in: Müller, Hitlers Ostkrieg, S. 185–188. Zur Datierung der Übergabe vgl. Himmlers Dienstkalender 1941/42, S. 441, Anm. 104. Entgegen Roths Annahmen über vorangegangene Fassungen wurde in diesem Zusammenhang vom »ersten Entwurf« des »Generalplan[s] Ost« gesprochen (Creutz an Brandt, 10.8.1942, BArch, NS 19/1596, Bl. 7; Roth, Generalplan Ost, passim).

193 Müller, Hitlers Ostkrieg, S. 105.

194 Himmler an Greifelt, 12.6.1942, Nbg. Dok. NO-2255, gedruckt in: Heiber, Generalplan Ost, S. 325. Bezeichnenderweise hatte Himmler den Brief ursprünglich an Heydrich adressiert, der wenige Tage zuvor an den Folgen des Attentats gestor-

In diese Planungen war das RSHA weiterhin einbezogen, wobei als zentrale Schaltstelle die Gruppe III B Volkstum unter Ehlich fungierte. Auf einer Tagung des Volkstumsreferats der Reichsstudentenführung in Salzburg am 11./12. Dezember 1942 umriß Ehlich das Problem sowie die Lösungen, die sich seiner Auffassung nach anboten. Außer den »Menschen germanischer Völker« gebe es im deutschen Machtbereich etwa 70 Millionen Menschen – Ehlich nannte Tschechen, Polen, Esten, Letten, Litauer, Ukrainer, Weißrussen –, die zwar artverwandten, aber nicht stammesgleichen Blutes seien. Jüdische Menschen waren in Ehlichs Perspektive zu diesem Zeitpunkt keine nennenswerte Größe mehr, von ihrer Vernichtung ging er bereits aus. Für die übrigen Völker nannte er vier Möglichkeiten:

»1) ein Zusammenleben mit rassisch und völkisch gleichen Volksgruppen; 2) eine Umvolkung fremden Volkstums in das deutsche Volkstum; 3) eine räumliche Verdrängung fremden Volkstums und 4) die physische Vernichtung des fremden, im Machtbereiche des Deutschen Reiches unerwünschten Volkstums«.[195]

Nach Ehlich konnten prinzipiell alle vier Wege beschritten werden, entscheidend aber sei, »dass einmal eingeschlagene Wege auch kompromisslos bis zum Ende durchmarschiert« würden. Bevor man sich für den einen oder anderen Weg entscheide, müsse man eine klare rassische Bestandsaufnahme des betreffenden Volkes vornehmen – ebendas, was Heydrich für die Tschechen gefordert hatte. Für die »Umvolkung« kämen nur wenige in Frage.

»Rassisch wertvoll«, so Ehlich, »sind nur solche Menschen, die nicht nur wegen ihrer körperlichen Merkmale, sondern als Gesamtpersönlichkeit eine Auslese darstellen. Nur auf diese kommt es uns aber an. Der rassisch und biologisch unerwünschte Teil

---

ben war, was zwar nicht Beweis für mehrere »Generalpläne Ost« aus dem RSHA und dem RKF ist, wie Roth annimmt (Roth, Generalplan Ost, S. 87, Anm. 137), aber doch zeigt, selbst wenn man wie Heiber von einem »Lapsus« ausgeht (Heiber, Generalplan Ost, S. 325, Anm. 39), wie eng Himmler die Siedlungspolitik mit Heydrich abzustimmen gewohnt war.
195 Rede Ehlichs über »Die Behandlung des fremden Volkstums« auf der Tagung des Volkspolitischen Reichsreferates der Reichsstudentenführung am 10./11. 12. 1942 in Salzburg, veröffentlicht in: Vertrauliche Berichte, hrsg. vom Reichsstudentenführer, Nr. 1 vom 31. 3. 1943, BArch, R 21/764, gedruckt in: Rössler/Schleiermacher, Generalplan Ost, S. 48–52.

dieser Fremdvölkischen gehört an sich überhaupt nicht in die Grenzen des Reiches. Die heutige Lage im Arbeitseinsatz aber und die Frage des Aufbaus der neuen Siedlungsräume im Osten zwingen uns dazu, diese Menschen auf jeden Fall noch für längere Zeit als Arbeitskräfte bei uns zu behalten.«

Eine »restlose Verdrängung« oder »totale physische Vernichtung« all dieser 70 Millionen Menschen sei aus denselben Gründen nicht möglich, weil man sie schon wegen ihrer Arbeitsleistung nicht durch die eigenen Volksgenossen ersetzen könne.

Anfang Februar 1943 tagte die Gruppe III B des RSHA erneut, und Justus Beyer zog eine Zwischenbilanz nach Stand und Aussicht der Pläne von RSHA und RKF. Während auf der einen Seite aufgrund der Kriegsverluste die deutsche »Siedlerreserve« in den kommenden 30 Jahren bei ein bis zwei Millionen Familien stagniere, betrage das »Gesamtfassungsvermögen« des zu besiedelnden Ostraumes rund 24 Millionen Menschen, wobei die Zahlen von insgesamt 45 Millionen »Fremdvölkischen«, von denen 31 Millionen deportiert oder getötet werden müßten, bestehenblieben. Die Prozentzahlen für diejenigen Menschen, die »ausgesiedelt« werden sollten, wurden für Juden zu 100 Prozent, für Polen auf 80 bis 85 Prozent, Weißruthenen 75 Prozent, Westukrainer 65 Prozent und für Letten, Litauer, Esten auf 50 Prozent festgelegt. Als Deportationsziel für diese Millionen Menschen nannte Beyer nach wie vor Sibirien – trotz der Niederlage von Stalingrad wenige Tage zuvor.[196]

Die Realität des Kriegsverlaufes führte die ins monströse wachsende Dimension der Planer allerdings ad absurdum und ließ die tatsächlich verwirklichten Siedlungsprojekte auf ein Minimum schrumpfen. Nachdem noch 1939 volksdeutsche Familien aus dem Distrikt Lublin ausgesiedelt

---

196 Handschriftliches Stichwortprotokoll Krumreys zur Tagung der RSHA-Gruppe III B über »Umvolkungsprobleme« am 1./2. 2. 1943 in Bernau, gedruckt in: Madajczek, Generalplan Ost, S. 261–266. Ende Oktober 1943 kündigte Ehlich auf einer RSHA-Tagung in Prag die endgültige Entscheidung an, die tschechische Bevölkerung in den »Generalplan Ost« einzubeziehen, also zu selektieren, zu vertreiben und zu töten. Ein Jahr später, im Oktober 1944, insistierte Ehlich trotz der mittlerweile modifizierten Siedlungspläne der deutschen Besatzungsverwaltung im Generalgouvernement auf der »Endlösung einer Verdrängung des Polentums aus dem das Reich interessierenden Raum« (Roth, Generalplan Ost, S. 44 f.).

worden waren, weil hier das »Reichsghetto für Juden« entstehen sollte, galt Lublin 1941 als vornehmlich deutsch zu besiedelndes Gebiet. Der Versuch jedoch, im Kreis Zamość einen ersten volksdeutschen Siedlungsstützpunkt im Generalgouvernement zu schaffen, forderte aufgrund der zuerst notwendigen Vertreibungen der eingesessenen Familien den polnischen bewaffneten Widerstand heraus, stieß deshalb auch auf Einwände seitens der deutschen Besatzungsverwaltung und führte keineswegs zur Ansiedlung deutscher Bauernfamilien.[197] Während 1939 Volksdeutsche aus Litauen »heim ins Reich« geholt worden waren, sollten zwei Jahre später aufgrund der neuen, gigantischen Siedlungspläne die Litauer aus Deutschland wieder zurückkehren, um das Baltikum zu germanisieren. Bis Ende 1943 wurden daher etwa 20 000 Menschen wieder zurückverfrachtet.[198] 13 500 Volksdeutsche aus der Gottschee und aus Laibach waren in die annektierten Gebiete Sloweniens (Untersteiermark und Oberkrain) gebracht und etwa 17 000 Slowenen nach Serbien vertrieben worden. In der Gegend von Shitomir und Winniza in der Ukraine sollten im Sommer 1942 etwa 45 000 Volksdeutsche angesiedelt werden,[199] was ebensowenig zu verwirklichen war wie die Besiedelung der Krim mit Südtirolern, Palästina-Deutschen und 127 000 Volksdeutschen aus dem rumänischen Transnistrien.[200] Noch im Sommer 1943 intensivierte die SS die Siedlungsplanungen für die Krim und avisierte das Eintreffen der ersten Palästina-Deutschen für 1944, als man aufgrund des Vormarsches der Roten Armee Anfang 1944 alle Arbeiten abrupt abbrechen mußte.[201]

---

197 Vgl. Müller, Hitlers Ostkrieg, S. 106 f.; Aly/Heim, Vordenker der Vernichtung, S. 432–440.

198 Vgl. Einleitung zum Dienstkalenders Himmlers, S. 81; Müller, Hitlers Ostkrieg, S. 106.

199 Siehe Himmlers Besprechung mit Reichskommissar Koch am 24. 8. 1942, Himmlers Dienstkalender, S. 527, und die nachfolgenden Bemühungen Himmlers für die Ansiedlung.

200 Müller, Hitlers Ostkrieg, S. 107; Angrick, Einsatzgruppe D, 1999, S. 358–362.

201 Zu Himmlers Plänen im Sommer 1942 zur Rückführung der etwa 2000 Palästina-Deutschen, größtenteils Mitglieder der protestantischen Templersekte, deren Vorfahren im 19. Jahrhundert aus Württemberg ausgewandert waren, um sich als »Volk Gottes« in Jerusalem zu versammeln, vgl. Wenck, Menschenhandel, S. 58–60.

»Unternehmen Zeppelin«

Während die Gruppe III B um Ehlich trotz der sich verschlechternden Kriegslage an ihren Siedlungs- und Germanisierungsplänen festhielt, näherte sich eine andere Gruppe im Schellenberg-Amt VI der Nationalitätenpolitik von Ostministerium und Wehrmacht an: VI C Russisch-japanisches Einflußgebiet mit dem Sonderreferat VI C/Z »Unternehmen Zeppelin«.[202] Die Schlüsselfigur war Dr. Heinz Gräfe. Von ihm stammte der »Plan einer Aktion für politische Zersetzungsversuche in der Sowjetunion« aus dem Jahreswechsel 1941/42, also nach der Niederlage vor Moskau und der Einsicht der deutschen Führung, sich auf einen längeren Krieg einrichten zu müssen.[203] Nach den vom Amt VI geführten Befragungen sowjetischer Kriegsgefangener, so Gräfes Vorschlag, befinde sich unter

---

202 Zum Unternehmen »Zeppelin« siehe Schellenberg, Memoiren, S. 141; Angrick, Die Einsatzgruppe D, 1999, S. 320–322, 422–424; Biddiscombe, Unternehmen Zeppelin; und demnächst vor allem Mallmann, Krieg im Dunkeln.

203 »Plan einer Aktion für politische Zersetzungsversuche in der Sowjetunion«, o. V., o. D. [Dezember 1941/Januar 1942], BStU, FV 2/72, Bd. 6, Bl. 146–155. Aus den Bezügen kann Gräfe als Verfasser identifiziert werden. Auch Mallmann geht davon aus, daß Gräfe den Plan verfaßt hat (Mallmann, Krieg im Dunkeln, S. 1 f.). Die Datierung ergibt sich zum einen aus dem Bezug im Dokument auf eine OKW/OKH-Besprechung vom 19. 12. 1941, zum anderen durch die Vorlage bei Himmler am 10. 1. 1942, das Datum des Müller-Befehls vom 10. 3. 1942, der das »Unternehmen Zeppelin« installiert und zum Teil wörtlich den »Plan einer Aktion« zitiert hatte, ohne jedoch auf ihn explizit Bezug zu nehmen. Möglicherweise bestanden schon seit dem Herbst 1941 derartige Pläne, denn Heinz Gräfe wurde am 21. 10. 1941 zum Amt IV abgeordnet und kurz vor dem Müller-Befehl am 4. 3. 1942 mit einem »Sipo-Sonderauftrag« zum Amt VI, das die Federführung für das »Unternehmen Zeppelin« innehatte, zurückbeordert (BArch, BDC, SSO-Akte Heinz Gräfe). Gräfes SD-Referent für Wirtschaftsfragen 1937 bis 1939 in Tilsit sagte nach dem Krieg aus, er habe Gräfe im Mai 1942 zufällig getroffen, und dieser habe ihm vom »Unternehmen Zeppelin« erzählt. Gräfe habe die Behandlung der russischen Kriegsgefangenen mißbilligt und gesagt, daß es doch besser sei, sie auf der deutschen Seite gegen den Bolschewismus einzusetzen. Dabei sprach Gräfe davon, daß es ihm gelungen sei, ein Unternehmen ins Leben zu rufen, das russische Kriegsgefangene für deutsche Zwecke ausbilde (Vernehmung E. S., 4. 7. 1963, ZStL, 302 AR-Z 23/62, Bd. 2, Bl. 508–519).

ihnen »eine grosse Anzahl wertvoller Kräfte«, die sich »für einen Einsatz hinter der sowjetrussischen Front bereit erklärt haben und dazu auch geeignet sind«. Dabei handele es sich überwiegend um Angehörige nationaler Minderheiten, Reste der ehemaligen zaristischen Führungsschicht und in Einzelfällen sogar um Angehörige kommunistischer, antistalinistischer Oppositionsgruppen, die als Propaganda-, Nachrichten-, Sabotage- und sogar Revolutionstrupps »zur Durchführung von Revolten in den dafür reifen Gebieten« eingesetzt werden sollten. Die Führung dieser Aktion müsse beim RSHA liegen, als Deckname wurde »Unternehmen Zeppelin« vorgeschlagen.[204]

Heydrich stimmte Gräfes Plan zu, reichte ihn an Himmler weiter, der wiederum am 10. Januar 1942 entschied, ihn auch Hitler vorzulegen.[205] Dort muß es eine positive Entscheidung gegeben haben, denn am 10. März 1942 informierte Heinrich Müller sämtliche Dienststellen und Einsatzgruppen des RSHA, die HSSPF und den Inspekteur der Konzentrationslager über das »Unternehmen Zeppelin«. Mit dem OKW sei engste Zusammenarbeit vereinbart. Die Einsatzgruppen sollten geeignete SS-Führer zur Verfügung stellen und bei der Auswahl der Personen besonderes Augenmerk auf nichtrussische Völkerschaften, Kosaken, aber auch Angehörige kommunistischer Oppositionsgruppen, namentlich aufgeführt: »Leninisten, Trotzkisten, Bucharinanhänger«, richten. Bei den Ein-

---

204 Daß tatsächlich im April/Mai 1942 unter anderem daran gedacht wurde, mit Einheiten aus dem »Unternehmen Zeppelin« und Verbänden, die vom Amt Abwehr aufgestellt werden sollten, einen Putschversuch in der Sowjetunion zu unternehmen, belegen etliche Dokumente im Vorgang: BArch DH, ZR 920 A 52. Der Ic der Heeresgruppe Mitte hielt in einem Gespräch mit dem Chef der EGr B, SS-Oberführer Naumann, am 3. 4. 1942 fest, daß ein solches Unternehmen »durchaus durchführbar und erfolgversprechend sei« und die Heeresgruppe Mitte die Ausrüstung, Bewaffnung und Ausbildung der Einheiten übernehmen würde (Fernschreiben Schellenbergs an Heydrich, 10. 4. 1942, ebenda, Bl. 187–189). Offensichtlich versuchte man vergeblich, eine entsprechende Entscheidung Hitlers herbeizuführen, und gab die Putschpläne, nachdem Gräfe mit Heydrich in Prag konferiert hatte, Ende Mai/Anfang Juni 1942 endgültig auf (Vermerk VI C/Z, Gräfe, 21. 5. 1942, ebenda, Bl. 149).

205 Aktennotiz »Unternehmen Zeppelin«, 15. 2. 1943, nach Mallmann, Krieg im Dunkeln, S. 2.

satzgruppen sollten dann entsprechende Sammellager für die »Zeppelin-Kommandos« geschaffen werden.[206]

Gräfe, der anfangs die Leitung von VI C/Z selbst übernommen hatte, präzisierte in nachfolgenden Erlassen die Anweisungen zur Suche nach geeigneten Kandidaten für die Sabotagetrupps[207] und gab schließlich Anfang Juni 1942 aufgrund der großen Zahl an Meldungen bekannt, daß die Suche als abgeschlossen zu betrachten und in Absprache mit dem OKW einzustellen sei.[208] Gräfe führte auch die Verhandlungen mit Wehrmachtsdienststellen, die das Unternehmen in gewünschter Weise unterstützen sollten.[209] In »Vorlagern« wurden die Agenten in Grundkursen geschult, um dann in einem »Hauptlager« entsprechende Spezialausbildungen zu durchlaufen.[210] Gräfe selbst besuchte das »Zeppelin«-Lager in Auschwitz, zum Teil

206 Runderlaß CSSD IV A, gez. Müller, gRs, 10. 3. 1942, BArch, R 58/400, Bl. 23–26, gedruckt in: Klein, Einsatzgruppen, S. 403–406. Das OKW wies im März die Herausgabe »politisch besonders vertrauenswürdiger sowjetischer Kriegsgefangener« an den RFSS an (Mallmann, Krieg im Dunkeln, S. 2). Am 27. 7. 1942 erließ das OKH, Oberquartiermeister IV, gez. Matzky, einen entsprechenden Befehl für die AOK, bei deren Ic Verbindungsführer des »Unternehmen Zeppelins« seitens der Sicherheitspolizei und des SD eingerichtet werden sollten (OKH, Gen.St.D.H./ OQuIV, gez. Matzky, gKds., 27. 7. 1941 [Abschrift] als Anlage zum Rundschreiben CSSD VI C Z, gez. Schellenberg, 12. 8. 1942, Archiv der Hauptkommission Warschau, KdS Radom, Bd. 173, Bl. 48–52. Ich danke Andrej Angrick für die Überlassung einer Kopie dieses Dokuments).
207 Runderlaß RSHA, VI C/Z, gez. Dr. Gräfe, 15. 5. 1942, mit Bezug auf Runderlasse vom 26. 3. und 28. 4. 1942, BArch, R 58/142, Bl. 1.
208 Schnellbrief CSSD VI C/Z, gh., gez. Dr. Gräfe, 4. 6. 1942, BArch, R 58/400, Bl. 45 f.; vgl. Mallmann, Krieg im Dunkeln, S. 3, der neben den naheliegenden Motiven, den unerträglichen Bedingungen der Kriegsgefangenenlager zu entkommen, anhand der überlieferten Lebensläufe zahlreicher »Zeppelin«-Aktivisten auch den antisowjetischen Nationalismus sowie die politische Verfolgung durch das Sowjetregime als Grund für den raschen Rekrutierungserfolg nennt.
209 Runderlaß CSSD IV A, gez. Müller, gRs, 10. 3. 1942, a. a. O. (s. Anm. 206); Fernschreiben RSHA, VI C Z, an BdS Kiew, 10. 7. 1942, BArch DH, ZR 920, A. 51, Bl. 214 f.
210 Vermerk RSHA, VI C/Z, gez. Dr. Roeder, 30. 9. 1942, BArch DH, ZR 920 A 2; Sonderkommando Zeppelin, Vorlager Auschwitz, Lage- und Tätigkeitsbericht für die Zeit vom 17. 8.–12. 9. 1942, BArch DH, ZR 920 A 51. Zur Schwierigkeit, Ausbildungslager zu finden, siehe RSHA, VI C/Z I, 23. 9. 1942, BArch DH, ZR 920 A 2; vgl. auch Angrick, Einsatzgruppe D, 1999, S. 320–322. Nach Mallmann gab

gemeinsam mit Hengelhaupt, mehrmals im April 1942.[211] Innerhalb der Lager herrschte ein drakonisches Regiment. Wegen Diebstahls wurde ein Aktivist Ende August im »Zeppelin«-Hauptlager Krim durch ein Kommando, das aus seinen Kameraden zusammengestellt worden war, unter dem Befehl des SS-Lagerkommandanten erschossen.[212] An Tuberkulose erkrankte Aktivisten wurden zur »Sonderbehandlung« ins KZ Auschwitz gebracht.[213] Himmler hielt sich persönlich über die Ergebnisse des »Unternehmens Zeppelin« auf dem laufenden[214] und besichtigte am 29. September 1942 das »Zeppelin«-Ausbildungslager im KZ Sachsenhausen.[215]

Nachdem Ende Juni 1942 die operative Phase des »Unternehmens Zeppelin« begonnen hatte, wurden bis Ende September 1942 104 Agenten ein-

---

es im Sommer 1942 die Vorlager Buchenwald, Sachsenhausen und Oswitz bei Breslau für die Russen, Auschwitz für die Kaukasier und Legionowo bei Warschau für die Turkestaner. Hauptlager existierten in Jablon bei Lublin für die Russen, in Jewpatoria auf der Krim für die Kaukasier (Mallmann, Krieg im Dunkeln, S. 3).

211 Fernschreiben RSHA VI C/Z an KL Auschwitz, 15.4.1942, BArch DH, ZR 920 A 51; RSHA, VI C/Z, gez. Gräfe, an Sonderlager im KZ Auschwitz, 28.4.1942, ebenda; Fernschreiben RSHA VI C/Z, Gräfe, an KL Auschwitz, 30.4.1942, ebenda.

212 Bericht SS-Sonderkommando »Z«, Hauptlager Krim, gez. SS.HStuf. Girgensohn, an RSHA, VI C/Z, z. Hdn. SS-Stubaf. Dr. Gräfe, 23.8.1942, BArch DH, ZR 920 A 52.

213 Die Tötungsdelikte waren Gegenstand eines Ermittlungsverfahrens der StAnw Düsseldorf, 8 I Js 398/63, gegen Walter Kurreck (ZStL 302 AR-Z 23/62). Walter Kurreck, 1911 in Salzburg geboren, gehörte zu den frühen Mitarbeitern des SD. Bereits im November 1932 stieß er zum SD, war dann unter Best im SD-Oberabschnitt Süd in München tätig, 1936 für kurze Zeit im SD-Hauptamt in Berlin, um dann Abteilungsleiter des SD in München zu werden. 1939 kam er zum Amt VI und war, bevor er die Leitung von VI C/Z erhielt, »Zeppelin«-Verbindungsführer beim Stab der Einsatzgruppe D (BArch, BDC, SSO-Akte Walter Kurreck). Nach dem Krieg war er erst Mitarbeiter der Organisation Gehlen, dann des Bundesnachrichtendienstes (Mallmann, Krieg im Dunkeln, S. 10). Das Ministerium für Staatssicherheit der DDR bezeichnete Walter Kurreck als »Berufsspion« mit dem Decknamen »Ulrich«. Eigentümlicherweise fehlt in den Unterlagen des BStU (FV 270/68, Bd. 11) der Akt A 2 über Kurreck.

214 Vgl. Telefonat Himmlers mit Schellenberg am 1.7.1942 (Dienstkalender Himmlers, S. 473).

215 Vermerk RSHA, VI C/Z, gez. Dr. Roeder, 30.9.1942, BArch DH, ZR 920 A 2.

gesetzt, die meisten als Fallschirmspringer über dem Kaukasus, mit dem Ziel, Ölförderanlagen, Hochspannungsleitungen oder Verkehrswege hinter der Front zu zerstören.[216] Aber die Ergebnisse waren dürftig. Zwar gelangen einige Sabotageakte, wie der Anschlag auf den Finnischen Bahnhof in Leningrad;[217] die Zerstörung von Ölförderanlagen oder Hochspannungsleitungen überstiegen jedoch die Möglichkeiten des Unternehmens. Schon die Verbindungen zwischen den jeweiligen Lagern im Osten und der Zentrale waren schwer herzustellen, erst recht versagten die meisten Versuche, per Funk Kontakt zu den hinter den sowjetischen Linien abgesprungenen Kommandos aufzunehmen, die immerhin teilweise mit ansehnlichen Rubelbeträgen, Sprengstoff und Waffen ausgerüstet waren.[218] Man kann zu Recht vermuten, daß etliche Kommandos sich entweder wieder der Roten Armee oder den Partisanen anschlossen. Im Dezember 1942 fielen etliche Einsätze wegen schlechten Wetters aus.[219] Insbesondere der Mangel an Flugbenzin machte den Organisatoren zu schaffen. Mitte März 1943 stellte das »Zeppelin«-Hauptkommando fest, daß es »wegen Betriebsstofffragen so gut wie bewegungsunfähig« sei.[220] Auch ließ sich die Einsatzgruppe D ungern Weisungen für den »Zeppelin«-Einsatz vom Amt VI geben, und Gräfe mußte im März 1943 selbst nach Simferopol fliegen, um mit dem Gruppenstab die weiteren Einsätze der »Zeppelin«-Kommandos zu besprechen.[221] Im Mai bekannte er gegenüber Oebsger-

---

216 Berichte RSHA VI C/Z über die Einsätze vom 31. 8., 10. 9., 16. 9. und 23. 9. 1942, BArch DH, ZR 920 A 2; vgl. auch den Bericht des Sonderkommandos »Z«, Hauptlager Krim, an RSHA VI C/Z, z. Hdn. SS-Stubaf. Gräfe, 23. 8. 1942, BArch DH, ZR 920 A 52. Mallmann führt bis Anfang November 44 Einsätze mit 126 »Aktivisten« auf (Mallmann, Krieg im Dunkeln, S. 5 f.).

217 Ebenda, S. 6.

218 Siehe exemplarisch für die zahlreichen Schwierigkeiten den Erfahrungsbericht des SS-Kommandos »Z«, Hauptlager Krim, gez. Girgensohn, 9. 10. 1942, BArch DH, ZR 920 A 52; sowie Gräfe an Röder, 24. 5. 1943, BArch DH, ZR 920 A 45.

219 Vgl. Angrick, Einsatzgruppe D, 1999, S. 345. Schellenberg hatte sich am 11. 12. 1942 in einem Fernschreiben an Himmler darüber beklagt, daß die Luftwaffe wegen ungünstiger Witterungsverhältnisse den Einsatz »5 besonders qualifizierter Aktivistengruppen« auf den März 1943 verschoben habe (Fernschreiben Schellenbergs an Himmler, 11. 12. 1942, BArch, NS 19/2644, Bl. 1).

220 Zitiert nach Mallmann, Krieg im Dunkeln, S. 6.

221 Angrick, Einsatzgruppe D, 1999, S. 456.

Röder, daß er »schon beinahe die Hoffnung verloren hatte, daß wir noch zu einem innerlich gefestigten und zielstrebig arbeitenden Apparat werden«.[222]

Im November 1942 übergab Schellenberg dem Auswärtigen Amt einen Bericht, in dem das RSHA zu dem Schluß kam, daß die Sowjetunion Ende 1942 »als moralisch und willensmäßig im augenblicklichen Zeitpunkt noch nicht gebrochen angesehen werden kann, daß aber die zu erwartenden Schwierigkeiten des Winters, der Ernährung und der Rohstoffe die Intensität und Strategie der Kriegsführung wesentlich beeinflussen werden«.[223] So schwand die Bedeutung des »Unternehmens Zeppelin« 1943, das dennoch bis 1945 als Organisation bestehenblieb.[224] Gräfe, weiterhin Gruppenleiter VI C Russisch-japanisches Einflußgebiet, hatte im Juli 1942 die Leitung des Sonderreferats VI C/Z an Dr. Oebsger-Röder abgegeben, ab März 1943 übernahm Walter Kurreck das Referat.[225]

Das Konzept und die Organisation des »Unternehmens Zeppelin« jedoch brachten die Gruppe um Gräfe und Hengelhaupt in näheren, auch persönlichen Kontakt mit nichtrussischen Nationalisten, wie zum Beispiel im Kaukasus, die sich durchaus nicht als Werkzeug des SD instrumentalisieren lassen wollten, sondern die »Zeppelin«-Einheiten als Keimzelle eines eigenen kaukasischen Kampfbundes verstanden, der gegen Bolschewisten wie Juden kämpfen sollte.[226] Gräfe hielt Röder gegenüber in einem Brief aus dem Mai 1943 fest:

---

222 Gräfe an Oebsger-Röder, 7.5.1943, zitiert nach Mallmann, Krieg im Dunkeln, S. 6.
223 RSHA VI C, Schellenberg, an Luther, 23.11.1942, gedruckt in: ADAP, Serie E, Bd. 4, S. 369. Luther gab den Bericht einen Tag später Ribbentrop; Schellenberg selbst schrieb, daß Himmler den Bericht »an höchster Stelle«, also Hitler, vorgelegt und ihn auch an andere Reichsbehörden übermittelt habe (ebenda).
224 Vgl. dazu vor allem Mallmann, Krieg im Dunkeln.
225 Vermerk VI C, 12.10.1942, BArch DH, ZR 920 A 1, Bl. 39 f. Laut Aussage Walter Kurrecks, der im März 1943 die Leitung des Referats VI C/Z übernommen hatte, trat Röder im Juli 1942 die Leitung an (Vernehmung Walter Kurreck, 28.9.1966, ZStL, 302 AR-Z 23/62, Bd. 3, Bl. 874–879; Vernehmung Dr. W. R., 7.6.1963; ZStL, ebenda, Bd. 2, Bl. 478–490; Vernehmung A. B., 25.9.1963, ebenda, Bl. 559–565). Zu Kurreck siehe oben, Anm. 213, zu Oebsger-Röder siehe den Biographischen Anhang.
226 Vgl. Angrick, Einsatzgruppe D, 1999, S. 422.

»Es soll ja unsere Linie sein, daß wir selbst möglichst zurücktreten und den Kaukasiern das Gefühl lassen, daß sie für ihren eigenen Staat arbeiten. Es handelt sich dabei, glaube ich, weniger um ein praktisches oder organisatorisches Problem, als um die Frage der Menschenbehandlung. Es mag sein, daß dabei dieser und jener unserer Kameraden, der noch nicht genügend Erfahrung in der Behandlung von Ostvölkern hat, immer noch nicht den richtigen Ton findet. Das wichtigste ist, ihnen das Gefühl zu lassen, daß sie gleichberechtigte Mitarbeiter sind. Daß wir in Wirklichkeit fest die Führung in der Hand behalten müssen, ist selbstverständlich.«[227]

Über eine Neigung von Gräfe zur Dissidenz läßt sich nur spekulieren. Wahrscheinlich läßt sich die abweichende Haltung Gräfes und Hengelhaupts zur offiziellen Politik gegenüber den nichtrussischen Völkern der Sowjetunion aus der Praxis des »Zeppelin«-Einsatzes erklären, der ja ausschließlich auf dem antibolschewistischen Engagement von »Fremdvölkischen« beruhte. Antikommunismus und Antisemitismus standen bei der Rekrutierung im Vordergrund und nicht die einwandfreie Blutszugehörigkeit, wobei selbstverständlich jüdische Kriegsgefangene in keinem Fall als »Zeppelin«-Aktivisten angenommen wurden.[228]

Die Organisation des »Unternehmens Zeppelin« benötigte notwendigerweise eine ständige Absprache mit der Wehrmacht, und so kamen Gräfe und Hengelhaupt in einen näheren Kontakt mit Wehrmachtsstellen, als es ansonsten für Angehörige des RSHA üblich war. Anfang März 1943 nahmen Gräfe und Röder an einer Besprechung mit der Dienststelle des Generals der Osttruppen teil, um die Aufstellung und Tätigkeit der »Zeppelin«-Einheiten von den Osttruppen des OKH abzugrenzen.[229] Und es ist in der Tat schon eine bemerkenswerte Begegnung, wenn Gräfe, laut Hans von Herwarth, am 18. Dezember 1942 ebenfalls Teilnehmer jener

---

227 Zitiert nach ebenda, S. 422 f. Anm. 1740.

228 Mallmann schildert den Fall eines Juden, der unter den Turkestanern des Lagers Oswitz bei Breslau entdeckt und sofort »nach Auschwitz zur Sonderbehandlung überstellt« wurde (Mallmann, Krieg im Dunkeln, S. 10).

229 An der Besprechung nahmen von seiten des Heeres Köstrings Adjutant Hauptmann van Nuis und der Ic-Offizier des Generals der Osttruppen, Oberleutnant Dr. Michel, teil. Laut Vermerk Schellenbergs an Kaltenbrunner begrüßten die Offiziere die RSHA-Initiative und wiesen darauf hin, daß sich Himmler selbst vor kurzem von Köstring über den Aufgabenbereich des Generals der Osttruppen habe informieren lassen (Vermerk Schellenbergs für Kaltenbrunner, 10.3.1943, BArch DH, ZR 920 A 49, Bl. 73–76).

großen Konferenz im Ostministerium zur künftigen Politik in den besetzten Ostgebieten war und dort als RSHA-Vertreter mit den Verschwörern des 20. Juli, Henning von Tresckow, Eduard Wagner, Fabian von Schlabrendorff und Claus Graf Schenk von Stauffenberg, zusammentraf. Herwarth schrieb rückblickend über diese Konferenz:

>»Der eigentliche Zweck der Konferenz war es, die brutale Politik in den besetzten Ostgebieten anzuprangern und zu bekämpfen und nach neuen Wegen zu suchen. Wortführer waren die Offiziere, sie wurden unterstützt von Mende und Bräutigam vom Ostministerium und sogar von Vertretern des SS, wie Oberstumbannführer Graefe, den ich aus Memel in guter Erinnerung hatte.«[230]

Die auf der Konferenz erzielte Einmütigkeit ermutigte Rosenberg, noch am selben Abend eine entsprechende Denkschrift an Hitler zu senden, bei dem derartige Initiativen jedoch auf Ablehnung stießen.[231] Im März 1942 bekräftigte Generalstabschef Halder nach Rücksprache mit Hitler, daß eine »Neuaufstellung von Kampf- und Sicherungsverbänden aus Landeseinwohnern im Operationsgebiet im Osten« nicht in Frage käme und solcherart Einheiten nur als Polizeiverbände unter dem Befehl der HSSPF existieren dürften.[232] Am strikten Rassismus Hitlers und Himmlers, die keinesfalls die »Untermenschen« bewaffnen und ihnen politische Unabhängigkeit gewähren wollten, scheiterten alle Versuche innerhalb der NS-

---

230 Herwarth, Zwischen Hitler und Stalin, S. 287–289, Zitat: S. 288. Laut Protokoll der Konferenz stimmten die Teilnehmer, zumeist aus RMfdbO und Wehrmacht, darin überein, daß angesichts der ernsten militärischen Lage – die 6. Armee war seit drei Wochen von den sowjetischen Truppen eingeschlossen – eine Wende der deutschen Ostpolitik stattfinden müsse. Herwarth prägte den später immer wieder variierten Satz: »Rußland kann nur durch Russen besiegt werden« (Protokoll der Besprechung im RMfdbO am 18.12.1942, Zimmermann [RMfdbO], 4.1.1942, Nbg. Dok. NO-1481; allerdings vermerkt das offizielle Protokoll Gräfe nicht als Teilnehmer dieser Besprechung; vgl. Dallin, Deutsche Herrschaft, S. 163 f.).
231 Ebenda.
232 Erlaß Halders vom 24.3.1942, nach Hoffmann, Ostlegionen, S. 24. Anfang Juni 1943 bezeichnete Hitler die Bewaffnung von Russen als ein »Phantom ersten Ranges« und erklärte kategorisch, daß er niemals eine russische Armee aufbauen werde (Besprechung Hitlers mit Keitel und Zeitzler, 8.6.1943, Heiber, Hitlers Lagebesprechungen, S. 252–268; vgl. Schröder, SS-Führer, S. 147–149).

Führung, die antibolschewistisch eingestellten Völker der Sowjetunion als Verbündete Deutschlands einzubinden. Erst mit dem zunehmenden Mangel an deutschen Soldaten gewann auch der Einsatz nichtdeutscher Kampfverbände immer mehr an Bedeutung. Neben den Bemühungen Himmlers und seines SS-Hauptamtschefs Gottlob Berger um die Aufstellung neuer Waffen-SS-Verbände aus Volksdeutschen oder sonstigen europäischen Freiwilligen[233] wurden daher auch aus den sowjetischen Völkern bewaffnete Verbände aufgestellt, die dem General der Osttruppen unterstanden, bis hin zu dem späten, vergeblichen Versuch, mit der Armee Wlassow nun auch russische Soldaten gegen die Rote Armee kämpfen zu lassen.[234] Gräfe hielt weiterhin sowohl zum OKH[235] als auch zum Ostministerium Kontakt, wo er zusammen mit Hengelhaupt als Vertreter des RSHA Anfang Oktober 1943 an einer Besprechung über die Kaukasusvölker teilnahm.[236] Auf der Arbeitstagung von Sicherheitspolizei und SD am 19. und 20. Januar 1944, in Königsberg sprach er noch zum Thema: »Nachrichtendienstliche Arbeit im Ostraum«.[237] Fünf Tage später, am 25. Januar 1944, verunglückte er zusammen mit dem Leiter der RSHA-Gruppe III A Rechtsordnung, Dr. Karl Gengenbach, mit dem Auto in der Nähe von Bad Tölz tödlich.

Heydrichs Nachfolger

Am 27. Mai 1942 verübten zwei tschechische, in England ausgebildete Widerstandskämpfer auf Heydrich ein Attentat, als er von seinem Wohnsitz außerhalb Prags auf dem Weg in die Stadt war, um nach Berlin zu fliegen und dort in einem seit langem beantragten Vortrag bei Hitler zur deut-

---

233 Wegner, Hitlers Politische Soldaten, S. 295–317; Stein, Geschichte der Waffen-SS, S. 123–172; Rempel, Gottlob Berger and Waffen-SS Recruitment.

234 Vgl. Hoffmann, Ostlegionen, sowie ders., Geschichte der Wlassow-Armee; jetzt auch Schröder, SS-Führer, S. 130–210.

235 Siehe zum Beispiel Gräfes Stellungnahme zum »Einsatz von Hilfswilligen im Ostkrieg«, BArch, R 58/1115, fol. 117 f.

236 Protokoll von von Mende (RMfdbO) über die Besprechung am 5.10.1943, BArch Potsdam, Film 734, 000943945.

237 BArch Potsdam, Film SS Versch.Prov. 4153, Aufn. 637942–945.

schen Politik im Protektorat zu sprechen.[238] Am 4. Juni starb Heydrich an seinen Verletzungen.[239] Ohne Zweifel bedeutete der Tod Heydrichs für das RSHA die tiefgreifendste Zäsur seines Bestehens. Heydrich hatte den SD aus kleinsten Anfängen aufgebaut und zu einer ernstzunehmenden politischen Organisation gemacht. An der Entwicklung der politischen Polizei hatten Werner Best und Heinrich Müller sicher ebensolchen Anteil wie Reinhard Heydrich, aber als Chef des Gestapa gelang es ihm, gerade in der frühen Phase die Interessen einer zentral geführten, völkisch-rassisch ausgerichteten politischen Polizei sowohl gegenüber den Interessen anderer Reichsinstanzen wie den einflußreichen Gauleitern durchzusetzen. Als Chef der Sicherheitspolizei und des SD personifizierte er geradezu das politische Konzept einer Verschmelzung von SS und Polizei. Das Reichssicherheitshauptamt war von Heydrich wesentlich entworfen und politisch realisiert worden. Dessen führendes Personal hatte er zusammen mit Best ausgesucht und herangezogen und sich doch im entscheidenden Moment von Best getrennt, um die eigene Konzeption einer politischen Polizei, die keinen rechtlichen Reglementierungen unterworfen, sondern allein ihrem politischen Auftrag einer völkisch-rassischen Sicherung verpflichtet war, durchzusetzen. Unter Heydrichs Führung erlangte das RSHA innerhalb von zwei Jahren eine bedeutsame Stellung, nicht nur innerhalb der SS, sondern im NS-Herrschaftsgeflecht überhaupt. Auf der Wannsee-Konferenz bestätigten die übrigen NS-Instanzen die politische Federführung des RSHA bei der »Endlösung der Judenfrage«. Vor allem Heydrichs Ernennung zum stellvertretenden Reichsprotektor von Böhmen und Mähren demonstrierte nachdrücklich, daß Hitler den RSHA-Chef über die Leitung von Sicherheitspolizei und SD hinaus mit weitgesteckten politischen Aufgaben betraute. Die Nachrufe auf Heydrich las-

---

238 Zuvor hatte Heydrich anläßlich der Reichs- und Gauleitertagung in Berlin am 23.5.1942 schon mit Himmler »zu grundsätzlichen zur Entscheidung stehenden Problemen Böhmens und Mährens, Fragen aus dem Ostraum« gesprochen (Heydrich an Himmler, 14.5.1942, in: Kárný/Milotová/Kárnou, Protektorátni politika, S. 243; Dienstkalender Himmlers 1941/42, S. 433 [23.5.1942]).

239 Zu den Hintergründen und dem Verlauf des Attentats, insbesondere zu den anschließenden Terrormaßnahmen gegen die tschechische Zivilbevölkerung, vgl. Brandes, Tschechen, S. 251–267; Deschner, Heydrich, S. 267–272; ausführlich zum Attentat MacDonald, Heydrich – Anatomie eines Attentats.

sen erkennen, wie sehr selbst seine Kontrahenten in der NS-Führung von dem unerbittlichen Ehrgeiz dieses Mannes beeindruckt und durchaus überzeugt davon waren, daß dessen politische Karriere im NS-Staat noch keineswegs zu Ende gewesen wäre. Die Angehörigen von Sicherheitspolizei und SD, insbesondere im Reichssicherheitshauptamt, mußten sich mit Heydrich an ihrer Spitze auf einer Erfolgsbahn vorkommen, die nun jäh beendet war. Nach Heydrich fand das RSHA nicht mehr zu der Bedeutung zurück, die es unter ihm gehabt hatte.

Das RSHA unter Himmler

Himmler reagierte auf das Attentat am 27. Mai rasch. Am selben Tag hatte er eine Unterredung mit Hitler, auf der sie die neue Situation besprachen.[240] Hitler schlug zunächst vor, von dem Bach-Zelewski Heydrichs Funktion in Prag übernehmen zu lassen, da er »in ihm die Gewähr sehe, daß er noch schärfer und brutaler als Heydrich durchgreife und ohne Hemmung durch ein Meer von Blut waten könne«. Die Tschechen sollten sehen: wenn sie einen »abschießen, kommt immer noch ein schlimmerer«. Himmler jedoch wandte ein, auf Bach-Zelewski in den besetzten Ostgebieten nicht verzichten zu können, und beide einigten sich schließlich darauf, daß Daluege, der sich zufällig in Prag aufhielt, zunächst Heydrich vertreten solle.[241] Hitlers Rachsucht war grenzenlos. Telefonisch befahl er Karl-Hermann Frank, 10000 Tschechen als Sühne für das Attentat auf Heydrich erschießen zu lassen; am Abend des 27. Mai wurde der Ausnahmezustand über das Protektorat verhängt.[242]

---

240 Dienstkalender Himmlers 1941/42, S. 438 f. Das Attentat auf Heydrich erscheint auf Himmlers Besprechungsnotizen als letzter Punkt 12 hinter deutlich weniger wichtigen, was jedoch darauf zurückgeführt werden könnte, daß er die anderen Punkte für den Vortrag bei Hitler bereits notiert und das Attentat, von dem er zwischen 11.30 und 12 Uhr erfuhr, nachgetragen hatte. Der Punkt »12.) Attentat auf Heydrich« muß nicht als letzter besprochen worden sein.

241 Dienstkalender Himmlers 1941/42, S. 439.

242 Zwar erreichte Frank, der am folgenden Tag im Hauptquartier zur Besprechung der Lage eintraf, daß Hitler den exzessiven Exekutionsbefehl zurücknahm, aber der Terror gegen die tschechische Bevölkerung als Folge des Attentats war trotzdem grausam genug. Bis Anfang Juli wurden über 3000 Tschechen verhaftet und

Nachdem Himmler am Morgen des 4. Juni von Heydrichs Tod erfahren hatte, reiste er noch am Mittag nach Prag, machte seinen Kondolenzbesuch bei der Witwe, beriet sich mit Daluege, Frank und kennzeichnenderweise mit dem Personalchef des RSHA, Bruno Streckenbach, der offensichtlich nach Prag bestellt worden war, und flog am Abend zurück ins Hauptquartier, um mit Hitler die weiteren Schritte zu erörtern. Laut Himmlers Vortragsnotiz sollte es zwei Staatsakte, in Prag wie in Berlin, geben, und unter dem Stichwort »Politische Fragen« notierte Himmler die Erschießung sämtlicher männlichen Verwandten der 1941 nach England geflohenen Angehörigen der tschechischen Regierung.[243]

Tatsächlich fand eine Trauerfeier für Heydrich in Prag am 7. Juni statt, aber Heydrichs Begräbnis in Berlin war mittlerweile zu einem Staatsakt aufgewertet worden.[244] Die ursprünglich für den 5. bis 7. Juni geplante Jahrestagung der SS-Gruppenführer fiel aus, statt dessen fand sich die SS-Spitze am 9. Juni in Berlin ein, um am Staatsakt teilzunehmen und von Himmler zu hören, wie es nach Heydrichs Tod weitergehen sollte. Himmlers programmatische Rede war sowohl Ausdruck der Zäsur durch Heydrichs Tod als auch der Versuch, der SS-Führung Zuversicht und Orientierung zu geben. Mehrmals sprach er die Niedergeschlagenheit an, der man nicht erliegen, den Pessimismus, den es in der SS nicht geben dürfe. Der Krieg könne sogar noch Jahre dauern. Daher müsse jede Dienststelle systematisch ausgekämmt, jeder wehrfähige Mann in den Kampf geführt werden. »Das Wort unmöglich darf es nicht geben und wird es niemals bei uns geben.« Angesichts des hohen Verlustes an jungen, in Himmlers Sicht rassisch wertvollen Männern sei der Wiederaufbau der SS und Polizei nach dem Krieg vordringlich. Die dritte große Aufgabe schließlich liege in der deutschen Besiedlung der eroberten Gebiete im

---

fast 1400 Menschen durch Standgerichte abgeurteilt und hingerichtet (Bericht Franks für die Zeit von Mai bis September 1942, gedruckt in: Die Vergangenheit warnt, S. 157). Auf Befehl Hitlers wurde nach dem Tod Heydrichs das nordböhmische Dorf Lidice niedergebrannt, sämtliche 173 männlichen Bewohner erschossen, die Frauen interniert und die Kinder von ihren Müttern getrennt (Vermerk BdS Prag, Böhme, 12. 6. 1942, Dienstkalender Himmlers, S. 456 [9. 6. 1942]).

243 Die weiblichen Verwandten sollten in ein Konzentrationslager gebracht werden (Dienstkalender Himmlers, S. 450 f. [4. 6. 1942]).

244 Vgl. dazu die Schilderung bei Deschner, Heydrich, S. 299–303.

Osten. Himmler nannte neben den annektierten westpolnischen Gebieten Böhmen-Mähren, das Generalgouvernement, »Ostland«, »Ingermanland« und die Krim, die sämtlich nach 20 Jahren total deutsch besiedelt sein müßten.[245] Wie ernst er die Lage sah, wurde in Himmlers Entschluß deutlich, vorerst selbst die Führung des Reichssicherheitshauptamtes zu übernehmen.[246]

Am Tag zuvor hatte er fünf wichtige Amtschefs des RSHA versammelt: Streckenbach, Müller, Nebe, Ohlendorf und Schellenberg – es fehlten Six und Siegert, der nach Nockemanns Tod die Leitung des Amtes II übernommen hatte – und teilte ihnen mit, daß er sich in Abstimmung mit Hitler entschlossen habe, das RSHA selbst führen zu wollen. Himmler kritisierte die Amtschefs, so Schellenberg in seinen Memoiren, wegen ihrer Eifersüchteleien, ihrem Mangel an Kooperationsbereitschaft und ihrer Zuständigkeitshascherei. Nur Schellenberg, der das schwierigste Amt innehätte, habe er von der Kritik ausgenommen. Am Abend rief auch Hitler die RSHA-Amtschefs noch einmal zusammen, um sie im Andenken an Heydrich zu äußerster Leistung und absoluter Loyalität zu verpflichten.[247]

Im Dienstkalender Himmlers finden sich für das zweite Halbjahr 1942 tatsächlich häufige Besprechungstermine mit Schellenberg, dem es zuneh-

---

245 Offensichtlich befand sich Himmler dabei in vollem Einklang mit Hitler. Der hatte, laut Gottlob Berger, Anfang April 1942 gegenüber einer Gruppe von Offizieren gesagt: »Ich weiß genau, wie weit ich zu gehen habe, aber dafür wird auch nachher der ganze Osten germanisch – urgermanisch. […] Darüber brauchen wir uns jetzt noch keine Gedanken zu machen, und ich werde nicht darüber reden. Das habe ich meinem Himmler übertragen, und der wird das schon machen.« (Berger an Himmler, 10.4.1942, zitiert nach Breitman, Architekt, S. 309)

246 Rede Himmlers vor den SS-Gruppenführern am 9.6.1942, BArch, NS 19/4009, gedruckt in: Himmler, Geheimreden, S. 145–161. Schlabrendorff will übrigens im Frühjahr 1943 von Nebe eine von diesem angefertigte Mitschrift dieser Rede erhalten haben (Schlabrendorff, Offiziere, S. 107).

247 Schellenberg, Memoiren, S. 259 f.; Dienstkalender Himmlers 1941/42, S. 455 (8.6.1942). Werner Best machte sich offenbar Hoffnungen auf die Nachfolge Heydrichs. Seinen späteren Aussagen zufolge erklärte ihm Himmler jedoch, daß er ihn nicht zum Nachfolger Heydrichs als Chef des RSHA ernennen werde, wollte ihm allerdings, so Best in einem Brief vom 10.8.1942, eine »neue Aufgabe« zuweisen. Es ist allerdings unklar, ob dabei bereits an die Position eines Reichsbevollmächtigten in Dänemark gedacht war (Unterredung Himmler – Best am 22.6.1942, Dienstkalender Himmlers 1941/42, S. 463; Herbert, Best, S. 316–322).

mend gelang, ein enges Verhältnis zu Himmler aufzubauen, das ihm zum Beispiel in den geheimen Verhandlungen der SS-Führung mit Institutionen der Alliierten und des Roten Kreuzes 1944/45 eine Schlüsselrolle zukommen ließ. Den amtierenden Chef des Verwaltungsamtes, Siegert, zog Himmler zu keiner Besprechung hinzu, mit Six traf er sich nur einmal, zu Nebe hielt er sporadischen Kontakt.[248] Otto Ohlendorf hatte die meisten Besprechungen mit Himmler im Oktober 1942, als es um seine Tätigkeit als stellvertretender Staatssekretär im Reichswirtschaftsministerium ging.[249] Dagegen hielt Himmler erwartungsgemäß mit dem Personalchef des RSHA, Bruno Streckenbach, einen steten Kontakt. Von allen RSHA-Amtschefs war Heinrich Müller am häufigsten bei Himmler, nicht nur, um Fragen der Verfolgung politischer Gegner zu besprechen, sondern auch die Deportationen der europäischen Juden in die Vernichtungslager.

Denn obwohl Himmler die Amtschefs des RSHA während des halben Jahres, in dem er das RSHA offiziell leitete, weitgehend selbständig agieren ließ, hieß das keineswegs, daß er diese Zeit nicht nutzte, um selbst die »Endlösung der Judenfrage« radikal voranzutreiben. »Die Völkerwanderung der Juden«, so Himmler am 9. Juni vor den SS-Gruppenführern, »werden wir in einem Jahr bestimmt fertig haben; dann wandert keiner mehr. Denn jetzt muß eben reiner Tisch gemacht werden.«[250]

---

248 Mit Six traf sich Himmler während der zweiten Jahreshälfte nur ein einziges Mal, am 22.6.1942 (Dienstkalender Himmlers, S. 464). Zuvor hatte sich Ribbentrop am 6.6.1942 bei Himmler schriftlich darüber beklagt, daß zwar durch Druck des Auswärtigen Amtes einige zehntausend Volksdeutsche zur Waffen-SS gekommen seien, aber das AA noch »keinen einzigen Mitarbeiter von Format aus der SS« erhalten habe. In der Folge wechselte Six auf Himmlers Weisung ins Auswärtige Amt und wurde dort Leiter der Kulturabteilung (Hachmeister, Gegnerforscher, S. 242 f.). Vermutlich hatte am 22.6. eine erste Besprechung zum Wechsel stattgefunden.

249 Das Verhältnis zu Otto Ohlendorf trübte sich durch die zum Teil ungeschönten Berichte des SD, die innerhalb der NS-Führung auf Kritik stießen, und durch Ohlendorfs Streben, im Reichswirtschaftsministerium als Unterstaatssekretär eine eigenständige Position zu erlangen (Herbst, Der Totale Krieg, S. 269–275).

250 Rede Himmlers vor den SS-Gruppenführern am 9.6.1942, a.a.O. (s. Anm. 246), S. 159. Himmler verwendete damit ebenjene Formulierung, darauf hat Christian Gerlach aufmerksam gemacht, die laut Goebbels auch Hitler am 12. Dezember 1941 benutzt hatte (Gerlach, Wannsee-Konferenz, S. 30).

Schon am 23. Juni traf Himmler erste weitreichende Entscheidungen. Mit Müller, Streckenbach und wahrscheinlich auch Schellenberg, den Himmler am frühen Abend noch traf, besprach er den zwei Tage später erlassenen Befehl an alle SS-Hauptamtchefs, daß nunmehr das Reichssicherheitshauptamt »für die Gleichrichtung aller politischen Angelegenheiten der SS« verantwortlich sei und alle anderen SS-Hauptämter politisch bedeutsame Vorgänge dem RSHA zur »Mitzeichnung« vorlegen müßten – das RSHA war zum politischen Leitamt der SS und Polizei avanciert.[251]

Nachdem er tags zuvor mit dem HSSPF Frankreich, Oberg, gesprochen hatte, befahl Himmler am 23. Juni dem Amtschef IV, Müller, daß sämtliche in Frankreich ansässigen Juden »sobald als möglich abgeschoben« werden sollten. Noch am selben Tag leitete Müller den Befehl an das Referat IV B 4 weiter.[252] Dem war bereits eine Besprechung am 11. Juni in Berlin vorausgegangen, auf der Eichmann mit den »Judenberatern« aus Den Haag, Brüssel und Paris über das weitere Vorgehen beraten hatte. Die vier Männer vereinbarten, aus den Niederlanden 15 000, aus Belgien 10 000 und aus Frankreich einschließlich dem unbesetzten Gebiet 100 000 Juden ab dem 13. Juli in den Osten zu deportieren.[253] Aufwind hatte insbesondere Dannecker in Frankreich durch ein Gespräch mit dem Chef der Eisenbahntransportabteilung, General Kohl, erhalten, der sich als eingefleischter Antisemit erwies und den geplanten Transporten alle Unterstützung seiner Dienststelle zusagte.[254] Zwar tauchten erneut Schwierigkeiten auf, weil die Wehrmacht

---

251 Dienstkalender Himmlers 1941/42, S. 465; Befehl Himmlers zur »Verantwortlichkeit des Reichssicherheitshauptamtes für die Gleichrichtung aller politischen Angelegenheiten der SS«, 25. 6. 1942, BArch, R 19/13, Bl. 38 R.

252 Dienstkalender Himmlers 1941/42, S. 464 (22. 6. 1942), 465 (23. 6. 1942).

253 Vermerk Danneckers, 15. 6. 1942, gedruckt in: Klarsfeld, Vichy – Auschwitz, S. 379 f. Knochen, dem dieser Vermerk zuging, schrieb an den Rand: »Tempo, wenn bis dahin vor allem Transportproblem gelöst werden soll.« (Vgl. dazu Hilberg, Vernichtung, Bd. 2, S. 671; Steur, Dannecker, S. 74 f.; Lozowick, Hitlers Bürokraten, S. 241–245) Am 22. Juni 1942 teilte Eichmann dem Judenreferenten des Auswärtigen Amtes, Rademacher, mit, daß in Absprache mit der Reichsbahn der Transport von 100 000 Juden aus den Niederlanden, Belgien und dem besetzten Frankreich nach Auschwitz vorgesehen sei (Hilberg, Vernichtung, Bd. 2, S. 613).

254 Vermerk Dannecker, 13. 5. 1942, gedruckt in: Klarsfeld, Vichy – Auschwitz, S. 377; BdS Paris, IV J, Lischka, an RSHA, IV B 4, 15. 5. 1942, gedruckt in: ebenda, S. 378.

für ihre Offensive im Osten zusätzliche Transportmittel benötigte und zugleich 350 000 französische Zwangsarbeiter ins Reich geschafft werden sollten. Doch das RSHA konnte am 18. Juni melden, daß das Reichsverkehrsministerium bereit sei, Deportationen zu ermöglichen.[255] Allein, es fehlte an Polizeikräften, um 100 000 Juden festzunehmen. Außerdem hatten sich die Franzosen bei Knochen und Oberg über Danneckers anmaßendes Benehmen beschwert, mit dem er Bousquet bedrängt und nur dessen Widerspenstigkeit hervorgerufen hatte.[256] In dieser Situation traf am 30. Juni Eichmann in Paris ein, der Himmlers Befehl zur Deportation sämtlicher Juden aus Frankreich überbrachte.

Eichmann konnte nicht umhin, die offenkundigen Schwierigkeiten zu konstatieren, sah aber keinen Grund, die Bemühungen zu drosseln, im Gegenteil. Sollte Himmlers Befehl verwirklicht werden, »ergibt sich daher für die forcierte Weiterarbeit die unumgänglich notwendige Tatsache einer entsprechenden Druckarbeit auf die französische Regierung«.[257] Dies sollten Oberg und Knochen übernehmen, die am 2. Juli mit Bousquet verhandelten. Indem sie die Frage der Selbständigkeit der französischen Polizei mit der Kooperation bei der Ergreifung und Auslieferung der in Frankreich lebenden Juden verknüpften, erreichten sie die entscheidende Einwilligung der Vichy-Regierung. Bousquet und zwei Tage später auch Laval erklärten sich bereit, in ganz Frankreich alle staatenlosen und ausländischen Juden festzunehmen und an die Deutschen auszuliefern.[258] Am 16. und 17. Juli 1942 verhaftete die französische Polizei in Paris über 12 800 Menschen, darunter 4000 Kinder. Am 17. Juli fuhr der erste Transport mit französischen Juden nach Auschwitz.[259] Wegen der Kinder gab es noch Rückfragen, aber Eichmann entschied am 21. 7., daß so bald als möglich

---

255 Vermerk Danneckers über ein Telefonat mit SS-OStuf. Novak (RSHA IV B 4), 18. 6. 1942, gedruckt in: Klarsfeld, Vichy – Auschwitz, S. 383; vgl. Hilberg, Vernichtung, Bd. 2, S. 672 f.

256 Klarsfeld, Vichy – Auschwitz, S. 68–83.

257 Protokoll der Dienstbesprechung Eichmanns mit Dannecker, 1. 7. 1942, Nbg. Dok. RF-1223, gedruckt in: Klarsfeld, Vichy – Auschwitz, S. 390 f.

258 Mit diesem Zugeständnis glaubte Vichy, die jüdischen französischen Staatsbürger vor dem deutschen Zugriff bewahren zu können (vgl. ausführlich dazu Marrus/Paxton, Vichy France, S. 228–249).

259 Vgl. Yahil, Shoah, S. 532–535.

»Kindertransporte rollen können«.[260] Die ersten beiden Transporte mit holländischen Juden verließen das Lager Westerbork am 15. und 16. Juli in Richtung Auschwitz.[261] Die ersten belgischen Juden wurden am 4. August nach Auschwitz deportiert; Himmler hatte sich persönlich in Besprechungen mit dem Militärverwaltungschef in Belgien, Reeder, für die Deportationen eingesetzt.[262]

Zuvor war es noch zu einem bezeichnenden Zwischenfall gekommen. Am 14. 7. rief Eichmann in Paris an und erkundigte sich empört, weshalb der für den 15. 7. vorgesehene Transportzug ausgefallen sei. Der diensthabende SS-Obersturmführer erklärte, da für den Zug nach Angabe des SD-Kommandos Bordeaux nur etwa 150 staatenlose Juden zur Verfügung gestanden hätten und man in der Kürze der Zeit keinen Ersatz gefunden hätte, habe man den Zug ausfallen lassen. Eichmann gab daraufhin wütend zurück, daß ihm so etwas bisher noch nicht vorgekommen sei. Er führe mit dem Reichsverkehrsministerium lange und schwierige Verhandlungen, um Züge zu bekommen, und nun ließe man in Paris einen Zug ausfallen. Die Angelegenheit sei sehr blamabel und er wolle Müller nur deshalb noch nicht Meldung machen, da er sich damit gleichfalls blamiere. Schließlich drohte er damit, daß er sich überlegen müsse, Frankreich als »Abschubland« überhaupt fallenlassen zu müssen.[263] Der Vermerk offen-

---

260 Vermerk Danneckers, 21. 7. 1942, Nbg. Dok. RF-1233, gedruckt in: Klarsfeld, Vichy – Auschwitz, S. 416. Am 13. 8. 1942 erreichte Paris ein Telegramm aus Berlin, unterzeichnet von Eichmanns Stellvertreter Günther, daß nun auch die bis dahin in den Lagern Pithievs und Beaune-la-Rolande untergebrachten Kinder nach Auschwitz deportiert werden könnten. Der erste Transport mit Hunderten Kindern verließ den Bahnhof Le Bourget-Drancy am 17. 8. Nach der Ankunft in Auschwitz wurden alle – bis auf 65 Männer und 34 Frauen, die, vorläufig als arbeitsfähig eingestuft, noch am Leben blieben –, einschließlich sämtlicher Kinder, in den Gaskammern ermordet (Klarsfeld, Vichy – Auschwitz, S. 147–150, 433 f.). Bis Anfang September wurden insgesamt 28 069 jüdische Menschen, Männer, Frauen, Kinder, aus Frankreich nach Auschwitz deportiert.
261 Yahil, Shoah, S. 535–537; Lozowick, Hitlers Bürokraten, S. 194 f.
262 Unterredung Himmlers mit Reeder am 8. 7. 1942, Dienstkalender Himmlers 1941/42, S. 481 (8. 7. 1942); Telegramm Gesandter von Bargen an Auswärtiges Amt v. 9. 7. 1942, ADAP, Serie E, Bd. III, S. 125; Yahil, Shoah, S. 538 f.
263 Vermerk Röthke über ein Telefonat mit Eichmann am 14. 7. 1942, Nbg. Dok. RF-1226, gedruckt in: Klarsfeld, Vichy – Auschwitz, S. 406 f.

bart nicht nur den überheblichen Ton Eichmanns, den er gegenüber seinem Vertreter in Paris anschlug, sondern zeigt ihn auch in einem ganz anderen Licht, als er mit seinen späteren Beteuerungen in Jerusalem, nur ein subalternes Rädchen im großen Getriebe gewesen zu sein, glauben machen wollte. Das Dokument läßt außerdem die Nervosität durchscheinen, mit der das RSHA, insbesondere das Referat IV B 4, das erste großangelegte Deportationsprogramm aus einem westeuropäischen Land beobachtete, und gibt zugleich die unabdingbare Energie zu erkennen, dieses Programm zu verwirklichen. Hatte es noch Ende Juni danach ausgesehen, als nähmen die Schwierigkeiten überhand, so war jetzt der Weg frei, und das RSHA wollte ihn sich in keinem Fall noch einmal versperren lassen. Die Züge standen nur für eine begrenzte Zeit und in einem begrenzten Umfang zur Verfügung, also mußte alles dafür getan werden, sie so extensiv wie möglich zu nutzen. Am 4. Juli 1942 traf ein Transport mit rund 1000 slowakischen Juden in Auschwitz-Birkenau ein und wurde gleich bei der Ankunft selektiert: 264 Männer und 108 Frauen wählten die SS-Ärzte als »arbeitsfähig« aus, die restlichen 638 Menschen wurden in die neuen Gaskammern geführt und dort getötet – es war der Beginn der systematischen Tötungen durch Gas in Auschwitz-Birkenau.[264]

Knapp zwei Wochen später besichtigte Himmler persönlich den Lagerkomplex Auschwitz, inspizierte neben den landwirtschaftlichen Anlagen und dem Frauenkonzentrationslager auch Birkenau, wo er sich mit Gauleiter Bracht, dem HSSPF Schmauser und anderen, so KZ-Kommandant Höß, »den gesamten Vorgang der Vernichtung« genau ansah: die »Aussonderung der Arbeitsfähigen« eines gerade eingetroffenen Transportes aus Holland, die Ermordung im Gas von mehreren hundert Jüdinnen und Juden sowie die abschließende »Räumung« der Leichen.[265] Von Auschwitz fuhr Himmler weiter nach Lublin, wo er mit Globocnik die Mordaktionen im Rahmen der »Aktion Reinhard«, der Ermordung der polnischen Juden in den Vernichtungslagern Belzec, Sobibór und Treblinka, sowie die

---

264 Czech, Kalendarium, S. 241 f.; Pelt/Dwork, Auschwitz, S. 338.
265 Höß, Kommandant, S. 161, 179–182; Dienstkalender Himmlers 1941/42, S. 491–493 (17./18. 7. 1942); Breitman, Architekt, S. 310 f. Mit Höß zeigte sich Himmler sehr zufrieden und beförderte ihn am nächsten Tag zum SS-Obersturmbannführer.

Besiedlung von Lublin und Zamość mit Volksdeutschen besprach.[266] Am 19. Juli erteilte er dem HSSPF Krüger schriftlich den Befehl, die gesamte jüdische Bevölkerung des Generalgouvernements bis zum 31. Dezember 1942 zu töten. Außer in einigen Sammellagern sollte es danach keine Juden mehr in Polen geben, alle jüdischen Arbeitskräfte sollten ersetzt und in die Sammellager abgeschoben werden.

»Diese Massnahmen sind zu der im Sinne der Neuordnung Europas notwendigen ethnischen Scheidung von Rassen und Völkern, sowie im Interesse der Sicherheit und Sauberkeit des deutschen Reiches und seiner Interessengebiete erforderlich. Jede Durchbrechung dieser Regelung bedeutet eine Gefahr für die Ruhe und Ordnung des deutschen Gesamtinteressengebietes, einen Ansatzpunkt für die Widerstandsbewegung und einen moralischen und physischen Seuchenherd.«[267]

Zwei Tage nach Himmlers Abreise aus Lublin, am 22. Juli, begannen die Transporte aus dem Warschauer Ghetto in das Vernichtungslager Treblinka. Bis Anfang September wurden 310 000 der 380 000 Bewohner des Warschauer Ghettos nach Treblinka deportiert und dort mit Gas ermordet.[268]

Energisch bemühte sich Himmler, die verbündeten und andere europäische Mächte zur Auslieferung ihrer Juden zu bewegen. Ende Juli 1942 reiste er für neun Tage inoffiziell nach Finnland, vornehmlich um Einheiten der SS-Division Nord zu besuchen. Aber er traf auch mit Marschall von Mannerheim und dem finnischen Ministerpräsidenten Rangell zusammen, den er auf Finnlands Haltung gegenüber den Juden ansprach. Himmlers Forderung nach schärferen antisemitischen Maßnahmen lehnte Rangell ab und verwies darauf, daß es nur wenige tausend Juden in Finnland gebe, die vollständig assimiliert seien.[269] Im Oktober fuhr Himmler nach Italien, vornehmlich um Mussolinis Bündnistreue zu festigen und die prodeutschen Kräfte zu sichten, die bei einem möglichen Zusammenbruch des Mussolini-Regimes das Bündnis mit dem nationalsozialisti-

---

266 Dienstkalender Himmlers 1941/42, S. 493 (18.7.1942); Arad, Belzec, Sobibor, Treblinka, S. 60 f.
267 Himmler an Krüger, 19.7.1942, BArch, NS 19/1757, Bl. 1, mit Übersendungsschreiben an RSHA und RKF.
268 Hilberg, Vernichtung, Bd. 2, S. 527–531; Yahil, Shoah, S. 517–526.
269 Dienstkalender Himmlers 1941/42, S. 502–507 (29.7.–6.8.1942); Breitman, Architekt, S. 316.

schen Deutschland aufrechterhalten könnten. Aber er versuchte auch, Mussolini mit Schilderungen, wie Deutschland die europäische »Judenfrage« löse, zu beeindrucken und ihn zur Auslieferung der italienischen Juden zu bewegen – vergeblich. Mussolini stimmte zwar den deutschen Greueltaten zu, ließ aber nicht erkennen, daß er hinsichtlich der italienischen Juden den Deutschen gegenüber zu Zugeständnissen bereit sei.[270]

Am 11. August 1942 waren Müller und Eichmann zu einer anderthalbstündigen Unterredung bei Himmler befohlen, zweifellos um über den Stand der Deportationen zu sprechen;[271] zwei Wochen später zog das RSHA auf einer Tagung über »Judenfragen« eine erste Bilanz. Die jeweiligen »Judenreferenten« berichteten aus den besetzten beziehungsweise verbündeten ausländischen Staaten über den »Stand des Judenproblems«, insbesondere über den Stand der Deportationen.[272] Eichmann teilte mit, daß das gegenwärtige Problem in Frankreich, nur staatenlose Juden deportieren zu können, zum Jahresende »gelöst« sein sollte und dann bis Ende Juni 1943 alle übrigen ausländischen Juden gleichfalls »abgeschoben« würden. Weitere Schwierigkeiten trugen die »Judenberater« vor: Verschiedene ausländische Konsulate wie Italien, Portugal, Spanien oder die Schweiz hätten sich »sehr aufdringlich für ihre Juden eingesetzt«, wie der SS-Protokollant pikiert notierte. Auf die Frage, ob auch ausländische Juden, falls man ihnen Vorstrafen oder sonstige Verstöße gegen die öffentliche Ordnung vorwerfen könne, deportiert werden könnten, antwortete das RSHA, daß zunächst nur staatenlose Juden erfaßt werden dürften. Wegen der übrigen ausländischen Juden verhandele das Auswärtige Amt gegenwärtig mit den entsprechenden Regierungen, ohne daß ein abschließendes Ergebnis bislang erreicht worden wäre. In keinem Fall sei erwünscht, daß ausländische Juden in ihre Heimatländer zurückkehren könnten.

---

270 Himmler, »Niederschrift über meinen Empfang beim Duce Benito Mussolini am Montag, dem 11.10.1942 in Rom im Palazzo Venezia, 17.00 Uhr«, BA, NS 19/2410, Bl. 3–8, gedruckt in: ADAP, Serie E, Bd. IV, S.148–151; Dienstkalender Himmlers 1941/42, S.587 (11.10.1942); Breitman, Architekt, S.316 f.; Deakin, Freundschaft, S.76–79.
271 Dienstkalender Himmlers 1941/42, S.513.
272 Vermerk IV J Paris, Ahnert, über die »Tagung im Reichssicherheitshauptamt am 28.8.1942 über Judenfragen«, gedruckt in: Klarsfeld, Vichy – Auschwitz, S.447 f.

In der Tat gab es etliche Schwierigkeiten, der ausländischen Juden habhaft zu werden. In den nachfolgenden Verhandlungen widersetzte sich die Vichy-Regierung, Juden französischer Staatsangehörigkeit auszuliefern, was Himmler schließlich, nachdem auch Oberg vor Deportationen französischer Juden ohne Einwilligung der Pétain-Regierung gewarnt hatte, bewog, zu verfügen, daß »zunächst« keine Juden französischer Staatsbürgerschaft abtransportiert werden sollten, obwohl er noch drei Monate zuvor die Deportation sämtlicher Juden aus Frankreich befohlen hatte.[273] Alle Anstrengungen richteten sich daher auf die Ergreifung der staatenlosen und ausländischen Juden und derjenigen von den Achsenmächten. Aber die Verhandlungen waren zäh, Italien lehnte das deutsche Ansinnen rundweg ab. Rumänien wollte seine Staatsbürger nur dann ausliefern, wenn auch die Ungarn zu einem solchen Schritt bereit waren; Ungarn wiederum machte seine Zusage von der Einwilligung Rumäniens abhängig.[274]

Die anfängliche Gewißheit, daß die Rumänen ihre jüdischen Staatsbürger ausliefern würden, erwies sich als vorschnell. Ende Juli 1942 noch hatte Eichmann gemeldet, daß sein Beauftragter Richter in Bukarest alle Vorbereitungen »in bezug auf die Lösung der Judenfrage in Rumänien« abgeschlossen habe und mit den Deportationen »in Zeitkürze«, etwa ab dem 10.9., begonnen werden könne.[275] Der deutsche Gesandte in Rumänien, der SA-Führer Manfred von Killinger, warnte hingegen den Leiter der

---

273 Fernschreiben BdS Paris, Knochen, an RSHA, IV B 4, 25.9.1942, gedruckt in: Klarsfeld, Vichy – Auschwitz, S. 469; zum Umschwung in der Haltung der Vichy-Regierung vgl. ebenda, S. 162–177.

274 Hilberg, Vernichtung, Bd. 2, S. 684; Browning, Foreign Office, S. 102–108; Braham, Politics, S. 230–262. Währenddessen jedoch verhaftete die französische Polizei die rumänischen Juden. BdS Knochen wies die Kommandos der Sicherheitspolizei und des SD an, alle Juden rumänischer Staatsangehörigkeit, die in die unbesetzte Zone fliehen wollten, festzunehmen und zu internieren. Am 25. September verließ der erste Transport mit 729 rumänischen Juden, Männer, Frauen und Kinder, das Lager Drancy in Richtung Auschwitz, kaum 80 Stunden später waren dort fast alle mit Gas ermordet worden (Klarsfeld, Vichy – Auschwitz, S. 179).

275 Bericht CSSD an RFSS, 26.7.1942, zur »Evakuierung von Juden aus Rumänien«, in: Rintelen an Luther, 19.8.1942, Nbg. Dok. NG-3985; Hilberg, Vernichtung, Bd. 2, S. 845.

Deutschland-Abteilung im Auswärtigen Amt, Luther, daß von einem Abschluß der Verhandlungen noch keine Rede sein könne.[276] Luther teilte Mitte August seinen Vorgesetzten offiziell mit, daß die rumänische Führung der Deportation zugestimmt und nur noch mit dem rumänischen Verantwortlichen für Judenangelegenheiten, Lecca, der demnächst nach Berlin komme, Einzelheiten besprochen werden müßten.[277] Da alles im Prinzip geklärt schien, fiel der Empfang für Lecca in Berlin kühl aus, was diesen offenbar düpierte. Die Verhandlungen kamen ins Stocken, obwohl der stellvertretende rumänische Ministerpräsident bei seinem Besuch in Berlin Ende September Ribbentrop noch versichert hatte, an der Einwilligung festzuhalten.[278] Anfang Oktober berichtete Richter von wachsendem Druck auf die rumänische Regierung gegen die Auslieferung der Juden rumänischer Staatsbürgerschaft, und Anfang Dezember mußte Luther zugeben, daß die Frage der Deportationen aus Rumänien zu einem Stillstand gekommen sei.[279]

Ähnlich gestalteten sich die Verhandlungen mit Bulgarien. Nach dem bulgarischen Zugeständnis Anfang September, daß bulgarische Juden im deutschen Machtbereich wie deutsche behandelt werden könnten, hatte die deutsche Seite optimistisch geglaubt, den Durchbruch erzielt zu haben und die Einwilligung der Bulgaren, die Juden aus dem eigenen Land auszuliefern, nur noch eine Frage der Zeit sei. Doch zogen sich die Verhandlungen immer zäher und langwieriger hin und nährten im RSHA den Verdacht, daß die bulgarische Seite nur Zeit zu gewinnen suchte.[280]

Hingegen gingen die Deportationen der holländischen Juden im deutschen Sinn voran. Am 10.9.1942 meldete der Höhere SS- und Polizeiführer Rauter:

---

276 Browning, Final Solution, S. 126.
277 Luther an Ribbentrop, 17.8.1942, Nbg. Dok. NG-3558, Hilberg, Vernichtung, Bd. 2, S. 846.
278 Browning, Final Solution, S. 127; zum Besuch von Mihai Antonescu in Berlin vgl. Hillgruber, Hitler, König Carol und Marschall Antonescu, S. 149; ders., Staatsmänner, Bd. 2, S. 106–110.
279 Luther an Klingenfuß, 14.12.1942, Browning, Final Solution, S. 127; Longerich, Politik der Vernichtung, S. 521–523.
280 Schellenberg an Luther, 9.11.1942, Nbg. Dok. NG-5351, Hilberg, Vernichtung, Bd. 2, S. 804 f.; Browning, Final Solution, S. 133 f.

»Das Zusammenfangen der Juden macht uns die allergrössten Kopfzerbrechen. Auf keinen Fall will ich irgend einen Zug ausfallen lassen, denn was weg ist, ist weg. Bis 15.10.42 sind die Mischehen qualifiziert und die Rüstungsarbeiter, Diamantschleifer usw., so dass damit dann das grosse Reinemachen in Holland beginnen kann. Bis dahin sind die beiden grossen Judenlager, die ich gebaut habe, fertig: eines in Westerbork bei Assen und eines in Vugt bei 's-Hertogenbosch. Beiden Lagern kann ich dann 40 000 Juden zuführen. Ich spanne dann alles ein, was irgendwie polizeiliche oder hilfspolizeiliche Funktionen ausüben kann, und was irgendwo an Judentum legal oder illegal sich zeigt, wird am 15.10.1942 in diese beiden Lager abgeschoben.«[281]

Den Erfolgsbericht des Höheren SS- und Polizeiführers Rauter vom 24. September 1942, daß bislang etwa 20 000 holländische Juden insgesamt deportiert worden seien, kommentierte Himmler am Rand mit der Bemerkung »sehr gut«.[282]

In die inneren Strukturen des RSHA hat sich Himmler während des halben Jahres seiner Leitung kaum eingemischt. Den Amtschefs ließ er weitgehend Handlungsfreiheit, in ihren jeweiligen Zuständigkeitsbereichen selbständig agieren zu können. Aber er nutzte seine Zeit als RSHA-Chef konzentriert, um die Deportation der westeuropäischen Juden in die Vernichtungslager so rasch und vollständig als möglich durchzusetzen. Gleich zu Beginn seiner Amtszeit erhob er das RSHA zur politisch führenden Institution innerhalb der SS, verlieh ihm per Erlaß jene Bedeutung, die Heydrich stets angestrebt hatte. Zugleich gab er weitreichende Befehle, die Deportation und Vernichtung der polnischen, französischen, belgischen und niederländischen Juden möglichst bis Jahresende zu verwirklichen. Himmler war ein durchaus aktiver RSHA-Chef, der sich dieser Institution zu bedienen wußte, um eines der genuinen Ziele des Reichssicherheitshauptamtes, die »Endlösung der Judenfrage in Europa«, zu realisieren.

Entscheidung für Kaltenbrunner

Dennoch bedeutete die Leitung des RSHA selbstverständlich eine Mehrbelastung, zumal Himmler seit Sommer 1941 vorrangig mit der Auffüllung und Neuaufstellung von Waffen-SS-Divisionen beschäftigt war.

---

281 Rauter an Himmler, 10.9.1942, Nbg. Dok. NO-2256.
282 Hilberg, Vernichtung, Bd. 2, S. 617; Lozowick, Hitlers Bürokraten, S. 201–203.

Früher oder später war daher zu erwarten, daß er einen Nachfolger für das Amt des RSHA-Chefs benennen würde. Die besonderen Aufgaben, die Streckenbach als Chef des Amtes I für Himmler erledigte und die seinen eigentlichen Kompetenzbereich, die Personalpolitik, erkennbar überschritten, erhoben ihn durchaus in den Status eines Primus inter pares. Ende Juli 1942 hatte ihn Himmler zudem zu seinem Stellvertreter als Gerichtsherr des RSHA ernannt und ihm damit die oberste Entscheidungsbefugnis in allen Disziplinar- und Strafsachen, die RSHA-Angehörige betrafen, übertragen.[283] Chef des RSHA, wie er es sich offensichtlich erhoffte, wurde er dennoch nicht.

Himmlers Wahl fiel auf den Österreicher Ernst Kaltenbrunner, 1903 als Sohn eines Rechtsanwaltes in Ried am Inn geboren, der ebenfalls als Rechtsanwalt tätig war, bevor er nach dem »Anschluß« Österreichs 1938 Höherer SS- und Polizeiführer in Wien wurde.[284] Die Entscheidung fiel offenkundig relativ kurzfristig. Am 5. Dezember traf sich Himmler mit Kaltenbrunner zum Abendessen und anschließender Besprechung, am folgenden Tag hielt er Vortrag bei Hitler, und am 7. Dezember traf er erneut mit Kaltenbrunner zusammen.[285] Während des Treffens Himmlers mit Hitler am 10. Dezember fiel die Entscheidung.[286] Drei Tage später, am 13. Dezember, gab Himmler den – erneut mit Ausnahme von Siegert und Six – vollständig versammelten Amtschefs des RSHA in seinem Hauptquartier »Friedrichsruh« nahe der ukrainischen Stadt Shitomir seine Entscheidung bekannt, Ernst Kaltenbrunner als Nachfolger Heydrichs einzusetzen.[287]

---

283 Verfügung Himmlers, 29. 7. 42, BArch, BDC, SSO-Akte Bruno Streckenbach.

284 Vgl. Black, Kaltenbrunner, S. 67–125.

285 Dienstkalender Himmlers 1941/42, S. 630–633 (5.–7. 12. 1942). Zuvor hatte er mit Kaltenbrunner nur Mitte November einen Besprechungstermin gehabt (ebenda, S. 616 [17. 11. 1942]).

286 Himmler, »Aktennotiz über die kurze Besprechung beim Führer am Donnerstag, dem 10. Dezember 1942 in der Wolfsschanze, 18.30 Uhr«, 12. 12. 1942, BArch, BDC, SSO-Akte Bruno Streckenbach; Dienstkalender Himmlers 1941/42, S. 642. Am 12. 12. informierte Himmler Bormann telefonisch, daß Kaltenbrunner der neue Chef des Reichssicherheitshauptamtes werden solle (ebenda, S. 643).

287 Dienstkalender Himmlers, S. 644 (13. 12. 1942). Kaltenbrunners Einlassungen in Nürnberg, er habe sich bei Himmler gegen die Übernahme des RSHA gewehrt, so daß dieser ihm schließlich zugestanden habe, allein die nachrichtendienstlichen

Bis heute ist nicht ganz einsichtig, aus welchen Gründen Himmler Kaltenbrunner auswählte. Kaltenbrunner selbst hat in Nürnberg 1946 behauptet, Himmler hätte sich für ihn entschieden, weil er von Österreich aus einen umfangreichen Nachrichtendienst aufgebaut habe.[288] Tatsächlich beruhten Kaltenbrunners Informationen auf Berichten der Südosteuropa-Gesellschaft in Wien, die, 1940 vom Reichswirtschaftsministerium gegründet, vor allem die strategischen wirtschaftlichen Interessen des Deutschen Reiches in Südosteuropa absichern sollte.[289] Allerdings besaß Kaltenbrunner seit 1937 eigene Verbindungen zur Slowakei und wurde von dort laufend über die Vorgänge in der slowakischen Regierung unterrichtet. Seine Berichte wurden von Himmler geschätzt und festigten seinen Ruf als Nachrichtendienstexperte.[290] Als HSSPF stand Kaltenbrunner in dem Ruf, Himmler treu ergeben zu sein, und noch in Nürnberg sagte sein Freund Hermann Neubacher aus, Himmler habe Kaltenbrunner stets als »loyalen und anständigen Mitarbeiter« betrachtet.[291] Laut Walter Schellenberg habe sich Hitler persönlich für Kaltenbrunner eingesetzt, nicht zuletzt, weil er Österreicher gewesen sei.[292] Trotzdem war die

---

SD-Ämter (also III und VI) zu leiten, während Himmler die Exekutivämter IV Gestapo und V Kripo weiterhin selbst leiten wollte, und er erst im Januar 1943 von Himmler den Befehl erhalten habe, die Leitung des RSHA anzutreten, sind durch die Dokumente wie durch die Termine des Himmlerschen Dienstkalenders klar zu widerlegen (vgl. auch Black, Kaltenbrunner, S. 143 f., 150 f.).

288 Aussage Kaltenbrunner, 11. 4. 1946, IMG, Bd. 11, S. 265.

289 Black, Kaltenbrunner, S. 133; zur Südosteuropa-Gesellschaft vgl. Orlow, Nazis in the Balkans. Auch Heydrich besaß Verbindungen zur Südosteuropa-Gesellschaft, deren Präsident Wiens Gauleiter Baldur von Schirach war, und hatte die große Tagung, die die SOEG in Prag im Dezember 1941 veranstaltet hatte, unterstützt wie dort auch eine wirtschaftspolitische Rede gehalten (Orlow, Nazis in the Balkans, S. 79–81; Heydrichs Bericht an Bormann u. a. zur Wirtschaftstagung, 7. 12. 1941, gedruckt in: Kárný/Milotová/Kárná, Politik, S. 205; Heydrichs Telefonat mit Himmler über die Wirtschaftstagung am 16. 12. 1941, Dienstkalender Himmlers 1941/42, S. 291.

290 Black, Kaltenbrunner, S. 134 f.

291 Ebenda, S. 145.

292 Schellenberg, Memoiren, S. 296. Allerdings läßt Schellenbergs nachfolgende Charakterisierung Kaltenbrunners wenig Zweifel, wie gering sich beide geschätzt haben.

Ernennung selbst für Eingeweihte offensichtlich eine »große Überraschung«.[293]

Der unterlegene Kandidat Streckenbach, so hatten Hitler und Himmler entschieden, sollte mit dem Posten des Höheren SS- und Polizeiführers Alpenland in Salzburg abgefunden werden.[294] Streckenbach jedoch faßte einen eigenen Entschluß. In einem persönlichen Brief an Himmler schrieb er einen Tag später:

»Sehr verehrter Reichsführer! Da ich am 13. Dezember in der mündlichen Besprechung keine Gelegenheit fand, erlaube ich mir, heute eine Herzensbitte vorzutragen: Nach meinem Ausscheiden aus dem Reichssicherheitshauptamt soll ich als Höherer SS- und Polizeiführer Formationen übernehmen, in denen schon heute viele Frontkämpfer stehen werden. Es ist mir dabei ein kaum ertragbarer Gedanke, daß ich selbst kein alter Frontkämpfer bin. [...] Es ist nun mein sehnlichster Wunsch, wenigstens einige Monate in den Reihen der kämpfenden Truppe meinen Mann zu stehen; selbstverständlich nicht mit meinem jetzigen Dienstgrad [Streckenbach bekleidete zu diesem Zeitpunkt den Rang eines SS-Gruppenführers und Generalleutnants der Polizei, M.W.], sondern mit meinem militärischen Dienstgrad als SS-Untersturmführer der Reserve [das heißt als einfacher Leutnant].« Und weiter hieß es: »[...] aber wenn mir an der Front etwas zustossen sollte, so bliebe keine große Lücke, da ich aus dem Reichssicherheitshauptamt ausgeschieden bin und meinen neuen Dienst noch nicht angetreten habe. Da ich zuhause Kinder habe, wäre auch für unser Volk die Lücke nicht so groß, als fiele ein Unverheirateter.«[295]

Man merkt diesem gekünstelt heroischen Text die Enttäuschung über die Zurückweisung an. Himmler antwortete wenige Tage später, daß er sich »von Herzen darüber gefreut« habe und zusehen wolle, daß der Bitte Streckenbachs entsprochen werde.[296]

Streckenbachs Ausscheiden aus dem Reichssicherheitshauptamt markierte den Beginn einer neuen und zugleich seiner letzten Karriere. Im

---

293 Vgl. Hagen, Geheime Front, S. 82–84; sowie Schellenberg, Memoiren, S. 296 f. Auch Walther Rauff hob in seiner Vernehmung hervor, er sei überrascht über die Wahl Kaltenbrunners gewesen (Vernehmung Walther Rauff, 28. 6. 1972 in Santiago de Chile, StAnw Hamburg, 147 Js 31/67, Bd. 46, Bl. 8235–8250).
294 Aktennotiz Himmlers über die Besprechung bei Hitler am 10. 12. 1942, a. a. O. (s. Anm. 286).
295 Streckenbach an Himmler, 14. 12. 1942, BArch, BDC, SSO-Akte Bruno Streckenbach.
296 Himmler an Streckenbach, 19. 1. 1943; ebenda.

Januar 1943 kam er zur Ausbildung zu einer Panzerjäger-Einheit ins holländische Hilversum – tatsächlich anfangs als Untersturmführer. Aber er
stieg rasch auf, wurde Regiments- und Divisionsführer der 8. SS-Kavalle-
rie-Division und befehligte schließlich 1944 als Waffen-SS-General die
19. lettische SS-Division in der Sowjetunion. Streckenbach durchlief in
zwei Jahren nicht nur eine – auch für einen hohen SS-Führer – ungewöhnlich schnelle militärische Karriere, er wurde auch mit Ehrenzeichen
und Medaillen überhäuft.[297] Seine militärische Beurteilung durch den
Kommandierenden General des VI. SS-Freiwilligen-Korps fiel glänzend
aus und endete mit dem Urteil: »Ist befähigt ein Gen.Kdo. mit Erfolg zu
führen. Zur Beförderung zum Komm. General geeignet«, dem sich
Himmler mit dem handschriftlichen Vermerk »sehr einverstanden« anschloß.[298] Zur Beförderung jedoch kam es nicht mehr. Am 10. Mai 1945
wurde Bruno Streckenbach mit seiner Division in Kurland durch die Rote
Armee gefangengenommen.[299]

Das RSHA im letzten Kriegsjahr

Fast wäre der Tag, an dem Himmler den neuen RSHA-Chef Kaltenbrunner in sein Amt einführte, der 30. Januar 1943, mit der symbolischen Wende des Krieges zusammengefallen. Einen Tag später kapitulierte Generalfeldmarschall Paulus mit den Resten der 6. Armee in Stalingrad. Obwohl
ein Sieg gegen die Sowjetunion schon mit dem Scheitern der Blitzkriegs-
strategie im Winter 1941 vor Moskau kaum noch möglich war, markierte
die Niederlage in Stalingrad wie kein anderes Datum, daß der Krieg nicht
mehr zu gewinnen war. Eine Woche zuvor hatten Roosevelt und Churchill auf ihrem Treffen in Casablanca vom 14. bis 25. Januar die bedingungslose Kapitulation der Achsenmächte gefordert. Die Einsicht in die
Aussichtslosigkeit des Krieges und das Unvermögen Hitlers, daraus die

---

297 Im Juli 1943 erhielt er das Eiserne Kreuz I. Klasse, im November desselben Jahres
das Deutsche Kreuz in Gold, im August 1944 das Ritterkreuz und schließlich Anfang 1945 das Eichenlaub zum Ritterkreuz.
298 Der Kommandierende General des VI. SS-Freiwilligen-Korps, Beurteilung vom
31.12.44, BArch, BDC, SSO-Akte Bruno Streckenbach.
299 Vgl. Wildt, Bruno Streckenbach.

Konsequenzen zu ziehen, führten zum Beispiel Claus Graf Schenk von Stauffenberg in den aktiven Widerstand. Hitlers Fehlentscheidung, sowohl zur Wolga als auch zum Kaukasus vorzustoßen, obwohl, wie der Referatsleiter in der Organisationsabteilung des OKH, Stauffenberg, nur zu gut wußte, das deutsche Heer bei weitem nicht mehr über die nötige Zahl an Soldaten verfügte und die wachsende Materialüberlegenheit der sowjetischen Seite zunehmend zu spüren war, die rassistische Weigerung der NS-Spitze, nationalistisch-antikommunistische Freiwillige aus den besetzten Ostgebieten als gleichberechtigte Einheiten gegen die sowjetische Armee aufzustellen, und nicht zuletzt die Entlassung Halders als Generalstabschef Ende September 1942, den Stauffenberg sehr verehrte, wendeten die Kritik in Empörung. Es komme nicht mehr darauf an, Hitler die Wahrheit zu sagen, vertraute kurze Zeit darauf Stauffenberg einem befreundeten Offizier an, sondern ihn umzubringen, und er sei dazu bereit.[300]

Fragmentierung

Anfang Dezember 1943 verteilte sich das Reichssicherheitshauptamt auf über 30 Dienststellen in Berlin, verbunden durch Kurierpost, Telefon und häufige Besprechungen. Das Gestapoamt IV war zu wesentlichen Teilen in der ehemaligen Kunstgewerbeschule in der Prinz-Albrecht-Straße 8, seit 1933 Sitz des Geheimen Staatspolizeiamtes, untergebracht. Im Prinz-Albrecht-Palais in der Wilhelmstraße 102, dem SD-Sitz, residierten der RSHA-Chef samt Amtschef I und Organisationsreferat, und das Amt V als Reichskriminalpolizeiamt hatte schon vor der RSHA-Gründung seinen Sitz am Werderschen Markt. Der SD-Ausland (Amt VI) war Anfang 1941 in das »arisisierte«, ehemalige Altersheim der jüdischen Gemeinde Berlins in der Berkaer Straße 12 in Berlin-Schmargendorf gezogen; das Amt VII hatte in der Emser Straße 12 mit Archiv und Bibliothek Unterkunft gefunden. Das Amt II war in der Kochstraße 64, aber die Rechnungsstelle (II A 3) zum Beispiel war ebenso an anderer Stelle unterge-

---

300 Vgl. Zeller, Oberst Claus Graf Stauffenberg, S. 121–138; Steffahn, Claus Schenk Graf von Stauffenberg, S. 67–75; Hoffmann, Claus Schenck Graf von Stauffenberg und seine Brüder, S. 241–268.

bracht wie die Haushaltsabteilung (II A). Das Amt III war an zwei Stellen zu finden: die Gruppen III A Rechtsordnung und III D Wirtschaft in der Wilhelmstraße 6, die Gruppen III B Volkstum und III C Kultur in der Hedemannstraße 32. Die Abwehrabteilung IV E war gleichfalls separat einquartiert, wie die Schutzhaftabteilung IV C und die aus dem Innenministerium übernommene Paßabteilung IV F oder die Technische Abteilung II C. Seine besondere Stellung unterstreichend war das Eichmann-Referat IV B 4, getrennt von den übrigen Referaten der Gruppe IV B, in der Kurfürstenstraße 115–116 untergebracht worden.[301]

Unter Kaltenbrunner war es üblich geworden, daß tägliche Amtschefbesprechungen stattfanden, an denen aber auch wichtige Mitarbeiter aus den jeweiligen Ämtern wie Wanninger (Amt I), Höppner (III A), Ehlich (III B), Spengler (III C), Huppenkothen (IV A), Lischka (IV B), Werner (V A), Steimle (VI B) und Rapp (VI C) teilnahmen.[302] Durch die alliierten Luftangriffe wurde die besondere Situation der Fragmentierung noch forciert, denn selbstverständlich trafen die Bombenangriffe auch Gebäude, in denen Referate des RSHA untergebracht waren, und ließen dort die Befürchtungen wachsen, es könnten wichtige Unterlagen zerstört werden. Am 31. Juli 1943, kurz nachdem britische und amerikanische Bomber Hamburg schwer getroffen hatten, ließ Himmler an alle Hauptamtchefs der SS ein Telegramm senden mit der Anweisung, sämtliche Karthotheken und andere wichtige Unterlagen aus Berlin heraus in sichere Unterkünfte zu bringen.[303] So wurden Teile des Kriminaltechnischen Instituts im August 1943 ins Schloß Grambow bei Schwerin ausgelagert, die Abteilungen des Kriminalbiologischen Instituts in sieben Ausweichstellen in Mecklenburg, Bayern, Württemberg, der Provinz Hannover und im Sudetenland untergebracht. Auch schaffte man einen großen Teil der Karteien der Gestapo von Berlin nach Theresienstadt.[304]

---

301 Übersicht der Verteilung der Dienststellen des RSHA vom 7. 12. 1943, gedruckt in: Topographie des Terrors, S. 71–76.

302 Camp 020 Interim Interrogation Report, Oktober 1945, p. 18–20, US National Archives, RG 319, Box 191, File XE000855 Sandberger.

303 Fernschreiben, gez. Brandt, an alle Hauptamtchefs, 31. 7. 1943, BArch DH, ZM 1469 A 5.

304 Vernehmung Walter Schade, 19. 8. 1958, GenStAnw KG Berlin, RSHA-Ermittlungsunterlagen, Personalheft Psch 2; Berlin District Interrogation Center, G-2

In der Nacht vom 22. auf den 23. November 1943 wurde das Reichskri-minalpolizeiamt am Werderschen Markt erheblich beschädigt, die Räume des KTI brannten völlig aus.[305] Während Nebe, sein Stellvertreter Werner und die Adjutantur in einem Nebengebäude blieben, wurden die anderen Dienststellen evakuiert und kamen wie die Fahndungszentrale in eine Ausweichbaracke oder andere Notunterkünfte.[306] Die Gruppe VI E des Amtes SD-Ausland, die den Südosten zu beobachten hatte, übersiedelte im Dezember 1943 ganz von Berlin nach Wien.[307] Andere Dienststellen des Amtes VI wie das Wannsee-Institut wurden in die Steiermark oder nach Breslau ausgelagert.[308] Himmler selbst wies Josef Spacil, den Nach-folger Prietzels als Chef des Amtes II, an, Ausweichquartiere und »absolut bombensichere Bunker« zu schaffen, »damit die unersetzlichen Karteien nicht mehr gefährdet« seien, und bat Pohl, sich dieser »für das vergrößerte Reichssicherheitshauptamt (und Abwehr) lebensbedrohlichen Existenz-frage persönlich anzunehmen«.[309]

So waren Anfang 1944 das Amt VII zu wesentlichen Teilen nach Schle-sien verlegt, das Kripoamt V in mehreren Notunterkünften zum Teil außerhalb Berlins untergebracht, der SD-Inland (Amt III) ebenfalls auf mehrere Orte innerhalb Berlins verteilt, und auch das Gestapoamt IV hatte zwar seine Zentrale nach wie vor in der Prinz-Albrecht-Straße, aber gleichfalls mehrere Referate ausgelagert. Insbesondere das umfangreiche Archiv des Amtes VII, das in Teilen bereits in das Schloß Fürstenstein im niederschlesischen Waldenburg geschafft worden war, wurde im Frühjahr 1944 nach Schloß Wölfelsdorf im benachbarten Kreis Habelschwerdt transportiert. Allein am 19. Mai 1944 war ein Lkw mit zwei Anhängern mit insgesamt 18 Tonnen Nutzlast von Fürstenstein nach Wölfelsdorf un-

Division, US Headquarters Berlin, Consolidated Interrogation Report: Aus-weichstelle Theresienstadt for Amt IV (Gestapo), RSHA, US National Archives, RG319, Box 38, File XE002783.

305 Widmann an Hauptzollamt Berlin-Süd, 17. 1. 1944, BArch, R 58/1059, Bl. 95.
306 Vernehmung Paul Werner, 31. 1. 1966, GenStAnw KG Berlin, RSHA-Ermitt-lungsunterlagen, Personalheft Pw 55; Vernehmung Kurt Amend, 9. 9. 1965, GenStAnw KG Berlin, RSHA-Ermittlungsunterlagen, Personalheft Pa 14.
307 Vernehmung Rudolf Schrems, 5. 10. 1946, BArch DH, ZM 1603 A 1.
308 Vermerk VI G, 14. 6. 1944, BStU, AP 427/54, Bl. 108–111.
309 Himmler an Pohl, 12. 3. 1944, BArch DH, ZM 1469 A 5.

terwegs.[310] Ende 1944 waren die meisten Dienststellen der Ämter I bis VII des RSHA in 38 Ausweichstandorten außerhalb Berlins von Bad Sulza bis Prag, Graudenz bis Marienbad, von Weißensee und Theresienstadt bis Wien untergebracht.[311]

Durch eine nochmalige Umorganisation im März 1944 suchte das Amt IV den Kriegserfordernissen zu entsprechen und seine Arbeit zu effektivieren. Laut Kaltenbrunners Rundschreiben an die Stapostellen hatte Himmler eine »radikale Vereinfachung aller siegeswichtigen Arbeitsgebiete«, einschließlich der Sicherheitspolizei, angeordnet mit dem Ziel, »für den bevorstehenden Endkampf eine weitgehendste Konzentrierung aller Kräfte« zu erreichen. Das Amt IV des RSHA teilte sich nun strikt in Fach- und Gebietsabteilungen.[312] Die Leitung der Fachabteilungen (Gruppe IV A) hatte Friedrich Panzinger, der bislang die Gruppe zur politischen Opposition geführt hatte.[313] Die Gebietsabteilungen der Gruppe IV B leitete Dr. Achamer-Pifrader.[314]

---

310 Vorgang in Sonderarchiv Moskau, 500-1-1302; zur Anmietung des Schlosses siehe den Vorgang in ebenda, 500-1-1304. Die Rote Armee erbeutete den dort lagernden, umfangreichen Aktenbestand, schaffte ihn nach Moskau und hielt ihn im »Sonderarchiv« aus heute nicht mehr zu rekonstruierenden Gründen über fünfzig Jahre geheim unter Verschluß. Allerdings erhielt das Ministerium für Staatssicherheit der DDR in den fünfziger Jahren einen großen Teil der erbeuteten Akten, die dann wiederum von der Abteilung IX/11 des MfS teilweise ausgewertet wurden und heute im Bundesarchiv, Zwischenarchiv Dahlwitz-Hoppegarten lagern (zur Provenienz dieser Akten, insbesondere zum Bestand ZB 1, vgl. Rudolph, »C. vorlegen«. Das Bundesarchiv erstellt derzeit in Verbindung mit der Berliner Außenstelle des US Holocaust Memorial Museum Findbücher für diese Bestände).

311 RSHA, I Org, Verzeichnis sämtlicher Ausweichdienststellen und Standorte des Reichssicherheitsamtes außerhalb von Berlin, 21.12.1944, Nbg. Dok. 107-L.

312 Runderlaß Kaltenbrunner, 10.2.1944, BStU, RHE 75/70, Bd. 3, Bl. 12–17; Geschäftsverteilungsplan des Amtes IV, ab 15.3.1944, ebenda, Bl. 2–10.

313 Zur Fachabteilung IV A gehörten nun: IV A 1 Opposition (Panzinger) mit den Referaten Links- und Rechtsbewegung, IV A 2 Sabotage (Kopkow), IV A 3 Abwehr (Huppenkothen), IV A 4 Weltanschauliche Gegner (Eichmann), IV A 5 Sonderfälle (Mildner) und IV A 6 Kartei, Akten, Schutzhaft (Berndorff).

314 Zur Gebietsabteilung IV B gehörten: IV B 1 West- und Nordgebiete (Achamer-Pifrader), IV B 2 Ost- und Südostgebiete (Lischka), IV B 3 Südgebiete (Rang) und IV B 4 Paß- und Ausweiswesen (Krause). Soweit es Grundsatzfragen betraf, waren die Referate zu ausländischen Arbeitern und Kriegsgefangenen dem Gruppenleiter IV B unterstellt.

Übernahme des OKW-Amtes Ausland/Abwehr

Für das Amt VI SD-Ausland brachte das Jahr 1944 noch einmal eine hybride Ausdehnung, indem es das OKW-Amt Ausland/Abwehr im Februar 1944 übernahm. Die Konkurrenz zwischen dem SD-Ausland und dem Abwehramt unter Canaris bestand von Anfang an und war mit den »Zehn Geboten« vom Dezember 1936 nur für eine kurze Zeit bereinigt worden. Abenteuerliche Aktionen wie die Entführung der britischen Geheimdienstoffiziere Best und Stevens durch den SD im November 1939 mußten den Argwohn der professionellen Abwehrleute des OKW schüren.[315] Andererseits war der Ehrgeiz des SD offenkundig, den Militärs den Rang abzulaufen und einziger Geheimdienst des NS-Staates zu werden.[316] Zwar waren die tatsächlichen Verbindungen der Abwehr zum Widerstand dem RSHA nicht bekannt, aber Zweifel an der politischen Loyalität des Canaris-Amtes zum NS-Regime hegte die Gestapo durchaus. Seit im Juni 1940 durch Abhörerfolge von Görings Forschungsamt bekanntgeworden war, daß der Termin der Westoffensive wahrscheinlich von einem deutschen Offizier verraten worden war – es war Hans Oster, der versucht hatte, die Holländer zu warnen –, ermittelte auch die RSHA-Abwehrabteilung IV E gegen den unbekannten »Verräter« und verdächtigte schon damals das Abwehramt, geheime Verbindungen zum Vatikan zu besitzen.[317]

Ende Dezember 1941 unternahm Heydrich einen erneuten Vorstoß, um die Kompetenzen zwischen RSHA und Abwehr neu zu regeln, indem er sich mit einem persönlichen Brief an Jodl wandte.[318] In der folgenden Besprechung am 26. Januar 1942, zu der Heydrich Müller, Streckenbach und Huppenkothen mitnahm, kam Canaris den Forderungen des RSHA weit entgegen, ließ aber in dem anschließenden Entwurf seines Abteilungs-

---

315 Siehe oben, S. 399 f.
316 In einem Memorandum vom 22. 1. 1940 forderte Schellenberg, daß das RSHA allein für die politische Informierung der Wehrmachtsführung zuständig sein und »zur Vorbereitung des endgültigen Einbruchs« vor allem das Amt Ausland/Abwehr beobachtet werden müsse (Höhne, Canaris, S. 355).
317 Höhne, Canaris, S. 396; Schellenberg, Memoiren, S. 327 f.
318 Aufzeichnung Walter Huppenkothen, »Canaris und Abwehr«, IfZ, ZS 249, Bd. I, Bl. 31–50; vgl. auch Höhne, Canaris, S. 448.

leiters Bentivegni wesentliche Zusagen wieder zurücknehmen.[319] Nur mühsam kamen die Verhandlungen wieder in Gang, die dann zu den »Grundsätzen für die Zusammenarbeit« zwischen Sicherheitspolizei/SD und Abwehr führten. Am 18. Mai 1942 wurden sie auf der gemeinsamen Tagung der Leiter der Abwehrdienststellen, der Stapostellen und SD-Abschnittsführer in Prag bekanntgegeben.[320] Die inszenierte Eintracht konnte indes nicht verdecken, daß es dem RSHA gelungen war, weiteres Terrain für sich zu erobern. Wie Schellenberg 1940 intern gefordert hatte, war nun nach den Vereinbarungen der geheime politische Nachrichtendienst im Ausland ebenso wie die politische Berichterstattung ausschließlich Sache des SD, und selbst Gegenspionage sollte in Zukunft auch Aufgabe des RSHA sein.[321]

Aber es waren nicht nur die wachsende Macht von Sicherheitspolizei und SD, sondern auch Fehlschläge der Abwehr selbst, die den Stern des Canaris-Amtes sinken ließen. Die deutschen Agenten in England waren nahezu vollständig enttarnt worden und arbeiteten, ohne daß es die Abwehr merkte, für den britischen Geheimdienst. Bei der wichtigen Beurteilung der Stärke, Ausrüstung und Kampfkraft der sowjetischen Truppen hatte Gehlens OKH-Abteilung Fremde Heere Ost mittlerweile die Nase vorn. Von der Landung britischer und amerikanischer Truppen in Nord-

---

319 Entwurf A Ausl/Abw ZR (L), Grundsätze für die Zusammenarbeit der Sicherheitspolizei und des SD mit den Abwehrdienststellen der Wehrmacht, 2.2.1942; Heydrich an Canaris, 3.2.1942, BArch, NS 19/3514 unpag.

320 Aufzeichnung Huppenkothen »Canaris und Abwehr«, a.a.O. (s. Anm. 318); Tagesordnung der Tagung vom 18.5.1942, ZStL, Ordner Verschiedenes 1969, Bl. 1. Vom RSHA nahmen sämtliche Amtschefs und u.a. Karl Gengenbach, Erich Ehrlinger, Helmut Knochen, Walter Blume, Walther Rauff, Hans Lobbes, Paul Werner, Walter Huppenkothen, Hans Ehlich, Walter von Kielpinski, Heinz Gräfe und Martin Sandberger teil (Tischverteilung der gemeinsamen Tagung von Sicherheitspolizei/SD und Abwehr, 18.5.1942, BArch DH, M I A. Ich danke Andrej Angrick für den Hinweis auf dieses Dokument). Im Anschluß an die gemeinsame Tagung mit den Leitern der Abwehrstellen fand am folgenden Tag eine interne Tagung von Sicherheitspolizei und SD statt, auf der Nebe und Müller für ihre Sachgebiete, Gengenbach für das Amt III über die »Erfolge der lebensgebietsmäßigen Arbeit«, Schellenberg über die Aufgaben des Amtes VI und schließlich Heydrich selbst sprachen (Tagesordnung der gemeinsamen Tagung von Sicherheitspolizei und SD am 19.5.1942 in Prag, ebenda).

321 Höhne, Canaris, S. 449.

afrika im November 1942 war die Abwehr völlig überrascht worden; auf die Landung alliierter Streitkräfte auf Sizilien am 10. Juli 1943 und den nachfolgenden Sturz des Mussolini-Regimes konnte sie nur hilflos reagieren und mußte mit ansehen, wie sich aufgrund der veränderten Kriegslage auch das bislang intakte und von Franco geduldete Agentennetz in Spanien auflöste.[322]

Zudem hatte die Gestapo Anfang 1943 eine konkrete Spur zum Widerstand aufgenommen, die direkt ins Amt Ausland/Abwehr führte. Anfang April 1943 wurden Hans von Dohnanyi, Dietrich Bonhoeffer, in München Josef Müller und ein weiterer Abwehrmitarbeiter verhaftet, wenige Tage später entließ Canaris Hans Oster aus der Abwehr.[323] Noch war das Material, das die Anklage in den Händen hielt, zu schwach. Canaris gelang es, durch fintenreiche Verwirrungen, Gegenuntersuchungen und Dienstaufsichtsbeschwerden bis hin zur Mobilisierung von OKW-Chef Keitel, der sich seinerseits an Himmler wandte, die Anklage zu entkräften, so daß Dohnanyi und Bonhoeffer nur wegen fragwürdiger Devisengeschäfte angeklagt wurden. Auch versuchte Canaris noch einmal, durch ein Personalrevirement der drohenden Entmachtung zu entkommen. Aber Fehlschläge bei Sabotageakten der Abwehr in Spanien und das Überlaufen einer ganzen Reihe von Abwehrmitarbeitern in der Türkei zum britischen Nachrichtendienst brachten die Wende. Hitler beauftragte am 11. Februar 1944 Himmler, das Canaris-Amt zu übernehmen. In einer rasch einberufenen Besprechung diskutierten Kaltenbrunner, Müller, Schellenberg, Huppenkothen und Sandberger die Einzelheiten eines »Führer-Erlasses«, den Himmler mit Jodl und Keitel abstimmte und Hitler am 12. Februar 1944 unterzeichnete:

»Ich befehle: 1. Es ist ein einheitlicher deutscher geheimer Meldedienst zu schaffen. 2. Mit der Führung dieses deutschen Meldedienstes beauftrage ich den Reichsführer SS. 3. Soweit hierdurch der militärische Nachrichten- und Abwehrdienst berührt wird,

---

322 Kahn, Hitler's Spies, S. 462–478.
323 Fest, Staatsstreich, S. 206–208; Höhne, Canaris, S. 492–494. Hans von Dohnanyi war bis zum Herbst 1938 persönlicher Referent des Reichsjustizministers Gürtner gewesen, danach kurze Zeit Reichsgerichtsrat am Reichsgericht in Leipzig und seit August 1939 Sonderführer im Amt Ausland/Abwehr (vgl. Hoffmann, Widerstand, S. 158 f.).

treffen Reichsführer SS und der Chef OKW die notwendigen Maßnahmen im beiderseitigen Einvernehmen.«[324]

Canaris wurde mit sofortiger Wirkung vom Dienst suspendiert.

Für das RSHA bedeutete die Übernahme einen großen Brocken, der keineswegs einfach zu schlucken war. Zum Abwehramt gehörten über 50 Abwehr- und Abwehrnebenstellen mit jeweils zum Teil mehreren hundert Mitarbeitern, zehn sogenannten KO (Kriegsorganisationen = Abwehrstationen in neutralen oder gegnerischen Staaten), darunter allein die Abwehrstelle in Madrid mit knapp 90 Mitarbeitern, so daß David Kahn das gesamte Abwehrpersonal, das nun in das RSHA integriert werden sollte, mit mehr als 13 000 angibt.[325] Es ist daher verständlich, daß die Struktur des Abwehramtes erst einmal weitgehend erhalten blieb. Die bisherigen Abwehrabteilungen I Spionage und II Sabotage wurden unverändert als neues Amt Mil unter Oberst Hansen, einer der Abteilungschefs des OKW-Amtes, in die RSHA-Struktur eingefügt, die Zentralabteilung aufgelöst, die Abteilung III Gegenspionage aufgeteilt, wobei ein Teil zu Huppenkothens Abwehrabteilung IV E ging, der andere dem Amt Mil zugewiesen wurde. Die Gesamtleitung lag bei Walter Schellenberg.[326] David Kahn hat daher die Übernahme des OKW-Abwehramtes durch das RSHA treffend mit dem Versuch eines Tigers verglichen, einen Elefanten zu schlucken.[327] Und es ist

---

324 Erlaß Hitlers vom 12. 2. 1944, gedruckt in Moll, Führer-Erlasse, S. 393; vgl. Aufzeichnung Huppenkothen, »Canaris und Abwehr«, a. a. O. (s. Anm. 318); Höhne, Canaris, S. 527 f. Die Amtsgruppe Ausland verblieb beim OKW. Anschließend grenzten die beiden Hauptnutznießer aus der Auflösung des Canaris-Amtes, Himmler und Ribbentrop, die Kompetenzen ab, die ähnlich wie in der Vereinbarung 1941 dem RSHA auferlegte, nichts zu unternehmen, was die Außenpolitik des Reiches irgendwie stören könnte, ansonsten das RSHA das AA über die Ergebnisse seiner Recherchen unterrichten sollte und die Beschaffung eigener außenpolitischer Nachrichten durch das AA selbst hiervon nicht berührt werde (Vereinbarung Himmler – Ribbentrop, Abschrift, o. D., Sonderarchiv Moskau, 500-1-1217).

325 Kahn, Hitler's Spies, S. 239–250. Laut Aussage Huppenkothens hatte allein die Auslandsbrief- und -telegrammprüfstelle der Abwehr in Berlin einen Personalbestand von etwa 3000 Mitarbeitern (Huppenkothen, »Canaris und Abwehr«, a. a. O. [s. Anm. 318]).

326 Ausführlich zur Aufteilung vgl. Aufzeichnung Huppenkothen, »Canaris und Abwehr«, ebenda; nur kurz bei Schellenberg, Memoiren, S. 333.

327 Kahn, Hitler's Spies, S. 269.

dem RSHA bis zum Kriegsende nicht gelungen, diesen Brocken wirklich zu verdauen. Im Gegenteil, die Übernahme machte den SD-Ausland größer, aber nicht mächtiger, geschweige denn beweglicher und effektiver. Ihr definitives Versagen stellten Abwehr wie SD-Ausland wenige Monate später unter Beweis, als sie nicht imstande waren, valide Informationen zum Zeitpunkt und Ort der erwarteten alliierten Invasion zu geben.[328]

20. Juli 1944

Auch beim Attentat auf Hitler am 20. Juli 1944 versagte das RSHA. Zwar kannte es den Widerstandskreis um Beck und Goerdeler und beobachtete den »Kreisauer Kreis« um Helmuth Graf Moltke genau. Moltke wurde im Januar 1944 verhaftet, gegen Goerdeler erließ das RSHA am 17. Juli einen Haftbefehl. Aber über die Gruppe um Stauffenberg war dem RSHA offenkundig nichts bekannt, Stauffenberg selbst wurde sogar von Himmler geschätzt.[329] Stellt man zudem noch in Rechnung, daß sogar einer der Amtschefs, Arthur Nebe, zu den Mitwissern des Attentats gehörte, dann wird die Dimension des Versagens kenntlich.

Müller, der im RSHA am Mittag des 20. Juli durch Himmlers Polizeiadjutant von dem Attentat auf Hitler erfuhr, schickte sofort den Sabotagespezialisten Horst Kopkow mit einem Sonderkommando nach Rastenburg in Hitlers Hauptquartier, um vor Ort Ermittlungen aufzunehmen.[330] Nachdem Stauffenberg als Attentäter identifiziert worden war und bekannt wurde, daß sich die Verschwörer im Bendler-Block aufhielten, sandte Müller Achamer-Pifrader dorthin, um Stauffenberg zu verhaften, woraufhin jedoch Achamer-Pifrader selbst dort festgesetzt wurde.[331] Mül-

---

328 Vgl. das Kapitel mit der kennzeichnenden Überschrift »The Ultimate Failure«, in: Kahn, Hitler's Spies, S. 479–520.

329 Höhne, Orden, S. 491; Black, Kaltenbrunner, S. 177; Maier, Die SS und der 20. Juli. Maiers Schlußfolgerungen allerdings, daß Himmler von den Attentatsplänen nicht nur wußte, sondern sie absichtsvoll geschehen ließ, können mittlerweile als widerlegt gelten.

330 Aufzeichnung Huppenkothen, »Der 20. Juli 1944«, o. D. [1953], IfZ, ZS 249, Bd. I, Bl. 152–169. Zu dieser Kommission gehörte aus dem Amt V auch der Kriminalkommissar Bernd Wehner ([Bernd Wehner], »Das Spiel ist aus«, 25. Folge, Der Spiegel, 23. 3. 1950).

331 Hoffmann, Widerstand, S. 523.

ler ging zu diesem Zeitpunkt offenbar von einem Einzeltäter aus, der leicht zu fangen war. Ansonsten wartete er auf Anweisungen. Himmler und Kaltenbrunner trafen jedoch erst am Abend in Berlin ein.[332]

Huppenkothen, der gegen 16 Uhr im Rundfunk von dem mißglückten Attentat erfahren haben will, wurde telefonisch sofort ins RSHA befohlen, konnte jedoch nicht die Polizei-/Wehrmachtsabsperrung am Potsdamer Platz überwinden, traf daher erst gegen 20 Uhr in der Prinz-Albrecht-Straße ein und wurde mit einem Kommando zum Bendler-Block geschickt.[333] Mittlerweile befürchtete Müller, daß – wie die Attentäter mit der Auslösung des »Walküre«-Plans ja auch beabsichtigt hatten – Wehrmachtseinheiten gegen SS und RSHA vorgehen würden, und beauftragte den zufällig in Berlin anwesenden SS-Brigadeführer Naumann mit der Verteidigung des Dienstgebäudes.[334]

Unabhängig von Müller handelte auch Schellenberg. Nachdem er von dem Attentat erfahren hatte, ließ er Skorzeny aus Wien kommen, der nun ebenfalls wie Huppenkothen zu einem Zeitpunkt, als der Staatsstreichversuch längst gescheitert und Stauffenberg, Beck, Haeften, Olbricht, Mertz bereits erschossen worden waren, im Bendler-Block eintraf.[335] Noch in der Nacht wurde vom RSHA eine Sonderkommission zum 20. Juli unter Müllers Leitung gebildet, der neben Huppenkothen, Litzenberg, Lischka, Rang, Kopkow aus dem Amt IV auch Kielpinski (Amt III) angehörte.[336] Vier Tage nach dem Attentat ging Kaltenbrunner immer noch davon aus, daß der Anschlag auf Hitler »von einer kleinen Clique« verübt worden sei, der außer den fünf getöteten Offizieren nur Berthold Stauffenberg, Graf von Schulenburg, General von Witzleben und General Hoepner, die

---

332 Nach Huppenkothens Aussage kam Kaltenbrunner gegen 23 Uhr in die Prinz-Albrecht-Straße, nach Peter Black, allerdings ohne Beleg, gegen 20 Uhr (Huppenkothen, 20. Juli, a. a. O. [s. Anm. 330]; Black, Kaltenbrunner, S. 177).

333 Huppenkothen, 20. Juli, a. a. O. (s. Anm. 330). Nach den Recherchen Hoffmanns wurde die erste Rundfunkmeldung gegen 17 Uhr gesendet (Hoffmann, Widerstand, S. 540; zu Huppenkothen siehe den Biographischen Anhang).

334 Huppenkothen, 20. Juli, a. a. O. (s. Anm. 330); Hoffmann, Widerstand, S. 626.

335 Ebenda, S. 627; Huppenkothen, 20. Juli, a. a. O. (s. Anm. 330); Black, Kaltenbrunner, S. 177.

336 Aufzeichnung Huppenkothen zur personellen Zusammensetzung und Aufgabenverteilung der Sonderkommission 20. Juli 1944, o. D., IfZ, ZS 249, Bd. I, Bl. 80 f.

sich in Haft befänden, angehörten.[337] Erst in den folgenden Wochen erkannte die Sonderkommission des RSHA, wie groß der oppositionelle Kreis wirklich war.

Arthur Nebe, dem gemeinsam mit dem Berliner Polizeipräsidenten Graf Helldorff vom Widerstand die Aufgabe zugeteilt worden war, zum gegebenen Augenblick rund fünfzehn zuverlässige Kriminalbeamte zur Verfügung zu stellen, um hohe Parteifunktionäre und SS-Führer zu verhaften,[338] verbrachte den ganzen 20. Juli ohne etwas zu unternehmen. Auch in den folgenden Tagen fiel auf ihn kein Verdacht. Allerdings wurde der Name Helldorffs in einem Verhör genannt. Da die Gestapo vermeiden wollte, ihn im Polizeipräsidium zu verhaften, wurde Nebe gefragt, ob er nicht Helldorff zu sich bestellen könnte, damit er dort festgenommen würde. Nebe willigte ein, und so geschah es am 24. Juli. Am nächsten Tag erschien Nebe nicht mehr zum Dienst und blieb seitdem verschwunden.[339]

Die RSHA-Spitze mochte selbst dann noch nicht an eine Verbindung Nebes zu den Attentätern glauben. Nebes Arzt de Crinis, Chef der Neurologie an der Charité Berlin und SS-Standartenführer, hielt eine geistige Verwirrung Nebes für möglich, einen Selbstmord sogar für wahrscheinlich. Nachdem Nebes Wagen am 27. Juli an einem kleinen mecklenburgischen See gefunden wurde, verschickte die Kripo von Berlin aus Telegramme an die Landräte in der Umgebung Berlins: »Nebe irrt vermutlich gemütskrank bedingt durch Schilddrüsenerkrankung umher« und bat um eingehende Nachforschung.[340] Zugleich gab das RSHA einen Aufruf an

---

337 Kaltenbrunner an Bormann, 24.7.1944, gedruckt in: Jacobsen, Spiegelbild, Bd. 1, S. 16.

338 Hoffmann, Widerstand, S. 404; Gisevius, Bis zum bittern Ende, Bd. 2, S. 295–433. Im RKPA hat Nebe offenbar nur Hans Lobbes, seit 1942 Leiter der Gruppe V B Einsatz und mit Nebe seit 1920 persönlich bekannt, ins Vertrauen gezogen und ihm von dem bevorstehenden Attentat auf Hitler erzählt (Vernehmung Hans Lobbes, 6.4.1959, GenStAnw KG Berlin, RSHA-Ermittlungsunterlagen, Personalakte Pl 64). Lobbes wurde am 14.8.1944 als Mitwisser verhaftet, allerdings nur zu zwei Jahren Haft verurteilt.

339 Zur Geschichte der Flucht und Entdeckung Nebes vgl. Gisevius, Nebe; (Bernd Wehner), »Das Spiel ist aus«, 26.–29. Folge, in: Der Spiegel, 30.3., 6.4., 13.4. und 20.4.1950.

340 Telegramm vom 31.7.1944 an den Landrat in Jüterbog (Abschrift), BArch ZA DH, ZR 932, A 14.

die Presse mit einem Bild von Nebe heraus: »Direktor Nebe vermißt. Opfer eines Verbrechens?«[341] Am 5. August wurde am Wannsee ein Handkoffer mit Briefen, Wäsche und Ausweisen von Nebe gefunden. Zwei Tage später ging im RKPA ein handschriftlicher Brief Nebes an seinen Stellvertreter Werner ein, der seinen Selbstmord ankündigte.

Doch Nebes Finten halfen nicht mehr. Fahndungskommission wie RSHA-Spitze waren mittlerweile überzeugt, daß Nebe zum Kreis der Verschwörer gehörte. Aber es dauerte bis Mitte Januar 1945, bis die Gestapo Nebe im Haus von Freunden in Motzen nahe Berlin aufspürte. Obwohl es außer dem Geständnis Lobbes, daß er von den geplanten Verhaftungskommandos für den Staatsstreich wußte,

Walter Huppenkothen, Kommandeur der Sicherheitspolizei und des SD in Lublin, Leiter der Gruppe Abwehr im RSHA-Amt IV Gestapo, Mitglied der RSHA-Sonderkommission zum 20. Juli 1944 (Bundesarchiv, BDC, RuSHA-Akte Walter Huppenkothen)

keine weiteren belastenden Aussagen gegen Nebe gab – sowohl Helldorff als auch andere Bekannte Nebes hatten im Verhör geschwiegen –, versuchte Nebe, seinen eigenen Kopf dadurch aus der Schlinge zu ziehen, indem er alle anderen, die ihm geholfen hatten, der Gestapo preisgab. Der Verrat half ihm nicht. Am 7. Februar 1945 wurde er in das KZ Buchenwald geschafft, am 2. März vor den Volksgerichtshof gestellt, zum Tode verurteilt und am folgenden Tag gehängt.[342]

Während die RSHA-Ermittler gegen die Oppositionsgruppe des 20. Juli anfangs weitgehend im dunkeln tappten, erhielten sie durch einen Zufalls-

341 Berliner Nachtausgabe, 4. 8. 1944, BArch, BDC, SSO-Akte Arthur Nebe.
342 Abschrift des Urteils vom 2. 3. 1945 als Anlage zum Schreiben Klemms, Staatssekretär im Reichsjustizministerium, an Bormann, 21. 3. 1945, gedruckt in: Jacobsen, Spiegelbild, Bd. 2, S. 770–774.

fund Ende September 1944 in einem Panzerschrank des OKH in Zossen schwer belastendes Material aus der Dienststelle Canaris. Der »Zossener Aktenfund« enthielt private und dienstliche Aufzeichnungen von Canaris, Oster und von Dohnanyi, die die Verschwörungs- und Staatsstreichspläne der Militärs seit 1938 sowie die Kontaktversuche zum Vatikan durch Dr. Josef Müller und Dietrich Bonhoeffer enthüllten.[343] Huppenkothen wurde mit der Auswertung des Materials beauftragt und schrieb einen ausführlichen, über 160 Seiten langen Bericht mit zwei Bänden fotokopierter Dokumente für Hitler und Himmler, der jedoch ebenso wie das Originalmaterial aus Zossen nicht erhalten geblieben ist.[344] Hitler befahl strikte Geheimhaltung und verbot eine Anklage vor dem Volksgerichtshof, um die Legende von den wenigen ehrlosen Offizieren, die feige und opportunistisch durch den Kriegsverlauf entmutigt zu Hochverrätern wurden, nicht zu gefährden, denn die »Zossener Funde« enthüllten ja, seit wie vielen Jahren und mit wie weitverzweigten Verästelungen der militärische Widerstand gegen Hitler tatsächlich agiert hatte.[345]

Bislang war das Belastungsmaterial gegen Canaris, Oster, von Dohnanyi, Bonhoeffer und andere Widerständler nur schwach gewesen, aber die »Zossener Funde« wendeten das Blatt.[346] Laut Nachkriegsaussage Schellenbergs ließ Kaltenbrunner auf einer Amtschefbesprechung im Herbst 1944, wo der Fall von Dohnanyi besprochen wurde, verlauten: Erschießen![347] Von Dohnanyi, in der Haft schwer erkrankt und seit August 1944 in der Krankenabteilung des KZ Sachsenhausen interniert, wurde Anfang Februar 1945 in das Hausgefängnis der RSHA in der Prinz-Albrecht-Straße 8 gebracht. Von Dohnanyi hatte sich selbst mit Diphthe-

---

343 Zu den wiederholten Mahnungen von Dohnanyis nach seiner Verhaftung, die Dokumente zu vernichten, und die Antwort Becks, die Papiere seien sicher aufbewahrt und historisch zu wichtig, als daß sie vernichtet werden dürften, da sie der Welt bewiesen, daß der deutsche Widerstand nicht erst gehandelt habe, als alles verloren gewesen war, vgl. Christine von Dohnanyi, Aufzeichnung über das Schicksal der Dokumentensammlung meines Mannes, des Reichsgerichtsrats a. D. Dr. Hans von Dohnanyi, o. D., IfZ, ZS 603.

344 Vgl. dazu Hoffmann, Widerstand, S. 707, Anm. 117.

345 Fest, Staatstreich, S. 310 f.; Höhne, Canaris, S. 552–555.

346 Vgl. Chowaniec, Fall Dohnanyi, S. 115–128.

347 Eidesstattliche Erklärung Schellenbergs, 19. 11. 1945, IMG, Bd. 31, S. 439–441 (2990-PS).

riebazillen infiziert und litt im Verlauf der Krankheit in den darauffolgenden Wochen und Monaten an Herzbeschwerden und Lähmungserscheinungen bis hin zur Bewußtlosigkeit. Zum Teil war er völlig hilflos und in bezug auf die eigene Hygiene angewiesen auf äußere Hilfe. Aber Huppenkothen ließ Hans von Dohnanyi mit voller Absicht im eigenen Kot im Bett verwahrlosen. Laut einem seiner Mitarbeiter habe Huppenkothen über von Dohnanyi gesagt: »Der soll in seiner Scheiße verrecken.«[348]

Die Gruppe um Canaris wurde nicht vor dem Volksgerichtshof angeklagt, weil man womöglich selbst vor diesem Forum vermeiden wollte, daß die Angeklagten ihr Abwehrwissen offenlegten. Als im April jedoch das Tagebuch von Canaris in Zossen entdeckt und damit das Ausmaß der Opposition gegen Hitler im Amt Ausland/Abwehr zutage trat, ordnete Hitler auch die Exekution dieser Männer an.[349] Am 5. April gab Kaltenbrunner an Huppenkothen den Auftrag Hitlers weiter, gegen von Dohnanyi in Sachsenhausen sowie gegen Canaris, Oster, Bonhoeffer und andere in Flossenbürg SS- und Polizei-Standgerichtsverfahren durchzuführen. Tags darauf fuhr Huppenkothen nach Sachsenhausen, um in dem Standgerichtsverfahren, das um 9 Uhr morgens beginnen sollte, als Ankläger zu fungieren. Von Dohnanyi wurde am selben Morgen aus dem Berliner Polizeikrankenhaus nach Sachsenhausen gebracht. Er stand noch stark unter Medikamenten, mußte während seiner Verhandlung auf einer Trage liegenbleiben. Das Gericht bestand aus dem KZ-Kommandanten Kaindl, dem SS-Oberführer Somann aus dem RSHA, den Namen des Vorsitzenden mochte Huppenkothen in den Nachkriegsprozessen nicht nennen. Ein Verteidiger wurde nicht bestellt. Das Gericht entsprach dem Antrag Huppenkothens auf Todesstrafe. Der Vorsitzende Richter diktierte der Sekretärin Huppenkothens die schriftliche Urteilsbegründung, die dieser am selben Abend nach Berlin wieder mitnahm. Von Dohnanyi wurde bald danach, wahrscheinlich am 9. April, im KZ Sachsenhausen ermordet.[350]

---

348 Urteil Landgericht München I, 1 Ks 21/50, gegen Huppenkothen vom 16.2.1951, ZStL, SA 48, S. 8–10; Höhne, Canaris, S. 559.

349 Hoffmann, Widerstand, S. 652; Höhne, Canaris, S. 563 f.; Chowaniec, Dohnanyi, S. 132.

350 Vernehmung Franz Xaver Sonderegger, 9.9.1948, Archiv IfZ, ED 92, 3880/67, S. 107 f.; Urteil des Landgerichts Augsburg vom 15.10.55 (1 Ks 21/50) gegen Huppenkothen wegen Beihilfe zum Mord in 5 Fällen von Widerstandskämpfern

Am 8. April befand sich Huppenkothen bereits im KZ Flossenbürg, um den zweiten Teil seines Auftrages zu erledigen. An diesem Sonntag trat das Standgericht zusammen, um gegen Canaris, Oster, Heereschefrichter Dr. Sack, Hauptmann Gehre und Pastor Bonhoeffer, der erst im Laufe des Nachmittags von Schönberg nach Flossenbürg gebracht worden war, zu verhandeln. Es bestand aus dem Vorsitzenden SS-Richter Dr. Otto Thorbeck, der nach Befehl Kaltenbrunners an das Hauptamt SS-Gericht in Prien, einen SS-Richter zu bestellen, in Marsch gesetzt worden war, dem KZ-Kommandanten Koegel als Beisitzer und einer weiteren Person, deren Namen Huppenkothen nie nennen wollte. Canaris wurde während der Verhandlung, wie auch schon früher in der Zelle, schwer geschlagen. »In der Verhandlung«, so sagte Huppenkothen nach dem Krieg, »war er sehr vital und hat jeden Punkt der Anklage zerredet, um seinen Kopf zu retten. Wir haben mit ihm große Schwierigkeiten gehabt.«[351]

Huppenkothen beantragte auch hier als Ankläger wegen Hoch- und Landesverrats die Todesstrafe, dem das SS-Gericht bereitwilligst entsprach. Am Morgen des 9. Aprils wurden die Opfer aus ihren Zellen geholt und in den Hinrichtungsraum geführt. Sie mußten sich nackt ausziehen und wurden in Anwesenheit von Walter Huppenkothen gehängt.[352] Obwohl das Dritte Reich keine vier Wochen mehr dauern sollte und die letzten Angehörigen des RSHA Berlin verließen, hatte der Ankläger des RSHA seinen politischen Auftrag erfüllt, unerbittlich und unbedingt.[353]

Deportationen in Ungarn und der Slowakei 1944

Die Fehlschläge und das polizeiliche Versagen des RSHA, seine zunehmende Fragmentierung in Ämter und Gruppen bedeutete jedoch keines-

---

des 20. Juli 1944 (Canaris u. a.), gedruckt in: Justiz und NS-Verbrechen, Bd. 13, S. 287–324; Chowaniec, Dohnanyi, S. 134–138; dort auch eine rechtliche Bewertung des Standgerichtsverfahrens gegen von Dohnanyi, S. 138–156.

351 Huppenkothen, in: Die Welt, 1. 10. 1955, zitiert nach Höhne, Canaris, S. 567.

352 Urteil des Landgerichts Augsburg, 15. 10. 1955, a. a. O. (s. Anm. 350); Hoffmann, Widerstand, S. 653; Höhne, Canaris, S. 567–569; Plessen, Hinrichtung, S. 13.

353 Zur gerichtlichen Würdigung von Huppenkothens Taten siehe Perels, Rechtfertigung.

wegs, daß es an Gefährlichkeit oder Gewaltbereitschaft abnahm. Der Zerfall des RSHA hieß nicht seine Auflösung. Die jeweiligen Teile behielten die Unbedingtheit des Auftrages bei, und nur an wenigen Stellen ist zu beobachten, daß eine realistische Beurteilung der militärischen Lage zu einer pragmatischeren Haltung geführt hätte.

In Ungarn 1944 bot das RSHA noch einmal seine Kräfte auf, um die größte noch existierende jüdische Gemeinde Europas zu vernichten. Die Gründe für den Einmarsch deutscher Truppen am 19. März lagen zum einen in der Befürchtung, Ungarn könne wegen der militärisch aussichtslosen Lage aus der Achse ausscheren. Zum anderen war die deutsche Kriegswirtschaft dringend an Rohstoffen, Nahrungsmitteln und vor allem Arbeitskräften interessiert. In einer Denkschrift aus dem RSHA-Amt VI vom März 1944, wahrscheinlich von Schellenberg verfaßt, wurde auf die »aussergewöhnliche geopolitische und wirtschaftliche Bedeutung für das Reich« hingewiesen. Die »lebensnotwendigen Forderungen des Reiches an diesen Raum«seien: »1.) Volle Ausschöpfung aller wirtschaftlichen insbesondere landwirtschaftlichen Hilfsquellen zur Sicherung der deutschen und europäischen Ernährungsbasis im Hinblick auf den Ausfall der ukrainischen Gebiete. 2.) Einsatz aller Menschenreserven für die Kriegsführung und 3.) volle Entspannung um auch die rumänischen Truppen für den Einsatz an der Ostfront freizumachen.«[354]

Zusammen mit den deutschen Truppen marschierte die vom RSHA aufgestellte Einsatzgruppe G unter der Führung des Befehlshabers der Sicherheitspolizei und des SD in Ungarn, SS-Standartenführer Hans Geschke,

---

354 Entwurf einer Denkschrift auf der Rückseite eines Briefentwurfs RSHA, VI E, 11. 3. 1944, IMG, Bd. 35, S. 358–365. Ich teile die Vermutung von Gerlach/Aly, daß Schellenberg selbst, und nicht Höttl, wie Braham annimmt, der Verfasser dieser Denkschrift war, da Höttl und Waneck als Referenten VI E ebenso wie Kaltenbrunner als Empfänger der Denkschrift ausgewiesen sind und Formulierungen wie »meine Mitarbeiter« nur vom Amtschef gebraucht werden konnten (Gerlach/ Aly, Kapitel, S. 100, Anm. 43; Braham, Politics, S. 386). Interessanterweise plädierte die Denkschrift eher gegen eine militärische Intervention als vielmehr für eine rasche Regierungsumbildung in Ungarn unter Einschluß der kleinen ungarischen nationalsozialistischen Partei und der faschistischen Pfeilkreuzler. Zu den Gründen der deutschen Invasion vgl. jetzt Gerlach/Aly, Kapitel, S. 91–114; zur deutschen Besetzung vgl. Fenyö, Hitler, Horthy and Hungary, S. 158–172; Ránki, Unternehmen Margarethe.

nach Ungarn ein.[355] Neben sieben territorialen Einsatzkommandos war es vor allem das von Eichmann selbst geführte »Sondereinsatzkommando«, das die Deportation der ungarischen Juden organisieren sollte und dem die erfahrensten »Experten« des RSHA wie Dieter Wisliceny, Theodor Dannecker, Franz Novak, Hermann Krumrey, Otto Hunsche angehörten. Allerdings war es in entscheidendem Maße auf die Kollaboration der ungarischen Regierung, insbesondere der ungarischen Polizei, angewiesen.

Das neue, de facto von den Deutschen eingesetzte ungarische Kabinett erließ umgehend – unter Aufsicht des deutschen »Beraters« Otto Hunsche – scharfe antijüdische Verordnungen, wie die Zwangskennzeichnung durch den gelben Stern, Berufsverbote und Anmeldung der Vermögen.[356] Zu gleicher Zeit traf Eichmann mit den Vertretern des auf deutsche Anweisung gebildeten »Zentralrats der Juden in Budapest« zusammen und täuschte sie mit plumpen Lügen, um ihr Stillhalten zu erreichen.[357] Die Verhaftung und Deportation selbst sollte die ungarische Polizei übernehmen. Tatsächlich fügte sich die ungarische Regierung den deutschen Wünschen und beschloß, »daß das Land von Juden gesäubert« werden sollte. Die Festnahmen erfolgten durch Gendarmerie und Polizei in enger Zusammenarbeit mit dem RSHA-Sonderkommando.[358]

---

355 Ursprünglich war Dr. Achamer-Pifrader als BdS vorgesehen, der aber aus unbekannten Gründen durch Geschke ersetzt wurde. Kaltenbrunner selbst hielt sich nach der Invasion etwa drei Tage in Budapest auf (Gerlach/Aly, Kapitel, S. 126 f.; Lozowick, Hitlers Bürokraten, S. 302 f.). Unterstellt waren sämtliche Einheiten der Waffen-SS, Sicherheits- und Ordnungspolizei sowie des SD dem HSSPF Otto Winkelmann, der zusammen mit dem Reichsbevollmächtigten für Ungarn, Dr. Edmung Veesenmayer, von Hitler am 19. 3. 1944 eingesetzt worden war (Moll, Führer-Erlasse, S. 403 f.).

356 Vgl. Yahil, Shoah, S. 678–682; Braham, Politics, S. 510–542.

357 Safrian, Eichmann-Männer, S. 294; Braham, Politics, S. 446–468; Gerlach/Aly, Kapitel, S. 136–138.

358 Geheime Anweisung des ungarischen Innenministeriums an alle Provinzgouverneure, Bürgermeister, Gendarmerie und Polizei vom 7. 4. 1944, gedruckt in Braham, Politics, S. 573–575. Gerlach/Aly heben dagegen hervor, daß die Deportationsentscheidungen stufenweise gefallen sind, zuerst die Juden in den von Ungarn nach 1938 annektierten Gebieten deportiert wurden und erst im Juni auch die Auslieferung der im ungarischen Kernland lebenden Juden beschlossen wurde (Gerlach/Aly, Kapitel, S. 139–142, 258–267).

Die Angaben über die Zahl der Juden, die 1944 in Ungarn lebten, schwanken in der Forschungsliteratur zwischen 725 000 und 795 000.[359] Deutsche und Ungarn gingen systematisch, entschieden und rasch vor. Sie teilten das Land in sechs Zonen und begannen am 16. April planmäßig in der Zone I, die die Karpatenukraine umfaßte, mit der Internierung der Juden aus den Dörfern in Zwischenlager in den nächstgrößeren Städten, von dort zu den Eisenbahnstationen. War die Konzentration in der einen Zone beendet, fing man mit der zweiten Zone an und begann in der ersten mit dem Abtransport der Menschen nach Auschwitz. So wurden innerhalb von nicht einmal acht Wochen, bis zum 7. Juni 1944, bereits 289 000 Menschen mit 92 Zügen in das Vernichtungslager deportiert. Bis zum 8. Juli war die Zahl auf mehr als 434 000 jüdische Menschen angewachsen.[360] Da die Opfer nur wenig Handgepäck und keinerlei Wertsachen mit sich nehmen durften, ist der Massenmord an den ungarischen Juden gleichfalls mit einem gigantischen Raub durch die Ungarn verbunden.[361]

Erst am 23. Juni vermochte der Judenrat in Budapest, Horthy eine Petition zu unterbreiten.[362] Etliche internationale Appelle, einschließlich des Vatikans, an Horthy und nicht zuletzt der Vormarsch der Roten Armee brachten den ungarischen Diktator dazu, die Einstellung der Deportationen zum 7. Juli zu verfügen. So blieben die Budapester Juden – Budapest war die einzige Zone, die bislang nicht »geräumt« worden war – fürs erste verschont, obwohl Eichmann ungeachtet des Horthy-Befehls mit Tricks,

---

359 Ebenda, S. 685; Braham, Politics, S. 1298; Varga, Ungarn, S. 340.

360 Vgl. die Übersichten bei Braham, Politics, S. 674; Yahil, Shoah, S. 691; Varga, Ungarn, S. 344. Nach den Berechnungen von Gerlach/Aly wurden in Auschwitz etwa 100 000 Menschen, zu einem Großteil Frauen, für die Zwangsarbeit ausgesondert, die übrigen Opfer unmittelbar in den Gaskammern ermordet (Gerlach/Aly, Kapitel, S. 295 f.). Ein eindringlicher Bericht über die Verhaftung, Internierung und Deportation findet sich in der Autobiographie des damals sechzehnjährigen Elie Wiesel, der mit seiner Familie aus der ungarischen Stadt Sighet nach Auschwitz verschleppt wurde (Wiesel, Nacht, S. 26–43).

361 Vgl. Yahil, Shoah, S. 702 f., Safrian, Eichmann-Männer, S. 299 f.; jetzt ausführlich Gerlach/Aly, Kapitel, S. 187–240.

362 Zur Kontroverse um die Frage, ob der ungarische Judenrat sein Wissen um das Vernichtungslager Auschwitz hätte verbreiten und mehr für die Rettung der ungarischen Juden hätte tun können, vgl. Vrba, Die mißachtete Warnung; Bauer, Anmerkungen; vgl. ebenfalls Porat, 19 March to 19 July 1944.

Lügen und Erpressung weitere 2700 Juden deportieren ließ.[363] Auch ließ der deutsche Druck, die Deportationen wiederaufzunehmen, keineswegs nach. Erst am 25. August wies Himmler an, die Deportationsbemühungen einzustellen, weil er befürchtete, Ungarn könnte dem Beispiel Rumäniens folgen und aus dem Bündnis mit Deutschland ausscheren.[364] Dennoch blieb Eichmanns Sonderkommando in Budapest, und obwohl es formell Ende September aufgelöst wurde, hielt sich zumindest ein Teil weiterhin in der ungarischen Hauptstadt »in Erwartung eines innenpolitischen Kurswechsels« auf, wie es in einem Bericht an das Auswärtige Amt hieß.[365]

Tatsächlich hatte die Furcht des NS-Regimes, Horthy könnte mit den Alliierten einen Waffenstillstand vereinbaren, die Deutschen bewogen, Mitte Oktober durch die SS einen Staatsstreich zu inszenieren, indem ein Kommando unter Skorzeny Horthys Sohn entführte und den Vater zum Abdanken zwang.[366] Die anschließend an die Macht gehievten faschistischen »Pfeilkreuzler«, die selbst viehisch auf Juden Jagd machten, erlaubten auch den Deutschen wieder, die verbliebenen etwa 200 000 Juden in Budapest zu deportieren. Zwei Tage nach dem Putsch, am 17. Oktober, kehrte Eichmann nach Budapest zurück. Viel Zeit blieb ihm nicht mehr, die sowjetische Armee rückte auf die Hauptstadt zu. Züge konnten kaum noch fahren, also wurden Zehntausende, insgesamt über 75 000 Menschen, auf entsetzlichen Todesmärschen zum Arbeitseinsatz in Richtung Deutschland und Österreich getrieben. Mindestens 9000 Menschen wurden von den »Pfeilkreuzlern« in Budapest umgebracht, bis endlich am 13. Februar die Rote Armee Budapest eroberte.[367] Von den 700 000 Juden, die im März 1944 in Groß-Ungarn gelebt hatten, überlebten nur 293 000, davon zwi-

---

363 Braham, Politics, S. 890–893; Safrian, Eichmann-Männer, S. 305; Gerlach/Aly, Kapitel, S. 345 f.

364 Braham, Politics, S. 911–917; Varga, Ungarn, S. 347.

365 Notiz Grells, 29. 9. 1944, über Veesenmayer dem AA übermittelt, zitiert nach Safrian, Eichmann-Männer, S. 306.

366 Zur Geschichte des Putsches siehe den Bericht des HSSPF Otto Winkelmann an Himmler, 25. 10. 1944, Nbg. Dok. NG-2450; Ránki, Unternehmen Margarethe, S. 385–389, Braham, Politics of Genocide, S. 943–952; Karsai, Last Phase.

367 Yahil, Shoah, S. 700–702; Hilberg, Vernichtung, S. 921–926; zu den Todesmärschen siehe Gerlach/Aly, Kapitel, S. 356–368.

schen 134 000 bis 139 000 in Ungarn selbst, die übrigen wurden in Deutschland und Österreich aus den Zwangsarbeitslagern befreit.[368]

Ähnlich übernahmen die Deutschen in der Slowakei Anfang September 1944 die Macht, nachdem ein Aufstand gegen das Besatzungsregime und die Kollaborationsregierung unter Tiso gescheitert war. Kennzeichnend für die Machtverhältnisse im NS-Regime nach dem 20. Juli 1944 wurde der Chef des SS-Hauptamtes und SS-Obergruppenführer Gottlob Berger Wehrmachtsbefehlshaber in der Slowakei. SS-Einheiten übernahmen die Kontrolle, der SD richtete in den Provinzstädten Dienststellen ein, um die restlichen etwa 20 000 slowakischen Juden zu deportieren. Mit Berger kamen Eichmanns Mitarbeiter Alois Brunner und die Einsatzgruppe H, die mit den ihr unterstellten Kompanien der slowakisch-faschistischen Hlinka-Garde, volksdeutscher Miliz, Waffen-SS und einem kompletten Jahrgang der Sicherheitspolizeischule Fürstenberg etwa 2500 Mann umfaßte.[369] Selbstredend waren auch RSHA-Angehörige bei der Einsatzgruppe H eingesetzt, wie Gerhard Folkerts, Referent I B 4 Leibeserziehung und Wehrausbildung, Willi Gindel, Referent I B 5 Laufbahnrichtlinien.[370] Hans Ehlich inspizierte Ende 1944 die SD-Stellen in der Slowakei;[371] mit Ehlich, Spengler und Willy Seibert wurde die Kommandierung von Angehörigen aus dem RSHA-Amt III zur Einsatzgruppe H geregelt.[372] Am 28. September begann die Menschenjagd in Preßburg, zwei Tage später rollte der erste Zug mit 2000 Opfern nach Auschwitz.[373] 1944/45 fielen den Einsatzkommandos insgesamt noch etwa 13 000 bis 14 000 Menschen in die Hände. Doch der Transport nach Auschwitz

---

368 Varga, Ungarn, S. 351; Braham, Politics, S. 1295–1301; zum Zwangsarbeitseinsatz vgl. Gerlach/Aly, Kapitel, S. 376–415.

369 Mallmann, Menschenjagd, S. 311 f.

370 Headquarters United States Forces European Theater, Military Intelligence Service Center, Apo 757, CI Consolidated Interrogation Report (CI-CIR) No 14, Subject: Amt I RSHA, 28.2.1946, US National Archives, RG 238, Microfilm M1270, roll 31, fol. 832–848; Vernehmung Gerhard Folkerts, 2.4.1965, GenSt-Anw KG Berlin, RSHA-Ermittlungsunterlagen, Personalheft Pf 101.

371 Leiter III beim BdS Preßburg, Dr. Böhrsch, an RSHA III C, Spengler, 30.12.1944, BArch Potsdam, Film SS Versch. Prov. 2941, Aufn. 9411794.

372 Aktenvermerk III D, Preßburg, 16.9.1944, Barch Potsdam, Film SS Versch. Prov. 2941, Aufn. 9411973.

373 Safrian, Eichmann-Männer, S. 310; Faltran, Deportation der Juden.

stockte, als Anfang November, vermutlich auf Befehl Himmlers, dort die Ermordung durch Gas beendet wurde.[374]

Kontakte zu den Alliierten

In der vergeblichen Hoffnung, einen Keil in die Anti-Hitler-Koalition treiben zu können, glaubten SS- und RSHA-Führung sich in der letzten Kriegsphase sogar berufen, mit den Alliierten Verhandlungskontakte aufzunehmen. Da sich aufgrund von Waffen- und Ausrüstungsgeschäften des SS-Angehörigen Hans-Wilhelm Eggen in der Schweiz Verbindungen zum Schweizer militärischen Geheimdienst herstellten, nutzte Schellenberg Anfang September 1942 die Gelegenheit und traf sich mit dem Chef der Schweizer militärischen Abwehr, Roger Masson, und nachfolgend sogar einmal mit dem Generalstabschef des Schweizer Bundesheeres. Allerdings schob die Schweizer Regierung diesen höchst problematischen Kontakten bald einen Riegel vor, und eine wirkliche nachrichtendienstliche Zusammenarbeit entwickelte sich aus diesen Gesprächen nicht.[375]

Himmlers Arzt Felix Kersten, zu dem der Reichsführer SS ein besonderes Vertrauensverhältnis besaß, knüpfte seinerseits im Herbst 1943 in Stockholm – Kersten war finnischer Staatsbürger und konnte daher auch während des Krieges relativ ungehindert reisen – Kontakt zu dem OSS-Agenten Abraham Steven Hewitt, von dem Kersten und Schellenberg glaubten, er sei ein Sonderbeauftragter von US-Präsident Roosevelt.[376] Auch Schellenberg, der über gute schwedische Verbindungen verfügte, traf Hewitt Anfang November 1943 in Stockholm. Während Kersten nach seinen eigenen Nachkriegsaussagen Himmler als Verhandlungspartner für die Westalliierten ins Gespräch bringen wollte, war Schellenberg deutlich

---

374 Etwa 8000 slowakische Juden wurden nach Auschwitz, die anderen nach Sachsenhausen und Theresienstadt gebracht (Schmidt-Hartmann, Tschechoslowakei, S. 374; Hilberg, Vernichtung, Bd. 2, S. 793; Yahil, Shoah, S. 708 f.; Czech, Kalendarium, S. 921).

375 Zu den Kontakten zwischen Schellenberg, Masson und General Guisan vgl. Aussage Roger Masson, 10. 5. 1948, IfZ, ZS 2423; Vernehmung Schellenberg, 13. 12. 1946, IfZ, ZS 291, Bd. III; vor allem aber die Verbindung nüchtern bilanzierend: Braunschweig, Geheimer Draht nach Berlin.

376 Kersten, Memoirs, S. 188–197; Schellenberg, Memoiren, S. 318.

vorsichtiger und bot erst einmal nachrichtendienstliches Material zum Austausch an. Beide operierten allerdings ohne Himmlers, geschweige denn Hitlers Autorisierung, und als Schellenberg Himmler danach über das Treffen informierte, zeigte sich dieser zögerlich und eher abweisend. Kurz zuvor war in Moskau die Außenministerkonferenz der Alliierten zu Ende gegangen, die nicht nur enge Konsultationen untereinander in der Frage der deutschen Kapitulation vereinbarte, sondern auch die deutschen Verbrechen ausdrücklich verurteilte und ankündigte, die Verantwortlichen zur Rechenschaft zu ziehen.[377] Verhandlungen mit Himmler als Reichsführer SS standen daher nie ernsthaft zur Debatte. Obwohl Hewitt die Verbindung weiterführen und sogar Kerstens wie Schellenbergs Einladung, nach Deutschland zu kommen, annehmen wollte und entsprechend positive Berichte an seine Vorgesetzten schrieb, es ihm in Washington sogar gelang, den OSS-Chef General William J. Donovan für ein Memorandum an Roosevelt – allerdings mit einer klaren negativen Stellungnahme – zu gewinnen, verfolgte der US-Präsident diese Idee nicht weiter. Ohne es zu wissen oder auch nur zu ahnen, hatten Schellenberg, Himmler und Kersten über Hewitt den tatsächlich einzigen Kontakt zu Roosevelt gehabt.[378]

Über den Privatdiplomaten und SD-Mitarbeiter Prinz Max-Egon Hohenlohe-Langenburg ergaben sich 1943 ebenfalls indirekte Kontakte zu dem OSS-Repräsentanten in der Schweiz, Allan Dulles.[379] Aber auf die entscheidende Frage der westlichen Seite, wie die SS Hitler als Haupthindernis für ernsthafte Verhandlungen beseitigen wolle, wußten die Deutschen keine Antwort. Im Dezember 1943 teilte der britische Botschafter in Moskau seinem amerikanischen Kollegen mit, daß Großbritannien von Schweden »von Kontaktwünschen Himmlers« unterrichtet worden sei. Dessen Frage, wie England die alliierte Forderung nach bedingungsloser Kapitulation definiere, sei jedoch eindeutig zu beantworten: Der Begriff

---

377 Zur Moskauer Konferenz, die vom 19. bis zum 30.10.1943 stattfand, vgl. Weinberg, Welt in Waffen, S.658–663.

378 Vgl. dazu ausführlich Breitman, Deal with the Nazi Dictatorship; sowie ders., Nazi Jewish Policy.

379 Vgl. den Bericht Hohenlohes über seine Unterredung mit Dulles im Februar 1943, Anlage zu RSHA, VI B 3, an VI D, 30.4.1943, BStU, AV 13/75, Bd. 4, Bl. 3–27; Breitman, Deal with the Nazi Dictatorship, S. 418 f.; Höhne, Orden, S. 483 f.

bedürfe keiner Definition.[380] Sogar zur sowjetischen Seite bahnte sich eine Fühlungnahme über den Ribbentrop-Mitarbeiter Peter Kleist in Schweden an, die jedoch, als sie Hitler zu Ohren kam und von diesem wütend abgelehnt worden war, rasch wieder abgebrochen wurde.[381] Ob derlei indirekte Gesprächsangebote von beiden Seiten überhaupt je ernst gemeint waren, ist zweifelhaft. Womöglich ging es weit mehr darum, aus jeweils unterschiedlichen Gründen auf die Westalliierten Druck auszuüben. Die sowjetische Seite wollte die USA zwingen, endlich die zweite Front im Westen zu eröffnen, und die Deutschen suchten alliierte Befürchtungen vor einer erneuten deutsch-sowjetischen Vereinbarung für ihre Westkontakte zu nutzen.[382]

Das Verhalten der SS-Führung zeigte deutlich ihr Abhängigkeitsverhältnis zu Hitler. Weder Kaltenbrunner noch Himmler konnten sich von ihrem »Führer« lösen, schreckten immer wieder vor dem Kontakt mit Vertretern westlicher Organisationen zurück und fanden sich zu keinen ernsthaften Zusagen bereit. Die Rivalität innerhalb der RSHA- und SS-Führung, mit der Kaltenbrunner, Schellenberg und andere um die Immediatstellung bei Himmler buhlten, sich gegenseitig auszuschalten versuchten und eigensüchtig ihre jeweilige Strategie verfolgten, blockierten jeden Ansatz, mit dem Westen zu Verhandlungen zu kommen. Von einem ernsthaften Versuch der RSHA-Führung, den Krieg zu beenden, kann keine Rede sein. Befangen in einer Weltanschauung, in deren Entwurf einer »völkischen Neuordnung« Europas Millionen Menschen keinen Platz be-

---

380 Höhne, Orden, S. 485.

381 Zu den deutsch-sowjetischen Kontakten in Schweden im Frühjahr und Sommer 1943, die jedoch mehr vom OKW-Amt Ausland/Abwehr und dem Auswärtigen Amt ausgingen als vom RSHA, vgl. Fleischhauer, Chance des Sonderfriedens, S. 114–155, zu deren Scheitern im Herbst 1943: ebenda, S. 173–220.

382 Gerhard Weinberg ist, vorbehaltlich der vollständigen Öffnung der sowjetischen Archive, der Auffassung, daß die Sowjetunion, überrascht über die deutsche militärische Erholung nach der Niederlage von Stalingrad, durchaus ernsthaft Möglichkeiten eines Separatfriedens auslotete. Briten wie Amerikaner beobachteten solche Kontakte, von denen sie über ihre Nachrichtendienste erfuhren, höchst argwöhnisch, zumal vor allem Großbritannien fürchtete, der Vormarsch der Roten Armee könnte an der sowjetischen Grenze haltmachen, ohne daß eine zweite westalliierte Front im Westen eröffnet worden war (Weinberg, Welt in Waffen, S. 648–651).

saßen und deshalb sterben mußten, waren Himmler und Kaltenbrunner ebenso wie Schellenberg unfähig, ihre eigene Situation realistisch zu beurteilen. Nichts zeigt dies deutlicher als die Gespräche, die die Organisatoren der »Endlösung« mit Vertretern jüdischer Hilfsorganisationen führten.

Im Herbst 1944 verhandelte Kurt Becher in Himmlers Auftrag in der Schweiz über die mögliche Freilassung ungarischer Juden, wenn im Gegenzug Kriegsgüter und Devisen an die SS geliefert würden; Anfang November traf Himmler selbst den früheren Schweizer Bundespräsidenten und Sympathisanten der Nationalsozialisten, Jean-Marie Musy, und erklärte, er werde 600 000 Juden aus den Konzentrationslagern freilassen, wenn er dafür Lastwagen und andere Kriegsgüter erhalte.[383] Im April bereits hatte sich Eichmann, vermutlich in Himmlers Auftrag, mit Vertretern einer zionistischen Gruppe um Rudolf Kasztner in Budapest getroffen und die Lieferung von 10 000 wintertauglichen Lastkraftwagen und anderen Gütern als Leistung für die Verschonung der ungarischen Juden verlangt. Während die jüdischen Unterhändler den verzweifelten Versuch unternahmen, mit Repräsentanten jüdischer Organisationen im Ausland trotz des offenkundigen, zynischen Desinteresses Eichmanns an einer Regelung über seine Forderungen zu sprechen, trieben die RSHA-Männer in Ungarn zur Eile. Bevor womöglich aus dem Ausland eine positive Antwort auf das »Angebot« eintraf, sollten die ungarischen Juden nach Auschwitz deportiert worden sein.[384]

Kaltenbrunner denunzierte die Initiativen Himmlers und Bechers bei Hitler, ohne auf eine nennenswerte Reaktion zu stoßen. Zugleich diente er sich selbst bei Himmler mit Gesprächen an, die Peter Kleist in Stockholm mit Hilel Storch vom World Jewish Congress führte. Aber Himmler, offenbar unter dem Einfluß des eifersüchtigen Schellenbergs, der sich allein die Meriten eines von ihm eingefädelten Separatfriedens erwerben wollte, untersagte Kaltenbrunner weitere Kontakte, was diesen wie-

---

383 Vgl. jetzt vor allem Bauer, Freikauf, S. 349–357.
384 Vgl. Landau, Kastner-Bericht; Biss, Stopp der Endlösung, S. 24–97; Bauer, Freikauf, S. 231–271. Rudolf Kasztner, der nach Israel emigrierte, strengte 1954 einen Prozeß gegen die Verleumdung an, er habe verbrecherisch die Juden Ungarns ihrem Schicksal überlassen – und verlor den Prozeß. Wenig später wurde er auf offener Straße erschossen.

derum, nunmehr gekränkt und in seiner Ehre als Chef des SD verletzt, in das Lager der Saboteure jedweder Sondierungsgespräche mit den Westalliierten trieb.[385] Nicht das verzweifelte Gaukelspiel Storchs, der erklärt hatte, für das Leben von 1,5 Millionen Juden, die man noch in deutscher Hand glaubte, würde Roosevelt den Krieg beenden, ist das Erstaunliche an diesen Kontakten. Er ebenso wie die Vertreter des Jewish Joint Distribution Committee in der Schweiz wußten um die Unmöglichkeit solcher »Geschäfte«. An der alliierten Forderung nach der bedingungslosen Kapitulation Deutschlands war nicht zu rütteln, und auf die strategischen politischen wie militärischen Entscheidungen der Alliierten hatten die Vertreter jüdischer Organisationen keinerlei Einfluß. Dennoch mußten sie mit allen Mitteln versuchen, solche Macht vorzuspielen, um Zeit zu gewinnen und den Mord an den Juden aufhalten zu können. Aber daß die SS-Führung diesen waghalsigen Behauptungen Glauben schenkte und wie selbstverständlich davon ausging, diese Kontakte eröffneten den Zugang zum US-Präsidenten, läßt erkennen, wie ungebrochen die führenden Männer des RSHA an ihrer Vorstellung von einer jüdischen Weltverschwörung festhielten. Nach wie vor darauf fixiert, daß »der Jude« die Schalthebel der Weltpolitik bediene, waren sie sich völlig sicher, daß jene Mittelsmänner in der Schweiz, in Schweden oder Ungarn die wahren Machtzentralen des Gegners repräsentierten.

Noch in den letzten Kriegswochen, als alliierte Truppen bereits auf deutschem Boden kämpften, glaubten Himmler und Kaltenbrunner, in den KZ-Häftlingen Geiseln in der Hand zu haben, mit der sie den Westmächten Zugeständnisse abpressen könnten. Durch die Vermittlung Felix Kerstens gelang es der schwedischen Regierung, mit Himmler am 8. Dezember 1944 ein Abkommen zu erzielen, dem zufolge sämtliche KZ-Häftlinge aus Skandinavien im Lager Neuengamme zusammengelegt und vom Schwedischen Roten Kreuz versorgt werden sollten.[386] Der Vizepräsident des Schwedischen Roten Kreuzes, Graf Folke Bernadotte, reiste Anfang 1945 persönlich nach Deutschland, um diese Rettungsaktion mit der SS-Führung verbindlich festzulegen. Als Bernadotte am 16. Februar in

---

385 Black, Kaltenbrunner, S. 250–252. Zu den Rettungsbemühungen von Hilel Storch in Stockholm siehe Yahil, Scandinavian Countries, S. 212–220.
386 Kersten, Totenkopf, S. 271–279; Bauer, Freikauf, S. 381–387.

Berlin eintraf, scheute Himmler ein Treffen und schickte Kaltenbrunner vor. Erst zwei Tage später traf er sich mit Bernadotte, machte Zusagen, die von Kaltenbrunner und dem Gestapochef Müller wieder hinausgezögert wurden. Als Bernadotte Anfang März erneut nach Berlin kam, eröffnete ihm Kaltenbrunner unverblümt, daß er an keiner positiven Lösung interessiert sei.[387] Hitler erließ Ende März, wohl aufgrund einer abgefangenen Funkmeldung aus Spanien, daß Himmler und Schellenberg mit Musy verhandelten, um im Gegenzug gegen die Freilassung von Juden 250 Naziführern Asyl in der Schweiz zu verschaffen, den Befehl, daß jeder Deutsche, der einem jüdischen, englischen oder amerikanischen Gefangenen zur Flucht verhelfe, sofort hinzurichten sei.[388] Erst im April 1945 wurden die überlebenden skandinavischen Häftlinge auf Lastwagen des Schwedischen Roten Kreuzes ins KZ Neuengamme gebracht und dort befreit.

Im März 1945 indessen verhandelte Kaltenbrunner selbst mit dem Schweizerischen Roten Kreuz über die Versorgung der in den Konzentrationslagern unter unerträglichen Bedingungen zusammengepferchten, Hunger und Seuchen preisgegebenen Häftlinge, ohne daß der RSHA-Chef zu substantiellen Zugeständnissen bereit gewesen wäre. Ein Brief, den Kaltenbrunner am 29. März dem Präsidenten des Internationalen Roten Kreuzes, Carl J. Burckhardt, zukommen ließ, enthielt dürftige Angebote, die in erster Linie französische Gefangene betrafen, und weitreichende »Gegenleistungs«-Vorstellungen. Nur wenige Menschen, wie die 298 Französinnen, die am 9. April Ravensbrück in Richtung Schweiz verlassen durften, konnten vor dem Kriegsende der Lagerhölle entrissen werden. Das Überleben der Häftlinge kümmerte den RSHA-Chef nicht, er war vornehmlich daran interessiert, das NS-Regime so lange aufrechtzuerhalten, bis ihm das mögliche Auseinanderfallen der Anti-Hitler-Koalition neue Chancen des Weiterkommens bot.[389]

Am 20. März bestätigte Kersten in einem Brief an Himmler dessen Anordnung, die Konzentrationslager bei Herannahen der alliierten Truppen

---

387 Bernadotte, Das Ende, S. 17–51; Schellenberg, Memoiren, S. 354–358; zur Rivalität der »Retter« Kersten und Bernadotte vgl. Palmer, Felix Kersten and Count Bernadotte.

388 Schellenberg, Memoiren, S. 351; Wenck, Bergen-Belsen, S. 366.

389 Black, Kaltenbrunner, S. 262–265.

entgegen dem Befehl Hitlers nicht zu sprengen, sondern den Alliierten zu übergeben. Des weiteren habe Himmler befohlen, ab 6. März keine Juden mehr töten zu lassen und die Lager nicht zu räumen, das heißt die Häftlinge nicht mehr auf die Todesmärsche zu schicken.[390] Welche bizarren und jeden Realitätssinns entbehrenden Formen Himmlers Politik annahm, zeigt sich nicht nur darin, daß der Kommission, die Himmler nach Bergen-Belsen schickte, auch Oswald Pohl und Rudolf Höß angehörten. Auch deren Auftrag, die Lagerverhältnisse zu inspizieren und den Befehl zu überbringen, daß keine Juden mehr auf »unnatürliche« Weise ums Leben kommen dürften, stellte angesichts der grauenvollen Verhältnisse im Lager Bergen-Belsen eine geradezu gespenstische Anordnung dar.[391]

All diese Kontakte waren geprägt von Illusionismus, Rivalität und dem eigensüchtigen Ehrgeiz, als alleiniger Retter Deutschlands aufzutreten. Die unmißverständliche Forderung der Alliierten nach bedingungsloser Kapitulation glaubten die SS- und RSHA-Führer bis in das Frühjahr 1945 hinein durch das Angebot eines Separatfriedens unterlaufen zu können. Auf einem immer kleiner werdenden Stück Land in einem immer schneller zusammenbrechenden Reich mit gönnerhaften Gesten die blutige Spur verwischen zu wollen, die sie selbst durch ganz Europa gezogen hatten und die sich in den Todesmärschen und in den überfüllten Konzentrationslagern noch immer fortzog, offenbart eine groteske Selbstinszenierung der Welt, die sich von den gespenstischen letzten Tagen in der Reichskanzlei kaum unterschied. Diese Männer blieben Gläubige der von ihnen selbst konstruierten Weltanschauung. Sie hielten sich nach wie vor für die Elite Deutschlands, die naturgemäß berufen sei, nach Hitler die Führung des Reichs zu übernehmen. Sie waren überzeugt, nur das Beste für ihr Volk getan zu haben, ohne je die Dimension ihrer Verbrechen begriffen zu haben.

---

390 Kersten an Himmler, 20. 3. 1945, dokumentiert in: Kersten, Totenkopf, S. 353 f. Am 21. März ließ Himmler in einem Schreiben seines persönlichen Referenten Brandt an Kersten bestätigen, daß er für das Lager Bergen-Belsen einen Sonderkommissar eingesetzt habe und das Internationale Rote Kreuz das Lager Theresienstadt besuchen könne (ebenda, S. 356 f.).

391 Vgl. Wenck, Bergen-Belsen, S. 358 f.; im April reiste Kaltenbrunner in ähnlicher Mission nach Theresienstadt (vgl. Kárný, Kaltenbrunners Reise nach Theresienstadt).

Auflösung

Die Macht der Zentrale hatte sich in den letzten Kriegsmonaten mehr und mehr auf die regionalen Stapostellen verlagert. Die Nachrichtenverbindungen wurden durch die ständigen Luftangriffe immer häufiger unterbrochen, Rückfragen in Berlin zunehmend schwieriger. Die Zuständigkeit bei der Verfolgung von polnischen und sowjetischen Zwangsarbeitern hatte das RSHA am 30. Juni 1943 weitgehend den Stapostellen übertragen.[392] Damit konnten die Stapostellenleiter Haft- und Prügelstrafen aussprechen und vollstrecken.[393] Ende September 1944 arbeiteten über 5,9 Millionen ausländische Arbeiter im Deutschen Reich, darunter mehr als 2,1 Millionen aus der Sowjetunion.[394] 1944 wurde auch die Kompetenz, ausländische Arbeiter zu töten, mehr und mehr den regionalen Stapostellen zugebilligt, bis im November 1944 das RSHA den Stapostellenleitern offiziell gestattete, selbständig ausländische Arbeiter zum Tode zu verurteilen und hinrichten zu lassen.[395] In den letzten Wochen wurden vermutlich mehr als zehntausend Menschen durch regionale und lokale Gestapoangehörige nach dem Muster der Einsatzkommandos in den einstmals besetzten Gebieten durch Massenerschießungen getötet.[396]

Am 20. April 1945, Hitlers 56. Geburtstag, stand die 2. britische Armee an der Elbe, hatte die 1. US-Armee Leipzig genommen und die Rote Armee Berlin erreicht. Am Nachmittag begann die sowjetische Artillerie, das Stadtzentrum Berlins unter Beschuß zu nehmen. Fünf Tage zuvor hatte Hitler für den Fall, daß die Landverbindung durch den Vorstoß der alliierten Armeen unterbrochen würde, befohlen, daß für den nördlichen Raum Großadmiral Karl Dönitz, für den südlichen Raum Generalfeldmarschall Kesselring an seiner Statt den Oberbefehl übernehmen sollten.[397] Entspre-

---

392 Erlaß RSHA, III A 5 b, 30. 6. 1943, nach Herbert, Fremdarbeiter, S. 286.
393 Lotfi, KZ, S. 180 f.
394 Herbert, Fremdarbeiter, S. 316.
395 Lotfi, KZ, S. 232–237; Tuchel/Schattenfroh, Zentrale, 107 f.
396 Zu den Massenverbrechen in der letzten Kriegsphase durch die lokalen und regionalen Gestapostellen vgl. Paul, Erschießungen.
397 Befehl Hitlers, 15. 4. 1945, Kriegstagebuch des OKW, Band IV, S. 1587 f.

chend galt auch für die noch in Berlin verbliebenen Spitzen der jeweiligen Reichsbehörden, sich jeweils in eine Nord- und eine Südgruppe zu teilen. Das Reichssicherheitshauptamt sollte eine Südgruppe mit Sitz in München bilden, während die Nordgruppe vorerst in Berlin bleiben, aber zum gegebenen Zeitpunkt nach Schleswig-Holstein ausweichen sollte. Am 18. April bestellte Himmler Kaltenbrunner zu sich nach Hohenlychen und erteilte ihm, analog zu Hitlers Befehl, für den Fall, daß Deutschland in zwei Teile getrennt werden sollte, die Vollmacht, in seinem Namen Befehle ausgeben zu können.[398]

Kaltenbrunner kehrte tags darauf nach Österreich zurück. Ohne von seinem ursprünglichen Plan Abstand zu nehmen, die Tiroler und Vorarlberger Alpen als Festung des Nationalsozialismus entschlossen zu verteidigen,[399] bemühte er sich, mit den »Österreichern« aus dem RSHA, wie Waneck und Höttl, sowie dem Oberbefehlshaber der Heeresgruppe E, Generaloberst Alexander Löhr, eine antikommunistische österreichische Regierung zu bilden, die, so hofften die RSHA-Akteure, von den Alliierten zumindest als Übergangsregierung anerkannt werden würde – ein ebenso durchsichtiger wie untauglicher Versuch, vor allem den eigenen Kopf zu retten. Am 27. April 1945 rief der Sozialist Karl Renner in dem von der Roten Armee besetzten Wien ein unabhängiges Österreich aus und bildete eine Koalitionsregierung, die von der Sowjetunion umgehend anerkannt wurde.[400] Bis zum Schluß verfolgte Kaltenbrunner das Hirngespinst einer »Alpenfestung« weiter, hintertrieb mit dem Tiroler Gauleiter Hofer die laufenden Kapitulationsverhandlungen des SS-Generals und Höchsten Polizei- und SS-Führer Wolff in Italien. Noch am 29. April schickte er ein Telegramm an Hitler, das Wolff des Hochverrats bezichtigte, den »Führer« aber nicht mehr lebend erreichte. Am selben 29. April unterzeichneten Vertreter Wolffs und der Wehrmacht in Caserta die Ka-

---

398 Black, Kaltenbrunner, S. 271 f.
399 Ebenda, S. 258–260. Zur »Alpenfestung«, die mehr in der Phantasie als in der Realität existierte, aber die alliierten Befürchtungen über einen lange anhaltenden deutschen Widerstand durchaus nährte und daher in den letzten Kriegswochen von der NS-Führung noch als scheinbares Faustpfand behandelt wurde, vgl. Minott, Fortress; Stuhlpfarrer, Operationszonen; Linck, Festung Nord.
400 Black, Kaltenbrunner, S. 270 f.

pitulation, die am 2. Mai in Kraft trat.[401] Am 1. Mai, als Kaltenbrunner die Nachricht von Hitlers Tod erhielt, verließ er sein Hauptquartier in Salzburg und flüchtete nach Altaussee, wo sich auch andere Angehörige des Reichssicherheitshauptamtes wie Wilhelm Höttl, Adolf Eichmann und dessen Mitarbeiter Otto Hunsche, Anton Burger, Dieter Wisliceny einfanden und Quartier auf den umliegenden Almen nahmen.[402] Kaltenbrunner ließ sich ebenfalls, zusammen mit drei weiteren SS-Führern, am 7. Mai zu einer einsamen Berghütte führen, die jedoch an den amerikanischen Geheimdienst verraten wurde. Am 12. Mai überraschte ein US-Kommando den ehemaligen Chef der Sicherheitspolizei und des SD im Schlaf und verhaftete die ganze Gruppe.[403]

In Berlin waren die verbliebenen RSHA-Angehörigen vor allem damit beschäftigt, die Unterlagen ihrer Referate zu vernichten und sich mit falschen Papieren zu versorgen.[404] Über die SD-Außenstellen konnte man Briefbögen kleinerer Firmen beschaffen und den Stenotypistinnen und anderen Mitarbeitern unverfängliche Zeugnisse ausstellen. Für das Amt III war Wilhelm Spengler mit etlichen Mitarbeitern nach München gegangen, während Ohlendorf mit dem Rest der SD-Leute des Amtes III in Berlin blieb.[405] Anfang April rückte die Front an Berlin heran; die SD-Schule in Bernau mußte aufgegeben werden, die Mitarbeiter wurden größtenteils nach München in Marsch gesetzt. Ein kleiner Rest nahm mit Ohlendorf Quartier im Gästehaus des RSHA am Wannsee.[406] Mitte April fiel dort die Entscheidung, sich nach Schleswig-Holstein abzusetzen. Ganz sicher war man sich jedoch nicht, ob die Flucht gelingen würde. Ehlich erhielt daher

---

401 Die Kapitulationsurkunde ist dokumentiert in: Kriegstagebuch des OKW, Band IV/2, S. 1662–1664. Zu diesen Operation Sunrise genannten Verhandlungen siehe vor allem Smith/Agarossi, Unternehmen Sonnenaufgang.

402 Protokoll der Vernehmungen Eichmanns, 1960/61, Beweisdokument des Eichmann-Prozesses T/37 bzw. Israel Police 760, Bd. 1, S. 312–315.

403 Black, Kaltenbrunner, S. 281, 283.

404 Vernehmung Eichmanns, a. a. O. (s. Anm. 402), Bd. 1, S. 305–308; Fischer, Erinnerungen, Teil II, S. 151.

405 Ebenda, S. 152 f. Laut Aussage Ehlichs war Spengler der Vertreter des Amtes III in der Südgruppe bei Kaltenbrunner (Vernehmung Ehlich, 17. 12. 1946, IfZ ZS 877).

406 Fischer, Erinnerungen, Teil II, S. 153.

den Auftrag, aus Oranienburg Zyankalikapseln zu besorgen, die dann an ihn selbst, an Ohlendorf, Seibert, Rößner und Höppner verteilt wurden.[407]

Der 22. April war als endgültiger Termin für den Abzug der letzten RSHA-Angehörigen aus Berlin angesetzt. Fischer wurde ausgewählt, um wichtige Unterlagen zur Südgruppe unter Spengler nach München zu bringen. Da die Landverbindungen schon nicht mehr zu benutzen waren, sollte er mit dem Flugzeug nach München fliegen. Am Morgen des 22. Aprils, trafen auf dem Flugplatz in Berlin-Tempelhof, nach Fischers Zeugnis, auch noch andere Angehörige des RSHA auf dem Weg nach München ein: der amtierende Amtschef V, Panzinger, und der Chef des Amtes II Verwaltung, Spacil, der, wenn man Fischer Glauben schenken will, auch einen Sack mit Goldstücken bei sich trug.[408] Der Chef des Amtes IV, Müller, hatte beschlossen, in Berlin zu bleiben und beging vermutlich Selbstmord.[409] Himmler, Ohlendorf, Schellenberg hatten sich mittlerweile nach Schleswig-Holstein abgesetzt, wobei man sich dies eher als Flucht in kleinen Gruppen denn als geregelte Absetzbewegung vorstellen muß.[410]

Am 22. April 1945 um 20 Uhr übernahm der Wachmann Hamann im Hauptgebäude des Reichssicherheitshauptamtes in der Prinz-Albrecht-Straße, das am 3. Februar 1945 während eines Bombenangriffs fast gänzlich zerstört worden war,[411] laut Eintragung im Wachbuch Lebensmittelmarken, einen Rundstempel und 3500 RM in bar. Die Ablösung am nächsten Morgen sollte nicht mehr kommen. Hamann zeichnete am 23. April das Wachbuch mit seinem Namen ab und verließ das Gebäude.[412] Das Reichssicherheitshauptamt hatte aufgehört zu existieren.

---

407 Vernehmung Ehlich, 17. 12. 1946, IfZ ZS 877.

408 Fischer, Erinnerungen II, S. 160.

409 Zur anhaltenden Diskussion, ob Müller doch am Leben geblieben und gar in alliierte Dienste genommen worden sei, vgl. Seeger, Gestapo-Müller, S. 62–73, 173–180.

410 Ohlendorf selbst hielt wenig später fest, daß Angehörige des Arbeitsstabes Nord samt Personen- und Lastkraftwagen unterwegs verschwunden seien (Linck, Ordnung, S. 148).

411 Auch der Volksgerichtshof wurde an diesem Tag getroffen und sein Präsident Freisler von einem herabstürzenden Kellerbalken erschlagen, die Anklageunterlagen der wegen des Bombenangriffs unterbrochenen Prozesses gegen Fabian von Schlabrendorff und andere noch in der Hand (Hoffmann, Widerstand, S. 648).

412 Wachbuch des RSHA, Sonderarchiv Moskau, 500-3-42.

IV. Epilog

9. Rückkehr in die Zivilgesellschaft

Wandlungszonen

Neben Himmler samt persönlichem Stab, Teilen anderer SS-Hauptämter und hochrangigen SS-Führern wie von Woyrsch, Gottberg, Prützmann, Koppe, Lorenz, Daluege waren vom Reichssicherheitshauptamt die übriggebliebenen Teile des Amtes III SD-Inland mit dessen Chef Ohlendorf, des Amtes VI SD-Ausland mit Walter Schellenberg und des Amtes V Kriminalpolizei nach Schleswig-Holstein in den Raum Flensburg gekommen. Außerdem hatten sich mehrere Dienststellen der Gestapo, die im Osten vor der heranrückenden Roten Armee geflohen waren, nach Flensburg zurückgezogen.[1]

Am 30. April kam es zu einem ersten Treffen zwischen Himmler und Großadmiral Dönitz, der Berlin nach einem letzten persönlichen Gespräch mit Hitler am 21. April verlassen hatte. Obwohl er einsah, daß die Verteidigung des Nordraums auf Dauer unmöglich war, widersetzte er sich dennoch entschieden jeder Kapitulationsbemühung.[2] Zuvor hatte Dönitz einen Funkspruch von Bormann aus der Reichskanzlei erhalten, daß – laut Göring – »neuer Verrat im Gange« sei. Himmler habe über Schweden Kapitulationsangebote gemacht, und Hitler erwarte, daß Dönitz »gegen alle Verräter blitzschnell und stahlhart« vorgehe.[3] Nach dem Bericht seines Adjutanten zweifelte Dönitz' an der Echtheit der Meldung und sah in Himmler und der nicht unerheblichen SS- und Polizeipräsenz vielmehr einen einzubindenden Machtfaktor. In der Unterredung selbst, die nachmittags in der Lübecker Polizeikaserne in Anwesenheit etlicher SS-Führer stattfand, habe Himmler jeden Kontakt mit den Alliierten ab-

---

1 Linck, Ordnung, S. 149 f.; Paul, Staatlicher Terror, S. 226–229.
2 Kraus, Karl Dönitz, S. 9; Steinert, 23 Tage, S. 77 f.; Bajohr, Hamburg, S. 325–330.
3 Dönitz, Zehn Jahre, S. 432. Nach Steinert war der Funkspruch bereits am 28. 4. aufgegeben worden, sein Empfang aber habe sich aus unbekannten Gründen verzögert (Steinert, 23 Tage, S. 363, Anm. 126; vgl. auch die Erinnerungen des Dönitz-Adjutanten Lüdde-Neurath, Regierung Dönitz, S. 43).

gestritten und die Meldung aus Berlin als frei erfunden bezeichnet.[4] Am Abend dieses Tages traf das entscheidende Funktelegramm von Bormann ein, in dem Dönitz mitgeteilt wurde, daß Hitler ihn als Nachfolger eingesetzt habe.[5] Dönitz ließ Keitel und Jodl auffordern, zu ihm nach Plön zu kommen, ebenso Himmler, der um Mitternacht eintraf – alle noch in Unkenntnis, daß Hitler bereits tot war.[6] Laut Dönitz war Himmler bestürzt, als er den Funkspruch las, offenbar, weil er sich bis dahin immer noch Hoffnungen gemacht hatte, Hitlers Nachfolge übernehmen zu können.[7] Himmler erschien in den folgenden Tagen noch zu mehreren Besprechungen und folgte Dönitz nach, als dieser sein Hauptquartier am 2. Mai nach Flensburg verlagerte. Am 4. Mai bestätigte Dönitz, daß Himmler als Chef der deutschen Polizei die Gewähr für die Aufrechterhaltung von Ruhe und Ordnung übernommen habe.[8] Die Diskrepanz zwischen Himmlers Ansprüchen – er selbst sah sich als unentbehrlichen Ordnungsfaktor im Kampf gegen den Bolschewismus und geeignetsten Unterhändler für die Gespräche mit Montgomery und Eisenhower – und seiner tatsächlichen Machtposition vergrößerte sich jedoch von Tag zu Tag.

Regierung Dönitz

Die »Geschäftsführende Reichsregierung«, die der ehemalige Reichsfinanzminister Graf Schwerin von Krosigk und Dönitz nach dem 1. Mai bildeten, nahm auf das von Hitler in seinem Politischen Testament verfügte Nachfolgekabinett keine Rücksicht mehr, zumal die darin aufgeführten Personen entweder tot oder im Süden abgeschnitten waren.[9] Im Dönitzkabinett waren außer Schwerin von Krosigk vertreten: Albert Speer, der

---

4 Lüdde-Neurath, Regierung Dönitz, S. 43; Dönitz, Zehn Jahre, S. 432 f.

5 Steinert, 23 Tage, S. 78; Kraus, Karl Dönitz, S. 10 f.

6 Die Nachricht vom Tod Hitlers empfing Dönitz erst am nächsten Tag (Steinert, 23 Tage, S. 166 f.; Dönitz, Zehn Jahre, S. 437 f.).

7 Dönitz, Zehn Jahre, S. 436 f.; Steinert, 23 Tage, S. 167 f.; Lüdde-Neurath, Regierung Dönitz, S. 89.

8 Steinert, 23 Tage, S. 143 f.

9 Hitler hatte am 29. 4. verfügt, daß nach seinem Tod Dönitz Reichspräsident und Kriegsminister, Goebbels Reichskanzler, Bormann Partei-, Seyß-Inquart Außen-, Giesler Innen-, Thierack Justiz-, Scheel Kultus-, Naumann Propaganda-, Schwerin-Krosigk Finanz-, Funk Wirtschafts-, Hupfauer Arbeits-, Saur Rüstungs- und Backe

von Hitler nicht mehr als Minister vorgesehen war, als Minister für Wirtschaft und Produktion, Backe, wie von Hitler bestimmt, weiter für Ernährung verantwortlich, Dorpmüller und Seldte wie bisher als Reichsverkehrsminister beziehungsweise Reichsarbeits- und Sozialminister. Der bisherige Staatssekretär Stuckart übernahm von Himmler das Innenressort. Ohlendorfs der neben seiner Funktion als RSHA-Amtschef ebenfalls stellvertretender Staatssekretär im Reichswirtschaftsministerium gewesen war, leitete nun das Wirtschaftsressort unter Speer.[10] Und auch Schellenberg erhielt einen Posten. Er hatte angeboten, mit Schweden Verhandlungen über den Abzug der deutschen Besatzungsarmee aus Norwegen und ihre Internierung in Schweden zu führen. Mit einer entsprechenden Verhandlungsvollmacht versehen reiste Schellenberg am 5. Mai nach Kopenhagen; allerdings beendete die drei Tage später vollzogene Gesamtkapitulation sein Mandat.[11] Schellenberg blieb bis Mitte Juni in Schweden, wohnte bei Graf Bernadotte und stellte sich dann dem amerikanischen Militärattaché in Schweden.[12]

Ein wirklicher politischer Wechsel in der Machtelite fand nach Hitlers Selbstmord erkennbar nicht statt – außer der Entmachtung Himmlers, die, noch von Hitler verfügt, von dessen Nachfolger vollzogen wurde. Am 5. Mai, als die Teilkapitulation der deutschen Streitkäfte im Nordwesten gegenüber Montgomery erfolgte, zog Dönitz seine tags zuvor vereinbarte Formulierung zu Himmlers Stellung wieder zurück und wollte nur noch den unverbindlichen Satz festschreiben: »Der Reichsführer SS Heinrich Himmler hat sich dem Großadmiral zur Verfügung gestellt«, was Himmler wiederum nicht akzeptierte. Der an diesem Tag erzielte Kompromiß:

Ernährungsminister werden sollten. An die Stelle des von Hitler aus der Partei und allen Staatsämtern ausgestoßenen Himmlers sollte der schlesische Gauleiter Karl Hanke Reichsführer SS und Chef der deutschen Polizei werden (Politisches Testament Hitlers vom 29. 4. 1945, gedruckt in: Müller/Ueberschär, Kriegsende, S. 173–176).

10 Zur Bildung der Geschäftsführenden Reichsregierung vgl. Steinert, 23 Tage, S. 142–159.

11 Steinert, 23 Tage, S. 273–275; Dönitz, Zehn Jahre, S. 449, der allerdings im nachhinein das weitgehende Mandat Schellenbergs bestritt; Schellenberg, Memoiren, S. 371 f., dort im Anhang die von Dönitz unterzeichnete Beglaubigung und Vollmacht Schellenbergs vom 4. 5. 1945 (S. 391 f.).

12 Vernehmung Schellenberg, 13. 1. 1947, Archiv IfZ, ZS 291, Bd. III.

»Der Reichsführer SS Heinrich Himmler hat sich dem Großadmiral zur Lösung der Aufgaben der Flüchtlingsfürsorge und der öffentlichen Ordnung zur Verfügung gestellt« war binnen weniger Stunden bereits wieder Makulatur, denn am folgenden Tag, am 6. Mai, teilte Dönitz Himmler mit, daß er auf seine weiteren Dienste verzichte und sämtliche Bindungen zur neugebildeten Reichsregierung als gelöst betrachte.[13] Außerdem beauftragte er Keitel damit, Himmler zu veranlassen, sich abzusetzen und Besuche bei Dönitz künftig zu vermeiden.[14] So verschwand Himmler, in den Worten des Dönitz-Adjutanten Lüdde-Neurath, »aus unserem Gesichtskreis«, offenbar immer noch optimistisch, daß er unerkannt im Verborgenen die gegen ihn arbeitende Entwicklung abwarten könne.[15]

---

13 Steinert, 23 Tage, S. 144. Ebenfalls am 6. 5. entließ Dönitz die Minister Rosenberg, Rust und Thierack mit einem Schreiben, in denen er ihnen für die dem Reich geleisteten Dienste dankte. Ein gleichlautendes Schreiben an Himmler wurde auf Befehl von Dönitz gestrichen (ebenda). In dem von Schwerin von Krosigk entworfenen Entlassungsbrief hatte es ursprünglich geheißen: »Sehr geehrter Herr Reichsminister! In Berücksichtigung der gegenwärtigen Lage habe ich mich entschlossen, auf Ihre weitere Mitarbeit als Reichsminister des Innern und Mitglied der Reichsregierung, als Oberbefehlshaber des Ersatzheeres und als Chef der Polizei zu verzichten. Ich sehe damit Ihre sämtlichen Aufgaben als erloschen an. Ich danke Ihnen für Ihre Dienste, die Sie dem Reich geleistet haben.« (Zitiert nach: Hansen, Ende, S. 166) Allerdings ließ das Schreiben offen, wie es mit Himmlers Funktion als Reichsführer SS stand. Dönitz war es nach eigenen Angaben nicht umfassend genug, und er entließ daher Himmler mündlich am 6. 5. aus sämtlichen Funktionen (ebenda). Die Leitung der Polizei wurde vorübergehend vom einstigen Chef der Ordnungspolizei, Wünnenberg, wahrgenommen.
Rust nahm sich an einem der folgenden Tage das Leben; Rosenberg wurde am 18. 5. im Krankenhaus verhaftet, in das er, nachdem er sich nach einem Alkoholexzeß das Bein verstaucht hatte, eingeliefert und von Himmlers Vertrautem und berüchtigtem Chefarzt der Klinik Hohenlychen, Prof. Gebhardt, medizinisch betreut worden war. Thierack stellte sich den Alliierten; Ribbentrop tauchte in Hamburg unter und wurde dort später verhaftet (ebenda, S. 145 f.; Lüdde-Neurath, Regierung Dönitz, S. 85).
14 Hansen, Ende, S. 166.
15 Lüdde-Neurath, Regierung Dönitz, S. 91. In den folgenden Tagen hielt sich Himmler an verschiedenen Orten im Raum Flensburg auf (vgl. Linck, Ordnung, S. 154 f.). Nachdem am 17. 5. Jüttner, am 18. 5. Rosenberg verhaftet worden waren, setzte sich Himmler vermutlich am 20. Mai in der Uniform der Geheimen Feldpolizei und mit Ausweispapieren, ausgestellt auf den Namen Heinrich Hitzinger, mit einigen Angehörigen seines Stabes ab. Der Plan, in einer kleinen Gruppe, zu der

Ohlendorf allerdings hielt die Verbindung zu seinem langjährigen Chef. Nach eigener Aussage im Nürnberger Wilhelmstraßen-Prozeß (Fall 9) sah er Himmler bis zum 21. Mai noch täglich,[16] besprach mit ihm auch, daß der Nachrichtendienst aufrechtzuerhalten sei.[17] Ausdrücklich bot Ohlendorf Dönitz an, die Teile des Amtes III, die mit ihm nach Flensburg gekommen seien, also namentlich die Gruppe Volkstum (III B) unter Hans Ehlich, Wirtschaft (III D) mit Hans Leetsch und aus der Gruppe III A Kultur der Referent für Volkskultur und Kunst, Dr. Hans Rößner, als Kern eines neuen deutschen Nachrichtendienstes zu übernehmen.[18] Sie wurden dem am 13. Mai errichteten Nachrichtenbüro unterstellt, das sowohl für die Beschaffung und Auswertung aller politischen, wirtschaftlichen und militärischen Nachrichten aus dem In- und Ausland als auch für die Herausgabe und Verbreitung der Verlautbarungen, Anordnungen etc. der Geschäftsführenden Reichsregierung verantwortlich sein sollte.[19] Wie viele SD-Mitarbeiter aus dem RSHA im Nachrichtenbüro Unterschlupf fanden, ist nicht klar. Eine Personalmeldung vom 23. Mai zufolge umfaßte das Nachrichtenbüro insgesamt 59 Personen, hinzu kamen etwa 170 Unteroffiziere, Mannschaften und Angestellte, wobei neben den RSHA- auch Wehrmachtsangehörige aus dem NS-Führungsstab und der Wehrmachtspropaganda zum Personal des Nachrichtenbüros zählten. Wenn man bedenkt, daß das Personal der Geschäftsführenden Reichsregierung ins-

---

Brandt, Gebhardt und Grothmann gehörten, durch die englische Absperrung nach Süden zu entkommen, mißlang. Als augenscheinliche Gestapoangehörige wurden sie am 22. Mai 1945 ins britische Hauptquartier der 2. Armee nach Lüneburg gebracht. Dort gab sich Himmler zu erkennen und tötete sich kurz darauf mit einer Giftkapsel (Vernehmung Grothmann, 13.6.1945, NA, RG 319, Box 85, File X6000132 Himmler; Padfield, Himmler, S. 608–612; Chavkin/Kalganov, Die letzten Tage von Heinrich Himmler).

16 Linck, Ordnung, S. 154.
17 Vernehmung Ehlich, 17.12.1946; IfZ, ZS 877. Ehlich sagte zudem aus, daß Ohlendorf nach den Gesprächen mit Himmler den Eindruck gehabt habe, daß sich das schwierige Verhältnis zwischen ihnen verbessert habe, er Himmler »persönlich menschlich etwas näher« gekommen sei, was, falls Ehlichs Aussage stimmt, den gespenstischen und irrealen Charakter dieser letzten Tage der alten NS-Reichsführung offenbart.
18 Linck, Ordnung, S. 157.
19 Zu dessen vorläufigen Leiter ernannte Dönitz den Kapitän zur See von Davidson (Steinert, 23 Tage, S. 147).

gesamt nicht mehr als aus rund 350 Mitarbeitern bestand, die Hilfskräfte eingerechnet, dann wird die zumindest personell starke Position des Nachrichtenbüros deutlich.[20]

In einer Denkschrift an Schwerin von Krosigk aus dem Mai 1945 betonte Ohlendorf die »Notwendigkeit eines lebensgebietsmäßigen Nachrichtendienstes«, der »vor allem in einem Staate erforderlich [ist], der in seiner Grundanlage auf dem Führungssystem beruht und ein Korrektiv durch parlamentarische und publizistische Einrichtungen nicht vorsieht«. Er, Ohlendorf, habe es »immer als wichtigstes Ziel angesehen, diesen lebensgebietsmäßigen Inlandsnachrichtendienst zum Instrument der obersten Staatsführung zu machen«.[21] Der legitimatorische Umbau ist nicht zu verkennen. Auf der einen Seite hielt Ohlendorf unverändert am Bild des autoritären, strengen, aber fürsorglichen (selbstverständlich nur den Volksgenossen gegenüber) Staates fest, der deswegen aber umfassend informiert sein muß, um die »richtigen« Entscheidungen fällen zu können. Andererseits entwarf Ohlendorf in seiner Denkschrift bereits jene Legende vom objektiven, unabhängigen Inlandsnachrichtendienst, die später im Nürnberger Prozeß von allen NS-Zeugen, die zum SD aussagten, beschworen wurde.

> »Es schwebte mir dabei vor, ein Organ zu schaffen, das an Stelle der öffentlichen Kritik die Staatsführung gleichwohl in die Lage versetzen sollte, die im Volke vorhandenen oder entstehenden Auffassungen kennenzulernen und zu berücksichtigen. In diesem Sinn war im Endzustand ein Ventil für unausgelöste Spannungen und ein Anzeiger dringender Lebensnotwendigkeiten des Volkes gewollt.«[22]

Dönitz und Schwerin von Krosigk diskutierten zwar Ohlendorfs Vorlage, ahnten jedoch offenbar, daß deren sachliche wie weltanschauliche Nähe zum Reichssicherheitshauptamt allzu deutlich war. So beschlossen sie, die Weiterleitung der Denkschrift an die Alliierten sei »vorerst nicht zweck-

---

20 Zahlen nach Steinert, 23 Tage, S. 147. Ob sich allerdings aus diesen Zahlen ableiten läßt, wie Stephan Linck es tut, daß das Personal der Regierung Dönitz zum größeren Teil aus SD-Leuten bestand, ist fraglich, denn auch im Nachrichtenbüro waren die Wehrmachtssoldaten zweifellos in der Überzahl (Linck, Ordnung, S. 157).

21 Denkschrift Ohlendorfs an den Leitenden Minister der Geschäftsführenden Reichsregierung, Graf Schwerin von Krosigk, o. D. [Mai 1945], BArch, R 62/11, Bl. 34–51, gedruckt in: Boberach, Meldungen aus dem Reich, S. 533–539.

22 Ebenda.

736

mäßig«. Ohlendorf wurde mit den übrigen Angehörigen der Dönitz-Regierung am 23. Mai 1945 verhaftet. Im Juli gingen auch seine Gruppenleiter Höppner, Ehlich und Seibert den britischen Fahndern ins Netz.[23]

Unter falschem Namen

Die weitaus meisten der RSHA-Führungsangehörigen ereilte das gleiche Schicksal der Internierung. Nur wenige begingen Selbstmord.[24] Heinrich Werth, ehemals Adjutant von Kaltenbrunner, vergiftete sich mit Zyankali im Lazarett in Schleswig am 27. Juli 1945; Walter Kubitzky, vormals Referent in der Abwehrgruppe des Amtes IV, erschoß sich am 26. April, bevor die Rote Armee Berlin eroberte; der akkurate Finanzbeamte Dr. Rudolf Siegert, den Himmler Ende 1942 aus dem RSHA wieder ins Reichsfinanzministerium zurückgeschickt hatte, wurde am 24. April in seinem Haus in Berlin-Lichterfelde von russischen Soldaten erschossen.[25] Walter Heeß, vormals Leiter des Kriminaltechnischen Instituts, tauchte Anfang Mai unter, nachdem die Ehefrau Ende April in Berlin-Kleinmachnow sich selbst und ihre Kinder mit Gift umgebracht hatte. 1951 ließ die Schwester Walter Heeß für tot erklären.[26] Ähnlich der Stellvertreter Eichmanns, Rolf Günther, der im Sommer 1945 im Internierungslager Ebensee Selbstmord durch Gift verübt haben soll.[27]

---

23 Steinert, 23 Tage, S. 148; Linck, Ordnung, S. 170. Insgesamt meldete die 21. Armeegruppe in Schleswig-Holstein im Juli rund 35 000 ehemalige SS-Angehörige in Arrest, wobei der größte Teil Waffen-SS-Soldaten waren (ebenda).

24 Von den 221 untersuchten Biographien lassen sich nur elf Fälle finden, in denen Selbsttötung nachzuweisen ist bzw. die Umstände darauf hinweisen (vgl. übergreifend Baumann, Suizid im »Dritten Reich«).

25 Todesurkunde Heinrich Werth, Standesamt Schleswig, Nr. 1054/1945, GenStAnw KG Berlin, RSHA-Ermittlungsunterlagen, Personalheft Pw 58; Todesurkunde Walter Kubitzky, Standesamt Berlin-Schmargendorf, Nr. 2915/1945, 16.7.1945, GenStAnw KG Berlin, RSHA-Ermittlungsunterlagen, Personalheft Pk 155; Todesurkunde Rudolf Siegert, Standesamt Berlin-Lichterfelde, Nr. 1657/1945, Vermerk 29.11.1968, StAnw Hamburg, 147 Js 31/67, Bd. 31, Bl. 5986; zu Siegert siehe oben, S. 290 und 297 f.

26 Beschluß Amtsgericht Berlin-Zehlendorf, 70/8 II 108/51, 2.12.1951, ZStL 1 AR 383/59, Bl. 7.

27 BArch DH, Dok/P 12586; GenStAnw KG Berlin, RSHA-Ermittlungsunterlagen, Personalheft Pg 67.

Auch Erwin Weinmann, einstmals Assistenzarzt in Tübingen,[28] später Einsatzkommandoführer in Belgien und der Sowjetunion, Leiter der Gruppe Besetzte Gebiete im RSHA-Amt IV und seit 1942 Befehlshaber der Sicherheitspolizei und des SD in Prag, soll angeblich im Mai 1945 bei den Kämpfen um Prag gefallen sein. Am 9. Juni 1949 erklärte ihn das Amtsgericht Reutlingen für tot. Doch laut den Recherchen des Bundes jüdisch Verfolgter des Naziregimes hielt sich Weinmann mehrere Jahre lang verborgen, gelangte über Italien zunächst nach Spanien und von dort nach Ägypten. In Alexandrien war er als Berater für die ägyptische Polizei tätig, und auch das Bundesamt für Verfassungsschutz in Köln fragte 1968 bei der Zentralen Stelle der Landesjustizverwaltungen in Ludwigsburg an, ob der in Alexandrien lebende ehemalige SS-Standartenführer Weinmann mit dem früheren BdS Prag identisch sei.[29] In Ägypten fand ebenfalls Joachim Deumling, im RSHA Referatsleiter für das besetzte Polen (IV D 2 Generalgouvernement) und Führer eines Einsatzkommandos in Kroatien, eine

---

28 Siehe oben, S. 178 f.

29 GenStAnw KG Berlin, RSHA-Ermittlungsunterlagen Erwin Weinmann; ZStL/ZK, III-54/494-VS-NfD; BStU, AP 7664/79. Walter Hammer sagte aus, daß er Weinmann Ende der fünfziger Jahre getroffen habe (Vernehmung Walter Hammer, 9.7.1962, ZStL II 201 AR 1663/61, Bd. 1, Bl. 48–51). Auch bei Reiner Gottstein, der die »Festung« Budapest als Kommandeur der Sicherheitspolizei und des SD verteidigte, ist nicht bewiesen, daß er am 13. Februar 1945 bei Tök nordwestlich von Budapest gefallen ist (Todesurkunde Reiner Gottstein, Standesamt Berlin-Neukölln, 134/52, GenStAnw KG Berlin, RSHA-Ermittlungsunterlagen, Personalheft Pg 37). Für die ermittelnden Staatsanwälte bestand allerdings an dem Tod Gottsteins kein Zweifel (Vermerk, 28.8.1964, ZStL, 1 AR [RSHA] 147/64). Der ehemalige Gestaporeferent Alwin Wipper soll als Kompanieführer der Kampfgruppe Bock bei Kriegsende in Berlin gefallen sein (Todeserklärung Amtsgericht Berlin-Schöneberg, 34 II 1044/52, GenStAnw KG Berlin, RSHA-Ermittlungsunterlagen, Personalkarte Alwin Wipper). Und Paul Mylius galt den ermittelnden Staatsanwälten als verschollen, weil er zuletzt auf dem Gebiet der DDR gesehen worden war (GenStAnw KG Berlin, RSHA-Ermittlungsunterlagen, Personalkarte Paul Mylius). Auch über den Verbleib des SD-Angehörigen und RSHA-Personalreferenten Herbert Opolka, der 1940 seinen Namen in Schwinge ändern ließ und 1944 nach Krakau kommandiert wurde, ist nichts bekannt (Headquarters United States Forces European Theater, Military Intelligence Service Center, Apo 757, CI Consolidated Interrogation Report No 14, Subject: Amt I RSHA, 28.2.1946, US National Archives, RG 238, Microfilm M1270, roll 31, fol. 832–848; GenStAnw KG Berlin, RSHA-Ermittlungsunterlagen, Personalheft 160).

Anstellung. Nachdem er nach dem Krieg interniert worden war, lebte er zunächst unter falschem Namen und setzte sich dann nach Ägypten ab. Von 1954 bis 1956 beteiligte er sich dort am Aufbau des ägyptischen Nachrichtendienstes.[30]

Neben Adolf Eichmann, der sich 1945 nach Altaussee abgesetzt hatte, für kurze Zeit in amerikanische Internierungshaft geriet, in Norddeutschland untertauchte und über die sogenannte »Rattenlinie« 1950 über Italien nach Argentinien flüchten konnte, gelang auch Walther Rauff die Flucht nach Südamerika.[31] Rauff, als Leiter der Gruppe II D Technische Angelegenheiten verantwortlich für den Bau von Gaswagen, war 1942 Einsatzkommandoführer in Nordafrika und anschließend in Oberitalien gewesen.[32] 1945 für kurze Zeit in Rimini interniert, konnte Rauff flüchten und sich in Rom, offenbar mit Hilfe katholischer Geistlicher, verstecken. Von Italien gelangte er zunächst nach Syrien, wo er als militärischer Berater tätig war, dann weiter nach Ekuador, wo er unter dem Namen Raliff als Provisionsvertreter für eine deutsche Firma arbeitete.[33] Schließlich ließ er sich

---

30 Vernehmung Joachim Deumling, 31.3.1962, GenStAnw KG Berlin, RSHA-Ermittlungsunterlagen, Personalheft Pd 15; BStU, IX/11 AS 99/66, Bd. 17, Bl. 176. 1956 kehrte Deumling nach Deutschland zurück, erstattete Selbstanzeige wegen des Führens eines falschen Namens und arbeitete seit 1957 in Brackwede als Prokurist in einer örtlichen Firma. Ins Ausland setzten sich auch Hermann Bielstein, zeitweise Gruppenleiter im RSHA-Amt VI SD-Ausland, und Erich Hengelhaupt, ehemals Vertrauter von Gräfe und Leiter des Referats VI C Sowjetunion (siehe oben, S. 671–679), ab. Bielstein reiste 1948 nach Irland aus, Hengelhaupt, aufgrund der verwandtschaftlichen Beziehungen seiner Frau, 1945 in die Schweiz (GenStAnw KG Berlin, RSHA-Ermittlungsunterlagen Hermann Bielstein, Personalhefte Pb 77; Mitteilung der Ehefrau von Erich Hengelhaupt an den Verfasser, 8.7.1997; Auskunft der Einwohnerkontrolle der Stadt Bern an die ZStL vom 22.11.1962, ZStL, 302 AR-Z 23/62, Bd. 1, Bl. 312).

31 Zu Eichmanns Flucht siehe Giefer/Giefer, Rattenlinie, S. 62–67; Harel, House, S. 199–201; Pearlman, Festnahme, S. 118–129; sowie die Fahndungsunterlagen in: US National Archives, RG 319, Box 45, File XE004471 Eichmann; BArch, R 58/Anhang, Bd. 79.

32 BArch, BDC, SSO-Akte Walther Rauff; Vernehmung Johannes Clemens, 20.4.1964, GenStAnw KG Berlin, RSHA-Ermittlungsunterlagen, Personalheft Pc 8; Hilberg, Vernichtung, Bd. 3, S. 684–686.

33 Schriftliche Erklärung Karl-Heinrich K., ehemals Deutsche Botschaft in Quito, 7.6.1993, GenStAnw KG Berlin, RSHA-Ermittlungsunterlagen, Personalheft

als Mitinhaber einer Importfirma in Chile nieder, wo seine Söhne Karriere in der Kriegsmarine machten. Eine Auslieferung von Rauff, gegen den seit Anfang der sechziger Jahre ein deutscher Haftbefehl wegen der Ermordung von 97 000 Menschen vorlag, lehnte die chilenische Regierung, auch unter Allende, stets ab.[34]

Unmittelbar nach dem Krieg wurden allerdings einige RSHA-Führungsangehörige an osteuropäische Staaten ausgeliefert. Dr. Herbert Strickner, der als Volkstumsreferent zuerst beim SD Posen, dann in der Gruppe III B im RSHA gearbeitet hatte, wurde im Juni 1946 an Polen übergeben, in Posen/Poznań zusammen mit seinem einstigen Vorgesetzten Rolf-Heinz Höppner vor Gericht gestellt, im März 1949 wegen Verbrechen im Rahmen der Umsiedlungen zum Tode verurteilt und im Januar 1951 hingerichtet.[35] Kurt Stage, RSHA-Referent für Angelegenheiten der NSDAP im Amt IV, zum Einsatz nach Norwegen abkommandiert und seit März 1944 KdS im slowenischen Maribor an der Drau, wurde ebenso wie Josef Vogt, Kommunismusreferent im Amt IV und Vorgänger Stages als KdS in Maribor, und Erich Roth, vormals Referent für Kirchenfragen in der Gruppe IV B, 1947 an Jugoslawien ausgeliefert, dort zum Tode ver-

---

Pr 20; Ermittlungsverfahren der StAnw Hannover, 2 Js 299/60; Vernehmung Walther Rauff, 28. 6. 1972 in Santiago de Chile, StAnw Hamburg, 147 Js 31/67, Bd. 46, Bl. 8235–8250.

34 Die chilenische Regierung beharrte darauf, daß die Rauff zur Last gelegten Verbrechen nach chilenischem Recht verjährt seien (Bericht des Bundesjustizministeriums an den Deutschen Bundestag über die Verfolgung nationalsozialistischer Straftaten vom 26. Februar 1965, Bundestagsdrucksache IV/3124, S. 19). Auch ein persönlicher Vorstoß von Simon Wiesenthal bei Präsident Allende im August 1972 führte zu keiner Veränderung der Haltung Chiles (Vorgang in: ZStL, 415 AR-Z 220/59, Bd. 2 und 3). Ob Rauff, wie Kohl schreibt (Kohl, Ich wundere mich, S. 83), dem Pinochet-Regime als Berater gedient und persönlich Häftlinge gefoltert hat, muß, solange nicht entsprechende chilenische Dokumente freigegeben werden, offenbleiben. Rauff starb im Mai 1984 in Las Conedes bei Santiago de Chile.

35 ZStL, 110 AR 138/94; Urteil des Bezirksgerichts Poznań, 15. 3. 1949, 203 AR 1473/68, Bd. 1, Bl. 48–90; GenStAnw KG Berlin, RSHA-Ermittlungsunterlagen Herbert Strickner, Personalheft Pst 40. Höppner dagegen wurde nur zu lebenslanger Haft verurteilt (ZstL, 203 AR 1473/68, Bd. 1, Bl. 48–90) und später an die Bundesrepublik ausgeliefert. Vor wenigen Jahren lebte er noch in einem Altersheim in Köln.

urteil und hingerichtet.[36] Wilhelm Clemens, Abwehrreferent im RSHA-Amt IV, war im August 1945 von den Briten gefangengenommen, ein Jahr später an die Tschechoslowakei ausgeliefert worden, weil er 1939 einem Einsatzkommando angehört und bis 1941 die SD-Abteilung beim BdS Prag geleitet hatte. Clemens wurde im August 1948 zu 14 Jahren Haft verurteilt und 1959 in die Bundesrepublik entlassen.[37]

Dr. Gustav Jonak, sudetendeutscher NS-Aktivist, Tschechienreferent im RSHA-Amt IV und und schließlich Oberlandrat in Mährisch-Ostrau,[38] geriet im Mai 1945 in tschechische Gefangenschaft und wurde 1947 vom Kreisgericht in Mährisch-Ostrau zu 12 Jahren Zwangsarbeit verurteilt. Allerdings hatte er das Glück, parallel zur Rückkehr der letzten deutschen Gefangenen aus der Sowjetunion im Oktober 1955 wieder in die Bundesrepublik entlassen zu werden, und brachte es schließlich noch bis zum Regierungsdirektor im baden-württembergischen Innenministerium.[39] Auch der RSHA-Referent Dr. Walter Hammer, der im Herbst 1939 in Polen ein Einsatzkommando geleitet hatte, in den Niederlanden, in Italien und schließlich in Prag für das RSHA tätig war, kam im Mai 1945 erst in tschechische, dann sowjetische Gefangenschaft und wurde von einem Militärgericht zu 25 Jahren Arbeitslager verurteilt, konnte aber durch die zwischen Adenauer und Bulganin 1955 ausgehandelte Vereinbarung im Dezember 1955 in die Bundesrepublik zurückkeh-

---

36 Zu Stage: BArch, BDC, SSO-Akte Kurt Stage; GenStAnw KG Berlin, RSHA-Ermittlungsunterlagen, Personalheft Pst 2; BStU, AP 427/54; zu Roth: GenStAnw KG Berlin, RSHA-Ermittlungsunterlagen, Personalheft Pr 97; siehe zu beiden auch den Biographischen Anhang; zu Vogt: GenStAnw KG Berlin, RSHA-Ermittlungsunterlagen, Personalheft Pv 4.

37 Vernehmung Wilhelm Clemens, 18. 3. 1964 und 6. 4. 1965, GenStAnw KG Berlin, RSHA-Ermittlungsunterlagen, Personalheft Pc 9. Clemens war nach seiner Rückkehr in die Bundesrepublik erst einige Monate arbeitslos und fand dann eine Anstellung als Konstrukteur bei einer Westberliner Stahlfirma. Die Berliner Staatsanwälte leiteten gegen ihn kein Ermittlungsverfahren ein (GenStAnw KG Berlin, 1 AR [RSHA] 1235/64, Verfügung vom 14. 12. 1964).

38 Zu Jonak siehe oben, S. 354 f.

39 Vernehmung Jonak, 3. 2. 1965, GenStAnw KG Berlin, RSHA-Ermittlungsunterlagen, Personalheft Pj 33. Gegen Jonak waren in den sechziger Jahren mehrere Ermittlungsverfahren anhängig, die jedoch sämtlich eingestellt wurden. Er starb im Dezember 1985 in Nürtingen (ZStL, 103 AR 986/88).

ren.[40] In Frankreich wurde Rolf Mühler, Referent im RSHA-Amt VII und 1943 zum Einsatz als Kommandeur der Sicherheitspolizei und des SD nach Marseille abkommandiert, von einem Kriegsgericht in Marseille 1954 zum Tode verurteilt. Allerdings wurde das Urteil in eine Freiheitsstrafe umgewandelt, und auch Mühler konnte 1956 in die Bundesrepublik zurückkehren.[41]

Eine Reihe von RSHA-Führern tauchte unter und versuchte mit falschem Namen der Strafverfolgung zu entgehen. Dr. Siegfried Engel, im RSHA Referent für weltanschauliche Erziehung, war im Mai 1945 in Mailand, wo er im letzten Kriegsjahr noch ein Einsatzkommando geführt hatte, gefangengenommen worden. Aus dem amerikanischen Internierungslager in Oberursel, wohin er gebracht worden war, gelang ihm im Frühjahr 1947 die Flucht. Unter dem Namen Friedrich Schottenberg verdingte er sich erst in einem Holzfällerlager der britischen Armee in Braunlage im Harz und arbeitete im Sommer 1948 in Braunlage als Bademeister. 1949 siedelte er nach Hamburg um und fand eine Anstellung in einer Holzimportfirma, wo er zum Prokuristen aufstieg. Den Namen Schottenberg legte er wieder ab, wagte aber trotz des Amnestieangebots der Bundesregierung für die sogenannten »Illegalen« nicht, seinen richtigen Namen zu offenbaren, sondern lebte weiterhin unter einem falschen Namen und Geburtsdatum.[42]

Eugen Steimle, der vor dem Krieg als Nachfolger Scheels Führer des SD-Oberabschnitts Stuttgart gewesen war und von Erwin Weinmann im

---

40 Vernehmung Hammer, 5. 7. 1965, ZStL, 211 AR-Z 13/63, Bd. 4, Bl. 870 ff.; GenSt-Anw KG Berlin, RSHA-Ermittlungsunterlagen, Personalheft Ph 26. Auch der Adjutant Josts, Gerhard Nyhoegen, geriet wie Friedrich Panzinger und Bruno Strekkenbach in sowjetische Gefangenschaft. Sie wurden sämtlich im Laufe des Jahres 1955 entlassen.

41 GenStAnw KG Berlin, RSHA-Ermittlungsunterlagen, Personalheft Pm 92. Dr. Rudolf Bilfinger, von 1941 bis 1943 faktischer Leiter der Gruppe Organisation und Recht im Amt II und unter anderem mit der »Mischlingsfrage« befaßt, wurde 1953 in Frankreich wegen seiner Tätigkeit als Gestapochef von Toulouse 1943/44 zu acht Jahren Haft verurteilt, die jedoch mit seiner Internierungszeit als verbüßt galt, so daß Bilfinger nach der Verurteilung nach Deutschland zurückkehren konnte (GenStAnw KG Berlin, RSHA-Ermittlungsunterlagen, Personalheft Pb 79).

42 BArch, BDC, SSO-Akte Siegfried Engel; Vernehmung Siegfried Engel, 2. 9. 1964, GenStAnw KG Berlin, RSHA-Ermittlungsunterlagen, Personalheft Pe 21.

August 1942 die Führung des Sonderkommandos 4a in der Sowjetunion übernommen hatte, war bis September 1944 Gruppenleiter im RSHA-Amt VI in Berlin und wurde dann erst nach Fürstenwalde, dann über Thüringen ins bayerische Tegernsee evakuiert. Am 26. April verließ Steimle zusammen mit Theodor Paeffgen und Martin Sandberger Tegernsee. Getrennt wollten sie sich zu ihren Familien durchschlagen. Steimle ging nach Neubulach im württembergischen Kreis Backnang, legte sich den falschen Namen Dr. Hermann Bulach zu und arbeitete zunächst als Landarbeiter. Allerdings fahndete der amerikanische CIC bereits nach ihm und hatte zwei Agenten in die französisch besetzte Zone ausgesandt, die in Tübingen ihre Recherchen begannen. Schließlich gelang die Verhaftung Steimles am 1. Oktober 1945 bei dem Bauern in Groß-Höchberg, für den er arbeitete. Bei der Vernehmung gab Steimle seinen richtigen Namen und seine Funktion als Gruppenleiter im RSHA-Amt VI SD-Ausland zu.[43]

Neben Engel und Steimle waren noch zehn weitere RSHA-Führungsangehörige in den ersten Nachkriegsjahren als »Menschen unter falschem Namen«[44] untergetaucht. Die Bundesregierung nahm sich dieser »Illegalen«, deren Zahl kaum zu schätzen war und vermutlich eher überschätzt wurde, in besonderer Weise an und verankerte im Straffreiheitsgesetz vom 31. Dezember 1949, einem der ersten Gesetze der Bundesrepublik überhaupt, eine Amnestie für Vergehen und Übertretungen, die »zur Verschleierung des Personenstandes aus politischen Gründen« begangen worden waren, sofern die Täter bis Ende März 1950 bei der Polizei ihre richtige Identität angaben.[45] Mit dem Straffreiheitsgesetz wurden alle Vergehen amnestiert, die vor dem 15. September 1949 begangen worden waren und deren Strafe sechs Monate Gefängnis nicht überschritt, das heißt sowohl Schwarzmarktdelikte aus der Besatzungszeit als auch NS-Taten wie Körperverletzung mit Todesfolge, sofern der Täter nicht »aus Grausamkeit, aus ehrloser Gesinnung oder aus Gewinnsucht« gehandelt

---

43 Memorandum for the Officer in Charge, 307th CIC Det., Headquarters 7th Army, Apo 758, 970/45 Team Backnang, 4. 10. 1945, US National Archives, RG 319, Box 221B, File XE004201 Steimle.

44 So der Titel eines Aufsatzes von Karl Wilhelm Böttcher in den »Frankfurter Heften« 1949.

45 Gesetz über die Gewährung von Straffreiheit vom 31. 12. 1949, BGBl. 1949, S. 37 f.; vgl. dazu ausführlich Frei, Vergangenheitspolitik, S. 29–53.

habe.[46] Insgesamt erfaßte das Straffreiheitsgesetz über 792 000 Personen, von denen einer halben Million die bereits ausgesprochenen Strafen (Freiheitsstrafen bis zu 6 Monaten und Geldstrafen bis zu 5000 DM) erlassen und bei über einer Viertelmillion die Verfahren eingestellt worden waren. Von dem Angebot, ihre wahre Identität zu offenbaren, machten jedoch bis zum Stichtag, dem 31. 3. 1950, nur 241 »Illegale« Gebrauch.[47] Auch bei den RSHA-Angehörigen waren es offensichtlich nur drei, die das Angebot genutzt und bis zum März 1950 ihren wahren Namen bei der Polizei offenbart haben.

Bis auf diejenigen, die sich durch Selbstmord oder Flucht der Verhaftung entzogen, wurden nahezu sämtliche RSHA-Angehörigen wegen Zugehörigkeit zur SS und zum Reichssicherheitshauptamt in den ersten Nachkriegsjahren interniert. Auch diejenigen, die wie Engel oder Steimle versuchten, als Holz- oder Landarbeiter unterzutauchen, wurden spätestens 1947/48 entdeckt und interniert. Allerdings mußten sie weder eine lange Haftzeit noch eine drakonische Strafe erleiden. Der Schutzhaftreferent des Reichssicherheitshauptamtes, Dr. Emil Berndorff, verantwortlich für zahlreiche Einweisungen in Konzentrationslager,[48] hatte sich bei Kriegsende in Schleswig-Holstein versteckt und bei einem Bauern, nicht weit von Husum entfernt, gearbeitet. Dort allerdings spürte ihn die britische Besatzungsmacht auf. Berndorff wurde Mitte Dezember 1945 verhaftet, zunächst ins Vernehmungslager nach Plön, dann ins Internierungslager Neumünster, später Fallingbostel, gebracht. Dort befaßte sich das Spruchgericht mit ihm und verurteilte ihn 1947 wegen Zugehörigkeit zu einer verbrecherischen Organisation, i. e. Gestapo und SS, zu fünf Jahren Gefängnis, wobei die Zeit der Internierung auf die Strafe angerechnet wurde, so daß Berndorff schließlich im April 1950 das Lager verlassen konnte. Im November 1955 schließlich wurde auf Anordnung des Generalstaatsanwaltes beim Landgericht Berlin seine Strafe aus dem Straf-

---

46 Friedrich, Amnestie, S. 213 f.; Frei, Vergangenheitspolitik, S. 37 f. Die Alliierte Hohe Kommission hatte zwar dem Gesetz zugestimmt, jedoch zugleich Bedenken geäußert, daß das vorgelegte Gesetz auch Täter amnestieren könnte, »die aufgrund der Bestimmungen der alliierten Gesetzgebung […] von deutschen Gerichten abgeurteilt und für schuldig erkannt worden sind« (zitiert nach ebenda, S. 45).
47 Ebenda, S. 50 f.
48 Siehe oben, S. 345–349.

register getilgt; Berndorff konnte sich fortan als unbescholtener Mann fühlen.[49]

Allerdings war dieser glimpfliche Ausgang der Nachkriegsinternierungen und Spruchgerichtsurteile für die RSHA-Angehörigen nicht vorauszusehen. Im Gegenteil, die Versuche seitens der RSHA-Täter, unterzutauchen und sich der Verhaftung zu entziehen, offenbaren bereits, daß von einem Unschuldsbewußtsein dieser Männer keine Rede sein kann, sie vielmehr wußten, für welche Verbrechen sie zur Rechenschaft gezogen werden würden. Daß die Alliierten ihrerseits an der Ausschaltung der ehemaligen NS-Elite interessiert waren, macht schon die Internierung von mehr als 250 000 Personen im ersten Jahr nach dem Ende des Kriegs deutlich. Insgesamt über 5000 Personen wurden vor ein alliiertes Militärgericht gestellt, 4000 verurteilt, davon 668 zum Tode. Rund 6000 Häftlinge lieferten die Alliierten an Drittstaaten aus, darunter zahlreiche Täter an Polen und andere ost- bzw. südosteuropäische Staaten, wo etliche, wie Vogt, Strickner, Roth, Stage, mit der Todesstrafe rechnen mußten.[50] Die Vorbereitung und Durchführung der Nürnberger Prozesse ließen ohnehin von vornherein erkennen, daß es an dem Willen der alliierten Sieger, die Verantwortlichen der NS-Verbrecher vor Gericht zu stellen und abzuurteilen, keine Zweifel geben konnte, was angesichts der offenbarten Massenverbrechen des NS-Regimes auch kaum anders zu erwarten war.

---

49 Spruchgerichtsverfahren Benefeld-Bomlitz, 4 Sp. Js. 36/47, Urteil vom 25. 11. 1947, GenStAnw KG Berlin, RSHA-Ermittlungsunterlagen, Personalheft Pb 63; Gnadenentscheid des niedersächsischen Ministerpräsidenten, 25. 4. 1950, ebenda; Vernehmung Emil Berndorff, 28. 6. 1967, ebenda.

50 Zahlen nach Henke, Trennung; vgl. ebenfalls Wember, Umerziehung. Nach den bislang zugänglichen Unterlagen waren drei RSHA-Referenten in der sowjetischen Zone interniert: Kurt Amend, im Amt V Referent für Fahndung, wurde im Juni 1945 von russischen Soldaten festgenommen, zunächst im Lager Fünfeichen in Neubrandenburg, ab Herbst 1948 in Buchenwald interniert, allerdings im Januar 1950 in den britischen Sektor von Berlin entlassen (GenStAnw KG Berlin, RSHA-Ermittlungsunterlagen, Personalheft Pa 14; siehe unten, S. 770); Friederike Wieking, Referentin für die Weibliche Kriminalpolizei, war sieben Jahre in sowjetischer Haft in Waldheim, bevor sie nach West-Berlin entlassen wurde, wo sie im August 1958 starb (siehe unten, S. 312–314); Dr. Franz Wächter, im Amt V 1941/42 Referent für Rechtsfragen und Kriminalforschung, war ebenfalls in Buchenwald interniert und starb vermutlich 1947 im sowjetischen Internierungslager Ketschendorf (GenStAnw KG Berlin, RSHA-Ermittlungsunterlagen, Personalheft Pw 6).

Nürnberger Prozesse

Die Forderung, daß die Verantwortlichen der Achsenmächte für ihre Verbrechen vor ein Gericht gestellt und verurteilt werden müßten, wurde schon während des Krieges laut, als die Weltöffentlichkeit von den Massenmorden und Kriegsverbrechen der Nationalsozialisten Kenntnis erhielt.[51] Anfang Oktober 1942 wurde in London und Washington die Bildung einer United Nations Commission for the Investigation of War Crimes (später United Nations War Crimes Commission) bekanntgegeben, die ihre tatsächliche Arbeit allerdings erst ein Jahr später aufnahm. Moskau folgte Anfang November 1942 mit der Erklärung, eine eigene Untersuchungskommission einzusetzen,[52] 1943 fand in Charkow der erste sowjetische Prozeß gegen deutsche Kriegsverbrecher statt.[53] Die westlichen Alliierten waren inzwischen auf Sizilien gelandet, Mussolini gestürzt; die Frage, was mit den Führern Italiens und Deutschlands nach deren absehbarer Niederlage zu geschehen hätte, rückte näher. Die Erklärung der Moskauer Außenministerkonferenz vom 1. November 1943 stellte daher einen Markstein dar, indem England, die USA und die Sowjetunion ankündigten, daß alle Kriegsverbrecher ausfindig gemacht und jenen Ländern übergeben werden sollten, in denen sie ihre Taten begangen hatten. Über das Schicksal der Hauptkriegsverbrecher wollten die drei Alliierten selbst entscheiden.[54] Allerdings waren sich die Alliierten einig, daß es sich nicht um langwierige Prozesse, sondern um kurze Verfahren, womöglich auch um Standgerichtsverfahren handeln

---

51 Siehe zum Beispiel die Erklärung der in London weilenden Exilregierungen der von Deutschland besetzten europäischen Länder vom 13.1.1942, in der gefordert wurde, die Verantwortlichen, gleich welcher Nationalität sie angehörten, zu ergreifen und vor Gerichte zu stellen (Taylor, Nürnberger Prozesse, S. 41).

52 Taylor, Nürnberger Prozesse, S. 42; Kettenacker, Behandlung der Kriegsverbrecher, S. 20 f.

53 Vgl. dazu jetzt Ueberschär, Die sowjetischen Prozesse gegen deutsche Kriegsgefangene, der die Verfahrensmängel – ca. 80 Prozent der Angeklagten hatten keinen Verteidiger –, die Willkür und Vorabfestlegung der Urteile hervorhebt und damit auch die positive Sicht Manfred Messerschmidts auf die Minsker Prozesse zurechtrückt (Messerschmidt, Minsker Prozeß).

54 Declaration on German Atrocities, 1.11.1943, in: War and Peace Aims, Bd. 2, S. 10.

sollte.[55] Insbesondere das britische Kabinett war der Auffassung, keinesfalls lang anhaltende, öffentliches Aufsehen auf sich ziehende Prozesse zu veranstalten.

So abwegig die britische Haltung heute erscheinen mag, es gab gute Gründe für solche Skepsis. Denn die Absicht, die Kriegsverbrecher vor ein Gericht zu stellen, war keineswegs unproblematisch. Gab man ihnen, wie seinerzeit Hitler in München 1924, damit nicht öffentlich Gelegenheit, ihre Verbrechen propagandistisch zu rechtfertigen, insbesondere gegenüber der deutschen Bevölkerung, die ohnehin noch nationalsozialistisch eingestellt war? Den Deutschen selbst konnte man nach den schlechten Erfahrungen nach dem Ersten Weltkrieg ein solches Verfahren nicht in die Hand geben. Aber mußte nicht jedes alliierte Tribunal von vornherein dem Verdacht der Siegerjustiz ausgesetzt sein? Und auf der Grundlage welchen Rechts und mit welcher Anklage sollte der Prozeß stattfinden? Es gab also durchaus gute Gründe, wenn sich insbesondere das britische Kabinett gegen ein ordentliches Gerichtsverfahren aussprach. Aber auch in den USA gab es innerhalb der Roosevelt-Administration heftige Auseinandersetzungen – Finanzminister Morgenthau auf der einen Seite, der sich für schnelle und umfangreiche Exekutionen aussprach und Roosevelt tendenziell auf seiner Seite wußte, und Kriegsminister Stimson auf der anderen Seite, der gerade angesichts der Erfahrungen mit dem Versailler Diktatfrieden 1919 jeden Anschein von Vergeltung vermeiden und daher die Kriegsverbrechen durch ein ordentliches Gerichtsverfahren feststellen lassen wollte.[56]

Schließlich setzten sich in den USA die Prozeß-Befürworter durch, nachdem Murray C. Bernays, ein bei der US-Armee beschäftigter Anwalt, den juristischen gordischen Knoten durchschlagen hatte, indem er anregte, die führenden Repräsentanten des NS-Regimes einschließlich

55 Kettenacker, Behandlung der Kriegsverbrecher, S. 22 f. Ob Stalins Ausspruch, nach Beendigung des Krieges 50 000 deutsche Offiziere umstandslos erschießen zu lassen, den Churchill in seinen Memoiren zitiert, wirklich ernst gemeint oder eher ein makabrer Scherz war, läßt sich im nachhinein kaum noch eindeutig feststellen (Churchill, Closing, S. 373 f.; Heydecker/Leeb, Nürnberger Prozeß, S. 89–92).

56 Smith, Road to Nuremberg, S. 12–47; Kettenacker, Behandlung der Kriegsverbrecher, S. 24–26; zu Morgenthaus politischer Konzeption vgl. auch Greiner, Morgenthau-Legende.

der Organisationen SA, SS und Gestapo vor einem internationalen Gerichtshof der verschwörerischen Absicht anzuklagen, »to commit murder, terrorism and the destruction of peaceful populations in violation of the laws of War«.[57] Ein Memorandum vom 22. 1. 1945, unterzeichnet vom Außen-, Kriegs- und Justizminister, nahm ebendiesen Gedanken auf, stieß bei Roosevelt schon nicht mehr auf Ablehnung und fand nach dessen Tod am 12. April 1945 die ausdrückliche Zustimmung seines Nachfolgers Harry Truman. Anfang Mai erklärte sich auch das britische Kabinett mit einem Prozeß vor einem internationalen Gerichtshof einverstanden.[58]

Im Sommer 1945 arbeitete eine alliierte Konferenz in London die Rechtsgrundlage aus, auf der der Prozeß stattfinden sollte.[59] Das Statut für den Internationalen Militärgerichtshof vom 8. August 1945 definierte als Gegenstand des Verfahrens: a) Verbrechen gegen den Frieden, das heißt die Planung, Vorbereitung und Durchführung eines Angriffskrieges oder Krieges unter Bruch internationaler Verträge, b) Kriegsverbrechen, wie Ermordung, Mißhandlungen, Deportation zur Zwangsarbeit von Zivilisten oder Kriegsgefangenen, Töten von Geiseln, Plünderungen, Zerstörung von Städten und Dörfern, c) Verbrechen gegen die Menschlichkeit, das heißt Mord, Ausrottung, Versklavung der Zivilbevölkerung, Verfolgung aus politischen, rassischen oder religiösen Gründen. Artikel 10 legte fest, daß auch Gruppen und Organisationen vom Gerichtshof als verbre-

---

57 Die Absicht bestand darin, die NS-Spitze sowohl der Verschwörung – ein im angelsächsischen Recht gebräuchlicher Straftatsbestand – gegen internationales Recht als auch zur Begehung von Verbrechen, die von verbrecherischen Organisationen im Namen der NS-Führer ausgeführt worden waren, anzuklagen. Damit konnte differenziert werden zwischen den NS-Führern, denen ihre Verbrechen einzeln nachgewiesen, und den Abertausenden von Erfüllungsgehilfen, die aufgrund ihrer Zugehörigkeit zu den verbrecherischen Organisationen, verurteilt werden sollten (Smith, Road to Nuremberg, S. 50–74; Taylor, Nürnberger Prozesse, S. 52–55).

58 Taylor, Nürnberger Prozesse, S. 46–58; Smith, Road to Nuremberg, S. 137–151, 218–221; Smith, Jahrhundert-Prozeß, S. 32–59. Eine kritische Bilanz der amerikanischen Bemühungen zieht Simpson, Debatte.

59 Vgl. dazu ausführlich Taylor, Nürnberger Prozesse, S. 77–102; Smith, Jahrhundert-Prozeß, S. 60–87.

cherisch erklärt und Angehörige dieser Organisationen aufgrund ihrer Mitgliedschaft verurteilt werden könnten.[60]

Die Problematik der Nürnberger Prozesse bot nicht nur ehemaligen Kronjuristen des »Dritten Reiches« Anlaß zu gekränkter Klage.[61] Auch ein der Sympathie für die Nazis unverdächtiger Zeuge wie der international geachtete, aus Deutschland von den Nationalsozialisten vertriebene Staatsrechtler Hans Kelsen bezeichnete das Londoner Statut in einem berühmten Aufsatz als ein »privilegium odiosum«, weil sich die Siegermächte in eigener Sache zu Gesetzgebern und zugleich zu Richtern gemacht hätten.[62] In der Tat war die Frage, wer einen Angriffskrieg definierte, nicht geklärt, und die Problematik des Rückwirkungsverbots umgingen die Alliierten nur unzulänglich, wenn sie nur die kriegsbedingten Verbrechen gegen die Menschlichkeit behandelten. Damit klammerten sie bewußt die Verfolgung der Juden vor 1939 aus der Anklage aus, weil es sich in der Logik des Verfahrens um einen Fall Deutscher gegen Deutsche vor dem Krieg handelte. Außerdem blieb das Prinzip »tu quoque« unbeachtet, das heißt, die Verbrechen der Alliierten im Sinne des Londoner Statuts, wie der Angriffskrieg der Sowjetunion gegen Finnland 1940 oder der Massenmord von Katyn, wurden entweder verschwiegen oder wie im Falle Katyn auf Drängen der sowjetischen Seite als deutsches Verbrechen dargestellt, in jedem Fall erklärte sich das Gericht – im juristischen Sinn problematisch – ausschließlich für Verbrechen seitens der Achsenmächte für zuständig.[63] Dessenungeachtet, darin sind sich heute alle Autoren einig, waren die Nürnberger

---

60 Statut für den Internationalen Militärgerichtshof, 8. 8. 1945, gedruckt in: Der Prozeß gegen die Hauptkriegsverbrecher vor dem Internationalen Militärgerichtshof, Nürnberg 1947 (im folgenden: IMG), Bd. 1, S. 10–18.

61 Carl Schmitt, Das internationale Verbrechen des Angriffskrieges und der Grundsatz ›nullum crimen, nulla poena sine lege‹, geschrieben im Juli 1945 als Gutachten für die Verteidigung Friedrich Flicks. Zu Schmitts Kritik an den Nürnberger Prozessen, denen er vorhielt, eine völkerrechtlich neue Strafmoral eingeführt zu haben, der zufolge statt der Staaten Personen Subjekte des Völkerrechts geworden seien, vgl. van Laak, Gespräche, S. 73–75.

62 Kelsen, Judgement.

63 Zur juristischen Problematik der Nürnberger Prozesse aus heutiger Sicht vgl. Merkel, Das Recht des Nürnberger Prozesses; ebenfalls Jung, Rechtsprobleme; aber auch die frühe juristische Studie des späteren hessischen Generalstaatsanwalts Fritz Bauer, die zuerst in Schweden erschien: Bauer, Kriegsverbrecher vor Gericht.

Prozesse ein kaum zu unterschätzender Meilenstein in der Kodifizierung internationalen Rechts zur Ächtung von Kriegs- und Menschheitsverbrechen. Für die Anklagepunkte Kriegsverbrechen und Verbrechen gegen die Menschlichkeit hatten die völkerrechtlichen Einwände sowieso kaum Bedeutung, weil die planmäßige Ermordung und Ausrottung von Millionen von Zivilisten und Kriegsgefangenen, so unterstreicht der ehemalige Präsident des Bundesverfassungsgerichts, Ernst Benda, auch nach damaligem Recht Mordtaten waren, ohne daß es eines besonderen Statuts bedurft hätte.[64]

Gestapo und SD als verbrecherische Organisationen

Die Verbrechen des RSHA standen in der Beweisführung gegen Ernst Kaltenbrunner und gegen SS, Gestapo und SD als verbrecherische Organisationen im Mittelpunkt.[65] Major Warren F. Farr bezeichnete die Verschmelzung von SS und Polizei als »Arbeitsgemeinschaft« aus Gestapo, Kripo und SD unter Leitung Himmlers, die einer »auf Unterdrückung abgestellten und uneingeschränkten Handhabung der Polizeigewalt« diente. Der SD spürte die Gegner auf, Kripo oder Gestapo verhafteten sie und internierten sie in Konzentrationslagern, deren qualvolle und mörderische Verhältnisse für die Häftlinge hervorgehobener Beweispunkt der Anklage waren.[66] Der zweite Punkt betraf die Verfolgung und Vernichtung der Juden. Als Beispiele nannte Farr unter anderem die Gaswagen aus dem RSHA, die Auslöschung des Warschauer Ghettos und die Einsatzgruppen in der Sowjetunion. Ebenso spielte der SD bei der Vorbereitung der Aggressionen eine wichtige Rolle, um auch die Anklagepunkte Verschwörung zum Angriffskrieg und Verbrechen gegen den Frieden zu belegen.[67] Oberst Storey trug die Anklage gegen die Gestapo vor, die zwar im Gegensatz zu SS und SD, die Parteiorganisationen blieben, eine staatliche Organisation war, aber mit dem SD eng zusammengearbeitet habe. Während der SD »in erster Stelle als Nachrichtensammelstelle fungierte«, sei die Ge-

---

64 Benda, Nürnberger Prozeß; zur Problematik der Definition von Verbrechen gegen die Menschlichkeit gegenüber Kriegsverbrechen vgl. auch Artzt, Abgrenzung.
65 Anklageschrift gegen Hermann Göring u. a., 18. 10. 1945, in: IMG, Bd. 1, S. 29–99.
66 IMG, Bd. 4, S. 207–236.
67 Ebenda, S. 236–256.

stapo das »Vollzugsorgan des Polizeisystems« gewesen.[68] Storey charakterisierte das RSHA in einer Weise, die die folgende Verhandlung prägen sollte:

»Ich möchte hier einfügen, Hoher Gerichtshof, daß wir das RSHA gern als das sogenannte Verwaltungsbüro bezeichnen, durch das viele dieser Organisationen verwaltet wurden, während eine Anzahl dieser Organisationen, einschließlich der Gestapo, ihre besondere Stellung als Operations-Organisationen beibehielten.«[69]

Storey trennte in Nachrichtendienst, Verwaltung und Exekutive, betrachtete das Amt III als »interne Nachrichtenorganisation des Polizeisystems«; die Aufgabe des Amtes VI reduzierte sich in seiner Sicht auf Auslandsspionage, die des Amtes VII auf »weltanschauliche Forschung«. Allein die Gestapo (Amt IV) und Kripo (Amt V) blieben als Exekutivämter übrig. Der SD galt Storey nur deshalb als verbrecherische Organisation, weil er mit der Gestapo zusammengearbeitet habe und Teil der SS gewesen sei. Die Tücke des Organigramms, das Storey mit Hilfe des als Beweisdokument L-219 angeführten Geschäftsverteilungsplans des RSHA vom 1. 3. 1941 dem Gerichtshof vorführte, nämlich die scheinbar säuberliche Trennung von Ämtern, Gruppen, Referaten mit voneinander getrennten Aufgaben in Informationsbeschaffung und Exekutive, beeinflußte bereits den Blickwinkel der Anklage, obwohl die lange Kette von konkreten Verbrechen, die Storey dem Gericht präsentierte, ob »Kugel-Erlaß«, Kommandobefehl oder die Massenmorde der Einsatzgruppen, immer wieder die Verflechtung von SD und Gestapo offenbarten.

Diese Trennung in verschiedene und juristisch unterschiedlich bewertete Funktionen, die die Ankläger aufgrund ihres Kenntnisstandes und ihrer Unvertrautheit mit einer so neuartigen Polizeiinstitution wie dem Reichssicherheitshauptamt vornahmen, bot den Zeugen aus SD und Gestapo sowie den Verteidigern die Gelegenheit, ebenjene Trennung als Nichtbeteiligung umzudeuten. Otto Ohlendorf hob als erster Zeuge hervor, daß er als Chef der Einsatzgruppe D sich in einer gänzlich neuen und von seiner Funktion als Chef des Amtes III völlig getrennten Position befand. Der Begriff SD sei im Laufe der Jahre fälschlich als übergreifende Be-

---

68 Ebenda, S. 257.
69 Ebenda, S. 262.

zeichnung für die Sicherheitspolizei und den SD insgesamt benutzt worden. Dagegen sei ursprünglich nur derjenige zum SD gezählt worden, der als SS-Mitglied dem SD-Hauptamt angehört habe. Der SD, so führte Ohlendorf das später immer wieder verwendete Argument ein, habe keinerlei Exekutivgewalt besessen und sei ein reiner Nachrichtenapparat geblieben. Das RSHA sei gar lediglich eine »Tarnbezeichnung« gewesen, um dem Chef der Sicherheitspolizei und des SD die Möglichkeit zu geben, je nach Situation unter einer entsprechenden Firmierung, ob als Parteiorganisation, als Polizei oder Ministerialinstanz, nach außen in Erscheinung zu treten.[70]

Laut Ohlendorf war der SD »tatsächlich die einzige kritische Stelle innerhalb des Reiches [gewesen], die nach objektiven Sachgebietspunkten Tatbestände bis in die Spitzen hineinbrachte«.[71] Ebenso betonte Walter Schellenberg, der am folgenden Tag vernommen wurde, daß der SD-Ausland als politischer Geheimdienst des Reiches nur im Ausland gearbeitet habe und »lediglich ein Informationsdienst« gewesen sei.[72] Rolf-Heinz Höppner, als Zeuge der Verteidigung aufgerufen, verstieg sich sogar zu der Behauptung, daß der SD mit den Einsatzgruppen nichts zu tun hatte und die Bezeichnung »Einsatzgruppen der Sicherheitspolizei und des SD« falsch sei. Als ihn der amerikanische Ankläger Murray und sein sowjetischer Kollege Smirnow im Kreuzverhör mit anderslautenden Dokumenten, zum Teil sogar von Heydrich selbst, konfrontierten, brach Höppner allerdings mit derlei Behauptungen ein. Aber kennzeichnend für den damaligen Kenntnisstand der Anklagevertretung war, daß Höppners eigene Beteiligung an der völkischen Deportations- und Mordpolitik als Leiter

---

70 Vernehmung Ohlendorf, 3. 1. 1946, IMG, Bd. 4, S. 362–364.

71 Ebenda, S. 391. Bei Hans Rößner, der als Zeuge der Verteidigung für den SD vernommen wurde, tauchten diese Begriffe »kritisch« und »objektiv« ebenfalls wieder auf. Selbstredend verwies auch er stets darauf, daß das Amt III eine rein nachrichtendienstliche Organisation gewesen sei und mit Exekutivaufgaben nichts zu tun gehabt hätte (Vernehmung Hans Rößner, 2. 8. 1946, IMG, Bd. 20, S. 261–289); vgl. auch die Denkschrift von 75 im Internierungscamp No. 75 (Kornwestheim) internierten SD-Angehörigen, die gleichfalls unterstreichen sollte, daß der SD ein reiner Nachrichtendienst gewesen sei (Denkschrift über die Einrichtung und Geschichte des »SD«, 6. 5. 1946, IfZ, Fa 293).

72 Vernehmung Walter Schellenberg, 4. 1. 1946, IMG, Bd. 4, S. 420.

des SD und der UWZ in Posen während der gesamten Vernehmung ungenannt blieb.[73]

Best wiederum, als Zeuge der Verteidigung für die Gestapo, hob zum einen die Kontinuität der politischen Polizei des NS-Regimes zur Weimarer Republik, zum anderen die Übereinstimmung des Handelns der Gestapo mit den Strafgesetzen hervor. Die Gestapo habe nur die »vom Strafgesetz bedrohten Handlungen mit politischem Tatbestand« verfolgt und präventiv-polizeilich auf Täterkreise oder einzelne Täter dahin eingewirkt, daß diese keine strafbaren Handlungen unternähmen![74] Die Gestapostellen seien überwiegend mit Beamten aus den bisherigen Polizeidienststellen besetzt worden, und für einen deutschen Beamten sei es eine Selbstverständlichkeit gewesen, dem Staat weiter zu dienen, auch wenn dessen Regierung gewechselt habe. Auch innerhalb der Gestapo sei zwischen den Verwaltungsbeamten, die den höheren Dienst repäsentierten, und den mittleren wie unteren Exekutivbeamten zu unterscheiden.[75] Angesprochen auf die unbestreitbaren Verbrechen der Gestapo, antwortete Best, daß sie in diesen Fällen »als ein Vollzugsinstrument für polizeifremde Zwecke verwendet, man kann auch sagen mißbraucht worden« sei.[76] Best stieß selbst mit derartigen Verharmlosungen kaum auf Widerspruch, überschätzte aber sicher bei weitem seinen Einfluß auf den Urteilsspruch, wenn er selbstgefällig im April 1947 seiner Frau schrieb: »Ich dirigierte unsere ganze Verteidigung, weil die kleinen Provinzanwälte und die anderen Zeugen dazu unfähig waren.«[77]

An der Verurteilung von Gestapo und SD als verbrecherische Organisationen konnten Ohlendorf, Schellenberg, Höppner und Best jedenfalls nichts ändern. Obwohl sowohl den Anklägern wie dem Gericht die tat-

---

73 Vernehmung Rolf-Heinz Höppner, 1.8.1946, IMG, Bd. 20, S. 207–261.

74 Vernehmung Werner Best, 31.7.1946, IMG, Bd. 20, S. 141.

75 Ebenda, S. 141–145. Karl-Heinz Hoffmann, 1941 bis 1943 Referent IV D 4 Besetzte Gebiete Westeuropa, setzte als zweiter Zeuge der Verteidigung noch eins drauf und präsentierte die Gestapo als defensive Organisation, die eine »reine Abwehraufgabe« gehabt habe. Die Ausflüchte, Verdrehungen und Lügen, die Hoffmann in seiner Vernehmung von sich gab, blieben trotz des Kreuzverhörs, das der französische Ankläger Henri Monneray unternahm, weitgehend unwiderlegt (Vernehmung Karl-Heinz Hoffmann, 1.8.1946, IMG, Bd. 20, S. 175–206).

76 Ebenda, S. 151; vgl. dazu Herbert, Best, S. 415 f.

77 Zitiert nach Herbert, Best, S. 415.

sächliche enge Verbindung und persönliche Kongruenz von SD und staatspolizeilicher Exekutive, ganz zu schweigen von der konzeptionellen Verschmelzung von SD und Polizei zu einem »Staatsschutzkorps«, weitgehend verschlossen blieb, reichten die vorhandenen Dokumente allemal aus, um SS, Gestapo und SD zu verbrecherischen Organisationen zu erklären. Der Militärgerichtshof stellte fest, daß »funktionell sowohl die Gestapo als auch der SD wichtige und eng miteinander verbundene Gruppen innerhalb der Organisation der Sicherheitspolizei und des SD bildeten«, die unter einheitlichem Befehl von Heydrich und Kaltenbrunner standen und eine einzige Zentrale, das Reichssicherheitshauptamt, besaßen, eigene Befehlswege hatten und in den besetzten Gebieten als eine Organisation agierten. Zwar trennte auch das Gericht nach SD als Nachrichtendienst und Gestapo als staatlicher Polizei, doch von den Verbrechen her, die Sicherheitspolizei und SD begangen hatten, mochte es keine juristischen Unterschiede machen. Gestapo und SD wurden für »die Verfolgung und Ausrottung der Juden, Grausamkeiten und Morde in den Konzentrationslagern, Ausschreitungen in der Verwaltung der besetzten Gebiete, die Durchführung des Zwangsarbeiterprogrammes und Mißhandlung und Ermordung von Kriegsgefangenen« verantwortlich gemacht und zu verbrecherischen Organisationen erklärt.

Dazu gehörten nach Feststellung des Gerichtshofes sämtliche Beamte des Amtes IV des RSHA, alle örtlichen Gestapobeamten, die innerhalb wie außerhalb Deutschlands Dienst taten,[78] sämtliche SD-Angehörigen der RSHA-Ämter III, VI und VII sowie alle lokalen wie regionalen SD-Mitglieder, seien sie haupt- oder ehrenamtlich tätig gewesen und gleichgültig, ob sie SS-Mitglieder waren oder nicht.[79] Durch die juristische Festlegung,

---

78 Eingeschlossen wurde die Grenzpolizei, nicht hingegen die Mitglieder des Zollgrenzschutzes und der Geheimen Feldpolizei, die zwar nachgewiesenermaßen Kriegsverbrechen und Verbrechen gegen die Menschlichkeit in großem Maßstab begangen hatte, bei der nach Auffassung des Gerichtshofes jedoch nicht erwiesen sei, daß sie einen Teil der Gestapo darstellte. Ausgeschlossen war auch das von der Gestapo für reine Büroarbeiten, Pförtner-, Boten- und nichtamtliche Routinedienste angestellte Personal.

79 Ausgenommen wurden die ehrenamtlichen Informanten des SD, die nicht Mitglied der SS waren, und die Mitglieder der militärischen Abwehr, die nach Eingliederung der Abwehr in das RSHA 1944 in den SD überführt worden waren.

die Verbrechen gegen die Menschlichkeit mit dem Krieg beginnen zu lassen, waren von dieser Definition all jene ausgenommen, die vor dem 1. September 1939 der Gestapo oder dem SD angehört hatten.[80]

Ernst Kaltenbrunner, der vehement alle gegen ihn erhobenen Vorwürfe bestritt und behauptete, von Himmler nur den Nachrichtendienst übernommen zu haben, nicht aber die Exekutivbereiche Gestapo und Kripo, die alleinverantwortlich von Müller und Nebe geleitet worden seien, konnte gleichfalls ebensowenig die Evidenz der von der Anklage vorgelegten Dokumente leugnen wie seine Position als Chef des RSHA bestreiten.[81] Der Militärgerichtshof befand Kaltenbrunner der Kriegsverbrechen und der Verbrechen gegen die Menschlichkeit für schuldig und verurteilte ihn zum Tode durch den Strang.[82] Am 16. Oktober wurden er und Ribbentrop, Keitel, Rosenberg, Frank, Frick, Streicher, Sauckel, Jodl sowie Seyß-Inquart hingerichtet.[83]

Einsatzgruppen-Prozeß

Gemäß dem Gesetz Nr. 10 des Alliierten Kontrollrates vom 20. Dezember 1945 über die Bestrafung von Personen, die sich Kriegsverbrechen, Verbrechen gegen den Frieden oder gegen die Menschlichkeit schuldig gemacht hatten, fanden im Anschluß an den Nürnberger Prozeß gegen die Hauptkriegsverbrecher zwölf weitere Verfahren vor US-Militärgerichten gegen Angehörige aus Partei, Staat, Militär und Wirtschaft, Ärzte und Juristen statt.[84] Nicht erst das offene Bekenntnis Ohlendorfs in Nürnberg,

---

80 Urteil des Internationalen Militärgerichtshofes, 1. 10. 1946, IMG, Bd. 1, S. 189–386, hier S. 294–301; vgl. dazu auch Smith, Jahrhundertprozeß, S. 177–189.

81 Zu Kaltenbrunners Verteidigung im Nürnberger Prozeß vgl. Black, Kaltenbrunner, S. 286–291.

82 Urteil des Internationalen Militärgerichtshofes, 1. 10. 1946, IMG, Bd. 1, S. 328–331, 412.

83 Hermann Göring hatte sich tags zuvor in seiner Zelle selbst vergiftet (Taylor, Nürnberger Prozesse, S. 701–705; Heydecker/Leeb, Nürnberger Prozeß, S. 486–501).

84 Die Nürnberger Nachfolgeprozesse umfaßten Fall 1: Ärzteprozeß, Fall 2: Prozeß gegen Luftwaffengeneral Erhard Milch, Fall 3: Juristenprozeß, Fall 4: Prozeß gegen Oswald Pohl und das SS-Wirtschafts- und Verwaltungshauptamt, Fall 5: Prozeß gegen Flick und andere Industrielle, Fall 6: IG-Farben-Prozeß, Fall 7: Prozeß gegen die »Südost«-Generäle, Fall 8: Prozeß gegen das SS-Rasse- und Siedlungshauptamt,

Chef einer Einheit gewesen zu sein, die 90 000 wehrlose Männer, Frauen und Kinder getötet hatte, sondern die offenkundigen, kaum vorstellbaren Verbrechen der Einsatzgruppen in den besetzten Gebieten mußten zu einem eigenen Verfahren gegen Otto Ohlendorf und andere Einsatzkommandoführer, deren die Alliierten habhaft werden konnten, führen.[85] Angeklagt im Nürnberger Einsatzgruppen-Prozeß (Fall 9) wurden 23 Männer,[86] darunter 10 unmittelbar aus dem RSHA: Otto Ohlendorf (Amtschef III SD-Inland und 1941/42 Chef der Einsatzgruppe D), Heinz Jost (Amtschef VI SD-Ausland und 1942 Chef der Einsatzgruppe A), Erwin Schulz (Amtschef I Personal und 1941 Führer des Ek 5), Franz Alfred Six (Amtschef VII Weltanschauliche Forschung und 1941 Führer des Vorkommandos Moskau), Walter Blume (Gruppenleiter I A Personal und 1941 Führer des Sk 7a), Martin Sandberger (Referent I B 3, später Gruppenleiter VI A und 1941 bis 1943 Führer des Sk 1a), Willy Seibert (Referent III D 2 und 1941/42 Leiter der SD-Abteilung um Stab der Einsatzgruppe D), Eugen Steimle (Gruppenleiter VI B und 1941 Führer des Sk 7a, 1942/43 Führer des Sk 4a), Walter Haensch (Referent I D 2 SS-Disziplinarsachen und 1942 Führer des Sk 4b) und Gustav Noßke (Referent IV D 5 Besetzte Ostgebiete und 1941/42 Führer des Ek 12). Alle Angeklagten erklärten sich für »nicht schuldig«.

Das Verfahren verlief entsprechend dem Londoner Statut vom 8. 8. 1945, das für den Prozeß gegen die Hauptkriegsverbrecher verabschiedet worden war: Verlesung der Anklage; Erklärung der Angeklagten ob schuldig oder nicht schuldig; Vorlage der Beweismittel durch Anklage und Verteidigung; Vernehmung der Zeugen und Angeklagten; Plädoyers der Vertei-

---

Fall 9: Einsatzgruppen-Prozeß, Fall 10: Krupp-Prozeß, Fall 11: Prozeß gegen das Auswärtige Amt und andere Ministerien, Fall 12: OKW-Prozeß; vgl. dazu jetzt als Überblick: Ueberschär, Nationalsozialismus vor Gericht.

85 Vgl. neben der offiziellen Prozeßdokumentation: United Military Tribunals Nürnberg, Case No. 9 Otto Ohlendorf et al., die ausführliche Dokumentation in: Kempner, SS im Kreuzverhör, S. 17–103; sowie Ogorreck/Rieß, Einsatzgruppenprozeß.

86 Die Anklageschrift vom 25. 7. 1947 umfaßte noch 24 Personen, aber Emil Haussmann, Angehöriger des Ek 12, beging noch vor Verfahrensbeginn Selbstmord. Im Laufe des Verfahrens wurde Otto Rasch, 1941 Chef der Einsatzgruppe C, wegen Krankheit für verhandlungsunfähig erklärt.

digung und Anklage; Schlußwort der Angeklagten; Urteil und Strafe.[87] Als Beweismittel dienten nahezu ausschließlich die »Ereignismeldungen UdSSR« (ab Mai 1942 »Meldungen aus den besetzten Ostgebieten«), die vom 23. Juni 1941 bis 21. Mai 1943 auf der Grundlage der Einzelberichte der Einsatzgruppen im RSHA zusammengestellt worden waren.[88]

Die Verteidigungsstrategie, die von Otto Ohlendorf dominiert wurde, setzte vor allem darauf, daß vor dem Einsatz ein zentraler »Führerbefehl« erteilt worden sei, sämtliche Juden in den besetzten sowjetischen Gebieten zu töten. Die Angeklagten hätten daher auf höchsten Befehl Hitlers gehandelt, was zwar ihre Täterschaft nicht gemildert hätte, da der Artikel 8 des Londoner Statuts ausdrücklich festlegte, daß die Tatsache, daß ein Angeklagter auf Befehl seiner Regierung oder eines Vorgesetzten gehandelt habe, nicht als Strafausschließungsgrund gelten könne. Aber da ein Befehl als Strafmilderungsgrund gewertet werden konnte, wenn dies nach Ansicht des jeweiligen Gerichtshofes gerechtfertigt erschien,[89] erhofften sich die Angeklagten, wenn auch in keinem Fall straffrei, so doch aber mit einer geringeren als der Todesstrafe verurteilt zu werden.

Die Verhandlung unter dem amerikanischen Militärrichter Michael A. Musmanno[90] – Chefankläger war Telford Taylor – fand zwischen dem

---

87 Statut für den Internationalen Militärgerichtshof, 8. 8. 1945, IMG, Bd. 1, S. 10–18.

88 Etliche Jahre später berichtete der Ankläger Benjamin Ferencz in einem Gespräch mit dem Zeithistoriker Wolfgang Scheffler: »Mir wurden als blutjungem Anwalt in Berlin eines Tages die Einsatzgruppenberichte der Sicherheitspolizei und des SD auf den Tisch gelegt. Trotz meiner mangelhaften deutschen Sprachkenntnisse erkannte ich ihren Wert und fuhr damit zu Telford Taylor. Dieser zuckte zunächst die Achseln und meinte: ›Wir haben keine Leute, das zu machen, es sei denn, Sie machen es.‹« Ferencz fuhr fort: »Ich machte es. Wir hatten diese Berichte, im Falle von Otto Ohlendorf 92 000 Ermordete. Damit war der Fall klar. Was in den Einsatzgruppen selbst sich abgespielt hatte, die Hintergründe etc., war nur Beiwerk und ziemlich unwichtig. Es gab Ermordete, es gab Täter, Beweise waren vorhanden, Geständnisse ebenso, und damit war der Fall gelaufen.« (Scheffler, NS-Prozesse als Geschichtsquelle, S. 19–20)

89 Statut für den Internationalen Militärgerichtshof, Artikel 8, IMG, Bd. 1, S. 12; vgl. auch Hinrichsen, Befehlsnotstand. Zu den Argumenten der Verteidigung vgl. ausführlich Kempner, SS im Kreuzverhör, S. 55–100.

90 Zu Musmanno, der in seinen jungen Jahren ein vehementer Kritiker des Prozesses gegen die Anarchisten Sacco und Vanzetti gewesen war, vgl. die persönlichen Erinnerung von Kempner, Ankläger einer Epoche, S. 293 f.

15. September 1947 und 10. April 1948 statt und beschränkte sich in den Vernehmungen der Angeklagten vor allem darauf, diese seitens der Anklage mit den Ereignismeldungen zu konfrontieren, seitens der Verteidigung die Glaubwürdigkeit dieser Meldungen zu erschüttern. Außerdem versuchte die Verteidigung, die Morde als Notwehr gegen Partisanen, als befohlene Repressalie etc. darzustellen, verglich die Erschießungen der Einsatzgruppen sogar mit den Opfern des alliierten Bombardements auf deutsche und japanische Städte. Aber angesichts der dokumentierten Taten der Angeklagten konnten die Verteidiger mit solcherlei Rabulistik wenig ausrichten. Das Gericht, das am 8. April 1948 sein Urteil verkündete, gab in der Urteilsbegründung ohne Zurückhaltung sein Entsetzen über das Gehörte und Bezeugte zu erkennen:

»Es muß gleich zu Beginn festgestellt werden, daß die Tatsachen, mit denen sich der Gerichtshof in dieser Urteilsbegründung zu befassen hat, so weit außerhalb der Erfahrung normaler Menschen und der von Menschen hervorgerufenen Erscheinungen stehen, daß nur die allersorgfältigste rechtliche Untersuchung und das allergründlichste Gerichtsverfahren sie nachprüfen und bestätigen konnte. Obgleich die Hauptanklage auf Mord lautet, und seit Kains Zeiten Menschen unglücklicherweise immer andere Menschen umgebracht haben, erreicht die Anklage des vorsätzlichen Mordes in diesem Fall solch phantastische Ausmaße und überschreitet in solchem Umfange alle glaubhaften Grenzen, daß die Glaubhaftigkeit immer und immer wieder durch hundertmal wiederholte Versicherungen bekräftigt werden mußte. [...] Es ist gewiß, daß noch niemals dreiundzwanzig Menschen vor Gericht gestellt wurden, um sich der Beschuldigung zu verantworten, über 1 Million Menschen umgebracht zu haben. Wir hatten andere Prozesse, die Verwaltungs- und anderen Beamten die Verantwortung für Massenmord zur Last legten, aber in diesem Fall sind die Angeklagten nicht nur der Planung oder Leitung von Massenmord auf dem Dienstweg beschuldigt. Es wird ihnen nicht zur Last gelegt, daß sie Hunderte oder Tausende von Meilen von der Mordstelle in einem Büro gesessen sind. Es wird ganz besonders ausgeführt, daß diese Männer am Tatort eigenhändig die blutige Ernte beaufsichtigten, überwachten, leiteten und daran teilnahmen.«[91]

Es sei, so das Gericht, eine der vielen bemerkenswerten Seiten des Prozesses gewesen, daß die Schilderungen der Greueltaten ständig mit den akademischen Titeln der Täter durchmengt waren; an einer bildungsbürgerlichen, humanistischen Erziehung habe es diesen Männern offensichtlich nicht

---

91 Urteil des Internationalen Militargerichtshofes gegen Otto Ohlendorf et al. (Fall 9) vom 8. 4. 1946, Official Record, S. 6853 f. (roll 21, fol. 82 f.).

gefehlt. Sämtliche eidesstattlichen Erklärungen für die Angeklagten priesen deren Tugenden; Begriffe wie »wahrheitsliebend«, »ehrlich«, »rechtdenkend«, »gutherzig« und »aufrichtig« seien zuhauf in diesen Erklärungen zu finden. Wie sei dieses Paradox zu erklären?

»Einer der Verteidiger«, führte das Gericht als Beispiel auf, »ein hoch geachtetes Mitglied des ordentlichen Anwaltstandes, scheint unbewußt eine Erklärung dafür gegeben zu haben. Durch seine ständige Verbindung mit dem Fall kam er dazu, in seiner Schlußansprache folgendermaßen zu argumentieren: ›Was hat Schubert eigentlich getan, das verbrecherisch war?‹ Und dann skizzierte er Schuberts Handlungen: ›Schubert begibt sich zunächst in das Zigeunerviertel von Simferopol und sieht das Verladen und den Abtransport. Dann fährt er zur Exekutionsstätte, sieht die Umleitung des Verkehrs, die Absperrung, das Ausladen der Personen, das Abliefern der Wertsachen und das Erschießen. Schließlich fährt er die Strecke noch einmal zurück bis zum Zigeunerviertel und sieht dort nochmals das Verladen und den Abtransport, um sich dann in die Dienststelle zurückzubegeben. Das war seine Handlung.‹ Wir stellen demnach fest, was Schubert tat: Er überwacht eine Hinrichtung von Menschen, die zufälligerweise Zigeuner sind; es wird nirgends behauptet, daß diese Zigeuner irgend etwas anderes verbrochen hatten, außer Zigeuner zu sein. Er sorgt dafür, daß die Wege abgesperrt werden, daß die Opfer auf Lastwagen geladen nach dem Schauplatz der Hinrichtung gebracht werden, daß ihnen ihre Wertsachen abgenommen werden, und dann beobachtet er die Erschießung. Das ist, was Schubert tat, und nun wird gefragt: Was ist Unrechtes dabei? Es liegt darin auch nicht die Spur der Erkenntnis, daß Schubert tätigen Anteil am Massenmord nahm.«[92]

Das Gericht verkündete die höchste Zahl an Todesurteilen, die in einem der Nürnberger Nachfolgeprozesse gefällt wurden. Von den zum Schluß 22 Angeklagten erhielten 14 die Todesstrafe, zwei lebenslange Freiheitsstrafen, drei wurden mit 20 Jahren, zwei mit 10 Jahren Haft bestraft. Ohlendorf, Sandberger, Steimle, Seibert, Haensch und Blume verurteilte der Militärgerichtshof zum Tod durch den Strang. In seinen Einzelbegründungen hob das Gericht zu Otto Ohlendorf hervor, daß die Beweisaufnahme nicht einen, sondern zwei Ohlendorfs ans Tageslicht gebracht habe: hier der Student, Dozent, wissenschaftliche Analytiker, dort der Einsatzgruppenchef, der die Ausrottung von 90 000 Menschen zu verantworten habe, hier Dr. Jekyll, dort Mr. Hyde.[93] Martin Sandberger, so das Gericht, habe bereitwillig den Massenmord begangen. Kaum habe sein

92 Ebenda, S. 6994 f. (roll 21, fol. 223 f.).
93 Ebenda, S. 7009 f. (roll 21, fol. 238 f.)

Kommando den ersten Standort, Riga, erreicht, berichteten die Einsatz-meldungen von der Zerstörung der Synagogen, der Anstachelung zu antisemitischen Pogromen und der Tötung von 400 Juden. Zwar habe Sandberger versucht, alle Schuld für die Morde der deutschen Feldpolizei und der estnischen Miliz zuzuschieben, habe aber selbst während des Prozesses zugegeben, daß unter seiner Verantwortung 350 gefangene est-nische Kommunisten erschossen worden seien.[94] Zu Eugen Steimle stell-te das Gericht fest, daß das Sonderkommando 7a in der Zeit zwischen September und Dezember 1941, als Steimle dessen Führer war, mindes-tens 500 Menschen erschossen habe, ebenso wie er später als Führer des Sk 4a Erschießungen befohlen habe, und glaubte Steimles Einlassungen nicht, daß er keine Juden, sondern nur Partisanen nach eingehender Un-tersuchung habe hinrichten lassen. Steimle selbst habe von drei Mädchen berichtet, die er habe erschießen lassen, weil sie im Begriff gewesen seien, eine Partisanengruppe zu bilden![95]

Als Vertrauter Ohlendorfs und rangältester SS-Führer habe Willy Seibert Ohlendorf bei dessen Abwesenheit als Chef der Einsatzgruppe D vertreten, sei nach eigenem Eingeständnis bei mindestens zwei Exekutio-nen dabeigewesen. Seibert unterschrieb selbst die Meldung vom 14. April 1942: »Die Krim ist judenfrei« und gab während des Prozesses zu, daß er wußte, was mit den Juden geschah. Walter Haensch und sein Anwalt hatten mit viel Aufwand versucht, ein Alibi für den Februar 1942 zu kon-struieren und damit zu beweisen, daß Haensch erst Mitte März sein Kom-mando antrat. Doch trotz der vom Gericht weiter als offen eingeschätzten Alibifrage blieben noch genug Beweismittel übrig, die Haensch des vielfa-chen Mordes auch nach dem 15. März 1942 überführten.[96] Walter Blume gestand, bei Exekutionen dabeigewesen und sie geleitet zu haben. Doch seine Behauptung, er habe jede Anstrengung unternommen, um den Mordbefehl nicht zu befolgen, befand das Gericht als unglaubwürdig. Auf die Frage, warum er nicht einfach fingierte Zahlen gemeldet hätte, hatte Blume geantwortet, es sei unter seiner Würde gewesen, zu lügen. In Wirk-lichkeit, so das Gericht, bestehe Blumes Schuldgefühl nicht darin, daß er

---

94 Ebenda, S. 7043–7047 (roll 21, fol. 272–276).
95 Ebenda, S. 6851–7056 (roll 21, fol. 280–285).
96 Ebenda, S. 7064–7076 (roll 21, fol. 293–305).

den Tod unschuldiger Menschen verantwortet hatte, sondern daß er die Befehle nicht bis zum Äußersten durchführen konnte.[97]

Heinz Jost und Gustav Noßke wurden zu lebenslanger Haft verurteilt. Nicht weil das Gericht annahm, daß Jost während seiner Zeit als Chef der Einsatzgruppe A nicht für zahlreiche Erschießungen verantwortlich war. Auch die Anforderung von Gaswagen im Juni 1942 durch die EGr A, deren Kenntnis Jost zwar bestritt, aber nicht glaubhaft machen konnte, daß ein Untergebener ohne sein Wissen wegen einer solchen schwerwiegenden Angelegenheit mit dem RSHA korrespondierte, wurde ihm zur Last gelegt. Aber der Karriereabschwung des Heinz Jost, der als Gefolgsmann Bests offenkundig weder von Heydrich noch von Himmler wohlgelitten war, und seine dadurch zumindest nicht gänzlich unglaubwürdigen Beteuerungen, seine Konflikte hätten auch mit seinem Wunsch zu tun gehabt, von der Polizei wegzukommen und derartige Exekutionsbefehle nicht in die Tat umsetzen zu müssen, mögen Eindruck beim Gericht hinterlassen haben.[98] Bei Noßke hat womöglich seine Einlassung gewirkt, daß er September 1944 gegen den Befehl des HSSPF in Düsseldorf, alle noch lebenden Juden und sogenannten Halbjuden im Bezirk zusammenzutreiben und zu töten, protestiert und ihn nicht ausgeführt habe.[99] Franz Alfred Six und Erwin Schulz erhielten mit jeweils 20 Jahren Haft die niedrigsten Strafen der RSHA-Angehörigen. Bei Six war sich das Gericht, obwohl eindeutig war, daß das Vorkommando Moskau zur Einsatzgruppe B gehörte und Six sich der verbrecherischen Ziele bewußt war, nicht sicher, ob er aktiv an den Morden teilhatte.[100] Schulz wurde vom Gericht zwar bezichtigt, Exekutionen befohlen zu haben, aber ihm wurde eingeräumt, daß er zumindest versucht habe, etwas dagegen zu tun, obwohl, so das Gericht, die Erklärungen Schulz' zu seinem Verhalten in Lemberg sich nicht hätten beweisen lassen.[101]

---

97 Ebenda, S. 7037–7042 (roll 21, fol. 266–271).

98 Ebenda, S. 7012–7016 (roll 21, fol. 241–245).

99 Ebenda, S. 7076–7083 (roll 21, fol. 305–312).

100 Ebenda, S. 7027–7033 (roll 21, fol. 256–262).

101 Ebenda, S. 7021–7026 (roll 21, fol. 250–255). Schulz hatte behauptet, in Lemberg gefangene Juden freigelassen zu haben (siehe oben, S. 572).

Gnadengesuche

Bis auf Noßke richteten alle Verurteilten Gnadengesuche an den US-Militärgouverneur Lucius D. Clay, der jedoch sämtliche Urteile im März 1949 bestätigte.[102] Die Debatte um die Urteile der Nürnberger Folgeprozesse war damit jedoch nicht beendet, im Gegenteil, sie nahm in der jungen Bundesrepublik erst ihren Aufschwung. Mit dem Straffreiheitsgesetz Ende Dezember sollte, wie Adenauer in der Kabinettssitzung vom 26. September 1949 erklärt hatte, »generell tabula rasa« gemacht werden.[103] Die »Schlußstrich«-Mentalität von Bundesregierung und Bundestag konnte sich einer wachsenden Zustimmung in der Bevölkerung sicher sein. Die Zahl derjenigen, die die Prozeßführung in Nürnberg für fair erachteten, sank in Meinungsumfragen von Ende 1945 bis Herbst 1950 von 78 auf 38 Prozent.[104]

Der Prozeß gegen den ehemaligen Generalfeldmarschall Erich von Manstein vor einem britischen Militärgericht in Hamburg wegen Mißhandlung von Kriegsgefangenen, Hinrichtung von Geiseln und sowjetischen Kommissaren, Übergriffe gegen die Zivilbevölkerung löste breite Kritik am Urteilsmaß von 18 Jahren Haft aus,[105] so daß Adenauer sich bemüßigt sah, in einem offiziellen Schreiben an den britischen High Commissioner Robertson eine Minderung der Haftstrafe zu verlangen.[106] Hohe kirchliche Würdenträger wie der Stuttgarter Landesbischof Theophil Wurm, sein Berliner Kollege Otto Dibelius, seit 1949 Ratsvorsitzender der Evangelischen Kirche in Deutschland (EKD), ebenso wie der Kölner Kardinal Josef Frings oder der Münchener Weihbischof Johann Neuhäusler, der 1941 bis 1945 selbst in einem Konzentrationslager interniert gewesen war, setzten sich für die Verurteilten der Nürnberger Prozesse, insbesondere die internierten Wehrmachtsgeneräle, ein. Wurm und Neuhäusler gingen in ihrem Engagement sogar noch einen Schritt weiter.

---

102 Ogorreck/Rieß, Fall 9, S. 165.
103 Vgl. Frei, Vergangenheitspolitik, S. 31.
104 Merritt/Merritt, Public Opinion, S. 11, 101.
105 Vgl. von Wrochem, Auseinandersetzung mit Wehrmachtsverbrechen.
106 Adenauer an Robertson, 24. 2. 1950, gedruckt in: Adenauer, Briefe 1949–1951, S. 232 f.; vgl. dazu Brochhagen, Nach Nürnberg, S. 27–31.

Zusammen mit keinem Geringeren als dem SS-Standartenführer und Leiter des Gruppe III C im Reichssicherheitshauptamt, Dr. Wilhelm Spengler, und dem SS-Obersturmbannführer, RSHA-Referenten und persönlichen Referenten Kaltenbrunners, Dr. Heinrich Malz, gehörten sie dem ersten Vorstand der 1951 gegründeten »Stillen Hilfe für Kriegsgefangene und Internierte« an.[107] Mit Eingaben, persönlichen Briefen und öffentlichen Interventionen prangerten die Kirchenführer die »Ungerechtigkeit« an, die Deutschen als Besiegte allein für Verbrechen büßen zu lassen, die auch von anderen begangen würden – ganz unverhohlen wurde damit auf die Sowjetunion angespielt –, und setzten sich dafür ein, die laufenden Gerichtsverfahren einzustellen und die noch inhaftierten Gefangenen zu entlassen.[108]

Aber auch die Alliierten spürten, daß die Inhaftierung der Kriegsverbrecher und die Vollstreckung der Urteile eine zunehmend unpopuläre alliierte Maßnahme war, zudem im Kalten Krieg die Bundesrepublik an den Westen gebunden und nicht von ihm abgestoßen werden sollte. Auf der anderen Seite konnten die alliierten Mächte ihre wenige Jahre zuvor gefällten Urteile kaum als hinfällig oder gar fehlerhaft deklarieren, obwohl auch in den USA von konservativer Seite Kritik am Verfahren der Prozesse und die Forderung nach einer Überprüfung der Urteile erhoben wurde, so daß die alliierten Entscheidungen zur Urteilsrevision und Freilassung der rechtskräftig verurteilten Kriegsverbrecher zwischen politischer Pragma-

---

107 Außer Wurm, Neuhäusler, Malz und Spengler gehörten dem Gründungsvorstand an: Prinzessin Helene Elisabeth von Isenburg, Caritasdirektor Pater Dr. Augustinus Rösch SJ aus München, der ehemalige SS-Obersturmführer, Abwehroffizier bei den Zeiss-Werken und jetzige Bankdirektor Gerhard Kittel aus Reutlingen, Graf Richard Kerssenbrock, Comtesse Helene de Suzannet aus Paris, Hans Jörg Aschenborn aus Pretoria/Südafrika, Gräfin Lily Hamilton, Stockholm (Auszug aus dem Vereinsregister des Amtsgerichts Wolfratshausen, Nr. 43/1953, ZStL 401 AR 826/64); zu Neuhäuslers und Wurms Engagement vgl. auch Buscher, U.S. War Crimes, S. 92–101.

108 Ausführlich zur Politik der Kirchen, insbesondere von Theophil Wurm, zur Freilassung der Kriegsverbrecher vgl. Frei, Vergangenheitspolitik, S. 139–163; zu den deutschen Anstrengungen gegen eine Bestrafung der Kriegsverbrecher vgl. auch Buscher, U.S. War Crimes Trial Program. Christian Meier untersucht vornehmlich die Begnadigungsversuche für den Hauptverantwortlichen der Euthanasiemorde im Ärzte-Prozeß (Fall 1), Dr. Karl Brandt (Meier, Gnade der späten Verurteilung).

tik und juristisch-hoheitlichem Souveränitätsanspruch schwankten.[109] Clays Nachfolger als amerikanischer High Commissioner, General John McCloy, der für die in den Nürnberger Nachfolgeprozessen Verurteilten zuständig war, bildete gleich nach seinem Amtsantritt eine Kommission, um die Fälle der Häftlinge, die als verurteilte Kriegsverbrecher im Gefängnis von Landsberg einsaßen, zu prüfen.[110] Das Gutachten der Peck-Kommission schlug vor, 77 der 93 Haftstrafen zu verringern und sieben von 15 Todesurteilen in Haftstrafen umzuwandeln.[111] Nun lag es an McCloy, die Entscheidung zu fällen.

Die deutsche Öffentlichkeit, Paul Sethe in der »Frankfurter Allgemeinen Zeitung«, Marion Gräfin Dönhoff in der »Zeit«, ebenso wie »Christ und Welt« und andere, suchten gewissermaßen die verlorene Ehre der traditionellen Eliten durch die Forderung nach ihrer politisch-moralischen Rehabilitierung wiederherzustellen. Frühere Generäle wie Adolf Heusinger und Hans Speidel, die jetzt Adenauers Hauptberater für die Wiederbewaffnung waren, verknüpften das Schicksal der Landsberger Häftlinge direkt mit der Frage des Verteidigungsbündnisses, der Rat der EKD verfaßte Memoranden, der Bundestag wandte sich ebenso wie Adenauer selbst an McCloy; selbst Bundespräsident Heuss intervenierte zugunsten der Häftlinge. Am 7. Januar 1951 forderten über 3000 Demonstranten vor dem Landsberger Gefängnis die Begnadigung der Todeskandidaten.[112]

---

109 Zur amerikanischen Debatte vgl. Brochhagen, Nach Nürnberg, S. 90–95. Zur Diskussion um die Todesstrafe unter den Besatzungsmächten siehe jetzt auch Evans, Rituale der Vergeltung, S. 883–901.

110 Vgl. Schwartz, Begnadigung. Bis zum Amtsantritt McCloys im Juli 1949 hatten die USA etwa 1900 Deutsche wegen Kriegsverbrechen verurteilt, mehr als 700 interniert und 277 hingerichtet. 28 Todesurteile waren noch nicht vollstreckt, darunter die 14 aus dem Nürnberger Einsatzgruppen-Prozeß (ebenda, S. 378).

111 Schwartz, Begnadigung, S. 392; Brochhagen, Nach Nürnberg, S. 33.

112 Zu offen antisemitischen Äußerungen kam es, als 300 Gegendemonstranten aus dem nahe gelegenen D.P.-Lager Lechfeld auf die Verbrechen der Landsberger Häftlinge aufmerksam machen wollten. Der Landsberger Oberbürgermeister erklärte, die Zeit des Schweigens sei jetzt vorbei, die Juden sollten wieder dorthin gehen, woher sie gekommen seien, und aus der Menge heraus erklang daraufhin der wohlbekannte Kampfruf: »Juden raus« (Frei, Vergangenheitspolitik, S. 210 f.; dort auch eine eindringliche Schilderung der Landsberg-Kampagne 1950/51, S. 207–218).

McCloys Entscheidung, die am 31. Januar 1951 bekanntgegeben wurde, war differenziert: In 52 Fällen reduzierte er die Zeitstrafen, davon 32 so weit, daß die Häftlinge sofort das Gefängnis verlassen konnten; von den 20 lebenslänglichen Strafen setzte er 17 herab, von den 15 Todesstrafen wandelte er vier in lebenslängliche, sechs in Zeitstrafen um; fünf Todesstrafen – gegen den Chef des SS-Wirtschafts- und Verwaltungshauptamtes Oswald Pohl sowie die Führer von Einsatzkommandos beziehungsweise -gruppen Paul Blobel, Werner Braune, Erich Naumann und Otto Ohlendorf – bestätigte er.[113] Sie wurden am 7. Juni 1951 in Landsberg gehängt. Es waren die letzten Hinrichtungen von Kriegsverbrechern in der Bundesrepublik.

Mit McCloys Entscheidung war eine Zäsur gesetzt, von nun an war es nur noch eine Frage der Zeit, wann auch die übrigen Häftlinge freigelassen würden. So gewannen die Besonnenen auch wieder die Oberhand über die Unbelehrbaren, die in ihrer Weigerung, die Untaten der Verurteilten zu akzeptieren, dem Ausland ein eher anrüchiges Bild vom Nachkriegsdeutschland lieferten und der Befürchtung, der Nazismus sei in der deutschen Bevölkerung noch überaus virulent, neue Nahrung gaben.[114] Kennzeichnend für die Debatte war, daß die Grenzen selbst zu Verbrechen wie den Massenmorden an wehrlosen Frauen und Kindern durch die Einsatzgruppen verschwammen. Die »Frankfurter Allgemeine Zeitung« schilderte Otto Ohlendorf mit kaum versteckter sexistischer Tendenz als

113 Schwartz, Begnadigung, S. 398–400. Mehr als ein Drittel der Begnadigten, darunter der ehemalige Staatssekretär im Reichsjustizministerium Franz Schlegelberger, der Chef des SS-Hauptamtes sowie acht hohe SS-Funktionäre aus dem SS-Hauptamt, Alfried Krupp von Bohlen und Halbach, Hans Kehrl aus dem Speer-Ministerium, der ehemalige Staatssekretär in der Vierjahresplanbehörde Paul Körner, konnten das Gefängnis noch im Februar 1951 verlassen (vgl. die Übersicht der von McCloy entschiedenen Fälle bei Schwartz, Begnadigung, S. 406–414). 1950 waren durch McCloy bereits der Industrielle Friedrich Flick, der ehemalige Reichsbauernführer und Minister für Ernährung und Landwirtschaft, Richard Darré, Ex-Reichspressechef Otto Dietrich und der ehemalige Staatssekretär im Auswärtigen Amt, Ernst von Weizsäcker, aus der Haft entlassen worden (Frei, Vergangenheitspolitik, S. 200).
114 Norbert Frei weist darauf hin, daß im Mai 1951 der neonazistischen Sozialistischen Reichspartei bei den Landtagswahlen in Niedersachsen 11 Prozent der Wähler ihre Stimme gaben (Frei, Vergangenheitspolitik, S. 228).

»Ausgezeichneter der Hochschulen, mit einer weit über dem Durchschnitt ragenden Intelligenz. Sein sympathisches, kluges Gesicht hat im Gerichtssaal sitzende Amerikanerinnen fasziniert. Mit ihm haben Reporterinnen und Stenotypistinnen ihr liebenswürdiges Lächeln ausgetauscht; ein ›mystischer Massenmörder‹ mit einem einnehmenden offenen Wesen, dem sich nicht einmal seine Richter entziehen konnten.«[115] Ähnlich der »Spiegel«:

> »Dieser Verbrecher ganz großen Stils ist ein sympathisch aussehender Mann. Mittelgroß, schlank, mit braunem, rechts gescheiteltem Haar, sitzt er auf dem ersten Platz der Anklagebank. Sein Gesicht ist blaß, Mund und Nase sind scharf geschnitten, die hohe Stirn läßt überdurchschnittliche Intelligenz vermuten. Im Gerichtssaal bleibt er der unumstrittene Führer seiner Untergebenen, die er zu decken sucht. So kommt es, daß dieser Massenmörder sich bei den weiblichen Zuhörern unverhüllter Sympathien erfreut, was sich in Blicken und Gesten kundtut.«[116]

Aber ungeachtet solcher Marginalien setzten sich auch ernstzunehmende Persönlichkeiten für die wegen vielfachen Mordes verurteilten Einsatzkommandoführer ein, ohne offenbar eine Grenze ziehen zu können zwischen Soldaten, die im Auftrag ihrer Regierung handelten, und Männern, die rassistischen Massenmord begangen hatten. Aufgrund der Entscheidung von McCloy waren neun der »Rotjacken« aus dem Einsatzgruppen-Prozeß[117] mit dem Leben davongekommen, darunter Walter Blume (nun 25 Jahre Haft), Walter Haensch (15 Jahre), Martin Sandberger (lebenslänglich), Willy Seibert (15 Jahre), Eugen Steimle (20 Jahre). Heinz Josts wie Gustav Noßkes lebenslängliche Haftstrafen wurden auf zehn Jahre reduziert, und wegen »guter Führung« konnten beide im Dezember 1951 das Gefängnis verlassen. Franz Alfred Six, dessen Strafe McCloy von zwanzig auf zehn Jahre reduziert hatte, kam im Oktober 1952 auf freien Fuß. Die Strafe von Erwin Schulz war von 20 auf 15 Jahre herabgesetzt worden.[118]

---

115 FAZ vom 21.5.1951, zitiert nach Frei, Vergangenheitspolitik, S. 228, Anm. 138.

116 Zitiert nach Friedrich, Amnestie, S. 97.

117 Strauch war nach Belgien ausgeliefert und dort nochmals zum Tode verurteilt worden (Ogorrek/Rieß, Fall 9, S. 165).

118 Übersicht der von McCloy entschiedenen Fälle bei Schwartz, Begnadigung, S. 411 f.

Nachkriegskarrieren

Der Rückkehr der ehemaligen RSHA-Führungsgruppe in die bürgerliche Sekurität und Wohlanständigkeit stand, nachdem die meisten von ihnen die Internierungszeit abgesessen und damit zugleich die Strafen der Spruchgerichte abgebüßt hatten, deren Strafmaß sich 1948/49 augenfällig an der Länge der bis dahin verbrachten Haftzeit orientierten, kein Hindernis mehr entgegen. Allerdings waren bei dem Anspruch der ehemaligen Gestapo- und Kripobeamten, wieder im öffentlichen Dienst angestellt zu werden, noch einige, wenn auch nicht sehr hohe Hürden zu überwinden.

Der Parlamentarische Rat hatte im Grundgesetz Artikel 131 bestimmt, daß die Rechtsverhältnisse von Personen, die am 8. Mai 1945 im öffentlichen Dienst standen und bisher nicht oder nicht ihrer früheren Stellung entsprechend verwendet wurden, durch ein Bundesgesetz zu regeln sei.[119] Damit war es der Beamtenlobby als einziger gesellschaftlicher Gruppe gelungen, im Grundgesetz ihre Entschädigungsansprüche zu verankern. Insgesamt handelte es sich gemäß der Zählung der Bundesregierung um etwa 430 000 Personen, davon ein Drittel Berufssoldaten, die als Anspruchsberechtigte gelten konnten, darunter rund 55 000, die aus politischen Gründen, das heißt wegen ihres nationalsozialistischen Engagements, nach dem Krieg entlassen worden waren.[120] Zu diesen gehörten auch die Beamten des Reichssicherheitshauptamtes.

Das »131er«-Gesetz, das 1951 nach langen Debatten verabschiedet wurde, sah vor, daß bis auf die in den Entnazifizierungsverfahren in den Kategorien I (Hauptschuldige) und II (Belastete) eingestuften Beamten – deren Anteil betrug insgesamt weniger als ein halbes Prozent – alle anderen als »Beamte auf Wiedereinstellung« galten und, sofern sie zehn Dienstjahre nachweisen konnten, Anspruch auf ein Übergangsgehalt hatten, bevor sie wieder im öffentlichen Dienst untergebracht wurden. Allein die ehemaligen Beamten der Gestapo und Berufssoldaten der Waffen-SS waren von diesen gesetzlichen Regelungen ausdrücklich ausgenommen –

---

119 Zum »131er«-Gesetz siehe ausführlich Wengst, Beamtentum; Garner, Der öffentliche Dienst; sowie Frei, Vergangenheitspolitik, S. 69–100; Friedrich, Amnestie, S. 272–281.
120 Zahlen nach Frei, Vergangenheitspolitik, S. 70 f.

mit einer bezeichnenden Ausnahmebestimmung. Denn im Schlußkapitel des Gesetzes hieß es, daß es auch für die Gestapobeamten Anwendung finden könnte, wenn diese »von Amts wegen« zur Gestapo versetzt worden waren.[121]

Da aber die Geheime Staatspolizei nach der Machtübernahme im Januar 1933 vor allem mit Beamten der Kriminalpolizei aufgebaut worden war, die sämtlich »von Amts wegen« zur Gestapo versetzt worden waren, hatten RSHA-Angehörige, die vor ihrer Versetzung zur Gestapo bereits Beamte gewesen waren, gute Chance auf Wiedereinstellung in den öffentlichen Dienst der Bundesrepublik. Die ehemaligen Kriminalpolizisten des RSHA-Amtes V fielen sowieso unter die normalen Bestimmungen des »131er«-Gesetzes, da sie nicht als Gestapobeamte galten. Die öffentlichen Arbeitgeber waren gehalten, 20 Prozent ihres Besoldungsaufwandes für die »131er« bereitzuhalten, und da zudem nicht der Bund, sondern die früheren Dienststellen das Übergangsgehalt bis zur Unterbringung zahlen mußten, waren vor allem die Länder und Kommunen in einem hohen Maße daran interessiert, die Stellen mit den »131ern« auch tatsächlich zu besetzen.[122]

Allein die jungen Gestaporeferenten, die als Rechtsreferendare oder vom SD direkt zur Gestapo gestoßen waren, konnten sich nicht auf die Ausnahmeregelungen berufen. Doch hatten die Dienststellen der öffentlichen Hand völlig unabhängig von dem »131er«-Gesetz, das ausschließlich die Ansprüche auf Wiedereinstellung und Versorgung regelte, die Möglichkeit, ehemalige Gestapo- und SD-Angehörige neu anzustellen. Ein Verbot, ehemalige RSHA-Angehörige in den öffentlichen Dienst aufzunehmen, hat in der Bundesrepublik nie bestanden.[123]

---

121 Gesetz zur Regelung der Rechtsverhältnisse der unter Artikel 131 des Grundgesetzes fallenden Personen, BGBl. I, 1951, S. 307–320; vgl. dazu Frei, Vergangenheitspolitik, S. 79 f.; Herbert, Best, S. 484; Friedrich, Amnestie, S. 281. Die Formulierung »von Amts wegen« galt entsprechend auch für die ehemaligen Angehörigen der Waffen-SS.

122 Friedrich, Amnestie, S. 280; Herbert, Best, S. 484.

123 Die Anrechnung der Dienstzeiten bei der Gestapo, die in der ersten Fassung des Gesetzes für die Feststellung der Dienstbezüge nicht berücksichtigt werden sollten, aber »in besonderen Ausnahmefällen« bereits durften, wurden in den folgenden Novellierungen des »131er«-Gesetzes weiter gelockert. Schon 1953 konnte

So kann es nicht überraschen, daß fast sämtliche Angehörige des Amtes V seit Anfang der fünfziger Jahre wieder eine Anstellung bei der bundesdeutschen Kriminalpolizei fanden und es einigen sogar gelang, hohe Positionen zu erringen. Andere wurden in den Ruhestand versetzt, wie Dr. Karl Baum, seit 1928 im Dienst der Kriminalpolizei, kurzzeitig Leiter des Fahndungsreferats im RSHA und später Chef der Kripo im besetzten Elsaß, der aus gesundheitlichen Gründen 1951 für polizeidienstunfähig erklärt und pensioniert wurde, oder Dr. Friedrich Riese, 1940/41 Leiter der Gruppe Vorbeugung im Amt V und von 1942 bis 1945 Chef der Kripo in Nürnberg, der 1954 aus Altersgründen in Pension gehen konnte.[124]

Dr. Josef Menke, der Nebes persönlicher Referent gewesen war, hatte sich von 1945 bis 1947 als Waldarbeiter und Bauhilfsarbeiter durchgeschlagen, war dann interniert und 1948 als »Mitläufer« eingestuft worden. Bis zum Sommer 1950 arbeitete er im Baugeschäft seines Schwagers als Buchhalter und erhielt dann die Einstellung in den öffentlichen Dienst, zunächst als Leiter der städtischen Kriminalpolizei im oberfränkischen Coburg. 1954 wurde er Kripochef in Aachen, und 1959 erhielt er den Chefposten der Dortmunder Kriminalpolizei. 1966 ging er als Kriminaldirektor in den Ruhestand. Ein Ermittlungsverfahren der Staatsanwaltschaft Köln gegen ihn wurde wegen Verjährung eingestellt.[125] Dr. Rudolf Horn, NSDAP-Mitglied seit 1931, der seinen Berufsweg als Zahnarzt begonnen hatte und dann zum stellvertretenden Leiter des Kriminalbiologischen Instituts aufgestiegen war, fand 1952 als Leiter der Kripo Göttingen wieder Verwendung, war von 1957 bis 1961 sogar Lehrer an der Landespolizeischule in Hannoversch-Münden und wurde anschließend als Leiter der Landeskriminalpolizeistelle nach Aurich versetzt.[126] Dr. Walter Zir-

die Dienstzeit bei Gestapo und Waffen-SS angerechnet werden, wenn dies »nach dem beruflichen Werdegang, der Tätigkeit und der persönlichen Haltung des Beamten gerechtfertigt« erschien (vgl. Frei, Vergangenheitspolitik, S. 80, Anm. 33).

124 Zu Baum: ZStL, 1 AR (RSHA) 312/64; GenStAnw KG Berlin, RSHA-Ermittlungsunterlagen, Personalheft Pb 25; zu Riese: BArch DH, ZR 212, GenStAnw KG Berlin, RSHA-Ermittlungsunterlagen, Personalheft Pr 75. Ermittlungsverfahren gegen Baum und Riese wurden eingestellt.

125 StAnw Köln, 24 Js 429/61; BStU, 5275; BArch DH, ZA V 69; GenStAnw KG Berlin, RSHA-Ermittlungsunterlagen, Personalkarte Josef Menke.

126 GenStAnw KG Berlin, RSHA-Ermittlungsunterlagen, Personalheft Ph 160. Ein Ermittlungsverfahren gegen Horn wurde eingestellt.

pins, einst Kripochef in Łódź, erhielt 1951 zunächst die Stelle des Referenten für die Kriminalpolizei im niedersächsischen Innenministerium und wechselte 1956 auf den Posten des Leiters der Kriminalpolizei der Landeshauptstadt Hannover. Mit dem Präsidenten des Bundeskriminalamtes, Paul Dickopf, verband ihn eine enge Zusammenarbeit.[127]

Dr. Walter Schade, der im Kriminaltechnischen Institut gearbeitet hatte, fand Anstellung als Oberregierungsrat im Zollkriminalinstitut in Köln, und sein Kollege aus dem KTI, der Biologe Dr. Otto Martin, übernahm im Frühjahr 1952 gewissermaßen in gleicher Funktion das Referat für biologische, bodenkundliche und medizinische Untersuchungen im Bundeskriminalamt.[128] Auch Kurt Amend, der im Amt V das Fahndungsreferat leitete und mit Arthur Nebe 1944 den Ausbruch von 80 britischen Offizieren aus dem Kriegsgefangenenlager Sagan bearbeitete, die nach dem Wiederergreifen auf Hitlers Befehl getötet werden sollten, gelangte als Leiter der Fahndungsabteilung des Bundeskriminalamtes wieder auf die Position, die er schon im RSHA eingenommen hatte.[129]

---

127 BArch DH, ZA V 81, Dok/P 649; GenStAnw KG Berlin, RSHA-Ermittlungsunterlagen, Personalheft Pz 32; Gestapo- und SS-Führer, S. 21; Schenk, Auf dem rechten Auge, S. 278, 294 f.; zu Zirpins siehe auch oben, S. 311 f.

128 Zu Schade: BArch DH, ZR 645 A 2; GenStAnw KG Berlin, RSHA-Ermittlungsunterlagen, Personalheft Psch 2; zu Martin: Vernehmung Otto Martin, 12. 1. 1965, GenStAnw KG Berlin, RSHA-Ermittlungsunterlagen, Personalheft Pm 131; Schenk, Auf dem rechten Auge, S. 221 f. Martin wurde allerdings »ohne Nennung von Rechtsgründen und ohne Rechtsmittelbelehrung«, wie er in der Vernehmung vom 12. 1. 1965 bitter betonte, »bis auf weiteres« vom BKA zum Statistischen Bundesamt in Wiesbaden abgeordnet.

129 ZStL, 9AR-Z18a/60; GenStAnw KG Berlin, RSHA-Ermittlungsunterlagen, Personalheft Pa 14; Schenk, Auf dem rechten Auge, S. 222–225. Wegen der Erschießung der britischen Offiziere wurde gegen Amend ein Ermittlungsverfahren eingeleitet, das jedoch mit dem Beschluß des Landgerichts Berlin vom 17. 3. 1971, Amend außer Verfolgung zu setzen, endete, da ihm nicht Heimtücke oder niedere Beweggründe nachzuweisen seien. Der Sagan-Fall wurde während des Nürnberger Prozesses gegen die Hauptkriegsverbrecher eingehend behandelt (Urteil des Internationalen Militärgerichtshofes gegen die Hauptkriegsverbrecher vom 1. 10. 1946, IMG, Bd. 1, S. 256; vgl. auch das Verfahren gegen den damaligen Leiter der Staatspolizeistelle Danzig, Dr. Günther Venediger, wegen Beihilfe zum Mord an vier britischen Fliegeroffizieren im März 1944, dokumentiert in: Justiz und NS-Verbrechen, Band 14, S. 79–104).

Nebes Stellvertreter Paul Werner appellierte bereits im Oktober 1949 in einer Denkschrift an das Bundesinnenministerium, die »bewährten Kräfte der Kriminalpolizei« nicht brachliegen zu lassen, stieß aber bei dem zuständigen Referenten, Dr. Max Hagemann, auf Ablehnung, der Werner als überzeugten Nationalsozialisten charakterisierte. Zwar sei nicht bekannt, daß Werner Verbrechen gegen die Menschlichkeit begangen habe, aber eine Wiederverwendung in der Kriminalpolizei käme nicht in Frage.[130] Allerdings fand Werner, im Entnazifizierungsverfahren als »Mitläufer« eingestuft, eine Stelle als Ministerialrat im württembergischen Innenministerium.[131] Dann aber sah es so aus, als könne er sogar Chef des Bundeskriminalamtes werden. Im Januar 1955 schlug ihn der baden-württembergische Innenminister Fritz Ulrich (SPD) Bundesinnenminister Gerhard Schröder (CDU), als Nachfolger für BKA-Präsident Jess vor: »Politische Bedenken gegen die Verwendung des Regierungsdirektors Werner dürften nicht bestehen. Sein Verhalten in den Jahren 1933–1945 war durchaus einwandfrei.« Wieder wurde Max Hagemann um Stellungnahme gebeten, der festhielt, daß Werner nur von durchschnittlicher Begabung sei, »offen bis zur Schwatzhaftigkeit, begeisterter und überzeugter Nationalsozialist, bei dem das Gefühl den Verstand überwog, zweifellos als anständiger Charakter missbraucht, für den Polizeidienst untragbar«. Der zuständige Ministerialdirigent im Bundesinnenministerium verfügte abschließend: »W. kommt hiernach nicht in Betracht.«[132]

Bei den ehemaligen Angehörigen des Gestapoamtes IV ergibt sich ein erkennbar anderes Bild. Trotz der Möglichkeit, die das »131er«-Gesetz bot, gingen nur acht der einstigen Gestaporeferenten in den Staatsdienst, brachten es dort allerdings durchaus zu beachtlichen Positionen. Rudolf Kröning, der in der Gruppe IV F die Angelegenheiten der im Deutschen Reich wohnenden Ausländer bearbeitet und eng mit dem Eichmann-Referat IV B 4 wegen dessen ständiger Forderung nach Deportation der ausländischen Juden kooperiert hatte, brachte es bis zum Senatspräsidenten

---

130 Schenk, Auf dem rechten Auge, S. 51 f.; Wagner, Volksgemeinschaft, S. 10.
131 GenStAnw KG Berlin, RSHA-Ermittlungsunterlagen, Personalkarte Paul Werner.
132 Vorgang in BArch, B 106/21192, hier nach: Schenk, Auf dem rechten Auge, S. 52. Verschiedene Ermittlungsverfahren gegen Werner wurden in den sechziger Jahren wieder eingestellt; zu Werners Tätigkeit im RSHA siehe oben, S. 314–321.

des Landessozialgerichts in Mainz.[133] Hermann Quetting, von 1936 ab im Devisenfahndungsamt tätig, das vor allem darauf spezialisiert war, das Vermögen jüdischer Emigranten zu konfiszieren, dann im RSHA für Wirtschaftsfragen und die Abwehr von Wirtschaftsspionage zuständig, 1940/41 auch als Feldpolizeidirektor im »Einsatz« bei der Einsatzgruppe B, wurde Regierungsrat im Bundesamt für die gewerbliche Wirtschaft.[134] Und Rudolf Bilfinger, im RSHA Leiter der Gruppe Organisation und Recht und 1953 wegen seiner Tätigkeit als Gestapochef in Toulouse von einem französischen Militärgericht zu acht Jahren Zuchthaus verurteilt, stieg bis zum Oberverwaltungsgerichtsrat am Verwaltungsgerichtshof Baden-Württemberg auf.[135]

---

133 GenStAnw KG Berlin, RSHA-Ermittlungsunterlagen, Personalheft Pk 140. Zwei Ermittlungsverfahren der Generalstaatsanwaltschaft beim Kammergericht Berlin wegen Beteiligung des RSHA an der »Endlösung« (1 Js 1/65) und wegen Einweisungen in Konzentrationslager zwecks Tötung (1 Js 7/65) wurden 1966 eingestellt. In eine ähnliche Position rückte auch Georg Schraepel. Schraepel, der im RSHA Personalreferent für die Kriminalpolizei gewesen war, kehrte nach dreijähriger Internierungszeit 1951 als Sozialdezernent nach Braunschweig zurück, wo er bereits 1927/28 im Fürsorge- und Jugendamt gearbeitet und später die Kriminalpolizei bis 1939 geleitet hatte. Schraepel, der immerhin von 1939 bis 1941 Leiter der Kriminalpolizei in Krakau gewesen war, diente dem Land Niedersachsen außerdem als Sozialrichter und stieg 1961 sogar zum Landessozialrichter auf. Er starb, von staatsanwaltlichen Ermittlungsverfahren offenbar unbehelligt, im Januar 1969 (BArch, BDC, SSO-Akte Georg Schraepel; BArch DH, ZR 110, ZA VI 5144; IfZ, ZS 297; GenStAnw KG Berlin, RSHA-Ermittlungsunterlagen, Personalheft Psch 100; Vernehmung, 13. 6. 1961, ZStL, II 208 AR-Z 52/60).

134 BArch DH, ZO 42 A 6, ZR 630 A 21; GenStAnw KG Berlin, RSHA-Ermittlungsunterlagen, Personalheft Pq 4. Ein Ermittlungsverfahren der Staatsanwaltschaft Frankfurt am Main wegen des Verdachts, Gewalttaten im Zusammenhang mit der Sonderkommission 20. Juli 1944 begangen zu haben, wurde 1962 eingestellt (ZStL, 1 AR 648/61). Dr. Wolfgang Duckart, der im Reichsinnenministerium Sachbearbeiter für Staatsangehörigkeitssachen gewesen war und mit Himmlers Ernennung zum Reichsinnenminister 1943 dem RSHA-Referat III B 4 (Einbürgerung. Staatsangehörigkeit) zugewiesen wurde, brachte es nach dem Krieg sogar bis zum Vizepräsident des Bundesausgleichsamtes (GenStAnw KG Berlin, RSHA-Ermittlungsunterlagen, Personalheft Pd 64).

135 BArch DH, ZR 18, Dok/P 95; GenStAnw KG Berlin, RSHA-Ermittlungsunterlagen, Personalheft Pb 79.

772

Außerdem fällt auf, daß drei ehemalige Gestaporeferenten: Paul Opitz, der zu verschiedenen Einsätzen in Polen, Norwegen und der Steiermark kommandiert worden war, Erwin Jarosch und Leonhard Halmanseger, der im Amt IV das Nachrichtenreferat IV N geleitet hatte, nach dem Krieg Mitarbeiter des Verfassungsschutzes werden konnten.[136]

Aber mitunter gelang es auch, im halbstaatlichen Bereich unterzukommen. So wurde der ehemalige Leiter der Geschäftsstelle des Amtes IV, Hans Pieper, Geschäftsführer des vom Bundeskanzleramt finanziell geförderten »Volksbundes für Frieden und Freiheit e.V.«.[137] Die weitaus meisten einstmaligen Gestaporeferenten ließen sich entweder als selbständige Rechtsanwälte nieder, was aufgrund ihrer juristischen Ausbildung nahelag, oder fanden in der freien Wirtschaft eine Arbeit. Zwar machten nicht alle eine solche Karriere wie Bernhard Baatz, der als Referent für das besetzte Polen und für Zwangsarbeiter sowie in diversen »Einsätzen« sein Engagement und seine Tatbereitschaft unter Beweis gestellt hatte und nach dem Krieg zum Direktor der Mannesmann-Wohnungsbaugesellschaft in Duisburg aufstieg.[138] Aber zum Abteilungsleiter bei Siemens, wie

---

136 Zu Opitz: BStU, PA 5282; BArch DH, ZR 739 A 6; GenStAnw KG Berlin, RSHA-Ermittlungsunterlagen, Personalheft Po 14; zu Jarosch: BStU, FV 143/69; BArch DH, ZA I 7110 A 3; GenStAnw KG Berlin, RSHA-Ermittlungsunterlagen, Personalheft Pj 25; zu Halmanseger: BArch DH, ZR 920 A 145; GenStAnw KG Berlin, RSHA-Ermittlungsunterlagen, Personalheft Ph 22.

137 BArch DH, ZR 630 A 19; GenStAnw KG Berlin, RSHA-Ermittlungsunterlagen, Personalheft Pp 34. Zwei Ermittlungsverfahren gegen Pieper wurden 1966 eingestellt.

138 BArch DH, Dok-P 2396, ZR 139, 759 A 14; GenStAnw KG Berlin, RSHA-Ermittlungsunterlagen, Personalheft Pb 3; zu Baatz siehe oben, S. 355–357. Eine steile Karriere machte auch Heinz Wanninger, der das Organisationsreferat im Amt I geleitet hatte und als Verbindungsführer des RSHA zum Reichsjustizministerium in die verbrecherischen Strafvereinbarungen zwischen Himmler und Thierack gegen polnische und sowjetische Zwangsarbeiter involviert gewesen war. Wanninger besaß nach seiner Entlassung aus der Internierungshaft zunächst einen Wäschereibetrieb in Memmingen und fand 1950 eine Anstellung als Vertreter bei der Versicherungsgesellschaft Iduna Germania. Dort stieg er dann zum Vorstandsmitglied auf. Ein Ermittlungsverfahren der Stuttgarter Staatsanwaltschaft gegen ihn wegen seiner Beteiligung am Himmler/Thierack-Abkommen 1942 verlief ergebnislos (BArch, BDC, SSO-Akte Heinz Wanninger; BArch DH, ZR 114; GenStAnw KG Berlin, RSHA-Ermittlungsunterlagen, Personalheft Pw 17).

der Bearbeiter der »Ereignismeldungen« im RSHA, Dr. Günther Knobloch, oder zum Geschäftsführer einer Textilfirma, wie Horst Kopkow, brachten es andere auch.[139]

Zu den jungen Leuten, die trotz ihrer Gestapoangehörigkeit eine Neuanstellung fanden, zählt Heinrich Johann zum Broock. Geboren 1914 in Rüstringen bei Oldenburg, hatte Broock erst Kaufmann in einem Eisenwarengeschäft gelernt und war 1937 als Angestellter in den Polizeidienst gewechselt. Er wurde der Adjutant Streckenbachs und begann erst im Sommer 1942 seine Ausbildung zum Kriminalkommissar, unter anderem beim Kommandeur der Sicherheitspolizei und des SD in Krakau. Im Februar 1945 kam er als frisch ernannter Kriminalkommissar nach Hannover und blieb über die Kapitulation hinaus dort bei der Kriminalpolizei. Erst im Oktober 1945 verfügte die britische Besatzungsmacht seine Entlassung. Broock wurde interniert, das Spruchgericht stufte ihn in die Kategorie IV, »Mitläufer«, ein. Er fiel keineswegs unter die Ausnahmeregelung des »131er«-Gesetzes. Dennoch hatten seine Bewerbungen Erfolg, und er konnte im Mai 1956 als Kriminalmeister bei der Landeskriminalpolizeischule in Oldenburg seinen Dienst wiederaufnehmen. Ein Jahr später war er wieder Kriminalkommissar und leitete seit 1958 die Kripo in Emden.[140]

Schwieriger gestaltete sich die Arbeitssuche für die ehemaligen SD-Angehörigen, da die meisten von ihnen keine Beamten gewesen waren und daher nicht auf Wiedereinstellung bzw. Versorgung gemäß dem »131er«-Gesetz rechnen konnten. Etliche von ihnen zog es in den Journalismus

---

139 Zu Knobloch: GenStAnw KG Berlin, RSHA-Ermittlungsunterlagen, Personalheft Pk 79; sämtliche Ermittlungsverfahren gegen Knobloch wurden eingestellt; zu Kopkow: Vernehmung Horst Kopkow, 9.5.1961, GenStAnw KG Berlin, RSHA-Ermittlungsunterlagen, Personalheft Pk 102. Kopkow, der im Amt IV durch seine Fähigkeit zu »Gegenfunkspielen« und die Aufdeckung der Widerstandsorganisation »Rote Kapelle« glänzte, wurde nach eigener Aussage nach dem Krieg ausführlich durch den britischen Geheimdienst vernommen (ebenda; siehe auch oben, S. 340 f.).

140 BArch, BDC, SSO-Akte Heinrich Johann zum Broock; BArch DH, ZB II 6000, ZM 1667 A 9; GenStAnw KG Berlin, RSHA-Ermittlungsunterlagen, Personalheft Pb 135; Vernehmung, 3.11.62, StAnw Hamburg, 147 Js 31/67, Bd. 9, Bl. 1379–1386.

oder in die Verlagsbranche. Dr. Justus Beyer, einstmals Leiter der Abteilung Wissenschaft im SD-Hauptamt, RSHA-Referent im Amt III und Verbindungsführer des RSHA zur NSDAP-Parteikanzlei, wurde Redakteur des Wirtschaftsfachblattes »Bau- und Grundstücksmarkt«, später der »Deutschen Gewerbezeitung«. Nebenher war er noch als Honorardozent an einer privaten Ingenieurschule tätig.[141] Eberhard Freiherr Löw von und zu Steinfurth, seit 1935 für den SD tätig, im RSHA Referent für die besetzten sogenannten germanischen Länder, insbesondere für Dänemark, in Ehlichs Gruppe III B Volkstum, war nach dem Krieg zwei Jahre in dänischer Internierungshaft, durchlief das Spruchkammerverfahren mit der Kategorie IV, »Mitläufer«, und erreichte im Laufe der fünfziger Jahre die Position des Pressechefs der halbstaatlichen Bundesverkehrswacht e.V. in Bonn und war außerdem Chefredakteur der Fachzeitung »Mensch und Verkehr«.[142] Heinz Ballensiefen, umtriebiger Judenreferent des Amtes VII, der 1944 noch in Ungarn im Einsatz war, arbeitete erst als Werbeleiter für eine Baufirma, danach als freier Journalist und fand 1952 schließlich eine feste Anstellung als Redakteur für die Betriebszeitungen der Technischen Werke in Stuttgart.[143]

Bekannt ist das Engagement von Franz Alfred Six, der nach seiner Landsberger Haft Geschäftsführer des C. W. Leske Verlages wurde, wo dann sogleich ein Buch der »Spiegel«-Ressortleiter Horst Mahnke und Georg Wolff erschien, die beide aus dem SD stammten.[144] 1959 wechselte Horst Mahnke, der Six nicht nur als Marxismusreferent ins Amt VII gefolgt war, sondern auch zum Vorkommando Moskau 1941 gehörte, zum Springer-Verlag, wurde dort zunächst Chefredakteur der Illustrierten

141 BArch, BDC, SSO-Akte Justus Beyer; BArch DH, ZR 545 A14; Dok/P 15165; BStU, PA 538; GenStAnw KG Berlin, RSHA-Ermittlungsunterlagen, Personalheft Pb 71.

142 BArch, BDC, SSO-Akte Löw von und zu Steinfurth; BArch DH, ZR 235; BStU, AV 10/76; GenStAnw KG Berlin, RSHA-Ermittlungsunterlagen, Personalheft Pl 78.

143 BArch, R 58 F/132; GenStAnw KG Berlin, RSHA-Ermittlungsunterlagen, Personalheft Pb 10. Ein Ermittlungsverfahren der Hamburger Staatsanwaltschaft gegen ihn wurde eingestellt.

144 Horst Mahnke/Georg Wolff, 1954 – Der Frieden hat eine Chance; siehe dazu demnächst ausführlich Hachmeister/Siering, Die Herren Journalisten.

»Kristall«, dann Leiter des »Politischen Büros« Axel Springers, blieb aber nach wie vor in engem Kontakt mit seinem Kollegen Wolff.[145] Beim Leske-Verlag fand auch Andreas Biederbick, Frankreichreferent bei Six und ebenfalls im praktischen »Einsatz« in Frankreich und Belgien, einen Arbeitsplatz: Er wurde Leiter des Düsseldorfer Büros des Verlages.[146]

Eine zweite Gruppe sammelte sich beim Oldenburger Stalling-Verlag, wo Hans Rößner Lektor wurde und seine Kollegen Wilhelm Spengler und Hans Schneider, genannt Schwerte, mit Buchprojekten beauftragen konnte.[147] Spengler selbst stieg bei Stalling ein und brachte es dort bis zum Cheflektor.[148] Aber auch Ernst Turowski aus der ehemaligen Kultur- gruppe (III C) des RSHA-Amtes III erreichte als Geschäftsstellenleiter einer Bausparkasse in Hannover eine respektierliche Position in der Bun- desrepublik.[149] Und Hans Schneider machte unter dem falschen Namen Schwerte eine beachtliche akademische Karriere, wurde schließlich sogar Präsident der Technischen Hochschule Aachen.[150]

Ansonsten fanden SD-Angehörige vor allem in der mittelständischen Wirtschaft Arbeitsmöglichkeiten. Herbert Hagen, vor 1939 Leiter des Ju- denreferats im SD-Hauptamt und seit 1940 in Frankreich, wurde nach

---

145 BArch, BDC, SSO-Akte Horst Mahnke; BArch DH, ZR 550 A 1, Dok/P 11607. Georg Wolff war von 1940 bis 1945 für den SD in Norwegen tätig, vgl. zur Nach- kriegsverbindung von Six, Mahnke, Wolff und dem »Spiegel« Hachmeister, Geg- nerforscher, S. 233–238.

146 Sein hauptsächlicher Verdienst stammte allerdings aus demoskopischen Erhebun- gen. Von Düsseldorf wurde er im Rahmen dieser Tätigkeit Anfang 1962 nach Hamburg zur Hauptstelle für Befragungswesen versetzt (BArch, BDC, SSO-Akte Andreas Biederbick; GenStAnw KG Berlin, RSHA-Ermittlungsunterlagen, Per- sonalheft Pb 73; zur Verbindung Biederbicks mit dem Leske-Verlag siehe Hach- meister, Durchdringung.

147 Siehe unten, S. 797 f.

148 GenStAnw KG Berlin, RSHA-Ermittlungsunterlagen, Personalheft Ps 71; BArch DH, ZR 115, ZR 118, ZR 917, Dok/P 14176; sowie Jäger, Seitenwechsel, S. 161 f.

149 GenStAnw KG Berlin, RSHA-Ermittlungsunterlagen, Personalheft Pt 54; der vierte Referent, Walter von Kielpinski, galt nach dem Krieg als vermißt (GenSt- Anw KG Berlin, RSHA-Ermittlungsunterlagen, Personalheft Pk 36); zur Gruppe III C siehe oben, S. 385–391.

150 Zum Fall Schneider/Schwerte vgl. vor allem Jäger, Seitenwechsel; Leggewie, Von Schneider zu Schwerte; König, Fall Schwerte.

776

dem Krieg Geschäftsführer eines Maschinenbauunternehmens in War-
stein, bevor ihm 1972 der Prozeß gemacht wurde.[151] Rolf Mühler wurde
nach seiner Rückkehr aus Frankreich Getränke-Großhändler in Mannheim, Hans Leetsch arbeitete als selbständiger Industriegutachter, Heinz
Jost als Immobilienmakler, Albert Filbert leitete eine Bankfiliale, Hans
Daufeldt versuchte sich als Hoteldirektor in Bad Tölz, und dem wegen
Massenmords zum Tode verurteilten und 1954 aus der Haft entlassenen
Eugen Steimle gelang es sogar, als Studienrat für Deutsch und Geschichte
an einem privaten Jungeninternat angestellt zu werden. Selbst der abtrün-
nige Ordenspriester Hans Schick kehrte zur Kirche zurück und wurde
1948 Referent beim Diözesan-Caritasverband in Köln.[152]

Noch ein anderes »mittelständisches« Unternehmen interessierte sich
für die ehemaligen RSHA-Angehörigen, vor allem aus dem Amt VI SD-
Ausland. Schon gleich nach dem Krieg konnten eine Reihe von SD-Referenten in der Organisation Gehlen Unterschlupf finden oder wurden
später vom Bundesnachrichtendienst übernommen.[153] Wilhelm Höttl hat
aus seinen Geheimdienstkontakten nach dem Krieg kein Hehl gemacht;[154]
ebenso ist von Rudolf Oebsger-Röder, der 1940 für kurze Zeit im RSHA-
Amt II war, zu etlichen »Einsätzen« in Polen, der Sowjetunion und in Ungarn abkommandiert worden war und sich nach dem Krieg nach Indone-

---

151 Zu Hagen vgl. ausführlich Paul, Von Judenangelegenheiten.

152 Zu Mühler: GenStAnw KG Berlin, RSHA-Ermittlungsunterlagen, Personalheft
Pm 92; zu Leetsch: Vernehmung Hans Leetsch, 18. 1. 1965, GenStAnw KG Berlin,
RSHA-Ermittlungsunterlagen, Personalheft Pl 23; zu Jost: Bericht der Kriminal-
polizei Düsseldorf, 27. 1. 1959, ZStL, V 205 AR 799/67, Bd. 1, Bl. 28; Vernehmung
Heinz Jost, 30. 10. 1961, StAnw Hamburg, 147 Js 31/67, Bd. 4, Bl. 617–624; zu Fil-
bert: Urteil Landgericht Berlin, 3 PKs 1/62, vom 22. 6. 1962, gedruckt in: Justiz
und NS-Verbrechen, Bd. 18, S. 602–651; zu Daufeldt: GenStAnw KG Berlin,
RSHA-Ermittlungsunterlagen, Personalheft Pd 4; zu Steimle: Kripo Stuttgart an
Staatsanwaltschaft Hamburg, 14. 2. 1957, StAnw Hamburg, 147 Js 31/67, Bd. 1,
Bl. 41; Lächele, Vom Reichssicherheitshauptamt in ein evangelisches Gymnasium;
zu Schick: StAnw Hannover, 2 Js 273/60; GenStAnw KG Berlin, RSHA-Ermittlungsunterlagen, Personalkarte Hans Schick.

153 Vgl. Reese, Organisation Gehlen; Schmidt-Eenboom, BND; übergreifend: Simpson, Blowback.

154 Vgl. Hagen (i. e. Höttl), Die geheime Front; Höttl, Einsatz für das Reich; Querg,
Wilhelm Höttl.

sien abgesetzt hatte, bekannt, daß er dort für Gehlen und später für den BND tätig war.[155] Aber auch Referenten wie Ewald Geppert, Heinz Felfe, Hans Clemens arbeiteten für den Geheimdienst.[156] Da insbesondere das RSHA-Wissen über die Sowjetunion für die westlichen Geheimdienste im Kalten Krieg von Interesse war, nimmt es auch nicht wunder, daß, nachdem Heinz Gräfe 1944 tödlich verunglückt war, Gehlen selbst in die Schweiz reiste, um Gräfes engsten Mitarbeiter, Erich Hengelhaupt, für den »Dienst« zu gewinnen, vergeblich, wenn man Hengelhaupts Aufzeichnungen und der Aussage seine Ehefrau Glauben schenkt.[157] Der Chef des Amtes VI Walter Schellenberg hatte sowieso den alliierten Geheimdiensten umfassend Auskunft geboten.

Dr. phil. Heinz Hummitzsch, 1938 im »Sudeteneinsatz«, 1939 SD-Referent im besetzten Warschau, im RSHA Referent in Ehlichs Gruppe III B Volkstum, 1943/44 im SD-Einsatz in Belgien und in den letzten Kriegsmonaten noch Leiter des SD in Dresden, begann nach dem Krieg 1947 unter falschem Namen und Geburtsdatum ein Medizinstudium in Erlangen. Hummitzsch erlangte Approbation wie Promotion zum Dr. med. und arbeitete zunächst in der Universitätsklinik Erlangen. 1956 eröffnete er eine eigene Praxis in Ellingen und ließ sich schließlich 1961 als praktischer Arzt in Bruchköbel nieder.[158] Auch sein Chef, Dr. med. Hans Ehlich, war nach dem Krieg wieder in seinem alten Beruf tätig. Wegen Zugehörigkeit

---

155 BStU, FV 143/69; GenStAnw KG Berlin, RSHA-Ermittlungsunterlagen, Personalkarte Rudolf Oebsger-Röder; BArch DH, ZR 133, ZA VI 5144; ZStL, 203 AR-Z 313/59, 302 AR-Z 23/62; Hachmeister, Durchdringung.

156 Zu Geppert: BStU, Personalblatt HVA III/3710; zu Felfe: Felfe, Im Dienst; zu Clemens: Vernehmung Hans Clemens, 28.10.1964, GenStAnw KG Berlin, RSHA-Ermittlungsunterlagen, Personalheft Pc 8; Urteil des Bundesgerichtshofes, 6 Bjs 603/61, vom 23.7.1963.

157 Erich Hengelhaupt, Erinnerungen (masch.), Familienbesitz; Mitteilung der Ehefrau an den Verfasser, 8.7.1997.

158 BArch, BDC, SSO-Akte Heinz Hummitzsch; Vernehmung Hummitzsch, 23.8.1967, ZStL, I 124 AR-Z 491/67, Bd. 1, Bl. 8; GenStAnw KG Berlin, RSHA-Ermittlungsunterlagen, Personalheft Ph 170. Die Staatsanwaltschaft Kiel ermittelte gegen ihn und andere Ende der sechziger Jahre wegen der Deportationen der belgischen Juden nach Auschwitz (StAnw Kiel, 2 Js 19/67); allerdings wurde das Verfahren gegen Hummitzsch im Februar 1975 eingestellt. Er starb im August 1975.

zu einer verbrecherischen Organisation wurde er im Oktober 1948 zu einer Gefängnisstrafe von einem Jahr und neun Monaten verurteilt, die aber durch die Internierungszeit als verbüßt galt. Ehlich konnte zwei Tage später die Haft verlassen, ging nach Braunschweig und ließ sich dort als praktischer Arzt nieder. Mehrere Ermittlungsverfahren wurden in den sechziger Jahren angestrengt, die jedoch zu keiner Anklage führten. Ehlich starb als unbehelligter, angesehener Arzt in Braunschweig am 30. März 1991.[159]

Erwin Schulz oder das kurze Gedächtnis der Bremer Sozialdemokratie

Am 22. Juli 1952 wandte sich der Anwalt von Erwin Schulz an den Präsidenten des Bremer Senats, Bürgermeister Kaisen, mit der Bitte, »ob seitens der Bremischen Regierung eine Erklärung abgegeben werden könnte, daß gegen einen Gnadenakt für meinen Mandanten Schulz nichts einzuwenden ist oder – was ich natürlich noch mehr begrüssen würde – daß ein solcher Gnadenakt befürwortet wird«.[160] Die Präsidialkanzlei bat um Stellungnahme des Verfassungsschutzes und erhielt am 9. August vom Innensenator die Auskunft, daß zwar keine Personalunterlagen zu Schulz mehr vorhanden seien, er aber nach Auskünften von Personen, die Schulz während seiner Tätigkeit bis 1933 und aus der Zeit unmittelbar danach kannten, »als sympathischer und korrekter Kollege bzw. Vorgesetzter sehr geschätzt« gewesen sei.[161] Am 22. August schrieb der Leiter der Präsidialkanzlei, daß dem Ersuchen, bei der Entlassung von Schulz behilflich zu sein, »hier gern entsprochen« werde.[162]

---

159 BArch DH, ZR 810 A 2, Dok/P 5623; GenStAnw KG Berlin, RSHA-Ermittlungsunterlagen, Personalheft Pe 6; zu Ehlich siehe oben, S. 176–180, zur Gruppe III B siehe insbesondere S. 381 f., S. 489–500 und S. 663–670.

160 Dr. L. an Präsidenten des Bremer Senats, 22. 7. 1952, StA Bremen, 3-B.10. b.W.23. 143, unpag.

161 Vermerk Senator für Inneres an Präsidialkanzlei, 9. 8. 1952, StA Bremen, 3-B.10. b.W.23. 143, unpag.; siehe auch den Bericht des Landesamts für Verfassungsschutz vom 4. 9. 1952 an Innensenator Ehlers, der ähnlich positive Zeugnisse ehemaliger Kripobeamter aus Bremen umfaßte (StA Bremen, 4,13/1–P.1. c.1. Nr. 7).

162 Präsidialkanzlei an Dr. L., 22. 8. 1952, StA Bremen, 3-B.10. b.W.23. 143, unpag.

Schulz' Rechtsanwalt hatte ebenfalls an Alfred Faust geschrieben, der vor 1933 Reichstagsabgeordneter sowie Chefredakteur der sozialdemokratischen »Bremer Volkszeitung« gewesen und nach der Machtergreifung interniert worden war. Faust hatte bereits für den Einsatzgruppen-Prozeß in einer eidesstattlichen Erklärung ausgesagt, Schulz habe dafür gesorgt, daß er nicht mehr mißhandelt, in ein normales Gefängnis überführt und 1934 freigelassen wurde.[163] Faust antwortete, ließ Schulz grüßen und erhielt prompt von diesem einen langen, rührseligen Brief, in dem er Faust überschwenglich dankte, ohne indes zu versäumen, an seine »gute Tat« von früher zu erinnern.[164] Ein Wort zu seiner Beteiligung an den Verbrechen des NS-Regimes, geschweige denn ein Bedauern, findet sich in diesem Brief nicht. Dennoch schickte Faust das Schreiben gleich an Bürgermeister Kaisen weiter mit den Worten:

»Lies' den einliegenden Brief von Erwin Schulz, unserem Staatspolizeimajor 33/34. Er hat sich mir gegenüber, als ich in den Lagern war, hochanständig benommen, und deshalb habe ich ihm durch Gutachten, freundliche Worte und Hilfe an seine Frau geholfen. Es ist der einzige Bremer in Landberg. Wir müssen etwas für ihn tun, damit er freigelassen werden kann. Belastet ist er dadurch (und zu 20 Jahren verurteilt), weil er von Bremen nach Graz und von Graz nach Polen versetzt wurde, wo gerade die Judenmetzeleien im Gange waren. Ich sehe nicht ein, daß man die Generäle frei gibt und die Polizeibeamten (Schulz ist ein Karriere-Polizist lange vor Hitler) zurückhält.«[165]

Dieser Brief ist bemerkenswert, weil er Aufschluß gibt über die eingangs gestellte Frage, warum es selbst liberalen und sozialdemokratischen Politikern in der frühen Bundesrepublik möglich war, sich für verurteilte Massenmörder wie Erwin Schulz einzusetzen. Der erste Anhaltspunkt ist das

---

163 Eidesstattliche Erklärung Alfred Faust, 5.9.1947, United Military Tribunals Nürnberg, Case No. 9 Otto Ohlendorf et al., Defense exhibit Schulz, No. 11 (roll 24).

164 Daß der Anwalt sich an Faust gewandt hat, wollte, so Schulz, »mir zuerst nicht recht gefallen, weil ich befürchtete, daß Sie denken könnten, ich erwartete Gegenleistungen für eine Tat, die doch für mich nichts Besonderes, sondern eine Selbstverständlichkeit war. Sie haben mich jedoch mit Ihrer Beantwortung dahingehend belehrt, daß meine Gedanken kleinlich waren, sodaß ich dieserhalb um Entschuldigung bitten muss.« (Schulz an Faust, 3.8.1952, StA Bremen, 4,13/1–P.1. c.1. Nr. 7)

165 Faust an Kaisen, 12.8.1952, StA Bremen, 4,13/1–P.1. c.1. Nr. 7.

kurze beziehungsweise »deutsche« Gedächtnis. Schulz erscheint in Fausts Rückblick nur als der Gestapochef aus den Jahren 1933/34, als es um die Verfolgung der politischen Linken ging. Daß sich Schulz hier als ein beflissener, aber »korrekter«, das heißt nicht exzessiver Verfolger erwies, muß durchaus keine retrospektive Verharmlosung sein – auch Streckenbach und andere sind nicht zuletzt deshalb als Gestapochefs eingesetzt worden, um den »wilden« Terror der SA zu unterbinden.[166]

Die Verbrechen hingegen, die Schulz im Osten begangen hat, erscheinen bei Faust als situativ bedingte Handlungen, als Folge von Versetzungen in bereits bestehende kriminelle Verhältnisse. Daß der eigentliche Grund für die Verurteilung von Erwin Schulz, die Erschießungen des Sonderkommandos 5 in der Sowjetunion, von Faust gar nicht mehr erwähnt wurde, zeigt, wie kurz und verkürzend das sozialdemokratische Gedächtnis war. Durchaus im Einklang mit der bundesdeutschen Öffentlichkeit geriet der Nationalsozialismus zu einer »deutschen Diktatur« (Karl Dietrich Bracher), deren verbrecherischer Charakter mehr durch die Verfolgung der deutschen Opposition und den Terror gegen Deutsche charakterisiert ist als durch die Massenmorde in den besetzten Ostgebieten. Mit dieser Ausblendung der Massenverbrechen konnte jemand wie Erwin Schulz als Gegner aus längst vergangenen Tagen erscheinen, der gleichsam wie zu den Zeiten der Sozialistenverfolgung unter Bismarck den staatlichen Auftrag zur Verfolgung der Sozialdemokratie gewissenhaft befolgt, aber in der Behandlung seiner Opfer »hochanständig« geblieben war – und dem deswegen Straferlaß zustehe.

Faust hatte sich gleichfalls an Innensenator Adolf Ehlers, ebenfalls SPD, gewandt, der wiederum Bürgermeister Kaisen informierte, daß er Erkundigungen über Schulz eingeholt habe, die allesamt positiv gewesen seien,

---

166 In dem vom Bremer Verfassungsschutz eingeholten Zeugnis eines ehemaligen Vorstandsmitglieds der KPD in Bremen heißt es denn auch: »Schulz sei ihm aus der Zeit vor und nach 1933 bekannt. Er habe oft mit ihm zu tun gehabt. Die Behandlung durch Schulz sei immer einwandfrei gewesen. Er könne Schulz keine Handlungen nachsagen, die nicht mit den bestehenden Gesetzen in Einklang zu bringen gewesen wären. Schulz sei aber gewiß ein Beamter gewesen, der es verstanden habe, auch nach der Machtübernahme der Nationalsozialisten seine Zuverlässigkeit unter Beweis zu stellen.« (Bericht des Landesamts für Verfassungsschutz an Innensenator Ehlers, 4. 9. 1952, StA Bremen, 4,13/1–P.1. c.1. Nr. 7)

und er deswegen in der Senatskommission für Personalwesen vorgeschlagen habe, mit Schulz' Anwalt ins Gespräch zu kommen.[167] In einem langen, schwulstigen Dankesbrief wandte sich Erwin Schulz Ende September direkt an Ehlers:

> »Es war für mich, als würde es nun nach einer unvergleichlich düsteren Nacht Tag werden, heller lichter Tag. [...] Wenn ich trotz aller Schwere des Erlebten aufrecht geblieben bin, so war es das Bewußtsein vor mir selbst, nichts Übles oder Bösartiges getan zu haben. Wenn ich mit meinem Schicksal zu keiner Stunde gehadert habe, so war es mein Verständnis für die Umstände, die es verursachten, und das Wissen, daß ich meinen Anteil gab, auch damit meinem Vaterlande einen Dienst zu leisten, weil ich mit der eigenen Last anderen die Bürde erleichtern half.«[168]

Tatsächlich wandte sich Wilhelm Kaisen, Präsident des Senats von Bremen, persönlich am 20. November 1952 an den amerikanischen Hochkommissar, Botschafter Walter J. Donnelly, um das Gnadengesuch von Schulz zu unterstützen, da »die von mir angestellten Ermittlungen ergeben haben, daß Erwin Schulz in seiner langjährigen Tätigkeit in Bremen immer ein Verhalten gezeigt hat, das ihn eines Gnadenerweises für würdig erscheinen läßt«. Kaisen führte als Zeugen namentlich Ehlers, Faust und den Senator Emil Theil auf, die aus eigenem Erleben den guten Leumund von Schulz bestätigten. »Alle drei genannten Herren haben während der Verfolgung durch die nationalsozialistischen Gewalthaber, der sie nach dem Jahre 1933 ausgesetzt waren, persönlich die menschliche Haltung von Erwin Schulz erfahren und sie in dankbarer Erinnerung behalten.« Es

---

167 Ehlers an Kaisen, 18. 8. 1952, StA Bremen, 4,13/1–P.1. c.1. Nr. 7. In einem anschließenden Brief an Alfred Faust bekannte Ehlers, daß auch er »einige Begegnungen mit Schulz erlebt [habe], die für Deine Beurteilung der Angelegenheit sprechen. [...] Ich persönlich glaube, daß man für den Mann was tun muss« (Ehlers an Faust, 20. 8. 1952, ebenda).

168 Schulz an Ehlers, 21. 9. 1952, StA Bremen, 4,13/1–P.1. c.1. Nr. 7. Am 13. 11. antwortete Ehlers mit der Nachricht, daß es eine ernsthafte Initiative seitens des Senats für Schulz geben wird. »Ich kann Ihnen versichern, daß nicht einzelne, sondern wahrscheinlich alle Mitglieder des Senats von der Notwendigkeit eines auch rechtlich fundierten Schrittes überzeugt werden können. Ich fühle heraus, wie sehr Ihnen gerade daran liegt, daß die Initiatoren zu diesem Schritte nicht aus Sentiments, sondern aus der Überzeugung heraus handeln, daß dem Recht Gewalt angetan wurde. Ich drücke Ihnen die Hand.« (Ehlers an Schulz, 13. 11. 1952, ebenda)

handele sich bei Schulz um eine Persönlichkeit, die sich von anderen Polizeiführern des NS-Regimes wesentlich unterscheide. Das habe schließlich auch das Nürnberger Gericht anerkannt, das ihm »bei der Behandlung der Vorgänge in Rußland, die die Hinschlachtung ganzer Gruppen der Bevölkerung zum Gegenstand hatten, bescheinigt hat, er habe, als er sich einer unerträglichen Situation gegenübersah, versucht, etwas dagegen zu tun«.[169] Wohlgemerkt, das Nürnberger Urteil, aus dem Kaisen hier indirekt zitierte, hatte damit die Strafmilderung – statt der Todesstrafe eine zwanzigjährige Freiheitsstrafe – begründet, jedoch keineswegs den Straftatbestand des vielfachen Mordes in Frage gestellt.

Doch dauerte es noch ein Jahr, bis Schulz freigelassen wurde, obwohl Kaisen im März 1953 einen Besuch des neuernannten US-Hochkommissars James Conant in Bremen zum Anlaß nahm, um diesen persönlich noch einmal auf die Entlassung Schulz' anzusprechen, und Conant versprach, den Fall noch einmal zu überprüfen.[170] Offensichtlich aber wollten die Amerikaner nicht den im Juli auf der Washingtoner alliierten Außenministerkonferenz beschlossenen deutsch-alliierten Gnadenausschüssen vorgreifen, die im Oktober/November 1953 zusammentraten.[171] Am 12. November ergab sich noch eine unerwartete Komplikation. Das Büro der amerikanischen Hochkommissars wollte wissen, ob Schulz eine Pension bekäme, wenn er entlassen würde, damit nicht durch eine ungesicherte Existenz Schulz erneut konspirieren würde.[172] Bremens Bürger-

169 Kaisen an Conelly, 20.11.1952, StA Bremen, 3-B.10.b., Nr. 13 [143]. Zugleich wandte sich der Leiter der Präsidialkanzlei an den Vertreter des Landes Bremen beim Bund, Dr. Karl Carstens, damit dieser für Schulz bei der Zentralen Rechtsschutzstelle der Bundesregierung vorstellig werde (Präsidialkanzlei an Vertreter des Landes Bremen beim Bund, 4.12.1952, StA Bremen, Senator für die Innere Verwaltung 4,13/1., unpag.).

170 Kaisen an Conant, 30.3.1953, StA Bremen, 3-B.10.b., Nr. 23 [143].

171 Diese Interimsausschüsse ersetzten vorläufig – und sicher nicht ganz uneigennützig als Unterstützung Adenauers im Bundestagswahlkampf 1953 – den im Artikel 6 des Deutschland-Vertrages vorgesehenen Gemischten Ausschuß, dessen Bildung sich jedoch durch die langwierigen Ratifizierungen des Vertrages verzögerte (vgl. Brochhagen, Nach Nürnberg, S. 103–105; Frei, Vergangenheitspolitik, S. 291–294).

172 Office of the US High Commissioner for Germany an Kaisen, 21.11.1953, StA Bremen, 3-B.10.b., Nr. 23 [143].

meister konnte antworten, daß Schulz nach seiner Entlassung gemäß Gesetz zum Artikel 131 Grundgesetz vom 1. 9. 1953 Dienstbezüge in Höhe von monatlich 417,67 DM für ein Jahr und anschließend ein Übergangsgehalt bis zur Pensionierung zuständen.[173] Doch genügte auch diese Versicherung noch nicht. Erst als die Ehefrau von Erwin Schulz einen Arbeitsvertrag für ihren Mann bei einer Bremer Kaffeefirma vorweisen konnte und sich darüber hinaus Innensenator Adolf Ehlers zum Bürgen für Schulz erklärte, wurde dieser am 9. Januar 1954 »auf parole« entlassen.[174]
Ende Mai schrieb Schulz noch einmal an Kaisen:

»Vor etwa vierzehn Tagen konnten meine Frau und ich die neue Wohnung beziehen, die uns durch das Wohnungsamt zugewiesen wurde. So gross die Freude war, nun wieder in geordnete Verhältnisse zu kommen, so gross waren auch die Sorgen, die sie begleiteten, denn ohne eine empfindliche Schuldenlast waren die notwendigen Neuanschaffungen nicht zu machen. Der gestrige Tag änderte alles. Ich konnte meine Kriegsgefangenenentschädigung entgegennehmen und mit einem Schlage alles begleichen, sodaß meine Frau und ich nun ein gemütliches Heim ohne einen Pfennig Schulden haben. Da Sie in den trüberen Tagen meines Lebens so ritterlichen Anteil nahmen, ist es mir ein Bedürfnis, Sie auch an den frohen Stunden teilnehmen zu lassen. Meine Frau und ich danken Ihnen, daß wir nun mit frohem Mut auf einer geordneten Grundlage in die Zukunft blicken können.«[175]

---

173 Vermerk Senatskommission für das Personalwesen, 21. 11. 1953; Kaisen an Office US High Commissioner for Germany, 25. 11. 1953, erwähnt in Senatskommission für das Personalwesen an Personalamt der Freien und Hansestadt Hamburg, 27. 2. 1954, StA Bremen, 3-B.10. b., Nr. 23 [143].

174 Senatskommission für das Personalwesen an Personalamt der Freien und Hansestadt Hamburg, 27. 2. 1954, StA Bremen, 3-B.10. b., Nr. 23 [143]; Office US High Commissioner for Germany, Parole-Befehl für Erwin Schulz, 6. 1. 1954, StA Bremen, 4,13/1–P.1. c.1. Nr. 7. Das angelsächsische Rechtsmittel, auf *parole* entlassen zu werden, bedeutete die Freilassung des Häftlings, ohne ihm die Strafe zu erlassen. Außerdem mußte der Häftling die materiellen Bedingungen für eine gesicherte Existenz außerhalb des Gefängnisses, also in erster Linie einen Arbeitsvertrag sowie Bürgen nachweisen, die ihn nach der Entlassung betreuten. Zudem hatte er sich in regelmäßigen Abständen bei der Polizei zu melden, durfte sich nicht politisch betätigen und seinen Wohnort ohne Genehmigung der Parole-Behörde nicht verlassen.

175 Schulz an Kaisen, 27. 5. 1954, StA Bremen, 3-B.10. b., Nr. 23 [143]. In einer Unterredung mit dem Bremer Personalamt schätzte Schulz die Möglichkeit einer Wiedereinstellung nach Artikel 131 Grundgesetz als gering ein und beabsichtigte vielmehr, seine Pensionierung zu beantragen, was der Personalbeamte für einen guten

Martin Sandberger oder die ehrbaren Bande
württembergischer Familien

Als der im Deutschland-Vertrag, Artikel 6, vorgesehene Gemischte Ausschuß zur Regelung der Kriegsverbrecherfrage im August 1955 seine Arbeit aufnahm, saßen in den Gefängnissen der Alliierten noch 94 verurteilte Kriegsverbrecher, darunter aus dem Nürnberger Einsatzgruppen-Prozeß Ernst Biberstein, Waldemar Klingelhöfer, Adolf Ott und Martin Sandberger.[176] Sandbergers Vater war ein pensionierter Werksdirektor der I.G. Farben gewesen und wurde von Theodor Heuss, der die Familie Sandberger aus dem Württembergischen kannte, als »ein sehr eifriges Mitglied der Demokratischen Partei« geschildert.[177] Für die Bemühungen um Begnadigung des Sohnes konnte die Familie das FDP-Bundesvorstandsmitglied Ernst Mayer und den erzkonservativen republikanischen Senator William Langer aus North Dakota gewinnen, der im US-Kongreß 1947 den Nürnberger Prozeß mit den Moskauer Schauprozessen verglichen hatte, um die drohende Vollstreckung der Todesstrafen zu verhindern.[178] Die antikommunistische Lobby in den USA hatte sich schon im Mai 1949 an Präsident

---

Gedanken hielt, da zwar er wie Bürgermeister Kaisen keinen Versuch unterlassen würden, eine Wiederverwendung zu erwägen, aber die objektiven Schwierigkeiten, die einer solchen Lösung gegenüberstünden, wären derzeit nicht zu übersehen (Vermerk, 3.9.1954, StA Bremen, 4,13/1–P.1. c.1. Nr. 7). Schulz erreichte noch ein hohes Alter und starb als Witwer am 11.11.1981. Erstaunlich allerdings ist, daß in der jüngst veröffentlichten Kaisen-Biographie von Karl-Ludwig Sommer die bemerkenswerten und keineswegs marginalen Bemühungen des Bremer Senats und seines Präsidenten um die Freilassung des ehemaligen Gestapochefs von Bremen keine Erwähnung finden (Sommer, Wilhelm Kaisen).

176 Willy Seibert war im Mai 1954, Eugen Steimle im Juni 1954, Walter Blume war im März 1955, Walter Haensch im August 1955, Franz Alfred Six bereits im Oktober 1952 auf *parole* entlassen worden (Schwartz, Begnadigung, S. 411 f.; siehe oben, S. 762–766).

177 Heuss an Dehler, 28.11.1949, BArch, B 305/147, zitiert nach Frei, Vergangenheitspolitik, S. 298. Heuss legte dem Schreiben einen Brief bei, den die Mutter Sandbergers an Heuss' Frau gesandt hatte, und kommentierte: »Ob das Gespräch mit den Amerikanern, das wohl bald einmal beginnen wird, sich auf Fälle dieser Art ausdehnen läßt und ausgedehnt werden soll, vermag ich nicht zu übersehen.« (Ebenda)

178 Buscher, Trial Programm, S. 37, 166; Frei, Vergangenheitspolitik, S. 298.

Truman persönlich mit einem Foto Sandbergers und einem Begleittext gewandt, in dem es hieß:

>>Just as you were in World War One an officer in a field artillery unit, so Martin Sandberger was an officer in a German unit, fighting in Russia during World War Two. By order of higher authority, he had many unpleasant things to do including some executions. Some of his decisions must have cost him as much soul torture as your decision to drop the atomic bomb.<<[179]

Die Familienkontakte waren es auch, über die Martin Sandberger einen seiner rührigsten Fürsprecher erhielt. Der junge Anwalt Hellmut Becker, mit Sandberger gleichen Alters, selbst aus bester Familie (sein Vater war der liberale preußische Kultusminister Carl Heinrich Becker) und Verteidiger des Staatssekretärs im Auswärtigen Amt, Ernst von Weizsäcker, hatte sich auf Wunsch Carl Friedrich von Weizsäckers, der wiederum mit Sandbergers Schwester bekannt war, engagiert des Falls von Martin Sandberger angenommen.[180] Hellmut Becker reichte, nachdem 1953 die deutsch-alliierten Gnadenkommissionen eingerichtet waren, halbjährlich Petitionen für Sandberger ein, unterstützt von württembergischen Honoratioren wie Justizminister Haugmann, Gebhard Müller oder Landesbischof Haug.[181] Selbst der renommierte Jurist und Vizepräsident des Deutschen Bundestages, Carlo Schmid, der Sandberger Anfang der dreißiger Jahre als Referendar zu betreuen hatte, kümmerte sich seit 1949 um den Landsberg-Gefangenen.[182] In seiner Bitte um Strafnachlaß gab Schmid an, daß Sandberger, der damals Gestapomaßnahmen gegen ihn verhindert habe,[183] kein >>blindwütiger Fanatiker<< sein könne, und zeichnete ein verständnisvolles Charakterbild:

---

179 Zitiert nach Bower, Blind Eye, S. 323.
180 Frei, Vergangenheitspolitik, S. 177, 179, 299.
181 Ebenda, S. 299.
182 Weber, Carlo Schmid, S. 476.
183 Vgl. auch Carlo Schmid, Erinnerungen, S. 169, wo er allerdings als Grund für eine Vorladung zur Gestapo angab, daß er in einem Seminar die Rassenlehre als eine >>Philosophie von Viehzüchtern<< bezeichnet hatte. In seinem Gnadengesuch für Sandberger schrieb Schmid, deshalb von der Gestapo verfolgt worden zu sein, weil er nach den ersten Belästigungen jüdischer Studenten öffentlich angekündigt hatte, daß aus dem Wohnheim geworfene Studenten bei ihm zu Hause wohnen könnten (Weber, Carlo Schmid, S. 102, 104; Frei, Vergangenheitspolitik, S. 299, Anm. 140).

786

»Ich kann mich noch gut an ihn erinnern. Er war ein fleißiger, intelligenter und begabter Jurist, der auf der einen Seite dem geistigen Nihilismus der Zeit verfallen war, auf der anderen Seite aber sich krampfhaft an der Formenwelt der Bürgerlichkeit festklammerte, die die Tradition seiner Familie ausmachte. Ohne den Einbruch der Herrschaft des Nationalsozialismus wäre Sandberger ein ordentlicher, tüchtiger, strebsamer Beamter geworden wie andere auch und hätte versucht, seine Karriere auf Grund besonderer, ins Auge fallender Leistungen zu machen, denn er war ganz offenbar ehrgeizig. Dieser Ehrgeiz hat ihn auch veranlaßt, zur SS und zum SD zu gehen, Bei diesen Parteiformationen sah er die aussichtsreichen Chancen, rasch zu Stellungen aufzusteigen, die ihm Gelegenheit geben konnten, sich auszuzeichnen. [...] Man sollte Martin Sandberger eine Chance geben, sich im Leben neu zu bewähren. Ich bin überzeugt, daß Landsberg ihn geläutert hat. Vielleicht wird er außerhalb der Gefängnismauern mehr dazu beitragen können, die Reste nazistischen Fühlens und Denkens in Deutschland abzubauen, als wenn er für immer in seiner Zelle verbleibt.«[184]

Ungeachtet dessen, daß Martin Sandberger nicht den »Einbruch des Nationalsozialismus« erlitten, sondern aktiv als Student an dessen Anbruch beteiligt war, und daß es nicht zuletzt seine »besonderen, ins Auge fallenden Leistungen« waren, die den SD und insbesondere Gustav-Adolf Scheel auf den jungen Juristen aufmerksam werden ließen, fällt an dem Text wiederum auf, daß die Verbrechen, derentwegen Sandberger zur Höchststrafe verurteilt worden war, keine Erwähnung finden. Wie für den Bremer Sozialdemokraten Kaisen scheinen auch für den württembergischen Liberalen Schmid die Massenverbrechen des NS-Regimes im Osten wie durch den Eisernen Vorhang abgetrennt und aus dem politischen wie moralischen Horizont verschwunden zu sein. Die Tatsache, daß Martin Sandberger wie Erwin Schulz für die Erschießung wehrloser Zivilisten, Männer, Frauen, Kinder, rechtskräftig verurteilt worden und an den Beweisdokumenten seiner Verurteilung nicht zu rütteln war, stand für den Juristen Carlo Schmid offensichtlich auf einem anderen Blatt.

Selbst Bundespräsident Theodor Heuss ließ sich von Hellmut Becker, obgleich zögerlich, bewegen, in Sachen Sandberger bei US-Botschafter Conant vorstellig zu werden. Heuss zeigte sich offenkundig beeindruckt

---

184 Zitiert nach Frei, Vergangenheitspolitik, S. 299 f. Sandberger revanchierte sich Jahre später, indem er dem berüchtigten Rechtspublizisten Kurt Ziesel, der Schmid in einer Kampagne als »Nazikollaborant« denunzierte und Sandberger als Zeugen gewinnen wollte, mitteilen ließ, daß Schmid gegenüber dem NS-Regime »eindeutig illoyal« eingestellt gewesen war (Weber, Carlo Schmid, S. 615).

von Berichten, denen zufolge Sandberger sich in Landsberg weiterbilde und seinen Mithäftlingen eine intellektuelle wie moralische Stütze sei. Aber, so der Bundespräsident an Becker, »das, was ihm über sein Wirken in Estland vorgeworfen wird und was er ja zum Teil auch zugegeben hat (Massenexekutionen), ist nun nicht gerade derart, daß ich mich eines solchen Individualfalls annehmen könnte«.[185] Dennoch schrieb Heuss an Conant, daß er sich als Nicht-Jurist kein rechtliches Urteil anmaßen könne, er auch nicht die Taten bagatellisieren wolle, »aber zehn Jahre Freiheitsentziehung kann – ich sage nur: kann – Läuterung gebracht haben und Gnade ist der schönste Teil, der dem Recht beigeordnet ist«.[186]

Erfolg hatte der Bundespräsident mit seiner Intervention nicht. Sandberger blieb vorerst in Haft. Die Kampagne zu seiner Freilassung übernahmen nun das Büro Hellmut Meng als Kontaktstelle für den U.S. Parole Officer sowie der als Supervisor für die Parole-Verhältnisse in Württemberg arbeitende Universitätsrat i. R., Oberregierungsrat Dr. Knapp aus Tübingen, mit dem der Vater Sandbergers aus gemeinsamer Gymnasialzeit freundschaftlich verbunden war. Beide, Meng wie Knapp, suchten mit immer neuen Anträgen an den zuständigen amerikanischen US-Offizier, Deforest A. Barton, die Parole-Entlassung Sandbergers zu erwirken.[187] Im August 1956 konnte Sandberger auf Vermittlung von Knapp zwei Parole-Pläne einreichen, die neben Nachweisen für eine Wohnung auch die Angaben für eine garantierte Arbeitsstelle aufweisen mußten. Beim ersten Plan gab Sandberger eine Stelle bei einer Stuttgarter Firma an, die chemisch-technische Produkte herstellte, deren Direktor auch als Bürge fungierte. Beim zweiten Plan war es die Evangelische Akademie in Bad Boll, die Sandberger eine Stelle als persönlichen wissenschaftlichen Sekretär zusicherte und deren stellvertretender Leiter, Pfarrer Hans Stroh, die Bürgschaft für Sandberger übernehmen wollte.[188] Die Verbindung zur

---

185 Heuss an Becker, 26. 7. 1955, zitiert nach Frei, Vergangenheitspolitik, S. 300. Der Begriff »Massenexekutionen« ist im Konzept wieder gestrichen worden.

186 Heuss an Conant, 25. 8. 1955, zitiert nach Frei, Vergangenheitspolitik, S. 301.

187 Vorgang in BArch DH, ZR 544 A 13. Zu der Beziehung Knapps zur Familie Sandberger siehe dessen zusammenfassenden Bericht zum Paroleantrag des Herrn Martin Sandberger, 31. 8. 1957, ebenda.

188 U.S. Parole Officer, Barton, Vorschlag eines Parole-Plans für Martin Sandberger, 17. 8. 1956, ebenda.

Evangelischen Akademie war schon durch den Leiter, Pfarrer Dr. Eberhard Müller, geknüpft, der während des Nürnberger Prozesses eine eidesstattliche Erklärung zugunsten von Sandberger abgegeben hatte. Müller, in den dreißiger Jahren Generalsekretär der Christlichen Studentenvereinigung (DCSV) und später Mitglied der Bekennenden Kirche, hatte 1947 ausgesagt, daß sich Sandberger wie auch Scheel gegen die antikirchliche Politik des Regimes ausgesprochen und bewirkt hätten, daß die DCSV trotz des Verbots durch die Gestapo seine Arbeit in Tübingen hätte fortführen können.[189]

Doch trotz nochmaliger Intervention des Akademieleiters Müller wurde der Antrag am 12. Dezember 1956 abgelehnt. Ende März 1957 stellte Sandberger, der über Weihnachten das Gefängnis für ein paar Tage hatte verlassen dürfen, um seine Familie zu besuchen, erneut einen gleichlautenden Antrag auf Entlassung auf Parole, der wiederum vom amerikanischen Botschafter zurückgewiesen wurde.[190] Das Büro Meng vermutete in einem Brief an Knapp, daß man wohl beabsichtige, »eine bestimmte Gruppe, zu der auch Sandberger gehört, möglichst zuletzt aus Landsberg zu entlassen«.[191] Vorstöße von amerikanischer Seite, daß die Gefangenen von der Bundesrepublik übernommen würden, scheiterten an der Weigerung der Bundesregierung, die nicht den Anschein erwecken wollte, damit im nachhinein die alliierten Urteile anzuerkennen. Statt dessen stellte das Auswärtige Amt namens der Bundesregierung im Januar 1958 Parole-Anträge für die verbliebenen vier Häftlinge, die jedoch abgewiesen wurden, weil die USA nun darauf drängten, daß der Gemeinsame Ausschuß das Parole-Verfahren insgesamt und abschließend ab-

---

189 Wörtlich hieß es in der Erklärung Müllers: »Die hier erwähnten Massnahmen von Dr. Sandberger verdienen deswegen besonders anerkannt zu werden, weil Dr. Sandberger damals keineswegs für sich persönlich eine positive Glaubenseinstellung zum Christentum hatte, vielmehr sich zusammen mit seinem Chef, Dr. Scheel, lediglich darin einig war, daß ein Verbot kirchlicher Arbeit der idealistischen Auffassung des Nationalsozialismus, die sie selber vertraten, widerspreche.« (Eidesstattliche Erklärung Dr. Eberhard Müller, 27. 10. 1947, United Military Tribunals Nürnberg, Case No. 9 Otto Ohlendorf et al., Defense exhibit Sandberger, No. 19 [roll 24, fol. 149 f.])

190 Barton an Knapp, 30. 7. 1957, a. a. O. (s. Anm. 187).

191 Büro Meng an Knapp, 18. 4. 1957, a. a. O. (s. Anm. 187).

wickelte.[192] Zwar wurde noch ein dritter Parole-Antrag von Sandberger Ende Oktober 1957 erneut vom amerikanischen Botschafter abgelehnt, nachdem der Gemeinsame Ausschuß sich nicht auf ein einstimmiges Votum einigen konnte,[193] aber auf der nächsten Sitzung entsprach der Gemeinsame Ausschuß dem amerikanischen Wunsch und empfahl einstimmig, die Strafen der verbliebenen Häftlingen auf den bereits verbüßten Teil zu reduzieren. Am 9. Mai wurde die Strafe Martin Sandbergers, der am 10. April 1948 zum Tode verurteilt und am 31. Januar 1951 durch McCloy zu lebenslanger Haft begnadigt worden war, durch den amerikanischen Botschafter auf den verbüßten Teil herabgesetzt. Nach fast exakt 13 Jahren Haft kamen Martin Sandberger, nun 46 Jahre alt, und seine drei Mithäftlinge auf freien Fuß, »endgültig und bedingungslos«, wie der amerikanische Parole Officer festhielt.[194]

Karl Schulz oder der Wiederaufstieg eines Kriminalpolizisten

Zu denjenigen, die sich im April/Mai 1945 nach Flensburg geflüchtet hatten, zählten auch Angehörige des Amtes V. Laut Ermittlungen der britischen Besatzungsmacht waren zumindest Filbert, Leiter der Gruppe B Einsatz, und die Referatsleiter Böhlhoff, Amend, Hauke und auch der einstmalige Leiter der Gruppe Wirtschaftskriminalität (V Wi) und Nebe-Adjutant Karl Schulz darunter,[195] der Mitte Mai 1945 von der Field Security Section der britischen Armee verhört worden war. Die britische Niederschrift der wichtigsten Ergebnisse des Verhörs zeigt, wie stark Schulz das Bild von sich, vor allem in der Betonung seiner Kontakte nach Großbritannien, prägen konnte:

192 Vermerk Büro Menges, 10.1.1958; Büro Menges an Knapp, 10.1.1958; Parole-Plan für Martin Sandberger, 13.1.1958, Auswärtiges Amt an den Gemischten Ausschuß, 15.1.1958, a. a. O. (s. Anm. 187); vgl. Frei, Vergangenheitspolitik, S. 302.
193 Barton an Knapp, 13.11.1957; sowie Übersicht zu den Parole-Anträgen Sandbergers, o. D. [1957], a. a. O. (s. Anm. 187).
194 Barton an Knapp, 14.5.1958, a. a. O. (s. Anm. 187).
195 Report on Reichssicherheitshauptamt, gez. Timmermann, Major, 2.7.1945, PRO, FO 1050/312, 80276, unpag.; vgl. auch Linck, Ordnung, S. 159.

»Left Berlin illegally with his officials on the nigth 22.4.45 and came to Flensburg. Then on the 5.5.45 went to Husum. English Troops arrive on the 7.5.45. Went to London with Rippentrop [!] June 1935 together with Naval delegation because R. thought there would be secret microphons in the Carlton Hotel in London. Was in London for 8 days. The second time to London for the funeral of the late King George. In third time with the German delegation to St. James' Palace in London to keep an eye on things. Schulz has connections with Scotland Yard and knows Sillitoe very well. NSDAP. May of 1937 never attending member. SS received Honorary Rank of Unter-sturmfuhrer in 39 because he had to attend the 1st Police Conference and was later made Sturmbannfuhrer. Was in AMPT [sic] 5 Kripo HQ. Reichseckeralhauptampt [sic]. Dr. Hauke was Deputy to Schulz.«[196]

Schulz konnte anschließend die Funktion eines Verbindungsführers der Flensburger Kripostelle zur britischen Besatzungsmacht übernehmen, si-cher nicht zuletzt, weil er Englisch sprechen konnte. Der von den Briten eingesetzte Chef der Gendarmerie notierte nach einem Gespräch mit dem für Flensburg zuständigen Sicherheitsoffizier Mitte Oktober 1945, Major Perry sei mit den Leistungen von Schulz, der seit Anfang Oktober Chef der Flensburger Kripo war, sehr zufrieden, aber angesichts der Tatsache, daß Schulz einen SS-Dienstgrad gehabt habe, sei es besser, wenn er in einem anderen Distrikt, das heißt eher in einem Randbezirk, eingesetzt würde.[197]

Die Briten hatten das Amt V des RSHA recht genau untersucht und evaluiert. Das Civil Affairs Staff Center des Foreign Office trug im April 1945 in einem Memorandum »Operation and Re-Organization of the German Criminal Police« seine Erkenntnisse über die deutsche Kriminal-polizei zusammen und formulierte Ziele für eine künftige deutsche Poli-zei, die vier Kriterien erfüllen sollte: »a) de-centralised and deprived of its national characteristics; b) stripped of the extraordinary police powers given to it by the Nazis; c) purged of undesirable Nazi elements; d) re-formed on democratic lines.«[198] Insgesamt wollten die Briten jedoch den vorhandenen kriminalpolizeilichen Apparat für ihre Besatzungsherr-schaft nutzen, darunter explizit die von Schulz geleitete Gruppe V Wi, da sie davon ausgingen, daß Wirtschaftskriminalität, vor allem Schwarz-

---

196 Zitiert nach ebenda, S. 169 f.
197 Vermerk Chef der Gendarmerie der Provinz Schleswig-Holstein, 1.10.1945, Per-sonalakte Karl Schulz, StA Bremen, 4,10 – Akz. 32-72.
198 Zitiert nach Linck, Ordnung, S. 189.

markt und Schiebereien, auch in der Nachkriegszeit eine beachtliche Störung der Wirtschaft bilden würde, und man auf das Wissen der Kripobeamten zurückgreifen wollte. Die Gruppe Wi sollte lediglich »its undesirable elements and characteristics« ablegen und dann den Briten zu Nutzen sein.[199] Daß die Weiterbeschäftigung von SS-Angehörigen wie im Fall Schulz sowohl den gleichzeitigen Vorbereitungen, die SS als verbrecherische Organisation zu verurteilen, als auch der amerikanischen Besatzungsdirektive JCS 1067 widersprach, der zufolge in keinem Fall ehemalige SS-Angehörige als Polizeikräfte zu verwenden seien, war den Autoren des Memorandums durchaus geläufig.[200] Die Ambivalenz der britischen Haltung wurde bei Schulz konkret deutlich, der zwar weiter in britischen Diensten stehen sollte, aber etwas außerhalb des offiziellen Blicks, eher an der Peripherie als mitten in der Zentrale. Der Chef der Gendarmerie verstand Perrys Hinweis und versetzte Karl Schulz als Distriktleiter nach Plön.[201] Allerdings konnte der Gendarmeriechef Schulz zwei Monate später in seinen Stab zurückholen, um ihn für die »Neuorganisation der Gendarmerie auf kriminalpolizeilichem Gebiet« einzusetzen.[202]

Doch entspann sich innerhalb der Besatzungsmacht im Frühjahr 1946 ein Konflikt um die ehemaligen NSDAP- und SS-Mitglieder bei der Polizei. Die Praxis des Public Safety Branch, in den ersten Monaten der Besat-

---

199 Ebenda, S. 191.
200 So verwiesen sie auf den Anhang D, der die US-Direktive JCS 1067 darstellte, und den dort enthaltenen Befehl zur Entfernung beziehungsweise Internierung aller Polizeiangehörigen, die SS-Mitglieder gewesen waren, allerdings mit dem mehrdeutigen Zusatz, daß es unklar sei, ob diese Bestimmung nicht ausschließlich für die Phase bis zur Kapitulation gelte (ebenda).
201 Vermerk Chef der Gendarmerie, 3.10.1945, Personalakte Karl Schulz, a. a. O. (s. Anm. 197). In einer britischen Notiz wurde festgehalten, Schulz »is NOT disqualified from serving in the Gendarmerie« (Notiz Col.Comd. 616 [L/R] Det.Mil.Gov., 12.10.1945, ebenda [Hervorhebung im Original, M.W.]). Schulz' Stellvertreter und einstiger Referent in der Gruppe V Wi, Dr. Walter Hauke, wurde zur gleichen Zeit Leiter der Kripo in Husum (Vernehmung Hauke, 14.2.1967, GenStAnw KG Berlin, RSHA-Ermittlungsunterlagen, Ph 50; Linck, Ordnung, S. 199).
202 Antrag des Chefs der Gendarmerie vom 5.12.1945, Personalakte Karl Schulz, a. a. O. (s. Anm. 197). Schulz wurde mit Wirkung vom 6.12.1945 zur Abt. Ic (Kripo) des Stabs Chef der Gendarmerie Schleswig-Holstein abgeordnet (ebenda).

zung weitgehend auf die vorhandenen Polizeikräfte zurückzugreifen, standen offenbar den Sicherheitsinteressen des militärischen Geheimdienstes, den Field Security Sections, entgegen, die auf eine Entlassung dieser Polizisten drängten. In einer Liste an den britischen Deutschlandminister Hynd führte der FSS allein neun deutsche Polizeioffiziere auf, die als Kriegsverbrecher von den Alliierten gesucht wurden.[203] Im August 1946 mußte daraufhin nicht nur der Chef der Gendarmerie, Kühn, gehen, sondern auch Karl Schulz wurde am 23. August aus dem Polizeidienst entlassen – und zwei Tage später vom Special Investigation Board of the Headquarters 101 Flight R.A.F. Police, Schleswig, eingestellt, um als Kripomann für die Sicherheit des Flugplatzes zu sorgen![204]

Es dauerte auch kein ganzes Jahr, bis seine Bemühungen um Wiedereinstellung in den Polizeidienst Erfolg hatten. »On the strong body of evidence that he was not a convinced or fanatical Nazi and that his association with the party was entirely due to his professional keeness as a Policeman«, erklärte sich der britische Regional Commissioner einverstanden, daß Schulz mit einem niedrigeren Dienstrang und einer zweijährigen Probezeit wieder eingestellt würde.[205] Am 10. Juli 1947 erfolgte seine Wiedereinstellung als Polizeiinspektor in die schleswig-holsteinische Landespolizeiverwaltung;[206] schon zwei Jahre später wurde er zum Kriminalpolizeirat befördert und im Juli 1950 zum Beamten auf Lebenszeit ernannt.[207]

---

203 Der Public Safety Branch beharrte darauf, daß es sich bei den genannten Polizisten keineswegs um »a group of old Nazis« handele und diese sowohl überprüft worden seien als auch jetzt unter permanenter Beobachtung stünden (Public Safety Section, Schleswig-Holstein, an Brigadier Henderson, Commander Schleswig-Holstein Region, 25.4.1946, PRO, FO 1050/350, 80276, Bl. 22a–e; vgl. auch Linck, Ordnung, S. 205 f.).

204 Personalakte Karl Schulz, a. a. O. (s. Anm. 197); Vernehmung Karl Schulz, 11.7.1960, GenStAnw KG Berlin, RSHA-Ermittlungsunterlagen, Personalheft Psch 134.

205 Vermerk Regional Commissioner an Chief of the Police, 5.7.1947, Personalakte Karl Schulz, a. a. O. (s. Anm. 197).

206 Die Polizeihoheit war zum 1.1.1947 auf das Land Schleswig-Holstein übergegangen (Linck, Ordnung, S. 207 f.).

207 Personalakte Karl Schulz, a. a. O. (s. Anm. 197).

Entsprechend seiner Vorbildung als RSHA-Gruppenleiter V Wi wurde er erst als Sonderbeauftragter der Landesregierung für Korruptions- und Schwarzmarktbekämpfung eingesetzt und hatte sich so schnell bewährt, daß er im Zuge der Umorganisation der Polizei im Frühjahr 1949 mit der Leitung der Kripo bei der neueingerichteten Polizeigruppe Schleswig-Holstein Nord betraut wurde.[208] Sein Vorgesetzter stellte Schulz ein hervorragendes Zeugnis aus, lobte »hohes Pflichtgefühl, Verantwortungsbewußtsein, Zuverlässigkeit, zuweilen Härte [!] in der Dienstauffassung und Ausübung der Pflichten« und bezeichnete ihn »als den besten Kriminalisten des Landes«.[209]

Spät, faktisch einen Tag nach Ablauf der Bewerbungsfrist am 15. Mai 1952, bewarb sich Schulz für die Leitung des Landeskriminalamtes in Bremen. Auf der Sitzung der Deputation für Inneres der Bremer Bürgerschaft am 11. Juli standen drei Kandidaten zur Auswahl. Die Entscheidung fiel zugunsten von Schulz, weil er, so die Deputation, Praxis und hervorragende Beurteilungen aus Schleswig-Holstein vorweisen könne. Angeblich wollte ihn Schleswig-Holstein nur deshalb freigeben, weil ihm dort keine Aufstiegschancen mehr geboten werden konnten. Einstimmig sprach sich die Deputation für Schulz aus, der Bremer Senat stimmte dem entsprechenden Vorschlag von Innensenator Ehlers am 8. August zu, und zum 1. September 1952 trat Schulz unter Beförderung zum Oberregierungs- und Kriminalrat seinen Dienst als Chef der Kripo Bremen an, 44 Jahre alt, fast genau zwanzig Jahre nachdem er als Kriminalkommissaranwärter am

208 Nach den Recherchen von Stephan Linck stammten die engeren Mitarbeiter Schulz' ausschließlich aus dem ehemaligen RKPA (Linck, Ordnung, S. 285).

209 Chef der Polizeigruppe Schleswig-Holstein Nord, Personalbeurteilung, 30. 4. 1950, Personalakte Karl Schulz, a. a. O. (s. Anm. 197). Im Entnazifizierungsverfahren war Schulz im August 1948 aufgrund seiner Mitgliedschaft in der NSDAP und anderen NS-Verbänden sowie seines SS-Dienstgrades in die Kategorie IV, »Mitläufer«, eingestuft, im Januar 1949 auf die Kategorie V, »Entlasteter«, herabgesetzt worden (ebenda). Allerdings muß man beachten, daß im Unterschied zur amerikanischen Zone, wo über die Hälfte der Fälle in der Gruppe IV eingestuft wurden, in der britischen Zone es nur knapp 11 Prozent waren, wohingegen 59 Prozent in der Gruppe V rangierten, das heißt für britische Verhältnisse war Schulz zuerst durchaus als Belasteter kategorisiert worden (vgl. Fürstenau, Entnazifizierung, S. 227 f.; als neuerer Überblick bestens: Vollnhals, Entnazifizierung).

Berliner Polizeipräsidium seine Polizeikarriere begonnen hatte, und elf Jahre, seit er als Adjutant und persönlicher Referent Nebes im Stab der Einsatzgruppe B in der Sowjetunion war. Auf die Frage nach den Neuerungen, die er vorhabe, habe er gelächelt und geschwiegen, schrieb der »Weser-Kurier« am 2. September 1952: »Ich bin ein Feind aller umwälzenden Neuorganisationen, die nicht organisch gewachsen sind, sagte Karl Schulz, der als Verfechter der modernen Kriminalwissenschaften gilt.«

Übrigens kam es drei Jahre später zu einem Wiedersehen mit seinem britischen Gönner, Sir Percy Sillitoe, dem ehemaligen Leiter der britischen Abwehr. Sillitoe, der Schulz seit 1938 kannte, wollte ihn für kurze Zeit aus bremischen Diensten »ausleihen«, damit Schulz in der britischen Kolonie Sierra Leone einen umfangreichen Diamantenschmuggel aufkläre. In einer Besprechung im Bremer Ratskeller mit Sillitoe, Schulz und Innensenator Ehlers Anfang Oktober 1955 wurde man sich rasch handelseinig: Die Kosten des Unternehmens übernahmen die Briten, ebenso wie eine Lebensversicherung für Schulz; die ganze Aktion sollte nicht länger als zwei bis vier Wochen dauern, und für diese Zeit konnte Bremen seinen Kripochef entbehren.[210] Am 14. November meldete sich Schulz zurück und konnte seinem Senator den erfolgreichen Abschluß seines Auftrages berichten.

Aber im Zuge der Ermittlungen verschiedener Staatsanwaltschaften Ende der fünfziger Jahre wegen der Morde der Einsatzgruppen in der besetzten Sowjetunion geriet auch Karl Schulz ins Visier. In der Voruntersuchung des Landgerichts Düsseldorf gegen Widmann u. a. (UR I 8/58) wegen der Morde mit Autoabgasen an Geisteskranken in Mogilew im August 1941 wurde auch Karl Schulz als Beschuldigter geführt und vernommen.[211] Schulz gab an, daß er zwar mit Nebe und Widmann nach Mogilew gefahren sei und auch gewußt habe, zu welchem Zweck die Fahrt durchgeführt werde. Aber er sei selbst nicht am Tatort gewesen, sondern habe verschiedene Heeres- und Polizeidienststellen besucht.[212] Im Dezember

---

210 Streng vertraulicher Vermerk über eine Besprechung am 4. 10. 1955 im Bremer Ratskeller, Personalakte Karl Schulz, a. a. O. (s. Anm. 197).

211 ZStL an Justizministerium Nordrhein-Westfalen, 4. 6. 1959, ZStL, 202 AR-Z 152/59, Bd. 1, Bl. 1.

212 Vernehmung Karl Schulz, 9. 3. 1959, GenStAnw KG Berlin, RSHA-Ermittlungsunterlagen, Personalheft Psch 134; ZStL an Justizministerium Nordrhein-Westfalen, 4. 6. 1959, a. a. O. (s. Anm. 197).

1959 zog der Generalstaatsanwalt beim Hanseatischen Oberlandesgericht in Bremen »mit Rücksicht auf die Persönlichkeit des Beschuldigten Schulz, der Leiter des Landeskriminalamts in Bremen ist«, das Verfahren an sich und beauftragte die Zweigstelle Bremerhaven mit den weiteren Ermittlungen.[213] Dort wurde das Ermittlungsverfahren im Juli 1960 eingestellt. Schulz hatte alle gegen ihn erhobenen Vorwürfe bestritten, was nach den Ermittlungen der Staatsanwaltschaft nicht zu widerlegen war. Weitere Beweismittel seien nicht vorhanden, folglich »sei eine strafbare Beteiligung des Beschuldigten Schulz an den Handlungen, die von Angehörigen der Einsatzgruppe B von Beginn des Rußlandfeldzuges bis Ende Oktober 1941 begangen worden sind, nicht zu beweisen«.[214]

Auch in den folgenden Jahren wurde Schulz häufig als Zeuge von diversen Staatsanwaltschaften vernommen – ohne daß diese Vernehmungen, selbst das Ermittlungsverfahren der Bremer Staatsanwaltschaft, je in seiner dienstlichen Personalakte Erwähnung gefunden hätten! Wenn man seine Krankmeldungen mit den Daten der Vernehmungen vergleicht, drängt sich der Verdacht auf, daß er sich für die Befragungen stets krank gemeldet hat, was zumindest die Vermutung nahelegt, daß er eine Reihe dieser Zeugenvernehmungen seinem Dienstherrn gegenüber verheimlicht hat. Daß das gegen ihn als Beschuldigten eingeleitete Ermittlungsverfahren in seiner Personalakte nicht vermerkt ist, bleibt jedoch ein Bremer Rätsel. Schulz erlitt im März 1961, mit 52 Jahren, einen Herzinfarkt, war mehrere Monate nicht im Dienst und auch in den darauffolgenden Jahren häufig auf Kur oder krankheitshalber abwesend. Schließlich wurde er zum 30. September 1968, mit 60 Jahren, in den Ruhestand versetzt.

---

213 Generalstaatsanwalt Bremen an ZStL, 22. 12. 1959, ZStL 202 AR-Z 152/59, Bd. 1, Bl. 36.

214 Generalstaatsanwalt Bremen, Zweigstelle Bremerhaven, Einstellungsverfügung, gez. Schneider, 18. 7. 1960, ZStL, 202 AR-Z 152/59, Bd. 1, Bl. 245a. Allerdings stellte die Zentrale Stelle in Ludwigsburg vier Jahre später fest: »Nach heutigen Kenntnissen erscheint die Einstellungsverfügung allerdings nicht mehr bedenkenfrei.« (ZStL, an Generalstaatsanwalt beim Landgericht Berlin, 3. 6. 1964, ZStL, 202 AR 72a/60, Bd. 2, Bl. 131)

Hans Rößner oder die Taubheit deutschen Geistes

Mit anderen Angehörigen des RSHA-Amtes III war Hans Rößner im April 1945 aus Berlin nach Norddeutschland geflohen und wurde dort am 23. Mai verhaftet. Bis 1948 blieb er in Internierungshaft, hatte einen kurzen Auftritt als Zeuge im Nürnberger Prozeß gegen die Hauptkriegsverbrecher, um wie sein einstiger Chef Ohlendorf zugunsten des SD auszusagen.[215] Wegen seiner Mitgliedschaft in SS und SD erhielt Rößner vom Spruchgericht Bergedorf am 19. August 1948, zwei Monate nach der Währungsreform, eine damals tatsächlich hohe Geldstrafe von 2000 DM. Wie häufig in solchen Fällen, konnte die Geldsumme durch Haft ersetzt werden, und somit erkannte das Gericht die Strafe durch die Internierungszeit als verbüßt an, und Rößner kam nach seiner Verurteilung auf freien Fuß.[216]

Er schaffte es, beim Stalling-Verlag eine Anstellung, erst als Volontär, dann als Lektor zu erhalten. Daß er weder die alten Weggenossen noch die »aus germanischer Grundlage kommenden revolutionären Ansätze für eine geistige Ordnung Europas«, wie Rößner in einem Vortrag 1943 formulierte, vergaß, zeigt eine Buchreihe im Stalling-Verlag, die Rößner als Lektor betreute und Wilhelm Spengler zusammen mit Hans Schneider, der nun Schwerte hieß, herausgab.[217] Drei Bände sind erschienen: »Denker und Deuter im heutigen Europa« (1954) und »Forscher und Wissen-

---

215 Siehe oben, Anm. 71. Zu Rößners Werdegang und Tätigkeit im Reichssicherheitshauptamt siehe oben, S. 386–390.

216 Urteil des Spruchgerichts Bergedorf, 10 Sp Ls 272/48, 19. 8. 1948, Generalstaatsanwalt beim Kammergericht Berlin, RSHA-Ermittlungsunterlagen, Personalheft Pr 84.

217 Vortrag Rößners auf der Tagung der »Germanischen Arbeitsgemeinschaft« in Hannover im Mai 1943, IfZ, FA 76, Bl. 22–24, gedruckt in: Simon, Germanistik, S. 85–95 (zur Tagung selbst vgl. Jäger, Seitenwechsel, S. 239 f.). Noch im März 1945 fand in der RSHA-Gruppe III C eine Besprechung u. a. mit Schneider/Schwerte statt, in der eine Schriftenreihe nach dem Kriege geplant wurde: »Eine Schriftenreihe, die die deutschen Ordnungsleistungen während des Krieges herausstellen soll, und zwar mit dem doppelten Ziel: einmal dem Ausland gegenüber positive Ansätze wirklicher Leistungen herauszustellen, und zum anderen dem Inland gegenüber die zerfleischende Selbstkritik an unserem allgemeinen Versagen abzufangen.« (Zitiert nach Rusinek, Germanist, S. 37)

schaftler im heutigen Europa« (1955) in zwei Teilen. Im ersten Band schrieb Hans Zehrer, einstmals Chefredakteur der »Tat«, den einleitenden Aufsatz über »Das geistige Antlitz Deutschlands«, mit Beiträgen zu Denkern wie Oswald Spengler, Albert Schweitzer, Martin Heidegger, Karl Jaspers und Thomas Mann – darunter auch Hans Schwerte über Gottfried Benn und Armin Mohler über Ernst Jünger. Bei den Niederlanden fehlte Hendrik de Man ebenso wenig wie Knut Hamsun für das »geistige Antlitz Skandinaviens«. Der Band über die Forscher und Wissenschaftler, Teil 2: »Erforscher des Lebens«, enthielt unter anderen einen Beitrag von Otmar Freiherr von Verschuer über »Eugen Fischer. Der Altmeister der Anthropologie, der Pionier der Humangenetik, der Begründer der Anthropologie«, den Verschuer zehn Jahre zuvor, 1944, zu dessen 70. Geburtstag bereits als »Bahnbrecher für die wissenschaftliche Unterbauung der Erb- und Rassenpflege des nationalsozialistischen Staates« gelobt hatte. Verschuer, seit 1942 Nachfolger Fischers als Direktor des Kaiser-Wilhelm-Instituts für Anthropologie, menschliche Erblehre und Eugenik in Berlin, hatte einen strebsamen, jungen Assistenten, der in engem »wissenschaftlichen« Kontakt mit Verschuer seine erbbiologische Forschungen an lebenden Menschen betrieb: Josef Mengele.[218]

Das Schweigen über die nationalsozialistischen Verbrechen im Deutschland der fünfziger Jahre war zu allgemein – so erhielt Verschuer nach dem Krieg eine Professur für Genetik in Münster, wurde Dekan der Medizinischen Fakultät und Vorsitzender der Deutschen Gesellschaft für Anthropologie –, als daß Rößners, Spenglers und Schneiders Buchreihe eine skandalträchtige Ausnahme bilden könnte. Ihr Verhaftetsein mit den Weltbildern der nationalsozialistischen Zeit, das Endzeitpathos des europäischen Abendlands, das gegen kulturbolschewistische Barbarei wie gegen angelsächsische Moderne verteidigt werden muß, entspricht so ungebrochen dem Zeitgeist der fünfziger Jahre, daß hier weit mehr »Normalität« als Skandal zu entdecken ist.[219] Die Besonderheit, die vielleicht Aufmerksamkeit verdiente, liegt weniger in dem Gesagten oder Geschriebenen, als mehr bei den Sprechern selbst. Denn Rößner, Spengler, Schneider/Schwerte konnten zu keinem Zeitpunkt für sich in Anspruch nehmen,

---

218 Vgl. Klee, Auschwitz, S. 456–462, 488 f., Zitat: S. 453.
219 Vgl. Schildt, Abendland, S. 24–38.

daß sie nichts gewußt hätten. Kaum jemand in Deutschland außerhalb der engsten NS-Führungsspitze war so gut informiert wie die SD-Referenten im Reichssicherheitshauptamt. Allerdings konnten sie nun nicht mehr gefährlich werden. Die Herausgabe einer Buchreihe ist mit den Erschießungen der Einsatzkommandos der Sicherheitspolizei und des SD nicht gleichzusetzen. Ihre Weltbilder hatten sie offenkundig zu diesem Zeitpunkt noch nicht aufgegeben, aber sie waren gewissermaßen wieder in den Status vor ihrem Eintritt in den SD und das Reichssicherheitshauptamt zurückgeworfen, »geistig«, völkisch und biologistisch denkend, aber ohne exekutive Macht.

Nicht zuletzt wird die Befürchtung, im prosperierenden Deutschland den Anschluß zu verpassen, ein gehöriges Maß an Anpassungsbereitschaft befördert haben. Hans Rößner war mittlerweile als Lektor zum Insel-Verlag gewechselt. Von dort gelang ihm 1958 der Aufstieg zum Verlagsleiter im renommierten Piper-Verlag in München, zu dessen Autoren auch Hannah Arendt zählte. In einem Brief an Arendt vom Mai 1958 teilte ihr Klaus Piper unter anderem mit, daß Dr. Hans Rößner Anfang März als Verlagsleiter vom Insel-Verlag gekommen sei und in seiner Abwesenheit als sein Vertreter Arendt zur Verfügung stünde.[220] Seinem neuen Chef hatte Rößner offenbar seine SS- und RSHA-Vergangenheit verschwiegen und nur mitgeteilt, daß er Mitglied der NSDAP gewesen sei, was Piper, so jedenfalls in einer rückschauenden Erinnerung, hart angegangen sei, da der Verlag durch die NS-Zeit gekommen sei, ohne daß einer seiner Angehörigen Parteimitglied geworden wäre. Aber Piper war offenbar von Rößners Qualitäten so überzeugt, daß er ihn dennoch anstellte.[221] Hannah Arendt indessen hat nie erfahren, mit wem sie in all den Jahren vertrauensvoll korrespondierte.

Ihr erstes Buchprojekt bei Piper war ihre Studie über die ungarische Revolution 1956. Rosa Luxemburgs Begriff der »spontanen Revolution« beschäftigte sie seit etlichen Jahren, und als sie im Frühjahr 1955 ihre erste hauptberufliche Lehrstelle in Berkeley antrat, las sie für »Vita activa« erneut Luxemburgs Kritik der russischen Revolution. Nicht nur gefiel Han-

---

220 Klaus Piper an Hannah Arendt, 19. 5. 1958, Literaturarchiv Marbach, Nachlaß Hannah Arendt, A: Piper-Verlag.
221 Mitteilung Klaus Pipers an den Verfasser, 10. 5. 1996.

nah Arendt sichtlich, daß die Studenten sie »Rosa« nannten,[222] sie plante daraufhin auch ein eigenes Buch: »On Revolution«.[223] Aus einem geplanten theoretischen Artikel über den russischen Imperialismus entstand im Angesicht des antikommunistischen Aufstandes in Ungarn ein Plädoyer für ein demokratisches Rätesystem, das nun in deutscher Übersetzung und erweiterter Form bei Piper veröffentlicht werden sollte.[224]

Klaus Piper hatte das Manuskript intensiv studiert und, wie er Hannah Arendt im Juli 1958 schrieb, auch mit Rößner gesprochen, »der das Manuskript inzwischen ebenfalls, und wie ich, mit größtem Interesse gelesen hat«. Ihrer beider Anmerkungen teilte Piper Hannah Arendt in einem ausführlichen Brief mit.[225] So schlugen Piper und Rößner vor, das Verhalten der westlichen Welt, insbesondere den Verzicht auf Intervention, zu behandeln, wandten aber ein, daß das Rätesystem in Ungarn allenfalls aufschien, aber nicht wirklich existiert habe, und wohl für das Massenzeitalter prinzipiell unpraktikabel sei. Auch für den Titel hatten beide eine andere Vorstellung. Da der Begriff Imperium eher »wertneutral« sei, hieße das Buch besser: »Die ungarische Revolution und die totalitäre Gewaltherrschaft«. Vor allem aber stießen sich beide an der geplanten Widmung: »Der Erinnerung an Rosa Luxemburg«.

»Wie Herr Dr. Rössner richtig bemerkt,« schrieb Piper am 3. September in gedrechselten Worten, »könnte die Widmung folgenden Zweifel hervorrufen: Diese Broschüre ist ein leidenschaftlicher Appell, das Wesen und die Gefahr des totalitären Imperialismus, konkret: des kommunistischen Gewalt-Regimes richtig zu erkennen. Dieselbe Broschüre ist aber der Frau gewidmet, die nach der üblichen Vorstellung aller, die nicht näher

---

222 An Kurt Blumenfeld schrieb sie: »In Berkeley, wo ich den Namen der Rosa Luxemburg nie erwähnte (schon weil ich annahm, daß ihn niemand kennt), haben mir die Studenten auf einer besoffenen Party erzählt, daß sie unter sich gesagt hätten: Die Rosa ist wiedergekommen. Ganz junge Menschen. Großes Kompliment.« (Hannah Arendt an Kurt Blumenfeld, 31.7.1956, in: Arendt/Blumenfeld, Korrespondenz, S. 151 f.)

223 Vgl. Young-Bruehl, Hannah Arendt, S. 408.

224 Hannah Arendt, »Totalitarian Imperialism: Reflections on the Hungarian Revolution«, in: Journal of Politics 20 (1958), Heft 1, Februar 1958, S. 5–43; deutsche Ausgabe: Die ungarische Revolution und der totalitäre Imperialismus, München 1958.

225 Piper an Arendt, 15.7.1958, gedruckt in: Piper, Schriften und Briefe, S. 193–199.

Bescheid wissen, zu den Vorkämpfern desselben Kommunismus in Deutschland gerechnet wird. Dadurch könnte hinsichtlich einer eigenen Position bei demjenigen, der das Buch in die Hand nimmt und den Inhalt zunächst noch nicht kennt, eine Unsicherheit stattfinden. Wäre eine Lösung des Problems, daß Sie uns für die Widmung einen erweiterten Text liefern – etwa, ganz ins Unreine gesprochen: der Erinnerung an die freiheitliche Sozialistin Rosa Luxemburg, die keinen totalitären Kommunismus wollte.«[226] Hannah Arendt, die sich ansonsten nicht in ihr Manuskript hineinreden ließ, lenkte in diesem Fall offensichtlich bekümmert ein: »Wenn wir gross erklaeren muessen, was wir meinen, muessen wir die Widmung streichen. Dann geht es eben nicht; erklaeren kann man in einer Widmung nichts. Die arme Rosa! Nun ist sie bald 40 Jahre tot und faellt immer noch zwischen alle Stuehle.«[227]

Seit Anfang der fünfziger Jahre plante Hannah Arendt, ihr Buch über Rahel Varnhagen, das sie 1933 weitgehend abgeschlossen hatte, aber nicht mehr publizieren konnte, zu veröffentlichen und bot das Manuskript dem Piper-Verlag an.[228] Erst lehnte Piper ab, weil es einen »bei seinem durch

---

226 Piper an Arendt, 3. 9. 1958, Literaturarchiv Marbach, a. a. O. (s. Anm. 220).

227 Arendt an Piper und Rößner, 9. 9. 1958, Literaturarchiv Marbach, a. a. O. (s. Anm. 220). Im Buch selbst allerdings ließ es sich Hannah Arendt nicht nehmen, auf Rosa Luxemburg hinzuweisen: »Wenn es je so etwas gegeben hat wie Rosa Luxemburgs ›spontane Revolution‹, diesen plötzlichen Aufstand eines ganzen Volkes für die Freiheit und nichts sonst – spontan und nicht veranlaßt durch das demoralisierende Chaos einer militärischen Niederlage, nicht herbeigeführt durch Staatsstreich-Techniken, nicht organisiert von einem Apparat berufsmäßiger Verschwörer und professioneller Revolutionäre, ohne die Führung selbst einer Partei, also etwas, das jedermann, Konservative wie Liberale, Revolutionäre wie Radikale längst als einen schönen Traum hinter sich gelassen haben – dann ist es uns vergönnt gewesen, wenigstens Zeuge davon gewesen zu sein.« (Arendt, Ungarische Revolution, S. 11 f.; vgl. auch ihre Besprechung von Peter Nettls Biographie: Hannah Arendt, Rosa Luxemburg, S. 49–74).

228 Die Veröffentlichung des Manuskripts über Rahel Varnhagen wollte Jaspers Klaus Piper empfehlen (Jaspers an Arendt, 23. 8. 1952, in: Arendt/Jaspers, Briefwechsel, S. 232). Das Gespräch zwischen Jaspers und Piper fand jedoch erst im Herbst 1957 statt (vgl. Jaspers Bericht über die Unterredung an Arendt, 24. 9. 1957, in: ebenda, S. 362); zur Intensität, mit der sich Hannah Arendt gleich nach Kriegsende um ihr Rahel-Manuskript sorgte, vgl. auch ihren Brief an Kurt Blumenfeld, 2. 8. 1945, in: Arendt/Blumenfeld, Korrespondenz, S. 23–26.

Thema und Darstellung doch speziellen Charakter« besitze und daher im Verlagsprogramm »verhältnismäßig sehr isoliert« dastehe.[229] Aber nachdem Hannah Arendt mit dem Verlag Kiepenheuer & Witsch zu keiner Einigung gekommen war, landete das Manuskript doch wieder bei Piper, der das Buch nun gern veröffentlichen wollte. Im Juli 1958 wurde der Vertrag geschlossen.

Als Untertitel für ihr Rahel-Varnhagen-Buch hatte Hannah Arendt vorgesehen: »Eine Lebensgeschichte aus dem Beginn der Assimilation der deutschen Juden«.[230] Rößner, der im Dezember 1958 Hannah Arendt gegenüber das Rahel-Buch lobte: »Wenn Sie mir die vielleicht etwas abgegriffene Bemerkung erlauben: ich finde es ein wirklich faszinierendes Buch, für das man sicher keine riesenhaften Auflagen, aber gewiß eine große Zahl sehr interessierter und dankbarer Leser erreichen wird. Wir gehen also nun mit ehrlicher Begeisterung an die Herstellung«, machte im selben Brief erste Bedenken hinsichtlich des Untertitels geltend: »So wie er bisher formuliert ist, wirkt er – wenn ich das offen sagen darf – etwas umständlich.«[231] Als Hannah Arendt in ihrer Antwort zwar betonte, daß sie den »etwas umständlichen und altmodisch klingenden Untertitel ganz gern« habe, aber sich andererseits gegen Alternativen nicht sperren wolle,[232] kam Rößner mit folgendem Vorschlag heraus: »Nach reiflicher Überlegung meine ich – und auch Herr Piper ist der gleichen Auffassung – daß man doch eine lapidarere Form wählen sollte. Dazu unser Vorschlag: Unterm Haupttitel nur *Eine Lebensgeschichte mit einer Auswahl von Rahel-Briefen*. Wenn wir damit vorschlagen, im Untertitel nicht auf das eigentliche Problem, die Assimilation einzugehen, so aus der Überlegung und dem Wunsch, daß die Biographie durch den Untertitel nicht in eine ›falsche Optik‹ gerät, nämlich für eine breitere Leserschaft doch als zu spezielle Studie zu gelten. Es geht uns bei unseren Überlegungen also nicht darum, das eigentliche Anliegen Ihrer Darstellung zu eliminieren, sondern ein möglichst breites Interesse durch eine einfache, gewissermassen weiträumige Formulierung anzusprechen.«[233]

---

229 Piper an Arendt, 2. 4. 1957, Literaturarchiv Marbach, a. a. O. (s. Anm. 220).
230 Exposé von Hannah Arendt, Sommer 1956, ebenda.
231 Rößner an Arendt, 2. 12. 1958, ebenda.
232 Arendt an Rößner, 15. 12. 1958, ebenda.
233 Rößner an Arendt, 9. 1. 1959, ebenda.

Hannah Arendts Antwort klingt recht irritiert:

»Lieber Dr. Roessner, vielen Dank fuer Ihre beiden Briefe. Ja, der Untertitel. Natuerlich klingt der Ihre besser, aber das Wort ›Jude‹ muss doch irgendwie in ihm erscheinen. Auch glaube ich nicht, daß dadurch der Kreis des Buches unguenstig verengert
wird. Das Interesse in Deutschland an der Judenfrage ist augenblicklich bei den besseren Leuten doch recht rege. Aber das ist nicht ausschlaggebend. Also vielleicht: Eine
Lebensgeschichte aus dem deutschen Judentum, oder Eine Lebensgeschichte aus den
Anfaengen des deutschen Judentums. Ich habe natuerlich einen viel schoeneren Untertitel, der aber leider eben doch nicht geht. Naemlich: Rahel Varnhagen. Die Melodie
eines beleidigten Herzens, nachgepfiffen mit Variationen von Hannah Arendt. Das ist
naemlich genau, was ich gemacht habe.«[234]

Was ist davon zu halten, wenn Rößner ebendiesen Halbsatz: »aber das
Wort ›Jude‹ muss doch irgendwie in ihm erscheinen« in dem Brief unterstrich und mit der Randbemerkung »nein!?« für Piper kommentierte?
Hatte er Angst, das Wort »Jude« könnte Leser verschrecken? Wobei selbst
in diesem Fall zu fragen wäre, was ihn zu dieser Annahme verleitete. Wollte er – allein dem Verlag verpflichtet – diesen öffentlich nicht mit »Jüdischem« in Verbindung gebracht wissen? Oder ist doch das alte, tiefsit-
zende Ressentiment durchgebrochen? All das läßt sich nicht eindeutig
klären, und gegenüber vorschnellen Kontinuitätsannahmen von Rößners
Kritik an der »Verjudung« des George-Kreises zu seiner Streichung des
»Jüdischen« bei Hannah Arendts Rahel-Buch muß Skepsis gelten, solange
keine Beweise, sondern allenfalls Hinweise existieren.

Nun mußte Klaus Piper selbst einspringen und in gewundenen Sätzen
erklären, daß es selbstverständlich ihm und Rößner fernläge, »bei der
Herausstellung des Wortes ›Jude‹ im Untertitel das mögliche ›Risiko‹ zu
scheuen, daß dann etwa Ressentiment-behaftete Leser nicht zu dem
Buch greifen würden; auf solche Leser legen wir sowieso keinen Wert.
Unsere Überlegungen zielten nur auf das, was wir im Hinsehen auf
die spezifische Art des Buches für richtig und seiner Verbreitung für
nützlich halten.« Aber Untertitel wie »Eine Lebensgeschichte aus dem
deutschen Judentum« oder »Lebensgeschichte einer deutschen Jüdin«
verwarf auch er als zu trocken, akademisch, prononciert oder apologe-
tisch – was immer er damit gemeint haben mag –, um schließlich »Rahel

---

234 Arendt an Rößner, 12.1.1959, ebenda.

Varnhagen – Eine Lebensgeschichte« vorzuschlagen. Wieder war die Jüdin verschwunden![235]

Es war schließlich Elisabeth Piper-Holthaus, die Ehefrau des Verlegers, die den gordischen Knoten durchschlug. Bevor Hannah Arendt antworten konnte, schickte Piper einen zweiten Brief hinterher mit dem Titelvorschlag, den seine Frau ersonnen hatte: »Rahel Varnhagen. Lebensgeschichte einer deutschen Jüdin aus der Romantik«.[236]

»Ganz erleichtert war ich«, schrieb Hannah Arendt an Piper, »Ihren Brief vom 10. hier vorzufinden, denn ich hatte Ihnen gerade schweren Herzens schreiben wollen, daß es mit dem Untertitel nicht so geht. Aber so wie Sie ihn jetzt vorschlagen – ich wiederhole: RV Lebensgeschichte einer deutschen Juedin aus der Romantik – ist er wunderbar. Alles drin, was der Leser braucht. Auch der Zusatz von Ihrer Frau ist genau richtig. Dies war ein romantisches Leben, aber eben in juedischer Tonart.«[237]

Rößner schickte noch einige literaturhistorische Anmerkungen zu Rahels Begegnungen mit Goethe und zur Besetzung Preußens durch die Russen 1813, für die sich Hannah Arendt artig bedankte. Aber im Juni 1959 konnte das Manuskript, das Krieg und NS-Verfolgung in Paris und Palästina bei Freunden überdauert hatte, in der Sprache erscheinen, in der es nahezu dreißig Jahre zuvor geschrieben worden war.

Hans Rößner hat Hannah Arendt ohne Zweifel bewundert. Über den professionellen Kontakt, den ein Verlagsleiter mit einer seiner angesehensten Autorinnen pflegt, über die Korrespondenz um Ausstattung, Werbemaßnahmen, Verträge hinaus bemühte sich Rößner sichtlich um Hannah Arendts Gunst. Anläßlich ihrer Rede zur Verleihung des Lessing-Preises in Hamburg am 28. September 1959 schrieb er ihr: »Es war für mich eine wirklich aufregende Lektüre. Das, was Sie im zweiten und dritten Teil des Vortrags über Menschlichkeit und Wahrheit sagen, gehört für mich zum Erhellendsten was darüber seit langer Zeit gesagt worden ist. Aber das klingt alles fade und billig, wenn man es so niederschreibt. Es ist jammerschade, daß man Sie darüber nicht einmal mündlich ausführlich sprechen kann.«[238]

---

235 Piper an Arendt, 6. 2. 1959, ebenda.

236 Piper an Arendt, 10. 2. 1959, ebenda.

237 Arendt an Piper, 15. 2. 1959, ebenda.

238 Rößner an Arendt, 2. 11. 1959, ebenda. Die Rede Hannah Arendts ist abgedruckt in: Arendt, Menschen in finsteren Zeiten, S. 17–48.

Auch später wird seine Bemühtheit nur durch die Gestelztheit seines Stils übertroffen. Immer wieder versuchte er, ihr gewissermaßen seine Verehrung zu Füßen zu legen, was Hannah Arendt freundlich, aber distanziert beantwortete. Wie groß der kulturelle Kontrast zwischen ihr und den vier bzw. fünf Jahre jüngeren Rößner wie Piper war, läßt sich kaum besser als an deren ausschweifenden, bildungsbürgerlichen und oft auch schlicht geschwätzigen Briefen einerseits und Hannah Arendts knappen, treffsicheren, zum Teil sarkastischen Antworten andererseits ablesen. Wenn Rößner ihr nach dem Fernsehinterview mit Günter Gaus schrieb: »Wir selbst, d. h. ich mit meiner Frau und mehrere Mitarbeiter, die die Sendung gemeinsam im Verlag sahen, können Ihnen nur von Herzen danken. [...] Liebe gnädige Frau, es war und bleibt der unvergeßliche Eindruck Ihrer Persönlichkeit – und wenn Sie es mir mit Ihrer eigenen Formulierung zu sagen erlauben –, dieser überzeugenden, ganz echten und überlegenen ›Menschlichkeit in finsteren Zeiten‹. Seien Sie versichert, daß es Tausende vor dem Fernsehschirm ebenso empfunden haben. [...] Man kann, wenn man es ganz unpathetisch meint und sagen will, alles, was an Gedanken und Empfindungen dabei lebendig wurde und die ganze Dankbarkeit Ihnen gegenüber vielleicht in die Feststellung zusammenfassen: Es ist für uns alle tröstlich und ermutigend, daß Sie da sind und wie Sie da sind«[239], dann konnte Hannah Arendt das nur als den hohlen Schmock begreifen und entsprechend zurückhaltend quittieren.

Verstören muß vor allem die Unbedenklichkeit eines Mannes, es »tröstlich und ermutigend« zu finden, daß eine Frau lebt, die zwei Jahrzehnte zuvor von den Angehörigen ebenjenes Reichssicherheitshauptamtes, dem Rößner als Referent angehört hatte, in die Vernichtungslager deportiert worden wäre, wenn sie nicht geflohen wäre. An kaum einer anderen Stelle in dieser Korrespondenz wird die stumpfe Gleichgültigkeit und Äußerlichkeit kenntlich, mit der Täter wie Rößner ihrer eigenen Vergangenheit gegenüberstanden. Die Sprache, die der ehemalige SS-Obersturmbannführer dafür findet, unterscheidet ihn in keiner Weise von Millionen anderer Deutscher. In dieser gespenstischen, einseitigen Begegnung, denn Hannah Arendt hat nie erfahren, mit wem sie korrespondierte, wird die Taubheit der Empfindung so vieler Deutscher gegenüber ihrer Vergangen-

---

239 Rößner an Arendt, 30. 10. 1964, Literaturarchiv Marbach, a. a. O. (s. Anm. 220).

heit und ihren Taten wie unter einem Brennglas kenntlich. Mit keinem Satz deuten Rößner oder auch Piper an, daß ihnen irgendwann einmal zu Bewußtsein gekommen wäre, welche Zumutung es für Hannah Arendt bedeutet hätte, wenn sie je von Rößners Identität erfahren hätte. Die Stumpfheit und Aufdringlichkeit, mit der sich Rößner Hannah Arendt zu nähern suchte, offenbart, wie wenig er von sich selbst und dem, was er anderen angetan hatte, je begriffen hatte.

Selbst als Hannah Arendt mit dem Projekt, ein Buch über den Eichmann-Prozeß zu schreiben, an Piper herantrat, sah Rößner noch immer keinen Anlaß, sich zurückzuziehen und Klaus Piper allein die Verbindung mit Hannah Arendt zu überlassen. Piper zeigte gleich Interesse, aber es dauerte noch bis zum September 1962, als Hannah Arendt meldete, daß das Manuskript bis auf einen Epilog fertig sei, der »New Yorker« es ungekürzt veröffentlichen wolle und es danach bei Viking als Buch erscheinen solle.[240] Allerdings zögere sie noch, das Manuskript nach Deutschland zu schicken, da sie fürchte, es könne dort vorab veröffentlicht werden. In keinem Fall wolle sie die Übersetzung selbst machen und schlug eine, so Hannah Arendt, »ganz und gar wilde Idee« vor: Ingeborg Bachmann! Und einen Titel habe sie auch schon: »Eichmann in Jerusalem. Untertitel: Ein Bericht, oder vielleicht Ein Bericht von der Banalität des Bösen. Motto von Brecht: Oh Deutschland – Hörend die Reden, die aus Deinem Hause dringen, lacht man. Aber wer Dich sieht, greift nach dem Messer.«[241]

In das Manuskript selbst war kaum einzugreifen, da es sich um eine Übersetzung handelte, wobei, nachdem Ingeborg Bachmann abgelehnt hatte, Hannah Arendt sehr auf eine exzellente deutsche Übersetzung drängte.[242] Aber hinsichtlich des Untertitels waren sich Piper und Rößner wieder einmal einig: »Herr Dr. Rössner und ich meinen, daß das Wort ›Bericht‹ im Untertitel entbehrlich wäre: allerdings kennen wir jetzt noch nicht das Manuskript und hätten unsere Meinung vielleicht zu revidieren,

---

240 Die fünfteilige Artikelserie erschien unter dem Titel »A Reporter at Large: Eichmann in Jerusalem« im »New Yorker« vom 16.2, 23.2., 2.3., 9.3. und 16.3.1963; die amerikanische Buchausgabe im selben Jahr bei Viking Press, New York, mit dem Titel: »Eichmann in Jerusalem. A Report on the Banality of Evil«.

241 Arendt an Piper, 17.9.1962, Literaturarchiv Marbach, a.a.O. (s. Anm. 220). Ingeborg Bachmann hatte sie kurz zuvor in New York kennengelernt und sich, wie sie Rößner am 18.6.1962 schrieb, sehr gut mit ihr verstanden.

wenn die Darstellung ausgesprochen den Charakter eines Berichts (im Sinne des französischen Worts récit) haben sollte.«[243] Als das amerikanische Manuskript dann eintraf, zeigte sich Piper »von der Entschiedenheit und Klarheit der Darstellung [...] sehr beeindruckt. Die Vorschläge – oder Fragen – werden u. a. Stellen betreffen, wo mir gewisse Differenzierungen des Urteils wünschenswert erscheinen«.[244] Darauf reagierte Hannah Arendt gelassen-skeptisch: »Ich bin auf Ihre Vorschläge sehr gespannt, aber ich fürchte, die Chance, daß ich ändere, sind nicht sehr gross. Sie werden verstehen, daß man nicht gut einen andersartigen Text im Deutschen herausbringen kann.«[245]

Ein Vorgang allerdings verschlug Hannah Arendt offenbar doch die Sprache. Der Verlag hatte, was an sich nichts Ungewöhnliches ist, ein Rechtsgutachten eingeholt, ob »Eichmann in Jerusalem« Verletzungen von Persönlichkeitsrechten enthalte. Das Gutachten jedoch, das im Juni 1964 in München eintraf, ließ kaum eine Seite unberührt. Ob es die Schilderung des Eichmann-Anwalts Dr. Servatius betraf, Hannah Arendts Urteil über die Bonner Karrieren einstmals aktiver Nazibeamten, der Ausfall der deutschen Justiz in den fünfziger Jahren oder selbst Charakterisierungen führender NS-Funktionäre, stets machten die Anwälte Bedenken geltend und forderten zur eingehenden, nochmaligen Prüfung des Sachverhalts auf.[246]

Mit derlei Einwänden gaben die Rechtsanwälte selbstredend vor allem ihre Unkenntnis über den Gegenstand des Buches zu erkennen, handelt es sich bei den genannten Personen doch um zentrale Akteure der »Endlösung«, deren Täterschaft nicht nur im Prozeß gegen Eichmann durch zahlreiche Beweisdokumente und Zeugenaussagen dokumentiert, sondern bereits in Gerald Reitlingers 1956 auf deutsch erschienenem Buch

---

242 Klaus Piper hatte sich angeboten, Ingeborg Bachmann bei einem Treffen der Gruppe 47 zu fragen. Sie habe sich, so berichtete Piper anschließend, über die Anfrage sehr gefreut, aber gemeint, daß ihr Englisch für eine solche anspruchsvolle Übersetzung nicht ausreichen würde (Piper an Arendt, 23. 11. 1962, Literaturarchiv Marbach, a. a. O. [s. Anm. 220]).

243 Piper an Arendt, 15. 10. 1962, Literaturarchiv Marbach, ebenda.

244 Piper an Arendt, 23. 11. 1962, ebenda.

245 Arendt an Piper, 28. 11. 1962, ebenda.

246 Auszug aus dem Rechtsgutachen i. Sa. Piper Verlag/Eichmann in Jerusalem, 15. 6. 1964, Literaturarchiv Marbach, a. a. O. (s. Anm. 220).

ausführlich beschrieben worden war.[247] Dennoch löste das Gutachten im Verlag hektische Aktivitäten aus. Satzfahnen sollten nur noch in den allerdringendsten Fällen und mit dem ausdrücklichen Vermerk versandt werden, daß es sich um unkorrigierte Abzüge handele. Rößner besprach sich am 16. Juni noch einmal mit den Anwälten, sicherte eine erneute Prüfung des Manuskripts zu, sowohl durch das Institut für Zeitgeschichte in München wie die staatsanwaltliche Ermittlungsstelle für NS-Verbrechen in Ludwigsburg, und kündigte zugleich an, daß man Frau Arendt »zwischenunterrichten« müsse.

Besonders eine Stelle erschien den Rechtsanwälten anstößig. Hannah Arendt hatte geschrieben: »Erst seit Leute wie der Kriminalrat Theodor Saevecke, der Referent für ›Hoch- und Landesverrat‹ in Bonn, Dr. Georg Heuser, Chef des Landeskriminalamtes von Rheinland-Pfalz, Staatssekretär Friedrich Karl Vialon im Entwicklungsministerium in Bonn, schliesslich Bundesvertriebenenminister Hans Krüger teils als Mörder und teils als intime Mitwisser und Komplicen der Massenmorde entlarvt worden sind, kann man sich von dem Ausmass des Unheils im Nachkriegsdeutschland ein Bild machen.«[248] Georg Heuser war 1943/44 Angehöriger des Gruppenstabs der Einsatzgruppe B und an Ghettoaktionen beteiligt gewesen. Gegen Theodor Saevecke lief ein staatsanwaltschaftliches Ermittlungsverfahren, weil er Angehöriger eines Einsatzkommandos in Nordafrika gewesen war. Hans Krüger wurde beschuldigt, als Sonderrichter in Polen etliche Todesurteile ausgesprochen zu haben. Und Friedrich Karl Vialon hatte als Leiter des Finanzamtes beim Reichskommissar Ost mit Sitz in Riga mit der Aneignung jüdischen Vermögens nach der Ermordung der Besitzer zu tun.[249]

---

247 Reitlinger, Endlösung. Raul Hilbergs Standardwerk, auf das sich Hannah Arendt sehr stützte, war in der amerikanischen Originalausgabe seit 1961 ebenfalls verfügbar.

248 Zitiert nach Auszug aus dem Rechtsgutachen i. Sa. Piper Verlag/Eichmann in Jerusalem, 15. 6. 1964, Literaturarchiv Marbach, a. a. O. (s. Anm. 220). In der amerikanischen Ausgabe ist nur allgemein die Rede von »civil servants in the state ministries, of the regular armed forces, with their General Staff, of the judiciary, and of the business world« (Hannah Arendt, Eichmann in Jerusalem. A Report on the Banality of Evil, New York 1963, S. 15).

249 Gerlach, Kalkulierte Morde, S. 656, 680–683: Zentrale Stelle der Landesjustizverwaltungen in Ludwigsburg, Übersicht über Verfahren wegen NS-Verbrechen

Als »außerordentlich bedenklich« bezeichneten die Anwälte diese Passage vor allem wegen der Erwähnung von Krüger und Vialon. »Der ehemalige Bundesvertriebenenminister und insbesondere der heute noch tätige Staatssekretär im Entwicklungsministerium werden diese Behauptung keinesfalls hinnehmen, falls nicht sehr fundiertes Tatsachenmaterial vorliegt. Die Formulierung ›teils als Mörder und teils als intime Mitwisser und Komplicen der Massenmorde‹ lässt nicht erkennen, wer von den Genannten selbst Mörder bzw. Komplice war, wer hingegen nur ›Mitwisser‹ oder ›intimer Mitwisser‹ war.«[250] In seinem Brief an Hannah Arendt, mit dem er ihr das Gutachten der Rechtsanwälte nach New York schickte, versuchte Rößner insgesamt die Schärfe des Gutachtens abzuschwächen, ging aber explizit auf die Vialon-Stelle ein: »Einige wichtige Punkte bleiben freilich: davon die Vialon-Stelle, die nach Meinung des Anwalts unausweichlich zu einer einstweiligen Verfügung gegen das Buch führen muß. Sie sollte also auf jeden Fall geändert werden.« Und schob dann einen ganz eigentümlichen Vorschlag nach: »Die Stuttgarter [Rechtsanwälte, M. W.] empfehlen schließlich noch, zunächst eine erste, relativ kleine Auflage zu drucken, um eventuelle Einsprüche bei einer zweiten großen Auflage berücksichtigen zu können.«[251]

Die Antwort von Hannah Arendt kam postwendend an Verleger Klaus Piper persönlich:

»Lieber Herr Piper! Ich schreibe Ihnen heute, weil mich Herr Rössners letzter Brief mit den vollkommen phantastischen Bemerkungen Ihres Rechtsberaters sehr alarmiert hat. Ich möchte im Einzelnen nicht darauf eingehen. Sie müssen sich überlegen, was Sie eigentlich wollen – das Buch herausgeben, so wie es ist, wobei ich mir vorstellen könnte, daß hie und da sprachlich etwas geändert werden könnte – auch dies bereits sehr bedenklich – oder ob Sie auf den Druck des Buches verzichten wollen. [...] Das Schönste ist wohl die ja ganz verblüffende Sorgfalt, mit der sich dieser Herr [gemeint ist der Rechtsanwalt, M. W.] der Nazi-Verbrecher, nämlich der von deutschen Gerichten Abgeurteilten und ihrer ›Ehre‹ annimmt. Ich hätte wahrhaftig Lust, dieses Gutachten hier zu veröffentlichen. Es würde über deutsche Zustände aufklärender wirken als viele

nach dem Stand vom 20. September 1967, S. 526; Braunbuch Kriegs- und Naziverbrecher, S. 44–46; Hilberg, Vernichtung, S. 379, 382.
250 Auszug aus dem Rechtsgutachen i. Sa. Piper Verlag/Eichmann in Jerusalem, 15. 6. 1964, Literaturarchiv Marbach, a. a. O. (s. Anm. 220).
251 Rößner an Arendt, 26. 6. 1964, ebenda.

Aufsätze und Artikel«, und handschriftlich fügte sie hinzu: »Dass dieser Mann mit den Nazis sympathisiert, ist evident.«[252]

Sie verlangte von Piper umgehend eine Erklärung, ob er bereit sei, das Buch »ohne weiteres Federlesen« zu drucken. Zu der von Rößner vorgesehenen Prozedur werde sie allerdings niemals ihre Zustimmung geben. »Und ohne diese können Sie nicht drucken.«[253]

Arendts Brief schlug wie ein Blitz in München ein. Noch am 7. Juli sandte Piper ihr ein Telegramm nach New York: »Danke für Brief. Bitte seien Sie nicht beunruhigt. Es sind nur wenige konkrete Fragen. Es läuft alles bestens. Brief folgt. Klaus Piper«[254] In seinem anschließenden Brief bedauerte er außerordentlich, daß sie das Gutachten überhaupt zu sehen bekommen habe, rügte Rößner und warb um Verständnis, sich juristisch absichern zu müssen. »Bedenken Sie bitte auch die beiden entscheidenden Punkte: 1. Die deutsche Ausgabe trifft auf eine völlig andere psychologisch-politische Situation als die amerikanische Ausgabe.« Zweitens sei in Deutschland das Einspruchsrecht nicht verloren, wenn jemand es versäumt habe, gegen die amerikanische Ausgabe zu protestieren. Es stehe jedem frei, auch gegen jede weitere Ausgabe Einspruch zu erheben. Konkret zur Vialon-Stelle schlug Piper eine andere Teils-teils-Formulierung vor, mit der sich Hannah Arendt schließlich einverstanden erklärte.[255] Im gedruckten Text fehlte dann der explizite Vorwurf, Mörder gewesen zu sein.[256]

---

252 Arendt an Piper, 4.7.1964, ebenda.

253 Ebenda.

254 Telegramm Piper an Arendt, 7.7.1964, ebenda.

255 Piper an Arendt, 8.7.1964; Arendt an Piper, 16.7.1964, ebenda.

256 In der gedruckten Ausgabe hieß es: »Erst seit Leute wie Dr. Georg Heuser, Chef des Landeskriminalamtes von Rheinland/Pfalz, als Komplicen oder intime Mitwisser der Massenmorde entlarvt worden sind und seitdem schwerwiegende Verdachtsmomente erhoben worden sind gegen leitende Beamte wie Kriminalrat Theodor Saevecke, Referent für ›Hoch- und Landesverrat‹ in Bonn, oder gegen Inhaber hoher Regierungsämter wie den ehemaligen Bundesvertriebenenminister Hans Krüger oder Staatssekretär Friedrich Karl Vialon vom Entwicklungsministerium in Bonn, kann man sich von dem Ausmaß des Unheils im Nachkriegs-Deutschland ein Bild machen.« (Arendt, Eichmann, S. 44)
Einen persönlichen Änderungswunsch Pipers akzeptierte Hannah Arendt zusätzlich. In der amerikanischen Ausgabe hatte sie als Beispiel für das Argument von

Schwieriger zu lösen war für Hannah Arendt die Übersetzungsfrage. »Ich brauche leider jemanden, der absolut erstklassig ist«, hatte sie ausdrücklich geschrieben.[257] Piper drängte auf Abschluß des Vertrages, Arendt auf Festlegung der Übersetzung. So kam der Vertrag am 11. März 1963 zustande, mit einer Rücktrittsfrist bis zum 30. April, wenn bis dahin kein passender Übersetzer gefunden würde. Schließlich wurde mit Brigitte Granzow eine Übersetzerin ausgewählt, die von allen Seiten eindeutig begrüßt wurde.

Dennoch gab es etliche Interventionen Hannah Arendts zur Übersetzung. Auf Hannah Arendts Hinweis an Piper und Rößner, daß ein »großer Teil der Holprigkeit« an der ungenauen Terminologie liege – »Es gab z. B. niemals eine ›jüdische Frage‹ in Deutschland, sondern nur eine Judenfrage«[258] –, erwiderte Klaus Piper ebenso umständlich wie sein Unverständnis dokumentierend: »Wir sind hier auch gerade beim Lesen des

---

Eichmanns Verteidigung, er habe nur den Befehl Hitlers ausgeführt, noch Theodor Maunz als Verfassungsrechtler des »Führerstaates« namentlich aufgeführt (Arendt, Eichmann, 1963, S. 21), in der deutschen Ausgabe ist dann nur noch von »jeden beliebigen Verfassungsexperten« die Rede (Arendt, Eichmann, 1964, S. 52). Piper dankte, daß sie sein persönliches Argument zur Maunz-Stelle gebilligt habe: »Ich habe diese [Änderung, M. W.] von Ihnen (so erhofft) als wirklich nobel empfunden.« (Piper an Arendt, 28. 2. 1963, Literaturarchiv Marbach, a. a. O. [s. Anm. 220])

257 Arendt an Piper, 28. 11. 1962, ebenda (Hervorhebung im Original). Piper schlug einen jüdischen Übersetzer vor, der 1934 nach Palästina emigriert und nach dem Krieg nach Deutschland zurückgekehrt war. Arendt antwortete: »Ich möchte wiederholen: Änderungen im Manuskript werden kaum in Frage kommen, da es unmöglich ist, eine von der englischen abweichende Fassung im Deutschen zu veröffentlichen. Ferner: die Frage der Übersetzung ist erheblich ernster, scheint mir, als Sie realisieren. Es kommt nur jemand in Frage, der ein Schriftsteller ist und einen Namen hat.« Und fügte handschriftlich hinzu: »Bitte, bitte, lesen Sie diesen Brief!« (Arendt an Piper, 7. 1. 1963, ebenda) Aber Piper rührte sich nicht, so daß sie zwei Tage später offen reden mußte: »Lieber Herr Piper, Unsere Briefe haben sich gekreuzt und ich glaube das Missverständnis ist jetzt ganz klar. Sehen Sie, ich will eben nicht, daß das Eichmann-Buch von einem Juden übersetzt wird. Ich hatte gehofft, daß Sie das verstanden haben, aber ich kann gut einsehen, daß Ihnen dieser Gedanke fern lag. Seien Sie nicht zu entsetzt über mich, dies ist eine politische Frage. Und wenn wir uns sehen, sprechen wir darüber.« (Arendt an Piper, 9. 1. 1963, ebenda)

258 Arendt an Piper und Rößner, 21. 1. 1964, ebenda.

Übersetzungsmanuskripts von Frau Dr. Granzow. Herr Dr. Rössner hat begonnen, ich schließe mich an. Herr Dr. Rössner sagte mir eben, daß sein Lese-Eindruck im Ganzen bis jetzt ausgezeichnet sei. [...] Was die Terminologie anbelangt, so ist es ja so, daß sich die gebräuchlichen termini nicht immer mit dem sprachlogisch Streng-Richtigen decken. So müßte es gewiß logisch ›Judenfrage‹ heißen. Praktisch spricht man aber auch oft von der ›jüdischen Frage‹, wie man von der deutschen Frage spricht. Zumindest verständlicher ist aber wohl im Buch ›Judenfrage‹.«[259]

Die Kluft zwischen Hannah Arendt auf der einen und Klaus Piper wie Hans Rößner auf der anderen Seite könnte kaum deutlicher demonstriert werden. Pipers bemühte Ausflüge in die Sprachlogik und die praktische Verwendung der »jüdischen Frage« verraten nur, wie gering seine Vorstellung von dem war, über das berichtet wurde, und wie fern ihm die Erinnerung an jene Sätze lag, die er zwischen 1933 bis 1945 gehört hatte. Rößner indes hatte sie nicht nur gehört, sondern auch geschrieben. Bei ihm, dem immerhin sein Engagement gegen die »Verjudung« des George-Kreises fast einen Lehrstuhl an der »Reichsuniversität Straßburg« eingebracht hätte, kann man kaum entscheiden, ob es völlige Verleugnung der eigenen Biographie oder zynische Verachtung gegenüber den jüdischen Opfern war, daß er nun mit Piper über den richtigen Gebrauch des Begriffs »Judenfrage« fabulierte.

Als sei nichts vorgefallen, als hätten ihre Bücher und Artikel nichts mit der Ermordung der europäischen Juden zu tun, liest Rößner, bewertet, schlägt vor, wendet ein. Offenkundig kam ihm in all den Jahren, in denen er mit Hannah Arendt korrespondierte, sie sogar ein- oder zweimal persönlich traf, nicht ein einziges Mal der Gedanke an Zurückhaltung. Es ist diese doppelte Derealisation (im Sinne der Mitscherlichs), die den Fall Rößner als geradezu unglaubliches Beispiel beachtenswert und aufschlußreich macht. Rößner entledigte sich nicht nur ebenso wie zahlreiche andere Deutsche – nicht zuletzt wie sein SS-Kamerad Schneider, der zur Bekräftigung sogar seinen Namen wechselte – der eigenen Nazivergangenheit. Im Kontakt mit Hannah Arendt leugnete er auch immer wieder deren Jüdischsein. Rößner verehrte sie als politische Denkerin, als Rednerin und angesehene Intellektuelle, in seiner früheren Terminologie als »gei-

---

259 Piper an Arendt, 31. 1. 1964, ebenda.

stige Kraft«. Aber Jüdin durfte sie nicht sein, das Jüdische in ihren Texten war wie im Fall des Untertitels des Rahel-Buches zu streichen. Vielleicht ist hier sogar exakt der Modus der Transformation nach dem Krieg zu erkennen: Nur wenn die Juden aufhörten, Juden zu sein, konnten sich die Täter ihrer Vergangenheit entledigen – und gaben damit zugleich zu erkennen, wie total das Projekt der Judenvernichtung gewesen war.

Der Verlagsleiter Dr. Hans Rößner kann nicht im Stile fragwürdiger Ideologiekritik und Kontinuitätsthesen mit dem Referenten im RSHA und SS-Obersturmbannführer in eins gesetzt werden. Und doch stellt Rößner unter Beweis, wie giftig und vergiftend das Schweigen über die Massenverbrechen des Nationalsozialismus im Nachkriegsdeutschland gewesen ist. Männern wie Rößner fehlte auch zwanzig Jahre nach ihren Taten offenkundig jeder Sinn für das, was sie anderen angetan hatten. Hannah Arendt selbst hat dies an Adolf Eichmann beobachtet:

»Je länger man ihm zuhörte, desto klarer wurde einem, daß diese Unfähigkeit, sich auszudrücken, aufs engste mit einer Unfähigkeit zu denken verknüpft war. Das heißt hier, er war nicht imstande, vom Gesichtspunkt eines anderen Menschen aus sich irgend etwas vorzustellen. Verständigung mit Eichmann war unmöglich, nicht weil er log, sondern weil ihn der denkbar zuverlässigste Schutzwall gegen die Worte und gegen die Gegenwart anderer, und daher gegen die Wirklichkeit selbst umgab: absoluter Mangel an Vorstellungskraft.«[260]

Fünf Wochen nach Hannah Arendts Tod, am 12. Januar 1976, entschied Hans Rößner auf die Frage, ob es einen Nachdruck von »Eichmann in Jerusalem« geben solle: »Keine Nachauflage«.[261]

260 Arendt, Eichmann in Jerusalem, 1964, S. 78.
261 Nachdruckformular: Hannah Arendt, Eichmann in Jerusalem, Lfde. Nr. 447, Literaturarchiv Marbach, a. a. O. (s. Anm. 220). Der Absatz, der Anfang der siebziger Jahre auf weniger als 100 Stück pro Jahr zurückgegangen war, war 1975 noch einmal deutlich auf ca. 300 Exemplare gestiegen. Es war Klaus Piper, der sich gegen die Entscheidung von Rößner aussprach: »Wir sollten EICHMANN nicht einfach in der Versenkung verschwinden lassen. Ich bitte darum, einen Fall wie diesen in Zukunft zur Diskussion zu stellen. H. Arendt hat jetzt nach ihrem Tode eine neue Wirkungsdimension. Die in diesem Buch geäußerten Grundgedanken bleiben gültig. Wir sollten aber eine Form finden, wie wir das Buch noch aktivieren können.« (Hausnotiz Klaus Piper, 21. 1. 1976, ebenda) Hans Rößner blieb noch einige Jahre Verlagsleiter bei Piper und starb 1999 in München.

Strafverfolgung

Am 9. Oktober 1955 kehrte Bruno Streckenbach dank des Abkommens zwischen Adenauer und Bulganin über die Rückkehr der letzten deutschen Gefangenen aus sowjetischer Kriegsgefangenschaft zurück. Wenige Tage nach seiner Rückkehr suchte Streckenbach im Beisein seines Rechtsanwalts die Hamburger Staatsanwaltschaft auf, um zu erfahren, ob und was gegen ihn vorläge.[262] Zu diesem Zeitpunkt hatten zwei Personen Anzeigen gegen Streckenbach erhoben, die sich beide auf dessen Tätigkeit als Chef der Gestapo in Hamburg bezogen. Die eine Anzeige war eher allgemein gehalten, bei der zweiten ging es um einen konkreten Fall von Körperverletzung. Streckenbach habe – so die Beschuldigung – dem Betroffenen bei einer Vernehmung die Niere zerschlagen. Der Staatsanwalt wollte das Ermittlungsverfahren einstellen, weil Körperverletzung verjährt sei. Der Justizsenator wies ihn jedoch an, die Ermittlungen »auf breiterer Basis fortzusetzen«. Daraufhin befragte der Staatsanwalt eine Reihe von Institutionen, darunter das Hamburger Staatsarchiv, die Polizeibehörde, aber auch die Vereinigung der Verfolgten des Naziregimes und die jüdische Gemeinde in Hamburg, ob sie Material zu Streckenbach besäßen. Es ist charakteristisch, daß Mitte der fünfziger Jahre all diese Institutionen – einschließlich der Opferverbände – außer ein paar Beförderungsdaten nichts über Streckenbach mitzuteilen wußten.[263]

Allein das Justizministerium, das sich beim Bundesarchiv kundig gemacht hatte, verwies auf die Personalunterlagen im Berlin Document Center und auf den Nürnberger Prozeß, in dessen Verlauf Streckenbach mehrfach erwähnt worden sei. Trotz der erheblich belastenden Aussagen vor allem im Einsatzgruppen-Prozeß, in dem Ohlendorf Streckenbach als den Überbringer des »Endlösungsbefehls« bezeichnet hatte, kam die Hamburger Staatsanwaltschaft zu dem Schluß, »daß auch die weiteren Ermittlungen nicht den Nachweis erbracht haben, der Beschuldigte habe unter der Herrschaft des Nationalsozialismus strafbare Handlungen begangen, deren Verfolgung noch nicht verjährt wäre«, und stellte

---

262 Vermerk vom 29. 10. 1955, StAnw Hamburg, 147 Js 31/67, Beiakte 14a Js 1268/55.
263 Wildt, Streckenbach, S. 93–95.

das Verfahren, jetzt mit Billigung des Vorgesetzten, im September 1956 ein.[264]

Die Tatorte von Streckenbachs Verbrechen lagen jenseits des Eisernen Vorhangs. Ähnlich wie im Fall Erwin Schulz blieb Bruno Streckenbach selbst in der Perspektive der Opferverbände in erster Linie Gestapochef von Hamburg, verantwortlich für die Verhaftungen und Mißhandlungen zahlreicher Kommunisten und Sozialdemokraten. Die Vorstellung, der Nationalsozialismus sei vor allem eine »deutsche Diktatur« (Karl Dietrich Bracher) gewesen, blendete die Massenverbrechen, die in Polen, in der Sowjetunion, in Südosteuropa begangen worden waren, aus.[265] In den ersten Blättern der Ermittlungsakte gegen den ehemaligen Tilsiter Gestapochef Dr. Fischer-Schweder im Jahr 1958, woraus sich dann der »Ulmer Einsatzgruppenprozeß« entwickeln sollte, ist das aufkeimende und zunehmende Entsetzen des ermittelnden Staatsanwaltes über die zutage tretenden Massenmorde an den sowjetischen Juden noch heute zu erkennen.[266] Die sich aus diesem Prozeß ergebende, anschließende Gründung der Zentralen Stelle der Landesjustizverwaltungen zur Aufklärung von NS-Gewaltverbrechen in Ludwigsburg 1959 war institutionell gesehen zweifellos einer der entscheidenden Schritte zur strafrechtlichen Verfolgung von NS-Verbrechen in der Bundesrepublik.[267] Bezeichnenderweise war es die Zentrale Stelle in Ludwigsburg, die Anfang der sechziger Jahre auf ein Dokument stieß, das den Beweis darstellte, daß Streckenbach Kripo- und Gestapobeamte zum mörderischen Einsatz in den Osten befohlen hatte, daraufhin

---

264 Mitteilung des Oberstaatsanwalts an die Landesjustizverwaltung vom 19.9.56, StAnw Hamburg, 147 Js 31/67, Beiakte 14a Js 311/56. Selbst als Ende 1956 weitere Hinweise auf die Rolle Streckenbachs bei der Aufstellung der Einsatzgruppen in der Sowjetunion auftauchten, reichte die Aussage Streckenbachs aus, die Befehle zur Vernichtung der Juden seien nicht vom Reichssicherheitshauptamt ausgegeben worden, um auch dieses Verfahren wegen Anstiftung zum Mord einzustellen (Einstellungsvermerk vom 4.12.1957, StAnw Hamburg, 147 Js 31/67, Beiakte 14a Js 1983/56).

265 Zur Historiographie des Holocaust in Ost- wie Westdeutschland siehe Herbert/ Groehler, Zweierlei Bewältigung; Schildt, Umgang mit der NS-Vergangenheit; Herf, Zweierlei Erinnerung; Käppner, Erstarrte Geschichte.

266 ZStL, II 207 AR-Z 15/58, Bd. 1.

267 Zur Zentralen Stelle in Ludwigsburg vgl. Rückerl, NS-Verbrechen vor Gericht, S. 139–151; Hoffmann, Aufklärung.

das Ermittlungsverfahren gegen ihn wiederaufgenommen und jetzt von einem jungen, engagierten Staatsanwalt geführt wurde.

Die statistische Kurve der von deutschen Gerichten auf dem Gebiet der Bundesrepublik Deutschland erfolgten rechtskräftigen Verurteilungen von NS-Verbrechen ist signifikant: Sie erreichte ihren Höhepunkt 1948 mit 1819 Verurteilungen, auch im folgenden Jahr 1949 waren es noch 1523, sank aber danach rasch ab und war 1955 auf 21 Verurteilungen angelangt. Erst 1961 stieg die Zahl auf 38 und hielt sich für die folgenden zehn Jahre auf etwa diesem Niveau.[268] Die Entwicklung in der DDR verlief ähnlich. Dort erhöhte sich die Zahl der Verurteilungen 1950 noch einmal drastisch auf über 4000, vor allem aufgrund der massenhaften Urteile in den sogenannten Waldheim-Verfahren, deren unrechtsstaatlicher, willkürlicher Charakter jedoch außer Zweifel steht. Danach sank die Zahl auch in der DDR rapide ab und lag 1955 bei 23, 1957/58 bei jeweils nur einer Verurteilung wegen NS-Verbrechen.[269]

Insgesamt suchte das Bundesjustizministerium mit seinem ausführlichen Bericht an den Deutschen Bundestag vom 26. Februar 1965 über die Verfolgung nationalsozialistischer Straftaten in der laufenden Debatte um die Verjährung den Eindruck zu erwecken, daß entgegen landläufiger Meinung in aller Breite gegen Zehntausende von NS-Tätern allein durch deutsche Gerichte ermittelt worden sei. Das Ministerium nannte eine Gesamtzahl von 61 761 Beschuldigten, gegen die ein Ermittlungsverfahren durchgeführt worden sei, von denen wiederum 6115 Personen verurteilt worden seien, anhängig seien noch 13 892 Verfahren.[270] Allerdings offenbaren diese Zahlen zum einen, daß über 40 000 Ermittlungsverfahren ohne Verurteilungen endeten. Zum anderen gab der Bericht bekannt, daß noch

---

268 Statistische Angaben des Bundesjustizministeriums, nach Rückerl, NS-Verbrechen, S. 329; vgl. auch den Bericht des Bundesjustizministeriums über die Verfolgung nationalsozialistischer Straftaten an den Deutschen Bundestag, 26. 2. 1965, Bundestagsdrucksache IV/3124, S. 18.

269 Bericht Bundesjustizministerium, 26. 3. 1965, ebenda, S. 13, in dem auf Zahlen Bezug genommen wird, die der DDR-Generalstaatsanwalt auf einer Pressekonferenz am 25. 1. 1965 veröffentlicht hat. Zu den Waldheim-Prozessen vgl. Eisert, Waldheimer Prozesse.

270 Bericht Bundesjustizministerium, 26. 3. 1965, a. a. O. (s. Anm. 268), S. 17 f. Der Bericht kam auf einen von CDU/CSU und SPD gemeinsam getragenen Beschluß des Bundestag vom 9. 12. 1964 zustande.

gegen 9156 Personen ein Ermittlungsverfahren lief im Zusammenhang mit NS-Verbrechen der Einsatzgruppen und anderen deutschen Dienststellen in Polen und Rußland, das heißt die weitaus größte Zahl der anhängigen Ermittlungsverfahren war erst sehr jungen Datums und ließ zu Recht vermuten, daß gerade für diesen Bereich weitere Verfahren notwendig werden würden. Die Zahlen des Bundesjustizministeriums gaben also selbst allen Anlaß zu der dringlichen politischen Forderung, NS-Verbrechen nicht mit dem 8. Mai 1965 verjähren zu lassen.[271]

Sieht man von den Urteilen gegen die zehn ehemaligen RSHA-Angehörigen im Nürnberger Einsatzgruppen-Prozeß, den Verfahren gegen RSHA-Täter, die im Ausland stattgefunden haben, und den Spruchgerichtsurteilen ab, die am Ende der Internierungshaft ausgesprochen worden waren, so waren zum Zeitpunkt des Berichts des Bundesjustizministers 1964 nur vier ehemalige Führungsangehörige des RSHA von deutschen Gerichten wegen NS-Verbrechen rechtskräftig verurteilt: Rudolf Seidel, Albert Widmann, Albert Filbert und Erich Ehrlinger.[272] Ein fünfter, Kurt Lindow, Kommunismusreferent im RSHA-Amt IV, wurde zwar 1950 wegen der Selektion und Ermordung sowjetischer Kriegsgefangener in den Lagern im Reichsgebiet angeklagt, allerdings vom Schwurgericht Frankfurt am Main aus Mangel an Beweisen freigesprochen.[273]

Rudolf Seidel, Referent im Amt VI unter Albert Filbert und 1943 zum Inspekteur der Sicherheitspolizei und des SD in Düsseldorf abgeordnet, hatte am 6. September 1944 durch Zufall bei der Durchfahrt durch Schleiden eine Menge bemerkt, die einen abgeschossenen amerikanischen Piloten umringte. Seidel ließ den Wagen halten, und sein Begleiter, ebenfalls SS-Offizier, stürzte sich auf den Amerikaner, beschimpfte ihn als »Lump«, weil er auf die Zivilbevölkerung geschossen habe. Seidel schlug den Ge-

---

271 Zur Verjährungsdebatte vgl. die vom Deutschen Bundestag 1980 herausgegebenen Bände mit den Protokollen der parlamentarischen Verjährungsdebatten sowie Rückerl, NS-Verbrechen, S. 167–177; Hirsch, Anlaß; Dubiel, Niemand ist frei.

272 Die Verurteilung von Hans Clemens durch den Bundesgerichtshof am 23. 7. 1963 (6 Bjs 603/61) zu zehn Jahren Zuchthaus erfolgte wegen Landesverrats als BND-Angehöriger und nicht aufgrund von NS-Verbrechen.

273 Urteil Landgericht Frankfurt am Main, 4-54 Ks 4/50, 22. 12. 1950, gedruckt in: Justiz und NS-Verbrechen, Bd. 8, S. 2–10; bei Hilberg findet sich noch die falsche Angabe, daß Lindow 1950 verhaftet, aber nicht vor ein Gericht gestellt worden sei (Hilberg, Vernichtung, Bd. 3, S. 1174); zu Lindow siehe oben, S. 338–345.

fangenen und ermutigte damit auch die umherstehende Menge, den Piloten zu mißhandeln, bis er blutüberströmt am Boden lag. Daraufhin zog Seidel die Pistole und schoß den am Boden liegenden Amerikaner ins Genick. Ein dabeistehender Feldwebel gab einen zweiten, tödlichen Schuß ab. Seidel und sein Begleiter stiegen wieder ins Auto und fuhren davon; die zurückbleibende Menge verscharrte die Leiche des Amerikaners in Schleiden.[274]

Dr. Albert Widmann, ideenreicher und beflissener Chemiker im Kriminaltechnischen Institut,[275] war nach Kriegsende nur wenige Tage von den Amerikanern interniert worden und hatte danach eine Beschäftigung in einer süddeutschen Lackfabrik gefunden, wo er sich bis zum Chefchemiker emporarbeitete. Anfang Januar 1959 wurde er verhaftet und vor dem Landgericht Düsseldorf angeklagt, Giftmunition hergestellt und sie an Häftlingen des KZ Sachsenhausen ausprobiert zu haben. Das Urteil vom Mai 1961 lautete auf fünf Jahre Zuchthaus wegen Beihilfe zum Mord.[276] 1962 erhob die Stuttgarter Staatsanwaltschaft erneut Anklage gegen Widmann, jetzt wegen seiner Beteiligung an den Euthanasiemorden und den Ermordungen von Kranken in Mogilew und Minsk im August 1941. Das Urteil fiel erst fünf Jahre später. Am 15. September 1967 verurteilte das

---

274 Urteil des Landgerichts Aachen (11 Ks 1/53) vom 7. 12. 1953, gedruckt in: Justiz und NS-Verbrechen, Bd. 12, S. 91–107. Seidel wurde wegen versuchten Totschlags zu einer Gefängnisstrafe von einem Jahr verurteilt. Himmler hatte bereits im August 1943 die Anweisung herausgegeben, daß sich die Polizei nicht »in Auseinandersetzungen zwischen deutschen Volksgenossen und abgesprungenen englischen und amerikanischen Terrorfliegern einzumischen« habe, was nichts anderes bedeutete, als daß die Polizei nicht gegen Lynchmorde einschreiten sollte (IMG, Bd. 38, S. 313 f. [110–R]). Kaltenbrunner wiederholte den Erlaß im März 1944 (Runderlaß CSSD, IV A 2, gez. Kaltenbrunner, 5. 4. 1944, IMG, Bd. 33, S. 243–246 [3855-PS]; vgl. auch Black, Kaltenbrunner, S. 152 f.), und Bormann instruierte entsprechend die politischen Leiter der NSDAP (IMG, Bd. 25, S. 112 f. [57–PS]). Ende Mai 1944 erhielt Keitel die Mitteilung, daß Hitler persönlich angeordnet habe, abgeschossene alliierte Flieger ohne Urteil hinzurichten, wenn sie an »Terroraktionen« teilgenommen hätten (IMG, Bd. 7, S. 106).
275 Siehe oben, S. 321–334.
276 Aufgrund einer Revisionsentscheidung des Bundesgerichtshofes entschied das Landgericht Düsseldorf am 10. 10. 1962 erneut über den Fall und verurteilte Widmann nun rechtskräftig wegen Beihilfe zum Mord zu drei Jahren und sechs Monaten Zuchthaus (LG Düsseldorf, 8 Ks 1/61).

Landgericht Stuttgart Widmann zu einer Freiheitsstrafe von sechseinhalb Jahren.[277]

Dr. Albert Filbert hatte nicht nur als Stellvertreter Josts das RSHA-Amt VI geleitet, sondern auch von Juni bis Oktober 1941 das Einsatzkommando 9 in der Einsatzgruppe B unter Nebe geführt.[278] Im April 1945 war er ebenfalls nach Schleswig-Holstein geflüchtet, hatte sich Anfang Mai jedoch von den RSHA-Gruppe getrennt und allein auf den Weg zu seiner Familie gemacht. Bis 1950 lebte er unter dem falschen Namen Dr. Selbert im niedersächsischen Bad Gandersheim, nahm dann aufgrund der Amnestie des Straffreiheitsgesetzes seinen richtigen Namen wieder an und arbeitete bei der Braunschweig-Hannoverschen Hypothekenbank, die ihm 1958 die Leitung ihrer Berliner Niederlassung anvertraute. Im Februar 1959 wurde Filbert in Berlin verhaftet und des vielfachen Mordes als Einsatzkommandoführer angeklagt.[279]

Das Landgericht stellte zu Filbert fest: »Sein Auftreten während dieses Einsatzes war das eines überzeugten Nationalsozialisten. Er war ein strenger Vorgesetzter, der die Führung des Kommandos fest in der Hand hielt, hatte zu den Kommandoangehörigen – auch soweit sie im Führer(Offiziers)-rang standen – ein sehr distanziertes Verhältnis, bestand auf der strikten Durchführung seiner Befehle und war allen Erwägungen, die auf Einschränkung der Erschiessungen zielten, unzugänglich.«[280] Filbert legte Wert darauf, daß SS-Führer an der Erschießung teilnahmen, um den unteren Dienstgraden als »Vorbild« zu dienen. Mehrere Erschießungssalven kommandierte er selbst, munterte zögernde Kommandoangehörige auf oder kanzelte sie als »Figuren« ab. Als der Befehl eintraf, auch Frauen und Kinder zu erschießen, wies Filbert die Einwände einiger Kommandoführer, damit die jungen SS-Männer zu überfordern, scharf zurück und erklärte, daß er selbst die erste Erschießung leiten wolle. Über einen Angehörigen des Einsatzkommandos, der, nach der Erschießung von Frauen und Kindern, am Abend einen Nervenzusammenbruch und einen Schrei-

---

277 Urteil LG Stuttgart, Ks 19/62, 15.9.1967, ZStL, 439 AR-Z 18a/60, demnächst gedruckt in: Justiz und NS-Verbrechen, Bd. 26, lfd. Nr. 658.

278 Zu Filbert siehe oben, S. 395–399.

279 Urteil des Landgerichts Berlin (3 PKs 1/62) vom 22.6.1962, gedruckt in: Justiz und NS-Verbrechen, Band 18, S. 602–651.

280 Ebenda, S. 607.

krampf bekam, mokierte sich Filbert nach Zeugenaussagen mit den Worten: »So etwas will ein SS-Führer sein. Den sollte man mit einer entsprechenden Behandlung gleich wieder nach Hause schicken.«[281] An einem der folgenden Tage wurden unter Filberts Aufsicht in Witebsk jüdische Kinder zwischen zehn und zwölf Jahren als gesonderte Gruppe erschossen. Das Landgericht Berlin verurteilte Albert Filbert am 22. Juni 1962 wegen gemeinschaftlichen Mordes an mindestens 6800 Menschen zu lebenslangem Zuchthaus.[282]

Auch Erich Ehrlinger geriet Ende der fünfziger Jahre ins Visier der Staatsanwälte.[283] Ehrlinger hatte, nachdem er Anfang April 1944 von seinem »Einsatz« in der besetzten Sowjetunion auf den Chefposten des RSHA-Amtes I versetzt worden war – Himmler selbst, so Kaltenbrunner nach dem Krieg, hatte auf einem Mann bestanden, der sich im »Einsatz« bewährt habe[284] –, sich mit anderen Teilen der RSHA-Führung nach Schleswig-Holstein abgesetzt. Er vertauschte seine SS-Uniform mit der eines Wehrmachtsunteroffiziers und legte sich den Namen Erich Fröscher zu. Daraufhin geriet er nur für wenige Wochen in englische Internierungshaft, blieb nach seiner Entlassung für kurze Zeit noch in Norddeutschland als Landarbeiter und ging dann im Oktober 1945 nach Roth bei Nürnberg.

Elisabeth Ehrlinger erzählte Mitte der sechziger Jahre dem Journalisten Peter Jochen Winters die rührselige Geschichte, daß ihr Mann sich eigentlich habe stellen wollen, sie aber heftig dagegen protestiert und darauf insistiert habe, daß Erich Ehrlinger seine alte Identität ablege und unter falschem Namen eine neue Existenz aufbaue. Sie selbst stammte aus einer wohlhabenden deutschen Gutsbesitzerfamilie in Odessa, die von den

---

281 Ebenda, S. 623.
282 Ein Revisionsantrag Filberts wurde vom Bundesgerichtshof im April 1963 verworfen; das Urteil war damit rechtskräftig. Allerdings erreichte Filbert dreizehn Jahre später, daß eine fachärztliche Untersuchung seine Haftunfähigkeit feststellte und er Anfang Juni 1975 entlassen wurde (ZStL, 202 AR 72a/60, Bd. 2, Bl. 219). Seine körperliche Leistungsfähigkeit stellte er noch Anfang der achtziger Jahre unter Beweis, indem er als Hauptdarsteller in Thomas Harlans auf der Biennale in Venedig 1984 vorgeführten Film »Der Wundkanal« auftrat.
283 Zu Ehrlinger siehe oben, S. 92–96, 167–169 und 591–601.
284 Headquarters 12th Army Group, Interrogation Center, Apo 655, Kaltenbrunner, Comments on Amt I, 28.6.1945; US National Archives, RG 319, Box 102A, File XE000440 Ernst Kaltenbrunner.

Sowjets enteignet wurde. Der Vater wurde verhaftet, zum Verwalter einer Kolchose bestellt, erneut festgenommen und nach Sibirien deportiert. Elisabeth konnte mit ihrer Mutter nach Bessarabien ausreisen, wohin auch der Vater schließlich folgen durfte. 1940 siedelte die Familie »heim ins Reich« und erhielt ein Gut in Westpreußen. Elisabeth ließ sich zur Dienststelle des BdS Kiew dienstverpflichten und lernte dort Erich Ehrlinger kennen. Nach dem Krieg bauten beide eine eher bescheidene Existenz auf. In Roth arbeitete Ehrlinger als Lagerbuchführer auf einem amerikanischen Flugplatz, 1950 zog die Familie nach Konstanz, wo der ehemalige Amtschef des Reichssicherheitshauptamtes als Empfangschef beim Spielkasino angestellt wurde.[285]

1952 entschloß er sich, seine falsche Identität zu offenbaren, und stellte sich sowohl den französischen wie deutschen Behörden, ohne daß er zu diesem Zeitpunkt größeres Interesse an seiner Person weckte. Der Entschluß hatte offenbar vor allem private Hintergründe, denn im selben Jahr wurde seine erste Ehe geschieden und seine zweite mit Elisabeth geschlossen. 1954 fand er eine bessere Stellung als Autovertreter und brachte es innerhalb kurzer Zeit zum Leiter der Volkswagenvertretung in Karlsruhe, wo die Familie nunmehr wohnte. Ganz unbemerkt blieb Ehrlinger jedoch nicht. Im Juni 1954 wurde er zum ersten Mal vernommen und am 9. Dezember 1958 abends gegen elf Uhr festgenommen.[286]

Das Landgericht Karlsruhe behandelte im Prozeß gegen ihn und sieben weitere Angeklagte eingehend sowohl Ehrlingers Tätigkeit als Führer des Einsatzkommandos 1b als auch seine Taten in Kiew als Kommandeur beziehungsweise Befehlshaber der Sicherheitspolizei und des SD. Während es bei den anderen Angeklagten strafmildernde Gründe anzuführen wußte und vier von ihnen sogar freisprach, charakterisierte das Gericht Ehrlinger als »willfährigen Parteigänger und Anhänger des nationalsozia-

---

285 Urteil des Landgerichts Karlsruhe, IV Ks 1/60, gegen Erich Ehrlinger, 20. 12. 1961, gedruckt in: Justiz und NS-Verbrechen, Band 18, S. 66–126; Peter Jochen Winters, »Die Geschichte der Elisabeth E.«, in: Christ und Welt, 11. 6. 1965, S. 3.
286 Urteil des Landgerichts Karlsruhe, IV Ks 1/60, 20. 12. 1961, a. a. O. (s. Anm. 285). Die unzutreffende Information Hilbergs, daß Ehrlinger Direktor des Landesamtes für Verfassungsschutz im Saarland gewesen sein soll (Hilberg, Vernichtung, S. 1168), stammt wahrscheinlich aus dem DDR-Braunbuch (Braunbuch Kriegs- und Naziverbrecher in der Bundesrepublik, S. 371).

listischen Regimes«, der »bei der Tötung von Juden keine besonderen Hindernisse zu überwinden« hatte. Am 20. Dezember 1961 verurteilte es Erich Ehrlinger wegen der Beihilfe zum Mord in 1045 Fällen und eines versuchten Mordes zu insgesamt zwölf Jahren Zuchthaus.[287] Allerdings wurde dieses Urteil nicht rechtskräftig. Während Ehrlinger in Haft blieb, gab der Bundesgerichtshof einem Revisionsantrag der Staatsanwaltschaft statt und verwies den Fall erneut dem Landgericht Karlsruhe zur Verhandlung.[288]

In der Haft erkrankte Ehrlinger schwer. Journalisten wie Peter Jochen Winters griffen seine Geschichte auf und machten aus der strafrechtlichen Ahndung seiner Verbrechen in »Christ und Welt« die rührende Geschichte eines ungerecht behandelten Opfers und seiner tapferen Ehefrau:

»Elisabeth E., die als Kind die Gefängnisse der Kommunisten und ihre Beamten in Odessa kennengelernt hat, macht nun ihre Erfahrungen mit den Gefängnissen der Bundesrepublik und ihren Beamten. Der Untersuchungshäftling E. erkrankt und muß operiert werden. Gerade noch rechtzeitig wird er in ein Krankenhaus eingeliefert. Elf Tage nach einer schweren Magenoperation muß er jedoch zurück in seine Zelle. Das ist im Oktober 1963, fast ein Jahr nach seinem Prozeß und fünf Jahre nach seiner Verhaftung. Der bald 55jährige erholt sich nur schwer. Vor einigen Wochen mußte er abermals in ein Krankenhaus. Diesmal wegen einer Wirbelsäulenoperation. […] Muß aber der Rechtsstaat nicht Schaden nehmen, wenn ein schwerkranker Mann, der in absehbarer Zeit nicht verhandlungsfähig ist, nach sechseinhalb Jahren immer noch in Untersuchungshaft gehalten wird? […] Je länger E. in Haft ist, desto mehr fühlt sich seine Frau an seinem Schicksal schuldig. Es klingt fast gespenstisch, wenn sie dem Besucher beschwörend erklärt: ›Hätte ich ihm damals nicht so zugesetzt, alles wäre anders gekommen. Die Alliierten hätten ihn vielleicht zum Tode verurteilt, aber heute wäre er ein freier Mann, und dieses sechseinhalbjährige Martyrium, dessen Ende noch nicht abzusehen ist, wäre seiner Familie erspart geblieben.‹ Die Justiz in einem Rechtsstaat hat dem Recht und der Gerechtigkeit zu dienen. Der Kampf der Elisabeth E. ist ein aktuelles Stück deutscher Wirklichkeit. Elisabeth E. zweifelt an der Gerechtigkeit, die zu erreichen das vornehmste Ziel einer rechtsstaatlichen Ordnung ist. Können wir ihr das verübeln?«[289]

---

287 Urteil des Landgerichts Karlsruhe, IV KS 1/60, 20.12.1961, ZStL, SA 130.

288 Beschluß des Bundesgerichtshofes, 1 StR 540/62, 28.5.1963, gedruckt in: Justiz und NS-Verbrechen, Bd. 18, S. 127–132.

289 Winters, »Die Geschichte der Elisabeth E.«, a. a. O. (s. Anm. 285). Unnötig zu erwähnen, daß von dem Martyrium der jüdischen Opfer Ehrlingers in der Sowjetunion in diesem Artikel keine Rede ist.

Der langjährige Chefredakteur von »Christ und Welt« war übrigens bis 1970 der einstmalige SD-Angehörige Giselher Wirsing, dessen Berichte über England und USA unter anderem schon Joseph Goebbels beeindruckten[290] und der noch in den letzten Kriegsmonaten mit seinen »Egmont«-Berichten die NS-Führung informierte.[291] Ein neues, rechtskräftiges Urteil ist gegen Erich Ehrlinger nicht ergangen. Wegen dauernder Verhandlungsunfähigkeit wurde das Verfahren am 3. Dezember 1969 endgültig eingestellt, nachdem der Haftbefehl bereits am 20. Oktober 1965 außer Vollzug gesetzt worden war und Ehrlinger das Gefängnis hatte verlassen können.[292]

RSHA-Verfahren

In seinem Bericht an den Deutschen Bundestag vom 26. Februar 1965 hob der Bundesjustizminister einen Verfahrenskomplex ganz besonders hervor: die Ermittlungen gegen die Angehörigen des Reichssicherheitshauptamtes, die in seinen Worten »ein Musterbeispiel vorbildlicher Sachaufklärung« darstellten.[293]

Im Februar 1963 gab der Generalstaatsanwalt beim Kammergericht Berlin erste Anweisungen, gegen Angehörige des RSHA zu ermitteln. Anlaß waren offenkundig kritische Äußerungen ausländischer Staatsanwälte Anfang 1963, daß die Berliner Staatsanwaltschaft in Sachen Reichssicherheitshauptamt bislang untätig geblieben sei.[294] Die Landesjustizminister

---

290 So notierte Goebbels am 12. 3. 1942 in seinem Tagebuch: »Ich finde abends ein paar Stunden Zeit, in dem neuen Buch von Wirsing: ›Der maßlose Kontinent‹ zu lesen. Wirsing gibt hier eine Darstellung des amerikanischen Lebens, der amerikanischen Wirtschaft, Kultur und Politik. Das Material, das er zusammenträgt, ist wahrhaft erschütternd. Roosevelt ist einer der schwersten Schädlinge der modernen Kultur und Zivilisation. Wenn es uns nicht gelänge, die Feindseite, die sich aus Bolschewismus, Plutokratie und Kulturlosigkeit zusammensetzt, endgültig zu schlagen, dann würde die Welt der dunkelsten Finsternis entgegengehen.« (Tagebücher Goebbels, Teil II, Bd. 3, S. 455)
291 Zu Wirsing vgl. Köhler, Unheimliche Publizisten, S. 290–327; Frei, Karrieren, S. 264–266.
292 Beschluß Landgericht Karlsruhe, 3. 12. 1969; ZStL, SA 130.
293 Bericht Bundesjustizministerium, 26. 2. 1965, a. a. O. (s. Anm. 268), S. 27.
294 Bericht des Generalstaatsanwaltes beim Kammergericht Berlin an den Justizsenator, 30. 1. 1965, RSHA-Ermittlungsunterlagen, 1 AR 123/69. Dieser Bericht bil-

beschlossen im Oktober 1963, darüber hinaus aus ihren Bereichen Staatsanwälte nach Berlin abzuordnen, so daß schließlich im Frühjahr 1964 insgesamt elf Staatsanwälte als RSHA-Arbeitsgruppe unter der Aufsicht des Generalstaatsanwaltes beim Kammergericht ausschließlich mit dieser Institution beschäftigt waren.[295]

Die Anzahl der Namen, die die Justiz in bezug auf das RSHA ausfindig machen konnte, betrug einschließlich sämtlicher Kanzleigehilfen, Postverteiler und Sekretärinnen etwa 7000. Anschließend verkleinerte man diesen Kreis auf die, wie es hieß, »für alle unter Umständen als Beschuldigte in Betracht kommenden Personen (vom Untersturmführer an aufwärts insgesamt etwa 3000 RSHA-Angehörige)«[296] und legte für diese Gruppe Personalhefte an. Danach wurden 17 Archive durchforstet, was nur mit Hilfe von eigens dafür abgestellten Kriminalbeamten und staatsanwaltlichen Sachbearbeitern zu leisten war, wobei dennoch bemerkenswert ist, daß, wie der Bericht des Bundesjustizministers festhält, drei Beamte der Kriminalpolizei in nur zwei Monaten rund 73 000 Akten der ehemaligen Gestapoleitstelle Düsseldorf sichteten, was für jeden Beamten ein Arbeitspensum von nahezu 500 Akten pro Tag bedeutet hätte.[297]

dete die, zum großen Teil sogar wörtlich übernommene, Grundlage für die Angaben des Bundesjustizministeriums zum RSHA in der Bundestagsdrucksache vom 26. 2. 1965. Generalstaatsanwalt Günther bekannte 1967 auf einer Fachtagung, daß man das RSHA schlichtweg vergessen habe und aus allen Wolken gefallen sei, als man 1963 daran erinnert wurde (Rückerl, NS-Verbrechen, S. 138).

295 Bericht Bundesjustizministerium, 26. 2. 1965, a. a. O. (s. Anm. 268), S. 27.

296 Ebenda.

297 Auch die DDR wurde im März 1964 um Rechtshilfe ersucht, was dort allerdings nur auf geringe Kooperationsbereitschaft traf. Zwar forschte die Hauptabteilung IX/11 des MfS aufgrund der von den Westberliner Staatsanwälten zur Verfügung gestellten Unterlagen in ihrem Archiv nach. Aber die DDR vermutete zum einen, daß die westdeutsche Seite nur geschickt die Vorwürfe zur Kontinuität der Nazielite in der Bundesrepublik auffangen wolle, und war zum anderen in erster Linie an den Informationen interessiert, um sie ihrerseits für die Propaganda gegen den Westen zu verwenden. In Absprache zwischen dem Generalstaatsanwalt der DDR, dem Außen- und Innenministerium, dem ZK des SED sowie dem Ministerium für Staatssicherheit wurde der Kontakt mit der Arbeitsgruppe am Kammergericht Berlin abgestimmt; sogar mehrere Besuche der Westberliner Staatsanwälte in Ost-Berlin kamen 1964 und 1967 zustande. Konkret jedoch übergab die DDR

Doch ungeachtet solcher Einschränkungen war die Ambition der ermittelnden Staatsanwälte hoch. Sie wollten mit mehreren großen Verfahren und Hunderten von Angeklagten die umfangreichste strafrechtliche Bewältigung des Holocaust erreichen. Die RSHA-Verfahren, hätten sie tatsächlich stattgefunden, wären ohne Zweifel der größte Prozeßkomplex zur Ermordung der europäischen Juden, Polen, sowjetischen Kriegsgefangenen, Zwangsarbeiter, »Asozialen« und anderer Opfer geworden, der jemals vor Gericht verhandelt worden wäre.

In drei Sachkomplexen wurden die Ermittlungen geführt: Der erste Sachkomplex befaßte sich mit der Beteiligung des RSHA an der »Endlösung«, wobei die Staatsanwälte ihre Recherchen nach Ländern zusammenfaßten. Zu Beginn des Jahres 1965 konnten gegen 146 Beschuldigte Ermittlungsverfahren eingeleitet werden, die unter Verdacht standen, an der Ermordung der europäischen Juden mitgewirkt zu haben.[298] Der zweite Sachkomplex bezog sich auf die Einsatzgruppen, nicht nur in der Sowjetunion, sondern ebenso in Polen und den übrigen von Deutschland besetzten Ländern in Europa, sowie auf die Entwicklung und den Einsatz von Gaswagen. Hier waren Anfang 1965 die Unterlagen so weit aufbereitet, daß gegen 178 RSHA-Angehörige die Einleitung eines Ermittlungsverfahrens bevorstand. Im dritten Sachkomplex standen Verbrechen, wie die Ermordung von Kriegsgefangenen, Zwangsarbeitern, Priestern, Justizhäftlingen oder Angehörigen der »Roten Kapelle« im Mittelpunkt. Allein im letzten Fall war gegen 105 RSHA-Angehörige ein Ermittlungsverfahren eingeleitet worden.[299]

Doch zeigte sich in der Praxis, daß der Ehrgeiz der Staatsanwälte zu hoch gesteckt war und die strafrechtliche Ahndung des Holocaust nicht mit der historischen Aufklärung über Verantwortlichkeiten, Tatbeteili

---

nur wenige und unbedeutende, zum Teil bereits bekannte Dokumente und reagierte auf die wiederholten Bitten aus West-Berlin hinhaltend, nicht ohne den Versuch, auch diese sachlich unzureichenden Bemühungen in Presseerklärungen propagandistisch auszuschlachten (Vorgang in: BStU, RHE AR 26/64, Bd. 1, Bl. 55–86, 107–176, 227–229).

298 Die Deportation und Ermordung der ungarischen Juden wurde in einem eigenen Ermittlungsverfahren von der Staatsanwaltschaft Frankfurt am Main verfolgt (Bericht Bundesjustizministerium, 26. 2. 1965, a. a. O. [s. Anm. 268], S. 29).

299 Ebenda, S. 30.

gungen und Täterschaften in eins gesetzt werden konnte. Insbesondere für den ersten Sachkomplex, die Beteiligung des RSHA an der »Endlösung«, hatten sich die Staatsanwälte eine Ermittlungsaufgabe gestellt, die zur selben Zeit noch nicht einmal von den Historikern erfüllt werden konnte. Auch wenn Hilbergs umfassendes Werk zum Mord an den europäischen Juden bereits vorlag und die Gutachten aus dem IfZ solide über Struktur und Organisationsentwicklung von SS und Polizei informierten,[300] lag eine Studie zum Reichssicherheitshauptamt noch in weiter Ferne. Die spezifische Arbeitsweise der Staatsanwälte, die auf Zeugenaussagen und eindeutig individuell zuzuordnenden Beweisdokumenten aufbaut, um einen Täter anzuklagen, dagegen die Institution, den Kontext und die Geschichte der Tat weitgehend ausblendet,[301] mußte zusätzlich die Aufklärung über das RSHA erschweren.

Zudem war der juristische Spielraum der Staatsanwälte eng begrenzt, denn nachdem Verbrechen wie Totschlag oder Körperverletzung mit Todesfolge am 8. Mai 1960 verjährt waren,[302] blieb nur noch die Anklage auf Totschlag in besonders schwerem Fall und Mord, der nach deutschem Strafrecht den Nachweis der Heimtücke, Grausamkeit und niederer Beweggründe bei den Tätern zur Voraussetzung hatte, was zwar in der Rechtsprechung durch den Rassenhaß als erfüllt betrachtet wurde. Dennoch gestand der Bundesgerichtshof 1976, daß dem § 211 Strafgesetzbuch die Vorstellung von einem Mörder zugrunde liegt, der nicht nur gegen sein Gewissen, sondern auch bewußt gegen die Wertmaßstäbe seiner Umwelt handelt und vor allem weiß, daß die Staatsgewalt ihn bestraft, wenn sie seiner habhaft wird. Die Massenmörder des NS-Regime wußten sich jedoch mit dem Staat einig und konnten sich sicher sein, wegen ihrer Taten eben nicht zur Verantwortung gezogen zu werden.[303]

Darüber hinaus hatten die Staatsanwälte mit einer weiteren Schwierigkeit zu rechnen. In einem Urteil 1962 hatte der Bundesgerichtshof eine

---

300 Hilberg, Vernichtung; Buchheim/Broszat/Jacobsen/Krausnick, Anatomie des SS-Staates.

301 Vgl. dazu Wildt, Differierende Wahrheiten.

302 Zur Verjährung von Straftaten mit einer Höchststrafe von 15 Jahren, wie Totschlag, Körperverletzung mit Todesfolge und Raub, am 8. Mai 1960 vgl. Rückerl, NS-Verbrechen, S. 151–156.

303 Zur BGH-Stellungnahme vgl. ebenda, S. 276.

grundsätzliche Entscheidung zum politischen Mord gefällt und damit eine Richtschnur für die folgende Rechtsprechung zu den NS-Verbrechen vorgegeben. Der sowjetische KGB-Agent Staschynskij hatte 1959 in München einen Mord an zwei Exilukrainer weisungsgemäß ausgeführt und war nach der Rückkehr in die Sowjetunion für die Durchführung eines »wichtigen Regierungsauftrags« mit einem hohen Orden ausgezeichnet worden. Allerdings lief Staschynskij wenig später in den Westen über und wurde nun unter Mordanklage gestellt. Abweichend von der Anklage entschied der Bundesgerichtshof, daß Staschynskij nicht Täter, sondern bloß Tatgehilfe sei. Zwar wollte der BGH keineswegs einen Freibrief für »Befehlsempfänger« ausstellen, verlangte vielmehr, daß von jedermann erwartet werden könne, sich von Verbrechen fernzuhalten. Aber die »gefährlichen Verbrechensantriebe gehen statt von den Befehlsempfängern vom Träger der Staatsmacht aus«, und für den Täter auf mittlerer und unterer Ebene »mögen staatliche Verbrechensbefehle allerdings Strafmilderungsgründe abgeben«.[304] Grundsätzlich galt für den Tatgehilfen nach wie vor die gleiche Strafandrohung wie für den Täter. Der Tatgehilfe konnte mit einer milderen Strafe belegt werden.[305]

In der Folge gingen die Gerichte indessen dazu über, nur noch Hitler, Himmler, Heydrich als Täter zu betrachten und die Angeklagten, vor allem wenn es sich um sogenannte Schreibtischtäter handelte, als bloße Gehilfen einzustufen und entsprechend das Strafmaß zuweilen skandalös niedrig anzusetzen.[306] Der Bundesgerichtshof hatte in der Staschynskij-Entscheidung ausdrücklich festgeschrieben:

»Wer aber politischer Mordhetze willig nachgibt, sein Gewissen zum Schweigen bringt und fremde verbrecherische Ziele zur Grundlage eigener Überzeugung und eigenen Handelns macht, oder wer in seinem Dienst oder Einflußbereich dafür sorgt, daß solche Befehle rückhaltlos vollzogen werden, oder wer dabei anderweit einverständlichen Eifer zeigt oder solchen staatlichen Mordterror für eigene Zwecke ausnutzt, kann sich

---

304 Zitiert nach Friedrich, Amnestie, S. 345 f.; zum Staschynskij-Urteil vgl. auch Rückerl, NS-Verbrechen, S. 274 f.; Baumann, Problematik.
305 Diese Gleichbehandlung beruhte auf einer Verordnung vom 5. 12. 1939 (RGBl. I, S. 2378), die erst mit dem Inkrafttreten des neuen Strafgesetzbuches 1975 ihre Gültigkeit verlor.
306 Vgl. Hey, NS-Prozesse, S. 60; jetzt vor allem Greve, Umgang.

deshalb nicht darauf berufen, nur Tatgehilfe seiner Auftraggeber zu sein. Sein Denken und Handeln deckt sich mit demjenigen der eigentlichen Taturheber. Er ist regelmäßig Täter.«[307]

Damit lag aber der Beweispflicht für die »innere Haltung« des Angeklagten bei den Anklagevertretern. Nur wenn es den Staatsanwälten im Verfahren gelang, die vom BGH umrissenen individuellen Einstellungen bei den Angeklagten zu nachzuweisen und diese damit als Täter zu qualifizieren, war mit einer Verurteilung wegen Mordes und der Höchststrafe von lebenslanger Haft zu rechnen. Die Gerichte jedoch stellten größtenteils fest, daß den Angeklagten der »Täterwille« nicht mit letzter Gewißheit zu beweisen war und sie daher nur als bloße Tatgehilfen zu verurteilen seien.[308]

Trotz all dieser Schwierigkeiten kamen die Staatsanwälte zum RSHA-Komplex gut voran und wagten nach vierjähriger Recherche im Sommer 1967 einen überraschenden Coup. In den Morgenstunden des 26. Junis wurden jeweils in ihren Wohnorten Bernhard Baatz, Joachim Deumling, Harro Thomsen, Emil Berndorff und Fritz Wöhrn verhaftet und noch am Vormittag per Flugzeug nach Berlin ins Gefängnis Moabit gebracht. Etliche Presseartikel berichteten über diese Aktion, und die Berliner Staatsanwälte teilten stolz der Öffentlichkeit mit, dies sei der erste Höhepunkt einer vierjährigen Ermittlungstätigkeit der RSHA-Arbeitsgruppe gewesen.[309]

In der Tat zeigte die Auswahl der Festgenommenen, daß die Arbeitsgruppe den Kern der RSHA-Täter erfaßt hatte. Baatz, Deumling, Thomsen hatten nacheinander das sogenannte Polenreferat im Amt IV geleitet und waren für die Exekutionsbefehle des RSHA gegen Polen im Generalgouvernement verantwortlich. Berndorff war der langjährige Leiter

---

307 Zitiert nach Rückerl, NS-Verbrechen, S. 274 f.
308 Erst 1975 wurde das Strafgesetzbuch dahingehend geändert, daß an die Stelle der bisherigen subjektiven Tätertheorie der materiell-objektive Tatbestand trat und jeder als Täter bestraft werden mußte, unabhängig von seinem Täterwillen, der die gesetzlichen Tatkriterien erfüllte. Die juristische Konstruktion des Tatgehilfen verlor damit für die nachfolgenden NS-Prozesse ihre Bedeutung.
309 Siehe die entsprechenden Artikel in Berliner Morgenpost, 27. 6. 1967; Der Abend, Berlin, 27. 6. 1967; Süddeutsche Zeitung, 27. 6. 1967; Die Welt, 28. 6. 1967, oder auch Neue Zürcher Zeitung, 28. 6. 1967.

des Schutzhaftreferates gewesen,[310] und der Regierungsamtmann Fritz Wöhrn hatte als Sachbearbeiter im Eichmann-Referat IV B 4 Rolf Günther zugearbeitet.[311] Damit waren jene Täter in den Mittelpunkt gerückt, die in der Zentrale in Berlin, insbesondere in der Ländergruppe IV D, die Verbrechen des RSHA im Osten koordinierten, für die reibungslose Administration sorgten und, wie im Fall Baatz, Deumling und Thomsen, vor Ort durch praktischen Einsatz die RSHA-Politik verwirklichten. Baatz hatte im Herbst 1939 der Einsatzgruppe IV in Polen angehört und war danach Leiter des Referates IV D 2 Generalgouvernement geworden.[312] Deumling leitete die Stapostelle Oppeln, bevor er das Polenreferat von Baatz übernahm, und Thomsen war als Gestapobeamter in Kattowitz, Oppeln, Graudenz tätig und kam dann im Juli 1943 ins RSHA, um Referatsleiter zu werden.[313]

Baatz wurde beschuldigt, mit Überlegung und aus niederen Beweggründen 240 Menschen getötet zu haben, indem er an verschiedenen Erlassen mitgearbeitet habe, die die Hinrichtung von polnischen Zwangsarbeitern ohne Urteil vorsahen. »Er wußte als Volljurist, daß es für die ›Sonderbehandlung‹ keine rechtliche Grundlage gab, und wollte – ebenso wie Hitler, Göring, Himmler, Heydrich und Müller – die Tötung der polnischen Zivilarbeiter und Kriegsgefangenen im Wege der Sonderbehandlung aus niedrigen Beweggründen, nämlich deshalb, weil er sie als ›rassisch minderwertige Untermenschen‹ ansah, denen diejenigen rechtlichen Sicherungen versagt werden sollten, die nach der übereinstimmenden Rechtsauffassung alle zivilisierten Völker auch demjenigen gebühren, der eine strafbare Handlung begangen hat.« Deumling und Thomsen wurden beschuldigt, als Leiter des Polenreferates sich der Beihilfe zum Mord

---

310 Zu Berndorff, Baatz, Deumling, Thomsen siehe oben, S. 345–349, 355–358.

311 Vermerk GenStAnw KG Berlin, 1 Js 1/65 (RSHA), 9. 3. 1966.

312 Später leitete er das Referat IV D 4 Besetzte Gebiete in Westeuropa sowie das neu geschaffene Referat für ausländische Zwangsarbeiter. Im September 1943 löste er Martin Sandberger als Kommandeur der Sicherheitspolizei und des SD Estland ab und war 1944/45 in gleicher Funktion in Reichenberg/Sudetenland (siehe oben, S. 355–357).

313 BArch, BDC, SSO-Akten Joachim Deumling, Harro Thomsen. Deumling wurde 1943, als er von Thomsen abgelöst wurde, Führer des Einsatzkommandos 10b in Kroatien.

schuldig gemacht zu haben, Deumling in 150, Thomsen in 60 Fällen. »Sie waren am Entwurf und der Herausgabe staatspolizeilicher Erlasse beteiligt, durch die die vor ihrer Amtszeit ergangenen Anordnungen über die Behandlung polnischer Zivilarbeiter und Kriegsgefangener sowie über die Durchführung von Exekutionen fortentwickelt wurden.«[314]

Die mehrjährige Ermittlungsarbeit der Berliner Staatsanwälte schien sich gelohnt zu haben. Die Aussichten für die RSHA-Prozesse standen gut; die politische Debatte um die Verjährung von NS-Verbrechen konnte diesen Verfahren anscheinend nichts mehr anhaben, da durch die richterlichen Handlungen wie Haftbefehle, Einleitungen von Voruntersuchungen die Verjährungsfrist unterbrochen worden war. Der Stoß, der nahezu sämtliche RSHA-Verfahren zum Einsturz bringen sollte, kam aus einer gänzlich unerwarteten Ecke, ausgerechnet ausgelöst durch ein strafrechtliches Reformvorhaben. Die Vorschrift nämlich, daß der Gehilfe mit derselben Strafe bedroht werden muß wie der Täter, stammte aus der NS-Zeit[315] und widersprach der Forderung nach einem humanen Strafrecht, das die Möglichkeit der Differenzierung nach Motiven besitzen sollte. So beschloß die Große Strafrechtskommission schon im Februar 1955, daß dort, wo ein Täter aus niedrigen Beweggründen wie Habgier oder ähnlichem handele, der Gehilfe aber nicht, Strafmilderung vorgesehen werden müsse. Eine entsprechende gesetzändernde Formulierung wurde bereits in den § 33 des Entwurfs eines Strafgesetzbuches 1962 aufgenommen.[316]

Ein erster Schritt zur Strafrechtsreform war unterdessen aus ganz praktischen Gründen notwendig geworden. Um der steigenden Zahl von Verkehrsdelikten, die von den Gerichten abgeurteilt werden mußten, Herr zu werden, sollten Bagatelldelikte wie Übertretungen von Parkverboten und anderen Verkehrsvorschriften künftig als Ordnungswidrigkeiten von der Polizei mit Bußgeldern geahndet werden können. Ein solches Vorhaben zog juristisch gesehen beträchtliche Konsequenzen nach sich, mußte doch nicht allein der Status von Polizeibeamten neu defi-

---

314 Beschluß zur Eröffnung der Voruntersuchung durch das Landgericht Berlin (II VU 5.68 / 1 Js 4/64), 22.3.1968, GenStAnw KG Berlin, RSHA-Ermittlungsunterlagen, 1 Js 4/64 (RSHA).
315 Verordnung vom 5.12.1939, RGBl. I, S. 2378 (siehe oben, Anm. 305 und 308).
316 Koffka, § 50 Abs. 2, S. 41.

niert,[317] sondern auch eine Fülle von Gesetzen geändert werden, insbesondere das Strafgesetzbuch selbst. Daher wurde im Bundesjustizministerium schon 1964 damit begonnen, ein eigenes »Einführungsgesetz zum Ordnungswidrigkeitengesetz« (EGOWiG) zu entwerfen, das alle notwendigen Gesetzesänderungen enthalten sollte.

Der Referentenentwurf vom April 1965 enthielt auch jene Neufassung des § 50 Abs. 2 Strafgesetzbuch, wie sie die Strafrechtskommission 1955 gefordert hatte, und die fatale Auswirkungen auf die NS-Verfahren, insbesondere die RSHA-Verfahren, haben sollte.[318] Unterschied die alte Fassung in der Bestrafung nicht zwischen Täter und Gehilfe, so war es nach dem neuen Entwurf zwingend, daß der Gehilfe milder bestraft wurde, wenn »besondere persönlichen Merkmale«, zum Beispiel der Beamtenstatus bei Bestechung, bei dem Gehilfen fehlten. An die Konsequenzen, die diese Veränderung für die Rechtspraxis bei NS-Verbrechen nach sich zog, hatte offenkundig niemand gedacht.[319]

---

317 So erhob zum Beispiel der damalige nordrhein-westfälische Innenminister Willi Weyer verfassungsrechtliche Bedenken gegen die »Polizeilösung«, weil der Polizei damit eine sonst nur den Gerichten zukommende Rechtsprechungsbefugnis übertragen werde (Vermerk BJM II R 3 / II R 6 für Minister Dr. Jaeger, 24. 10. 1966, BARch, B 141/85575).

318 Bundesjustizministerium, Referentenentwurf eines Gesetzes über Ordnungswidrigkeiten und Auszug aus dem vorläufigen Referentenentwurf eines Einführungsgesetzes zum Entwurf eines Gesetzes über Ordnungswidrigkeiten – Stand April 1965, BArch, B 141/85565.

319 Die alte Fassung hatte den Wortlaut: »Abs.1: Sind mehrere an einer Tat beteiligt, so ist jeder ohne Rücksicht auf die Schuld des anderen nach seiner Schuld strafbar. Abs. 2: Bestimmt das Gesetz, daß andere persönliche Eigenschaften oder Verhältnisse die Strafe schärfen, mildern oder ausschließen, so gilt dies nur für den Täter oder Teilnehmer, bei dem sie vorliegen.«
Damit war kein Unterschied zwischen Täter und Teilnehmer/Gehilfe gemacht. Die neue Fassung des § 50 ersetzte den Absatz 2 durch die folgenden beiden Absätze: »Abs. 2: Fehlen besondere persönliche Eigenschaften, Verhältnisse oder Umstände (besondere persönliche Merkmale), welche die Strafbarkeit des Täters begründen, beim Teilnehmer, so ist dessen Strafe nach den Vorschriften über die Bestrafung des Versuchs zu mildern.
Abs. 3: Bestimmt das Gesetz, daß besondere persönliche Merkmale die Strafe schärfen, mildern oder ausschließen, so gilt dies nur für den Täter oder Teilnehmer, bei dem sie vorliegen.« (Bundesjustizministerium, Referentenentwurf, a. a. O. [s. Anm. 318])

Wohl kaum ein anderer Gesetzentwurf ist so eingehend geprüft und diskutiert worden, weil mit ihm umfangreiche und diffizile Gesetzesänderungen beschlossen werden sollten.[320] Ende September war die Vorlage kabinettsreif, am 26. Oktober 1966 beschloß das Bundeskabinett, nachdem der Wohnungsbauminister (und spätere Justizminister Dr. Bucher) seine Bedenken hinsichtlich der Zuständigkeit der Polizisten zu Protokoll gegeben hatte, die Gesetzesvorlage.[321] Nun waren die parlamentarischen Gremien am Zug. Innen- wie Verkehrsausschuß des Bundestages berieten den Entwurf ebenso wie der Sonderausschuß für die Strafrechtsreform, da, wie der SPD-Abgeordnete Müller-Emmert in der ersten Lesung des Gesetzentwurfs im Bundestag am 3. Februar 1967 hervorhob, das Gesetzesvorhaben in engem Zusammenhang mit der Strafrechtsreform stehe.[322] Im Sonderausschuß Strafrechtsreform begründete der Referent des Bundesjustizministeriums, Dr. Göhler, noch einmal ausführlich die Notwendigkeit der Änderung, da im Ordnungswidrigkeitengesetz bereits der sogenannte Einheitstäter und die Verantwortlichkeiten der Beteiligten bei besonderen persönlichen Merkmalen eingeführt werde und es nicht sinnvoll sei, diese Frage allein für das neue Gesetz zu regeln und für das Strafgesetzbuch offenzulassen. Der Ausschuß billigte einstimmig die Vorlage, ebenso wie der Verkehrs- und Innenausschuß zustimmten.[323] Am 27. März 1968 nahm der Deutsche Bundestag das Einführungsgesetz zum Ordnungswidrigkeitengesetz ohne Gegenstimmen und Enthaltungen an.[324]

---

320 Im Mai 1966 berieten die Vertreter der Landesjustizverwaltungen den Entwurf (Tagung der Vertreter der Landesjustizverwaltungen in Überlingen/Bodensee zur Besprechung des vorläufigen Referentenentwurfs eines EGOWiG, 4.–6. 5. 1966, BArch, B 141/85573), im Juni kamen die Verkehrs-, Innen- und Justizminister der Länder nach Bonn, um mit ihren Bundesministerkollegen die Umstellung von Verkehrsstraftaten auf Ordnungswidrigkeiten zu beraten (Bundesverkehrsminister an Verkehrs-, Innen-, Justizminister der Länder, 14. 4. 1966; BArch, B 141/85578).

321 Notiz Bundesminister Dr. Jaeger, 26. 10. 1966, BArch, B 141/85575.

322 Verhandlungen des Deutschen Bundestages, 92. Sitzung vom 3. 2. 1967, S. 4254–4261.

323 Protokoll der 57. Sitzung des Sonderausschusses Strafrechtsreform des Deutschen Bundestages, 13. 4. 1967, BArch, B 141/85582.

324 Verhandlungen des Deutschen Bundestages, 161. Sitzung vom 27. 3. 1968, S. 8484–8502.

Es waren die Verteidiger der NS-Täter, die als erste die juristische Möglichkeit erkannten, die das neue Gesetz ihnen bot.[325] Nachdem der Antrag auf Haftverschonung für Harro Thomsen im September 1968 noch mit der Relation zwischen zu erwartender Strafe und bereits verbüßter Haftzeit, die eine Flucht Thomsens unwahrscheinlich mache, begründet worden war, bezog sich der Richter zwei Monate später bei der Haftverschonung von Baatz und Deumling ausdrücklich auf den durch das EGOWiG geänderten § 50 Abs. 2 Strafgesetzbuch.[326]

Wenn nämlich Baatz, Deumling und Thomsen voraussichtlich nicht als Täter, als die in der damals herrschen Rechtsprechung allein Hitler, Himmler, Heydrich galten, sondern als Gehilfen verurteilt werden würden, und ihnen nicht nachzuweisen war, daß sie wie die Täter aus »niedrigen Beweggründen« gehandelt hatten, ihnen also nach § 50 Abs. 2 die »besonderen persönlichen Merkmale« fehlten, welche die Strafbarkeit des Täters begründeten, dann konnten sie nicht nur, sondern mußten als Gehilfen milder bestraft werden. Das hieß, daß sie in diesem Fall nicht mehr mit lebenslanger Haft bedroht waren, wie es im Falle von Mord bislang für Täter wie Gehilfe die Regel war, sondern nur mit mindestens drei bis höchstens fünfzehn Jahren Haft. Da aber Straftaten mit einer angedrohten Höchststrafe von fünfzehn Jahren bereits am 8. Mai 1960 verjährt waren und die Ermittlungen der Berliner Staatsanwälte erst 1963 aufgenommen worden waren und damit zu spät, um die Verjährung vor dem Mai 1960 zu unterbrechen, war mit der Einstellung dieser und auch der meisten anderen RSHA-Verfahren zu rechnen.

Das Kammergericht Berlin reagierte schnell. Bei einem weiteren Antrag auf Haftverschonung für den Leiter der Berliner Staatspolizeistelle Otto Bovensiepen, der seit März 1967 in Untersuchungshaft saß, versuchte das

---

325 Der Anwalt, der für den ehemaligen Leiter der Stapostelle Berlin, Otto Bovensiepen, am 16. 12. 1968 Haftverschonung beantragt hatte, schrieb im Januar 1969 bezeichnenderweise an Werner Best, der seit den fünfziger Jahren an den diversen Amnestiekampagnen für NS-Täter mitwirkte: »Wenn sich unsere Auffassung durchsetzt bzw. bestätigt, könnte kein nur der Beihilfe Beschuldigter noch bestraft werden, wenn bei ihnen selbst nicht niedrigere Beweggründe nachgewiesen werden können.« (Zitiert nach Herbert, Best, S. 510)

326 Beschluß Untersuchungsrichter II beim Landgericht Berlin, 19. 9. 1968 und 20. 12. 1968, GenStAnw KG Berlin, RSHA-Ermittlungsunterlagen, Personalhefte Pt 24 (Thomsen), Pb 3 (Baatz) und Pd 15 (Deumling).

Gericht Anfang Januar 1969 den Schaden dadurch abzuwenden, indem es zum einen in einer juristisch durchaus legitimen Konstruktion die »niedrigen Beweggründe« nicht auf den Täter, sondern auf die Tat selbst bezog und damit den ganzen § 50 Abs. 2 als nicht anwendbar bezeichnete. Zum anderen versuchte es mit dem Charakter des Einführungsgesetzes selbst zu argumentieren, dem zufolge der Gesetzgeber keineswegs vorgehabt habe, eine verschleierte Amnestie für Gehilfen von nationalsozialistischen Gewaltverbrechen zu verabschieden.[327]

Darin hatte das Kammergericht ohne Zweifel recht, an der Tatsache des Gesetzes kam es jedoch nicht vorbei. Als wenige Wochen später eine Entscheidung des Bundesgerichtshofs anstand, argumentierte der Bundesanwalt noch einmal gegen die Anwendbarkeit des § 50 Abs. 2 bei NS-Verbrechen: »Daß sich der Tatbeitrag des Gehilfen auf die von ihm unterstützte Einzeltat beschränkt, ändert aber nichts daran, daß die niedrigen Beweggründe der Haupttäter in der oben dargelegten Weise das äußere Erscheinungsbild einer jeden im Rahmen eines Massenvernichtungsplans begangenen Einzeltötung beeinflussen und deshalb nicht als rein täterbezogene Merkmale betrachtet werden können«[328] – das heißt, was die Strafrechtsreformer mit der Änderung gewollt haben, kann nicht auf die nationalsozialistischen Massenverbrechen bezogen werden, deren rassistische, antisemitische Intention in der Tat selbst begründet liegt. Der Bundesgerichtshof folgte dieser Auffassung nicht und bestätigte am 20. Mai 1969, daß nur, wenn der Tatgehilfe ebenfalls aus niedrigen Beweggründen gehandelt habe, er wie der Täter zu bestrafen sei. Fehlte dieser Nachweis, so sei der Wortlaut des neuen Gesetzes eindeutig und zwingend. Demgemäß verfügte der Bundesgerichtshof die Einstellung des Verfahrens gegen den Angeklagten Heinrich, der aufgrund seiner Beteiligung an der Ermordung der polnischen Juden in Krakau 1942/43 vom Landgericht Kiel wegen Beihilfe zum Mord zu sechs Jahren Zuchthaus verurteilt worden war.[329]

---

327 Beschluß des Kammergerichts Berlin, 1 AR 63/68, 6. 1. 1969, gedruckt in: Juristische Rundschau, Heft 2, Februar 1969, S. 64.

328 Stellungnahme des Generalbundesanwalts zur Verjährung der Beihilfe zum Mord aus niedrigen Beweggründen, gedruckt in: Neue Juristische Wochenschrift 22 (1969), Heft 27, S. 1157–1159.

329 Urteil des Bundesgerichtshofes, 5 StR 658/68, 20. 5. 1969, gedruckt in: ebenda, S. 1181–1183.

Die öffentliche Wirkung war desaströs. Anfang Januar 1969 hatte der »Spiegel« den Fall publik gemacht und zitierte Bundesjustizminister Heinemann mit den Worten: »Ich bin auf solche Tücken nicht gekommen.«[330] Daraufhin griffen auch die deutschen Tageszeitungen das Thema auf, etliche Opferverbände äußerten sich entsetzt und bestürzt, und das israelische Justizministerium sprach von einer »kalten Verjährung«.[331] Aber an dem Gesetz und vor allem an der Auslegung durch den Bundesgerichtshof war nicht mehr zu rütteln. Der damalige Leiter der Zentralen Stelle der Landesjustizverwaltungen in Ludwigsburg, Adalbert Rückerl, sah keine Möglichkeit für irgendwelche rückwirkend ändernde gesetzgeberische Maßnahmen:

> »Das ist zu spät. Was einmal verjährt ist, kann nicht wieder aufleben. [...] Die Kleinen, die geschossen haben, kriegt man über Heimtücke oder Grausamkeit wohl auch weiter dran. Aber die Großen, die die Morde ja nicht eigenhändig begangen haben, sind nur zu belangen wegen Beihilfe zum Mord aus niedrigen Beweggründen. Da man ihnen diese Beweggründe selbst aber heute kaum nachweisen kann, sind sie es, die jetzt am besten dran sind.«[332]

Tatsächlich brach mit der Strafrechtsänderung und dem Urteil des BGH vom Mai 1969 die juristische Grundlage für die weitaus größte Zahl aller geplanten RSHA-Verfahren zusammen. In nur vier Fällen konnte Anklage erhoben und eine Hauptverhandlung vor dem Landgericht Berlin durchgeführt werden. In allen anderen Fällen wurde das Verfahren eingestellt.

Es fällt schwer, an Zufall zu glauben, und in der Forschungsliteratur ist immer wieder der Verdacht geäußert worden, die Änderung des § 50 StGB sei eine absichtlich einfädelte Konstruktion gewesen, um die drohenden Prozesse gegen NS-Täter, vor allem gegen die RSHA-Angehörigen, zu Fall zu bringen.[333] In der Tat werden Zweifel durch die Tatsache wach, daß

---

330 Der Spiegel, Nr. 1/2, 6. 1. 1969, S. 31 f.
331 Der Spiegel, Nr. 3, 13. 1. 1969, S. 58–61.
332 Zitiert nach: Der Spiegel, Nr. 1/2, 6. 1. 1969, S. 32, und Nr. 3, 13. 1. 1969, S. 61.
333 Friedrich deutet diese Möglichkeit an (Friedrich, Amnestie, S. 411 f.); nach Herbert sprechen alle Indizien dafür, daß es keine »Panne« gewesen sein kann (Herbert, Best, S. 310). Der damalige Generalstaatsanwalt beim Kammergericht Berlin, Günther, äußerte sich sybillinisch: »Es ist müßig, danach zu fragen, ob es in diesem Fall oder sonst irgendwann in den Ministerien ein juristisches Augurenlächeln gegeben haben könnte; nachweisbar war und ist es ohnehin nicht.« (Zitiert nach Rückerl, NS-Verbrechen, S. 191, Anm. 160)

bis 1966 der Generalreferent für die Strafrechtsreform der bekannte Strafrechtler und Strafrechtskommentator Dr. Eduard Dreher gewesen ist, der in den letzten Kriegsjahren als Staatsanwalt beim Sondergericht Innsbruck tätig war und auf dessen Antrag hin mehrere Todesurteile gefällt und exekutiert worden sind.[334] Dreher hatte auch in den fünfziger Jahren Kontakt zu dem FDP-Bundestagsabgeordneten Ernst Achenbach, der wiederum damals mit Werner Best die Amnestiekampagnen für die NS-Täter organisiert hatte.[335] Auch auf dieser Seite hatte man das Staschynskij-Urteil 1962 aufmerksam registriert und den Schluß daraus gezogen, daß eine Vielzahl von NS-Tätern künftig nur noch der Beihilfe zum Mord beschuldigt werden könnten. Politisch, so der Bonner Rechtsanwalt Lohmann in einem Brief an Werner Best Anfang Januar 1963, wäre damit die Chance gegeben, eine Teilamnestie für »Beihilfe« zu fordern.[336] Eine öffentliche Kampagne gab es nicht, aber Best engagierte sich im Hintergrund der Verfahren, so daß durch entsprechende Zeugenaussagen von anderen ehemaligen Gestapobeamten das Urteil nur auf »Beihilfe zum Mord« lautete und das Strafmaß dementsprechend reduziert werden konnte.[337]

Doch läßt sich irgendeine Einflußnahme der Gruppe um Best auf die Referentenentwürfe im Bundesjustizministerium nicht nachweisen, selbst die Vermutung, sie wußte darum, stützt sich allein auf die Person Dreher, der allerdings Ende 1966 unter Justizminister Heinemann nicht mehr für die Strafrechtsreform zuständig war und auch nicht für das EGOWiG.[338] Die Vorlage für den geänderten § 50 stammte aus einem Beschluß der Großen Strafrechtsreform von 1955, der bereits als § 30 im Entwurf eines neuen Strafgesetzbuches formuliert war, als der Bundesgerichtshof sein Urteil zu Staschynskij fällte. Die Initiative zu dieser Änderung ging ein-

---

334 Dreher war der erste Beamte des Bundesjustizministeriums, gegen den die DDR Vorwürfe wegen seiner NS-Vergangenheit erhob. Der DDR-Ausschuß für die Deutsche Einheit legte im Mai 1957 Beweise dafür vor, daß Dreher die Todesstrafe mindestens in einem Fall beantragt hatte. In einer internen Erklärung gab Dreher 1959 weitere Fälle zu, in denen er ein Todesurteil gefordert hatte, was seiner Karriere jedoch keinen Abbruch tat (Frei, Karrieren, S. 205).
335 Herbert, Best, S. 496.
336 Ebenda.
337 Ebenda, S. 499–501.
338 Organisationsplan des Bundesjustizministeriums, 8. 12. 1966, BARch, B 141.

deutig nicht von Achenbach, Best oder Dreher aus. Und selbst wenn man unterstellt, daß zumindest Dreher um die Konsequenz der Änderung für die Verjährung von NS-Verbrechen wußte, so tat er jedenfalls nichts, um diesen brisanten Sachverhalt zu verbergen. Im Gegenteil, das neue Gesetz war wie kaum ein zweites von einer Vielzahl sachkompetenter Gremien mit Vertretern aller Bundestagsparteien geprüft worden, die sämtlich keine Verbindung zur Verjährungsproblematik zogen – aus verständlichen Gründen, denn die Änderung zielte keineswegs auf Mordparagraphen des Strafgesetzbuches.

Daß sie eben dafür jedoch benutzt werden könnte, haben offenkundig die Verteidiger von Otto Bovensiepen, Baatz und Deumling Ende 1968, mehrere Monate nach Verabschiedung des Gesetzes, entdeckt. Während Harro Thomsen noch im September 1968 mit einer eher konventionellen Begründung aus der Haft entlassen wurde, bezogen sich die Anträge vom Dezember 1968 explizit auf die neue Fassung des § 50 Abs. 2 StGB. Aber auch diese Rechtsauffassung war noch keineswegs unumstritten und festgelegt, erst das Urteil des Bundesgerichtshofes vom Mai 1969 brachte die RSHA-Verfahren zu Fall.

So bitter die Erkenntnis ist: nicht strafvereitelnde Intention, sondern mangelnder Überblick und fehlende Sensibilität für die Problematik der strafrechtlichen Ahndung von NS-Gewaltverbrechen verhinderten, daß die geplante große juristische Auseinandersetzung mit den RSHA-Tätern stattfinden konnte. Die Entwicklung der Ermittlungsverfahren gegen das RSHA – von der Initiative ausländischer Staatsanwälte Anfang 1963, die ihre Berliner Kollegen überhaupt an die Existenz der Reichssicherheitshauptamtes erinnern mußten, über den stolzen Bericht des Bundesjustizministers im Februar 1965, der die RSHA-Ermittlungen als »Musterbeispiel vorbildlicher Sachaufklärung« lobte, bis hin zur Entscheidung des Bundesgerichtshofes im Mai 1969 – zeigt aber auch die unübersehbaren Grenzen strafrechtlicher Bewältigung nationalsozialistischer Massenverbrechen. Der Mordparagraph des deutschen Strafgesetzbuches war kaum geeignet, die Massenmorde des NS-Regimes rechtlich zu erfassen. Die dem Zeitgeist der fünfziger und sechziger Jahre folgende juristische Unterscheidung zwischen den drei Tätern Hitler, Himmler, Heydrich und der Vielzahl ihrer Mordgehilfen entsprach keineswegs der tatsächlichen Verantwortung und Täterschaft der Angeklagten. Der Zusammenbruch dieser strafrechtlich unzureichenden Konstruktion durch die, zugegebenermaßen absurde, Koinzidenz mit der Verabschiedung eines Gesetzes zur Vereinfachung der Ahndung von Verkehrsdelikten war womöglich nur konsequent. Vielleicht trug das peinliche Versagen im Fall des EGO-WiG dazu bei, daß der Bundestag am 26. Juni 1969, nachdem die UNO-Vollversammlung im November 1968 eine Konvention über die Nichtverjährbarkeit von Kriegsverbrechen und Verbrechen gegen die Menschlichkeit angenommen hatte, seinerseits die Verjährungsfrist von Mord auf 30 Jahre erhöhte und damit der Justiz die Möglichkeit gab, bis zum Ende des Jahres 1979 gegen bislang noch unentdeckte NS-Täter zu ermitteln.[339]

Integration und Ignoranz. Die RSHA-Führung in der Bundesrepublik

Die Zahl derjenigen aus der RSHA-Führung, die beim Zusammenbruch des NS-Regimes sich selbst töteten, beträgt nicht mehr als fünf Prozent. Die Motive für den Selbstmord können ebenso in der Angst vor der Rache der Sieger, von Goebbels in den letzten Kriegsmonaten vehement geschürt, begründet gewesen sein wie in dem Gefühl des Zusammenbruchs all dessen, an das man zuvor geglaubt hatte. Das Beispiel Heinrich Himmlers, der zunächst versuchte, unter falschem Namen zu entkommen, bei der Festnahme jedoch seine Identität offenbarte und dann – in der Gewißheit, als Verbrecher, nicht als privilegierter Kriegsgefangener behandelt zu werden – sich tötete, ist sicherlich kennzeichnend.

Wenigen, wie Eichmann, Rauff, Deumling oder wohl auch Weinmann, gelang die Flucht in den Nahen Osten oder nach Lateinamerika, etliche, wie Ehrlinger, Engel oder Filbert, tauchten unter, versteckten sich in den ersten Nachkriegsmonaten als Landarbeiter und Holzfäller, nahmen einen falschen Namen an, um der Verhaftung durch die Alliierten zu entgehen. Die weitaus meisten der ehemaligen Führungsgruppe des Reichssicherheitshauptamtes wurden gefaßt, interniert, wobei, wie im Falle Steimle

339 Rückerl, NS-Verbrechen, S. 196. Im Juli 1979 beschloß dann der Bundestag mehrheitlich, die Verjährung für Mord ganz aufzuheben und damit zwar nicht der UNO-Konvention beizutreten, da dies eine verfassungsrechtlich nicht mögliche Rückwirkung bedeutet hätte, aber zumindest der Forderung der UNO nach Nichtverjährung von Mordverbrechen nachzukommen.

und anderen, die Informiertheit und Effizienz der alliierten Kommandos zur Ergreifung der NS-Täter auffällt. Im Juli 1945 nahmen die Amerikaner in einer ausgedehnten Verhaftungswelle noch einmal Zehntausende von verantwortlichen Nationalsozialisten fest, rund eine Viertelmillion Deutscher befand sich im ersten Jahr nach Kriegsende in den Internierungslagern der Alliierten.

Man darf die Bedeutung dieser unmittelbaren Nachkriegsjahre für die ehemalige Führungsschicht des NS-Regimes nicht unterschätzen. Die Alliierten machten mit den Nürnberger Prozessen unmißverständlich klar, daß sie die nationalsozialistischen Verbrechen ahnden würden und sogar mit der Anklage auf Verbrechen gegen die Menschlichkeit neues Völkerrecht entwarfen, um die exzeptionelle Dimension der Taten juristisch erfassen zu können. Die Verfahren wurden sorgfältig und mit einem hohen Aufwand an dokumentarischem Beweismaterial geführt, so daß keiner der Männer in den Internierungslagern sicher sein konnte, seine Taten würden nicht entdeckt werden. Die Richter scheuten sich in ihren Urteilen nicht, die Todesstrafe zu verhängen und vollstrecken zu lassen. Gerade im Einsatzgruppen-Prozeß, der die RSHA-Angehörigen in besonderem Maß betraf, wurde die höchste Zahl an Todesurteilen ausgesprochen, die von einem Gericht in den Nürnberger Prozessen verhängt worden war. Die Führungsgruppe des Reichssicherheitshauptamtes konnte in diesen Jahren keineswegs die Hoffnung auf eine baldige Entlassung hegen, sondern mußte damit rechnen, harten Prozessen ausgesetzt zu werden und um das eigene Leben kämpfen zu müssen. Besonders schwer wog die Furcht vor der Auslieferung an die Staaten des sich herausbildenden Ostblocks, wo im Falle der Verbrechen, deren die RSHA-Angehörigen als Einsatzkommandoführer oder Polizeichefs angeklagt wurden, in jedem Fall, wie die Beispiele Strickner, Stage, Vogt und Roth zeigen, mit der Todesstrafe und der Hinrichtung zu rechnen war. Solche Erwartungen förderten in den Internierungslagern nicht gerade weltanschaulichen Heroismus, eher schon Opportunismus, Verleugnen und Abstreiten.[340] »Wer als Faschist ein Rückgrat gehabt hätte«, so Lutz Niethammer, »hier wäre es gebrochen worden, weil der aufrechte Gang ins Aus geführt hätte und nur derjenige

---

340 Darauf macht vor allem Ulrich Herbert aufmerksam (Herbert, NS-Eliten, S. 100 f.; vgl. auch Wember, Umerziehung, S. 181–215).

seine privilegierte Stelle behalten oder wiedererlangen konnte, der zu Kreuze kroch.«[341]

Der Bruch in der Anti-Hitler-Koalition, die Polarisierung zwischen Ost und West und die Teilung Deutschlands veränderten jedoch die Zukunftsaussichten grundlegend, denn die politische Absicht der USA und der Sowjetunion, West- bzw. Ostdeutschland rasch in die jeweiligen Bündnissysteme zu integrieren, ließen eine anhaltende Entnazifizierungsphase inopportun werden. Die Verfahren vor den Spruchgerichten, denen sich die internierten RSHA-Angehörigen 1947/48 gegenübersahen, besaßen bei weitem nicht mehr die Schärfe der Nürnberger Prozesse, im Gegenteil, der Versuch einer politischen Säuberung hatte sich in die Weißwäsche der NS-Täter verwandelt.[342] Meist bestanden die Verfahren nur aus der Feststellung der nicht zu verleugnenden Mitgliedschaft in SS und Gestapo, aus Nachfragen nach der Kenntnis über die Existenz von Konzentrationslagern und die Ermordung der Juden, was die Angeklagten in der Regel abstritten, und der schließlichen Verurteilung wegen Zugehörigkeit zu einer verbrecherischen Organisation zu einer Freiheitsstrafe, deren Dauer in nahezu allen Fällen mit der Internierungszeit übereinstimmte, so daß die Verurteilten nach dem Urteil als freie Männer den Gerichtssaal verlassen konnten.

Nun begann ohne Zweifel die unbekümmertste Zeit für die ehemalige RSHA-Führung. Bundestag wie Bundesregierung engagierten sich für die Amnestie und Integration ehemaliger Nationalsozialisten; die Freilassung der noch in alliierten Gefängnissen einsitzenden Kriegsverbrecher wurde von deutscher Seite zur Bedingung für die Wiederaufrüstung stilisiert. Auch wenn die USA mit der Hinrichtung von Otto Ohlendorf, Oswald Pohl, Paul Blobel und drei weiteren im Juni 1951 demonstrativ die Rechtmäßigkeit der alliierten Prozesse noch einmal unterstrichen und Großbritannien mit der Verhaftung des Kreises nationalsozialistischer Würdenträger um den ehemaligen Staatssekretär im Propagandaministerium, Naumann, 1953 unter Beweis stellten, daß sie eine politische Untergrundtätigkeit nicht dulden würden, waren die Zeichen der Zeit auch für die

---

341 Zitiert nach Herbert, NS-Eliten, S. 101.
342 Vgl. dazu neben Vollnhals, Entnazifizierung; insbesondere Niethammer, Mitläuferfabrik.

RSHA-Angehörigen leicht zu erkennen. Strafverfolgung hatten sie offenkundig nicht mehr zu befürchten.

Zudem wurden die alten Funktionseliten gebraucht, um einen neuen Staat und ein funktionierendes Gesellschaftssystem aufzubauen. Allerdings zeigen die Nachkriegskarrieren der ehemaligen RSHA-Elite, daß Vorstellungen einer nahtlosen Kontinuität oder gar Restauration der NS-Eliten nicht der Wirklichkeit entsprechen.[343] So einfach ließ sich an die Vorkriegszeit nicht wieder anknüpfen, zumal ein Gutteil der RSHA-Angehörigen aufgrund ihres jungen Alters ihre berufliche Karriere erst mit der Tätigkeit für die Gestapo oder den SD begannen. Am leichtesten, wieder in die alten Positionen zu kommen, war es für die ehemaligen Kriminalbeamten, die ihre Ausbildung absolviert hatten, bevor sie zur Gestapo wechselten. Nun bot ihnen zum einen der Ausnahmeparagraph der »131er«-Gesetzes, ihre Gestapozugehörigkeit erfolgreich als »von Amts wegen« zu deklarieren, zum anderen konnten sie am ehesten ihre Tätigkeit als rein funktional, nur der Bekämpfung von Kriminalität und fern der Verbrechen der Gestapo darstellen, um – unrechtmäßig in Nürnberg einer verbrecherischen Organisation zugeschlagen – jetzt wieder in den Dienst des Staates zu treten. Die meisten Angehörigen der RSHA-Amtes V fanden in der Bundesrepublik Aufnahme als Kriminalbeamte und erreichten, wie die Beispiele Karl Schulz oder Walter Zirpins zeigen, zum Teil hohe Positionen.

Für die ehemaligen Gestapobeamten, die nicht als Kriminalkommissare, sondern als Assessoren zur politischen Polizei oder zum SD gestoßen waren, lagen die Dinge nicht so einfach. Der Ausnahmeparagraph des »131er«-Gesetzes galt für sie nicht, und obwohl es keiner Institution des öffentlichen Dienstes verwehrt war, ehemalige Gestapo- oder SD-Angehörige einzustellen, lag die Quote der Rückkehrer in den Staatsdienst bei den ehemaligen Verwaltungsjuristen des RSHA erkennbar niedriger als bei den Kriminalbeamten. Auch hier gab es unbestreitbar eklatante Karrieren, wie der Fall des Dr. Rudolf Bilfinger, der im Reichssicherheits-

---

343 So hat jüngst auch Norbert Frei am Beispiel von Unternehmern, Medizinern, Juristen, Militärs und Journalisten auf die durchaus differenzierten Kontinuitäten und Brüche im Wechsel der Funktionseliten vom NS-Regime zur Bundesrepublik und zur DDR aufmerksam gemacht, die jedem pauschalen Urteil widersprechen (Frei, Karrieren).

hauptamt die Gruppe II A Organisation und Recht leitete und in dieser Funktion an den Konferenzen über die »Mischlingsfrage« teilnahm, der nicht nur Ende 1940 in Krakau tätig, sondern 1943 auch Kommandeur des Einsatzkommandos Toulouse war und 1944/45 erneut beim Befehlshaber der Sicherheitspolizei und des SD in Krakau als Verwaltungschef arbeitete, nun nach dem Krieg und der Entlassung aus französischer Haft eine neue Laufbahn im Staatsdienst begann und es bis zum Oberverwaltungsgerichtsrat beim Verwaltungsgerichtshof Baden-Württemberg in Mannheim brachte.[344] Die meisten der Juristen jedoch kamen nicht im öffentlichen Dienst unter, sondern arbeiteten entweder im halbstaatlichen Bereich als Verbandsfunktionäre oder fanden eine lukrative Stelle in der freien Wirtschaft als selbständiger Rechtsanwalt oder als Wirtschaftsjurist in einem Unternehmen. Nicht alle stiegen wie Bernhard Baatz oder Heinz Wanninger zum Vorstandsmitglied auf, aber es ist bei keinem zu erkennen, daß er nicht in der sich entwickelnden Wohlstandsgesellschaft der Bundesrepublik einen behaglichen und wohlsituierten Ort gefunden hätte.

Am schwierigsten hatten es die ehemaligen SD-Angehörigen, die weder auf eine Beamtenlaufbahn noch über die Ausbildung eines Verwaltungsjuristen verfügten, wenn man einmal von der besonderen Konstellation der Angehörigen des SD-Ausland absieht, die als »Ostexperten« von westlichen Geheimdiensten wie vom BND umworben wurden. Karrieren wie die von Eugen Steimle, der es trotz seiner Verurteilung als Massenmörder zum Lehrer für Deutsch und Geschichte an einer privaten Knabenschule brachte, waren eher die Ausnahme. An eine akademische Nachkriegskarriere war ebenfalls kaum zu denken, da diese Männer ihre universitäre Laufbahn für die politische Option des Reichssicherheitshauptamtes aufgegeben hatten. Germanisten wie Rößner oder Spengler, Historiker wie Biederbick wandten sich daher dem Journalismus und der Verlagsbranche zu, um hier einen neuen beruflichen Werdegang zu beginnen. Andere kamen in eher mittelständischen Betrieben unter, aber es ist kennzeichnend, daß sich bei den ehemaligen SD-Angehörigen auch die meisten Fälle finden lassen, bei denen – wie bei dem gescheiterten Hotelier Daufeldt oder dem Kasino-Empfangschef Ehrlinger – die Diskrepanz zwischen einstiger Macht und Nachkriegsposition am größten ist.

---

344 Zu Bilfinger siehe den Biographischen Anhang.

Daß sie nach dem Ende des NS-Regimes jemals wieder ein »zweite Chance« erhalten würden, hatte sicherlich kaum einer von ihnen nach 1945 erwartet, und es ist ganz offenkundig, daß sie diese Möglichkeit genutzt haben, um eher still und unauffällig in der deutschen Nachkriegsgesellschaft ihren Platz zu finden. August Finke, einstmals Agent des SD-Ausland in Stockholm, der als Landesvorsitzender und Landtagsmitglied der rechtsradikalen Sozialistischen Reichspartei bis zu deren Verbot 1952 deutlich für ein politisches Aufleben der extremen Rechten tätig war, gehört zu den seltenen Ausnahmen. Auch er fand anschließend einen wohlbestallten Arbeitsplatz als Geschäftsführer des Land- und forstwirtschaftlichen Arbeitgeberverbandes Weser-Ems.

Dennoch ist nicht umgekehrt der Schluß zu ziehen, daß sich diese Männer zu Demokraten geläutert hätten. Über Walter Blume, der aufgrund seiner Verurteilung im Nürnberger Einsatzgruppen-Prozeß von deutschen Gerichten nicht mehr belangt werden konnte und sich daher in Zeugenvernehmungen relativ freimütig äußerte, hielt der konsternierte Untersuchungsrichter 1962 fest, daß er nach wie vor ein »gläubiger Nationalsozialist« sei, der die Vernichtungsbefehle Heydrichs als nicht »nützlich« bezeichnete und die »Lösung der Judenfrage« lieber auf die Zeit nach dem Krieg verschoben hätte.[345] Solcherlei Äußerungen sind selten, verweisen aber auf die weltanschauliche Beständigkeit bei diesen Männern, die um die Inopportunität ihrer politischen Auffassung im Nachkriegsdeutschland wußten und um die Gefährdung ihrer »zweiten Chance«, wenn sie erneut versuchen sollten, die Politik zum Beruf zu machen. Die Ignoranz der deutschen Öffentlichkeit, selbst bei so integren Persönlichkeiten wie Wilhelm Kaisen, Theodor Heuss und Carlo Schmid, gegenüber den Massenverbrechen im Osten korrespondierte mit der Gleichgültigkeit und Stumpfheit, die die RSHA-Täter gegenüber ihrer eigenen Vergangenheit an den Tag legten, wie der Fall Rößner in besonders deutlicher Weise zeigt.

Moralisch und aus der Perspektive der Opfer betrachtet, waren die weitgehend unbehelligten Karrieren der RSHA-Angehörigen und ihre Rückkehr in bürgerliche Wohlanständigkeit zweifellos ein Skandal. Daß der rassistische und mörderische Volkstumspolitiker Dr. Hans Ehlich

---

345 Vermerk des Untersuchungsrichters des Landgerichts Essen, VU 12/61, 20. 12. 1962, StAnw Hamburg, 147 Js 31/67, Bd. 24, Bl. 4497–4999.

nach dem Krieg wieder ein unbescholtener niedergelassener Arzt werden konnte, ist kaum zu rechtfertigen. Das übliche Argument, für den Aufbau der Bundesrepublik auf die alten Funktionseliten zurückgreifen zu müssen – kaum jemand hat das treffender formulieren können als Konrad Adenauer selbst, der auf den Vorwurf, zwei Drittel der Beamten des Auswärtigen Amtes seien ehemalige Nationalsozialisten, antwortete, daß man nicht »anders hätte verfahren können. Man kann doch ein Auswärtiges Amt nicht aufbauen, wenn man nicht wenigstens zunächst an den leitenden Stellen Leute hat, die von der Geschichte von früher her etwas verstehen«[346] –, verliert an vordergründiger Plausibilität, wenn damit zugleich ein faktisches Aussetzen des Strafgesetzbuches einhergeht und schwerste Verbrechen nicht mehr verfolgt werden.

Der Schaden, den eine formell rechtsstaatliche, aber nicht von einer breiten verfassungsdemokratischen Überzeugung getragene Gesellschaft nehmen kann, wenn der Grundsatz, daß vor dem Gesetz alle Bürger gleich sind, nicht gilt, läßt sich kaum absehen, und möglicherweise haben die Staatsanwälte, die Ende der fünfziger Jahre dem Strafgesetzbuch wieder Geltung verschafften, darüber hinaus auch der bundesdeutschen Gesellschaft einen nicht zu überschätzenden Dienst erwiesen. Für die ehemalige RSHA-Elite war die unbekümmerte, sorgenfreie Zeit damit vorbei. Die Verfahren gegen Fischer-Schweder, Filbert, Widmann, Ehrlinger und andere machten trotz der zum Teil skandalös niedrigen Urteile unmißverständlich klar, daß die ehemaligen RSHA-Angehörigen sich wegen ihrer Verbrechen vor einem bundesdeutschen Gericht würden verantworten müssen. Insbesondere die weit und umfassend angelegten RSHA-Verfahren, die die Arbeitsgruppe beim Kammergericht in Berlin vorbereitete, hätten den größten deutschen Verfahrenskomplex zu NS-Gewaltverbrechen in der Nachkriegszeit mit dem Reichssicherheitshauptamt im Mittelpunkt dargestellt. Daß diese Verfahren, wie oben geschildert, nicht bis zur Anklage und Hauptverhandlung gelangten, bedeutete für die Beschuldigten die Abwendung der akuten und zweifellos gravierendsten Bedrohung. Eine Amnestie erhielten sie damit nicht, und ein anschließendes friedliches Leben war ihnen deshalb ebensowenig beschieden. Auch nach der Entscheidung des Bundesgerichtshofes vom Mai 1969 und der Einstellung

346 Zitiert nach Frei, Karrieren, S. 322.

844

zahlreicher Verfahren bemühten sich bundesdeutsche Staatsanwälte, allen voran die Zentrale Stelle in Ludwigsburg, dennoch Möglichkeiten ausfindig zu machen, um die ehemaligen RSHA-Täter vor Gericht zu stellen. Neue Ermittlungsverfahren wurden eingeleitet, Vernehmungen fanden statt, nicht zuletzt die sich wandelnde öffentliche Meinung und die lauter werdende Forderung nach Bestrafung ehemaliger NS-Täter bescherte diesen Männern keinen ruhigen Lebensabend.

Als am 30. Juni 1973 endlich die umfangreiche Anklageschrift gegen Bruno Streckenbach wegen Mordes an mindestens einer Million Menschen vorlag, waren fast zwei Jahrzehnte seit seiner Rückkehr aus der Sowjetunion vergangen. Streckenbach, mittlerweile schwer herzkrank, gelang es, durch verschiedene Gutachten, die letztinstanzlich durch den Gerichtsärztlichen Dienst der Hamburger Gesundheitsbehörde bestätigt wurden, als verhandlungsunfähig eingestuft zu werden. Am 20. September 1974 lehnte das Hanseatische Oberlandesgericht endgültig die Eröffnung des Hauptverfahrens ab.[347] Bruno Streckenbach mußte sich daher wie viele andere seiner RSHA-Mittäter nicht vor einem deutschen Gericht für seine Verbrechen verantworten. Doch bedeutete die »zweite Chance« für diese Täter nicht, daß sie ein sicheres, bürgerliches Leben jenseits des Rechtsstaates führen konnten. Unbeschadet ihrer Integration in die Nachkriegsgesellschaft und trotz der individuellen wie gesellschaftlichen Ignoranz und Verleugnung der nationalsozialischen Massenverbrechen ereilte die RSHA-Angehörigen am Schluß ihres Lebens doch noch die Forderung nach Ahndung ihrer Straftaten. Obwohl es nur zu wenigen Verurteilungen kam, konnten sich die RSHA-Täter seit Anfang der sechziger Jahre nicht mehr sicher sein, früher oder später doch vor Gericht gestellt zu werden. Bruno Streckenbach lebte nach der Entscheidung des Hanseatischen Oberlandesgerichts nur noch drei weitere Jahre in Hamburg und starb am 28. Oktober 1977.

347 StAnw Hamburg, 147 Js 31/67, Bd. 54; vgl. Wildt, Streckenbach.

Schluß

Das Führungskorps des Reichssicherheitshauptamtes war eine besondere Tätergruppe, deren Typologie nicht ohne weiteres verallgemeinert werden darf. Die allgemeine Bedeutung dieser Gruppe liegt in der spezifischen Institution, der sie angehört und deren Konzeption wie Praxis sie bestimmt hat. Das RSHA als die Zentrale antisemitischer und rassistischer Verfolgung wie Vernichtung ließ diese Männer zur »Kerngruppe des Genozids« (Ulrich Herbert) werden. Als Tätertypus unterschied sich das Führungskorps des RSHA in signifikanter Weise von anderen Tätern des nationalsozialistischen Regimes. Kaum eine andere Gruppe der NS-Führung besaß eine solche generationelle Homogenität und akademische Ausbildung. Im Unterschied zu den Politischen Leitern der NSDAP, den höheren Beamten des NS-Regimes und der Generalität der Wehrmacht war das leitende Personal des RSHA deutlich jünger und akademisch gebildeter. Aber auch innerhalb der SS hob sich das RSHA-Führungskorps ab. Die Höheren SS- und Polizeiführer gehörten, wie Ruth Bettina Birn untersucht hat, der älteren »Frontgeneration« an. Karin Orths sorgfältige Untersuchung der Konzentrationslager-SS zeigt auf der Ebene der Kommandanten ebenfalls eine ältere, an Theodor Eicke orientierte Gruppe, die erst 1941/42 von einem jüngeren Personal abgelöst wurde. Unter diesen neuen KZ-Kommandanten, die durch die Person Rudolf Höß verkörpert werden, finden sich am ehesten Ähnlichkeiten in der weltanschaulichen Unbedingtheit zum Führungskorps des Reichssicherheitshauptamtes. Doch auch dieses jüngere KZ-Führungspersonal verfügte nicht über die akademische Ausbildung der RSHA-Führung. Auch Jan Erik Schulte zeichnet in seiner Untersuchung des SS-Wirtschafts- und Verwaltungshauptamtes eher das Bild eines bürokratischen, mehr von ökonomisch hypertrophen Plänen denn von administrativer Effizienz geprägten Apparates, dessen leitendes Personal sich sowohl vom Alter wie von der Ausbildung her deutlich vom RSHA-Führungskorps unterschied.

Selbst Werner Best, der wesentlich zum Aufbau der politischen Polizei und zur Rekrutierung ihres Führungspersonals beitrug, war nicht prototypisch für das RSHA. Zwar lassen sich hinsichtlich der juristischen Ausbildung, der frühen politischen Militanz und der weltanschaulichen Orientierung etliche Parallelen erkennen, aber schon die Auseinandersetzung mit Heydrich 1938/39 über die staatliche oder völkische Grundlage des Reichssicherheitshauptamtes offenbarte die Grenzen der Transformation der Polizei in eine von rechtlicher Regulierung losgelöste, allein Volk und Rasse verpflichtete Institution, die Best mitzutragen bereit war. Vor allem aber hieß sein Ausscheiden aus dem RSHA im Juni 1940, daß er an der entscheidenden Radikalisierung zum Massenmord keinen Anteil mehr hatte. Best blieb ein Schreibtischtäter, während die von ihm ins RSHA geholten Assessoren und Akademiker sich zu einem genuinen Tätertypus radikalisierten, der seine Verbrechen nicht nur am Schreibtisch in Berlin entwarf, sondern als Einsatzkommandoführer vor Ort selbst exekutierte. Nicht allein die ideologische Formierung während der Studentenzeit macht die Radikalität dieser Täter aus, wie es der Typus Best nahelegt, sondern erst die besondere Institution des Reichssicherheitshauptamtes, das der weltanschaulichen Unbedingtheit eine adäquate entgrenzte Struktur bot, schuf die Voraussetzung, daß die rassistischen Ordnungsvorstellungen der RSHA-Elite in die Tat umgesetzt werden konnten. Erst aus der Verbindung einer generationellen Erfahrung, die sich zu einer spezifischen Weltanschauung formte, und einer Institution neuen Typs wie das Reichssicherheitshauptamt sowie den Bedingungen des Krieges läßt sich die Praxis dieser Akteure erklären, die sich ihrem rassistischen Projekt verschrieben und Hindernisse durch immer radikalere Maßnahmen aus dem Weg zu räumen trachteten. Der Genozid befand sich keineswegs im Horizont dieser Täter, als sie nach der Universität zum SD oder zur Gestapo kamen. Aber der spezifischen und sicherlich singulären Verbindung von Weltanschauung, Institution und Praxis war die Entgrenzung inhärent, die zum Massenmord führte.

Generation

Der Erste Weltkrieg bildete ohne Zweifel die einschneidende Zäsur am Beginn des 20. Jahrhunderts. Er erfaßte alle Klassen und Generationen in Europa. An ihm schieden sich die Geister wie die Erfahrungen. Kaum jemand von denen, die mit Siegesgewißheit im August 1914 in den Krieg zogen und glaubten, vor Weihnachten wieder zu Hause zu sein, ahnte, was auf ihn zukommen würde. Dieser Krieg war kein heroischer Ritterkampf, sondern ein Massensterben auf dem Schlachtfeld, ein maschinelles Zerfetzen von Leibern, ein Niedermähen zu Tausenden, die keine Chance hatten, das gegnerische Maschinengewehrfeuer zu überleben. Aus der Erfahrung von Tod, Schmerz, Angst, Verstümmelung, der mörderischen Gleichheit und der völligen Bedeutungslosigkeit des einzelnen formte sich der Mythos einer Frontkämpfergeneration, die ihre Erfahrungen nach dem Krieg ins Heroische wendete, um die inneren wie äußeren Wüsten zu vergessen und der Sinnlosigkeit des Erlebten einen Sinn zu geben. Das alte Europa war buchstäblich auf den Schlachtfeldern zerbombt und zerschossen worden. Nach diesem Krieg würde nichts mehr so sein wie zuvor. Selbst wenn man sich zur »guten alten Zeit« zurücksehnte – sie war für immer entschwunden.

Für die heranwachsenden jungen Männer jedoch – zu jung, um noch eingezogen zu werden, und zu alt, um den Krieg nur als eine ferne Kindheitzeit zu erinnern – wurde der Krieg zum bohrenden Stachel der verpaßten Chance der Bewährung, die den Älteren zuteil geworden war. Obwohl der Kriegsjugendgeneration das existentielle körperliche Erlebnis von Gewalt und Tod fehlte, fand der Krieg dennoch nicht fern jeder eigenen Erfahrung statt. Der Begriff der »Heimatfront« war nicht allein eine propagandistische Erfindung, sondern bezeichnete auch die tatsächliche Einbeziehung von Frauen, Alten und Jugendlichen in die Kriegsanstrengungen. Frauen füllten die Lücken in den Fabriken und Büros, die die eingezogenen Männer hinterlassen hatten. Schüler sammelten Rohstoffe für die Kriegsproduktion und wurden in der Schule für den Wehrdienst gedrillt.

Vor allem aber wurden die fernen Schlachten durch die Medien, allen voran die bis zu dreimal täglich erscheinenden Zeitungen, herangeholt. Hier erschien der Krieg als Reißbrettspiel, als Aufstellung von Armeen von Zinnsoldaten, die siegreich voranmarschierten, bedeutsame Hügel besetzt hielten oder sich taktisch kurzfristig zurückziehen mußten, um die Front zu »begradigen«. Der Krieg wurde für die Kriegsjugendgeneration zum Spiel, zum Abenteuer, an dem man täglich teilhaben konnte, ohne wirklich teilzunehmen, zu einem großen Feld für Imaginationen, Wünsche und Phantasien, ohne je eine reale körperliche Erfahrung mit ihm machen zu müssen.

Auch für diese Jungen war der Weltkrieg deshalb die einschneidende biographische Zäsur, die sie zur Generation werden ließ. Die unüberbrückbare generationelle Differenz zu den Frontsoldaten markierte eine

Grenze, die schmerzhaft an den Mangel an Erfahrung erinnerte und zugleich die Aufforderung enthielt, etwas Eigenes zu werden. Die Diskontinuität, der Bruch mit der Vergangenheit und der Blick auf das Zukünftige wurden Kennzeichen dieser Generation, die wie kaum eine zweite in Deutschland im 20. Jahrhundert die Jugend zum Programm erhob. Jugend nicht im Sinne des üblichen genealogischen Generationenkonfliktes, sondern als Entwurf einer neuen Welt, die aus dem Zusammenbruch der alten den Appell wie die Unbedingtheit ihres Anspruchs begründete. War »Jugend« schon vor dem Ersten Weltkrieg zum Begriff eines Aufbruchs, eines neuen Stils geworden, so verband sie sich jetzt mit dem Konzept der Generation. Jugendlichkeit bedeutete Abkehr vom Alten, Überkommenen, Morschen und Hinwendung zu einer lichten Zukunft, die zu erreichen weniger eine Folge günstiger materieller Bedingungen oder sachlich-nüchterner Ressourceneinschätzungen als vielmehr eine Frage des Willens und der geistigen Kraft war.

Aus ebendieser Generation stammten die Akteure des Reichssicherheitshauptamtes. Über drei Viertel von ihnen waren nach 1900 geboren worden, rund 60 Prozent in der Dekade zwischen 1900 und 1910. Ihre Adoleszenz erlebten diese jungen Männer in den prekären und instabilen Nachkriegsjahren. Wirtschaftliche Not herrschte ebenso wie politischer Bürgerkrieg. Zwar blieben die spartakistischen Revolutionsversuche auf die großen Städte und die Industriereviere beschränkt, aber daß die Republik kaum in der Lage war, sich ihrer Gegner zu erwehren, war auch für all diejenigen evident, die abseits der Bürgerkriegsorte lebten. Das Jahr 1923 stellte in diesen Wirren den Höhepunkt dar. Die Besetzung des Rheinlandes durch französische und belgische Truppen löste einen von der Reichsregierung unterstützten und finanzierten Widerstand aus, der, kaum daß er begonnen hatte, die politischen wie wirtschaftlichen Grundlagen der Republik erschütterte. Radikale, antirepublikanische Gruppen versuchten, im »nationalen Befreiungskampf« Anhänger zu gewinnen und glaubten die Zeit reif für den Umsturz. Die Finanzierung der Streikenden im Rheinland durch das Reich zerrüttete die Staatsfinanzen und trieb die Inflation in schwindelerregende Höhen. Sparguthaben schmolzen dahin, während Spekulanten riesige Vermögen erwarben. Die immateriellen Werte der bürgerlichen Gesellschaft, wie Fleiß, Sparsamkeit und solide Haushaltsführung, zerstoben im Wirbel der Inflation, und auch wenn Stresemanns Politik im Herbst 1923 der Situation wieder Herr werden konnte, war doch der Glaube an das Sekuritätsversprechen der bürgerlichen Gesellschaft dahin. Wer in den Inflationsjahren nach dem Krieg nicht zur Selbsthilfe griff, gehörte unweigerlich zu den Verlierern. Und Selbsthilfe bedeutete keineswegs solidarische Organisation, sondern vor allem Egoismus, Rücksichtslosigkeit und Gewalt. Zukunft hieß für die Kriegsjugendgeneration, die bis dahin nur Instabilität, Diskontinuität und Zusammenbruch erlebt hatte, vor allem radikale Kritik am bürgerlichen Mummenschanz, an den hohlen Versprechungen liberaler Politiker, hieß Mißtrauen in die Steuerungsmedien bürgerlicher Gesellschaft, wie parlamentarische Demokratie, Gewaltenteilung und durch Gesetz verbürgtes Recht. Zukunft konnte in den Augen dieser Generation nur ein Gegenmodell zum Bestehenden, eine neue, radikal andere Ordnung sein, die »wahre« Gemeinschaft stiftete und dem einzelnen einen verläßlichen Sinn seiner selbst gab.

Weltanschauung

Die Universitätsjahre stellten einen der wichtigsten Erfahrungsräume für diese jungen Männer dar, die später im RSHA führende Positionen einnehmen sollten. Aus akademischen Familien stammte nur rund ein Viertel der RSHA-Führungsgruppe, dagegen 60 Prozent aus der unteren Mittelschicht, deren Väter Kaufleute, Techniker, Ingenieure, Handwerksmeister und vor allem Beamte des mittleren und gehobenen Dienstes waren. Das Reichssicherheitshauptamt war eine Institution sozialer Aufsteiger. Von den Führungsangehörigen des RSHA hatten deutlich mehr als drei Viertel das Abitur absolviert, zwei Drittel hatten studiert, und nahezu ein Drittel insgesamt, das entspricht knapp der Hälfte aller Studierten, hatte zudem einen Doktorgrad erworben. Das Führungskorps des RSHA setzte sich keineswegs aus gescheiterten Existenzen zusammen, es entstammte nicht den sozialen Rändern der Gesellschaft, sondern war Teil der bürgerlichen, akademisch ausgebildeten Elite.

Weit mehr als die Hälfte unter den Studierten hatte ein Studium der Rechts- und Staatswissenschaften absolviert. Aber ein durchaus beachtlicher Anteil von etwa 22 Prozent hatte geisteswissenschaftliche Fächer wie Deutsch, Geschichte, Theologie, Zeitungswissenschaften oder Philologie studiert. Das einprägsame Bild vom SS-Juristen muß daher zumindest für das RSHA relativiert werden. Die Zahl derjenigen unter den RSHA-Führern, die über kein juristisches Studium und keine verwaltungsjuristische Laufbahn verfügten, lag beachtlich hoch und zeigt, wie stark sich Heydrichs Konzept einer »kämpfenden Verwaltung«, die sich politisch und nicht bürokratisch-verwaltungsjuristisch verstand, in der Rekrutierung des Führungspersonals durchgesetzt hatte. Juristen besetzten ebenso wie Historiker, Germanisten oder Zeitungswissenschaftler die führenden Stellen des RSHA, wobei zu vermerken ist, daß es in erster Linie die SD-Ämter waren, in denen die nichtjuristischen Akademiker angesiedelt waren.

Allerdings ist ebenso bemerkenswert, daß in einer Tätergruppe, die so vehement das Konzept der Rasse vertrat, Naturwissenschaftler kaum vertreten waren. Die wenigen Chemiker und der einzige Biologe waren sämtlich Referenten des Kriminaltechnischen Instituts, ein Physiker findet sich nur unter den nachgeordneten Sachbearbeitern des Amtes III, was angesichts der Bedeutung, die die Physik nicht nur in der Entwicklung der Wissenschaften im 20. Jahrhundert überhaupt, sondern auch für die Kriegstechnologie besaß, ein kennzeichnendes Licht auf die »geistige Verfassung« des Reichssicherheitshauptamtes wirft. Hannah Arendt hat darauf aufmerksam gemacht, daß der Rassismus des 19. und 20. Jahrhunderts, so naturwissenschaftlich er sich auch gebärdete, in seinem Narrativ Geschichtsphilosophie blieb, die, mit Rasse und Natur als historischer Basis, am Fortschritt, an der Entwicklung zum Höheren, Besseren, an deren Gesetzmäßigkeit wie Erkennbarkeit festhielt. Nicht die Erkenntnis von Natur stand im Mittelpunkt rassistischen Denkens, sondern geschichtliche Gesetze; Rasse nicht nur verstanden als biologistische Definition von Menschengruppen, sondern vor allem als historische Mission, als geschichtlicher Auftrag.

Dieser Auftrag schien den Völkischen und Rassebiologen um so dringlicher, da in ihren Augen der Weltkrieg gerade die tapfersten und besten jungen Männer das Leben gekostet hatte und die erbbiologische Substanz der deutschen Volkes in dramatischer Weise gefährdet war. Wenn es nicht gelänge, auf der einen Seite diese biologische Kernsubstanz gewissermaßen rasch wieder »aufzuzüchten« und auf der anderen Seite jede rassische »Vermischung« und »Verunreinigung deutschen Blutes« abzuwehren, wäre das Schicksal des deutschen Volkes besiegelt. Der Kampf gegen den Juden als die Inkarnation des »inneren Feindes«, so Hitler in »Mein

Kampf« ebenso wie in seinen Reden, sei daher ein Schicksalskampf, ein Armageddon, in dem es um Leben oder Tod gehe. Hitler selbst hat den Sieg in dieser Weltenschlacht unmittelbar mit seiner eigenen Person verknüpft und immer wieder betont, daß nur mit ihm in der kurzen Zeitspanne seines Lebens die Chance bestehe, den Sieg zu erringen. Der Wettlauf mit der Zeit war daher in der Perspektive dieser Weltanschauungstäter ein dramatischer und erforderte höchste Anstrengungen und radikale Maßnahmen.

Für die Akteure des RSHA fiel während ihrer Universitätsjahre demnach sowohl die Idee ihrer Generation, als Jugend eine neue Welt zu bauen, als auch die rassenbiologische Aufforderung, rasch und radikal eine Wende zum »Volkserhalt« zu schaffen, zusammen und erklärt den militanten studentischen Aktivismus, der sie kennzeichnete. Die antisemitischen Beschlüsse der Deutschen Studentenschaft, keine jüdischen Studenten aufzunehmen, konnten nur durch staatliche, republikanische Gegenmaßnahmen aufgehoben werden. Die größte studentische Organisation, der Deutsche Hochschulring, bekannte sich ausdrücklich zum »deutschen Volkstum« und zur »deutschen Volksgemeinschaft«, der Juden nicht angehören könnten, da »jüdische Art nicht deutsche Art« sei. 1925 forderte der Deutsche Akademikertag, daß der »Überfremdung« der Universitäten ein Riegel vorgeschoben werden müsse und weitere jüdische Hochschullehrer nicht berufen werden sollten. 1930 gab es auch unter den studentischen Korporationen kaum noch eine, die Juden als Mitglieder aufgenommen hätte. Im Juli 1931 wurde zum ersten Mal ein Nationalsozialist an die Spitze der Deutschen Studentenschaft gewählt; in nur fünf Jahren war der NSDStB zum beherrschenden politischen Verband an den deutschen Hochschulen geworden.

Etliche RSHA-Führungsangehörige zeichneten sich als Aktivisten des Nationalsozialistischen Deutschen Studentenbundes aus. Alle, die in ihren späteren SS-Lebensläufen eine NSDStB-Mitgliedschaft vor 1933 erwähnten, führten zugleich auch die politischen Funktionen auf, die sie eingenommen hatten. Bloße Mitgliedschaft zählte nicht, gefordert war das darüber hinausgehende Engagement. Martin Sandberger und Erich Ehrlinger hißten am 8. März die Hakenkreuzfahne über dem Auditorium maximum der Universität Tübingen. Die nachfolgenden Wochen könnte man als Kulturrevolution bezeichnen, verstanden sich doch die studentischen Aktivisten, unterstützt von Martin Heidegger, als revolutionärer

Kern einer grundlegenden völkischen Umgestaltung der Unversität, verlangten die Entlassung von politisch liberalen wie linken und vor allem von jüdischen Hochschullehrern.

Aber auch das Beispiel Leipzig mit den explizit nichtnationalsozialistischen Studentenvertretern um Heinz Gräfe, Wilhelm Spengler und der »Schwarzen Hand« zeigt die weltanschauliche Aufgeladenheit dieser Generation. Was auf der Miltenberger Tagung 1929 mit Hans Freyer und Otto Koellreutter diskutiert wurde, war nicht die Demokratie als Verfassungsproblem oder als praktische Politik einer parlamentarischen Republik. Zur Debatte standen fundamentale Probleme wie das Verhältnis von Staat und Nation oder Volk und Staat. Volk bezeichnenderweise nicht als Staatsvolk verstanden, sondern als »Bluts- oder Schicksalsgemeinschaft«, die erst noch ihre politische Organisation suchen muß: »Volk will Staat werden«, wobei der Kampf das Medium der »Volkwerdung« sein sollte. Das Volk, so die Teilnehmer der Miltenberger Tagung unter Berufung auf Carl Schmitt, »fühlt sich als Einheit in das Spannungsverhältnis Freund – Feind gebracht. Es denkt sich und wird gedacht als Subjekt möglicher Kriege.«

Ganz im Sinne auch des jugendbündischen Zeitgeistes galt die Kritik in erster Linie der »liberalistischen Staatsauffassung«, der zufolge mündige Bürger die Grundlage des Staates bilden. Sich selbst sahen sie vielmehr als Angehörige einer künftigen Führungselite. Nicht Bürger wollten sie sein, sondern Führer, nicht gewählte, sondern erwählte, natürliche Elite des Volkes. Diese jungen Studierenden der Rechts- und Staatswissenschaften entwarfen ein Modell von Recht und Staat, das mit der Weimarer Verfassung ebensowenig zu tun hatte wie mit der Theorie des preußischen Staatsphilosophen Georg Wilhelm Friedrich Hegel. Führerschaft gründete sich weder auf Gesetz noch auf Recht als vielmehr auf Geschichte und Tat. Ein Führer, so hielten die Diskutierenden – unter ihnen Heinz Gräfe, Erhard Mäding, Friedrich Maetzel, Hans Pieper und Wilhelm Spengler, also nahezu die gesamte »Schwarze Hand« – in Wertheim im April 1930 fest, sei ein Mensch, »der die Situation einer Menschengruppe erfasst, ihr eine neue als Ideal vorstellt und an die Spitze tretend mit Einsatz seiner ganzen Person die Verwirklichung dieses Zieles erreicht, dabei seine Gefolgschaft nicht beherrscht, sondern von ihr getragen wird. Gemeint ist die Fähigkeit zur Hingabe und des Glaubens an den absoluten Wert einer Idee.«

Führerschaft, Tat, Idee – das sind die Elemente, um die das politische Denken dieser jungen Männer kreiste. Führerschaft gründete sich auf das Wissen um die organische Entwicklung von Natur und Volk und bestätigte sich durch die Tat. In der Überlegenheit und dem Erfolg der Tat zeigte und bewies sich der Führer. Allein der Erfolg zählte und rechtfertigte zugleich das Handeln wie die Idee. Die Tat legitimierte sich selbst. Was die Weltanschauung dieser Generation auszeichnete, waren nicht so sehr spezifische politische Inhalte als vielmehr eine bestimmte Struktur politischen Denkens. Politik zielte immer auf Unbedingtheit, auf das Ganze, durfte weder einer regulierenden Norm noch irgendeinem Moralgesetz unterworfen sein.

»Voller Einsatz, höchste Intensität«, hatte Hans Freyer gefordert und damit ebenso wie Carl Schmitt den Ton für eine Politik gesetzt, die in der Tat, in der Entscheidung ihren Sinn sah, nicht im Aushandeln von Kompromissen. Wenn es etwas gab, was diese jugendlichen Aktivisten, die zu diesem Zeitpunkt noch nichts mit den Nationalsozialisten zu tun hatten, zutiefst ablehnten, dann war es der Kompromiß. Was zählte, war der politische Wille und die Entschiedenheit, ihn durchzusetzen. Deshalb waren diese Männer ihrem Selbstverständnis nach keine Schreibtischtäter, ihr Anspruch auf Führerschaft begründete sich nicht auf Verordnungen. Ihr späterer Einsatz in den besetzten Gebieten war ohne Zweifel weder in Miltenberg noch in Leipzig oder Tübingen vorausgedacht oder gar vorweggenommen worden. Aber als der »Einsatz« anstand, entsprach der Befehl exakt der Weltanschauung, die in jenen Jahren heftig und leidenschaftlich debattiert worden war. Führer entwarfen nicht nur politische Konzepte, sie formulierten nicht allein Erlasse, sie erteilten ebenso die Befehle vor Ort, sorgten dafür, daß die Praxis der »Idee« entsprach. Das Geistige, von dem so viel die Rede war, fand seine Verwirklichung nur in der Praxis. Die Idee erfüllte sich in der Tat. »So verschieden sie sonst sein mag«, hatte der vierundzwanzigjährige Heinz Gräfe 1932 über die »junge Generation« geschrieben, »ein neues Wollen hat das alte Denken abgelöst. Die Jugend liebt heute nicht mehr theoretische Programme, sie will Arbeitspläne und Einsatzmöglichkeiten. Die Büffler und Bücherhocker, die es gibt, sind nicht entscheidend für das Gesicht der jungen Generation. Es wird bestimmt durch diese tatbereiten, verantwortungslustigen und einsatzfreudigen Mannschaften.«

854

Institution

Der politische Sieg der Nationalsozialisten 1933 eröffnete diesen jungen Männern einen Aufstiegs- und Machthorizont, dessen Dimension sie damals kaum erahnen konnten. Für die meisten der späteren RSHA-Führer bedeutete das Jahr 1933 eine biographische Zäsur. Heinz Jost, Paul Werner, Erwin Schulz, Bruno Streckenbach, Werner Best, Heinrich Müller, Walter Blume und etliche andere wurden mit leitenden Funktionen der politischen Polizei beauftragt und betrieben aktiv die Verfolgungspolitik des NS-Regimes gegen seine politischen Gegner. Erich Ehrlinger entschied sich, die juristische Berufslaufbahn nicht weiterzuverfolgen und in der SA, später im SD, Karriere zu machen. Martin Sandberger schloß seine juristische Ausbildung zwar noch mit allen geforderten Examina und glänzenden Noten ab, aber auch ihn drängte es in die Politik. Erwin Weinmann gab die Stelle als Arzt am Universitätskrankenhaus auf, um Mitarbeiter des SD zu werden. Hans Ehlich verließ seine Kassenarztpraxis, um im sächsischen Innenministerium das Referat Rasse und Volksgesundheit zu übernehmen. Das Politische bildete in ihren Biographien offenkundig eine stets präsente wie naheliegende Alternative. Als sich die Gelegenheit zum Wechsel bot, ergriffen sie sie ohne langes Zögern. Politik, verstanden als Möglichkeit der Weltgestaltung, als Realisierung des Willens, stellte für diese Männer immer eine ernstzunehmende, eine innerhalb ihres eigenen Lebensentwurfs jederzeit in Betracht kommende Option dar. Heinz Gräfe sah sich – als demonstrativer Nicht-Parteigänger der Nationalsozialisten – schon auf der Seite der Verlierer, versuchte vergeblich, durch den Beitritt zum Stahlhelm einen hinreichenden Zutritt zum Regime zu erhalten, und ergriff dann entschlossen die Gelegenheit, die ihm Höhn und Heydrich eröffneten, um durch die Mitarbeit im SD sowohl sein Eliteverständnis von Politik beizubehalten als auch sich nah am Machtpol zu wähnen, nicht Mitläufer, sondern Berater der Macht zu sein.

Die Besonderheit dieser historischen Situation lag dennoch weniger in der – zu erwartenden – Bereitschaft junger politischer Aktivisten, in Zeiten politischer Umbrüche nicht abseits zu stehen, sondern unruhig auf die Chance zu warten, in das Geschehen eingreifen zu können. Das Spezifische bestand in dem Charakter der Institutionen, denen sie sich anschlossen. Durch den Erfolg, den Himmler und Heydrich im innernationalsozialistischen Machtkampf um die Führung der Polizei 1936 errungen

hatten, entwickelten sich sowohl Polizei als auch der bis dahin eher unbedeutende Sicherheitsdienst der SS (SD) über die ursprüngliche Funktion hinaus, Terrorinstrument gegenüber den politischen Gegnern zu
sein. In der rassebiologischen Perspektive der SS hatten Polizei und SD
eine weit umfangreichere Aufgabe zu erfüllen, nämlich, in den Worten
Himmlers, »das deutsche Volk als organisches Gesamtwesen, seine Lebenskraft und seine Einrichtungen gegen Zerstörungen und Zersetzung
zu sichern«. Die Machtbefugnisse einer Polizei, der solche Aufgaben gestellt seien, so Himmler gleich anschließend weiter, »können nicht einschränkend ausgelegt werden«.

Das Neue des nationalsozialistischen Regimes bestand darin, daß es
sich eben nicht auf Staat und Gesetz als Ordnungsprinzip gründete, sondern auf Volk und Rasse. Nicht das selbst in seiner repressivsten Form
bindende staatliche beziehungsweise formalrechtliche Regelwerk einer
Diktatur bildete die Handlungsgrundlage, sondern das sogenannte »gesunde Volksempfinden«, die Rasse, deren Fortentwicklung »naturgemäß«
von keiner Bürokratie, weder von Gesetz noch Recht geregelt werden
durfte. Im »Schicksalskampf« gegen die weltanschaulichen Gegner, das
hieß in erster Linie gegen die Juden als höchste Verkörperung der »Gegen-
Rasse«, des »Anti-Volkes«, mußte eine nationalsozialistische Polizei jede
Freiheit zu jedem Mittel haben, um den Weltanschauungskrieg zu gewinnen. »Wenn wir nämlich als Nationalsozialisten unsere geschichtliche
Aufgabe nicht erfüllen«, hieß es bei Heydrich, »weil wir zu objektiv und
menschlich waren, so wird man uns trotzdem nicht mildernde Umstände
anrechnen. Es wird einfach heißen: Vor der Geschichte haben sie ihre
Aufgabe nicht erfüllt.«

Der Bezug auf Volk und Rasse enthielt bereits die Entgrenzung politischen Handelns. Eine Polizei traditionellen Zuschnitts kann ohne Zweifel
zur Unterdrückung der politischen Opposition, zur Terrorisierung und
Überwachung einer Bevölkerung eingesetzt werden. Aber erst die konzeptionelle Entwicklung und organisatorische Realisierung einer spezifisch nationalsozialistischen weltanschaulichen Polizei, deren Aufgabe in
der »Erhaltung des deutschen Volkskörpers« lag und deren Führungspersonal nicht mehr durch den Verwaltungsjuristen verkörpert wurde,
sondern durch den politischen Aktivisten, schufen die Bedingungen für
die Zerstörungsdynamik, die das nationalsozialistische Regime kennzeichnete. Gerade dieses Konzept einer sich als umfassend politisch be-

greifenden Polizei entsprach dem weltanschaulichen Willen zur politischen Neugestaltung, zur Abgrenzung gegenüber dem Alten, Überkommenen. Daher war auch für jene Akteure, die parteipolitisch gar nicht eng mit dem Nationalsozialismus verbunden waren, das aktive Engagement im RSHA durchaus möglich, bot es doch die Entsprechung von Weltanschauung und Institution, von politischem Gestaltungswillen und zu gestaltender Struktur. Die Forcierung weltanschaulicher Entgrenzung, und nicht deren Beschränkung, war das Signum einer Institution neuen und radikalen Typs, wie sie das Reichssicherheitshauptamt darstellte.

An dieser Schnittstelle löst sich die lange geführte Kontroverse um Intention und Funktion auf, denn ohne die Institution des RSHA, eingebettet in das auf Volk und Rasse gegründete NS-Regime, hätte der Weltanschauung die Organisation gefehlt, um in die Tat umgesetzt zu werden, und ohne die radikale Konzeption hätte das RSHA wiederum nicht die strukturelle Gestalt annehmen können, die es für seine spezifische Verfolgungs- und Vernichtungspolitik benötigte. Raul Hilberg im Anschluß an seinen Mentor Franz Neumann und – in zugespitzter Weise – Zygmunt Bauman haben den bürokratischen Charakter des Vernichtungsprozesses hervorgehoben, der nur von einer rationalisierten, modernen Gesellschaft habe bewerkstelligt werden können. Zweifelsohne haben herkömmliche Verwaltungen wie das Auswärtige Amt, das Reichsinnenministerium, die Oberfinanzdirektionen oder die Reichsbahn entscheidenden Anteil am Holocaust. Aber schon die zentrale Rolle, die eine neue Institution wie die Deutschland-Abteilung im Auswärtigen Amt, bestückt mit jungen Aktivisten ohne diplomatische Ausbildung, in der »Endlösung der Judenfrage« spielte, warnt davor, in Webers Bürokratisierungsmodell die Wirklichkeit des NS-Staates zu sehen. Für den Kernbereich der SS und Polizei gelten die administrativen Traditionen nicht mehr, im Gegenteil, »kämpfende Verwaltung« bedeutete die Ablösung von herkömmlicher Administrationspraxis.

Die Forschungen zum SS- und Polizeiapparat in den letzten Jahren ebenso wie die Ergebnisse der Regionalstudien über die besetzten Gebiete, nicht zuletzt die hier vorgelegte Studie zum RSHA, fordern dazu auf, das Problem von Intention und Funktion nicht mehr anhand herkömmlicher Staatstheorie oder modernisierungstheoretischen Bürokratisierungsmodellen zu diskutieren, als vielmehr im Lichte der neueren soziologischen Organisations- und Institutionentheorie die spezifische nationalsozialistische Staatlichkeit und Herrschaftsstruktur zu untersuchen. Damit würde auch die Auffassung kritisch hinterfragt werden müssen, daß die »Realisierung des Utopischen« (Hans Mommsen) zu strukturellem Chaos führte, dessen vermeintliche Lösung immer nur in der Einigung auf den gemeinsamen radikalsten Nenner bestand. Institutionen wie das RSHA dagegen gewannen ihre Kraft aus einer »idée directrice« (Maurice Hauriou), einer Leitidee, die die strukturelle Form prägte. Die Radikalität war intendiert, die Ideologie gehörte zum Charakter der Institution.

Die Fähigkeit des NS-Regimes, trotz des administrativen Wirrwarrs eine bis dahin ungeahnte Dimension an Zerstörung zu verwirklichen, sollte dazu führen, die Frage anders zu stellen: Wie konnte eine moderne Gesellschaft innerhalb kürzester Zeit so transformiert werden, daß sie zu solcher Destruktion in der Lage war? Der strukturalistische Ansatz hält als theoretische Referenz am Weberschen Idealtypus fest und kann das NS-Regime nur als Staatszerfall, die Radikalität nur als Konsequenz aus dem Chaos begreifen, während die intentionalistische Konzeption die Usurpation der Staatsgewalt durch Hitler in den Mittelpunkt stellt. Beide Erklärungsansätze weichen jedoch der Frage aus, inwieweit das Regime nicht intentional eine spezifische Staatlichkeit im Sinne einer rassistischen »Volksgemeinschaft« geschaffen hat, deren Institutionen erst zu derartig entgrenzter Praxis fähig waren, und ob die Umwandlung der Gesellschaft in jene »Volksgemeinschaft« nicht eben die Voraussetzung gewesen ist für die Beteiligung so vieler an den Massenverbrechen des Regimes, wie von der neueren Forschung, insbesondere zu den Denunziationen und der »Arisierung«, hervorgehoben worden ist.

Das RSHA erwies sich in diesem Sinn als Pionierinstitution. Es stellte exakt jenen Typus einer politischen »kämpfenden Verwaltung« dar, die Heydrich gefordert hatte. Es war in der Lage, sich zu vergrößern oder zu verkleinern, neue Abteilungen zu schaffen oder alte aufzulösen, Schwerpunkte zu verlagern oder neu zu bilden, ämterübergreifende Arbeitsgruppen zu initiieren und trotz aller umständlich-administrativen Prozeduren, die auch einer Institution wie dem RSHA eigen waren, sich zu dynamisieren, um die politischen Ziele, die es verfolgte, realisieren zu können. Beide Institutionen, sowohl die politische Polizei als auch der SD, wiesen in ihrer Entwicklung eine hohes Maß an Veränderungen, Um- und Neuorganisationen auf – waren Institutionen in Bewegung, die entsprechend den politischen Erfordernissen ihres Auftrages nicht nur von den Entschei-

858

dungsträgern des Regimes, sondern vor allem von den Akteuren der Institutionen selbst ständig umgewandelt wurden.

Das unter Werner Best einflußreiche Verwaltungsamt wurde zwar nach seinem Weggang aus dem RSHA im Juni 1940 in die Bereiche Personal und Organisation geteilt. Beide Ämter behielten aber unter Streckenbach und Nockemann ihre Bedeutung. Erst in der zweiten Kriegshälfte, als es keine neueroberten Gebiete mehr gab und das RSHA keine neuen Außenstellen aufbauen, sondern im Gegenteil die vorhandenen abbauen mußte, verloren die beiden Ämter ihre Macht. Eine unverändert starke Stellung besaß das Gestapoamt IV, obwohl es seinen Fokus im Laufe des Krieges stark veränderte. Nun waren es nicht mehr die politischen Gegner auf der Linken, die im Mittelpunkt der Gestapotätigkeit standen. Der kommunistische Widerstand in Deutschland war schon vor Abschluß des Hitler-Stalin-Paktes zerschlagen, der dann noch den Rest an Resistenz zerbrach. Statt dessen stellten der Eroberungskrieg und die »Lösung der Judenfrage in Europa« das RSHA vor die Aufgabe, in kurzer Zeit in den besetzten Gebieten Einsatzgruppen aufzustellen, die dann in stationäre Dienststellen umgewandelt wurden. Die Ländergruppe IV D, die in den ursprünglichen Entwürfen für das Amt IV gar nicht vorgesehen war, erlangte dementsprechend eine wachsende Relevanz, hing doch von diesen Länderreferaten die Effizienz des Besatzungsterrors in erheblichem Maße ab. Nicht zufällig wurde dieser Gruppe das eminent wichtige Sachgebiet Ausländische Arbeiter zugeordnet, denn die Millionen Zwangsarbeiter aus allen europäischen Ländern stellten für das RSHA wie für die Gestapostellen im Reich eines der größten polizeilichen Probleme dar. Mit Eichmanns Referat IV B 4, das von seiner Größe und Bedeutung her den Charakter einer eigenen Abteilung besaß, entstand eine europaweit agierende Deportationszentrale. In diesen neuen Kernbereichen, sowohl in Eichmanns Apparat als auch in der bedeutsamen Ländergruppe IV D, war nicht mehr jener Typus des Kriminalkommissars zu finden, der seine Polizeiausbildung noch in der Weimarer Republik erhalten hatte und mit antibolschewistischer Verve Gestapobeamter geworden war, sondern deutlich jüngere Männer, teils Verwaltungsjuristen, teils SD-Leute, die nahezu alle im »Einsatz« gewesen waren, bevor oder nachdem sie im RSHA Verwaltungsfunktionen übernommen hatten.

Auch innerhalb des SD sind gravierende Veränderungen zu erkennen. Die Bedeutung des ursprünglich breitangelegten Amtes VII Weltanschauliche Gegnerforschung schwand im Laufe des Krieges wegen seiner stark akademisch ausgerichteten Forschungstätigkeit und sicher nicht zuletzt, weil seine prägende Führungspersönlichkeit, Franz Alfred Six, das Amt 1940 verließ, um seine Universitätskarriere fortzusetzen beziehungsweise eine Laufbahn im Auswärtigen Amt zu beginnen. Dennoch bleibt die Existenz eines solchen Amtes bemerkenswert und kennzeichnend für den besonderen Charakter des RSHA, zumal das Amt VII in Hinsicht auf den Raub von Bibliotheken, Archiven, Dokumenten, Karten aus allen besetzten Gebieten der entsprechenden Beuteorganisation des Stabes Rosenberg in nichts nachstand.

Der SD ließ vor allem erkennen, wie sich die Verschmelzung von SS und Polizei zu einer neuen Institution in der Praxis auswirkte. Gegenüber seiner ursprünglichen Aufgabe, den politischen Gegner auszuspionieren, hatten schon Reinhard Höhn, Franz Alfred Six und Otto Ohlendorf Mitte der dreißiger Jahre ihr »Lebensgebietskonzept« durchgesetzt. Aufgabe des SD war es nun, Informationen aus allen Lebensgebieten, sei es Recht, Kultur, Staat, Wirtschaft, Wissenschaft, zu sammeln und zu berichten, wie sich die nationalsozialistische Weltanschauung durchsetzte beziehungsweise welche Widerstände es gab. Zwar legte der Funktionserlaß Heydrichs vom Juli 1937 noch fest, daß sämtliche Einzelfälle, in denen staatspolizeiliche Exekutivmaßnahmen in Betracht kamen, vom SD an die Gestapo abzugeben seien. Aber die Bereiche Volkstum, Wissenschaft, Partei und Staat, Verwaltung, Ausland, Freimaurerei sollten bereits ausschließlich vom SD, die Gebiete Kirchen, Judentum, Wirtschaft, Presse in allen allgemeinen und grundsätzlichen Fragen von ihm bearbeitet werden.

Im RSHA war der SD keineswegs, wie seine Protagonisten nach dem Krieg gern glauben machen wollten, auf die Sammlung und Auswertung von Nachrichten beschränkt, angeblich allein zu dem Zweck, die Regimeführung »objektiv« und »kritisch« über die Stimmung in der Bevölkerung zu informieren beziehungsweise wichtige Informationen aus dem Ausland zu beschaffen. Entgegen diesem verharmlosenden Bild sollten die Mitarbeiter der Gruppe III A Verfassung und Verwaltung unter Karl Gengenbach insbesondere Strafurteile, die dem »gesunden Volksempfinden gröblich widersprachen«, auch deshalb erfassen, damit das RSHA in der Lage war, bei den Justizorganen und mit der eigenen Exekutive entsprechende Verschärfungen zu erwirken. Die Gruppe III C Kultur unter Wilhelm Spengler bemühte sich intensiv, auf die Veröffentlichungspolitik des

Regimes wie innerhalb der Universitäten auf Berufungen und Zuweisung von Forschungsgeldern Einfluß zu nehmen. Hans Rößners umfangreiche Denkschrift zur Germanistik bildete gleichsam die Vorlage für die staatspolizeilichen Exekutivmaßnahmen gegen mißliebige und weltanschaulich verdächtige Hochschullehrer. Vor allem die Gruppe III B Volkstum unter Hans Ehlich zeigt diese Verbindung von Konzeption und Praxis, Forschung und Exekutive. Sie wurde nicht nur an den Siedlungs- wie »Umsiedlungs«-Maßnahmen des Regimes beteiligt und zu den rassenpolitischen Entscheidungen der SS herangezogen, sie entwickelte auch eigene genozidale Entwürfe für einen »Generalplan Ost«.

Diese Männer waren keine Schreibtischtäter oder Bürokraten. Sie verbanden ihre Arbeit in der Zentrale in Berlin mit der Praxis vor Ort, vollzogen die terroristische Besatzungsherrschaft nicht nur per Erlaß und Verfügung jenseits des Geschehens, sondern praktizierten den Terror. Das RSHA als Institution agierte als bewegliche, flexible Organisation, deren Zentrale zwar in Berlin war, deren Kraft und Macht sich jedoch vor Ort entfaltete. Idealtypisch im Sinne seiner Konstrukteure hätte das RSHA politische Initiative, Problemanalyse, Organisations- und Handlungsauftrag sowie praktischen Vollzug in einer Institution vereinigen sollen, die keiner administrativen oder gar rechtlichen Norm mehr unterstand, sondern, verantwortlich »für die Gleichrichtung aller politischen Angelegenheiten der SS«, wie es im Himmler-Befehl vom 25. Juni 1942 hieß, überall und mit allen zur Verfügung stehenden Mitteln handeln konnte.

Praxis

Wenn Heydrich in Prag im Oktober 1941 stolz verkündete, daß Hitler gesagt habe, er würde überall dort, wo die Einheit des Reiches gefährdet sei, einen SS-Mann hinschicken, um die Einheit zu wahren, dann reichte dieser Auftrag über die territoriale Dimension hinaus. Das Ziel, nicht allein für »polizeiliche Sicherung«, sondern umfassend für »politische Sicherheit« federführend zu sein, haben Heydrich wie Himmler vor allem im Hinblick auf die besetzten Gebiete stets verfolgt. Nach der Bildung eines SD-Einsatzkommandos für Österreich im März 1938, das noch die vornehmliche Aufgabe hatte, Dokumente und Archivalien von jüdischen und freimaurerischen Organisationen zu beschlagnahmen, verfügten die Einsatzkommandos bei der Annexion des Sudetenlandes im Herbst 1938 und des tschechischen Gebietes im Frühjahr 1939 bereits über erweiterte Aufträge, die sie quasi zu mobilen Einheiten der Sicherheitspolizei und des SD machten, die die polizeiliche Sicherung der jeweiligen Gebiete im Sinne der deutschen Besatzungsmacht übernehmen sollten. Auch für die Einsatzgruppen in Polen im September 1939 lautete der Auftrag ähnlich, aber Himmler und Heydrich waren offensichtlich von vornherein entschlossen, die Exekutivmacht für SS und Polizei auszudehnen. Die Furcht vor »Franktireurs« und der polnische Widerstand in den ersten Tagen, der von den deutschen Medien in einen »flammenden Polenaufstand« umgedeutet wurde, boten die Gelegenheit, um von Hitler einen »Sonderauftrag« an Himmler zu erwirken, der die SS- und Polizeieinheiten mit umfassenden Kompetenzen ausstattete. Doch zeigen die Ereignisse in Bromberg/Bydgoszcz auch, daß dieser ausgedehnte »Sicherungsauftrag«, der die eigenmächtige Erschießung von Geiseln vorsah, von den Einsatzkommandos bereits unabhängig von Himmlers Befehl am 7. September beansprucht und praktiziert wurde. Dem Radikalisierungswillen der SS- und Polizeiführung kam eine entsprechende Radikalisierungsbereitschaft bei den Einsatzgruppen vor Ort entgegen.

Die Zögerlichkeit der Heeresführung, Hitlers Politik der »völkischen Flurbereinigung« in den annektierten westpolnischen Gebieten umzusetzen, führte einerseits dazu, rasch die Militärverwaltung abzulösen und die Gauleiter mit der Zivilverwaltung zu beauftragen; andererseits erhielten SS und Polizei von Hitler den Auftrag, die Vertreibungen durchzuführen. Die Liquidierung der polnischen Intelligenz, die laut Heydrich in die »Tausende« ging, ebenso wie die Vertreibung von Polen und Juden aus den westpolnischen Gebieten ins sogenannte Generalgouvernement bedeuteten für die Einsatzkommandos von Sicherheitspolizei und SD die Radikalisierung rassistischer Verfolgungs- und Vernichtungspolitik in großem Maßstab. Der von Eichmann forcierte Versuch, in Nisko am San das geplante »Reservat« für Juden aus Deutschland, Österreich und Tschechien zu errichten, scheiterte zwar. Aber er ließ die Energie erkennen, mit der das RSHA die »Judenfrage« zu »lösen« gedachte.

Der »Einsatz« in Polen markierte ohne Zweifel eine Zäsur. Die Praxis der Einsatzgruppen, deren Führungspersonal zum Großteil kurze Zeit später zur RSHA-Führung gehörte, überstieg bei weitem den Terror, den diese Männer zuvor als Stapostellenleiter oder SD-Führer praktiziert hatten. Im Herbst 1939 führten die Einsatzkommandos Exekutionen in einem Umfang und in einer Weise durch, die bereits an die späteren Massenerschießungen in den besetzten sowjetischen Gebieten erinnern. In Polen lernten etliche SS-Führer, die später im Reichssicherheitshauptamt für die »Endlösung« verantwortlich waren, in »großen Räumen« zu denken und zivilisatorische Schranken zu überschreiten. Die Massenmordpraxis in Polen im Herbst 1939 stellte gewissermaßen den eigentlichen Gründungsakt des Reichssicherheitshauptamtes dar.

Man kann die Erfahrungen des Krieges gegen Polen wahrscheinlich nicht hoch genug veranschlagen, und bis jetzt fehlt es an detaillierten, vor allem regionalen, Studien in Deutschland, die den rassistischen Charakter dieses Krieges als Vorlauf zum Angriff auf die Sowjetunion zwei Jahre später untersuchen. Alexander Rossinos Studie zu den Verbrechen in Polen im September 1939 ist ein erster Schritt, der insbesondere durch Forschungen zum Verhalten der deutschen Soldaten gegenüber der polnischen und jüdischen Zivilbevölkerung weitergeführt werden müßte. Für SS und Polizei erweiterte der Auftrag zur »völkischen Flurbereinigung« den politischen Handlungsraum auf qualitativ neue Weise, zumal Himmler von Hitler die Gesamtverantwortung für die Siedlungspolitik übertragen wurde. Die großangelegten Siedlungs- und Vertreibungspläne 1939/40 konnten zwar nur zu einem Bruchteil in die Tat umgesetzt werden. Man könnte die Deportationsbemühungen, gemessen an den Zielen ihrer nationalsozialistischen Planer, ohne weiteres als eine »Chronologie des Scheiterns« (Götz Aly) bezeichnen. Immer wieder mußten die Pläne gekürzt oder in Nah- und Zwischenpläne unterteilt werden. Die Grenzen, an die diese RSHA-Täter stießen, geboten aber nicht Einhalt, sondern forderten im Gegenteil dazu auf, die »Lösung« mit noch radikaleren Mitteln herbeizuzwingen. Diese Männer waren nicht in der Lage, wirklich pragmatisch zu denken. Sie machten taktische Zugeständnisse, wenn es sich nicht vermeiden ließ, aber am weltanschaulichen Ziel hielten sie unerbittlich, unbedingt fest. »Das Wort unmöglich«, so hatte Himmler kategorisch gefordert, »darf es nicht geben und wird es niemals bei uns geben.«

Wo Vertreibungen, auch aus dem Deutschen Reich, möglich waren, wurden sie realisiert. Die Stettiner Juden wurden Mitte 1940 in den Bezirk Lublin verschleppt, ebenso wie kurze Zeit später Juden aus dem westpreußischen Regierungsbezirk Schneidemühl. Im besetzten Elsaß wie Lothringen betrieben die Gauleiter 1940 zusammen mit den Einsatzkommandos des RSHA eine ethnische Säuberungspolitik, die Tausende von Franzosen, insbesondere die Juden, in den unbesetzten Teil Frankreichs deportierte. Und um die Gelegenheit zu nutzen, wurden gleich deutsche Juden aus Baden und der Saarpfalz ebenfalls nach Vichy-Frankreich verschleppt. Mit dem Sieg über Frankreich tauchte auch der alte antisemitische Plan auf, die Juden nach Madagaskar zu deportieren, der in Kenntnis der unwirtlichen Lebensbedingungen der Insel, die keinesfalls Millionen Menschen eine Heimstatt hätte bieten können, bereits genozidale Züge in sich trug. Obwohl der Madagaskar-Plan ohne die Niederlage Englands eine Chimäre blieb, kennzeichnet es die antisemitische Verve der NS-Führung, daß er dennoch über Monate hinweg ernsthaft diskutiert wurde.

Der Krieg gegen die Sowjetunion eröffnete den scheinbaren, aber wiederum radikalisierten Ausweg aus dem Dilemma. Nach dem erwarteten raschen Sieg sollten die europäischen Juden in den »Osten« deportiert werden. Zugleich war für die Einsatzgruppen des RSHA eine radikale Aufgabe im Weltanschauungskrieg vorgesehen: die Liquidierung des »jüdischen Bolschewismus«, das heißt die Ermordung der sowjetischen Partei- und Staatsfunktionäre sowie der Intelligenz. Die von Hitler im März 1941 an Himmler erteilten »Sonderaufgaben im Auftrag des Führers« bildeten die politische Grundlage, um mit weitgehend eigener Exekutivmacht und größtmöglicher Handlungsfreiheit gegenüber der Wehrmacht zu agieren. Wer zur »jüdisch-bolschewistischen Intelligenz« zu rechnen sei, durfte nicht vom Militär entschieden werden, sondern sollte ausschließlich der Definition der SS- und Polizeiführung unterliegen.

Die Befehlslage, mit der die Einsatzgruppen dem Heer nachfolgend in die Sowjetunion einmarschierten, war nicht eindeutig und hat in der geschichtswissenschaftlichen Diskussion zu vielfältigen Interpretationen Anlaß gegeben. Doch wird zuwenig beachtet, daß Heydrich die Entscheidung, wer zu exekutieren sei, ausdrücklich den Einsatzkommandoführern vor Ort überließ, und die Beschreibung der Personengruppen, die zu ermorden waren, gewissermaßen eine Richtlinie darstellte. Die akademische Debatte um die unterschiedliche Praxis der Einsatzgruppen verfehlt den praktischen Charakter eines Befehls, der vornehmlich als Ermächtigung zu verstehen ist. Befehle können nur in den seltensten Fällen, in denen Befehlsgeber und -empfänger sich zur selben Zeit am selben Ort befinden, eine eindeutig festgelegte Handlungsanweisung darstellen. In den meisten anderen Situationen müssen Befehle modifiziert, den Gegebenheiten an-

864

gepaßt werden. Die Kommandoführer waren vom RSHA nicht zuletzt deswegen besonders ausgesucht worden, weil sie in der Lage sein sollten, auch unter vorher kaum umfassend und exakt zu bestimmenden Umständen eine im Sinne von Heydrichs Befehl adäquate Entscheidung zu fällen. Und so zeigen alle drei Fallstudien, ob Schulz, Sandberger oder Ehrlinger, daß diese Männer sehr genau wußten, welchen Auftrag sie hatten, und dennoch sind gleichermaßen die Handlungsspielräume und Entscheidungsmöglichkeiten zu erkennen. Während bei Schulz durchaus Skrupel zu beobachten sind und er den Schritt vom antibolschewistischen Gestapochef zum rassistischen Massenmörder, der Frauen und Kinder tötete, offenkundig nicht tun mochte, erwies sich Martin Sandberger geradezu als Musterschüler des RSHA. »Ohne Humanitätsduselei« sorgte Sandberger für die Realisierung des völkisch-rassistischen Projekts mittels Massenmord, Vernichtung durch Arbeit und Vertreibung. Im Unterschied zu Sandberger, der die Morde lieber durch die estnische Polizei erledigen ließ, nahm Ehrlinger anfeuernd und selbst mordend an den Erschießungen teil. Zwar ist zu keinem Zeitpunkt zu entdecken, daß Ehrlinger Mordlust oder sadistische Freude am Morden empfunden hätte. Aber das wahllose Leerschießen eines ganzen Magazins in eine angetretene Gruppe wehrloser Häftlinge, ohne daß Zeugen besondere Erregung bei ihm hatten erkennen können, zeigt ihn als Weltanschauungstäter, dem die Grenzen abhanden gekommen sind. Daß es gerade Ehrlinger war, der Anfang 1944 Erwin Schulz auf den Posten des Amtschefs I im RSHA nachfolgte, und damit zum ersten Mal ein Amtschef eingesetzt wurde, der sich in den vorangegangenen Jahren vornehmlich im »Einsatz« im Osten hervorgetan hatte, offenbart, wie stark in der zweiten Hälfte des Krieges auch innerhalb des RSHA die Führungsgruppe noch einmal radikalisiert wurde.

In der »Lösung der europäischen Judenfrage« hatte das RSHA unter Heydrich 1941 die politische Federführung erringen können und erwies sich als stets drängender, radikaler Faktor in den Deportationsentscheidungen des Regimes. Selbst vor inszenierten Anschlägen wie in Paris im Oktober 1941 scheute Heydrich nicht zurück, um die jeweilige regionale Verfolgung der Juden zu verschärfen und deren Deportation in den Osten durchzusetzen. Mit der Entscheidung im September 1941, noch während des Krieges auch die deutschen und österreichischen Juden in die besetzten polnischen und sowjetischen Gebiete zu verschleppen, war die letzte Schranke vor dem umfassenden Genozid gefallen. Selbstgeschaffene

»Sachzwänge«, wie Krankheiten und Seuchen in den völlig überfüllten Ghettos, wo Menschen mit unzureichender Ernährung und unter katastrophalen hygienischen Zuständen hausen mußten, oder die Definition von »arbeitsunfähigen Juden« zu »Ballastexistenzen«, die die Nahrungsmittelversorgung der Wehrmacht wie der »Heimatfront« belasten würden, boten den Tätern die Rechtfertigung, den Massenmord als »Problemlösung« zu verwirklichen. Wieder war das tatsächliche Scheitern der nationalsozialistischen Deportationspläne Grund, nicht die Ziele zu ändern, sondern diese mit noch radikaleren Mitteln unbedingt erreichen zu wollen.

Sowohl die regionalen Dienststellen als auch das zentrale Referat IV B 4 des RSHA forcierten, wo sie konnten, die Erfassung, Internierung und Deportation der europäischen Juden in die Vernichtungslager. Die zahlreichen Grenzen, an die das RSHA stieß, seien es nationale Unwilligkeiten verbündeter Staaten, die eigenen jüdischen Staatsbürger den Deutschen auszuliefern, sei es im Reich die Zögerlichkeit bei Teilen der NS-Führung, auch sogenannte »Mischlinge« oder in »Mischehe« lebende Juden preiszugeben – in keiner dieser Auseinandersetzungen mochte das RSHA sich auf Kompromisse einlassen, sondern versuchte stets, die ihm gesetzten Grenzen zu unterlaufen, zu umgehen, zu durchbrechen.

Den Massenmord hatten die Akteure des RSHA zu Beginn des NS-Regimes nicht im Kopf. Aber der Genozid war als Möglichkeit ihrem Denken inhärent. Der Krieg im Osten bot den Raum, um den Prozeß der Radikalisierung in den Völkermord münden zu lassen. Gab es im Reich noch rechtliche und administrative Hindernisse zuhauf, die das RSHA überwinden, aus dem Weg räumen mußte, existierten derlei Schranken einer bürgerlich-verrechtlichten Gesellschaft im Osten nicht. Vorstellungen von Moderne als Bürokratisierung, als zunehmende Regulierung sozialer Interaktion, verlieren sich im Blick auf die Praxis des NS-Regimes im Osten. Entgrenzung hieß dort auch Entbürokratisierung, Entregulierung und Personalisierung der Entscheidungsprozesse. In Estland, Litauen, der Ukraine oder auf der Krim galten weder das BGB noch das Taschenbuch für Verwaltungsbeamte. Hier waren diese jungen Akademiker als Einsatzkommandoführer auf sich gestellt, Herrscher vor Ort, die fern von der Berliner Zentrale ihre Entscheidungen über Leben und Tod fällten.

Diese Männer verstanden sich keineswegs als Stubengelehrte oder bloße Vordenker. Im Gegenteil, erst in der Praxis zeigte sich der Erfolg der Theorie. Rassismus und Antisemitismus, die sich überall in Europa finden ließen, gingen in Deutschland eine spezifische Verbindung mit einer Weltanschauungsstruktur ein, die, befeuert von den Menschheitsutopien und Geschichtsmythen des 19. Jahrhunderts, stets dramatisch, aufs Ganze zielend, rücksichtslos und unbedingt war, weder den Weltenbrand als reinigendes Vernichtungsfeuer scheute noch die Züchtung des Neuen Menschen. Das Projekt, nicht nur Deutschland »rassisch« neu erstehen zu lassen, sondern ganz Europa völkisch neu zu ordnen, jene Faszination, nicht nur andere, schönere Welten zu entwerfen, sondern auch schreckliche Wirklichkeit werden zu lassen, hat Intellektuelle, Akademiker, Wissenschaftler scharenweise zu bereitwilligen Stützen des NS-Regimes werden lassen. Endlich glaubte sich der Philosoph an der Macht, der Arzt in der Rolle des uneingeschränkten Gestalters menschlichen Lebens, der Historiker in der Position, Weltgeschichte zu machen. So ausschließlich funktional, sachlich, technisch, wie diese intellektuelle Elite ihre Beteiligung am Nationalsozialismus nach dem Krieg weiszumachen suchte, war ihre Täterschaft nicht. Wer nicht hinter der Maske der Sachlichkeit die Leidenschaft sieht, wird die Energie, das Feuer dieser Täter nicht entdecken. Darum waren diese RSHA-Führer weder Schreibtischtäter noch Bürokraten, sie waren nicht die Rädchen einer anonymen Vernichtungsmaschinerie, sondern sie haben die Konzepte entworfen, die Apparate konstruiert und selbst bedient, die den millionenfachen Mord möglich machten.

Waren diese Männer Intellektuelle? Einfach will die Antwort nicht scheinen. Die Geschichte der Intellektuellen im 19. und vor allem 20. Jahrhundert zeigt deren unbedingte Bereitschaft, mit der Macht zu kooperieren, um der Aufklärung zur Herrschaft zu verhelfen, ja selbst die Macht zu usurpieren, um endlich die Neue Welt erstehen zu lassen. Nur wer einen emphatischen Begriff des Intellektuellen vertritt und in Zolas »J'accuse«, in der Anklage des Aufklärers gegen die Willkür der Herrschenden, in der Stilisierung des unerschrockenen Kampfes des Wortes gegen die Macht, das wahre Bild des Intellektuellen zu sehen vermag, wird diesen RSHA-Tätern den Status von Intellektuellen absprechen. Ohne Zweifel ist nicht jeder Akademiker oder Unversitätsprofessor per se ein Intellektueller. Aber bevor man sich der Frage, ob die Ohlendorf, Sandberger, Gräfe, Steimle, Jonak, Rang und andere Intellektuelle gewesen waren, mit einem raschen Nein entledigt, ist zu überlegen, ob nicht ebendiese Frage ein ungewohntes, aber nötiges Licht auf das Problem wirft, wie die Rolle und Praxis von Intellektuellen, wie ihr Verhältnis zur Macht im 20. Jahrhundert zu beurteilen ist.

Nachkrieg

Noch im Zerfall des RSHA zeigte sich dessen Gefährlichkeit. Obwohl durch die Auslagerung zahlreicher Referate und Abteilungen von einer Zentrale in Berlin 1944/45 kaum mehr die Rede sein konnte, offenbarten die jeweiligen Einheiten trotz immer schwieriger werdenden Kommunikationsbedingungen, daß sie an Radikalität nichts verloren hatten. Im Gegenteil, die Tätigkeit der Deportationskommandos in Ungarn und in der Slowakei stellte die Macht des RSHA auch noch in der Schlußphase des Krieges unter Beweis. Die Unerbittlichkeit und Grausamkeit, mit der Walter Huppenkothen als Ankläger des RSHA Wilhelm Canaris, Dietrich Bonhoeffer, Hans Oster und Hans von Dohnanyi noch Anfang April 1945 in den Tod schickte, kennzeichnet die Unbedingtheit seiner Weltanschauung. Selbst die gespenstischen Versuche in der letzten Phase des Krieges, Kontakte zu den Alliierten zu knüpfen, zeigen, wie ungebrochen diese Akteure des RSHA an ihrer Vorstellung von einer jüdischen Weltverschwörung festhielten. Nach wie vor darauf fixiert, daß »der Jude« die Schalthebel der Weltpolitik bediene, waren sie sich völlig sicher, daß jene Mittelsmänner in der Schweiz, in Schweden oder Ungarn die wahren Machtzentralen des Gegners repräsentierten und sie selbst, wenn sie nun, nach Millionen Toten, »großherzig« und »ritterlich« das Ende des Massenmordens befahlen, sich in honorige Verhandlungspartner für die Alliierten verwandeln würden.

Beim Zusammenbruch des Regimes begingen nur wenige Angehörige des RSHA Selbstmord; etliche konnten untertauchen und fliehen. Einige wurden wegen ihrer Verbrechen angeklagt und verurteilt. Der einzige umfassende Prozeß gegen die RSHA-Akteure, der tatsächlich stattfand, war der Einsatzgruppen-Prozeß 1947/48. Von den 23 Angeklagten stammten zehn aus dem RSHA. Von diesen wurden sechs zum Tode, zwei zu lebenslanger Haft und zwei zu jeweils zwanzig Jahren Freiheitsstrafe verurteilt. Aber nur einer, Otto Ohlendorf, wurde tatsächlich im Juni 1951 hingerichtet. Der amerikanische Hochkommissar McCloy wandelte im Januar

1951 die übrigen Todesstrafen in lebenslange Haftstrafen um, die zu lebenslänglichem Freiheitsentzug verurteilten Heinz Jost und Gustav Noßke konnten schon im Dezember 1951 wegen »guter Führung« das Gefängnis verlassen; Franz Alfred Six wurde im Oktober 1952 auf freien Fuß gesetzt. Als letzter RSHA-Häftling wurde Martin Sandberger im Mai 1958 freigelassen.

Die vier Fallstudien zu Erwin und Karl Schulz, Martin Sandberger und Hans Rößner schildern unterschiedliche Wege der Integration der ehemaligen RSHA-Täter in die westdeutsche Zivilgesellschaft. Karl Schulz profitierte von der politischen Abkoppelung der Kriminalpolizei von der Gestapo in den fünfziger Jahren, die es den vormaligen Kripobeamten erleichterte, unbeschadet ihrer uneingeschränkten Zugehörigkeit zum RSHA wieder in den kriminalpolizeilichen Dienst zu gelangen und zum Teil in hohe Positionen aufzusteigen. Ehemalige Gestapoangehörige wie Erwin Schulz hatten es beruflich, trotz der Ausnahmeregelung des »131er«-Gesetzes, schwerer, und nicht wenige fanden keine Anstellung im Staatsdienst, sondern blieben als Rechtsanwälte oder Wirtschaftsjuristen selbständig. Allerdings zeigt der Fall Schulz, wie rasch der Kalte Krieg und der »Eiserne Vorhang« die Massenverbrechen im Osten vergessen machte. Martin Sandberger konnte sich auf die familiären Beziehungen verlassen. Selbst Prominente wie Theodor Heuss und Carlo Schmid verwandten sich für den Juristenkollegen und trugen ihrerseits zum Bild verführter junger Akademiker bei, deren Verbrechen mehr und mehr verblaßten. Hans Rößner war sogar in der Lage, als Verlagsleiter mit Hannah Arendt beruflich zu korrespondieren, immer wieder seiner Verehrung Ausdruck zu geben, offenkundig ohne jegliche Irritation darüber, daß das RSHA jüdische Menschen wie Hannah Arendt in die Vernichtungslager deportiert und er selbst die Mitglieder des George-Kreises wegen angeblicher »geistiger Verjudung« verfolgt hatte.

Diese Selbstgewißheit, deren Ignoranz und Unvermögen zur Selbstreflexion noch die Spuren der vormaligen weltanschaulichen Überheblichkeit und herrenmenschlichen Anmaßung zu erkennen gibt, geriet erst in den sechziger Jahren ins Wanken, als ein verändertes gesellschaftspolitisches Klima, die Erschütterung durch den Eichmann-Prozeß und nicht zuletzt die beharrliche Arbeit einer Gruppe von Staatsanwälten auch die ehemaligen Führungsangehörigen des RSHA mit strafrechtlichen Ermittlungen konfrontierte. Die Geschichte der nicht stattgefundenen RSHA-

Prozesse ist zum einen Teil Beleg für die Rolle des Zufalls in der Historie, der die Unachtsamkeit bei der Verabschiedung eines Gesetzes zur Ahndung von Verkehrsdelikten in eine nachhaltige Konsequenz für die Strafverfolgung von NS-Tätern verwandelte. Zum anderen Teil aber spiegelt die strafrechtliche Diskussion um Beihilfe zum Mord die schwierige, fast unmögliche juristische Bewältigung von NS-Verbrechen. Der Mordparagraph des deutschen Strafgesetzbuches war kaum geeignet, die Taten der RSHA-Angehörigen zu ahnden. Dennoch mußten diese Männer seit Mitte der sechziger Jahre fürchten, doch noch für ihre Verbrechen vor Gericht gestellt zu werden. Auch wenn die RSHA-Verfahren aufgrund der Änderung des § 50 Abs. 2 StGB nahezu sämtlich eingestellt werden mußten, zogen die ermittelnden Staatsanwälte in der Folgezeit jede andere Möglichkeit in Betracht, die RSHA-Angehörigen anzuklagen. Die Zeit der ignoranten Sicherheit in den fünfziger Jahren war definitiv zu Ende.

Zu Demokraten haben sich die RSHA-Täter nie gewandelt. Vielmehr erkannten sie, daß ihre »zweite Chance« weniger in der Politik als in der Abschirmung vor strafrechtlicher Ahndung ihrer Taten und der stillen, ökonomischen Plazierung in der sich entwickelnden Konsumgesellschaft lag. Nicht die Frage der Kontinuität, die Entdeckung der Vielzahl »normaler« Akademiker, Intellektueller, Wissenschaftler, die nicht nur dem Regime gedient hatten, nicht nur Vordenker der Vernichtung gewesen waren, sondern den Massenmord konzeptionell entworfen und verwirklicht hatten, stellt daher das Problem einer politischen Geschichtsschreibung des Nachkriegsdeutschlands dar. Die weit größere wissenschaftliche Herausforderung liegt in der Diskontinuität, nämlich in der Frage, wie diese Gesellschaft trotz dieser Bürde demokratisch werden konnte.

Wenn es jedoch eine Einsicht gibt, für die eine Untersuchung des RSHA den Beweis antreten könnte, dann wäre es die in die Kraft der Institution. Ohne die entgrenzte Struktur der Sicherheitspolizei und des SD, bewußt herausgelöst aus dem traditionellen administrativen Kontext und allein ausgerichtet auf eine politische Aufgabe der völkisch-rassischen Sicherung des nationalsozialistischen Machtbereichs, wären die jungen Radikalen »Papiertiger« geblieben. Die Verbindung von Ideologie allein mit den Machtinstitutionen einer Diktatur hätte in Nazideutschland zur Vertreibung, aber nicht zur Ermordung der deutschen Juden geführt. Erst das Amalgam aus konzeptioneller Radikalität, neuen Institutionen und einer auf keine Grenzen stoßenden Machtpraxis im Krieg konnte jenen Prozeß der Radikalisierung freisetzen, der in den Völkermord mündete. Umgekehrt gilt daher, daß diese Weltanschauungstäter ohne jene spezifischen Institutionen und ohne entgrenzte Praxis zwar Radikale hätten bleiben können, aber nicht mehr über die Macht verfügen, ihre Weltanschauung Wirklichkeit werden zu lassen. Daß der ehemalige Nebe-Adjutant Karl Schulz nach dem Krieg Chef des Landeskriminalamtes Bremen werden konnte, ist moralisch betrachtet ohne Zweifel verwerflich; in seiner Funktion war er indessen nun in einen rechtsstaatlichen Kontext eingebunden, der keinerlei Entgrenzung mehr möglich machte. Die rechtsstaatlichen Institutionen, die bis zur Verabschiedung der Notstandsgesetze nicht zuletzt durch die Alliierten garantiert wurden, lassen den privaten Überzeugungen ihrer Funktionsträger breiten Raum, aber setzen innerhalb der Funktionen enge Grenzen für verfassungsfeindliche Aktivitäten.

Moralisch und aus der Perspektive der Opfer betrachtet, war die weitgehend unbehelligte Rückkehr der ehemaligen RSHA-Führungsangehörigen in bürgerliche Normalität zweifellos ein Skandal. Daß der Volkstumspolitiker Hans Ehlich nach dem Krieg wieder als unbescholtener niedergelassener Arzt praktizieren konnte, ist kaum zu rechtfertigen und zeigt die Grenze jener Argumentation, man habe für den Aufbau der Bundesrepublik auf die alten Funktionseliten zurückgreifen müssen. Darüber hinaus aber lastete der Schaden, der vom faktischen Aussetzen des Strafgesetzbuches ausging, als gravierende Hypothek auf der verfassungsdemokratischen Entwicklung des Nachkriegsdeutschlands. Daß diese Täter, die nicht nur den Kommentar zu den Nürnberger Rassegesetzen geschrieben haben, wie der Kanzleramtschef Hans Globke, sondern radikal die Konzeption in der Praxis Wirklichkeit werden ließen, erst in den sechziger Jahren mit Ermittlungsverfahren wegen Mord und Beihilfe zum Mord konfrontiert wurden, macht den politischen Preis deutlich, der für die Akzeptanz demokratischer Institutionen gezahlt wurde. Ob dieser Preis zu hoch war, muß an anderer Stelle diskutiert werden. Dieser faktische Ausnahmezustand einer von ihren Institutionen her demokratisch verfaßten Gesellschaft, die um der Integration der Täter willen den unerläßlichen allgemeinen Geltungsanspruch ihrer Gesetze aussetzte, offenbart jedoch, wie fragil und riskant der Prozeß zur Zivilgesellschaft in Deutschland nach dem Krieg tatsächlich gewesen ist.

Abkürzungen

a. a. O.	am angegebenen Ort	Chefs.	Chefsache! Nur durch
ADAC	Allgemeiner Deutscher		Offizier
	Automobil-Club	CIC	Counter Intelligence
ADAP	Akten zur Deutschen		Corps
	Auswärtigen Politik		
AEL	Arbeitserziehungslager	DCSV	Deutschchristliche
AOK	Armeeoberkommando		Studentenvereinigung
AStA	Allgemeiner	DDR	Deutsche Demokratische
	Studentenausschuß		Republik
Aufn.	Aufnahme	DH	Dahlwitz-Hoppegarten
		DHR	Deutscher Hochschulring
BArch	Bundesarchiv	Div.	Division
BArch DH	Bundesarchiv	DNB	Deutsches
	Zwischenarchiv		Nachrichtenbüro
	Dahlwitz-	DNSAP	Deutsche Nationalsozia-
	Hoppegarten		listische Arbeiterpartei
Batl.	Bataillon	DÖW	Dokumentationsarchiv
BDC	Berlin Document Center		des österreichischen
	(heute: Bundesarchiv)		Widerstands, Wien
BdO	Befehlshaber der	D. P.	Displaced Persons
	Ordnungspolizei	DUT	Deutsche Umsiedlungs-
BdS	Befehlshaber der		Treuhand GmbH
	Sicherheitspolizei		
	und des SD	EGOWiG	Einführungsgesetz zum
BGH	Bundesgerichtshof		Ordnungswidrigkeiten-
BJM	Bundesjustizministerium		gesetz
BKA	Bundeskriminalamt	EGr	Einsatzgruppe
Bl.	Blatt	Ek	Einsatzkommando
BNSDJ	Bund national-	EKD	Evangelische Kirchen
	sozialistischer		Deutschlands
	deutscher Juristen	erw.	erweiterte
Brif.	SS-Brigadeführer	EWZ	Einwandererzentralstelle
BStU	Der Bundesbeauftragte		
	für die Unterlagen der	FAZ	Frankfurter Allgemeine
	Staatssicherheit der		Zeitung
	ehemaligen Deutschen	FFS	Field Security Section
	Demokratischen Republik		
		GenQu	Generalquartiermeister
CdO	Chef der Ordnungspolizei	GenStAnw	Generalstaatsanwalt
CdZ	Chef der Zivilverwaltung	Gestapa	Geheimes
Chef AW	Chef des Ausbildungs-		Staatspolizeiamt
	wesens der SA	Gestapo	Geheime Staatspolizei

872

g. Ks.	geheime Kommandosache	LG	Landgericht
GPU	Gosudarstvennoe Politiceskoe Upravlenie (Staatliche Politische Verwaltung)	MBliV	Ministerialblatt für die innere Verwaltung
		MfS	Ministerium für Staatssicherheit der DDR
Gruf.	SS-Gruppenführer	Mot.Pol.Batl.	Motorisiertes Polizeibataillon
GWU	Geschichte in Wissenschaft und Unterricht	Ms.	Manuskript
		m. W. v.	mit Wirkung vom
HSSPF	Höhere SS- und Polizeiführer	Neuaufl.	Neuauflage
HStuf.	SS-Hauptsturmführer	NKWD	Narodnyi Kommissariat
HTO	Haupttreuhandstelle Ost		Wnutrennich Del (Volkskommissariat für Inneres)
IdS	Inspekteur der Sicherheitspolizei	NS	Nationalsozialismus/ nationalsozialistisch
IfZ	Institut für Zeitgeschichte, München	NSDAP	Nationalsozialistische Deutsche Arbeiterpartei
IMG	Verhandlungen und Beweisdokumente des Prozesses gegen die Hauptkriegsverbrecher vor dem Internationalen Militärgerichtshof, Nürnberg, 14. November 1945 – 1. Oktober 1946, 42 Bde.	NSDStB	Nationalsozialistischer Deutscher Studentenbund
		NSKK	Nationalsozialistisches Kraftfahrerkorps
		NSV	Nationalsozialistische Volkswohlfahrt
		OA	Oberabschnitt
IRA	Irish Republican Army	ObdH	Oberbefehlshaber des Heeres
KdF	Kanzlei des Führers	Oberf.	SS-Oberführer
KdO	Kommandeur der Ordnungspolizei	OGruf.	SS-Obergruppenführer
		OKH	Oberkommando des Heeres
KdS	Kommandeur der Sicherheitspolizei und des SD	OKW	Oberkommando der Wehrmacht
KG	Kammergericht		
KMI	Kriminalmedizinisches Zentralinstitut	Orpo	Ordnungspolizei
		OSS	Office of Strategic Studies
Korück	Kommandeur des rückwärtigen Armeegebiets	OStubaf.	SS-Obersturmbannführer
		OStuf.	SS-Obersturmführer
Kripo	Kriminalpolizei	OUN	Organisation Ukrainischer Nationalisten
KTB	Kriegstagebuch		
KTI	Kriminaltechnisches Institut der Sicherheitspolizei	Pers. Stab	Persönlicher Stab
		RFSS	Reichsführer SS

Pol.	Polizei	Sk	Sonderkommando
PrMdI	Preußisches Ministerium des Innern	SODFG	Südostdeutsche Forschungsgemeinschaft
PRO	Public Record Office	SPD	Sozialdemokratische Partei Deutschlands
PSB	Public Safety Branch		
		SS	Schutzstaffel der NSDAP
R.A.F.	Royal Air Force	SSO-Akte	SS-Officer-Akte
RdErlaß	Runderlaß	SSPF	SS- und Polizeiführer
Reg.präs.	Regierungspräsident	StA	Staatsarchiv
RFSS	Reichsführer SS	Staf.	SS-Standartenführer
RFSSuChdtP	Reichsführer SS und Chef der deutschen Polizei	StAnw	Staatsanwaltschaft
		StdF	Stellvertreter des Führers
RG	Record group	Stubaf.	SS-Sturmbannführer
Rgt.	Regiment		
RHF	Rassenhygienische und Bevölkerungsbiologische Forschungsstelle	UA	Unterabschnitt
		UdSSR	Union der Sozialistischen Sowjetrepubliken
RKF oder RKFDV	Reichskommissar für die Festigung Deutschen Volkstums	u. d. T.	unter dem Titel
		überarb.	überarbeitete
		UNO	United Nations Organisation
RKPA	Reichskriminalpolizeiamt		
RMBliV	Ministerialblatt des Reichs- und preußischen Ministeriums des Innern	UNWCC	United Nations War Crimes Commission
		US	Unites States
		USHMM	Unites States Holocaust Memorial Museum
RMdF	Reichsministerium der Finanzen	USHRI	United States Holocaust Research Institute
RMdI	Reichsministerium des Innern	UStuf.	SS-Untersturmführer
RMfdbO	Reichsministerium für die besetzten Ostgebiete	UWZ	Umwandererzentralstelle
RMWEV	Reichsministerium für Wissenschaft, Erziehung und Volksbildung	VfZ	Vierteljahrshefte für Zeitgeschichte
RSHA	Reichssicherheitshauptamt	WFSt	Wehrmachtsführungsstab
		WKP	Weibliche Kriminalpolizei
RuPrMdI	Reichs- und preußisches Ministerium des Innern	z. b. V.	zur besonderen Verwendung
RuSHA	Rasse- und Siedlungshauptamt der SS	ZfG	Zeitschrift für Geschichtswissenschaft
		ZStL	Zentrale Stelle der Landesjustizverwaltungen, Ludwigsburg
S.	Seite		
SA	Sturmabteilung		
SdP	Sudetendeutsche Partei		

Quellen

Bundesarchiv
B 106 Bundesminsterium des Innern
B 141 Bundesministerium der Justiz
NS 2 Rasse- und Siedlungshauptamt
NS 4 Konzentrationslager
NS 19 Persönlicher Stab Reichsführer SS
NS 22 Reichsorganisationsleiter der NSDAP
NS 26 Hauptarchiv der NSDAP
NS 31 SS-Hauptamt
NS 38 NS-Studentenbund
R 2 Reichsministerium der Finanzen
R 6 Reichsministerium für die besetzten Ostgebiete
R 18 Reichsministerium des Innern
R 19 Hauptamt Ordnungspolizei
R 22 Reichsministerium der Justiz
R 43 Reichskanzler
R 49 Reichskommissar für die Festigung Deutschen Volkstums
R 58 Reichssicherheitshauptamt
NL 1126 Nachlaß Himmler
NL 1410 Nachlaß Friedrich Wilhelm Krüger
All.Proz. 1, 2, 9 Nürnberger Prozesse
ZSg Zeitgeschichtliche Sammlung
Kleine Erwerbungen
Dt. Auslandswissenschaftliches Institut, 4361

Bundesarchiv Potsdam
Pers. Stab RFSS (Film)
SS Versch. Prov. (Film)
DZA (Film)

Bundesarchiv Zwischenarchiv Dahlwitz-Hoppengarten
Bestand ZA
Bestand ZB I und II
Bestand ZR
Bestand ZM
Bestand Dok-P

Berlin Document Center, heute Bundesarchiv Berlin
Bestand SSO- und RuSHA-Personalakten
Research-Unterlagen

Bestand HO
Sammlung Schumacher

Der Bundesbeauftragte für die Unterlagen der Staatssicherheit der
ehemaligen Deutschen Demokratischen Republik
Verschiedene Bestände

Staatsarchiv Bremen
Senat für Inneres

Universitätsarchiv Leipzig
Rep. I/VII/242
Rep. II/IV/72
Rep. III/IV 134
Phil. Fak. E 33

Universitätsarchiv Jena
BA, Nr. 1959 Jenaer Studentenschaft
BA II, Nr. 1862
BA II, Nr. 1863
BA II, Nr. 1864
BA II, Nr. 1907
K 319, Promotionsakte Reinhard Höhn
K 327, Promotionsakte Friedrich Buchardt

Archiv des Instituts für Zeitgeschichte
Verschiedene Bestände

Archiv der Forschungsstelle für die Geschichte des
Nationalsozialismus in Hamburg
Verschiedene Bestände

Literaturarchiv Marbach
Nachlaß Hannah Arendt, A: Piper Verlag

Generalstaatsanwalt beim Kammergericht Berlin
RSHA-Ermittlungsunterlagen

Staatsanwaltschaft Hamburg
147 Js 31/67 Verfahren gegen Bruno Streckenbach

Zentrale Stelle der Landesjustizverwaltungen in Ludwigsburg
Verschiedene Ermittlungsverfahren

US Nationalarchives, Washington, D.C.
Record Group 238
Record Group 242
Record Group 319

US Holocaust Memorial Museum Washington
Record Group 15.007 M
Record Group 362

Zentrum für die Aufbewahrung historisch-dokumentarischer
Sammlungen (»Sonderarchiv«), Moskau
Fond 500
Fond 501
Fond 504
Fond 700
Fond 720
Fond 1323
Fond 1367

Public Record Office, London
FO 1050/350

Archiv der Gedenkstätte Yad Vashem, Jerusalem
Dokumente des Prozesses gegen Adolf Eichmann

Literatur

Quelleneditionen, Dokumentationen, Tagebücher

Adenauer, Konrad, Briefe 1949–1951, hrsg. von Rudolf Morsey und Hans-Peter Schwarz, Berlin 1987.

Akten zur Deutschen Auswärtigen Politik 1918–1945. Serie D (1937–1941; Serie E (1941–1945).

Aly, Götz/Heim, Susanne, Staatliche Ordnung und »organische Lösung«. Die Rede Hermann Görings »Über die Judenfrage« vom 6. Dezember 1938, in: Jahrbuch für Antisemitismusforschung 2 (1992), S. 378–404.

Augenzeugenbericht zu den Massenvergasungen. Hrsg. von Hans Rothfels, in: VfZ 1 (1953), S. 177–195.

Baumgart, Wilfried, Zur Ansprache Hitlers am 22. August 1939, in: VfZ 16 (1968), S. 120–149.

Becker, Josef und Ruth (Hg.), Hitlers Machtergreifung 1933. Vom Machtantritt Hitlers 30. Januar 1933 bis zur Besiegelung des Einparteienstaates 14. Juli 1933, 2. durchgesehene und ergänzte Auflage, München 1992.

Boberach, Heinz (Hg.), Berichte des SD und der Gestapo über Kirchen und Kirchenvolk in Deutschland 1934–1944, Mainz 1971.

Ders. (Hg.), Meldungen aus dem Reich 1938–1945. Die geheimen Lageberichte des Sicherheitsdienstes der SS, 17 Bde., Herrsching 1984.

Boehm, Hermann/Baumgart, Winfried, Zur Ansprache Hitlers am 22. August 1939. Miszelle, in: VfZ 19 (1971), S. 294–304.

Breitman, Richard/Aronson, Shlomo, Eine unbekannte Himmler-Rede vom Januar 1943, in: VfZ 38 (1990), S. 337–348.

Chavkin, Boris/Kalganov, A. M., Die letzten Tage von Heinrich Himmler. Neue Dokumente aus dem Archiv des Föderalen Sicherheitsdienstes, in: Forum für osteuropäische Ideen- und Zeitgeschichte 4 (2000), Heft 2, S. 251–284.

Czech, Danuta, Kalendarium der Ereignisse im Konzentrationslager Auschwitz-Birkenau 1939–1945, Reinbek 1989.

Darstellungen aus den Nachkriegskämpfen deutscher Truppen und Freikorps, hrsg. von der Forschungsanstalt für Kriegs- und Heeresgeschichte, 6 Bde., Berlin 1940.

Das Diensttagebuch des deutschen Generalgouverneurs in Polen 1939–1945. Hrsg. von Werner Präg und Wolfgang Jacobmeyer, Stuttgart 1975.

Deutschland-Berichte der Sozialdemokratischen Partei Deutschlands, 6. Jahrgang 1939, Nr. 8, August bis Oktober 1939, Salzhausen/Frankfurt am Main 1980 (Nachdruck), Bd. 6.

Der Dienstkalender Heinrich Himmlers 1941/42. Im Auftrag der Forschungsstelle für Zeitgeschichte in Hamburg bearbeitet, kommentiert und eingeleitet von Peter Witte, Michael Wildt, Martina Voigt, Dieter Pohl, Peter Klein, Christian Gerlach, Christoph Dieckmann und Andrej Angrick, Hamburg 1999.

Documenta Occupationes Teutonicae, Bd. I–XII, Poznań 1946 ff.

Dokumente über die Verfolgung der jüdischen Bürger in Baden-Württemberg durch das nationalsozialistische Regime 1933–1945, im Auftrag der Archivdirektion Stuttgart bearbeitet von Paul Sauer, 2 Bde., Stuttgart 1966.

Faschismus – Getto – Massenmord. Dokumentation über Ausrottung und Widerstand der Juden in Polen während des zweiten Weltkrieges, hrsg. vom Jüdischen Historischen Institut Warschau, Frankfurt am Main 1962.

Ferenc, Tone (Hg.), Quellen zur nationalsozialistischen Entnationalisierungspolitik in Slowenien 1941–1945, Maribor 1980.

François-Poncet, André, Als Botschafter in Berlin. 1931–1938, Mainz 1949.

Groscurth, Helmuth, Tagebücher eines Abwehroffiziers. Hrsg. von Helmut Krausnick und Harold C. Deutsch, Stuttgart 1970.

Generaloberst Halder, Kriegstagebuch, Bd. 1 und 2. Bearbeitet von Hans-Adolf Jacobsen in Verbindung mit Alfred Philippi, Stuttgart 1962.

Heiber, Helmut (Hg.), Hitlers Lagebesprechung. Die Protokollfragmente seiner militärischen Konferenzen 1942–1945, Stuttgart 1962.

Ders., Aus den Akten des Gauleiters Kube. Dokumentation, VfZ 4 (1956), S. 67–92.

Ders., Der Generalplan Ost, in: VfZ 6 (1958), S. 281–325.

Heinrich Himmler. Geheimreden 1933–1945 und andere Ansprachen. Hrsg. von Bradley F. Smith und Agnes F. Peterson, Frankfurt am Main u.a. 1974.

Hitler, Adolf, Monologe im Führerhauptquartier 1941–1944. Die Aufzeichnungen Heinrich Heims. Hrsg. von Werner Jochmann, Hamburg 1980.

Ders., Reden, Schriften, Anordnungen. Februar 1915 bis Januar 1933. Hrsg. vom Institut für Zeitgeschichte, Band I–VI, München 1992 ff.

Höß, Rudolf, Kommandant in Auschwitz. Hrsg. von Martin Broszat, Stuttgart 1958.

Hubatsch, Walther, Hindenburg und der Staat. Aus den Papieren des Generalfeldmarschalls und Reichspräsidenten von 1878 bis 1934, Berlin u.a. 1966.

Jacobsen, Hans-Adolf (Hg.), »Spiegelbild einer Verschwörung«. Die Opposition gegen Hitler und der Staatsstreich vom 20. Juli 1944 in der SD-Berichterstattung. Geheime Dokumente aus dem ehemaligen Reichssicherheitshauptamt, 2 Bde., Stuttgart 1984.

Jochmann, Werner, Nationalsozialismus und Revolution. Ursprung und Geschichte der NSDAP in Hamburg 1922–1933. Dokumente, Frankfurt am Main 1963.

Justiz und NS-Verbrechen. Sammlung deutscher Strafurteile wegen nationalsozialistischer Tötungsverbrechen 1945–1966, Amsterdam 1975 ff.

Kersten, Felix, Totenkopf und Treue. Heinrich Himmler ohne Uniform, Hamburg 1952.

Ders., The Kersten Memoirs, 1940–1945, New York 1957 (Erstausgabe 1947).

Kessler, Harry Graf, Tagebücher 1918–1937. Hrsg. von Wolfgang Pfeiffer-Belli, Frankfurt am Main 1961.

Klemperer, Victor, Ich will Zeugnis ablegen bis zum letzten. Tagebücher 1933–1941. Hrsg. von Walter Nowojski unter Mitarbeit von Hadwig Klemperer, Berlin 1995.

Krausnick, Helmut, Hitler und die Morde in Polen, in: VfZ 11 (1963), S. 206–209.

Kriegstagebuch des Oberkommandos der Wehrmacht (Wehrmachtführungsstab). Hrsg. von Percy E. Schramm, zusammengestellt und erläutert von Hans-Adolf Jacobsen, Frankfurt am Main 1965.

Leszczyński, Kazimierz (Hg.), Działalność Einsatzgruppen Policji Bezpieczeństwa na ziemiach polskich w 1939 r. w świetle dokumentów, in: Biuletyn Głównej Komisji Badania Zbrodni Hitlerowskich w Polsce 22 (1977), S. 7–290.

Mann, Klaus, Tagebücher 1931–1933. Hrsg. von Joachim Heimannsberg, Peter Laemmle, Wilfried Schoeller, Reinbek bei Hamburg 1995 (Erstausgabe 1989).

Mann, Thomas, Tagebücher 1918–1921. Hrsg. von Peter de Mendelssohn, Frankfurt am Main 1979.

Matlok, Siegfried (Hg.), Dänemark in Hitlers Hand. Der Bericht des Reichsbevollmächtigten Werner Best über seine Besatzungspolitik in Dänemark mit Studien über Hitler, Göring, Himmler, Heydrich, Ribbentrop, Canaris u. a., Husum 1988.

Matthäus, Jürgen, »Weltanschauliche Forschung und Auwertung«. Aus den Akten des Amtes VII im Reichssicherheitshauptamt, in: Jahrbuch für Antisemitismusforschung 5, Frankfurt am Main/New York 1992, S. 287–330.

Michman, Dan, Preparing for Occupation? A Nazi Sicherheitsdienst Document of Spring 1939 on the Jews in Holland, in: Studia Rosenthalia, 32 (1998), S. 173–180.

Mitscherlich, Alexander/Mielek, Fred, Medizin ohne Menschlichkeit. Dokumente des Nürnberger Ärzteprozesses, Frankfurt am Main 1960.

Mitschrift Generalleutnant Liebmann, dokumentiert in: Neue Dokumente zur Geschichte der Reichswehr 1930–1933, in: VfZ 2 (1954), S. 434 f.

Moll, Martin (Hg.), »Führer-Erlasse« 1939–1945, Stuttgart 1997.

Müller, Reinhard, Hitlers Rede vor der Reichswehrführung 1933. Eine neue Moskauer Überlieferung, in: Mittelweg 36 11 (2001), Heft 1, S. 73–90.

Pätzold, Kurt/Schwarz, Erika, Tagesordnung: Judenmord. Die Wannsee-Konferenz am 20. Januar 1942. Eine Dokumentation zur Organisation der »Endlösung«, Berlin 1992.

Petzina, Dietmar/Abelshauser, Werner/Faust, Anselm, Sozialgeschichtliches Arbeitsbuch III: Materialien zur Statistik der Deutschen Reiches 1914–1945, München 1978.

Picker, Henry, Hitlers Tischgespräche im Führerhauptquartier. Hrsg. von Gerhard Ritter, Bonn 1951.

Piper, Klaus, Schriften und Briefe. Hrsg. von Ralf-Peter Märtin und Ernst Reinhard Piper, München/Zürich 1991.

Plum, Günter, Staatspolizei und innere Verwaltung 1934–1936, in: VfZ 13 (1965), S. 191–224.

Der Prozeß gegen die Hauptkriegsverbrecher vor dem Internationalen Militärgerichtshof, 42 Bde., Nürnberg 1947.

Radziwończyk, Kazimierz (Hg.), »Akcja Tannenberg« grup operacyjnych Sipo i SD w Polsce jesienią 1939 r., in: Przegląd Zachodni 22 [1966], No. 5, S. 94–118.

Schuldig. Das Urteil gegen Adolf Eichmann. Hrsg. von Avner W. Less, Frankfurt am Main 1987.

De SS en Nederland. Documenten uit SS-Archieven 1935–1945. Ingeleid und uitgegeven door N.K.C.A. in t'Veld, s'Gravenhage 1976.

Statistisches Bundesamt, Bevölkerung und Wirtschaft 1872–1972, Tabellenteil, Stuttgart u. a. 1972.

Statistisches Reichsamt, Sonderhefte zur Wirtschaft und Statistik, 5. Jahrgang, Sonderheft 1: Zahlen zur Geldentwertung in Deutschland 1915 bis 1923, Berlin 1925.

Die Tagebücher von Joseph Goebbels. Sämtliche Fragmente. Hrsg. von Elke Fröhlich, München u. a. 1987–2001.

The Trial of Adolf Eichmann. Record of Proceedings in the District Court of Jerusalem, 9 Bde., Jerusalem 1993.

Verfügungen/Anordnungen/Bekanntgaben. Hrsg. von der Partei-Kanzlei der NSDAP, Bd. II, München 1943.

Die Vergangenheit warnt. Dokumente über die Germanisierungs- und Austilgungspolitik der Naziokkupanten in der Tschechoslowakei. Zusammengestellt, bearbeitet und eingeleitet von Václav Král, Prag 1960.

Zur Verjährung nationalsozialistischer Verbrechen. Dokumentation der parlamentarischen Bewältigung des Problems. Hrsg. vom Deutschen Bundestag, Presse- und Informationszentrum, Bonn 1980.

Wagner, Elisabeth (Hg.), Der Generalquartiermeister. Briefe und Tagebuchaufzeichnungen des Generalquartiermeisters des Heeres, General der Artillerie Eduard Wagner, München/Wien 1963.

Walk, Joseph (Hg.), Das Sonderrecht für die Juden im NS-Staat. Eine Sammlung der gesetzlichen Maßnahmen und Richtlinien – Inhalt und Bedeutung, 2. Auflage Heidelberg 1996.

War and Peace Aims of the United Nations. Ed. by Louise Holborn, Washington 1943.

Warlimont, Walter, Im Hauptquartier der deutschen Wehrmacht 1939–1945, Frankfurt am Main 1962.

Wildt, Michael (Hg.), Die Judenpolitik des SD 1935–1938, München 1995.

Wirsching, Andreas, »Man kann nur Boden germanisieren«. Eine neue Quelle zu Hitlers Rede vor den Spitzen der Reichswehrführung am 3. Februar 1933, in: VfZ 49 (2001), S. 517–550.

Zeitgenössische Literatur (bis 1949)

Bade, Wilfried, Deutschland erwacht. Werden, Kampf und Sieg der NSDAP, Altona-Bahrenfeld 1933.

Bernadotte, Folke Graf, Das Ende. Meine Verhandlungen in Deutschland im Frühjahr 1945 und ihre politischen Folgen, Zürich/New York 1945.

Best, Werner, Die Schutzstaffel der NSDAP und die Deutsche Polizei, in: Deutsches Recht, 9 Jg. 1939, S. 44 ff.

Best, Werner, Reinhard Heydrich, Ms., Kopenhagen, 1.10.1949, in: Siegfried Matlok (Hg.), Dänemark in Hitlers Hand. Der Bericht des Reichsbevollmächtigten Werner

Best über seine Besatzungspolitik in Dänemark mit Studien über Hitler, Göring, Himmler, Heydrich, Ribbentrop, Canaris u. a., Husum 1988.

Ders., Kritik und Apologie des »Juristen«, in: Deutsches Recht, 9. Jg. 1939, Heft 8/9, S. 196–199.

Bronnen, Arnolt, »O.S.«, Berlin 1929.

Dähnhardt, Heinz, Die Bahrenfelder, Hamburg 1925.

Das Schwarzbuch. Tatsachen und Dokumente. Die Lage der Juden in Deutschland 1933. Hrsg. vom Comité des Delegations Juives, Paris 1934.

Elterlein, Uttmann von, Absage an den Jahrgang 1902?, in: Die Tat, 22. Jg. 1930/31, Heft 3, Juni 1930, S. 202–206.

Engelbrechten, Julek Karl von, Eine braune Armee entsteht. Die Geschichte der Berlin-Brandenburger SA, München/Berlin 1937.

Festgabe für Heinrich Himmler, Darmstadt 1941.

Fraenkel, Ernst, Der Doppelstaat. Recht und Justiz im »Dritten Reich«, Frankfurt am Main 1984 (amerik. Originalausgabe 1941).

Frank, Hans/Himmler, Heinrich/Best, Werner/Höhn, Reinhard, Grundfragen der deutschen Polizei. Bericht über die konstituierende Sitzung des Ausschusses für Polizeirecht der Akademie für Deutsches Recht am 11. Oktober 1936 (Arbeitsberichte der Akademie für Deutsches Recht. Herausgegeben von dem Präsidenten der Akademie für Deutsches Recht Reichsminister Dr. Hans Frank), Hamburg 1937.

Freyer, Hans, Antäus. Grundlegung einer Ethik des bewussten Lebens, 2. Auflage Jena 1922.

Ders., Soziologie als Wirklichkeitswissenschaft. Logische Grundlegung des Systems der Soziologie, Leipzig 1930.

Ders., Der Staat, Leipzig 1925.

Ders., Soziologie als Wirklichkeitswissenschaft, in: Zeitschrift für Völkerpsychologie und Soziologie, 5. Jg. 1929, S. 257–266.

Goebbels, Joseph, Das erwachende Berlin, München 1934.

Ders., Vom Kaiserhof zur Reichskanzlei. Eine historische Darstellung in Tagebuchblättern, Berlin 1933.

Gräfe, Heinz, Freiwilliger Arbeitsdienst, in: Leipziger Studentenschaft, Nr. 2, 1931.

Ders., Auf Erkundungsfahrt in Oberschlesien, in: Leipziger Studentenschaft, Nr. 3, 1931.

Ders., Arbeitslager, Selbsthilfe, Siedlung, in: Leipziger Studentenschaft, Nr. 4, 1931.

Ders., Das Arbeitslager der Leipziger Studentenschaft in Oberschlesien, in: Die Leipziger Studentenschaft, Nr. 3, 1932.

Ders., Besinnung für die Zukunft, in: Die Leipziger Studentenschaft, Nr. 3, 1932.

Grimm, Friedrich, Der Mainzer Kriegsgerichtsprozeß gegen die rheinisch-westfälischen Bergwerksvertreter, Berlin 1923.

Gründel, E. Günther, Die Sendung der Jungen Generation. Versuch einer umfassenden revolutionären Sinndeutung der Krise, München 1932.

Heeß, Walter, Das Kriminaltechnische Institut der Sicherheitspolizei (KTI) bei Reichskriminalpolizeiamt, in: Kriminalistik, 13. Jg. 1939, Heft 6, S. 121–125.

Ders., Aus dem Kriminaltechnischen Institut der Sicherheitspolizei (KTI), in: Kriminalistik, 14. Jg. 1940, Heft 4, S. 45–47; sowie in: Kriminalistik, 15. Jg. 1941, Heft 5, S. 59–60.

Heydrich, Reinhard, Wandlungen unseres Kampfes, München/Berlin 1936.

Ders., Die Bekämpfung der Staatsfeinde, in: Deutsches Recht, 6. Jg. 1936, Heft 7/8, S. 121–123.

Ders., Aufgaben und Ausbau der Sicherheitspolizei im Dritten Reich, in: Dr. Wilhelm Frick und sein Ministerium. Hrsg. von Hans Pfundtner, München 1937, S. 149–153.

Himmler, Heinrich, Aufgaben und Aufbau der Polizei des Dritten Reiches, in: Dr. Wilhelm Frick und sein Ministerium. Hrsg. von Hans Pfundtner, München 1937, S. 125–130.

Hitler, Adolf, Mein Kampf. Zwei Bände in einem Band, 349.–351. Auflage, München 1938.

Holzner, Anton (d. i. Albert Hartl), Das Gesetz Gottes, Berlin 1940.

Huber, Ernst Rudolf, Verfassungsrecht des Großdeutschen Reiches, Hamburg 1939.

Hübner, Kurt, Die Entstehung einer Reichskriminalpolizei, Freiburg (Diss. jur.) 1936.

Jünger, Ernst, Der Kampf als inneres Erlebnis, in: ders., Sämtliche Werke, Abt. II, Bd. 7, Berlin 1922

Kaußmann, Ernst, Der Stil der Oden Klopstocks, Leipzig 1931.

Knochen, Helmut, Der Dramatiker George Colman, Göttingen 1935.

Kötzschke, Rudolf, Universität Leipzig, in: Das akademische Deutschland, Bd. 1: Die deutschen Hochschulen in ihrer Geschichte, Berlin 1930, S. 289–308.

Kogon, Eugen, Der SS-Staat. Das System der deutschen Konzentrationslager, Frankfurt am Main 1946.

Mahraun, Artur, Das Jungdeutsche Manifest, Berlin 1927.

Ders., Der Jungdeutsche Orden (Staatsbürger Nr. 48), Berlin o. D. (1932).

Mann, Klaus, Kind dieser Zeit, Berlin 1932.

Ders., Mein Vater. Zu seinem 50. Geburtstag, in: ders., Die neuen Eltern. Aufsätze, Reden, Kritiken 1924–1933. Hrsg. von Uwe Naumann und Michael Töteberg, Reinbek bei Hamburg 1992, S. 48–50.

Ders., Der Wendepunkt. Ein Lebensbericht, Frankfurt am Main 1952 (engl. Originalausg. 1942).

Mann, Thomas, Erinnerungen aus der deutschen Inflation (1942), in: ders., Gesammelte Werke in Einzelbänden, Bd. 8, Frankfurt am Main 1983, S. 361–371.

Mannheim, Karl, Das Problem der Generationen, in: Kölner Vierteljahrshefte für Soziologie 7 (1928), S. 157–185 und S. 309–330.

Nebe, Arthur, Aufbau der deutschen Kriminalpolizei, in: Kriminalistik, 12. Jg. 1938, Heft 1, S. 4–8.

Niessen, Ludwig, Der Lebensraum für den geistigen Arbeiter. Ein Beitrag zur akademischen Berufsnot und zur studentischen Weltsolidarität (Schriftenreihe des Deutschen Instituts für Auslandskunde, Münster, hrsg. von Georg Schreiber, Heft 45), Münster 1931.

Plessner, Helmuth, Die Grenzen der Gemeinschaft. Eine Kritik des sozialen Radikalismus (1924).

Rapp, Adolf, Württembergische Eberhard-Karls-Universität Tübingen, in: Das akademische Deutschland, Bd. 1: Die deutschen Hochschulen in ihrer Geschichte, Berlin 1930, S. 385–400.

Rosenberg, Alfred, Nationalsozialismus und Jungdeutscher Orden. Eine Abrechnung mit Artur Mahraun, München 1927.

Rößner, Hans, Georgekreis und Literaturwissenschaft. Zur Würdigung und Kritik der geistigen Bewegung Stefan Georges, Frankfurt am Main 1938.

Ders., Dritter Humanismus im Dritten Reich, in: Zeitschrift für deutsche Bildung 12 (1936), S. 186–192.

Ders., »Ende des George-Kreises«, in: Volk im Werden 6 (1938), S. 459–477, und »George und Ahasver oder vom geistigen Reich«, in: Die Weltliteratur, 1941, S. 244–248.

Salomon, Ernst von (Hg.), Das Buch vom deutschen Freikorpskämpfer, Berlin 1938.

Ders., Die Geächteten. Roman, Reinbek bei Hamburg 1962 (Erstausgabe Berlin 1929).

Sandberger, Martin, Die Sozialversicherung im nationalsozialistischen Staat. Grundsätzliches zur Streitfrage: Versicherung oder Versorgung?, Urach 1934.

Schlabrendorff, Fabian von, Offiziere gegen Hitler, Zürich 1946.

Schmitt, Carl, Politische Theologie. Vier Kapitel zur Lehre von der Souveränität, München/Leipzig 1922.

Ders., Der Begriff des Politischen (1932), Berlin 1963.

Schreiber, Georg, Einführung zu Ludwig Niessen, Der Lebensraum für den geistigen Arbeiter, Münster 1931, S. I–XI.

Spengler, Wilhelm, Das Drama Schillers. Seine Genesis. Leipzig 1932.

Thomas, Hans (i. e. Hans Zehrer), Absage an den Jahrgang 1902, in: Die Tat, 21. Jg. 1929/30, Heft 10, Januar 1930, S. 740–748.

Verfassung des Jungdeutschen Ordens, Cassel 1923.

Zirpins, Walter, Das Getto in Litzmannstadt, kriminalpolizeilich gesehen, in: Kriminalistik 15 (1941), Heft 9 September, S. 97–99

Darstellungen

Adam, Armin, Rekonstruktion des Politischen. Carl Schmitt und die Krise der Staatlichkeit 1912–1933, Weinheim 1992.

Adam, Uwe Dietrich, Judenpolitik im Dritten Reich, Düsseldorf 1972.

Ders., Hochschule und Nationalsozialismus. Die Universität Tübingen im Dritten Reich, Tübingen 1977.

Ackermann, Josef, Heinrich Himmler als Ideologe, Göttingen 1970.

Adelson, Alan, Robert Lapides (Ed.), Lodz Ghetto. Inside a Community under Siege, New York 1989.

Adler, Hans Günther, Theresienstadt 1941–1945. Das Antlitz einer Zwangsgemeinschaft. Geschichte, Soziologie, Psychologie, 2. erw. Aufl., Tübingen 1960.

884

Ders., Der verwaltete Mensch. Studien zur Deportation der Juden aus Deutschland, Tübingen 1974.

Alheit, Peter/Fischer-Rosenthal, Wolfram/Hoerning, Erika M., Biographieforschung. Eine Zwischenbilanz in der deutschen Soziologie, Bremen 1990.

Allen, Mike, Engineers and Modern Managers in the SS. The Business Administration Mai Office (Wirtschaftsverwaltungshauptamt), Phil. Diss. 1995.

Ders., The Banality of Evil Reconsidered: SS Mid-Level Managers of Extermination through Work, in: Central European History 30 (1997), S. 253–294.

Aly, Götz, Erwiderung auf Dan Diner, in: VfZ 41 (1993), S. 621–635.

Ders., »Endlösung«. Völkerverschiebung und der Mord an den europäischen Juden, Frankfurt am Main 1995.

Aly, Götz/Heim, Susanne, Vordenker der Vernichtung. Auschwitz und die deutschen Pläne für eine neue europäische Ordnung, Hamburg 1991.

Dies., Sozialplanung und Völkermord. Thesen zur Herrschaftsrationalität der nationalsozialistischen Vernichtungspolitik, in: Wolfgang Schneider (Hg.), »Vernichtungspolitik«. Eine Debatte über den Zusammenhang von Sozialpolitik und Genozid im nationalsozialistischen Deutschland, Hamburg 1991, S. 11–23.

Anderl, Gabriele, Die »Zentralstellen für jüdische Auswanderung« in Wien, Berlin und Prag – ein Vergleich, in: Tel Aviver Jahrbuch für deutsche Geschichte, Band 23 (1994), S. 275–299.

Andrew, Christopher, Secret Service. The Making of British Intelligence Community, London 1985.

Angress, Werner T., Die Kampfzeit der KPD 1921–1923, Düsseldorf 1973 (amerikanische Originalausgabe 1963).

Ders., Bernhard Weiß – A Jewish Public Servant in the Last Years of the Weimar Republic, in: Wolfgang Benz/Arnold Paucker/Peter Pulzer (Hg.), Jüdisches Leben in der Weimarer Republik. Jews in the Weimar Republic, Tübingen 1998, S. 49–63.

Ders., Smith, Bradley F., Diaries of Heinrich Himmler's Early Years, in: Journal of Modern History 31 (1959), S. 206–224.

Angrick, Andrej, Die Einsatzgruppe D. Struktur und Tätigkeiten einer mobilen Einheit der Sicherheitspolizei und des SD in der deutsch besetzten Sowjetunion, Diss. phil., Berlin 1999.

Ders., Die Einsatzgruppe D, in: Peter Klein (Hg.), Die Einsatzgruppen in der besetzten Sowjetunion 1941/42, Berlin 1997, S. 88–110.

Ders./Voigt, Martina/Ammerschubert, Silke/Klein, Peter, »Da hätte man schon ein Tagebuch führen müssen.« Das Polizeibataillon 322 und die Judenmorde im Bereich der Heeresgruppe Mitte während des Sommers und Herbstes 1941, in: Helge Grabitz/Klaus Bästlein/Johannes Tuchel (Hg.), Die Normalität des Verbrechens. Bilanz und Perspektiven der Forschung zu den nationalsozialistischen Gewaltverbrechen. Festschrift für Wolfgang Scheffler zum 65. Geburtstag, Berlin 1994, S. 325–385.

Arad, Yitzhak, Belzec, Sobibor, Treblinka. The Operation Reinhard Death Camps, Bloomington/Indianapolis 1987.

Arendt, Hannah, Elemente und Ursprünge totaler Herrschaft, Frankfurt am Main 1955.

Dies., Totalitarian Imperialism: Reflections on the Hungarian Revolution, in: Journal of Politics 20 (1958), Heft 1, Februar 1958, S. 5–43.

Dies., Die ungarische Revolution und der totalitäre Imperialismus, München 1958.

Dies., Eichmann in Jerusalem. Ein Bericht von der Banalität des Bösen, München 1964 (amerik. Originalausgabe 1963)

Dies., Rosa Luxemburg, in: dies., Menschen in finsteren Zeiten, München/Zürich 1989, S. 49–74.

Dies./Jaspers, Karl, Briefwechsel 1926–1969. Hrsg. von Lotte Köhler und Hans Saner, München 1993.

Dies.,/Blumenfeld, Kurt, »… in keinem Besitz verwurzelt«. Die Korrespondenz. Hrsg. von Ingeborg Nordmann und Iris Pilling, Hamburg 1995.

Armstrong, John A.,Ukrainian Nationalism 1939–1945, Englewod 1990 (Erstauflage 1955).

Arndt, Ingo/Scheffler, Wolfgang, Organisierter Massenmord an Juden in nationalsozialistischen Vernichtungslagern, in: VfZ 24 (1976), S. 105–135.

Arnold, Birgit, »Deutscher Student, es ist nicht nötig, daß Du lebst, wohl aber, daß Du Deine Pflichten gegenüber Deinem Volk erfüllst«. Gustav Adolf Scheel, Reichsstudentenführer und Gauleiter von Salzburg, in: Michael Kißener/Joachim Scholtyseck (Hg.), Die Führer der Provinz. NS-Biographien aus Baden und Württemberg, Konstanz 1997, S. 567–594.

Arnold, Klaus Jochen, Die Eroberung und Behandlung der Stadt Kiew durch die Wehrmacht im September 1941: Zur Radikalisierung der Besatzungspolitik, in: Militärgeschichtliche Mitteilungen 58 (1999), S. 23–63.

Aronson, Shlomo, Reinhard Heydrich und die Frühgeschichte von Gestapo und SD, Stuttgart 1971.

Artzt, Heinz, Zur Abgrenzung von Kriegsverbrechen und NS-Verbrechen, in: Adalbert Rückerl (Hg.), NS-Prozesse. Nach 25 Jahren Strafverfolgung: Möglichkeiten – Grenzen – Ergebnisse, Karlsruhe 1971, S. 163–194.

Auerbach, Hellmuth, Hitlers politische Lehrjahre und die Münchner Gesellschaft 1919–1923, in: VfZ 25 (1977), S. 1–45.

August, Jochen (Hg.), »Sonderaktion Krakau«. Die Verhaftung der Krakauer Wissenschaftler am 6. November 1939, Hamburg 1997.

Ayaß, Wolfgang u.a., Feindderklärung und Prävention. Kriminalbiologie, Zigeunerforschung und Asozialenpolitik, Berlin 1988.

Bahar, Alexander/Kugel, Wilfried, Der Reichstagsbrand. Wie Geschichte gemacht wird, Berlin 2001.

Bajohr, Frank, Hamburg – Der Zerfall der »Volksgemeinschaft«, in: Ulrich Herbert/ Axel Schildt (Hg.), Kriegsende in Europa. Vom Beginn des deutschen Machtzerfalls bis zur Stabilisierung der Nachkriegsordnung 1944–1948, Essen 1998, S. 318–336.

Ders., Gauleiter in Hamburg. Zur Person und Tätigkeit Karl Kaufmanns, in: VfZ 43 (1995), S. 267–295.

Ders., Parvenüs und Profiteure. Korruption in der NS-Zeit, Frankfurt am Main 2001.

Balistier, Thomas, Gewalt und Ordnung. Kalkül und Faszination der SA, Münster 1989.

Ball-Kaduri, Kurt Jakob, Das Leben der Juden in Deutschland im Jahre 1933. Ein Zeitbericht, Frankfurt am Main 1963.

Banach, Jens, Heydrichs Elite. Das Führerkorps der Sicherheitspolizei und des SD 1936–1945, Paderborn u. a. 1998.

Ders., Die Inspekteure der Sicherheitspolizei und des SD 1936–1945, Hamburg (Magisterarbeit) 1985.

Bankier, David, Die öffentliche Meinung im Hitler-Staat. Die »Endlösung« und die Deutschen. Eine Berichtigung, Berlin 1995.

Baranowski, Julian, Lodzkie Getto, 1940–1944, Lodz 1999.

Bariéty, Jacques, Die französische Politik in der Ruhrkrise, in: Klaus Schwabe (Hg.), Die Ruhrkrise 1923. Wendepunkt der internationalen Beziehungen nach dem Ersten Weltkrieg, Paderborn 1985, S. 11–27.

Bästlein, Klaus, Vom hanseatischen Richtertum zum nationalsozialistischen Justizverbrechen. Zur Person und Tätigkeit Curt Rothenbergers 1896–1959, in: Justizbehörde Hamburg (Hg.), Klaus Bästlein, Helge Grabitz, Wolfgang Scheffler (Red.), »Für Führer, Volk und Vaterland ...« Hamburger Justiz im Nationalsozialismus, Hamburg 1992, S. 74–145.

Bauer, Fritz, Die Kriegsverbrecher vor Gericht, Zürich/New York 1945.

Bauer, Yehuda, Freikauf von Juden? Verhandlungen zwischen dem nationalsozialistischen Deutschland und jüdischen Repräsentanten von 1933 bis 1945, Frankfurt am Main 1996 (amerik. Originalausgabe 1994).

Ders., Anmerkungen zum »Auschwitz-Bericht« von Rudolf Vrba, in: VfZ 45 (1997), S. 297–307.

Bauman, Zygmunt, Moderne und Ambivalenz. Das Ende der Eindeutigkeit, Hamburg 1992

Ders., Dialektik der Ordnung. Die Moderne und der Holocaust, Hamburg 1992 (amerik. Originalausgabe 1989).

Baumann, Jürgen, Die strafrechtliche Problematik der nationalsozialistischen Gewaltverbrechen, in: Reinhard Henkys, Die nationalsozialistischen Gewaltverbrechen. Geschichte und Gericht, Stuttgart/Berlin 1964, S. 67–122.

Baumann, Ursula, Suizid im »Dritten Reich« – Facetten eines Themas, in: Michael Grüttner/Rüdiger Hachtmann/Heinz-Georg Haupt (Hg.), Geschichte und Emanzipation. Festschrift für Reinhard Rürup, Frankfurt/New York 1999, S. 482–516.

Baumgart, Wilfried, Deutsche Ostpolitik 1918. Von Brest-Litowsk bis zum Ende des Ersten Weltkrieges, Wien/München 1966.

Bazna, Elyesa, Ich war Cicero. Der größte Spion des Zweiten Weltkrieges erzählt seine Abenteuer, München 1976.

Beer, Mathias, Die Entwicklung der Gaswagen beim Mord an den Juden, in: VfZ 35 (1987), S. 403–417.

Behringer, Wolfgang, Der Abwickler der Hexenforschung im Reichssicherheitshauptamt (RSHA): Günther Franz, in: Lorenz, Sönke/Bauer, Dieter R./Behringer, Wolfgang/Schmidt, Jürgen Michael (Hg.), Himmlers Hexenkartothek. Das Interesse des Nationalsozialismus an der Hexenverfolgung, Bielefeld 2000, S. 109–134.

Benda, Ernst, Der Nürnberger Prozeß. Grundlage eines neuen Völkerrechts?, in: Uwe Schultz (Hg.), Große Prozesse. Recht und Gerechtigkeit in der Geschichte, München 1996, S. 340–350.

Benz, Wolfgang (Hg.), Die Juden in Deutschland 1933–1945. Leben unter nationalsozialistischer Herrschaft, München 1988.

Ders./Paucker, Arnold/Pulzer, Peter (Hg.), Jüdisches Leben in der Weimarer Republik. Jews in the Weimar Republic, Tübingen 1998.

Berghahn, Volker R., Der Stahlhelm. Bund der Frontsoldaten 1918–1935, Düsseldorf 1966.

Ders., Das Ende des Stahlhelm, in: VfZ 13 (1965), S. 446–451.

Bering, Dietz, Kampf um Namen. Bernhard Weiß gegen Joseph Goebbels, Stuttgart 1991.

Berlin, Jörg, Staatshüter und Revolutionsverfechter. Die Hamburger Arbeiterbewegung in den Jahren 1919–1923, in: Ulrich Bauche u. a. (Hg.), »Wir sind die Kraft«. Arbeiterbewegung in Hamburg von den Anfängen bis 1945, Hamburg 1988, S. 103–129.

Berliner Geschichtswerkstatt (Hg.), »Geschichte zurechtrücken, Unbekanntes aufdecken.« Dokumentation der lokalhistorischen Projekte in der BRD und in Berlin (West) anläßlich des 50. Jahrestages der Machtübergabe an die Nationalsozialisten, Berlin o. D. (1984).

Bessel, Richard, Political Violence and the Rise of Nazism. The Storm Troopers in Eastern Germany 1925–1934, New Haven/London 1984.

Ders., Germany after the First World War, Oxford 1993.

Best, S. Payne, The Venlo incident, London 1950.

Biddiscombe, Perry, Unternehmen Zeppelin. The Deployment of SS Saboteurs and Spies in the Soviet Union, 1942–1945, in: Europe-Asia Studies 52 (2000), S. 1115–1142.

Biedermann und Schreibtischtäter. Materialien zur deutschen Täter-Biographie mit Beiträgen von Götz Aly, Peter Chroust, H. D. Heilmann, Hermann Langbein, Berlin 1987.

Birn, Ruth Bettina, Die Höheren SS- und Polizeiführer. Himmlers Vertreter im Reich und in den besetzten Gebieten, Düsseldorf 1986.

Dies., Collaboration with Nazi Germany in Eastern Europe: the Case of Estonian Security Police, in: Contemporary European History 10 (2001), No. 2, S. 181–198.

Dies./Rieß, Volker, Revising the Holocaust, in: Historical Journal 40 (1997), S. 195–215.

Biss, Andreas, Der Stopp der Endlösung. Kampf gegen Himmler und Eichmann in Budapest, Stuttgart 1966.

Bitterberg, Christoph, Der Bielefelder Prozeß als Quelle für die deutsche Judenpolitik im Bezirk Bialystok, Hamburg, unveröffentlichte Magisterarbeit am Historischen Seminar der Universität Hamburg 1995.

Black, Peter, Ernst Kaltenbrunner. Vasall Himmlers – eine SS-Karriere, Paderborn 1991 (amerik. Originalausgabe. 1984).

Ders., Arthur Nebe. Nationalsozialist im Zwielicht, in: Ronald Smelser, Enrico Syring (Hg.), Die SS: Elite unter dem Totenkopf. 30 Lebensläufe, Paderborn u.a. 2000, S. 364–378.

Blänkner, Reinhard/Jussen, Bernhard (Hg.), Institutionen und Ereignis. Über historische Praktiken und Vorstellungen gesellschaftlichen Ordnens, Göttingen 1998.

Blasius, Dirk, Psychohistorie und Sozialgeschichte, in: Archiv für Sozialgeschichte 17 (1977), S. 383–403.

Blass, Thomas, Pychological Perspectives on the Perpetrators of the Holocaust: The Role of Situational Pressures, Personal Dispositions, and Their Interactions, in: Holocaust & Genocide Studies 7 (1993), S. 30–50.

Bock, Gisela, Zwangssterilisation im Nationalsozialismus. Studien zur Rassenpolitik und Frauenpolitik, Opladen 1986.

Dies., Die Frauen und der Nationalsozialismus. Bemerkungen zu einem Buch von Claudia Koonz, in: Geschichte und Gesellschaft 15 (1989), S. 563–579.

Boehnert, Gunnar, A Sociography of the SS Officer Corps 1925–1939, unpublished Diss., London 1977.

Ders., The Jurists in the SS-Führerkorps, 1925–1934, in: Gerd Hirschfeld/Lothar Kettenacker (Hg.), Der »Führerstaat«: Mythos und Realität. Studien zur Struktur und Politik des Dritten Reiches, Stuttgart 1981, S. 361–374.

Böhler, Jochen, Verbrechen der Wehrmacht in Polen im September 1939, unveröff. Magisterarbeit am Historischen Seminar der Universität zu Köln, Köln 1999.

Bohn, Robert, Die Errichtung des Reichskommissariats Norwegen, in: ders./Jürgen Elvert u.a. (Hg.), Neutralität und totalitäre Aggression. Nordeuropa und die Großmächte im Zweiten Weltkrieg, Stuttgart 1991, S. 129–148.

Ders., Die Instrumentarien der deutschen Herrschaft im Reichskommissariat Norwegen, in: ders. (Hg.), Die deutsche Herrschaft in den »germanischen« Ländern 1940–1945, Stuttgart 1997, S. 71–108.

Ders., Reichskommissariat Norwegen. »Nationalsozialistische Neuordnung« und Kriegswirtschaft, München 2000.

Böltken, Andrea, Führerinnen im »Führerstaat«. Gertrud Scholtz-Klink, Trude Mohr, Jutta Rüdiger und Inge Viermetz, Pfaffenweiler 1995, S. 27–62.

Böttcher, Karl Wilhelm, Menschen unter falschem Namen, in: Frankfurter Hefte. Zeitschrift für Kultur und Politik, Heft 6, 1949, S. 492–511.

Borodziej, Wodzimierz, Terror und Politik. Die deutsche Polizei und die polnische Widerstandsbewegung im Generalgouvernement 1939–1944, Mainz 1999 (poln. Originalausgabe 1985).

Botsch, Gideon, »Geheime Ostforschung« im SD. Zur Entstehungsgeschichte und Tätigkeit des »Wannsee-Instituts« 1935–1945, in: ZfG 48 (2000), Heft 6, S. 509–524.

Bower, Tom, Blind Eye to Murder. Britain, America and the Purging of Nazi Germany: A Pledge Betrayed, London u.a. 1981.

Bracher, Karl Dietrich, Die Auflösung der Weimarer Republik. Eine Studie zum Problem des Machtzerfalls in der Demokratie, Villingen 1955.

Ders., Die deutsche Diktatur. Entstehung, Struktur, Folgen des Nationalsozialismus, Köln 1969.

Ders./Sauer,Wolfgang/Schulz,Gerhard, Die nationalsozialistische Machtergreifung. Studien zur Errichtung des totalitären Herrschaftssystems in Deutschland 1933/34, Köln/Opladen 1962.

Braham, Randolph L., The Politics of Genocide, The Holocaust in Hungary, erw. u. rev. Ausgabe, New York 1994.

Brammer, Uwe, Spionageabwehr und »Geheimer Meldedienst«. Die Abwehrstelle X im Wehrkreis Hamburg 1935–1945, Freiburg i. Br. 1989.

Brandes, Detlef, Die Tschechen unter deutschem Protektorat, Teil I, München/Wien 1969.

Ders., Nationalsozialistische Tschechenpolitik im Protektorat Böhmen und Mähren, in: ders./Václav Kural (Hg.), Der Weg in die Katastrophe. Deutsch-tschechoslowakische Beziehungen 1938–1947, Essen 1994, S. 27–37.

Braunbuch Kriegs- und Naziverbrecher in der Bundesrepublik und in Westberlin, hrsg. vom Nationalrat der Nationalen Front des demokratischen Deutschland und Dokumentationszentrum der staatlichen Archivverwaltung der DDR, 3. überarb. u. erw. Auflage, (Ost-)Berlin 1968.

Braunschweig, Pierre-Theodor, Geheimer Draht nach Berlin. Die Nachrichtenlinie Masson-Schellenberg und der schweizerische Nachrichtendienst im Zweiten Weltkrieg, Zürich 1989.

Brechtken, Magnus, »Madagaskar für die Juden«. Antisemitische Idee und politische Praxis 1885–1945, München 1997.

Breitman, Richard, Der Architekt der »Endlösung«. Himmler und die Vernichtung der europäischen Juden, Paderborn 1996 (amerik. Originalausgabe 1991).

Ders., A Deal with the Nazi Dictatorship? Himmler's Alleged Peace Emissaries in Autumn 1943, in: Journal of Contemporary History 30 (1995), S. 411–430.

Ders., Nazi Jewish Policy 1944, in: David Cesarani (Hg.), Genocide and Rescue. The Holocaust in Hungary 1944, Oxford/New York 1997, S. 77–92.

Breuer, Stefan, Ästhetischer Fundamentalismus. Stefan George und der deutsche Antimodernismus, Darmstadt 1995.

Brochhagen, Ulrich, Nach Nürnberg. Vergangenheitsbewältigung und Westintegration in der Ära Adenauer, Hamburg 1994.

Broszat, Martin, Nationalsozialistische Polenpolitik 1939–1945, Stuttgart 1961.

Ders., Der Staat Hitlers. Grundlegung und Entwicklung seiner inneren Verfassung, München 1969.

Ders., Soziale Motivation und Führer-Bindung des Nationalsozialismus, in: VfZ 18 (1970), S. 392–409.

Ders., Hitler und die Genesis der »Endlösung«. Aus Anlaß der Thesen von David Irving, in: VfZ 25 (1977), S. 739–775.

Browder, George C., The SD. The Significance of Organization and Image, in: George L. Mosse (Hg.), Police Forces in History, London 1975, S. 205–229.

Ders., Die Anfänge des SD. Dokumente aus der Organisationsgeschichte des Sicherheitsdienstes des Reichsführers SS, in: VZG 27 (1979), Heft 2, S. 299–317.

Ders., The Numerical Strength of the Sicherheitsdienst des RFSS, in: Historical Social Research 28 (1983), S. 30–41.

Ders., Foundations of the Nazi Police State. The Formation of Sipo and SD, Lexington/Kentucky 1990.

Ders., Hitler's Enforcers. The Gestapo and the SS Security Service in the Nazi Revolution, New York/Oxford 1996.

Browning, Christopher, The Final Solution and the German Foreign Office. A Study of Referat D III of Abteilung Deutschland 1940–1943, New York/London 1978.

Ders., The Development and Production of the Nazi Gas Van, in: ders., Fateful Months. Essays on the Emergence of the Final Solution, New York/London 1991, S. 57–67.

Ders., Wehrmacht Reprisal Policy and the Murder of the Male Jews in Serbia, in: ders., Fateful Months. Essays on the Emergence of the Final Solution, New York/London 1991, S. 39–56.

Ders., Vernichtung und Arbeit. Zur Fraktionierung der planenden deutschen Intelligenz im besetzten Polen, in: Wolfgang Schneider (Hg.), »Vernichtungspolitik«. Eine Debatte über den Zusammenhang von Sozialpolitik und Genozid im nationalsozialistischen Deutschland, Hamburg 1991, S. 37–51.

Ders., Ganz normale Männer. Das Reserve-Polizeibataillon 101 und die »Endlösung« in Polen, Reinbek 1993 (amerik. Originalausgabe 1992).

Ders., Die nationalsozialistische Umsiedlungspolitik und die Suche nach einer »Lösung der Judenfrage« 1939–1941, in: ders., Der Weg zur »Endlösung«. Entscheidungen und Täter, Berlin/Bonn 1998, S. 13–36.

Ders., Die nationalsozialistische Ghettoisierungspolitik in Polen 1939–1941, in: ders., Der Weg zur »Endlösung«. Entscheidungen und Täter, Bonn 1998, S. 37–65.

Bruch, Rüdiger vom, Abschied von Humboldt? Die deutsche Universität vor dem Ersten Weltkrieg, in: Karl Strobel (Hg.), Die deutsche Universität im 20. Jahrhundert, Vierow bei Greifswald 1994, S. 17–29.

Brünneck, Alexander von, Ernst Fraenkel 1895–1975. Soziale Gerechtigkeit und pluralistische Demokratie, in: Thomas Blanke (Hg), Streitbare Juristen. Jürgen Seifert zum 60. Geburtstag, Baden-Baden 1988, S. 415–426.

Bruns, Claudia, Ricarda Huch und die Konservative Revolution, in: Werkstatt Geschichte, Heft 25 (2000), S. 5–33.

Buchheim, Hans, Rechtsstellung und Organisation des Reichskommissars für die Festigung deutschen Volkstums, in: Gutachten des Instituts für Zeitgeschichte, Band 1, München 1958, S. 239–279.

Ders., Die SS – Das Herrschaftsinstrument, in: ders./Martin Broszat/Hans-Adolf Jacobsen/Helmut Krausnick, Anatomie des SS-Staates, München 1994 (Erstausgabe 1965), S. 13–212.

Ders., Befehl und Gehorsam, in: ders./Martin Broszat/Hans-Adolf Jacobsen/Helmut Krausnick: Anatomie des SS-Staates, München 1994 (Erstausgabe 1965), S. 213–320.

Buchheit, Gert, Der deutsche Geheimdienst. Geschichte der militärischen Abwehr, München 1966.

Bude, Heinz, Deutsche Karrieren. Lebenskonstruktionen sozialer Aufsteiger aus der Flakhelfer-Generation, Frankfurt am Main 1987.

Ders., Das Altern einer Generation. Die Jahrgänge 1938 bis 1948, Frankfurt am Main 1997.

Bullock Alan, Hitler. Eine Studie über Tyrannei, Düsseldorf 1960 (engl. Originalausgabe 1952, dt. Erstausgabe 1953).

Burger, Adolf, Die Geldfälscherwerkstatt im KZ Sachsenhausen. Zum Fälschen gezwungen. Tatsachenbericht, erw. Neuaufl., Berlin 1997 (zuerst 1992 u. d. T.: Unternehmen Bernhard).

Burleigh, Michael, Germany Turns Eastwards. A Study of »Ostforschung« in the Third Reich, Cambridge 1988.

Ders./Wolfgang Wippermann: The Racial State: Germany 1933–1945, Cambridge 1991.

Burrin, Philippe, Hitler und die Juden. Die Entscheidung für den Völkermord, Frankfurt am Main 1993 (franz. Originalausgabe 1989).

Buscher, Frank M., The U.S. War Crimes Trial Program in Germany, 1946–1955, New York 1989.

Cadle, Caron, Kurt Daluege – Der Prototyp des loyalen Nationalsozialisten, in: Ronald Smelser/Enrico Syring/Rainer Zitelmann (Hg.), Die braune Elite II, Darmstadt 1993, S. 66–79.

Calic, Eduard, Reinhard Heydrich. Schlüsselfigur des Dritten Reiches, Düsseldorf 1982.

Cesarani, David (Hg.), The Final Solution. Origins and Implementation, London/New York 1994.

Ders., David (Hg.), Genocide and Rescue. The Holocaust in Hungary 1944, Oxford/New York 1997.

Chickering, Robert, Imperial Germany and the Great War, 1914–1918, Cambridge 1998.

Chowaniec, Elisabeth, Der »Fall Dohnanyi« 1943–1945. Widerstand, Militärjustiz, SS-Willkür, München 1991.

Churchill, Winston, Closing the Ring, London 1951.

Comfort, Richard A., Revolutionary Hamburg. Labor Politics in the Early Weimar Republic, Stanford/California 1966.

Corni, Gustavo, Richard Walther Darré – Der ›Blut- und Boden‹-Ideologe, in: Ronald Smelser/Rainer Zitelmann (Hg.), Die braune Elite I. 22 biographische Skizzen, Darmstadt 1989, S. 15–27.

Crankshaw, Edward, Gestapo, London 1956.

Dallin, Alexander, Deutsche Herrschaft in Rußland 1941–1945, Düsseldorf 1958.

Daniel, Ute, Arbeiterfrauen in der Kriegsgesellschaft. Beruf, Familie und Politik im Ersten Weltkrieg, Göttingen 1989.

Das Deutsche Reich und der Zweite Weltkrieg. Hrsg. vom Militärgeschichtliches Forschungsamt, Bd. 2: Die Errichtung der Hegemonie auf dem europäischen Kontinent, von Klaus A. Maier, Horst Rohde, Bernd Stegemann, Hans Umbreit, Stuttgart 1979.

Dawidowicz, Lucy S., Der Krieg gegen die Juden 1933–1945, München 1979.

Davis, Belinda, Home Fires Burning. Food, Politics, and Everyday Life in World War I Berlin, Chapel Hill/London 2000.

Deakin, Frederic William, Die brutale Freundschaft. Hitler, Mussolini und der Untergang des italienischen Faschismus, Köln/Berlin 1962.

Deist, Wilhelm, Die militärische Planung des »Unternehmens Barbarossa«, in: Roland G. Foerster (Hg.), »Unternehmen Barbarossa«. Zum historischen Ort der deutsch-sowjetischen Beziehungen von 1933 bis Herbst 1941, München 1993, S. 110–122.

Delacor, Regina M., Attentate und Repressionen. Ausgewählte Dokument zur zyklischen Eskalation des NS-Terrors im besetzten Frankreich 1941/42, Stuttgart 2000.

Delarue, Jacques, Geschichte der Gestapo, Düsseldorf 1964 (franz. Originalausgabe 1962).

Deschner, Günther, Reinhard Heydrich. Statthalter der totalen Macht, Esslingen 1977.

Dieckmann, Christoph, Das Ghetto und Konzentrationslager in Kaunas 1941–1944, in: Ulrich Herbert/Karin Orth/Christoph Dieckmann (Hg.), Die nationalsozialistischen Konzentrationslager – Entwicklung und Struktur, 2 Bde., Bd. 1, S. 439–471.

Diels, Rudolf, Lucifer ante Portas. Es spricht der erste Chef der Gestapo, Stuttgart 1950.

Dierker, Wolfgang, Die Religionspolitik des SD. Studien zur Ideologie und Praxis des Sicherheitsdienstes des Reichsführers SS, Bonn (Diss. phil.) 2000.

Dierl, Florian, Das Hauptamt Ordnungspolizei 1936 bis 1945. Führungsspitze und die Befehlshaber in den Wehrkreisen, in: Alfons Kenkmann/Christoph Spieker (Hg.), Im Auftrag. Polizei, Verwaltung und Verantwortung, Essen 2001, S. 159–175.

Diner, Dan, Rationalisierung und Methode. Zu einem neuen Erklärungsversuch der »Endlösung«, in: VfZ 40 (1992), S. 359–382.

Ders., Das Jahrhundert verstehen. Eine universalhistorische Deutung, München 1999.

Dönitz, Karl, Zehn Jahre und zwanzig Tage, Frankfurt am Main 1967.

Doose, Günther, Die separatistische Bewegung in Oberschlesien nach dem Ersten Weltkrieg (1918–1922), Wiesbaden 1987.

Döscher, Hans-Jürgen, Das Auswärtige Amt im Dritten Reich. Diplomatie im Schatten der »Endlösung«, Berlin 1987.

Dougall, Walter A. Mac France's Rhineland Diplomacy 1914–1924, Princeton 1978.

Drobisch, Klaus/Wieland, Günther, System der NS-Konzentrationslager 1933–1939, Berlin 1993.

Dubiel, Helmut, Niemand ist frei von der Geschichte. Die nationalsozialistische Herrschaft in den Debatten des Deutschen Bundestags, München 1999.

Dudek, Peter, Erziehung durch Arbeit. Arbeitslagerbewegung und freiwilliger Arbeitsdienst 1920–1935, Opladen 1988.

Dülffer, Jost, Die französische Deutschlandpolitik nach dem Ersten Weltkrieg, in: Archiv für Sozialgeschichte 21 (1981), S. 593–601.

Eisenblätter, Gerhard, Grundlinien der Politik des Reichs gegenüber dem Generalgouvernement, 1939–1945, Frankfurt am Main (Diss. phil.) 1969.

Eisert, Wolfgang Die Waldheimer Prozesse. Der stalinistische Terror 1950. Ein dunkles Kapitel der DDR-Justiz, Esslingen 1993.

Eisfeld, Rainer, Ausgebürgert und doch angebräunt. Deutsche Politikwissenschaft 1929–1945, Baden-Baden 1991.

Enzyklopädie des Holocaust. Die Verfolgung und Ermordung der europäischen Juden, 3 Bde., München/Zürich 1995.

Epkenhans, Michael, Kriegswaffen – Strategie, Einsatz, Wirkung, in: Rolf Spilker/Bernd Ulrich (Hg.), Der Tod als Maschinist. Der industrialisierte Krieg 1914–1918. Katalog zur Ausstellung der Museums Industriekultur Osnabrück vom 17. Mai – 23. August 1998, Bramsche 1998, S. 68–83.

Eschenburg, Theodor, Aus dem Universitätsleben vor 1933, in: Andreas Flitner (Hg.), Deutsches Geistesleben und Nationalsozialismus, Tübingen 1965.

Esman, Tadeusz/Jastrzębski, Wlodzimierz, Pierwsze Miesilce Opupacji Hitlerowskiej w Bydgoszczy, Bydgoszcz 1967.

Evans, Richard J., Rituale der Vergeltung. Die Todesstrafe in der deutschen Geschichte 1532–1987, Berlin/Hamburg 2001.

Faatz, Martin, Vom Staatsschutz zum Gestapo-Terror. Politische Polizei in Bayern in der Endphase der Weimarer Republik und der Anfangsphase der nationalsozialistischen Diktatur, Würzburg 1995.

Fahlbusch, Michael, Wissenschaft im Dienst der nationalsozialistischen Politik? Die »Volksdeutschen Forschungsgemeinschaften« von 1931–1945, Baden-Baden 1999.

Ders., »Wo der deutsche ... ist, ist Deutschland!« Die Stiftung für deutsche Volks- und Kulturbodenforschung in Leipzig 1920–1933, Bochum 1994.

Faltran, Gila, Die Deportation der Juden aus der Slowakei 1944–1945, in: Bohemia 37 (1996), S. 98–119.

Farías, Victor, Heidegger und der Nationalsozialismus, Frankfurt am Main 1989 (franz. Originalausgabe 1987).

Faust, Anselm, Der Nationalsozialistische Deutsche Studentenbund in der Weimarer Republik, 2 Bde., Düsseldorf 1973.

Federspiel, Ruth, Soziale Mobilität im Berlin des zwanzigsten Jahrhunderts. Frauen und Männer in Berlin-Neukölln 1905–1957, Berlin/New York 1999.

Felfe, Heinz, Im Dienst des Gegners. 10 Jahre Moskaus Mann im BND, Zürich 1986.

Fenyö, Mario D., Hitler, Horthy and Hungary. German-Hungarian Relations, 1941–1944, New Haven 1972.

Fest, Joachim, Staatsstreich. Der lange Weg zum 20. Juli, Berlin 1994.

Ders., Franz von Papen und die Konservative Kollaboration, in: ders., Das Gesicht des Dritten Reiches. Profile einer totalitären Herrschaft, München 1993 (Erstausgabe 1963), S. 209–224.

Fetscher, Iring, Hans Freyer: Von der Soziologie als Kulturwissenschaft zum Angebot an den Faschismus, in: Karl Corino (Hg.), Intellektuelle im Bann des Nationalsozialismus, Hamburg 1980, S. 180–192.

Fischer, Helmut Joachim, Erinnerungen, Teil I und II, Ingolstadt 1985.

Fischer, Ruth, Stalin und der deutsche Kommunismus. Der Übergang zur Konterrevolution, Frankfurt am Main o. J. (amerik. Originalausgabe 1948).

X Fischer-Rosenthal, Wolfram/Alheit, Peter (Hg.), Biographien in Deutschland, Opladen 1995.

Fleischhauer, Ingeborg, Die Chance des Sonderfriedens. Deutsch-sowjetische Geheimgespräche 1941–1945, Berlin 1986.

Fleming, Gerald, Hitler und die Endlösung. »Es ist des Führers Wunsch ...«, Frankfurt am Main/Berlin 1987 (Erstausgabe 1982).

Fogt, Helmut, Politische Generationen. Empirische Bedeutung und theoretisches Modell, Opladen 1982.

Föllmer, Moritz, Der »kranke Volkskörper«. Industrielle, hohe Beamte und der Diskurs der nationalen Regeneration in der Weimarer Republik, in: Geschichte und Gesellschaft 27 (2001), Heft 1, S. 41–67.

Förster, Jürgen, Hitlers Entscheidung für den Krieg gegen die Sowjetunion, in: Das Deutsche Reich und der Zweite Weltkrieg. Hrsg. vom Militärgeschichtlichen Forschungsamt, Stuttgart 1983, S. 3–37.

Foucault, Michel, Die Geburt der Klinik. Eine Archäologie des ärztlichen Blicks, München 1973.

Franke, Manfred, Albert Leo Schlageter. Der erste Soldat des 3. Reiches. Die Entmythologisierung eines Helden, Köln 1981.

Franz-Willing, Georg, »Bin ich schuldig?« Leben und Wirken des Reichsstudentenführers und Gauleiters Dr. Gustav Adolf Scheel 1907–1979, Leoni am Starnberger See 1987.

Frei, Norbert, Vergangenheitspolitik. Die Anfänge der Bundesrepublik und die NS-Vergangenheit, München 1996.

Ders., Der Frankfurter Auschwitz-Prozeß und die deutsche Zeitgeschichtsforschung, in: Fritz-Bauer-Institut (Hg.), Auschwitz. Geschichte, Rezeption und Wirkung (Jahrbuch zur Geschichte und Wirkung des Holocaust 1996), Frankfurt am Main/New York 1996, S. 123–138.

Ders., Zwischen Terror und Integration. Zur Funktion der politischen Polizei im Nationalsozialismus, in: Christof Dipper/Rainer Hudemann/Jens Petersen (Hg.), Faschismus und Faschismen im Vergleich. Wolfgang Schieder zum 60. Geburtstag, Köln 1997, S. 217–228.

X Ders., Karrieren im Zwielicht. Hitlers Eliten nach 1945, Frankfurt am Main 2001.

Freund, Florian/Perz, Bertrand/Stuhlpfarrer, Karl, Das Getto in Litzmannstadt (Lodz), in: »Unser einziger Weg ist Arbeit«. Das Getto in Lodz 1940–1944. Eine Ausstellung des Jüdischen Museums Frankfurt am Main, Wien 1990, S. 17–31.

Fricke, Peter, Anfänge und Organisation der Nachrichtenstelle bei der Polizeidirektion Bremen, Bremen 1967 (Ms., Staatsarchiv Bremen).

Friedlander, Henry, Der Weg zum NS-Genozid. Von der Euthanasie zur Endlösung, Berlin 1997 (amerik. Originalausgabe 1995).

Friedländer, Saul, Das Dritte Reich und die Juden. Erster Band: Die Jahre der Verfolgung 1933–1939, München 1998.

Friedrich, Jörg, Die kalte Amnestie. NS-Täter in der Bundesrepublik, Frankfurt am Main 1984.

Frischauer, Willi, Himmler. The Evil Genius of the Third Reich, London 1953.

Fritz-Bauer-Institut (Hg.), »Gerichtstag halten über uns selbst …«. Geschichte und Wirkungsgeschichte des ersten Frankfurter Auschwitz-Prozesses (Jahrbuch 2001 zur Geschichte und Wirkung des Holocaust), Frankfurt am Main 2001.

X Fritzsche, Peter, Wie aus Deutschen Nazis wurden, Zürich/München 1999 (amerik. Originalausgabe 1998). *pseudo*

Fuegi, John, Brecht & Co. Biographie, Hamburg 1997.

Fuhrer, Hans Rudolf, Spionage gegen die Schweiz. Die geheimen deutschen Nachrichtendienste gegen die Schweiz im Zweiten Weltkrieg 1939–1945, Frauenfeld 1982.

Fürstenau, Justus, Entnazifizierung. Ein Kapitel deutscher Nachkriegspolitik, Neuwied/Berlin 1969.

X Garner, Curt, Der öffentliche Dienst in den 50er Jahren, in: Axel Schildt/Arnold Sywottek (Hg.), Modernisierung im Wiederaufbau. Die westdeutsche Gesellschaft der 50er Jahre, Bonn 1993, S. 759–790.

Geinitz, Christian, Kriegsfurcht und Kampfbereitschaft. Das Augusterlebnis in Freiburg. Eine Studie zum Kriegsbeginn 1914, Essen 1998.

Gellately, Robert, Die Gestapo und die deutsche Gesellschaft. Die Durchsetzung der Rassenpolitik 1933–1945, Paderborn u. a. 1993 (amerik. Originalausgabe 1990).

Gellermann, Günther W., … und lauschten für Hitler. Geheime Reichssache: die Abhörzentralen des Dritten Reiches, Bonn 1991.

Genocide 1939–1945. War Crimes in Poland, hg. von Szymon Datner/Janusz Gumkowski/Kasimierz Leszczyński, Warszawa 1962.

Gerlach, Christian, Die Einsatzgruppe B 1941/42, in: Peter Klein (Hg.), Die Einsatzgruppen in der besetzten Sowjetunion 1941/42. Die Tätigkeits- und Lageberichte des Chefs der Sicherheitspolizei und des SD, Berlin 1997, S. 52–70.

Ders., Failure of Plans for an SS Extermination Camp in Mogilev, Belorussia, in: Holocaust and Genocide Studies 11 (1997), S. 60–78.

Ders., Die Wannsee-Konferenz, das Schicksal der deutschen Juden und Hitlers politische Grundsatzentscheidung, alle Juden Europas zu ermorden, in: Werkstatt Geschichte, Heft 18 (1997), S. 7–44.

Ders., Nachwort, in: ders., Krieg, Ernährung, Völkermord. Forschungen zur deutschen Vernichtungspolitik im Zweiten Weltkrieg, Hamburg 1998, S. 258–299.

Ders., Kalkulierte Morde. Die deutsche Wirtschafts- und Vernichtungspolitik in Weißrußland 1941 bis 1944, Hamburg 1999.

Ders., Militärische »Versorgungszwänge«, Besatzungspolitik und Massenverbrechen:
Die Rolle des Generalquartiermeisters des Heeres und seiner Dienststellen im Krieg
gegen die Sowjetunion, in: Norbert Frei/Sybille Steinbacher/Bernd C. Wagner
(Hg.), Ausbeutung, Vernichtung, Öffentlichkeit. Neue Studien zur nationalsozialistischen Lagerpolitik, München 2000, S. 175–208.

Ders./Aly, Götz, Das letzte Kapitel. Der Mord an den ungarischen Juden, Stuttgart/
München 2002. (DVA)

Gestapo- und SS-Führer kommandieren die westdeutsche Polizei, Ausschuß für Deutsche Einheit, Berlin 1961.

Gerstenberger, Heide/Schmid, Dorothea (Hg.), Normalität oder Normalisierung?
Geschichtswerkstätten und Faschismusanalyse, Münster 1987.

Gestrich, Andreas/Knoch, Peter/Merkel, Helga (Hg.), Biographie – sozialgeschichtlich, Göttingen 1988.

Geyer, Martin H., Verkehrte Welt. Revolution, Inflation und Moderne, München
1914–1924, Göttingen 1998.

Geyer, Michael, Gewalt und Gewalterfahrung im 20. Jahrhundert – Der Erste Weltkrieg, in: Spilker/Ulrich (Hg.), Der Tod als Maschinist. Der industrialisierte Krieg
1914–1918, Bramsche 1998, S. 241–257.

Ders., Eine Kriegsgeschichte, die vom Tod spricht, in: Mittelweg 36 4 (1995), Heft 2,
S. 57–77.

Giefer, Rena/Giefer, Thomas, Die Rattenlinie. Fluchtwege der Nazis. Eine Dokumentation, Frankfurt am Main 1991.

Gies, Horst, NSDAP und landwirtschaftliche Organisation in der Endphase der
Weimarer Republik, in: VfZ 15 (1967), S. 341–376.

Ders., Zur Entstehung des Rasse- und Siedlungsamtes der SS, in: Paul Kluke zum 60.
Geburtstag dargebracht von Frankfurter Schülern und Mitarbeitern (Festschrift),
Frankfurt am Main 1968, S. 127–139.

Giesecke, Hermann, Vom Wandervogel bis zur Hitlerjugend, München 1981.

Gisevius, Hans Bernd, Bis zum bittern Ende, 2 Bde., Zürich 1946.

Ders., Wo ist Nebe? Erinnerungen an Hitlers Reichskriminaldirektor, Zürich
1966.

Ders., Bis zum bitteren Ende, München/Zürich 1982.

Göhler, Gerhard (Hg.), Die Eigenart der Institutionen. Zum Profil politischer Institutionentheorie, Baden-Baden 1994.

Ders./Lenk, Kurt/Münkler, Herfried/Walther, Manfred (Hg.), Politische Institutionen
im gesellschaftlichen Umbruch. Ideengeschichtliche Beiträge zur Theorie politischer Institutionen, Opladen 1990.

Golczewski, Frank, Die ukrainische Emigration, in: ders. (Hg.), Geschichte der Ukraine, Göttingen 1993, S. 224–240.

Goldhagen, Daniel Jonah, Hitlers willige Vollstrecker. Ganz gewöhnliche Deutsche
und der Holocaust, Berlin 1996 (amerik. Originalausgabe 1996).

897

Goshen, Seev, Eichmann und die Nisko-Aktion im Oktober 1939. Eine Fallstudie zur NS-Judenpolitik in der letzten Etappe vor der »Endlösung«, in: VfZ 29 (1981), S. 74–96.

Graf, Christoph, Politische Polizei zwischen Demokratie und Diktatur. Die Entwicklung der preußischen Politischen Polizei vom Staatsschutzorgan zum Geheimen Staatspolizeiamt des Dritten Reiches, Berlin 1983.

Graml, Hermann, Reichskristallnacht. Antisemitismus und Judenverfolgung im Dritten Reich, München 1988.

Ders., Europas Weg in den Krieg. Hitler und die Mächte 1939, München 1990.

Greiner, Bernd, Die Morgenthau-Legende. Zur Geschichte eines umstrittenen Plans, Hamburg 1995.

Greve, Michael, Der justitielle und rechtspolitische Umgang mit den NS-Gewaltverbrechen in den sechziger Jahren, Frankfurt am Main u. a. 2001.

Grill, Johnpeter Horst, Robert Wagner – Der »Herrenmensch« im Elsaß, in: Ronald Smelser/Enrico Syring/Rainer Zitelmann (Hg.), Die braune Elite II, Darmstadt 1993, S. 254–267.

Gruchmann, Lothar, Justiz im Dritten Reich 1933–1940. Anpassung und Unterwerfung in der Ära Gürtner, München 1988.

Ders., Der Weg zum Hitler-Putsch, in: Der Hitler-Prozeß 1924. Wortlaut der Hauptverhandlung vor dem Volksgericht München I, herausgegeben und kommentiert von Lothar Gruchmann und Reinhard Weber unter Mitarbeit von Otto Gritschneder, Teil I, München 1997, S. XLIII-LXV.

Grüttner, Michael, Studenten im Dritten Reich, Paderborn u. a. 1995.

Ders., Das Scheitern der Vordenker: Deutsche Hochschullehrer und der Nationalsozialismus, in: ders./Rüdiger Hachtmann/Heinz-Georg Haupt (Hg.), Geschichte und Emanzipation. Festschrift für Reinhard Rürup, Frankfurt am Main/New York 1999, S. 458–481.

Gruner, Wolf, Der Geschlossene Arbeitseinsatz deutscher Juden. Zur Zwangsarbeit als Element der Verfolgung 1938–1943, Berlin 1997.

Guttman, Barbara, Weibliche Heimarmee. Frauen in Deutschland 1914–1918, Weinheim 1989.

Haar, Ingo, Historiker im Nationalsozialismus. Deutsche Geschichtswissenschaft und der »Volkstumskampf« im Osten, Göttingen 2000.

Ders., »Revisionistische« Historiker und Jugendbewegung: Das Königsberger Beispiel, in: Peter Schöttler (Hg.), Geschichtsschreibung als Legitimationswissenschaft 1918–1945, Frankfurt am Main 1997, S. 52–103.

Hachmeister, Lutz, Der Gegnerforscher. Die Karriere des SS-Führers Franz Alfred Six, München 1998.

Ders., Die nationalsozialistische Durchdringung der Bundesrepublik. Anmerkungen zur Rolle des SD in der Nachkriegszeit – Netzwerke und Fallbeispiele, in: Michael Wiedt (Hg.), Politik und Rolle des SD im NS-Regime, Hamburg (in Vorbereitung).

Ders./Siering, Friedemann (Hg.), Die Herren Journalisten. Die Elite der deutschen Presse nach 1945, München 2002.

898

Haffner, Sebastian, Geschichte eines Deutschen. Die Erinnerungen 1914–1933, Stuttgart/München 2000.

Hafner, Georg M./Schapira, Esther, Die Akte Alois Brunner. Warum einer der größten Naziverbrecher noch immer auf freiem Fuß ist, Frankfurt am Main 2000.

Hagen, Walter (i. e. Wilhelm Höttl), Die geheime Front. Organisation, Personen und Aktionen des deutschen Geheimdienstes, Wien 1950.

Haiger, Ernst, Politikwissenschaft und Auslandswissenschaft im »Dritten Reich« – (Deutsche) Hochschule für Politik und Auslandswissenschaftliche Fakultät der Berliner Universität 1940–1945, in: Gerhard Göhler/Bodo Zeuner (Hg.), Kontinuitäten und Brüche in der deutschen Politikwissenschaft, Baden-Baden 1991, S. 94–136.

Hamilton, Richard F., Who voted for Hitler?, Princeton 1982.

Hämmerle, Christa (Hg.), Kindheit im Ersten Weltkrieg, Wien/Köln/Weimar 1993.

Hammerstein, Notker, Antisemitismus und deutsche Universitäten, 1871–1933, Frankfurt am Main 1995.

Hankel, Gerd, Zum Begriff des Kriegsverbrechens 1941, Hamburg 2000 (unveröff. Manuskript).

Hannover, Heinrich, Politische Justiz 1918–1933, Frankfurt am Main 1966.

Hansen, Reimer, Das Ende des Dritten Reiches. Die deutsche Kapitulation 1945, Stuttgart 1966.

Hantke, Manfred, Der Philosoph als »Mitläufer«: »Es kam der Führer! Der Führer kam!«, in: Benigna Schönhagen (Hg.), Nationalsozialismus in Tübingen. Vorbei und vergessen, Tübingen 1992, S. 179–185.

Harel, Isser, The House on Garibaldi Street. The capture of Adolf Eichmann, London 1975.

Harrison, Ted, »Alter Kämpfer« im Widerstand. Graf Helldorff, die NS-Bewegung und die Opposition gegen Hitler, in: VfZ, 45 (1997), S. 385–423.

Hartewig, Karin, Das unberechenbare Jahrzehnt. Bergarbeiter und ihre Familien im Ruhrgebiet 1914–1924, München 1992.

Hartog, L. J., Der Befehl zum Judenmord. Hitler, Amerika und die Juden, Bodenheim 1997 (niederländische Originalausgabe 1994).

Headland, Ronald, Messages of Murder. A Study of the Reports of the Einsatzgruppen of the Security Police and the Security Service 1941–1943, London/Toronto 1992.

Heer, Hannes, Killing Fields. Die Wehrmacht und der Holocaust, in: ders., Tote Zonen. Die deutsche Wehrmacht an der Ostfront, Hamburg 1999.

Heiber, Helmut, Walter Frank und sein Reichsinstitut für Geschichte des neuen Deutschlands, Stuttgart 1966.

Ders., Universität unterm Hakenkreuz. Teil 1: Der Professor im Dritten Reich. Bilder aus der akademischen Provinz, München u. a. 1991.

Ders., Universität unterm Hakenkreuz. Teil II: Die Kapitulation der Hohen Schulen. Das Jahr 1933 und seine Themen, Band 1, München u. a. 1992.

Heike, Otto, Die deutsche Minderheit in Polen, Leverkusen 1985.

Heinemann, Ulrich, Ein konservativer Rebell. Fritz-Dietlof Graf von der Schulenburg und der 20. Juli, Berlin 1990.

Heinsohn, Kirsten/Vogel, Barbara/Weckel, Ulrike (Hg.), Zwischen Karriere und Verfolgung. Handlungsräume von Frauen im nationalsozialistischen Deutschland, Frankfurt am Main/New York 1997.

Henke, Klaus-Dietmar, Die Trennung vom Nationalsozialismus. Selbstzerstörung, politische Säuberung, »Entnazifizierung«, Strafverfolgung, in: ders./Hans Woller (Hg.), Politische Säuberung in Europa. Die Abrechnung mit Faschismus und Kollaboration nach dem Zweiten Weltkrieg, München 1991, S. 21–83.

Hepp, Michael, Vorhof zur Hölle. Mädchen im »Jugendschutzlager« Uckermark, in: Angelika Ebbinghaus (Hg.), Opfer und Täterinnen. Frauenbiographien im Nationalsozialismus, Nördlingen 1987, S. 191–216.

Herbert, Ulrich, Rassismus und rationales Kalkül. Zum Stellenwert utilitaristisch verbrämter Legitimationsstrategien in der nationalsozialistischen »Weltanschauung«, in: Wolfgang Schneider (Hg.), »Vernichtungspolitik«. Eine Debatte über den Zusammenhang von Sozialpolitik und Genozid im nationalsozialistischen Deutschland, Hamburg 1991, S. 25–35.

Ders., Der Holocaust in der Geschichtsschreibung der Bundesrepublik Deutschland, in: ders./Olaf Groehler, Zweierlei Bewältigung. Vier Beiträge über den Umgang mit der NS-Vergangenheit in den beiden deutschen Staaten, Hamburg 1992, S. 67–86.

Ders., Die deutsche Militärverwaltung in Paris und die Deportation der französischen Juden, in: Christian Jansen/Lutz Niethammer/Bernd Weisbrod (Hg.), Von der Aufgabe der Freiheit. Politische Verantwortung und bürgerliche Gesellschaft im 19. und 20. Jahrhundert. Festschrift für Hans Mommsen zum 5. November 1995, Berlin 1995, S. 427–450.

Ders., Best. Biographische Studien über Radikalismus, Weltanschauung und Vernunft, 1903–1989, Bonn 1996.

Ders., Von der Gegnerbekämpfung zur »rassischen Generalprävention«. »Schutzhaft« und Konzentrationslager in der Konzeption der Gestapo-Führung 1933–1939, in: Ders./Karin Orth/Christoph Dieckmann (Hg.), Die nationalsozialistischen Konzentrationslager – Entwicklung und Struktur, 2 Bde., Bd. I, Göttingen 1998, S. 60–86.

Ders., NS-Eliten in der Bundesrepublik, in: Wilfried Loth/Bernd-A. Rusinek (Hg.), Verwandlungspolitik. NS-Eliten in der westdeutschen Nachkriegsgesellschaft, Frankfurt am Main/New York 1998, S. 93–115.

Ders., Vernichtungspolitik. Neue Antworten und Fragen zur Geschichte des »Holocaust«, in: ders. (Hg.), Nationalsozialistische Vernichtungspolitik 1939–1945. Neue Forschungen und Kontroversen, Frankfurt am Main 1998, S. 9–66.

Ders., Fremdarbeiter. Politik und Praxis des »Ausländer-Einsatzes« in der Kriegswirtschaft des Dritten Reiches, überarb. Neuauflage, Bonn 1999 (Erstausgabe 1985).

Herbst, Ludolf, Das nationalsozialistische Deutschland 1933–1945. Die Entfesselung der Gewalt: Rassismus und Krieg, Frankfurt am Main 1996.

Ders., Der Totale Krieg und die Ordnung der Wirtschaft. Die Kriegswirtschaft im Spannungsfeld von Politik, Ideologie und Propaganda 1939–1945, Stuttgart 1982.

Herf, Jeffrey, Reactionary Modernism. Technology, Culture, and Politics in Weimar and the Third Reich, Cambridge u.a. 1984.

Ders., Zweierlei Erinnerung. Die NS-Vergangenheit im geteilten Deutschland, Berlin 1998.

Herwarth, Hans von, Zwischen Stalin und Hitler, Frankfurt am Main 1982.

Heschel, Susannah, Deutsche Theologen für Hitler. Walter Grundmann und das Eisenacher ›Institut zur Erforschung und Beseitigung des jüdischen Einflusses auf das deutsche kirchliche Leben‹, in: Fritz-Bauer-Institut (Hg.), »Beseitigung jüdischen Einflusses …« Antisemitische Forschung, Eliten und Karrieren im Nationalsozialismus (Jahrbuch 1998/99 zur Geschichte und Wirkung des Holocaust), Darmstadt 1999, S. 147–167.

Heuß, Anja, Die »Beuteorganisation« des Auswärtigen Amtes. Das Sonderkommando Künsberg und der Kulturraub in der Sowjetunion, in: VfZ 45 (1997), S. 535–556.

Hey, Bernd, Die NS-Prozesse – Probleme einer juristischen Bewältigung, in: Jürgen Weber/Peter Steinbach (Hg.), Vergangenheitsbewältigung durch Strafverfahren? NS-Prozesse in der Bundesrepublik Deutschland, München 1984, S. 51–70.

Heydecker, Joe J./Leeb, Johannes, Der Nürnberger Prozeß, Köln 1979.

Hickel, Rudolf, Eine Kaderschmiede bundesrepublikanischer Restauration. Ideologie und Praxis der Harzburger Akademie für Führungskräfte der Wirtschaft, in: Martin Greiffenhagen (Hg.), Der neue Konservatismus der siebziger Jahre, Reinbek 1974, S. 108–154.

Hilberg, Raul, Die Vernichtung der europäischen Juden, durchges. und erw. Ausgabe, Frankfurt am Main 1990 (amerik. Originalausgabe 1961; dt. Erstausgabe 1982).

Ders., Unerbetene Erinnerung. Der Weg eines Holocaust-Forschers, Frankfurt am Main 1994.

Ders./Söllner, Alfons, Das Schweigen zum Sprechen bringen. Ein Gespräch über Franz Neumann und die Entwicklung der Holocaust-Forschung, in: Dan Diner (Hg.), Zivilisationsbruch. Denken nach Auschwitz, Frankfurt am Main 1988, S. 175–200.

Hildebrand, Klaus, Das vergangene Reich. Deutsche Außenpolitik von Bismarck bis Hitler 1871–1945, Stuttgart 1995.

Hillgruber, Andreas, Hitler, König Carol und Marschall Antonescu. Die deutsch-rumänischen Beziehungen 1938–1944, 2. Auflage, Wiesbaden 1965.

Ders., Hitlers Strategie. Politik und Kriegführung 1940–1941, Frankfurt am Main 1965.

Ders. (Hg.), Staatsmänner und Diplomaten bei Hitler, Frankfurt am Main 1970.

Ders., Die »Endlösung« und das deutsche Ostimperium als Kernstück des rasseideologischen Programms des Nationalsozialismus, in: VfZ 20 (1972), S. 133–153.

Ders./Hümmelchen, Gerhard, Chronik des Zweiten Weltkrieges. Kalendarium militärischer und politischer Ereignisse 1939–1945, durchges. u. erg. Neuausgabe, Düsseldorf 1978 (Erstausgabe 1966).

Hilton Stanley, A., Hitler's Secret War in South America, 1939–1945. German Military Espionage and Allied Counterespionage in Brazil, Baton Rouge/London 1981.

Hinrichsen, Kurt, »Befehlsnotstand«, in: Adalbert Rückerl (Hg.), NS-Prozesse, S. 131–161.

Hinze, Sybille, Vom Schutzmann zum Schreibtischmörder. Die Staatspolizeistelle Potsdam, in: Gerhard Paul/Klaus-Michael Mallmann (Hg.), Die Gestapo – Mythos und Realität, Darmstadt, 1995, S. 118–132.

Hirsch, Martin, Anlaß, Verlauf und Ergebnis der Verjährungsdebatten im Deutschen Bundestag, in: Jürgen Weber/Peter Steinbach (Hg.), Vergangenheitsbewältigung durch Strafverfahren? NS-Prozesse in der Bundesrepublik Deutschland, München 1984, S. 40–50.

Hirschfeld, Gerhard, Fremdherrschaft und Kollaboration. Die Niederlande unter deutscher Besatzung 1940–1945, Stuttgart 1984.

Ders./Krumeich, Gerd, Keiner fühlt sich hier mehr als Mensch … Erlebnis und Wirkung des Ersten Weltkriegs, Essen 1993.

Hoffmann, Christa, Aufklärung und Ahndung totalitären Unrechts: Die zentralen Stellen in Ludwigsburg und Salzgitter, in: Aus Politik und Zeitgeschichte, Heft 4, 1993, S. 46–54.

Hoffmann, Joachim, Die Ostlegionen 1941–1943. Turkotataren, Kaukasier und Wolgafinnen im deutschen Heer, Freiburg 1976.

Ders., Die Geschichte der Wlassow-Armee, Freiburg i. Br. 1984.

Ders., Kaukasien 1942/43. Das deutsche Heer und die Orientvölker der Sowjetunion, Freiburg i. Br. 1991.

Hoffmann, Peter, Claus Schenck Graf von Stauffenberg und seine Brüder, Stuttgart 1992.

Ders., Widerstand – Staatsstreich – Attentat. Der Kampf der Opposition gegen Hitler, München 1969.

Hohmann, Joachim S., Robert Ritter und die Erben der Kriminalbiologie. »Zigeunerforschung« im Nationalsozialismus und in Westdeutschland im Zeichen des Rassismus, Frankfurt am Main u. a. 1991.

Höhne, Heinz, Der Orden unter dem Totenkopf. Die Geschichte der SS, Gütersloh 1967.

Ders., Canaris. Patriot im Zwielicht, München 1976.

Ders., Mordsache Röhm. Hitlers Durchbruch zur Alleinherrschaft 1933–1934, Reinbek 1984.

Hojer, Ernst, Nationalsozialismus und Pädagogik. Umfeld und Entwicklung der Pädagogik Ernst Kriecks, Würzburg 1997.

Höpfner, Hans-Paul, Die Universität Bonn im Dritten Reich. Akademische Biographien unter nationalsozialistischer Herrschaft, Bonn 1999.

Horne, John/Kramer, Alan, German Atrocities, 1914. A History of Denial, New Haven/London 2001.

Hornung, Klaus, Der Jungdeutsche Orden, Düsseldorf 1958.

Höttl, Wilhelm, Unternehmen Bernhard, Welsermühl 1955.

Ders., Einsatz für das Reich. Im Auslandsgeheimdienst des Dritten Reiches, Koblenz 1997.

Huber, Ernst Rudolf, Deutsche Verfassungsgeschichte seit 1789, Bd. 6, Stuttgart 1981.

Hübinger, Paul Egon, Thomas Mann, die Universität Bonn und die Zeitgeschichte. Drei Kapitel deutsche Vergangenheit aus dem Leben des Dichters 1905–1955, München/Wien 1974.

Huerkamp, Claudia, Bildungsbürgerinnen. Frauen im Studium und in akademischen Berufen 1900–1945, Göttingen 1996.

Hüppauf, Bernd, Schlachtenmythen und die Konstruktion des »Neuen Menschen«, in: Gerd Hirschfeld, Gerd Krumeich, Irina Renz (Hg.), Keiner fühlt sich hier mehr als Mensch. Erlebnis und Wirkung des Ersten Weltkrieges, Essen 1993, S. 43–84.

Ders., The birth of fascist man from the spirit of the front, in: J. Milfull, The Attractions of Fascism, New York u. a. 1990.

Ilg, Reinhard, Katholische Bildungsbürger und die bedrohte Nation: Das katholische Gymnasium Ehingen (Donau) im Kaiserreich und während des Ersten Weltkriegs, in: Gerhard Hirschfeld, Gerd Krumeich, Dieter Langewiesche, Hans-Peter Ullmann (Hg.), Kriegserfahrungen. Studien zur Sozial- und Mentalitätsgeschichte des Ersten Weltkriegs, Essen 1997, S. 341–370.

Ingrao, Christian, Culture de guerre, imaginaire nazi, violence génocide: le cas des cadres du S.D., in: Revue d'histoire moderne et contemporaine, tome 47–2, avril–juin 2000, S. 265–289.

Irving, David, Hitler's War, London 1977.

Isberg, Alvin, Zu den Bedingungen des Befreiers. Kollaboration und Freiheitsstreben in dem von Deutschland besetzten Estland 1941 bis 1944, Stockholm 1992.

Jäckel, Eberhard, Frankreich in Hitlers Europa. Die deutsche Frankreichpolitik im Zweiten Weltkrieg, Stuttgart 1966.

Ders., Die Entschlußbildung als historisches Problem, in: ders./Jürgen Rohwer (Hg.), Der Mord an den Juden im Zweiten Weltkrieg, Stuttgart 1985, S. 9–17.

Ders., Hitlers Weltanschauung. Entwurf einer Herrschaft, erw. und überarb. Neuausgabe, Stuttgart 1991 (Erstausgabe 1981).

Ders., Die Konferenz am Wannsee, in: Die Zeit, 17.1.1992.

Jacobsen, Hans-Adolf, Kommissarbefehl und Massenexekutionen sowjetischer Kriegsgefangener, in: Hans Buchheim/Martin Broszat/Hans-Adolf Jacobsen/Helmut Krausnick, Anatomie des SS-Staates, München 1994 (Erstausgabe 1965).

Jaeger, Hans, Generationen in der Geschichte. Überlegungen zu einer umstrittenen Konzeption, in: Geschichte und Gesellschaft 3 (1977), S. 429–452.

Jäger, Ludwig, Seitenwechsel. Der Fall Schneider/Schwerte und die Diskretion der Germanistik, München 1998.

Jamin, Mathilde, Zwischen den Klassen. Zur Sozialstruktur der SA-Führerschaft, Wuppertal 1984.

Dies., Das Ende der »Machtergreifung«: Der 30. Juni 1934 und seine Wahrnehmung in der Bevölkerung, in: Wolfgang Michalka (Hg.), Die nationalsozialistische Machtergreifung, Paderborn u. a. 1984, S. 207–219.

Jansen, Christian, Emil Julius Gumbel. Portrait eines Zivilisten, Heidelberg 1991.

Ders./Weckbecker, Arno, Der »Volksdeutsche Selbstschutz« in Polen 1939/40, München 1992.

Jansen, Hans, Der Madagaskar-Plan. Die beabsichtigte Deportation der europäischen Juden nach Madagaskar, München 1997.

Jarausch, Konrad H., Deutsche Studenten 1800–1970, Frankfurt am Main 1984.

Ders., Die Not der geistigen Arbeiter. Akademiker in der Berufskrise, 1918–1933, in: Werner Abelshauser (Hg.), Die Weimarer Republik als Wohlfahrtsstaat. Zum Verhältnis von Wirtschafts- und Sozialpolitik in der Industriegesellschaft, Stuttgart 1987, S. 280–299.

Jastrzębski, Wlodzimierz, Der Bromberger Blutsonntag. Legende und Wirklichkeit, Poznań 1990.

Jellonnek, Burkhard, Staatspolizeiliche Fahndungs- und Ermittlungsmethoden gegen Homosexuelle, in: Gerhard Paul/Klaus-Michael Mallmann (Hg.), Die Gestapo – Mythos und Realität, Darmstadt 1995, S. 343–356.

Ders., Homosexuelle unter dem Hakenkreuz. Die Verfolgung der Homosexuellen im Dritten Reich, Paderborn 1990.

Jens, Inge, Dichter zwischen rechts und links. Die Geschichte der Sektion für Dichtkunst an der Preußischen Akademie der Künste, 2. erw. und verb. Aufl., Leipzig 1994.

Jesse, Eckhard, Der endlose Streit um den Reichstagsbrand – verschlungene Pfade einer einzigartigen Forschungskontroverse, in: Uwe Backes/Karl-Heinz Janßen/Eckhard Jesse/Henning Köhler/Hans Mommsen/Fritz Tobias, Reichstagsbrand – Aufklärung einer historischen Legende, 2. Auflage, München 1987, S. 58–87.

Johnson, Eric A., Nazi Terror. The Gestapo, Jews and Ordinary Germans, New York 1999.

Jones, Larry E., Conservatives and the Establishment of the Third Reich 1932–1934, in: Tel Aviver Jahrbuch für deutsche Geschichte 23 (1994), S. 41–64.

Jovy, Michael, Jugendbewegung und Nationalsozialismus. Zusammenhänge und Gegensätze. Versuch einer Klärung, Münster 1984 (Diss. phil. Köln 1952).

Jung, Susanne, Die Rechtsprobleme der Nürnberger Prozesse dargestellt am Verfahren gegen Friedrich Flick, Tübingen 1992.

Kaelble, Hartmut, Soziale Mobilität 1900–1960, in: ders., Soziale Mobilität und Chancengleichheit im 19. und 20. Jahrhundert, Göttingen 1983, S. 59–127.

Ders., Chancenungleichheit und akademische Ausbildung 1910–1960, in: ders., Soziale Mobilität und Chancengleichheit im 19. und 20. Jahrhundert, Göttingen 1983, S. 127–149.

Käppner, Joachim, Erstarrte Geschichte. Faschismus und Holocaust im Spiegel der Geschichtswissenschaft und Geschichtspropaganda der DDR, Hamburg 1999.

Kahn, David, Hitler's Spies. German Military Intelligence in World War II, London u.a. 1978.

Kaminer, Isidor J., Normalität und Nationalsozialismus, in: Psyche 51 (1997), Heft 5, S. 385–409.

Kárný, Miroslav (Hg.), Theresienstadt in der »Endlösung der Judenfrage«, Prag 1992.

Ders., Die tschechoslowakischen Opfer der deutschen Okkupation, in: Detlef Brandes/Václav Kural (Hg.), Der Weg in die Katastrophe. Deutsch-tschechoslowakische Beziehungen 1938–1947, Essen 1994, S. 151–160.

Ders., Kaltenbrunners Reise nach Theresienstadt und der Prominententransport im April 1945, in: Theresienstädter Studien und Dokumente 2000. Hrsg. von Miroslav Kárný/Raimund Kemper/Martin Niklas, Prag 2000, S. 66–85.

Ders./Milotová, Jaroslava/Kárnou, Margitou (Hg.), Protektorátní politika Reinharda Heydricha, Prag 1991.

Ders./Milotová, Jaroslava/Kárná, Margita (Hg.), Deutsche Politik im »Reichsprotektorat Böhmen und Mähren« unter Reinhard Heydrich 1941–1942. Eine Dokumentation, Berlin 1997.

Karsai, László, The Last Phase of the Hungarian Holocaust: The Szálasi Regime and the Jews, in: Randolph L. Braham/Scott Miller (Hg.), The Nazis' Last Victims. The Holocaust in Hungary, Detroit 1998, S. 103–116.

Kasten, Bernd, »Gute Franzosen«. Die französische Polizei und die deutsche Besatzungsmacht im besetzten Frankreich, Sigmaringen 1993.

Kater, Michael H., Studentenschaft und Rechtsradikalismus in Deutschland 1918–1933. Eine sozialgeschichtliche Studie zur Bildungskrise in der Weimarer Republik, Hamburg 1975.

Ders., The Work Student: A Socio-Economic Phenomenon of Early Weimar Germany, in: Journal of Contemporary History 10 (1975) S. 71–94.

Ders., Frauen in der NS-Bewegung, in: VfZ 31 (1983), S. 202–241.

Keegan, John, Der Erste Weltkrieg. Eine europäische Tragödie, Reinbek 2000 (engl. Originalausgabe 1998).

Ders., Das Antlitz des Krieges. Die Schlachten von Azincourt 1415, Waterloo 1815 und an der Somme 1916, Frankfurt am Main 1991 (engl. Originalausgabe 1975).

Kelsen, Hans, Will the Judgement in the Nuremberg Trial Constitute a Precedent in International Law, in: International Law Quarterly 1 (1947), S. 153–171.

Kempner, Robert M. W., Eichmann und seine Komplizen, Zürich/Stuttgart/Wien 1961.

Ders., SS im Kreuzverhör. Die Elite, die Europa in Scherben schlug, erweiterte Neuauflage, Nördlingen 1984.

Ders., Ankläger einer Epoche. Lebenserinnerungen, Frankfurt am Main/Berlin 1986.

Kershaw, Ian, Hitler, Bd. 1: 1889–1936, Stuttgart 1998.

Ders., Hitler, Bd. 2: 1936–1945, Stuttgart 2000.

Ders., Der Überfall auf Polen und die öffentliche Meinung in Deutschland, in: Ernst Willi Hansen/Gerhard Schreiber/Bernd Wegner (Hg.), Politischer Wandel, organisierte Gewalt und nationale Sicherheit. Beiträge zur neueren Geschichte Deutschlands und Frankreichs. Festschrift für Klaus-Jürgen Müller, München 1995, S. 237–250.

Kessler, Alexander, Der Jungdeutsche Orden in den Jahren der Entscheidung (I), 1928–1930, und (II), 1931–1933, München 1974 bzw. 1976.

Ders., Der Jungdeutsche Orden auf dem Weg zur Deutschen Staatspartei, 1928–1930, München 1980.

Ketelsen, Uwe-K., »Die Jugend von Langemarck«. Ein poetisch-politisches Motiv der Zwischenkriegszeit, in: Thomas Koebner/Rolf-Peter Janz/Frank Trommler (Hg.), »Mit uns zieht die neue Zeit«. Der Mythos Jugend, Frankfurt am Main 1985.

Kettenacker, Lothar, Nationalsozialistische Volkstumspolitik im Elsaß, Stuttgart 1973.

Ders., Die Behandlung der Kriegsverbrecher als anglo-amerikanisches Rechtsproblem, in: Gerd R. Ueberschär (Hg.), Der Nationalsozialismus vor Gericht. Die alliierten Prozesse gegen Kriegsverbrecher und Soldaten 1943–1952, Frankfurt am Main 1999, S. 17–31.

Kirchberg, Christian, Die Kontrolle von Maßnahmen der »politischen Polizei« durch die Verwaltungsgerichte, in: Dieter Rebentisch/Karl Teppe (Hg.), Verwaltung contra Menschenführung im Staat Hitlers. Studien zum politisch-administrativen System, Göttingen 1986, S. 141–152.

Kißner, Michael/Scholtyseck, Joachim (Hg.), Die Führer der Provinz. NS-Biographien aus Baden und Württemberg, Konstanz 1997.

Kitterman, David, Otto Ohlendorf – »Gralshüter des Nationalsozialismus«, in: Ronald Smelser/Enrico Syring (Hg.), Die SS: Elite unter dem Totenkopf. 30 Lebensläufe, Paderborn u.a. 2000, S. 379–393.

Klarsfeld, Serge, Vichy – Auschwitz. Die Zusammenarbeit der deutschen mit französischen Behörden bei der »Endlösung der Judenfrage« in Frankreich, Nördlingen 1989.

Klee, Ernst, Auschwitz, die NS-Medizin und ihre Opfer, Frankfurt am Main 1997.

Ders./Dreßen, Willi/Rieß, Volker, »Schöne Zeiten«. Der Judenmord aus der Sicht der Täter und Gaffer, Frankfurt am Main 1988.

Dies., »Gott mit uns«. Der deutsche Vernichtungskrieg im Osten 1935–1945, Frankfurt am Main 1989.

Klein, Peter (Hg.), Die Einsatzgruppen in der besetzten Sowjetunion 1941/42, Berlin 1997.

Ders., Die Wannsee-Konferenz vom 20. Januar 1942, Berlin o. J.

Ders., Die Rolle der Vernichtungslager Kulmhof (Chelmno), Belzec (Belzec) und Auschwitz-Birkenau in den frühen Deportationsvorbereitungen, in: Dittmar Dahlmann/Gerhard Hirschfeld (Hg.), Lager, Zwangsarbeit, Vertreibung und Deportation. Dimensionen der Massenverbrechen in der Sowjetunion und in Deutschland 1933 bis 1945, Essen 1999, S. 459–481.

Kleist, Peter, Chrutschow 50 km vor Hamburg, Göttingen 1959.

Ders., Die europäische Tragödie, Preußisch Oldendorf 1971.

Kleßmann, Christoph/Dlugoborski, Waclaw, Nationalsozialistische Bildungspolitik und polnische Hochschulen 1939–1945, in: Geschichte und Gesellschaft 23 (1997), S. 535–559.

Klink, Ernst/Boog, Horst, Die militärische Planung der Krieges gegen die Sowjetunion, in: Das Deutsche Reich und der Zweite Weltkrieg. Hrsg. vom Militärgeschichtlichen Forschungsamt, Bd. 4, Stuttgart 1983, S. 190–326.

Koehl, Robert Lewis, RKFDV. German Resettlement and Population Policy 1939–1945. A History of the Reich Commission for the Strengthening of Germandom, Cambridge 1957.

Ders., Toward an SS Typology: Social Engineers, in: The American Journal of Economics and Sociology, Vol. 18 (1959), No. 2, S. 113–126.

Ders., The Black Korps. The Structure and Power Struggles of the Nazi SS, Madison/Wisconsin 1983.

König, Helmut (Hg.), Der Fall Schwerte im Kontext. Westdeutscher Verlag, Opladen/Wiesbaden 1998.

Koffka, Else, Ist § 50 Abs. 2 n. F. auf den Gehilfen anwendbar, wenn der Haupttäter aus dem Gehilfen bekannten niedrigen Beweggründen tötet, die beim Gehilfen fehlen?, in: Juristische Rundschau, Heft 2, Februar 1969, S. 41 f.

Kogon, Eugen u. a. (Hg.), Nationalsozialistische Massentötungen durch Giftgas. Eine Dokumentation, Frankfurt am Main 1983.

Kohl, Paul, »Ich wundere mich, daß ich noch lebe«. Sowjetische Augenzeugen berichten, Gütersloh 1990.

Köhler, Henning, Arbeitsdienst in Deutschland. Pläne und Verwirklichungsformen bis zur Arbeitsdienstpflicht im Jahre 1935, Berlin 1967.

Köhler, Otto, Unheimliche Publizisten. Die verdrängte Vergangenheit der Medienmacher, München 1995.

Kohli, Martin (Hg.), Soziologie des Lebenslaufs, Darmstadt/Neuwied 1978.

Ders./Robert, Günther (Hg.), Biographie und soziale Wirklichkeit, Stuttgart 1984.

Kolb, Eberhard, Die Weimarer Republik, 4. durchges. und erg. Auflage, München 1998.

Kolk, Rainer, Literarische Gruppenbildung. Am Beispiel des George-Kreises 1890–1945, Tübingen 1998.

Koonz, Claudia, Mothers in Fatherland, New York 1986.

Kotowski, Mathias, »Noch ist ja der Krieg gar nicht zu Ende«: Weltkriegsgedenken der Universität Tübingen in der Weimarer Republik, in: Gerhard Hirschfeld/Gerd Krumeich/Dieter Langewiesche/Hans-Peter Ullmann (Hg.), Kriegserfahrungen. Studien zur Sozial- und Mentalitätsgeschichte des Ersten Weltkriegs, Essen 1997, S. 424–438.

Kotze, Hildegard v., Hitlers Sicherheitsdienst im Ausland, in: Die politische Meinung 8 (1963), Juli/August, S. 75–80.

Kramarz, Joachim, Claus Graf Stauffenberg. 15. November 1907–20. Juli 1944. Das Leben eines Offiziers, Frankfurt am Main 1965.

Kramer, Alan, »Greueltaten«. Zum Problem der deutschen Kriegsverbrechen in Belgien und Frankreich 1914, in: Gerhard Hirschfeld/Gerd Krumeich, Keiner fühlt sich hier mehr als Mensch ... Erlebnis und Wirkung des Ersten Weltkriegs, Essen 1993, S. 85–114.

Ders., Wackes at War: Alsace-Lourraine and the Failure of German National Mobilization, 1914–1918, in: John Horn (ed.), State, Society and Mobilization in Europe During the First World War, Cambridge 1997, S. 105–121.

Kraske, Eva-Maria, Die Darstellung der Jugend in den Erzählungen Klaus Manns, in: Rudolf Wolff (Hg.), Klaus Mann. Werk und Wirkung, Bonn 1984, S. 22–45.

Kraus, Herbert, Karl Dönitz und das Ende des »Dritten Reiches«, in: Hans-Erich Volkmann, Ende des Dritten Reiches – Ende des Zweiten Weltkrieges. Eine perspektivische Rückschau, München/Zürich 1995, S. 1–23.

Krausnick, Helmut, Judenverfolgung, in: Hans Buchheim/MartinBroszat/Hans-Adolf Jacobsen/Helmut Krausnick, Anatomie des SS-Staates, zwei Bände, Olten/Freiburg i. Br. 1965, S. 547–678.

Ders., Hitler und die Befehle an die Einsatzgruppen im Sommer 1941, in: Eberhard Jäckel/Jürgen Rohwer (Hg.), Der Mord an den Juden im Zweiten Weltkrieg, Stuttgart 1985, S. 88–106.

Ders./Wilhelm, Hans-Heinrich, Die Truppe des Weltanschauungskrieges. Die Einsatzgruppen der Sicherheitspolizei und des SD 1938–1942, Stuttgart 1981.

Krokowski, Heike, Die »Rassenhygienische und Bevölkerungsbiologische Forschungsstelle« im Reichsgesundheitsamt. Zur Bedeutung »wissenschaftlicher« Forschung bei der Verfolgung von Sinti und Roma während des Nationalsozialismus, in: Beiträge zur Geschichte der nationalsozialistischen Verfolgung in Norddeutschland, Heft 1: Rassismus in Deutschland, Bremen 1994, S. 73–84.

X Kroll, Frank-Lothar, Utopie als Ideologie. Geschichtsdenken und politisches Handeln im Dritten Reich, Paderborn 1998.

Kroll, Fredric/Täubert, Klaus, 1906–1927. Unordnung und früher Ruhm (Klaus-Mann-Schriftenreihe, Band 2), Wiesbaden 1977.

Krüger, Gerd, »Treudeutsch allewege!« Gruppen, Vereine und Verbände der Rechten in Münster (1887–1929/30), Münster 1992.

Kruse, Wolfgang (Hg.), Eine Welt von Feinden. Der Große Krieg 1914–1918, Frankfurt am Main 1997.

Kundrus, Birthe, Kriegerfrauen. Familienpolitik und Geschlechterverhältnisse im Ersten und Zweiten Weltkrieg, Hamburg 1995.

Kutz, Martin, Die agrarwirtschaftliche Vorbereitung des Zweiten Weltkrieges in Deutschland vor dem Hintergrund der Weltkrieg-I-Erfahrung, in: Zeitschrift für Agrargeschichte und Agrarsoziologie, 1984, Heft 1, S. 59–82 und Heft 2, S. 135–164.

Kwiet, Konrad, Erziehung zum Mord – Zwei Beispiele zur Kontinuität der deutschen »Endlösung der Judenfrage«, in: Michael Grüttner/Rüdiger Hachtmann/Heinz-Gerhard Haupt (Hg.), Geschichte und Emanzipation. Festschrift für Reinhard Rürup, Frankfurt am Main/New York 1999, S. 435–457.

Laak, Dirk van, Gespräche in der Sicherheit des Schweigens. Carl Schmitt in der politischen Geistesgeschichte der frühen Bundesrepublik, Berlin 1993.

Ders., Weiße Elefanten. Anspruch und Scheitern technischer Großprojekte im 20. Jahrhundert, Stuttgart 1999.

Lächele, Rainer, Vom Reichssicherheitshauptamt in ein evangelisches Gymnasium – Die Geschichte des Eugen Steimle, in: Jörg Thierfelder/Rainer Lächele, Das evangelische Württemberg zwischen Weltkrieg und Wiederaufbau, Stuttgart 1995, S. 260–288.

Landau, Ernest (Hg.), Der Kastner-Bericht über den Menschenhandel in Ungarn, München 1961.

Langbein, Hermann, Der Auschwitz-Prozeß. Eine Dokumentation, Frankfurt am Main 1995.

Langewiesche, Dieter, Die Eberhard-Karls-Universität Tübingen in der Weimarer Republik. Krisenerfahrungen und Distanz zur Demokratie an den deutschen Universitäten, in: Zeitschrift für Württembergische Landesgeschichte 51 (1992), S. 345–381.

Laqueur, Walter Z., Die deutsche Jugendbewegung. Eine historische Studie, Köln 1962.

Lazare, Lucien, Belgian Jews in France, 1940–1944, in: Dan Michman (Hg.), Belgium and the Holocaust. Jews, Belgians, Germans, Jerusalem 1998, S. 445–455.

Lebzelter, Gisela, Die Stellung des »Centralvereins deutscher Staatsbürger jüdischen Glaubens« zur Machtergreifung, in: Wolfgang Michalka (Hg.), Die nationalsozialistische Machtergreifung, Paderborn u. a. 1984, S. 344–356.

Leggewie, Claus, Von Schneider zu Schwerte. Das ungewöhnliche Leben eines Mannes, der aus der Geschichte lernen wollte, München 1998.

Lehmann, Hartmut, Deutsche Historiker und die Zäsur von 1933, in: Dietrich Papenfuß/Wolfgang Schieder (Hg.), Deutsche Umbrüche im 20. Jahrhundert, Köln/Weimar/Wien 2000, S. 267–288.

Lennert, Rudolf, Universität und Studentenschaft im Leipzig der zwanziger Jahre, in: Gerd Doerry/Joachim Dikau/Gerhard Kiel (Hg.), Politische Bildung in der Demokratie, Berlin 1968, S. 16–30.

Lethen, Helmut, Verhaltenslehren der Kälte. Lebensversuche zwischen den Kriegen, Frankfurt am Main 1994.

Lifton, Robert Jay, Ärzte im Dritten Reich, Stuttgart 1988.

Lilienthal, Georg, Der »Lebensborn e. V.«. Ein Instrument nationalsozialistischer Rassenpolitik, Frankfurt am Main 1993.

Linck, Stephan, Der Ordnung verpflichtet: Deutsche Polizei 1933–1949. Der Fall Flensburg, Paderborn u. a. 2000.

Ders., ›Festung Nord‹ und ›Alpenfestung‹. Das Ende des NS-Sicherheitsapparates, in: Gerhard Paul/Klaus-Michael Mallmann (Hg.), Die Gestapo im Zweiten Weltkrieg. »Heimatfront« und besetztes Europa, Darmstadt 2000, S. 569–595.

Linde, Hans, Soziologie in Leipzig 1925–1945, in: M. Rainer Lepsius (Hg.), Soziologie in Deutschland und Österreich 1918–1945. Materialien zur Entwicklung, Emigration und Wirkungsgeschichte (Kölner Zeitschrift für Soziologie und Sozialpsychologie, Sonderheft 23), Opladen 1981, S. 102–130.

Lohalm, Uwe, Völkischer Radikalismus. Die Geschichte des Deutschvölkischen Schutz- und Trutz-Bundes 1919–1923, Hamburg 1970.

Longerich, Peter, Die braunen Bataillone. Geschichte der SA, München 1989.

Ders. (Hg.), Die Ermordung der europäischen Juden. Eine umfassende Dokumentation des Holocaust 1941–1945, München/Zürich 1989.

Ders., Politik der Vernichtung. Eine Gesamtdarstellung der nationalsozialistischen Judenverfolgung, München 1998.

Loock, Hans-Dietrich, Quisling, Rosenberg und Terboven. Zur Vorgeschichte und Geschichte der nationalsozialistischen Revolution in Norwegen, Stuttgart 1970.

Lorenz, Sönke/Bauer, Dieter R./Behringer, Wolfgang/Schmidt, Michael Jürgen (Hg.), Himmlers Hexenkartothek. Das Interesse des Nationalsozialismus an der Hexenverfolgung, Bielefeld 2000.

Lösener, Bernhard, Als Rassereferent im Reichsministerium des Innern, in: VfZ 9 (1961), S. 264–313.

Löwith, Karl, Mein Leben in Deutschland vor und nach 1933. Ein Bericht, Stuttgart 1986.

Lotfi, Gabriele, KZ der Gestapo. Arbeitserziehungslager im Dritten Reich, Stuttgart/München 2000.

Lozowick, Yaacov, Malice in Action, in: Yad Vashem Studies XXVII, Jerusalem 1999, S. 287–330.

Ders., Hitlers Bürokraten. Eichmann, seine willigen Vollstrecker und die Banalität des Bösen, Zürich/München 2000.

Lüdde-Neurath, Walter, Regierung Dönitz. Die letzten Tage des Dritten Reiches, 3. erw. Auflage, Göttingen 1964.

Lüdtke, Alf, »Gemeinwohl«, Polizei und »Festungspraxis«. Staatliche Gewaltsamkeit und innere Verwaltung in Preußen, 1815–1850, Göttingen 1982.

Ders., Funktionseliten: Täter, Mit-Täter, Opfer? Zu den Bedingungen des deutschen Faschismus, in: ders. (Hg.), Herrschaft als soziale Praxis. Historische und sozial-anthropologische Studien, Göttingen 1991, S. 559–590.

Ders., Die Fiktion der Institution. Herrschaftspraxis und Vernichtung der europäischen Juden im 20. Jahrhundert, in: Reinhard Blänkner/Bernhard Jussen (Hg.), Institutionen und Ereignis. Über historische Praktiken und Vorstellungen gesellschaftlichen Ordnens, Göttingen 1998, S. 355–379.

Lukes, Igor, Stalin, Benesch und der Fall Tuchatschewski, in: VfZ 44 (1996), S. 527–547.

Lumans, Valdis, Himmler's Auxiliaries. The Volksdeutsche Mittelstelle and the German National Minorities of Europe, 1933–1945, Chapel Hill/London 1993.

MacDonald, Callum, Heydrich – Anatomie eines Attentats, München 1990 (engl. Originalausgabe 1989).

Madajczyk, Czeslaw, Die Okkupationspolitik Nazideutschlands in Polen 1939–1945, Berlin (Ost) 1987.

Ders. (Hg.), Vom Generalplan Ost zum Generalsiedlungsplan, München u. a. 1994.

Mader, Julius, Jagd nach dem Narbengesicht. Ein Dokumentarbericht über Hitlers SS-Geheimdienstchef Otto Skorzeny, Berlin (Ost) 1962.

Mäding, Erhard, Entwicklung der öffentlichen Aufgaben, in: Kurt G. A. Jeserich/Hans Pohl/Georg-Christoph von Unruh (Hg.), Deutsche Verwaltungsgeschichte, Bd. 4: Das Reich als Republik und in der Zeit des Nationalsozialismus, Stuttgart 1985, S. 92–110.

Maier, Hedwig, Die SS und der 20. Juli, in: VfZ 14 (1966), S. 299–316.

Majer, Diemut, »Fremdvölkische« im Dritten Reich, Boppard am Rhein 1981.

Mallmann, Klaus-Michael, Die geschlagenen Sieger. Kommunistischer Widerstand an der Saar und im Exil 1933–1945, in: ders./Gerhard Paul, Milieus und Widerstand.

Eine Verhaltensgeschichte der Gesellschaft des Nationalsozialismus, Bonn 1995, S. 984–999.

Ders., Die Türöffner der »Endlösung«. Zur Genesis der Genozids, in: Gerhard Paul/Klaus-Michael Mallmann (Hg.), Die Gestapo im Zweiten Weltkrieg. ›Heimatfront‹ und besetztes Europa, Darmstadt 2000, S. 437–463.

Ders., Menschenjagd und Massenmord. Das neue Instrument der Einsatzgruppen und -kommandos 1938–1945, in: Gerhard Paul/Klaus-Michael Mallmann (Hg.), Die Gestapo im Zweiten Weltkrieg. ›Heimatfront‹ und besetztes Europa, Darmstadt 2000, S. 291–316.

Ders., Der Krieg im Dunkeln. Das Unternehmen »Zeppelin« 1942–1945, in: Michael Wildt (Hg.), Politik und Rolle des SD im NS-Regime, Hamburg (in Vorbereitung).

Ders./Paul, Gerhard, Herrschaft und Alltag. Ein Industrierevier im Dritten Reich, Bonn 1991.

Manasse, Peter M., Verschleppte Archive und Bibliotheken. Die Tätigkeiten des Einsatzstabes Rosenberg während des Zweiten Weltkrieges, St. Ingbert 1997.

Mann, Golo, Erinnerungen und Gedanken. Eine Jugend in Deutschland, Frankfurt am Main 1991 (Erstausgabe 1986).

Manoschek, Walter, »Serbien ist judenfrei.« Militärische Besatzungspolitik und Judenvernichtung in Serbien 1941/42, München 1993.

Manvell, Roger/Fraenkel, Heinrich, Heinrich Himmler, London 1965.

Marßolek, Inge/Ott, René, Bremen im Dritten Reich. Anpassung – Widerstand – Verfolgung, Bremen 1986.

Marrus, Michael/Paxton, Robert O., Vichy France and the Jews, New York 1981.

Maß, Sandra, Das Trauma des weißen Mannes. Afrikanische Kolonialsoldaten in propagandistischen Texten, 1914–1923, in: L'Homme. Zeitschrift für Feministische Geschichtswissenschaft 12 (2001), Heft 1, S. 11–33.

Matthäus, Jürgen, Kameraden im Geiste. Himmlers Hexenforscher im Kontext des nationalsozialistischen Wissenschaftsbetriebs, in: Sönke Lorenz/Dieter R. Bauer/Wolfgang Behringer/Jürgen Michael Schmidt (Hg.), Himmlers Hexenkartothek. Das Interesse des Nationalsozialismus an der Hexenverfolgung, Bielefeld 2000, S. 99–107.

Mauch, Hans-Joachim, Nationalistische Wehrorganisationen in der Weimarer Republik. Zur Entwicklung und Ideologie des »Paramilitarismus«, Frankfurt am Main/Bern 1982.

deMause, Lloyd, Grundlagen der Psychohistorie, Frankfurt am Main 1989.

Mazower, Mark, Inside Hitler's Greece. The Experience of Occupation. 1941–1944, New Haven/London 1993.

Ders., Der dunkle Kontinent. Europa im 20. Jahrhundert, Berlin 2000 (engl. Originalausgabe 1998)

Meier, Christian, Die Gnade der späten Verurteilung. Eine kurze Geschichte der Gnadenentscheidungen zu den zwölf Nürnberger Prozessen, in: 1999 11 (1996), Heft 4, S. 73–85.

Meissner, Boris (Hg.), Die deutsche Volksgruppe in Litauen und im Memelland während der Zwischenkriegszeit und aktuelle Fragen des deutsch-litauischen Verhältnisses, Hamburg 1998.

Mendes-Flohr, Paul, The Kriegserlebnis and Jewish Consciousness, in: Wolfgang Benz/Arnold Paucker/Peter Pulzer (Hg.), Jüdisches Leben in der Weimarer Republik. Jews in the Weimar Republic, Tübingen 1998, S. 224–237.

Merkel, Reinhard, Das Recht des Nürnberger Prozesses. Gültiges, Fragwürdiges, Überholtes, in: Von Nürnberg nach Den Haag. Menschenrechtsverbrechen vor Gericht. Zur Aktualität des Nürnberger Prozesses. Hrsg. vom Nürnberger Menschenrechtszentrum, Hamburg 1996, S. 68–92.

Merritt, Anna J./Merritt, Richard L. (ed.), Public Opinion in Semi-Sovereign Germany. The HICOG-Surveys, 1949–1955, Urbana u. a. 1980.

Messerschmidt, Manfred, Der Minsker Prozeß 1946. Gedanken zu einem sowjetischen Kriegsverbrechertribunal, in: Hannes Heer/Klaus Naumann (Hg.), Vernichtungskrieg. Verbrechen der Wehrmacht 1941–1944, Hamburg 1995, S. 551–568.

Métall, R. A., Hans Kelsen. Leben und Werk, Wien 1969.

Meyer, Ahlrich, Die deutsche Besatzung in Frankreich 1940–1944. Widerstandsbekämpfung und Judenverfolgung, Darmstadt 2000.

Meyer, Beate, »Jüdische Mischlinge«. Rassenpolitik und Verfolgungserfahrung 1933–1945, Hamburg 1999.

Meyer, Steffen, Der »zivile Feind«: Die deutsche Wehrmacht und ihr Umgang mit den Nichtkombattanten während des Ostfeldzuges von September 1939 bis Dezember 1941, in: Jahrbuch der Juristischen Zeitgeschichte, Bd. 1 (1999/2000), Baden-Baden 2000, S. 3–35.

Minott, Rodney, The Fortress That Never Was. The Myth of Hitler's Bavarian Stronghold, New York 1964.

Mohler, Armin, Die Konservative Revolution in Deutschland 1918–1932. Ein Handbuch, 4. Auflage, Darmstadt 1994 (Erstausgabe 1950).

Mommsen, Hans, Beamtentum im Dritten Reich, Stuttgart 1966.

Ders., Generationskonflikt und Jugendrevolte in der Weimarer Republik, in: Thomas Koebner/Rolf Peter Janz/Frank Trommler (Hg.), »Mit uns zieht die neue Zeit«. Der Mythos Jugend, Frankfurt am Main 1985, S. 50–67.

Ders./Willems, Susanne (Hg.), Herrschaftsalltag im Dritten Reich. Studien und Texte, Düsseldorf 1988.

Ders., Die verspielte Freiheit. Der Weg der Republik von Weimar in den Untergang 1918 bis 1933, Berlin 1989.

Ders., Hitler's Reichstag Speech of 30 January 1939, in: History & Memory 9 (1997), No. 1/2, S. 147–161.

Ders., Die nationalsozialistische Machteroberung. Revolution oder Gegenrevolution, in: Dietrich Papenfuß/Wolfgang Schieder (Hg.), Deutsche Umbrüche im 20. Jahrhundert, Köln/Weimar/Wien 2000, S. 329–343.

Ders., Nichts Neues in der Reichstagsbrandkontroverse. Anmerkungen zu einer Donquichotterie, in: ZfG 49 (2001), Heft 4, S. 352–357.

Morsch, Günter, Arbeit und Brot. Studien zur Lage, Stimmung, Einstellung und Verhalten der deutschen Arbeiterschaft, 1933–1936/37, Frankfurt am Main u.a. 1993.

Moyzisch, Ludwig von, Der Fall Cicero, Frankfurt am Main 1950.

Mulisch, Harry, Strafsache 40/61. Eine Reportage über den Eichmann-Prozeß, Berlin 1987.

Mühlen, Patrick von zur, Zwischen Hakenkreuz und Sowjetstern. Der Nationalismus der sowjetischen Ostvölker im Zweiten Weltkrieg, Düsseldorf 1971.

Müller, Jürgen, Nationalsozialismus in Lateinamerika: Die Auslandsorganisation der NSDAP in Argentinien, Brasilien, Chile und Mexiko, 1931–1945, Stuttgart 1997.

X Müller, Klaus-Jürgen, Das Heer und Hitler. Armee und nationalsozialistisches Regime 1933–1940, Stuttgart 1969.

Müller, Rolf-Dieter, Hitlers Ostkrieg und die deutsche Siedlungspolitik. Die Zusammenarbeit von Wehrmacht, Wirtschaft und SS, Frankfurt am Main 1991.

Ders./Ueberschär, Gerd R., Kriegsende 1945. Die Zerstörung des Deutschen Reiches, Frankfurt am Main 1994.

Müller, Walter/Willms, Angelika/Handl, Johann, Strukturwandel der Frauenarbeit 1880–1980, Frankfurt am Main/New York 1983.

Müller-Hill, Benno, Tödliche Wissenschaft. Die Aussonderung von Juden, Zigeunern und Geisteskranken 1933–1945, Reinbek 1984.

Ders., Selektion. Die Wissenschaft von der biologischen Auslese des Menschen durch Menschen, in: Norbert Frei (Hg.), Medizin und Gesundheitspolitik in der NS-Zeit, München 1991, S. 137–155.

Ders., The Idea of the Final Solution and the Role of Experts, in: David Cesarani (Hg.), The Final Solution. Origins and Implementation, London/New York 1994, S. 62–70.

Muller, Jerry Z., The Other God That Failed. Hans Freyer and the Deradicalization of German Conservatism, Princeton 1987.

Musial, Bogdan, Deutsche Zivilverwaltung und Judenverfolgung im Generalgouvernement. Eine Fallstudie zum Distrikt Lublin 1939–1944, Wiesbaden 1999.

Ders., »Konterrevolutionäre Elemente sind zu erschießen«. Die Brutalisierung des deutsch-sowjetischen Krieges im Sommer 1941, Berlin/München 2000.

Myllyniemi, Seppo, Die Neuordnung der baltischen Länder 1941–1944. Zum nationalsozialistischen Inhalt der deutschen Besatzungspolitik, Helsinki 1973.

Neliba, Günter, Wilhelm Frick. Der Legalist des Unrechtsstaates. Eine politische Biographie, Paderborn u.a. 1992.

Nellessen, Bernd, Der Prozeß von Jerusalem. Ein Dokument, Düsseldorf 1964.

Neufeldt, Hans-Joachim, Entstehung und Organisation des Hauptamtes Ordnungspolizei, in: ders./Jürgen Huck/Georg Tessin, Zur Geschichte der Ordnungspolizei 1936–1945, Koblenz 1957, S. 3–115.

Neusüss-Henkel, Ermenhild, Die SS, Hannover/Frankfurt a.M. 1956.

Niehuss, Merith, Arbeiterschaft in Krieg und Inflation. Soziale Schichtung und Lage der Arbeiter in Ausgburg und Linz 1910 bis 1925, Berlin/New York 1985.

Nienhaus, Ursula, Vater Staat und seine Gehilfinnen. Die Politik mit der Frauenarbeit bei der deutschen Post (1864–1945), Frankfurt am Main/New York 1995.

913

Dies., Himmlers willige Komplizinnen – Weibliche Polizei im Nationalsozialismus 1937–1945, in: Michael Grüttner/Rüdiger Hachtmann/Heinz-Gerhard Haupt (Hg.), Geschichte und Emanzipation. Festschrift für Reinhard Rürup, Frankfurt am Main/New York 1999, S. 517–539.

Niethammer, Lutz, Die Mitläuferfabrik. Die Entnazifizierung am Beispiel Bayerns, Bonn/Berlin 1982.

Ders. (unter Mitarbeit von Axel Doßmann), Kollektive Identität. Heimliche Quellen einer unheimlichen Konjunktur, Reinbek 2000.

Noakes, Jeremy, The Development of Nazi Policy towards the German-Jewisch »Mischlinge« 1933–1945, in: Yearbook of the Leo Baeck Institute 34 (1989), S. 291–354.

Nolte, Ernst, Der europäische Bürgerkrieg 1917–1945, Berlin 1987.

Ders., Der Faschismus in seiner Epoche. Die Action française – Der italienische Faschismus – Der Nationalsozialismus, München 1963.

Oberkrome, Willi, Volksgeschichte. Methodische Innovation und völkische Ideologisierung in der deutschen Geschichtswissenschaft 1918–1945, Göttingen 1993.

Ders., Geschichte, Volk und Theorie. Das ›Handwörterbuch des Grenz- und Auslandsdeutschtums‹, in: Peter Schöttler (Hg.), Geschichte als Legitimationswissenschaft 1918–1945, Frankfurt am Main 1997, S. 104–127.

Ogorreck, Ralf, Die Einsatzgruppen und die »Genesis der Endlösung«, Berlin 1996.

Ders./Rieß, Volker, Fall 9: Der Einsatzgruppenprozeß (gegen Otto Ohlendorf und andere), in: Gerd R. Ueberschär (Hg.), Der Nationalsozialismus vor Gericht. Die alliierten Prozesse gegen Kriegsverbrecher und Soldaten 1943–1952, Frankfurt am Main 1999, S. 164–175.

Orlow, Dietrich, The Nazis in the Balkans. A Case Study in Totalitarian Politics, Pittsburgh 1968.

Orth, Karin, Das System der nationalsozialistischen Konzentrationslager. Eine politische Organisationsgeschichte, Hamburg 1999.

Dies., Die Konzentrationslager-SS. Sozialstrukturelle Analysen und biographische Studien, Göttingen 2000.

Ott, Hugo, Martin Heidegger. Unterwegs zu seiner Biographie, Frankfurt am Main/ New York 1988

Ottmann, Henning, Carl Schmitt, in: Karl Graf Ballestrem/Henning Ottmann (Hg.), Politische Philosophie des 20. Jahrhunderts, München 1990, S. 61–87.

Padfield, Peter, Himmler Reichsführer-SS, London 1990.

Paetel, Karl Otto, Die SS. Ein Beitrag zur Soziologie des Nationalsozialismus, in: VfZ 1 (1954), S. 1–33.

Pätzold, Kurt/Schwarz, Erika, »Auschwitz war für mich nur ein Bahnhof«. Franz Novak – der Transportoffizier Adolf Eichmanns, Berlin 1994.

Palmer, Raymond, Felix Kersten and Count Bernadotte: A Question of Rescue, in: Journal of Contemporary History 29 (1994), No. 1, S. 39–51.

von Papen, Patricia, Schützenhilfe nationalsozialistischer Judenpolitik. Die ›Judenforschung‹ des »Reichsinstituts für Geschichte des neuen Deutschlands« 1935–1945, in: Fritz-Bauer-Institut (Hg.), »Beseitigung jüdischen Einflusses ...« Antisemitische Forschung, Eliten und Karrieren im Nationalsozialismus (Jahrbuch 1998/99 zur Geschichte und Wirkung des Holocaust), Darmstadt 1999, S. 17–42.

Paucker, Arnold, Der jüdische Abwehrkampf gegen Antisemitismus und Nationalsozialismus in den letzten Jahren der Weimarer Republik, Hamburg, 2. verbesserte Auflage 1969.

Paul, Gerhard, Josef Bürckel – Der rote Gauleiter, in: Ronald Smelser/Enrico Syring/ Rainer Zitelmann (Hg.), Die braune Elite II, Darmstadt 1993, S. 51–65.

Ders., Ganz normale Akademiker. Eine Fallstudie zur regionalen staatspolizeilichen Funktionselite, in: ders./Klaus-Michael Mallmann (Hg.), Die Gestapo – Mythos und Realität, Darmstadt 1995, S. 236–254.

Ders., Staatlicher Terror und gesellschaftliche Verrohung. Die Gestapo in Schleswig-Holstein, Hamburg 1996.

Ders., »... alle Repressionen unnachsichtlich ergriffen werden«. Die Gestapo und das politische Exil, in: Exilforschung 15 (1997), S. 120–161.

Ders., »Von Judenangelegenheiten hatte er bis dahin keine Ahnung.« Herbert Hagen, der Judenreferent des SD aus Neumünster, in: Geschichte und Biografie. Jüdisches Leben, Nationalsozialismus und Nachkriegszeit in Schleswig-Holstein. Festschrift für Erich Koch, hrsg. vom Arbeitskreis zur Erforschung des Nationalsozialismus in Schleswig-Holstein (Informationen zur Schleswig-Holsteinischen Zeitgeschichte, Heft 33/34, 1998), Kiel 1998, S. 63–78.

Ders., »Kämpfende Verwaltung«. Das Amt IV des Reichssicherheitshauptamtes als Führungsinstanz der Gestapo, in: ders./Klaus-Michael Mallmann (Hg.), Die Gestapo im Zweiten Weltkrieg. »Heimatfront« und besetztes Europa, Darmstadt 2000, S. 42–81.

Ders., »Diese Erschießungen haben mich innerlich gar nicht mehr berührt.« Die Kriegsendphasenverbrechen der Gestapo 1944/45, in: Gerhard Paul/Klaus-Michael Mallmann (Hg.), Die Gestapo im Zweiten Weltkrieg. »Heimatfront« und besetztes Europa, Darmstadt 2000, S. 543–568.

Paul, Gerhard/Mallmann, Klaus-Michael (Hg.), Die Gestapo. Mythos und Realität, Darmstadt 1995.

Dies. (Hg.), Die Gestapo im Zweiten Weltkrieg. »Heimatfront« und besetztes Europa, Darmstadt 2000.

Paxton, Robert O., Vichy France. New Order, 1940–1944, New York 1972.

Pearlman, Moshe, Die Festnahme des Adolf Eichmann, Frankfurt am Main 1961.

Peis, Günter, The Man Who Started the War, London 1960.

Pelt, Robert Jan van/Dwork, Debórah, Auschwitz. Von 1270 bis heute, Zürich/München 1998 (amerik. Originalausgabe 1996).

Perels, Joachim, Die schrittweise Rechtfertigung der NS-Justiz. Der Huppenkothen-Prozeß, in: Peter Nahamowitz/Stefan Breuer (Hg.), Politik – Verfassung – Gesellschaft. Traditionslinien und Entwicklungsperspektiven. Otwin Massing zum 60. Geburtstag, Baden-Baden 1995, S. 51–65.

Peukert, Detlev J. K., Die Weimarer Republik. Krisenjahre der Klassischen Moderne, Frankfurt am Main 1987.

Ders., Die KPD im Widerstand. Verfolgung und Untergrundarbeit an Rhein und Ruhr 1933 bis 1945, Wuppertal 1980.

Pieper, Markus, Der Körper des Volkes und der gesunde Volkskörper. Johann Peter Franks »System einer vollstaendigen medicinischen Polizey«, in: ZfG 46 (1998), S. 101–119.

Pierzchala, Henryk, Den Fängen des SS-Staates entrissen. Die »Sonderaktion Krakau« 1939–1941, Kraków 1998 (poln. Originalausgabe 1997).

Plessen, Reinhard von, Hinrichtung im Morgengrauen. Der Widerstand endete im KZ, in: Das Parlament, Jg. 45, Nr. 15, 7.4.1995, S. 13.

Pohl, Dieter, Von der »Judenpolitik« zum Judenmord. Der Distrikt Lublin des Generalgouvernements 1939–1944, Frankfurt am Main u. a. 1993.

Ders., Nationalsozialistische Judenverfolgung in Ostgalizien 1941–1944. Organisation und Durchführung eines staatlichen Massenverbrechens, München 1996.

Ders., Die Einsatzgruppe C 1941/42, in: Peter Klein (Hg.), Die Einsatzgruppen in der besetzten Sowjetunion 1941/42, Berlin 1997.

Ders., Schauplatz Ukraine: Der Massenmord an den Juden im Miltärverwaltungsgebiet und im Reichskommissariat 1941–1943, in: Norbert Frei/Sybille Steinbacher/Bernd C. Wagner (Hg.), Ausbeutung, Vernichtung, Öffentlichkeit. Neue Studien zur nationalsozialistischen Lagerpolitik, München 2000, S. 135–173.

Pommerin, Reiner, Das Dritte Reich und Lateinamerika. Die deutsche Politik gegenüber Süd- und Mittelamerika 1939–1942, Düsseldorf 1977.

Porat, Dina, 19 March to 19 July 1944 – What Did the Yishuv Know?, in: David Cesarani (Hg.), Genocide and Rescue. The Holocaust in Hungary 1944, Oxford/New York 1997, S. 179–192.

Přibyl, Lukáš, Das Schicksal des dritten Transports aus dem Protektorat nach Nisko, in: Theresienstädter Studien und Dokumente 2000. Hrsg. von Miroslav Kárný/Raimund Kemper/Martin Niklas, Prag 2000, S. 297–342.

Pruck, Erich, Heydrichs SD. Die nationalsozialistische Geheimpolizei, in: Politische Studien 10 (1959), S. 442–448.

Pryce-Jones, David, Paris unter der deutschen Besatzung, in: Gerhard Hirschfeld/Patrick Marsh (Hg.), Kollaboration in Frankreich. Politik, Wirtschaft und Kultur während der nationalsozialistischen Besatzung 1940–1944, Frankfurt am Main 1991, S. 23–42.

Pulzer, Peter, Jews and the German State. The Political History of a Minority, 1848–1933, Oxford/Cambridge 1992.

Querg, Thorsten J., Spionage und Terror – Das Amt VI des Reichssicherheitshauptamtes 1939–1945, Berlin (Diss. phil.) 1997.

Ders., Wilhelm Höttl – vom Informanten zum Sturmbannführer im Sicherheitsdienst der SS, in: Barbara Danckwortt/Thorsten Querg/Claudia Schöningh (Hg.), Historische Rassismusforschung. Ideologen – Täter – Opfer, Hamburg 1995, S. 208–230.

Raithel, Thomas/Strenge, Irene, Die Reichstagsbrandverordnung. Grundlegung der Diktatur mit den Instrumenten des Weimarer Ausnahmezustandes, in: VfZ 48 (2000), S. 413–460.

Ramme, Alwin, Der Sicherheitsdienst der SS. Zu seiner Funktion im faschistischen Machtapparat und im Besatzungsregime des sogenannten Generalgouvernements Polen, Berlin (Ost) 1970.

Ránki, György, Unternehmen Margarethe. Die deutsche Besetzung Ungarns, Wien u.a. 1984.

Raphael, Lutz, Radikales Ordnungsdenken und die Organisation totalitärer Herrschaft: Weltanschauungseliten und Humanwissenschaftler im NS-Regime, in: Geschichte und Gesellschaft 27 (2001), Heft 1, S. 5–40.

Rathmann, Lothar (Hg.), Alma Mater Lipsiensis. Geschichte der Karl-Marx-Universität Leipzig, Leipzig 1984.

Ray, Roland, Annäherung an Frankreich im Dienste Hitlers? Otto Abetz und die deutsche Frankreichpolitik 1930–1942, München 2000.

Reemtsma, Jan Philipp, Mord am Strand. Georg Forster auf Tanna und anderswo, in: ders., Mord am Strand. Allianzen von Zivilisation und Barbarei, Hamburg 1998, S. 21–83.

Ders., Nationalsozialismus und Moderne, in: ders., Mord am Strand. Allianzen von Zivilisation und Barbarei, Hamburg 1998, S. 175–207.

Ders., Terroratio – Überlegungen zum Zusammenhang von Terror, Rationalität und Vernichtungspolitik, in: ders., u.a. Falun. Reden & Aufsätze, Berlin 1992, S. 265–301.

Reese, Mary Ellen, Organisation Gehlen. Der Kalte Krieg und der Aufbau des deutschen Geheimdienstes, Berlin 1992.

Rehberg, Karl-Siegbert, Institutionen als symbolische Ordnungen. Leitfragen und Grundkategorien zur Theorie und Analyse institutioneller Mechanismen, in: Gerhard Göhler (Hg.), Die Eigenart der Institutionen. Zum Profil politischer Institutionentheorie, Baden-Baden 1994, S. 47–84.

Reichardt, Sven, Gewalt im SA-Milieu. Sozialhistorische Untersuchungen zum Berliner SA-Sturm Charlottenburg, 1926–1932, unveröff. Magisterarbeit am Fachbereich Geschichte der Freien Universität Berlin 1994.

Reichmann, Eva, Deutsche Judenheit 1933, in: dies., Größe und Verhängnis deutschjüdischer Existenz. Zeugnisse einer tragischen Begegnung, Heidelberg 1974, S. 48–62.

Reinhard, Otto, Wehrmacht, Gestapo und sowjetische Kriegsgefangene im deutschen Reichsgebiet 1941/42, München 1998.

Reitlinger, Gerald, Die Endlösung. Hitlers Versuch der Ausrottung der Juden Europas 1939–1945, 4. durchges. u. verb. Auflage, Berlin 1961 (dt. Erstausgabe 1956; engl. Originalausgabe 1953).

Ders., Die SS. Tragödie einer deutschen Epoche, Wien u.a. 1956.

Rempel, Gerhard, Gottlob Berger and Waffen-SS Recruitment: 1939–1945, in: Militärgeschichtliche Mitteilungen 27 (1980), S. 107–123.

Reulecke, Jürgen, Im Schatten der Meißnerformel: Lebenslauf und Geschichte der Jahrhundertgeneration, in: Winfried Mogge/Jürgen Reulecke, Hoher Meißner 1913. Der Erste Freideutsche Jugendtag in Dokumenten, Deutungen und Bildern, Köln 1988, S. 11–32.

917

Revel, Jacques, L'institution et le social, in: Bernard Lepetit (Hg.), Les formes de l'expérience. Une autre histoire sociale, Paris 1955, S. 63–84.

Rieß, Volker, Die Anfänge der Vernichtung »lebensunwerten Lebens« in den Reichsgauen Danzig-Westpreußen und Wartheland 1939/40, Frankfurt am Main u. a. 1995.

Ringer, Fritz K., Die Gelehrten. Der Niedergang der deutschen Mandarine 1890–1933, Stuttgart 1983 (amerik. Originalausgabe 1969).

Robel, Gert, Sowjetunion, in: Wolfgang Benz (Hg.), Dimension des Völkermords. Die Zahl der jüdischen Opfer des Nationalsozialismus, München 1996 (Erstausgabe 1991), S. 499–560.

Röckelein. Hedwig (Hg.), Biographie als Geschichte, Tübingen 1993.

Röder, Werner (Hrsg.), Sonderfahndungsliste UdSSR, Erlangen 1977.

Roehrkohl, Anne, Hungerblockade und Heimatfront. Die kommunale Lebensmittelversorgung in Westfalen während des Ersten Weltkrieges, Stuttgart 1991.

Röhr, Werner (Hg.), Europa unterm Hakenkreuz, Bd. 2: Die faschistische Okkupationspolitik in Polen 1939–1945, Berlin 1989.

Rosenkranz, Herbert, Verfolgung und Selbstbehauptung. Die Juden in Österreich 1938–1945, Wien 1978.

Rosenthal, Gabriele, Erlebte und erzählte Lebensgeschichte. Gestalt und Struktur biographischer Lebensbeschreibungen, Frankfurt am Main/New York 1995.

Roseman, Mark, Introduction: Generation Conflict and German History 1770–1968, in: ders. (Hg.), Generations in Conflict. Youth Revolt and Generation Formation in Germany 1770–1968, Cambridge 1995, S. 1–46.

Rossino, Alexander B., Destructive Impulses: German Soldiers and the Conquest of Poland, in: Holocaust & Genocide Studies, Vol. 11 (1997), No. 3, S. 351–365.

Ders., Crucial Weeks. Nazi Germany's War Against Poland in 1939 (in Vorbereitung).

Rössler, Mechtild/Schleiermacher, Sabine, Der »Generalplan Ost« und die »Modernität« der Großraumordnung. Eine Einführung, in: dies. (Hg.), Der »Generalplan Ost«. Hauptlinien der nationalsozialistischen Planungs- und Vernichtungspolitik, Berlin 1993, S. 7–12.

Roth, Karl Heinz, Facetten des Terrors. Der Geheimdienst der »Deutschen Arbeitsfront« und die Zerstörung der Arbeiterbewegung 1933–1938, Bremen 2000.

Rother, Bernd, Franco und die deutsche Judenverfolgung, in: VfZ 46 (1998), S. 189–220.

Rouette, Susanne, Frauenarbeit, Geschlechterverhältnisse und staatliche Politik, in: Wolfgang Kruse (Hg.), Eine Welt von Feinden. Der Große Krieg 1914–1918, Frankfurt am Main 1997, S. 92–126.

Ruck, Michael, Korpsgeist und Staatsbewußtsein. Beamte im deutschen Südwesten 1928 bis 1972, München 1996.

Rudolph, Jörg, »Geheime Reichskommando-Sache!« Hexenjäger im Schwarzen Orden. Der H-Sonderauftrag des Reichsführers-SS, 1935–1944, in: Lorenz: Sönke/Bauer, Dieter R./Behringer, Wolfgang/Schmidt, Jürgen Michael (Hg.), Himmlers Hexenkartothek. Das Interesse des Nationalsozialismus an der Hexenverfolgung, Bielefeld 2000, S. 47–97.

918

Ders., »C. vorlegen«. Neueste Quellenfunde zur Kirchengeschichte im Nationalsozialismus, in: Mitteilungen der Evangelischen Arbeitsgemeinschaft für kirchliche Zeitgeschichte, Folge 13, 1993, S. 7–28.

Ders., Die Weltanschauungskrieger im SD. Das Amt VII im RSHA als Sammelstelle erbeuteter Archive und Bibliotheken der Sicherheitspolizei und des SD, in: Michael Wildt (Hg.), Politik und Rolle des SD im NS-Regime, Hamburg (in Vorbereitung).

Rückerl, Adalbert, NS-Verbrechen vor Gericht, Heidelberg 1982.

Runzheimer, Jürgen, Der Überfall auf den Sender Gleiwitz im Jahre 1939, in: VfZ 10 (1962), S. 408–426.

Rusinek, Bernd-A., Ein Germanist in der SS, in: Ein Germanist und seine Wissenschaft. Der Fall Schneider/Schwerte, Vorträge zum Symposium vom 15. 2. 1996, Erlanger Universitätsreden 53/96, 3. Folge, S. 23–46.

Rüß, Hartmut, Wer war verantwortlich für das Massaker in Babij Jar?, in: Militärgeschichtliche Mitteilungen 57 (1998), S. 483–508.

Safrian, Hans, Die Eichmann-Männer, Wien 1993.

Safranski, Rüdiger, Ein Meister in Deutschland. Heidegger und seine Zeit, Frankfurt am Main 1998 (Erstausgabe 1994).

Saldern, Adelheid von, Der Alte Mittelstand 1890–1939. Wie rückwärtsgewandt waren die Handwerker?, in: dies., Politik – Stadt – Kultur. Aufsätze zur Gesellschaftsgeschichte des 20. Jahrhunderts, Hamburg 1999, S. 15–35.

Sandkühler, Thomas, »Endlösung« in Galizien. Der Judenmord in Ostpolen und die Rettungsinitiativen von Berthold Beitz 1941–1944, Bonn 1996.

Sauer, Bernhard, Vom ›Mythos eines ewigen Soldatentums‹. Der Feldzug deutscher Freikorps im Baltikum im Jahre 1919, in: Zeitschrift für Geschichtswissenschaft, Heft 10, 1995, S. 869–902.

Sawade, Hanno, Otto Ohlendorf – Nonkonformist, SS-Führer und Wirtschaftsfunktionär, in: Ronald Smelser/Rainer Zitelmann (Hg.), Die braune Elite I. 22 biographische Skizzen, Darmstadt 1989, S. 188–200.

Schaefer, Hans, Bürckels Bauernsiedlung. Nationalsozialistische Siedlungspolitik in Lothringen während der »verschleierten« Annexion 1940–1944, Saarbrücken 1997.

Schäfer, Gerhard, Wider die Inszenierung des Vergessens. Hans Freyer und die Soziologie in Leipzig 1925–1945, in: Jahrbuch für Soziologiegeschichte 1990, Opladen 1990, S. 121–175.

Scheffler, Detlev, Schutzhaft im Nationalsozialismus (1933 bis 1945). Die Bürokratie des Reichssicherheitshauptamtes und die Verfolgung des politischen Gegners, Berlin (Diss. phil.) 1998.

Scheffler, Wolfgang, Zur Praxis der SS- und Polizeigerichtsbarkeit im Dritten Reich, in: Günther Docker/Winfried Steffani (Hg.), Klassenjustiz und Pluralismus. Festschrift für Ernst Fraenkel, Hamburg 1973, S. 224–236.

Ders., NS-Prozesse als Geschichtsquelle. Bedeutung und Grenzen ihrer Auswertbarkeit durch den Historiker, in: ders./Werner Bergmann (Hg.), Lerntag über den Holocaust als Thema im Geschichtsunterricht und in der politischen Bildung, Berlin 1988, S. 12–27.

Ders., Die Einsatzgruppe A 1941/42, in: Peter Klein (Hg.), Die Einsatzgruppen in der besetzten Sowjetunion 1941/42, Berlin 1997, S. 29–51.

Ders./Grabitz, Helge, Die Wannsee-Konferenz. Ihre historische Bedeutung in der Geschichte des nationalsozialistischen Völkermords, in: Acta Universitatis Wratisłaviensis, No. 1715, Wrocław 1995, S. 197–218.

Schelsky, Helmut, Rückblicke eines »Anti-Soziologen«, Opladen 1981.

Schellenberg, Walter, Memoiren, Köln 1956.

Schenk, Dieter, Auf dem rechten Auge blind. Die braunen Wurzeln des BKA, Köln 2001.

Schenk, Peter, Landung in England. Das geplante Unternehmen »Seelöwe«. Der Beginn der amphibischen Großunternehmen, Berlin 1987.

Dieter Schiefelbein, Das »Institut zur Erforschung der Judenfrage Frankfurt am Main«: Vorgeschichte und Gründung 1935–1939 (Materialien des Fritz-Bauer-Instituts, Nr. 9), Frankfurt am Main o. J. (1993).

Schildt, Axel, Der Umgang mit der NS-Vergangenheit in der Öffentlichkeit der Nachkriegszeit, in: Wilfried Loth/Bernd-A. Rusinek (Hg.), Verwandlungspolitik. NS-Eliten in der westdeutschen Nachkriegsgesellschaft, Frankfurt am Main/New York 1998, S. 19–54.

Ders., Das »christliche Abendland« – Konjunkturen einer modernen Ideologie, in: ders., Zwischen Abendland und Amerika. Studien zur westdeutschen Ideenlandschaft der 50er Jahre, München 1999, S. 24–38.

Schilpp, Paul Arthur (Hg.), Karl Jaspers, Stuttgart 1957.

Schleunes, Karl A., The Twisted Road to Auschwitz. Nazi Policy toward German Jews, 1933–1939, Urbana/Ill. 1970.

Schmädeke, Jürgen/Bahar, Alexander/Kugel, Wilfried, Der Reichstagsbrand in neuem Licht, in: Historische Zeitschrift, Bd. 269 (1999), S. 603–652.

Schmid, Carlo, Erinnerungen, München 1985.

Schmidt, Jörg, Otto Koellreutter 1883–1972. Sein Leben, sein Werk, seine Zeit, Frankfurt am Main/Berlin 1995.

Schmidt, Rainer F., Rudolf Heß. »Botengang eines Toren«? Der Flug nach Großbritannien vom 10. Mai 1941, Düsseldorf 1997.

Schmidt-Eenboom, Erich, Der BND – die unheimliche Macht im Staate, Düsseldorf 1993.

Schmidt-Hartmann, Eva, Tschechoslowakei, in: Wolfgang Benz (Hg.), Dimension des Völkermords. Die Zahl der jüdischen Opfer des Nationalsozialismus, München 1996 (Erstausgabe München 1991).

Schneider, Christian/Silke, Cordelia/Leineweber, Bernd, Das Erbe der Napola. Versuch einer Generationengeschichte des Nationalsozialismus, Hamburg 1996.

Dies., Trauma und Kritik. Zur Generationengeschichte der Kritischen Theorie, Bremen 2000.

Schneider, Michael, Unterm Hakenkreuz. Arbeiter und Arbeiterbewegung 1933 bis 1939, Bonn 1999, S. 34–39.

Schoenbaum, David, Die braune Revolution. Eine Sozialgeschichte des Dritten Reiches, Köln 1968.

Schönhagen, Benigna, Tübingen unterm Hakenkreuz. Eine Universitätsstadt in der Zeit des Nationalsozialismus, Tübingen 1991.

Schönwälder, Karen, Historiker und Politik. Geschichtswissenschaft und Nationalsozialismus, Frankfurt am Main/New York 1992.

Schoeps, Julius H., Ein Volk von Mördern? Die Dokumentation zur Goldhagen-Kontroverse um die Rolle der Deutschen im Holocaust, Hamburg 1996.

Scholder, Klaus, Die Kirchen und das Dritte Reich, Bd. 1, Berlin 1977.

Scholtz-Klink, Gertrud, Die Frau im Dritten Reich, Tübingen 1978.

Schornstheimer, Michael, Bombenstimmung und Katzenjammer. Vergangenheitsbewältigung: Quick und Stern in den 50er Jahren, Köln 1989.

Schöttler, Peter (Hg.), Geschichtsschreibung als Legitimationswissenschaft 1918–1945, Frankfurt am Main 1997.

Schreiber, Carsten, Regionale Verfolgungsnetzwerke: V-Leute und Mitarbeiter des SD in Sachsen, in: Michael Wildt (Hg.), Politik und Rolle des SD im NS-Regime, Hamburg (in Vorbereitung).

Schröder, Dieter/Surmann, Rolf, »Ein bewährter alter Fachmann«. Vom NS-Goldräuber zum führenden deutschen Wirtschaftskriminologen: Die Karriere des Hamburger Kripochefs Walter Zirpins, in: taz, Ausgabe Hamburg, 14./15.3. 1998.

Schröder, Matthias, Deutschbaltische SS-Führer und Andrej Vlasov 1942–1945. »Rußland kann nur von Russen besiegt werden«: Erland Kroeger, Friedrich Buchardt und die »Russische Befreiungsarmee«, Paderborn u. a. 2001.

Schröder, Wilhelm Heinz (Hg.), Lebenslauf und Gesellschaft. Zum Einsatz von kollektiven Biographien in der historischen Sozialforschung, Stuttgart 1985.

Schroeder, Werner, »Dienstreise nach Holland 1940.« Beschlagnahme und Verbleib der Verlagsarchive von Allert de Lange und Querido, Amsterdam, in: Buchhandelsgeschichte (1993), S. 129–141.

Schubert-Weller, Christoph, »Kein schönrer Tod ...« Die Militarisierung der männlichen Jugend und ihr Einsatz im Ersten Weltkrieg 1890–1918, München 1998.

Schulin, Ernst, Die Urkatastrophe des zwanzigsten Jahrhunderts, in: Wolfgang Michalka (Hg.), Der Erste Weltkrieg. Wirkung, Wahrnehmung, Analyse, München 1994, S. 3–27.

Schulte, Jan Erik, Zwangsarbeit und Vernichtung. Das Wirtschaftsimperium der SS. Oswald Pohl und das SS-Wirtschafts- und Verwaltungshauptamt 1933–1945, Paderborn u.a. 2001. *(Schöningh)*

Schulz, Andreas, Individuum und Generation – Identitätsbildung im 19. und 20. Jahrhundert, in: GWU 52 (2001), S. 406–414.

Schulze, Hagen, Freikorps und Republik 1918–1920, Boppard am Rhein 1969.

Schulze, Winfried/Oexle, Otto Gerhard (Hg.), Deutsche Historiker im Nationalsozialismus, Frankfurt am Main 1999.

Schüren, Reinhard, Soziale Mobilität. Muster, Veränderungen und Bedingungen im 19. und 20. Jahrhundert, St. Katharinen 1989.

Schwartz, Thomas Alan, Die Begnadigung deutscher Kriegsverbrecher. John J. McCloy und die Häftlinge von Landsberg, in: VfZ 38 (1990), S. 375–414.

Schwarz, Gudrun, Eine Frau an seiner Seite. Ehefrauen in der »SS-Sippengemeinschaft«, Hamburg 1997.

Dies., »During total war, we girls want to be where we can really accomplish something«. What women do in wartime, in: Atina Grossmann/Molly Nolan/Omer Bartov (Eds.) Crimes of War: Guilt and Denial in the Twentieth Century, New York (i. E.).

Seeger, Andreas, »Gestapo-Müller«. Die Karriere eines Schreibtischtäters, Berlin 1996.

Segev, Tom, Die Soldaten des Bösen. Zur Geschichte der KZ-Kommandanten, Reinbek 1992 (amerik. Originalausgabe 1977).

Sieferle, Rolf Peter, Die Konservative Revolution. Fünf biographische Skizzen, Frankfurt am Main 1995.

Simon, Gerd (Hg.), Germanistik in den Planspielen des Sicherheitsdienstes der SS. Ein Dokument aus der Frühgeschichte der SD-Forschung, Erster Teil, Tübingen 1998.

Simpson, Christopher, Blowback. America's Recruitment of Nazis and Its Effects on the Cold War, New York 1989.

Ders., Die seinerzeitige Debatte über die in Nürnberg zu verhandelnden Delikte, in: Gerd Hankel/Gerhard Stuby (Hg.), Strafgerichte gegen Menschheitsverbrechen. Zum Völkerstrafrecht 50 Jahre nach den Nürnberger Prozessen, Hamburg 1995, S. 39–72.

Škorpil, Pavel, Probleme bei der Berechnung der Zahl der tschechoslowakischen Todesopfer des nationalsozialistischen Deutschlands, in: Detlef Brandes/Václav Kural (Hg.), Der Weg in die Katastrophe. Deutsch-tschechoslowakische Beziehungen 1938–1947, Essen 1994, S. 161–164.

Skorzeny, Otto, Meine Kommmandounternehmen. Krieg ohne Fronten, Wiesbaden 1976.

Smelser, Ronald, Das Sudetenproblem und das Dritte Reich 1933–1938, München/Wien 1980.

Ders./Zitelmann, Rainer (Hg.), Die braune Elite I. 22 biographische Skizzen, Darmstadt 1989.

Ders./Zitelmann, Rainer/Syring, Enrico (Hg.), Die braune Elite II. 21 weitere biographische Skizzen, Darmstadt 1993.

Ders./Syring, Enrico (Hg.), Die SS-Elite unter dem Totenkopf. 30 Lebensläufe, Paderborn u. a. 2000.

Smith, Bradley F., Heinrich Himmler 1900–1926. Sein Weg in den deutschen Faschismus, München 1979 (amerik. Originalausgabe 1971).

Ders., Der Jahrhundert-Prozeß. Die Motive der Richter von Nürnberg – Anatomie einer Urteilsfindung, Frankfurt am Main 1979 (amerik. Originalausgabe 1976).

Ders./Agarossi, Elena, Unternehmen Sonnenaufgang, Köln 1981.

Ders., The Road to Nuremberg, New York 1981.

Sommer, Karl-Ludwig, Wilhelm Kaisen. Eine politische Biographie. Hrsg. von der Wilhelm und Helene Kaisen-Stiftung Bremen, Bonn 2000.

Sontheimer, Kurt, Antidemokratisches Denken in der Weimarer Republik. Die politischen Ideen des deutschen Nationalismus zwischen 1918 und 1933, München 1962.

Sawade, Hanno, Otto Ohlendorf – Nonkonformist, SS-Führer und Wirtschaftsfunktionär, in: Ronald Smelser/Rainer Zitelmann (Hg.), Die braune Elite I. 22 biographische Skizzen, Darmstadt 1989, S. 188–200.

Speer, Albert, Erinnerungen, Berlin 1969.

Ders., Der Sklavenstaat. Meine Auseinandersetzung mit der SS, Stuttgart 1981.

Stahl, Friedrich-Christian, Generaloberst Johannes Blaskowitz, in: Gerd R. Ueberschär (Hg.), Hitlers militärische Elite, Bd. 1: Von den Anfängen des Regimes bis Kriegsbeginn, Darmstadt 1998, S. 20–27.

Steffahn, Harald, Claus Schenk Graf von Stauffenberg, Reinbek 1994.

Stegemann, Bernd, Das Unternehmen »Weserübung«, in: Das Deutsche Reich und der Zweite Weltkrieg, Bd. 2: Die Errichtung der Hegemonie auf dem europäischen Kontinent. Hrsg. vom Militärgeschichtlichen Forschungsamt, Stuttgart 1979, S. 212–225.

Stehling, Jutta, Der Hamburger Arbeiter- und Soldatenrat in der Revolution 1918/19, in: Arno Herzig/Dieter Langewiesche/Arnold Sywottek (Hg.), Arbeiter in Hamburg, Hamburg 1983, S. 419–428.

Stein, George H., Geschichte der Waffen-SS, Königstein 1978.

Steinert, Marlis, Die 23 Tage der Regierung Dönitz, Düsseldorf/Wien 1967.

Steininger, Rolf, Südtirol 1918–1999, Wien 1999.

Steinberg, Maxime, The Judenpolitik in Belgium Within the West European Context: Comperative Observations, in: Dan Michman (Hg.), Belgium and the Holocaust. Jews, Belgians, Germans, Jerusalem 1998, S. 199–221.

Steffani, Winfried, Ernst Fraenkel, in: Manfred Asendorf/Rolf von Bockel (Hg.), Demokratische Wege. Deutsche Lebensläufe aus fünf Jahrhunderten, Stuttgart/Weimar 1997, S. 178–180.

Steur, Claudia, Theodor Dannecker. Ein Funktionär der »Endlösung«, Essen 1997.

Stokes, Lawrence D., Otto Ohlendorf, the Sicherheitsdienst and Public Opinion in Nazi Germany, in: G. L. Mosse (ed.): Police Forces in History, London 1975, S. 231–261.

Ders., The Sicherheitsdienst (SD) of the Reichsführer SS and the German Public Opinion, September 1939–June 1941, Baltimore (Phil. Diss) 1972.

Stolleis, Michael, Geschichte des öffentlichen Rechts in Deutschland, Dritter Band: Staats- und Verwaltungsrechtswissenschaft in Republik und Diktatur 1914–1945, München 1999.

Ders./Diner, Dan (Hg.), Hans Kelsen and Carl Schmitt. A Juxtaposition, Gerlingen 1999.

Stollhof, Alexander, SS-Gruppenführer und Generalleutnant der Polizei Otto Ohlendorf – eine biographische Skizze, Wien (Diss. phil.) 1993.

Stoltzfus, Nathan, Resistance of the Heart. Intermarriage and the Rosenstrasse Protest in Nazi Germany, New York/London 1996.

Strazhas, Abba, Deutsche Ostpolitik im Ersten Weltkrieg. Der Fall Oberost 1915–1917, Wiesbaden 1993.

Streim, Alfred, Die Behandlung sowjetischer Kriegsgefangener im »Fall Barbarossa«. Eine Dokumentation, Heidelberg/Karlsruhe 1981.

Ders., Zur Eröffnung des allgemeinen Judenvernichtungsbefehls gegenüber den Einsatzgruppen, in: Eberhard Jäckel/Jürgen Rohwer (Hg.), Der Mord an den Juden im Zweiten Weltkrieg, Stuttgart 1985, S. 107–119.

Streit, Christian, Keine Kameraden. Die Wehrmacht und die sowjetischen Kriegsgefangenen 1914–1945, Stuttgart 1978.

Stuhlpfarrer, Karl, Umsiedlung Südtirol 1939–1940, Wien/München 1985.

Ders., Die Operationszonen »Alpenvorland« und »Adriatisches Küstenland« 1943–1945, Wien 1969.

Suduvis, N. E., Ein kleines Volk wird ausgelöscht. Braune und rote Staatspolizei am Werk. Die Tragödie Litauens, Zürich 1947.

Taylor, Telford, Die Nürnberger Prozesse. Hintergründe, Analysen und Erkenntnisse aus heutiger Sicht, München 1994.

Theweleit, Klaus, Männerphantasien, 2 Bde., Frankfurt am Main 1977.

Titze, Hartmut, Der Akademikerzyklus. Historische Untersuchungen über die Wiederkehr von Überfüllung und Mangel in akademischen Karrieren. Göttingen 1990.

Ders., Die zyklische Überproduktion von Akademikern in 19. und 20. Jahrhundert, in: Geschichte und Gesellschaft 10 (1984), S. 92–121.

Tooley, T. Hunt, National Identity and Weimar Germany. Upper Silesia and the Eastern Border, 1918–1922, University of Nebraska Press 1997.

Topographie des Terrors. Gestapo, SS und Reichssicherheitshauptamt auf dem »Prinz-Albrecht-Gelände«. Eine Dokumentation. Herausgegeben von Reinhard Rürup, Berlin 1987.

Toury, Jacob, Die Entstehungsgeschichte des Austreibungsbefehls gegen die Juden der Saarpfalz und Badens (22./23. Oktober 1940 – Camp de Gurs), in: Jahrbuch des Instituts für deutsche Geschichte, Tel Aviv, Bd. 15 (1986), S. 431–464.

Trommler, Frank, Mission ohne Ziel. Über den Kult der Jugend im modernen Deutschland, in: Rolf-Peter Janz/Thomas Koebner/Frank Trommler (Hg.), »Mit uns zieht die neue Zeit«. Der Mythos Jugend, Frankfurt am Main 1985, S. 14–49.

Tuchel, Johannes, Konzentrationslager. Organisationsgeschichte und Funktion der »Inspektion der Konzentrationslager« 1934–1938, Boppard am Rhein 1991.

Ders., Am Großen Wannsee 56–58. Von der Villa Minoux zum Haus der Wannsee-Konferenz, Berlin 1992.

Ders, Gestapa und Reichssicherheitshauptamt. Die Berliner Zentralinstitutionen der Gestapo, in: Gerhard Paul/Klaus Michael Mallmann (Hg.), Die Gestapo. Mythos und Realität, Darmstadt 1995, S. 84–100.

Ders., Zwischen kriminalistischer Recherche und brutaler Folter. Zur Tätigkeit der Gestapo-›Sonderkommission Rote Kapelle‹, in: Gerhard Paul/Klaus-Michael Mallmann (Hg.), Die Gestapo. Mythos und Realität, Darmstadt 1995, S. 373–387.

Ders./Reinhold Schattenfroh, Zentrale des Terrors. Prinz-Albrecht-Straße 8. Das Hauptquartier der Gestapo, Berlin 1987.

Turner, Henry Ashby, Hitlers Weg zur Macht. Der Januar 1933, München 1996.

Ueberschär, Gerd R., Hitlers Entschluß zum »Lebensraum«-Krieg im Osten. Programmatisches Ziel oder militärstrategisches Kalkül?, in: ders./Wolfram Wette (Hg.), Der deutsche Überfall auf die Sowjetunion. »Unternehmen Barbarossa« 1941, Frankfurt am Main 1991.

Ders., Die militärische Planung für den Angriff auf die Sowjetunion, in: ders./Lev A. Bezymenskij (Hg.), Der deutsche Angriff auf die Sowjetunion 1941. Die Kontroverse um die Präventivkriegsthese, Darmstadt 1998, S. 21–37.

Ders., Die sowjetischen Prozesse gegen deutsche Kriegsgefangene 1943–1952, in: Gerd R. Ueberschär (Hg.), Der Nationalsozialismus vor Gericht. Die alliierten Prozesse gegen Kriegsverbrecher und Soldaten 1943–1952, Frankfurt am Main 1999, S. 240–261.

Ders./Vogel, Winfried, Dienen und Verdienen. Hitlers Geschenke an seine Eliten, Frankfurt am Main 1999.

Ullrich, Volker, Die Hamburger Arbeiterbewegung vom Vorabend des Ersten Weltkriegs bis zur Revolution 1918/19, Hamburg 1976.

Ders., Kriegsalltag. Hamburg im ersten Weltkrieg, Köln 1982.

Ders., Die nervöse Großmacht 1871–1918. Aufstieg und Untergang des deutschen Kaiserreichs, Frankfurt am Main 1999.

Ulrich, Bernd/Ziemann, Benjamin (Hg.), Krieg im Frieden. Die umkämpfte Erinnerung an den Ersten Weltkrieg, Frankfurt am Main 1997.

Umbreit, Hans, Deutsche Militärverwaltungen 1938/39. Die militärische Besetzung der Tschechoslowakei und Polens, Stuttgart 1977.

Ders., Der Militärbefehlshaber in Frankreich 1940–1944, Boppard 1968.

Üner, Elfriede, Soziologie als »geistige Bewegung«. Hans Freyers System der Soziologie und die »Leipziger Schule«, Weinheim 1992.

Dies., Jugendbewegung und Soziologie. Wissenschaftssoziologische Skizzen zu Hans Freyers Werk und Wissensgemeinschaft bis 1933, in: M. Rainer Lepsius (Hg.), Soziologie in Deutschland und Österreich 1918–1945. Materialien zur Entwicklung, Emigration und Wirkungsgeschichte (Kölner Zeitschrift für Soziologie und Sozialpsychologie, Sonderheft 23), Opladen 1981, S. 131–159.

Vaget, Hans Rudolf, Wagner-Kult und nationalsozialistische Herrschaft. Hitler, Wagner, Thomas Mann und die »nationale Erhebung«, in: Saul Friedländer/Jörn Rüsen (Hg.), Richard Wagner im Dritten Reich, München 2000, S. 264–282.

Ders. (Hg.), Im Schatten Wagners. Thomas Mann über Richard Wagner, Frankfurt am Main 1999.

Varga, László, Ungarn, in: Wolfgang Benz (Hg.), Dimension des Völkermords. Die Zahl der jüdischen Opfer des Nationalsozialismus, München 1996 (Erstausgabe 1991), S. 331–351.

Verhey, Jeffrey, Der »Geist von 1914« und die Erfindung der Volksgemeinschaft, Hamburg 2000.

925

Voges, Wolfgang (Hg.), Methoden der Biographie- und Lebenslaufforschung, Opladen 1987.

Volkmann, Hans-Erich, Die Außenbeziehungen zwischen dem »Dritten Reich« und den baltischen Staaten 1933 bis 1939. Ein Aufriß, in: ZfG 46 (1998), S. 580–602.

Vollnhals, Clemens (Hg.): Entnazifierung. Politische Säuberung und Rehabilitierung in den vier Besatzungszonen 1945–1949, München 1991.

Vrba, Rudolf, Die mißachtete Warnung. Betrachtungen über den Auschwitz-Bericht von 1944, in: VfZ 44 (1996), S. 1–24.

Wachs, Philipp-Christian, Der Fall Theodor Oberländer (1905–1998). Ein Lehrstück deutscher Geschichte, Frankfurt am Main 2000.

Wagner, Patrick, Volksgemeinschaft ohne Verbrecher. Konzeptionen und Praxis der Kriminalpolizei in der Zeit der Weimarer Republik und des Nationalsozialismus, Hamburg 1996.

Waite, Robert G. L., Vanguard of Nazism. The Free Corps Movement in Postwar Germany 1918–1923, Cambridge, Massachusetts 1969.

Walter, Dirk, Antisemitische Kriminalität und Gewalt. Judenfeindschaft in der Weimarer Republik, Bonn 1999.

Walter, R., Hans Kelsen. Ein Leben im Dienste der Wissenschaft, Wien 1985.

Warmbrunn, Werner, The German Occupation of Belgium 1940–1944, New York u. a. 1993.

Weber, Hermann, Die Wandlung des deutschen Kommunismus. Die Stalinisierung der KPD in der Weimarer Republik, Bd. 1, Frankfurt am Main 1969.

Ders. (Hg.), Der deutsche Kommunismus. Dokumente, Köln/Berlin 1963.

Weber, Petra, Carlo Schmid 1896–1979. Eine Biographie, München 1996.

Wegner, Bernd, Hitlers Politische Soldaten: Die Waffen-SS 1933–1945. Leitbild, Struktur und Funktion einer nationalsozialistischen Elite, 5. erw. Auflage, Paderborn 1997 (Erstausgabe 1982).

Ders., Die Sondergerichtsbarkeit von SS und Polizei. Militärjustiz oder Grundlegung einer SS-gemäßen Rechtsordnung?, in: Ursula Büttner (Hg.), Das Unrechtsregime. Internationale Forschung über den Nationalsozialismus, Bd. 1, Hamburg 1986, S. 243–259.

Wehler, Hans-Ulrich (Hg.), Geschichte und Psychoanalyse, Frankfurt/Berlin/Wien 1971.

Wehner, Bernd, Das Spiel ist aus – Arthur Nebe. Glanz und Elend der deutschen Kriminalpolizei, in: Der Spiegel, 29. 9. 1949 ff.

Weinberg, Gerhard, Eine Welt in Waffen. Die globale Geschichte des Zweiten Weltkrieges, Stuttgart 1995 (amerik. Originalausgabe 1994).

Weingart, Peter/Kroll, Jürgen/Bayertz, Kurt, Rasse, Blut und Gene. Geschichte der Eugenik und Rassenhygiene in Deutschland, Frankfurt am Main 1992 (Erstausgabe 1988).

Weinreich, Max, Hitler's Professors, New York 1946.

Weiß, Hermann (Hg.), Biographisches Lexikon zum Dritten Reich, Frankfurt am Main 1998.

926

Welzer, Harald, Härte und Rollendistanz. Zur Sozialpsychologie des Verwaltungsmassenmords, in: Leviathan 21 (1993), S. 358–373.

Ders., Verweilen beim Grauen. Essays zum wissenschaftlichen Umgang mit dem Holocaust, Tübingen 1997.

Wember, Heiner, Umerziehung im Lager. Internierung und Bestrafung von Nationalsozialisten in der britischen Besatzungszone Deutschlands, Essen 1991.

Wenck, Alexandra-Eileen, Zwischen Menschenhandel und »Endlösung«: Das Konzentrationslager Bergen-Belsen, Paderborn u. a. 2000.

Wengst, Udo, Beamtentum zwischen Reform und Tradition. Beamtengesetzgebung in der Gründungsphase der Bundesrepublik Deutschland 1948–1953, Düsseldorf 1988.

Werle, Gerhard/Wandres, Thomas Auschwitz vor Gericht. Völkermord und bundesdeutsche Strafjustiz, München 1995.

Werner, Robert, Der Jungdeutsche Orden im Widerstand 1933–1945, München 1980.

Wieking, Friederike, Die Entwicklung der weiblichen Kriminalpolizei von den Anfängen bis zur Gegenwart, Lübeck 1958.

Wiesel, Elie, Die Nacht zu begraben, Elischa, Frankfurt am Main/Berlin 1994 (franz. Originalausgabe 1958).

Wildt, Michael, Der Hamburger Gestapochef Bruno Streckenbach. Eine nationalsozialistische Karriere, in: Frank Bajohr/Joachim Szodrzynski (Hg.), Hamburg in der NS-Zeit, Hamburg 1995, S. 93–123.

Ders., Gewalt gegen Juden in Deutschland 1933 bis 1939, in: WerkstattGeschichte, Heft 18 (1997), S. 59–80.

Ders., Ethos der Tat. Claus Graf Schenk Graf von Stauffenberg, in: Ursula Breymayer/Bernd Ulrich/Karin Wieland (Hg.), Willensmenschen. Über politische Offiziere, Frankfurt am Main 1999, S. 134–152.

Ders., Differierende Wahrheiten. Historiker und Staatsanwälte als Ermittler von NS-Verbrechen, in: Norbert Frei/Dirk van Laak/Michael Stolleis (Hg.), Geschichte vor Gericht. Historiker, Richter und die Suche nach Gerechtigkeit, München 2000, S. 46–59.

Ders., Radikalisierung und Selbstradikalisierung 1939. Die Geburt des Reichssicherheitshauptamtes aus dem Geist des völkischen Massenmords, in: Gerhard Paul/Klaus-Michael Mallmann (Hg.), Die Gestapo im Zweiten Weltkrieg. »Heimatfront« und besetztes Europa, Darmstadt 2000, S. 11–41.

Ders., »Der muß hinaus! Der muß hinaus!« Antisemitismus in deutschen Nordsee- und Ostseebädern 1920–1935, in: Mittelweg 36 10 (2001), Heft 4, S. 2–25.

Ders., Himmlers Terminkalender aus dem Jahr 1937, in: VfZ (i. E.).

Wilhelm, Friedrich, Die Polizei im NS-Staat. Die Geschichte ihrer Organisation im Überblick, Paderborn 1997.

Wilhelm, Hans-Heinrich, Die Einsatzgruppe A der Sicherheitspolizei und des SD 1938–1942, Frankfurt am Main 1996 (unveränderte Dissertation von 1973/74 mit erweiterter Bibliographie).

Ders., Rassenpolitik und Kriegführung. Sicherheitspolizei und Wehrmacht in Polen und in der Sowjetunion 1939–1943, Passau 1991.

927

Willems, Susanne, Die Neugestaltung Berlins als Reichshauptstadt – auf Kosten der Berliner Juden 1938–1942, in: Bulletin für Faschismus- und Weltkriegsforschung, Heft 10, 1998, S. 3–22.

Winkler, Heinrich August, Weimar 1918–1933. Die Geschichte der ersten deutschen Demokratie, München 1993.

Ders., Von der Revolution zur Stabilisierung. Arbeiter und Arbeiterbewegung in der Weimarer Republik 1918 bis 1924, Berlin/Bonn 1984.

Witte, Peter, Zwei Entscheidungen in der »Endlösung der Judenfrage«: Deportationen nach Lodz und Vernichtung in Chelmno, in: Miroslav Kárný/Raimund Kemper/Margita Kárná (Hg.), Theresienstädter Studien und Dokumente 1995, Prag 1995, S. 38–68.

Wohl, Robert, The Generation of 1914, Cambridge/Massachusetts 1979.

Wojak, Irmtrud, Eichmanns Memoiren. Ein kritischer Essay, Frankfurt am Main/New York 2001.

Wojtun, Helmut, Die politische Pädagogik von Ernst Krieck und ihre Würdigung durch die westdeutsche Pädagogik, Frankfurt am Main u. a. 2000.

Wolf, Heinrich, Die Entstehung des Jungdeutschen Ordens und seine frühen Jahre, 1918–1922, München 1970.

Ders., Der Jungdeutsche Orden in seinen mittleren Jahren (I), 1922–1925, München 1972.

Ders., Der Jungdeutsche Orden in seinen mittleren Jahren (II), 1925–1928, München 1978.

Wolfanger, Dieter, Die nationalsozialistische Politik in Lothringen, 1940–1945, Saarbrücken 1977.

Ders., Populist und Machtpolitiker, in: Gerhard Nestler/Hannes Ziegler (Hg.), Die Pfalz unter dem Hakenkreuz. Eine nationalsozialistische Provinz während der nationalsozialistischen Terrorherrschaft, Landau 1993.

Wrochem, Oliver von, Die Auseinandersetzung mit Wehrmachtsverbrechen im Prozeß gegen den Generalfeldmarschall Erich von Manstein 1949, in: ZfG 46 (1998), S. 329–354.

Wykes, Alan, Reinhard Heydrich. Der Mann im Schatten der SS, Berlin 1982.

Yahil, Leni, Scandinavian Countries to the Rescue of Concentration Camp Prisoners, in: Yad Vashem Studies VI, Jerusalem 1967, S. 181–220.

Dies., The Rescue of Danish Jewry. Test of a Democracy, Philadelphia 1969.

Dies., Madagascar – Phantom of a Solution for the Jewish Question, in: Bela Vago/George L. Mosse (Hg.), Jews and Non-Jews in Eastern Europe, New York 1974, S. 315–334.

Dies., »Memoirs« of Adolf Eichmann, in: Yad Vashem Studies XVIII, Jerusalem 1987, S. 133–162.

Dies., Die Shoah. Überlebenskampf und Vernichtung der europäischen Juden, München 1998 (hebräische Originalausgabe 1987).

Young-Bruehl, Elisabeth, Hannah Arendt. Leben, Werk und Zeit, Frankfurt am Main 1991.

Zayas, Alfred M. de, Die Wehrmacht-Untersuchungsstelle, 6. erw. Aufl., München 1998.

Zeller, Eberhard, Oberst Claus Graf Stauffenberg. Ein Lebensbild, Paderborn u. a. 1994.

Ziegler, Herbert, Nazi Germany's New Aristocracy. The SS Leadership 1925–1939, Princeton 1989.

Zimmermann, Michael, Utopie und Praxis der Vernichtungspolitik in der NS-Diktatur. Überlegungen in vergleichender Absicht, in: WerkstattGeschichte, Heft 13 (1996), S. 60–71.

Zipfel, Friedrich, Gestapo und Sicherheitsdienst, Berlin 1960.

Ders., Kirchenkampf in Deutschland 1933–1945. Religionsverfolgung und Selbstbehauptung der Kirchen in der nationalsozialistischen Zeit, Berlin 1965.

Ders., Gestapo and the SD: A Sociobiographic Profile of the Organizers of Terror, in: Larsen Stein, /Bernt Hgtvet/Jan Petter Myklebust (Hg.), Who were the Fascists. Social Roots of European Fascism, Bergen u. a. 1980, S. 301–311.

Zimmermann, Ludwig, Frankreichs Ruhrpolitik von Versailles bis zum Dawesplan, Göttingen 1971.

Zimmermann, Michael, Rassenutopie und Genozid. Die nationalsozialistische »Lösung der Zigeunerfrage«, Hamburg 1996.

Zymek, Bernd, Schulen, in: Dieter Langewiesche/Heinz-Elmar Tenorth (Hg.), Handbuch der deutschen Bildungsgeschichte, Bd. V, 1918–1945, München 1989, S. 155–208.

Biographischer Anhang

Dr. Rudolf Bilfinger, 1903 in Eschenbach, Kreis Göppingen, geboren, stammte aus einer württembergischen Pastorenfamilie. Nach dem Abitur 1921 absolvierte er eine Banklehre in Heilbronn und arbeitete danach als kaufmännischer Angestellter in einer Metallwarenfabrik in Göppingen. Im Frühjahr 1923 trat er der NSDAP bei und gehörte ihr bis zur Auflösung im Herbst an. 1925 nahm er doch noch ein Studium auf, belegte Rechtswissenschaft in Tübingen sowie Berlin und bestand 1929 das Referendarexamen, 1932 das Assessorexamen. Im Juli 1932 promovierte er zum Dr. jur. Nach einem Jahr Tätigkeit als selbständiger Rechtsanwalt in Tübingen trat er Anfang 1934 in den württembergischen Staatsdienst ein, war zunächst im Landratsamt Balingen beschäftigt und wechselte von dort im Mai 1934 zur Staatspolizeistelle Stuttgart. Sein Dienstzeugnis vom November 1935 bescheinigte ihm »ein weit über den Durchschnitt gehendes Vermögen, sich in polizeiliche Sachgebiete einzuarbeiten«, politische Zuverlässigkeit und die Fähigkeit, »keinerlei Bindungen oder persönliche Voreingenommenheiten nach irgendwelcher Seite« zu besitzen. In November wurde er zum Hauptamt Sicherheitspolizei in Berlin ins Referat Organisation und Recht versetzt, übernahm im RSHA das Referat I B 1 Organisation der Sicherheitspolizei. Von September bis Dezember 1940 war er Verwaltungsleiter beim BdS in Krakau und hatte nach seiner Rückkehr nach Berlin de facto die Leitung der Gruppe II A Organisation und Recht inne. In dieser Funktion nahm Bilfinger an mehreren Besprechungen zur »Endlösung der Judenfrage« im Anschluß an die Wannsee-Konferenz 1942 teil. Nachdem die Gruppe II A im April 1943 aufgelöst wurde, wurde Bilfinger in Frankreich als Kommandeur des Einsatzkommandos Toulouse eingesetzt. 1944/45 war er erneut Verwaltungschef beim BdS Krakau. 1953 verurteilte ihn ein französisches Militärgericht wegen seiner Tätigkeit in Toulouse zu acht Jahren Zuchthaus, die durch seine Internierung in Frankreich seit 1945 als verbüßt galten. Bilfinger konnte in die Bundesrepublik zurückkehren, gelangte wieder in den Staatsdienst und brachte es bis zum Oberverwaltungsgerichtsrat am Verwaltungsgerichtshof Baden-Württemberg in Mannheim (BArch, BDC, SSO- und RuSHA-Akte Rudolf Bilfinger; BArch DH, ZR 18, Dok/P 95; BStU, PA 646; Nbg. Dok. NG-2586, NG-5373; Vernehmung Bilfinger, 21.4.1967, ZStL, 415 AR 1310/63, E 8; StAnw Stuttgart, 14 Js 873/60; StAnw Wiesbaden, 8 Js 1145/60; GenStAnw KG Berlin, RSHA-Ermittlungsunterlagen, Personalheft Pb 79).

Lothar Beutel, 1902 geboren, hatte nach dem Krieg für einige Monate dem Freikorps Escherich angehört, arbeitete nach dem Studium als Apotheker, trat 1929 in die NSDAP, 1930 in die SS ein. 1932 ging er zum SD und war dort ab Januar 1934 als hauptamtlicher Funktionär tätig. Als Leiter des SD-Oberabschnitts Sachsen war er wahrscheinlich in die Röhm-Morde 1934 verwickelt. 1937 wurde er Leiter der Stapoleitstelle und des SD-Abschnitts München. Wegen Unterschlagungen und persönlicher Bereicherung wurde er Mitte Oktober 1939 als Chef der EGr IV abgelöst, verhaftet,

931

aus der SS ausgestoßen und vier Wochen im KZ Dachau inhaftiert. Beutel nahm in einer Strafkompanie der Waffen-SS am Krieg gegen Frankreich teil und wurde 1940 wieder in die SS aufgenommen. Wegen eines Armleidens arbeitete er als Abteilungsleiter in der Reichsapothekerkammer, wurde 1944 erneut zur Waffen-SS eingezogen, in Ungarn verwundet und im Juni 1945 in Berlin verhaftet. Er geriet in sowjetische Gefangenschaft, wurde im Oktober 1955 entlassen und lebte danach in Berlin als Apotheker (StAnw LG Berlin, 3 P [K] Js 198/61, Schlußvermerk in dem Strafverfahren gegen Lothar Beutel u. a., 29.1.1971; Aronson, Reinhard Heydrich, S. 295 f. Anm. 111; Ramme, Sicherheitsdienst, S. 260).

Ernst Damzog, 1882 in Straßburg geboren, erhielt bereits vor dem Ersten Weltkrieg eine Ausbildung zum Kriminalpolizisten. Während des Krieges war er bei der Feldpolizei eingesetzt. Anschließend arbeitete er als Kriminalkommissar in Königsberg, Magdeburg und Breslau. 1933 übernahm er die Leitung der Kriminalpolizei in Breslau. Damzog trat im Mai 1933 der SS bei und brachte es dort bis zum Brigadeführer. Schon im September 1935 wurde er wieder aus dem Gestapa zurück nach Breslau zur Grenzinspektion versetzt. In den ersten Wochen des Krieges gegen Polen leitete Damzog die Einsatzgruppe V und wurde anschließend Inspekteur der Sicherheitspolizei und des SD in Posen. Damzog starb unmittelbar nach Kriegsende, im Juli 1945 in Halle (BArch, BDC, SSO-Akte; BArch DH, ZA V 56; IfZ, MA 436; Aronson, Reinhard Heydrich, S. 157 f.).

Dr. Joachim Deumling, geboren 1910 im oldenburgischen Bürgerhof, wuchs in Pommern auf, wo der Vater ein Gut übernommen hatte. Nach dem Abitur in Neustettin 1929 studierte er Rechts- und Staatswissenschaften in Breslau und Berlin, bestand 1933 das Referendar-, 1936 das Assessorexamen und promovierte zum Dr. jur. Im Mai 1933 trat er der NSDAP bei. Im September 1936 begann er seine Gestapokarriere bei der Staatspolizeistelle Hannover, wurde von dort im Frühjahr 1937 zur Stapostelle Oppeln als deren stellvertretender Leiter versetzt. Anfang Oktober 1939 bestimmte ihn Heydrich zum RSHA-Referenten für die besetzten polnischen Gebiete (II O). Im Februar 1940 kehrte Deumling für ein Jahr nach Oppeln zurück, wurde im Juli 1941 erneut ins RSHA versetzt als Leiter des Referats IV D 2 Generalgouvernement, was er bis zum Frühjahr 1943 blieb. Dann wurde er als Führer des Einsatzkommandos 10b nach Kroatien abgeordnet, erlitt im Dezember 1944 eine Verwundung und befand sich bis zum Kriegsende im Lazarett. Deumling gelang es, aus der Internierungshaft nach dem Krieg zu fliehen, lebte bis 1954 in Deutschland unter falschem Namen, floh für zwei Jahre nach Ägypten, kehrte 1956 wieder in die Bundesrepublik zurück, erstattete Selbstanzeige wegen des Namens und arbeitete seit 1957 als kaufmännischer Angestellter. Im Juni 1967 wurde er zusammen mit Baatz, Thomsen, Berndorff und Wöhrn verhaftet, mußte aber im Dezember 1968 aufgrund des veränderten § 50 Abs. 2 StGB aus der Haft entlassen werden. Anfang 1969 leitete das Kammergericht Berlin eine Voruntersuchung gegen ihn ein wegen Beihilfe zum Mord an mindestens 3823 Menschen (II VU 1/69), die jedoch nicht zu einer Anklage und Hauptverhandlung führte (BArch,

BDC, SSO-Akte Joachim Deumling; BStU, IX/11 AS 99/66, Bd. 17; ZStL, 11 AR-Z 219/59; GenStAnw KG Berlin, RSHA-Ermittlungsunterlagen, Personalheft Pd 15).

Dr. Paul Dittel, Jahrgang 1907, Sohn eines Volksschullehrers im sächsischen Mittweida, dessen Vater noch Schlosser gewesen war. Dittel ging auf das Reform-Realgymnasium in Chemnitz und trat zugleich dem Bund deutscher Ringpfadfinder bei, dem er bis zu seinem Eintritt in die NSDAP 1933 angehörte. Er studierte Philosophie, Geschichte, Geographie und neuere Sprachen/Anglistik in Graz und Leipzig und schon während seines Studiums reiste er für vier Wochen nach England. Nach dem Studienabschluß ging er 1932 erneut nach England, erst als Hauslehrer in Leicester, danach an das British Museum und die Geographical Society in London. 1933 absolvierte er eine halbjährige Ausbildung beim Infanterieregiment 11 und wurde dann vom September 1933 bis Februar 1935 Ausbilder in der SA-Standarte 107 in Leipzig. Nebenher gab er Privatunterricht, um sich seinen Lebensunterhalt zu verdienen, und arbeitete an seiner Dissertation im Fach Geographie. Im Februar 1935 begann Dittel, für die SD-Publikationsstelle in Leipzig Gutachten zu schreiben, und wurde im Juni hauptamtlicher SD-Mitarbeiter. Im SD-Hauptamt leitete Dittel das Freimaurerarchiv mit, so Six in einem Personalbericht vom Dezember 1937, »einem außerordentlichen Arbeitseinsatz, großer Umsicht und dem notwendigen Verantwortungsgefühl«. 1938 war er mit in die Auswertung der vom SD in Österreich beschlagnahmten Dokumente einbezogen gewesen (Notiz Dittel an II 112, 8.9.1938, BArch, R 58/991, Bl. 147, Hachmeister, Gegnerforscher, S. 194). Bereits zu dieser Zeit führte er als Stellvertreter von Six die Abteilung I 32, die das Freimaurermuseum, die Bücherei und die wissenschaftliche Forschungsstelle umfaßte. »Aufgrund steter Einsatzbereitschaft«, so Six 1939 über Dittel, wurde er »mit mehreren Sonderaufträgen insbesondere in Polen«, das heißt mit dem Raub von Archivalien, Büchern und Dokumenten, beauftragt. Im RSHA, Amt VII, leitete Dittel das Archiv und folgte Six als Amtschef (BArch, BDC, SSO-Akte Paul Dittel; GenStAnw KG Berlin, RSHA-Ermittlungsunterlagen, Personalheft Pd 24; IfZ, Fa 74).

Kurt Geißler, 1902 in Berlin geboren, der Vater evangelischer Küster, zog mit 17 Jahren noch mit dem Freikorps Poensgen in das Baltikum in den Krieg. Nach dem Abitur 1921 wollte er Kriminalkommissar werden, wurde aber noch zurückgestellt, weil er zu jung war, studierte Jura und begann seine Kripokarriere 1928 bei der Kriminalpolizei im sächsischen Weißenfels. Das Kommissarexamen absolvierte er als Zweitbester seines Lehrgangs, ging anschließend 1930 zur Politischen Polizei im Polizeipräsidium als Leiter des Kommissariats für die kommunistische Zersetzung der Reichswehr. Mit dieser Kenntnis gehörte Geißler zu den ersten Beamten des Geheimen Staatspolizeiamtes für den Bereich Kommunismus, Marxismus, Staatsfeindliche Ausländer, Remigranten aus der Sowjetunion und wurde ein enger Mitarbeiter Müllers. 1940 entsandte man ihn als Sonderbeauftragten der Sicherheitspolizei nach Bukarest, später Polizeiattaché an der Deutschen Botschaft, bis zum Februar 1941. Kurzzeitig als Angehöriger der Einsatzgruppe der Sicherheitspolizei und des SD unter Hahn in Griechenland tätig, kehrte er im Sommer 1941 nach Berlin ins RSHA (IV D 3) zurück. Anfang 1943 wurde er nach Riga versetzt und dort im August 1943 wegen sexueller Übergriffe bei der Vernehmung einer früheren Angestellten zu zwei Jahren Gefängnis und Ausschluß aus der SS verurteilt, im Mai 1944 auch aus der NSDAP ausgeschlossen. Seine Internierung in verschiedenen Konzentrationslagern geriet ihm nach dem Krieg zum Nachweis einer antinationalsozialistischen Haltung. Geißler wurde Leiter der Kölner Kriminalpolizei und starb 1963 (BArch, BDC, SSO-und RuSHA-Akte Kurt Geißler; BArch DH, Dok/P 140, ZB 7077, ZR 242; GenStAnw KG Berlin, RSHA-Ermittlungsunterlagen, Personalheft Pg 15; IfZ, ZS 1940).

Leonhard Halmanseger, als Jahrgang 1892 einer der ältesten Beamten des RSHA, hatte schon 1914 als Schutzmann seine Dienstlaufbahn bei der Münchener Polizei begonnen. Nach der Niederwerfung der Räterepublik kam er zur politischen Abteilung und gehörte damit zu den langjährigen Kollegen von Heinrich Müller. Mit diesem ging er im April 1934 nach Berlin, wurde Leiter der Nachrichtensammelstelle. Der SS trat er 1938 bei, der NSDAP erst 1941. Nach dem Krieg interniert, wurde er später Mitarbeiter des bayrischen Landesamts für Verfassungsschutz (BArch, BDC, Personalakte Leonhard Halmanseger; BArch, Zwischenarchiv Dahlwitz-Hoppegarten, ZR 920 A 145; GenStAnw KG Berlin, RSHA-Ermittlungsunterlagen, Personalheft Ph 25; Vernehmungen vom 2.8.1962 und 20.6.1963, ZStL, 415 AR 422/60, Bd. 2, Bl. 314–317, 401–404).

Albert Hartl, Jahrgang 1904, stammte aus einer katholischen Lehrerfamilie aus Oberbayern. Mit fünf Jahren war Hartl Chorknabe, ging mit neun Jahren in eine Klosterschule, anschließend in das Erzbischöfliche Seminar in Freising, wo er 1923 Abitur machte. Er studierte Theologie und wurde Lehrer an ebendem katholischen Seminar, wo er selbst Schüler gewesen war. Folgt man seinem eigenen Lebenslauf aus dem Jahr 1936, so trat er seit 1929 für den Nationalsozialismus ein, was Ende 1933 zum endgültigen Bruch mit Kirche und Christentum führte. 1934 wurde Hartl exkommuniziert und sogar in Schutzhaft genommen, da ihm von katholischen Geistlichen gedroht worden war. Kurze Zeit war er beim sogenannten SS-Hilfswerk in Dachau tätig und fand im November 1935 schließlich eine Anstellung beim SD-Hauptamt in Berlin. Er übernahm den Bereich Konfessionell-politische Strömungen (II 113) in Six' Zentralabteilung II 1 Weltanschauliche Auswertung. Im Einsatz gegen Polen hatte er sich im Herbst 1939 führend an der SD-Aktion gegen die Krakauer Jesuiten beteiligt, bei der Priester festgenommen und etliche Dokumente beschlagnahmt wurden, die in Berlin ausgewertet wurden. 1941 lief gegen ihn ein SS-Disziplinarverfahren, weil er mutmaßlich eine Buchhändlerin sexuell belästigt hatte. Streckenbach als Amtschef I und Gerichtsherr des RSHA stellte fest, »daß der Vorgang im RSHA schon durchgesickert ist und nunmehr einige hundert Beamte und Angestellte des RSHA darauf warten, was in diesem Fall unternommen werde, während Hartl in seiner Gruppe natürlich auch keine Autorität mehr genießt, da der Vorgang bei den ihm unterstellten Leuten bekannt ist« (Streckenbach an Müller, 25.9.1941, BArch, BDC, SSO-Akte Hartl). Hartl wurde zur zur Einsatzgruppe C kommandiert, in deren Stab er bis Sommer 1943 blieb. Danach war er für das RSHA-Amt VI in der neugeschaffenen Gruppe VI Kult tätig, wurde nach dem Krieg in einem Spruchgerichtsverfahren zu vier Jahren Haft verurteilt und lebte bis zu seinem Tod 1982 in Ludwigshafen als freier Publizist (BArch, BDC, SSO-Akte Albert Hartl; BArch DH, ZR 204, Dok/P 4338; GenStAnw KG Berlin, 1 Js 8/65, gegen Hartl u. a. wegen Ermordung von katholischen polnischen Priestern; Vernehmung Hartl, 16.1.1957, ZStL, 1 AR-Z 15/58, Bl. 1821, 1838–1846; Vernehmung Hartl, 9.1.1961, ZStL, 4 AR-Z 269/60, Bd. 3, Bl. 807 f.; Vernehmung Hartl, 1.7.1971, StAnw Hamburg, 147 Js 31/67, Bd. 9, Bl. 7378–7382; vgl. ebenfalls das biographische Porträt von Albert Hartl bei Dierker, Religionspolitik, S. 78–99).

Walter Huppenkothen, 1907 als Sohn einfacher Leute im rheinländischen Haan geboren, studierte Rechts- und Staatswissenschaften in Köln sowie Düsseldorf. Im April 1933 trat er der NSDAP, ein Dreivierteljahr später der SS bei. Im November 1934 bestand er das Assessorexamen, fand jedoch keine Anstellung im Staatsdienst. Er bewarb sich beim SD und war von Januar bis November 1935 hauptamtlicher Referent für Rasse und Kultur beim SD-OA West in Düsseldorf. Von dort aus gelang ihm der Einstieg in den Staatsdienst. Zum 1. Dezember 1935 wurde er zur Probe bei der Staatspolizeistelle Düsseldorf beschäftigt, im Oktober 1936 als stellvertretender Leiter der örtlichen Gestapo nach Königsberg versetzt, um dann Ende 1937 zum Leiter der Stapostelle Lüneburg ernannt zu werden. Von dort kam Huppenkothen im Herbst 1939 nach Polen in den Stab der Einsatzgruppe I unter Streckenbach und wurde dessen Vertreter. Im Winter 1939/40 blieb er in Krakau als Kommandeur der Sicherheitspolizei und des SD und wechselte im Januar nach Lublin, wo er erst als Leiter der Gestapo, dann als KdS tätig war. Sowohl an den Zwangsarbeitsmaßnahmen – die SS plante einen gigantischen »Ostwall« und »Buggraben« an der sowjetischen Demarkationslinie – als auch an der Ghettoisierung und Vertreibung der Lubliner Juden aus den Städten hatte Huppenkothen Anteil. Anfang Juli 1941 wurde Huppenkothen ins RSHA versetzt und übernahm als Nachfolger von Walter Schellenberg die Leitung der Abwehrgruppe IV E. Innerhalb des Amtes IV spielte Huppenkothen eine wichtige Rolle, wurde unter anderem Müllers Stellvertreter in dessen Funktion als Generalgrenzinspekteur, das heißt Chef der Grenzpolizei, und gehörte zum inneren Kreis der RSHA-Entscheidungsträger, die sich zu täglichen Lagebesprechungen bei Kaltenbrunner trafen. Huppenkothen zählte zu den führenden Ermittlern der RSHA-Sonderkommission zum 20. Juli 1944. Er fungierte Anfang April 1945 als RSHA-Anklagevertreter bei den Todesurteilen und Hinrichtungen von Hans von Dohnanyi, Dietrich Bonhoeffer, Wilhelm Canaris, Hans Oster unter anderen in den KZ Sachsenhausen und Flossenbürg. Wegen dieser Verfahren wurde Huppenkothen in den fünfziger Jahren mehrfach angeklagt, in zum Teil skandalösen Berufungsentscheidungen wieder freigesprochen und schließlich 1955 zu sieben Jahren Zuchthaus verurteilt. 1959 auf Bewährung freigelassen, arbeitete Huppenkothen als Wirtschaftsjurist in Köln. Er starb 1979 in Lübeck (BArch, BDC, SSO- und RuSHA-Akte Walter Huppenkothen; BArch DH, ZM 530 A 1, ZR 673 A12, ZR 920, A 145, Dok/P 840; PrMdI, Personal- und Befähigungsnachweis Walter Huppenkothen, o. D., BArch DH, ZR 238; IfZ, ZS 249, Bd. 1–2; Justiz und NS-Verbrechen, Bd. 13, S. 284–358; Perels, Rechtfertigung).

Dr. Walter Jagusch wurde 1912 in Berlin als einziges Kind eines Hoteliers geboren. Nach dem Abitur studierte er in Berlin Rechtswissenschaften, legte 1935 sein Referendar-, 1938 sein Assessorexamen ab. Von den Deutschen Pfadfindern war er nach eigenen Angaben 1932 zur HJ gewechselt und trat gleich zu Beginn des Jahres 1933 in die NSDAP ein. Als Assessor tat er anfangs Dienst bei der Staatsanwaltschaft am Landgericht Berlin-Moabit und wechselte im Februar 1939 in das Geheime Staatspolizeiamt. Dort war er im Referat II B 3 Emigranten tätig und erhielt mit Gründung des RSHA die Leitung des Referats IV A 5 Emigranten, im Februar 1940 zusätzlich die sogenannten Judenangelegenheiten. Ende 1940 verließ er die Zentrale in Berlin und wurde zum BdS in Straßburg als Leiter der Gestapoabteilung abkommandiert. Im August 1942 kam er in gleicher Funktion nach Riga unter dem neuernannten BdS Dr. Achamer-Pifrader. Aktenkundig wurde Jagusch in dem Streit zwischen Ostministerium und SS über die Verfügungsgewalt des konfiszierten jüdischen Eigentums. In einer Unterredung im Oktober 1942 billigte Jagusch als Vertreter der Sicherheitspolizei im Reichskommissariat Ostland der Zivilverwaltung zu, über das geraubte jüdische Eigentum zu verfügen, beharrte aber zugleich auf der »Federführung« der SS in allen jüdischen Angelegenheiten (Hilberg, Vernichtung, Bd. 2, S. 381). Während Jaguschs Zeit als Leiter der Gestapoabteilung beim BdS in Riga wurde am 28. 10. 1942 eine Gruppe jüdischer Untergrundkämpfer auf der Flucht aus dem Ghetto entdeckt und die meisten von ihnen gleich erschossen. Danach veranlaßte die Sicherheitspolizei Strafaktionen gegen die lettischen Juden im Ghetto. Noch am selben Tag wurden zahlreiche Menschen verhaftet und drei Tage später 108 von ihnen ermordet (Enzyklopädie des Holocaust, Bd. III, S. 1231; eine Studie über das Rigaer Ghetto ist demnächst von Andrej Angrick und Peter Klein zu erwarten). Im Frühjahr 1943 befehligte Jagusch eine aus Letten und übergelaufenen Russen zusammengesetzte Einsatzgruppe in Bataillonsstärke gegen Partisanen und wurde von dort im Mai 1943 als SS-Untersuchungsführer beim SS- und Polizeigericht zum BdS Lothringen in Metz kommandiert, wo er bis zum Kriegsende blieb. Er tauchte in Thüringen unter und kam 1946 nach Detmold, wo er erneut als Assessor arbeitete und 1952 als Anwalt zugelassen wurde. Jagusch ließ sich anschließend in Bielefeld als Rechtsanwalt nieder, mehrere Ermittlungsverfahren gegen ihn verliefen ergebnislos (BArch DH, ZA I 5662; GenStAnw KG Berlin, RSHA-Ermittlungsunterlagen, Personalheft Pj 17).

Heinz Jost wurde am 9. Juli 1904 im Hessischen nahe Hersfeld als Sohn eines Apothekers geboren. Die Mutter litt unter so starken Depressionen, daß sie sich 1931 mit 53 Jahren das Leben nahm. Auch der Vater starb Mitte der dreißiger Jahre. Heinz Jost besuchte das Gymnasium in Bensheim und machte 1923 sein Abitur. Noch als Schüler war er dem Jungdeutschen Orden beigetreten. Er studierte Rechtswissenschaften an den Universitäten Gießen und München, absolvierte im Mai 1927 sein Referendarexamen und schloß sich bereits im Februar 1928 der NSDAP, ein Jahr später der SA

936

an. Jost fungierte als Ortsgruppenleiter der NSDAP in Lorsch, Biblis und Bensheim und brachte es bis zum Kreisorganisations- und -propagandaleiter. 1930, nach dem Assessorexamen, ließ er sich als selbständiger Anwalt im hessischen Lorsch, zwischen Darmstadt und Worms, nieder. Nach der nationalsozialistischen Machtübernahme wurde er Mitte März 1933 zum Polizeidirektor in Worms ernannt, im September wechselte er in gleicher Funktion nach Gießen. Aus dieser Zeit stammte die Verbundenheit mit Werner Best, der damals Josts Vorgesetzter war und ihn offensichtlich für den SD gewann. Jost begann im Juli 1934 seine hauptamtliche Karriere beim SD, wurde mit dem Aufbau der Auslandsabteilung beauftragt und stieg innerhalb des SD-Hauptamtes zum Amtschef III Abwehr auf. Im RSHA wurde er Chef des RSHA-Amtes VI SD-Ausland. Im Herbst 1941 wurde Jost als Amtschef abgelöst und erst zum Aufbaustab Kaukasus beim RMfdbO abkommandiert, im März 1942 dann als Nachfolger Stahleckers zum BdS Ostland in Riga ernannt. Anfang September 1942 in dieser Funktion von Achamer-Pifrader abgelöst, war Jost als Generalkommissar im geplanten, aufgrund der militärischen Entwicklung nicht errichteten Reichskommissariat Kaukasus vorgesehen, wurde dann als Beauftragter des RMfdbO bei der Heeresgruppe A eingesetzt. 1944/45 verbrachte Jost seine Zeit untätig in Berlin; das RSHA war an einer Verwendung nicht interessiert. Himmler entschied im Januar 1945, daß Jost mit einer Pension aus der SS ausscheiden solle. Im April 1945 wurde er bei Gardelegen festgenommen, interniert und 1948 im Nürnberger Einsatzgruppen-Prozeß zu lebenslanger Freiheitsstrafe verurteilt. Mitte Dezember 1951 bereits wieder entlassen, war Jost anschließend als Immobilienmakler in Düsseldorf tätig. Er starb 1964 in Bensheim (BArch, BDC, SSO- und RuSHA-Akte Henz Jost; BArch DH, ZR 725 A 187; United States Military Tribunals Nürnberg, Case No. 9, United States vs. Otto Ohlendorf et. al., Nürnberg 1947/48; GenStAnw KG Berlin, RSHA-Ermittlungsunterlagen, Personalheft Pj 36; ZSt Düsseldorf, 8 Js 89/59, StAnw München I, 1c Js 465/60, StAnw Hamburg, 141 Js 534/60; BStU, IX/11 AS 218/61, SV 1/78; Querg, Spionage, S. 165 f.).

Günther Knobloch, 1910 in Breslau geboren, der Vater von Beruf Brauereidirektor, protestantisch, die Großväter noch Bergmann und Schneider, machte 1930 Abitur, studierte anschließend in Breslau und Rostock Jura und absolvierte 1936 sein zweites Staatsexamen als Gerichtsassessor. Der NSDAP trat er im März 1932 bei. Knobloch entschied sich für eine Kriminalkommissarslaufbahn bei der Gestapo, durchlief 1937/38 die Führerschule der Sicherheitspolizei in Berlin-Charlottenburg. Seine Promotion zum Dr. jur erlangte er im November 1938, zum Kriminalkommissar wurde er im Februar 1939 ernannt. Knobloch wurde in Schlesien eingesetzt, 1938/39 bei der Stapostelle Oppeln, ab Juli 1939 im Polizeipräsidium Gleiwitz. Im Krieg gegen Polen war Knobloch im Herbst 1939 stellvertretender Führer der Einsatzgruppe II, anschließend eingesetzt bei der Gestapo Kattowitz. Im August 1941 kam er ins RSHA in das Kommunismusreferat IV A 1 und bearbeitete die Ereignismeldungen der Einsatzgruppen in der Sowjetunion. Ende April 1945 geriet er bei Kufstein in amerikanische Kriegsgefangenschaft, blieb bis zum Herbst 1948 interniert, arbeitete anschließend erst als Hilfsarbeiter, dann als kaufmännischer Angestellter und schließlich als Abteilungsleiter bei Siemens in Redwitz a. d. Rottach. Knobloch starb 1970 in Kornach (BArch, BDC, SSO- und RuSHA-Akte Günther Knobloch; BArch DH, ZR 52; StAnw Coburg, 8 Js 1048/60; StAnw Dortmund, 45 Js 26/63; GenStAnw KG Berlin, RSHA-Ermittlungsunterlagen, Personalheft Pk 79).

Arnold Kreklow, 1879 in Landsberg an der Warthe geboren, dessen Vater bereits Polizeiwachtmeister gewesen war, zählte zu den ältesten Beamten des Geheimen Staatspolizeiamtes. Eigentlich hätte er die Postinspektorenlaufbahn einschlagen sollen, aber Kreklow ging lieber zur Armee und ließ sich dort zum Zahlmeister ausbilden. Den Ersten Weltkrieg verbrachte er in der Etappe und hatte nach der Demobilisierung das Glück, in die Polizeiverwaltung Berlin übernommen zu werden. Von 1920 bis 1933 arbeitete er als Rechnungsrevisor im Polizeipräsidium Berlin, tat sich nicht sonderlich hervor, außer – für seine spätere Karriere in der Gestapo bemerkenswert – daß er, der katholisch aufwuchs, 1927/28 Mitglied des Zentrums war. Allerdings erkannte Kreklow auch als Mittfünfziger und langjähriger Beamter die Zeichen der Zeit schnell und schloß sich Anfang November 1932 der NSDAP an. Ende Februar 1933 wurde er zusätzlich Mitglied der SA. Diels holte ihn in das neuerrichtete Geheime Staatspolizeiamt und übertrug ihm das Wirtschafts- und Besoldungsdezernat, was Kreklow auch die Ernennung zum Polizeirat und damit den Aufstieg von der mittleren Beamtenlaufbahn in den höheren Verwaltungsdienst einbrachte. Heydrich wie Best übernahmen Kreklow und ließen ihn weiterhin die Wirtschaftsangelegenheiten des Gestapa (Referat I C) bearbeiten. Allerdings gehörte Kreklow, der im September 1939 sechzig Jahre alt war, nicht mehr zur Führungsspitze des neugebildeten RSHA. Er blieb Referent für Wirtschaftssachen der Sicherheitspolizei. Erst als der Zenit des RSHA 1944 überschritten war und der Krieg auch die letzten personellen Reserven der Sicherheitspolizei beanspruchte, wurde er mit 65 Jahren, mittlerweile SS-Obersturmbannführer und Oberregierungsrat, Leiter der Gruppe II A Haushalt, Besoldung und Rechnungswesen. Kreklow wurde 1945 interniert und starb in den fünfziger Jahren in Wien (BArch, BDC, SSO-Akte Arnold Kreklow; GenStAnw KG Berlin, RSHA-Ermittlungsunterlagen, Personalheft Pk 132; IfZ, ZS 984; Graf, Politische Polizei, S. 361 f.).

Dr. Heinrich Malz, 1910 in Chemnitz als Sohn eines Reichsbahnbeamten geboren, studierte nach dem Abitur 1930 Rechtswissenschaft in Halle und Leipzig. Im Dezember 1930 trat er in die NSDAP ein. Sein Referendariat absolvierte Malz zeitweise in dem von Reinhard Höhn geleiteten Institut für Staatsforschung in Berlin, promovierte 1935 zum Dr. jur., arbeitete seit dieser Zeit für den SD. Nach dem Assessorexamen 1937 bewarb sich Malz erfolgreich für den Staatsdienst und erhielt eine Planstelle im Landratsamt von Freiberg/Sachsen. Von dort wechselte er im Mai 1940 als Referent III A 2 Rechtsleben ins Reichssicherheitshauptamt. Anfang 1944 wurde er sogar noch persönlicher Referent des RSHA-Chefs Ernst Kaltenbrunner. Malz wurde 1945 interniert, 1948 entlassen, gehörte zu den Gründungsmitgliedern der »Stillen Hilfe« und brachte es bis zum Geschäftsführer des Deutschen Beamtenbundes (BArch, BDC, SSO- und RuSHA-Akte Heinrich Malz; RMdI; BArch DH, ZB II 1565 A 30, ZR 739

A 13; Sonderarchiv Moskau, 720–5–6073; IfZ, ZS 20; GenStAnw KG Berlin, RSHA-Ermittlungsunterlagen, Personalheft Pm 6).

Bruno Müller, 1905 in Straßburg geboren, 1931 der NSDAP beigetreten, war nach seinem Jurastudium 1933/34 für ein knappes Jahr Bürgermeister der Nordseeinsel Norderney, hatte nach seinem Assessorexamen 1935 die Leitung der Gestapo Oldenburg und 1937 die Leitung der Gestapo Wilhelmshaven übernommen. Von dort wurde er im Herbst 1939 als Führer eines Einsatzkommandos nach Polen kommandiert. Nach dem Einsatz war Bruno Müller bis Dezember 1939 KdS in Krakau, wurde im Frühjahr und Sommer 1940 in Holland eingesetzt und kam im Oktober 1940 ins RSHA, wo er bis Mai 1941 das Referat III B 4 Einwanderung, Umsiedlung leitete. Im Juni 1941 wurde er der Einsatzgruppe D zugewiesen und führte von Juli bis Oktober das Einsatzkommando 11b. Ab Dezember 1941 war Müller Leiter der Stapostelle Stettin, von Oktober 1943 bis März 1944 KdS Wolhynien, anschließend in der Einsatzgruppe E in Kroatien, Mai 1944 KdS Rouen, November 1944 beim BdS in Prag. 1947 wurde er von einem britischen Militärgericht zu 20 Jahren Haft verurteilt, weil er in den letzten Kriegswochen noch zum KdS in Kiel ernannt worden war und ihm in dieser Funktion das Arbeitslager Kiel-Hassee unterstand. Mehrere Versuche Polens, Müller wegen seiner Verbrechen in Polen vor ein polnisches Gericht zu stellen, scheiterten. Im September 1953 wurde er aus der Haft entlassen und arbeitete danach als Versicherungskaufmann. Müller starb 1960 in Oldenburg (BArch, BDC, SSO-Akte Bruno Müller; BArch DH, ZR 234; Sonderarchiv Moskau, 720-5-6702; StAnw München I, 22 Js 201/61, 22 Js 205/61; ZStL, II 204 AR-Z 11/61; GenStAnw KG Berlin, RSHA-Ermittlungsunterlagen, Personalheft Pm 122; August, Sonderaktion Krakau, S. 61–63).

Dr. Rudolf Oebsger-Röder, Jahrgang 1912, hatte Geschichte, Soziologie und vor allem Zeitungswissenschaft an der Universität Leipzig studiert. Seit Ende 1929 Mitglied der HJ, trat er im März 1931 in die NSDAP ein. Von 1935 bis 1937 war er Assistent am Leipziger Institut für Zeitungswissenschaft, promovierte mit einer Arbeit über den Bildungsstand der deutschen Journalisten. Aus »Vorliebe für praktisch-politischen Einsatz«, wie er in seinem Lebenslauf vom Juli 1940 schrieb, verließ er die Universität und wurde hauptamtlicher Mitarbeiter des SD, für den er schon seit 1935 gearbeitet hatte. Nach seinem SD-Einsatz in Polen war er erst bei der Einwandererzentrale in Gotenhafen und leitete von Mitte November 1939 bis Ende März 1940 deren Zweigstelle in Litzmannstadt/Łódź. Von dort kam er für zwei Monate ins RSHA als Leiter der Gruppe II A Grundlagenforschung im von Franz Alfred Six geführten Amt Gegnerforschung, um dann im Juni 1940 als SD-Führer nach Danzig zu wechseln. 1941 wurde er in der Sowjetunion im Rahmen des »Unternehmens Zeppelin« eingesetzt, leitete 1942/43 das RSHA-Referat VI C/Z und war von Mai bis Juli 1944 Einsatzkommandoführer in Ungarn. Anschließend kehrte er ins RSHA, Amt VI SD-Ausland, zurück. Nach dem Krieg kurzzeitig interniert, lebte er einige Jahre in München und setzte sich dann nach Indonesien ab. Dort fungierte er sowohl als Berater und Biograph des indonesischen Diktators Suharto als auch als Mitarbeiter des Bundesnachrichtendienstes (BArch, BDC, SSO-Akte Rudolf Oebsger-Röder; BArch DH, ZR 133, ZA VI 5144; BStU, FV 143/69; StAnw Frankfurt am Main, 4 Js 541/61; ZStL, 203 AR-Z 313/59, 302 AR-Z 23/62; Hachmeister, Gegnerforscher, S. 112).

Dr. Theodor Paeffgen, 1910 in Köln geboren, stammte aus einer durchaus gutbürgerlichen, rheinisch-katholischen Familie. Er studierte nach seinem Abitur 1928 mehrere Semester Rechtswissenschaften im Ausland, in Genf, Bordeaux, Edinburgh, anschließend in Bonn bis zum ersten Staatsexamen im Februar 1933. Sein Referendariat absolvierte er in Köln, promovierte 1934 zum Dr. jur., bestand im Oktober 1936 sein Assessorexamen und bewarb sich, allerdings vergeblich, für den diplomatischen Dienst. Im Juni 1933 trat er noch dem Stahlhelm bei und wurde einen Monat zur SA übergeleitet, bis er mit dem Eintritt in den SD im Mai 1938 zur SS wechselte. Paeffgen war zunächst juristischer Hilfsarbeiter im SD-Hauptamt, wenige Monate später wurde er zum Geheimen Staatspolizeiamt überwiesen und übernahm 1939/40 im RSHA das Referat I B 2 Organisation des SD. Im Juni 1940 war er SD-Führer eines Einsatzkommandos im lothringischen Metz, vom Juli bis Oktober 1941 Nachrichtenverbindungsführer im RSHA zu den Einsatzgruppen in der Sowjetunion und wurde anschließend selbst im Osten eingesetzt: erst als stellvertretender Gestapochef in Tilsit, dann nach Białystok kommandiert, wo er de facto die Dienststelle des KdS führte. Zwar begann die Vernichtung des Ghettos im November 1942, als Paeffgen bereits wieder in Berlin war, aber in den Nachkriegsvernehmungen gab er zu, mehrere Male als Standgerichtsmitglied Todesurteile ausgesprochen und bei Exekutionen dabeigewesen zu sein (Vernehmungen Paeffgen, 27.9.1961, 31.5.1963, ZStL, V 205 AR-Z 226/60, Bd. 12, Bl. 194–198, Bd. 30, Bl. 21–28). Ab September 1942 leitete Paeffgen im RSHA die Gruppe VI D Englisch-amerikanisches Einflußgebiet. Von 1945 bis 1948 war er interniert und arbeitete anschließend als kaufmännischer Angestellter in Aachen. Zwar wurden gegen Paeffgen Ermittlungen wegen Mordes aufgenommen. Er starb jedoch im April 1969 in Aachen, ohne daß ein Strafverfahren gegen ihn eröffnet worden war (BArch, BDC, SSO- und RuSHA-Akte Theodor Paeffgen; BArch DH, ZR 116; IfZ, MA 1300/3; StAnw Bielefeld, 45 Js 1/61; GenStAnw KG Berlin, RSHA-Ermittlungsunterlagen, Personalheft Pp 3).

Wolfgang Reinholz, 1911 in Bromberg geboren. 1925 zog die Familie nach Essen, wo der Vater Rektor einer Volksschule wurde und Reinholz 1932 sein Abitur machte. Noch als Schüler trat er Anfang 1932 der NSDAP bei. Reinholz studierte Jura in Bonn und Innsbruck, engagierte sich im NSDStB, absolvierte im Mai 1936 sein Referendarexamen, durchlief den üblichen juristischen Vorbereitungsdienst und wurde nach der großen juristischen Staatsprüfung im Februar 1940 zum Wehrdienst einberufen. Da er seit Ende 1937 auch für den SD tätig war, holte ihn das RSHA noch im August 1940 nach Berlin ins Amt III. In der Gewißheit des kommenden Sieges beauftragte ihn Heydrich Mitte Juni 1941, in engem Einvernehmen mit Neifeind vom Amt II und Fischer vom Amt IV, das RSHA bei den »kommenden Friedensverhandlungen« zu vertreten (Heydrich an Reinholz, 13.6.1941, BArch, R 58/240, Bl. 119). Reinholz übernahm Ende 1941 das Referat III A 3 Verfassung und Verwaltung. Ende August 1942 wurde er zur Einsatzgruppe D kommandiert, erst zum Gruppenstab, dann zum Einsatzkommando 11b, anschließend im Frühjahr 1943 zur Einsatzgruppe E in Kroatien. Im Herbst 1943 leitete er wieder im RSHA das Referat III A 3 und übernahm schließlich zum Kriegsende im November 1944 die Leitung des SD-Abschnitts Potsdam. Nach dem Krieg lebte Reinholz in Trier (BArch, BDC, SSO-Akte Wolfgang Reinholz; BArch DH, ZR 555 A 11; ZStL, II 213 AR 1901/66; GenStAnw KG Berlin, RSHA-Ermittlungsunterlagen, Personalheft Pr 36).

Hans Richter, 1903 als Sohn eines Musikalienfabrikanten in Berlin geboren, besaß zumindest am Anfang seines Berufsweges künstlerische Ambitionen. Nach dem Abitur gehörte er neben seinem Jurastudium zur Fachklasse für Dekorationsmalerei unter H. T. Bengen an der Kunstgewerbe- und Handwerkerschule in Berlin-Charlottenburg und war Privatschüler des Bildhauers Dr. Erich Wild in Berlin-Nikolassee. Das Studium mußte er jedoch wegen wirtschaftlicher Schwierigkeiten 1930 abbrechen. Im Mai 1932 trat er der NSDAP bei, ein halbes Jahr später der SS. Richter tat Dienst in der NSDAP als Gefangenenwart, betreute also die Nazihäftlinge in republikanischen Gefängnissen, und wurde so Informant, später hauptamtlicher Mitarbeiter des SD. Richter leitete im SD-Hauptamt das sogenannte Freimaurer-Museum, in dem auch Adolf Eichmann eine Zeitlang Dienst tun mußte. Während der SD-Aktion in Österreich im Frühjahr 1938 hat Richter sich, wie Six in seinem Personalbericht lobte, »durch persönlichen Einsatz und vorbildliche Haltung ausgezeichnet«. Richter leitete im RSHA-Amt VII das Referat Museum und Ausstellungswesen (VII C 2) und vertrat Dittel in der Leitung des Archivs (BArch, BDC, SSO-Akte Hans Richter; BArch DH, ZR 909 A 11; GenStAnw KG Berlin, RSHA-Ermittlungsunterlagen, Personalheft Pr 60).

Erich Roth, geboren 1910 in Oświęcim/Auschwitz, stammte aus einer Familie von Arbeitern und Häuslern. Der Vater hatte sich bis zum Reichsbahnobersekretär hochgearbeitet, der Sohn besuchte ein humanistisches Gymnasium und studierte Rechtswissenschaft in Jena und Göttingen. Das Referendarexamen absolvierte er bereits unter dem NS-Regime, das Assessorexamen bestand er im Juli 1937 mit »ausreichend«. Nach kurzer Tätigkeit an einem Amtsgericht trat er in den Dienst der Gestapo, wurde im Februar 1938 als Assessor ins Geheime Staatspolizeiamt in Berlin einberufen und ein Jahr später unter Ernennung zum Regierungsassessor endgültig in die Gestapo übernommen. Mit Kriegsbeginn bis Oktober 1939 war er als Angehöriger der Besatzungsverwaltung nach Polen abkommandiert, kehrte anschließend in das neugegründete Reichssicherheitshauptamt zurück und erhielt das Kirchenreferat IV A 4. Er behielt dieses Sachgebiet, leitete nach der Umorganisation des RSHA Anfang 1941 die Referate IV B 1 und 2 (Politischer Katholizismus und Protestantismus) und avancierte sogar zum stellvertretenden Gruppenleiter. Im Februar 1943 kam er als Leiter der Stapostelle nach Dortmund und sollte Ende 1944 sogar noch als Sonderbevollmächtigter des RKF für den nordnorwegischen Raum in Oslo eingesetzt werden. Allerdings lehnte das RSHA eine solche Versetzung ab, da Roth »mit Rücksicht auf die derzeitige Gesamtlage im Westen aus seiner jetzigen Tätigkeit ohne Gefährdung der sicherheitspolizeilichen Belange unter keinen Umständen herausgelöst« werden könne. Erich Roth wurde 1947 von der französischen Besatzungsmacht an Jugoslawien ausgeliefert, dort zum Tode verurteilt und hingerichtet (BArch, BDC, SSO- und RuSHA-Akte Erich Roth; BArch DH, ZR 207; GenStAnw KG Berlin, RSHA-Ermittlungsunterlagen, Personalheft Pr 97).

Dr. Ernst Schambacher, 1899 in Berlin geboren, nahm noch nach dem Abitur 1917 als Soldat am Weltkrieg teil. Danach studierte er Jura und promovierte 1925 an der Universität Königsberg zum Dr. jur. Im selben Jahr trat er als Kriminalkommissaranwärter beim Berliner Polizeipräsidium ein und wurde 1928 Kriminalkommissar. Im Gestapa arbeitete er in der Abteilung Abwehr als Dezernent für Westeuropa und Westdeutschland. Im RSHA leitete er bis Mitte 1941 das Referat IV E 4 Abwehr Nord und war anschließend im Amt VI SD-Ausland tätig. Laut Aussage der Ehefrau soll Schambacher am 18. Mai 1945 in Hauska/Sudetenland gestorben sein (BArch DH, ZR 245; GenStAnw KG Berlin, RSHA-Ermittlungsunterlagen, Personalheft Psch 11).

Dr. Hans Schick, 1889 im westfälischen Eitorf geboren, wuchs in einer katholischen und überwiegend bäuerlichen Familie auf. Schick entschied sich für eine geistliche Laufbahn, trat 1903 dem Kermillianerorden bei, studierte im holländischen Roermund Philosophie und Theologie und empfing 1913, mit 26 Jahren, die Priesterweihe. Von 1922 bis 1925 leitete er das Kermillianerkloster in Neuß. Ein Jahr später trat er aus dem Orden aus, blieb aber bis Herbst 1932 katholischer Geistlicher in der Diözese Köln. Nebenher studierte er Geschichte und Philosophie und promovierte 1931 mit einer Dissertation über den Reichstag zu Regensburg während des Baseler Friedens. Im Oktober 1932 quittierte er auch sein Priesteramt, trat ein halbes Jahr später in die NSDAP ein, verdiente seinen Lebensunterhalt als Privatlehrer und wurde im April 1935 hauptamtlicher Mitarbeiter des SD. Schick leitete im RSHA-Amt VII das Referat Wissenschaftliche Untersuchungen Inland (VII B 5) und beobachtete vor allem italienische Publikationen. 1942 habilitierte er sich an der Reichsuniversität Straßburg mit einer Arbeit über die Rosenkreuzer. Im Mai 1945 wurde er auf der Flucht nach Soest verhaftet und bis 1948 interniert. Anschließend fand er eine Anstellung als Referent beim Diözesan-Caritasverband in Köln (BArch, BDC, SSO- und RuSHA-Akte Hans Schick; BArch DH, ZR 09, ZB I 494; StAnw Hannover, 2 Js 273/60; GenStAnw KG Berlin, RSHA-Ermittlungsunterlagen, Personalheft Psch 33; Hachmeister, Gegnerforscher, S. 225).

Dr. Heinrich Seibert, 1910 im pfälzischen Elmstein geboren, studierte nach dem Abitur 1930 Deutsch, Geschichte und Englisch in Heidelberg und München. Er trat im März 1932 sowohl der NSDAP wie der SA bei und fungierte in der Machtergreifungsphase April/Mai 1933 als Hilfspolizist. Von November 1935 bis Januar 1937 war er Assistent am Historischen Seminar der Universität München bei Prof. Dr. Karl Alexander von Müller und promovierte mit einer Dissertation über die französische Pfalzpolitik und pfälzische Separatismusbestrebungen 1918/20, in der er die pfälzischen Arbeiter und sozialdemokratischen Führer lobte, da sie »unangekränkelt vom Streit politischer Lehrmeinungen, ohne den zersetzenden Einfluß jüdischer Führer« zur »Verteidigung ihres Deutschtums fähig und bereit« gewesen seien. Seit 1936 arbeitete Seibert für den SD-Oberabschnitt Süd und kam von dort im Januar 1940 in das RSHA, um das Referat Erziehung (III C 2) zu übernehmen. Seibert verließ das RSHA Mitte 1942, da er zur Wehrmacht einberufen wurde. Er starb 1951 im pfälzischen Bischheim (BArch, BDC, SSO-Akte Heinrich Seibert; GenStAnw KG Berlin, RSHA-Ermittlungsunterlagen, Personalheft Ps 24).

Kurt Stage, Jahrgang 1900, trat nach eigenen Angaben bereits 1922 der NSDAP bei (seine Mitgliedskarte mit der Nr. 21.171 vermerkt als Eintrittsdatum den 23.10.1925). Nachdem er in Potsdam das Realgymnasium mit der Primareife verlassen und anschließend eine kaufmännische Lehre bei einer Getreidegroßhandlung absolviert hatte, war er noch zum Heer einberufen worden und hatte von Juni 1918 bis Februar 1919 Dienst getan. Anschließend arbeitete er als kaufmännischer Angestellter bis September 1921, nahm dann an den Kämpfen des sogenannten Selbstschutzes Oberschlesien teil, schloß sich dem Freikorps Roßbach an und gehörte dem Berliner Frontbann, der späteren SA, seit dessen Gründung 1924 an. Bis 1925 fand er Anstellung bei verschiedenen Getreidehandlungen in Berlin, wurde dann arbeitslos, erhielt Anfang 1926 eine Stelle als Justizangestellter erst beim Amtsgericht in Potsdam, dann in Berlin-Schöneberg, wo er bis Mitte der dreißiger Jahre blieb. Seit 1932 arbeitete er für den SD und wechselte 1935 vom Amtsgericht Schöneberg zur Gestapo. Nach seiner Ausbildung zum Kriminalkommissar wurde er im Gestaparreferat Angelegenheiten der NSDAP und ihrer Gliederungen unter Josef Meisinger eingesetzt und übernahm im RSHA selbst die Leitung dieses Referats (IV C 4). Von dort erfolgte sein Auslandseinsatz, erst als KdS in Tromsö, Norwegen, von März 1944 an als KdS in Marburg (Maribor) an der Drau. Nach dem Krieg wurde er interniert und an Jugoslawien ausgeliefert. Dort verurteilte ihn ein Kriegsgericht in Celje/Slowenien am 10. Juni 1947 zum Tode. Am 19.8.1947 wurde Kurt Stage in Ljubljana hingerichtet (BArch, BDC, SSO-Akte Kurt Stage; BStU, AP 427/54; GenStAnw KG Berlin, RSHA-Ermittlungsunterlagen, Personalheft Pst 2).

Dr. Herbert Strickner, 1911 in Innsbruck als Sohn eines Eisenbahnbeamten geboren, studierte nach dem Abitur 1929 zuerst evangelische Theologie in Innsbruck, brach dieses Studium jedoch ab und wechselte 1933, weil er wegen seiner nationalsozialistischen Aktivitäten an der Universität Innsbruck Österreich verlassen mußte, nach Leipzig, um dort Zeitungswissenschaft, Deutsche Volksgeschichte und Sport zu studieren. 1937 promovierte er mit einer Dissertation über die Sportberichterstattung des »Völkischen Beobachters«. Strickner arbeitete zunächst als Sportlehrer und wurde im Juni 1938 hauptamtlicher SD-Funktionär im SD-Oberabschnitt Nordost in Tilsit und Königsberg. Er nahm am SD-Einsatz 1938 im Sudetenland teil und gehörte im Herbst 1939 einem Einsatzkommando in Polen an. Anschließend wurde er Volkstumsreferent im

SD-Leitabschnitt Posen und arbeitete wesentlich an der sogenannten Deutschen Volksliste, die die Bevölkerung des Warthelandes nach rassistischen Kriterien unterteilte. Im Oktober 1942 kam Strickner ins RSHA, um Referent in der Gruppe III B Volkstum zu werden. Nach dem Krieg wurde er interniert, an Polen ausgeliefert, dort im März 1949 zum Tode verurteilt und im Januar 1951 hingerichtet (BArch, BDC, SSO-Akte Herbert Strickner; BArch DH, ZR 236; ZStL, 203 AR 1473/68; GenStAnw KG Berlin, RSHA-Ermittlungsunterlagen, Personalheft Pst 40; Ramme, Sicherheitsdienst, S. 245, 300; Aly, Endlösung, S. 11).

Karl Tent, Jahrgang 1894, Zahlmeister im kaiserlichen Heer, wurde nach dem Krieg in die Polizeiverwaltung übernommen. Er tat erst im Polizeipräsidium Berlin Dienst und wurde 1924 zur Polizeiverwaltung Elberfeld-Barmen versetzt. Von dort kam er im November 1933 – im Mai 1933 war er Mitglied der NSDAP geworden – als Hilfsarbeiter erst zur Polizeigruppe im preußischen Innenministerium, von dort einen Monat später zum Geheimen Staatspolizeiamt, wo er im Personalreferat arbeitete und die Hauptgeschäftsstelle leitete. Im RSHA hatte er für kurze Zeit noch einmal das Personalreferat für die Gestapo (I A 2) inne, schied aber im September 1941 aus dem RSHA aus. Nach dem Krieg wohnte er wieder in Wuppertal. Dort starb er im Dezember 1956 (BArch, BDC, SSO-Akte Karl Tent; BArch DH, ZR 113; GenStAnw KG Berlin, RSHA-Ermittlungsunterlagen, Personalheft Pt 9).

Hans Tesmer, 1901 in Kienberg/Kreis Teltow als Sohn eines märkischen Gutsbesitzers geboren, machte 1919 sein Abitur und kämpfte anschließend als Freikorpssoldat im Grenzschutz Ost gegen Polen. Nach Jurastudium und Staatsexamina arbeitete er ab Dezember 1930 als Staatsanwalt in Berlin, Neuruppin und Potsdam. Göring persönlich setzte sich dafür ein, daß Tesmer im März 1934 zum Gestapa kam, wo er erst das Referat Materielles Recht leitete, dann Personalangelegenheiten bearbeitete sowie im Hauptamt Sicherheitspolizei das Personalreferat innehatte. Im RSHA war er 1939/40 für kurze Zeit Gruppenleiter I C (a) Personalien der Sicherheitspolizei, wurde im Frühjahr 1940 zur Wehrmacht einberufen. Zugleich war Tesmer als Abteilungsleiter für die Innere Verwaltung im Amt des Generalgouverneurs im Gespräch (Bühler an Pfundtner, 20.7.1940; Vermerk Kernert, RMdI, 20.8.1940, BArch DH, ZA VI 99), wurde aber tatsächlich Landrat in Lübben, wo er allerdings nur ein Jahr Dienst tat. Denn im Sommer 1941 wurde er Militärverwaltungchef beim Befehlshaber des rückwärtigen Heeresgebiets Mitte, von 1942 bis 1944 bei der Heeresgruppe Mitte. Dort war er unter anderem für »Sonderanordnungen für die Juden« verantwortlich. 1945 wurde er noch für wenige Wochen Regierungspräsident in Liegnitz. Nach dem Krieg war Tesmer als Anwalt in Hamburg tätig (BArch, BDC, SSO-Akte Hans Tesmer; BArch DH, ZA VI 99; GenStAnw KG Berlin, RSHA-Ermittlungsunterlagen, Personalheft Pt 12; Gerlach, Kalkulierte Morde, passim).

Harro Thomsen, 1911 in Bohmstedt, Kreis Husum, als Sohn eines Volksschullehrers geboren, ging nach der Versetzung des Vaters in Elmshorn zur Schule, machte dort

1929 sein Abitur und studierte anschließend Rechts- und Wirtschaftswissenschaften in Hamburg, Freiburg und Kiel. Nach Referendariat und Assessorexamen im November 1937 war er für einige Monate als Amtsrichter in Niebüll tätig und wechselte im April 1939 zur Gestapo. Zuerst bei der Stapostelle Hamburg-Harburg eingesetzt, wurde er im Dezember 1939 stellvertretender Leiter der Stapostelle Kattowitz, im Juni 1940 Chef der Gestapo in Oppeln, im Januar 1942 der Stapostelle Graudenz. Von dort wurde Thomsen im Juli 1943 ins RSHA als Leiter des Referats IV D 2 Generalgouvernement versetzt, was er bis zum Kriegsende blieb. 1945 kam er in Internierungshaft, wurde allerdings trotz des Drängens Polens nicht ausgeliefert. Thomsen, zunächst als Rechtsanwalt und Notar tätig, gelang wieder eine Anstellung im Staatsdienst und brachte es bis zum Vorsteher des Finanzamtes in Hamburg-Wandsbek. Im Juni 1967 wurde er ebenso wie Baatz, Deumling, Berndorff und Wöhrn verhaftet, jedoch im Dezember 1968 wieder freigelassen. Eine Voruntersuchung gegen Thomsen wegen Beihilfe zum Mord an zahlreichen Polen mußte aufgrund der Änderung des § 50 Abs. 2 StGB eingestellt werden. Thomsen starb 1974 in Elmshorn (BArch, BDC, SSO- und RuSHA-Akte Harro Thomsen; BArch DH, ZR 157, ZR 920, A 145, Dok/P 9261; ZStL, I 203 AR-Z 230/78, I 203 AR-Z 112/78; Kammergericht Berlin, II VU 1/69 [1 Js 12/65]; GenStAnw KG Berlin, RSHA-Ermittlungsunterlagen, Personalheft Pt 24).

Edmund Trinkl, Jahrgang 1891, wie Karl Tent Zahlmeister in der kaiserlichen Armee, kämpfte nach dem Krieg zunächst beim Freikorps Epp und wurde 1920 in die Bayerische Landespolizei übernommen. Trinkl nahm bereits 1923 als Angehöriger der Reichskriegsflagge am Novemberputsch teil und gehörte während der Verbotszeit der NSDAP dem Isengau an. Mit anderen Angehörigem der Bayerischen Politischen Polizei wechselte er mit Heydrich im Frühjahr 1934 nach Berlin und avancierte dort zum Verwaltungsdirektor des Gestapa. Zugleich leitete er das Referat I A Organisation und Geschäftsbetrieb des Gestapa. Im RSHA jedoch schwand Trinkls Einfluß. Zunächst hatte er die Leitung des Hauptbüros des Amtes II inne, übernahm später das unbedeutende Referat Fürsorge und Versorgung (I A 6), das im Juni 1944 aufgelöst wurde (Erlaß CSSD, 19.6.1944, BArch, R58/240, Bl. 216). Das RSHA suchte für den 53jährigen Trinkl eine anderweitige Beschäftigung, der schließlich zur Dienstleistung zum Fürsorgeamt des SS-Rasse- und Siedlungshauptamtes abkommandiert wurde, weiterhin besoldet vom RSHA. Nach dem Krieg war Trinkl interniert und lebte anschließend in München (BArch, BDC, SSO-Akte Edmund Trinkl; BArch DH, ZA V 79, ZA I 8265; GenStAnw KG Berlin, RSHA-Ermittlungsunterlagen, Personalheft Pt 44).

Alwin Wipper, 1902 als Sohn eines Kaufmanns geboren, ging in Quedlinburg zur Schule und schloß sich, noch bevor er sein Abitur machte, als Zeitfreiwilliger im Oktober 1919 der Reichswehrbrigade 4, Quedlinburg (I.R. 165), an und half mit, den kommunistischen Aufstand im März 1920 niederzuschlagen. Anfang der zwanziger Jahre war er Mitglied des Jungdeutschen Ordens, trat nach seinem Abitur als Lehrling in eine Bank ein und war bis 1925 als Bankangestellter tätig. Dort entlassen, arbeitete er drei Jahre als Vertreter einer Schokoladenfabrik und bewarb sich 1928 erfolgreich bei der Kriminalpolizei in Magdeburg. Nach bestandener Kriminalkommissarprüfung 1929 wurde er nach Wuppertal versetzt und von dort auf eigenen Wunsch nach Berlin. Wipper trat im Juli 1932 der Nationalsozialistischen Beamtenarbeitsgemeinschaft bei und sagte nach dem Staatsstreich in Preußen im Juli 1932 als Belastungszeuge der Papen-Regierung gegen den preußischen Innenminister Grzesinski aus. Nach der Machtübernahme kam er zur Gestapo, war zunächst im Außendienst des Gestapa tätig und wurde 1938 Hilfsreferent im Gestapareferat Funküberwachung. Im RSHA übernahm Wipper zuerst das Referat IV C 5 Überwachung, Sonderaufträge, wurde im August 1941 Leiter des Müller unmittelbar unterstellten Referats IV (P) Verkehr mit ausländischen Polizeien. 1942 war Wipper Polizeiattaché in Sofia eingesetzt, wurde im Februar 1943 abgelöst und zur Stapoleitstelle Berlin versetzt. Er soll in den letzten Kriegstagen als Führer einer Kampfgruppe getötet worden sein (BArch, BDC, SSO- und RuSHA-Akte Alwin Wipper; BArch DH, ZR 747 A 1, ZR 781, A 2; GenStAnw KG Berlin, RSHA-Ermittlungsunterlagen, Personalkarte Alwin Wipper; Graf, Politische Polizei, S. 391).

Willi Wolter, 1907 in Cleve geboren, ging in Köslin/Pommern zur Schule, wohin sein Vater als Bahnmeister versetzt worden war. Dort machte Wolter 1926 Abitur und studierte anschließend Rechtswissenschaften und Volkswirtschaft in Berlin, Marburg und Königsberg. Während seiner Referendarzeit wurde er im August 1932 Mitglied der NS-Beamtenarbeitsgemeinschaft, im November 1933 der SA. Nach bestandenem Assessorexamen »beschloß [ich], zur Politischen Polizei überzutreten, und zwar interessierte ich mich besonders für den Dienst der Exekution. Aus diesem Grund trat ich am 1. Sept. 1934 als Kriminal-Kommissar-Anwärter bei dem Geheimen Staatspolizeiamt in Berlin ein« (Handschriftlicher Lebenslauf, 13. 9. 1938, BArch, BDC, SSO-Akte Willi Wolter). Heydrich war offensichtlich auf den jungen Mann aufmerksam geworden und schrieb ihm über dessen Tätigkeit bei der Gestapo Köln 1936 bis 1939 ein glänzendes Zeugnis (Heydrich an RuPrMdI, 18.6.1937, Sonderarchiv Moskau, 720-5-11220). Im RSHA leitete Wolter 1939/40 das Referat Wirtschaftsangelegenheiten, wurde 1940 beim BdS in Metz eingesetzt und war nach der Rückkehr ins RSHA in der Gruppe I D Strafsachen tätig. Im Spätsommer 1942 wurde er zur Stapostelle Stettin als stellvertretender Leiter versetzt, im Mai 1943 nach Jugoslawien zur Einsatzgruppe E abgeordnet und übernahm dort die Führung des Einsatzkommandos 15. Im September 1944 von jugoslawischen Partisanen gefangengenommen, wurde Wolter allerdings im April 1945 gegen jugoslawische Offiziere wieder ausgetauscht. Das Spruchgericht Hofgeismar stufte ihn 1948 als »Minderbelasteter« ein. Wolter lebte anschließend unbehelligt in der Nähe von Köln und starb im Mai 1969 (BArch, BDC, SSO-Akte Willi Wolter; RuPrMdI, Personalakte Willi Wolter, Sonderarchiv Moskau 720-5-11220; GenStAnw KG Berlin, RSHA-Ermittlungsunterlagen, Personalakte Pw 116).

Heinz Wossagk, 1908 in Berlin als Sohn eines Polizeiinspektors geboren, wollte nach dem Abitur 1927 Maschinenbau an der Technischen Hochschule in Berlin-Charlottenburg studieren, kam jedoch aus wirtschaftlichen Gründen nicht über das zweite Semester hinaus. Er arbeitete danach bei Siemens als Konstrukteur im Flugzeugmotoren-werk und als Vertreter für Mineralöl-Firmen, trat im April 1931 in die NSDAP, ein Jahr später in die SS ein und begann im November 1932 als hauptamtlicher Mitarbeiter beim SD, erst in der Technischen Abteilung des SD-Hauptamtes, dann in der Abteilung III Abwehr unter Jost. Nach seinem Einsatz in Polen im Herbst 1939 beim Stab der Einsatzgruppe IV war er 1939/40 Sachbearbeiter im RSHA-Referat VI A 2 Verwaltung der Nachrichtenmittel, wechselte im Oktober 1940 zum Umsiedlungskommando der Volksdeutschen Mittelstelle und schied Ende November 1941 auf eigenen Wunsch aus dem hauptamtlichen Verhältnis zum SD aus, um Abwehrbeauftragter bei der Baltischen Öl GmbH zu werden. Dennoch wurde er weiterhin im Amt VI als Mitarbeiter geführt. Nach dem Krieg lebte Wossagk in München (BArch, BDC, SSO-Akte Heinz Wossagk; GenStAnw KG Berlin, RSHA-Ermittlungsunterlagen, Personalheft Pw 120).

Dank

Zu danken habe ich an erster Stelle Ulrich Herbert, der, zu dieser Zeit Leiter der Forschungsstelle für die Geschichte des Nationalsozialismus in Hamburg, diese Studie angeregt und gefördert hat. Die Diskussionen in dem Forschungsprojekt »Weltanschauung und Diktatur«, zu dem gleichfalls Karin Orth und Christoph Dieckmann gehörten, haben viel zum Profil und zur Fragestellung dieser Arbeit beigetragen.

An zweiter Stelle möchte ich den zahlreichen Kolleginnen und Kollegen in den Archiven danken, deren Unterstützung bei der Recherche für mich unentbehrlich war. Sie alle namentlich zu erwähnen ist unmöglich, aber stellvertretend möchte ich nennen: Frau Wolff, Frau Ude und Herrn Fehlauer im damaligen Berlin Document Center; Frau Beidokat und Frau Wolf beim Bundesbeauftragten für die Unterlagen des Staatssicherheitsdienstes der ehemaligen Deutschen Demokratischen Republik; Herrn Maly im Kammergericht Berlin; Frau Babucke, Herrn Dreßen und Herrn Biemüller in der Zentralen Stelle der Landesjustizverwaltungen und Herrn Fricke im Staatsarchiv Bremen.

Erste Ergebnisse und Thesen der Studie habe ich in den Kolloquien von Adelheid von Saldern und Barbara Duden (Hannover), Ulrich Herbert (Freiburg), Lutz Niethammer (Jena) und Norbert Frei (Bochum) vortragen können. Mit Reinhard Rürup konnte ich Konzeption und Struktur der Arbeit in mehreren anregenden Gesprächen debattieren. Ich danke für alle Einwände und Hinweise, die für die Arbeit von großem Nutzen waren.

Ebenso habe ich sowohl in der Forschungsstelle für Zeitgeschichte in Hamburg wie auch im Hamburger Institut für Sozialforschung immer wieder mit Kolleginnen und Kollegen über Forschungsprobleme und methodologische Fragen diskutieren können.

Von besonderer Wichtigkeit war das Editionsprojekt des Dienstkalenders Heinrich Himmlers 1941/42 mit Andrej Angrick, Christian Gerlach, Christoph Dieckmann, Peter Klein, Dieter Pohl, Martina Voigt und Peter Witte. Nicht nur die Erfahrung gemeinsamen Arbeitens, sondern vor allem die intensiven Diskussionen um den Prozeß der »Endlösung« und die Rolle von SS und Polizei haben meine eigene Beschäftigung mit dem RSHA nachhaltig beeinflußt.

Adelheid von Saldern, Claus Füllberg-Stolberg, Inge Marßolek, Saul Friedländer, Ulrich Herbert, Reinhard Rürup, Alf Lüdtke, Bernd Greiner und Brigitte Salzmann haben das Manuskript in den verschiedenen Entwicklungsstufen kritisch gelesen. Ihre Anmerkungen, Ratschläge und Kritik bedeuteten für mich eine wertvolle und unerläßliche Unterstützung.

Julia Vorrath hat bei der Überarbeitung und Korrektur des Manuskripts zuverlässig geholfen. Danken möchte ich in besonderer Weise Ingke Brodersen, die als Lektorin das Manuskript kritisch redigiert und mit etlichen Vorschlägen dafür gesorgt hat, daß ein Buch daraus entstehen konnte.

Zum Schluß aber danke ich vor allem Leni Yahil, die trotz ihres hohen Alters diese Arbeit von Anfang an mit großer Intensität, kollegialer Kritik und persönlicher Ermutigung begleitet hat. Ihr, die ich ebenso als Wissenschaftlerin wie als Persönlichkeit bewundere, ist dieses Buch gewidmet.

Personenregister

Kursiv gesetzte Ziffern verweisen auf die Stichpunkte in den Fußnoten.

Mäding, Erhard 60, 107, *108*, 110–112, 124 f., 128, 133, 160–163, 175, 245, 386, 853

Mäe, Hjalmar 589, 662, *663*

Maetzel, Friedrich 110–112, 124, 853

Mahnke, Horst 374 f., *549*, 775

Mahraun, Arthur 57–60, *107*, 161

Maly, Hans *513*

Malz, Heinrich 763, 938 f.

Man, Hendrik de 798

Manheim, Ernst 114 f.

Mann, Erika 49 f., 65, *145*

Mann, Golo 48 f., 145

Mann, Heinrich 152, *512*

Mann, Klaus 25, 48 f., 66, 69 f., *71*, 143, 145, *512*

Mann, Thomas 49, 65, 145, 152, 387, *388*, 798

Mannerheim, Carl Gustav Emil Freiherr von 689

Mannheim, Karl *25*, 26

Manstein, Erich von 762

Marquet, Adrien 519

Martin, Otto *326*, 327, 770

Marx, Karl 124

Masereel, Franz 175

Masson, Roger 718

Matuschka 346

Matzke, Paul *347*

Maunz, Theodor *235*, *811*

Maurenbrecher, Professor 85

Mayer, Ernst 785

McCloy, John 764–766, 790, 868

Mehringer, Helmut 368

Meier, Gestaporeferent *457*

Meier, Josef *445*, 507

Meisinger, Josef 222, 422, 478

Meißner, Otto *144*

Mende, Gerhard von 678

Mende, Gestaporeferent *505*

Meng, Hellmut 788 f.

Mengele, Josef 16, 798

Menke, Josef *316*, 769

Mergenthaler, Christian 103, 172

Mertz von Quirnheim, Albrecht Ritter 707

Meyer, Alfred *629*, 634, 664

Meyer, Konrad 107, 663 f., 666 f.

Michel, Oberleutnant *677*

Milch, Erhard *755*

Mildner, Rudolf *701*

Mitscherlich, Alexander und Margarete 812

Mohler, Armin 798

Mohr, Robert 292, 492, 548 f., 552

Möller, Arzt *466*

Möller, Gestapobeamter 187, *407*

Möller, Heinrich *588*

Möller, Helmuth 393

Moltke, Helmuth Graf von 706

Monneray, Henri *753*

Montgomery, Bernard Law 732 f.

Morgenthau, Henry 747

Moyzisch, Ludwig von *403*

Mrugowsky, Joachim 334

Mühler, Rolf 370, *371*, 512, 517, 742, 777

Müller, Bruno 424, 463, *464*, *477*, 482, 511, 551, 939

Müller, Eberhard 789

Müller, Gebhard 786

Müller, Heinrich *34*, 221, 263, 277 f., 301, 310, 335 f., 338–341, 343–345, *347*, 348 f., 352, 354, 358 f., 360, 361–363, 411 f., 422, *424*, *432*, *452*, *457*, 469, *471*, 482, 493, 511, *537*, 546 f., *551*, 554, *612*, 626, *627*, 633, *634*, 636 f., 641, 644, *657*, 671, 672, 680, 683–685, 687, 690, 702, *703*, *704*, 706 f., 723, 728, 755, 789, 829, 855

Müller, Josef 704, 710

Müller, Karl Alexander von 376

Müller, Klaus-Jürgen 479

Müller, Rolf Dieter 667

Verbrechen der Wehrmacht

Die Ausstellung »Verbrechen der Wehrmacht. Dimensionen des Vernichtungskrieges 1941–1944« zeigt ausgehend vom damals geltenden Kriegs- und Völkerrecht die teils aktive, teils passive Beteiligung der Wehrmacht an den im Zweiten Weltkrieg auf Kriegsschauplätzen im Osten und in Südosteuropa verübten Verbrechen. Sie dokumentiert insgesamt sechs Dimensionen des Vernichtungskrieges: Völkermord; Sowjetische Soldaten in deutscher Kriegsgefangenschaft; Ernährungskrieg; Deportationen; Partisanenkrieg; Repressalien und Geiselerschießungen.

Die bisherige Forschung zu diesem Thema läßt keine Aussagen über die Anzahl der an den Verbrechen beteiligten deutschen Soldaten und Offiziere zu. Gleichwohl zeigt die Ausstellung auch das konkrete Verhalten einzelner Personen. In den „Handlungsspielräumen" wird demonstriert, daß der Vernichtungskrieg kein Ort abstrakter Dynamik, sondern gestaffelter Entscheidungen und individueller Verantwortlichkeiten war.

Hamburger Institut für
Sozialforschung (Hg.)
Verbrechen der Wehrmacht.
Dimensionen des
Vernichtungskrieges
1941–1944
Ausstellungskatalog
796 Seiten, gebunden
ISBN 3-930908-74-3

Die Tat als Bild

Der Historiker Habbo Knoch untersucht mit quellenkritischen Methoden, ikonographischen Verfahren und semiotischen Feldanalysen auf einer breiten Materialbasis, die gerade auch populäre Medien wie Illustrierte, Landserhefte und Filme berücksichtigt, aber ebenso die Verwendung von Fotografien in Ausstellungen, Schulbüchern und der Presse einbezieht, die Entstehung des visuellen Inventars zu den NS-Verbrechen in der westdeutschen Gesellschaft, arbeitet deren ikonographische Muster heraus und rückt sie in die öffentlichen Diskurse über die NS-Vergangenheit ein.

Habbo Knoch liefert mit seinem Buch einen richtungsweisenden Beitrag zur Wirkungsmacht der Bilder sowie zur Mentalitäts- und Kulturgeschichte der Bundesrepublik.

Habbo Knoch
Die Tat als Bild.
Fotografien des Holocaust in
der deutschen Erinnerungs-
kultur
1140 Seiten mit
157 Abbildungen, gebunden
ISBN 3-930908-73-5

Hamburger Edition HIS Verlagsges.mbH, Mittelweg 36, D 20148 Hamburg, www.hamburger-edition.de

Souveränität und Verantwortung

Bertrand Badie analysiert die seit der Frühen Neuzeit zentrale politische Konzeption der staatlichen Souveränität. Er zeigt, daß dieses Prinzip nie vollständig realisiert wurde, sondern eine mit Widersprüchen und Vieldeutigkeit belastete, gleichwohl äußerst wirksame Fiktion war und ist. Zugleich erweist sich, daß die Geschichte der Souveränität auf ein anderes Prinzip verweist, auf das der Verantwortung. Gerade die heutige Wirklichkeit des internationalen Zusammenlebens mit seinen allgegenwärtigen wechselseitigen Abhängigkeiten erfordert den Paradigmenwechsel von Souveränität und Staatlichkeit zu Interaktion und Verantwortungsgemeinschaften.

Bertrand Badie
Souveränität und
Verantwortung.
Politische Prinzipien
zwischen Fiktion und
Wirklichkeit
Aus dem Französischen
von Ronald Voullié.
315 Seiten
ISBN 3-930908-77-8

Nachkrieg in Deutschland

Der Sammelband vereint Aufsätze, die sich multidisziplinär und auf unterschiedliche Weise mit der deutschen Nachkriegsgeschichte auseinandersetzen. Die Ambivalenzen einer historischen Entwicklung zwischen Erfolgs- und Modernisierungsgeschichte auf der einen und von tiefsitzender Angst und Unsicherheit geprägter Kriegsfolgengesellschaft auf der anderen Seite werden deutlich sichtbar.
Mit Beiträgen von: Frank Biess, Stephan Braese, Micha Brumlik, Jörg Echternkamp, Heide Fehrenbach, Michael Geyer, Svenja Goltermann, Elizabeth Heineman, Dagmar Herzog, Thomas Kühne, Jörg Lau, Robert G. Moeller, Regina Mühlhauser, Klaus Naumann, Thomas W. Neumann, Vera Neumann, Uta G. Poiger, Franka Schneider, Michael Schwartz und Harald Welzer.

Klaus Naumann (Hg.)
Nachkrieg in Deutschland.
547 Seiten, gebunden
ISBN 3-930908-72-7

Hamburger Edition HIS Verlagsges.mbH, Mittelweg 36, D 20148 Hamburg, www.hamburger-edition.de